ANDY WARHOL
DAS TAGEBUCH

ANDY WARHOL
DAS TAGEBUCH

Herausgegeben von
Pat Hackett

Droemer Knaur

Aus dem Amerikanischen von
Judith Barkfelt, Gabi Burkhardt, Helmuth Dierlamm

Titel der amerikanischen Originalausgabe
»The Andy Warhol Diaries«

Einrichtung der deutschen Ausgabe:
Alfred Nemeczek
Gestaltung: Claus-J. Grube, Norbert Härtl
Umschlagabbildung: Estate of Andy Warhol
Satzarbeiten: Compusatz GmbH, München
Druck: Staudigl, Donauwörth
Bindung: Conzella, Pfarrkirchen
ISBN: 3-426-26429-3

2 4 5 3 1

Vorwort
7

Einführung
11

1976
25

1977
39

1978
133

1979
239

1980
293

1981
373

1982
433

1983
469

1984
521

1985
579

1986
649

1987
713

Biographie
732

Ausstellungen
733

Literatur
737

Filme
739

Werkverzeichnis
740

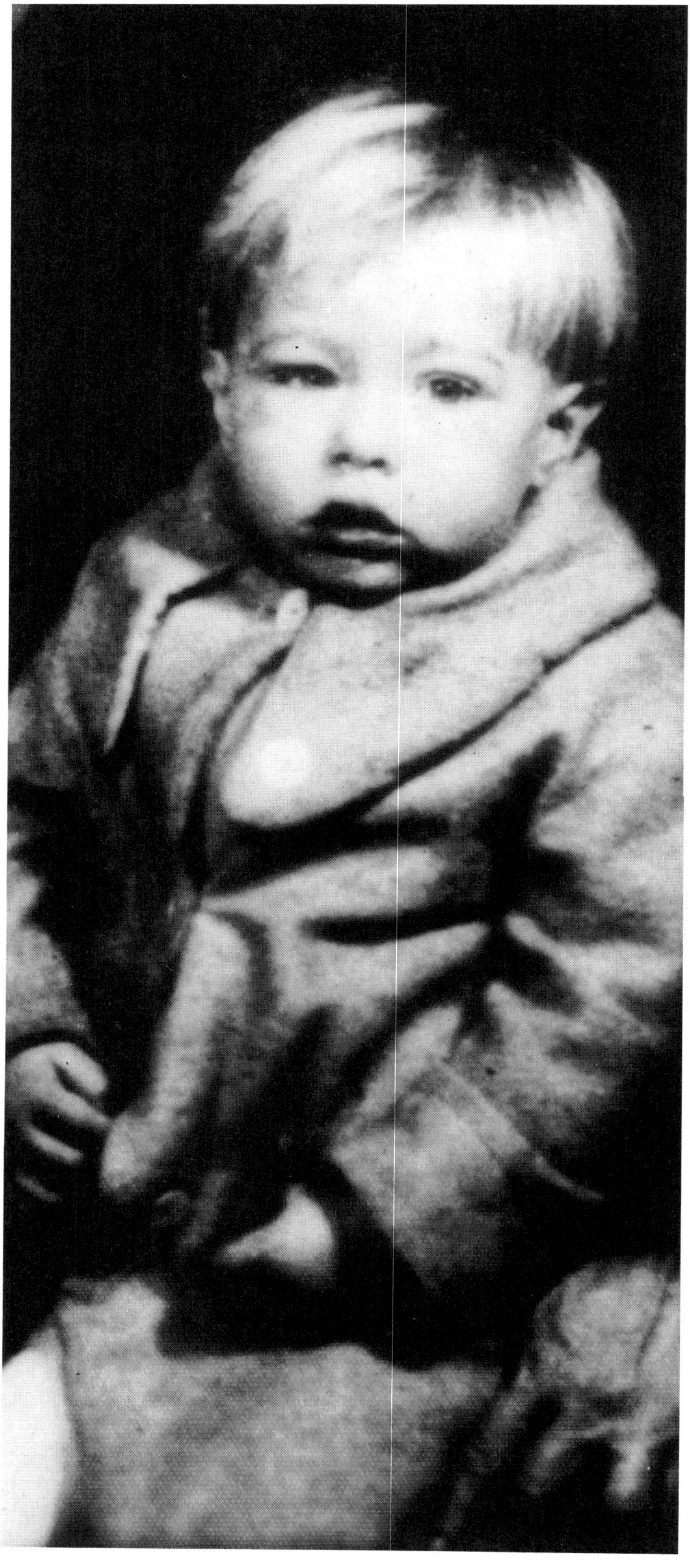

Als der Künstler nichts mehr zu sagen wußte, begann er zu reden. Mitte der siebziger Jahre, nach drei Erfolgskarrieren innerhalb von zwei Jahrzehnten, war der als Werbegrafiker brillante, als Maler und Filmemacher revolutionäre New Yorker Andy Warhol reich, berühmt – und erstmals hundemüde. Zwar hatte er schon 1965 verkündet, er habe an Kunst »keinen Spaß mehr«, doch das war Pose gewesen, Auftakt für die Produktion der besten von rund 150 Underground-Lichtspielen, mit denen der Amerikaner Filmgeschichte schrieb. Diesmal hörten sich seine Seufzer glaubwürdiger an. »Die Malerei ist tot«, klagte er Freunden; am liebsten sei ihm jetzt »Nichtstun«.

Das war so ernst gemeint wie unrealistisch. Denn der von den Medien zum »Papst des Pop« ernannte Kunst-Unternehmer mußte seine »Factory« auslasten, Porträts anfertigen, TV-Programme, Werbespots und Musik-Videos produzieren, Titelblätter für das Wochenblatt »Time« entwerfen und sein 1969 gegründetes Fan-Magazin »Interview« aus den roten Zahlen reißen. Aber der so sanft und antriebsschwach wirkende Workaholic nahm sich nun doch immer mehr Zeit für die vornehmste Tätigkeit amtsmüder Stars und resignierter Potentaten: Er blickte zurück, zog Bilanz, publizierte Memoiren.

1975 erschien die von ihm inspirierte, autorisierte und von einem Team zu Papier gebrachte »Philosophy of Andy Warhol«, 1979 folgte der Bildband »Andy Warhol's Exposures«, 1980 kam – unter dem Titel »POPism« – eine von Warhol mit Pat Hackett aufgesetzte Chronik seiner sechziger Jahre heraus, 1985 das Bilderbuch »America«. Parallel zu diesen Veröffentlichungen entwickelte sich von Ende 1976 an das interessanteste und umfangreichste literarische Projekt des scheuen Exzentrikers – sein Tagebuch. Bis zum Tod des 58 Jahre alten Autors am 22. Februar 1987 war es auf rund 20000 Manuskriptseiten angewachsen; wie sie das Konvolut am Telefon empfing, notierte und redigierte, schildert Herausgeberin Pat Hackett in ihrer Einführung, die mit dem guten Ratschlag endet, das Tagebuch solle »fortlaufend gelesen werden«.

Diese Aufzeichnungen aus zwölf Jahren beruhen – wie schon die zu Lebzeiten gedruckten Schriften von Andy Warhol – auf der Prämisse eines um 1970 abgeschlossenen künstlerischen Lebenswerks. Was Warhol, einer der führenden Avantgardisten dieses Jahrhunderts, der Kunstgeschichte an Innovationen und seinen Kritikern an listigen Denkanstößen schuldig zu sein glaubte, das sah er damals als erfüllt an. So haben die Texte nur die eine Funktion: Sie sollen die Position des Künstlers klären und eine ungeheuerliche Weltbeglückungsstrategie absichern, die er mit kühnen Merksätzen (»In Zukunft wird jeder 15 Minuten lang berühmt sein«) und in scheinbar banalen Bildmotiven propagiert hat, seit er zu malen begann.

Der Pragmatiker Warhol wollte Gleichheit für alles und für jeden. »Ich will, daß jeder gleich denkt«, verlangte der Aufsteiger aus ärmlichen Verhältnissen. Und: »Ich meine, jeder sollte eine Maschine sein.« Wohl bedacht und strikt angewendet hat er den Spruch: »Alles ist hübsch.« Für seine Malerei bedeutete das: Buchstäblich alles, was ein Künstler aufgreift, kann Kunst sein – ein Phasenbild aus einem Comic-strip ebenso wie ein

Ausmalbogen für Kinder, eine Dose Tomatensuppe der Marke »Campbell's«, eine Dollarnote oder eine auf Leinwand übertragene Starpostkarte mit dem Kopf von Marilyn Monroe, von Liz Taylor, Elvis Presley, Jacqueline Kennedy oder der Mona Lisa. Heute, nach dem Einzug der Pop Art in die großen Museen moderner Kunst, hat diese Aufzählung womöglich nichts Anstößiges mehr. Damals, zu Beginn der sechziger Jahre, als die intellektuell anspruchsvolle Malerei des Abstrakten Expressionismus international den Ton angab wie ein Dogma, hatte die Kunstwelt nur Spott für den Spinner Warhol übrig, der mit seinem Gleichheitsfimmel die Kunst offenbar auf das Niveau plattester Unterhaltung herabziehen wollte. Bei seinen waghalsigen Behauptungen hatte sich Warhol übrigens an Theorien des Franzosen Marcel Duchamp (1887 bis 1968) orientiert, der früh erkannte, daß sich Kunst durch Wirkung auf das Bewußtsein definiert, nicht unbedingt durch Werke.
Zur Zeit der Tagebuch-Aufzeichnungen war der Künstler anerkannt – und gleich doppelt gefangen im eigenen Ruhm. Er hatte sich gewissermaßen zu Tode gesiegt. Seine frühen Werke wanderten, als »Pop-Ikonen« bewundert, durch die Kunsthallen der westlichen Welt und erzielten gute Preise auf Auktionen. Die aktuelle Produktion dagegen – meist Auftragsarbeiten und viele Repliken – verkaufte sich schleppend, mißfiel der Kritik. Es fehle ihm an Ideen, gesteht Warhol dem Tagebuch, und es fehle eine Perspektive. Vor Ausstellungen eigener Werke erfaßt ihn nun Ekel; Arbeiten der etwa gleichaltrigen Kollegen Jasper Johns, Roy Lichtenstein, James Rosenquist oder Robert Rauschenberg gefallen ihm besser.
Neid, aber das will er sich nicht anmerken lassen, befällt ihn gegenüber den Erfolgskünstlern der jungen Generation. Sogar sein Assistent Ronnie Cutrone, der mit seiner Frau nicht klarkommt und Katzen umbringt, stellt nun in Übersee aus. Mit den Karriere-Cracks Jean-Michel Basquiat und Francesco Clemente malt er gemeinsam, mit Keith Haring und Kenny Scharf geht er häufig essen. Julian Schnabel verachtet er als Opportunisten, steht ihm aber stundenlang Modell. Den großen Deutschen Joseph Beuys schätzt und porträtiert er, ohne dessen Kunst je zu begreifen.
Während der Künstler Warhol sich glücklos durch die Tagebuch-Jahre quält und als Kritiker in eigener Sache meist recht behält, gewinnt Warhol, der Mensch, an Sympathie. Stück um Stück zerbröselt auf den Tagebuch-Seiten das Image vom schönen, coolen neuen Pop-Menschen, das er sich – in Analogie zum omnikompetenten »Uomo universale« der Renaissance – als öffentliches Rollenspiel verordnet hatte. Alles mitkriegen und nichts abkriegen. Kein Sex, kein Alkohol, keine Drogen. Keine Schwächen, keine Gefühle, kein Schicksal. Einen Schicksalsschlag, gegen den er sich weder mit Geld noch mit Zurückhaltung wappnen konnte, hatte Warhol im Sommer 1968 erlitten. Die militante Männerfeindin Valerie Solanis feuerte drei Pistolenschüsse auf ihn ab; aber das Opfer kam durch und ließ seine Operationsnarben vom Star-Lichtbildner Richard Avedon fotografieren.
Seit dem Attentat, heißt es, trat er seinen Mitmenschen weniger zynisch, wesentlich milder entgegen. Sich selber auch. Im Tagebuch und zwischen

dessen Zeilen offenbart sich ein von Sucht nach Ruhm geplagter Voyeur und Dandy, der jeden Pickel im bleichen Gesicht, jedes überschüssige Pfund am mageren Leib und jeden zusätzlichen Liegestütz bei der Morgengymnastik als Sensation registriert. Er wäre gern ein guter Redner, ist es nicht, plappert aber dennoch bisweilen drauflos; aber dann ist Alkohol im Spiel. Sonst keine Drogen, bestimmt nicht, außer Valium zum Einschlafen und natürlich Aspirin und Vitamine. Seine Angst vor Krebs und Aids, vor Feuer und Einsamkeit ist etwa der Besorgnis vergleichbar, zu einem wichtigen Empfang nicht eingeladen oder am Katzentisch plaziert zu werden. Auch das ist ihm schon passiert.

Er ist ein großzügiger Freund und Gastgeber, aber ein oft kleinlicher Chef, ein romantischer Liebhaber, der ins Tagebuch weint, wenn Jed auszieht oder Jon nicht bei ihm einziehen will. Er geht jeden Sonntag zur Kirche und – an irgend etwas muß man ja glauben – regelmäßig zu einem obskuren Kristalldoktor, der aber zur Erleichterung des Patienten wenigstens katholisch ist. Hier redet ein zivilisierter Nihilist und pointensicherer Chronist seiner täglichen Niederlagen; Ironie, Sarkasmus und ein Grundton fröhlicher Verzweiflung sind seine Mittel.

An dieser Stelle seien die Leser kurz gewarnt. Ein Tagebuch ist keine Biografie. Was hier vorab verraten wird, verbirgt sich hinten im Buch oft hinter Party-Berichten wie das Schlaraffenland hinter dem Wall aus Hirsebrei. Aber dieser Brei ist überaus genießbar. Warhols Berichte von Party-, Kino-, Konzert- und Theaterbesuchen – in dieser Ausgabe durch Kürzung vom Ballast allzu monotoner Aufzählung von Namen und Ereignissen mit primär lokaler Bedeutung befreit – sind doch mehr als der Nachweis eines großen Bekanntenkreises und weitgespannter Interessen. Die Seriosität, mit der Warhol lakonisch, flapsig, gereizt, aber immer urteilssicher, Party-Gäste wie Filme rezensiert, dabei auch Freunde nicht schont – sie macht den mitgeteilten Klatsch authentisch, wenn's denn welcher ist. Durch Zeitbezüge, Anekdoten und erlebte Short-stories aus Kunstbetrieb, Politik und Pop-Musik, aus Film-, Theater-, Mode- und Medienwelt gewinnt das Werk auch erzählerisch an Fülle.

Es hat kein Register, aber einen großen Bildteil, der das künstlerische Werk und die Hauptpersonen vorstellt. Soweit sie prominent sind, und das sind die meisten, sind ihre Namen auch deutschen Zeitungslesern ein Begriff. Namen von Freunden, Mitarbeitern, Verwandten des Autors (für die er kaum zu sprechen ist) und von sogenannten Superstars aus seiner Factory- und Filmemacherzeit (für die er immer Zeit findet) erklären sich aus dem Text oder werden in der Einführung erläutert.

Im Verlauf der Jahre, die es dokumentiert, wird Warhols Tagebuch auch zum Totentanz. Es sterben die Älteren aus Jugend und Vergangenheit, wie der Schriftsteller Truman Capote, aber auch die Jungen aus Warhols Entourage. Selbstmord, »OD« (= Rauschgift-Überdosis) lauten anfangs die Diagnosen; später ist zunächst von »Schwulenkrebs«, dann – immer häufiger und genauer – von Aids die Rede. Warhol reagiert cool, fast frivol, indem er zu keiner Beerdigung geht; daß er Trauer empfindet, steht nur in seinem Tagebuch. **Alfred Nemeczek**

Pat Hackett und Andy Warhol *(Sam Bolton)*

Einführung

Ich lernte Andy Warhol im Herbst 1968 kennen – acht Jahre nachdem er seine ersten Pop-Leinwände gemalt und drei Monate nachdem ihn eine Frau, die einen Augenblick lang in einem seiner Undergroundfilme zu sehen gewesen war, angeschossen und beinahe getötet hatte. Im Frühjahr war die »Factory«, jener in den sechziger Jahren legendäre Kunstmacher-, Filmemacher- und Rumtreiber-Treff, aus dem mit Silberfolie ausgeschlagenen Loft in der East 47th Street in ein weißes, verspiegeltes Loft umgezogen, das den ganzen sechsten Stock des Hauses Union Square West Nummer 33 einnahm.

Andy liebte den Union Square – die Bäume im Park und den Blick auf den imposanten Con-Edison-Turm, dessen Uhr wie ein freundlicher Mond am Himmel prangte, von dem man Tag und Nacht die Zeit ablesen konnte. Vom Union Square – seit jeher die inoffizielle Grenze zwischen Uptown und Downtown – war es nur ein Katzensprung zu den preisgünstigen Läden in der 14. Straße, West und East Village sowie Soho im Süden waren bequem zu Fuß zu erreichen.

Nur einen Block weiter, an der Park Avenue South, befand sich »Max's Kansas City«, ein Tummelplatz für viele der Typen, die in den Factory-Filmen mitwirkten. Allabendlich drängten sich dort im Hinterzimmer Berühmtheiten aus Kunst, Mode, Musik und Undergroundfilm, hechelten Kleidung, Make-up, Grips und Liebesleben der anderen durch, während sie ihrerseits von auswärtigen Berühmtheiten – Starregisseuren und -produzenten aus Europa und Hollywood – in Augenschein genommen wurden. Und jeder wartete nur darauf, »all dieses« (den New Yorker Lokalruhm) gegen »all jenes« (den Weltruhm) zu vertauschen. Andys Kunst hing an den Wänden.

Ich studierte damals am Barnard College. Eines Tages ging ich in die Factory und fragte Andy, ob er eine Teilzeit-Schreibkraft gebrauchen könne. Das erschien mir als gutes Mittel, etwas Glanz in meine College-Jahre zu bringen. Ich stellte mich also vor, und Andy sagte, ich könne für ihn arbeiten, sooft ich wolle. Von da an ging ich mehrmals die Woche nach meinen Seminaren in die Factory. Andy und ich teilten uns ein 37 Quadratmeter großes Büro. Es war von oben bis unten vollgestopft. Mit der Zeit lernte ich, daß seine Büros, ob geräumig oder eng, immer vollgestopft waren. Während er Zeitung las und Karottensaft aus »Brownies Health Food Store« in der 16. Straße trank, transkribierte ich Telefongespräche, die er

Andys Mutter Julia *(Amy Passarelli)*

während seiner Zeit im Krankenhaus und später zu Hause, in dem schmalen, vierstöckigen viktorianischen Haus Ecke 89. Straße und Lexington Avenue, auf Band genommen hatte. Er wohnte dort mit seiner Mutter.

Andy war 1949 von Pittsburgh nach New York gekommen und hatte zuerst in Wohngemeinschaften gelebt, bis er sich eine eigene Wohnung leisten konnte. Dann tauchte plötzlich seine Mutter in der Stadt auf und zog mit der Begründung bei ihm ein, sie müsse sich um ihren jüngsten Sohn kümmern. Vielleicht war sie der Ansicht, er arbeite so schwer, daß er keine Zeit habe, sich eine Frau zu suchen, die für ihn sorgen könne. Aber vielleicht hat sie das auch von ihm so gehört. An einem Nachmittag des Jahres 1969 lernte ich Julia Warhola kennen. Sie begrüßte mich, überlegte einen Augenblick und meinte: »Sie wären die Richtige für meinen Andy – aber er ist ja immer so beschäftigt.« (Andys Mutter lebte bis 1971 in dem Haus Ecke 89. Straße und Lexington Avenue. Da sie offenbar unter Altersschwäche litt und ständiger Pflege bedurfte, schickte Andy sie zurück nach Pittsburgh in die Obhut seiner Brüder John und Paul. Dort starb sie 1972 in einem Pflegeheim an den Folgen eines Schlaganfalls, doch auf Fragen, wie es ihr gehe, antwortete Andy selbst seinen besten Freunden noch Jahre später: »Oh, gut.«)

Freunde, die Andy seit dem Attentat nicht gesehen hatte – Superstars wie Viva und Ondine, Nico, Lou Reed und die anderen Mitglieder der Band Velvet Underground –, kamen in die Factory am Union Square, um sich nach seinem Befinden zu erkundigen. »Oh, mir geht's gut«, versicherte er stets, und gelegentlich fügte er scherzhaft hinzu: »an den Händen«. Brigid Berlin alias Brigid Polk, Star in seinem Film »Chelsea Girls« und älteste Tochter des langjährigen Präsidenten der Hearst Corporation, Richard E. Berlin, schaute des öfteren herein, um sich ein Taschengeld zu verdienen. Andy stellte sein Tonbandgerät an und ließ sich etwa erzählen, was vergangene Nacht bei »Max's« los gewesen war oder mit wem sie morgens aus ihrem winzigen Zimmer im nahen »George Washington Hotel« telefoniert hatte. Bevor sie ging, holte er sein Scheckbuch und belohnte die Darbietung mit $ 25.00 (manchmal handelte sie ihn hoch auf $ 50.00). Bei diesen Begegnungen in der Zeit nach dem Anschlag wich das Staunen nicht von Andys Gesicht: Er war tatsächlich noch am Leben und konnte mit den Freunden sprechen. Die Ärzte im Krankenhaus hatten gedacht, er sei tot, ehe es ihnen gelungen war, ihn wiederzubeleben, und Andy – halb bei Bewußtsein – hatte gehört, wie sie darüber sprachen. Seit jenem Tag im Juni 1968 verstand sich Andy als Mann, der offiziell »von den Toten zurückgekehrt« war.

Andy und ich sprachen anfangs nicht viel miteinander. Wochenlang transkribierte ich nur, und er saß wenige Meter neben meiner schweren mechanischen Schreibmaschine, las und nahm Anrufe entgegen. Meist war sein Gesicht ausdruckslos. Er war mir irgendwie unheimlich – schon wie er sich so merkwürdig bewegte. Später bemerkte ich, daß er noch immer einen Verband trug. Die Wunden waren noch nicht verheilt, und manchmal sickerte sogar Blut durch sein Hemd. Aber wenn Andy lachte und sich sein ganzes Gesicht veränderte, dann gefiel er mir.

Er war höflich und bescheiden. Anweisungen gab er nur selten. Meist fragte er in erwartungsvollem Ton: »Meinst du, du könntest...?« Er begegnete jedem mit Respekt, behandelte nie jemanden von oben herab. Er gab jedem das Gefühl, wichtig zu sein, fragte die Mitarbeiter nach ihrer Meinung und erkundigte sich nach ihrem Privatleben. Zwar erwartete er von ihnen, daß sie ihren Job erledigten, doch war er nichtsdestoweniger dankbar, wenn sie es dann auch taten. Er wußte, daß Gewissenhaftigkeit jeden Grades schwer zu kriegen war – auch wenn man dafür bezahlte. Und für die kleinste Mehrarbeit war er überaus dankbar. Ich kenne keinen, der sich öfter bedankt hätte als Andy, und sein Dank klang stets aufrichtig. »Vielen Dank« waren die letzten Worte, die er zu mir sagte.

Auf Unfähigkeit seiner Angestellten reagierte Andy, je nach Stimmung, auf dreierlei Art. Mal sah er dem Betreffenden minutenlang nur zu, zog dann die Augenbrauen hoch, schloß philosophisch die Augen und wandte sich ab, sagte aber kein Wort. Ein andermal machte er den Übeltäter eine halbe Stunde lang fertig, doch rausgeschmissen wurde niemand. Und manchmal fing er auch ganz unvermittelt an, die Person zu imitieren – nie ganz exakt, sondern so, wie sich derjenige seiner Meinung nach selbst sah. Ich fand das immer lustig.

Das Schlimmste, was Andy über jemanden sagen konnte, war: »Er ist die Art Mensch, die sich für etwas Besseres hält.« Oder einfach: »Er hält sich für einen Intellektuellen.« Andy wußte, daß jeder Mensch gute Ideen haben konnte. Von Referenzen ließ er sich nicht beeindrucken.

Aber was beeindruckte ihn dann? Nun, vor allen Dingen Ruhm – alter, neuer oder verblaßter Ruhm. Schönheit. Klassisches Talent. Innovatives Talent. Menschen, die etwas als *erste* machten. Menschen, die den Mut hatten, anzuecken. Redegewandte Menschen. Und reiche Menschen, insbesondere der alte amerikanische Geldadel. Ausländische Titel hingegen beeindruckten ihn gar nicht, auch wenn die Leser der Klatschspalten vielleicht das Gegenteil vermuteten, weil sie seinen Namen häufig neben den Namen europäischer Aristokraten gedruckt sahen. Meistens brachte er diese Titel total durcheinander, zumindest sprach er sie falsch aus.

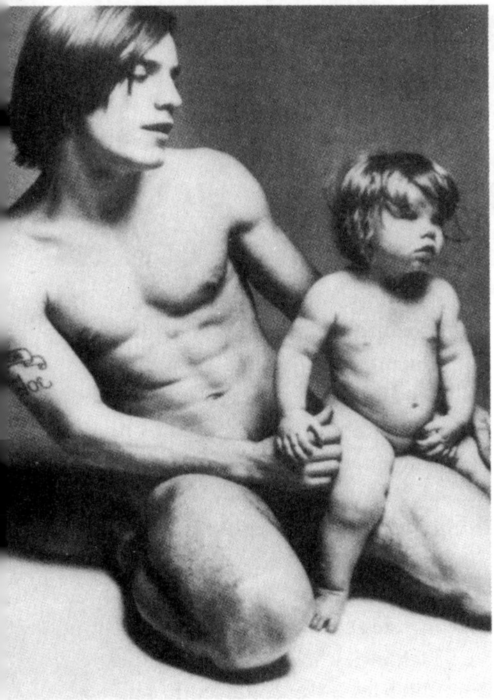

Joe Dallesandro in »Flesh« 1968 *(Constantin)*

Andy betrachtete seinen Erfolg nie als etwas Selbstverständliches. Im Gegenteil, er konnte kaum fassen, daß er ihn hatte. Bescheidenheit und Höflichkeit waren mir seine liebsten Züge. Wie sehr er sich in den Jahren unserer Bekanntschaft auch verändert und entwickelt haben mag, in dieser Hinsicht blieb er stets der alte.

Nachdem ich wochenlang unentgeltlich Tipparbeit geleistet hatte, mußte ich mich auf Klausuren vorbereiten und ging folglich nicht mehr in die Factory. Damals war mir noch nicht klar, daß Andy, bei aller scheinbaren Teilnahmslosigkeit, selbst das kleinste Detail in seiner Umgebung wahrnahm. Ich ging also davon aus, daß er meine Abwesenheit nicht einmal bemerken würde. Um so überraschter war ich, als eines schönen Tages jemand an meine Zimmertür im Studentenwohnheim klopfte und rief, ein Andy sei am Telefon. Ich konnte mir nicht vorstellen, daß er wußte, welche Uni ich besuchte, geschweige denn, in welchem Wohnheim ich war. Wo ich denn bliebe, wollte er wissen. Und um sich auch in Zukunft meiner Mitarbeit zu versichern, »versüßte« er seine Einladung mit dem Angebot, mir künftig die U-Bahn zur Factory und zurück zu bezahlen. Eine Fahrkarte kostete damals 20 Cent.

Zwischen 1968 und 1972 beschäftigte sich die Factory vor allem mit der Produktion abendfüllender 16-mm-Filme (für die kommerzielle Auswertung wurden sie auf 35 mm aufgeblasen). Die Darsteller waren meist schrille Typen, die bei »Max's« herumhingen oder in die Factory kamen, um »entdeckt« zu werden. Im Sommer 1968, während Andy zu Hause seine Schußwunden auskurierte, drehte Paul Morrissey in Eigenregie »Flesh«. Paul, Absolvent der Fordham University, hatte früher für eine Versicherungsgesellschaft gearbeitet und vor dem Mordanschlag bei Andys Factory-Filmen assistiert (aber auch schon Filme gedreht, bevor er Andy kennenlernte). Im Herbst 1968 lief »Flesh« im »Garrick Theater« in der Bleecker Street an. Der Film blieb lange in den Kinos. Die Hauptrolle spielte Joe Dallesandro, der gutaussehende Empfangschef/Rausschmeißer der Factory. Er verkörperte einen unwiderstehlichen Strichjungen, der versucht, seiner Freundin das Geld für eine Abtreibung zu beschaffen.

Pauls Assistent bei »Flesh« war Jed Johnson. Er war im Frühjahr mit seinem Zwillingsbruder Jay aus Sacramento in die Stadt gekommen und hatte wenig später in der Factory angefangen. Eine seiner ersten Aufgaben war es gewesen, die Holzrahmen der Fenster abzubeizen, die auf den Union Square hinausgingen, und im hinteren Teil des Lofts Lagerregale für die Filmdosen zu bauen. In seiner freien Zeit brachte er sich am Factory-eigenen Schneidetisch Filmschnitt bei, indem er an den Filmen »San Diego Stuff« und »Lonesome Cowboys« übte. Andy hatte sie kurz vor dem Anschlag auf einer Reise der Factory nach Arizona und Kalifornien gedreht.

Jed Johnson, Andy Warhol, Paul Morrissey *(Pat Hackett)*

Als die Factory an den Union Square umzog, richtete sich Billy Name, der Fotograf, der für den Silber-Look und das amphetaminbefeuerte Leben der Factory in der 47. Straße verantwortlich gewesen war, im hinteren Teil des Lofts eine kleine Dunkelkammer ein und begann dort zu leben. Von 1968 bis Anfang 1969 zog er sich über Monate hinweg vom Tagesgeschehen in der Factory zurück und kroch nur noch nachts, wenn alle anderen schon gegangen waren, aus seiner Dunkelkammer hervor. Nur die leeren Pappschachteln und Essensreste, die am nächsten Tag im Müll lagen, deuteten darauf hin, daß er lebte und aß. Ein Jahr lang führte er dieses nächtliche Einsiedlerdasein. Dann, eines Morgens, kam Jed, schloß wie gewöhnlich den Loft auf und sah, daß die Tür zur Dunkelkammer weit offenstand – Billy war fort.

Gerard Malanga, in den sechziger Jahren einer der ersten Assistenten von Andy und Darsteller in den frühen Filmen »Vinyl« und »Kiss«, teilte sich einen der beiden großen Schreibtische im vorderen Teil des Lofts mit Fred Hughes, der damals gerade begann, Andys Kunstkarriere zu managen. Fred hatte in seiner Heimatstadt Houston für die de Menils, eine Familie von Kunstmäzenen und Philanthropen, gearbeitet und war dadurch zu einem Kunstkenner geworden. Mit zwei Dingen hatte Fred Andy beeindruckt: Erstens führte er ihn bei dieser steinreichen, generösen Familie ein, und zweitens brachte er Andys Kunst wie kaum ein anderer Verstehen und Respekt entgegen; er hatte auch ein Gespür dafür, wie, wann und wo man sie zeigen sollte. An der anderen Hälfte des Schreibtischs saß Gerard, schrieb Gedichte und nahm gleichzeitig Anrufe entgegen. Als Andy 1969 beschloß, die Zeitschrift »inter/VIEW« herauszubringen, wurde Gerard für kurze Zeit ihr Redakteur. Später verließ er New York und ging nach Europa.

An dem anderen großen Schreibtisch saß Paul. An der Wand hinter ihm hingen große Farbfotos von »Superstars«, darunter zwei »Girls of the Year«, Viva und International Velvet (Susan Bottomly). Paul drehte 1970 »Trash« und 1971 »Heat«. »Women in Revolt« (1972) und »L'Amour« (1973) entstanden ebenfalls in dieser Zeit, waren aber Kollektivproduktionen der Factory, bei denen Andy, Paul, Fred und Jed gemeinsam die Rollen besetzten, drehten und den Schnitt besorgten. Im Jahr 1973 ging

Paul nach Italien, um bei zwei Filmen für die Carlo-Ponti-Produktion Regie zu führen, die schließlich von Andy »präsentiert« wurden – »Andy Warhol's Frankenstein« und »Andy Warhol's Dracula«. Jed und ich flogen nach Italien, um daran mitzuarbeiten. Nach Fertigstellung der Filme blieb Paul in Europa. Damit endete seine Rolle als einer der führenden Köpfe der Factory.

Fred war mittlerweile zu Andys Geschäftsführer avanciert. Er leitete offiziell Chefredakteur der Zeitschrift und verlieh ihr ein politisch konservatives und sexuell androgynes Image. (»Interview« war kein Familienblatt; nach einer Untersuchung aus den späten siebziger Jahren hatte der »durchschnittliche ›Interview‹-Leser so etwas wie 0,001 Kinder«.) Seine redaktionelle und kommerzielle Linie war elitär. So widmete sich die Zeitschrift – wie Bob einmal lachend erklärte – der Restauration der glanzvollsten (und vergessensten) Diktaturen und

sämtliche Unternehmungen des Büros und beriet Andy bei seinen geschäftlichen Entscheidungen. Vincent Fremont, der mit dem Auto von San Diego nach New York gekommen war und seit Herbst 1969 in der Factory arbeitete, wurde Bürovorsteher.

Im Sommer 1974 zog die Factory vom Union Square West 33 einen halben Block weiter – in den dritten Stock des Hauses Broadway 860. Etwa um diese Zeit wies Andy die Mitarbeiter am Empfang an, sich am Telefon nicht mehr mit »Factory« zu melden –, »Factory« sei »zu abgedroschen«. Von da an hieß die Firma schlicht »das Büro«. Bob Colaciello, der die Georgetown School of Diplomacy absolviert hatte, war mit seiner Kritik über den Film »Trash« in der »Village Voice« zu seinem Job in der Factory gekommen. Zu jener Zeit arbeitete er hauptsächlich für die Zeitschrift (die heute, leicht verändert, »Andy Warhol's Interview« heißt). Er schrieb Artikel und seine Kolumne »OUT«, in der er sein eigenes gesellschaftliches Leben rund um die Uhr registrierte und Monat für Monat eine Menge Namen fallen ließ. Im Jahr 1975 wurde Bob Colacello (mittlerweile hatte er das i aus seinem Namen getilgt) Monarchien der Welt. Sowenig dieses Ziel zu seinem proletarischen Brooklyn-Akzent passen wollte, sowenig hielt ihn dies davon ab, auch noch detailliert aufzulisten, *welche* Monarchien er am schmerzlichsten vermißte und warum.

Als Andy die Zeitschrift 1969 ins Leben rief, sollte sie sich vorwiegend dem Kino widmen. Er wollte den Stars Gelegenheit geben, in eigenen Worten, und weitgehend unredigiert, von sich zu erzählen. Und wenn möglich, sollten sie von anderen Stars interviewt werden. Das war ein Novum im Zeitschriftengeschäft. Und da Andy an seiner Geschäftsphilosophie festhielt, mit einem kleinen Budget anzufangen und langsam aufzubauen (die Finanzierung also selbst zu tragen, damit später, wenn das Geschäft etwas abwarf, er und nicht ein Geldgeber daran verdiente), begann das Magazin mit einem äußerst schmalen

Etat. Wie schmal er war, zeigt ein Beispiel: In der ersten Ausgabe hatte ein Interviewpartner einen bekannten Filmkritiker, der gerade in einem Hollywood-Film über Transsexuelle mitgewirkt hatte, als »Tunte« bezeichnet. Das Heft hatte bereits die Druckerei verlassen, da riet uns ein Anwalt, »Tunte« zu streichen, andernfalls würden wir riskieren, wegen übler Nachrede verklagt zu werden. Also saßen wir – Andy, Paul, Fred, Jed, Gerard, ich und jeder, der zufällig zur Tür hereinkam – sechs Stunden lang im vorderen Teil des Lofts, arbeiteten uns durch die Pakete und strichen mit schwarzem Filzstift in jedem »inter/VIEW« das Wort »Tunte« durch. Paul jammerte die ganze Zeit vor sich hin: »Das ist ja die reine Strafarbeit ... ›Ich werde nie wieder Tunte zu ihm sagen. Ich werde nie wieder Tunte zu ihm sagen. Ich...‹«

Am Union Square West 33 hatte die Redaktion von »inter/VIEW« zwei Räume im zehnten Stock gehabt, also vier Etagen über der Factory. Doch nach dem Umzug an den Broadway 860 befand sie sich auf demselben Stockwerk wie Andys Büro und sein Atelier, lediglich durch eine Wand davon getrennt. Andy betrachtete die Mitarbeiter von »Interview« als Stiefkinder. Leute, die direkt mit ihm zusammenarbeiteten, gehörten dagegen zur »Familie«. (Ein Besucher, dem Andys Distanz zu den Mitarbeitern der Zeitschrift aufgefallen war, bemerkte einmal: »Würde man die Mitarbeiter von ›Interview‹ fragen, welche Berühmtheit sie am liebsten kennenlernen würden, bekäme man vermutlich von allen dieselbe Antwort: Andy Warhol.«)

Lou Reed
(Andy Warhol)

Es gab Ausnahmen – Leute, die zwar für »Interview« arbeiteten, aber mit Andy befreundet waren und mit ihm ausgingen – so etwa Bob Colacello und Catherine Guinness, ein Mitglied der anglo-irischen Bierbrauerfamilie. Doch im großen und ganzen war die Zeitschrift für Andy vor allem ein Teil seines Geschäfts, nicht seines Privatlebens. Die »Interview«-Mitarbeiter waren immer »sie«, niemals »wir«. Das »wir« blieb uns vorbehalten.

Hatte sich Ende der sechziger und Anfang der siebziger Jahre vor allem Fred um Andys soziale Kontakte gekümmert, knüpfte ab 1975 auch Bob Colacello viele Verbindungen und bahnte Geschäfte an (freilich mußten alle Geschäfte, die er oder ein anderer eingefädelt hatten, von Fred abgesegnet werden). Von den reichen Leuten, mit denen sich Bob im Lauf der Zeit anfreundete, beschaffte er Andy viele Porträtaufträge. Außerdem verhalf er ihm zu zwei Buchverträgen. Das erste Buch war »The Philosophy of Andy Warhol (From A to B and Back Again)«. Ich machte mit Andy acht Interviews und schrieb die Kapitel 1 bis 8 sowie Kapitel 10, die sich ausschließlich auf diese Interviews stützten. Außerdem verfaßte ich die Einleitung sowie die Kapitel 9, 11, 12, 13 und 14, denen Gespräche zugrunde lagen, die Bob Colacello und Brigid Berlin mit Andy geführt hatten. Es war unser erstes größeres Projekt, und nachdem das Buch 1975 erschienen war, bat mich Andy, als Co-Autor an seinem zweiten Buch mitzuarbeiten – seinen Erinnerungen an die sechziger Jahre, die wir »POPism« nannten.

Ab 1975 zählte die Zeitschrift zu Andys Hauptbeschäftigungen. In jenem Jahr kaufte er die Anteile des Zeitungsdruckers und Kunstsammlers Peter Brant, um alleiniger Eigentümer und Verleger zu werden. Fred ernannte er zum Präsidenten. Hatte sich Andy bis dahin von den Tagesgeschäften der Zeitschrift meist ferngehalten, so riß er sich jetzt regelmäßig um Art-director Marc Balets Layouts oder arrangierte Essen im Konferenzzimmer, um »Interview« möglichen Inserenten ans Herz zu legen.

Mehr als alles andere verhinderte die Zeitschrift, daß Andys Name nur mit der Geschichte der sechziger Jahre verbunden blieb. Neue, kreative Menschen kennenzulernen, besonders junge Menschen, war immer wichtig für ihn. In ihrer Gesellschaft blühte er auf. Aber Leute kommen nur, wenn sie annehmen, daß man ihnen auch etwas zu bieten hat. Mitte der sechziger Jahre, als Andy seine frühen, billigen Undergroundfilme produzierte, praktisch einen pro Woche, lockte die Aussicht auf eine Rolle in einem dieser Filme Menschen in die Factory. Doch zehn Jahre später waren die Kosten für kommerziell verwertbare Filme so in die Höhe geschnellt, daß Andy nur noch selten Rollen anbieten konnte – und stets ohne Garantie, daß der geplante Film auch tatsächlich gedreht würde. »Interview« füllte nun diese Lücke.

Die Auflage stieg von Jahr zu Jahr, und 1976 hatte »Interview« den Ruf einer anspruchsvoll-verrückten und selbstironischen Zeitschrift erworben, in der auch berühmte Leute vorkommen wollten. Das Titel-Interview führte Andy meist selbst (zusammen mit einem Redaktionsmitglied). Für jede Nummer mußten Menschen gefunden werden – und das waren die neuen Gesichter, die im Büro aus und ein gingen. Hatte Andy den Leuten früher immer Rollen in einem Film versprochen, hieß es jetzt: »Wir bringen dich in ›Interview‹.« In den Rubriken »Interman«, »Viewgirl«, »Upfront«, »First Impression« erschienen gutaussehende Männer und Frauen, deren Fotos noch nie gedruckt worden waren. »Interview« wurde zur glamourösesten Zeitschrift auf dem Markt. Einmal hörte ich, wie Bob am Telefon eine Matrone der besseren Gesellschaft beruhigte: »Machen Sie sich wegen Ihres Fotos keine Sorgen – wir retuschieren jeden über *zwanzig*.«

1976 war auch das Jahr, in dem in New York mit einem gewerkschaftlich anerkannten Team der 35-mm-Film »Andy Warhol's BAD« gedreht wurde. Die Rollen waren teils mit unseren eigenen »Studiostars« – Leuten wie Geraldine Smith aus »Flesh« und Cyrinda Fox von nebenan aus der East 17th Street –, teils mit Hollywood-Schauspielern wie Carroll Baker und Perry King besetzt worden. Jed führte Regie, ich hatte am Drehbuch mitgearbeitet – und der Film kam an. Der Kritiker Vincent Canby schrieb in der »New York Times«, »BAD« sei »klarer im Ausdruck als alle bisherigen Warhol-Filme…«.

Obwohl »BAD« Erfolg bei der Kritik hatte, arbeitete Jed danach nie wieder in der Factory, dem »Büro«. Er fing an, mit Antiquitäten zu handeln, und gründete eine Einrichtungsfirma, blieb aber weiterhin im vierten Stock des Stadthauses in der East 66th Street wohnen, das er für Andy entdeckt hatte und in das Andy 1976 eingezogen war. Fred war mittlerweile aus seiner Wohnung in der East 16th Street in das Haus Ecke 89. Straße und Lexington Avenue umgezogen, das Andy gerade geräumt hatte.

Von den siebziger Jahren bis hin zu Andys Tod bestand eine unserer Hauptaufgaben darin, Auftraggeber für den Porträtisten Warhol zu finden. Porträts machten einen großen Teil seiner jährlichen Einkünfte aus. Ganz gleich, an welchen Bildern für Ausstellungen in Museen und Galerien er gerade malte, in einer Ecke des Lofts waren immer mehrere Porträts in Arbeit. Ob Galerist, Freund oder Angestellter – jeder, der einen Auftrag besorgte, bekam eine Provision. Der Künstler Ronnie Cutrone, in den siebziger Jahren Andys Assistent

Ronnie Cutrone *(Andy Warhol)*

(und in den Sechzigern Tänzer bei den Exploding Plastic Inevitables), sagte einmal: »Jeder Künstler gelangt mal an einen Tiefpunkt und hat das Problem, diese Zeit des Leerlaufs zu überbrücken. In den siebziger Jahren steckte Andy in einer solchen Phase – Pop Art war vorüber, es gab eine Menge neuer Richtungen. Aber inzwischen hatte er nicht nur ein Büro zu unterhalten, sondern auch eine Zeitschrift, die Zuschüsse kostete. Nach seinen Starporträts der sechziger Jahre – Marilyn, Liza, Elvis, Marlon und so weiter – war es nur natürlich, daß er jetzt dazu überging, private Porträts zu machen von Leuten, die nicht aus dem Showbusiness kamen. Dafür erhob er auch sie in gewisser Weise gleichberechtigt zur Legende.«

Triple Elvis, 1962 *(Ausschnitt)*

Bereits in den sechziger Jahren hatte Andy Porträtaufträge ausgeführt und etwa die Kunstsammlerin Ethel Scull, die Galeriebesitzerin Holly Solomon und Happy Rockefeller abgebildet.

Andy stellte die Porträts in einem sehr aufwendigen Verfahren her. Zunächst mußte der oder die Betreffende Modell sitzen, und Andy machte etwa 60 Polaroid-Aufnahmen. (Er benutzte ausschließlich die Big Shot Model Camera von Polaroid; als ihre Produktion eingestellt wurde, erwarb er von der Firma den gesamten Lagerbestand.) Von den 60 Fotos wählte er vier aus und gab sie dem Siebdrucker (er arbeitete immer nur mit einem Drucker – bis 1977 war es Alex Heinrici, danach Rupert Smith), der sie als Positive auf 20 × 25 cm große Folien übertrug. Wenn Andy sie zurückbekam, wählte er ein Bild, bestimmte den Ausschnitt und nahm so lange kosmetische Verbesserungen vor, bis das Modell so attraktiv wie möglich aussah. Er streckte Hälse, begradigte Nasen, vergrößerte Lippen und beseitigte Hautunreinheiten, wo er es für nötig befand. Mit einem Wort, er tat den anderen das, was andere auch ihm tun sollten. Dann ließ er das geschnittene, retuschierte Bild von 20 × 25 cm auf 1 × 1 m vergrößern, und davon stellte der Drucker später das Drucksieb her.

Wegen der ständigen Nachfrage nach Porträts ließ Andy von seinen Assistenten Leinwände mit je einer von zwei Farben grundieren: fleischfarbener Ton für Männerporträts, ein etwas mehr ins Rosa gehender Ton für Frauenporträts. Unter Verwendung von Kohlepapier und Transparentpapier pauste er die Umrisse von der 1 × 1 m großen Folie auf die fleischfarben oder pink getönte Leinwand durch. Anschließend malte er die farbigen Partien – Haare, Augen und Lippen bei den Frauen, Krawatten und Jacketts bei den Männern. War das Sieb fertig, wurde das Fotobild an die farbig gemalten Flächen angelegt und die detaillierte Fotografie in Schwarz auf die Leinwand gedruckt. Minimale Abweichungen beim Anpassen des Fotos an die gemalten Partien gaben Warhols Porträts ihr charakteristisches »verwackeltes« Aussehen. Die Porträts kosteten in der Regel etwa $ 25 000 für das erste Exemplar und $ 5000 für jedes weitere.

Andy legte großen Wert auf einen geregelten Tagesablauf, von dem er nur abwich, wenn es sein mußte. Nach unserem »Tagebuch-Telefonat« (später mehr darüber) führte er noch ein paar Gespräche, duschte und zog sich an. Dann ging er mit seinen geliebten Dackeln, Archie und Amos, zum Aufzug und fuhr vom dritten Stock, in dem sein Schlafzimmer lag, in die Küche im Untergeschoß, wo er mit seinen philippinischen Haushälterinnen, den Schwestern Nena und Aurora Bugarin, frühstückte. Dann klemmte er sich ein paar »Interview«-Hefte unter den Arm und brach zu einem mehrstündigen Einkaufsbummel auf, der ihn meist in die Madison Avenue führte, danach zu den Auktionshäusern, den Juwelierläden an der 47. Straße und schließlich zu den Antiquitätenläden im Village. Er verteilte die Hefte an Ladenbesitzer (in der Hoffnung, sie als Inserenten zu gewinnen) und an Fans, die ihn auf der Straße erkannten und ansprachen – er hatte immer gern etwas bei sich, das er ihnen geben konnte.

Meist kam er zwischen 1.00 und 3.00 ins Büro, je nachdem, ob ein Geschäftsessen angesagt war oder nicht. Er kam an, griff in seine Tasche – oder in den Stiefel –, zog Geld heraus und schickte einen der Jungen in »Brownies Health Food Store«, ein paar Häuser weiter, um Snacks zu holen. Während er Karottensaft oder Tee trank, sah er den Terminkalender durch, erledigte Telefonate und nahm Anrufe entgegen, wie sie gerade kamen. Außerdem arbeitete er sich durch die Stapel Post, die er täglich bekam, und entschied, welche Briefe, Einladungen, Geschenke und Zeitschriften in die »Zeitkapsel« kamen. Das war ein 30 × 60 × 40 cm großer brauner Karton, der von ihm versiegelt, mit Datum versehen, verstaut und anschließend sofort durch einen identischen leeren Karton ersetzt wurde. Von all den Sachen, die Andy geschickt oder geschenkt bekam, behielt oder verschenkte er weniger als ein Prozent – der Rest kam täglich »in den Karton«: Dinge, die er »interessant« fand, und bei Andy, der sich für alles interessierte, galt das so ziemlich für alles.

Schriftliche Mitteilungen von Andy waren eine Seltenheit. Wir sahen ihn zwar oft mit einem Stift in der Hand, meist jedoch schrieb er nur seinen Namen, gab ein Autogramm, signierte ein Kunstwerk oder unterzeichnete einen Vertrag. Er notierte sich zwar Telefonnummern, übertrug sie aber nie in ein Adreßbuch. Und wenn er einmal eine Notiz schrieb, waren es nur ein paar Worte wie »Pat – verwende das«, die er an einen Zeitungsausschnitt heftete, der seiner Ansicht nach für eines unserer Projekte von Nutzen war. Er machte eine Ausnahme, wenn ihn jemand bat, etwas für ihn zu schreiben, und ihm den Text diktierte – etwa für eine Geschenkkarte. Dann schrieb er gerne, aber nur bis zum Ende des Diktats.

Meist blieb er ein bis zwei Stunden am Empfang und sprach mit Leuten aus dem Büro über ihr Liebesleben, ihre Diät und darüber, wo sie den Abend verbracht hatten. Danach setzte er sich an die sonnige Fensterbank neben den Telefonapparaten, las Zeitung, blätterte Zeitschriften durch, nahm Anrufe entgegen und erörterte mit Fred und Vincent Geschäftliches. Schließlich zog er sich in den hinteren Teil des Lofts neben dem Lastenaufzug zurück, malte, zeichnete, schnitt und räumte Bilder um, bis es Abend wurde. Dann setzte er sich mit Vincent zusammen, bezahlte Rechnungen und telefonierte mit Freunden, um den Fahrplan für den Abend festzulegen.

Nach der Rush-hour, zwischen 6.00 und 7.00, ging er zu Fuß hinüber in die Park Avenue und nahm ein Taxi nach Hause. Dort verwendete er ein paar Minuten darauf, sich »zusammenzuleimen«, wie er das nannte: Er wusch sein Gesicht, brachte das silberne »Haar«, sein Markenzeichen, in Ordnung, und unter Umständen zog er sich sogar um, aber nur wenn er ein »volles Programm« hatte. Als nächstes tat er einen Film in seine Sofortbildkamera. (Von Mitte der sechziger bis Mitte der siebziger Jahre war Andy dafür berüchtigt, daß er die endlosen Unterhaltungen seiner Freunde auf Tonband aufnahm. Doch gegen Ende der siebziger Jahre langweilte ihn dieses wahllose Aufzeichnen. Von da an nahm er Text nur noch für bestimmte Zwecke auf – wenn er glaubte, er könne die Gespräche eventuell für den Dialog in einem Stück oder einem Drehbuch verwerten.)

Die erste »Factory« in der East 47th Street (*Billy Name*)

Dann ging er aus dem Haus – entweder zu mehreren Dinners und Parties oder einfach nur ins Kino und hinterher zum Essen. Doch ganz gleich, wie spät er nach Hause kam, am nächsten Morgen war er immer für das Tagebuch bereit.

In den Jahren vor 1976 führte ich über die Ereignisse in der Factory für Andy nur sehr allgemein und skizzenhaft Buch. Ich notierte täglich die Besucher, die geschäftlich ins Büro kamen, und notierte die Ereignisse vom vergangenen Abend. Auch wenn ich selbst dabeigewesen war, fragte ich verschiedene Leute nach ihren Eindrücken von einer Dinnerparty oder einer Ausstellungseröffnung. Es ging darum zu protokollieren, was vorgefallen und wer dort gewesen war – und nicht etwa um Andys Meinung. Damals sprach ich die Einträge nicht mit ihm durch, sondern fragte ihn nur nach seinen Spesen; das war sein einziger Beitrag zum Protokoll.

Im Jahr 1976, nach den Dreharbeiten für »BAD«, teilte ich Andy mit, daß ich künftig nicht mehr im Büro arbeiten wolle, aber bereit sei, weiter mit ihm an »POPism« zu schreiben. Daraufhin fragte er mich, ob ich nicht wenigstens das Büroprotokoll weiterführen und seine persönlichen Ausgaben eintragen könnte – »Das kostet dich höchstens fünf Minuten am Tag«, meinte er. Ich hatte aber keine Lust, jeden Tag die Leute im Büro anzurufen und über die Ereignisse des Vortags auszufragen. Da hätte ich ja gleich im Büro bleiben können. Wir einigten uns auf einen Kompromiß. Andy selber sollte von jetzt an das Tagesgeschehen zusammenfassen und mir jeden Morgen telefonisch durchgeben. Auf diese Weise wurde aus dem Protokoll Andys persönlicher Bericht.

Im Herbst 1976 begannen Andy und ich also mit unseren allmorgendlichen Telefongesprächen. Vordergründig ging es darum, festzuhalten, was er getan hatte, wo er am Vortag überall gewesen war und wieviel Bargeld er ausgegeben hatte. Aber dieser Bericht

über seine täglichen Aktivitäten veranlaßte Andy schon sehr bald, das Leben zu analysieren. Mit einem Wort: Aus dem Bericht wurde ein Tagebuch. Dennoch vergaß Andy nie, daß der ursprüngliche Zweck dieser Notizen darin bestanden hatte, den Steuerprüfern Rechenschaft ablegen zu können. Also gab er sogar die zehn Cent für ein geschäftliches Gespräch aus einer Telefonzelle an. Und das war beileibe keine übertriebene Vorsicht – seit die Steuerbehörde 1972 seine Firma unter die Lupe genommen hatte, prüfte sie jedes Jahr seine Bücher, bis zu seinem Tod. (Andy war überzeugt, daß diese Revisionen auf einen Beamten der Nixon-Administration zurückgingen. Andy hatte 1972 für George McGovern ein Wahlplakat entworfen, das einen grüngesichtigen Nixon zeigte und dazu aufrief, McGovern zu wählen. Philosophisch gesprochen, war Andy ein liberaler Demokrat. Allerdings ging er nie zur Wahl, weil, wie er sagte, er nie für das Amt eines Geschworenen herangezogen werden wollte. Seinen Angestellten gab er an Wahltagen jedoch frei, wenn sie ihm versprachen, ihre Stimme den Demokraten zu geben.)

Meist rief ich Andy um 9 Uhr morgens an, nie später als 9.30 Uhr. Mal weckte ich ihn, mal war er schon seit Stunden wach. Wenn ich zufällig einmal verschlief, weckte er mich mit einem »Guten Morgen, Miss Tagebuch – was fehlt dir?«. Oder: »Liebling, du bist entlassen!« Zuerst schwatzten wir eine Weile miteinander, um warm zu werden – er war sehr neugierig und stellte tausend Fragen: »Was ißt du zum Frühstück? Hast du Kanal 7 eingeschaltet? Wie macht man einen Dosenöffner sauber? Mit einer Zahnbürste?« Dann gab er mir seine Auslagen durch und erzählte alles vom vergangenen Tag. Nichts war ihm zu belanglos für das Tagebuch. Er traf keine Auswahl, er erzählte, was ihm gerade einfiel. Diese Gespräche – die er meinen »Fünfminutenjob« nannte – dauerten ein bis zwei Stunden. Alle zwei

Wochen ging ich dann mit den getippten Tagebuchseiten ins Büro und heftete alle Taxi- und Restaurantbelege, die er inzwischen für mich gesammelt hatte, an die Seiten. Die Blätter wurden in Briefschachteln aus dem Schreibwarenladen aufbewahrt.

Das Tagebuchgespräch fand jeden Morgen von Montag bis Freitag statt, jedoch nie an den Wochenenden, auch dann nicht, wenn es sich zufällig ergab, daß Andy und ich miteinander telefonierten oder uns trafen. Das Tagebuch mußte immer bis Montag warten, dann erst erzählte er mir, was er Freitag, Samstag und Sonntag getan hatte. So erledigten wir drei Tage mit einem Telefonat. Ich machte ausführliche Notizen auf einem gelben Block.

Broadway 860 *(Mark Sink)*

Unmittelbar nach dem Telefonat, solange ich Andys Tonfall und sein Lachen noch im Ohr hatte, setzte ich mich an die Schreibmaschine. Wenn Andy nicht in New York war, rief er mich von unterwegs an oder machte sich auf dem Briefpapier des Hotels Notizen, die er mir dann nach seiner Rückkehr am Telefon vorlas. Oft brauchte er dazu etwas länger, weil er sie nicht mehr entziffern konnte. Dann tippte ich die Eintragungen gleich auf der Maschine mit. Umgekehrt war es, wenn ich verreist war – dann rief ich ihn regelmäßig von unterwegs an, und er las mir seine Notizen vor. Doch welche Prozedur sich auch ergab, kein Tag blieb unregistriert.

Natürlich unterhielten wir uns auch außerhalb der »Tagebuchzeiten«. Wenn wir an einem Projekt arbeiteten – an »POPism« zum Beispiel –, sprachen wir mitunter mehrmals täglich miteinander. Und abgesehen vom Geschäft – wir waren Freunde. Wir telefonierten, wenn uns danach war, wenn sich etwas Lustiges ereignet hatte oder wir auf etwas wütend waren. (Wie oft haben Andy und ich miteinander gestritten und gelacht!) Bei diesen privaten Gesprächen ergänzte oder korrigierte Andy oftmals Informationen, die er mir beim Routinetelefonat am Morgen durchgegeben hatte, verbunden mit der Anweisung, »das ins Tagebuch einzutragen«.

Andy hat sich im Lauf der Zeit so sehr verändert, daß einige, die ihn aus den sechziger und frühen siebziger Jahren kennen, vielleicht fragen werden, weshalb gewisse Aspekte seiner Persönlichkeit, die sie an ihm erlebt haben (und über die viel geschrieben wurde), in den Tagebüchern keinen Niederschlag finden. Ich denke da vor allem an seine grausame Art, Mitmenschen durch Bemerkungen zu reizen, die nur darauf angelegt waren, die Betreffenden an den Rand der Hysterie zu treiben. Darauf gibt es zwei Antworten: Zunächst und ganz offensichtlich haben wir es hier mit einem *Tagebuch* zu tun – mit der Sichtweise eines Mannes –, und die Tagebuchform schließt die Darstellung einer dramatischen Konfrontation zweier oder mehrerer Menschen von vornherein aus. Und zweitens: Andy hat im Lauf der Zeit diesen Zwang, Zwietracht zu säen, überwunden. Er war ein Spätentwickler. Bis zu seinem 30. Lebensjahr arbeitete er sehr hart an seiner Karriere als Werbegrafiker, und bis in die sechziger Jahre hinein – mittlerweile schon über 30 – nahm er sich kaum Zeit für Vergnügungen. Also terrorisierte er seine Mitmenschen in der Manier einer von allen Seiten umschwärmten Highschool-Schönheit – er scharte Cliquen um sich, inszenierte zum Spaß Intrigen und genoß es, wenn die anderen um seine Gunst buhlten. Doch gegen Ende der siebziger Jahre wurde er ruhiger. Nur noch selten provozierte er andere absichtlich, oft versuchte er sogar, aufkommenden Streit zu schlichten. Hinzu kam, daß er wegen seiner persönlichen und emotionalen Probleme in diesen Tagebuchjahren bei seinen Freunden eher Trost als Aufregung suchte. Im letzten Jahr seines Lebens war er hilfsbereiter und umgänglicher als zu jedem früheren Zeitpunkt unserer Bekanntschaft.

Der Leser sollte mit einigen seiner Eigenheiten vertraut sein: Andys Kommentare waren, oberflächlich betrachtet, voller Widersprüche. So beschrieb er jemanden als »süßen, kleinen Widerling«, oder er bemerkte: »Es war dort so lustig, daß ich weg mußte.« Er übertrieb bei Maßen und Gewichten – einen 1,55 m großen Menschen ließ er auf »zwei Fuß« schrumpfen, aus einem Zweizentnermann machte er gern einen Dreizentnermann. Seine Lieblingszahl war »18« – standen also mehrere Termine auf seinem Abendprogramm, sagte er: »Ich muß auf 18 Parties gehen.« Mit den Wörtern »Schwuler« und »Lesbe« nahm er es nicht sehr genau – es konnten damit durchaus auch leicht feminine Männer oder laut sprechende Frauen gemeint sein. Ähnlich frei gebrauchte er »Freund« und »Freundin«. In den fünfziger Jahren, als er täglich viele Stunden als freischaffender Werbedesigner arbeitete, abends zu Hause zeichnete und tagsüber seine Mappe durch Manhattan schleppte, lernte er Hunderte von Werbefachleuten, Verlegern und Geschäftsleuten kennen, und als er später der Werbung den Rücken gekehrt hatte und zum Pop-Maler avanciert war, sagte er über jeden von ihnen: »Der hat mir meinen ersten Job gegeben.«

Oft wurde Andy eine Vorliebe für den Pluralis majestatis nachgesagt. Das stimmt insofern, als er immer von »unseren Filmen«, »unseren Freunden«, »unserer Zeitschrift« und »unserer Party« sprach – allerdings erst nach der Factory-Zeit. Leute, die er aus den Tagen vor seiner ersten Factory kannte, nannte er »Freunde von mir«. Im Zusammenhang mit seiner Kunst verwendete er selbstverständlich nur die erste Person Singular – »mein Bild«, »meine Ausstellung«, »meine Arbeit«.

Am meisten hatte Andy Angst davor, Pleite zu machen. Und davor, Krebs zu bekommen – hinter jedem Pickel, hinter jedem Kopfschmerz witterte er Hautkrebs oder einen Gehirntumor. Rückblickend wird die Ironie deutlich: Wenn er sich *wirklich* Sorgen um seine Gesundheit machte, verlor er kaum ein Wort darüber – so etwa 1977, als er einen Knoten am Hals entdeckte, den die Ärzte später als »gutartig« diagnostizierten, oder im Februar 1987, als er Probleme mit der Gallenblase hatte, die zu seinem Tod führten.

Ich habe das Tagebuch auf etwa fünf Prozent seines ursprünglichen Umfangs von 20 000 Seiten gekürzt. Das heißt, ich habe Tage, gelegentlich sogar ganze Wochen herausgenommen, häufiger aber nur Teile eines Tages. Wenn Andy an einem Tag fünf verschiedene Parties besuchte, erwähne ich unter Umständen nur eine. Nach dem gleichen Prinzip verfuhr ich bei den Namen: Um die Lektüre in Fluß

Zu Hause *(Pat Hackett)*

zu halten und zu verhindern, daß sich das Tagebuch wie eine Klatschspalte liest, die den Leser mit Namen erschlägt, die ihm häufig nichts sagen, habe ich viele davon gestrichen. Wo Andy zehn Leute erwähnt, nenne ich vielleicht nur die drei, mit denen er sich unterhalten und von denen er am meisten gesprochen hat. Auslassungen dieser Art sind nicht gekennzeichnet, wie es sonst üblich ist, um den Leser nicht unnötig zu stören und abzulenken. Das Tagebuch enthält auch kein Glossar. Denn simple Angaben darüber, wer in welchem Verhältnis zu Andy stand, würden nicht nur seinem Selbstverständnis widersprechen – es womöglich sogar verraten –, sondern auch der offenen Welt, die er sich geschaffen hat. Andy legte Wert darauf, die Menschen *nicht* in Kategorien zu zwängen. Er wollte vielmehr freie Übergänge zwischen den Kategorien. Die Akteure seiner in den sechziger Jahren gedrehten Undergroundfilme nannte er zwar »Superstars«, aber was hieß das genau? Das attraktivste Fotomodell in New York konnte damit ebenso gemeint sein wie der Laufjunge, der ihm bei den Dreharbeiten ein Päckchen Zigaretten brachte und sich dann vor der surrenden Kamera wiederfand.

Für Andy war es schon Kompromiß genug, die Dinge in eine sinnvolle Form zu bringen. Er regte sich jedesmal auf, wenn ich ihn bat, etwas so lange zu wiederholen oder umzuformulieren, bis ich es verstanden hatte. Sein erster »Roman«, der 1968 unter dem Titel »a« erschien, war in Wirklichkeit ein literarisches Experiment: In der Zeit der Amphetamin-beschleunigten, pansexuellen New Yorker Subkultur nahm er Gespräche von Freunden und Superstars auf Band und ließ die Bänder von unprofessionellen Schreibkräften abtippen. Wörter und Sätze, die ihnen unklar waren, führten zu einer Menge technischer und inhaltlicher Fehler, die Andy dann Buchstabe für Buchstabe in den veröffentlichten Text übernahm. Und Andy mochte das. Ich habe mich darauf beschränkt, den Text so zu bearbeiten, daß er Sinn macht – durch Nachfragen bei Andys telefonischer Übermittlung des Tagebuchs und durch ganz normales Redigieren vor der Veröffentlichung. Ich sehe darin ein ausreichendes Zugeständnis an die Erwartungen der Öffentlichkeit.

Ein weiteres redaktionelles Ziel bestand darin, die Anzahl der Fußnoten möglichst gering zu halten, damit Andys Stimme mit ihren einzigartigen Wendungen hörbar bleiben konnte. Gewiß, mehr redaktionelle Anmerkungen und Erklärungen hätten die Lektüre hier und da erleichtert. Doch die dadurch erreichten Vorteile wären sehr gering, gemessen an ihrer unnötig distanzierenden Wirkung auf den Leser und ihrer Unverträglichkeit mit Andys Erzählton. Auch wenn sich nur mit einiger Anstrengung erschließen läßt, in welchem Verhältnis Andy zu der einen oder anderen Person in seinem Tagebuch gestanden hat, so sehe ich in dieser Mühe auch einen Teil der einzigartigen Erfahrung, die das Tagebuchlesen bietet – der Leser wird Zeuge, wie sich Leben natürlich entfaltet, gelegentliche Konfusionen inbegriffen. Um diese Konfusionen auf ein Minimum zu begrenzen, sollte das Tagebuch *fortlaufend* durchgelesen werden.

Schließlich habe ich bei der Bearbeitung der Tagebücher für die Veröffentlichung darauf geachtet, den persönlichen Aspekt meines Verhältnisses zu Andy zu tilgen, etwa spezielle Bezüge oder Dinge, die nur für mich Bedeutung haben. Wo ich persönliche Bezüge nicht gestrichen habe – und das ist relativ selten der Fall –, habe ich mich in die dritte Person gesetzt und meine Initialen – PH – angefügt. Mein Ziel war es, die Tagebücher in jenem lockeren und vertraulichen Ton zu lassen, in dem Andy sie mir durchgegeben hat, so daß der Leser jederzeit das Du am anderen Ende der Telefonleitung sein könnte.

Pat Hackett New York, Januar 89

1976

Mittwoch, den 24. November 1976, Vancouver – New York Vancouver. Um 7.00 aufgestanden. Taxi zum Flughafen ($ 15.00 plus Trinkgeld $ 5.00, Zeitschriften $ 5.00). Wir fliegen jetzt zurück. Waren in Seattle zu meiner Eröffnung im »Seattle Art Museum«, dann in Los Angeles bei Marisa Berensons Hochzeit mit Jim Randall, schließlich in Vancouver bei meiner Ausstellungseröffnung in der »Ace Gallery«. Doch in Vancouver kauft niemand Kunst – kein Mensch interessiert sich für Malerei. Catherine Guinness ging mir erst am letzten Tag auf die Nerven, als sie in typisch englischer Manier pausenlos fragte: »Was genau ist Pop Art?« Im Flugzeug löcherte sie mich zwei Stunden lang. »Was ist soul food?« (Taxi von La Guardia $ 13.00, Trinkgeld $ 7.00 – Catherine war großzügig und ließ ihm den Zwanziger.) Brachten Fred nach Hause. Wieder daheim. Vorgezogenes Thanksgiving-Dinner mit Jed. Er hatte den Wagen zur Inspektion gebracht, weil wir am nächsten Morgen zu Phyllis und Jamie Wyeth nach Chadds Ford fahren wollten.

Donnerstag, den 25. November 1976, New York – Chadds Ford, Pennsylvania Fred rief um 8.00 an und wollte wissen, wann wir losfahren. Dann rief Barbara Allen an und sagte, sie komme mit, vorausgesetzt, wir würden erst nach 12.00 losfahren (Film $ 19.98). Taxi ins Büro, Broadway 860*, um ein paar Sachen abzuholen. Abfahrt gegen 1.00 (Taxi $ 3.60, Benzin $ 19.97, Maut $ 3.40). Ein wunderschöner Tag.

*»860« bezieht sich auf das Haus Broadway 860, Nähe 17. Straße, an der Nordwest-Ecke des Union Square. Andy hatte dort für sein Atelier, die beiden Büros und die »Interview«-Redaktion den dritten Stock gemietet.

Jed schaffte es irgendwie, direkt bis vor die Haustür der Wyeths zu fahren, nur einmal, praktisch an der letzten Kreuzung, hatte er telefonieren müssen, um nach dem Weg zu fragen (Telefon $ 0.10). Kamen gegen 4.00 an. Wenig Verkehr. Barbara Allen war nun doch nicht mitgekommen.

Der Blick von Broadway 860 auf den Union Square *(Andy W*

Andrew Wyeth, Jamies Vater, war da. Und Frolic Weymouth, ein Nachbar – seine Frau, Andrews Nichte, hatte ihn gerade wegen eines Antiquitätenhändlers oder so verlassen, und das nach langer Ehe. Er ist ein DuPont. Weil er depressiv war, hatte man ihn zum Essen eingeladen. Auch Andrews Schwestern waren da. Eine von beiden ist ein bißchen verrückt, ich glaube, sie trinkt und malt.
Wir saßen stundenlang beim Dinner. Es war sehr gut, tadellos. Viele Drinks. Ich war noch müde von der langen Reise Anfang der Woche. Jed ging gegen 2.00 ins Bett, alle anderen blieben auf bis 4.00.
Sogar ein Hauch von Romantik war im Spiel. Catherine unterhielt sich mit Robin West. Er ist ebenfalls ein Nachbar der Wyeths und arbeitet im Pentagon, wird aber demnächst, wenn Carter ins Weiße Haus einzieht, seinen Job verlieren. Catherine sprach über alles mögliche, auch über die »Anvil S&M Bar«. Er schien ganz angetan und wurde richtig neugierig. Er sucht ein reiches Mädchen zum Heiraten und fragte mich, wo er das große Glück finden könnte. Zum Beispiel in einem Faß Guinness-Bier, sagte ich, wenn er seine Karten richtig ausspielt. Er versprach, uns einen Flugzeugträger zu zeigen, bevor ein Demokrat seinen Job übernähme.

Freitag, den 26. November 1976, Chadds Ford, Pennsylvania Am Morgen eine Rundfahrt durch Winterthur (Tickets $ 24.00, Bücher $ 59.00). Anschließend bereitete Phyllis Wyeth den Buggy vor. Amerikanisches Frühstück. Archie und Amos gefüttert. Dann fuhren wir los. Wir durchquerten den Brandywine River, war nicht sehr tief.
Jed fuhr zum Bahnhof, um Vincent, Shelly, Ronnie und Gigi abzuholen. Ging mit Jamie ins Brandywine Museum. Posierten für die Fotografen und gaben eine Pressekonferenz. Anschließend fuhren wir zurück zum Haus von Jamie und Phyllis. Cocktails. Sprach mit Mrs. Bartow, von der ich das Haus in der East 66th Street gekauft habe. Sie fragte mich, wann ich es sandstrahlen lassen würde und ob ich denn nie daheim sei, bei mir brenne nie Licht. Unter den Gästen war auch Carter Brown. Jane Holzer war mit Bob Denison da.
Fuhren zum Museum. Ich stellte Gigi als »George« vor – und machte einem Typ weis, sie sei eine Tunte in Frauenkleidern. Er merkte nicht, daß ich ihn auf den Arm nahm, und fing Feuer. Da sagte sie: »Nein, ich heiße ›Georgette‹.« Zufällig heißt sie wirklich so, was ich allerdings nicht wußte. Es stimmte also alles – und eine Tunte hätte genau dasselbe gesagt, das war komisch. Und der Typ mochte sie wirklich. Daß ihr das nicht auffiel, lag daran, daß er dachte, sie sei ein Junge.

Samstag, den 27. November 1976, Chadds Ford, Pennsylvania Fuhren wieder in der Karre los. Diesmal kam auch Frolic mit. Er trank den ganzen Tag über. Er saß auf seinem Wagen und trank beim Fahren. Jamie nahm mich mit zu seiner Tante, um mir ein 1,50 m großes Puppenhaus zu zeigen. Alles war wie bei einem altmodischen Weihnachtsfest.
Gingen ins Museum. Ein Antiquitätenhändler hatte eine Wohltätigkeitsveranstaltung zugunsten einer Opernschule organisiert. Eine Oper wurde aufgeführt, ich hatte wirklich Vergnügen dabei. Zum Schluß ging ein Hut herum. Frolic gab Catherine $ 20.00 für den Hut. Ich warf auch einen Zwanziger rein ($ 20.00).

Sonntag, den 28. November 1976, Chadds Ford, Pennsylvania – New York Catherine rief bei Jodie Foster in New York an, um den Termin für das Interview zu bestätigen, das ich am Nachmittag mit ihr machen sollte. Jodies Mutter druckste herum und sagte, Jodie sei krank und könne es vielleicht nicht geben, wir sollten aber noch mal anrufen, sobald wir wieder in der Stadt seien. Kamen gegen 12.30 an (Benzin $ 16.50, Maut $ 3.40). Brachte Catherine und Fred nach Hause. Catherine rief Jodie an: alles in Ordnung.
Es war ein schöner Tag, ganz so wie in den sechziger Jahren. Holte Catherine ab und ging mit ihr zu Fuß ins Hotel »Pierre« zu Jodie. Die Leute grüßten mich, ich grüßte zurück. Im »Pierre« fiel mir eine schöne Frau auf, die mich unverwandt ansah. Wie sich zeigte, war es Ingrid Bergman. Während ich mit ihr redete, winkte »Coco« Brown aus einem Auto und rief mir etwas zu. Ich verlor den Überblick. Ein Mann, ich glaube Ingrids Mann, kam, um Ingrid abzuholen. Dann ging ich mit Catherine ins Restaurant, um auf Jodie zu warten. Sie kam mit ihrer Mutter und einem Kerl, den sie wohl in Liverpool aufgelesen haben. Ich kann nicht sagen, ob er ein Leibwächter oder der Freund ihrer Mutter war. Jodie trug hohe Stiefel, einen Hut und sah wirklich süß aus. Wir mochten sie ($ 30.00 inklusive Trinkgeld).
Dann gingen wir alle zu »FAO Schwarz« und sahen uns Spielzeug an. Kaufte was für Jodie ($ 10.00). Sie gab Autogramme. Auf dem Rückweg ins »Pierre« kamen wir an einem Mann vorbei, der dicke Zuckerstangen verkaufte. Jodie und ich kriegten eine geschenkt.
Ging nach Hause. Nelson Lyon rief aus Los Angeles an und erzählte mir von seinem Thanksgiving. Paul Morrissey hatte ihn zum Dinner in Chase Mellens Haus eingeladen, ihn dann aber wieder ausgeladen mit der Be-

gründung, das Essen finde »im kleinen, intimen Kreis« statt und es sei ein Fehler von ihm gewesen, jemanden einzuladen. Immer wenn Nelson von einem »kleinen, intimen Kreis« hört, hat er panische Angst, nicht eingeladen zu werden, und ist wild darauf, hinzukommen. Er hat sich also dahintergeklemmt und sich über jemand anderen eine Einladung beschafft. Wie sich herausstellte, waren *Tausende* von Leuten dort. Als er Paul sah, meinte er nur: »Kleine, intime Welt, oder?«

Brigid Polk rief an und sagte, sie hätte jetzt nur noch 89 Kilo. Seit sie sich mit 136 Kilo Lebendgewicht in »BAD« gesehen hat und eine Diät macht, ist sie so langweilig, daß man nicht mehr mit ihr reden kann – sie *tut* nie was, sie *denkt* nie was, sie *liegt* nur auf ihrem Bett im »George Washington Hotel« und wartet darauf, daß das Fett sie verläßt. Ich bot ihr einen Job an und sagte, sie könne auch in der Factory abspecken und nebenbei das Telefon abnehmen, aber sie wollte nicht. Sie hat 39 Jahre gebraucht, um abzunehmen, und wahrscheinlich braucht sie jetzt weitere 39 Jahre, um eine Arbeit anzunehmen.

Ich war zu müde, um mit den Vreeland-Leuten zum Dinner zu gehen, und sah mir statt dessen »25 Jahre Lucille Ball« im Fernsehen an.

Victor Hugo, »Halstons ›Kunst-Berater‹«, rief aus San Francisco an. Ich hatte ihm erzählt, daß mir seine Schaufensterdekoration aus Truthahnknochen bei »Halston's« in der Madison Avenue gefällt. Jetzt hatte jemand dort eingebrochen und die Knochen mitgenommen, und er dachte, ich sei es gewesen (Lachen).

Dienstag, den 30. November 1976 Daniela Morera, unsere italienische »Interview«-Korrespondentin, kam mit Olivier Coquelin ins Büro. Er lud mich für Januar nach Haiti zu Nima Farmanfarmians Hochzeit mit Chris Isham ein, dem Besitzer eines Freizeitparks. Er soll für »POPism« interviewt werden – in den sechziger Jahren hatte er die große Diskothek »Cheetah« Ecke Broadway und 53. Straße.

Ich möchte heute morgen nicht lange reden. Ich will zu Bloomingdale's, bevor es zu voll wird.

[Anmerkung: Andy spricht jeden Morgen in der Vergangenheitsform über die Ereignisse des vorangegangenen Tages. Wenn er Präsens oder Wörter wie »jetzt« oder »heute« verwendet, bezieht er sich auf Dinge, die während des Telefonats geschehen, oder die er im Laufe des Tages erwartet. Ein Beispiel: Der Tagebucheintrag für Dienstag erfolgt Mittwoch morgen; »gestern nacht« steht damit für Dienstag nacht, »heute nachmittag« für Mittwoch nachmittag und »morgen« für Donnerstag.]

Mittwoch, den 1. Dezember 1976 Kam in Weihnachtsstimmung und kaufte (Taxis $ 8.00). In der Abteilung für Herrenhemden bei »Bloomingdale's« traf ich Jean Kennedy Smith. Wir hatten dieselbe Verkäufe-

Victor Hugo und Warhols »Philosophy«-Buch
(Pat Hackett)

rin. Im Taxi zum Union Square ($ 4.00). Traf Amos im Büro. Er war als Papst verkleidet, und Ricky Clifton machte Fotos von ihm.
Ging in die Galerie Ileana Sonnabend zu David Hockneys Eröffnung. Er zeigte nichts Neues, nur Portfolios. Nahm Amos mit (Taxi $ 2.50). Traf Gerard Malanga. Er hatte Fred geschrieben und gefragt, weshalb er nicht für »Interview« fotografieren dürfe. Ich vermute, er will nur einen Presseausweis. Fred will mit Gerard nichts zu schaffen haben, weil wir ständig von seinen gefälschten »Electric Chairs« erfahren. Sie werden verkauft und weiterverkauft, und jedesmal geht es dabei um größere Summen, so daß Fred nicht daran denkt, Gerard etwas zukommen zu lassen. Bei der Eröffnung war es gerammelt voll. Sah nichts von David Hockney, er muß in einem anderen Raum gewesen sein.
Zog mich um und ging zum Dinner in die iranische Botschaft. Wenn ich Botschaft sage, meine ich nicht wirklich die Botschaft, sondern das Haus, in dem Mr. Hoveida wohnt, der iranische UN-Botschafter (Taxi $ 3.00). Traf dort China Machado, und sie erzählte mir, daß sie Botschafter Hoveida vor etwa zehn Jahren in Frankreich kennengelernt habe. Er und ihr Mann seien in den sechziger Jahren viel mit französischen Filmemachern zusammengewesen. Wir sprachen über Avedon und darüber, wie gräßlich er ist. Nach ihrer Meinung nutzt er andere aus und läßt sie dann fallen. Als ich ihr zustimmte, machten mich alle an, ich sei doch genauso.
Ich sprach auch mit Pat Kennedy Lawford und einer Lady du Pont, die gleich neben der Botschaft wohnt und meinte, es sei angenehm, wenn man keinen weiten Weg zu einem Essen habe. Sie kam auch prompt zu spät. Sie trug ein Kleid in Schwarz und Gold, den Kragen mit Juwelen besetzt. Sie erzählte, das Kleid werde beim Zoll immer beschlagnahmt. Das Essen war gut, aber Kaviar wurde nur einmal herumgereicht.

Donnerstag, den 2. Dezember 1976 Diese Woche wird »BAD« in Kalifornien vorgeführt. Wir versuchen, einen Verleih zu finden. Sue Menger hilft uns. Niemand will Geld vorschießen.
Schickte Ronnie los, Besen zu kaufen ($ 20.00). Setzte Catherine Guinness ab (Taxi $ 4.00) und fuhr nach Hause, um mich umzuziehen. Holte sie dann wieder ab und fuhr mit dem Taxi in die West 38th Street 18 ($ 3.60). Helen Bransford hatte uns zu der Eröffnung eines neuen Clubs eingeladen. Ein Versuch, ein neues »Reno Sweeny's« aufzuziehen. Helen zieht jetzt mit John Radziwill herum. Fred findet sie toll und möchte, daß wir nett zu ihr sind. Tim Hardin trat als Sänger auf.
Maxime de la Falaise kam mit Craig Braun – ihr neuer Freund? Wir hatten zusammen an einem Plattencover der Rolling Stones gearbeitet.
Barbara Allen war auch da. Sie zieht eine Weile in Freds Haus Ecke 89. Straße und Lexington. Sie hat ihr Apartment in der East 63rd Street an Catherine vermietet. Catherine hat ihr zwar erlaubt, dort wohnen zu bleiben, doch sie und Catherine in einer Wohnung, das war ihr zuviel geworden.
Ging nach Hause und sah die Nachrichten. Immer wieder die Sache mit Gary Gilmore. Jeden Abend zeigen sie ihn, und er sagt: »Ich will sterben, ich will sterben.«*

*Gary Gilmore wurde wegen zweifachen Mordes zum Tode verurteilt und am 17. Januar 1977 hingerichtet.

Sonntag, den 5. Dezember 1976 Ging in den »Players Club« am Gramercy Park zu einem Dinner für Kitty Carlisle Hart. Kam mir wie ein Herrenabend vor. Die einzigen Frauen waren Arlene Francis, Peggy Cass, Dena Kaye (die ihren am Concorde-lag laborierenden Mann vertrat) und Irene Selznick, die an dem

Abend den Vorsitz führte, oder wie man das nennt. Peggy und Arlene sind Kittys Partnerinnen in »To Tell the Truth«. Anlaß des Dinners war Kittys Ernennung zur neuen Vorsitzenden des »New York State Council on the Arts« durch Gouverneur Carey.

Mein Arzt, Doc Cox, war auch da. Er führte mich nach oben durch Edwin Booth' Schlafzimmer. Es roch muffig und staubig, genau wie früher.

Das Essen wurde serviert. Alle Gerichte mit Sahne. Wegen meiner Gallenblase hätte ich gar nicht essen dürfen. Der Doktor war sichtlich böse, als er mich essen sah. Doch dem Anlaß zuliebe wollte ich nicht auffallen. Der Doc sagte nur: »Ich übersehe es.« Unterhielt mich mit Alfred Drake, dem großen, gutaussehenden Star aus »Carousel«. Er spielt wieder am Broadway.

Einer nach dem anderen hielt eine Rede, und dann erhob sich Kitty, und ihre war die beste. Sie trug ein schwarzes Kleid und Perlen. Sie sah sehr schick aus. Sie sagte, sie wolle auch in Zukunft hart arbeiten. Ich erinnere mich, wie mir Diana Vreeland einmal erzählte, Kitty müsse »arbeiten wie ein Nigger«, weil sie das Geld brauche. Der Doc brachte mich nach Hause.

Montag, den 6. Dezember 1976 Freddy Eberstadt rief an und lud mich für morgen abend ins »La Grenouille« ein. Ich war bereits mit Bianca Jagger verabredet und fragte ihn, ob ich sie mitbringen könne. Aber sicher, antwortete er.

Verließ früh das Büro, ging nach Hause und warf mich in Schale für einen offiziellen Anlaß. Setzte Catherine ab (Taxi $ 4.00), ging zu Fuß zu Halston. Wir wollten zur Eröffnung von Diana Vreelands »Rußland«-Ausstellung im Metropolitan Museum. Victor hatte mir gesagt, an Halstons Tisch sei noch ein Platz für mich. Bei Halston traf ich Mrs. Henry J. Kaiser. Sie trug ein blaugrünes, mit Smaragden besetztes Halston-Modell und schien lebhaftes Interesse an mir zu haben. Als Halston sah, wie gut wir uns verstanden, schlug er mir vor, ihr oben die Porträts zu zeigen, die ich für ihn gemacht hatte. Nach dem Rundgang ließ sie mich aber stehen. Ich nehme an, weil sie mich in hellem Licht gesehen hat.

Wir warteten auf Marisa und ihren neuen Ehemann sowie auf Bianca und ihren Begleiter Joe Eula. Dr. Giller war auch da, der Akupunktur-Doktor, zu dem jetzt alle hinrennen. Barbara Allen trug als einzige Frau kein Halston-Modell, sondern ein schönes schulterfreies Kleid von Christian Dior. Sie hatte es von einer Shopping Tour letzten Monat in Paris. Philip Niarchos hatte bezahlt.

Dann kam Marisa. Sie hatte ihre Haare auf einer Seite hochfrisiert wie ein schöner Star von einst. Bianca hatte den lila Fuchs dabei, mit dem sie schon den vorigen Monat herumgezogen ist. Joe kam und gab Halston die Hand – als Halston fühlte, was Joe ihm dabei in die Hand gelegt hatte, sagte er: »Du hast mir das Leben gerettet.«

In der Garage zeigte mir Victor seine neuesten Arbeiten (Gelächter) – Mona Lisas in Halston-Kleidern. Wirklich komisch. So redete ich ihm zu weiterzumachen. Mit vier Limousi-

Roy Halston *(Pat Hackett)*

nen zum Museum. Die Ausstellung war das Größte, was das Metropolitan je hatte. Als Diana durchging, küßten wir sie alle. Ich unterhielt mich mit Mrs. Kaiser und lernte sie kennen. Sie ist um die 60, sieht aber aus wie 40, und sagt, sie sucht nach einem Fick. Ich sagte ihr, sie ist in der falschen Stadt, lauter Schwule, doch sie meinte: »Macht nichts, die Leute lernen schnell um. Und ich hatte auch schon Glück.« Sie wohnt im »UN Plaza«. Es stellte sich heraus, daß sie mit Brigids Mutter, Honey Berlin, eng befreundet ist. Sie erzählte vom alten Dick Berlin, der so senil war, daß er auf einen Spiegel zulief und versuchte, sich selbst die Hand zu geben. Als sie sah, was er da machte, stand sie auf und streckte ihm die Hand entgegen. Ich ging gleich nach dem Dinner; Mrs. Kaiser setzte mich ab.
Ach ja – beim Essen zog Bianca ihren Slip aus und reichte ihn mir. Ich tat so, als ob ich an ihm schnupperte, und verstaute ihn in meiner Brusttasche. Ich habe ihn noch.

Dienstag, den 7. Dezember 1976 Traf Bob Colacello und Fran Lebowitz. Wir gingen im Regen ins »Biltmore Hotel« zum Lunch der Auslandspresse. Bob hatte schon vor Wochen bei der Einladung klargestellt, daß ich zwar kommen, aber nur *er* über »Interview« reden würde. Damit waren sie einverstanden. Doch nach Bobs Rede wurden alle Fragen nur an *mich* gerichtet – und weil ich nicht vorbereitet war, antwortete ich nur »ja« und »nein« und ärgerte mich hinterher, daß ich wieder meine alte, scheue Nummer abgezogen hatte. Ich hätte die Situation als Übung nutzen sollen. Ich wollte, ich könnte mich besser ausdrücken und auch mal eine kleine Rede halten. Ich will daran arbeiten.
Fran stellten sie nur eine Frage: warum sie ihrer Kolumne in »Interview« den Titel »I Cover the Waterfront« (»Ich probiere alles mal aus«; Anm. d. Ü.) gegeben habe. Ihre Antwort: Tennessee Williams sei einmal in einer Talkshow zu Gast gewesen und habe auf die Frage, ob er homosexuell sei,

Andys »Philosophy«
(Pat Hackett)

geantwortet: »Lassen Sie mich es so sagen: Ich probiere alles mal aus.« Frans Antwort war ein Schuß in den Ofen. Niemand lachte. Als wir im Taxi zurückfuhren, meinte sie nur, daß sie sich eher den Blinddarm rausnehmen lasse, als noch mal zu so einer Veranstaltung zu gehen.
Bianca rief an und lud mich zu einer Vorführung von »Silver Streak« ein. Kam erst gegen 7.00 heim, und um 7.00 hätte ich sie im »Pierre« abholen sollen – sie und Mick haben kürzlich ein Haus in der 72. Straße gemietet, doch es ist noch nicht bezugsfertig. Wir sahen uns den Film im »Loews Tower East« an. War ganz unterhaltsam. Bianca sah toll aus. Als wir nach dem Kino unsere Limousine nicht finden konnten, preßte sich ein Farbiger mit schwarzem Schal an Bianca, völlig verrückt. Er sagte: »Du meinst wohl, du bist die einzige auf der Welt, die schöne Kleider hat?«
Endlich fanden wir den Wagen und fuhren ins »La Grenouille«. Dort trafen wir uns mit Isabel und Freddy Eberstadt und Mica Ertegun. Die Eberstadts hatten ihre schöne Tochter Nenna mit. Ich starrte sie die ganze Zeit an und machte ihr Komplimente. Aber irgendwie hielt Isabel sie von mir fern. Mir war nicht klar, wieso sie mich zu dem Dinner eingeladen hatten, denn wenn ich Bianca nicht mitgebracht hätte, wäre nur *ich* dagewesen. Mica war sehr süß. Es wollte ihr nicht in den Kopf, daß Barbara Allen Joe Allen verlassen hatte – er sei doch so attraktiv.

Die Eberstadt-Tochter sagte während des Essens kein Wort, doch dann platzte sie damit heraus, daß sie oft zum Union Square gegangen sei und zur Factory hinaufgestarrt habe. Wie aufregend, das von einem so hübschen Mädchen zu hören. Ich lud sie ein, für »Interview« Interviews zu machen. »Prima! Ich kann das Geld gut gebrauchen!« Ist das nicht toll? Da stirbt Freddys Vater und vermacht ihm eine ganze Brokerfirma, und dann so ein Ausspruch!
Wir bedankten uns und gingen. Hoffentlich vergesse ich nicht, Blumen zu schicken.

Freitag, den 10. Dezember 1976 Zum erstenmal, seit sie im August mit ihrer Diät begonnen hat, kam Brigid ins Büro – sie wiegt 86 Kilo. Bei unserer letzten Begegnung waren es 118 Kilo. Sie sah wirklich gut aus, und alle machten viel Wirbel um sie. Ich machte Fotos. Barbara Allen hat in der 77. Straße (Nähe Fifth) eine neue Wohnung gefunden.

Sonntag, den 12. Dezember 1976 Ich habe Ruth Kligmans Buch »Love Affair« über ihre »Liebesaffäre« mit Jackson Pollock gelesen – setz das in Anführungszeichen. Es ist gräßlich – wie soll man daraus einen Film machen, ohne die Geschichte total umzuschreiben? Ruth will, daß ich den Film produziere und Jack Nicholson die Hauptrolle spielt. An einer Stelle im Buch heißt es sinngemäß: »Ich mußte weg von Jackson und lief, so weit ich konnte.« Und weißt du auch, wohin? (Lachen) Zu Sag Harbor. Nach Springs. Das sind ungefähr – was? Sechs Meilen? Und dabei tut sie so, als sei sie bis ans Ende der Welt gerannt. Dann schreibt sie weiter: »Das Telefon klingelte – wie, oh, wie nur hat er herausgekriegt, wo ich bin?« Dabei bin ich überzeugt, daß sie Hunderten von Leuten ihre Nummer gegeben hat, für den Fall, daß er nach ihr fragen würde.

Montag, den 13. Dezember 1976 Victor Hugo holte mich ab. Wir fuhren zusammen ins »UN Plaza«. Mrs. Kaiser gab ein Dinner für Halston (Taxi $ 3.00). Unterwegs merkten wir, daß wir Bianca vergessen hatten. Wir fuhren also zurück und holten sie im »Pierre« ab. Victor bot ihr etwas Kokain an, aber sie wollte nichts.
Die ersten Leute, die wir bei Mrs. Kaiser trafen, waren Martha Graham und C. Z. Guest. Paul Rudolph war auch da – er hat das Apartment eingerichtet. Alles in Weiß gehalten. Das Schlafzimmer ist so groß wie die »860«, und das Bett steht direkt am Fenster. Das Fenster reicht vom Boden bis zur Decke und bietet einen Ausblick, der mir Angst einjagt. Aber schön ist es trotzdem. Unter den Gästen waren Marisol und Larry Rivers, Elsa Peretti, Jane Holzer und Bob Denison. Mit Polly Bergen unterhielt ich mich über das Thema ihrer Fernsehsendung vom Morgen – »Androgynie«.

Dienstag, den 14. Dezember 1976 Am Nachmittag erhielt ich einen Brief von unserem Redakteur Steve Aronson. Er teilt mir darin mit, daß er sich vom Verlag Harcourt Brace Jovanovich trennen wird und Mr. Jovanovich gebeten hat, unser Buch »POPism« selbst zu lektorieren.
Walter Stait aus Philadelphia nahm mich ins »La Grenouille« zum Lunch mit. Er hatte auch Maxime und Loulou de la Falaise dazu gebeten. Am anderen Ende des Raumes entdeckte ich einen neuen, dünn gewordenen Truman Capote. Er sieht jetzt fast aus wie damals, als ich ihn kennenlernte. Truman erwiderte meinen Gruß nicht, aber während des Essens setzte er seine Brille auf und winkte, später

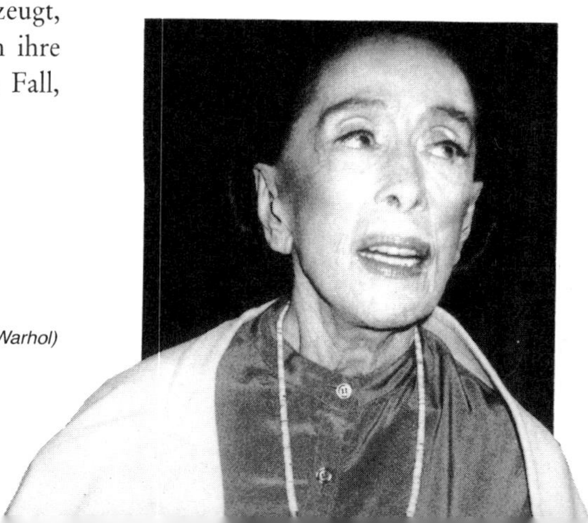

Martha Graham *(Andy Warhol)*

gab er mir die Nummer seines Privatanschlusses. Alle schicken Mädchen trugen YSL-Pelzmützen.
Arbeitete den ganzen Nachmittag in der »860«, bis François de Menil mich abholte. Wir fuhren zu Norman Mailer nach Brooklyn Heights. Früher bewohnte er das ganze Haus, jetzt begnügt er sich mit dem oberen Stockwerk und hat das Erdgeschoß vermie-

Maxime de la Falaise McKendry *(Andy Warhol)*

tet. Die Fassade ist ganz aus Glas und bietet einen wunderbaren Blick auf Manhattan.
Es war eine reine Intellektuellenparty, wie in den Sechzigern. Arthur Schlesinger war da, Mica und Ahmet und das Mädchen, das das Buch über Lyndon B. Johnson geschrieben hat. Norman sieht jetzt gut aus mit seinem weißen Haar, sehr irisch. Seine kleine Mutter war auch da. Und Jean Kennedy Smith mit ihrem Mann. Sandra Hochman erzählte mir, ich sei ein Kapitel in ihrem neuen Buch. Sie redete über die Frauenbewegung und ähnlichen Schrott. Sie sagte: »Ihr Bild steht auf meinem Kaminsims.« Doch ich weiß genau, daß das nicht stimmt.
Isabella Rossellini war auch auf Normans Party. Sie arbeitet für das italienische Fernsehen und macht gerade einen Film über Boxer. Vermutlich war sie deshalb gekommen, denn Jose Torres war auch da. Sie hatte mich vor ein paar Wochen mit ihrer Mutter, Ingrid Bergman, vor dem »Pierre« gesehen und war über die Straße gerannt, um mit mir zu reden, doch ich war schon weg. Als sie aufbrechen wollte, fand sie ihren Mantel nicht und verließ Normans Haus schließlich ohne. Norman war sehr nett. Er und François müssen wirklich gute Freunde sein, denn sie umarmten und küßten sich und schlugen sich gegenseitig auf die Schulter. François fuhr uns in seinem grauen Mercedes zurück. Er ist ein guter Fahrer.

Samstag, den 18. Dezember 1976 Kaufte bei »Bonwit« und »Bendel« Geschenke und ging hinterher zum Lunch ins »Quo Vadis«. Dort machte ich Robin West und Delfina Rattazzi miteinander bekannt. Seit dem Wochenende bei den Wyeths hatte ich eigentlich angenommen, daß Catherine Robin mochte. Doch dann hatte sie mir gesagt, daß es ihr nichts ausmachen würde, ihn an Delfina oder irgendeine andere abzutreten. Und Delfina fand Gefallen an ihm. Sie ging richtig ran – ich hörte sie zum erstenmal sagen: »Meine Familie ist im Flugzeugbau.« Normalerweise tut sie so, als sei sie arm. Robin ist Pilot. Ich sah Karen Lerner und Sissy Cahan zusammen beim Lunch. Da wurde mir klar, daß es wahrscheinlich Karen war, die ihre »Flower«-Drucke verkauft hat, denn David Bourdon hatte gerade welche billig bei »Parke Bernet« bekommen.
Ging nach Hause. Bianca rief mich aus dem »Pierre« an. Sie war am Pakken und wollte ihre Sachen in das Haus bringen, das Mick und sie in der 72. Straße gemietet hatten. Ging ins »Pierre«. Sie packte und packte. Gegen Mitternacht war sie endlich fertig, und wir fuhren zum Haus. Sie schaltete zuerst die Alarmanlage aus, dann gingen wir hinein. Es muß sie ein Vermögen kosten, das kleine Haus. Die Besitzer hatten alles renovieren und neu möblieren lassen. Ich würde das Haus gern sehen, wenn die Jaggers ein Jahr darin gewohnt haben.
Bevor wir gingen, schaltete Bianca die Alarmanlage wieder ein. Sie fuhr zum Flughafen, um ihre Maschine nach Montauk zu erwischen. Sie sagte, es gefalle ihr dort sehr gut. Jade war noch dort.*

*Das Anwesen in Montauk, New York, liegt auf der östlichsten Spitze von Long Island direkt am Meer. Warhol und Morrissey hatten es 1972 gekauft. Es umfaßt ein großes und drei kleinere Häuser sowie das Haus des Verwalters, Mr. Winter. Das Hauptgebäude ist im Stil eines Sommerhauses gebaut. Mick und Bianca Jagger hatten das Haus damals gemietet.

Sonntag, den 19. Dezember 1976 Ging zur Arbeit. (Zeitschriften und Zeitungen für die ganze Woche $ 26.00.) Lou Reed rief mich an, und das war das Drama des Tages. Ich wußte, daß er gerade von einer erfolgreichen Tournee zurückkam und in LA groß eingeschlagen hatte. Doch dann erzählte er mir, daß Rachel Tritte in die Eier bekommen habe und aus dem Mund blute. Er wollte die Adresse eines Arztes. Lous Arzt hatte Rachel untersucht und ihn beruhigt: alles sei halb so schlimm, die Blutung würde bald aufhören. Doch Lou wollte einen zweiten Arzt hinzuziehen. Ich versprach, Biancas Arzt zu verständigen. Doch dann rief Lou zurück und sagte, Keith Richards Arzt sei schon auf dem Weg. Ich riet ihm, sie ins Krankenhaus zu bringen. Ich nannte Rachel »sie«, doch dann nannte Lou ihn »er«.

Montag, den 20. Dezember 1976 Jamie Wyeth hatte mich ins »Les Pleiades« zum Lunch eingeladen. Nahm ein Taxi zur Ecke 76. Straße und Madison (Taxi $ 2.25). Bei Jamie saßen Lincoln Kirstein und Jean Kennedy Smith. Sie baten mich, mein Tonbandgerät abzustellen. Jamie ist jetzt Carters Hofmaler. Er war gerade eine Woche in Plains. Interessant, nicht wahr? Ich habe den Eindruck, Jean Kennedy Smith ist in Jamie verknallt. Sie bat mich, mit ihr in die Garderobe zu kommen. Dort holte sie einen amerikanischen Quilt hervor und wollte von mir wissen, ob er echt sei, und ich sagte ja. Wir gingen wieder rein, und sie schenkte ihn Jamie. Ich sagte ihr, ich hätte sie letzte Woche bei »Bloomingdale's« in der Hemdenabteilung gesehen. »O ja, die Hemden waren Weihnachtsgeschenke für meine Familie.« Die Familie bekam also ganz gewöhnliche Hemden und Jamie einen amerikanischen Quilt.

Jean ging als erste, und prompt fiel uns wieder der Fauxpas ein, den sich Lincoln in ihrer Gegenwart geleistet hatte. Bei einer politischen Diskussion hatte er einen Augenblick lang vergessen, daß John F. Kennedy ihr Bruder war, und nannte ihn »korrupt«. Jean entgegnete nur: »Nein, das war er nicht.«

Nach dem Essen fuhren wir zu Lincolns Haus in der East 19. Straße, und er zeigte uns seine Kunst. Ich fand die Bilder gut. Sie waren von seinem Schwager Paul Cadmus, von George Tooker und Jard French. Alle drei sind Realisten, die Bilder von muskulösen Knaben malen. Von mir hatte er nichts.

Ging zu Fuß zum Union Square und arbeitete den Rest des Nachmittags.

Dienstag, den 21. Dezember 1976 Traf Victor und ging mit ihm zu »Halston's«. Im Laden war nichts los. Aber dort ist alles so teuer, daß an einem verkauften Taschentuch ein Abendessen verdient wird. Während ich dort war, kam Jackie O. herein. Sie wurde sofort in den dritten Stock entführt. Von Victor weiß ich, daß sie nie viel kauft, immer nur ein paar Kleinigkeiten.

Fuhr durch die Fifth Avenue und suchte nach Anregungen für Kunst-Projekte (Taxis $ 5.75). Anschließend aß ich in der »860« mit Todd Brassner und Rainer Crone zu Mittag, hatte aber wenig Zeit für sie. Ich war hinten beim Malen. Todd fragte Rainer über ein paar von meinen Bildern aus, die ihn interessierten. Rainer kennt sich aus – er hat das Praeger/Rizzoli-Kunstbuch über mich verfaßt und weiß, wer welche Gemälde besitzt.

Catherine rief Dustin Hoffman wegen der Filmvorführung an. Dustin sagte, die Vorführung beginne um 5.45 in der Fifth 666. Dustin hatte seine Frau Ann in einem Ballett von Balanchine gefilmt. Auch seine Kinder wirken mit. Er muß einen sehr guten Cutter gehabt haben, der Film wirkte sehr professionell. Anschließend lud uns Dustin in sein Haus in die East 61. Straße ein. Ganz in der Nähe wohnt Phyllis Cerfs. Dustin war nervös wegen seines Hauses, richtig aufgeregt. Komisch. Er führte mich herum und zeigte mir jede Kleinigkeit. Er steht auf Eiche, aber es war keine gute Eiche. Schon komisch.

Mittwoch, den 22. Dezember 1976 Ein Wagen holte mich ab und brachte mich zu einem Fototermin in die Park Avenue 660. Ich sollte einer Merce-Cunningham-Sache zu etwas Publicity verhelfen. Als ich ankam, wimmelte es bereits von Fotografen, auch »Newsweek« war vertreten. Man versprach mir, mich anschließend im Wagen nach Hause zu fahren. Doch als ich dann gehen wollte, hatten sie den Wagen bereits fortgeschickt. Der Mohr hatte seine Schuldigkeit getan und mußte zu Fuß nach Hause.

Am Nachmittag lieferte Jane Holzer bei mir zu Hause das graue Kätzchen ab, das ihr Sohn Rusty Jade Jagger zu Weihnachten schenken will. Ich soll es bis Weihnachten in Pflege nehmen. Ein niedliches Tierchen.

Zog mich um, und Jed fuhr uns hinaus nach Greenwich zu Peters und Sandys Haus. Philip Johnson und David Whitney waren schon da. Sie reisen morgen nach San Simeon, um sich mit einem Hearst zu treffen und sich in Kalifornien Architektur anzusehen. Es gab chinesisches Essen, nichts Großartiges. Bunty Armstrong redete wie ein Wasserfall. Ich gab Sandy eine Schreibgarnitur von 1904 als Weihnachtsgeschenk. Jed schenkte ihr eine Fulper-Keramik, und er bekam eine von ihr. Eigentlich war es eine Van Briggle, und Jed bekam die bessere Keramik. Joe Allen hatte seine Freundin Jenny nicht mitgebracht, weil er immer noch seine Ex-Frau Barbara liebt. Barbara hatte sich den Rücken verrenkt – »im Bett«, wie sie sagte, und wir versuchten herauszubekommen, mit wem. Peter war unter ein Pferd geraten und ging am Stock. Er hat gerade ein 3,6 Hektar großes Grundstück hinter seinem Haus gekauft. Er will eine Pferderennbahn und einen Poloplatz bauen.

Donnerstag, den 23. Dezember 1976 Weihnachtsparty im Büro. Maxime de la Falaise kam sehr spät, um das kleine Mao-Bild abzuholen, für das sie ein ganzes Jahr bei »Interview« gearbeitet hatte. Mike, der Hausmeister, kam mit dem Lastenaufzug und brachte seine Frau und seinen Sohn mit. Möglicherweise ist der Sohn auch nur sein Stiefsohn, jedenfalls sieht er gut aus. John Powers kam vorbei und bat mich, seine zwei »Flower«-Poster zu signieren. Sie waren nicht echt. Trotzdem hätte ich meinen Namen daruntergesetzt, wenn Fred es nicht verhindert hätte. Wir holten zwei signierte hinten aus dem Lager und gaben sie John. Alle knieten sich in den Kaviar, Champagner floß in Strömen. Ronnie und Gigi feierten auch mit. Später kamen auch Marc Balet, Art-director von »Interview«, und Fran Lebowitz.

Andrea de Portago hatte am Nachmittag angerufen und sich erboten, eine Limousine zu organisieren, wenn wir ihr eine Karte für die Premiere von »A Star is Born« besorgen würden. Sie tat das Ihre, wir das Unsere. Zuerst konnte ich überhaupt nicht verstehen, was sie dort wollte. Bis wir im Kino waren. Wir waren kaum dort, da rannte sie auf Kris Kristofferson zu und rief: »O Darling, wie schön, dich wiederzusehen.« Sue Mengers hatte sich bemüht, das Haus voll zu bekommen, und man hatte uns gewarnt, es könnte schwierig werden hineinzukommen. Doch dann blieben viele Plätze leer. Sue bat uns dringend, Barbra zuliebe nur Gutes über den Film zu sagen. Mir gefiel er nicht. Bei der alten Version mit Judy Garland hatte man Gänsehaut, aber das hier war eine simple Rock'n'Roll-Story. Aber Jed mochte den Film. Hinterher gingen wir zur Party in die »Tavern on the Green«.

Streisand trug einen schwarzen Smoking. Elsa Peretti war auch da und schwärmte mir vor, es sei wunderbar, mit mir zusammen und nicht high zu sein. Angeblich nimmt sie überhaupt nichts mehr. Ich bewunderte die kleine Glühbirne in ihrer Tasche. Sie leuchtete auf, wenn man einen Penny daneben hielt. Sie schenkte sie mir. Victor war so entzückt von der Birne,

Andy Warhol, Mick Jagger und Archie *(Pat Hackett)*

daß ich sie ihm vermachte, aber Elsa sah es und nahm sie ihm weg. Sie drohte mir mit dem Zeigefinger und steckte die Birne in ihre Handtasche.

Freitag, den 24. Dezember 1976 Ging mit Jed zu Freds Weihnachtsdinner, Lexington 1342. Jeds Bruder Jay und seine Schwester Susan holten uns ab. Fred hatte auch Carroll Baker eingeladen. Sie kam mit ihrer Tochter Blanche. Blanche ist schlanker geworden und hat sich in den letzten Monaten zu einer Schönheit entwickelt. Unter den Gästen waren auch Anselmino, Chris Makos, der süße Fotograf, den wir von Datsan Rader kannten, und Robert Hayes, Redaktionsassistent bei »Interview«. Es war eine richtige Büro-Weihnacht. Mick Jagger war bester Laune und fragte mich nach meiner Meinung über »A Star ist Born«. Ich sagte sie ihm, und er war doppelt froh, daß er die Rolle abgelehnt hatte. Er wollte keinen Rocksänger spielen, mit dem es bergab ging, auch nicht für die Million, die man ihm geboten hatte. Mick verlangte nach Koks, Anselmino gab ihm welchen. Freds Haushälterin Hazel servierte Truthahn, Schinken und Rosenkohl. Paloma Picasso war mit ihrem Anhang da.

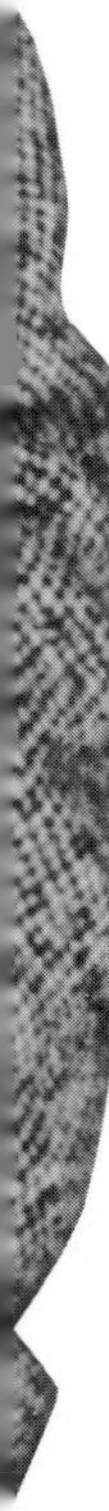

Anschließend fuhren wir in die Stadt ins »Fernando Sanchez'«. Dort trafen wir Halston, Kenny Lane und Andre Leon Talley. Bei ihnen war Nick Scott, ein englischer Junge aus reicher Familie. Er ist neu in der Stadt und »hat kein Geld« – einer von der Sorte. Nick wollte seinen Körper an den Meistbietenden versteigern. Kenny Lane bot $ 35.00, Maxime de la Falaise sogar $ 36.00.

Samstag, den 25. Dezember 1976 Fuhr hinaus nach Westbury zum Lunch bei C. Z. Guest. Eine Weihnachtsfeier wie aus dem Bilderbuch – den Festschmuck, das Essen, überhaupt das ganze Haus hätte in »McCall's« oder »House and Garden« eine Bildstrecke hergegeben als Beispiel dafür, wie ein Haus Weihnachten aussehen sollte. Doch obwohl C. Z. viel mit Blumen und Gartenbau zu tun hat und man von daher eigentlich annehmen konnte, daß alles echt wäre, war die Hälfte der Kränze aus Plastik. C. Z. machte allen ihr Insektenspray zum Geschenk.

Die 90 Jahre alte Kitty Miller war auch da. Sie schmiert sich immer noch blaue Schuhcreme ins Haar. Die Pies waren vorzüglich – mit Apfel-, Pflaumen- und Fleischfüllung. Der Truthahn war schon tranchiert und wurde wie in einer Kochzeitschrift serviert – als regelrechtes Truthahnpuzzle. Kitty war betrunken, und als der spanische Botschafter ein paar Worte sprach, rief sie dazwischen: »Ich kann kein Spanisch.«

Es fing an, ein wenig zu schneien. Ich bedankte mich und ging, um mich zu Hause für die Jaggers zurechtzumachen. Von der East 66th fuhr ich in die East 72nd (Taxi $ 2.50). Ich war einer der ersten. Nick Scott öffnete die Tür. Er verdiente sich als Hausboy der Jaggers ein paar Dollar. Nur hätte er bereits morgens um 8.00 dasein sollen, um bei den Vorbereitungen zu helfen, gekommen war er aber erst abends um 6.00. Ich legte Jade das graue Kätzchen von Rusty Holzer in den Arm. Sie betrachtete es kritisch. »Lydia?... Nein. Harriet.« Die Katze tat mir leid. Ich fürchte, sie wird ein schreckliches Zuhause haben. Vielleicht auch nicht.

Mick legte den Arm um Bob Colacello und bot ihm eine Stärkung an. »Gute Idee«, meinte Bob, »ich bin ziemlich müde.« Doch da kamen Yoko und John Lennon herein, und Mick war so erfreut, sie zu sehen, daß er ihnen entgegenstürzte und den Löffel, den er eben noch unter Bobs Nase halten wollte, unter John Lennons Nase hielt.

Halston und Loulou de la Falaise hatten reichlich Koks in einer zugedeckten Schüssel auf dem Couchtisch, und immer wenn sich jemand zu ihnen setzte, den sie sympathisch fanden, sagten sie: »Heb mal den Deckel und laß dich überraschen.« Paloma Picasso war auch da. Jay Johnson kam mit Delia Dougherty. Das Essen war prima. Mick und Bianca vergaßen nur, den Nachtisch zu bringen.

Montag, den 27. Dezember 1976 Bekam eine Einladung zu Carters Amtseinführung. Sie war an »Mr. and Mrs. Andy Warhol« adressiert (Lachen), das gefällt mir.

Mittwoch, den 29. Dezember 1976 Hoveida kam mit dem iranischen England-Botschafter ins Büro. Sie wollten das Porträt begutachten, das ich von der Kaiserin gemacht hatte. Es gefiel ihnen und wird jetzt verschickt.

Vincent ging zu den Hearings vor der Wetlands-Kommission. Es geht um das Anwesen in Montauk.

anca Jagger
ob Colacello)

Freitag, den 31. Dezember 1976 Arbeitete bis 7.00 im Büro, fuhr dann nach Hause und zog mich für Kitty Millers Party um. Zu Fuß in die Park 550. Fred war bereits da. Elsie Woodward, mit der ich letztes Jahr zu Kittys Party gegangen war, hatte mir telefonisch abgesagt. Sie habe Schwindelanfälle und könne nichts dagegen tun: »Ich werde alt.«

Fürstin Minnie de Beauvau-Craon kam in Begleitung ihres Vaters, ihrer Stiefmutter und ihrer Schwester Diane. Als sie mich ihrem Großvater Artenor Patino vorstellte, merkte ich, daß ich ihn gerade bei C. Z. Guest kennengelernt hatte. Er ist klein und sieht aus wie einer von Paloma Picassos kleinen Verehrern. Er ist der Zinnkönig von Bolivien.

Zufällig bekam ich mit, wie sich Kitty mit einem Gast über mich unterhielt, und jetzt vermute ich, daß kürzlich jemand mit ihr über mich gesprochen hat, denn was sie sagte, klang ganz so, als hätte sie es irgendwo aufgeschnappt – »Er ist am weitesten off-Broadway und seiner Zeit weit voraus« und solche Sachen. Vermutlich hat sie das von einem wie Billy Baldwin.

Nach dem Essen saß ich unter Goyas »Red Boy«. Bei Kitty hängt dieses weltberühmte Gemälde einfach so rum. Es ist nicht zu fassen.

Früher waren Kittys Parties in New York das absolut Größte, kein Hollywood-Star fehlte. Inzwischen kommen nur noch ihre Freunde. Aileen Mehle – »Suzy« – reagierte dieses Jahr nicht einmal aufs RSVP.

Kurz vor Mitternacht zerrte mich Diane Beauvau-Craon ins Nebenzimmer. Ich wollte eigentlich bleiben und wie letztes Jahr die alten Damen kosen, denn es hatte Spaß gemacht, die 90 Jahre alte Elsie Woodward zu küssen und ihr »ein fröhliches neues Jahr, Darling« zu wünschen. Da kam Minnie de Beauvau-Craon herein, packte Diane und forderte sie auf, hinüberzukommen und ihrem Vater und ihrer Stiefmutter ein gutes neues Jahr zu wünschen – sie weiß, wem sie die Butter auf ihrem Brot verdanken.

Ja, und dann Kittys Essen – es gab wieder nur Büchsenfraß! Fast möchte man meinen, diese reichen Leute wissen es nicht besser, weil sie schon ein Leben lang zu Wohltätigkeitsessen rennen. Aber sie gehen doch auch ins »La Grenouille«, und dort ist das Essen ausgezeichnet. Also müßten sie den Unterschied kennen. Sechs Diener servierten Dosenfutter.

Kurz nach Mitternacht schnappten die Gäste ihre Mäntel. Keiner konnte es erwarten, zur nächsten Party zu kommen. Fred war ziemlich betrunken. Wir traten hinaus auf die Straße, und er bildete sich ein, er sei der »It Boy«. Er gab Minnie seinen Mantel – es ging ein eisiger Wind, gut 28 Grad unter Null – und trug nur noch seinen Zylinder. Er küßte alle Leute auf der Straße. Wir gingen mit Diane zum »Westbury«. Sie wollte ihren Freund abholen, der zu Hause geblieben war, um an einem Drehbuch zu schreiben. Doch als wir ankamen, war er nackt und wollte sie vögeln.

Ging heim und versuchte, Brigid und PH anzurufen, aber sie waren nicht da. Um 6.00 morgens weckte mich das Telefon. Jay Johnson war dran. Er war betrunken und wollte Jed sprechen. Ich legte einfach auf. Er rief wieder an und ließ es zwanzigmal klingeln.

1977

Montag, den 10. Januar 1977

Fred mußte zu einem Termin bei unserem Rechtsanwalt, Bob Montgomery. Es ging dabei um den Verleih von »BAD« durch »New World«. Roger Corman hat »BAD« selbst noch nicht gesehen, aber Fred meint, das sei egal, da nicht Corman, sondern Bob Rehme die Filme aussuche. Sie wollen den Film in mehreren Städten anlaufen lassen und dabei verschiedene Arten der Präsentation ausprobieren, um die beste Lösung zu finden, bevor sie ihn nach New York bringen.

Bianca lud mich telefonisch zu einem Dinner ein, das Regine für Florence Grinda gab. Catherine und Victor stürzten ans Telefon und sagten, sie wollten auch kommen. Bianca lud sie zum Kaffee ein.

Andrea de Portago hatte vorher angerufen und mich gebeten, sie zu dem Dinner mitzunehmen. Da ich nicht der Gastgeber war, mußte ich ablehnen. Ich schlug ihr vor, Bianca selbst anzurufen, was sie dann auch tat. Bianca war begeistert, denn sie war scharf auf Andreas Bruder Tony. Andrea und Tony sollten doch zusammen kommen. Andrea holte mich mit ihrem Bruder ab. Zusammen fuhren wir zu Regine.

Bianca trug ein trägerloses Halston-Kleid. An vielen Tischen saßen Südamerikaner. Das Dinner hatte noch nicht begonnen. Während wir noch an der Bar warteten, kamen Catherine und Victor schon »zum Kaffee«. Als aufgetragen wurde, setzte man die beiden an einen kleinen, separaten Tisch. Victor deutete auf meinen Teller und sagte, er wolle dasselbe. »Sie müssen aber dafür bezahlen«, hieß es, und er sagte: »Na, prima.« Das Essen war fürchterlich. Regine war zu Victor und Catherine ziemlich grob.

Diane von Fürstenberg war unter den Gästen. Sie hatte mich vor Tagen angerufen und gebeten, sie am Donnerstag zu Aufnahmen bei CBS zu begleiten. Wir beide würden im Fernsehen ein interessantes Paar abgeben. Ich hatte abgelehnt und gesagt, ich müsse verreisen – in Wahrheit fahre ich erst am Freitag. Statt dessen hatte ich sie und ihr Fernsehteam zu meiner Party am Dienstag eingeladen. Doch als mich Regine nun für Donnerstag abend zum Dinner einlud und ich annahm, stand DvF zufällig in der Nähe und hörte es. Sie fuhr mich an, wie ich es wagen könne, sie anzulügen. Auf frischer Tat ertappt, gab ich meinen Fehler zu.

Victor verteilte falsche Poppers. Regine fand, daß sie nach Schweißfüßen rochen. Ich sagte, das sei Marke »Umkleideraum«, und das amüsierte sie. Bianca begann zu kichern und machte mit Tony Portago ein Riesentrara um einen Popper, und sie begannen sich zu lieben. Aber dann nahm sich Bianca zusammen, als ihr klar wurde, daß sie das in der Öffentlichkeit nicht machen konnte. Trotzdem, wenn sie kichert, finde ich sie am schönsten. Und sie steht nun mal auf Poppers. Ein paar Fans kamen zu mir, ich gab Autogramme. Der Fahrer der Portagos brachte uns gegen 2.30 nach Hause.

Um 4.00 rief Tom Cashin an und wollte Jed sprechen. Jay hatte sich in den Arm geschnitten und blutete stark. Jed fuhr sofort los, um ihn ins Krankenhaus zu bringen. Dann rief Jay aus dem Krankenhaus an, betrunken. Das Drama dauerte bis 9.00.

Dienstag, den 11. Januar 1977

Um 6.00 waren wir alle noch im Büro, um anschließend zur Eröffnung meiner Ausstellung bei Castelli zu gehen. Als wir hinkamen, war es noch leer. Wir stellten uns an die Bar und tranken Champagner. Dann füllte es sich allmählich. Gezeigt wurden das große »Hammer und Sichel«-Bild und acht kleine. David Whitney, Philip Johnson und David White kamen. Paulette Goddard bat mich, ihr eine Anstecknadel mit Hammer und Sichel zu machen. Victor gab eine Performance, bei der er sein Hemd zerschnitt. Bianca kam in dem Kleid, das bei »Halston's« im Schaufenster gehangen hatte. Es waren Victors Fußabdrücke

darauf. Catherine trug das rote Modell, ebenfalls mit Victors Fußabdrücken. Tony Portago kam mit seiner Mutter Carroll. Paulette und Carroll sind schon lange befreundet. Bianca wollte Poppers, aber niemand hatte welche.
Halston überreichte mir ein kleines Bild. Elizabeth Taylor hatte es für mich gemalt, weil sie nicht kommen konnte. Er kam gerade von ihr. Wenn ich ehrlich bin, war ich ziemlich enttäuscht – Liz Taylor bei meiner Eröffnung, das wäre doch was gewesen, oder?
Bianca und Tony schienen richtig ineinander verliebt zu sein. Angefangen hat es an den Feiertagen. Unter den Anwesenden waren C. Z.s Sohn, Alexander Guest, Giorgio di Sant' Angelo, Sylvia Miles, Ronee Blakley, Francesco Scavullo, Sean Byrnes, Irving Blum und Charlie Cowles. Es gab Champagner, Moët et Chandon. Michael Goldstein von den »Soho News« führte sich unmöglich auf. Ich gab Jed Geld und bat ihn, beim anschließenden Dinner für Unterhaltung zu sorgen ($ 200.00). Ich selbst mußte bei John Richardson vorbeischauen.
Bei John Richardson erlebte ich eine Enttäuschung – nur alte Leute. Marion Javits, Françoise und Oscar de la Renta, Marella Agnelli und Babe Paley – ich glaube, sie war wirklich einmal eine Schönheit. Babe und Marella hoben meine Bilder in den Himmel. Sie hatten am Samstag die Ausstellung gesehen.
Ich saß neben Marion Javits. Sie freute sich, daß Clay Felker letzte Woche die Zeitschrift »New York« an den australischen Verleger Rupert Murdoch verloren hatte. Felker hat letztes Jahr ihre Iran-Kontakte aufgedeckt.
Catherine und Victor kamen nach dem Essen. Victor hatte sein Hemd an einigen Stellen zusammengeklebt.
Nima Ishams Eltern kamen zur Eröffnung – ich konnte es nicht fassen. Ihre Tochter hatte am letzten Wochenende auf Haiti Hochzeit gefeiert, und sie waren schon wieder zurück, aber Bob hatte sich immer noch nicht gemeldet!

Mittwoch, den 12. Januar 1977

Als ich in die »860« kam, filmte Jamie Wyeth gerade mit einem vielköpfigen CBS-Team. Arnold Schwarzenegger posierte für eine Sendung mit dem Titel »Who's Who«. Anschließend fuhr ich mit Jamie und Arnold zu einem Lunch ins »Elaine's«. Gefeiert wurde Arnolds Film »Pumping Iron« (Taxi $ 5.00). Hielten am »Ritz Towers« und warteten fünf Minuten auf Paulette Goddard. Sie trug ihren sämtlichen Schmuck und war ulkig. »Wenn du es schlau angestellt hättest«, sagte sie zu mir, »könnte das alles jetzt dir gehören.« Mein Gott, wenn ich daran denke, wie viele Stunden Bob und ich damit zugebracht haben, sie auf Tonband aufzunehmen, weil wir für das Buch, das Mr. Jovanovich plante, die wahre Geschichte ihres Lebens aus ihr herausbekommen wollten. Also, wenn ich ein ehemaliger Hollywoodstar wäre und Ehen mit Charlie Chaplin, Burgess Meredith und Erich Maria Remarque hinter mir hätte, könnte ich schon mit ein paar heißen Stories aufwarten.
Traf Delfina Rattazzi im »Elaine's«. Sie arbeitet bei Viking als Lektorin für Jackie O. Victor war auch da. Paulette verliebte sich in ihn, weil sie auf die Halston-Kleider spekulierte, an die sie durch ihn herankommen konnte. Pat Patterson kam und setzte sich zu uns. Charlotte Curtis von der »New York Times« war auch da.
Setzten Jamie am Kunstladen ab ($ 5.00). Im Büro war die Hölle los, Vincent war am Durchdrehen. Bianca rief an und sagte, sie gebe am Abend ein Geburtstagsessen für Joel Lebon. Joel arbeitet für Pierre Berge. Die Tunte Potassa stand in einem selbstgeschneiderten Phantasiekleid in Schwarz und Gold im Büro. Jamie war fasziniert und malte ihn in dem Kleid, aus dem Potassas Schwanz herausschaute. Jamie wird die nächsten

zwei Monate in der »860« malen. Später brachte Victor Potassa dazu, nackt Modell zu sitzen. Nenna Eberstadt, die neuerdings für uns arbeitet, tippte gerade ein Interview. John und Kimiko Powers schleppten eine Menge Zeug herein, das ich signieren sollte. Alex Heinrici brachte ein paar Schablonen.

Arbeitete bis 7.00 und ging dann zu Bill Copley, um ein Bild zu signieren, das er gekauft hatte. Er kochte gerade für seine kleine Tochter Theodora. Ein großartiges Dinner: Hot dogs, Ketchup, Cola und Vanilleeis!

Setzte Fred bei Lee Radziwill ab ($ 2.75) und ging auf die Party, die Bianca für Joel gab. Bianca trug dasselbe Kleid wie letztesmal – es fällt auf, wenn Frauen, die wirklich was aus sich machen, zweimal dasselbe tragen.

Freitag, den 14. Januar 1977, New York – London Hatten eigentlich nicht damit gerechnet, daß uns in London jemand abholen würde. Doch dann stand Lady Ann Lambton mit ihrem Chauffeur da. Wir freuten uns sehr. Stiegen im »Ritz« ab (Trinkgeld für Gepäckträger $ 5.00).

Ann rief ihre Schwester Rose und Oliver Musker an. Wir verabredeten uns bei »Morton's«. Dort trank ich Sekt mit Orangensaft und aß dazu ein schreckliches Steaksandwich ($ 55.00). Jed und ich fuhren zurück zum »Ritz«. Wir hatten angenommen, Ann würde in Freds Zimmer übernachten. Sie tat es nicht, denn er hatte nur ein schmales Bett. Ich spürte ein Jucken, fand eine Filzlaus. Suchte nach weiteren.

Samstag, den 15. Januar 1977, London – Kuwait Stand um 7.00 auf, um die Maschine nach Kuwait zu kriegen. Müde. Packte, duschte. Suchte erneut nach Läusen. Die Hotelrechnung schickte ich an die »Mayer Gallery« (Trinkgelder im Hotel $ 10.00). Holten James Mayer zu Hause ab. Er hatte in der zweiten Klasse gebucht, hatte aber auch ein Ticket erster Klasse, und das bekam ich. Kuwait Air. Zwischenlandung in Frankfurt. Viele Leute stiegen zu. Las Joyce Habers »The Users«, ein langweiliges Buch über einen homosexuellen Ehemann. Joyce war mit dem Produzenten Doug Cramer verheiratet. Ein Scheich war an Bord, er saß mit seinen Leibwächtern ganz vorn im Flugzeug. Nahm eine Tablette und schlief ein.

Wachte erst bei der Landung auf. Es war 11.00 nachts. Ein paar Araber holten uns am Flughafen ab. Bei ihnen war eine Dame vom Kultusministerium. Ihr Name war Nadja, sie hatte die Ausstellung organisiert. Noch am Flughafen reichten sie uns Kaffee, er schmeckte merkwürdig.

Sonntag, den 16. Januar 1977, Kuwait Stand um 9.30 auf. Jed hatte kein Auge zugetan. Tee mit Toast zum Frühstück (Trinkgeld $ 2.00, Wäsche $ 1.00). James rief an: Treffpunkt Foyer, 12.00. Wir wurden an einen Ort gebracht, der wie eine Müllkippe aussah. Aber dann wäre alles hier eine Müllkippe. Erst Tage später begriffen wir, daß es sich um eine schicke Gegend gehandelt hatte. Es war sonnig und warm, viele Autos waren auf der Straße: dicke Rolls-Royce und große, amerikanische Wagen. Man stellte uns zwei Wagen zur Verfügung, aber wir benutzten nur einen. Fuhren zurück ins Hotel, wo ich versuchte, A-200 gegen die Läuse zu bekommen.

Kaufte Krimis von Nick Carter ($ 4.00). Um 4.00 traf ich mich wieder mit Nadja und James. Wir fuhren zum Suk, um etwas Lokalkolorit zu sehen. Schwarzgekleidete Frauen mit verschleierten Gesichtern, ein großer Marktplatz, Basar. Es wurde empfindlich kalt. Kaufte Klamotten als Mitbringsel für Victor (Hut $ 4.00, Kleid $ 26.00). Suchten eine Weile nach Antiquitäten, aber in Kuwait gab es keine. Nur Keramiken, kaum ein paar Jahre alt. Wir waren die einzigen Ausländer auf dem Markt.

Fuhren zu Nadjas Galerie und bekamen wieder diesen komischen süßen

Kaffee und Tee. Ständig bieten sie welchen an, man wird verrückt. Wir wußten nicht, daß sie so lange nachschenken, bis man mit der Tasse wakkelt.
Kaufte noch fünf Exemplare der »Kuwait Times« ($ 1.00). Wunderschöne Kalligraphie, hier gibt es keinen Pop. In mehreren Geschäften nach A-200 gefragt. Zurück ins Hotel. Bestellte ein Dinner vor dem Dinner (Trinkgeld $ 2.00). Unsere Gastgeber ließen uns von einem silbernen Cadillac abholen. Fuhren zu Qutayajba Al-gharim, einem reichen jungen Mann, Typ Peter Brant. Sein Haus liegt am Golf, etwas außerhalb der Stadt. Die Grundstücke sind dort sehr teuer. Seit er dort hingezogen ist, gilt die Gegend als schick.
In Kuwait serviert man keine harten Getränke, Bier oder dergleichen, es verstößt gegen das Gesetz. Aber natürlich haben die Reichen auch harte Sachen wie Jack Daniel's.
Las Nick Carter. Wirklich gut – Sex und Mädchen.

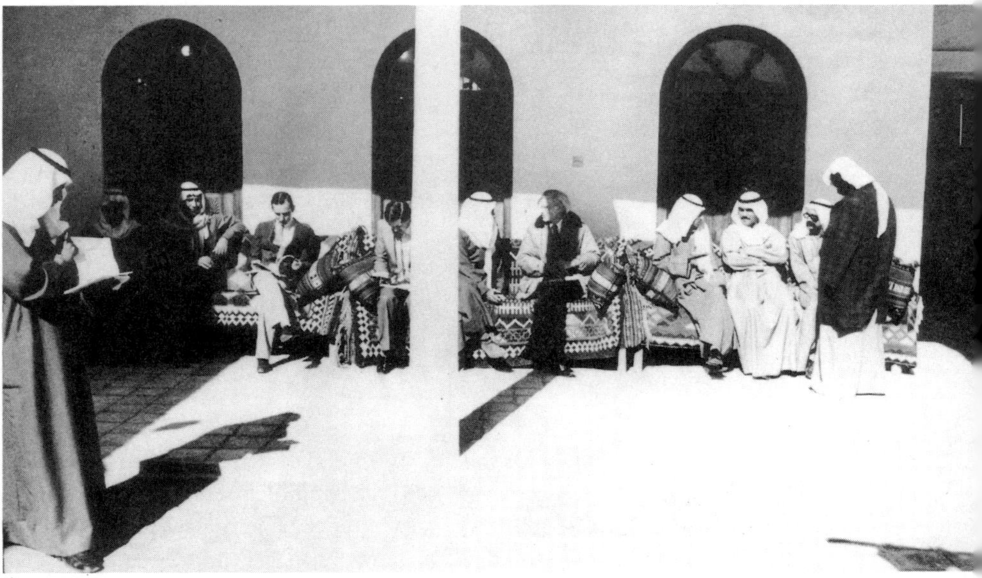

Fred Hughes, Jed Johnson und Andy Warhol in Kuweit

Montag, den 17. Januar 1977, Kuwait Besuch im Nationalmuseum. Ein Gebäude ohne Geschichte, es ist erst 25 Jahre alt. Es hat etwa acht Säle. In einem waren ganze drei Münzen ausgestellt, in einem anderen ein paar Krüge aus der Zeit Alexanders. Alexander der Große – drei Krüge und vier Münzen. Ein Raum mit Kleidern von gestern. Und dann wieder Tee und Kaffee mit dem Direktor. Wir saßen nur da, es gab nichts zu tun. Wir fuhren hinüber zum Generalsekretär des Kunstrats. Kurze Zeremonie, dann wieder Tee und Kaffee. Schmutzige Fingerabdrücke an der Wand, als hätten sie hier einen umgebracht und die Stätte jetzt zum Kunstwerk erklärt. Überall standen Kerle herum.
Alle fragen dasselbe: Wo wohnen Sie? Wie lange sind Sie schon hier? Wie lange bleiben Sie? Wann fliegen Sie zurück? Wann kommen Sie wieder?
Fuhren zu einem reichen Kunstsammler namens Fahadal-dabbau. Pummelig und nett. Er hat viele Gemälde an den Wänden, darunter ein paar Dalís, sogar ein großes Bild. Viele Männer waren da, Freunde von ihm, die meisten trugen Landestracht, ein paar hatten ihre Frauen mitgebracht. Auch hier wurde Alkohol getrunken – nur die Reichen natürlich. Ein üppig gedeckter Tisch, aber kein Vergleich mit einem iranischen Festessen. Die Männer wirkten fett, doch wenn sie ihre Landestracht anhaben, sieht man das normalerweise nicht so genau. Aber der eine, der die »Marilyn«- und »Flower«-Drucke gekauft hatte, war wirklich dick. Er trug eine

diamantenbesetzte Damenuhr mit blauem Zifferblatt. Das kuwaitische Essen war fett – es gab Schinken und Braten.
Kaufte Seife gegen Läuse ($ 6.00). Um 8.00 wurden wir von Mr. Bater, einem CIA-Agenten, abgeholt. Er brachte uns zum amerikanischen Botschafter Morandi, der uns zu Ehren ein Dinner gab. Morandis Frau stammte aus Seattle und redete so viel, zum Verrücktwerden. Sie waren Demokraten. Das Essen wurde um 10.00 serviert. Um 12.00 gingen wir, gelangweilt. Benutzte die Seife gegen Läuse, sie half nicht. Nickte in der Badewanne ein. Dann, im Bett, konnte ich nicht einschlafen. Las noch einmal das Buch von Ruth Kligman. Sie hat Jackson Pollock im Auto so aufgeregt, und *deshalb* fuhr er gegen den Mast. Gab das Buch Fred zum Lesen.

Dienstag, den 18. Januar 1977, Kuwait Nach unruhiger Nacht um 9.00 aufgestanden (Trinkgeld $ 1.00, Wäsche $ 2.00). James drängte. Ständig kamen wir zu spät, denn alles war so langweilig, daß wir keinen Grund zur Eile sahen. Besuch in einem kuwaitischen Kunstatelier. In jedem Raum arbeiteten Künstler. Diesmal durften wir zwischen Tee und Orangenlimonade wählen. Wir besichtigten jeden Arbeitsplatz, vielmehr wir mußten. Einer malte im Stil Picassos und Chagalls. Kein einziger origineller Stil. Sie sitzen auf dem Boden und malen auf Teppiche und Kissen. Alles erinnert an den Hippie-Kram, der in den sechziger Jahren auf der Straße verkauft wurde. Es war das einzige schöne Gebäude in Kuwait, denn es war eine Kopie der Ford Foundation. Dann Rundgang durch das Gebäude. Der Führer sagte, es sei sehr kuwaitisch.
Wurden um 4.30 abgeholt und zur Ausstellungseröffnung in die »Abdullah Al Sabu Hall« chauffiert. Dort trafen wir den Staatsminister, dem ich ein Exemplar meines Buches »Philosophy« geschickt hatte. Er sagte, er habe es gelesen und finde, daß es kluge Ideen enthalte. Er war alt und reizend. Vor der Tür war ein rotes Band gespannt. Ich bekam ein rotes Kissen, auf dem eine goldene Schere lag, und mußte das Band zerschneiden. Viel Presse und Fernsehen.

Mit Freunden in Kuweit

Mittwoch, den 19. Januar 1977, Kuwait Gingen zu einer Teeparty in der Ausstellung und mußten wieder Tee trinken, dann lud uns der britische Botschafter ein. Seine Tochter ist 17 und zeichnet Cartoons von Schwulen. Ein süßes Mädchen und lustig. Sie hat das Kinn ihres Vaters, und der hat keins. Es waren viele Engländer da, die seit Jahren in Kuwait leben und arbeiten. Dann weg. Schweres Gewitter.
Nadja holte uns ab. Ich hatte Krach mit Fred, weil ich nicht nach Deutschland wollte. Er sagte, ich müßte hin, weil ich dort »ein verblassender Stern« sei. Die *Art*, wie er es sagte, machte mich wütend.
Dinner bei Nadja. 60 Gäste – die beste Party der ganzen Reise. Sie hat acht oder zehn Brüder , eine Mutter und Schwestern, und alle Männer tanzen miteinander, sah aus wie Twist. Das Essen war sehr gut. Später tanzten die Männer auch mit Fred. Jemand gab ihm $ 40.00, weil er so gut tanzte. Wir mußten bleiben, bis auch alle anderen

gingen – es war 2.30. James bewunderte das Gewand eines Gastes – und erhielt es prompt als Geschenk. Jed bewunderte den Nasenring eines anderen – und bekam ihn. Ich hatte keine Ahnung von dieser Sitte und kriegte daher nichts.

Donnerstag, den 20. Januar 1977, Kuwait – Rom Flug mit Alitalia, fünfeinhalb Stunden. Las im römischen »Daily American« von Carters Amtseinführung. Betrunkene an Bord, ekelhaft. Kein Mensch am Flughafen. Schlechte Organisation. Während wir warteten, entdeckte ich Marina Cicogna und Florinda Bolkan. Sie kamen gerade aus St. Moritz (Taxi zum »Grand Hotel« $ 20.00). Die Suite war noch nicht fertig, und so aßen wir im Hotel. Im Speisesaal trafen wir Helmut Newton und Patrick, den Make-up-Künstler. Dann tauchte auch noch Suni Agnelli auf.
Bekam die Suite, in der der kürzlich verstorbene Man Ray gewohnt hatte; er ist gerade gestorben – soeben hatte er in Rom eine bedeutende Eröffnung. Fred nahm zurück, was er über mich und Deutschland gesagt hatte, von wegen, daß ich dort ein verblassender Stern sei. Er hatte sich beruhigt und meinte, ich müsse nicht unbedingt hin.

Sonntag, den 24. Januar 1977, Paris Ich wohnte in Freds Apartment und stand um 10.00 auf. Verabredete mich mit Peter Beard zum Lunch. Beim Einkaufen traf ich Mick Jagger.
Taxi zu Schiaparellis Show ($ 3.00). Wir bekamen gute Plätze und wurden sehr zuvorkommend behandelt. Die Show selbst war gräßlich. Sie basierte auf Botticellis »Drei Grazien«. Eines der Kleider war zwei Millionen Dollar wert oder so. Das Beste waren noch die bewaffneten Wachen.

Montag, den 24. Januar 1977, Paris Ab 5.00 herrschte im Apartment ein ständiges Kommen und Gehen. Mick kam. Er hatte den Nachmittag mit Peter Beard und Francis Bacon verbracht und war so betrunken, daß er auf meinem Bett einschlief. Um 11.00 versuchten wir erfolglos, ihn zu wecken. Fuhr mit Peter und Mona Christiansen und Jed in den Club »7« (Taxi $ 2.00, $ 120.00, zurück $ 2.00).

Samstag, den 29. Januar 1977, New York – Nashville Catherine stieg als erste aus dem Flugzeug und bekam einen Blumenstrauß überreicht. Alle anderen auch. Etwa acht Highschool-Mädchen in blauen Cheerleader-Kostümen mit großem »W« auf der Brust begrüßten uns, schwenkten Pompons und riefen Warhol und Wyeth. (Eine Show für wen – für AW oder JW??)
Übernachteten bei Martin und seiner Frau Peggy, den Jack-Daniel's-Leuten.
War im »Grand Ole Opry« hinter der Bühne. Besuch in der Garderobe. Marty Robbins probte gerade.

Sonntag, den 30. Januar 1977, Nashville Die Museumseröffnung war um 6.00. Der Veranstalter führte Catherine und mich durch das Fine Arts Center in der Check Road. Wir hatten Hunger und wollten uns ein paar Hot dogs kaufen, doch er scheuchte uns weiter. Er zeigte uns einen Treppenaufgang aus England. Oben stand ein Popcornautomat. Catherine und ich holten uns Popcorn, aßen und redeten, bis wir merkten, daß sich die Gäste auf den Stufen drängten. Sie standen Schlange, weil sie dachten, ich hätte mich ihretwegen da oben hingestellt. Sie wollten an mir vorbeidefilieren und mir die Hand schütteln. Wir füllten mehrere Tüten mit Popcorn und versuchten, uns davonzumachen. Doch da bat mich jemand um Popcorn, und ich trat ihm eine Tüte ab. Das Ganze endete damit, daß ich eineinhalb Stunden lang Autogramme gab. Danach wurde das Dinner serviert.
Ein paar lokale Größen waren da. Und Don Johnson, der attraktive Schauspieler aus »Magic Garden of Stanley Sweetheart«. Er ist mit Phil Walden befreundet.

Suzie Frankfurt kam, um sich aufzuspielen. Sie hatte schon im voraus Dankesbriefe geschrieben. Und sie stellte es geschickt an. Sie, und nicht Catherine, kam mit mir auf die Titelseiten. Catherine war im entscheidenden Moment nicht nach vorne gekommen.

Montag, den 31. Januar 1977, Nashville – New York Erfuhr von Vincent, daß Joe Dallesandros Pflegemutter letzte Woche auf Long Island gestorben ist – nur zwei Wochen nach seinem Bruder Bobby. Joe ist noch im Land, er ist nicht nach Europa zurückgekehrt.
Arbeitete bis 7.30. Anschließend ins »Regine's«. Sah Warren Beatty, er wirkte älter und fülliger als sonst. Seine Begleiterin war Imam, das schwarze Mannequin. Anjelica Huston und das Mannequin Apollonia waren auch da. Ich mag sie inzwischen, sie ist sehr süß. Mit Jack Nicholson ging es mir wie mit Warren, auch er sah älter und dicker aus. Cathérine Deneuve war Ehrengast.
Dann waren da noch Barbara Allen, ihr Beau Philip Niarchos, James Brady und Coady vom »Woman's Wear Daily«. Coady saß bei Barbara und Philip am Tisch und redete ununterbrochen. Philip bemühte sich, charmant zu sein. Coady hatte ein schönes Mädchen dabei – ich kriegte nicht raus, wie er zu ihr war. Sie gingen früh. Barbara kam rüber und erzählte, dieser Typ habe den ganzen Abend nur gehetzt: »Ich finde es zum Kotzen hier. Ich kann die Leute hier nicht ausstehen, Jack Nicholson, Warren Beatty, Andy Warhol, Diana Vreeland und am wenigsten von allen James Brady.«
Das Essen fand er übrigens auch miserabel.
Philip trank und wurde immer netter. Ich habe den Eindruck, Barbara will ihn tatsächlich heiraten und Kinder mit ihm haben.
Am Nachmittag hatte Ruth Kligman angerufen. Ich erzählte ihr, daß ich Jack Nicholson treffen und mit ihm über den Pollock-Film reden würde. Sie bat mich, sie mitzunehmen und ihm vorzustellen. Ich lehnte ab und sagte, ich würde sie *niemandem* mehr vorstellen, jetzt, nachdem ich ihr Buch gelesen hätte. Sie hat Pollock auf dem Gewissen. Sie hat ihn zum Wahnsinn getrieben.
Philip unterhielt sich mit einem 15jährigen Mädchen, das mit seinem Vater da war und das er aus St. Moritz kannte. Barbara machte das nervös, denn wenn man sie so nebeneinander sah, war einfach unverkennbar, daß Frauen wie Barbara und Apollonia etliches erlebt hatten – sie sahen richtig alt aus. Und diese Fünfzehnjährige war dagegen so jung und bezaubernd wie ein kleines Kind, so ganz und gar unverbraucht.

Mit Jack Nicholson *(Pat Hackett)*

Dienstag, den 1. Februar 1977
Joe Dallesandro kam zum Mittagessen in die »860«. Ich wollte von ihm wissen, woran sein Bruder wirklich gestorben war. Er ließ die Version mit

dem »Unfall« fallen und rückte mit der Wahrheit heraus. Bobby hatte sich erhängt. Joe war beim Lunch sehr einsilbig.
Kam endlich mal früh ins Bett. Alles redet von der Kälte. Und vom Benzinmangel, der ziemlich hochgespielt wird.

Mittwoch, den 2. Februar 1977 Ronnie und ich hatten Streit. Während meiner Abwesenheit hatte er die »Hammer und Sichel«-Drucke so gespannt und geschnitten, wie ich es nicht vertragen konnte. Ich sagte es ihm, und er regte sich auf. Seine ganze Arbeit sei umsonst gewesen, schimpfte er, und ich antwortete, daß er wahrscheinlich sonst sowieso nichts gemacht hätte und es folglich egal sei, ob er sich unnötige Arbeit gemacht habe. Dann machte ich ihm klar, daß ich erst dann weiß, was ich will, wenn ich sehe, was ich nicht will. Okay, sagte er daraufhin, wenn es mich auf Ideen gebracht hätte, habe sich die Mühe ja gelohnt. Es hätte ihn nur geärgert, wenn er für nichts und wieder nichts geschuftet hätte.
Ich arbeitete lange und ging erst um 7.30. Sprach mit PH über »POPism«, und sie erzählte mir von den Interviews, die sie am Tag zuvor mit Jonas Mekas und Kenny Jay Lane gemacht hatte. Jonas sei gut gewesen, Kenny miserabel.
Setzte Catherine an ihrer Wohnung ab (Taxi $ 3.00) und fuhr nach Hause, um noch etwas zu arbeiten. Um 11.00 ging ich mit Catherine ins »Regine's«, um Michael Jackson von den »Jackson Five« zu interviewen. Er ist ziemlich gewachsen und hat eine wahnsinnig hohe Stimme. Er hatte einen kräftigen Kerl dabei, wohl ein Leibwächter, und das Mädchen aus »The Wiz«. Die ganze Situation war ziemlich komisch, weil Catherine und ich nichts über Michael Jackson wußten, rein gar nichts, und er hatte keine Ahnung, was ich so machte. Ich glaube, er hielt mich für einen Dichter oder so was Ähnliches. Jedenfalls fragte er mich Sachen, die keiner, der mich kennt, fragen würde – Verheiratet? Kinder? Lebt die Mutter noch?... (Lachen) Ich antwortete, sie sei in einem Heim.
Wir versuchten, Michael auf die Tanzfläche zu bekommen. Zuerst sträubte er sich, doch dann nahm er das Mädchen aus »The Wiz« und tanzte mit ihr.

Donnerstag, den 3. Februar 1977, New York – Denver Stolperte morgens am Flughafen über Jean Smith. Sie flog mit derselben Maschine wie wir. Sie hatte ihren Sohn dabei, groß und wuchtig. Sie erkundigte sich nach Jamie Wyeth. In Denver holte uns ein blondes Mädchen mit einem Rolls-Royce ab. Sie trug eine Chauffeursmütze und machte mit uns eine Stadtrundfahrt. Anschließend setzte sie uns am »Brown Hotel« ab – ein altes Hotel mit neuem Anbau. Ich nahm ein Zimmer im alten Teil. Das Foyer war besser als das Zimmer. Schneller Service, viele Extras wie Duschhauben, neuer Fernseher, Seife, und im Zimmer stand eine Schale mit Obst. Ich rief meinen Neffen, Father Paul, an und verabredete mich mit ihm für morgen in meiner Ausstellung. Um 6.30 wurde ich abgeholt. Vorbesichtigung für die Sammler. Fred betrank sich. Er ärgerte sich über eine hartnäckige 90 Jahre alte Lady und sagte ihr ins Gesicht, er sei nur wegen des Geldes hier. Ich versuchte, ihm den Mund zu stopfen, aber die ganze Sache kotzte ihn so an, daß er beschloß, bei meinem nächsten persönlichen Auftritt die Bedingung zu stellen, daß die Leute was kauften. Die Frauen waren alle zu häßlich für ein Porträt.

Freitag, den 4. Februar 1977, New York – Denver Schönes Wetter, etwa 10 Grad, blauer Himmel. Wollte soviel wie möglich zu Fuß gehen. Um 2.00 ging ich ins Museum, um Presseinterviews zu geben. Sie waren langweilig.
Die Eröffnung war um 7.00, aber wir beschlossen, erst um 8.00 hinzugehen. Wir bekamen wieder den Rolls-

Royce. Um 7.30 kamen Father Paul und meine Nichte Eva. Wir bestellten ein paar Doppelte, und Father Paul wurde etwas high. Eva und er wollten unbedingt bei mir mitfahren und stiegen in den Rolls-Royce, der voller Mädchen war. Father Paul versuchte, sie zu bekehren. Gedränge im Museum. Gräßliches Dinner. Wir verkauften »Interview«-Shirts und »Philosophy«-Bücher und Poster.

Jemand steckte mir Liebesgedichte zu.

Um 10.00 wurden die Zehn-Dollar-Leute eingelassen, die Freaks von Denver, eine Menge schnuckelige Jungs und knackige Mädchen.

Sonntag, den 6. Februar 1977, Carbindale/Colorado – Denver Fuhr mit John und Kimiko Powers zu dem 20 Hektar großen Grundstück, das ich draußen bei Aspen gekauft habe. Zwei Mädchen ritten durch das Gelände. Sie schwärmten, sie hätten nie ein schöneres Stück Land gesehen. Erwischte einen Flug nach Denver, 40 Minuten, und stieg im Hotel »Stouffer« am Flughafen ab.

Um 3.00 morgens glaubte ich zu hören, daß jemand den Knauf an meiner Zimmertür drehte – doch es waren nur die Gören, die nebenan vor dem Fernseher saßen. Zum Fürchten.

Montag, den 7. Februar 1977, Denver – New York Bei Tagesanbruch aufgewacht, dann zum Flughafen. Als ich an Bord ging, putzte ein Typ gerade die Scheiben. Es gibt Leute, die sehen mich und sagen ganz locker »Hi, Andy« – und so einer war der Fensterputzer. Toll. Später kam er und bat um ein Autogramm für seinen Lehrer an der Highschool.

Taxi vom Flughafen ($ 20.00). Fred mit dem Gepäck abgesetzt. (Vincent vom Flughafen aus angerufen, $ 0.10). Ronnie zum Einkaufen geschickt ($ 10.80). Dann in die »860« (Taxi $ 4.00). Jamie Wyeth war da, sprach mit ihm (Tee $ 10.00). Lester Persky lud mich ein zu einem Dinner für James Brady, den neuen Chefredakteur des Magazins »New York«. Traf dort Geraldine Stutz. Wie sich herausstellte, sitzt sie im selben Gremium wie Jamie, dem American Council for the Arts, das Künstler mit Geld unterstützt. Die Künstler, die sie fördern, finde ich abscheulich. Sie wählen immer die sehr »ernsthaften« aus. Walter Cronkite war auch da.

Lester betrank sich und kam in Stimmung. Er findet es herrlich, daß wir immer noch Freunde sind, obwohl er nie etwas für mich getan hat und, wie er sagt, auch nie etwas für mich tun wird. Dann spielte er seine Platte ab: »Jetzt bin ich so reich, aber immer noch unglücklich.« Ob er das jeden Abend bringt? Anscheinend.

Ein bekannter Dressman von »Zoli« kam herein und setzte sich. Er war gerade in Alaska Vater geworden. Ich lernte Michael O'Neal kennen, den Chefredakteur der »Daily News«. In all den Jahren waren wir uns nie begegnet, und ich war begeistert, endlich seine Bekanntschaft zu machen. Als ich merkte, daß er über »Interview« genau Bescheid wußte, schloß ich ihn ins Herz. Er war groß, ein Ire mit dichtem grauen Haar. Ich stellte ihm Catherine als »Chefredakteurin« von »Interview« vor, um ihnen Gesprächsstoff zu geben, aber sie war komischer Stimmung und gab nur einsilbige Antworten auf seine Fragen. Jamie Wyeth war ins »Elaine's« gegangen. Catherine wollte mit dem Taxi nach Hause. Sie muß sich mit jemandem verabredet haben, vielleicht mit Jamie.

Ein junger Engländer hatte sich an der Bar mit Lester Persky unterhalten. Anschließend fragte er mich, ob Lester *der* Lester Persky sei, der bedeutende Produzent, und ich (Lachen) mußte bejahen.

Auch Larry Freeberg von Metromedia war dort. Er hatte uns erst vorgeschlagen, eine Fernseh-Show zu machen, und dann, als Bob unser Budget eingereicht hatte, alles wieder abgeblasen. Als er hereinkam, erkannte

One-Dollar Bill, 1962 (Ausschnitt)

ich ihn nicht gleich und starrte ihn nur an. Und das war gut so – vielleicht denkt er noch mal darüber nach, was er uns angetan hat.

Dienstag, den 8. Februar 1977
Am Nachmittag rief Leo Lerman an und gab ein Porträt von Queen Elizabeth in Auftrag – exklusiv für »Vogue«.

Freitag, den 11. Februar 1977
Fuhr mit dem Taxi zu Suzie Frankfurt. Sehr viel Verkehr ($ 5.00). Suzie entwirft Kleider für Frauen, die ihre besten Jahre hinter sich haben, und das ist ein seltsamer Einfall. Sie nimmt die falschen Farben und betont die falschen Körperpartien. Sie will ver-

Suzie Frankfurt *(Andy Warhol)*

suchen, ins Textilgeschäft und außerdem in den Antiquitätenhandel einzusteigen. Am Mittwoch fliegt sie mit uns nach Kalifornien. Norton Simon ist ihr Cousin, erinnerst du dich?

Mittwoch, den 16. Februar 1977, New York – Los Angeles
Ankunft im sonnigen Kalifornien. Brachten Suzie Frankfurt ins luxuriöse Beverly Hills und setzten sie bei den Simons am Sunset Boulevard ab. Riefen im »Beverly Hills Hotel« an, da aber keine Zimmer mehr frei waren, mußten wir im »Beverly Wilshire« absteigen. Catherine telefonierte mit ihrem Halbonkel Erskine,

der auch in der Stadt war. Er ist etwas jünger als sie. Mit seiner Cousine Miranda Guinness, Sabrinas Zwillingsschwester, ist er das ganze Jahr um die Welt gereist. Wir besuchten Allan Carr. Er hat ein großartiges Haus. Kaum waren wir da, drängte er uns zum Gehen, denn er gab ein Dinner, und seine Gäste kamen. Und als wir um die Ecke bogen, sahen wir den Fonz da sitzen. Jed und Catherine wären fast in Ohnmacht gefallen. Allan führte uns durchs Haus. Angeblich hat es Ingrid Bergman gebaut, und nach ihr soll Kim Novak darin gewohnt haben. Er zeigte uns jedes Bad, jedes Klo, jeden Schrank und klappte das Bett rauf und runter wie einen Friseurstuhl. Suzie unterhielt sich mit dem Fonz. Sie fragte ihn, was er so mache, und er antwortete, er sei Schwimmer in der Olympia-Mannschaft. Suzie war begeistert – der erste Olympionike, den sie kennenlernte. Sie fragte ihn, in welchem Jahr und ob er Mark Spitz kenne. Aber das nervte den Fonz, der nicht glauben konnte, daß jemand nicht wußte, wer er war. Suzie wußte es auch dann noch nicht, als ich sie aufgeklärt hatte: »Das ist der Fonz.« Er sprach sehr ernst und gab sich sehr nachdenklich. Er sagte, daß er mich wegen »15 Minuten berühmt« sehr möge, und redete dann über ein Kapitel aus dem »Philosophy«-Buch – über das mit den leeren Räumen und den Schränken. Ich war so aufgeregt, seine Bekanntschaft zu machen, daß mir nichts dazu einfiel.

Wir mußten gehen, denn das Dinner sollte beginnen. Auf den Tellern der Damen lagen weiße Orchideen. Allan führte uns hinein und zeigte uns die Speisen, bevor er uns hinauswarf. Das war ulkig.

Donnerstag, den 17. Februar 1977, Los Angeles Ich sah mir mit Sidney Felsen und seinem Partner die Galerie »Gemini« an. Da kam mir eine Idee. Sie können jetzt drei auf drei Meter drucken, das muß ich mir durch den Kopf gehen lassen. War eine Stunde früher als geplant fertig und spazierte herum. Ich war begeistert von den Läden.

Jemand kam hinter mir her – Jackson Browne, wie sich zeigte. Er lud mich in das Aufnahmestudio auf der anderen Straßenseite ein, um mit mir seine neue Platte anzuhören. Er war bewundernswert.

Die Taxifahrer streikten, doch Catherine und ich fanden eine Limousine von außerhalb und fuhren zum Restaurant »The Imperial Garden« auf dem Sunset. Wir waren dort um 5.00 mit Tyrone Powers Tochter Taryn verabredet (Limousine $ 10.00). Fuhr zu Fred zurück, mußte ihm Geld geben ($ 5.00). Er ging zu Paul Jasmins Cocktailparty für Divine, wo er Tab Hunter traf.

Im »Imperial Garden« nahm ich von Taryn etwa zwei Stunden auf Band.

Mit Sue Mengers *(Bob Colacello)*

Trank Sake und aß was ($ 20.00, inklusive Trinkgeld). Taryns Freund, Norman Sieff, wohnte gleich nebenan. Sie nahm uns mit zu ihm. Er war so häßlich und sie so schön – ich war enttäuscht. Er sagte, er hätte mich vor Jahren mal im »Max's« getroffen. Er hat großen Einfluß auf Taryn. Wir wollten sie von ihm loseisen und baten sie, uns zu dem Dinner zu begleiten, das Doug Christmas mir zu Ehren im »Mr. Chow's« gab. Sie hatte einen fahrbaren Untersatz und brachte uns zurück ins Hotel.

Zog mich um und fuhr zum »Mr. Chow's«. Leute in Mengen: Bianca Jagger, Polanski, Tony Bill, Allan Carr, Pat Ast, Russell Means mit einer indianischen Freundin, George Hamilton und Marcia Weisman. Nelson Lyon erzählte mir von einem Pro-

duzenten, der, ohne es zu merken, Pisse getrunken hatte, die ihm jemand gegeben hatte.
Jed hatte Tab eingeladen. Er hatte ein schlechtes Gewissen, weil wir Carroll Bakers Ehemann in »BAD« nicht mit Tab besetzt hatten – er hätte die Rolle zu gern gespielt. Peter Lester von »Interview« kam mit Maria Smith und entschuldigte sich wiederholt für sein Zuspätkommen, aber niemand kümmerte sich drum. Geraldine Smith kam mit Johnny Wyoming. Perry King, Susan Tyrrell und Allan Carr unterhielten sich mit George Hamilton. Ich saß neben Tony Bill und Bianca, Polanski mir gegenüber. Wir hatten ihn schon in der Hotelhalle getroffen. Er war auf dem Weg ins Kino, um sich »Rocky« anzusehen. Inzwischen hatte er den Film gesehen. Er sagte, er habe ihm gefallen.
Sue Mengers und Ryan O'Neal, die wichtigen Leute, kamen nicht. Sie hatten Bianca wissen lassen, daß sie sich an so stillosen Orten wie »Mr. Chow's« nicht sehen lassen konnten. Bianca führte uns in Lou Adlers »Top of the Rox«. Ringo Starr und Alice Cooper waren dort. Womit ich nicht sagen will, daß sie die beiden einzigen Prominenten waren: Sie waren die einzigen Gäste überhaupt – und sie waren auf der Toilette. Jeder Gast verschwindet hier auf der Toilette zum Koksen. Bianca stellte mich Ringo Starr vor. Alice kam an den Tisch und sagte hallo.
Bianca ging. Sie wohnte draußen in Malibu, und Mick hatte sich angesagt, mußte aber morgen schon wieder abreisen, deshalb wollte sie früh nach Hause, um ihn vorher noch zu sehen.

Freitag, den 18. Februar 1977, Los Angeles Fuhr hinaus nach Venice und gab eine Pressekonferenz in der »Ace Gallery«. Am Morgen rief ich das Büro in New York an, und Ronnie erzählte mir, heute sei »ANDY WARHOL DAY« in der »Gong Show«. Im Hotel lag ein Stapel Nachrichten für mich. Dinner bei Marcia Weisman (Taxi $ 4.00). Diesmal waren Ryan O'Neal und Sue Mengers gekommen. Ryan lehnte sich gegen einen Morris Louis und drückte eine große Delle hinein. Er war stocksauer. Ich hatte alle Guinness-Kids mitgebracht – Catherine, Erskine und Miranda. Wie sich herausstellte, war Mirandas Zwillingsschwester Sabrina Tatums Kindermädchen und Ryans Sekretärin gewesen, als er in England »Barry Lyndon« drehte. Ryan hatte einen Haß auf Sabrina und ließ ihn an Miranda aus. Sie ging auf die Toilette und weinte. Sabrina ist ein echtes Groupie, obgleich sie eine Guinness ist.
Sue sah schlecht aus. Ryan auch. Sie gingen früh. Ich nehme an, weil in ihren Augen »niemand« da war. Die Leute aus Hollywood sind widerlich. Sie treiben alle diese Spielchen mit A-, B- und C-Gruppen, und das ist zu albern. Die Folge: Wenn es mit ihnen mal bergab geht, dann aber richtig. Was Bianca betrifft: Sie hat Klasse, denn sie geht *überall* hin.

Samstag, den 19. Februar 1977, Los Angeles Suzie Frankfurt und Marcia Weisman holten mich im Rolls-Royce ab. Wir fuhren ins »Cedars-Sinai«-Krankenhaus, wo eine Menge Leute warteten. Ich verkaufte Sachen im Wert von $ 1500.00 für einen guten Zweck. Marcia war penetrant: Wenn jemand ein Foto machte, mußte er $ 10.00 zahlen. Eine von mir signierte Dose kostete $ 5.00. Sie tönte, der Preis für ein Poster werde am Nachmittag auf $ 100.00 steigen. Tatsächlich fiel er auf $ 6.00.
Danach zurück ins Hotel. Doug holte uns um 1.30 ab. Wir fuhren zu meiner Eröffnung nach Venice. Ein Kamerateam filmte uns unterwegs in der Limousine. Vor der Eröffnung besichtigten wir Tony Bills Apartment. Mit dem Geld, das er entweder mit »Taxi Driver«, »The Sting« (»Der Clou«, Regie George Roy Hill, 1973) oder »Shampoo« verdiente, hatte er ein Haus gegenüber der »Ace Gallery« gekauft.

Die »Ace Gallery« war gerammelt voll. Die Schlange der Wartenden reichte um den ganzen Block. Russell und ich signierten die »Russell-Means«-Poster. Paul Morrissey und Viva waren da und ein paar Leute aus alten Zeiten – »Cockettes«.
Um 5.00 hatte ich die Nase voll. Den ganzen Nachmittag hatte ich Poster signiert. Ich stahl mich fort und ging hinaus zum Wagen. Suzie lud uns auf einen Drink nach Bel Air ein. Wir fuhren zu ihrer Freundin, dem Model Cheryl Tiegs. Ihr Mann, Stan Dragoti, arbeitet für Wells Rich Greene. Als Fred auf der Suche nach der Toilette die falsche Tür erwischte, wurde er von einem großen Hund gebissen. Er verlor kein Wort darüber. Erst als Blut an seinem Bein herunterlief, tupfte er etwas Alkohol auf die Wunde. Um 7.30 gingen wir.
Im Hotel trafen wir Annie Leibovitz und Jann Wenner. Susan Blond hatte eine Nachricht hinterlassen: Sie sei mit Michael Jackson im »Top of the Rox«. Jann und Annie kamen gerade von dort. Die Grammys seien vergeben worden, deshalb sei alles betrunken. Ein paar Jungs im Foyer versuchten mich abzuschleppen.

Sonntag, den 20. Februar 1977, Los Angeles Doug Christmas' PR-Dame, Esther, brachte aus der Kirche ein Autogramm von Jane Wyman mit. Sie hatte darum gebeten, während Jane Wyman kniete.
Wollte eigentlich mit Bianca Jagger zum Lunch, doch Wendy Stark sagte, wir könnten alle bei Coco Brown essen. Ich hatte keine Lust, aber Fred fand die Idee gut. Der erste Wagen fuhr los, wir saßen im zweiten. Wir hatten nur eine Hausnummer: 36912 in Malibu. Als wir dort waren, konnten wir sie nicht finden. Da hielt der erste Wagen, und Richard Weisman stieg aus. Da es keine 36912 gab, klopfte er bei 36910. Die Tür ging auf,

Die Warhol-Superstars Viva and Brigid *(B. Name)*

und auf der Schwelle stand »Mary Hartman« alias Louise Lasser mit den komischen Zöpfen.
Sie schlug vor, die Party bei ihr zu machen, falls wir die andere nicht finden sollten. Doch in dem Moment fuhren Coco Brown und Wendy Stark vorbei. Das gesuchte Haus war an der nächsten Ecke. Wendy hatte sich die Nummer falsch notiert.
Bianca war schon dort. Sie hatte mit Mick gestritten, und er war am Morgen nach New York geflogen. Sie hatte ihm eine Affäre mit Linda Ronstadt vorgeworfen.
Ging mit Bianca zum Strand. Der Weg führte an Larry Hagmans Haus vorbei. Larry stand unten am Wasser. Er trug eine seltsame Uniform, die an die Kluft eines Fremdenlegionärs erinnerte, und machte komische Sachen mit den Händen. Ich glaube, er ist übergeschnappt. Als wir an ihm vorbeigingen, kam eine Welle und machte meine Schuhe naß.
Wir brachten drei Stunden damit zu, uns auf ein Lokal fürs Dinner zu einigen. Bob Ellis, Ex-Mann von Diana Ross, und Alana Hamilton waren offenbar zu betrunken. Bianca wollte nicht mit Miranda ausgehen, weil sie Sabrinas Schwester ist. Jed meinte, er habe Hunger und würde überall essen. Wendy schlug vor, zu Max Palevsky zu gehen, er wolle sowieso,

Coca-Cola
TRADE MARK REGISTERED
Coca-Cola
TRADE MARK REGISTERED
Coca
REG. U.

2 Marilyn, 1967

daß wir mal rüberkommen, um uns seine Kunstsammlung anzusehen.
Wir einigten uns schließlich auf das Restaurant »Orsini's« und aßen italienisch. Fred schrie Catherine an, sie solle in Gegenwart anderer nicht immer so unverschämt zu ihm sein.

Montag, den 21. Februar 1977, Los Angeles – San Francisco Stand auf, packte (Taxi zum Flughafen $ 20.00, Trinkgeld für den Gepäckträger $ 4.00, Zeitschriften $ 8.00).
United-Flug 433, Ankunft 1.05. Mark von der Galerie, in der meine Ausstellung war, erwartete uns mit Champagner und Limousine am Flughafen – welch fürstliche Behandlung. Er brachte uns ins »Mark Hopkins«. Lunch im »Top of the Mark«. Anschließend gingen wir zu Fuß in die Galerie. Sie war nur drei Blocks entfernt. Es ging steil bergab. Ganz in der Nähe hatten wir öfter mit den »Velvets« gewohnt. Die Galerie war sehr geräumig, aber die Hängung war schlecht. Gräßlich, geschmacklos, einfach unglaublich. Marks Mutter war unmöglich.
Pressekonferenz. Fernsehaufnahmen. Der Typ vom Fernsehen war eine Schönheit, aber er kannte sich nicht aus und mochte mich ganz offensichtlich nicht. Also war ich ebenfalls mies zu ihm. Ich führte ihn zu einer Skulptur und sagte, sie sei von mir, was natürlich nicht stimmte. Er kam erst später dahinter. Mark führte uns ins Hinterzimmer, wo es mexikanische Rauschpilze gab. Anschließend fuhren wir über die Golden Gate Bridge. Unter der Brücke sahen wir Surfer. Sie sahen merkwürdig aus. Die Jungs trugen alle diese schwarzen Taucheranzüge. Irgendwie unheimlich und verrückt. Die Fahrt durch Sausalito machte Spaß. Als wir ins Hotel zurückkamen, wartete Jed schon mit seiner Familie auf uns. Sein neuer Stiefvater ist dick. Und Mrs. Johnson bedankte sich: ich sei immer so nett zu ihrem Sohn. Ich wurde rot. Ich mußte bis 9.30 in der Galerie aushalten. Marks Mutter ließ mich schwer schuften. »Trader Vic's« war nur ein paar Häuser weiter. Ich ging zu Fuß hin.
Ach ja, Carol Doda, die Oben-ohne-Cellistin aus den sechziger Jahren, kam auch zu der Eröffnung. Und weil ich mich langweilte, sprach ich ziemlich viel über sie, bis Mark schließlich vorschlug, in den Stripteaseschuppen zu gehen. Wir brachten die Limousine zurück und gingen hin. Carol ist mittlerweile so breit wie lang. Drei nackte Mädchen rieben ihre Ärsche und Mösen am Boden. Carol Doda rekelte sich auf dem Klavier und schwebte auf ihm zur Decke. Sie ist inzwischen so alt, daß sie bei ihrem Auftritt nur noch Blinklicht einschalten. Catherine und ich wären fast eingedöst (Getränke $ 35.00). Fred war verschwunden. Er war auf der Piste.

Dienstag, 22. Februar 1977, San Francisco – Miami Fünf Stunden Flug nach Miami. Bezahlte Catherines Ticket ($ 72.53). Innerhalb einer Minute wurde es Nacht. Ein langer Flug. Charlie Cowles holte uns in einem großen Wagen ab. Es war warm und angenehm, aber 11.00. Zeitverschiebung. Fuhren am »Fontainebleau« vorbei. Charlie brachte uns zum Haus seiner Mutter auf Indian Creek Island. Es steht auf dem Gelände eines Privatclubs. Ein Riesengrundstück direkt am Meer. Charlie stellte mich seinen Eltern, Mr. und Mrs. Cowles, vor. Aßen Sandwiches. Fred und ich zogen ins Gästehaus, Catherine ins Haupthaus. Ich las in Charlie Cowles' »Artforum« und ging ins Bett.

Mittwoch, den 23. Februar 1977, Miami Hatte verschlafen und stand erst gegen 10.30 auf. Frühstück gab es nicht mehr, nur noch Kaffee. Machte Fotos von Gardner – alle hier nennen ihn »Mike«. Er hat Charlie adoptiert. Er hat ein paar seiner Zeitschriften an die »New York Times« verkauft und besitzt heute mehrere Fernsehstationen. Früher war er Herausgeber von »Look«.

1 Five Coke Bottles, 1962 ▸

Beim Lunch erzählte uns Mrs. Cowles, daß sie ihre beiden argentinischen Wirtschafterinnen verlieren würde – reiche Leute reden beim Essen gern über ihr Personal. Anschließend fuhr uns Charlie spazieren.
Fred erklärte Catherine, warum er sie angebrüllt hatte – als er sie wecken wollte, hatte sie geschrien: »Rühr mich nicht an! Rühr mich nicht an!« Sie entschuldigte sich dafür.
Charlie fragte, ob wir zu den Jungs nach Fort Lauderdale wollten. Besuchten einige Schwulenlokale, anschließend führte uns Charlie hinunter zur Strandpromenade. In der ersten Kneipe, den Namen hab ich vergessen, trugen die Barkeeper Bärte und Frauenkleider. Der erste meinte: »Ich bin ein Freund von Brigid Berlin.«
Ich mußte dringend pinkeln. Fred kam von der Toilette zurück, und ich fragte ihn, ob noch jemand drin sei. Er sagte nein, niemand drin. Ich ging rein und war gerade am Pinkeln, als plötzlich einer neben mir stand und sagte: »O Gott, ich kann's nicht fassen, daß ich hier neben dir stehe. Laß mich deine Hand schütteln.« Dann erst begriff er: »Nein, ich wasche mir erst die Hände.« Meine Konzentration war dahin, ich konnte nicht weiterpinkeln. Immer mehr Leute strömten herein, und alle fragten: »Bist du's wirklich?« Ich machte, daß ich rauskam.
Die Kellner erzählten uns, daß an manchen Abenden nur Kellnerinnen hier bedienten. Eine Art Schichtbetrieb. Das klang wie Paul Morrisseys Idee für einen Western, der in einer Stadt spielt, die zur Hälfte aus Männern und zur anderen Hälfte aus Männern in Frauenkleidern besteht, weil es keine Frauen gibt ($ 5.00).
Wir gingen ein paar Blocks weiter in eine Kneipe mit Flippern und spielten eine Weile ($ 10.00).

Samstag, den 26. Februar 1977, New York Jamie Wyeth hatte mich gestern zum Geburtstags-Lunch für Ted Kennedy eingeladen. Heute morgen nun rief er mich an und sagte, Rose Kennedy wolle im kleinen Kreis feiern, was er nicht gewußt habe. Wie auch immer, jedenfalls könne er mich nicht mitnehmen. Ich glaube eher, daß Jamie es sich anders überlegt hat. Ging um 8.30 nach Hause.
Metromedia hat unseren Vorschlag nun doch aufgegriffen, obwohl sie ihn abgelehnt hatten. Sie sind einfach hergegangen, haben die Sache selbst realisiert und die Fernsehsendung »Dinner with Bella Abzug« produziert. Aber die Sendung war langweilig und blöd, und das ist es, was mich so wütend macht.

Andy 1977 im Weißen Haus mit der Zeichnung von Jimmy Carter *(Bob Colacello)*

Montag, den 7. März 1977 Wachte schlecht gelaunt auf und verließ das Haus schon um 9.30. Nahm ein Taxi zur Chembank ($ 3.30). Im Büro lag ein Brief von Jimmy Carter aus dem Weißen Haus. Ich wünschte, ich hätte mich bei unserer Begegnung letzten Monat länger mit ihm unterhalten. Ich war damals einfach zu nervös. Dabei ist er wirklich nett, ein wirklich netter Mann.
Jamie Wyeth malte immer noch Arnold Schwarzenegger, der ihm immer noch Modell stand. Lunch für Jamie und Arnold, $ 16.00. Alex Heinrici kam vorbei, um etwas zu retuschieren. Den ganzen Nachmittag gearbeitet.
Bob Colacello abgeholt und mit dem Taxi zum Sutton Place South 45. Eine Buchparty von Arnold Weissberger für Anita Loos. Ich hatte Tonband und Kamera vergessen, und prompt war viel Prominenz da. Arnold Weissberger und Milton Goldman führen die längste Schwulenehe in

Coca-Cola
Coca-Cola
Cola
PAT. OFF.

PUFF!

PUFF!

New York. Arnold ist über 70, einer der bedeutendsten, altgedienten Anwälte im Showbusiness und Hobbyfotograf. Er fotografiert jeden, der in sein Haus kommt. Vor einem Jahr hat er ein Buch mit dem Titel »Berühmte Gesichter« herausgebracht. Bei der Party lag ein Exemplar auf dem Eßzimmertisch, und er bat die »berühmten Gesichter«, ihre Signatur unter ihr Bild zu setzen. Milton Goldman ist über 60 und ein wichtiger Agent bei der IFA. Bob stellte fest, daß er der einzige Anwesende unter 30 war – knapp unter 30. Ich denke, Arnold hat Angst, Milton zu verlieren, und will vielleicht deshalb keine jungen Leute um sich haben. Alle Butler und Barkeeper waren über 60. Sie servierten nie mehr als einen Drink gleichzeitig, und selbst dabei zitterte das Tablett.
Paulette Goddard war da und erzählte mir, daß sie bei »Parke Bernet« nicht einen Teppich losgeworden sei. Sie meinte, die Händler hätten sich gegen sie verschworen. Möglich wär's, denn die Teppiche sind erstklassig. Sprach mit Rosemary Harris, Martha Graham, Cyril Richards, Rex Harrison und Sylvia Porter. Milton stellte jeden dreimal vor.
Fuhr mit dem Taxi zu »Elaine's« ($ 3.25), um Jamie, Arnold und Rudolf Nurejew zu treffen. Jamie hatte Gleichgesinnte eingeladen. Als ich reinkam, schnappte mich dieser aufdringliche Freund von Lester Persky und stellte mich Neile McQueen vor. Sie war recht hübsch. Er flüsterte mir ins Ohr: »Ex-Frau, Steve McQueen.« Arnold brachte drei kleine Mädchen mit. Eine war Sportreporterin bei der »New York Times« und in Arnold verliebt.
Dann hatte ich ein faszinierendes Erlebnis. Elaine machte mich mit einem Mann bekannt, der Kartenkunststükke vorführte. Er deckte das Blatt vor mir auf und sagte: Denken Sie sich eine Karte – und dann erriet er sie, und das *achtmal* hintereinander! Das ging mir nicht mehr aus dem Kopf. Ich dachte die ganze Nacht darüber nach. Ich *muß* herausbekommen, wie das geht, denn wenn man das kann, kann man alles. Setzte Catherine, Uncle Erskine und Miranda ab ($ 3.00).

Dienstag, den 8. März 1977

Ein schöner Tag. Ging am Central Park spazieren, dann erst ins Büro. Jamie und Arnold waren da. Ich bedankte mich für den interessanten Abend. (Malbedarf $ 5,85). Jamie sagte, Nurejew habe sich in Erskine verliebt, und Erskine wäre beinahe schwach geworden. Nurejews letzte Worte (Lachen) waren: »Wir können ja einfach nur fernsehen.« Erskine und Catherine bekamen von ihm ein Autogramm.
Bob holte mich um 8.00 ab. Wir fuhren zur iranischen Botschaft. Bob zwang mich, den Smoking anzuziehen, doch dann waren wir die einzigen. Als Entschuldigung brachte er vor, daß wir so viele Einladungen bekämen und er sie nicht mehr auseinanderhalten könne. Langsam haben wir das Gefühl, daß uns die Iraner nur benutzen. Es fing schon vor ein paar Wochen in Washington an, als wir feststellten, daß Botschafter Sahedi unter Carter nicht mehr »in« ist. Die ganze Zeit war er für Nixon und Ford, und jetzt will er bei den Demokraten landen. Dazu braucht er Hilfe, und zwar unsere. Für den schwedischen Botschafter war es ein schwer verdauliches Dinner.
Wir entschuldigten unseren frühen Aufbruch mit einer anderweitigen Verpflichtung. François de Menil gab eine Party für Prinzessin Marina von Griechenland, deren Ausstellung in der »Iolas Gallery« eröffnet worden war. (Taxi zu François' Haus in der 69. Straße $ 2.25.) Bei der Party ging es hoch her. Arman, Corice und Larry Rivers waren da.
Auch Gigi war da. Sie hatte gerade mit Ronnie Schluß gemacht und zog mit Spyro Niarchos los. Ronnie war sehr deprimiert. Schon vor einiger Zeit hatte Gigi mir erzählt, daß ihre Beziehung mit Ronnie am Ende sei – drei Monate lang hatten sie kein Wort miteinander gesprochen. Er ist eifersüch-

tig, weil sie mehr verdient und herumreist, doch er hat nicht ihren Ehrgeiz. Sie muß sich von ihm trennen, auch wenn sie ihn noch liebt, denn wie bisher kann es nicht weitergehen. Und das ist entscheidend. Gigi hatte mir erzählt, daß sie Schluß machen wollte. Barbara Allen war mit Philip Niarchos da. Sie sind also wieder in der Stadt.
Hatte eigentlich erwartet, Dennis Hopper zu treffen, sah ihn aber nicht. Er lebt mit Caterine Milinaire zusammen bzw. wohnt bei ihr – sie sind (Lachen) also »zusammen«. Ronnies Freund, Tony Shafrazi, war auch da, er war gerade aus dem Iran zurückgekehrt. Das ist der, der im »Museum of Modern Art« Picassos »Guernica« verunstaltet hat.
Hoveida erzählte uns, Sidney Lumet werde nächste Woche zu Paulettes Dinner in die Botschaft kommen. Und wir sagten: »Wie nett.« Wie ich höre, erzählt Sidney Lumet in der Stadt herum, ich sei ein Rassist, nur weil »Mandingo« in diesem Jahr mein Lieblingsfilm ist.

Mittwoch, den 9. März 1977

Las in der Zeitung, daß Liz Taylor in der Madison Avenue heimlich ihre Diamanten verkauft, um die Kampagne ihres Mannes zu unterstützen, also hielt ich die Augen offen. Ging zu Fuß ins Büro. Ronnie war aus zwei Gründen nicht dort: Gigi war letzte Nacht mit Spyro Niarchos durchgebrannt, und Wim Wenders drehte in seinem Loft einen Film.
Lee Radziwill und ihr Sohn Antony kamen zum Mittagessen vorbei. Antony ist noch größer geworden. Und dicker. Lee erzählte von Sahedi. Sie war letzte Woche nicht zu seinem Dinner in Washington gegangen, daraufhin hatte er ihr Champagner und Kaviar geschickt. Als sie sich schriftlich dafür bedankte, schickte er ihr noch mehr Champagner und Kaviar, und so geht das nun schon die ganze Zeit. Er ist tatsächlich hinter ihr her.
Walter Stait aus Philadelphia rief an und fragte, ob ich Lust hätte, mit ihm und Ted Carey zu Abend zu essen. Ich sagte zu. Ted Carey hatte Dr. Cox konsultiert. Dr. Cox muß ein guter Arzt sein, denn er erkannte Teds Symptome sofort: Papeln im Hals, Syphilis. Er muß noch andere Patienten mit diesem Leiden haben. Er schickte Ted zur Behandlung. Das einzige Problem ist jetzt, daß Ted ständig Würmer hat. Er wird sie einfach nicht los. Beim Dinner unterhielten wir uns angeregt über »POPism«. Wir erinnerten uns, wie wir zusammen für unser Fairfield-Porter-Porträt posiert hatten.

Donnerstag, den 10. März 1977

Barbara brachte Prinzessin Firyal von Jordanien in die Factory. Sie ist mit Stavros Niarchos liiert.
Das große Drama war die Dreiecksgeschichte zwischen Ronnie, Gigi und Spyro. Offenbar hat Ronnie gestern Nacht im »Waldorf Towers« angerufen und Gigi verlangt. Doch die Rezeption stellte die Anrufe nicht in das Apartment von Niarchos durch. Beim erstenmal hinterließ Ronnie die Nachricht, Gigis Mann habe angerufen, beim zweitenmal, Gigis Bruder sei gestorben.
Heute morgen nun rief Spyro Ronnie an und fragte ihn, ob er etwas dagegen habe, wenn er zu Firyals Lunch komme, und fügte hinzu, er habe nichts von ihm und Gigi gewußt und so weiter. Ronnie antwortete, er könne ruhig kommen, aber wenn er auch nur hallo zu ihm sagen sollte, würde er ihn zusammenschlagen.
Spyro erzählte Bob, daß Gigi bei de Menils Party auf ihn zugekommen sei und gesagt habe: »Erinnern Sie sich an mich?« Er erinnerte sich nicht, aber sie frischte sein Gedächtnis auf, und dann erzählte sie ihm, daß sie nicht mehr mit ihrem Freund zusammen sei. Und da sie beide allein waren, schlug sie vor, den Abend gemeinsam zu verbringen. Spyro war sauer auf Gigi, weil sie ihn in den Schlamassel mit Ronnie hineingezogen hatte. Zu Bob sagte er, damit habe sie alles verdorben.

Bei dem Lunch jedenfalls saßen alle schon am Tisch, als Ronnie hereinkam. Zuerst füllte er seinen Teller, dann fragte er: »Wo ist mein Platz?« Ich fürchtete, daß es Ärger geben könnte, denn irgendwie benahm er sich hysterisch. Ich sagte, einer müßte auf das Telefon aufpassen, und außerdem seien wir mit ihm 13 am Tisch. Arbeitete bis gegen 4.00. Barbara sah spindeldürr aus. Sie schwärmte mir vor, wie wundervoll Peter Marino ihr Apartment einrichte. Holte Vincent mit dem Taxi ab und fuhr mit ihm zu Suzie Frankfurts »open house« – »Suzie Frankfurt daheim« (Taxi $ 5.00). Fred war da. Auch Bürgermeister Lindsay war gekommen. Es gab lekkere Appetithappen, ich aß um die 40. Traf Marvin Davis. Er war früher bei I. Miller und hat mir meinen ersten Job verschafft. Als er die alten Schuh-Zeichnungen sah, die Suzie von mir besitzt, meinte er, er käme sich vor wie in einer Zeitmaschine. Suzie wurde nervös, weil niemand etwas kaufte – keine Kleider, keine Möbel, keine Antiquitäten. Das Konzept hieß »Antiquitäten in einem Ambiente«. Eine gute Idee. Wahrscheinlich kann sie drei Viertel des Hauses von der Steuer absetzen. Setzten Suzies Ex-Mann, Steve Frankfurt, unterwegs ab ($ 3.00). Fuhr zur East-Side-Antiquitäten-Ausstellung ($ 2.50), anschließend zu Fuß nach Hause.

Der iranische UN-Botschafter Hoveida *(Warhol)*

Bob und ich holten Elsa Martinelli im »St. Regis« ab und fuhren zur iranischen Botschaft. Am Buffet herrschte Gedränge. Ein Abend zu Ehren des neuen amerikanischen Botschafters in Italien, Mr. Gardner, und seiner Frau, Danielle.

Wurde in ein Gespräch mit der Baronesse de Bodisco verwickelt. Hoveida versuchte mich zu erlösen und sagte zu ihr: »Ich glaube, oben ist jemand, der Sie gerne kennenlernen möchte.« Sie lehnte glatt ab. Als Hoveida daraufhin sagte, man werde sie beim nächstenmal nicht mehr einladen, sagte sie nur: »Das ist mir egal.«

Freitag, den 11. März 1977 Ich sprach im Büro mit Rick LaBrizzi und sagte ihm, daß er die »Maos« und »Suppendosen« zu billig verkauft habe. Ging heim, um mich umzuziehen. Catherine holte mich ab. Nima Isham gab eine Geburtstagsparty für Firooz und ihren Mann, Chris Isham ($ 3.00).

Die Wohnung war mit Papierschlangen und Luftballons dekoriert. War in Spiellaune und band ein paar mit Helium gefüllte Ballons an ahnungslosen Leuten fest. Bob ärgerte sich über seinen Ballon und schlug ihn weg. Er merkte nicht, daß er festgebunden war. Nach dem Essen wurden zwei Torten hereingebracht. Aus irgendeinem Grund brach der Tisch zusammen, und beide Torten landeten auf dem Fußboden.

Ronnie und Gigi sind wieder zusammen.

Samstag, den 12. März 1977

Früh aufgewacht, ein schöner Tag. War in »Subkoff's Antiques«, um Anregungen zu kriegen (Taxi $ 3.00). Anschließend zu Fuß ins Büro. Bob sah Bilder durch für das Fotobuch, das wir zusammen machen. Vincent ging eine Zeitung kaufen – die Schlagzeile »*Filmregisseur angeklagt: Vergewaltigung*«. Gemeint war Roman Polanski. Er hatte ein 13jähriges Mädchen zu einer Party in Jack Nicholsons Haus mitgebracht. Die Eltern des Mädchens hatten die Polizei verständigt, und die hatte am nächsten Tag Jacks Haus durchsucht. Anjelica war wegen Koks festgenommen worden.

Victor hatte mir gesagt, ich müßte mir unbedingt die Sendung »Dinner with Halston« auf Channel Five anschauen – Metromedia.

Das ist die Idee, die wir Larry Freeberg von Metromedia unterbreitet haben und die uns abgelehnt wurde – und jetzt machen sie es mit anderen Leuten. Halstons Gäste waren Bianca, Joe Eula, der Akupunkteur Dr. Giller, Jane Holzer und Victor. Es war sehr langweilig. Sie hatten auch mich zu der Show eingeladen, ich hatte jedoch abgelehnt, weil sie meine Idee geklaut hatten.

Das Dinner wurde »live« gesendet, mit sieben Sekunden Verzögerung. Joe Eula rutschte einmal »bullshit« raus, und das wurde geschnitten. Das einzige, was auf dem Tisch zum wirklichen Leben fehlte, war Koks, und natürlich rannte auch keiner auf die Toilette. Dafür brachte Victor Leben in die Runde, als er seinen falschen Schnurrbart abnahm. Er hat lange einen Schnurrbart getragen, ihn dann aber abrasiert, vielleicht weil er den Akupunktur-Doktor nicht ausstehen kann, der auch einen hat. Für die Show hat er sich einen zugelegt. Außerdem hatte er ein Plastikhuhn mit, zu dem er sagte: »Sag: Hallo, Andy.« Zwischen Joe Eula und Victor kam es zu einer Meinungsverschiedenheit; es ging um mich. Joe meinte: »Andy soll für sich selbst sprechen – warum ist er eigentlich nicht hier?« Und dann sagte Victor – und das bei Metromedia –, daß Metromedia mich beklaut habe. Victor war großartig.

Jane hatte das falsche Make-up und sah deshalb nicht gut aus. Und die anderen nannten sie dauernd »das berühmte Mannequin«. Das Dinner artete aus, die Gäste beschütteten sich gegenseitig mit ihren Drinks. Vielleicht war das auch abgesprochen, schließlich hält man sie ja für den »wild set«. Jane wuppte ihren Champagner in die Luft, die anderen auch, aber es sah ziemlich lahm aus. Victor kippte ihr seinen Champagner in den Schoß. Zwischen ihm und Halston kam es zum Streit – Victor erklärte, er werde nie wieder Halstons Schaufenster dekorieren und sei hiermit als »Künstler neu zu vermieten«. Die Kamera fuhr dicht an Halstons versteinertes Gesicht heran. Irgendwann sagte Halston, vielleicht war es auch Bianca oder ein anderer: »Jetzt laßt uns die anderthalb Stunden durchziehen!« Und da haben wahrscheinlich die meisten Zuschauer abgeschaltet. Bei dem Gedanken, so was eineinhalb Stunden lang anzugucken, muß den meisten übel geworden sein.

Und wer war in der Zwischenzeit mit Larry Freeberg, dem Kerl, der mir die Idee geklaut hat, essen gegangen? Fred! Sie waren in der »Hermitage« bei einem Dinner für Nurejew. Und Freeberg war mit Lee Radziwill zusammen – sie planen auch mit ihr ein Dinner auf Channel Five.

Nach der Sendung gab Halston eine Party für die Mitwirkenden. Als ich hinkam, war Mick schon da. Er war süß und sagte Bianca, wie gut sie in der Show gewesen sei. Gegen 4.00 ging er. Sie wollte noch nicht gehen und blieb. Alle waren wütend auf Victor und sagten, er habe die Show ruiniert. Entsprechend früh war er zu einer Kneipentour aufgebrochen.

Sonntag, den 13. März 1977

Fred meint, ich solle damit aufhören, den Leuten zu erzählen, daß die Dinner-Show im Fernsehen unsere Idee war, weil das Ergebnis wirklich furchtbar sei. In seinen Augen haben sich Halston und die anderen lächerlich gemacht. Er sagte, Mick habe Bianca unmöglich gefunden.

Den ganzen Tag über regnete es in Strömen. Ging zur Kirche (Zeitungen und Zeitschriften $ 14.00). Paulette rief an. Wir sprachen über »Dinner with Halston«. Ich erzählte ihr, daß die Idee von mir war. Sie gab mir ebenfalls den Rat, das ja keinem zu sagen; es sei zu schlimm. Ich glaube, daß bei der Länge der Sendung nur jedermanns wahre Persönlichkeit ans Licht kommt und deutlich wird, wie langweilig die Leute im Grunde doch sind.

Jane Holzer rief an und bat mich, sie zu den Gilmans mitzunehmen. Ich lehnte ab. Es regnete, und ich mußte ein Gemälde zu Sondra Gilman bringen. Barbara Allen lud mich telefonisch zu einem Dinner mit Stavros Niarchos ein. Richard Turley rief gleich zweimal an, um mir zu sagen, daß er die Nummern meiner beiden Privatanschlüsse kennt. Er lud mich ein, mit Tennessee Williams und ihm auszugehen.

Die Gilmans gaben eine Party für ein paar Franzosen, die mit Pferden zu tun haben. Sie besaßen einen neuen Lichtenstein, das Stilleben mit der Badezimmertür. Sondras Porträt gefiel allen. Anscheinend waren sie der Meinung, ich hätte ihr damit geschmeichelt. Der Kaviar wurde aus einer großen Büchse serviert.

Halston *(Andy Warhol)*

Montag, den 14. März 1977

Brigid rief gestern an: Sie wiegt noch 73 Kilo. Sie will morgen vorbeikommen, um ihr Weihnachtsgeschenk zu holen und bei der Gelegenheit auch ihr Geburtstagsgeschenk vom September, das sie damals nicht abholen wollte. Bekam die englischen Kritiken von »BAD« auf den Tisch. Sie waren schlecht. Blödmänner wie Frank Rich können vier Seiten über einen belanglosen Film schreiben, aber bei »BAD« genügt ihnen eine Inhaltsangabe, und das ist es dann. Wissen sie nicht, was ihr Job ist? Zu sagen, was etwas *bedeutet?*

Ahmet und Mica Ertegun luden mich telefonisch für heute abend zu einem Dinner bei »Gallagher's« ein. Das Dinner wurde für »The Traamps« gegeben, eine dreizehnköpfige schwarze Band, die bei Atlantic unter Vertrag steht und im »Roseland« spielen sollte. Ich ging also hin. Das Beste im »Roseland« war ein Mädchen mit Fingernägeln aus echtem Gold, etwa 14 Karat. Die kann man kaufen. Sie will anrufen, damit wir einen Termin für ein Interview für »Interview« vereinbaren. Sie ist eine berühmte Sängerin.

Dienstag, den 15. März 1977

Die Sängerin mit den goldenen Fingernägeln von gestern abend rief an. Ihr Name ist Esther Phillips. Ich *weiß* einfach, daß sie eine gute Sängerin ist, ganz bestimmt. Sie geht nach Kalifornien, und wir wollen versuchen, uns dort zu treffen.

Victor kam mit einem neuen Aktmodell . Zur Zeit lasse ich Jungs kommen und für meine neuen Gemälde nackt Modell für Fotos stehen. Aber ich

Mit Diana Vreeland *(Bob Colacello)*

sollte nicht von Akten reden. Es müßte künstlerischer klingen. Etwa wie »Landschaften«. Landschaften.

Brachte Catherine und Fred nach Hause ($ 4.00). Zog für Carrie Donovans Dinner im »21« meinen Smoking an. Joseph Brooks, der Präsident von »Lord and Taylor«, hatte mich eingeladen (Taxi ins »21« $ 2.50). Diana Vreeland verbrachte den Abend mit

Fred. Sie kamen auf einen Sprung ins »21« und fuhren dann weiter zur iranischen Botschaft, wo ich später auch noch hin mußte. Amüsierte mich gut im »21« (Taxi $ 2.50). In der Botschaft wurde ein Dinner für Paulette gegeben. Zwar hatte Bob die Gästeliste zusammengestellt und die Sitzordnung festgelegt, doch hatte er sich dabei nach Paulettes Wünschen gerichtet. Ich langweilte mich – sie hatte weder interessante Leute noch irgendeine Schönheit eingeladen, nur Freunde. Aber wenigstens gab es reichlich frischen Kaviar. Ich saß neben Carroll de Portago und Gisela Hoveida, der Frau des Botschafters.
Zuerst hatte Bob die Lumets nicht einladen wollen, und dann brachen sie eine Stunde vor dem Dinner auf, und er mußte eine neue Sitzordnung machen.
Diana Vreeland unterhielt sich angeregt mit Dr. Lucky, dem Chef des New York Hospital. Ich sprach mit Anita Loos und lobte ihr Kleid. Sie ist so klein, daß ich sie fragte, ob sie ihre Abendgarderobe in der Kinderabteilung kaufe, und sie klärte mich darüber auf, daß es dort keine Abendgarderobe gibt und es sich hier um ein Stück von »Madame Grès« handele. Ich wollte wissen, ob sie es wegen der Größe zum halben Preis bekommen habe. »Nein. Wenn ich einen Pelzmantel kaufe, bezahle ich genausoviel wie Kate Smith.«
Ich wollte von Anita wissen, wie die wirklich glamourösen Frauen mit Männern ins Bett gehen und was sie dabei tun. Sie sagte, sie wisse nur über eine Frau aus Hollywood Bescheid, die im entscheidenden Moment immer auf die Knie fällt und Gott um Verzeihung bittet. Offenbar nimmt das den Männern die Lust, sie schämen sich und schenken ihr Schmuck.

Michail Baryschnikow *(Andy Warhol)*

Anita erzählte mir, daß sie nur deshalb noch mit Paulette befreundet sei, weil sie ihr nie eine direkte Frage gestellt habe. Ich sagte, mein großer Fehler sei gewesen, sie zu fragen: »Wie war dein Liebesleben mit Chaplin?«

Mittwoch, den 16. März 1977

Mußte früh vom Büro weg, um mich umzuziehen; denn ich mußte zu Aly Kaiser ins »UN Plaza«. Sie ist etwa 60, sieht aber jünger aus. Sie war Krankenschwester, bevor Kaiser von Kaiser Aluminium sie geheiratet hat. Wir fuhren in ihrer Limousine zum Kaufhaus »Bergdorf Goodman's«, wo Halston für Martha Grahams Ballettschule eine Benefiz-Modenschau veranstaltete. Ihr großer französischer Pudel saß vorn, auf dem Kopf die Schirmmütze des Chauffeurs. Bei Martha Grahams Wohltätigkeitsveranstaltungen sieht man immer dieselben Gesichter. Ich brauchte keine Eintrittskarte für $ 100.00 zu kaufen, Aly schon. Sprach mit Andrew und Mrs. Goodman, den »Bergdorf«-Eigentümern. Sie wohnen über dem Laden. Mrs. Goodman ist Kubanerin. Ich sah Pat Cleveland mit Esther Phillips. Mrs. Kaiser verliebte sich in Esther.
Anschließend gingen wir ins »Regine's«: Mrs. Kaiser, Esther und ihr Freund, ein Friseur. Fred kam mit Su-

zie Frankfurt. Sie trug ein Kleid von Grès. C. Z. Guest war mit Prinz Rupert Loewenstein da. Alle waren von Esther beeindruckt. Zum erstenmal tanzte ich – und zum ersten Mal in der Öffentlichkeit. Esther brachte mir bei, wie in der Disco getanzt wird, das fand sie lustig; ich aber auch.
Dann wollten die Kids etwas rauchen, und Aly nahm sie mit zu sich. Sie hatte die Maler in der Wohnung, deshalb herrschte Unordnung. Sie holte eine Tüte Marihuana hervor, dann rauchten sie. Ich finde Esther wirklich nett.

Freitag, den 18. März 1977 Ich schickte Ronnie los, um Fotomaterial zu kaufen ($ 19.31, $ 12.78, $ 7.94). Lester Persky rief an und lud mich zu einem Dinner für Baryschnikow ein, doch ich wollte zu Nurejews Geburtstagsparty in die iranische Botschaft. Fuhr mit Vincent im Taxi zu Frank Stellas Atelier ($ 2.75). Leo Castelli gab dort eine Party; er ist 20 Jahre im Kunstgeschäft. Fred hatte mich beschworen hinzugehen, obwohl es genau die Art von Party war, die ich nicht mag, weil alle Gäste so sind wie ich, so ähnlich und so eigenartig. Wir sind uns alle ähnlich, aber die anderen geben sich so künstlerisch, und ich bin so kommerziell, daß ich mir schon komisch vorkomme. Wenn ich mich für wirklich gut halten würde, würde es mir vermutlich nichts ausmachen, sie zu treffen. Alle Künstler, die ich schon seit Jahren kenne, sind entweder in zweiter Ehe verheiratet oder haben eine Freundin – Claes Oldenburg hatte eine neue Freundin, Rosenquist ebenfalls. Roy kam mit Dorothy, Ed Ruscha mit Diane Keaton. Leo kam mit seiner Ex-Frau Ileana (Sonnabend), seiner Frau Toiny und Barbara Jakobson – aus irgendeinem Grund verlieben sich alle Mädchen in ihn. David Whitney war süß und machte sich nützlich. Eine von Leos Sekretärinnen half mir mit einem Film aus.
Die Künstler spielten »Signiere ich deins, signierst du meins«, und ich ergatterte ein paar Signaturen, eine von Claes und dann eine von Keith Sonnier, den ich mag. Nancy, die bei Leo die Schecks ausschreibt, war auch da. Die Party fand in der Jones Street statt, und das erinnerte mich an die Zeit, als ich dort wohnte und meine Zimmergenossin Lila Davies einen Chinesen kennenlernte. Sie brachte ihn mit nach Hause, weil sie ihn nett fand. Und dann ging er mit einem Messer auf sie los.
Ich ging nach Hause, schlief ein wenig und mußte mich dann zwingen, wieder aufzustehen. Holte Andrea Portago ab und ging mit ihr in die iranische Botschaft. Andrea sah sehr gut aus; sie will jetzt doch wieder Filmstar werden. Das schlägt sie sich eine gewisse Zeit aus dem Kopf, kommt dann aber wieder darauf zurück. Paulette war schon in der Botschaft. Sie hat die Rechte an Remarques Roman über Andreas Vater, »Der Himmel kennt keine Günstlinge«, verkauft. Fürchterlicher Titel, meinte Paulette. Sie bekam $ 100 000.00 plus zehn Prozent Beteiligung an dem Paramount-Film. Der Film heißt »Bobby Deerfield«. Al Pacino spielt darin Andreas Vater, den Rennfahrer Fon de Portago.
Nach dem Essen wollte Andrea zu Baryschnikows Party bei Lester Persky. Doch gerade, als wir gehen wollten, erschienen Bianca und François Catroux. Sie kamen gerade von dort und rieten uns ab, die Party sei schrecklich. Also gingen wir wieder auf Nurejews Fest und mußten uns anhören: »Was, schon wieder da?« Aber dann meinte Andrea, Bianca habe uns wohl nur abgeraten, um ihrer Karriere zu schaden. Die Party sei bestimmt toll. Und wahrscheinlich sei Milos Forman dort, und der könne was für sie tun. Also gingen wir schließlich doch.
Taxi zum »Hampshire House« ($ 3.00). Lester wohnt ganz oben. Während wir dasaßen und uns unterhielten, bewegte sich ständig der große Kronleuchter. Das machte mich nervös. Baryschnikow war sehr süß, und Milos freute sich, weil er und ich die gleichen Schuhe anhatten. Brooke

Hayward fiel mir um den Hals und seufzte: »Ich bin so erfolgreich, ich weiß gar nicht, was ich machen soll.« Ich halte sie für verrückt.
Lester besitzt Werke von Rosenquist und Rauschenberg, aber nur eine »Cow« (die ich ihm geschenkt habe) und eine »Marilyn«. Er hätte früher damit anfangen sollen, meine Sachen zu kaufen. Ich werde mich aber anstrengen, daß er ein paar »Dollars« an die Wand bekommt. Es ist gemütlich bei Lester. Setzte Andrea ab ($ 3.00).

Montag, den 21. März 1977
Fred hatte Ärger mit Ileana Sonnabend. Schändlicherweise will sie etliche Zeichnungen von mir nicht zurückgeben.
Bianca aß im Büro mit uns zu Mittag. Jamie fragte sie, ob sie (Lachen) aus Uganda komme – weil sie von Menschenrechtsverletzungen und Morden der Geheimpolizei in »meinem Land« redete. Sie wäre fast auf ihn losgegangen und rief: »Nicaragua, Nicaragua.«
Arbeitete den ganzen Nachmittag. Um 6.00 fuhr ich zu Adela Holzer ($ 3.50). Bob hatte Theater gemacht und sich geweigert, mitzukommen, angeblich, weil sie kein Geld hat. Doch immerhin gehört ihr ein ganzes Haus, East 72nd Street 216. Ein schönes Haus. James Coco und sein Freund waren bei ihr.
Ich war gerade zu Hause angekommen, als das Telefon läutete. Philip Niarchos wollte kommen und sich mein Haus ansehen. Aber ich hatte keine Lust und sagte, ich sei schon im Bett.

Dienstag, den 22. März 1977
Gerade als ich zur Tür hinaus wollte, klingelte das Telefon. Brigid Polk war dran. Sie hatte sich wochenlang nicht gemeldet und bat mich, sofort zu ihr zu kommen. Sie war bei ihrer Mutter. Brigid kam mir auf der Treppe entgegen. Sie sah blendend aus, genau wie ihre Mutter. Ich bot ihr den Job an. Wir redeten zwanzig Minuten darüber, wo ihr Arsch geblieben ist: Er ist verschwunden. Ich sagte ihr, sie solle sich nie mehr »BAD« anschauen. Wenn sie sich in dem Film sieht – fett, wie sie damals war – und dazu die Furzgeräusche hört, wird sie nur wütend auf uns.
Fuhr ins »Mortimer's« zu einer Party. Edie Vonnegut stellte die Zeichnungen vor, die sie von »Mortimer« gemacht hat. Gibt es überhaupt einen Mortimer? Die Zeichnungen waren unglaublich schlecht. Kurt Vonnegut lobte in einer kurzen Ansprache das Talent seiner Tochter. Sie war mal mit Geraldo Rivera verheiratet, weißt du noch?
Ruth Kligman küßte mich. Ich hatte keine Ahnung, was sie damit bezweckte. Dann fing sie an, lang und breit über eine fiktive Liebesaffäre zwischen ihr und mir zu reden, entschuldigte sich dafür, daß sie Schluß gemacht habe, und küßte mich wieder. Alles war frei erfunden, und ich dachte, wenn sie so was mit mir macht, dann hat sie wahrscheinlich auch nie eine Affäre mit Pollock gehabt. Sie sah gut aus, sie trug ein Halston-Kleid aus Samt. Fred war mit Edna O'Brien gekommen. Barbara Allen war auch da. Sie hatte eigentlich die neuen Diamantohrringe tragen wollen, die ihr Philip neulich geschenkt hat, doch er hatte darauf bestanden, sie im Tresor zu lassen.

Mittwoch, den 23. März 1977, New York – Los Angeles Susan Pile holte uns mit einer Limousine vom Flughafen ab. Sie hatte eine Menge PR-Material dabei und erzählte uns von der »BAD«-Vorführung mit anschließender Party am Donnerstag. Sie hätte uns davon früher was sagen sollen, denn für Donnerstag hatten wir bereits eine Verabredung.
Wir stiegen im »Beverly Hills Hotel« ab, und man gab uns die schrecklichsten Zimmer. Wir saßen in Suzie Frankfurts Zimmer, während Susan Pile mit Fred in dessen Zimmer auf einem anderen Stockwerk geschäftliche Dinge regelte. Suzies Freundin Joan Quinn kam vorbei und lud uns zum Dinner in ein mexikanisches Restaurant ein. Wir fuhren mit zwei Wa-

gen. Das Essen war hervorragend. Wir lernten Joans Mann Jack, den Rechtsanwalt, kennen. Sie will unbedingt eine der gefragtesten Gastgeberinnen von L. A. werden.
Ging gegen 1.00 ins Bett.

Freitag, den 25. März 1977
Stand um 7.00 auf. Todd Brassner rief an. Er hatte gerade in der »Polo Lounge« Muhammad Ali gesehen und Charles Bronson im Foyer. Fred und ich waren mit Roger Corman in dessen Büro verabredet (Taxi $ 5.00). Das Gebäude war nagelneu, trafen all die jungen Leute, die für ihn arbeiten. Fred hatte erzählt, Roger sei sehr schüchtern und gebe niemals Interviews, aber wie ich feststellen konnte, ist er überhaupt nicht schüchtern und hat außerdem in letzter Zeit eine Menge Interviews gegeben.
Diana Vreeland nahm uns in ihrem Wagen mit zu George Cukors Haus. George ließ mich nicht fotografieren. Ich war enttäuscht. Er war begeistert von »BAD«, kam richtig ins Schwärmen. Er und Paul Morrissey hatten den Film am Vortag bei Susan Piles Vorführung gesehen. Unter den 750 Besuchern waren auch Jack Nicholson, Warren Beatty und Julie Christie.
Fred und ich fuhren zurück ins Hotel, um uns für die Dinnerparty bei Sue Mengers in Bel Air umzuziehen. Holten Diana ab und fuhren zur Party. Ryan und Tatum O'Neal, Barbra Streisand und Jon Peters waren bereits dort. Diana steuerte auf Barbra zu und hielt ihr wegen irgend etwas eine Standpauke. Candy Bergen und Roman Polanski waren da. Es war eine Party für Sidney Lumet. Er kann mich nicht ausstehen, seine Frau Gail schwankt noch. Da sie ihrem Mann aber in allem folgt, verhält sie sich kühl. Sidney lief herum, küßte jeden, hörte aber damit auf, als er zu mir kam. Früher waren Filmregisseure gewöhnlich echte Machos, heute sind es meist kleine Schwulentypen, die rumrennen, jeden zweimal küssen wie die Franzosen, und sich immer noch für Machos halten.
Joanne Woodward und Paul Newman saßen beim Dinner neben Fred. Sie sagten ihm, sie kämen gern mal ins Büro. Lillian Hellman war ebenfalls da. Roman sagte mir, daß Gene Hackman mich gern kennenlernen würde, aber Diana konnte nichts mit dem Namen anfangen und wollte nicht zu ihm hinüber. Sie schlug Roman vor, Gene zu uns herüberzubitten. Gene kam und war ein Schatz. Diana konnte ihn immer noch nicht unterbringen, obwohl sie »The French Connection« gesehen hatte.
Marisa war mit ihrem Mann gekommen. Es wurde gemunkelt, sie seien nach einem großen Streit auseinander. Doch das große Ereignis des Abends verdankten wir dem Hausmädchen: Es kam mit einem vollbeladenen Tablett herein und schlug der Länge nach hin. Sue sah besorgt aus, aber ich glaube, sie hatte nur Angst, verklagt zu werden. Die Szene war filmreif. Das Essen flog quer durch den Raum, alle kriegten was ab. Die Frau hatte sich bestimmt weh getan, aber sie stand auf und tat so, als sei nichts passiert. Sie war etwa 50; Brille.
Anschließend gingen wir zu Alana Hamiltons Party für Mick Flick – alle Welt war da. Diana und Fred wurden immer betrunkener. Valerie Perrine war da, Tony Curtis und Nelson Lyon, diesmal nüchtern. Ron Wood lud mich ins »Top of the Rox« ein, aber ich wollte nach Hause. Diana wurde eifersüchtig, weil sich Fred mit Jacqueline Bisset abgab. Fred hatte keine Ahnung, daß auch Jacquelines französischer Freund da war. Diana sagte zu Fred, es sei Zeit zu gehen, doch er sagte: nein. Diana regte sich auf und ging. Ich brachte sie nach Hause. Sie bat mich, auf einen Drink mit nach oben zu kommen, um mit ihr über Fred zu sprechen. Ich lehnte ab und lief raus. Sie bildet sich ein, sie hätte was mit ihm.

Samstag, den 26. März 1977, Los Angeles Las die begeisterte Kritik über »BAD« in der »Los Angeles Times«.
Ging zu Susan Tyrrells Party, sie war wirklich großartig. Tatum O'Neal und ihr kleiner Bruder waren da, Ryans Bruder Kevin O'Neal und der Boxer Chu Chu Malave, Tim Curry aus »The Rocky Horror Picture Show«, Garfunkel, Art Murf, der die Kritik für »Variety« geschrieben hat, Barry Diller und Buck Henry, Arnold Schwarzenegger, Fred Williamson und Tere Tereba, Corinne Calvert mit ihrem Sohn, Ronee Blakely mit ihrem Bruder, Sally Kirkland, Don Rugoff, Paul Morrissey, Thelma Huston, Ed Begley Jr. und Martin Mull, der in »Mary Hartman« seine Frau schlägt – gut 200 Leute. Michael Bloomfield, der den Soundtrack für »BAD« geschrieben hat, kam, als wir gingen. Ron Galella machte Fotos.
Ich konnte nicht bleiben, weil ich zu der Vorführung von »BAD« mußte. Es war toll, den Film bei Filmex zu sehen. Auf der großen Leinwand kriegte alles mehr Bedeutung, wirkte alles viel poppiger – zum Beispiel der Nikolaus an Carroll Bakers Kühlschrank. Ich will für eine Vorführung in New York ein großes Kino mieten. Kam gegen 3.00 ins Hotel zurück.

Sonntag, den 27. März 1977, Los Angeles Traf Esther, die PR-Frau von Doug Christmas, in der Polo Lounge. Sie lud uns zum Filmfestival im französischen Konsulat ein, ich lud Doug Christmas ein, und um 7.30 gingen wir hin. Traf King Vidor, der sagte, er wisse alles über mich. Mit Bob Neuwirth sprach ich über seine alte Freundin Andrea Portago und über Edie Sedgwick. Viva war mit ihrer Tochter Alexandra da, die am Daumen lutschte. Alexandra zu sehen war traurig – ein großes Baby, total abhängig von Viva. Wahrscheinlich wird sie mal ein Problem. Viva wird immer das Gegenteil von dem tun, was ihre Eltern getan haben, und das ist genauso schlecht.

Montag, den 28. März 1977, Los Angeles Um 7.00 aufgestanden. Sah mir die »Today«-Show an. Flugzeugunglück: zwei 747 abgestürzt, über 550 Todesopfer. Fred ging ins »Cedars-Sinai«-Hospital, um Paul Gettys Ohrentransplantation zu sehen. Peter Lester rief an. Er hat für uns ein Interview mit William Katt, dem Star aus »Carrie«, und dessen Presseagenten arrangiert. Polo Lounge, 1.00.
Mit William Katt geredet. Sein Vater war der Filmstar Bill Williams, seine Mutter Barbara Hale spielte Della Street in »Perry Mason«. Ein gutes Interview.
Setzte mich einen Moment ins Foyer und traf Liv Ullmann.
Es wimmelte von Stars, alle wollten zur Oscar-Verleihung. Um 4.00 fotografierte ich den Jockey Willie Shoemaker im Zimmer von Fred. Richard Weisman hat bei mir eine Serie von Sportlerporträts bestellt. Einige will er behalten, einige verkaufen, und auch die Sportler sollen welche bekommen. Willie war also der erste. Mußte Filme kaufen (Taxi zu »Schwab's« $ 3.00, Filme $ 15.30 – Beleg verloren). Willies Frau rief aus der Halle an und kam mit einer Freundin rauf – und ohne Willie. Der zeigte sich erst zehn nach fünf und wollte nicht glauben, daß sie hier war. Er kam gerade vom Gericht, wo er die Scheidung von ihr erwirkt hatte. Daher seine Verspätung.
Willies Ex-Frau (seit einer Stunde) gehört zu den größten Frauen, denen ich je begegnet bin. Sie machte Willie für die Fotos zurecht; er sah wie ein Achtjähriger aus. Und was trug er wohl? – Jockey-Shorts. Wir bestellten Martinis, und die Frau trank heftig. Sie wollte unbedingt mit Willie die Scheidung feiern, doch er lehnte ab: »Wenn ich gewußt hätte, daß du hier bist, wäre ich nicht gekommen.«
Alana Hamilton rief an und lud uns zu einer Party bei Dani Jannsen anläßlich

der Oscar-Verleihung ein. Ronee Blakely wollte mich einladen, mit ihr zur Oscar-Zeremonie zu gehen, doch ich erfuhr nichts davon, weil ich auf Freds Zimmer war.
Alana Hamilton holte mich um 7.45 ab. Wir fuhren zur »Century City«. Wir wetteten, wer die Oscars bekommen würde. Ich verlor $ 20.00. Dani wohnt in einem nagelneuen Apartmenthaus, sehr luxuriös, Blick über ganz Hollywood. Sie läßt sich von David scheiden, und Alana läßt sich von George scheiden.
Jack Haley erzählte, Liza sei mit ihrer Show in Detroit und morgen zurück. Dick Sylbert war da. Valerie Perrine erzählte mir ihre Lebensgeschichte: Acht Jahre lang hat sie in Las Vegas als Animierdame in Spielclubs gearbeitet, und dann wollte sie ein reicher Mensch heiraten, doch bevor es dazu kam, erschoß er sich, aus Versehen. Tränen traten ihr in die Augen, so unglücklich war sie. Als Martin Scorsese hereinkam, lief sie zu ihm, um eine Rolle zu kriegen.
Burgess Meredith kam in Begleitung. »Rocky« wurde bester Film, Peter Finch bester Hauptdarsteller, doch er lebt nicht mehr. Nelson Lyon war zusammen mit seiner Witwe Eletha im Publikum. Sie ist sehr schwarz. Die Filmakademie bat den Drehbuchautor Paddy Chayevsky, auf die Bühne zu kommen und Peter Finchs Preis entgegenzunehmen. Ich unterhielt mich mit Burgess über seine Ex-Frau Paulette.
Brenda Vaccaro ärgerte sich, weil ihr Ex-Verlobter Michael Douglas mit seiner neuen Ehefrau gekommen war, die er bei Reagans Amtseinführung kennengelernt hatte. James Caan kam mit seiner knabenhaften Frau, einer Schönheit. Alle heiraten jetzt junge Mädchen, die aussehen, als wären sie 13, typisch Hollywood. Roman war auch da. Er ist gegen Kaution auf freiem Fuß – immer noch die Geschichte mit der Dreizehnjährigen. Er ging auf Alana los und sagte, er würde sie vergewaltigen.
Außerdem waren da: Martin Scorsese mit seiner Frau Julia, Jackie Bisset, Lee Grant, Burt Young aus »Rocky« und ein Mädchen aus »Big Valley«, Linda Evans, wirklich wunderschön. Tony Curtis reichte seinen Marihuana-Joint herum.
Julia Scorsese bot Fred und mir an, in Martins Limousine mitzufahren. Sie war betrunken und schrie etwas von Morddrohungen. Ich begriff nicht, wovon sie sprach.
Martin klärte uns unterwegs auf: Er hatte eine Bombendrohung erhalten, in der stand, er würde eine Minute nach 12.00 sterben, falls Jodie Foster einen Oscar gewinnen sollte. Es war inzwischen 2.00, und er wollte noch zu MGM, um auf dem dunklen und verlassenen Gelände an »New York, New York« zu arbeiten – Wahnsinn.
Esther Phillips rief dauernd im Hotel an, doch ich nahm ihre Anrufe nicht entgegen. Sie wird mir langsam unheimlich – einer ihrer Anrufe kam um zwei Uhr morgens.

Dienstag, den 29. März 1977, Los Angeles – New York

Nahm die »American«-Maschine nach New York um 1.00. Mir fiel auf, daß Paddy Chayevsky in einer kleinen Karre zum Flugzeug gefahren wurde, während wir zu Fuß gingen. Eine Menge Leute von der Oscar-Verleihung stiegen in die Maschine. Die erste Klasse nahm praktisch das halbe Flugzeug ein – das erstemal, daß ich sie so voll erlebt habe. Sehr interessant. John Travolta aus der TV-Serie »Welcome Back, Kotter« murmelte »Hi« und setzte sich in die Reihe vor mir. Paddy Chayevsky sagte der Stewardeß, daß er während des Fluges schlafen und nicht gestört werden wolle, aber fünf Minuten nach dem Start war er schon wieder wach.
John Travolta ging mehrmals auf die Toilette und kam mit geröteten Augen zurück. Er trank Orangensaft mit Alkohol aus einem Pappbecher, vergrub den Kopf in einem Kissen und weinte. Ich hatte gesehen, daß er ein Drehbuch las, und dachte zuerst, er lernte eine Rolle. Er sieht wirklich blendend aus, ist sehr groß und wirkt

sensibel, fast ein bißchen feminin, wie übrigens viele Leute heutzutage. Trotzdem ist er attraktiv. Man spürt seine magische Ausstrahlung. Ich fragte die Stewardeß, warum er weinte, und sie sagte »Todesfall in der Familie«. Also dachte ich an die Mutter oder den Vater, bis ich zu Hause in der Zeitung las, daß Diana Hyland mit 41 an Krebs gestorben war. Die Soap-Opera-Queen war seine Lebensgefährtin gewesen.
Setzte Fred und Todd Brassner ab (Taxi $ 27.00). Die Taxis sind teurer geworden.

Donnerstag, den 31. März 1977 Lunch mit Victor ($ 16.00), anschließend Spaziergang hinüber zur Ecke 19. Straße und Fifth Avenue. Maxime zieht dort in ein Loft, und Victor spielt mit dem Gedanken, auch ein Stockwerk zu kaufen. Ich versuchte, ihm das auszureden, und sagte, es sei zu klein. Was auch stimmt. Ich verstehe nicht, was Maxime dort will. Das Loft ist nicht größer als ihre Wohnung. »Ich will einfach einen großen Raum«, sagte sie. Aber wenn erst einmal alle ihre Möbel drinstehen, wird er überhaupt nicht mehr groß wirken. Und das für $ 32 000.00.
Victor und sein Freund begleiteten mich zurück zum Büro. Eine Wahrsagerin prophezeite Victors Freund, ein Taxi würde ihn überfahren. Doch dann sagte sie, sie habe sich möglicherweise geirrt, und vergewisserte sich mit ihren Tarotkarten: »Es wird sogar noch früher passieren, als ich dachte.« Klar, daß sich der Junge nun die allergrößten Sorgen macht. Sie verlangte $ 5.00 von ihm, aber er weigerte sich zuerst: »Für so eine Auskunft kriegen Sie von mir kein Geld.« Doch sie bestand darauf. Wie kann ein Mensch so etwas tun! Ich meine, da bleibt doch wahr und wahrhaftig was hängen; das vergißt sich nicht so schnell. Außerdem war der Junge ja nur zu ihr gegangen, weil Freunde sie ihm so sehr empfohlen hatten. Alles, was mir zum Trost einfiel: Ich sagte, vielleicht habe sie ihm einen gewissen Leichtsinn angesehen und ihn nur zu größerer Vorsicht ermahnen wollen.
Ich war zu einem Dinner eingeladen, das Diane von Fürstenberg für Sue Mengers gab. Ging nach Hause, leimte mich zusammen und nahm ein Taxi zu DVF ($ 2.25). Lauter erstklassige Journalisten waren eingeladen. Mr. Grunwald vom Magazin »Time«, Nora Ephron – deren Mann ich nirgends entdeckte –, Helen Gurley Brown und ihr Mann David, Irene Selznick und DVFs Freund Barry Diller. Ich war in Gesprächslaune und redete und redete und redete, aber niemand hörte mir zu. Man ignorierte mich einfach. Ich weiß, daß Diller mich nicht leiden kann, deshalb bemühte ich mich nach Kräften, ihn umzustimmen, aber er blieb scheußlich zu mir.
Bianca war auch da. Ich dachte, sie sei schon in Paris. Sie sprach aus, was mir nur durch den Kopf ging – daß Diane von Fürstenberg und Sue Mengers blöde Tucken sind –, und fügte hinzu: »Sue kann wenigstens manchmal ganz amüsant sein.« Sue war auf dem Weg nach Europa zu ihrem Mann. Soviel ich weiß, will er sie nur alle zwei Monate sehen.
Ich erzählte Irene Selznick, daß ich ein fabelhaftes Bild von ihr bei George Cukor gesehen hätte. Ich schwärmte so von Kalifornien, daß jetzt alle annehmen, ich ziehe dorthin.
Helen Gurley Brown saß mir zu Füßen, und ich erzählte ihr von Kalifornien. Bianca beschwerte sich bei Mr. Grunwald über die langweiligen Gäste. Sie wußte nicht, wer er war. Erst als er gegangen war, klärte ich sie auf. Auf der Party waren nur Heuchler, und Diane hatte mich nur eingeladen, um sich für das »Interview«-Cover zu rächen. Aber was soll's? Diane ist sehr mager. Dino de Laurentiis kam erst spät. Seine Frau, Silvana Mangano, trug ein weißes Kleid von Oscar de la Renta und sagte, ihr sei kalt.
Egon von Fürstenberg brachte seine Freundin mit, die, die früher öfter in die Factory kam und mir auf die Nerven ging. Ich glaube, sie hat endlich

Ich mag

langweilige

Sachen.

wenn etwas

immer wieder

genau das

gleiche ist.

begriffen, daß ich sie nicht ausstehen kann, denn sie sprach kein Wort mit mir. Ihr Name fängt mit M an, Marita oder so ähnlich. Er wird sie nie heiraten.

Freitag, den 1. April 1977 Ich ging ins »Pearl's« zu Halston. Geburtstagsdinner für Victor, er wollte keine große Sache in seinem Hause daraus machen. Joe Eula war da. Und Alyce Kaiser. Sie hat jetzt zwei Leibwächter, weil sie sich von ihrem griechischen Ehemann scheiden läßt – einer chauffiert sie, der andere bewacht das Haus.

Als Geschenk überreichte sie Victor eine Tüte hawaiianisches Marihuana. Schwule Freunde von ihr, die auf Hawaii eine Ranch besitzen, hatten es geschickt – in einer Schachtel mit parfümierten Hemden, damit man nichts riechen konnte. Sie hatte zu Hause einem ihrer Leibwächter davon gegeben. Er war umgekippt. Sobald die Scheidung durch sei, sagte sie, dürfe ich sie fotografieren. Bisher hatte es immer geheißen: »Sobald ich die Gesichtsoperation bei Dr. Orentreich hinter mir habe.« Ich sprach mit Dr. Giller, er macht einen vernünftigen Eindruck. Er selber mag die chinesische Küche, sagt aber, im Grunde könne er nur Fisch, Huhn und frisches Gemüse empfehlen. Er verriet Mrs. Kaiser, wo sie auf der Lower East Side frisches, koscheres Geflügel kaufen könne. Sie sagte, sie würde einen ihrer Leibwächter schicken, die jetzt sogar ihre Einkäufe erledigen. An jedem ihrer Ohren blitzten etwa 20 Karat. Außerdem trug sie ein Diamantarmband. Sie ist wirklich nett. Draußen stand ihr Wagen mit dem Hund, der die Schirmmütze des Chauffeurs aufhat.

Montag, den 4. April 1977 Rod Gilbert, der kanadische Eishockeyspieler, kam vorbei, um sich für die Sportlerserie fotografieren zu lassen. Er hat hundert Narben im Gesicht, und ich habe sie nicht gesehen, ehrlich. Er signierte mir einen Eishockeyschläger, und ich signierte für ihn »Philosophy«-Bücher, machte dabei aber einen Fehler und schrieb »Ron« statt »Rod«. Glühbirnen gekauft ($ 4.02).

Dienstag, den 5. April 1977 Arbeitete bis 7.45. Um 9.00 nahm ich ein Taxi zu Fred ($ 2.25). Rebecca Fraser war dort. Sie ist die Tochter von Antonia Fraser, die jetzt mit Harold Pinter geht. Rebecca wird »View-Girl« in »Interview«. Sie ist wirklich süß. Sie nickte ein paarmal ein, während Fred mit ihr sprach. Diana Vreeland war da, Mick Jagger, Camilla und Earl McGrath, Jean Van den Heuvel, Caroline Kennedy und Tom Hess, der im Magazin »New York« die gute Kritik über meine »Hammer und Sichel«-Bilder geschrieben hat. Caroline hat ein hübsches Gesicht, aber sie ist richtig fett geworden. Sie hat einen gewaltigen Hintern – wie Brigid früher. Sie studiert in Radcliffe und hat gerade Osterferien. Sie ging als erste. Vermutlich muß sie jetzt immer vor Mitternacht zu Hause sein, denn einmal ist sie bis 4.00 bei Fred geblieben, und Jackie hat anschließend Theater gemacht.

Das Dinner war ein Abschiedsessen für Erskine Guinness und seine Cousine Miranda. Sie fliegen nach Irland.

Mittwoch, den 6. April 1977 Machte »Landschafts«-Aufnahmen mit einem Ex-Pornostar. Wie sich zeigte, hat er einen Laden an der Madison Avenue und verkauft Lalique. Setzte ihn ab (Taxi $ 3.00).

Es gefällt mir,

Las in der »Post«, daß gegen Adela Holzer Anklage erhoben wird. Angeblich hält sie Geld von Investoren auf einer Bank in Djakarta fest und zahlt es nicht zurück.
Große Erwähnung im TV, als Barbara Walters die Kaiserin von Persien interviewte. Zuerst wurden andere Werke aus ihrer Sammlung gezeigt, dann kam mein »Mick«-Druck groß ins Bild. Barbara sagte: »Ich staune, ein Bild des Rockstars Mick Jagger von Andy Warhol.« Und die Kaiserin bemerkte: »Es gefällt mir, modern zu sein.«

Donnerstag, den 7. April 1977

Ein paar Mitarbeiter von Joseph Papp kamen zum Lunch. Wir wollen sie dazu bringen, in »Interview« zu annoncieren. Bob und ich fuhren ins Hotel »Sherry Netherland«, um Sissy Spacek für »Interview« zu interviewen ($ 4.00). Wir nahmen Hefte mit dem Carroll-Baker-Interview mit. Carrolls Name ist auf der Titelseite falsch geschrieben. Sissys Mutter war da, begrüßte uns und ging nach nebenan, um »Interview« zu lesen. Daraufhin wurde Bob nervös, weil er dachte, Sissy sei erst 15 und ihre Mutter könnte die Aktaufnahme des jungen Yul Brynner in dem Heft entdekken – jenes berühmte alte Foto... Aber Sissy ist in Wirklichkeit 27 und verheiratet. Ihre Mutter war rein zufällig da und nicht, um aufzupassen. Wir müssen in Zukunft gründlicher recherchieren.
Sie ist Tschechin und stammt aus einer tschechischen Kleinstadt in Texas, von der ich noch nie etwas gehört hatte. Ich wollte es nicht glauben, als sie uns erzählte, sie habe als Statistin in unserem Film »Women in Revolt« mitgespielt – in der Barszene, die wir in Paul Morrisseys Keller in der East 6th Street gedreht haben. Außerdem war sie Background-Sängerin auf der Platte mit dem Titelsong zu »Lone-

3 A la Recherche du Shoe Perdu, 1955 ▸

tution arbeitet. Delfina Rattazzi, die immer noch bei Viking Press für Jakkie arbeitet, war auch da. Sie hat sich so verändert, daß ich sie beinahe nicht erkannt hätte – gelocktes Haar, das Kleid sexy.
Sue Mengers sagte zu mir, sie sei noch nie auf so einer Party gewesen und habe ganz weiche Knie. Babe Paley und ihr Mann, der Präsident von CBS, waren auch da. Als ich später Sue mit Paley zusammensitzen sah, mußte ich daran denken, was sie mir in Kalifornien erzählt hatte. Damals hatte sie gesagt, Paleys Job sei der einzige, auf den sie scharf sei.
Ich erzählte Norman Mailer, wie gut er mir bei der Oscar-Verleihung gefallen habe, und er antwortete, er habe gerade auf Video gesehen, wie schnell er die Rampe heruntergekommen sei – Billy Friedkin hatte ihm das geraten.
Renata Adler war mit Avedon da. Sie schreibt für »The New Yorker« und studiert Jura in Yale, spielt aber mit dem Gedanken, das Studium abzubrechen. Jura sei so schwierig, und sie könne sich überhaupt nichts merken.
Zum erstenmal unterhielt ich mich richtig gut mit Jackie O., nur weiß ich nicht mehr genau, worüber. Über die magische Ausstrahlung der Menschen vom Film oder so ähnlich.
Dennis Hopper erzählte mir, daß er die William-Burroughs-Biographie »Junkie« verfilmen werde. Ich leistete mir einen Fauxpas und schlug vor, die Hauptrolle mit Mick zu besetzen. Dennis sagte nur, *er* sei der Star.
Ein Sohn von Nick Dunne war da, der jetzt Schauspieler werden will. Dann führte Earl mich in eines der hinteren Zimmer. Zehn Mädchen von 17 oder 18 feierten dort eine Nachthemd-Party – ausgewachsene Mädchen, etwa so alt wie Jeans Tochter, die auf dem College ist. Sie versuchten zu erraten, wer draußen auf der »Erwachsenenparty« war, und dabei waren sie selber schon erwachsen, merkwürdig. Sie waren begeistert, mich zu sehen. Ich gab ihnen Autogramme auf die Hände und signierte den Fernseher, den Schrank, alles. Alle halbe Stunde durfte ein Mädchen hinaus auf die Party.
Setzte Nick Dunnes Sohn an der Ecke 90. Straße und Central Park West ab (Taxi $ 5.00).

Freitag, den 15. April 1977 Gestern hatten wir die erste Verrückte in der »860« – Diane Coffman. Wir haben zwar schon früher Irre erlebt, aber noch keine, die wir kannten. Sie hat 70 oder 71 in unserem Theaterstück »Pork« mitgespielt. Tony Ingrassia, der Regisseur, hatte sie damals entdeckt, glaube ich. Sie fragte ununterbrochen: »Wißt ihr, wie man Coffman schreibt? C-O-F-F-M-A-N.« Mußte ihr Geld geben ($ 10.00).
Lunch für Diana Vreeland und eine Argentinierin. Bob hatte außerdem Michael und Pat York eingeladen. Carole Rogers und Sally von »Interview« brachten ein Mädchen aus der HiFi-Branche mit, dem sie Anzeigen verkaufen wollten. Das Mädchen war beeindruckt von Diana und den Yorks. Offenbar hatte es erwartet, nur mit Carole und Sally zu essen. Diana erzählte von ihrer Ausstellung russischer Kostüme im Metropolitan. Sie hatte entdeckt, daß man im Museum die Beleuchtung heller und die Musik leiser gedreht hatte – angeblich hatten sich einige Leute beschwert, es sei zu dunkel und zu laut. Diana hatte protestiert und gesagt, man könne doch nicht einfach hingehen und etwas ändern, nur weil jemand darum bitte, aber das sei eben das Dilemma in unserem Land. Alle wollen »dem Publikum geben, was es will«. Doch das »Publikum will das, was es *bekommen kann*, und die Museen sollen ihm gefälligst *beibringen*, genau das zu wollen«. Genau das gleiche heutzutage bei »Vogue« und allen anderen Magazinen mit Ausnahme von »Interview«.

Sonntag, den 17. April 1977 Ging in die Kirche. Während ich kniete und Gott um Geld anflehte, kam eine Stadtstreicherin herein und wollte welches von mir. Erst fünf, dann zehn Dollar. Wie Viva. Ich gab ihr

◂ 5 **Handle with Care – Glass – Thank You, 1962**

some Cowboys«, den Bob Goldstein geschrieben und Eric Emerson gesungen hat. Beim Sitzen kreuzt Sissy die Beine unter sich auf dem Stuhl. Sie hat schöne Haut.

Freitag, den 8. April 1977 Jed und ich sahen uns Sissy Spacek in »Carrie« an (Taxi $ 2.50, Karten $ 3.00). Gefiel mir sehr gut. Endlich mal eine gelungene Zeitlupe.

Sonntag, den 10. April 1977
(Zeitungen und Zeitschriften für die Woche $ 20.00). Ging zur Frühmesse. Ein schöner Tag, warm und sonnig. Taxi zu Kitty Miller; Oster-Lunch ($ 2.00).
Anschließend mit Fred zu Marcia Trinder und Lenny Holzer, 135 Central Park West (Taxi $ 3.00). Marcia gab eine Osterparty. Mick war mit Jade da. Bianca war nicht mitgekommen. Ihre Begründung: Den Klatsch werde sie ohnehin von Fred erfahren und außer »einem Haufen englischer Huren« werde eh niemand kommen. Wie recht sie hatte – lauter englische Huren, Männer wie Frauen.
Jade nahm meine Kamera und machte Fotos von den Gästen, hauptsächlich von Mick. Earl McGrath war da. Rebecca fiel in Ohnmacht. Marcia hatte überall in der Wohnung Ostereier versteckt, in der Lampe, unter Kissen, und die Kleinen suchten. Jade fand die meisten Eier und warf sie auf den Boden. Echte Eier wohlgemerkt, keine aus Schokolade. Auch Andrea Portago war da, und – das ist ein Geheimnis – sie ist das neue Nina-Ricci-Girl. Die Firma läßt für ihre Parfumwerbung das »Reiche Mädchen« wieder aufleben. Man hat lange gesucht. Voriges Jahr haben sie auch mit Barbara Allen gesprochen.
Andrea erzählte, sie sei neulich mit Dennis Hopper ausgegangen. Sie waren bei »Elaine's«, und Andrea spielte mit Elaine Backgammon. Erst gewann Andrea, dann Elaine, und bei der dritten Partie sah Andrea schon wie die sichere Verliererin aus, gewann dann aber doch noch. Da wurde Elaine wütend, beschimpfte Andrea als »reiches Miststück« und sagte, sie solle sich nie wieder bei ihr blicken lassen. Elaine verliert nicht gern.

Montag, den 11. April 1977
Taxi zur Chembank ($ 3.25) und dann zu Fuß ins Büro.
Ronnie und Gigi hatten wieder mal Streit, und er hatte ihre Kleider zerschnitten. Rene Ricard hat das mal mit dem Mädchen gemacht, das er geheiratet hat. Ich aß mit Ronnie zu Mittag und gab ihm eine Probe meiner »An-der-nächsten-Ecke-wartet-schon-jemand-anderer«-Philosophie, und Ronnie meinte nur, ja, er habe jetzt sechs Freundinnen. »Ich stehe nicht unter Koks, ich bin nicht durcheinander, es geht mir gut, sehr gut.«
Arbeitete ziemlich lange, bis kurz nach 8.00. Ich hatte ins Kino gehen wollen, doch dann war es zu spät. Statt dessen führte ich mit Jed die Hunde spazieren, bis zur 80. Straße hinauf und wieder zurück. Hat Spaß gemacht.

Dienstag, den 12. April 1977
Mick möchte, daß ich für sein nächstes Album das Cover entwerfe. Während ich überlege, wie ich die »Rolling Stones« optisch rüberbringe, probiere ich eins dieser Geduldsspiele aus, bei denen man die Steine in die Löcher rollen muß.
Victor rief an. Er hält es bei Halston nicht mehr aus und will nun doch in das Loft Ecke 19. Straße und Fifth Avenue ziehen. Er will es mit Kaufoption mieten. Bis zu seinem Umzug im Mai will er sich durchpennen.

Mittwoch, den 13. April 1977
Cocktails und Dinner in Susan Chivas Apartment im »Dakota« für Susans Schwester Jean Stein. Ich versprach mir nichts Großes von dem Abend und kam deshalb eine Dreiviertelstunde zu spät ($ 3.00). Der erste Gast, den ich erblickte, als ich reinkam, war Jackie O., sie sah wunderbar aus. Der zweite war Norman Mailer. Jackie unterhielt sich mit Jeans Freund, der für die Smithsonian Insti-

4 Ohne Titel, 1957 ▸

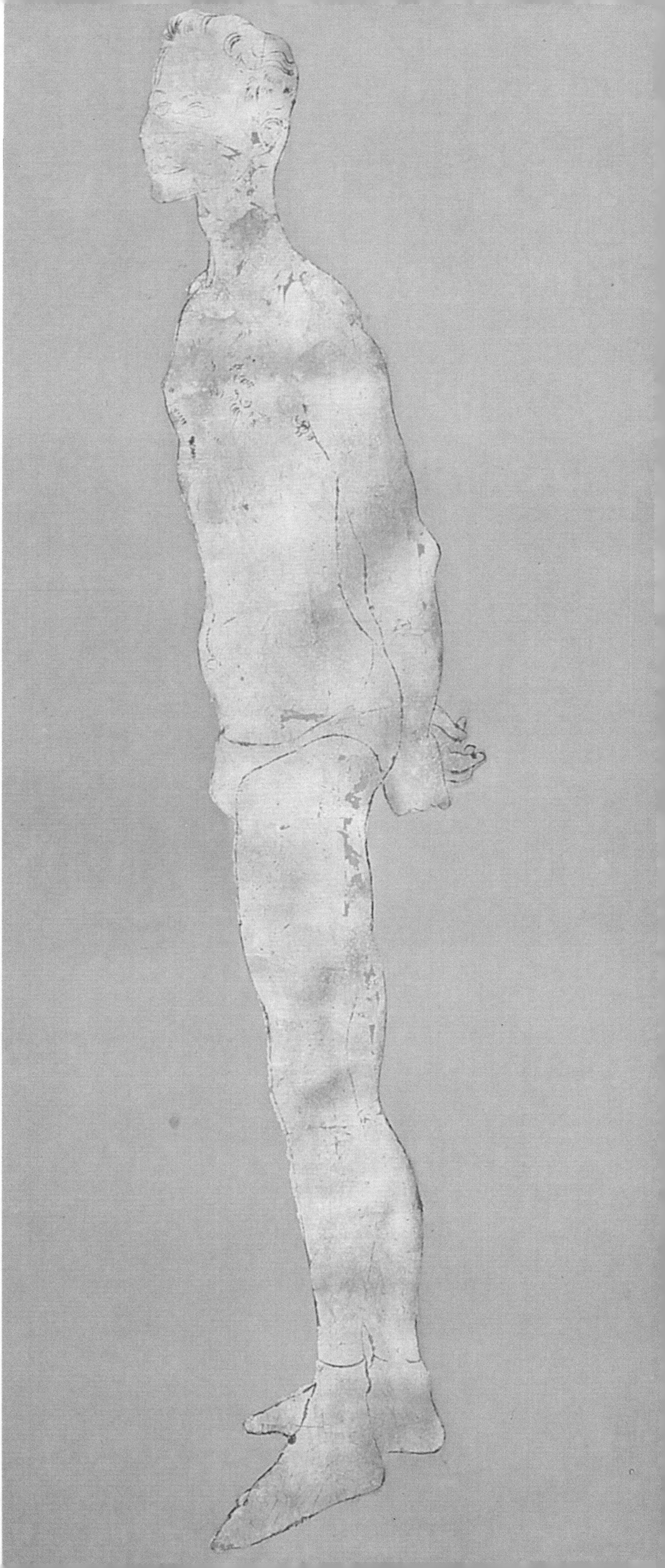

HANDLE WITH CARE
GLASS
THANK YOU

fünf Cent. Daraufhin versuchte sie, mir in die Tasche zu greifen. Sie sah aus wie eine ältere Ausgabe von Brigid mit glattem Haar.
Draußen gab ich Autogramme. Taxi ins Büro ($ 4.00).
Las viele alte »Vanity Fair«-Hefte, um mir Anregungen zu holen. Wunderschöne Hefte.
Fred ist in letzter Zeit viel rühriger als ich. Nach der Riesenparty bei den de Menils am Samstag ging er zu Lally Weymouths Party, zu der eine Menge wichtige Leute kamen. Als ich mich darüber beklagte, daß ich keine Einladung erhalten hatte, sagte er: »*Du* hast ja auch nicht mit ihr geschlafen.«

Mittwoch, den 20. April 1977
Auf dem Weg in die Stadt traf ich Lewis Allen. Er lud mich zur Premiere von »Annie« ein. Wenig später lief mir Alan Bates über den Weg. Er ist seit ein paar Monaten in der Stadt und arbeitet in einem Paul-Mazursky-Film. Allen Leuten sage ich, daß ich sie anrufen und interviewen werde. Damit muß Schluß sein, denn es ist lächerlich. Woher weiß ich denn, ob sie überhaupt interviewt werden wollen?
Um 8.15 in die iranische Botschaft (Taxi $ 3.00). Hoveida kam mir nervös vor. Die Party wurde für den ehemaligen Chefredakteur von »Newsweek«, Osborn Elliott, gegeben. Ich saß zwischen Mrs. Astor und Frank Perry. Mrs. Astor sagte, sie wünsche sich einen Schwanz, dann könnte sie gleichzeitig Hände schütteln, den Cocktail halten und Lippenstift auftragen.

Donnerstag, den 21. April 1977
Bob und ich holten Bianca ab und fuhren zu einem Dinner in Sandy Millikens Loft in Soho. Auf der Treppe kam uns Jade entgegen: »Andy Warhol, du kommst mich überhaupt nicht mehr besuchen.« Sie fragte uns, was wir trinken wollten, und wir antworteten: »Zwei Wodka mit Eis.« Daraufhin sie zu dem spanischen Mädchen: »Dos wodkas con hielo.« Ich bat sie, etwas vorzusingen, und sie gab »Frére Jacques« zum besten. Von »Satisfaction« hatte sie nie etwas gehört. Dafür bekamen wir »Ring Around the Roses« zu hören. Sie wandelte jedoch eine Zeile ab und sang »Tissue, tissue, all fall down«. Ich bat sie, aus dem, was sie den Tag über erlebt hatte, einen Song zu machen, und sie begann: »Ich lud wieder ein Mädchen von der Schule zum Dinner ein / Aber keine will kommen / Sie halten uns für verrückt / Doch in Wahrheit sind *sie* verrückt.«
Bianca kam in einem weißen Baumwollrock mit blauer Bluse, doch als sie sah, daß wir in Abendgarderobe

Jade Jagger in Andys Atelier *(Andy Warhol)*

waren, machte sie kehrt und kam in einem schwarzgoldenen Lamékleid und goldenen Schuhen wieder.
An der Tür sagte Jade: »Andy Warhol, ich möchte, daß du mich öfter besuchst.« Sie gab jedem einen Kuß, nur Bianca vergaß sie. »Und was ist mit mir?« fragte Bianca. Jade kroch auf dem Boden zu ihr und küßte sie.
Wir nahmen ein Taxi in die Prince Street 141. Ein Wahnsinnshaus mit tollen Lofts. Ich ärgerte mich, daß ich nicht mehr Häuser in der Gegend gekauft hatte, als sie noch billig waren – viel, viel mehr.

Montag, den 23. Mai 1977 Tina Fredericks rief an und sagte, Tony Schippers werde unser Haus in Montauk nicht mieten. Seine Frau ist an Krebs gestorben, und jetzt hat er den gleichen Krebs. Das macht mir angst – ich glaube, man kann sich *doch* damit anstecken.

Mittwoch, den 25. Mai 1977, Paris Ankunft in Paris 9.00. Fuhr zu Freds Apartment in der Rue Cherche-Midi.

Freds schicke Antiquitäten ähneln immer mehr altem Gerümpel, das man mit Lumpen abgedeckt hat.

William Burke brachte das Frühstück. Ich gab die Interviews, die unser französischer Verlag Flammarion mit »Le Monde«, »Le Figaro« und »Elle« arrangiert hatte. Danach fuhr ich ins »Beaubourg« und signierte in der Buchhandlung »Philosophy«-Bücher (Taxi $ 5.00).

Shirley Goldfarb war da, außerdem Daniel Templon, der nächsten Dienstag seine Ausstellung mit meinen »Hammer und Sichel«-Bildern eröffnet, und etwa 100 schmuddelige Kids in Punkklamotten.

Pontus Hulten, der Direktor des »Beaubourg«, erschien und führte uns herum. Zuerst gingen wir zu der großen Plastik von Tinguely, die gerade in der Mitte des Untergeschosses aufgebaut wurde. Dann zeigte er uns einen Lagerraum, der mit Schokolade vollgestopft war, und ließ uns davon probieren. Er duftete so gut, der Schokoladenraum.

Dann besichtigten wir die Kienholz-Ausstellung und die Paris/New York-Ausstellung, die nächste Woche eröffnet wird. Und dann die ständige Sammlung. Wir brauchten zwei Stunden. Bob war zum Umfallen müde, aber ich sprühte vor Energie. Ich wollte schnell nach Hause und malen, aber nie wieder Gesellschaftsporträts.

Donnerstag, den 26. Mai 1977, Paris – Brüssel Lunch mit Clara Saint und Paloma Picasso im »Angelina«. Clara sah gut aus, sie ist schlanker geworden. Paloma auch. Clara leidet: Ihr Freund Thadée Klossowski hat Loulou de la Falaise geheiratet. Clara hatte es erst durch eine offizielle Anzeige erfahren, die Thadée und Loulou im »Figaro« aufgegeben hatten. Aber sie hat schon fast ihren alten Humor wieder und wird darüber hinwegkommen. Ich schlug Clara vor, im »Figaro« unsere Vermählung bekanntzugeben, um die anderen auszustechen.

Fuhren zum Bahnhof ($ 8.00). Hatten das ganze Abteil für uns. Schlief ein. Ankunft in Brüssel um 7.00. Mr. LeBruin, der Kunsthändler, der meine Bilder ausstellt, begrüßte uns mit zwei Hippiejungs. Wir stiegen im nicht sehr eleganten Hotel »Brussels« ab. Unsere Suiten gingen über zwei Etagen – und das war schon verrückt: Immer wenn es klingelte, waren wir gerade oben im Bad und mußten die Wendeltreppe runterrennen, um die Tür zu öffnen.

Eilte in die »Galérie D«. Dort war die Hölle los. In eine Ecke gedrängt, gab ich Autogramme und signierte Bücher. Verkaufte 120 Stück.

Die jungen Leute gefielen mir, erinnerten an Hippies. Gegen 9.00 machten wir einen ebenso schnellen wie eleganten Abgang durch die Menge und schlüpften in unseren Chevy, im festen Glauben, eine Sekunde später davonzubrausen. Nur war der Chauffeur nicht da. Ein Junge bot mir eine Eiswaffel an, und als ich ablehnte, drückte er sie auf das Autodach. Das Eis lief an den Scheiben herunter. Die Kids lachten uns aus, weil wir 30 Minuten warten mußten. Dann endlich kam der Chauffeur. Er sei pinkeln gewesen.

Fuhren bei Leon Lambert vorbei. Er bewohnt das Penthouse im zehnstökkigen Gebäude seiner Bank. Die Wohnung ist unglaublich, sehr einfach gehalten, mit vielen Bildern an den Wänden, von Van Gogh bis Picasso und – Warhol. Sah sein Schlafzimmer hinter einer Bücherwand in der Bibliothek. Eine Geheimwohnung mit zwei Schlafzimmern, eins für den festen Freund, eins für einmalige Gastspiele. Wir aßen in einem kleinen Bistro in der »Galleria« zu Abend, anschließend schlenderten wir durch die Passage und gingen in eine Schwulenbar. Bob forderte den schönsten Jungen Belgiens zum Tanzen auf, doch als er ihm einen Kuß auf den Hals gab und dann einen auf den Mund, wurde es Fred und mir langsam peinlich, denn alle hatten uns erzählt, in Belgien würden die Jungs in der Öffentlichkeit nie so weit gehen – nicht einmal in *Schwulenbars!*

Freitag, den 27. Mai 1977, Brüssel – Paris Schlief im Zug. In Paris mieteten wir einen Wagen ($ 20.00) und fuhren in William Burkes Galerie, wo Fotos von mir ausgestellt waren. Ich sollte Bücher signieren. Paloma wartete vor dem Eingang auf uns. Nico war da. Sie hatte einen kleinen Jungen bei sich mit einer dikken Beule in der Hose. Sie bat Bob, ein Foto von ihm zu machen. Bob hatte ihn bereits fotografiert. Nico sah älter, dicker und trauriger als früher aus. Sie weinte. Wegen der Ausstellung, sagte sie, sie finde sie so schön. Ich wollte ihr Geld geben, nur nicht so direkt. Also schrieb ich ein Autogramm auf einen Fünfhundert-Franc-Schein ($ 100.00) und gab ihn ihr. Daraufhin wurde sie noch sentimentaler und sagte: »Den muß ich doch einrahmen. Kannst du mir noch einen unsignierten geben, zum Ausgeben?« ($ 100.00, Taxi zu Regine $ 4.00.) Barbara, Philip, Regine und ihr Mann waren da. Später kam Maria Niarchos. Regine war ganz aufgeregt, weil ihre Punkparty am Abend zuvor ein Riesenerfolg gewesen war. Sie hatte Mousse au chocolat in Hundenäpfen serviert. Wir wollten nicht länger auf Bianca warten und bestellten gegen 11.00 das Essen. Es gab Langusten, Gans und Früchte – köstlich. Von einer schönen Engländerin wurde Maria als »unmoralisch« beschimpft, weil sie ihr Dekolleté mit meinem Autogramm herumzeigte. Fred war sehr betrunken und verteidigte Maria: »Was ist schon Moral?« Sie stritten den ganzen Abend. Es war sehr französisch.

Um 3.00, gerade als wir gehen wollten, rief Bianca an und bat uns, auf sie zu warten. Eine Minute später war sie da. Sie sah fantastisch aus, und die Party begann von vorn. Bianca trug einen schönen Amethyst von Fabergé. Gegen 6.00 – die Kellner kehrten schon zusammen – gingen wir nach Hause.

Samstag, den 28. Mai 1977, Paris Dinner im »Mr. Boeuf«. Bianca kam und verteilte sofort Poppers. Barbara wollte aber nicht, daß Philip Niarchos welche nahm, und versteckte sie. Als Bianca später keine mehr hatte, verlangte sie die Poppers von Barbara zurück. Wir dinierten al fresco, denn es war eine schöne Nacht, klarer Himmel, Mondschein. Plötzlich erkannte mich ein Mädchen, eine widerliche Person. Sie rief auf französisch, sie liebe mich, aber ich hätte den Underground im Stich gelassen, außerdem sei sie nekrophil und gerade aus dem Irrenhaus entlassen worden. Irgendwie verdarb sie uns das Dinner. Fred war müde und ging heim. Bianca war mit dem Wagen da. Wir fuhren Barbara und Philip ins »Ritz«. Nachdem wir sie abgesetzt hatten, sagte Bianca, sie wisse nicht, was sie tun solle. Barbara hatte sie gefragt, ob Philip letzte Woche in Südfrankreich mit anderen Frauen geschlafen habe. Nun wußte Bianca, daß er zumindest etwas mit Manuela Papatakis, Anouk Aimées Tochter, gehabt hatte, war sich aber unschlüssig: Sollte sie Barbara die Wahrheit sagen und ihr damit weh tun, oder sollte sie lügen und riskieren, daß es Barbara von anderer Seite erfuhr und dann dachte, sie sei keine echte Freundin? Barbara hatte sich geweigert, Philip nach Südfrankreich zu begleiten, weil sie »Probeaufnahmen« mit Jack Nicholson hatte.

Montag, den 30. Mai 1977, Paris In Paris war nichts los – Pfingsten. Stand auf, um mit Bianca zu den Tennisspielen zu gehen. Bob und Fred hatten übelste Laune.

Fred rief Bianca an. Bianca sagte, sie käme später. Wir fuhren also später los, kamen aber trotzdem noch zu früh im »Plaza Athénée« an (Taxi $ 4.00). Im Foyer sah ich James Mason.

Dann kam Bianca. Sie trug weiße Hosen und ein schwarzes Top mit Trägern, an dem ein Amethyst steckte. Sie erzählte, sie habe sich bis 5.00 im »Sept« mit einem verheirateten Tennisspieler unterhalten, der es nie mit einer anderen Frau treibe. Bei ihr wollte er eine Ausnahme machen, sagte Bianca, doch sie hasse Affären, wegen »der Komplikationen«. Wem will sie eigentlich etwas vormachen?

Dienstag, den 31. Mai 1977, Paris Taxi zum »Plaza Athénée« ($ 5.00). Ich wollte zusammen mit Bianca Ungaro interviewen. Bianca hatte eine kleine, aber sehr schöne Suite. Von der Terrasse sah man auf einen Hof voller Geranien und roter Schirme. Während wir warteten, las ich eine englische Zeitung und aß eine Orange. Bianca suchte überall nach ihrem Fabergé-Amethyst, und als sie ihn nicht finden konnte, sagte sie, sie könne das Interview nicht mitmachen. Da fiel ihr ein, daß sie ihn am Vorabend verloren haben könnte, und rannte ins »Castel«. Sie rutschte auf Händen und Knien herum und suchte.

Bettina kam als erste zum Lunch, und so interviewten wir sie. Sie arbeitet jetzt für Ungaro. Sie trug eine Schlangenuhr von Bulgari und einen weißen Ungaro-Anzug. Dann endlich kam Ungaro. Auch er trug einen weißen Anzug.

Wir fuhren zu ihm. Fürstin Gracia und Caroline von Monaco kamen aus der Abteilung »Ungaro Couture« herausgestürmt, als sie hörten, wir seien nebenan bei »Ungaro Homme«. Bob kaufte einen Anzug. Anschließend fuhren wir in die Rue Beaubourg zur Eröffnung meiner »Hammer und Sichel«-Ausstellung in der »Galerie Daniel Templon«. Die Punks waren wieder da, und São Schlumberger. Sie trug ein blaues Givenchy und war auf dem Weg nach Versailles zu einem Dinner bei Florence Van der Kemp.

Barbara Allen kam etwas früher und erzählte uns ihren privaten Klatsch – sie und Philip hatten sich gestern abend heftig gestritten. Er warf ihr Affären mit Jack, Warren und Mick vor, und sie widersprach ihm nicht, obwohl die Vorwürfe, wie sie behauptet, unbegründet seien. Philip gestand ihr seine Affäre mit Manuela Papatakis in Südfrankreich plus eine weitere plus drei Besuche bei Prostituierten. Alles innerhalb von drei Wochen. Am Ende schlossen sie einen Pakt – wenn sie zusammen sind, sind sie »zusammen«, wenn nicht, dann nicht.

Oh, Bianca war übrigens bester Laune, weil ihr Amethyst wieder aufgetaucht ist! Sie hatte damit gedroht, Privatdetektive einzuschalten, und daraufhin war das Personal vernommen worden – alles langjährige Angestellte. Wie sich herausstellte, hatte der Älteste den Stein beim Saubermachen gefunden und eingesteckt.

Mittwoch, den 1. Juni 1977, Paris Barbara Allen lud uns telefonisch auf einen Drink zu »Brandolinis« ein. Dann rief Maria Niarchos an und sagte, sie wolle uns das Palais ihres Vaters zeigen (Taxi $ 3.00). Vom Garten aus gelangten wir in eine marmorne Eingangshalle, gingen einen ganz in Gold gehaltenen Flur hinunter und kamen schließlich in einen mit großartigen Impressionisten bepflasterten Salon. Der Raum war dunkel, die Bilder wurden angestrahlt – sie wirkten fast unecht. Maria servierte uns Drinks, und dann führte sie uns durch die prächtigen Badezimmer, Schlafzimmer und Wohnräume, und am Ende in Philips Büro, das riesig ist, denn es soll die Leute, mit denen er Geschäfte macht, einschüchtern. Dann fuhren wir mit dem Taxi zu »Brandolinis« ($ 4.00). Alle – außer mir – verschwanden gleichzeitig in der Toilette. Bob wird wahrscheinlich behaupten, daß ich mitgekokst habe,

das stimmt aber nicht. Draußen auf dem Balkon, mit Blick auf Van Cleef, gab ich Roberto einen Kuß, und (Lachen) er sagte: »Bitte, ich bin verheiratet und habe ein Kind.«
Gegen 4.00 kam ich nach Hause (Taxi $ 3.00).

Donnerstag, den 2. Juni 1977, Paris Joel le Bon hat mich zusammen mit Edvige, einer Punkerin, für die Titelseite von »Façade« fotografiert (Taxi zum Studio am Trocadero $ 8.00). Joel brauchte drei Stunden für eine einzige Aufnahme, und wir schwitzten unter den Scheinwerfern.
Abends blieb ich zu Hause. Bob begleitete Bianca ins »Castel«, wo sie zufällig Maria Niarchos und deren jüngsten Bruder Constantin trafen. Er ist 16 und verliert allmählich seinen Babyspeck. Barbara erzählte ihnen, er sei am Nachmittag zum erstenmal bei einer Hure gewesen, sie sollten es aber für sich behalten. Philip hatte ihn zu »Madame Claude« geschickt, ins beste Etablissement von Paris. Das Mädchen war nicht zu groß, nicht zu klein, nicht zu hellhäutig und nicht zu dunkel – alles nur, damit sich Constantin nicht auf einen bestimmten Typ festlegt.

Freitag, den 3. Juni 1977, Paris
Wir fuhren ins »Castel« (Taxi $ 4.00). Dort saß die übliche Clique und feierte die heimliche Verlobung von Caroline von Monaco mit Philippe Junot. Wir waren nicht eingeladen.

Sonntag, den 5. Juni 1977, New York Hatte einiges aufzuarbeiten und telefonierte viel in der Stadt herum. Vincent war in Montauk, um Louis Malle das Haus zu zeigen. Wir hoffen, daß er es mietet. Wir versuchen, das Hauptgebäude im Juli und August für $ 4000.00 im Monat zu vermieten – $ 26 000.00 für sechs Monate. Für die kleinen Wohngebäude wollen wir $ 2000.00 im Monat, wir lassen aber mit uns handeln. Unser Verwalter, Mr. Winters, trägt bei der Arbeit sein »BAD«-T-Shirt und seine Rolling-Stones-Jeansjacke. Er braucht einen neuen Jeep – er benutzt ein Türscharnier als Gaspedal. Um seinem Wunsch nach einem neuen Jeep Nachdruck zu verleihen, gab er Vincent ein paar Zeitungsausschnitte, in denen behauptet wird, ich kaufte mir jedes Jahr ein neues Auto.

Dienstag, den 7. Juni 1977
Dennis Hopper, Caterine Milinaire und Terry Southern kamen mit einer Fotografin vom »Time«-Magazin vorbei. Sie hat die Aufgabe, Dennis auf Schritt und Tritt zu folgen. Er hatte in die Factory gewollt, also war sie ihm gefolgt. In »Time« oder »Newsweek« war gerade ein Artikel über den Film »Apocalypse Now« erschienen, den Coppola momentan fertigstellt. Dennis spielt darin einen verrückten Hippie. Die Fotografin von »Time« machte Aufnahmen von Caterine, die gleichzeitig Dennis fotografierte, der wiederum mich fotografierte, während ich Dennis fotografierte.
Chris Makos kam mit einer »Landschaft«, doch dann schleppte Victor gleich zwei an und überredete mich, mit seinen anzufangen. Chris' »Landschaft« war von der Harvard Drama School.
Dennis Hopper kam und sah zu, wie ich den nackten Jungen fotografierte, doch Victor wußte nicht, wer Dennis war, und warf ihn hinaus.

Donnerstag, den 9. Juni 1977
Fuhr um 11.30 zu Elizabeth Taylors Ehrung durch die Jewish Anti-Defa-

Liz Taylor in Andys Küche in Montauk *(T. Cashin)*

mation League [Liga gegen die Diffamierung von Juden] im »St. Regis«. Liz und Halston waren noch nicht da. Ich sprach mit dem Direktor von Cartier. Eugenia Sheppard und Hermione Gingold waren da. Eine Frau kam auf mich zu und stellte sich als Bob Feidens Mutter vor. Eigentlich hätte sie sich das sparen können, denn sie sah genauso aus wie Bob Feiden, nur daß sie Schmuck trug. Dann kamen John Springer, Liz und Halston. Zwei oder drei Doppelgängerinnen von Liz waren auch da, eine stellte sich Liz sogar vor.

Ich saß neben Mary Beame, der Frau von Bürgermeister Abe Beame. Auf dem Podium standen einige Vertreter der Anti-Defamation League, bei ihnen Hal Prince und Mike Todd Jr. Liv Ullmann sprach das Gebet. Auch Diane von Fürstenberg war da. Livia Weintraub, die übrigens sehr gut aussah, sprach über ihre Zeit im Konzentrationslager. Am Ende der Rede machte sie Schleichwerbung für ihr neues Parfum »Livia« und überreichte Liz einen der ersten Kartons mit 50 Flaschen. Dore Schary war da, der Gründer der Liga. Das Essen war scheußlich – Lachs.

Diane von Fürstenberg *(Andy Warhol)*

Dann wurde Liz das Medaillon überreicht. Es war mit ungeschliffenen Amethysten besetzt – aus dem gleichen Zeug werden auch Aschenbecher gemacht. Abgebildet war der Berg Sinai, und oben standen in goldenen Lettern die Zehn Gebote. Liz trug ein purpurrotes Kleid. Sie erhob sich und hielt eine kleine Ansprache. Ganz bescheiden, etwa so: »Ich bin nur wie jeder andere hier – wenn mir etwas am Herzen liegt, dann tue ich etwas dafür, so sind wir doch alle, vielen Dank.« John Warner war auch da. Anschließend verließen sie und Halston das Podium und verschwanden in der Toilette, und eine der Damen an Bobs Tisch wunderte sich: »Warum sind sie zusammen auf der Toilette?« Eine andere meinte: »Vielleicht hat sie sich das Kleid zerrissen, und Halston flickt es ihr.«

Fuhren mit dem Taxi in die Stadt, weil wir im Büro mit Bella Abzug verabredet waren. Wir wollten sie für die Titelseite des »Rolling Stone« fotografieren ($ 4.25).

Bella hatte ihre Tochter mit (Lachen), noch so eine Lesbe. Ich fotografierte Bella, während sie an einer Rose roch. Jann Wenner kam herunter.

Fuhren mit dem Taxi ins »La Petite Ferme«, ein kleines Restaurant im Village. George Mason hatte mich zum Dinner eingeladen. Catherine und ihr Bruder Valentine standen draußen im Regen und erwarteten uns. Alle Jungs in der Familie sind hinreißende Schönheiten, die Mädchen dagegen sind wie Catherine – nur reizend.

Anschließend überredete ich die anderen, ins »Studio 54« zur Party für »Beatlemania« zu gehen. Aerosmith waren da und Cyrinda Foxe aus »BAD«. Sie hat früher mit David Johansen zusammengelebt und ist inzwischen mit einem von Aerosmith liiert. Sie sagte, in der Lightshow von »Beatlemania« sei ein Bild von mir mit einer Campbell's Suppendose zu sehen.

Samstag, den 11. Juni 1977

Fast alle aus dem Büro fuhren nach Montauk. Ich will versuchen, für Mr. Winters einen Toyota zu bekommen. Vincent wird froh sein, daß er ihm die gute Nachricht überbringen kann, denn Mrs. Winters versucht seit einiger Zeit, ihren Mann dazu zu überreden, nach Florida zu ziehen, und Vincent hat Angst, daß wir ihn verlieren.

Sieht ganz so aus, als könnten wir für das Haus im Moment keinen Mieter finden, und Bianca will es erst im August. Die vielen Felsen erschweren das Schwimmen, das gefällt den Leuten nicht. Und daß Montauk so weit weg ist. Es ist nichts für Muttersöhnchen.

Donnerstag, den 16. Juni 1977

Fred holte mich ab und fuhr mich zu Sloan-Kettering. Ich mußte bei Dr. Stone unters Messer. Nein, Dr. Strong. Ich bekam eine örtliche Betäubung. Eine halbe Stunde verging, dann sagten sie, sie würden anfangen. Ich bin immer noch beunruhigt. Sie wissen nicht, was es ist. Da nimmt man all seinen Mut zusammen und entschließt sich zu einem Test – man riskiert die Frage –, und schon sehr bald kann alles vorbeisein, man kriegt die Antwort und kratzt ab. So werde ich mein liebes Tagebuch bald wissen lassen, ob meine Tage gezählt sind.

Fuhr zum Büro ($ 4.00) mit einem Verband am Hals. Bob interviewte gerade Barbara Allen, das Covergirl der nächsten Ausgabe von »Interview«, zum Thema Männer, Frauen und Liebe. Tom Beard (der Carters Amtseinführung mit vorbereitete) kam mit einem wirklich interessanten Burschen namens Joel McCleary. Er ist etwa 35, hat in Carters Wahlkampf die Finanzen gemanagt und ist Schatzmeister des Nationalen Komitees der Demokraten. Er versucht, den Dalai Lama in unser Land zurückzuholen. Er behauptete, daß viele tibetanische Mönche in einem Unternehmen in Paterson, New Jersey, arbeiten, das Präservative herstellt, und daß sie mit dem Bus zur Arbeit fahren. Und Barbara Allen erklärte: »Wirklich, das stimmt. Auf vielen Präservativen steht ›Made in New Jersey‹.«

Ich besuchte Victor in seinem neuen Loft. In der Mitte steht ein Bett, und drum herum große Gefäße mit verschiedenen Sorten Vaseline – er ist genau wie Ondine.

Samstag, den 18. Juni 1977

Victor meinte, heute sei ein guter Tag, um nach Ideen zu suchen, also fuhren wir ins Village. Doch es war wie in »Suddenly Last Summer« – er benutzte mich als Köder. Die Jungs kamen her, um sich mit mir zu unterhalten, und Victor krallte sie sich. Wir saßen vier Stunden im »Riviera Lounge« und tranken Kaffee und Tee ($ 7.00).

Liza Minnelli *(Andy Warhol)*

Fuhr nach Hause und rief Julia Scorsese im »Sherry Netherland« an – sie hatte mich angerufen. Sie sagte, ich solle dranbleiben. Zehn Minuten Funkstille. Dann meldete sie sich wieder und bat mich, noch einen Moment zu warten, und weitere zehn Minuten vergingen. Dann kam Liza Minnelli an den Apparat und sagte: »Hier ist Liza, geben Sie mir Ihre Nummer. Sie ruft gleich zurück.« Schließlich rief Julia an und lud mich zum Dinner ein. Ich sagte, ich sei heute abend mit Catherine und ihrem Bruder verabredet, und sie meinte, ich solle sie mitbringen (Taxi zum »Sherry« $ 2.00).

Als wir reinkamen, stieg gerade ein Kerl mit Bart in den Fahrstuhl. Mr. und Mrs. Scorsese, Martins Eltern, waren da. Sie sind beide größer als er. Das ist ungewöhnlich, denn normalerweise sind Eltern kleiner als ihre Kinder. Sie wohnen in der Innenstadt, direkt unterhalb von »Ballato«. Auch etliche Agenten waren da. Mir fiel ein Kindermädchen mit einem ungemein hübschen Baby auf. Es war Julias neues Kindermädchen. Kürzlich hat sie sich auf dem Flughafen verirrt, und seitdem fürchtet Julia, daß sie vielleicht doch nicht so gut ist. Auch ein Negermädchen hatte ein Baby dabei. Wie sich später herausstellte, war der Kerl mit dem Bart Bobby De Niro und das Negermädchen seine Frau, Diahnne Abbott.

Marty ist ziemlich abgemagert, er hat eine Diät gemacht. Jack Haley rannte im Foyer herum. Liza trug das Halston-Kleid, dessen Stoff meinen »Flower«-Bildern nachempfunden ist. Marty erschien zunächst in einem weißen Anzug, später zog er einen schwarzen an. Wir gingen hinunter zum Essen. Roger Moore war auch unter den Gästen. Ein Mädchen von United Artists sorgte für ihre Publicity und küßte Roger.

Roger Moore war wunderbar und charmant. Es führte uns seine drei Ausdrucksweisen vor, wie er es nannte: »besorgt«, »Augenbraue rauf«, »Augenbraue runter«. Er ist zum drittenmal verheiratet, seine jetzige Frau ist Italienerin.

Bobby De Niro kam erst nach dem Dinner und war ziemlich wortkarg. Bei ihm war ein Agent mit einer lustigen Brille. Martys Eltern blieben überraschend lange.

Irgendwann waren alle ziemlich betrunken und wollten, daß ich einen Toast ausbringe, und ich war so betrunken, daß ich tatsächlich aufstand und etwas sagte. Es muß ganz gut angekommen sein, denn die anderen beteuerten mir immer wieder, meine Rede sei »ergreifend« gewesen. Leider war ich so blau, daß ich nicht mehr weiß, was ich gesagt habe. Liza wiederholte ständig: »Das werde ich meinen Enkeln erzählen.« Alles andere habe ich vergessen.

Es war eine tolle Party. Ich stahl ein Exemplar des Plattenalbums »New York/New York«, weil Valentine es haben wollte, außerdem hatte Roger Moore etwas auf die Rückseite gekritzelt. Aber dann kam ich mir schlecht vor, weil man mich beim Klauen beobachtet hatte. Ich schluckte Schmerztabletten wegen der Biopsie von letzter Woche. Der Befund liegt noch nicht vor. Als wir das »Sherry« verließen, war es 6.00, und es dämmerte bereits (Taxi $ 3.50).

Sonntag, den 19. Juni 1977

Victor und ich fuhren auf einen Drink ins »Windows on the World« (Taxi $ 5.00). Wir tranken, redeten und schauten aus dem Fenster ($ 180.00). Es war schön. Dann gingen wir im Village spazieren. Früher konnte man sonntags dort rumlaufen, ohne jemanden zu treffen, aber jetzt Schwule, nichts als Schwule, so weit das Auge reicht; Lesben- und Leder-Bars, deren Namen im hellen Tageslicht leuchten – Treffpunkte für »Ramrod«-Typen. Die Jungs ziehen ihre Lederklamotten an und gehen in diese Bars, und es ist alles Show. Man fesselt sie, das dauert eine Stunde. Man sagt ein paar unanständige Sachen, das dauert wieder eine Stunde. Eine Peitsche wird hervorgeholt, und das dauert noch mal eine Stunde – eine Performance, nichts weiter. Und hin und wieder kommt so ein Spinner, der das alles ernst nimmt und für echt hält und alles durcheinanderbringt. Doch für die meisten ist es nur Show. Ich setzte Victor unterwegs ab ($ 5.00), ging nach Hause und sah fern. Dachte über die Scorseses nach. Sie schwimmen ganz oben, sie schwimmen wirklich ganz oben.

Montag, den 20. Juni 1977
Ich rief den Arzt an und bekam einen Termin um 12.00. Ich war ziemlich nervös und kam deshalb zu spät. Er hatte gute Nachrichten für mich: Seine Befürchtungen hatten sich nicht bestätigt. Nur habe ich jetzt Schmerzen und einen geschwollenen Hals. Ich glaube, ich hätte den Test lieber nicht machen lassen sollen. Gleich nach dem Besuch beim Arzt ging ich in die Kirche, um Gott zu danken.
Danach ging ich zu Tony, dem Blumenhändler. Ich wollte Liza und Julia Blumen schicken, um mich für den lustigen Abend am Samstag zu bedanken. Ich entschied mich für eine Pflanze, die gut aussah, doch der Florist wollte sie mir erst nicht verkaufen, da sie nur noch einen Tag blühe. Doch ich sagte, das genügt – ich wußte, daß Julia und Liza nicht mehr lange in der Stadt sein würden.
Fuhr ins Büro ($ 3.50). Julia Scorsese rief an, um sich für die wunderschöne Pflanze zu bedanken. Auch sie werde diesen Abend nie vergessen. Sie lud mich ein, nach der Vorführung von »New York, New York« in den »Rainbow Room« zu kommen.
Ich holte Catherine und ihren Bruder ab und fuhr mit ihnen ins »Ziegfeld« ($ 2.75). Wir setzten uns ganz nach vorn. Catherine und Valentine fanden den Film langweilig, aber mir gefiel er. In meinen Augen war es einer von Lizas besten Filmen. Bobby De Niros Frau spielt auch mit. Sie sang ein Lied und sah hinreißend aus, aber irgendwie paßte die Szene nicht in den Film, hatte nichts mit ihm zu tun.
Fuhren zum »Sherry Netherlands«. Auf der Party herrschte Gedränge. Immer wenn wir gehen wollten, bat uns Julia, noch zu bleiben. Sie sagte Sachen wie: »Bitte, sei Martins bester Freund, er hat sonst keine Freunde.« Irgendwann in seiner New Yorker Zeit muß sich Martin in bezug auf mich etwas in den Kopf gesetzt haben, denn anscheinend bedeutet es ihm viel, daß ich hier lebe und er mit mir zusammensein kann. Ich habe das Gefühl, ich symbolisiere etwas für ihn, nur komme ich nicht ganz dahinter, was.

Dienstag, den 21. Juni 1977
Robert Hayes kam vorbei und schlug Diahnne Abbott als nächstes Covergirl vor. Wir riefen bei ihr an und fragten sie. Sie sagte, sie fände es toll, sagte aber, sie brauche noch »einen Tag Zeit, um darüber nachzudenken«. Vermutlich fürchtet sie, Bobby könnte dagegen sein.
Später am Abend fuhr ich zur Premiere von »New York, New York« und sah mir den Film zum zweitenmal an. Dabei bin ich etwa zehnmal eingenickt. Victor saß neben mir und kokste, und davon wurde ich schließlich wach – ein Stäubchen war zu mir herübergeweht. Gingen hinüber in den »Rainbow Room«.
Wir gingen nicht in den großen Saal, weil ich nicht wußte, was dort los war, ich konnte es nicht sehen. Wir gingen in den Nebenraum, und dann kam Julia Scorsese und sagte: »Halt mich fest, pack mich, sprich mit mir.« Das klang wie: Komm her / geh da hin / dreh dich um / verlaß mich nicht – sie ist wie Susan Tyrrell und Sally Kirkland, der gleiche Typ.
»Schau jetzt nicht hin«, sagte sie dann, »da ist Martins erste Frau. Ich dreh durch, wenn sie in der Nähe ist.« Das Mädchen war sehr schön. Ich hatte nicht gewußt, daß Martin schon einmal verheiratet gewesen war. Das überraschte mich, denn er ist streng katholisch und hat immer den Priester bei der Hand. Das Mädchen sagte: »Sie erinnern sich bestimmt nicht an mich, aber wir sind uns schon einmal begegnet. Damals war ich die Chefin der Erotics Gallery.« Dann ließen wir sie stehen, und ich stellte Julia Earl Wilson vor.
Mir fiel auf, daß in dem Film viele Leute mitspielten, die privat für Marty arbeiten. Zum Beispiel die Frau in

dem Auto, die mit Bobby und Liza Streit bekommt – sie ist die Ehefrau seines Agenten. Deshalb ist der Film auch so gut – die Rollen wurden den Leuten auf den Leib geschrieben.

Julia forderte mich auf, mit ihr und Marty an der großen Tafel zu sitzen, aber dort herrschte ein derartiges Gedränge und so ein Lärm, daß ich so tat, als hätte ich das nicht gehört. Ich wollte mich verdrücken – schließlich war es nicht mein Abend, sondern ihrer.

Victor ging. Ich machte mir Sorgen um ihn. Er war irgendwie merkwürdig und schien sich zu langweilen.

Mit Roy Halston *(Sipa Press)*

Zum erstenmal, seit ich ihn kenne, kam er mir echt vor, wie ein ganz normaler Mensch, der sehr müde ist und nach Hause gehen will. Und das tat er dann auch.

Fuhren zum »Studio 54«. Die Band stimmte »New York, New York« an, und Liza wurde hereingetragen. Halston machte Fotos von ihr. Etwas später spielten sie wieder »New York, New York«, und Martin kam herein. Und soweit ich mich erinnere, wurde Liza dann noch einmal hereingetragen oder hochgehoben, aber ich war schon im Gehen. Unterwegs setzte ich Valentine ab ($ 3.00). Es war 3.00.

Donnerstag, den 23. Juni 1977

War bei meinem Zahnarzt Dr. Lyons. Ich bat ihn, keine Röntgenaufnahmen zu machen, und darüber regte er sich auf. Er sagte, in zehn Jahren sei ich nicht einmal geröntgt worden.

Anschließend fuhr ich hinunter in den 9. Stock, um den Hautarzt Dr. Domonkos aufzusuchen. Kitty Carlisle Hart kam gerade aus seiner Praxis. Irgendwie war sie verkleidet. Ich fragte den Arzt, weswegen sie hier gewesen sei, aber er sagte nur, er habe sie woanders hingeschickt. Keine Ahnung, was das zu bedeuten hatte. Habe mir einen Pickel ausdrücken lassen. Nächste Woche soll ich wiederkommen.

Fuhr mit dem Taxi zum Sloan-Kettering-Krebszentrum ($ 2.50). Als ich das Wartezimmer sah, flippte ich aus. Leute mit abgetrennten Nasen. Ich war schockiert. Dr. Strong zog die Fäden an meinem Hals.

Sprach mit Jamie Wyeth. Er schlug vor, später zusammen zur Wohltätigkeitsveranstaltung des Präsidenten ins »Waldorf« zu fahren. Als wir dort ankamen, standen Demonstranten vor der Tür. Es war wie in einem schlechten Film. Nur würde es kein Mensch glauben, wenn man so etwas in einem Film bringen würde. Ein paar Grüppchen demonstrierten für die Rechte der Schwulen, andere für die Abtreibung. Sie hatten sogar einen Abfalleimer mit abgetriebenen Embryos dabei.

Wir standen oben auf der Galerie. Als der Präsident kam, ging er herum und schüttelte jedem einzelnen die Hand. Das dauerte ein paar Stunden. Ann Landers führte sich auf wie eine Verrückte. Sie sagte, ihre Tochter habe so viele Warhols, und sie bedauere es, nicht auch auf den Zug aufgesprungen zu sein. Der Präsident hielt eine Ansprache. Er muß einen guten Redenschreiber haben, denn seine Witze waren durchweg gut.

»Ich möchte einen aktiven Vizepräsidenten. Wenn Sie also Fragen haben zu Themen wie« – es folgte eine Aufzählung – »Abtreibung, Rechte der Schwulen, Parken in der Innenstadt, Nordirland, die Concorde, dann schreiben Sie ihm einfach. Er wird für Abhilfe sorgen.«

Ist das eigentlich das erstemal, daß ein Präsident das Wort »schwul« in den Mund genommen hat? Vielleicht – wegen Anita Bryant.

Freitag, den 24. Juni 1977 Ronnie trank im Büro den ganzen Tag über, weil Gigi am Morgen mit zwei Polizisten und einem Unterlassungsurteil oder dergleichen bei ihm aufgekreuzt war und ihn geweckt hatte. Er trank ziemlich viel und kommandierte mich herum. Aber er brachte mich auf gute künstlerische Einfälle.
Außer Catherine Guinness war niemand im Büro, um Diahnne Abbott zu interviewen, also nahm ich sie mit. Es wurde kein gutes Interview, und das deprimierte mich. Es ging so weit, daß ich sogar ihre neunjährige Tochter befragte, die sie in ihre Ehe mit De Niro mitgebracht hatte. Ich nehme die Schuld für das mißglückte Interview auf mich, denn schließlich ist sie mit Nelson Lyon befreundet und muß schon aus diesem Grund einfach intelligent sein. Ich habe eben ein schlechtes Interview geführt. Catherine zu Hause abgesetzt ($ 4.00).
Gab Jed $ 20.00 fürs Auto, und er fuhr uns nach Montauk. Wir wollen jetzt versuchen, das Haus an François de Menil oder Earl McGrath zu vermieten.

Sonntag, den 26. Juni 1977, Montauk Sonniges Wetter. Mr. Winters war das ganze Wochenende über aus dem Häuschen, weil wir ihm einen neuen Jeep versprochen haben. Earl und ich diskutierten über das Cover, das ich für das Album der Rolling Stones entwerfe. Er meint, daß ich etwas mit Schrift machen soll. Ich ging hinunter zum Strand. Vincent surfte, und dann war da noch ein Typ, der einen großen Hund spazierenführte. Zuerst schenkte ich ihm keine Beachtung, aber dann erkannte ich Dick Cavett. Wir unterhielten uns eine Weile, und ich spürte, daß er auf eine Einladung hoffte. Also lud ich ihn zum Lunch ein. Peter Beard kam mit Margrit Ramme vorbei. Sie küßte Peter vor Barbara Allen, seiner früheren Freundin, doch die beiden Frauen kamen gut miteinander aus.
François und ich verließen Montauk in aller Frühe. Er ist ein guter, flotter Fahrer – er brauchte zehn Minuten bis East Hampton. Jann Wenner hatte John Belushi zu Gast. Jann zeigte uns das Haus. In Montauk hätte er mehr Platz gehabt, aber ich vermute, er und seine Frau Jane wollten lieber etwas »Bewundernswürdiges«. Das ganze Wochenende dachte ich über eine Idee nach, auf die mich das Buch »Liz & Dick« gebracht hat. Es geht um das Liebesverhältnis zweier Parallelstraßen, die sich niemals treffen können. Dylan Thomas hat mal zu Richard Burton gesagt, er wolle etwas daraus machen, doch dann ist er gestorben. Das wäre was für mich, eine gute Kunst-Idee.
Philip Niarchos rief Barbara während des ganzen Wochenendes aus London an, über sein Autotelefon. Er war auf einem großen Ball, bei dem sich die Kids der Reichen trafen.

Mit Bianca und Dick Cavett in Montauk *(P. Beard)*

Montag, den 27. Juni 1977
Sah mir die neue Ausgabe von »Interview« an. Barbara Allen gefällt sich gar nicht auf dem Titelblatt, sie findet, sie sieht zu fett aus. Jann Wenner schickte die Bilder von Mick zurück. Anscheinend sind sie ihm zu teuer. Catherine machte »Interview« schlecht. Es kam zum Streit zwischen uns, als ich ihr vorwarf, sie sei faul. Valentines Hose, die Nenna Eberstadt im Büro genäht hatte, ist gestern abend wieder aufgeplatzt, also hat sie ihre Arbeit nicht ordentlich gemacht. Ich beging den Fehler, Valentines Lispeln anzusprechen. Er regte sich furchtbar auf und sagte, er sei vier Jahre lang zu einem Therapeuten gegangen, um den Sprachfehler loszuwerden, und jetzt sei er ihn los. Er glaubt es tatsächlich.

Dienstag, den 28. Juni 1977
Die Mitabeiter von »Interview« gaben im Büro einen Lunch für die Leute von »Schenley's« Spirituosen. Ich nahm nicht daran teil, weil ich hinten malte. Ich habe diese Woche noch keinmal auf eine Leinwand gepinkelt. Für die »Piss Paintings«. Ich bat Ronnie, morgens nach dem Aufstehen nicht zu pinkeln, sondern es so lange zu halten, bis er im Büro ist. Er schluckt viel Vitamin B, deshalb bekommt die Leinwand eine wirklich schöne Farbe, wenn seine Pisse darauf ist. Nahm selbst ein paar Anrufe entgegen. Zwei süße schwedische Kids kamen vorbei. Schickte Ronnie los, um Fotomaterial zu kaufen ($ 5.95). Fuhr mit dem Taxi zum »21« ($ 5.50). Vincent holte mich ab. Es hatte gerade angefangen zu regnen. Dinner mit Peter Beard und seinem Freund Harry Horn aus Kenia. Leute strömten die Treppe hinauf. Diane von Fürstenberg gab oben ein Geburtstagsdinner für Egon. Ich war überrascht, daß ihre Mutter nicht wie eine Jüdin aussah. Sie war klein und blond. Dann erschien Mick in einem hellen Anzug. Jerry Hall war bei ihm. Sie kamen mir gleich irgendwie komisch vor, und

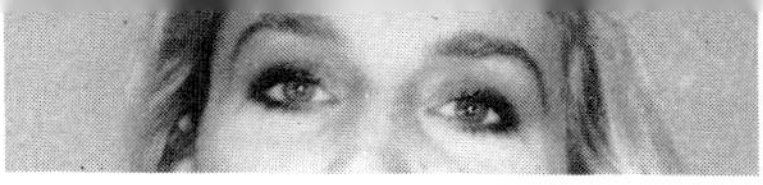

dann wurde der Kohl fett. Mick war derart weggetreten, daß die Kellner Angst hatten, er könne ohnmächtig werden. Er hatte den Kopf weit zurückgelehnt und sang vor sich hin. Sein Oberkörper war wie aus Gummi, und mit den Füßen klopfte er 3000mal pro Minute auf den Boden. Ständig setzte er die Sonnenbrille auf und ab. Dann fing er an, Vincent anzumachen, aber das war nur ein Trick, denn wie ich von Fred weiß, ist er wirklich leidenschaftlich in Jerry verliebt, und es sieht so aus, als könn-

Jerry Hall *(Andy Warhol)*

te Bianca Probleme bekommen. Jerry sagte: »Ich muß jetzt wirklich gehen«, und als Peter ihr ein Taxi rufen wollte, pfiff sie ihn zurück: »Oh, schon gut, Mick wird mich nach Hause bringen.«

Mittwoch, den 29. Juni 1977
Gearbeitet. Victor kam von seinem Trip nach Fire Island zurück und schaute vorbei. Er hatte ein paar Sperma-Proben dabei. Ich sagte, er solle auf Blätter wichsen und sie dann mitbringen. Wir könnten in seinem Loft eine gemeinsame Ausstellung machen – seine Wichs-Bilder und meine Piß-Bilder.

Donnerstag, den 30. Juni 1977
George Mason rief an und lud mich zum Dinner ein, Atlantic Avenue in

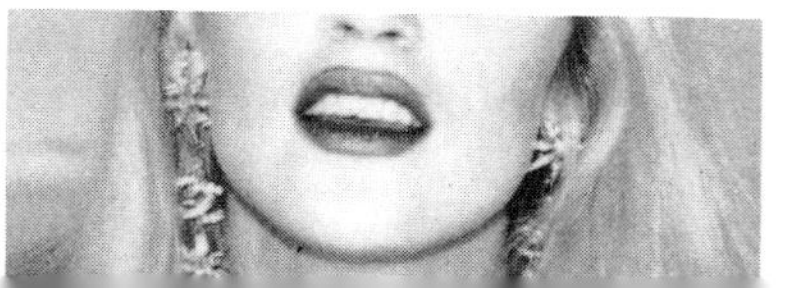

Brooklyn. Stan Rumbough war ebenfalls eingeladen, und das machte mich nervös. Er ist der junge, reiche Sohn von Dina Merrill in »Post Toasties«. Dina spielt in dem Robert-Altman-Film »A Wedding« mit, der gerade in Chicago gedreht wird. Er hat fast keine Handlung. Altman macht jetzt nach, was wir Ende der sechziger und Anfang der siebziger Jahre versucht haben.

George Mason holte mich ab. Stan Rumbough ist sehr groß, etwa 1,90 m und sieht gut aus, redet aber wie eine Tunte. Ich habe ihn ein paarmal mit billigen Mädchen orientalischen Typs gesehen. Er hat eine hohe, schrille Stimme, aber ich glaube, er mag hübsche Mädchen – er war enttäuscht, daß Candice Bergen abgesagt hatte. Er sagte, als Siebenjähriger sei er mit ihr zum Schwimmen gegangen und würde sie gern wiedersehen.

Wir saßen in einem armenisch-türkisch-afrikanisch-arabischen Restaurant. Pürierte Kichererbsen, pürierte Auberginen; drei Mann machten Musik. George war mit seiner Freundin Maret da, einem Mannequin aus Finnland.

Barbara Allen war auch da. Das Titelfoto gefällt ihr immer noch nicht. Der Mann von der neuen Modellagentur brachte fünf Mädchen und Jungs mit. Valentine schwebte im siebten Himmel. Die Besitzer machten Fotos. Eine Nonne trat an unseren Tisch und bat mich, eine Flasche zu signieren, doch mein Stift funktionierte nicht. Sie sagte, sie habe gerade eine Operation hinter sich, und mich hier zu treffen, sei der aufregendste Moment in ihrem Leben, seit sie in der Kirchen-Lotterie $ 500.00 gewonnen habe.

Stan Rumbough schien Gefallen an Barbara zu finden. Er sagte etwas, das sich anhörte wie »einen blasen«, und blies in eine Flasche. Ich glaube nicht, daß Philip Niarchos sie heiraten wird, deshalb sollte sie ihn irgendwie eifersüchtig machen. Sie sollte mit ihm zusammenleben und sich möglichst viel schenken lassen, ehe er sie fallenläßt.

Stan behauptet, er sei »Fotograf«. Diese reichen Bürschchen. Es ist zum Totlachen, wenn sie dasitzen und sagen: »Ich habe einen Job, o ja, ich mache Fotos für einen Katalog. Ich arbeite für einen Mann, der Kataloge macht, und heute bin ich zum zweitenmal in Brooklyn – gestern zum erstenmal, ich mußte ein paar Wachsfrüchte zum Fotografieren abholen…« Ich fragte ihn, ob er nicht Lust hätte, ein paar Fotos für »Interview« zu machen. Ich glaube, Dina würde sich selbst interviewen, nur damit Stan ein Foto von ihr veröffentlichen kann. Aber er wollte nicht: »Ich habe im Moment viel Arbeit mit dem Katalog…«

Anschließend fuhr ich zu Earl McGraths Party für die »Star Wars«-Leute – Mark Hammill, Harrison Ford, Carrie Fisher und noch ein Mädchen –, doch als ich zur Ecke 57. und 7. Straße kam, waren sie schon weg (Taxi $ 8.00).

MacKenzie Phillips fragte Vincent: »Hast du einen abgekriegt?« Jann Wenner war da. Ich stellte ihm Stan Rumbough vor. Doch Stan redete so dummes Zeug, daß ich ganz vergaß, Jann zu erklären, wer er war. Jann wird sich wohl gedacht haben, er sei bloß jemand, der Wachsfrüchte fotografiert, denn Stan redete die ganze Zeit von nichts anderem.

Das Essen war gut. Fran Lebowitz und Marc Balet waren da. Vielleicht

Fran Lebowitz *(Pat Hackett)*

waren sie mit Jerry Hall und Bryan Ferry gekommen. Jerry schien wieder mit ihm zusammenzusein.

Earl zeigte ein Video von den »Sex Pistols«.

Barbara, Stan und ich gingen zusammen fort. Als ich nach Hause ging, waren sie immer noch zusammen.

Freitag, den 1. Juli 1977 Suzie Frankfurt und Jed fuhren gestern abend nach Montauk, um für die künftigen Mieter das Haus herzurichten.

Victor lud mich zum Dinner in Halstons Haus ein. Halston war übers Wochenende zu Joe Eula gefahren. Wenn er verreist, überläßt er Victor immer sein Haus in der 63. Straße, doch er sagt ihm nie, wann er zurückkommt, damit es Victor nicht zu wild treibt. Victor hatte viele Leute zum Dinner mit mir eingeladen. Unter ihnen war auch Peter Keating, ein männliches Topmodell mit leichter Stirnglatze. Richtig bekannt geworden ist er erst, als seine Haare sich zu lichten begannen. Er führt das darauf zurück, daß er für Männer seitdem »keine Bedrohung« mehr darstellt.

Victor kochte Huhn. Im Haus war es eiskalt, aber ich war der einzige, der fror, denn alle anderen koksten. Halstons hat immer einen Vorrat Wodka im Kühlschrank, der geht runter wie Öl. Ich trank etwa vier Gläschen. Zwei Leute von John Waters aus Baltimore waren auch da. Der eine sah aus wie ein etwas beleibter John Waters. Er sagte, er habe mit Divine das Zimmer geteilt. Ich fragte ihn, ob er und Divine ein Liebespaar seien und er antwortete: »Tja, nach so vielen Jahren verliebt man sich nur noch in den Geist...« Victor erzählte, er habe es mit jemandem in einem Lieferwagen vor Halstons Haus getrieben, weil sie ja nicht gewußt hätten, wann Halston zurückkommen würde.

Samstag, den 2. Juli 1977 Victor rief an und lud mich zum Dinner im Village ein. Ich holte ihn ab (Taxi $ 4.00). Wir gingen in einen Pornoladen, um Hintergrundmaterial für die »Landschaften« zu kaufen ($ 36.00). In einem anderen Laden wollte uns der Typ keine Quittung geben ($ 17.00). Habe ein »Schwulenhemd« mit meinem Namen gekauft. Auf dem Hemd steht eine ganze Liste mit Namen von Leuten, die schwul waren oder sind, wie beispielsweise Thoreau, Alexander der Große, Halston, ich – aber Richard Avedon steht auch drauf. Und noch jemand, von dem ich nicht wußte, daß er schwul ist. Den Namen habe ich vergessen. Wir zogen durch die Gegend. Im Village wimmelte es von Leuten, die sich Fire Island nicht leisten konnten. Victor hatte »einen großen schwarzen Jungen« zu sich nach Hause bestellt, deshalb fuhren wir mit dem Taxi zurück ($ 3.60). Doch dann rief der große schwarze Junge an und erklärte, er könne erst in ein paar Stunden kommen, also fuhren Victor und ich mit dem Taxi zum »Studio 54« ($ 3.00). Es war gefüllt mit schönen Menschen.

Fuhren zurück zu Halstons Haus. Halston war nicht da. Warteten auf die »Landschaft«. Endlich kam er. Ich machte Aufnahmen von ihm, bis alle Filme verknipst waren. Als ich auf die Straße trat, war es heller Tag. Ich war überrascht. Kam um 7.00 nach Hause.

Sonntag, den 3. Juli 1977 Die Kids riefen aus Montauk an. Alle waren dort: Jan Cushing, Jackie Rogers, François de Menil, Jennifer Jakobson und Barbara Allen. Mick war von Peter Beards Haus herübergekommen und steckte mit Barbara in einem der Schlafzimmer.

Ging zu Halstons Haus, um Victor zu besuchen. Auf der Straße begegnete mir Stevie vom »Studio 54«. Victor versuchte noch mal, den großen schwarzen Typen anzurufen. Halston kam gerade zur Tür herein, als ich gehen wollte. Peinlich, wirklich peinlich.

Victor ist mein neuer Ondine, er benutzt sogar dieselbe TWA-Reisetasche wie früher Ondine. Aber irgendwie wird es mir zuviel, ihn so oft zu sehen. Er sollte was für seine Karriere als Künstler tun, doch er hält es nicht für notwendig, mit jemandem ins Bett zu gehen, um vorwärtszukommen. Ich sagte ihm: »Du mußt dich nach oben ficken.« Und dann erzählte ich ihm von Barbara Rose und Frank Stella.

Dienstag, den 5. Juli 1977 Rupert kam vorbei. Er trug einen Damen-Overall. Ronnie hatte mir erzählt, Rupert sei nicht schwul und lebe mit einem Mädchen zusammen. Daher neckte ich ihn und sagte: »Warum trägst du das? Bist du schwul?« Es hat uns fast umgehauen, als er sagte: »Ja, ich bin schwul.« Ronnie bekam Stielaugen. Mit einemmal machte alles Sinn – die hochtoupierten blonden Haare, der Gang, die Frauenkleider: Er war tatsächlich schwul!

Victor rief an. Halston hatte ihn rausgeworfen und beschuldigt, seinen Koks zu klauen. Victor sagte, Halston bewahre den meisten Koks im Safe auf, wisse aber nicht, daß er, Victor, ihn öffnen könne. Außerdem war Halston dahintergekommen, daß Victor eine Orgie gefeiert hatte – fettige Fingerabdrücke an den Wänden, Spermaflecken auf dem Velours.

Mittwoch, den 6. Juli 1977 Victor kam vorbei und hing im Büro herum. Halston hat ihm wegen der Orgie den Hausschlüssel weggenommen. Vielleicht aber auch, weil er mich dort erwischt hat. Wir werden ja sehen. Wenn er sauer ist, wird er die Bilder zurückschicken.

Taxi ($ 4.00) zum »Elaine's«. Dinner mit Sharon McClusky Hammond und ihrem Lieblingscousin Robin Lehman, den sie erst vor einer Woche kennengelernt hat. Ich spitzte die Ohren. Sein Vater war der Typ, mit dessen Geld das Metropolitan Museum den Lehman-Flügel gebaut hat.

Steve Aronson wollte die Speisekarte sehen, doch Sharon sagte: »Wenn du nach der Speisekarte fragst, kostet es doppelt soviel.« Steve zog ein Bündel Geldscheine aus der Tasche und sagte: »Ich kann es mir leisten, die Speisekarte zu lesen. Es gibt auf der ganzen Welt keine Speisekarte, die zu lesen ich mir nicht leisten kann.« Sharon meinte: »Okay, Steven, mach, was du willst. Kellner? Die Speisekarte.« Später, als Steve und Catherine gingen, warf Steve $ 40.00 auf den Tisch. Valentine sagte, aber nein, nein, das sei zu viel für zwei Leute, und wir sollten es nicht annehmen. Dann kam die Rechnung. Es machte $ 148.00! Und ich hatte nicht einmal etwas gegessen. Robin hatte ein Steak gehabt, Sharon und Steve Spaghetti, und keiner hatte etwas getrunken.

Donnerstag, den 7. Juli 1977 Bob und ich fuhren mit dem Taxi zum Hotel »Pierre«. Zum Lunch zu Ehren der persischen Kaiserin. Vor dem Hotel standen Demonstranten. Sie waren maskiert und wirkten unheimlich, aber daß es Iraner waren, konnte man an ihren dunklen Händen erkennen. Wir waren Ehrengäste, also gingen wir hinein, um der Kaiserin die Hand zu geben – der Königin, nicht wahr. Gouverneur Carey und Bürgermeister Beame standen im Begrüßungsspalier. Sahedi war auch da.

Die Kaiserin verlas eine vorbereitete Rede, und alles schien ohne Zwischenfall über die Bühne zu gehen. Da erhob sich aus der Gruppe der Presseleute eine Frau in einem grünen Kleid und schrie: »Lügen, Lügen, Sie Lügnerin!« Sie wurde hinausgeschafft. Die Kaiserin fuhr in ihrer Erklärung fort, und hinterher entschuldigte sie sich bei den Anwesenden für den Lärm und die Proteste, die ihrer Person galten. Sie sagte, die Rechte der Frauen im Iran zu verwirklichen erscheine den Amerikanern vielleicht als Bagatelle, doch für den Iran sei das ein großer Fortschritt.

Nahm ein Taxi ($ 2.50) und traf mich mit Ronnie, um mir ungeschliffene Steine für meine Diamantenbilder anzuschauen. Anschließend mit dem Taxi ins Büro ($ 3.00).

Fuhr mit dem Taxi zur iranischen Botschaft ($ 2.50). Draußen standen keine Demonstranten. Drinnen traf ich Otto Preminger. Das war nun schon das zweite- oder drittemal in-

7 Maquette for the Portfolio »Mick Jagger«, 1975

nerhalb weniger Tage, und er fragte mich, ob wir morgen was unternehmen sollten. Ich posierte mit der Königin vor dem Porträt, das ich von ihr gemacht hatte. Sie sagte, sie beneide Hoveida, weil er acht Warhols habe und sie nur vier. Die Königin ist größer als ich.

Fuhr mit dem Taxi zu Marina Schianos Dinner ($ 3.00). Françoise de la Renta war dort und zog über den Schah her. Er sei habgierig, grausam und habe 25 Geliebte in der Stunde. Die Königin mochte sie offenbar. Suzie Frankfurt war da. Bob war im Schlafzimmer, wo es Koks gab. Später kam er mit Giorgio di Sant'Angelo herüber. Suzie und ich saßen ganz in ihrer Nähe, als wir Giorgio Bob fragen hörten: »Wer ist diese Suzie Frankfurt eigentlich?« So etwas tun Leute, die unter Drogen stehen. Genauso macht man es auch in Hollywood, wenn man jemanden nicht leiden kann – man spricht über ihn, als sei er nicht da. In gewisser Weise finde ich das toll – es sollte nur häufiger vorkommen. Marina und Giorgio gehören zu den wenigen, die das öfter bringen. Ich sagte: »Suzie, die reden über dich!« Bob sagte zu Giorgio: »Sie ist eine gute Freundin von Andy, ist schon in Ordnung.« »Aber wer ist

sie?« fragte Giorgio. »Sie ist sehr reich«, erklärte Bob. Und die ganze Zeit saßen wir direkt neben ihnen! Giorgio und Bob benahmen sich so, als könnten wir sie nicht hören. Schließlich sagte ich: »Paß auf, Bob. Du sprichst über Leute in ihrer Gegenwart.«
Setzte Suzie zu Hause ab ($ 2.70).
Barbara Allen hat Bob erzählt, daß Mick sehr unglücklich sei. Er sagt, mit Bianca sei es aus, er empfinde nichts mehr für sie. Offenbar fühlt sich Mick von ihr benutzt und will nicht zu ihr nach St. Tropez. Barbara behauptet, Mick sei für sie nur ein guter Kumpel, so wie Fred und Bob. Sie habe nur mit ihm geschlafen, weil er im Moment einsam sei.

Freitag, den 8. Juli 1977 Übrigens, Valerie Solanis treibt sich im Village herum. Man hat sie gesehen. Schon letzte Woche, als ich mit Victor herumzog, hatte ich Angst, ihr zufällig zu begegnen. Das wäre wirklich verrückt. Was dann wohl passiert? Ob sie wieder versucht, mich zu erschießen? Oder ob sie sich bemüht, freundlich zu sein?

Sonntag, den 10. Juli 1977 Wollte gerade arbeiten gehen, als das Telefon klingelte. Julia Scorsese war dran. Sie war bei ihrer Freundin, einer Schriftstellerin, die gerade an einer Serie arbeitet. Julia sagte, sie sei mit Barbara Feldon im »Serendipity« verabredet. Ich fuhr zum »Sherry«, um sie abzuholen.
Julia machte mich verrückt. Manchmal, wenn sich unsere Blicke begegneten, sah sie aus wie Valerie Solanis, und zugleich benahm sie sich wie Viva. Sie hat die fixe Idee, ich hätte sie nach der Vorführung von »New York, New York« »gerettet«. Sie hatte nicht neben Martin am Tisch gesessen, und ich war zu ihr hinübergegangen und hatte sie neben ihn gesetzt. Und jetzt meint sie, das habe dem Gerücht, ihr Mann habe eine Affäre mit Liza Minnelli, ein Ende gemacht, und nur deshalb hätten die Zeitungen nichts geschrieben. Sie konnte nicht mehr davon aufhören, schwankte auf ihren blauen, hohen Absätzen wie eine Betrunkene, und ihre Pupillen waren geweitet.
Barbara Feldon erwartete uns schon im »Serendipity«. Julia tätschelte mir die ganze Zeit den Kopf, und wenn ich etwas nicht ausstehen kann, dann ist es das. Sie trieb mich zum Wahnsinn. Außerdem versuchte sie ständig, mich mit ihrer Freundin zu verkuppeln. Sie war groß und irgendwie ganz hübsch. Stundenlang bekam ich zu hören: »Du bist so wunderbar, wun-

8 Big Electric Chair, 1967

derbar, wunderbar.« Ich wußte nicht, was tun. Da ich ihr gesagt hatte, hier gebe es keinen Alkohol, hatte sie Champagner mitgebracht. Ich verstehe diese Mädchen nicht. Sie reden und reden, und ich hab keine Ahnung, was das soll.
Barbara verließ uns. Julia und ich fuhren mit dem Taxi ins »Elaine's«. Wir bestellten, und weiter ging es wie gehabt: »Du bist wunderbar.« Julia wollte für mich eine Verabredung mit dem Autor von »Annie« arrangieren. Es wäre doch nett, sagte sie, wenn ich mal ein paar richtige Männer kennenlernen würde. Ich wußte nicht, wen sie mit »richtigen Männern« meinte, ob sie von Schwulen sprach oder anderen. Julia erzählte mir, wie Martys Filme gemacht werden – zuerst studieren sie mit den Leuten Szenen ein und nehmen alles auf Video auf, dann sucht Julia die besten heraus, und bei den Dreharbeiten lassen sie die Leute noch mal dasselbe vor der Kamera machen. Beim Drehen verändern sie die Handlung und bauen sie um. Wie in der ursprünglichen Geschichte von »New York, New York« steigt Bobby De Niro ins Plattengeschäft ein.
Julia sagte, Marty habe Probleme mit Koks. Er habe sich eine Blutvergiftung geholt, und jetzt nehme er Medikamente, um wieder clean zu werden. Sie behauptete, einen großen Teil von »Taxi Driver« habe sie geschrieben. Ich sagte, die Leute täten immer so, als machten Regisseure, Produzenten und Autoren die Filme, dabei seien es in Wirklichkeit die Stars. Sie reagierte beleidigt und sagte, ihr Mann habe Bobby De Niro, Harvey Keitel und etliche andere erst zu Stars gemacht. Daraufhin entgegnete ich, das seien neue Gesichter gewesen, und die Leute wollten immer neue Gesichter sehen. Marty ist momentan in Chicago und dreht mit Liza »Shine It On«.
Sie sagte, sie habe Robert Altman geraten, »The Wedding« in Chicago zu drehen, um endlich mal aus L. A. herauszukommen und eine neue Stimmung zu erproben. Die Produzenten hatten ihr drei Tage freigegeben. Ich schloß daraus, daß sie ihnen auf die Nerven gegangen war. Julia hatte ein bißchen zuviel getrunken. Sie warf ihre Handtasche auf den Tisch, und ihre Kreditkarten fielen heraus. Sie ging auf die Toilette, und ich steckte die Karten wieder in ihre Tasche (Dinner $ 70.00).

Montag, den 11. Juli 1977
Vergaß zu erwähnen, daß Paulette Goddard am Freitag angerufen hat. Sie klang angetrunken und schlechtgelaunt. Sie hat eine Stinkwut auf Valerian Rybar. Das ist der Typ, der ihr Apartment im Ritz Tower renoviert hat – alles in den Farben Rosa und Blau. Ursprünglich war sie damit einverstanden gewesen, doch inzwischen kann sie nicht mehr begreifen, wie sie das zulassen konnte.

Mittwoch, den 13. Juli 1977
Fuhr mit dem Taxi zu den Büros von Warner Communications im »Rockefeller Plaza«, um den Fußballspieler Pelé zu treffen, den wir für »Interview« fotografieren wollen. Er war reizend. Er wußte noch, daß wir uns einmal im »Regine's« begegnet waren. Irgendwie sieht er komisch aus, doch wenn er lächelt, ist er schön. Er hat im 30. Stock des Gebäudes ein eigenes Büro. Sie verkaufen Pelé-T-Shirts, Mützen und Comics.
Mark Ginsburg rief an. Das Interview mit Irene Worth sei für heute abend angesetzt. Ich verabredete mich mit ihm im »Vivian Beaumont«, wo sie im Stück »Der Kirschgarten« mitspielte. Wir wollten es uns vorher ansehen.
Irene hat eine gute Stimme, und nur das zählt – alles, was sie sagte, klang echt. Irgendwann gingen die Scheinwerfer aus, und ich dachte, der Akt sei zu Ende. War aber ein Irrtum. Es war der Blackout von 1977. Auf der Bühne machten sie im Dunkeln weiter, und das Mädchen, das die Tochter spielte, rief: »Macht das nicht Spaß? Laßt uns weitermachen!« Ein Typ kam auf die Bühne und erklärte, wer gehen wolle, werde zum Ausgang geführt, das Stück werde jedoch auf je-

den Fall zu Ende gespielt. Helfer mit Kerzen kamen auf die Bühne.
Jeder war also voll bei der Sache. Auf diesen Augenblick hatten alle ein Leben lang gewartet – einmal dafür zu sorgen, daß die Show weiterging!
Als Mark und ich nach dem Stück zu Irene hinter die Bühne gingen, meinte ein Mann: »Das ist das Aufregendste, war mir je passiert ist: eine Begegnung mit Andy Warhol im Dunkeln.« Irene zog sich um und schlüpfte in Bluejeans. Die Jeans gaben ihr ein jugendliches Aussehen. Sie servierte Champagner. Ich hatte genügend Band für drei oder vier Stunden bei mir. Ein Typ vom Lincoln Center sagte: »Bleiben Sie in der Menge, überall werden Leute überfallen und beraubt« (Taxi $ 4.00, dickes Trinkgeld).
Aus unerfindlichen Gründen war es ganz einfach, ein Taxi zu bekommen. Wir gingen einfach hinaus, stiegen ein und fuhren mit Miles Standish zur Ecke 67. Straße und Lexington. Sein Apartment liegt im zweiten Stock. Überall standen Kerzen, weil er immer bei Kerzenlicht ißt. Er machte Omelettes auf seinem Gasherd, kein Problem. Sie schmeckten köstlich. Machte das Interview mit Irene.
Irgendwie funktionierten die Telefone – man mußte auf das Amtszeichen warten, aber dann war es okay.

Donnerstag, den 14. Juli 1977

Seit ungefähr einer Stunde gibt es in der 66. Straße wieder Strom [Freitag, 8.00 morgens]. Das Fernsehen brachte Bilder von Plünderungen. Kamerateams waren vor Ort und filmten. Im Licht der Scheinwerfer konnten die Plünderer mehr sehen und mehr stehlen. Es war, als hätten die Fernsehleute sie gefragt, wo sie als nächstes stehlen wollten, damit sie dort rechtzeitig ihre Kameras aufbauen konnten. Auf dem Bildschirm sah man sie alle aneinandergekettet. Nur Schwarze und Puertoricaner. Es erinnerte mich an »Roots«.

Maxime de la Falaise rief in der Factory an, um zu fragen, ob es wieder Strom gebe. Sie ist von der Upper West Side in ihr Loft an der 19. Straße gezogen. Um Geld zu sparen, hatte sie Hippies als Möbelpacker engagiert. Statt einen Tag dauerte der Umzug eine Woche. Die Hippies tragen die Sachen ganz gemächlich aus der Wohnung, sehen sich die Stühle an, und einer fragt den anderen: »Was meinst du, wie alt ist der? 18. Jahrhundert?« Richtige Möbelpacker verpacken auch Leichen, sofern man welche in der Wohnung hat. Die lassen nichts aus.
Aß mit Sharon Hammond und Robin Lehman zu Abend. Hinterher gingen wir die 8th Avenue hinunter, an Tunten, Transvestiten und Huren vorbei zum »Studio 54«. Steve Rubell freute sich, uns zu sehen, und ließ uns umsonst ein, obwohl wir zu zehnt waren. Er erinnerte mich daran, daß ich ihm vor ein paar Wochen einen Heiratsantrag gemacht hätte. Ich fand das unglaublich. Er erinnerte sich an etwas, was ich nur so dahingesagt hatte, und das auch nur einmal. Ich hatte angenommen, er hätte es nicht einmal gehört. Er ist jung und erfolgreich – und ich habe die Arbeit so satt, daß ich erfolgreichen Leuten wie ihm immer Heiratsanträge mache. Aber warum erinnert er sich daran, als hätte ich es ernst gemeint?

Samstag, den 16. Juli 1977

Son of Sam ist immer noch auf freiem Fuß. Ein Kriminalfall alten Stils – Briefe an die Polizei, ein Mörder, der frei herumläuft, usw. Anscheinend sind die Leute froh, daß es so etwas noch gibt. Son of Sam ist fast ein Stück Nostalgie. Er ist hinter großen, braunhaarigen Mädchen her.
Stand sehr früh auf und aß mit Victor im Büro zu Mittag. Dabei waren ein Junge namens Andy Wright, den er von NBC kennt, und seine neue schöne Freundin Nancy. Sie ist ein Mannequin aus Greenwich, Connecticut, und beschafft ihm Koks. Victor bumst sie, um an den Koks zu kommen.

Montag, den 18. Juli 1977 Ich lese gerade Evelyn Keyes' Buch

»Scarlett O'Hara's Younger Sister«. Sie beschreibt darin in allen Einzelheiten ihr Sexualleben. Fabelhaft, Sex mit King Vidor und mit John Huston – wie er ihn reinsteckt und alles. Sie behauptet, Paulette Goddard sei ihr Idol und sie kopiere alles an ihr, ihre Frisur, ihre Stimme, überhaupt alles. Rief Paulette an und erzählte ihr von dem Buch. Zu Evelyns Gefühlen für sie meinte sie: »O ja, sie hat mich so sehr geliebt, daß sie mir alle Liebhaber ausgespannt hat, und als sie mir den letzten auch noch ausgespannt hat, habe ich sie rausgeschmissen.« Sie sagte, Jack Nicholson sei doch nicht der richtige Mann für ihre Jackson-Pollock-Story. Der neue He-man und Filmheld in ihrem Leben sei Bobby De Niro. Sie hat nur noch ihn im Kopf.

Dienstag, den 19. Juli 1977
Stanley Siegel brachte Plünderer in seiner Fernsehsendung. Außerdem gab er Adela Holzer Gelegenheit, sich vor der Kamera gegen die Betrugsvorwürfe zu verteidigen. Sie sagte, die Kapitalanleger hätten sie zunächst vergöttert und gehofft, ein Vermögen zu verdienen, und als das nicht sofort geklappt habe, hätten sie durchgedreht. Ständig korrigierte sie Stanley: Sie sei zwar »verklagt, aber nicht verhaftet« worden.
Den ganzen Tag liefen die Vorbereitungen für die Anzeigen-Party von »Interview«. Ab 5.00 trudelten die ersten Gäste ein, und um 6.00 war's überfüllt. Gael Malkenson ist bei allen beliebt. Seit sie mit dem College fertig ist, arbeitet sie ganztags für uns. Sie ist eine energische Person, und alle meinen, sie sei die Richtige, um Anzeigen zu verkaufen.
Ruth Kligman kam vorbei und gab mir einen dicken Kuß auf den Mund.

Mittwoch, den 20. Juli 1977
Tom Seaver kam vorbei und posierte für ein Sportlerporträt. Richard Weisman kam auch. Er parkte seine Limousine vor dem Haus. Tom Seaver war hinreißend. Sportler haben ihre Fettpolster wirklich an den richtigen Stellen, und sie sind an den richtigen Stellen jung. Mr. Johnson machte die Fotos, ein netter Mann, der mal eine Geschichte über Jamie und mich geschrieben hat. Er hatte eine Idee. Tom sollte eine Mütze der »Mets« tragen. So gingen sie los und besorgten eine. Und dann wollte er Tom im »Cincinnati«-Trikot mit »Mets«-Mütze fotografieren, halb und halb, doch Tom weigerte sich. Er ist auf die »Mets« nicht mehr gut zu sprechen. Sie haben ihn verkauft, als er sich in Connecticut gerade ein neues Haus zugelegt hatte. Zwischendrin rief seine Frau Nancy an.
Seit zwei Wochen geht es mir nicht besonders gut. Ich glaube, das kommt von der Pickel-Medizin. Morgen früh gehe ich noch mal zum Pickel-Doktor.

Mit Tom Seaver *(Christopher Makos)*

Donnerstag, den 21. Juli 1977

Nach dem Besuch beim Pickel-Doktor ging ich ins Büro.

Allen Midgette kam früher vorbei und zeigte mir seine Sachen. Er macht Lederkleidung und arbeitet wirklich schwer. Er blieb zum Lunch. Er hält sich mit Tanzen fit.*

*Im Jahr 1968 schickte Andy Allen zusammen mit Paul Morrissey und Viva auf eine College-Vortragsreise, bei der sich Allen für ihn ausgeben sollte.

Montag, den 22. August 1977

Nahm ein Taxi zur Chembank ($ 3.40). Von dort zu Fuß zum University Place, wo ich mich nach Motiven umsah.

Später fuhr ich mit Susan Johnson und Jed zu Richard Weisman (Taxi $ 4.50). Susan braucht einen neuen Mann – aus der Affäre mit Billy Copley ist nichts geworden. Als wir hinkamen, sahen sich alle schon das Wimbledon-Match zwischen Björn Borg und Vitas Gerulaitis an. Björn und Vitas waren noch nicht da, sie saßen zusammen beim Dinner. Das Match dauerte drei Stunden. Irgendwann mittendrin kam Vitas mit einer Freundin herein. Björn war gleich nach dem Essen nach Hause gegangen. Das Lustige daran ist, daß Björn vier Stunden schläft, bevor er zwei Stunden Tennis spielt, während Vitas zwei Stunden Tennis spielt, bevor er vier Stunden in die Disco geht. Zur Zeit steht Vitas auf »New York, New York«. Die Sportler hatten alle große, schlanke Blondinen dabei, und Susan Johnson schmollte. Sie selbst ist nämlich klein und zierlich und dunkelhaarig.

Es gab eine Menge zu trinken, kein Kokain. Die Gäste zogen Gerulaitis damit auf, daß er beim Match eine goldene Rasierklinge zum Koks-Zerkleinern um den Hals getragen habe. Er ist zur Zeit im Training. Er ging früh und aß nur eine Pflaume.

Dienstag, den 23. August 1977

Das Interview mit Diahnne Abbott fand im »Quo Vadis« statt. Holte Catherine ab. Bob stellte Diahnne (Lachen) alle möglichen Fragen zu dem Thema, wie man sich als Farbige fühle. »Sind Sie wirklich eine Farbige? Wie denken Sie über Ihre Hautfarbe? Tanzen Sie gerne?« Und dann kam er endlich auf den Punkt und wollte wissen, was es für ein Gefühl sei, als Farbige mit Bobby De Niro im Bett zu liegen. Dann muß sie Bob Koks zugesteckt haben – jedenfalls ging er auf die Toilette und kam als Zombie zurück.

Diana Vreeland saß mit Alessandro Albrizzi aus Venedig an einem Nebentisch und aß zu Abend. Später, als wir gingen, machte ich Diana und Diahnne miteinander bekannt, und Diana sagte: »Ich bin schrecklich in Ihren Mann verliebt.« Wir fuhren mit Diahnnes Wagen zum »Studio 54«. Fred, Ahmet Ertegun und Earl McGrath waren dort. Earl sagte, er sei begeistert, daß Fred mit so wenig Geld für die Reklametafel einverstanden gewesen sei, die ich für die Stones entwerfen soll.

Diahnne mochte die Musik im »54« nicht und wollte wieder gehen. Wir fuhren zu »Elaine's«. Sie drückte an der Musikbox ein paar Songs, die sie im »Studio 54« nicht hatte hören können. Bob fragte immer noch, wie man sich als Farbige fühle.

Sie sprach über die Zeit, als sie im West und im East Village als Kellnerin gearbeitet hatte, in Kneipen wie »Elaine's«. Bob schnitt das Thema Politik an, und sie sagte, darüber mache sie sich keine Gedanken. Und dann kam Bob auch noch mit Idi Amin daher! Also was er auch sagte, es war auf Farbig getönt. (»Elaine's« $ 50.00).

Diahnne lud uns in ihr Apartment ein. Es war sonderbar, als wollte sie uns damit zeigen, daß sie uns wirklich akzeptiert. Barrow Street. Überall lagen Kleider verstreut. Sie kauft sich Unmengen von Kleidern. Im Moment sucht sie eine neue Wohnung. Ich schlug ihr die Park Avenue vor, doch sie meinte, sie müsse ihr Image wahren. Sie servierte »Dom Perignon« und zeigte uns Fotos aus ihrer Kindheit. Die protzige Limousine hatte sie weggeschickt, und wir mußten mit dem Taxi nach Hause fahren. Als wir am »Studio 54« vorbeikamen, schrie Bob: »Laß mich raus, laß mich raus!« (Taxi $ 5.00).

Dienstag, den 30. August 1977
Stand früh auf, um zum Zahnarzt zu gehen. In der Park Avenue versuchte ich, ein Taxi in die Stadt zu bekommen. Ein Wagen hielt an, die Tür ging auf, und die süße Barbara Rose sagte: »Komm, wir teilen uns das Taxi in die Stadt.« Ich sah, daß der Taxameter schon über drei Dollar anzeigte. Sie geht zur Zeit mit Jerry Leiber. Das ist der Typ von Leiber-Stoller, der »Hound Dog« geschrieben hat. Klar, daß sie nur über Elvis sprach. Ich glaube allerdings nicht, daß Leiber auf der Beerdigung in Memphis war. Sie sagte, sie und Leiber schrieben gerade ein Drehbuch oder hätten schon eines geschrieben, und Al Pacino sollte Elvis spielen. Mein Gott, ich kann sie einfach nicht ausstehen. Eine gräßliche Person (Taxi insgesamt $ 7.00).
Die Leute werfen Caroline Kennedy vor, sie mache sich in ihrem Artikel zu Elvis' Begräbnis im »Rolling Stone« über die Leute in Memphis lustig, doch ich kann sie verstehen – Caroline ist wirklich intelligent, und die Leute da unten waren tatsächlich dumm. Elvis hat nie erfahren, daß es auch interessantere Leute gibt.
Als ich zur 12. Straße kam, ging ich um den University Place und suchte nach Ideen. Anschließend ging ich ins Büro. Sandy Brant und Jed waren da. Sie gingen die Innenausstattung für Peter Brant und Joe Allens Bürohaus in Greenwich durch, das Philip Johnson entworfen hatte. Jed ist jetzt Innenarchitekt.
Fuhr mit dem Taxi zu »Alkit Camera« ($ 3.00) Ecke 53. Straße und Third Avenue. Der Taxifahrer drehte sich nicht einmal um, trotzdem wußte er, wer ich war. Ich fragte ihn, woher er mich kenne. Er sagte, er habe mit 20 angefangen, Kunst zu kaufen und »wie die Collyer-Brüder das ganze Haus damit vollgestopft«. Er forstet regelmäßig Auktionen und Märkte nach günstigen Gelegenheiten durch. Er war begeistert, daß er mich in seinem Taxi herumfahren durfte. Ich besorgte mir eine neue Kamera, weil ich für die »Sportler«-Serie am späten Nachmittag Chrissie Evert fotografieren sollte.
Traf mich mit Bettina, dem berühmten Chanel-Modell aus den fünfziger Jahren, zum Lunch. Sie ist die Schöne, die bei Aga Khan mit im Wagen saß, als er starb. Sie ist hier, weil sie am Madison Square, gleich bei mir um die Ecke, eine Ungaro-Boutique eröffnet. Sie trug ein lila Kleid.
Chrissie erzählte mir, sie habe sich kürzlich mit Burt Reynolds über mich unterhalten, und nur deshalb wolle sie die Fotos machen lassen. Da kam Victor herein und fing an, meine »Shadow Paintings« von Schwänzen und Arschlöchern auszupacken – die Bilder, für die all die »Landschaften« Modell gestanden hatten –, und jemand mußte ihm sagen, er solle damit aufhören. Ich gab Chrissie die »Interview«-Nummer mit Burt Reynolds.

Donnerstag, den 1. September 1977 Ging zum Augenarzt und probierte noch einmal 15 Paar weiche Kontaktlinsen aus. Schließlich erwies sich ein Paar, das sehr, sehr dünn war, das dünnste überhaupt, als das beste.

Sonntag, den 4. September 1977, Paris Stand spät auf, legte mich dann aber wieder hin. Deshalb war ich immer noch nicht fertig, als Fred um 1.00 gehen wollte. Fuhr mit dem Taxi zu »YSL's« zum Lunch. Fred mußte lügen und sagen, ich sei ein Krüppel, sonst hätte uns der Fahrer die kurze Strecke nicht mitgenommen. Der Fahrer musterte mich und meinte: »Ja, man sieht's.« ($ 2.00).
Pierre zeigte uns sein Geburtstagsgeschenk für Yves: einen zinnoberroten Löwen mit rubinroten Augen aus dem 16. Jahrhundert. Yves hatte schon einen Ring mit einem Löwen.

Ich ließ beim Essen die ganze Zeit das Band laufen. Es wurde viel Französisch gesprochen; so blickten wir uns ratlos um. Nach dem Lunch gingen wir in den Garten. Die Hunde wurden rausgelassen, und Pierre spielte mit ihnen. Pierre erzählte uns, daß er einen Ring um den Schwanz trägt und daß man heute bereits Silikon in Schwänze spritzt, damit sie dauernd steif bleiben. Yves sagte, er hoffe, daß das alle machen ließen, dann könne er neue Hosen entwerfen.

Dienstag, den 6. September 1977, Paris Wir gingen zum Dinner zu »Castel«. Als wir die Treppe hinaufstiegen, sah Fred unten Joe Dallesandro sitzen. Er ging hinunter und lud ihn ein, zu uns heraufzukommen, aber Joe lehnte ab. Das ärgerte Fred. Er fing an, Champagner zu trinken. Viele Leute waren da – Philippe Junot, der Verlobte von Caroline von Monaco, Florence Grindas Bruder und Pam Sackowitz, die seit kurzem geschieden ist. Fred küßte ihr die Hand. Später stritt er sich mit einem Kellner wegen des Fischbestecks. Ich fragte Fred, weshalb er so nervös sei, ob er eine Affäre mit Joe gehabt habe, aber er gab mir keine Antwort. Mit jeder neuen Champagnerflasche erfuhren wir mehr über Fred. Irgendwann beschloß er, Joe zu holen. Joe sah heruntergekommen aus, seine Zähne waren schwarz wie Lakritz. Er redete laut und sagte, er trinke eine Flasche Bourbon am Tag. Er dreht gerade einen Film mit Maria Schneider – sie spielen Zombies. Er zog über seine Freundin Stefania Cassini her, die ihn verlassen hatte. Er habe ihr Halsbänder im Wert von $ 5000.00 geschenkt, doch sie habe sie in den Safe gelegt und in ganz Rom herumerzählt, sie sei Kommunistin. Jetzt treibe er es mit jedem, ob Junge oder Mädchen. Er bat uns an seinen Tisch. Wir versprachen zu kommen. Wenig später war er wieder da und brüllte, man wolle ihm seinen Tisch wegnehmen, wir sollten uns beeilen. Bei ihm

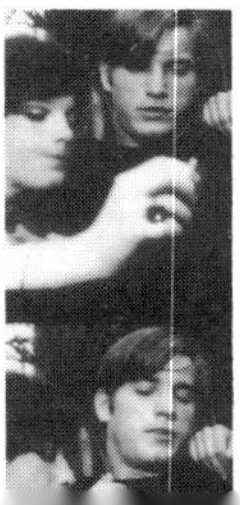

Szenen aus »Flesh«
(Jed Johnson)

war ein reicher Illustrator, der die Zeche bezahlte. Joe begann mit zwei schwarzen Jungs zu tanzen. Fred war inzwischen so betrunken, daß er mittanzte. Mir wurde das so peinlich, daß ich ging.

Mittwoch, den 7. September 1977, Paris Das Telefon klingelte. Paloma wollte Fred sprechen, aber er war nicht in seinem Bett. Ich machte mir keine Sorgen um ihn. Paloma war mit ihm zum Lunch verabredet und sagte, sie wolle später noch einmal anrufen. Gegen 1.00 kam er dann, und sie rief wieder an. Wir verabredeten uns mit ihr und machten uns fertig. Fuhren mit dem Taxi zu »Angelina's« ($ 2.00). Paloma trug ein rotes Kleid von YSL. Wir sprachen über verflossene Liebschaften und Geschichten von früher. Paloma übernahm die Rechnung.

Freitag, den 9. September 1977, Paris Bob hat Liza Minnelli dazu überredet, bei der Anzeige für puertoricanischen Rum mitzumachen, die wir im nächsten »Interview« bringen wollen, und jetzt ist er dabei, Jack Nicholson zu bearbeiten.
Jemand rief in New York an – Bella Abzug hat verloren, Cuomo gewonnen.

Montag, den 12. September 1977, Venedig Der Air-France-Flug nach Venedig dauerte zwei Stunden. Wir nahmen ein Boot zum Hotel »Danieli« ($ 20.00). Gleich nach der Anmeldung gingen wir zum Lunch ins »La Colomba« ($ 25.00). Schauten bei Attilio Cordognatos Juwelierladen vorbei. Er und Douglas Christmas bereiten meine Ausstellung vor. Traf zufällig Nan Kempner. Die Ausstellung soll am Freitag beginnen, aber die Bilder liegen immer noch beim Zoll in Rom. Vom Boot aus sahen wir Graham Sutherland Grafik signieren.

Dienstag, den 13. September 1977, Venedig Nach dem Frühstück zogen wir in ein anderes Hotel. Wir bekamen ein hübsches Zimmer mit Balkon. Dort gefiel es mir besser (Trinkgelder $ 10.00, Taxi $ 10.00).

Attilio hatte uns zum Lunch in »Harry's Bar« eingeladen. Aßen Huhn mit Paprika, während Doug und Attilio das Problem mit dem Zoll erörterten. Sie wollen jetzt den Botschafter in Rom anrufen, um die Sache zu beschleunigen.

Mittwoch, den 14. September 1977, Venedig In der Nacht hatte es gestürmt, doch als ich am Morgen aufwachte, war schönes Wetter. Wir sollten Peggy Guggenheims Sammlung besichtigen, also beeilten wir uns. In der Halle erwartete uns ein Fotograf. Er begann sofort, Fotos von mir zu machen, und hörte während der gesamten Fahrt über die Lagune nicht mehr damit auf. Doug brachte uns zu »Il Prisione«, wo meine Ausstellung stattfinden sollte. Das ist kein Gefängnis, sondern ein ausgefallener Herrenclub neben dem Dogenpalast. Ein schöner Raum mit hoher Decke, aber nicht zu groß. Vor den Wänden standen weiße Stellwände zum Aufhängen der Bilder, doch Doug wollte sie fleischfarben anmalen. Ein Mann führte uns hinauf aufs Dach und zeigte uns ein großes Transparent. Darauf stand ANDY WARHOL und das Datum der Ausstellung, 16. September bis 8. Oktober. Ein zweites hing am Markusplatz unter der Turmuhr, ein drittes auf dem Weg zur »Accademia«. Jed fotografierte die Transparente.

Wir besichtigten ausgiebig Peggys Sammlung. John Hornsbee, der Direktor der Galerie, fragte Peggy, ob sie uns empfangen wolle, doch sie sagte nein. Sie sei krank. Wir wollten sie eigentlich auch nicht sehen.

Donnerstag, den 15. September 1977, Venedig Um 4.00 mußte ich ins »Gefängnis« hinüber, um im voraus Poster zu signieren. Auch ein Kunsterzieher aus San Francisco hatte eine Campbell's-Dose für mich dagelassen. Ich sollte sie für ihn signieren.

Jed und ich gingen in ein Papiergeschäft, um ein paar Geschenke fürs Büro zu kaufen. Wir entschieden uns für ein paar schöne Dinge aus handbedrucktem venezianischem Papier. ($ 60.00). Fuhren nach Hause, um uns auszuruhen. Thomas Ammann traf aus Zürich ein.

Ausstellung in Venedig *(Andy Warhol)*

Freitag, den 16. September 1977, Venedig Nach dem Aufstehen sahen Jed und ich uns noch etwas um und erledigten Einkäufe (Geschenke $ 29.00, $ 49.00 und $ 39.00). Wir waren mit den anderen zum Lunch im Hotel »Cipriani« verabredet. Doug schien kein bißchen nervös zu sein, obwohl die Bilder immer noch nicht da waren. Nach dem

Essen ging ich hinüber, um nachzusehen. Sie waren endlich eingetroffen. Die Wände hatten zwar Spritzer von der Fleischfarbe, aber es sah trotzdem gut aus. Alle waren bei der Arbeit. Die italienischen Arbeiter hatten schon begonnen, die Bilder aufzuhängen. Dougs Assistentin Hillary Voldman sagte, sie seien von den Bildern ziemlich überrascht worden. Großaufnahmen von nackten Körpern hatten sie wohl nicht erwartet, und ich glaube nicht, daß sie das für große Kunst hielten, denn sie rissen Witze, verglichen die Schwänze mit ihren eigenen und arbeiteten nicht viel. Hillary sagte, sie und Doug hätten das meiste selber machen müssen. Wenn Italiener einen auslachen und den Respekt verlieren, bringt man sie nicht mehr zum Arbeiten. Denselben Ärger hatte Paul Morrissey damals in Rom, als er »Frankenstein« und »Dracula« drehte – ich glaube, die Crew war sich einig, daß er nicht wußte, was er wollte, stand herum und lachte über ihn.
Wir gingen zurück zum Hotel, um uns auszuruhen. Gegen 7.30 fuhren wir zur Ausstellung. Nach etwa einer Stunde gingen wir auf einen Drink ins »Florian«, und alle machten Fotos. Anschließend fuhren wir in Attilios Wohnung. Sie liegt im zweiten Stock eines großen Palazzo am Canal Grande. Im großen Saal waren Tische für 100 Personen gedeckt. Attilio zeigte uns seine Sammlung. Er besaß meine »Flowers« und »Jackies« und eine Menge guter Kunstwerke.
Beim Dinner merkte ich plötzlich, wie der Stuhl unter mir nachgab, und hielt mich am Tisch fest. Ein Ober brachte mir einen anderen Stuhl. Ich vermute, er hat den kaputten Stuhl an einen anderen Tisch gestellt, denn ein paar Minuten später hörte ich es krachen und sah, wie sich ein weißhaariger Mann vom Boden aufrappelte.
Nach dem Kaffee gingen wir ein bißchen herum und sahen uns noch ein wenig die Sammlung an. Allmählich wurde ich müde und wollte gehen, aber da regnete es in Strömen. Fred war betrunken und gab keinen Ton mehr von sich. Wir warteten unten auf die Boottaxis. Da aber keines kam, beschlossen wir, zu Fuß zu gehen. Einmal rutschte Fred aus, aber wir brachten ihn sicher nach Hause. Kurz nachdem ich mich ins Bett gelegt hatte, spürte ich, wie das ganze Gebäude schwankte.

Samstag, den 17. September 1977, Venedig – New York Ich erzählte Jed, daß es in der Nacht ein Erdbeben gegeben habe, doch er meinte, es sei nur der Wind gewesen. Aber wenn der Boden wackelt und alles zu rutschen anfängt, muß es ein Erdbeben sein. Und es war tatsächlich eins, wie sich dann herausstellte – in Attilios Haus war sogar ein Bild von der Wand gefallen.
Nahm ein Schnellboot zum Flughafen. Wir flitzten über die Wellen ($ 25.00 plus $ 5.00 Trinkgeld). Am Flughafen traf ich Johnny Nicholson vom »Café Nicholson«. Kaufte Zeitschriften ($ 10.00). Im Flugzeug entdeckte ich beim Lesen eine gute Kritik zu »BAD« – diese Woche sind in Paris 25 Filme angelaufen, und »BAD« hat am meisten Aufsehen erregt. Die Kritiker sprechen vom ersten »Punk«-Film. Und mich nennen sie »Queen of Punk«.

Sonntag, den 18. September 1977 Morgen wird meine Ausstellung im »Folk Art Museum« eröffnet. Jeder in der Stadt, der mir irgendwann mal Freikarten geschenkt hat, erwartet jetzt, daß ich ihn einlade. Das Peinliche ist nur, daß ich vom Museum keine Freikarten bekomme. Eine Karte kostet $ 100.00 für wohltätige Zwecke. Es ist schrecklich. Jahrelang lassen einen die Leute umsonst überall rein, und man selbst kann sie nicht mal einladen. Ich sagte ihnen nur immer wieder, die Schau sei nichts Besonderes und sie würden sich ohnedies nur langweilen. Was ja auch stimmt.

Montag, den 19. September 1977 War bei Dr. Foster (Taxi $ 2.50), weil das Reinigungsgerät für

meine Kontaktlinsen durchgebrannt ist. Ich hatte es in Paris eingestöpselt, aber auf der Steckdose war die falsche Spannung gewesen.
Chris Makos kam vorbei und gab mir ein Exemplar seines Bildbands »White Trash«. Er ist schön geworden, wirklich gute Arbeit.
Verließ früh das Büro. Doc Cox hatte angekündigt, er würde mich mit seinem Rolls-Royce abholen, und ich war erschrocken, weil ich es hasse, in so einem Wagen gesehen zu werden. Doch dann kam er mit einem Taxi und erzählte, der Rolls habe eine Panne. Ich freute mich insgeheim, änderte jedoch meine Meinung, als wir am »Folk Art Museum« vorfuhren – überall wimmelte es von Fotografen. Dieses eine Mal wäre der Wagen wirklich ein Hammer gewesen, und aus einem popeligen Taxi zu steigen, das war ein Flop.
Ultra Violet war auch da. Jetzt, wo ich darüber nachdenke, bin ich ziemlich sicher, daß sie sich das Gesicht hat liften lassen. Sie sah so fabelhaft aus wie an dem Tag, an dem ich sie kennengelernt habe. Sehr, sehr wunderbar. Sie trug ein Kleid, an dem Goldmünzen befestigt waren. Sie verkaufte die Münzen. Die amerikanischen waren schon weg. Ich glaube, ich habe sie vor Jahren auf die Idee gebracht, Goldmünzen zu kaufen. Damals war sie noch der Meinung, daß alles, was ich tue, auch intelligent sei.
Wir gingen ins »Four Seasons«. Vor dem Dinner wurden in der Halle Drinks serviert. Beim Essen saß ich zwischen Sandra Weidenfeld und Estée Lauder. Estée war reizend, sie stellte Parfumproben auf den Tisch. Peter Duchin's Orchester spielte.
Marina Schiano war mit ihrem Platz am Tischende nicht zufrieden – sie regte sich auf, weil man sie nicht zu Fred, Diana Vreeland und Diane de Beauvau gesetzt hatte. Sie meinte, für 100 Dollar könne sie verlangen, neben ihrem Mann, Mr. Hughes, zu sitzen.*
Sie ging hinüber zu Bob, der gelangweilt an einem anderen Tisch saß, und sagte zu ihm, daß sie jetzt nach Hause gehe – es war 10.15 – und ob er sie in etwa einer Stunde abholen und zur Party ins »Studio 54« bringen könne. Sie sagte, sie hätte an diesem Abend auch mit Marvin Gaye ausgehen können.
Doc Cox war ziemlich betrunken und schwärmte für Bobs Kevin. Kevin Farley. Ich signierte und fühlte mich mies, weil unter den Leuten, für die ich signierte, etliche Freunde von mir waren, an deren Namen ich mich nicht mehr erinnern konnte, obwohl ich sie seit 20 Jahren kenne und sie mir die ersten Aufträge gegeben haben.
Hinterher gab Alana Hamilton im »Studio 54« eine Geburtstagsparty für Mick Flick. Nach dem schrecklichen Dinner freute ich mich auf eine große Spaßparty (Taxi $ 2.50).
Steve Rubell war sehr nett und brachte mir einen Wodka nach dem anderen, aber der Wodka, den sie dort ausschenken, ist ziemlich mies, und ich versteckte ihn. Als Bob kam, gab ich ihm den Wodka, weil ich wußte, daß er gern welchen trinkt, doch Kevin sagte nein, nein – er will nicht, daß Bob trinkt. Es ist zum Kotzen, mitanzusehen, wie sich Bob bevormunden läßt.

Mit Steve Rubell und Peter Allen *(Patrick McCullan)*

Dienstag, den 20. September 1977 Habe mir Stanley Siegel angesehen. Brooke Shields kam nicht, dafür interviewte er Sophia Loren live am Telefon. Sie wohnt zur Zeit im »Pierre«. Sie spricht inzwischen gut Englisch. Aber, weißt du, so wie sie

*Marina Schiano war ein paar Jahre mit Fred Hughes verheiratet, wohnte jedoch nicht mit ihm zusammen.

sich heute morgen im Fernsehen aufgeführt hat, finde ich sie einfach – billig. Sie sagte, sie würde niemals zulassen, daß *ihre* Tochter in einem Film wie »Pretty Baby« von Louis Malle mitspielt. Aber hat sie sich denn nicht nach oben gefickt? Wem will sie was vormachen? Großkotziges Getue. Ich soll sie am Donnerstag treffen. Oh, und am Montag nachmittag habe ich im Büro ein unglaubliches Gespräch mitangehört – Vincent hat am Telefon mit unserem Anwalt diskutiert, ob ich Sophia Loren bei unserem Dinner nicht die Vorladung zustellen soll! Es geht dabei um die Klage, die wir gegen ihren Mann Carlo Ponti anstrengen. Er war Produzent von Paul Morrisseys Filmen »Andy Warhol's Frankenstein« und »Dracula«. Vincent und dem Anwalt war die Sache völlig ernst. Ihr Plan sah folgendermaßen aus: Dieser kleine Mann begleitet mich, und wenn Sophia die Tür öffnet, hält er ihr die Vorladung unter die Nase. Anschließend essen sie und ich gemeinsam zu Abend, als sei nichts geschehen. Ich saß mit offenem Mund da und hörte zu, wie Vincent am Telefon diskutierte.

Catherine sagte, wir müßten unbedingt zur Vorführung von Sophia Lorens Film gehen. Sie sei extra für uns angesetzt worden, weil wir ein Interview mit ihr machen wollten. Fuhren mit dem Taxi zum Broadway 1600 ($ 2.60).

Mittwoch, den 21. September 1977, New York – Columbus

Im Flugzeug erzählte Richard Weisman, Vitas Gerulaitis sei gerade in Cincinnati gewesen und habe sich im besten Motel mit den hübschesten Mädchen vergnügt.

Gleich nach der Landung rief Richard die Mädchen an und bestellte sie für Mitternacht in sein Zimmer. Dann fuhren wir zu dem Motel, in dem Vitas gewohnt hatte. Es war ein ziemliches Dreckloch, aber sonst ganz okay, wie jedes andere Motel auch. Eine Art Holiday Inn mit Swimmingpool und so.

Wir checkten ein. Danach fuhren wir zu Jack Nicklaus. Er besitzt dort in der Nähe ein Motel. Wir waren mit ihm verabredet.

Wir warteten, während er telefonierte. Er sah fett aus, aber Richard meinte, er habe mal 126 Kilo gewogen und sei jetzt runter auf 80. Er war braungebrannt, aber um die Augen, wo die Sonnenbrille saß, war er blaß. Seine Hände waren klein und weiß. Er trägt Handschuhe auf dem Golfplatz. Er hat blonde Haare und murmelte, daß er sie sich schneiden lassen müsse, doch ich hatte eher den Eindruck, daß er sie immer so trägt: über die Ohren gekämmt wie eine »Kappe«.

Ich machte Aufnahmen von ihm, aber keine wurde gut. Es ist schwierig, braungebrannte Leute zu fotografieren. Sie kommen immer rotstichig raus. Er war freundlich, und Richard versuchte ebenso freundlich zu sein, doch irgendwie war die Stimmung gereizt. Jack begriff nicht, was das Ganze sollte. Ich hatte meinen Kassettenrecorder an, doch als mir klar wurde, daß er das nie verstehen würde, schaltete ich das Gerät diskret ab. Claudia, Richards Sekretärin, zeigte ihm Aufnahmen, die ich von Tom Seaver, Muhammad Ali und Pelé gemacht hatte, doch er begriff immer noch nicht, weshalb wir ihn fotografieren wollten. Richard hatte ihm ein Buch mit meinen Bildern geschickt, aber mit dem Stil konnte er nichts anfangen.

Dann mußte er wieder ans Telefon. Wir wurden langsam nervös. Ich machte noch ein paar Aufnahmen, doch sie gefielen weder ihm noch uns.

Valentino *(Andy Warhol)*

Ich brachte einfach kein gutes Bild zustande, und das machte die Situation immer schwieriger. Schließlich meinte er: »Tja, Sie müssen ja wissen, was Sie wollen – aber wie ich auf dem Platz abschlage, müssen Sie schon mir überlassen.« Ich fühlte mich noch unwohler in meiner Haut. Alle wollten weg hier. Endlich gefiel ihm ein Foto, aber es taugte nichts. Eine Aufnahme von vorn. Ich sah keinen Unterschied zu den anderen, aber er sagte, er wolle nicht aussehen wie – wie war noch mal das Wort? Es bedeutet soviel wie großspurig, ist aber kürzer – egal, jedenfalls wollte er nicht so aussehen. Er wollte wie ein netter Mensch aussehen, so wie auf dem letzten Foto. Er sprach von seiner Frau und seinen Kindern.

Später begleiteten wir Richard auf sein Zimmer und warteten auf die Mädchen, die für 12.00 bestellt waren. Wir tranken Tequila. Als die Mädchen anriefen, bat er sie, für Claudia Jeans und ein T-Shirt mitzubringen, weil sie noch ausgehen wollten und Claudia nichts zum Anziehen bei sich hatte.

Claudia war Stewardeß bei einer Fluggesellschaft, und ich vermute, daß Richard sie im Flugzeug kennengelernt hat. Sie ist sehr hübsch und eine perfekte Sekretärin. Sie macht einfach alles.

Die Mädchen kamen. Sie sahen aus wie die Mannequins in New York: sehr groß, blond und hübsch, und alle trugen dasselbe, Jeans und T-Shirts.

Eines der Mädchen benahm sich eher wie eine Nutte und machte sich an Richard ran. Sie redete die ganze Zeit nur von Vitas und riefen ihn in New York an. Die Sachen, die sie für Claudia mitgebracht hatten, paßten perfekt.

Fred und ich gingen auf unsere Zimmer. Sie waren groß und sauber, aber alle halbe Stunde wurde man von der Klimaanlage wach. Ich schlief in Kleidern, weil ich wußte, daß ich um 6.00 geweckt wurde.

Donnerstag, den 22. September 1977, Cincinnati – New York Valentino kam zum Lunch ins Büro. Barbara Allen und Joe Eula interviewten ihn. Suzie schleppte Paige Rense an. Paige sagte: »Ich kann Sie auch gleich jetzt fragen und die Sache hinter mich bringen. Darf ich im ›Architectural Digest‹ einen Artikel über Sie schreiben?« Ich sagte nein, und sie meinte: »Okay, ich akzeptiere das.« Trotzdem bot sie mir an, mich bei meinem nächsten Besuch in Los Angeles auszuführen. Sie erzählte, sie sei mit ihren weichen Kontaktlinsen eingeschlafen und habe sich die Augen verdorben, könne aber ihre Brille nicht finden. Joel Greys Tochter Jennifer war auch da. Als Valentino hörte, daß ich später noch Sophia Loren interviewen wollte, sagte er, eine so knickerige Person wie die habe er noch nie erlebt. Sie sei in seinen Laden gekommen und habe 70 Prozent Rabatt verlangt, doch er habe auf Wiedersehen gesagt.

Nahm mit Victor und Robert Hayes während der Rush-hour ein Taxi zum Hotel »Pierre« ($ 4.00). Wir fuhren hinauf in den 36. Stock zu Sophia. Unterwegs im Taxi hatte ich Victor eingetrichtert, ja nicht die Klage gegen ihren Mann zu erwähnen.

John Springer erwartete uns. Sophia kam herein und sah hinreißend aus. Sie sprach pausenlos davon, wie arm sie sei, es war einfach lächerlich. Als wir sie beispielsweise fragten, ob sie Kleider von Valentino trage, antwortete sie, o nein, die seien ihr viel zu teuer. Später sagte sie, sie könnte es sich normalerweise nicht leisten, in einem Hotel wie dem »Pierre« abzusteigen – die Filmleute zahlten. Kein Wort darüber, daß sie genauso gut ein paar Häuser weiter im »Hampshire House« hätte wohnen können, wo sie ein Apartment besitzt. Aber Victor riß seine Witze. Er öffnete eine Flasche Champagner und sagte, er habe als Kind in Venezuela sämtliche Filme von ihr gesehen. Ich hatte Victor davor gewarnt, schmutzige Ausdrücke in den Mund zu nehmen, denn als wir vor ein paar Jahren zu Carlo Pontis Villa in Rom fuhren, hatte man uns gesagt, daß Sophia in ihrem Haus kein unanständiges Wort dulde und uns gegebenenfalls hinauswerfen lassen würde. Doch bei unserem Besuch im »Pierre« stellten wir zu unserem Erstaunen fest, daß Sophia laufend »fuck« sagte. Sie und Marcello Mastroianni sind auf der Titelseite der »Post«, weil sie in Dick Cavetts neuer Show auf Channel 13 zu Gast waren.

Sophia Loren *(DPA)*

Als Dick ihn fragte, wie man zum *Latin lover* wird, meinte Marcello: »Man muß viel vögeln.« Anscheinend hielt Sophia diese Antwort für sehr clever und wiederholte sie daher. Nach ungefähr einer Stunde wollte sie uns loswerden, und wir machten, daß wir rauskamen.

Freitag, den 23. September 1977 Noch eine Cousine von Catherine war in der Stadt, eine Eugenia Sowieso, eine Guinness. Sie kam vorbei, um sich ein Exemplar der »Interview«-Nummer mit Erskine als »Interman« zu holen. Ich fragte sie, was sie in die Stadt führe, und sagte, sie sei »wegen einer Beerdigung« hier. Ich fragte nach und erfuhr, daß ihr Stiefvater, Robert Lowell, gestorben war. Er war gerade aus Irland angekommen, hatte sich am Flughafen in ein Taxi gesetzt und einen Herzinfarkt erlitten. Er war 61. Ich glaube, er war der beste Lyriker seit W. H. Auden.

Sonntag, den 25. September 1977 Hatte eine unruhige Nacht. Um 6.00 aufgewacht, wieder eingeschlafen, dann um 8.00 und 9.00 erneut aufgewacht. Schaltete den Fernseher ein und sah mir Trickfilme an. Archie und Amos waren noch nicht zurück. Sie waren mit Jed nach Montauk gefahren – wir sind immer noch auf der Suche nach einem Mieter.
Diana Vreeland rief an und sagte, jemand müsse mit Fred über sein Alkoholproblem reden und ihm klarmachen, daß er im Grunde ein reizender Mensch sei, aber abstoßend wirke, wenn er getrunken habe.
Stevie Rubell rief an und sagte, er habe Einladungen für das Lillian-Carter-Dinner im »Waldorf«. Ich mußte also wieder den Smoking anziehen. Die Hosen kratzen so fürchterlich auf der Haut, daß ich normalerweise Bluejeans zu meiner Smokingjacke trage. Doch heute probierte ich etwas Neues aus. Ich zog die schwarze Hose über die Jeans, und es sah nicht mal plump aus. So marschierte ich um 6.15 in zwei Paar Hosen aus dem Haus. Fuhr mit dem Taxi zum »Waldorf« ($ 2.50). Als ich dort ankam, war Stevie nirgends zu finden.
Ein Boy führte mich seitlich in einen kleinen Raum zu Miss Lillians Empfang. Sie trug ein blaues Kleid, das Ähnlichkeit mit einem Nachthemd hatte, und war hell entzückt, mich zu sehen. Sie sagte, sie liebe die Bilder, die ich von ihr gemacht hätte, und lud mich zu der anschließenden Party auf ihr Zimmer ein, Nummer 7-N. Endlich tauchte Steve auf. Er habe noch einen Joint geraucht, weil ihn solche Veranstaltungen immer nervös machten. Er sei noch nie mit so vielen anderen Juden zusammengewesen. Die »Synagogues of America« – etwas in

der Art – verliehen Miss Lillian eine Medaille.

Dann gingen wir hinüber in den großen Saal. Ich saß an Tisch 3. Auf dem Podium waren etwa 35 Juden versammelt. Edgar Bronfman – der Vater des Entführten – bezahlte das Dinner. Er redete erstklassig – mit geschlossenen Augen hätte man ihn für Dick Cavett halten können. Außerdem war er der einzige, der eine hübsche junge Frau hatte, die nicht wie eine Jüdin aussah. Zum Essen gab es »gefilte« Fisch. Ein eiweißreiches Dinner. Tischreden wurden gehalten, dann sangen sie »God Bless America« auf englisch und hebräisch. Der Kantor hatte eine sehr gute Stimme. So ging es stundenlang weiter. Das Essen sah wie Flugzeugkost aus. Der beste Spruch des Abends kam aus Miss Lillians Mund: »Ich bin noch nie in meinem Leben so vielen Juden begegnet. Das muß ich Jimmy erzählen.« Alle waren so schockiert, daß sie zu lachen anfingen. Lillian war nett, aber nervös.

Steve und ich verließen das »Waldorf« und gingen zu seinem Wagen. Er hatte ihn in der Lexington Avenue geparkt. Ein 30 000-Dollar-Mercedes. Er sagte, ein Auto zu besitzen, es nach Belieben irgendwo abzustellen und Geld für Strafzettel auszugeben, sei der einzige wirkliche Spaß in seinem Leben. Und Geld habe er ja schließlich wie Heu. Er schlug eine Runde durch die Discos vor. Er wollte einige Jungs als Kellner für »Studio 54« anheuern.

Bob Weiner schreibt gerade seine erste große Story für »New York«. Es geht dabei um Stevie und das »Studio 54«. Ich glaube, Bob Weiner ist in Steve verliebt. Sehr sogar. Früher war Bob sehr ehrgeizig und inszenierte Theaterstücke am Broadway, doch um 69 herum machte er plötzlich auf Hippie und fing an, Rock 'n' Roll zu hören und für zweifelhafte Blätter wie »Screw« zu schreiben.

Bei der Eröffnungsparty des New York Film Festival im »Ginger Man« waren Letitia Kent, der Gastgeber John Springer und Marcello Mastroianni. Gerard Depardieu war auch da, er sah großartig aus. Er bat mich um eine französische Zigarette. Ich sagte, ich hätte keine, könne ihm aber ein Methaqualon besorgen, und ging zu Stevie. Er gab mir eines, und ich zerbrach es in vier Teile, nahm dann aber nichts. Steve sah es und lag mir von da an in den Ohren: »Du hast ja dein Methaqualon nicht genommen.« Sie vergessen nichts – Leute, die unter Drogen stehen, haben ein gesteigertes Erinnerungsvermögen. Also tat ich so, als schluckte ich etwas von der Tablette.

Ich entdeckte Howard Smith von der »Voice« und ging zu ihm, um ihm hallo zu sagen. Und das ist überhaupt die Neuigkeit: Howard hat Briefe an Valerie Solanis geschrieben. Er muß ihr zufällig im Village begegnet sein. Er sagte, es tue ihm leid, daß er damit angefangen habe, und er verstehe nicht, daß so verrückte Leute frei herumlaufen dürften. Ich antwortete, vielleicht weil sie für die CIA arbeite.

Steve wollte sich die Clubs im Village ansehen. Er will dort unten selbst einen aufmachen. Zuerst fuhren wir zum »Cock Ring«. Das Viertel hat sich verändert. Die Hinterzimmer

Marcello Mastroianni *(DPA)*

sind abgeschafft, die Bars brechend voll. Steve ist dort unten der King. Er heuert dort seine Kellner an. Bevor wir in den »Cock Ring« gingen, zog ich die schwarzen Hosen aus, die ich über den Jeans trug. Drinnen wimmelte es von niedlichen Kids. Die meisten tanzten.

Steve hatte bald genug und wollte wieder gehen. Wir fuhren zum »12 West«, und da ich nicht tanzen wollte, tanzte Stevie mit einem Kissen. Er nahm ständig Poppers und hielt sie

mir unter die Nase. Bob Weiner sah, wie mir Steve die Poppers hinhielt und ich daran schnüffelte, und ging hinaus zum Wagen. Später sagte er mir, seine gute unschuldige Meinung von mir sei erschüttert: Ich nähme Methaqualon und Poppers und tränke Alkohol. Ich fragte ihn: »Haben Sie genau gesehen, daß ich Methaqualon genommen habe?« Und zeigte ihm die Tablettenstückchen, die ich immer noch in der Tasche trug. Und dann erklärte ich ihm, daß ich auch nicht inhaliert hätte, als mir Steve die Poppers unter die Nase hielt. Er sagte okay, aber *trinken* würde ich. Darauf ich: »Ich trinke *immer*.«
Wir schauten auf einen Sprung ins »Anvil«. An der Tür stand ein Farbiger, der Steve nicht hineinlassen wollte. Er brüllte los, Steve habe ihn am »Studio 54« abgewiesen, und für wen er sich eigentlich halte, daß er jetzt versuche, ins »Anvil« zu kommen. Doch dann sah er mich und winkte mich durch. Schließlich durfte auch Steve hinein, mußte aber bezahlen. Oben wurde »Unterhaltung« geboten. Ein Transvestit. Richard Bernstein war auch da. Er erzählte, Valentino habe bei ihm 40 Porträts bestellt und dann nur zwei genommen. Erinnerst du dich? Valentino war es, der Sophia Loren als knickeriges Weib beschimpft hat, weil sie 70 Prozent Rabatt wollte! Eine Nummer in der Show fand ich ganz lustig. Ein Junge zog nacheinander 50 Jockey-Shorts aus.

Dienstag, den 27. September 1977 Ahmet Ertegun rief an und lud mich zu einem Dinner mit Pelé ein. Ich verbrachte den Rest des Tages damit, Leute anzurufen und zu fragen, ob sie mich begleiten wollten. Keiner hatte Lust. Nahm Vincent und Catherine im Taxi mit (Taxi $ 4.00). Zog mich um und fuhr zum »Plaza« (Taxi $ 2.00). Ich lernte Howard Cosell und seine Frau kennen. Ich war überrascht, wie groß er ist. Ich mag ihn, er ist ein lustiger Typ.
Mein Porträt von Pelé sollte vorgestellt werden. Pelés Eltern waren da, reizende Leute. Und seine Frau. Sie ist eine Weiße, aber in Südamerika hat sowieso jeder eine andere Hautfarbe – auch Pelés Eltern. Nach dem Dinner fuhren wir zu »P. J Clarke's« ($ 2.50). Tucker Frederickson war auch da. Das ist der Footballspieler, den ich so mag. Ich finde ihn faszinierend. Ich sagte ihm, er sollte sich öfter im Fernsehen zeigen, aber er wollte nicht. Aß eine Schüssel Chili.

Donnerstag, den 29. September 1977 Sprach mit Fred. Wir verabredeten uns mit Nenna Eberstadt in ihrer Schule in der 83. Straße – Brearley. Nenna hat den ganzen Sommer in unserem Büro gearbeitet.
Ehe ich das Haus verließ, telefonierte ich mit David Whitney. David sagte, er habe mit der Jasper-Johns-Ausstellung noch nicht einmal angefangen. Und dann erzählte er mir eine Geschichte, die mich ziemlich erschreckte und nachher noch den ganzen Tag beschäftigte. Als Rauschenberg einmal zu einer Ausstellung in Texas fuhr, hat sich folgendes zugetragen: Er und die anderen Künstler hatten einen schicken Bus gemietet. Als der Bus an einer Tankstelle hielt, war die Herrentoilette geschlossen. Also pinkelte Rauschenberg hinter dem Bus. Plötzlich tauchten zwei Texas Rangers auf, nahmen ihn fest und sperrten ihn ins Gefängnis! Und jetzt frage ich mich, was passiert, wenn man in New York auf der Straße dringend pinkeln oder scheißen muß? Was macht man dann? Soll man in die Hosen machen? Wird man verhaftet, wenn man auf die Straße pinkelt? Und was, wenn man beweisen kann, daß es wirklich dringend war? Werden sie einen laufen lassen, vorher aber in die Verbrecherkartei aufnehmen? Ich glaube, man muß in die Hose machen.
Nahm mit Fred und Bob ein Taxi nach Brearley. Da wir vom Büro aus losfuhren, nahm ich einen Stapel »Interviews« mit. Wir kamen zur Ecke 83. Straße und First Avenue (Taxi $ 5.00) und gingen hinein. Die Magazine legten wir am Eingang aus, damit

sie die Mädchen im Vorbeigehen mitnehmen konnten. Ich hatte völlig vergessen, daß es keine Highschool war. Ich war davon ausgegangen, daß die Schülerinnen dort schon älter waren, so wie Nenna. Na ja, und dann kam Nenna, und ich traute meinen Augen nicht: Auf einmal sah sie aus wie eine Zehnjährige! Sie trug eine kleine schwarze Uniform und einen dieser Röcke, na, du weißt schon, die kurzen – wie hießen die noch? Wie sie die Frauen in den sechziger Jahren getragen haben… ach ja, Minirock. Ihre Freundin trug die gleiche Uniform. Sie war sehr hübsch und sah ebenfalls aus wie zehn. Fred weihte uns in ein Geheimnis ein. Mick Jagger hatte bei Nenna angerufen, doch statt Nenna nahm Freddy Eberstadt ab und fing an zu brüllen: »Wie können Sie es wagen, ein so junges Mädchen wie meine Tochter anzurufen? Sie, ein Kerl von 40!« Mick war beleidigt und meinte: »Ich bin keine 40. Ich bin 34. Nenna geht doch auch mit Mr. Fred Hughes aus, und der ist auch 34. Und davon mal abgesehen: Ich jedenfalls renne nicht herum und klingle morgens um 4.00 die Leute aus dem Bett.« Womit Fred Eberstadt gemeint war, der auf der Suche nach Nenna um diese Zeit an Micks Tür geklingelt hatte.

Als ich sah, wie jung die Mädchen waren, hatte ich nur noch eines im Kopf: die »Interviews« unten am Eingang. Ich mußte an Rauschenberg denken, den man in Texas verhaftet hatte, und an Roman Polanski, den armen Kerl, der vielleicht nur einen Fehler gemacht hatte, weil diese jungen Mädchen so jung oder so alt aussehen konnten, wie sie gerade wollten.

Tina Radziwill war auch in Brearley. Seit letztem Sommer, als Lee Montauk gemietet hatte, hat sie sich sehr verändert. Ihr Gesicht ist mit Pickeln übersät. Man sollte doch eigentlich annehmen, daß endlich ein Mittel gegen Pickel gefunden würde. Doch wenn selbst ein Mädchen wie Tina, die alles Geld der Welt dafür ausgeben kann, ihre Pickel nicht los wird, dann besteht für mich erst recht keine Hoffnung.

Nenna stellte uns noch eine Freundin vor, und die sah wie 40 aus! Sie hatte Riesentitten und einen Riesenarsch. Sie war eine Weiße, doch in der Schule gab es auch ein paar Farbige. Dann schleppten sie uns furchtbarerweise in die Bibliothek und in die Turnhalle und zeigten uns, wo die Zwölfjährigen essen. Und ich mußte ständig an die Magazine denken. Vielleicht waren ja Nacktfotos drin. Ich schickte Bob nach unten, um sie zu holen, aber sie waren schon weg. Ich sagte Nenna, sie solle der Schulleiterin erzählen, wir hätten sie nur dort liegenlassen, um sie beim Hinausgehen wieder mitzunehmen. Sie will versuchen, die Sache in Ordnung zu bringen. Fuhren mit dem Taxi zurück ins Büro ($ 5.00).

Mick kam 20 Minuten zu spät. Er war bei bester Laune – ich sollte die Stones fotografieren. Nach und nach trudelten die anderen ein – Ron Wood, Earl McGrath und Keith Richards. Ihn bewundere ich am meisten. Ich liebe ihn. Ich sagte ihm, ich hätte als erster seine Frau Anita Pallenberg kennengelernt. In den sechziger Jahren.

Richard Weisman schickte uns Einladungen zu einer Party für Ali, die nur stattfindet, wenn Ali seinen Kampf gegen Shavers gewinnt.

Setzte Catherine und Peter Marino ab. Peter und Catherine haben sich in Montauk angefreundet. Ich werde aus Peter nicht schlau. Er hat sie nicht alle. Ich sagte ihm, er habe seine Karriere als Architekt, überhaupt sein ganzes Leben, nur uns zu verdanken, wir hätten ihm den ersten Auftrag verschafft, wir hätten ihm aus den Windeln geholfen und ihn in lange

9 Mona Lisa, 1963 ▸

Die Schwestern Lee Radziwill und Jacqueline Onassis *(Peter Beard)*

Hosen gesteckt. Doch er meinte nur, er trage jetzt Anzüge von Armani und in die hätten wir ihn ganz bestimmt nicht gesteckt. Er war komisch (Taxi $ 4.00).
Zog mich zu Hause um, aß einen Happen von Archies Essen und ging in die Park Avenue 730 zu einem Dinner für einen Typ aus der Schweiz, der sich momentan in der Stadt aufhält und mich unbedingt sehen wollte.

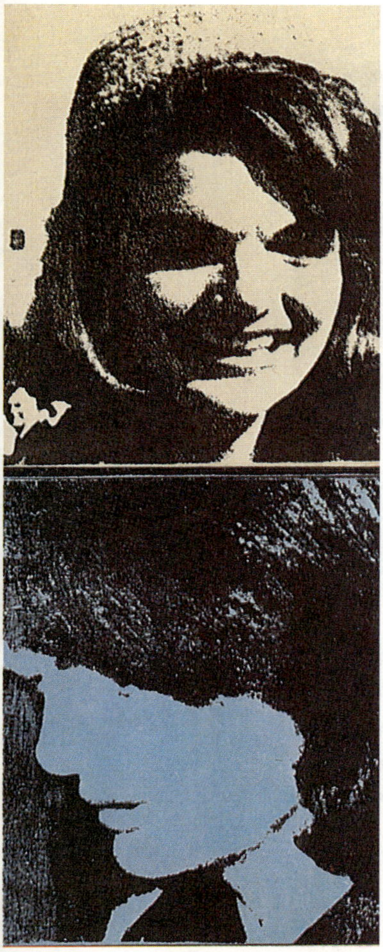

Nach dem Dinner ging ich in die 66. Straße, um mich mit Kevin Goodspeed zu treffen, den ich im »Studio 54« kennengelernt hatte. Er ist groß und ähnelt Rodney la Rod, meinem Schwarm aus den Sechzigern. Ich dachte, er könnte einen guten Leibwächter abgeben, bis am späten Abend jemand auf seine Kamera trat und ihn zusammenschlug.

Fuhr mit dem Taxi zu Muhammad Alis Party ins »Americana« ($ 2.50). Wieder so eine Party, bei der man völlig umsonst wartet. Ali kam nicht. Wie es hieß, war er beim Kampf verletzt worden. Trotzdem passierte etwas Tolles. Ich lernte eine schwarze Boxerin kennen. Sie lud mich zu einem ihrer Kämpfe ein.
Richard Weisman hatte Lust zu tanzen, also gingen wir zu Fuß ins »Studio 54«. Steve Rubell ist bis über beide Ohren in mich verliebt. Victor war auch da und wurde eifersüchtig auf meinen Begleiter Kevin. Victor trug »Punk-Hosen«. Sie hatten einen ganz normalen Hosenladen, und der Reißverschluß war zu und alles, doch unterhalb des Reißverschlusses war ein Loch, aus dem er seinen Schwanz heraushängen lassen konnte. Auf den ersten Blick fiel es überhaupt nicht auf, alles machte einen ganz ordentlichen Eindruck. Außerdem trug er ein mit Pailletten besetztes Tuch von Halston um den Hals, wie er mir mal eins geschenkt hat. Kevin und ich gingen anschließend ins »schönes Sarge's«, ein Café in der Third Avenue. Es liegt bei ihm um die Ecke und ist die ganze Nacht über geöffnet. Wir tranken Kaffee. Als Bekannte von ihm kamen, verabschiedete ich mich. Das Café gilt als eins der besten (Frühstück $ 10.00). Als ich auf die Straße hinaustrat, stoppte vor mir ein Mercedes. Ein Junge saß am Steuer und sagte, er habe früher ein paar Häuser von mir entfernt in der 66. Straße gewohnt. Ich ließ ihn die Straße beschreiben, und er kannte sich so gut aus, daß ich in den Wagen stieg und mich von ihm nach Hause fahren ließ. Es war 5.00 morgens.

Freitag, den 30. September 1977 Das Nachtleben macht mich ganz schön fertig. Ich kann mich nicht einmal richtig in den Kissen aufrichten. Und ich habe immer noch Angst, daß sie mich verhaften, weil ich die »Interviews« in Nennas Schule habe liegen lassen. Wenn nun ein Nacktfoto in dem Heft war? Ich wagte gar nicht, nachzusehen. Verhaftet wird immer der Verleger. Und der Verleger bin ich, Fred ist nur Vorstand. O Gott. Ich darf gar nicht darüber nach-

10 Sixteen Jackies, 1964 ▸

denken. Was war Larry Flynt, als er verhaftet wurde? Verleger? Warum verhaftet man nicht den Vorstand – oder den Chefredakteur? Bob könnte seine Kolumne »Out« auch aus dem Gefängnis schreiben. Bei der Gelegenheit könnte er gleich über eine neue Szene berichten.

Apropos Szene, Steve Aronson hat PHs ersten Entwurf von »POPism« gelesen und will das Buch für uns lektorieren. Er sagt, man müsse noch daran arbeiten, doch es sei faszinierend, weil es um eine Szene gehe, die noch niemand behandelt habe.

Paul Jenkins kam ins Büro. Er ist ein Maler, der Farbe auf die Leinwand aufträgt und dann einfach herunterlaufen läßt. Seine Arbeiten könnten von jedem anderen sein, aber er macht sie gut. Ich glaube, er interessiert sich für ein Porträt. Er ist mit Joanne zusammen, dem reichen du-Pont-Mädchen.

Samstag, den 1. Oktober 1977

Ich wollte mir das Fußballspiel von Cosmos anschauen und fuhr deshalb mit dem Taxi zum Rockefeller Center, um den Bus nach Jersey zu bekommen (Taxi $ 3.00). Im Bus saßen Nan Kempner, Jerry Zipkin und andere Bekannte. Tom Beard und Joel McCleary, die Leute aus dem Weißen Haus, stiegen in eine Limousine und boten mir an mitzufahren. Carters Sohn sollte noch kommen, der, der noch nicht verheiratet ist, deswegen die Limousine. Doch er kam nicht.

Wir brauchten etwa 45 Minuten bis zum Stadion in Jersey. Wir wurden wie VIPs behandelt, bekamen ein Brunch und Bloody Marys. Robert Redford und Muhammad Ali waren da. Und Gordon Lightfoot und Albert Grossman, Dylans Ex-Manager. Zum wiederholten Mal mußte ich mir von ihm anhören, daß er meinen silbernen Elvis besitzt. Und das begreife ich nicht, denn ich habe ihn Dylan gegeben. Wieso kann ihn dann Grossman haben?

Kissinger war auch da und winkte in die Menge wie der Papst persönlich. Überall waren Sicherheitsbeamte postiert. Um 1.30 wurden sie abgezogen und durften sich das Spiel ansehen.

Ich ging hinüber zu Muhammad Ali und begrüßte ihn, doch er sah mich nur verständnislos an. Er schien mich weder zu erkennen noch sich zu erinnern, daß wir uns in seinem Trainingscamp in Pennsylvania getroffen hatten. Von den Leuten, die ihm sonst immer sagen, wer wer und was was ist, war keiner in der Nähe. Er saß ganz allein da und aß etwas. Ich wurde verlegen und zog mich zurück.

Auf der Tribüne saß ich neben den beiden Kindern von Robert Redford. Sie sind ungefähr 12 und 13. Alle versicherten mir später, das sei das erste-

mal gewesen, daß sich Redford in der Öffentlichkeit habe fotografieren lassen. Um mich herum blieben viele Plätze leer. Muhammad Ali saß vor mir. Für Carters Sohn war der Platz neben ihm reserviert, doch er ließ sich

nicht blicken. Alis Frau und das Kind waren auch da. Und Elaine vom »Elaine's«. Sie erzählte mir, sie sei zur Zeit auf einer Protein-Diät. Doch später sah ich, wie sie sich mit Brötchen vollstopfte.
Pelé spielte zuerst auf der einen und dann auf der anderen Seite. Als es zu regnen anfing, wurden Regenmäntel an die VIPs verteilt. Es war schön im Regen, alles wurde noch aufregender. Im Stadion waren 75 000 Zuschauer. Der Platzwart lud Ali in seinen Glaskasten ein. Als wir regelrecht durchnäßt waren, flüchteten wir uns in die nächstbeste Loge. Drinnen saß ein kleines Mädchen und sagte, ihrem Vater gehörten die Giants.
Kissinger schüttelte mir die Hand, aber er schüttelte sie jedem. Die Leute aus Alis Camp in Pennsylvania erkannten mich und fragten, ob ich mit Ali gesprochen hätte. Ich log und sagte nein.

Montag, den 3. Oktober 1977

Suchte Dr. Poster wegen meines entzündeten Auges auf. Er sagte, es sei nur ein geplatztes Äderchen, und empfahl mir, heiße Kompressen aufzulegen. Doch ich vergaß es.
Catherine und ich fuhren zu »Gleason's Gym«, um mit der Boxerin Jakkie Tonawanda ein Interview zu machen (Taxi $ 2.60). Es wimmelte von gutaussehenden Boxern. Ich wollte wissen, wie teuer ein Boxer ist, und Jackie antwortete, das Teuerste an einem Boxer sei sie, weil sie ihn manage. Sie verlangt $ 150.00 pro Woche zuzüglich der Miete für einen Umkleideraum im »Gleason's«. Catherine verliebte sich in einen seilspringenden, etwa 1,95 m großen, farbigen Boxer. Ich versuchte, sie für einen süßen irischen Jungen zu interessieren, doch sie meinte, er sehe zu gewöhnlich aus. Jackie war keine besonders gute Interviewpartnerin. Ich machte eine Bemerkung über einen Film, und von da an redete sie über nichts anderes mehr. Sie will demnächst nach Japan, um gegen ein 1,90 m großes Mädchen japanisch-irischer Abstammung zu boxen.
Danach nahmen wir ein Taxi zur »William Morris Agency« ($ 3.00). Wir fuhren hinauf in den 33. Stock. Steve Pincus hatte schon zigmal im Büro angerufen. Ich sollte ihn aufsuchen, weil sie mich managen wollten. Das Gespräch war amüsant; es waren Kollegen bei ihm, die mir erzählten, sie könnten mir TV-Werbespots für American Express, Broadway-Shows und Hauptrollen in Filmen verschaffen. Catherine war stark beeindruckt, dabei war das weiß Gott langweilig. Als müßte ich mir das nicht schon seit Jahren anhören. Jedesmal wenn ich zu »William Morris« gehe, gibt es ein großes Palaver, und nichts geschieht. Trotzdem war es ganz lustig. Jeder von den Typen war verheiratet, aber alle sahen schwul aus. Catherine sagte mir, ich solle sie nicht »reiche Schlampe« nennen, das sei entwürdigend. Immerhin weiß ich jetzt, wie ich sie nennen muß.
Beim Dinner in »Peter Luger's Steakhouse« erzählte ich Diane de Beauvau und ihrem Freund Pierre, ich hätte beim Weggehen von zu Hause im Radio oder im Fernsehen gehört, daß eine fünfjährige Tochter Patinos entführt worden sei. Diane bekam einen hysterischen Anfall, und die anderen waren sauer auf mich und sagten, ich hätte ihnen die Party verdorben. Steve stürzte ans Telefon und rief die Nachrichtenagenturen an, um Einzelheiten zu erfahren. Obwohl es sich nur um einen *entfernten* Verwandten handelte, weinte Diane immer noch hysterisch, und die anderen sagten: »Weinen ist gut, das offenbart die Gefühle.« Mitten in dem ganzen Trubel sprach mich der reizende irische Kellner an und sagte, er habe ein Artdeco-Radio in seinem Zimmer – er wußte, daß ich welche sammle.
Timothy Leary erzählte, wie ihn Diane Anfang der siebziger Jahre durch die ganze Schweiz verfolgt hat, ihm Briefe schrieb und ihn, wie er sagt, durch ihre Hartnäckigkeit schließlich ins Gefängnis brachte. Mir sagte er, ich sei ihm immer einer der Liebsten gewesen. Bob Weiner war auch da. Er

recherchiert immer noch für seinen Artikel über Stevie. Ich bin sicher, daß er nichts wird, erstens weil *er* ihn schreibt und zweitens weil er sich überhaupt nicht für das Dinner interessierte, obwohl allerlei passierte und viele wichtige Leute da waren – er fand es nur »langweilig«. Jedesmal, wenn Stevie einen Jungen anmachte, sah Bob weg. Und dann fing Stevie an, alle zu drängen – das ist alles, was ihm gefällt; erst kann er nicht schnell genug irgendwo hinkommen, und kaum ist er dort, drängt er woanders hin. Doch Tim sagte ihm, man habe ihn – im Gefängnis – jahrelang derart gehetzt und herumkommandiert, daß er sich nun nicht mehr antreiben lasse. Wir fuhren noch zu »Elaine's«. Stevie war zu high, um selbst zu fahren, deshalb setzte sich Dianes Freund Pierre ans Steuer. Unterwegs mußten wir an Stevies Haus halten. Ich glaube, er wollte noch mehr Methaqualon oder

Diane de Beauvau *(Bob Colacello)*

Poppers holen. Margaux Hemingway war auch mit. Ihre Ehe mit dem Typ von Wetson Hamburgers ist gescheitert, und Tim war hinter ihr her, wie ich vermute. Dann wollte Stevie noch ins »Barefoot Boy« und ins »Gilded Grape«.

Dienstag, den 4. Oktober 1977
Lady Isabella Lambton, Anns Schwester, nimmt jetzt im Büro die Telefonanrufe entgegen, solange unsere Empfangsdame Laura die Berlitz School besucht, um endlich Englisch zu lernen.
Nach einer Benefiz-Modenschau von Madame Grès ging ich hinauf in Diane de Beauvaus neuen Ausstellungsraum, um mir ihre erste Kollektion anzusehen. Auf der Stelle mußte ich lügen und ihr sagen, alles sei fabelhaft. Doch wenn man eben die schönen Sachen von Madame Grés und Halston gesehen hat, sieht ihr Zeug nur schlecht aus. Sie gibt sich ganz als Geschäftsfrau – tagsüber nimmt sie kaum Koks –, aber ich weiß nicht. Ich glaube, ein Fiasko bahnt sich an.
Später, beim Dinner im »Quo Vadis«, war Tim Leary wirklich süß. Ich ließ das Band laufen, und er erzählte noch mehr von Diane – daß sie ihm Liebesbriefe schrieb, mit 14 schon LSD nahm und ihn dadurch in der Schweiz ins Gefängnis brachte. Er sagte, Gefängnisse in Genf können wie ein gutes Hotel sein – wenn man bezahlt, servieren sie einem Kuchen auf dem Tablett. Am tollsten fand ich, daß sich Tim an jede Begegnung mit mir in den sechziger Jahren und später in St. Moritz erinnerte – er wußte sogar noch, was ich angehabt hatte. Und ich hatte damals keine Ahnung, daß er überhaupt von mir Notiz nahm, beispielsweise bei seinem Vortrag und den Light-Shows im East Village. Er sagte, wenn er die Chance hätte, alles noch einmal zu machen, dann zusammen mit »Velvet Underground«, diese Band sei vielseitig und wirklich kreativ gewesen.
Ich halte ihn für sehr intelligent. Wahrscheinlich war er wirklich bei der CIA, denn er war in Harvard *der* Mann, und wie man jetzt weiß, hat die Regierung schon damals mit LSD gearbeitet. Tim war in dieser Beziehung der Meister, und wenn man ein Anführer ist, dann treten sie auch an einen heran.

Donnerstag, den 6. Oktober 1977 Wachte mit Halsschmerzen auf. Ich glaube, ich habe mir was geholt, als ich diese verrückten Mädchen geküßt habe, die sich auf mich stürzten. Früher habe ich das nie getan, aber sie waren nun mal da, und man will ja nicht unhöflich sein.
Ich liebe all die Jungs im »Studio 54«. Sie sind so schrill wie Rodney la Rod in den sechziger Jahren – ständig auf

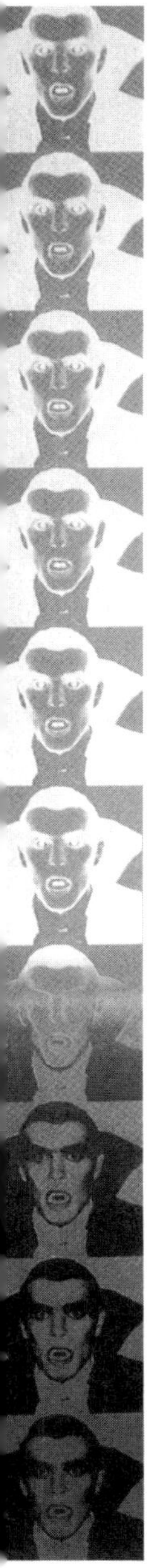

der Piste und hinter den Filmproduzenten her (lacht). Sie wollen berühmt werden und können es nicht abwarten.

Freitag, den 7. Oktober 1977 Ich war zum Abschiedskonzert der »Four Seasons« in der »Radio City« eingeladen. Sie dankten ihrem ersten Produzenten Bob Crewe, der noch so ist, wie sie waren, als ich sie in den sechziger Jahren kennenlernte. Frankie Valli kam nach dem Konzert zu mir, um hallo zu sagen. Ich hatte ihm mein Programm gegeben, um es von ihm signieren zu lassen. Er erzählte, daß Bob Crewe in Kalifornien von einem Auto angefahren worden ist und möglicherweise ein Bein verliert. Ich solle ihn doch mal anrufen, er sei so deprimiert. Ich war immer davon ausgegangen, daß ihm eine Menge an Bob liegt, doch schien er nicht allzu beunruhigt. Gut, er war besorgt, aber nicht so, wie ich es erwartet hätte.

Montag, den 10. Oktober 1977 Fuhr mit dem Taxi zu Diane de Beauvau ($ 2.25). Sie erzählte mir Neuigkeiten über Barry Landau. Das ist dieser schmierige Typ, aus dem keiner so richtig schlau wird und der es immer irgendwie schafft, überall und mit jeder Berühmtheit aufzutauchen. Sie hielt ihn für einen Freund, der nett zu ihr war, und dann schickte er ihr plötzlich eine Rechnung über $ 2000.00 Dollar. Er habe sie in die Mike-Douglas-Show lanciert! Barry hatte sie gefragt, ob sie das machen wolle, und sie hatte ja gesagt. Wahrscheinlich schickt er auch Stevie Rubell Rechnungen.
Fuhr zu »Elaine's« ($ 3.25). Bob Weiner war da, wütend, weil das Magazin »New York« seinen Artikel über Stevie abgelehnt hatte. Er fiel sozusagen mit offenen Augen in Ohnmacht.

Dienstag, den 11. Oktober 1977 Fuhr mit dem Taxi zu Parke Bernet und holte mir ein paar Kataloge, weil das immer noch die besten Nachschlagewerke sind (Taxi $ 2.00; Bücher $ 24.00). Traf Kenny Jay Lane. Er läßt sein Haus und seine Möbel versteigern – jetzt, wo er von Nicky Weymouth geschieden ist, kann er das als seinen Beitrag zur »Regelung der Verhältnisse« ausgeben. Wenn man den ganzen Plunder so auf einem Haufen sieht, wird einem schlecht.
Fuhr zur Chembank ($ 4.00). Steve Aronson war in der »860« und schnüffelte rum. Er hatte ein hübsches Mädchen mit. Mit dem Redigieren von »POPism« könne er nicht vor nächster Woche anfangen. Vincent ist nach Montauk gefahren, um nach dem Rechten zu sehen – Jay Johnson und Tom Cashin sind immer noch draußen, um das Dach neu zu decken und Reparaturen auszuführen. Bei Büroschluß war Vincent noch immer nicht zurück, deshalb schloß ich selbst ab. Wenn ich das tun muß, werde ich immer nervös und ziehe zum Beispiel die Stecker aus den Xerox-Maschinen, damit sie nicht von selbst anspringen und kollabieren. Aber ich riskierte es, den Kühlschrank eingeschaltet zu lassen. Als ich nach Hause

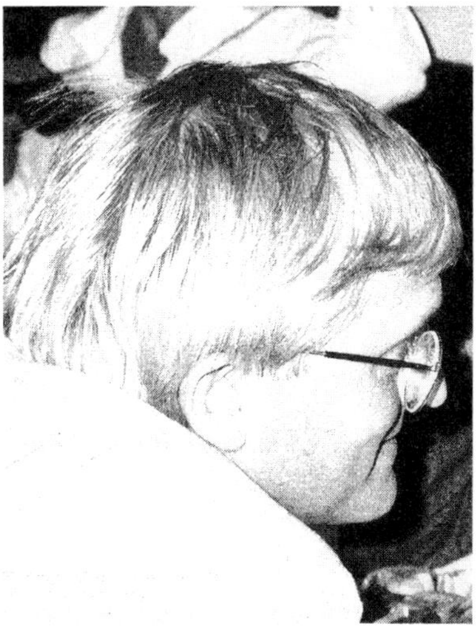

David Hockney *(Sam Bolton)*

kam, lag eine Nachricht von Barry Landau auf dem Tisch. Er muß irgendwie meine Nummer herausgekriegt haben. Nun kennen also die drei schlimmsten Leute meine Geheimnummer – Bob Weiner, Steve Rubell und Barry Landau.
Lester Persky rief an und lud mich zu einer Vorführung von »Equus« ein. Peter Firth war wundervoll, Richard Burton auch. Der Film hat die läng-

sten Nacktszenen. Wenn sie sonst einen Schwanz filmen, sorgen sie für Schatten, und der Schatten fällt immer genau auf den Schwanz. Doch in diesem Film ist der Schwanz immer zu sehen. Das Ding von Peter Firth steht ihm im Wege, wenn er sich bewegt. Er ist der größte Schwanz, der je auf der Leinwand zu sehen war, und nicht beschnitten. So groß wie der von Joe Dallesandro.
Peter Firth kam zu mir. Für die PR-Arbeit hat er eigens ein Mädchen aus England importiert, und sie war dabei; wir hatten viel Spaß. Es gab eine Menge zu essen, aber ich hatte schon gegessen. Peter Firth wollte das Mädchen zum Tanz ausführen, also gingen wir ins »Studio 54«, wo Elton John auftrat. Stevie lud uns alle in seine Loge ein, wo Michael Jackson schon war. Er war süß – mit seiner hohen Stimme stellte er mir Fragen über Kunst. David Hockney war auch da. Die Fotografen wollten Aufnahmen von Elton John und mir. Ich fragte Elton, ob ich ihn küssen dürfe, doch er gab keine Antwort, also tat ich es nicht. Vielleicht hat er es nicht gehört. Wegen seiner Haarverpflanzung trug er einen Hut.
Um allein aus dem »Studio 54« herauszukommen, mußte ich den ganzen Jungs ausweichen, denen ich in letzter Zeit ein Date oder eine Autofahrt versprochen hatte. Ich spielte darum den Nervösen und rannte so aufgeregt herum, daß keiner auf die Idee kam, mir zu folgen: also die »hektische« Masche.

Freitag, den 14. Oktober 1977, Springfield, Massachusetts Fuhr nach Massachusetts, um Dorothy Hamill für die »Sportler«-Serie zu fotografieren. Es war schön, mal einen Menschen zu fotografieren, der wirklich hübsch war. Dino Martins Schwester war bei ihr.
In der »Suzy«-Kolumne wurde Barbara Allens Name mit John Radziwill in Verbindung gebracht. Philip Niarchos und Barbara sind auseinander, und er hat eine neue Freundin. Barbara läßt von keinem reichen Knaben die Finger. Trotzdem glaube ich, daß sie nur darauf hinarbeitet, Schauspielerin zu werden.

Myths , 1981 (Ausschnitt)

Samstag, den 15. Oktober 1977 Traf auf der Madison Avenue den Modedesigner John Weitz und seine Frau Susan Kohner, die ehemalige Schauspielerin, die der Heirat zuliebe ihren Beruf aufgegeben hat. Sie waren auf dem Weg zu Fraser-Morris, also schloß ich mich ihnen an.
Sie wollten mich zu einer Party einladen und fragten nach meiner Nummer. Vielleicht wollten sie meine Privatnummer, ich gab ihnen aber nur

die Nummer vom Büro. Ich glaube, das hat sie geärgert.
Fuhr ins »Studio 54«. Es war brechend voll. Victor und Halston waren zusammen da. Damit wollten sie demonstrieren (lacht), daß Halston von Victor nicht erpreßt wurde. Victor sagte, er habe von Bobby Zarem am Telefon erfahren, daß ein Gerücht im Umlauf sei, wonach Halston von einem seiner Angestellten erpreßt werde. Bobby habe ihm deshalb geraten, sich mit Halston in der Öffentlichkeit zu zeigen und möglichst viele Fotos machen zu lassen, um das Gerücht aus der Welt zu schaffen. Später nahm uns Chris Makos mit in eine Bar in der 52. Straße. Sie heißt »Cowboys«. Eine Stricher-Kneipe, in die Ara und Zoli immer gehen, wenn sie hübsche Kids für Aufnahmen brauchen. Ging gegen 4.30, kaufte unterwegs Zeitungen und Magazine ($ 5.00).

Sonntag, den 16. Oktober 1977

David Whitney rief an. Wir sollten am Abend zusammen zur Eröffnung der Jasper-Johns-Ausstellung im Whitney-Museum gehen – Philip Johnson war mit Blanchette Rockefeller verabredet.
Schöner Tag. Nahm ein Taxi in die City ($ 3.50), dann zu Fuß ins Büro. Richard Weisman schaute mit seinen Kindern herein. Margaret Trudeau war dabei. Sie hat sich jetzt endgültig von ihrem Mann getrennt, deshalb läßt sie sich mit jedem fotografieren. Ich vermute, daß sie schon eine Weile mit Richard liiert ist. Sie kämmte den Kindern die Haare. Ich hatte nicht genügend Glühbirnen, und die Kleinen balgten sich um den Teddybären. Fuhr mit dem Taxi zum Whitney ($ 2.00). Bob Rauschenberg warf mir vom Fahrstuhl aus eine Kußhand zu. Später meinte er, das sei albern, und gab mir einen *richtigen* Kuß. Jasper trank Jack Daniel's. Es war eine kleine Party, nur für Leihgeber, alte Leute. Ich lief die Treppe hinunter und holte mir einen Katalog. Dann suchte ich Jasper, um ihn mir signieren zu lassen. Da ich ihn nirgends entdecken konnte, ließ ich den Katalog von Rauschenberg signieren. Als ich Jasper dann fand, radierte er Rauschenbergs Namen aus und schrieb hin: »Für einen Leihgeber.«
John Cage war mit Lois Long, de Antonios erster Frau, da. Jack und Marion Javits waren auch da, und Jack hielt eine Rede. Und Robert Rosenblum war da, er hat vor kurzem geheiratet. Ich vermute, eine ähnliche Geschichte wie zwischen Nicky Weymouth und Kenny Jay Lane. Er gehört zur alten, schwulen Clique um Henry Geldzahler. Auch Mrs. Irving, die Präsidentin des Museums, war anwesend. Ihre Mutter ist eine Whitney. Sie wohnt ganz in meiner Nähe, und ich habe sie schon ein paarmal gefragt, ob sie mir den freien Stellplatz in ihrer Garage für den Wagen vermietet. Ich könnte ihn so gebrauchen, aber nichts rührt sich. Im Whitney-Museum sagte sie, sie werde mich ganz bestimmt anrufen – ich glaube, das sagte sie nur, weil ich am Morgen ihren Mann getroffen hatte, als er in die Garage ging.

Robert Rauschenberg und Andy Warhol *(Sam Bolton)*

Als wir uns an den Tisch setzten, lagen an jedem Platz Philip-Morris-Zigaretten. Die Firma war der Sponsor. Als niemand ein Päckchen nahm, steckte ich sie ein, »für die Schachtel« *[siehe Einleitung]*. Das einzige rote Päckchen bekam ich leider nicht.

Montag, den 17. Oktober 1977 Mit dem Taxi zur Ausstellung von Chris Makos in der »Andrew Crispo Gallery« in der 57. Straße. Es war der vorletzte Tag (Taxi $ 2.15). Die Galerie war geschlossen, wurde aber extra für mich geöffnet. Ich fand die Schau wirklich großartig. Er hat jeweils zwei gerahmte Fotos in einen Rahmen getan – so wie ich früher, und es sah gut aus. Ich schlug Bob vor, Chris monatlich zwei Seiten in »Interview« zu überlassen. Andrew Crispo sagte, er habe kaum etwas verkauft, sei aber mit der Ausstellung zufrieden.
Taxi zur Chembank ($ 3.00). Im Büro war Hochbetrieb. Kevin Goodspeed kam zum Lunch vorbei.
Gestern sah ich, wie eine Schabe in den Trinkwasserbehälter kroch, und dann sah ich sie vergrößert. (Erstattete Ronnie die Taxikosten, $ 2.10, $ 3.05, $ 2.25.)
Ein afrikanischer Bildhauer namens Eugene, ein Freund von Joe Eula, war im Büro, um eine Skulptur von mir zu machen. Er behauptet, er müsse mich dabei ansehen. Ich glaube eher, er sucht nur einen Platz, an dem er arbeiten kann. Er sieht mich als Hermaphroditen. Ein furchtbarer Bildhauer. Es ist völlig egal, ob ich ihm den ganzen Tag Modell stehe oder nicht – so oder so kommt ein afrikanischer Totempfahl dabei heraus.
Dann rief Boris Tinter an, und weil ich dem Büro entkommen wollte, fuhr ich in die 47. Straße und sah mir Juwelen an (Taxi $ 2.80). Boris war bei Parke Bernet gewesen und hatte schöne neue Stücke gekauft. Ich sitze gern mit ihm in seiner Koje und beobachte die merkwürdigen Zeitgenossen, die zu ihm kommen.

Dienstag, den 18. Oktober 1977 Schlief lang und tief, was auch wegen meiner Pickel gut war. Wenn man nicht schläft, wird man sie nie los.
Doug Christmas hat den Scheck noch immer nicht geschickt. Ich ließ ihm durch Fred ausrichten, daß ich ohne den Scheck nicht nach Paris fahre.

Mittwoch, den 19. Oktober 1977, New York – Buffalo (Taxi nach La Guardia $ 7.00, $ 0.75 Maut, $ 2.25 Trinkgeld, Zeitschriften $ 3.10.) Der Flug dauerte eine Stunde.
Ich hatte Richard gebeten, O. J. Simpson auszurichten, er solle mit einem Ball in das Motel kommen, in dem wir verabredet waren. Er vergaß den Ball. Wir baten den Manager, einen zu besorgen, und versprachen ihm Autogramme von O. J. Simpson und Andy Warhol. Dann kam O. J. Er fragte nach Marisa Berenson – sie haben voriges Jahr gemeinsam einen Oscar überreicht. Er war sehr nett. Er hatte sich fünf Tage nicht rasiert, und ich dachte, daß die Fotos schrecklich werden müßten. Fred war anderer Ansicht und fand, daß sie sexy wirken würden. Er behielt recht. O. J. sieht auf den Fotos wirklich gut aus.

Samstag, den 29. Oktober 1977 Barry Landau rief an und sagte, er habe Karten für die Premiere von Liza Minnellis »The Act«.
Also holten wir Diana Vreeland, Jamie Auchincloss, den Halbbruder von Jackie O., und Ruth Warrick ab, die ich seit Jahren kenne. Sie war in »As the World Turns« zu sehen und spielt jetzt die Phoebe in »All My Children«. In »Citizen Kane« war sie Orson Welles' erste Frau. Sie ist ausgesprochen gut. Das erste, was sie sagte, als sie mich sah, war: »Ihre Suppendose hat dieses Land verändert.«
Wir fuhren zum Theater, und eine solche Menschenmenge habe ich noch nie erlebt, bei keinem Menschen.
Hinter uns saßen Liz Taylor und Halston, vor uns Sammy Davis und seine Frau Altovise. Liza war während der gesamten Show auf der Bühne. Halstons Kostüme waren wunderschön, wirklich. Ich bat Halston, mir auch so

Wladimir Horowitz *(DPA)*

einen schwarzen, mit Pailletten besetzten Smoking und hellblaue Schuhe zu machen. Der Anzug war zu schön. Pailletten in allen Farben. Liza hat ziemlich abgenommen.

Martin Scorseses Eltern begrüßten mich. Er hat bei »The Act« Regie geführt. Victor äußerte sich abfällig über die Kostüme und meinte, sie seien unkreativ. Ich war überrascht, daß er es wagte, über Halstons Sachen herzuziehen, aber er steht jetzt auf Punk. Am Ende der Show Bravorufe. Sammy Davis applaudierte im Stehen.

Liz Taylor schrie mich an, ich hätte Diana allein gelassen. Sie bebte vor Zorn, als wolle sie mir die Augen auskratzen. Liza küßte Liz dann vor den Fotografen so ausgiebig, daß ich nicht mit ihr sprechen konnte. Sie und Jack Haley wohnen im »Park Lane Hotel«. Jack Haley war süß. Er sagte,

Liza bestelle vielleicht ihr Porträt bei mir.
Setzte Diana unterwegs ab und fuhr dann mit Victor ins »Studio 54« ($ 4.00). Es wimmelte mal wieder von schönen Menschen. Das »Studio 54« hat inzwischen eine Alkohol-Lizenz. Stevie stellte mir Wladimir Horowitz und seine Frau vor. Sie ist die Tochter von Toscanini. Horowitz genoß es sichtlich, hier zu sein. Er war ziemlich in Fahrt, obwohl er über 70 ist. Doch als er aufstand, wankte er. Ich mußte schnell raus aus dem »Studio 54«, denn weil viele der Schönheiten meine Telefonnummer wollten, lud ich jedermann ins Büro ein. Also nichts wie weg.

Sonntag, 30. Oktober 1977
Stevie Rubell erzählte mir bei »Elaine's«, er sei sehr reich, habe aber sein ganzes Geld fest angelegt oder versteckt. Man meint immer, Drogensüchtige kriegten nichts mit, doch sie kriegen *alles* mit: Elaine hatte neue Speisekarten, und Stevie bemerkte sofort die neuen Preise. Mir war nur aufgefallen, daß die Speisekarten so sauber waren.
Ach ja, nachdem er mir gestanden hatte, wie reich er ist, quälte ihn der Gedanke, ich könnte ihn nur seines Geldes wegen mögen. Was soll ich dazu sagen?

Montag, den 31. Oktober 1977
In »New York« steht ein großer Artikel von Dan Dorfman über Stevie. Er schreibt, Stevie habe 25 Millionen Dollar und dreckige Fingernägel – was nicht stimmt, sie sind nicht dreckig. Außerdem schreibt er, Stevie habe Nan Kempner als »Pisserin« bezeichnet. Wie ich von Chefredakteur Joe Armstrong weiß, hat sie in der Redaktion angerufen und gefragt: »Was ist eine Pisserin?«
Halloween-Party im »Studio 54«. Stevie spendierte mir einen Drink nach dem anderen, und dann schob mir jemand ein Methaqualon in den Mund. Ich wollte die Pille ausspukken, doch sie blieb mir im Hals stekken. Dann trank ich Wodka und spülte sie hinunter, was ein großer Fehler war. Meine Diamantenkette kratzte mich am Hals – ich hasse Schmuck. Wie halten Frauen das aus? Es ist so unbequem. Ich fuhr mit dem Taxi nach Hause und kam gegen 6.30 dort an. Mein Freund Peter schaute vorbei und traf mich in Gesellschaft meines Freundes Danny an. Ich stellte sie einander als meine Freunde vor, und sie fanden so großen Gefallen aneinander, daß sie zusammen weggingen.

Dienstag, den 1. November 1977 Verschlief PHs Anruf. Wachte erst auf, als Jed mich gegen Mittag schüttelte. Das Nachtleben fordert seinen Tribut.
Kevin Goodspeed rief aus San Francisco an. Im Büro hatten sich 15 wirklich wichtige Anrufer gemeldet, und ich rief keinen zurück. Unter anderem hatten Lucie und Desi Arnaz Jr. angerufen – ich traf sie neulich auf einer Party –, und ich habe noch immer nicht reagiert.
Setzte Catherine ab (Taxi $ 4.00). Ich glaube, sie hat heimlich eine Affäre. Sie ist jetzt immer so beschäftigt.

Mittwoch, den 2. November 1977 Fühlte mich am Morgen nicht wohl und ging zu Doc Cox. Es gab eine überraschende Neuigkeit: Mein Blutdruck war zum erstenmal von 78 auf 97 gestiegen. Ich weiß aber nicht, was das bedeutet. Die Schwester schien jedenfalls nicht beunruhigt.

Freitag, den 4. November 1977, New York – Los Angeles Probleme mit der Maschine nach L. A. Sie stand drei Stunden auf dem Rollfeld. Victor saß auch im Flugzeug. Er wollte für ein paar Wochen nach Kalifornien, saß jedoch in der Touristenklasse. Ich las John Kobals Buch über Rita Hayworth und mochte es.
Taxi nach Century City, um Kareem Abdul-Jabbar zu treffen. Sein Mana-

ger sah gut aus und trug einen riesigen Hut, wie ein Cowboy, nur 100mal größer. Kareem ist so groß, daß ich zwischen seinen Beinen durchgehen könnte. Er machte Späße und war leicht zu fotografieren, wie eigentlich alle Neger. Nie denkt einer an den *Ball*, so mußte jemand los und einen besorgen.

Fuhr zum »Beverly Wilshire«. Man wollte mich in den alten Trakt stekken, doch ich bestand auf dem neuen. Telefonierte mit New York. Nelson Lyon rief an und Don Simon, dessen krebskranke Frau in Texas im Sterben liegt. Fred lud ihn zum Dinner ein. Ging in die Polo Lounge.

Samstag, den 5. November 1977, Los Angeles – New York
Victor rief an, er war auf einem LSD-Trip. Ich fragte ihn, wie er dazu komme. Don Simon rief an, um mir zu sagen, daß ihm der gestrige Abend sehr viel Spaß gemacht habe. Vor dem Hotel trafen wir Marisa. Sie bekommt in zwei Wochen ihr Baby. Sie will die »Vivien-Leigh-Story« machen. Mir schleierhaft, wie sie das schaffen will – sie kann nicht spielen. Ich meine, man hat so lange nach der richtigen Besetzung für »Vom Winde verweht« gesucht, und jetzt soll ausgerechnet Marisa Vivien Leigh spielen?

Als wir auf ein Taxi zum Flughafen warteten, hielt neben uns eine große Limousine, vollgepackt mit Vuitton-Koffern. Und in dem Wagen saß ein Mann mit Sonnenbrille. Es war Francesco Scavullo, und er nahm uns mit.

Sonntag, den 6. November 1977 David Bourdon rief an, um mitzuteilen, daß Valerie Solanis ihn gerade angerufen habe. Sie ist also immer noch in der Stadt. Sie hatte von ihm die Adresse der Leute gewollt, die ihr S. C. U. M.-Manifest in ein Buch über »Women's Lib« aufgenommen hatten. Sie wollte sie erschießen oder verklagen oder dergleichen. Victor rief aus Kalifornien an. Er war noch nicht ganz von seinem LSD-Trip runter. Er will dort bleiben. Ich sagte ihm, daß er es dort nicht lange aushalten wird.

Fuhr in die iranische Botschaft (Taxi $ 2.50). Es wimmelte von Filmregisseuren und Produzenten – Elia Kazan, Elliot Kastner, Milos Forman, Lester Persky sowie die Schauspielerin Barbara Loden –, insgesamt 30 bis 40 Leute.

Botschafter Hoveida schlug vor, die Polaroid-Fotos für das Porträt von Prinzessin Ashraf am besten gleich zu machen. Wir gingen in einen Nebenraum, um es hinter uns zu bringen. Es war ein Kinderspiel. Die Iraner haben die besten Schönheitschirurgen der Welt, und wenn man sie sehr weiß hält, wird jede Aufnahme perfekt. Die Prinzessin erzählte, sie habe in New York jeden Film und jedes Stück gesehen, sogar »Outrageous«. Das Dinner war ausgezeichnet, das beste, was ich dort je gegessen habe. Die Prinzessin aß viel, aber die Königin aß kaum etwas, als sie kam. Vielleicht hatte sie Angst, das Essen könnte vergiftet sein, obwohl immer alles vorgekostet wird. Anschließend gingen wir nach oben. Barry Landau platzte in Begleitung von Margaret Trudeau herein. Man hatte ihn passieren lassen, weil er sich für meinen besten und liebsten Freund ausgab. Bella Abzug und ihr Mann Martin kamen mit Shirley MacLaine. Milos, den ich wirklich sehr mag, bot Margaret die Rolle der Evelyn Nesbit in »Ragtime« an, sagte aber gleich dazu, daß sie sich für die Rolle ausziehen muß. Sie will es sich überlegen. Ich sagte Milos, daß ich eine Rolle in »Hair« will, und er meinte, wenn Margaret und ich morgen früh um 9.00 in den Central Park kämen, könnten wir Nebenrollen bekommen. Ich sagte, daß ich auch in »Ragtime« mitspielen will.

Montag, den 7. November 1977 Es regnete heftig. Ein schlechter Tag, »Familienkrach«. Jed kam ins Büro und ging nach hinten in mein Atelier. Als er den Stapel Polaroid-Fotos mit den »Landschaften« sah, die ich für die »Shadow«-Serie fotografiert habe – meist Großaufnahmen von Schwänzen –, brüllte er mich an, ich sei tief gesunken, wenn ich meine Zeit mit so was verplempere, und rannte aus dem Büro. Er war außer sich, und mir war der Nachmittag verdorben.

Oh, etwas habe ich noch vergessen! Jemand hat erzählt, Jack Haley sei schwul! Wenn ich mich nur erinnern könnte, wer es war! Ich dachte, Liza hätte einen richtigen Mann geheiratet. Er wirkt überhaupt nicht wie ein Schwuler. Ich war schockiert. Aber ich kann nicht glauben, daß es stimmt. Wirklich nicht.

Jedenfalls war ich wütend, weil Jed so wütend war, und beschloß, mich mit Junk-food zu trösten. Ich gab Ronnie Geld und schickte ihn zu McDonald's ($ 10.00). Während es draußen in Strömen regnete, saßen Ronnie, Chris Makos, Bobby Huston und ich im Konferenzzimmer auf der Couch neben dem Fenster und unterhielten uns beim Essen über das Drehbuch, an dem Bobby Huston in meinem Auftrag schreibt. Es handelt von Jugendlichen, die Selbstmord begehen. Rupert half mir bei der Arbeit. Barry Landau rief an. Ich rief Jed an, doch er legte wortlos auf. Als wir dann das Büro verließen, geschah etwas Wunderbares: Es regnete so stark, daß wir schon nach zwei Schritten völlig durchnäßt waren. Ein erregendes Gefühl!

Dienstag, den 8. November 1977 Richard Weisman schaute herein. Er war gerade von Ken Nortons Kampf zurückgekommen. Er war nervös, und als er sah, daß ich mit einem neuen Stil experimentierte, regte er sich auf. Es paßte ihm nicht, daß ich von Chrissie Evert viele kleine Bilder machte anstelle eines großen. Doch später merkte er, daß es dem Mädchen von »Newsweek«, das mich interviewen wollte, gefiel. Seitdem ruft er den ganzen Tag über an, um mir zu sagen, daß es ihm leid tut.

Später ging ich zu der Party, die Richard für Vitas Gerulaitis gab. Margaret Trudeau war mit zwei Freundinnen aus Kanada da. Eine der beiden, Mutter von drei Kindern, war frisch geschieden. Sie war dick und groß und sah dadurch älter aus als Margaret. Sie wollte mich anmachen. Also stemmte sie die Hände in die Hüften und ließ Sprüche los, da hätte man schwach werden können. So was hat noch nie jemand zu mir gesagt, genau das Richtige: »Sie sind noch viel toller, als ich dachte!« und so weiter. Ich sagte zu ihr, Margaret solle zu ihrem Mann zurückkehren und in die Politik gehen, und sie war hell entzückt, denn genau das sei auch ihre Meinung über Margaret. Sie trug eine schöne Stola in einer dieser Lilafarben – »Aubergine«, nicht wahr? Man hört es auf Modenschauen, aber ich weiß nie, was das ist.

Mittwoch, den 9. November 1977 Ich vergaß zu erwähnen, daß ich neulich abends Roy Cohn, den Anwalt, in der »Tom Snyder Show« gesehen habe. Roy Cohn ist auch der Anwalt von Stevie Rubell. Und von Carmine Galante. Ein unglaublich widerlicher Kerl. Er sagt Dinge wie: »Wenn ich Son of Sam zwischen die Finger kriege, bringe ich ihn eigenhändig um.« Er redete auch über die »Roten«. Und so ein Verrückter geht in Gerichtssälen ein und aus. Er sieht schon so gestört aus. Man könnte ihn sich gut in schwarzem Leder im »Anvil« vorstellen, das würde gut zu ihm passen. Ich wette, daß er in solche

Lester Persky *(Andy Warhol)*

Lokale geht. Er könnte aber auch das genaue Gegenteil sein. Ja, wahrscheinlich ist er genau das Gegenteil – er trägt Frauenkleider. Doch wenn er sagt: »Bringt alle auf den elektrischen Stuhl«, hat man das Gefühl, da redet Paul Morrissey. Auf die Frage, weshalb er Leute von der Mafia verteidige, wo er doch so um unser Land besorgt sei, antwortete er, das sei eine Frage des »Rechts«. So hört man es immer: »Es ist ihr Recht zu sagen, daß sie nicht zur Mafia gehören, und sie haben Anspruch auf Verteidigung.«

Ich war eine Doppelseite in der »Post«. Ein Foto von mir, hinter mir meine Bilder von Sportlern, dazu ein Text von Jerry Tallmer. Leider sage ich dauernd das Falsche. Ich sage, Sportler seien besser als Filmstars, dabei *sind* ja Sportler die neuen Filmstars. Die Publicity kommt einen Monat vor meiner Ausstellungseröffnung – etwas dichter am Termin wäre besser.

Las John Simons Kritik, in der er Liza wegen ihres Aussehens angreift. Eine bodenlose Gemeinheit. Es wird sie schwer mitnehmen, wenn sie das liest. Dabei sieht sie wirklich gut aus. Es ist keineswegs unangenehm, sie anzuschauen. Was bildet sich John Simon eigentlich ein? Er glaubt offenbar, nur gutaussehende Leute dürften Unterhaltung machen, und das ist ja auch meine Ansicht. Aber *Liza ist nicht häßlich*!

Die »Voice« hatte ein Foto von mir auf der Titelseite. Ich neben der Kaiserin von Persien. In dem Artikel geht es um Folter im Iran.

Fred hatte Karten für eine Wohltätigkeitsveranstaltung des International Center of Photography im Museum Ecke 5. Avenue und 94. Straße, organisiert von Jackie O. Ich bat Jed mitzukommen, doch er sagte, er sei zu müde (Taxi $ 2.00). Riesiges Haus. Das Dinner war ein Horror. Man gab uns den Tisch für Nobodys. Es war unglaublich. Ich saß neben *Fred*! Außer Fred kannte ich niemanden in diesem Raum. Dann kam ein Mädchen und sagte zu mir: »Sie haben eine Kamera. Sie dürfen hier auch jeden fotografieren, nur nicht Mrs. Onassis.« Ich gab nicht viel darauf, dachte nur: wieder eins von diesen übereifrigen Mädchen. Auf einmal schrie der reiche alte Nate Cummings Fred an, er solle das Fenster öffnen. Zuerst reagierte Fred beleidigt, weil Nate Cummings ausgerechnet ihn anbrüllte. Doch dann merkte er, wie senil Cummings war. Also war er ein braver Junge und gehorchte. Doch da schrie das Mädchen: »Lassen Sie das Fenster zu.« Fred will sie anrufen und ihr gehörig die Meinung sagen. Aber es kam noch dicker. Wir verließen diesen Raum, um Diana Vreeland zu suchen. Und wer saß im Nebenraum? Alle unsere Bekannten! Peter Beard amüsierte sich mit Barbara Allen und Lacey Neuhaus. Und Catherine saß doch tatsächlich an Jackies Tisch! Damit nicht genug. Rund 4000 Fotografen machten Aufnahmen von Jackie. Und dieses schreckliche Mädchen wollte es *mir* verbieten! Fred wird sie anbrüllen. Es war wie bei einem Abend mit Bobby Zarem, ein wahres Blitzlichtgewitter.

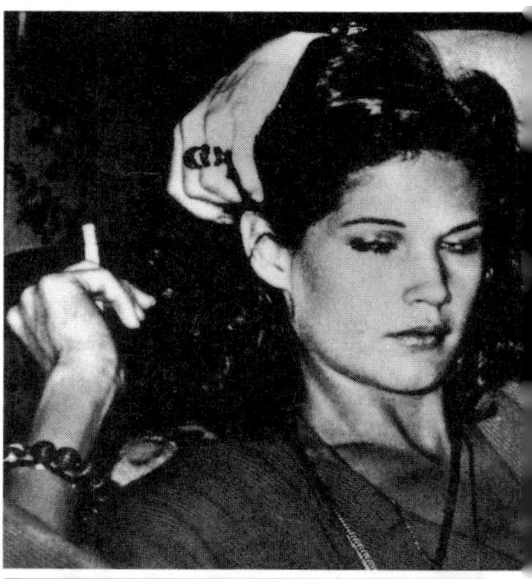

Barbara Allen, Peter Beard *(Andy Warhol)*

Ich fuhr mit Fred und Diana Vreeland im Taxi zum Sutton Place. Robin West gab eine Party für Jamie Wyeth. Ich hatte kein Kleingeld und gab Fred $ 5.00. Er reichte dem Fahrer den Schein. Der Fahrpreis betrug $ 2.80. Fred sagte, er könne $ 0.60 behalten. Der Typ fragte: »Das macht dann wieviel?« Und Fred schrie ihn an: »Ich kann Ihnen nicht auch noch das Rechnen abnehmen.« Die ganze Fahrt über hatten sich Diana und Fred gestritten wie ein altes Ehepaar.

Ich unterhielt mich mit Carole Coleman aus New Orleans. Dann kam Bo Polk ins Zimmer, und es wurde gespenstisch. Er hatte Carole in einer Bar getroffen, war mit ihr ausgegangen, und nun sagte er Dinge wie: »Ich möchte deine Möse lecken« und ähnliches. Ich stand direkt daneben, und Carole war es nicht einmal peinlich. Ich war überrascht, weil sie älter ist als die meisten Mädchen, hinter denen Bo Polk her ist. Sie hat wunderschöne Augen, ist reich und war nie verheiratet. Man könnte sie mit Jennifer O'Neill vergleichen, doch ich glaube, sie hat Probleme und nicht viele Liebhaber, ist aber sehr attraktiv. Und Bo Polk redete im gleichen Stil weiter: »Ich möchte dich lecken, zuerst deine Zehen und dann hoch zur Möse.« Dann wandte er sich an mich und sagte: »Sie sind dabei und machen Fotos, Andy.« Er spinnt.

Ich ging zu Phyllis Wyeth, um sie zu begrüßen. Später kamen auch Bo Polk und John Larsen, und Bo sagte zu einem Mädchen, er wolle ihr Koks auf die Klitoris streuen. John lachte und nannte ihn einen Koks-Schäker. Bo und Carole gingen. Doch nach ein paar Minuten kamen sie zurück und diskutierten darüber, ob sie wirklich gehen sollten, und sie wollte zuerst wissen, wohin, und das ging eine Weile so weiter.

Schließlich verließen Carole, Bo, Jay Mellon, Catherine und ich gemeinsam die Party und gingen ein Stück zu Fuß. Wir kamen an einem Laden vorbei, in dem es »Famous Amos«-Kekse gab. Ich kannte die Packung noch nicht. Ich hatte nie zuvor ein so schönes Bild von einem Keks gesehen. Ich ging also hinein und kaufte eine Packung. Doch als ich sie öffnete, sah ich, daß die Kekse winzig waren. Das war das erstemal, daß man mich betrogen hatte! Die Kekse schmeckten zwar gut, aber so schön und groß wie auf der Packung waren sie nicht.

Donnerstag, den 10. November 1977 Erwischte ein Taxi zur Innenstadt, las den Namen des Fahrers und mochte ihn – Vincent Dooley. Ein reizender Junge; sah sehr gut aus. »Ich möchte nicht unhöflich sein, aber was ist das für ein Gefühl, wenn man im Iran ist«, fragte er. Er hatte die »Voice« auf dem Beifahrersitz liegen, mit meinem Bild auf der Titelseite und dem Artikel über Folter, in dem auch Raquel Welch, Liza Minnelli und Farrah Fawcett-Majors erwähnt waren. Ich wurde mißtrauisch und fragte den Jungen, warum er Taxi fahre, wo er doch so gut aussehe. »Mit Schauspielerei hatte ich nur einmal was zu tun – damals, als ich Joe Dallesandros Hund kaufte.« Er meinte Caesar, Joes großen Hund aus »Trash«, den Paul von Jack La Lanne aus Hollywood mitgebracht hatte. Um genau zu sein, der Junge sagte: »Meine Freundin und ich haben seinen Hund gekauft.« Er hatte eine hohe Stimme, deshalb hatte ich im stillen gehofft, er sei schwul. Er erzählte mir, er sei noch mit dem Mädchen zusammen und den Hund hätten sie auch noch. Die Sache mit dem Iran war mir peinlich, deshalb gab ich ihm $ 5.00.

Fuhr zu Regines Dinner für Ira von Fürstenberg (Taxi $ 2.00). Regine ließ sich nicht blicken. Unterhielt mich mit Ira. Dann kam ihr Sohn. Er sah sehr gut aus. Wir hatten seinen Bruder, Kiko Hohenlohe, neulich in »Interview«, doch er sieht besser aus. »Ich wäre die beste Schauspieler-Mutter der Welt«, sagte Ira. Doch ihr Mann will nicht, daß sein Sohn Schauspieler wird. Sie selbst hat immer Filmstar werden wollen. Immer. Sie

hat in vielen Filmen mitgespielt, die alle ein Flop waren.
Catherine unterhielt sich mit einer schönen Frau. Wie sich herausstellte, war es Prinzessin Elisabeth von Jugoslawien, die mich zu kennen schien. Sie fragte mich, weshalb ich gestern nicht auf Sharon Hammonds Cocktailparty gewesen sei. Sie bemüht sich um eine Green Card, Ira auch. Alle wollen eine Green Card. Interessant ist, daß Prinzessin Elisabeth Sharon kennt, obwohl sie von Mr. Oxenberg, ihrem ersten Mann, wegen Sharons Schwester, Maureen McCluskey, verlassen wurde. Ich werde nicht schlau daraus.
Jedenfalls sah Iras Sohn sehr gut aus. Er hat einen leichten Akzent, gerade richtig für einen Jungen, mit dem man sich gern verabreden möchte.

Freitag, den 11. November 1977 Sal Marciano von Eyewitness News auf Channel 7 kam ins Büro. Sie drehten mich fünf oder zehn Minuten vor den Porträts. Dann riefen die Leute aus dem fünften Stock an und meldeten, daß ein gewisser Victor im zweiten Stock mit dem Fahrstuhl steckengeblieben sei. Vincent und ich gingen ins Treppenhaus und hörten leise Hilferufe. Leute aus dem fünften Stock hatten das 10. Polizeirevier angerufen, das 13. Revier wäre gescheiter gewesen. Das 10. Revier liegt an der West Side. Zuerst kamen zwei Polizisten vom Notdienst in Skijacken und Baseballmützen. Später kamen zwei Uniformierte.
Sie hielten sich streng an die Vorschriften. Aber einer machte einen Witz und fragte laut: »Haben Sie zufällig Dynamit?« Einer spähte in den Schacht, während der andere ihn an den Rockschößen festhielt. Schließlich ließen sie vom dritten Stock eine Strickleiter zur Kabine runter und holten Victor durch die Öffnung in der Decke nach oben.
Hinterher wuschen sie sich im Bad. Der eine legte Gürtel und Pistolenhalfter ab. Während er sich wusch, lag die Pistole im Halfter auf dem Tisch. Sie waren beide 1,95 m.

Sonntag, den 13. November 1977 Fuhr mit Bob im Taxi in die 94. Straße zum Haus von Paul Jenkins und Joanne du Pont. Traf auf der Straße Linda Eastmans Vater, den Anwalt, und seine Frau.
Paul Jenkins ist verrückt. Er sagte zu Bob und mir: »Mich hätte schier der Schlag getroffen, als ihr mir heute morgen am Telefon gesagt habt, daß ihr nicht zum Dinner bleiben könnt, weil ihr nicht eingeladen seid. Dafür werdet ihr nächste Woche eingeladen.« Hätte er doch den Mund gehalten. Dann wären wir davon ausgegangen, daß wir beide Male eingeladen sind.
Joanne du Pont meinte, wir hätten uns bei Mica Ertegun kennengelernt, wir hätten zusammen vor dem Kamin gesessen, und der Fernseher sei explodiert. Wie sie mir erzählte, trug sie an jenem Abend zufällig einen der größten Diamanten der Welt. Sie hatte ihn tags zuvor von einem Sultan geschenkt bekommen. Als sie in der Nacht ins Hotel zurückkam – in welches, wollte sie nicht verraten –, legte sie ihn in den Safe. In derselben Nacht, sagt sie, wurden die Stücke vertauscht, und statt des Diamanten bekam sie ein Stück Glas.
Paul Jenkins zeigte uns seine Sammlung – indianische und indische Sachen. Als ich in Indien war, hätte ich das alles umsonst kriegen können, doch das gehört zu den Dingen, die ich wohl nicht verstehe. Mit dem chinesischen Zeug geht es mir ebenso – ich kann nicht sagen, was gut ist; für mich sieht alles gleich kitschig aus.
Paul erzählte: »Lincoln Kirstein ist wie immer an seinem Geburtstag ausgeflippt, doch diesmal hat er seinen Freund tatsächlich rausgeworfen.« Und Paul hatte den Typ in einem kleinen Apartment untergebracht, das Zero Mostels Sohn gehört. Ich hätte zu gern mal Leute wie Lincoln Kirstein in »Interview«. Es wäre doch faszinierend, ihn auf unsere Art vorzustellen, vorausgesetzt, wir machen es gut.

1978

Sonntag, den 1. Januar 1978

Mir war, als kriegte ich wieder Fieber. Schluckte eine Menge Pillen aus der Apotheke, und das macht mir angst.

Montag, den 2. Januar 1978

Ich fuhr mit dem Taxi zum University Place. Auf dem Platz herrschte reges Treiben (Taxi $ 4.00). Es war ein halber Feiertag. Ich ging ins Büro und war als Sekretärin am Telefon. Robert Hayes und Marc Balet kamen zur Arbeit an »Interview«.

Ich rief Bianca an. Sie wollte, daß ich gleich zu Halston komme, also ging ich hin. Dr. Giller, der nette Diät-Doktor, war da. Wir fuhren mit dem Taxi zum Kino: »Saturday Night Fever« ($ 3.00). Doch als wir hinkamen, war alles ausverkauft. Wir fuhren zu dem anderen Kino, in dem der Film lief, doch auch dort: ausverkauft (Taxi $ 3.00). Dann sahen wir uns den Buñuel-Film »Dieses obskure Objekt der Begierde« an (Karten $ 14.00, Popcorn $ 4.00). Der Film war wirklich gut, moderner als seine früheren. Wenn es mal ruhig wird, fällt der Blick durch Jalousien auf eine Pariser Straße. Eine Bombe explodiert – jemand sprengt was in die Luft. Doch keiner von uns konnte den Film verstehen. Eine Rolle wird von zwei Mädchen gespielt, doch es wird nie erklärt, warum.

Larry Rivers und seine Freundin kamen und setzten sich neben uns. Larry erzählte mir, daß er Aly Kaisers Porträt gemacht hat. Das ist diejenige, die ihr Porträt von mir gemacht haben wollte. Victor hat mich ständig gedrängt, sie anzurufen, aber ich habe nicht auf ihn gehört. Also hat es Larry jetzt gemacht. Ich vermute, er hat sie dafür bumsen müssen, wer weiß.

Wir gingen zurück zu Halston. Er kochte Pasta mit Fleischfüllung, keine Ravioli, aber vielleicht nennt man sie Cannelloni. Und er briet ein Huhn, und es gab eine Menge zu trinken. Stevie Rubell war auch da, und Bianca wurde nervös, weil er die Londoner Zeitungen liest und einen Satz von Mick zitierte. Der Satz stand heute auch in Earl Wilsons Kolumne, die sich mit Mick und Jerry Hall befaßte. Wahrscheinlich hat Steve Earl das Zitat gesteckt. Er tut immer so freundlich, und dann ruft er die Zeitungen an. Vor der Tür standen eine Menge englische Reporter und warteten auf einen Kommentar von Bianca oder Halston.

Bianca und Halston kommen mir immer mehr wie ein Paar vor, wirklich. Als hätten sie eine Romanze. Bianca hat Wut auf Mick, was mich wundert, denn sie könnte doch im Handumdrehen jeden reichen Kerl kriegen. Jemand fragte Halston: »Warum heiraten Sie Bianca nicht?« Und er stemmte die Hände in die Hüften und meinte: »Weil *ich* hier die Gastgeberin bin.«

Später gingen wir alle in den »Ice Palace« Ecke 57. und 6. Straße. Treffpunkt für Lesben und Schwule. Bianca tanzte viel, dabei ist sie so unglücklich. Sie und Halston wollten Jed dazu überreden, sie nach Hause zu begleiten, und fragten mich, ob ich etwas dagegen hätte. »Niemand mag mich«, sagte sie. Alle waren ganz naß von umgeschütteten Drinks.

Dienstag, den 3. Januar 1978

In »People« steht ein Artikel über die Ausstellung meiner »Sportler«-Bilder in der Galerie Coe Kerr.

Nach der Arbeit erledigte ich zu Hause Telefonanrufe und ging dann zu Halston, um Bianca aufzulesen. Sie kochte wie eine Puertoricanerin. Das ganze Haus roch nach Zwiebeln und Hamburgern. Sie lagen auf dem Tisch. Wir fuhren mit dem Taxi in die 86. Straße ($ 2.75). Diesmal waren wir rechtzeitig da und kamen tatsächlich in »Saturday Night Fever«. Der Film war großartig. Die Brücken-Szene war die beste – und der Dialog war großartig. Ich glaube, das ist die neue Art Fantasy-Film: Man bleibt, wo man ist. In den alten Filmen wie »Dead End« mußte man immer versuchen, aus der Sackgasse herauszukommen, um den Sprung in die Park Avenue zu schaffen. Jetzt heißt es: Bleibe besser in Brooklyn, meide die Park Avenue, mach dich nicht unglücklich. Die Figuren im Film kämen nie auf die Idee, die Brücke zu überqueren. Das ist das Neue. Travoltas große Solotanznummer wird breit ausgespielt; die Tanzszene mit dem Mädchen am Ende ist dagegen nichts, ganz unauffällig. Das ist klug gemacht. Und New York sah aufregend aus, nicht wahr? Die Brooklyn Bridge und New York. Stevie Rubell möchte auch einen Disco-Film drehen, aber ich glaube nicht, daß man jetzt noch einen machen könnte; der erste ist einfach zu gut. Warum hat man die Geschichte eigentlich nicht zuerst auf die Bühne gebracht? Kommt der Filmstoff von einer Kurzgeschichte? Man hätte das richtig auswerten müssen. Hätte man zuerst ein Stück daraus gemacht, es wäre ewig gelaufen.

vau und Bianca Jagger bei Halston *(Andy Warhol)*

Bianca schlief ein. Im Kino entdeckten wir auch Dr. Giller. Ihm hat der Film so gut gefallen, daß er ihn sich gleich noch mal ansehen wollte. Also ließen wir ihn da und fuhren wieder zu Halston.

Halston und Bianca kochten gemeinsam in der Küche. Er sprühte vor Unternehmungslust und wollte tanzen gehen. Mir erzählte er den neuesten Klatsch. Am Abend zuvor hatte es an seiner Tür geklingelt, und Liza Minnelli stand draußen. Ihr Leben ist jetzt sehr kompliziert. Laut Halston trafen Liza und Jack Haley, ihr Mann, kürzlich auf der Straße ganz zufällig Martin Scorsese, mit dem sie zur Zeit ein Verhältnis hat. Marty sagte ihr ins Gesicht, daß sie ihn mit Baryschnikow betrüge, und jammerte, wie sie ihm das nur antun könne. Und Lizas Mann stand daneben. Halston beteuerte, daß die Geschichte wahr ist, außerdem sagte er, Jack Haley sei nicht schwul. Ich hatte also recht. Ich konnte es mir nicht vorstellen. Halston sagt, daß Jack Liza zwar gern hat, sich im Grunde aber nach großen, üppigen Blondinen sehnt. Wie auch immer, jedenfalls läutete es vorgestern abend an Halstons Tür, und Liza stand draußen, den Hut tief im Gesicht, um nicht erkannt zu werden. »Gib mir alles, was du an Drogen da hast«, sagte sie zu Halston. Er holte Koks, ein paar Marihuanajoints, Valium und vier Methaqualon und packte alles in eine kleine Schachtel. Da tauchte auf der Veranda vor dem Haus eine schmächtige Gestalt mit weißem Hut auf und gab Halston einen Kuß. Es war Marty Scorsese, der sich versteckt hatte. Und dann fuhren er und Liza weg, um ihre Affäre zu genießen – und all die Drogen.

Dr. Giller kam, als er »Saturday Night Fever« zum zweitenmal hinter sich hatte. Zuvor hatte Bianca Streit mit Victor, der sämtliche Hamburger aufgegessen hatte. Auch die für Dr. Giller bestimmten. Ich glaube eher, sie wollte sie selber essen – ihr Hintern ist ziemlich fett geworden.

Die »Sex Pistols« sind heute in den USA angekommen. Punk kommt groß raus. Wer immer ihre Tournee organisiert hat – das sind schlaue Leute. Denn sie lassen die Tournee in Pittsburgh anfangen, wo die Kids nichts zu tun haben und deshalb total ausflippen werden.

Und Bianca liebt Jed. Sie rief ständig zu Hause an, dabei war er mit Judith Hollander und Sandy Brant in Connecticut, denn er arbeitet jetzt als Innenarchitekt.

Man wollte ausgehen, aber Halston war mit Biancas Aussehen nicht zufrieden und steckte ihr drei Federn ins Haar. Ach ja, Victor schaute kurz rein, um sich von oben noch eine Flasche Vaseline zu holen.

Mittwoch, den 4. Januar 1978

Am Nachmittag kam Edwige, die Queen des Pariser Punk, zum Lunch. Sie brachte ihren Friseur mit. Sie hat vor kurzem geheiratet, und ihr Mann schickte sie auf Hochzeitsreise, wie er sagte. Er jedoch blieb zu Hause. Sie ist lesbisch, und er ist schwul.

Edwige hat keine Haare, dafür hat der Friseur eine Mähne bis zum Hintern.

Dann kamen 20 Kids vorbei, die ich im »Studio 54« getroffen und ins Büro eingeladen hatte. So bekamen sie Brigid, die Fat Lady, zu sehen, dann die Lesbe, dann den Friseur. Und damit war die Tour auch schon zu Ende. Aber wir wurden eine Menge »Interviews« an sie los. Sie waren von der Southern University oder so.
Taxi zu Halston, um Bianca zu besuchen ($ 2.25). Bianca war nicht da. Sie hatte den ganzen Tag geschlafen und war dann zur Gymnastik gegangen. Halston saß zu einer Anprobe auf dem Boden und wußte wieder eine Menge Klatsch. Einmal seien Liza und Bianca bei ihm zu Hause gemeinsam zum Pinkeln auf die Toilette gegangen – man weiß ja, wie gern sich Mädchen mit jemandem unterhalten, während sie auf der Toilette sind. Und Bianca sagte, sie habe mehr Muskeln als Liza. Daraufhin machten sie den Oberkörper frei und verglichen im Spiegel ihre Muskeln. In diesem Moment kam Halston dazu. Während er das erzählte, kam Bianca von ihrer Gymnastik zurück. Er forderte sie auf, ihre Muskeln zu zeigen. Sie zog ihr Oberteil aus und zeigte sie. Sie hat wirklich einen schönen Oberkörper. Dann kochte sie wieder puertoricanisch.
Nach dem Essen zog sich Bianca fürs »Studio 54« um. Als wir hinkamen, wimmelte es dort von schönen Menschen.

R. Weisman
(Andy Warhol)

Donnerstag, den 5. Januar 1978 Bianca hatte am Nachmittag beim Tennisturnier Nastase ihre Nummer gegeben. Als ich zu Halston kam, klingelte das Telefon, und Bianca lud Nastase ein, herzukommen. Er brachte einen seiner vielen Freunde mit. Die Umgebung schüchterte ihn ein. Halston half der Disco Queen in einen Mantel, den er für sie gemacht hatte. Als sie die Treppe herunterkam, sagte Halston (macht ihn nach): »Komm, Disco Queen, komm.« Er redete mit ihr wie zu einem Baby. Diesmal steckte er ihr keine Federn ins Haar. Ich hatte ihm gesagt, wenn sie schon wieder nur eine Feder im Haar hätte, würden die Zeitungen kein Bild mehr von ihr bringen.
Nastases Freund wollte nicht mit ins »Studio 54«. Als wir in die Limousine stiegen, schnauzte Halston den Fahrer an, weil er den schwarzen Radiosender nicht finden konnte. »Was soll das heißen, Sie wissen nicht, wo der schwarze Sender ist – Sie sind doch *schwarz*, oder etwa nicht?« Der Fahrer entschuldigte sich, er könne nichts sehen – er meinte die Senderskala am Radio –, und Halston sagte: »Was soll das heißen, Sie können nichts sehen? Sie *fahren* doch, oder?« Dann erklärte er mir, daß man Angestellte anbrüllen muß, wenn sie vor einem Respekt haben sollen. Er hat über hundert Angestellte, und alle zittern vor ihm. Einer fragt den anderen ständig nach der Laune des Chefs.
Mir fiel etwas auf – Bianca hatte zwei Flecken im Gesicht. Früher hatte sie nie Flecken! Ich vermute, sie ist deprimiert wegen Mick und geht deshalb jede Nacht in die Disco. Sie bleibt immer bis 6.00 weg und steht schon um 8.00 für die Gymnastik wieder auf.

Freitag, den 6. Januar 1978 Victor kam mehrere Male ins Büro, weil er nervös war wegen seiner Party am Abend. Richard Weisman rief an und sagte, Pelé komme in die »Coe Kerr Gallery«. Ich mußte also hinfahren, um zu signieren (Taxi $ 5.00). Pelé ist sehr nett. Er lud mich nach Rio ein. (Taxi nach Hause $ 4.00.)
Zog mich um und fuhr zu Victors Loft (Taxi $ 4.00). Vor der Tür hatte er einen Wachmann postiert. Das Loft war fertig eingerichtet. Er hatte eine Menge Alkohol und schöne Jungs, die ich noch nie gesehen hatte. Chris Makos kam mit einer geschenkten Kamera von Polaroid und ließ die Kids verrückte Sachen machen. Sie zogen die Hemden aus und posierten. Ein Transvestit war auch da, die früher Cockette hieß und sich jetzt Jumpin' Jack nennt, mit Titten um die 18 Pfund. Diana Vreeland kam mit Barry Landau, Bill Boggs und Lucie Arnaz. Sie hatten gerade die Mary-Martin-Show gesehen. Auch Larissa und Edwige waren da. Edwige war unglück-

lich. Sie war nach New York gekommen, um Patty Hansen zu treffen, doch Patty wollte sie nicht wiedersehen. Edwige schnitt sich darum bei der Party ein zehn Zentimeter großes X in den Handrücken. Victor entdeckte später Blut in seiner Wohnung. Und dann, meine Liebe, ging es weiter wie im Märchen. Halston, ganz in Weiß, entstieg einer weißen Limousine mit weißem Chauffeur, an seinem Arm Bianca in einem weißen Pelz, daneben Dr. Giller, ebenfalls ganz in Weiß.

sollen statt zu lesen. Die erste halbe Stunde sprach sie über jemanden, der sie in London angeblich nur dazu benutzt hatte, auf einem Foto mit ihr in die Zeitungen zu kommen – das ist lustig, denn sie selbst will ja auch nichts anderes. Und die zweite halbe Stunde ließ sie sich über die »dumme Blondine« Jerry Hall aus. Ich glaube, sie hat wirklich Angst, daß ihr Mick endgültig den Laufpaß gibt. Während sie telefonierte, bat mich Jade um Süßigkeiten. Ich gab ihr ein paar M & Ms, und sie wollte »noch einen Vorrat für die Nacht«. Ich gab ihr noch ein paar. Darauf sie: »Du mußt mir noch mehr geben, oben im Badezimmer.« Ich machte ihr klar, daß es ihre Mutter merkwürdig finden könnte, wenn wir gemeinsam ins Bad gingen, und sagte: »Gut, dann eben unter der Treppe.« Ich steckte ihr die M & Ms zu, und sie nahm sie wie Drogen.

Roy Halston mit Steve Rubell, C.Z. und Cornelia Guest *(LGI)*

Samstag, den 7. Januar 1978

Halstons Hausmädchen sagte, Bianca sei noch oben. Ich könne aber ruhig hinaufgehen. Als ich Bianca geweckt hatte, sprang sie aus dem Bett und zog ihre Kleider über den Pyjama. Da wurde mir klar, daß Bianca tatsächlich keine Drogen nimmt – höchstens ein paar Poppers, hin und wieder vielleicht auch etwas Koks, aber sie ist nicht drogensüchtig, sondern ganz normal.

Sonntag, den 8. Januar 1978

Kam zu den Tennisspielen im Madison Square Garden. Als die Fotografen knipsten, sagte Bianca zu Jade, sie solle ihre Hände vors Gesicht halten. Zu komisch, daß Bianca ihr das beigebracht hat. Jade sagte: »Aber *du* läßt dich fotografieren, Mami.« Bianca will die ganze Aufmerksamkeit für sich. Connors spielte gegen Borg. Connors gewann.

Ich las bei Halston die »New York Times«. Er selbst war im Büro. Jemand rief Bianca an, und sie sprach eine Stunde lang über ihre Probleme. Ich hätte zuhören oder mitschneiden

Montag, den 9. Januar 1978

Arbeitete ein wenig im Büro, zuerst mit Rupert, dann mit Alex Heinrici. Ich brauche Heinrici zwar noch für die Siebdrucke, doch lasse ich jetzt mehr von Rupert erledigen. Fuhr mit dem Taxi durch den Schnee, eine lange und anstrengende Fahrt ($ 10.00).

Liza schickte Bianca sechs Karten für »The Act«. Bianca wollte die Show unbedingt sehen und lud Victor wieder aus, weil sie Stevie Rubell und ihren Tanzlehrer aus London mitnehmen wollte. Sie rief Stevie mehrmals an, konnte ihn jedoch nicht erreichen. Wie sich später herausstellte, wollte Bianca nur deshalb so dringend hin, weil sich Jackie O. angesagt hatte. Bianca wollte auf ein Foto mit ihr.

Jed und ich gingen hinüber zu Bianca, weil wir annahmen, sie hätte ein Auto, sie hatte aber keines. Jade ging auch mit. Als wir im Theater eintrafen, standen alle herum und hielten nach Jackie Ausschau. »The Act« war wieder großartig. Bianca mäkelte erst herum, doch gegen Ende, als sie mitbekommen hatte, daß wir zu Liza hinter die Bühne gehen wollten, war sie voll des Lobes für die Show. Jade mußte zwischendurch mal pinkeln. Jackie, Swifty Lazar, Jack Haley und Bianca stellten sich den Fotografen, und die Menge starrte, als das geschah. Dann gingen wir zu Liza, und ich hielt meinen Kassettenrecorder in Richtung Jackie. Ich hoffe, daß ich ein paar Gesprächsfetzen mitgekriegt habe (Karten $ 60.00).

Liza, Andy, Bianca *(Memory Shop)*

Dann im Taxi zurück zu Halston ($ 3.00). Als wir ankamen, wollte er gerade zu Bett. Er wollte wirklich ins Bett, das war nicht zu übersehen, denn er hatte Linda im Arm. Linda ist sein Hund. Bianca telefonierte überall herum, um herauszubekommen, wer wo war, im »Ice Palace«, bei »Elaine's« und so weiter. Wir entschieden uns für »Elaine's« (Taxi $ 2.75).

Nach der Show war Lizas Truppe ins »21« gefahren. Bianca rief dort an und hinterließ eine Nachricht – ich vermute, es ging um Koks, denn sie sagte etwas von einem »Buch«. Es hörte sich an wie: »Ich habe das Buch für sie noch nicht bekommen.«

Halston hatte Bianca diesmal vor dem Theater nicht beim Anziehen geholfen, deshalb hatte sie so fürchterlich ausgesehen. Und keiner hatte gewagt, es ihr zu sagen. Aber Halston hatte es ihr nach unserer Rückkehr gesagt. Er hatte sie den Turban abnehmen und dunklen Lippenstift auflegen lassen, und dann sah sie wieder gut aus. Aber jetzt wurde ihr klar, wie schlecht sie bei den Fotografen im Theater ausgesehen hatte. Jade hatte ein langes Kleid getragen.

Peter Beard kam ins »Elaine's«. Er hatte einen Typ dabei, der in der einen Hand ein Fläschchen Koks hielt. Die andere steckte in einem schönen Handschuh. Später zeigte er uns die Hand, sie war verstümmelt. Es war wie im Film, wenn der böse Unhold auftritt. Er hat die Hand beim Absturz einer DC-10 verloren, die ihm

gehört hat. Es war sein dritter Absturz. Er reichte das Fläschchen mit dem Koks herum. (Dinner $ 130.38, Trinkgeld $ 20.00.)
Dann fuhren wir zum »Ice Palace« (Taxi $ 3.00). Es war nicht sehr voll, nur ein paar Nutten. Gegen 3.00 schlichen Jed und ich uns davon.

Dienstag, den 10. Januar 1978
Ich ging hinüber zu Halston. Jane Rose, Micks Sekretärin, telefonierte dort gerade mit Mick. Er sollte Jade vor dem Schlafengehen noch etwas vorsingen. Dann versuchten wir, Fred an die Strippe zu bekommen, doch bei ihm war vier Stunden lang besetzt. Ich wollte, daß er mit uns ausgeht, damit ich mich früh verdrükken konnte.
Bianca sprach mit mir über ihr Ehedrama. Zuerst bestritt sie, Mick jemals betrogen zu haben, doch später kam heraus, daß er sich wegen ihrer vielen Affären von ihr getrennt hat. Sie hatte ein Verhältnis mit einem gewissen Llewellyn, momentan ist sie mit Mark Shand liiert. Sie hält sich aber zugute, daß sie nie in der Öffentlichkeit damit geprahlt hat. Sie sagt, daß sie endlich auf eigenen Füßen stehen will, daß sie das eigentlich schon immer wollte, damit sie sich (lacht) jederzeit einen Knaben kaufen könnte. Sie will in die Scheidung einwilligen, und ich sagte, sie sollten sich nicht trennen. Doch sie glaubt, daß ihre Beziehung zu Mick am Tiefpunkt angelangt ist. Sie sagt, sie könne nicht mit ihm schlafen, weil sie ihn nicht anziehend finde. Mick sei »roh«, und neulich habe er sie sogar schlechtgemacht, was sie dagegen nie getan habe. Sie könne an Micks Seite nicht »frei« sein, denn verglichen mit ihm sei sie ein Niemand. Dann sprach sie über ihre bevorstehende Reise nach Hollywood und über ihre »Rolle« in diesem Film mit Tony Curtis, Lionel Stander und Gloria Grahame. Man habe ihre Rolle umgeschrieben, weil sie Änderungen verlangt habe. Der Film spielt in Costa Rica. Sie hat Angst, weil sie glaubt, daß die Kritiker nur darauf warten, sie zu verreißen. Ich weiß nicht, ob sie es schafft. Sie hat gesagt, sie könne auch tanzen, doch als ich sie gestern abend beobachtete, sah ich bald, daß sie keine Rita Hayworth ist. Nein, eine zweite Rita Hayworth ist sie wirklich nicht. Sie war überglücklich, weil die »Daily News« die Fotos von ihr, Liza und Jackie O. gebracht hatte, die bei »The Act« aufgenommen worden waren. (Taxi zum »Studio 54« $ 3.50.)

Mittwoch, den 11. Januar 1978
Paulette rief ein paarmal an und bat mich, nicht zu spät zu kommen. Ich ließ Catherine und Fred unterwegs aussteigen ($ 5.00) und holte Paulette um 8.15 am »Ritz Tower« ab (Taxi $ 1.50). Ich erkundigte mich nach ihrem neuen Halston-Kleid, und sie sagte: »Ich habe es zurückgebracht, es macht mich zu dick.« Sie hatte ein Kleid von Yves Saint Laurent an. Es stand ihr gut. Dazu trug sie ihre Rubinkette. Sie ist rund eine Million Dollar wert – das weiß ich deshalb, weil ein ähnlicher Schmuck von schlechterer Qualität, den ich gesehen habe, auch eine Million wert war.
Wir fuhren zum »Waldorf Tower«. Der Fahrer machte einen Umweg, um den anti-iranischen Demonstranten nicht zu begegnen. Ein Typ wollte von uns eine Stellungnahme zu den Folterungen im Iran, und Paulette sagte zu ihm: »Hören Sie zu. Valerian Rybar foltert mich hier in New York.« Er sei immer noch dabei, ihre Wohnung einzurichten. Seit einem Jahr schon, jammerte sie.
Paul Jenkins und seine Lady du Pont waren da, frisch mit der Concorde eingetroffen. Und »Suzy«. Sie hat ihre Wohnung ebenfalls von Valerian Rybar einrichten lassen und riet Paulette, das nicht persönlich zu nehmen – bei ihr habe es zweieinhalb Jahre gedauert. Ich sagte Suzy, daß mir ihre Kolumne an dem Tag sehr gefallen habe, weil soviel Schmutz über Mick und Bianca dringestanden hätte. Wie Mick Jerry Hall verlassen habe und der neueste Tratsch über Liza, Baryschnikow und Scorsese. Hoveida und Sahedi waren auch da. Barbara Walters war mit Roone Arledge

gekommen. Ich war so aufgeregt, Roone zu treffen. Wir unterhielten uns über Art Buchwald. Bürgermeister Koch kam mit Bess Myerson. Sie ist schlank, ansehnlich und etwa so groß wie er. Gouverneur Carey ging an mir vorüber, und ich grüßte ihn ein paarmal, doch er reagierte nicht. Er war in Begleitung der Ford-Tochter. Beverly Sills war da, auch sie ist recht stattlich. Das hier war der Empfang für »Künstler«. Morgen eröffnet die Königin im »Asia House« eine Ausstellung iranischer Kunst. Shirley MacLaine grüßte mich ein paarmal. Mollie Parnis und Jerzy Kosinski waren auch da.

Dann begannen die Reden. Zuerst sprach Sahedi, dann die – Kaiserin, die Königin. Dann Koch, dann Carey und schließlich Kissinger – er redete fast 45 Minuten lang, sehr weitschweifig. Für die Damen hatte man Veilchen einfliegen lassen. Der Kaviar hieß »Perlen des Kaspischen Meeres«. Paulette aß etwa ein Pfund davon. Er war weiß und nicht zu salzig. Der Geiger von Lester Lanin bat Paulette um ein Autogramm. Paulette wollte gehen, also gingen wir. Sie fuhr sogar einen Umweg und setzte mich vor meiner Haustür ab, weil es »so kalt« war. Ich meine, wenn Paulette das für einen tut, kann man sicher sein, daß es wirklich kalt ist.

Donnerstag, den 12. Januar 1978 Nahm ein Taxi ($ 6.00), um Catherine abzuholen. Wir hatten uns für 7.50 verabredet. Wir gingen hinüber ins »Copa« zu Bette Midlers Premiere, zu der uns Mica Ertegun Karten geschickt hatte. Ron Galella war mit eigenem Kamerateam da – das Fernsehen drehte etwas über ihn. Im »Copa« hingen wieder dieselben Mafia-Typen rum wie letztes Jahr, als wir dort unsere Party gefeiert haben. Richard Turley stand an der Tür. Er wollte mit mir durchschlüpfen, und ich wußte nicht, wie ich reagieren sollte. Ich sagte, er könne es ja versuchen, aber bei den Mafia-Typen werde er es nie schaffen. Ich behielt recht. Chessy Rayner war da. Peter Tufo und Lee Radziwill waren zusammen gekommen, saßen aber nicht am selben Tisch. Ich begriff sofort.

Ich konnte nichts sehen, bis auf fünf Zentimeter von Bettes Kopf. Catherine saß Peter Tufo gegenüber, und bald spürte ich, wie er sein Bein an meinem rieb. Vermutlich hatte er es auf Catherines Bein abgesehen. Die beiden flirteten heiß und heftig miteinander. Irgendwann sagte er zu ihr: »Warum steigst du nicht auf den Tisch und tanzt einen Boogie?« Ich wunderte mich, denn sonst ist er stets mürrisch. Den schwarzen Sängerinnen rief er zu (lacht): »Farbiger Sound!«

Catherine achtete nicht auf die Show, obwohl ich sie ein paarmal anstieß. Doch sie erzählte, daß sie gestern abend in »Plato's Retreat« gewesen sei und nicht wisse, ob sie penetriert wurde oder nicht. Als Peter Tufo das hörte, wurde er erst recht geil. Und als sie ihm dann einen Drink über die Hose schüttete, wurde er noch schärfer und steckte ihr einen Zettel zu. Später erfuhr ich, daß nur ein einziges Wort darauf gestanden hatte: »Wann?«

Ich wollte nur raus hier. Ich hasse solche Orte. Wenn es brennt, sitzt man in der Falle. Und plötzlich gingen alle. Nur Catherine ging noch mal zurück, um den »Wann«-Zettel zu holen. Dabei verloren wir uns aus den Augen. Sie fuhr in Erteguns Limousine zum »Quo Vadis«; ich ging zu Fuß. Als ich reinkam, stritten sich Lee und Peter Tufo, doch Lee hörte auf, als sie mich sah, küßte mich und wünschte mir ein frohes neues Jahr. Wir saßen an Ahmets Tisch. Zum Dinner gab es gebratene Tauben. Lee ging als erste, und Peter Tufo begleitete sie. Ich hatte eigentlich erwartet, daß er wegen Catherine noch bleiben würde. Damit war sie vor ihm sicher. Ahmet tankte ordentlich Cognac und wurde sehr fröhlich. Hinterher waren alle noch in den »Cotton Club« eingeladen, der mit Cab Calloway in Harlem neu aufgemacht hat. Catherine, Mica und Ahmet wollten hin, ich

glaube aber nicht, daß tatsächlich jemand hingefahren ist. Ich brachte Catherine nach Hause. Es war noch früh.
Bob hat sich heute mit dem »Rum aus Puerto Rico«-Typ von Kenyon & Ekhart und noch einem Typ, ich glaube, von der puertoricanischen Handelskammer, getroffen. Sie wollen im Büro eine Party veranstalten und dabei mein Porträt von Liza enthüllen, weil Liza für »Rum aus Puerto Rico« wirbt. Dafür soll »Interview« drei Monate lang »Rum«-Anzeigen bekommen. Sie wollen auch Burt Reynolds für die Werbekampagne gewinnen, und ich soll auch sein Porträt machen. Burt will aber, daß Leute mit in die Anzeige kommen, die nach Meinung der Agentur »kosmetisch nicht geeignet« sind. Aus diesem Grund rief Bob Burts Manager in L. A. an und fragte, ob es keine andere Möglichkeit gebe. »Hören Sie zu«, sagte der Manager, »Burts Unterschrift ist eine Million Dollar wert. Für ihn kommt das Ganze sowieso nur in Betracht, weil er ein Porträt von Warhol will. Und selbst wenn Burt einen Liliputaner und einen Zwerg auf dem Foto haben will, können sich ›Rum aus Puerto Rico‹ und die Agentur noch glücklich schätzen.« Bob findet, daß die Leute, die Burt haben will, gar nicht mal so übel aussehen.

Freitag, den 13. Januar 1978

Lunch für Bloomingdale's im Büro. Ich fand das großartig, daß Mr. Traub persönlich vorbeikam. Cal, der Freund von Robert Mayes, ist jetzt bei Bloomingdale's. Er hat früher bei Bonwits gearbeitet und uns Anzeigen gegeben. Bob hielt eine eindrucksvolle Rede über »Interview«. Danach wandte er sich an Carole Rogers, die Mit-Verlegerin von »Interview«, und sagte: »Carole, geben Sie uns bitte eine paar statistische Daten!« Eigentlich sollte sie nur die Zahlen bestätigen, die er eben genannt hatte – daß die Auflage von »Interview« 80 000 betrage und 20 Prozent davon Abonnements seien. Doch statt dessen erklärte sie: »Wir haben 7000 Abonnenten.« Alle schnappten nach Luft. Bob traute seinen Ohren nicht. Später rief Cal an und erzählte, Mr. Traub habe hinterher im Wagen nur über die falschen Zahlen gesprochen, so daß er zuerst gedacht habe, die Sache sei gestorben. Doch sie wollen »Interview« trotz allem eine Chance geben, weil sie der Meinung sind, daß das Blatt die richtigen Leute anspricht. Alle Leute von Bloomingdale's waren in blauen Anzügen.

Samstag, den 14. Januar 1978

Ging zu einer Vorführung von »The Leopard« in Suzie Frankfurts Haus. Victor war auch da. Sein Begleiter war ein gutaussehender Highschool-Bursche von 17 Jahren aus New Jersey, ein fröhlicher, typisch amerikanischer Sonnyboy. Da kommt also ein Knabe nach New York, trifft Leute wie mich, lernt Victor kennen, geht ins »Ramrod« und sieht sich bei Suzie »The Leopard« an. Danach fährt er wieder zurück und sitzt wieder den ganzen Tag in der Highschool.

Montag, den 16. Januar 1978

Wir erfuhren, daß Andrea de Portago und Mick Flick am Wochenende in der Schweiz heiraten. Und kurz darauf kam Barbara Allen mit Lacey Neuhaus. Sie war gerade braungebrannt aus Acapulco zurück. Als wir ihr von Mick Flick und Andrea erzählten, versuchte sie, ihren Schock zu verbergen, faßte sich binnen einer Sekunde und sagte: »Ich war nur einmal mit ihm verabredet, und er war so langweilig, daß ich vor dem Espresso gegangen bin.«
Gegen 4.00 kam Margaret Trudeau. Marc Balet und Robert Hayes machten Fotos von ihr. Ich verabredete mich mit ihr um 9.00 im »Quo Vadis«. Arbeitete bis gegen 8.00. Setzte Catherine ab (Taxi $ 4.00).
Fuhr nach Hause, leimte mich und ging dann ins »Quo Vadis«, um mich

mit Bob und Margaret Trudeau zu treffen. Sie gab uns ein sehr gutes Interview. Ihre Familie hat Ähnlichkeit mit Vivas Familie, auch sie hat viele Schwestern, aber sie ist intelligenter und hübscher als Viva, und sie ist nicht so verrückt. Sie ist 1969 durch Marokko getrampt. Sie bat uns, den Kassettenrecorder abzustellen, als sie von einem Dinner mit Nixon berichtete. Sie sagte, sie habe neben ihm gesessen und er habe die ganze Zeit kein Wort mit ihr gesprochen. Doch dann wandte er sich zu ihr, erzählte vom Sexualleben der Pandas, und das war's dann.

Margaret trug ein Kleid von einem neuen Designer. Sie erzählte, sie stehe seit kurzem auf der Liste der am schlechtesten gekleideten Frauen. Wo sie sich auch sehen lasse und ganz gleich, wer sonst noch da sei: die Fotografen seien nur an ihr interessiert mit ihrem Geknipse. Wir fuhren ins »Studio 54« zu Scavullos Geburtstagsparty, und was sie sagte, stimmte (Taxi $ 3.25). Als Margaret tanzte, drehten die Fotografen fast durch. Stevie hatte gesagt, es sei nur ein Fotograf da, dabei waren es 20 bis 50. Als die Geburtstagstorte für Scavullo hereingebracht wurde – sie hatte die Form einer Kamera –, schauten sie nicht mal hin. Sie waren noch immer hinter Margaret her.

Dienstag, den 17. Januar 1978

Wir fuhren zu dem Dinner, das Vinci in der italienischen Botschaft für Lina Wertmüller gab. Sie hustete mich an und sagte, sie habe gerade eine Erkältung überstanden. Doch ich fand sie und vor allem diese Lady Cappy Badrutt sehr lustig – sie ist so schön wie eine sehr elegante Kurtisane. Sie erzählte mir von ihren Affären. Bob wollte noch bleiben, deshalb setzte mich Fred zu Hause ab.

Mittwoch, den 18. Januar 1978

John Chamberlain und seine neue Frau Lorraine waren zum Lunch im Büro. Sie ist sehr hübsch, sehr viel jünger als er. Er sagte, er habe es satt, in Lofts zu wohnen – er bemüht sich um eine kleine Wohnung im Dakota. Er macht immer noch die gleichen Sachen – die Autoschrott-Skulpturen –, aber sie sehen immer noch großartig aus, und die Leute kaufen. Ich machte Aufnahmen von ihm und seiner Frau.

Dienstag, den 19. Januar 1978

Ging zur Versteigerung von Joan Crawfords Modeschmuck. Entdeckte PH. Sie bot bei einer rosa Halskette mit, als der Preis jedoch ihr Limit überstieg, stieg sie aus. Ich bot etwas mehr, bekam den Zuschlag und schenkte ihr die Kette. Sie war so dankbar, daß sie mich in die Sixth Avenue mitnahm und mir einen Laden zeigte, den sie im zweiten Stock eines Hauses entdeckt hatte. Ein Mann verkauft dort Kleider von Dior und Balenciaga, die seiner toten Schwester gehört haben. Das war der tollste Laden überhaupt, und ich kaufte fünf Kleider. Der Laden heißt »Fabulous Fashions« und führt auch Hüte, Handtaschen und Schirme. Alles ganz billig.

Ich fuhr nach Hause, um mich zum Dinner umzuziehen, und vergaß dabei, daß Sandra Payson – Lady Weidenfeld – mich gebeten hatte, einen Smoking anzuziehen. Fuhr mit dem Taxi zum Sutton Place ($ 2.25). Es war eine kleine Dinnerparty, und als ich merkte, daß ich der einzige ohne Smoking war, fiel mir wieder ein, was sie gesagt hatte. Als die anderen meinen Aufzug sahen, wichen sie mir aus und kamen erst wieder, als sie betrunken waren. Ich versuchte, meinen Fehler durch Konversation auszubügeln, und erzählte von den Kleidern, die ich gekauft hatte, doch die anderen wandten sich ab. Ich glaube, Mrs. Payson hatte mich ohnehin nur eingeladen, weil sie ein Bild von mir wollte, doch sie verlor kein Wort darüber. Ich vermute, mein Aufzug hat sie so schockiert, daß sie es sich anders überlegt hat.

Freitag, den 20. Januar 1978

Der Morgen nach dem großen Blizzard. Heftigster Schneesturm seit 1969.

Ich saß im Büro am Fenster und beobachtete etwa eine Stunde lang einen Schwarzen, der versuchte sein Auto auszubuddeln. Er ging in den U-Bahn-Schacht, kam mit einer Schaufel zurück und schippte. Immer wenn er in den Wagen stieg, um zu starten, nahm er die Schaufel mit – wahrscheinlich hatte er Angst, sie könnte gestohlen werden. Nach einer Stunde kam ein größerer Neger mit einer größeren Schaufel vorbei, half ihm aber nicht. McDonald's machte früh zu. Die Chemical Bank schloß um 1.00.

Samstag, den 21. Januar 1978

Fuhren im Taxi zum »Studio 54«, alles gerammelt voll. Erstaunlich, bei so viel Schnee. Ken Norton war da. Stevie konnte es kaum glauben, daß sich trotz Blizzard so viele Leute aus dem Haus gewagt hatten, und wies Leute an der Tür ab wie immer. Später wollten wir in ein Lokal namens »Christy's Restaurant« in der West 11th Street, wo es eine »Saturday Night Live«-Party für Steve Martin gab. Es war aussichtslos, ein Taxi zu bekommen. Da hielt ein Wagen vor uns. Ein weißer Typ mit einer Schwarzen bot an, uns mitzunehmen, egal wohin; wir nahmen an. Stevie hatte die beiden wegen ihres Aussehens nicht ins »Studio 54« gelassen, doch auf mich wirkten sie okay – er sah aus wie ein Schwuler und sie wie eine Tunte, also durchaus richtig für »Studio 54«. Als wir fuhren, entdeckte Catherine Lou Reed auf der Straße. Er hatte eine Chinesin bei sich. Sie stiegen ein, und Lou war sehr nett. Im »Christy's« schien Steve Martin ganz begeistert, mich zu sehen.

Sonntag, den 22. Januar 1978

Sam Beard gab in seinem Apartment Ecke 92. Straße und Park Avenue zum 40. Geburtstag seines Bruders eine Party. Aufregend. Jackie O. und Caroline waren da. Caroline fragte mich nach meiner Meinung über Totalitarismus. Ich konnte das Wort nicht aussprechen und versuchte, einen Scherz zu machen, doch sie sagte: »Nein, ich meine es ernst.« Mary Hemingway war da, und Jonas Mekas filmte sie dabei, wie sie eine Löwin spielte und auf Peter Beard losging. Stevie Rubell war auch da. Fred war mit Lacey Neuhaus gekommen. Victor kam in einem zerrissenen T-Shirt mit Sporen an den Armen. Er hatte ein Geschenk für Peter – es sah aus, als hätte er es auf der Straße gefunden oder bei Halston im Schaufenster; wie ein Maschinenteil. Auch für mich hatte er ein Geschenk – ein gebrauchtes Suspensorium. Es war herrlich. Barbara Allen kam mit Philip Niarchos, der wieder in der Stadt ist. Ronnie, Gigi und Walter Steding waren auch da. Und Jennifer Jakobson; sie ist anscheinend nicht mehr mit François de Menil zusammen. Und Steve Aronson. Er ist ein richtiger Charmeur, spricht gepflegt und trägt fabelhafte Sachen. Peter war sehr glücklich, denn alle seine Ex-Freundinnen waren in diesem Raum.

Dann fuhren alle ins »Studio 54«. Von der Decke wurde eine Elefanten-Torte heruntergelassen. Peter hat doch diese herrlichen Fotos von afrikanischen Elefanten gemacht. Arnold Schwarzenegger war da. Ich ging gegen 2.00, gerade als Halston und Bianca kamen. Sie trugen beide Elefantenmasken, doch die Fotografen schenkten ihnen keine Beachtung. Sie haben genug von Bianca. Sie sollte lieber eine Weile aus der Stadt verschwinden.

Dienstag, den 24. Januar 1978

Suzie Frankfurt rief an und sagte, ihr Facelifting sei sehr schmerzhaft gewesen.

Da schönes Wetter war, ging ich zu Fuß zur Arbeit. Victor rief an und sagte, er habe »etwas Schreckliches« getan, wolle es aber am Telefon nicht sagen, sondern vorbeikommen. (Lunch für Victor $ 5.29.) Doch auch beim Essen sagte er es nicht. Später erfuhr ich es von Bianca. Ich rief ihn an und sagte: »Hör mal, Victor, ich habe letzte Nacht geträumt, du hättest mein Bild übermalt. Ist das nicht verrückt?« Er flippte aus, weil er dachte, ich hätte das tatsächlich geträumt. Dann beruhigte ich ihn; er solle sich keine Sorgen machen, ich wisse, was er getan habe, und würde ihm ein anderes schenken.

Mittwoch, den 25. Januar 1978
Als ich ins Büro kam, hatte der Lunch für Carole Bouquet, die schöne französische Schauspielerin, begonnen. Sie selbst war nicht da, sie drehte noch. Dafür waren Peter Beard und Mona da. Und Peters Freund, Tom Sullivan, der nette Junge mit der verbrannten Hand. Seine Stiefel gefielen uns. Er fragte nach unseren Schuhgrößen, rief das Geschäft in Georgia an und bestellte drei Paar. Er wohnt schon seit Monaten in einer Suite im »Westbury«. Er will an der Hand, die er sich bei dem Flugzeugabsturz verbrannt hat, eine Hauttransplantation vornehmen lassen. Ich glaube, Catherine ist in ihn verknallt.
Arbeitete hinten im Büro an ein paar Bildern. Ich fühle mich erschöpft, bekomme einfach nicht genügend Schlaf. Bianca schaute herein, und fünf Minuten später kam auch Mark Shand. »Lady Isabella Lambton bohrt den ganzen Tag in der Nase und steckt es dann in den Mund«, erzählte mir Brigid, »und wenn man sie daráuf anspricht, lacht sie nur und macht so weiter. Sie erzählte mir, daß sie und ihr Freund einander abends gegenseitig in der Nase bohren. Kaum zu glauben.«
Fuhr zum »Olympic Towers«, um mir Halstons neue Büroräume anzusehen (Taxi $ 3.00). Sie liegen auf zwei Etagen, und der Blick geht auf den Kirchturm von St. Patrick. Wir nahmen ein paar Drinks. Brachten Catherine nach Hause, und weil sie keine Schuhe anhatte, trug sie Peters netter Freund sechs Treppen hoch.

Donnerstag, den 26. Januar 1978 Ehe ich heute morgen wegging, rief ich Catherine zu Hause an. Eine Männerstimme meldete sich und sagte, sie sei schon zur Arbeit gegangen. Es war Tom Sullivan. Er sagte, er sei nur da, um etwas abzuliefern. Er hätte nicht ans Telefon gehen sollen. Als ich Catherine später davon erzählte, meinte sie: »Gut, du hast mich erwischt.« Sie war leicht verlegen.
Die Stiefel waren am Flughafen eingetroffen, und Peter Beard holte sie ab. Meine paßten perfekt. Ich hatte bei Tom Größe 8-D bestellt. Nur hatte ich welche mit abgerundeten Kappen gewollt und spitze bekommen. Sämtliche Stiefel waren in einem Karton gewesen. Peter hatte sie verteilt und den Karton weggeworfen, weil er so sperrig war. Doch dann stellten wir fest, daß einer von Catherines Stiefeln noch in dem Karton sein mußte. Also fuhr Toms Chauffeur los, suchte den Karton und fand ihn auch. Catherine war begeistert. Es waren Cowboystiefel aus Elefantenohren.
Lunch für Isabella Rossellini (Lieferungen $ 7.13, $ 16.41). John Richardson kam und überreichte mir als Geschenk ein Foto von seinem Schwanz. Bianca trug ein weißes Kleid, dazu eine purpurrote Stola von Halston. Sie und Tom Sullivan »vögelten praktisch im Stehen, es war ausgesprochen geschmacklos«, sagte Brigid. Außerdem waren da: John Richardson, Isabella Rossellini, Robin West und Claus von Bülow. Das Dinner fand bei Bianca in Halstons Haus statt. Es gab Kalbsragout. Diana Vreeland kam mit Fred. Und Stevie war ulkig. Zuerst fand er Diana »faszinierend«, doch später fand er sie langweilig und wußte nicht, wie er sie loswerden sollte. Weißt du, mir ist klargeworden, daß Diana Vreeland auch nur ein Mensch ist. Ich begriff das vor ein paar Monaten, als ich noch mal über die Geschichte mit Viva nachdachte, die in den sechziger Jahren bei »Vogue« passiert ist. Diana kippte damals die Seiten, die für Viva eine Karriere bedeutet hätten. An ihrer eigenen »Karriere« arbeitet Diana unentwegt. Sie hat Leute, die ihr sagen, was schlecht für sie ist und was ihr beruflich schaden könnte, und sie tut, was sie ihr raten. In Vivas Fall muß ihr jemand gesagt haben, daß es ihr schaden könnte, Vivas Fotos zu

veröffentlichen. Da glaubt man immer, daß sie so etwas nie tun würde, weil sie Diana Vreeland ist, doch dann erkennt man plötzlich das Gegenteil.

Samstag, den 28. Januar 1978

Fuhr mit Bianca ins »Dakota« zu Susan und Gil Shivas Party ($ 2.50). Lina Wertmüller und ihr Mann, Enrico Job, waren die Ehrengäste. Er war für die Ausstattung unserer Filme »Frankenstein« und »Dracula« zuständig. Ihr Film »A Night Full of Rain« mit Giancarlo Giannini und Candy Bergen läuft gerade an. Neil Sedaka war auch da. Die Leute brachten ständig Woody Allen an, um uns miteinander bekannt zu machen; so wurde er mir viermal vorgestellt. Betty Bacall war auch da; auch sie wohnt im »Dakota«. Außerdem Judy Klemesrud, das hübsche Mädchen von der »Times«, Nancy Collins, die früher bei »Woman's Wear« war und jetzt in Washington lebt, und Candy Bergen. Andrea de Portago und Mick Flick waren von ihrer Hochzeitsreise zurück. Bianca sagte über Mick Flick: »Er wollte mich gestern abend im ›Studio 54‹ abschleppen. Jetzt, wo er verheiratet

Mick Flick *(Roger Picard)*

ist, macht er sich an mich ran – vorher hat er mich nie belästigt.«

Wir gingen noch ins »Studio 54«. Catherine war mit Tom Sullivan dort. Sie wollten in der »Brasserie« Cheeseburger essen und luden mich ein, mitzukommen; also ging ich mit.

Sonntag, den 29. Januar 1978

Barbara Allen rief an. Ich sollte sie zum Dinner der New Yorker Filmkritiker mitnehmen. Sie klang ziemlich deprimiert. Es setzt ihr zu, daß Philip und Manuela im Land sind. Jeder ruft Barbara an und fragt: »Wir haben Philip und Manuela eingeladen – kommst du trotzdem?« Sie ist unglücklich.

Um 8.30 fuhr ich zu Halston. Bianca lief mit raushängenden Titten rum. Mark Shand hat die Stadt verlassen.

Wir fuhren mit dem Taxi zur iranischen Botschaft ($ 2.50). Maximilian Schell war dort. Er hat einen Preis für seine Nebenrolle in »Julia« bekommen. Ich sah ihn zum erstenmal und war enttäuscht, daß er so fett war. Sonst war er überaus nett. Er sagte, ich hätte in Deutschland Großes für ihn getan. Er habe »Flesh« gesehen und den Film gehaßt. Doch dann sei er noch mal und noch mal reingegangen, und schließlich gefiel ihm der Film. Und dann habe er sich gesagt: »Wenn das ein Film ist, dann kann ich auch einen machen.« Ich wußte nicht, was ich darauf sagen sollte, und überließ ihn Bianca. Auf der Stelle waren sie nacheinander verrückt. Ich hatte gehört, er sei schwul, doch wenn man den beiden zusah, verflüchtigte sich dieser Eindruck. Sissy Spacek stellte mich ihrem Mann vor. Er war sehr nett. Und Bella Abzugs Wahlhelferin – wie war doch ihr Name? Shirley MacLaine sagte mir, sie habe mein Bild von Bella in ihrem Büro hängen. John Simon war auch da, fasziniert von Bianca. Sie hatte Löckchen im Haar und behauptete, das sei nicaraguanisch, aber es sah eher puertoricanisch aus.

Bianca kam und sagte, sie sei zum erstenmal in einen älteren Mann verknallt und müsse jetzt nach Hause, um für Halston das Abendessen zu kochen. Ich mußte laut lachen, weil mir einfiel, was mir Amanda Lear erzählt hatte: Mick habe Bianca nur deshalb verlassen, weil sie ihm nie eine Mahlzeit zubereitet habe. Aber wenn

sie hinter jemandem her ist, ist sie kokett und will beweisen, daß sie alles kann. Wir fuhren zurück zu Halston. Maximilian ließ seinen Wagen stehen. Ich glaube, er ist geizig.
Stevie rief an und sagte, wir sollten in den Club kommen. Victor und ich machten uns in der Küche ein Fest. Wir machten Popcorn, und dazu trank ich Wodka mit Orangensaft. Maximilian und Bianca herzten und küßten sich derweil im Nebenzimmer. Halston nahm Linda und ging zu Bett. Wir fuhren zum »Studio 54«, und dort ging's rund.

Montag, den 30. Januar 1978
Eigentlich hätte ich beim Lunch Fran Lebowitz über ihr neues Buch interviewen sollen, doch Bob meinte, wir sollten neben ihrer Kolumne nicht auch noch ein Interview mit ihr bringen. Also war Fran sauer und kam nicht.
Catherine erhielt einen Anruf von Tom Beard. Er und Joel McCleary gaben gemeinsam mit Bill Graham, dem früheren »Fillmore«-Chef ein Dinner bei »Elaine's«. Bill hat uns – dem »Velvet Underground« – in den sechziger Jahren die erste große Chance gegeben, uns dann aber hinausgeworfen.
Das Dinner war erst um 9.30. Catherine war so übernächtigt, daß sie am Tag immer wieder einschlief und nicht vor 10.00 mit ihrer Arbeit fertig war. Ich holte sie ab. Sie packte ihre Tasche, um ins »Westbury« zu ziehen. Tom Sullivan ist verreist und hat ihr erlaubt, dort zu wohnen, Zimmerservice inklusive. Und jetzt dachte sie nur noch an Frühstück mit Wurst und Eiern. Er hatte ihr auch eine Limousine dagelassen. Sie liebt ihn wirklich. Sie trägt seine Sachen, seinen Valentino-Mantel und seine Lederjacke. Sie sagte, sein Vater sei gestorben, als er noch klein war, und habe ihm eine Menge Geld hinterlassen, das er mit Heizkörperzubehör verdient habe. (Taxi zu »Elaine's« $ 2.50.)
Es waren viele berühmte Leute da, die ich kannte, aber nicht begrüßte – zum Beispiel Candy Bergen und Joel Schumacher. Fred war schon bei den Carter-Leuten Tom Beard und Joel McCleary. Bill Graham und ich kamen gleich auf den wunden Punkt unserer Vergangenheit zu sprechen – er hatte, ich glaube 1966, die »Velvets« aus dem »Fillmore« in San Francisco hinausgeworfen – und nach all den Jahren stellte sich jetzt heraus, daß er nie was gegen unsere Musik hatte. Er haßte uns, weil Paul eine Mandarine gegessen und die Schale im Theater auf den Boden geworfen hatte! (Lachen.) Ist das nicht unglaublich, wie lange es dauern kann, bis der wahre Grund herauskommt? Alle am Tisch dachten, wir würden Bill Graham jetzt verachten und deshalb nicht mehr mit ihm reden – Bobby Zarem war übrigens auch dabei, er wird immer fetter –, aber wir waren Bill nicht böse. Ich war nur hundemüde. Die anderen spürten allerdings »Spannung am Tisch«. Setzte Catherine am »Westbury« ab ($ 3.00).

Dienstag, den 31. Januar 1978
Rupert war im Büro. Maximilian Schell kam vorbei. Er war kaum da, als ihn Brigid schon um fünf Autogramme bat, Catherine um acht. Dann fiel ihn Chris Makos mit der Kamera an, und der arme Max schnappte nach Luft. Aber wir brauchten zu unserem Interview mit ihm tatsächlich ein Foto. Er verabredete sich telefonisch mit einem Mädchen im »One Fifth«.

Mittwoch, den 1. Februar 1978
Victor holte mich ab. Wir fuhren nach Chinatown. Ich war schon Jahre nicht mehr dort gewesen. Ich glaube immer noch, daß es hinter Chinatown die eine Küche gibt mit einem Riesentopf, aus dem sich alle bedienen. Wir aßen in einer Bruchbude in der Canal Street und gingen in viele chinesische Läden. Ein chinesisches Mädchen erkannte mich. Anschließend fuhren wir mit der Limousine zur »Spring Street Bar« und tranken etwas ($ 6.00). Es wäre besser gewesen, wir hätten dort Hamburger gegessen.
Wir hielten an der Galerie »OK Har-

ris«. Ivan machte eine neue Ausstellung auf, und es war voll. Auf der Suche nach Kostümen entdeckten wir einen Laden, in dem ein Junge, der sich wie eine Tunte gab, Capes aus Goldbrokat für $ 2.000.00 verkaufte. Dann gingen wir zu »Fabulous Fashions«.

Victor sagte, das sei der tollste Laden, in den ich ihn je mitgenommen habe. Er kaufte für Halston ein. Hinterher setzte er mich am Büro ab, weil ich dort mit den Hoveidas verabredet war. Sie brachten einen mir bekannten Iraner und dessen Frau mit – Mr. und Mrs. Ghaferi. Wir gingen zu »Ballato's«.

Bei »Ballato's« war es spannend, denn John und Yoko Lennon sowie Peter Boyle und seine neue Frau waren da. Catherine bat John um ein Autogramm, doch er sagte nein. Er habe jüngst gelesen, daß Robert Redford keine Autogramme gebe, also er auch nicht. Calvin Klein war da mit dem Mädchen, das mir meinen ersten Job bei der »New York Times« vermittelt hat – Carrie Donovan. Das Essen war wirklich gut. Mr. Ballato war auch da. Ich bezahlte die Rechnung mit einem Scheck. Obwohl es noch recht früh war, erst 10.30, brachten sie uns nach Hause.

Ach ja, beim Dinner erzählte ich Catherine, daß Brigid und Chris Hamill sich weigerten, Interviews von ihr noch länger vom Band abzuschreiben, weil sie so schlecht seien. Ich sagte Bob, er müsse das klären. Und später sagte er, er wisse nicht, was tun. Einerseits sind nämlich Catherines Interviews wirklich schlecht – in einem hat sie allen Ernstes gefragt, wo die Bronx liegt, und die Frage dann sogar stehenlassen, weil sie das für »faszinierend« hielt –, andererseits steht Brigid und Chris nicht die Entscheidung darüber zu, was sie transkribieren und was nicht.

Beim Dinner erklärten mir die Iraner, ich solle, wenn ich den Schah male, sparsam mit Lidschatten und Lippenstift umgehen. »Machen Sie es locker, aber konservativ«, sagten sie.

Donnerstag, den 2. Februar 1978 Als ich ins Büro kam, war Brigid noch immer verlegen. Denn Lucio Amelio, der Kunsthändler aus Neapel, kam zu früh zu seiner Verabredung mit Fred, sah Brigid am Empfang, starrte sie an und fragte: »Brigid Polk. La actress famosa di ›Chelsea Girls‹?« Brigid war es peinlich, daß sie jetzt Empfangsdame war, und deshalb erzählte sie ihm, sie habe auch in »BAD« mitgespielt. Er war richtig aufgeregt, erklärte seinen Begleitern, wie berühmt sie sei, und benahm sich, als habe er soeben Greta Garbo kennengelernt. Und die arme Brigid (Lachen) mußte die ganze Zeit das Telefon abnehmen.

Traf Robert Mapplethorpe in der Nähe des Büros. Er erzählte mir, daß er in San Francisco eine Ausstellung

Robert Mapplethorpe *(Paige Powell)*

vorbereite und für einen Monat hinfahren wolle, um »Sexurlaub« zu machen, weil »San Francisco der beste Ort für Sex in ganz Amerika ist«.

Ging nach Hause, um mich umzuziehen, und holte dann Barbara Allen ab.

Wir fuhren zu einer Party bei Diane von Fürstenberg (Taxi $ 2.60). Ich war nicht eingeladen – ich ging als Barbaras Begleiter. Philip Niarchos wurde mit Manuela erwartet.
Gegen 9.00 trafen wir in der Fifth Avenue 1060 ein. Es war eine Superparty. Diane hat eine riesige Wohnung mit Textiltapete an den Wänden. Das Bad ist so groß wie ein Wohnzimmer. Barry Diller wohnt jetzt auch

Diane von Fürstenberg *(Stills)*

dort, wenn er in der Stadt ist. Sie hat das Holz erst weiß streichen und dann à la Jugendstil künstlich masern lassen. Ich beging einen Fauxpas. Als ich das Zimmer betrat, in dem alle beim Essen saßen, unterhielt sich Carl Bernstein gerade mit Helen Gurley Brown. Plötzlich blickte er auf und sagte zu mir: »Halten Sie Bob Colacello für attraktiv?« Ich wußte nicht, worum es ging, und antwortete: »Also mein Typ ist er nicht.« Und damit bin ich wohl ins Fettnäpfchen getreten. Jedenfalls stand Helen Gurley Brown auf und ging hinaus. Nachher erklärte mir Bernstein, daß sie ihn für Bob Colacello gehalten habe. Als er daraufhin beleidigt gewesen sei, habe sie ihm vorgeschwärmt, wie attraktiv Bob Colacello sei, und ich hätte alles versaut.

Freitag, den 3. Februar 1978

Mußte früh aufstehen – um 6.30, die Sonne geht erst nach 7.00 auf –, um Catherine anzurufen und ihr zu sagen, daß ich nicht zum Karneval gehen wolle.
Lunch bei den Lachmans war um 1.30. Jaquine Lachman möchte ein Bild, will aber einen Sonderpreis. Dabei gehört ihrem Mann ein Drittel von Revlon! Bob wird ihr sagen, daß wir nicht mit uns handeln lassen.
Als wir dort ankamen – Fifth Avenue 843, das Haus von Brigids Mutter –, stellte ich fest, daß Mrs. Lachman die Sorte französische Lady ist, die sich mit ihrem Mann langweilt. Seine Tochter aus früherer Ehe hat ihm irgendwann geraten zu malen, seitdem sitzt er den ganzen Tag zu Hause und malt. Er malt je ein Bild im Stil jedes Künstlers. Er folgt seiner Frau durchs ganze Haus und ist ihr ständig im Weg.

Dienstag, den 7. Februar 1978

Catherine rief an. Sie ist noch mit Tom Sullivan in Tampa.
Ich glaube, Peter Beard ist wieder mal verliebt, und zwar in Carole Bouquet, das Mädchen aus Buñuels Film »Dieses obskure Objekt der Begierde«, der inzwischen nicht mehr läuft. Er wollte mit ihr bei »Elaine's« zu Abend essen und lud mich telefonisch dazu ein. Als ich hinkam, tanzte Elaine mit einem Kerl von der Bar Jitterbug. Lorna Luft war auch da. Sie erzählte, sie habe eine Rolle in »Grease«.
Die Zeitungen schreiben immer noch über die Entführung von Calvin Kleins Tochter. In einem Interview erzählte er Eugenia Sheppard, wie tapfer seine Tochter bei der Entführung gewesen sei. Ich verließ das Lokal gegen 2.00, setzte Bob ab (Taxi $ 3.00).

Mittwoch, den 8. Februar 1978

Bevor ich das Haus verließ, rief mein Neffe Paulie, der seit Jahren in Denver lebt, aus New Jersey an. Er erzählte, er wolle den Priesterrock ablegen und heiraten. Ich sagte ihm, er solle am Nachmittag ins Büro kommen, damit wir darüber reden könnten.
Als ich ins Büro kam ($ 3.60), hatten Bob Colacello und Robert Hayes ein wichtiges Geschäftsessen. Ich setzte mich dazu, weil ich wußte, daß es von mir erwartet wurde. Doch bei jedem wichtigen Essen geht es in diesem Raum unmöglich zu, weil entweder

Brigid auf dem Weg zur Toilette da durchlatscht oder jemand hereinkommt und sagt: »Barry Landau ist am Apparat«; oder: »Crazy Matty ist da und will dich sprechen« – kein Mensch begreift, was wichtig ist, und deshalb hat das alles keinen Zweck.
Mein Neffe kam. Er erzählte mir, daß er seine Gemeinde in Denver aufgegeben habe. Ein Priester bleibt Priester, auch wenn er sein Pfarramt aufgibt. Aber wenn er heiratet, wird er exkommuniziert. Ich empfahl ihm, in »Saturday Night Fever« zu gehen. Erinnerst du dich an die Szene, wo der Bruder sein Priesteramt aufgibt? Ich wußte nicht, was ich sonst noch sagen sollte, er hörte mir außerdem nicht zu. Er sagte sogar: »Ich tu, was ich mir vorgenommen habe, reden wir also nicht mehr davon.« Und dann fing er doch immer wieder davon an. Nach

›renz- bzw. Eßzimmer in Andys Büro *(Andy Warhol)*

fünf rief er zum verbilligten Tarif in Denver an und ließ mich mit seiner mexikanisch-amerikanischen Verlobten sprechen. Sie ist 37 – älter als er – und hört sich richtig nett an.
Es war Aschermittwoch.

Donnerstag, den 9. Februar 1978 Bob rief morgens an und sagte, Suzie Frankfurt wolle zum römisch-katholischen Glauben übertreten. Sie werde heute vormittag getauft, und wir sollten zur Kirche fahren (Taxi zur Ecke 83. Straße und Park Avenue $ 3.00). Es dauerte nur eine Minute. Suzie wurde getauft, und ihr Haar wurde naß. Anschließend tranken wir bei ihr Kaffee.
Fuhr mit dem Taxi zum Union Square ($ 3.00). Anselmino rief den ganzen Tag über aus Italien an und schrie hysterisch, man habe ihm Fälschungen von meinen Bildern angeboten! Mein Neffe war den ganzen Tag da, schrieb Briefe und telefonierte. Ich arbeitete bis gegen 7.00.

Freitag, den 10. Februar 1978
Anselmino rief an und sagte: »Es waren überhaupt keine Fälschungen – man hat mir die Bilder gestohlen und dann auf ein kleineres Format beschnitten.« Er wird sie wohl verkauft haben, um sich Koks zu besorgen, und hat es dann völlig vergessen.
Mein Neffe war wieder den ganzen Tag im Büro und telefonierte. Er hatte einen Freund mit, und Brigid sagte, er mixe die Martinis (Lachen) auf die neue Art mit Gin, Scotch und Wermut. Er erzählte mir, er teile mit fünf Leuten ein Zimmer. Ich glaube, er schläft auf dem Boden. Ich wollte lange arbeiten und bat ihn zu gehen, wenn Vincent abschließe, das sei einfacher. Ich glaube, er war deshalb wütend auf mich, denn er ging, ohne seinen Martini auszutrinken.

Samstag, den 11. Februar 1978
Okay, das Feuer.
Ich wachte morgens auf und meinte, ein Kaminfeuer zu riechen. Ich ging die Treppe hinauf, aber es brannte kein Feuer im Kamin. Doch ich roch immer noch Rauch, also ging ich in den vierten Stock, wo zwei Jungs für Jed Möbel restauriert hatten. Ich öffnete die Tür. Auf dem Boden war eine Plane ausgebreitet, und in der Plane war ein großes Brandloch von etwa 25 Zentimeter Durchmesser, und darunter hatte sich das Feuer einen halben Zentimeter tief in die Dielen gefressen. Ich zitterte. Meine schlimmsten Befürchtungen hatten sich erfüllt. Überall standen offene Kanister mit Terpentin, die Fenster waren geschlossen, und der Brand war ausgebrochen. Ich weiß nicht, wie er angefangen hat, und ich weiß nicht, was ihn erstickt hat. Es muß passiert sein, während ich schlief, denn ich roch nichts, als ich heimkam. Es war wie in »The Exorcist«. Soll ich dort oben ein Kreuz aufstellen? Ich werde ein

Kreuz weihen lassen und dort oben aufstellen. Im selben Zimmer ist schon mal an einer Seite die ganze Decke naß geworden und nun das. Und dann fiel mir ein, daß ich zu meinem Neffen, dem Priester, gemein gewesen bin, und das bereitete mir Pein. Ich betrachtete die Stelle mitten im Zimmer, wo es gebrannt hatte, und malte mir aus, was hätte passieren können… Ich zitterte am ganzen Körper. Von dem Loch in der Plane gingen feine Linien aus wie Adern, und im Fußboden kehrten diese Linien wieder. Es war gespenstisch.
Den ganzen Morgen war ich mit Saubermachen beschäftigt. Ich ließ mir von Judith Hollander die Telefonnummer der Jungs geben, die für Jed Möbel »restaurierten«. Ich rief sie an und brüllte, sie sollten herkommen und auf der Stelle ihr Gerümpel abholen! Als sie kamen, wollte ich sie nicht sehen. Ich war zu wütend.
Das Gottesurteil am Morgen hatte mich so mitgenommen, daß ich nach der Arbeit nach Hause fuhr und Wein trank, um einzuschlafen und nicht mehr an das verhexte Zimmer zu denken. Erinnerst du dich, wie ich Tom Tryon, der gegenüber wohnte, immer durchs Fenster beim Schreiben beobachtete? Jetzt erlebe ich einen Alptraum, wie er ihn in seinen Geschichten geschildert hat.

Dienstag, den 14. Februar 1978 Ich konnte es einfach nicht fassen, wie viele Leute dieses Jahr den Valentinstag feierten. Es war ein richtiges Fest, ein großer Feiertag. Paulette holte mich ab. Wir gingen zur »I Love New York«-Party im »Tavern on the Green«. Bella Abzug kam herein. Heute fiel die Entscheidung über den Sitz, den Bürgermeister Koch aufgab. Sie kandidiert gegen Bill Green.

11 Leo Castelli, 1975

Eine Lady, die für den Gouverneur arbeitet, kam zu mir und wollte mich kennenlernen. Sie sagte, sie habe mein »Philosophy«-Buch gelesen und es sei ihr Lieblingsbuch, ihre Bibel. Sie stellte provozierende Fragen: ob Jugendliche mit 13 schon Pornographie sehen sollten und was mit Roman Polanski sei. Stan Dragoti, der auch da war, sagte, er habe in Hollywood mit Polanski Tür an Tür gewohnt, und Roman habe sich tatsächlich mit Elfjährigen verabredet. Wir einigten uns darauf, daß Roman versucht, noch einmal seine Kindheit zu durchleben. Er ist jetzt in Paris, von wo er nicht ausgeliefert wird. An unserem Tisch waren eine Menge Plätze frei. Stan Dragoti ist mit dem Fotomodell Cheryl Tiegs verheiratet. Er tat so, als seien sie wirklich zusammen, und ich mußte mich hüten, den Namen Vitas fallenzulassen, denn Stans Frau Cheryl und Vitas sind das heißeste Liebespaar der Stadt. Doch ich habe mich nicht verplappert.

Holte Catherine ab und ging mit ihr zu Vitas' Valentinsparty im »Le Club«. Catherine trug ihre Stiefel (Taxi $ 3.00). Peter Beard und Tom Sullivan kamen auch. Tom und Catherine haben eine Abmachung getroffen: Jeder kann gehen, wohin er will, mit wem er will, und tun, was er will. Er kam mit einem hinreißend schönen 16 Jahre alten Model und sie (lacht) mit mir.

Jerry Hall war auch da. Sie sucht nach einem Haus für Mick, in dem sie beide

ein halbes Jahr leben wollen. Ich glaube, ich habe das später einem Reporter erzählt, aber das ist mir egal. Niemand mag Jerry Hall; die meisten finden sie irgendwie steril. Doch ich mag sie. Sie ist so reizend.

Wir fuhren zum »Studio 54«, und alle waren da.

Mittwoch, den 15. Februar 1978 Hatte einen Kater, kam nicht aus dem Bett.

Die Vorbesichtigung zur Joan-Crawford-Auktion fand von 9.00 bis 12.00 in den »Plaza Galleries« statt – es war bereits die zweite.

Als wir hinkamen, schlossen sie gerade, um die Versteigerung am nächsten Tag vorzubereiten. Das Mädchen in der Galerie trug einen von Joans Pullovern. Alles war zu verkaufen – Briefe von Anwälten, von ihren Schullehrern, alles, was sie aufgehoben hatte. Vielleicht sollte ich tatsächlich ein paar von meinen Zeitkapsel-Schachteln versteigern lassen. Das wäre das Richtige für eine Kunstgalerie. Ich würde aber versuchen, jede Schachtel ein bißchen interessant zu machen. In eine täte ich ein Kleidungsstück, etwa ein altes Hemd oder ein Paar Unterhosen – in jede Schachtel etwas aus.« Mrs. Vreeland stritt sich mit Peter Tufo. Und dann schrie sie mich an und klebte mir eine. Es tat richtig weh! Dasselbe machte sie mit Fred. Sie brüllte mich an: »Hüte dich, auch nur den Mund aufzumachen!« Ich wußte nicht, was ich tun sollte. Die schlägt einen zu Brei. Sie sagte, sie könne es einfach nicht ertragen, lauter alte Leute um sich zu haben, sich selbst eingeschlossen.

Freitag, den 17. Februar 1978 Liza kam ins Büro, um sich für ihr Porträtbild fotografieren zu lassen. Am Anfang war sie etwas nervös. Chris Makos zeigte ihr ein Foto von seinem Schwanz, das ich aufgenommen hatte, und das machte sie noch nervöser. Doch sie hatte das richtige Make-up, und alle Bilder wurden gut.

John Lennon schaute vorbei, das war aufregend. Er hat abgenommen. Rupert arbeitet mit ihm an einem Kunstprojekt. Er war reizend. Letzte Woche im Restaurant hat er sich noch geweigert, Catherine ein Autogramm zu geben. Doch neulich war Paul McCartneys Bild in der Zeitung, und als sie ihn jetzt noch mal fragte, malte er Paul einen Schnurrbart und signierte sein Werk. Catharine hatte sehen sollten und was mit Roman Polanski sei. Stan Dragoti, der auch da war, sagte, er habe in Hollywood mit Polanski Tür an Tür gewohnt, und Roman habe sich tatsächlich mit Elfjährigen verabredet. Wir einigten uns darauf, daß Roman versucht, noch einmal seine Kindheit zu durchleben. Er ist jetzt in Paris, von wo er nicht ausgeliefert wird. An unserem Tisch waren eine Menge Plätze frei. Stan Dragoti ist mit dem Fotomodell Cheryl Tiegs verheiratet. Er tat so, als seien sie wirklich zusammen, und ich mußte mich hüten, den Namen Vitas fallenzulassen, denn Stans Frau Cheryl und Vitas sind das heißeste Liebespaar der Stadt. Doch ich habe mich nicht verplappert.

Holte Catherine ab und ging mit ihr zu Vitas' Valentinsparty im »Le Club«. Catherine trug ihre Stiefel (Taxi $ 3.00). Peter Beard und Tom Sullivan kamen auch. Tom und Catherine haben eine Abmachung getroffen: Jeder kann gehen, wohin er will, mit wem er will, und tun, was er will. Er kam mit einem hinreißend schönen 16 Jahre alten Model und sie (lacht) mit mir.

Jerry Hall war auch da. Sie sucht nach einem Haus für Mick, in dem sie beide

ein halbes Jahr leben wollen. Ich glaube, ich habe das später einem Reporter erzählt, aber das ist mir egal. Niemand mag Jerry Hall; die meisten finden sie irgendwie steril. Doch ich mag sie. Sie ist so reizend.

Wir fuhren zum »Studio 54«, und alle waren da.

Mittwoch, den 15. Februar 1978 Hatte einen Kater, kam nicht aus dem Bett.

Die Vorbesichtigung zur Joan-Crawford-Auktion fand von 9.00 bis 12.00 in den »Plaza Galleries« statt – es war bereits die zweite.

Als wir hinkamen, schlossen sie gerade, um die Versteigerung am nächsten Tag vorzubereiten. Das Mädchen in der Galerie trug einen von Joans Pullovern. Alles war zu verkaufen – Briefe von Anwälten, von ihren Schullehrern, alles, was sie aufgehoben hatte. Vielleicht sollte ich tatsächlich ein paar von meinen Zeitkapsel-Schachteln versteigern lassen. Das wäre das Richtige für eine Kunstgalerie. Ich würde aber versuchen, jede Schachtel ein bißchen interessant zu machen. In eine täte ich ein Kleidungsstück, etwa ein altes Hemd oder ein Paar Unterhosen – in jede Schachtel etwas aus.« Mrs. Vreeland stritt sich mit Peter Tufo. Und dann schrie sie mich an und klebte mir eine. Es tat richtig weh! Dasselbe machte sie mit Fred. Sie brüllte mich an: »Hüte dich, auch nur den Mund aufzumachen!« Ich wußte nicht, was ich tun sollte. Die schlägt einen zu Brei. Sie sagte, sie könne es einfach nicht ertragen, lauter alte Leute um sich zu haben, sich selbst eingeschlossen.

Freitag, den 17. Februar 1978 Liza kam ins Büro, um sich für ihr Porträtbild fotografieren zu lassen. Am Anfang war sie etwas nervös. Chris Makos zeigte ihr ein Foto von seinem Schwanz, das ich aufgenommen hatte, und das machte sie noch nervöser. Doch sie hatte das richtige Make-up, und alle Bilder wurden gut. John Lennon schaute vorbei, das war aufregend. Er hat abgenommen. Rupert arbeitet mit ihm an einem Kunstprojekt. Er war reizend. Letzte Woche im Restaurant hat er sich noch geweigert, Catherine ein Autogramm zu geben. Doch neulich war Paul McCartneys Bild in der Zeitung, und als sie ihn jetzt noch mal fragte, malte er Paul einen Schnurrbart und signierte sein Werk. Catharine hatte

gebe eine Cocktailparty – für wen, weiß ich nicht mehr.
Catherine holte mich um 7.00 ab. Wir fuhren zu Camilla. Es war sehr aufregend dort, eine Menge Leute. David Doll war da. Er sah unglücklich aus. Ich glaube, es ist noch immer wegen Cyrinda Foxe, die ihn wegen dem Typ von Aerosmith verlassen hat. Ich lernte Stephen Graham, Sohn der »Washington Post«-Verlegerin, kennen – ein bescheuerter Kerl. Er hatte Jane Wenner bei sich, die sich beim Skifahren das Bein gebrochen hat.
Tom holte uns um 8.30 ab. Wir fuhren zum Madison Square Garden. Dort waren ungefähr 26 000 Zuschauer! Ich war der Meinung, Catchen sei eine tote Sportart. Ich wußte nicht, daß noch so viele Leute hingehen. Dusty Rhodes kämpfte gegen einen Japaner. Alle trugen Pailletten im Stil von Gorgeous George. Er hatte wirklich Einfluß. Und alle machen Striptease im Ring. Catherine wollte fotografieren, doch der Kampf dauerte nur acht Minuten. Catcher sehen heutzutage äußerst gut aus. Dusty Rhodes hatte gesagt, er werde gleich kommen, doch dann dauerte es gut 20 Minuten. Er trug eine Menge Schmuck, alles aus Gold, und eine Sonnenbrille. Als er sie abnahm, sah er aus, als hätte er sie noch auf. Er hatte riesige dunkle Ringe unter den Augen und überall blaue Flecken. Wir nahmen ihn mit zu Moniques Dinner (Karten fürs Catchen $ 16.00).
Anschließend fuhren wir zum »Lone Star«. Dann wollten die anderen tanzen gehen. Also fuhren wir ins »Hurrah's«. Dusty wurde es etwas mulmig, als er die vielen Schwulen sah, und er fragte nach einem Mädchen. Der Besitzer trieb irgendwo ein Mädchen auf und arrangierte alles für ihn. Wir setzten Dusty und das Mädchen am »Sheraton« ab. Catherine und Tom holten sich in der »Brasserie« Hamburger und fuhren zum »Westbury«. Unterwegs setzten sie mich ab.

Dienstag, den 21. Februar 1978 Fuhr ins Büro (Taxi $ 3.25). Brigid arbeitete den neuen Mitarbeiter Robyn Geddes ein – einen Jungen, den ich im »Studio 54« kennengelernt habe. »Der entscheidende Punkt ist folgender« erklärte sie ihm, »wenn du zu Hause bist, läßt du das Telefon zweimal klingeln, erst dann nimmst du den Hörer ab. Aber hier mußt du schon nach einem halben Klingeln rangehen. Das ist alles, was Andy von dir erwartet: Wenn es drauf ankommt, mußt du fünf Anrufe pro Minute schaffen.« Sie dachte sich das alles nur aus. Er wollte von ihr wissen, ob McDonald's uns beliefert. Er sagte, er mache gerade seine Prüfung an der New School, und Brigid meinte: »Ach so, dann gehst du also noch zur Schule und machst den Job hier lediglich als Nebenbeschäftigung? Bist du freiwillig hier, oder wirst du von uns bezahlt?« Er hatte überhaupt keine Ahnung. Seine Mutter ist mit Amory verheiratet und Vorsitzende der New York Cancer Society. Sie wohnen im River House.

Donnerstag, den 22. Februar 1978 Fuhr zu »Regine's«. Andrea Marcovicci war dort. Und Tom Sullivan. Jemand behauptete, Andrea Marcovicci sehe aus wie Margaret Trudeau, und ich sagte: »Oh, ja.« Dann drehte ich mich um, und da saß Margaret Trudeau. Ich hatte sie nicht bemerkt, und Tom sagte: »Ich dachte, du wüßtest es.« Tom war traurig, weil er nicht bei Margaret sein konnte. Sie hielt sich im Hintergrund. Sie wollte nicht mit ihm fotografiert werden, weil sie immer noch verheiratet ist. Doch dann sagte dieser Fotograf mit dem ausländischen Akzent zu Tom, er habe ihn und Margaret neulich nachts dabei beobachtet, wie sie auf der Galerie im »Studio 54« gevögelt hätten. Angeblich hat er sie nur entdeckt, weil er selber mit einem

Mädchen da oben war. Schließlich kam Margaret her und unterhielt sich mit mir. So konnte sie in Toms Nähe sein. Die Fotografen machten Aufnahmen. Und Catherine war unglücklich, weil sich Tom in Margaret verliebt hatte.

Freitag, den 24. Februar 1978
Robyn, der Neue, erklärte, er werde dieses Wochenende ins Haus seiner Eltern nach Tuxedo Park fahren und für $ 10.00 in der Stunde drei Stunden lang Butler spielen. Er hatte bereits einen Vorschuß bekommen. Damit konnte er zum Tanzen ins »Studio 54« gehen. Er blätterte in unseren Zeitungsausschnitten, und als er zum Jahr 68 kam, traute er seinen Augen nicht und fragte: »Jemand hat auf dich geschossen?«

Samstag, den 25. Februar 1978 Catherine rief an und sagte, Tom könnte mich in seinem Wagen abholen. Ich wollte aber lieber zu Fuß gehen. Diana Vreeland gab ein Dinner für Cecil Beaton. Peter Beard war schon dort, im Smoking. Eigentlich hatte er ihn nur für Freitag geliehen, ihn dann aber das ganze Wochenende über getragen. Er hatte Carole Bouquet bei sich, in einer Woche fliegt sie nach Paris. Dann kam Fred mit Cecil Beaton. Cecil hatte zuerst bei Sam Green gewohnt, doch das war zu anstrengend geworden, und er war ins »Pierre« gezogen. Er wollte am nächsten Morgen die Stadt verlassen. Er ist halbseitig gelähmt und kann kaum gehen. Er hatte von Carole Fotos gemacht und sie für Peter mit der linken Hand signiert. Das ist großartig, er zeichnet jetzt auch mit der Linken. Er redet nicht viel, sagt nur »Du meine Güte« und »Ja«. Ich vermute, daß Diana bei seinem Anblick Angst bekam, ihr könnte Ähnliches zustoßen, denn sie reagierte völlig überdreht. Sie rannte, hüpfte, tanzte und drängte sich mit ihrem festen Körper und ihren schönen Kleidern in den Vordergrund. Die »Post« verkündete auf der Titelseite Lizas Trennung von Jack Haley jr.

Sonntag, den 26. Februar 1978
Ging zur Kirche und fuhr dann mit dem Taxi ins Büro ($ 4.00), um mich mit Rupert zu treffen. Arbeitete den ganzen Nachmittag und nahm Anrufe entgegen. Um 7.00 fuhr ich nach Hause.

Dienstag, den 28. Februar 1978 Catherine fuhr zu »Halston's«, um ihr Kleid abzuholen. Später mußte ich für sie dort anrufen und sagen, daß sie ein engeres wünsche. Halston kümmert sich darum. Er denkt wohl, daß ich das Kleid bezahle, aber da täuscht er sich. Tom Sullivan bezahlt es.
Fuhr mit dem Taxi ins Büro ($ 4.00) und kam rechtzeitig zum Lunch mit Sam Spiegel. Sam war bezaubernd – er sprach über Carole Bouquet, deren Paß abgelaufen sei. Er habe deswegen einen Freund bei der Einwanderungsbehörde angerufen. Wenn er ein hübsches Gesicht sieht, tut er so ziemlich alles.
Den ganzen Nachmittag über bastelten Catherine und Bob an der Gästeliste für das Dinner bei »Reginette«, das am Abend für Margaret Trudeau gegeben werden sollte. Catherine versuchte, O. J. Simpson zu erreichen, aber er hatte die Stadt verlassen.
(Taxi $ 3.50.) Um 9.00 holten mich Catherine, Tom Sullivan und Margaret ab. Wir fuhren zu »Regine's«. Wir waren sehr früh dort, noch nicht einmal die Fotografen waren da. Margaret setzte sich an die Bar. Ein Fotograf hätte da einmalige Schnappschüsse machen können, doch es kam keiner. Das »Studio 54« bringt Regine zur Verzweiflung.
Margaret erzählte mir, daß sie Tom sehr liebt. Tony Portago kann sie dagegen nicht ausstehen, weil ihr sein Gerede nicht behagt. Sie beschrieb mir Toms Art, und es hörte sich exakt genauso an wie Tonys Sprüche. Toms Text: »Ich möchte Pierre Trudeau danken, daß er aus Ihnen eine so faszinierende Frau gemacht hat.« Und: »Gute Nacht, Mrs. Trudeau.« Und Tony, sagte sie, hat gesagt: »Margaret

13 Campbell's Soup Can, 1965

Trudeau, darf ich mit Ihnen tanzen?« Und das hat sie wohl nicht gemocht. Also (lacht) ich weiß nicht. Am Wochenende war sie in Kanada. Und der Premierminister, der ja immer noch ihr Mann ist, hat zu ihr gesagt, daß ihr Interview in »Interview« ihr bestes sei.

Montag, den 6. März 1978 Jamie Wyeth rief an und lud mich ins »21« zum Dinner ein.
Holte Catherine und ging hin. Wir unterhielten uns großartig über Jamies Europareise mit Bo Polk und Nurejew. Catherine bestellte Guinness und Sekt. Ossie Clark sprach kurz mit uns. Tom Sullivan war gerade mit Margaret Trudeau aus Florida zurück. Sie wartete draußen in der Limousine.
Ich hatte bei Liz Taylors Party im »Studio 54« mit 15 oder 20 Personen gerechnet, doch dann waren es wohl eher 2000. Der Abend kostet Halston ein Vermögen, falls er ihn bezahlt. Geschäftlich hat sich die Party für mich gelohnt, denn Mrs. Kaiser – Aly – sagte mir, ihr Gesicht sei soweit in Ordnung, daß wir nächste Woche die Fotos machen könnten. Wir sprachen über die Joan-Crawford-Auktion.
Liz sah aus, wie eine kleine, pausbäk-

kige Kewpie-Puppe. John Warner sagte hallo zu mir. Rod Gilbert unterhielt sich mit dem süßesten neuen Eishockeyspieler, mit dem Blonden, in den sich Catherine neulich verliebt hat. Sie will auf jeden Fall versuchen, ihn zu kriegen, obwohl sie sich keine großen Chancen ausrechnet. In seiner Begleitung war ein Mädchen mit großen Titten. Margaret und Tom kriegten wenig Feuer von den Fotografen. Vermutlich gelten sie mittlerweile als altes Paar. Und Bianca beachtete mich lange überhaupt nicht, dann plötzlich wollte sie mit mir tanzen, das sei doch mal etwas Neues für die Fotografen. Sie trug Schwarz und Weiß, der letzte Schrei von Halston, aber eigentlich sieht sie in seinen Kleidern nicht gut aus. Bianca bat mich mehrmals, Chris Wilding herzubitten, und als er dann kam, tat sie, als hätte sie nichts damit zu tun. Er sagte »Ja?«, sah mich fragend an, und ich hatte ihm nichts zu sagen. Bianca spielte die Unbeteiligte, und das war einfach zu dumm.
Truman Capote war da. Er und Bob tanzten die ganze Nacht, und die Fotografen machten Bilder. Truman sieht sehr mager aus. Diana Vreeland war da, aber die Königin des Abends war Liz – ihr wurden die Leute vorgestellt. Ich lernte einen Quarterback kennen.
Bob sah, wie Bianca Poppers nahm, und sagte zu Diana Vreeland: »Hier geht's täglich mehr zu wie im alten Rom.« Diana antwortete: »Ja, hoffentlich – das ist es doch, was wir wollen!«
Die Dekoration war fabelhaft: mannshohe Vasen mit Blumen, und um Liz zu ehren, hatte man mit Bildern von ihr die Wände geschmückt. Monique und ich sprachen über meine erste Begegnung mit Liz in Rom. Damals, als wir »Frankenstein« und »Dracula« drehten.

Dienstag, den 7. März 1978
Die »Post« berichtete auf der Titelseite, daß Aly Kaisers Juwelen gestohlen wurden, nachdem sie von Liz' Party nach Hause gekommen war. Ich bin froh, daß ich nicht mit ihr über Schmuck gesprochen habe, was ich

Truman Capote *(Andy Warhol)*

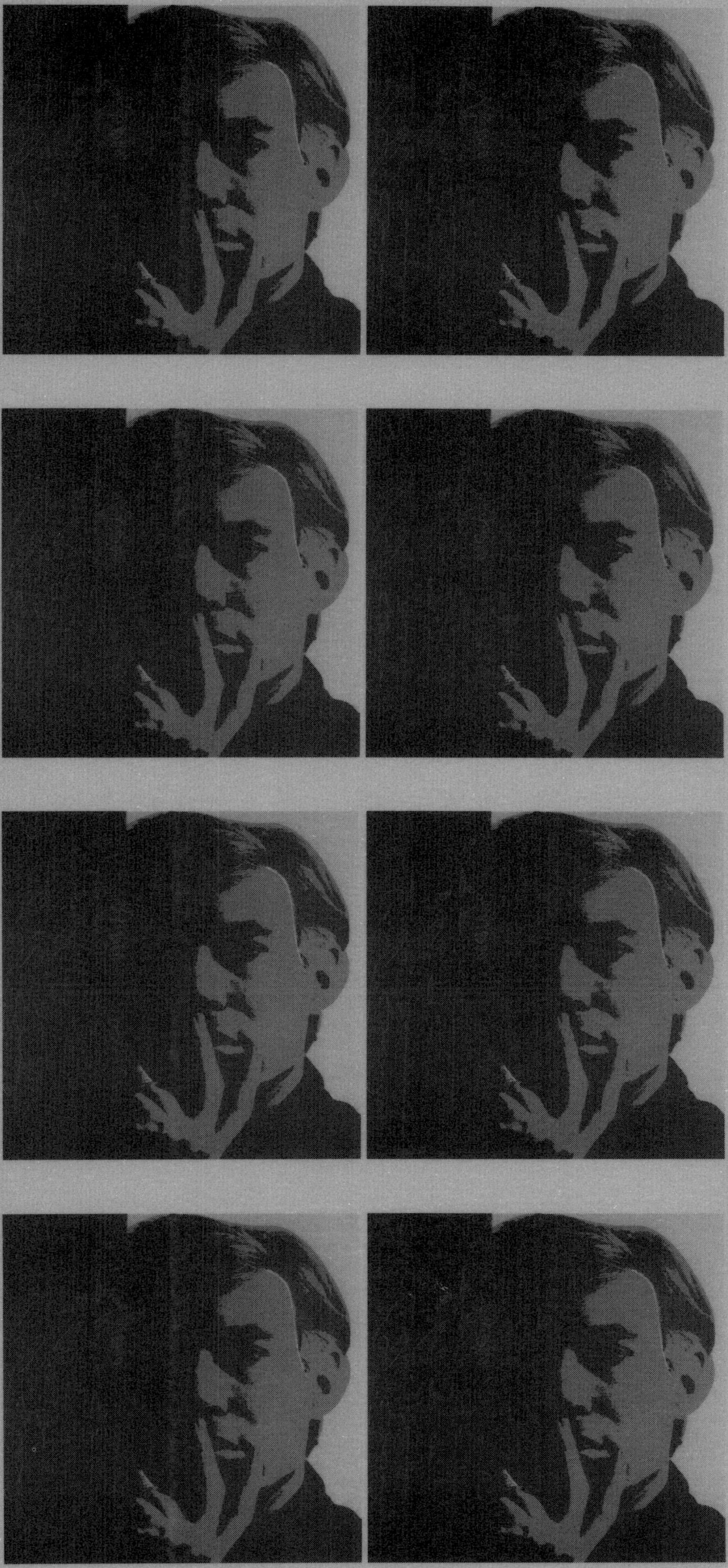

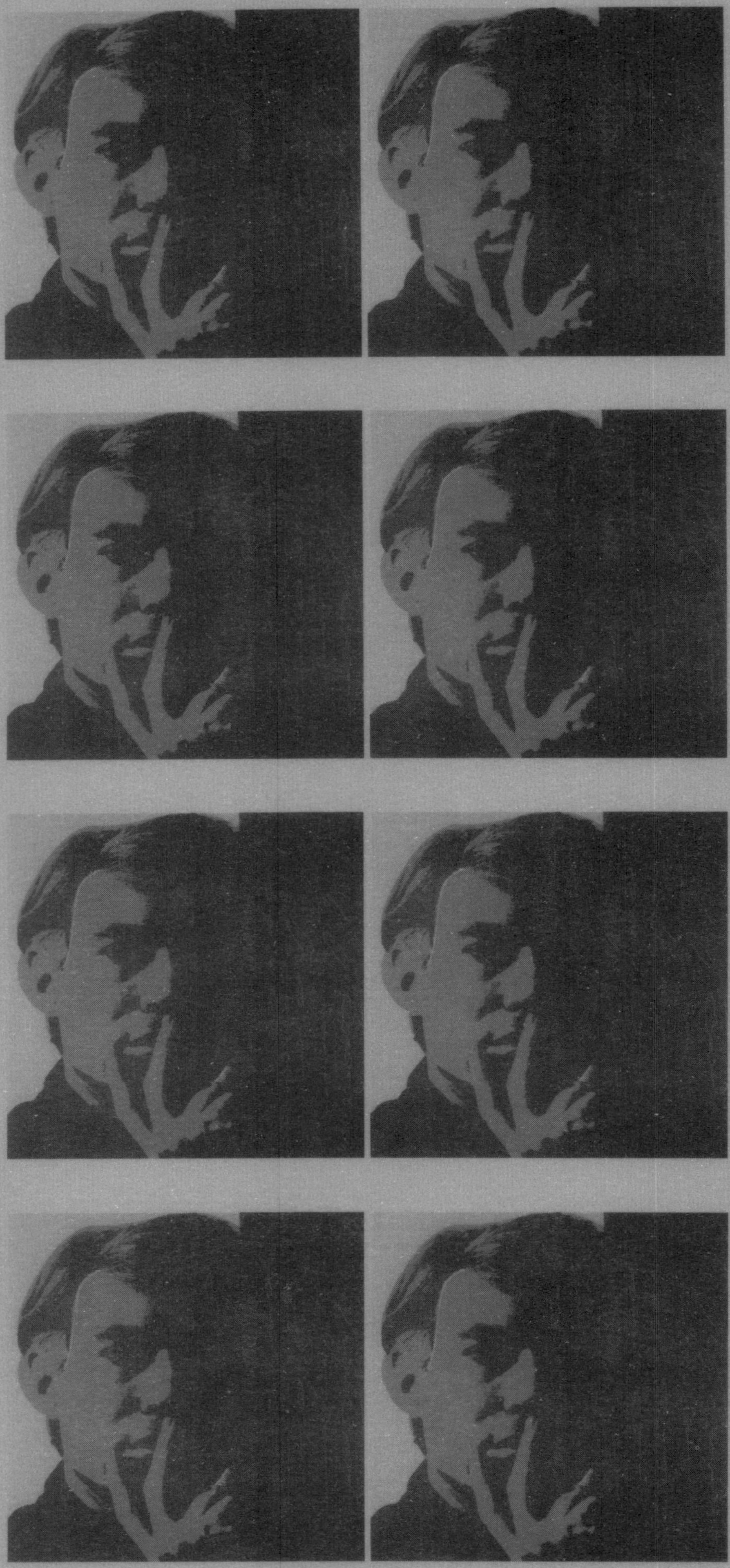

eigentlich vorgehabt hatte, sonst würde man mich jetzt verdächtigen. Sie hat nur das Beste – das Schlichteste und das Beste. Laut »Post« ist die Halskette eine halbe Million Dollar wert. Am besten gefiel mir an dem Artikel, daß Aly als »Geschiedene« bezeichnet wurde. Es ist Jahre her, daß ich dieses Wort gelesen habe. Ich frage mich, ob sie den Dieb womöglich selbst angeschleppt hat – überraschen würde es mich nicht. So wie damals, als sie uns alle zu sich mitnahm und die beiden Schwarzen dabei waren, Esther Phillips und ihr Freund. Aly hat die beiden damals nicht unseretwegen mitgenommen, eher umgekehrt. Sie hat *uns* mitgenommen, weil wir *sie* mitbrachten. Aber Paulette muß jetzt aufpassen, sonst ist sie die nächste; denn Rubine sind heute gefragter als Diamanten.

Ich möchte einen neuen Snack erfinden. Was mir vorschwebt, ist eine Art Waffel, die auf der einen Seite das Essen und auf der anderen das Getränk enthält – Schinken und Cola zum Beispiel. Man könnte gleichzeitig essen und trinken.

Freitag, den 10. März 1978

Blieb morgens zu Hause, weil ich ins »Quo Vadis« mußte, um Kirk Douglas beim Lunch zu interviewen. Nikky Haslam war dort mit Sybil Burton Christopher. Ich erkannte sie nicht gleich, weil ihre Haare jetzt eine andere Farbe haben. Kirk Douglas sah gut aus. Er war bezaubernd und bewundernswert. Lally Weymouth kam an unseren Tisch. Sie ist Kirks beste Freundin, er hat sie im Foyer gestreichelt. Bobby Zarem überraschte uns, als er sich die Rechnung griff. Kirk wollte am Abend ins »Studio 54« gehen und bat uns, dort anzurufen und seinen Namen an der Tür zu deponieren. Beim Interview erzählte mir Kirk, daß man in Hollywood anfangs sein Kinngrübchen wegschminken wollte.

Nach der Arbeit brachte ich Catherine nach Hause (Taxi $ 4.00) und zog mich um. Dann fuhren wir zu Lou Reeds Auftritt ins »Bottom Line« (Taxi $ 5.00). Draußen stand eine lange Schlange rund um den Block, doch dann war der Saal nicht überfüllt; es war vielmehr angenehm. Ronnie, Gigi, Clive Davis und Bob Feiden waren da. Am Eingang wollten sie Catherine das Tonbandgerät wegnehmen, aber sie gab ihnen nur die Batterien. Im Vorprogramm trat ein Mädchen auf. Lou kam mit Verspätung. Doch als er dann auf die Bühne kam, war ich (lacht) stolz auf ihn. Endlich hat er

Gigi und Ronnie Cutrone *(Andy Warhol)*

seinen Stil gefunden und braucht keinen mehr zu kopieren. Nun klappt alles, was er macht; er tanzt auch besser. Als John Cale und Lou die »Velvets« waren, hatten sie Stil, doch als Lou seine Solokarriere begann, imitierte er Leute wie Mick Jagger. Er brachte seinen Song »I Want to Be Black« – früher hat er mir nie gefallen, jetzt ist er gut.

Samstag, den 11. März 1978

Ich hatte eine Menge Verabredungen, blieb aber zu Hause und färbte mir die Augenbrauen.

Sonntag, den 12. März 1978

Stand auf und ging zur Kirche.

Lizas Geburtstagsparty fand in Halstons Firma im »Olympic Tower« statt. Catherine trug ihr neues Halston-Modell, hauteng und weiß. Die Hochfrisur stand ihr sehr gut. Die Party war nicht besonders. Es fehlten Leute. Muhammad Ali kam nicht und Liz Taylor auch nicht. Carol Channing schaute mit Eartha Kitt kurz rein. Eartha sagte, sie wolle mich unbedingt kennenlernen, doch dann hatten wir einander nichts zu sagen.

Melba Moore war auch da. Es wurde schließlich doch eine nette Party, mit Live-Band. Jane Holzer und Bob Denison waren da und ein paar Jungs aus dem »Studio 54«, diesmal nicht im Smoking, sondern in weißen Overalls.

Diana Vreeland, Truman Capote und Bob MacBride waren unter den Gästen. Bob war schon mit Truman zusammen, als ich 1973 das »Rolling Stone«-Interview mit ihm machte. Er sieht merkwürdiger aus denn je, und seltsam war er schon immer. Truman sagte, er finde nichts an den Jüngeren, es müsse also dieser Typ sein. Bob MacBride macht sich immer noch Notizen – das tat er schon damals, als ich ihn zum erstenmal mit Truman sah. Wozu, weiß ich nicht. Er ist immer noch verheiratet und hat sechs Kinder. Er hat stark abgenommen.

Al Pacino war da. Er sah blendend aus – wir haben gehört, daß er mit dem Gedanken spielt, Montauk zu mieten. Wir werden sehen. De Niro kam mir dick vor, Scorsese war bei ihm.

Ken Harrison, der Pornostar, saß an meinem Tisch. Bianca und Stevie präsentierten eine große Geburtstagstorte. Liza stimmte »New York, New York« an. Doch als Sterling St. Jacques sich neben sie stellte und mitsang, wurde sie wütend (lacht), schnappte sich ein anderes Mikro und sang weiter. Ich fragte Marty Scorsese, ob er Margaret Trudeau kenne. Er verneinte. Ich holte sie und stellte sie ihm vor – als Schauspielerin. Marty bestellte mir Grüße von Julia. Ich sagte zu ihm, sie sollten wieder zusammenziehen, doch er meinte, das sei ihm unmöglich, sie seien nur noch Freunde. Mein Gott, wie klein er ist. Halston küßte Liza. Bianca war mit Frederico de Laurentiis verschwunden. Die Fotografen fotografierten, und es wirkte unecht – wie eine große Kinoszene.

Montag, den 13. März 1978

Die »Post« hatte ein Bild von Halston, Liza und Ken Harrison. Aber ich hatte nur Augen dafür, wie Ken Harrison sein Glas hielt. Ich habe doch Nacktaufnahmen von ihm und Victor.

Taxi zur Chembank ($ 4.00), dann zu Fuß ins Büro. Mr. und Mrs. Carimati kamen zum Lunch. Bob bleibt neuerdings immer länger als sonst im Büro, weil er mit Kevin Schluß gemacht hat. Ich setzte ihn und Catherine ab (Taxi $ 3.50). Charlotte Ford rief an und lud mich zu ihrer Buch-Party in ein Restaurant Ecke 58. Straße und 3rd Avenue ein. Weil's nach Arbeit roch, nahm ich Bob mit. Die Party begann um 7.00, um 8.00 waren wir dort (Taxi $ 2.50). Wir erfuhren von Charlotte, daß es nicht um das ganze Buch ging, sondern um den Auszug, der in »Ladies' Home Journal« vorabgedruckt wurde. Eine Dame kam zu uns. »Ich bin Mrs. Hershey. Ich habe früher bei ›McCall's‹ gearbeitet. Ich erinnere mich an Sie und Ihre Zeichnungen.« Ich fragte, was sie zur Zeit mache. »Hören Sie, ich *gebe* diese Party. Ich bin Chefredakteurin des ›Ladies' Home Journal‹.« Eine Menge Spießer waren da, die man sonst nie zu Gesicht bekommt. Bob und ich waren im Smoking, Tom Armstrong nicht. Überhaupt fällt mir auf, daß immer weniger Leute Smoking tragen, auch wenn es ausdrücklich verlangt wird.

Mittwoch, den 15. März 1978

Nahm ein Taxi zum University Place, um mich dort umzusehen (Taxi $ 3.50). Kam gleichzeitig mit Rocky Converse ins Büro.

Wir hatten sie und andere schicke Leute zum Lunch eingeladen. Gigi fiel auf, daß Ronnie sehr nett zu einer älteren Dame war, und beschloß, ihm zu helfen. Sie dachte, wir wollten von ihr einen Porträt-Auftrag ergattern. Sie kümmerte sich um sie mit aller Zuvorkommenheit, bis Bob sagte: »Was soll denn das? Das ist meine Mutter.« Das war lustig.

Donnerstag, den 16. März 1978

Ich vergaß zu erwähnen, was mir Aly Kaiser bei der Joan-Crawford-Auktion erzählt hat. Sie behauptete, daß Joan Crawford in sie verliebt gewesen sei und daß ihre Liebesbriefe von Joan das beweisen könnten. Ich habe dergleichen nie über Joan gehört und kann es nicht glauben. Aber ich wollte das nicht sagen, weil Aly insistierte: »Ich werde Ihnen die Liebesbriefe zeigen, dann sehen Sie selbst.« Vielleicht kennt sie nicht den Unterschied zwischen lesbisch und... Ich weiß auch nicht. Guter Klatsch, mehr nicht.

Freitag, den 17. März 1978
Die Parade zum St. Patrick's Day hatte begonnen, der Verkehr stockte. Alle Leute trugen Grün und wankten. Ich fühlte mich an New Yorks alte Zeiten erinnert, als jedermann immerzu betrunken über die Straße torkelte und niemand Drogen nahm. Habe ich dem Tagebuch schon erzählt, daß unsere Fernsehshow geplatzt ist? Die Sache, an der Vincent gearbeitet hat? ABC hat abgelehnt. Angeblich kennt man mich in der amerikanischen Mittelschicht zuwenig.

Sonntag, den 19. März 1978
Palmsonntag. Ich ging zur Kirche, aber eine Frau hatte alle Palmwedel abgeräumt. Lunch im »Laurent« in der 56. Straße. Ein ziemlich vornehmes Restaurant. Chris Makos trug eine Lederjacke, und sein Freund hatte keine Krawatte um. Aber weil Dalí mit seinem Gefolge erwartet wurde, nahm niemand Anstoß. Ultra Violet saß neben Dalí und tat etwas Wunderbares – sie trug dasselbe wie damals, als ich sie eines Tages in den Sechzigern kennenlernte: ein rosa Mini-Kostüm von Chanel, die gleichen Stiefel, die gleiche Frisur. Am Handgelenk ein »Brillo«-Schwamm, den sie später, wenn er als Schmuck ausgedient hat, als Topfreiniger benutzen will. Ihr zweites Armband war aus Wellpappe, wie sie zur Verpackung von Flaschen verwendet wird. Die Pappe war mit goldener Farbe besprüht und zusammengeklebt. Es sah großartig aus. Ultra ist kreativ. Bei unserer letzten Begegnung hatte ich ihr geraten, einen New Look zu kreieren – »Park Avenue Punk«. Und jetzt erzählte sie mir, das habe sie auf die Idee zum »Christian Punk« gebracht. Sie singt das Vaterunser, baut aber das Wort »Arschloch« ein, was ich für geschmacklos halte. Sie wird damit im »Riverboat« auftreten. Ich schlug ihr vor, bei »CBGB« zu beginnen. Ich hatte zwei Bücher für Dalí zum Signieren mitgebracht. Da entdeckte ich, daß in einem schon »Für Fred« stand. Dalí schrieb mir eine neue Widmung daneben. Er steckt voller Ideen, aber es ist merkwürdig: In einigen Dingen ist er seiner Zeit voraus, in anderen zurückgeblieben. Er erzählte mir von einem Buch, das kürzlich in Paris erschienen ist. Es handelt von einem Bruder und einer Schwester, die einander so sehr lieben, daß der Bruder (lacht) ihren Kot ißt. Dalí sagte, meine Idee mit den »Piss Paintings« sei überholt und bereits in dem Film »Teorema« realisiert worden, was stimmt (lacht), und ich wußte es. Dann sagte er etwas Großes – er sagte, die Punks seien die »Shit Children«, Abkömmlinge der Beatniks und der Hippies. Er hat recht. Ist das nicht fantastisch? Die Shit Children. Er ist sehr klug. Dalí erzählte mir, er sei auf der Suche nach »schönen Freaks«, und ich sagte (lacht), ich könne ihm Walter Steding schicken. Abends trat Walter mit seiner »Zaubervioline« bei »Max's« auf. Dalí war wirklich ganz reizend. Er hatte mir eine Plastiktüte mit alten Paletten als Geschenk mitgebracht.
Ich muß noch Weihwasser für zu Hause holen. Ich habe es vergessen. Man bekommt es gratis im Vorraum der Kirche.

Dienstag, den 21. März 1978
Bob hat Truman bearbeitet, damit er bei der Party, die »Interview« am Abend der »Oscar«-Verleihung im »Studio 54« für Polaroid geben will, als Gastgeber fungiert. Truman macht es nur, wenn er keine Arbeit damit hat, wenn Polaroid ihm eine Filmkamera schenkt und wenn keine »alten Schachteln wie Gloria Swanson kom-

men, die mit meinem Namen Geschäfte machen«! Er sagte: »Holt mir Candy Bergen!«

Donnerstag, den 23. März 1978 Gestern sah ich in den Nachrichten, wie einer von den »Flying Wallendas« vom Hochseil stürzte. Tot. Man konnte alles sehen – er lief, erreichte die Mitte; ein Wind von Miami kam auf, er stürzte – und die Kameras zeigten in Großaufnahme, wie er dalag.
Die Firma BMW möchte, daß ich ein Auto bemale. Stella und Lichtenstein haben es auch gemacht.

Sonntag, den 26. März 1978 Ostersonntag. Es regnete stark, war kalt und windig. Ich sah mir die Osterparade nicht an, weil es keine gab. Aber das kluge Fernsehen hatte vorgesorgt: Es zeigte Osterspaziergänge aus England, wo die Menschen genau das taten, was man von ihnen Ostern erwartet – sie trugen ihre Hüte spazieren.
Ich nahm einen leeren Erdnußbutterkrug und ging in die Kirche, um Weihwasser zu holen, was Stunden dauerte. Man geht rein, drückt einen Knopf, und Weihwasser sprudelt heraus. Und wenn der Krug voll ist, geht man nach Hause. Ich habe dann noch mal zwei Stunden gebraucht, um es im ganzen Haus zu verteilen.

Freitag, den 31. März 1978, New York – Houston Flog nach Houston zur Ausstellung meiner »Sportler« in Frederica Hunters und Ian Glennies Galerie. Eine geräumige und schöne Galerie auf einem alten Gelände, nach Ians Entwürfen eingerichtet.

Mittwoch, den 3. April 1978 Tom Sullivan und Margaret Trudeau kamen vorbei. Sie trug ein rotes Kleid. Wir holten Catherine ab und fuhren ins »Studio 54« zur »Oscar«-Party von Polaroid. Truman Capote und ich machten die Gastgeber. Ich gebe meinen Namen nie wieder für eine Party her. Man hat nur Scherereien mit den Leuten, die man einzuladen vergißt oder die aus irgendeinem Grund nicht reingelassen werden. Mit den Einladungen lief alles schief. Zum Beispiel wurde am Nachmittag eine Einladung ins Büro gebracht, durch Boten von mir an mich. Wir gingen nach oben. Truman saß auf einer Sofalehne. Wir begrüßten Mick, Jerry, Diana Vreeland, George Trow, Margaret und Tom.
Danny Fields stand neben mir und hatte eine tolle Idee für einen Film à la »Saturday Night Fever«: Ein Hetero-Junge will der beste Schwule in der Stadt werden, weil er sieht, wie prächtig sich Homosexuelle amüsieren, und er noch mehr Spaß haben will.

Mariel Hemingway *(Andy Warhol)*

Es ist die Geschichte von Ronnie Cutrone.
Ich hasse die »Oscars«. Ich hasse das ganze Theater, jeden Kandidaten, jeden Gewinner. Ich habe wohl den Anschluß längst verloren. Kein guter Darsteller wie John Travolta unter den Gewinnern. Wer ist denn Richard Dreyfuss? Wenn das ein Sexsymbol ist, dann weiß ich nicht, was aus der Welt noch werden soll. Vanessa Redgrave zog dieselbe dümmliche Kommunistennummer ab, die sie schon in der »860« geboten hat. Und ich kann Woody Allens Filme nicht ertragen. Ich glaube, das sagt einiges. Ich traf Jim Andrews von Polaroid. Yul Bryn-

ner und Eric Clapton waren da. Ich suchte Dr. Cox, entdeckte ihn aber nirgends. Bob sagte, alle bedeutenden Leute seien im Keller – Halston, Apollonia, Tom Sullivan, Margaret, Barbara Allen und Ryan O'Neal, der zur Zeit »Oliver's Story« mit Candice Bergen dreht. Ich machte Ryan und Margaret miteinander bekannt, und sie schien interessiert. Ich erzählte ihr, daß sie für »Paris Match« fotografieren könne, doch »Paris Match« gefällt ihr nicht; zu verklatscht, sagte sie (lacht).

Halston will eventuell Montauk mieten.

Dienstag, den 4. April 1978

Louis Malle rief an und fragte, ob ich zur Vorführung seines Films »Pretty Baby« käme.

Die Party wurde in der Presse nur einmal erwähnt, und zwar in Earl Wilsons Kolumne, der den Namen Polaroid aber wegließ. Ich fürchte, die verantwortlichen Polaroid-Leute werden gefeuert, weil sie $ 30 000.00 für so eine Party ausgegeben haben. Und »Interview« verliert unter Umständen sämtliche Anzeigen. Swifty Lazars »Oscar«-Party wurde dagegen überall groß erwähnt. Bob hätte unbedingt Liz Smith einladen müssen und Rex Reed. Wenn ich jetzt darüber nachdenke, kommt mir der Verdacht, daß die bessere Gesellschaft nur deshalb nicht gekommen ist, weil Truman Gastgeber war! Wahrscheinlich sind diese Leute noch immer sauer auf ihn.

Ich ging nach Hause, leimte mich, und Barbara Allen rief an. Sie wollte nicht allein zu der Vorführung gehen. Um 7.45 holte sie mich ab. Wir nahmen ein Taxi zum Paramount Building am Columbus Circle ($ 2.50). Viele reiche und berühmte Leute waren da. Frank Yablans bedankte sich bei mir, weil ihm zu Ohren gekommen war, daß ich nur Gutes über seinen Film »The Other Side of Midnight« erzählt hatte. Dabei hatte ich mir nur einen Jux gemacht. Brooke Shields und Mariel Hemingway waren auch da. Barbara lernte Baryschnikow kennen. Er bekam den Platz neben ihr, und mich ließ sie fallen. Sie fragte: »Was machst du nachher?« Als ich sagte, »nach Hause gehen«, sagte sie (lacht): »Prima.«

Die Idee zu dem Film ist gut, aber es kommt nichts rüber – in New Orleans wird gegen die Sünde demonstriert, und dann passiert gar nichts. Nach der Vorführung sprach mich ein Freund von Louis Malle an; Louis wolle wissen, wie ich den Film fand. Ich sagte: »Wunderbar, interessant, seltsam.« Die Fahrt im Aufzug war aufregend, denn ich fuhr mit Baryschnikow, Barbara, Milos Forman, Frank Yablans und Diane von Fürstenberg. Milos spähte unter Baryschnikows Jacke – »auf der Suche nach dem kleinen Mädchen«. Baryschnikow hat einen so wundervollen Körper, aber sein Haar ist so komisch. Er trägt eine von diesen bauschigen »Ballonfrisuren«. Er sollte sich eine Frisur zulegen, die ihn männlicher macht und zu seinem guten russischen Gesicht paßt.

Mittwoch, den 5. April 1978

Victor kam und pißte für mich ein paar Zeichnungen. Ich gab Ronnie Geld ($ 2.00). Er sollte am Stand Zeitungen kaufen und nachsehen, ob die Polaroid-Party doch noch irgendwo erwähnt wurde. Immerhin riefen ständig Leute an, um mir zu sagen, wie toll sie die Party gefunden hätten.

Donnerstag, den 6. April 1978

Marguerite Littman kam mit ihrem Mann Mark zum Lunch. Mark Littman ist Anwalt der Königin von England. Doc Cox brachte sie in seinem Rolls-Royce. Dann Billy Klüver, Julie Martin und Lucy Jarvis. Bei ihnen war ein Neger namens Chris, der, so ihr Wunsch, ein Musical über mein Leben unterstützen soll (Kaffee $ 0.76, $ 1.89). Fred hatte auch Regine eingeladen, und da sie sich mit Diana Vreeland verabredet hatte, brachte sie Diana mit. Diana kannte Doc Cox nicht und dachte, er sei der Mann, zu dem sie nett sein sollte. Sie (lacht) begriff überhaupt nicht, wor-

um es ging. Dauernd fragte sie Regine: »Und warum soll ich zu dem Mann nett sein?«
Billy Klüver hatte mir erzählt, Chris sei »Wissenschaftler«, aber danach sah er nicht aus. Er war faszinierend. Mit 17 hat er angefangen, womit, ist mir allerdings nicht klar. Er sprach von seinem Landbesitz an der kalifornischen Küste und seinem Kaffeeunternehmen in Brasilien. Aber ich weiß nicht, es klang eher nach Schmuggel. Na ja, ein paar Ladungen Kokain, und man ist mehrfacher Millionär. Er sieht so jung aus und will alles kaufen, was man erwähnt. Zum Beispiel überlegt er sich, die Radio City Music Hall zu kaufen und die größte Diskothek der Welt daraus zu machen. Ich finde die Idee großartig. New York braucht die größte Diskothek der Welt.

Tom Sullivan schaute herein, und neben diesem Chris wirkte er wie eine halbe Portion. Dann kam auch noch Gianni Agnelli, und Chris sagte, er spiele mit dem Gedanken, Fiat zu kaufen. Gianni unterhielt sich mit Regine und Diana, also ging ich hin und sagte, ich wüßte einen Käufer für Fiat. Agnelli spitzte die Ohren. Die beiden Männer zogen sich in eine Ecke zurück, aber (lacht) dann ging Agnelli ziemlich plötzlich weg.
Tom Sullivan pißte für mich auf ein paar Leinwände und ging.
Doc Cox war begeistert, weil er mit Regine und Diane plaudern durfte und dann auch noch mit Gianni Agnelli.

Samstag, den 8. April 1978 Ich weiß immer noch nicht, wie ich den BMW bemalen soll. David Whitney schlug mir eine von diesen Rollen vor, mit denen man ein Blumenmuster auf die Wand wickeln kann. Ich klapperte verschiedene Malergeschäfte ab und fand schließlich eines, das mir bis Montag eine Rolle besorgen kann (Taxi $ 2.00, $ 2.15, $ 1.60). Ich werde Ronnie schicken.
Bob schlug vor, mit Mick und Jerry auszugehen, also luden wir sie zum Dinner ins »La Grenouille« ein. Wir hatten viel Spaß und betranken uns (Dinner $ 320.00). Dann gingen wir mit Mick zurück ins »Pierre«, weil er seine Turnschuhe ausziehen wollte. Wieso tragen eigentlich alle Turnschuhe? Und wieso gibt es keine dunklen, die wie Halbschuhe aussehen und doch bequem sind? Jerry beklagte sich, weil man sie im »Pierre« immer mit »Miss Hall« anredet. Sie und Mick haben sich nun endlich dazu durchgerungen, das Hotel zu wechseln, weil Mick früher immer mit Bianca im »Pierre« gewohnt hat. Sie haben lange gebraucht, um das zu merken. Sie wollen ins »Carlyle« ziehen.
Mick wollte, daß wir seine neue Platte hören. Wir wollten sie ins »Studio 54« mitnehmen, aber sie lag bei Earl Grath. Wir fuhren also zu ihm ($ 4.00). Earl hatte Besuch: Jann und Jane Wenner und Stephen Graham. Stephen hatte etwas in seiner Tasche, was in Folie eingewickelt war. Es sah nach Drogen aus, war aber ein Reiskeks.
Wir gingen ins »Studio 54«. Erst jetzt fiel mir auf, wie spät es schon war. Jane und Steve Graham wollten unbedingt ein Methaqualon. Ich besorgte ihnen ein paar von Stevie, bekam es dann aber mit der Angst zu tun – so etwas mache ich nie wieder. Schlecht fürs Image. Außerdem behauptet Bob, ich hätte in Micks Zimmer etwas Kokain auf meinen Gaumen gerieben, aber das ist nicht wahr. Ich hatte zwar den Finger im Mund, aber, hm... Okay, ich ging erst gegen 4.00. Zu Hause wachten die Hunde auf, und Jed bekam mit, um welche Zeit ich heimkam.

Montag, den 10. April 1978 Mr. Ballato liegt im Krankenhaus. Morgen wird er operiert. Er hat innerhalb eines Monats 23 Kilo abgenommen, und die Ärzte wissen nicht, was ihm fehlt. Er sagte, im »New York Hospital« habe man ihn schlecht behandelt. Mr. Ballato war zur Beobachtung eingewiesen, und als die Tests durch waren, hatte er ein blaues Auge. Seine Frau führt das Lokal.

Dienstag, den 11. April 1978

Heute morgen sah ich die »Today Show«. Gene Shalit interviewte Fran Lebowitz. Ich wartete auf das Wort »Interview«, doch sie erwähnte nur »Mademoiselle«. Wenn sie wirklich gewollt hätte, hätte sie es tun können, berechnend genug ist sie. Gene Shalit hält sie für hysterisch.

Averil Meyer kam ins Büro, weil sie sich um 3.00 mit Ruth Carter Stapleton und Dotson Rader treffen wollte. (Taxi $ 4.00). Sie kamen erst um 4.00. Brigid war empört, weil Dotson in Ruths Gegenwart »fuck« und »Scheiße« gesagt hatte. »Vor wem hat er auf dieser Welt eigentlich noch Respekt, wenn er so vor der Schwester des Präsidenten redet? Aber daran sieht man, daß Nixon wieder ins Weiße Haus gehört.« Ruth Carter Stapleton war süß, Dotson geschmacklos wie immer. Sie wollte ein Polaroidbild von uns machen, aber natürlich waren keine Blitzlichtbirnen da. Ronnie ging los, um welche zu kaufen. Vincent zeigte in der Zwischenzeit einen Polarvision-Film, das war die ganze Unterhaltung. Ich schenkte ihr ein »BAD«-T-Shirt.

Der Typ von der Hamburger-Firma schaute herein. Ich mache ein Hamburger-Porträt. Frank Fowler hat mir den Auftrag besorgt. Mir fällt nur der Name nicht mehr ein – McDonald's war es nicht, aber auch nicht Burger King, Wendy's oder Wetsons – etwas anderes.

Toni, das Mädchen von der »High Times«, und ihre Freundin Carole sollten um 8.30 mit einem Wagen bei mir sein. Ich mußte bis 10.00 warten, dann kamen sie endlich. Wir holten Brigid ab. Ich wollte die beiden Mädchen auf Tonband nehmen, um eventuell ein Stück daraus zu machen. Toni trug ein T-Shirt, auf dem es zwei Männer miteinander treiben. Wir fuhren hinunter in die 10. Straße zwischen der 1st und 2nd Avenue. Das Lokal hieß »Princess Pamela's Restaurant« oder so ähnlich. Carole trug einen Pelzmantel. Wir klingelten, und Prinzessin Pamela, eine schwarze Lady mit hellroter Perücke, machte auf. Sie sah aus wie ein Transvestit, um dir einen Eindruck zu geben. Sie hatte uns um 8.30 erwartet. Na ja, und als wir in den 1. Stock kamen, waren da nur zwei Negermädchen, Kellnerinnen – Gesellschafterinnen. Drei kleine Räume, in einem stand ein weißes Klavier. Die beiden Frauen waren etwa 35 und halbwegs intelligent: wie Valerie Solanis als Schwarze. Es war ein Restaurant mit Darbietungen zwischen den Gängen.

Mit Mick Jagger und Jerry Hall

Toni und Carole redeten nur von 1966. Ich fragte sie mehrmals, was zwischen 70 und 75 passiert sei. Ich glaube, sie hatten mit Drogen aufgehört und sagten: »Nichts.«

Die Prinzessin zog ein langes Kleid an und sang. Später servierte sie einen großen Pfirsich-Cobbler aus Dosen-Pfirsich. Ein trauriger Anblick: Er war nicht mal angeschnitten, weil keine Gäste dagewesen waren. »Ich habe ihn extra für dich gemacht«, sagte sie.

Andy Warhol bemalt einen BMW *(Lynn Goldsmith)*

Ich wollte ihn nicht essen, aber doch anschneiden, also legte ich ihn auf Brigids Teller. Sie blitzte mich mit ihrem giftigen »Liebling!«-Blick an, den sie von ihrer Mutter hat, und der bedeutet: »Wie kannst du es wagen?« Die Prinzessin gab uns einen Prospekt von dem Lokal. Joe Franklin wird darin erwähnt.
Brigid war begeistert von »Pamela's«, man weiß ja, wie sie manchmal übertreibt. Sie will jetzt immer dorthin gehen. Ich hatte genug und ging hinunter. Ich mußte einfach raus. Toni übernahm die Rechnung.

Mittwoch, den 12. April 1978
Plötzlich waren Fernsehleute mit Kameras da. Sie wollten filmen, wie ich den BMW bemale, genauer gesagt ein Modell des Wagens, den ich später bemalen sollte. Das war vielleicht ein Chaos. Ich wollte die Rolle mit dem Blumenmuster ausprobieren. Eigentlich hatte ich mich schon für Rosa und Schwarz entschieden, aber dann überredete mich Chris Makos, Gelb und Schwarz zu nehmen. Ich fing an, mit der Rolle die Blumen aufzutragen, aber die Transparentfarbe haftete nicht an dem Modell. Victor Bockris war da. Ich probierte die Rolle an ihm aus, auch das war ein Reinfall. Leo Castelli kam vorbei, und beim Anblick der Sauerei wäre ihm fast schlecht geworden.

Donnerstag, den 13. April 1978
»Interview« verliert wahrscheinlich Halstons doppelseitige Anzeige. Wochenlang hatte man mir gesagt, sie sei unterwegs, doch gestern hieß es plötzlich, sie wüßten von nichts. Jetzt wissen wir nicht, woran wir sind. Victor hat keinen Kontakt mehr zum Haus Halston. Halstons neuer bester Freund ist Stevie. Statt im »Studio 54« verbringt er jetzt jeden Abend bei ihm. Victor hat schon empfohlen, wachsam zu sein – er sagt, daß Halston einem in den Rücken fallen kann und man sich rar machen muß, um für ihn interessant zu bleiben.

Freitag, den 14. April 1978 Ging mit Richard Weisman ins »Americana« zu einem Bankett für die Yankees. Zeremonienmeister war Howard Cosell. Er ließ das komplette Team aufmarschieren. Alle versuchten, von Reggie Jackson ein Autogramm zu bekommen. Eins war lustig: Averil Meyer – ihrer Großmutter, Mrs. Payson, gehören die Mets – sagte ständig:

»Mir gehören die Mets.« Alle hielten sie für verrückt.
Ich unterhielt mich mit Suzy Chapstick. Sie sagte, ihr sei aufgefallen, daß fast jede berühmte Frau als Kind ein Wildfang gewesen sei. Ich antwortete, ich sei auch ein Wildfang gewesen.
Im Büro gab es Probleme mit Halston. Er rief Fred an und beschwerte sich über Victor, der überall erzähle, daß Halston die Gemälde nicht bezahlt habe, die er von uns gekauft hat. Victor habe die Absicht, sie abzuholen und an Elsa Peretti zu verkaufen. Halston fragte Fred, ob wir Victor aufgehetzt haben. Fred verneinte. Halston hat übrigens letztes Wochenende sein Hauspersonal gefeuert – auch Lorenzo und das Mädchen. Der Ärger geht ihm so an die Nieren, daß er nicht an seiner Kollektion arbeiten kann. Vor ein paar Tagen hat Elsa im Keller des »54« einen Riesenstreit angefangen – sie hat Stevie angegriffen, und alle als Schwule beschimpft, wirklich schlimm. Ich war aber nicht dabei. Schließlich gelang es Bob, sie mitzunehmen. Sie hat auch Gläser zerschlagen. Wenn man so was hört, will man den Rest seines Lebens nur noch zu Hause bleiben. Victor und Elsa haben Halston völlig geschafft.
Das andere große Ereignis im Büro war heute mittag: Als Ronnie im Konferenzraum die Klotür öffnete – das Schloß ist nicht ganz in Ordnung –, saß da Margaret Trudeau mit heruntergelassenen Hosen und einem Löffel Kokain vor der Nase. Ronnie sagte »Entschuldigung« und zog sich zurück. Sie war mit Tom Sullivan gekommen.

Samstag, den 15. April 1978 Ich weiß nicht, wie ich mich Victor gegenüber verhalten soll. Er rief an und erläuterte mir die Lebensphilosophie seiner Mutter, und die ist so hervorragend wie meine. Ich wünschte, ich könnte mich noch an alles erinnern. Er befolgt also ihren Rat und schafft sich Probleme – nur um sein Leben interessanter zu machen. Seine Mutter hat sich zum Beispiel ein kleines Apartmenthaus gekauft, weil sie sonst nichts zu tun hatte. Sie dachte, wenn sie jeden Monat bangen müsse, ob die Mieter auch ihre Miete überweisen, macht das ihr Leben interessanter. Ist das nicht toll? Und Victor sagt, daß er sich nur deshalb Probleme schafft, weil er überhaupt etwas *empfinden* will. Ich frage ihn: »Warum tust du nicht wenigstens so, als wärst du nett? Du könntest so einfach mit Halston auskommen.« Und er antwortete: »Unmöglich, ich habe spanisches Blut. Ich kann mich nicht verstellen, Streiten macht Spaß. Das ist spannend.« Mit Victor am Telefon geht wirklich die Post ab.

Sonntag, den 16. April 1978 Ich arbeitete den ganzen Nachmittag und sah mir dann »Holocaust« an. Ich machte mir frischen Grapefruitsaft mit Wodka und nickte zwischendrin immer wieder ein. Das kleine Mädchen wurde vergast. Ich denke, jeder lebt in seiner eigenen kleinen Welt. Jemand sagt dir, was du tun mußt, und du hast keine Ahnung, was vorgeht. Aber die da wissen es, und du bist ihnen ausgeliefert. Vielleicht hat man den Deutschen erzählt, die Juden seien wirklich schlecht und müßten deswegen von ihnen umgebracht werden – aber andererseits hatten sie lange als Nachbarn miteinander gelebt. Sie haben also gewußt, daß die Juden nicht schlecht sind. Aber es ist wohl, wie wenn man ins Krankenhaus kommt – sie nehmen einen, machen alles mit einem, wobei man nicht weiß, was in ihnen vorgeht. Wenn man Geld in Kunst oder Aktien investiert, muß man sich ja auch auf andere Leute verlassen. Man selber hat keine Ahnung, deshalb vertraut man auf das, was andere sagen. Sogar im Sport ist das so. Oder bei terroristischen Gruppen. Die drücken dir auf der Straße ihr Zeug in die Hand und leben in einer eigenen Welt.
Was aber, wenn heute jemand zu dir sagen würde: »Das und das müssen wir den Puertoricanern antun.«

Könntest du mitmachen? Nein. Warum also konnten sie es damals? Kennst du einen Deutschen, den du dazu für fähig hältst? Also... Aber wenn man es einmal getan hat, kann man es immer und immer wieder tun, soviel steht fest. Ich glaube, nachdem sie den ersten Juden umgebracht hatten, fiel es ihnen leicht.

Montag, den 17. April 1978 Wir schlossen früher, weil wir uns Tom Cashins Musical-Premiere »The Best Little Whorehouse in Texas« an der Ecke 2nd Avenue und 13. Straße ansehen wollten (Taxi zum Theater $ 2.30). Ich mußte die Karten bezahlen, wir bekamen sie nicht umsonst ($ 23.00). Tom hatte seinen Auftritt kurz vor der Pause. Er war gut und bekam viel Applaus. Um 8.00 ging ich.

Ich zog eine Smokingjacke zu meinen Bluejeans an und eilte hinüber zu Lee Thaw. Wie sich herausstellte, war ich zu früh. Als Bob und Fred kamen, entschuldigten sie meine Verspätung, bevor sie merkten, daß ich schon da war. Das Dinner galt den Van der Kemps aus Versailles. Unter den Gästen waren die Herrings aus Houston, Mary McFadden und Tammy Grimes. Ich blamierte mich, als ich zu Tammy sagte: »Du trägst eins von Marys Kleidern.« Darauf sagte sie: »Nein, es ist ein Fortuny.« Ich hatte Mary bewußt zuerst genannt, denn als ich neulich zu jemandem gesagt habe: »Oh, Sie tragen ein Fortuny-Kleid«, bekam ich zur Antwort, »Nein, eins von Mary McFadden«. Mary zeigte mir den Unterschied: Ihre Säume sind mit der Maschine, Fortunys Säume mit der Hand genäht.

Im »Hurrah's« fand eine Party für Tom statt. Wir fuhren hin. Unterwegs schauten wir auf einen Sprung ins »54« (Taxi $ 3.00). Bei der Party klopfte mir Halston auf die Schulter und sagte, Liza und Baryschnikow seien auch da und würden am liebsten sofort die Porträts von Liza sehen. Also fuhren wir zum Olympic Tower. Die Bilder gefielen ihnen sehr. Sie waren auch wirklich großartig. Baryschnikow sprach noch Stunden später von ihnen. Ich brachte das Gespräch auf Brigids Schwester, Chrissy Berlin, die ihm geholfen hatte, sich in den Westen abzusetzen. Er sagte, das sei eines der Mädchen, die er nur kurze Zeit gemocht habe, wie eigentlich jedes Mädchen. Seine erste Liebe war Hakarowa, die seinetwegen ihren Mann verließ. Später überlegte sie es sich anders und kehrte zu ihm zurück. Letztes Jahr hat sie noch einmal geheiratet. Baryschnikow war bei der Hochzeit in San Francisco, und er empfand nichts mehr für sie. Er war Trauzeuge; sie hat irgendeinen reichen Kerl geheiratet.

Dienstag, den 18. April 1978 Habe endlich den BMW fertig bemalt. Schwarz mit rosa Blumen von der Rolle. Vielleicht werden sie etwas hineininterpretieren. Ich hoffe es.

Ein paar Kids aus Alabama brachten mir »Space Dust« mit, eine Süßigkeit, die heute auf der Titelseite der »Post« abgebildet ist. Das Zeug explodiert einem im Mund und prickelt.

Ich sprach mit einer Frau, die in Krankenhäusern Blumenarrangements für Krebspatienten macht. Ich sagte, ich würde das auch gerne machen, was natürlich nicht stimmt. Eigentlich hatte ich sie fragen wollen, ob sie keine Angst hat, sich mit Krebs anzustecken. Ob so ein paar Blumen wohl etwas bewirken? Ich weiß nicht – wenn ich Krebspatient wäre, würden mir Blumen nicht helfen. Man weiß eben, daß an einem bestimmten Tag eine Frau kommt und Blumen arrangiert, mehr nicht. Ist es nicht seltsam, daß man Krankheiten heilen kann, deren Ursache man noch nicht kennt? Polio ist heute heilbar, aber wie man es kriegt, weiß niemand. Und die vielen Kinder, die in New Jersey an Krebs sterben. Vermutlich liegt es am Wasser.

Mittwoch, den 19. April 1978 Telefonierte mit John Reinhold, und er lud mich zum Lunch ein. Ging hinaus in den Regen und nahm ein Taxi zur Ecke 36. Straße und Fifth Avenue ($ 2.50). Ich ging zu John hinauf und sah mir seine Edelsteine an; er bringt mir alles darüber bei. Er sagt, daß er nie heiße oder billige Ware kauft, sondern auf gute Steine wartet und dann bezahlt, was sie kosten. Wir spazierten durch den Regen hinüber zu »Pearls«, das machte Spaß. Am Eingang sahen wir Corice Arman. Sie wartete auf Arman, der gerade den Wagen parkte. John und ich sprachen über »Holocaust«. Ich habe John wegen seines Akzents immer für einen Europäer gehalten, doch er ist hier geboren. Ich vermute, daß ihm der Akzent bei seinem Diamantengeschäft nützt. Das Essen bei »Pearls« war gut, wir tranken Whiskey. John hat ein Kind und eine Frau, die ich mal Ekel nannte, und dann mußte ich erklären, daß das nicht bedeutet, daß ich Ekel nicht mag; es dauerte eine Stunde. Nach der Arbeit mußte ich zu Eleanor Lamberts Cocktailparty für Bernadine Morris, die Modejournalistin von der »New York Times«, die zusammen mit einer Fotografin ein Buch über Mode gemacht hat.

Calvin Klein erzählte mir, daß er in Urlaub fährt. Als ich fragte, wohin, antwortete er: »Das sage ich niemandem. Ich fahre allein, allein, allein. Es wird wunderbar.« Und dann ging ich einmal durch den Raum hinüber zu Giorgio Sant' Angelo, und der erzählte mir, daß er zwei Wochen auf die griechischen Inseln fliegt, und zwar allein, allein, allein. Ich fragte: »Weißt du genau, daß du nicht mit Calvin Klein fliegst?« Und er sagte: »Oh, du weißt aber auch alles.« Nein, sagte ich, ich hätte nur zwei und zwei zusammengezählt.

Diane von Fürstenberg war da. Sie wohnt im selben Gebäude wie Eleanor Lambert und lud Bob und mich ein, bei ihr zu essen und die neue »Holocaust«-Folge anzusehen. Wir gingen runter. Ihre Mutter und Marina Cicogna waren da. Dianes Mutter ist in Auschwitz gewesen, und als die Konzentrationslager ins Bild kamen, lachte sie und sagte, als sie dort war, habe es dort nicht so schick ausgesehen, die Frauen hätten einen Bürstenschnitt getragen und da, wo 20 Menschen gezeigt wurden, hätten sie in Wirklichkeit 300 000 zusammengepfercht. Es war merkwürdig, sich die Sendung zusammen mit Marina Cicogna anzusehen, deren Familie so enge Beziehungen zu Mussolini hatte. Noch bevor die Sendung zu Ende war, machte sich Diane zum Ausgehen fertig und bestellte eine Limousine.

Mit Calvin Klein und John Stockwell *(Patrick McKullan)*

Freitag, den 21. April 1978

Milton Greene war zum Lunch Gast im Büro. Er sagte, ich hätte ihn auf die Idee gebracht, ein Portfolio über Marilyn Monroe zu machen, also verkauft er zehn Fotografien von ihr für $ 3800.00 Fred fand den Preis hoch, aber Milton sagte, er habe auch schon an Museen verkauft... Also ich weiß

nicht, so gut sind die Fotografien nun auch wieder nicht. Sie sehen aus, als seien sie alle bei derselben Sitzung entstanden. Er und Marilyn hatten damals diese Firma und drehten zusammen »The Prince and the Showgirl« Ich kenne Milton schon lange. Er und Joe Eula waren an meinem ersten Tag in New York sehr nett zu mir – er war mit Joe jahrelang eng befreundet, aber später hat Milton Amy geheiratet. Jemand hatte mir ihre Adresse gegeben und gesagt, ich solle mich dort sehen lassen. Das tat ich auch. Ich durfte sogar ihr Telefon benutzen, nahm sie aber nie beim Wort (lacht) – sie waren so nett, daß ich mich fürchtete.
Matt Collins, das berühmte Model, kam vorbei. Er sieht umwerfend gut aus. Brigid ergatterte einen Kuß von ihm. Margaret Trudeau war auch da. Sie will bei den Anzeigen für »Rum aus Puerto Rico« mitmachen, mir zuliebe.
Ich wollte nach Hause, aber Carole vom Duo Toni und Carole lud uns ein, ihre neue Wohnung zu besichtigen. Wir fuhren also zum Hudson River, in die 79. Straße, glaube ich. Eine schöne Wohnung. Alles sah ordentlich und nach viel Geld aus. Sie und ihre Freundin sagten, ihr kostbarster Schatz sei ein Warhol über dem Bett. Wir sahen uns das Bild an, und, traurig genug, es war eine Fälschung. Und ich sah es, Brigid sah es, und Victor sah es. Das Bild gehört zu den Sachen, die ihr nach der Scheidungsvereinbarung mit Toni zugefallen sind. Hätte ich es ihr sagen sollen? Es war so gräßlich.

Samstag, den 22. April 1978
Fuhren ins »Carlyle«, wo Jerry Hall als »Miss Philips« eingetragen ist. Unterwegs kauften wir Filme (Taxi und Filme $ 5.00). Jerry war umgezogen, als wir kamen. Eine Sekunde später war sie unten. Fuhren ins »Quo Vadis« ($ 2.00). Jerry ist wunderschön, jeder dreht sich nach ihr um. Sie ist erst 20. Ich habe nicht gewußt, daß sie noch so jung ist. Wir vermieden es, über Mick zu reden. Sie sagt, daß sie mit 16 aus Texas weg und nach Paris gegangen ist. Ihr erster Lebensgefährte war Tom Cashin. Dann hat sie Antonio kennengelernt, der Zeichnungen von ihr gemacht hat. Mit Mick wird sie wunderschöne Kinder haben. Ich glaube schon, daß Mick sich Kinder wünscht – er hat Jade, und Jade ist hübsch, aber die Kinder, die er mit Jerry haben wird, werden einmalig sein. Vielleicht kriegen sie einen schönen Jungen. Ich glaube, jetzt, wo Mick nicht mehr so viel unterwegs ist, wünscht er sich eine Frau, die zu Hause bleibt. Und Jerry ist bereit, ihre Karriere aufzugeben.
Wir verließen das »Quo Vadis« und gingen zu Fuß die Madison Avenue zurück zum »Carlyle«, wo wir Sekt mit Orangensaft tranken. Mick bezahlt die Hotelrechnung und Jerry den Zimmerservice, solange sie dort wohnen. Sie verdient gut, zwischen $ 750.00 und $ 1000.00 am Tag. Sie zeigte uns einen Liebesbrief von Mick: »Ich liebe dich.« Unterschrieben war er mit »M« und einem »X«.

Sonntag, den 23. April 1978
Bob hat mir von seinem Dinner mit Kevin und Diana Vreeland berichtet. Laut Bob hat Diana behauptet, ich zähle nicht mehr zur Avantgarde. Chris Hemphill hatte ihr vorher das Fotobuch gezeigt, an dem Bob und ich zur Zeit arbeiten, und bei dem Dinner sagte sie, auch das Buch zähle nicht zur Avantgarde. Im übrigen sei auch Jackie O. der Meinung, ich zähle nicht mehr zur Avantgarde. Natürlich ist das auf Chris Hemphills Mist gewachsen. Er hat die beiden damit vollgelabert, und sie plappern es nach. Denn beide *wissen* nicht einmal, was ich mache. Als Diana dann Saul Steinberg über den grünen Klee lobte, sagte Bob: »Er ist bloß ein Illustrator.« Sie muß sauer auf Fred sein und hackt deshalb so auf mir rum. Anders kann ich es mir nicht erklären. Neulich abends hatten wir noch soviel Spaß miteinander. Chris Hemphill macht ihr Buch. Fred hat das arrangiert.

14 Hedy Lamarr, 1962 ▸

To Maybelline —
The eye make-up I find
so truly flattering —
Always
Hedy Lamarr

15 Superman, 1960

Stevie rief an. Ich solle Bob bitten, Elsa Peretti einzuladen. Der Streit im Keller sei vergessen und es mache ihm auch nichts aus, daß sie ihn als Juden beschimpft habe.

Ich holte Catherine ab. Wir gingen zu Halston. Irgendwann klingelte es, und Joe Eula ging nachsehen. Nach einer Weile kam er zurück und sagte, es sei Barbara Allen – ich hatte ihr von Halstons Party erzählt. Halston war beleidigt und rief: »Ich wollte eine *kleine* Party!« Und dann kam Barbara herein, und mit ihr kamen Gianni Agnelli und Baron und Baronin von Thyssen, die ich nicht erkannte. Vermutlich dachten sie, ich nähme nur deshalb keine Notiz von ihnen, weil sie mir vor Jahren mal ein Bild zurückgeschickt haben. Bianca und Dr. Giller hatten beim »Erotik-Bäcker« zwei große Marzipankuchen gekauft: der eine geformt als Schwanz, der einen Arsch fickt, der andere nur als Schwanz. Der Laden ist an der Ecke 70. Straße und Amsterdam Avenue. Das Zeug liegt dort offen im Schaufenster, die Kekse sind Titten aus Schokolade. Bianca trug den Kuchen herein und posierte mit Schwanz und Eiern. Der Kuchen war kaffeebraun, so daß Bianca damit aussah wie die Tunte Potassa. Halston tat so, als esse und lutsche er das Backwerk.

Wir tranken bis 1.00 und fuhren dann ins »Studio 54«. Gianni Agnelli kam nicht mit – er wollte zu Hause auf einen Anruf wegen der Moro-Entführung warten. Er ist irgendwie an den Lösegeldverhandlungen mit den Terroristen beteiligt.

Dienstag, den 25. April 1978 Die Leute von »Rum aus Puerto Rico« haben ihre ganze Anzeigenkampagne abgeblasen. Sie sagen, die FCC mache

W P. SAM
ALL THRE

MIGHTY PUFF
PER-BREATH
ISHED THE

GOOD!
OF MY SU
EXTINGU
FORES
PUF

ihnen zu viele Schwierigkeiten, und Margaret Trudeau sei ihnen sowieso zu heiß. Ich bat Bob zurückzurufen und nach unserem Geld zu fragen. Sie haben versichert, daß wir es kriegen.
Chris Makos rief an und fragte, ob ich bereit sei, mich von einem Psychiater interviewen zu lassen, der ein Buch über IQs schreibt. Ich sagte, nur gegen Bezahlung. Später rief er zurück: »$ 1000.00.« Ich fragte Fred. Fred fand die Sache amüsant, also sagte ich zu.

Mittwoch, den 26. April 1978

Wir schlossen das Büro früh. Fred und ich wollten mit Averil zu einem Baseballspiel der »Mets« und hatten einen Treffpunkt ausgemacht, an dem sie uns abholen sollte. Ich hatte ganz vergessen, wie teuer es ist, mit dem Taxi in die 89. Straße zu fahren (gab Fred $ 4.00).
Averil fuhr uns im Mini-Cadillac ihrer Mutter zum Shea-Stadion. Sie fährt verwegen. Fred hatte mir einen Wintermantel geliehen, und das war auch nötig: Es war eiskalt. Wir gingen nach dem achten Inning. Es stand 0 : 0, und als wir das Autoradio einschalteten, stand es noch immer 0 : 0 (Maut $ 0.75).
Averil stellte das Auto ihrer Mutter im Parkhaus in der 52. Straße ab. Wir nahmen ein Taxi zu »Elaine's«. Bob gab dort ein Dinner für Baron Leon Lambert von der belgischen Bank. Chris Makos und Catherine Guinness waren auch dort. Catherine trug ein T-Shirt mit der Aufschrift »Wo liegt Palästina?« Ihr Urgroßvater war Lord Moyne von Palästina und wurde dort 1944 von der Stern-Bande ermordet. Sie fragte Leon, ob er Jude sei. Halbjude, antwortete er, seine Mutter sei eine Rothschild. Darauf Catherine: »Mir ist das völlig gleichgültig. Wissen Sie, wenn Hitler den Krieg gewonnen hätte, wäre mein Stiefgroßvater Diktator von England.« Sie meinte Sir Oswald Mosley, den Gründer der faschistischen Partei von Großbritannien. Aber Bob sagte, Catherine und Leon seien gut miteinander ausgekommen.
Später kam Peter Wise, der Freund von Chris. Wir fuhren zur Jubiläumsparty des »Studio 54« (Taxi $ 3.25). Wir stiegen in der West 53rd Street aus und benutzten den Hintereingang,

16 Dick Tracey, 1960

weil eine Menschenmenge den Vordereingang blockierte. Wir gingen in den Keller mit den goldenen Kissen und dachten, die Decke kommt runter, so heftig wurde oben getanzt. Halston sagte, wir sollten schon mal üben (lacht), denn wenn die Torte reingebracht werde, müßten wir Reden halten. Und dann übte er *seine* Rede. Truman trug einen schwarzen Hut mit einem Band aus Stanniolpapier. Während wir uns unterhielten, kam YSL mit Marina herein und gab Halston einen dicken Kuß – Neues aus der Modewelt. Ich hatte den Eindruck, daß Yves was genommen hatte.
Wir gingen nach oben und setzten uns auf das Klavier vor dem Vorhang, doch die Torte kam und kam nicht. In seiner Rede unterstrich Halston die Bedeutung des »Studio 54« für New York. Er war sehr gut und schloß mit den Worten: »Und jetzt übergebe ich das Mikrofon an Andy.« Ich hatte aber schon ein Mikro in der Hand,

und es ist schlimm genug, wenn man *ein* Mikro in der Hand hält und nichts zu sagen hat. Ich brachte nur »Hm, uh, oh, hm ...« heraus. Ich weiß auch nicht, ich machte Geräusche, die kaum einer hören konnte, und es wurde gelacht. Bianca sagte was. Aber sie hätte es auch auf nicaraguanisch sagen können, es war ohnehin nicht zu verstehen. Dann gab sie Liza das Mikro, und Liza, in einem roten Halston-Modell, sang etwas wie »Embraceable You«, aber es war aus »The Act« und hatte Verse wie »Forget Donald Brooks / Halston has all the looks«. Bob sagte, seit Hitler in seinem Bunker habe sich keine Clique mehr so gehenlassen. Ging mit Catherine, setzte sie ab ($ 3.50).

Mittwoch, den 3. Mai 1978 Wir waren bei John Richardson zu einem Tanzabend eingeladen und fuhren mit der Limousine hin. Alles war äußerst elegant. Lynn Wyatt und Nan Kempner waren da und »Die Kaiserin«. Also, wenn Bob in seiner Kolumne »Out« Diana Vreeland *noch einmal* »Die Kaiserin« oder mich den »Papst des Pop« nennt... Diana nahm ihr Schminkzeug heraus und legte fingerdick Rouge auf: »Ist das jetzt ›Kabuki‹ genug?«

Catherine Guinness *(Andy Warhol)*

Bianca ist wirklich scheußlich zu Barbara Allen. Um sich wegen Mick zu rächen, hat sie jetzt auch Halston gegen Barbara aufgehetzt. Aber ich habe es ihr heimgezahlt – ich erzählte ihr, sie hätte eine der besten Modenschauen verpaßt, weil sie nicht bei Ossie Clark war. »Oh, Bianca«, sagte ich, »es war alles wie für dich gemacht. Ein wunderschönes Kleid mit Fledermausärmeln, ein Modell ›Traumfrau‹, das mußt du dir sofort kaufen.« (Lacht.) Sie steckt ja in der Klemme: Mit Halston ist sie befreundet, aber seine Kleider stehen ihr nicht. Sie wirkt darin zu klein, oder sie betonen ihre Figur an den falschen Stellen. Bianca sieht aus wie in schlechten Windeln. Mir gefallen Halstons Kleider, weil sie einfach sind, genau das, was amerikanische Kleidung sein sollte. Aber an Bianca kommen sie nicht zur Geltung. Zu ihr paßt eher etwas Ausgefallenes.

Samstag, den 6. Mai 1978 Arman rief an. Er hat acht falsche »Flower«-Bilder verkauft, angeblich weil er nicht gewußt hat, daß es Fälschungen waren. Ich sagte: »Du mußt Bescheid gewußt haben, sonst hättest du sie nicht jahrelang versteckt. Wahrscheinlich hast du sie von einem wie Terry Ork oder Soren Agenoux billig gekauft.« Diese Fälschungen richten also wirklich Schaden an. Gerard Malanga schwört nach wie vor Stein und Bein, daß sie nicht von ihm sind. Meine Preise gehen runter, weil die Leute jetzt Angst davor haben, daß man ihnen Fälschungen andreht.

Peter Brant will mehrere Bilder auf einer Auktion verkaufen – einen großen »Electric Chair«, eine große »Soup Can«, ein großes »Disaster«, einen großen »Mao« und eine kleine »Soup Can«.

Sonntag, den 8. Mai 1978 Es kamen nur zwei Karten für das Konzert von David Bowie, und alle wollten hin.

Bob hing wegen seiner Geburtstagsparty den ganzen Tag am Telefon. Komisch, daß manche Leute unbedingt große Geburtstagsparties brauchen. Vor allem Stiere. Bianca ist genauso. Sie rief an, um mir zu sagen, daß sie für mich zwei Karten für David Bowie hat. Also gab ich Catherine meine beiden Karten. Sie wollte so dringend hin.

Doc Cox rief an. Er will am 7. Juni für mich eine Party geben. Für *mich*, klar? Er hat auch Tabletten, die ich bei ihm abholen soll. Sie lösen die Steine in meiner Gallenblase auf und ersparen mir eine Operation.
Setzte Catherine ab und fuhr dann nach Hause, um mich umzuziehen ($ 3.50). Jed hatte Besuch von Tom Cashin, und so gingen wir zu dritt zu Halston. Halston und Stevie hatten je einen Wagen. Als Bianca fertig angezogen war, fuhren wir zum Madison Square Garden.
Die Musik war zu laut, und dann brüllte mir auch noch Dr. Giller ins Ohr: »Sind Sie schon taub?« Ich glaube, von da an war ich wirklich taub. Wir gingen hinter die Bühne, tranken, und Bianca ging in Bowies Garderobe. Als sie wiederkam, sagte sie, wir seien mit David Bowie morgen zum Lunch verabredet, um 1.00 im »Quo Vadis«. Er mußte wieder auf die Bühne.
Wir fuhren in die Fifth 1060 zu der Geburtstagsparty, die Diane von Fürstenberg für Bob gab. Kevin öffnete die Tür. Es waren nicht übermäßig viele Leute da. Ich sprach mit Bobs Eltern. Mir war nie aufgefallen, daß Bob einen so attraktiven Vater hat. Er sieht wirklich gut aus. Bob bedankte sich für sein Geschenk mit einem Kuß, das war mir peinlich. Catherine war mit Tom Sullivan da, und im Lauf des Abends erzählte Tom Bianca, daß er Montauk für den Sommer gemietet habe. Bianca unterhielt sich danach nicht mehr mit mir und ging, ohne was zu sagen. Ich vermute, meine Romanze mit Halston, Bianca und Stevie ist vorüber. Stevie sagte: »Bianca hat sich geärgert.« Vincent hatte Mick angerufen und ihn gefragt, ob er die Miete bezahle, wenn Bianca dort einzieht. Mick hatte abgelehnt... Ich weiß nicht, was ich tun soll. Ich frage mich, ob der Lunch mit David Bowie jetzt ohne mich stattfindet. Ob ich Bianca anrufen soll?

Dienstag, den 9. Mai 1978 Ich rief Bianca an. Ein Mann nahm ab und gab mir eine komische Antwort. Möglich, daß sie daneben stand. Später rief sie zurück und sagte, daß David Bowie heute keine Zeit für einen Lunch habe, aber morgen. Offenbar ist sie nicht sauer auf uns.
Chris Makos rief an. Es ging um das Interview mit dem Psychiater, der ein Buch über den IQ berühmter Leute schreibt. Er will, daß ich mich einem Intelligenztest unterziehe. Das werde ich nicht tun. Warum soll jeder erfahren, wie dumm ich bin? Die Einverständniserklärung, die er von mir wollte, war eine Unverschämtheit – wenn ich das unterschreibe, gehören meine Gehirnzellen praktisch ihm. Chris ist sauer, weil ich nicht mitmache.
Habe ich eigentlich erwähnt, daß mir im »Studio 54« ein Mann von seiner Affäre mit Wladimir Horowitz erzählt hat? Ich sagte: »Ein 79 Jahre alter Mann kriegt doch keinen mehr hoch.« Antwort: »Er schon.«
Doc Cox rief an. Seit Monaten plant er eine Party für mich und fragt mich, wen er dazu einladen soll, und jetzt fragt er plötzlich: »Macht es dir etwas aus, wenn ich die Party auch für Larry Rivers gebe?« Etwas seltsam, oder? Ob er mir böse ist? Larry ist wieder zu Hause. Er war wieder wegen einer Herzstörung im Krankenhaus.
In Italien wurde heute Aldo Moros Leiche gefunden.

Mittwoch, den 10. Mai 1978
Fred gab mir einen Brief von Paloma. Sie schreibt, daß sie ihren Artikel an »Interview« schicken wird. Ihre Hochzeit, schreibt sie, sei merkwürdig gewesen, denn es waren viele Leute da, die seit Jahren nicht mehr miteinander geredet hatten – Yves, Pierre und Karl an einem Tisch.
Ich erfuhr, daß Bianca gestern abend mit David Bowie ausgegangen ist.
Ich brachte Vincent nach Hause (Taxi $ 4.00) und fuhr weiter zu Hoveida, der zusammen mit dem Brooklyn Museum eine Party für Helen Hayes gab. Außer Fred und mir waren nur Museumstypen da. Helen Hayes sah fabelhaft aus. Sie ist eine attraktive alte Dame geworden. Sie trägt die

richtigen Blautöne. In den fünfziger Jahren wollte sie für unsere Clique aus dem »Serendipity« mal eine Swimmingpool-Party geben, draußen in ihrem Haus in Nyack, war dann aber irgendwie beleidigt und ließ es. Seitdem konnte ich sie nicht leiden. Doch jetzt habe ich nichts mehr gegen sie. Ich sagte ihr, daß mir ihr Fernsehfilm mit Fred Astaire sehr gefallen habe – in Wirklichkeit fand ich ihn furchtbar. Sie antwortete, etwas Schöneres hätte ich ihr nicht sagen können, denn sie liebe den Film.

Donnerstag, den 11. Mai 1978

Victor rief am Morgen aus San Francisco an und sagte, er habe die ganze Nacht kein Auge zugetan und ziehe jetzt in die Bäder. Brigid hat ihn im Büro mal dabei beobachtet, wie er Chloro-Dingsbums auf sein Hemd sprühte und dann inhalierte. Das Zeug nimmt man bei Operationen zum Vereisen.

Catherine und ich gingen um 3.15 ins »Sherry-Netherland«, um Martin Scorsese und Robbie Robertson aus »The Last Waltz« zu interviewen. Catherine ist in die beiden so verknallt, daß sie Gigi gebeten hatte, vorbeizukommen und sie zu schminken – Lippenstift, Rouge und Augen-Make-up. Dabei sieht Catherine ohne Make-up viel besser aus. Es war schon spät, deshalb gab ich Ronnie Geld ($ 5.00) für ein Checker-Taxi. Er mußte ein großes Bild in die Stadt bringen. Catherine und ich fuhren allein (Taxi $ 3.50).

Marty hatte eine große Suite. Er war sehr zuvorkommend. Die für »The Last Waltz« zuständige Pressefrau saß bei ihm. Robbie Robertson kam erst um 5.00. Stephen Prince war schon da. Er spielte in »Taxi Driver« einen fiesen Waffenverkäufer. Daß er dabei so echt wirkt, liegt daran, daß er privat so widerlich ist wie im Film. Marty plant einen abendfüllenden Film mit Stephen Prince. Stephen soll Geschichten erzählen, und dabei soll die Kamera ständig auf sein Gesicht gerichtet sein – Marty sagte, ich hätte ihn auf die Idee gebracht. Er und Robbie sind auf der Suche nach einem Haus. Ich gab ihm ein paar Tips. Sie sind also zusammen. Und einen Butler hat Marty jetzt auch. Wie es aussieht, will er eine eigene Factory aufmachen. Er muß im Geld schwimmen, denn er will $ 500 000.00 reinstecken. Marty zitterte wie verrückt. Ich vermute, das kommt vom Kokain. Wir setzten uns zum Lunch. Die PR-Frau kam gerade vom Lunch und sah uns vom Tischende beim Essen zu. Ich fand das komisch, es war wie im Kino. Ich war so hungrig, daß ich mich übers Essen hermachte. Ich hatte im Büro nichts gegessen, weil ich versuche, Diät zu halten. Es wurde eine Menge getratscht; ich weiß nicht, was man davon drucken kann. Robbie sagte, er kenne mich aus Dylans Tagen. Ich fragte ihn nach dem »Elvis«, den ich Dylan geschenkt hatte. Denn immer wenn ich Dylans Manager Albert Grossman treffe, behauptet er, daß *er* den »Elvis« hat. Robbie sagte, Dylan habe ihn damals gegen Grossmans Couch getauscht (lacht).

Mit Martin Scorsese, Catherine Guiness und Robbie Robertson im »Sherry-Netherland«
(Christopher Makos)

Man stelle sich das mal vor. Er hat ein Sofa gebraucht und ihm den »Elvis« dafür gegeben. Das muß in seiner Drogenzeit gewesen sein. Eine teure Couch!

Bob rief an. Liz Smith stellte im Verlag Doubleday ihr Buch vor, und wir mußten hin. Wir fuhren zusammen mit Geraldine Fitzgerald, die wirklich sehr nett war. Mit ihrem Haar sah sie

aus wie eine gutmütige Hexe. Ich sagte hallo zu Iris Love. Auf dem Rückweg setzte ich Catherine ab ($ 2.50), fuhr nach Hause und leimte mich zusammen. Jed und ich wollten zur Premiere von »The Greek Tycoon« (»Der große Grieche«, Regie J. Lee Thomson, 1978). Er war leicht unpünktlich, deshalb waren wir erst um 7.45 dort (Taxi $ 2.00). Unglaublich, wie in diesem Film die Rollen besetzt sind. Die Schauspieler sehen aus wie die Leute, die sie *nicht* darstellen sollen. Aber Anthony Quinn sieht wirklich aus wie Onassis.
Ich ging ins »54«. Stevie hatte Bianca gerade zum Flughafen gebracht. Er sagte, er sei total in sie verknallt. Wenn er nicht schwul wäre, könnte er ihr verfallen, sagte er, aber er würde keinen hochkriegen. Ich glaube eher (lacht), er war froh, daß sie fort war, und Halston vermutlich auch. Es war zuviel. Stevie sagte, er und sie seien morgens um 8.00 wie die Kinder durch den Central Park geschlendert.

Sonntag, den 14. Mai 1978 Ich arbeitete den ganzen Nachmittag. Es regnete in Strömen. Wegen der Gallenblasenuntersuchung morgen früh hätte ich heute eigentlich nichts essen dürfen. Ich aß trotzdem ein Stück Brot.

Montag, den 15. Mai 1978 Stand um 8.00 auf. Ich hatte einen Termin bei Doc Cox wegen einer neuen Behandlung. Ich soll Medikamente gegen meine Gallensteine nehmen. Es war windig. Ich war spät dran und ging schnell in die Praxis. Ein Mädchen röntgte mich, konnte aber das Kontrastmittel nicht ausmachen. Jetzt muß ich noch mal hin. Ich regte mich auf wegen der Röntgenstrahlen. Ich will keine, weil ich glaube, daß man Krebs davon kriegt. Aber der Doc hatte nur die Party im Kopf, die er für mich und Larry Rivers geben will. George Plimpton saß mit Heuschnupfen im Wartezimmer, als ich rauskam.
Paul Morrissey kam ins Büro.
Gegen 10.00 verschwanden wir und gingen zu »Reginette's«, wo Federico de Laurentiis eine Party für »King of the Gypsies« gab. Es war eine von den Partys, die nur für das Fernsehen inszeniert werden. Tausende von Leuten, eng zusammengepfercht, grelle Scheinwerfer – man sitzt in der Falle, wenn ein Feuer ausbricht. Solche Parties sollte es nicht geben, weil sie zu gefährlich sind. Barry Landau war wie eine Klette, er wich nicht von meiner Seite. Immer wenn ich dachte, ich hätte ihn mit einem cleveren Trick abgeschüttelt, stand er schon wieder neben mir. Was bringt jemanden dazu, so etwas zu tun? Was für ein Mensch ist das denn? Widerlich.

Dienstag, den 16. Mai 1978
Fuhren ins Citicorp Center. Das Magazin »New York« feierte sein zehnjähriges Bestehen. Chefredakteur Joe Armstrong hatte angerufen und uns eingeladen. Es war brechend voll. Joe Armstrong empfing uns. Er erzählte, daß es in dem großen Möbelgeschäft im Erdgeschoß kürzlich gebrannt habe. Bella Abzug war da. Sie sagte, sie sei auf Diät, probierte aber alles, was angeboten wurde. Die Besitzer von »Plato's Retreat« kamen und luden uns ein. Der Mann sagte: »Auf eine Stunde oder so, trinken Sie was und entspannen Sie sich.« Und die Frau: »Die Atmosphäre ist sagenhaft, Sie werden staunen, was Sie alles zu sehen kriegen.« Also sagte ich zu Bella: »Wir sind doch ein Paar. Worauf warten wir noch?« Bella rief ihren Mann her und sagte: »Martin, Andy hat mich gerade zu ›Plato's‹ eingeladen.« Und Martin sagte so etwas wie: »Geh nur, Bella. Viel Spaß!« Aber Bella sagte, sie fürchte, daß sich das in der Presse nicht gut machen würde.

Mittwoch, den 17. Mai 1978
Noch mehr Tests bei Doc Cox. Doc selbst zapfte mir Blut ab, die Sprechstundenhilfe hat Urlaub. Wie er mir sagte, hat er das seit Jahren nicht mehr gemacht.
Ich mußte auf der Toilette in ein Röhrchen pinkeln, für die Untersuchung. Beim Gehen sah ich (lacht), wie das Mädchen an der Rezeption die

Einladungen für die Gartenparty schrieb, die Doc für mich gibt.
Ich traf Henry Geldzahler. Er benahm sich mir gegenüber wie in den

Henry Geldzahler *(Andy Warhol)*

sechziger Jahren – wirklich schrecklich. Bürgermeister Koch hat ihn zum Kulturdezernenten der Stadt New York ernannt.

Donnerstag, den 18. Mai 1978 Taxi zur Chemical Bank ($ 4.00), von dort zu Fuß ins Büro. Wir hatten Lunch für Peppo Vanini, seine Techniker von der Diskothek »Xenon« und Billy Kluver, den Leiter von – wie heißt es noch? – Experiments in Art and Technology, E. A. T.
Ich arbeitete den ganzen Nachmittag an Bildern. Alle redeten von der großen Auktion am Abend, zu der Peter Brant Bilder von mir aufgeliefert hatte. Bob ärgerte sich: Diane von Fürstenberg hatte ihn nicht zur Party eingeladen, die sie entweder für Barry Diller oder für Sue Mengers gab. Fred hatte auch keine Einladung. Ich mußte also allein hin.
Leimte mich für Dianes Fest zusammen (Taxi $ 3.00).
Bob war zu der Versteigerung gegangen und rief mich bei Diane an. Ein großes »Disaster« hatte $ 100 000.00 gebracht, ein mittelgroßer »Mao« aber nur $ 5000.00. Das war okay. »Siehst du Bob«, sagte ich, »wir sind also immer noch dabei.« Ich war erleichtert, daß sich die Bilder gut verkauft hatten. Bis ich mit Jed sprach. Er vermutet nämlich, daß sie vielleicht nicht wirklich »verkauft« worden sind – daß sie womöglich unter dem Mindestpreis blieben und Peter Brant sie zurückgenommen hat. Aber Bob beteuert, daß alles ganz echt ausgesehen hat. Ich glaube, viele Leute wollen auf Auktionen nichts mehr kaufen, weil dabei keine großen Gewinne herausspringen.
Bei Diane gibt es immer das gleiche Essen. Es ist wie eine Reprise. Derselbe Chinese macht immer die gleichen Frühlingsrollen, die gleichen Schokoladenkuchen, die gleichen Undsoweiter.

Freitag, den 19. Mai 1978 Fuhr zum »Union League Club«, Ecke 69. Straße und Park Avenue (Taxi $ 4.00). Die Gäste waren ausnahmslos WASPs. Auf der Einladung hatte zwar etwas von Tanz gestanden, aber ich vermute, die Gäste erwarteten auch ein Dinner. Jedenfalls knurrte allen der Magen, aber es gab nichts zu essen.
Leo Castelli war da. Er sagt, daß BMW ein neues Modell auf den Markt bringt, aber mein Design nicht verwendet, weil es für das alte Modell gedacht war. Ich soll aber am 12. Juni nach Paris fliegen und dort das neue Auto bemalen. Peter Brant sah glücklich aus, überglücklich, jetzt, wo er meine Bilder losgeworden ist. Leo sagte, die de Menils hätten bei der Auktion alle Gemälde gekauft – François die »Soup Can« für 95 000.00, Mrs. de Menil das »Disaster« für 100 000.00 und Philipp das »Funeral« für 75 000.00. Das war also gut. Jed war auch da. Die WASP-Frauen waren alle schlecht angezogen. Doch die Räume waren wirklich schön, überall hingen herrliche alte Gemälde. Ich saß mit Philip und Dorothy Pearlstein zusammen. Wir redeten über alte Zeiten. Die Gilmans waren auch da. Ich ging um 1.00.

Donnerstag, den 25. Mai 1978, Zürich Stand um 7.00 auf und bestellte weichgekochte Eier (Trinkgeld für den Kellner $ 2.00). Kaufte Zeitungen ($ 1.00). Fuhr ins Kunsthaus Zürich zu einer Pressekonferenz (Taxi $ 4.00). Ich brauchte nichts zu sagen, sie machten nur Fotos. Eine Retrospektive meiner Arbeiten zu sehen war hart. Ich tat nur so, als schaute ich hin. Ich kann meine alten Arbeiten

nicht ertragen. Und sie waren alt. Ich mußte eine Menge »Soup Cans«, Portfolios und ähnliches signieren. Gut zwei Stunden lang. Peter Brant schickte seine Bilder nicht her.

Freitag, den 26. Mai 1978, Zürich Paulette rief an und sagte, sie finde die Ausstellung aufregend. Danach rief ich Bob im Büro an. Er war sehr schlecht gelaunt, sagte aber nicht, was los war.
Thomas Ammann führte uns in eine Schwulenbar namens »Mann« (Taxi $ 3.50). Transvestiten sangen zu amerikanischen Platten. »There's No Business Like Show Business.« Fred und mir wäre fast schlecht geworden.
Blieb nur ein paar Minuten. Der Bürgermeister hatte zu einem Empfang in einem alten Schloß etwas außerhalb der Stadt eingeladen. Wir fuhren hin. Die ganze Züricher Hautevolee (Taxi $ 4.00).

Sonntag, den 28. Mai 1978, New York Die Zeitumstellung macht mir noch zu schaffen. Bob rief aus Nantucket an. Er entschuldigte sich für seinen muffigen Ton am Telefon. Er sei beklaut worden, das sei der Grund gewesen. Wie er erzählte, hatten zwei Jungs aus dem »Cave« seinen Schmuck gestohlen, doch am nächsten Tag brachte ihn einer der beiden wieder zurück. Bob sagte, er habe mit Drogen aufgehört und wolle auch nicht mehr trinken.
Ach ja, ich glaube, Marina Schiano erzählt überall, daß Diana Vreeland und Fred in Paris vor der Tür von »Jimmy's« einen heftigen Streit hatten. Fred hatte ihn nach seiner Rückkehr zwar erwähnt, doch ich dachte, es ginge nur um eine Meinungsverschiedenheit. In Wahrheit hat ihn Diana geschlagen, und als YSL dazwischengehen wollte, sagte Diana: »Nein, das geht nur Fred und mich an!« Sie hat auch geweint. Sie ist nämlich auf Lacey Neuhaus eifersüchtig. Sie glaubt, daß Fred etwas mit Lacey hat. Und ich glaube, Diana will, daß er mit *ihr* was hat. Kannst du dir das vorstellen? Es ist zu albern.
Das neue »Interview« sieht gut aus. Paloma auf dem Umschlag, und 15 Seiten Anzeigen.
Hoveida gab im »Pierre« ein Dinner für Mrs. Saffra (Taxi $ 3.00). Es fand in einer eleganten Suite statt. Ich saß neben Mimi Herrera unter einem Motherwell. Sie trug einen Diamanten von 40 Karat. Die arme Gina Lollobrigida war die einzige mit unechtem Schmuck. Ich glaube, es waren Smaragdimitationen. Sie hat wirklich große Titten. Ich sollte mal ein Interview mit ihr machen. Ich bat sie, sich mit Dino de Laurentiis in Verbindung zu setzen. Sie sagte, sie kenne ihn nicht und arbeite jetzt als Berufsfotografin.

Montag, den 29. Mai 1978 Fuhr zu David Bourdon, um Künstlerklatsch zu hören (Taxi $ 2.00). David wohnt in der 10. Straße in Greenwich Village, dort, wo der größte Rummel ist. Die Straßenkünstler gehen David auf die Nerven.
Wir gingen ins »One Fifth« zum Lunch. Auf dem Weg trafen wir Patti Smith. Sie trug einen Bowler und wollte gerade Futter für ihre Katze kaufen. Ich lud sie ein mitzukommen, und wider Erwarten war sie begeistert: »Prima.« Die Bestseller-Autorin Nummer eins, Fran Lebowitz, und Lisa Robinson waren auch da. Das »One Fifth« ist hübsch – hell und glänzig.
Patti wollte nicht viel essen und nahm darum die Hälfte von meinem Lunch. Sie sagte, sie stehe nur auf Blond und träume von einer Affäre mit einem Blonden. Ich konnte an nichts anderes als ihren Körpergeruch denken. Sie sieht nicht schlecht aus, wenn sie nur etwas gepflegter wäre. Sie ist immer noch mager. Sie ist jetzt bei einer Galerie, macht Zeichnungen und schreibt Lyrik. Die »Robert Miller Gallery«.
Patti erzählte, sie habe ein Kind. Seinetwegen sei sie damals von New Jersey weggezogen. Das Kind wohne jetzt bei Adoptiveltern am Rittenhouse Square. Weil sie immer nur von

ihrem »Kind« sprach, fragte sie David, ob »es« ein Junge oder ein Mädchen sei, und sie antwortete, ein Mädchen. Sie kommt mir vor wie Leute von den Elite-Unis – alles wirkt so aufgesetzt. Sie erzählte, sie sei am Tage von Moros Entführung in Italien gewesen. Sie und Moro seien am Abend das Wichtigste im italienischen Fernsehen gewesen. Angeblich hat sie in den sechziger Jahren keine Drogen genommen. Sie will erst kürzlich damit angefangen haben, und nur für ihre Arbeit.

Wie auch immer, jedenfalls konnten David und ich beim Lunch nicht so plaudern wie sonst. (Lunch $ 35.00.) Ich erfuhr überhaupt keinen Klatsch. Patti wohnt über dem »One Fifth« und ging hinauf in ihre Wohnung. David und ich gingen zu »Mays«. Ich kaufte ein paar Sachen fürs Büro ($ 32.89, $ 2.79). Das Spazieren in der Sonne machte mich müde.

Hier, in der 66. Straße, wird das Warmwasser zu stark erhitzt, und die Rohre sind undicht. Ich habe eine Angstvision: Alles explodiert, und der Mann vom Wasserwerk kommt nicht.

Dienstag, den 30. Mai 1978 Ich rief Doc Cox an, um nach dem neuen Mittel gegen Gallensteine zu fragen, aber er war nicht da. Ich glaube, er ist zu beschäftigt mit der Gartenparty.

François de Menil lud Fred und mich zum Dinner ein, rief dann aber ein zweitesmal an und sagte, er habe nur Zeit für Drinks. Er ist gerade aus Hollywood zurück, wo er mit einer gewissen Hannah Weinstein einen Vertrag über die Produktion von vier Filmen abgeschlossen hat (Taxi $ 4.00). François kam mir dicker und glücklicher vor als sonst. Er erzählte von seiner Mutter, die ein Museum einrichten und sich das fünf Millionen Dollar kosten lassen will. Mein Gott, es ist nicht zu fassen, wie man soviel Geld haben kann, total unwirklich. Da sitzt man nur noch da und versucht sich vorzustellen, wie kreativ man damit sein könnte. Wir blieben bis 8.30.

Ich sah den Anfang von »The Valachi Papers« mit Charles Bronson und schlief dann ein. Plötzlich rief eine Stimme: »Aufmachen! Rauschgiftdezernat!« Ich wachte auf und rannte zum Fenster. Da erst begriff ich, daß die Stimme aus dem Fernseher gekommen war. Ich fand beängstigend, daß man träumt, was gerade im Fernsehen läuft, und dann auch noch so realistisch. Ich dachte wirklich, Leute vom Rauschgiftdezernat seien da.

Mittwoch, den 31. Mai 1978 Im »Gracie Mansion« war ein Empfang. Ich verließ um 6.30 das Haus. Der Verkehr war schlimm. Die Fahrt dauerte eine Stunde (Taxi $ 5.50). Der Bürgermeister war noch nicht da, nur sein Kulturdezernent, Henry Geldzahler. Das erste, was er sagte, war: »Von deiner Kunst habe ich nichts hier.« Er hatte Bob Indiana und George Segal dort und einen Haufen widerlicher Leute. Sie sahen aus wie Typen, die beim städtischen Sozialamt arbeiten.

Donnerstag, den 1. Juni 1978 Es stellte sich heraus, daß Catherine Geburtstag hatte. Robbie Robertson von »The Band« rief an und bat mich, ein Poster für den Film »The Last Waltz« zu machen. Fred und ich nahmen ein Taxi zum »Sherry-Netherland«, um die Sache mit ihm zu besprechen. Catherine wollte mit – das sei ihr Geburtstagsgeschenk. So fuhren wir zu dritt ($ 4.00).

Wir gingen hinauf in Scorseses und Robertsons Suite. Marty war in Rom, um (lacht) Roberto Rossellinis Grab zu besuchen. Robbie gab uns Champagner, und dann kam das Übliche. »Also, du machst das Poster für uns, und wir verkaufen es dann für dich. Ist das nicht wunderbar?« All das gemixt mit Hippiesprüchen und Phrasen, aber kein Wort über Geld. Jedem war es peinlich, über Geld zu reden, bis Fred sagte: »Also, Mann, was ist

dabei für Andy drin?« (Lacht.) Ja, er sagte tatsächlich »Mann«. Der Butler, der uns aufgemacht hatte, war übrigens der Junge, über den Marty den Film dreht, Stephen Prince.
Wir fuhren mit dem Taxi zu Suzie Frankfurt ($ 3.10). Fred und Catherine bekamen Streit, weil Catherine wieder mal über die Juden herzog und sagte: »Wenn Hitler doch nur gewonnen hätte...« Fred war empört. So etwas in einem jüdischen Haus zu sagen! Ehrlich gesagt, ich habe keine Ahnung, ob Suzie Jüdin ist. Ich glaube, sie ist jetzt katholisch – sie hat sich dieses Jahr taufen lassen. Aber wozu sollte sie zum Katholizismus übertreten, wenn sie keine Jüdin ist? Manchmal denke ich, sie ist einfach nur verrückt.

Freitag, den 2. Juni 1978 Robert Kennedy jr. war im Fernsehen, zehn Jahre nach dem Mord an seinem Vater. Also ist es auch schon zehn Jahre her, daß auf mich geschossen wurde. Robert wohnt zwei Wochen lang bei Fred. Zusammen mit Rebecca Fraser. Die beiden sind sehr ineinander verliebt.

Samstag, den 3. Juni 1978 Averil Meyer klagte über Langeweile. Sie sagte, sie müsse irgend etwas tun. Ich schlug ihr vor, im Büro auszuhelfen. Nächsten Montag soll sie anfangen, aber sie wird nicht aufkreuzen; sie ist zu reich.

Sonntag, den 4. Juni 1978 Ich sah mir die »Tony«-Verleihung im Fernsehen an, während ich mit Brigid telefonierte. Liza war mit Halston dort. Sie bekam den Preis »Beste Musical-Sängerin«. Als ihr Name aufgerufen wurde, riß es Stevie Rubell von seinem Sitz neben Halston. Liza gewann gegen Eartha Kitt (»Timbuktu«) und Madeline Kahn (»Twentieth Century«).
Catherine erzählte mir am Telefon, daß Steve Aronson am Vorabend bei ihr gewesen sei – die Dame, die er in Southampton besuchen wollte, duldete seinen großen Hund nicht im Haus. So war er gar nicht erst hingegangen. Er war deprimiert, Catherine war deprimiert, also leisteten sie einander Gesellschaft. Catherine ist in Tom verliebt, will aber nicht nach Montauk und Dienstmädchen spielen. Tom hat keine ernsten Absichten. Catherine behauptet zwar, sie auch nicht, aber in Wahrheit ist es ihr sehr ernst. Und darum ist sie deprimiert. Margaret Trudeau ist mit Jack Nicholson auf und davon oder dergleichen. Und wir ärgern uns; denn falls es eine Party für Liza gegeben hat, waren wir nicht eingeladen. Tja. Ich bin sicher, es gab eine!

Montag, den 5. Juni 1978 Ich verteilte »Interviews« auf der Madison Avenue. Die Leute kennen mich jetzt schon; sie halten mich für einen richtigen Zeitungshändler (Taxi $ 3.50). Um 6.40 nahm ich ein Taxi nach Hause ($ 3.50), leimte mich zusammen und fuhr dann ins »Carlyle« (Taxi $ 2.25), um Jerry Hall zu einem Dinner abzuholen, das Hoveida im »Windows on the World« für den Bruder des Schahs gab.
Mick öffnete die Tür. Ich war überrascht, ihn anzutreffen. Ich vermutete ihn auf dem Weg nach Woodstock. Als ich ihn fragte, ob er dort oben tatsächlich 80 Hektar Land gekauft habe, sagte er nein. Er zeigte mir das neue Stones-Album. Das Cover ist gut, ausklappbar und ausgestanzt, und sie haben schon wieder Frauenklamotten an. Ist das nichts?
Als wir das »Carlyle« verließen, sprach ich mit Jerry über das Cover von »Love You Live«, das ich entworfen habe. Mick hat es meiner Meinung nach verdorben. Er hat überallhin gekritzelt, und dann auch noch so groß.

Steve Aronson und sein Hund am Strand von Montauk *(Peter Beard)*

Es ist eindeutig seine Schrift. Die Kids, die das Album kaufen, hätten ein schönes Stück Kunst bekommen, wenn er es nicht versaut hätte. Stevie lancierte das Gerücht in Earl Wilsons Kolumne, der Song »Miss You« habe Bianca »so gerührt«, daß sie sich mit dem »Scheidungsverfahren nun Zeit« lasse. Doch Jerry sagte, mit dem Song sei Bianca gar nicht gemeint. Sie trug dasselbe grüne Kleid von Oscar de la Renta wie beim letztenmal, als ich mit ihr ausgegangen war. Als wir in den Aufzug stiegen, fiel mir auf, daß sie nach Achselschweiß roch, als hätte sie vor dem Umziehen nicht geduscht. So denke ich, daß Mick wohl Körpergeruch mögen muß. Ich hatte keinen Wagen, aber Jerry machte das nichts aus. Ich erzählte ihr, daß Barbara Allen aus England angerufen hat. Sie ist mit Bryan Ferry dort.

Bryan hat übrigens immer noch Jerrys Garderobe. Er hat die Kleider nicht rausgerückt, als ihn Jerry wegen Mick verlassen hat – angeblich weil Jerry eines Tages sowieso zu ihm zurückkommen werde, sagt er. Barbara erzählte Jerry, sie habe ihre Kleider anprobiert, was Jerry wütend machte. Aber jetzt hofft sie, daß Barbara und Bryan ein Paar werden (Taxi $ 10.00).

Am World Trade Center war es sehr windig, und ich nahm ihren Körpergeruch noch deutlicher wahr. Wir fuhren hoch in den 107. Stock und bekamen Ohrensausen. Oben standen Sicherheitsbeamte, wegen des Schah-Bruders. Peter Beard behauptete, sogar die Kellnerin und der Bartender seien vom Secret Service. Er habe sie beim Hereinkommen miteinander reden hören. Hoveida war von Jerry ganz hingerissen und ließ sich von ihr auf den Mund küssen.

Das Essen war entsetzlich, aber der Sonnenuntergang war wunderschön. Alle versuchten, Jerry ins Bett zu kriegen. Vor dem Eingang bekamen wir einen Wagen. Auf der Heimfahrt weihte sie mich in ihre Philosophie ein, wie man einen Mann hält: »Selbst wenn du nur zwei Sekunden Zeit hast, laß alles stehen und liegen und blase ihm einen. Dann will er Sex mit keiner anderen mehr.« Und dann sagte sie: »Dir kann ich das ja sagen, weil ich weiß (lacht), daß du es nicht weitererzählst.« Sie ist schon lustig. Da redet sie so dummes Zeug, und dann wieder betet sie die Namen sämtlicher Leute her, die sie im Iran getroffen hat. Mit Jane Forth war es ganz ähnlich (Limousine $ 20.00).

Dienstag, den 6. Juni 1978

Christopher Sykes kam rein und sang mir im Falsett, ganz große Oper, die Zeitung vor. Ich wollte das auch schon immer können. Er sang von einem Mädchen, das zum erotischen Zahnarzt ging, und dann noch etwas über ein Huhn. Ich schlug vor, ihn zu managen und ihm Auftritte im »Reno Sweeney's« und im »Trax« zu besorgen. Er singt aber nur für Freunde. Noch so ein arm-reicher Engländer.

Im »Trax« sagte Tom Sullivan zu Catherine, daß sie zwar ein Paar seien, das aber in der Öffentlichkeit nicht zeigen sollten, weil er sich sonst bei anderen Mädchen verkrampfe.

Ruperts Assistent erzählte mir, daß Homosexuelle heute nicht mehr auf Blond stehen, und das stimmt – heute machen scharfe Typen wie Victor das Rennen.

Der neue Club namens »Xenon« hat heute abend Eröffnung. Stevie rief Bob an und bat ihn, dort für ihn zu spionieren.

Mittwoch, den 7. Juni 1978

Am Morgen rief ein Mann mit ausländischem Akzent im Büro an und sagte etwas von einer »Bombe«, die am Abend bei der Party hochgehen werde. Aber wir hatten keine Ahnung (lacht), bei *welcher* Party. Das machte mir Kopfschmerzen. Wir wollten nämlich zuerst zu einer Party bei »Fiorucci«, dann zu »Barbetta's« und anschließend noch ins »MOMA«.

Die »Voice« bringt diese Woche auf der Titelseite: »›Studio 54‹ und die Mafia«, und als Bob Stevie anrief, um ihn zum Essen einzuladen, tat Stevie, als erweise er uns damit einen großen

Gefallen. »Ja, ja, ich komme. Für Andy tue ich alles.«
Irgendwann am Abend landeten wir bei Halston (Taxi $ 4.00). Später kam auch noch Stevie. Catherine hatte gesagt, wir sollten Solidarität beweisen, wenn ein Konkurrenzladen eröffne. Darauf Stevie: »Also los, gehen wir ins ›Studio‹.« Es war gerammelt voll.
Ich vergaß zu erwähnen, daß Doc Cox neulich angerufen hat. Er hat mit einem Dr. Jacobs gesprochen, und der ist der Ansicht, daß ich das neue Medikament, das Gallensteine auflöst, nun doch nicht nehmen kann – angeblich sind meine Steine außen zu hart.

Sonntag, den 11. Juni 1978
Ging zur Kirche, dann Zeitschriften kaufen ($ 6.00) und anschließend ins Büro (Taxi $ 3.00), weil Rupert die »Flower«-Sachen vorbeibringen wollte. Ich habe mich entschlossen, die Fälschungen, die überall in Europa auftauchen, nicht zu signieren. Die Leute behaupten, sie hätten sie von Gerard gekauft. Vielleicht sollte ich neue Arbeiten machen und sie gegen die Fälschungen eintauschen. Ich weiß noch nicht, wir werden sehen. Setzte unterwegs Rupert ab (Taxi $ 3.50) und blieb zu Hause.
Ich vergaß zu sagen, daß Jed und ich letzte Woche auf der Madison Avenue zufällig Dustin Hoffman getroffen haben. Er trägt zur Zeit einen Bart. Seine kleine Tochter war bei ihm. Er schleppte einen Stapel Schallplatten aus dem Haus, in dem er und seine Frau Anne wohnen. Es liegt direkt hinter dem Haus der Cerfs. Er ging mit den Platten die 75. Straße rauf – zu dem Zeitpunkt wußte ich noch nicht, daß er im Begriff war, von zu Hause auszuziehen. Das habe ich eben erst in der Zeitung gelesen.

Dienstag, den 13. Juni 1978
Als ich ins Büro kam, saßen Phyllis Diller und Barry Landau bereits beim Lunch. Sie sieht wirklich alt aus, aber sie ist großartig. Ich glaube nicht, daß Liften ihr viel gebracht hat, aber vielleicht täusche ich mich auch. Averil hatte ihre Mutter, Sandra Payson, und ihren Bruder, Blair Meyer, eingeladen. John Reinhold war auch da.
Ich setzte Vincent ab (Taxi $ 4.00) und fuhr mit Jed ($ 4.50) zur Premiere von »Grease«. Ed Byrnes und Regisseur Randal Kleiser kamen herüber und sagten hallo. Randal ist der Junge, der Jed aus Kalifornien Briefe geschrieben hat und 1972, als Paul und Jed in L.A. »Heat« drehten, zweiter Regieassistent war.
Fatso Allan Carr war da – das ist vielleicht ein Butterkloß. Würde man ihn umwerfen, käme er ins Rollen. Catherine war mit Stevie Rubell da. Stevie war kühl zu mir. Vermutlich hat er in »New York« gelesen, ich hätte Schlange gestanden, um ins »Xenon« zu kommen, was nicht stimmt. Der Film war toll, Travolta ist sehr gut. Manchmal hat er was von einer Schildkröte, aber bei der richtigen Kameraeinstellung sieht er aus wie der neue Rudolph Valentino. Stockard Channing ist ziemlich hübsch, aber die eine Seite ihres Gesichts ist viel besser als die andere.
Wir gingen zu Fuß ins »Studio« zur »Grease«-Party. Wir benutzten den Hintereingang. Überall standen Autos aus den fünfziger Jahren, und die Kellner waren damit beschäftigt, das Benzin aus den Tanks zu saugen. Vermutlich ist es verboten, Autos mit vollen Tanks in geschlossene Gebäude zu bringen. Pomade wurde verteilt, und überall roch es gut. – Es gab nur Hot dogs und Hamburger, eben alles aus den fünfziger Jahren. Ich lernte Mr. Nathan von »Nathan's« kennen. Er und seine Frau machten den Hot-dog-Stand.

Sonntag, den 18. Juni 1978, London Im »Dorchester« bekamen wir häßliche Suiten im spanischen Stil mit Blick auf den Park. Ich ging zu »Sotheby's«, um mir die von-Hirsch-Sammlung anzusehen, die größte seit Scull.

Montag, den 19. Juni 1978, London Lunch im »La Famiglia«. Chris Hemphill trank Kaffee mit uns. Für mindestens eine unpassende Bemerkung ist er immer gut. Obwohl Bianca dabeisaß, fragte er mich: »Und wann bringt ihr das Cover mit Jerry Hall?«

Wir gingen auf der King's Road spazieren. Fred bot Autogramme von Bianca und mir zum Verkauf an, 50 Pennies das Stück, aber niemand hatte Interesse. Bianca war das sehr peinlich.

Im »Turf Club Ball« flippte Fred dann vollends aus. Er beweinte den Untergang des 19. Jahrhunderts – so viele wunderbare Dinge seien damals geschaffen worden, deren Schöpfer nun alle nicht mehr lebten. Ein Mädchen führte ihn in ein ruhiges Zimmer. Ich war mit Bianca oben. Wie wir später erfuhren, kehrte Fred auf dem Weg ins Hotel in einer Bar ein und lernte dort fünf Schotten kennen. Das Ganze endete damit, daß sie ihm die vor der Zimmertür abgestellten Schuhe stahlen.

Dienstag, den 20. Juni 1978, London Die Telefonistinnen im »Dorchester« waren großartig, ausgesprochen auf Draht. »Da ist eine falsche Mrs. Jagger am Apparat. Soll ich durchstellen?«, fragte mich eine. »Okay«, sagte ich, doch als ich mich meldete, legte die Frau auf. Die Telefonistinnen notieren jeden Anruf und wissen zu jeder Zeit, wo man sich aufhält. Sie brauchen nicht nachzufragen. Ich glaube, wenn die ganze Welt britisch wäre, würde alles hervorragend laufen. London war diesmal ein Vergnügen, besser als New York in den Sechzigern. Aber all die tollen Leute waren nur für diese zwei wichtigen Wochen gekommen, insofern…

Beim Lunch zogen wir Bianca auf. Wir erzählten ihr, in den Zeitungen stünde, daß Fred auf der King's Road versucht hatte, ihr Autogramm zu verkaufen, und daß kein Mensch es gewollt habe. Sie glaubte uns und regte sich von neuem auf.

Nicky Haslam gab für uns eine denkwürdige Party. Wir hatten ihn in New York ausgeführt, und er revanchierte sich überaus großzügig bei Pat Harmsworth am Eaton Square. Ihrem Mann gehören »Esquire«, »Soho News« und der »Evening Standard«. Die englischen Mädchen sind sehr schön. Ich weiß gar nicht, wie die Engländer so viele aristokratisch aussehende Menschen hervorbringen konnten. Ich amüsierte mich bei einem schlüpfrigen Gespräch mit Clarissa Baring und sprach mit einem Mann, der sich als Erfinder des Wasserbettes vorstellte. Er sagte, alle Welt habe es kopiert, deshalb arbeite er jetzt an einem »fliegenden Wolkenbett«. Die Gilmans waren wegen der Ascot-Rennen in der Stadt. Sondra sprach davon (lacht), »Elizabeth zu treffen«. Ich unterhielt mich mit Laurence Harveys Witwe. Jimmy Connors war reizend. Er lief herum und fragte jede Frau, ob sie mit ihm nach Hause gehen und bumsen wolle. Fred benimmt sich zur Zeit merkwürdig – ständig versucht er, mich zu küssen und in mein Bett zu kriechen.

Bob Dylan *(Paige Powell)*

Wir gingen zu Nona Gordon Summers Party am Gleeb Place. Sie hat etliche kleine Häuser gekauft und zu einem großen Haus mit Glasdach umgebaut. Früher mochte ich sie nicht, aber jetzt. Sie ist elegant und nett. Die Party war für Bob Dylan. Bianca schwärmte von ihm und sagte, er sei hinter ihr her. Er hatte seinen Bus vor dem Haus geparkt. Nona sagte zu ihm, er müsse unbedingt ein Bild von mir kaufen. Daraufhin rückte er mit der Wahrheit heraus und sagte, daß er den »Silver Elvis«, den er von mir bekommen hatte, gegen ein Sofa getauscht habe. Was uns Robbie Robertson vor ein paar Wochen erzählt hat, ist also wahr. Und dann sagte Dylan, falls ich ihm noch mal ein Bild schenken sollte, würde er so was nie wieder tun. Er stellte mich den Mädchen vor, die bei ihm waren. Schöne, lesbische Frauen, die sich auf Nonas Fußboden rekelten. Vom Typ her wie Ronee Blakley. Ich kam mir vor wie in Tausendundeine Nacht, weil Nonas Haus daran erinnert. Später beklagte sich Bianca darüber, daß Dylan sie im Bus mitnehmen wolle und keine Limousine für sie besorgt habe.

Mittwoch, den 21. Juni 1978, London Wir saßen da und lasen Zeitung. Wir trauten unseren Augen nicht – im »Evening Standard« stand tatsächlich, daß Fred versucht hatte, Autogramme von Bianca zu verkaufen. Der Zimmerservice meldete sich nicht.

Wir nahmen ein Taxi zur Pressekonferenz im ICA ($ 4.00). Eine riesige Menschenmenge. Die Ausstellung sah furchtbar aus. Gab 20 Interviews und wurde fotografiert. Dann fuhren wir zu Marguerite Littman. Eigentlich hätte Rock Hudson zum Lunch kommen sollen, doch seine Maschine hatte Verspätung. Ich hatte noch mehr Interview-Termine und mußte gehen. Marguerite hatte einen wunderbaren Nachtisch erfunden – Schokoladensuppe! Das ist heiße Schokolade mit Orangensaft und Grand Marnier. Zurück zum Hotel (Taxi $ 4.00).

Eröffnung im ICA. Punks in Mengen. Ann Lambton und ich setzten uns neben die Punkband in der Cafeteria. Das war lustig. Fred gab eine kleine Party in einem der Restaurants im »Dorchester«, zu der dann doch 45 Leute kamen. Rock Hudson kam mit seinem dicken, schwulen Freund. Er ist 60. Es ist so komisch, wenn Leute ältere Freunde haben. Thomas Ammann machte ein Foto von Rock, aber Rock gefiel das Bild nicht. Fred nannte Rock einen Langweiler. Jack Nicholson kam; er dreht in London »The Shining«. Ich glaube, wir haben vergessen, Shelley Duvall einzuladen. Die Kids rauchten Joints und zogen danach durch die Clubs – »Embassy Club«, »Tramps«, »Annabelle's«. Aber ich war zu müde.

Donnerstag, den 22. Juni 1978, London – New York London war so lustig, daß ich einfach weg mußte. Fred und Bob blieben noch. Nicky Haslam gab für Fred ein Dinner in einem Restaurant an der King's Road. Ich finde, Fred trifft sich reichlich oft mit Diana Vreeland. Klar, wir auch, aber Fred bleibt länger und bekommt mehr von ihr mit. Es ist mir ein Rätsel, warum sie noch keinen Krebs hat. Wie lange färbt sie sich schon die Haare, seit 70 Jahren? Ich habe sie gefragt, wieso sie keine Falten hat, und sie hat geantwortet, daß sie sich genau an ihre Lebensphilosophie hält.

Richard Weisman und ich flogen mit der Concorde. Zu Hause leimte ich mich zusammen. Anschließend ging ich zur Bank (Taxi $ 5.00). Den ganzen Tag müde. Vincent kam von Montauk zurück. Mr. Winters will offenbar aufhören – es paßt ihm nicht,

Mr. Winters *(Andy Warhol)*

daß Tom Sullivan jetzt dort wohnt, nehme ich an.
Victor rief an und berichtete, daß er wieder bei Halston sei und daß sie wieder gute Freunde seien, daß er eine Limousine habe und zum Einkaufen gefahren sei. Das Leben sei nun wieder wunderbar.

Montag, den 26. Juni 1978 Ich bat Chris Makos, eine Konica zu kaufen (Kamera $ 175.55) – mit eingebautem Blitzlicht und Autofokus. Ich glaube, das wird was.

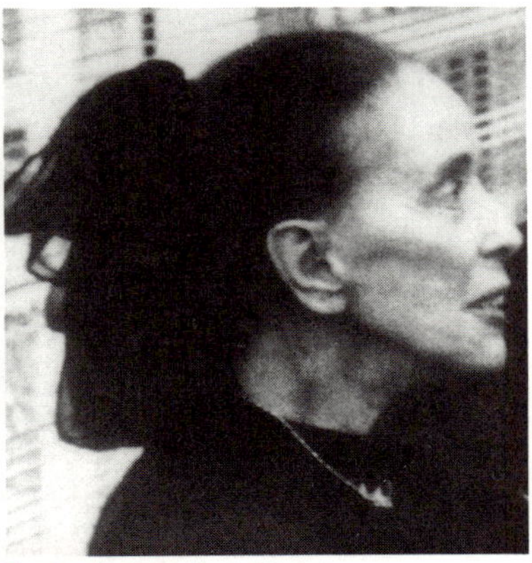

Martha Graham *(Andy Warhol)*

Nahm ein Taxi zu Martha Grahams Veranstaltung im Lincoln Center ($ 3.00). Martha kam auf die Bühne und redete eine geschlagene Stunde. Anscheinend hört sie sich gern reden. Sie trug ein schönes dunkelgrünes Halston-Kleid, nur die weißen Handschuhe, mit denen sie ihre Hände verdeckt, störten. Ich nehme an, Halston zerbricht sich jetzt den Kopf, was da zu tun ist.
Die erste Nummer war langweilig, aber das Bühnenbild war von Noguchi. Holte Drinks ($ 10.00). Dann zurück zur zweiten Nummer. Sie war auch langweilig. Die Bühnenbilder von Noguchi waren wieder das Beste. Wieder Drinks, diesmal aber doppelte und dreifache ($ 20.00). Die dritte Nummer war Lizas »The Owl and the Pussycat«. Die Nummer war gut, aber wenn Liza gesungen hätte, wäre sie besser gewesen. Am Schluß sprang Halston auf die Bühne.

Dienstag, den 27. Juni 1978
Ich hatte mit Mr. Kahan einen Termin wegen seines Porträts. Er hat eine große Nase, ich machte sie kleiner. Als er sie sah, wollte er seine Nase doch lieber so groß, wie sie in Wirklichkeit ist. Er fragte seine Frau: »Was meinst du, Darling? Sollte es nicht mein Zinken sein?« Antwort: »Darling, es ist *dein* Zinken. Und ich liebe ihn. Tue, was du für richtig hältst.«

Donnerstag, den 29. Juni 1978
War mit Truman und seinem Freund Bob MacBride zum Lunch verabredet. Wir wollten über »Interview« reden. Ich fuhr mit dem Taxi zum »La Petite Marmite« im Beekman Tower, 49. Straße ($ 4.00). Truman sagte, er wolle jetzt damit anfangen, wieder normal zu werden. Als ich ihm das glaubte, meinte er (lacht), ich sei »zu naiv«.
Truman fuchtelte wild mit den Händen. Während des ganzen Essens erzählten wir uns nur Klatsch. Ich nahm alles auf Tonband.
Truman sagte, er wolle nach dem Lunch zu seinem Analytiker. Ich fragte ihn, was einer wie er beim Analytiker wolle, und er antwortete, der Mann sei ein alter Freund von ihm. Er wolle ihn nicht verletzen, nur deshalb gehe er hin.
Truman zieht sich reichlich albern an. Sandalen, kein Pullover. Er hat sich fest vorgenommen, in Zukunft *alles* zu tragen. Neulich schickte ihm Issey Miyake einen Mantel, und er zog ihn sofort an – in der Zeitung stand, daß er im »Studio 54« einen weißen Hut dazu trug. Wir tranken eine Menge, hatten Spaß, und dann sagte Truman, warum er mich eingeladen hatte. Bob MacBride, von dem er immer behauptet hatte, er sei Schriftsteller, von dem aber niemand so richtig weiß, was er eigentlich treibt, macht neuerdings Skulpturen. Er hat Frau und Kinder verlassen
Wir gingen zurück in Trumans Wohnung im »UN Plaza«. Er hat sich neu eingerichtet, aber die Bulldogge hat Knöpfe und Fransen von den Möbeln

gerissen. Bob MacBride brachte seine – Spielsachen. Seine Kunst. Kleine Ausschneidearbeiten, wie man sie im Kindergarten macht. Begriffen? Man klebt einen Kreis auf, dann einen anderen darüber, schneidet Sechsecke aus und so weiter. So etwas macht er. Und von mir wollten sie, daß ich eine Galerie für ihn finde. Ich sagte, so ein Pech, Leo Castelli sei gerade verreist. Ich bot ihnen aber an, gleich nach seiner Rückkehr einen Lunch mit ihm zu arrangieren. Leo wird das gefallen – Lunch mit Truman Capote.

Ich sagte Truman, wir könnten ein Stück pro Tag schreiben. Ich lasse das Band laufen und er könne sämtliche Rollen spielen. (Lacht.) Das könnte er wirklich. Er spielt seine Großmutter so gut wie alles andere.

Er erzählte mir den neuesten Klatsch über Jackie und Lee. Lee hat einen neuen, reichen Freund in San Francisco. Seinetwegen ist sie zur Zeit dort.

Truman erzählte, daß ihm das »Ladies' Home Journal« $ 10 000.00 für eine Filmkritik angeboten habe, ohne ihm jedoch zu sagen, um welchen Film es sich handelte. Als er hörte, daß es um »The Greek Tycoon« ging, lehnte er ab. Ich glaube, Truman mag mich, weil mir alles gefällt, was er verabscheut. Er ist verrückt. Manchmal ist es einem peinlich, mit ihm gesehen zu werden. Und dann redet er immer davon, daß er noch $ 100 000.00 für dies und eine Million für jenes bekommt, aber wer weiß, ob das stimmt.

Nach Hause, um mich zurechtzumachen. Dann holte ich Catherine ab. Bei »Doubles« stiegen wir in den Bus zur Westbury Music Fair. Wir wollten zur Premiere von »Annie Get Your Gun« mit Lucie Arnaz. Die Leute nahmen sich Drinks. Nur Gary Morton durfte nicht herein, weil er ohne Krawatte war. Der Türsteher war so dämlich, daß ich sagte: »Ja, sehen Sie denn nicht? Das ist doch Mr. Lucy.« Lucille Ball sieht alt aus, hat aber noch eine gute Figur. Sie ist wirklich eine Schönheit gewesen.

Während der Busfahrt machte Bill Boggs ein paar Durchsagen. Und dann machte auch Gary Morton Durchsagen. Zum Beispiel: »Und jetzt kommen wir an einer Mülltonne vorbei.« Nach anderthalb Stunden waren wir endlich dort. Es war noch ziemlich leer. Aber dann erschien Lucy, und alle älteren Damen in Hosenanzügen stürzten sich auf sie. Mein Gott, warum ziehen sich die Amerikanerinnen nur so schlecht an? Tun sie das absichtlich, um nicht vergewaltigt zu werden? Wann hat das bloß angefangen.

Lucie Arnaz war gut.

Oh, eine Frau sprach mich an und bat um ein Autogramm. Sie stellte sich als Gloria DeHaven vor. Ich sah sie an und – sie war es tatsächlich. Darum denke ich, daß noch viele alte Stars da waren und ich sie nur nicht erkannt habe. Ein Jugendlicher mußte sich übergeben, und das war komisch, weil wir alle dastanden und ihm zusahen.

Freitag, den 30. Juni 1978

Prinz Rupert Loewenstein behauptet, daß Catherines Stiefmutter oder Stiefvater oder so 50 Millionen Dollar geerbt hat. Und die Engländer haben es Catherine noch nicht gesagt. Catherine stehe ein Dinner mit Prinz Charles im Haus ihrer Mutter in London bevor. Die Mutter meine, die beiden würden gut zusammenpassen. (Zeitungen und Zeitschriften $ 16.00.)

Halston und Stevie erzählten von Bianca. Angeblich wohnt sie in Micks Haus in London. Eigentlich dürfe sie das gar nicht. Die Tür sei sogar vernagelt, und trotzdem sei sie drin. Es soll winzig sein, nur ein Zimmer pro Etage – kleiner als Freds Haus in New York.

Ich ging zu Halston, und Liza kam gegen 12.00 mit ihrem neuen Freund Mark, dem Theater-Inspizienten. Sie haben sich jetzt erst kennengelernt, obwohl sie ein halbes Jahr an der Show gearbeitet haben. Er fragte sie, ob er ihr das Paradies zeigen solle, und als sie ja sagte und fragte, wo das denn sei (lacht), sagte er, in seinem Zimmer. Also gingen sie hin und bumsten. Er macht Marmorskulpturen. Er sieht sehr gut aus und ist ziemlich groß – Jude oder Italiener, eins von beiden. Halston war reizend. Zuerst riet er Stevie, eine Kunstsammlung anzufangen, und dann wollte er Liza überreden, sich von mir als Akt porträtieren zu lassen. Liza zog sofort ihre Nummer ab: Sie und nackt, mit ihrem Körper? Sie holte die Titten raus – ihr Kerl wurde richtig scharf – und fragte: »Und wie soll ich meinen Busch verstecken?«

Samstag, den 1. Juli 1978 Es war ein schöner Tag. Ich arbeitete den ganzen Nachmittag. Dann holte mich Victor ab. Wir gingen im Village spazieren. Wir schauten bei »Utrillo's« rein und gaben einige »Interviews« ab. Sie sagten, sie könnten auch *ältere* Ausgaben verkaufen, wenn wir welche rüberschicken würden. Dann gingen wir in die Second hand shops an der 6th Avenue, und ein Händler sagte: »Oh, Sie sind der Mann, dem ich den ausgestopften Hund verkauft habe.« Dann kamen wir in einen anderen Laden, und die Frau dort sagte: »Oh, Sie sind der Mann, dem ich den ausgestopften Hund verkauft habe.« In Wirklichkeit hatte Fred ihn gekauft. Ich fragte sie: »Wie können uns zwei Läden den gleichen ausgestopften Hund verkauft haben?« »Oh, wir waren mal Partner.« Diese Leute kennen sämtliche Preise. Vom kleinsten Stückchen Plunder aus den fünfziger Jahren wissen sie, was es kostet! Das Einfachste wäre, heute etwas Neues einzukaufen, zehn Jahre im Geschäft zu bleiben und es dann als Antiquität zu verscheuern. Victor kaufte durchsichtige Plastikstühle von 1965, oder sogar noch später, für $ 150.00. War das ein guter Preis? Was würden die heute neu kosten? Sie sehen gut aus. Geschwungene Form. Es gab auch alten Mickey-Mouse-Kram. Warum nicht das Zeug heute neu kaufen und nicht benutzen, dann wäre es in zehn Jahren noch nagelneu und besser als dieser alte, verbeulte Trödel, den sie heutzutage anbieten. (Fotomaterial $ 16.96.)

Sonntag, den 2. Juli 1978 Es war ein schöner Tag, aber ich blieb zu Hause und arbeitete an Zeichnungen. Victor rief den ganzen Tag an. Ich solle mir den Hund ansehen, den er sich anschaffen will. Außerdem wolle er mit mir herumstrolchen. Doch ich dachte, heute sei eine gute Gelegenheit, mal auszuspannen und (lacht) nachzudenken. Habe ich so was schon mal gesagt? Ich war irgendwie träge. Ich arbeite gerade an unsichtbaren Skulpturen und Bildern, die so aussehen, als bewegten sie sich, wie Duchamps »Akt, eine Treppe herabsteigend«. Ich denke, ich setze etwas Obst in Bewegung.
Übrigens, Truman hat angerufen. Ihm gefällt meine Idee, ein Stück pro Tag zu schreiben. Er hat (lacht) bereits acht geschrieben. Am Mittwoch kommt er aus dem Krankenhaus – er ist zum Bluttest dort. Er will mit mir lunchen.

Dienstag, den 4. Juli 1978 Der 4. Juli. Draußen regnete es. Ich sah mir »The Brady Bunch« an, anschließend fuhr ich ins Büro (Taxi $ 3.50). Victor rief an, damit ich mir den Hund ansehe. Ich versuchte ihm die Anschaffung auszureden. Ich sagte, er sei selbst ein Hund.
Um 4.00 holten mich Victor und Rupert ab. Wir gingen zum Lunch zu McDonald's und verteilten »Interviews« (Lunch $ 9.50).
Unterwegs sprachen wir übers Siebdrucken. Mein Gott, die Leute im Village waren so unattraktiv. Alles Kerle, die es nicht geschafft hatten, auf Fire Island eingeladen zu werden. Setzte Victor am Morton Street Pier ab ($ 4.50).

Mittwoch, den 5. Juli 1978 Fuhr zur Chembank (Taxi $ 4.50). Danach ging ich ins Büro und telefonierte. Ich fuhr zu »La Petite Marmite« ($ 3.00), um mich mit Truman und Bob MacBride zu treffen. Die beiden tranken nichts, aber ich bestellte Orangensaft mit Wodka. Ich

nahm seine Ideen für Stücke auf Band auf. Mein Gott (lacht), was waren sie langweilig! Er sagte: »Ich habe so viele Ideen für Stücke, daß ich dir gleich drei davon erzählen muß.« Und dann erzählte er mir die erste (ahmte ihn nach): »Das Stück heißt ›Das griechische Ideal‹ und handelt von einem jungen Mann und seiner Mutter. Er ist ein griechischer Gelehrter und will nach Harvard. Vielleicht hat er auch eine kleine Behinderung. Seine Mutter macht ihm ein Geschenk, ehe er weggeht. Sie bringt ihn auf eine griechische Insel. Nur der Sohn, die Mutter und ein Dienstmädchen sind dort« – ich glaube, ein Dienstmädchen war dabei – »und wie sie so auf der Insel sitzen, geht plötzlich der Mond auf, und vom Mond herab kommen Hunderte kleiner Ratten und fressen ihn auf. Die Mutter trägt eine schwarze Haube.« Also (lacht) im ersten Moment wußte ich nicht, was ich dazu sagen sollte. »Oh, das ist großartig, Truman«, sagte ich, »aber müssen es unbedingt Ratten sein? Ich meine, weil es doch schon ›Ben‹ und ›Willard‹ gab und so weiter...«
Da mischte sich Bob ein und sagte zu mir: »Weißt du denn nicht, daß das aus Trumans alter Short story ›Walk Around the Block‹ stammt? Er hat sie vor Jahren geschrieben, und alle haben sie *kopiert*.« Und dann erzählte Truman die zweite Geschichte, die nicht ganz so schlimm war (ahmt ihn nach): »Ein junger Mann, 16 Jahre alt, heiratet unten im Süden ein Mädchen von 13 wegen ihres Geldes. Er ist frühreif und paranoid –« Ich begriff das Stück nicht ganz. Und als er zum dritten Stück kam, sagte er (lacht): »Jetzt improvisieren wir. Wir können alles daraus machen. Das Stück heißt ›Tiefe Löcher‹.« Ich sagte: »Ach, Truman, kann ich nicht nur dich aufnehmen? Das Echte; und dann Stücke über Leute machen, die es wirklich gibt. Kann ich dich nicht zu deiner Gymnastik begleiten?« Für Freitag 11.00 sind wir verabredet.
Nach dem Lunch gingen wir in seine Wohnung. Auf dem Tisch lagen zwei Vorausexemplare eines Artikels über ihn, der diese Woche im »New York Times«-Magazin erscheinen wird. Auf dem Foto sieht Truman seiner Mutter ähnlicher als sich selbst. Er steht im Gras, trägt einen Strohhut und hat ein Bettlaken um, das ihn wie schwanger aussehen läßt. Der Artikel gibt ziemlich genau sein bisheriges Leben wieder. Es steht auch drin, daß er nur verheiratete Männer mit vielen Kindern mag, weil sie ihm eine Familie ersetzen, die er selbst nie gehabt hat. Und daß sich Truman gern mit den Kindern anfreundet. Dann wird Trumans Freund John O'Shea beschrieben. Das ist der, den Bob und ich vor ein paar Jahren in Monte Carlo kennengelernt haben. Seltsamerweise wird Bob MacBride nicht erwähnt. Dabei paßt die Beschreibung genau auf ihn. Truman über das Thema Kinder: »Nein, nicht sechs Kinder, vier reichen mir schon.« Während Truman den Artikel las, führte mich Bob ins Schlafzimmer und zeigte mir noch mehr von seinen Arbeiten. Truman las etwa eine Stunde lang. Bob wollte seinen Mittagsschlaf halten. Ich fragte Truman, ob er jetzt zum Psychiater gehe, und er sagte, nein, ins Sportzentrum. Es liegt an der Ecke 47. Straße und Second Avenue, dort, wo früher die Factory war.
Unten im Foyer zeigte er den Artikel mit seinem Bild den Leuten, die in den Aufzug stiegen. »Das bin ich. Wie gefällt es Ihnen?« Und dann sprach er über den Artikel. Er störte sich an dem Wort »Niedergang«. »Niedergang? Wieso Niedergang? Über keinen Schriftsteller auf der ganzen Welt wird so viel geschrieben wie über mich.« Offenbar verwechselt er »geschrieben über« mit Selbstgeschriebenem.

Donnerstag, den 6. Juli 1978
Die Frau aus Detroit rief an. Wir sollen diesen Monat noch Henry Fords Porträt machen. O Gott, Detroit. Na ja, vielleicht wohnt Henry Ford wenigstens in einer anständigen Gegend.

Freitag, den 7. Juli 1978 Ich traf Truman um 11.00 im »UN Plaza« (Taxi $ 3.00). Er kam aus dem Aufzug; ich ließ das Tonbandgerät laufen.

Wir gingen ins Sportzentrum. Die Leute starrten uns an; wir sahen seltsam aus. Dann gingen wir in den Raum, in dem sich Truman von einem Tony massieren lassen wollte. Truman zog sich aus, und ich (lacht) fotografierte. Er ist dick, hat aber etwas abgenommen. Seine Unterhose rutschte wie eine locker sitzende Windel. Man konnte seine Arschkimme sehen.

Später, nach dem Lunch, nahm Truman Bob MacBride, der zu uns gestoßen war, und mich mit zu Percelli, seinem Psychiater. Percelli arbeitet im »Roosevelt«. Truman hatte ihm gesagt, daß ich alles mitschneiden würde. Truman lag auf der Couch (lacht) und sprach über seinen Vater, seine Mutter und seinen Stiefvater. Er erzählte, wie sein Vater ihm sein Geld weggenommen hat und so. Und der Psychiater sagte alles, was man aus dem Kino kennt: »Kommen wir auf Ihren Traum zurück.« Irgendwann stand Truman auf und ging ans Fenster. Er sah hinaus, und als er sich umdrehte, hatte er Tränen in den Augen; er schien zu weinen. Nach der Sitzung machte er einen Luftsprung und sagte: »Gute schauspielerische Leistung, was?«

Sie wollten zum »Nickerchen« nach Hause. Endlich begriff ich, daß ein »Nickerchen machen« wohl Sex mit Bob bedeutete. Sie tun es jeden Nachmittag, und ich habe wohl gestört. Bob schien allerdings ganz recht zu sein, daß ich da war. Ich lieferte ihm eine Ausrede.

Wir gingen zurück zum »UN Plaza«. Ich wollte Truman auf der Toilette beim Pinkeln aufnehmen, aber er machte die Tür zu.

Bob sagte, es sei Zeit zum Dinner. Es war wie im Urlaub oder auf dem Land – Dinner gleich nach dem Lunch. Wie ich beobachten konnte, ißt Truman aber nur einmal am Tag richtig.

Truman trank ein großes Glas Wodka, bevor wir zu »Antolotti's« gingen. Bob schlief am Tisch ein, und Truman schickte ihn nach Hause.

Truman sagte, er würde es gern mal mit seinem Psychiater treiben, um ihre Beziehung auf »ein neues Level« zu bringen – dann wäre nämlich *er* »an der Macht. Ich wollte ihn fragen, ob ihm diese Idee nicht ziemlich altmodisch vorkomme, ließ es aber dann bleiben. Ich hebe mir die Frage für die nächste Sitzung auf (lacht).

Er erzählte mir, daß er John Huston 40mal einen geblasen habe, und kam dann auf Humphrey Bogart zu sprechen. Er sagte, Bogart habe »eine Heidenangst« vor ihm gehabt. Eines nachts habe er ihn ins Bett gebracht, zugedeckt und dann zu ihm gesagt: »Du mußt es mich machen lassen, Humphrey.« Bogart (lacht) soll daraufhin reichlich nervös geworden sein und gesagt haben: »Einverstanden, aber nicht in den Mund nehmen.« Also sagte Truman: »Hör mal, Humphrey, wir waren beide auf dem Trinity College. Ich weiß genau, daß du es dort gemacht hast.« Also, ich glaube ja nicht, daß sie beide auf dem Trinity College waren. Truman denkt sich so vieles aus. Später, so erzählte er weiter, seien sie dann die besten Freunde geworden. Einmal hätten sie bei David Selznick übernachtet und Bogart sei mit einem Ständer zu ihm ins Bett gekommen, aber er habe ihn abblitzen lassen, weil es zu früh am Morgen gewesen sei (lacht).

Ach ja, er behauptet, daß John O'Shea den Roman »Answered Prayers« von vorn bis hinten geklaut hat. Angeblich hat er ihn deshalb nicht fertig geschrieben. Ich glaube, das hat Truman auch nur erfunden.

Truman sagt, daß er nicht in der Gegenwart leben will, weil sein Buch 1965 endet und er es zu Ende schreiben will. Aber wann kommt er schon zum Arbeiten?

Was ihn wirklich aufregt und nervös macht, ist alles Anale. Wenn ich etwas sage wie Faust-Ficken, wird er ganz unruhig. Er sagt, er will nicht darüber reden. Ich frage mich, wie kann sich überhaupt jemand mit Truman einlassen? Also, ich könnte nie mit Truman (lacht). Mein Gott... (Dinner $ 52.15).

Samstag, den 8. Juli 1978 Victor rief an und sagte, er habe irgendwelche Parasiten. Er wohnt zur Zeit bei Elsa Peretti. Sie ist wieder in der Stadt. Victor will zu Dr. Brown, dem Spezialisten für Knabenleiden.

Sonntag, den 9. Juli 1978 Truman rief an. Er sagte, er vermisse mich, lud mich zum Dinner ein. An diesem Tag war sein Bild auf der Titelseite des »New York Times«-Magazins. Er sagte, er habe den Hörer neben das Telefon gelegt, aber ich weiß nicht, ob ich das glauben soll. Um 7.00 ging ich ins »U N Plaza«. Ich nahm acht Bänder und eine Kamera mit (Taxi $ 2.00). Zuerst unterhielt ich mich eine Weile mit Bob MacBride. Dann telefonierte Truman mit Jack Dunphy, und ich stellte das Tonbandgerät an. Er ist seit 30 Jahren mit Jack befreundet. Aber Jack hatte den Artikel noch nicht gelesen und konnte folglich nichts dazu sagen.
Wir gingen hinüber zu »Antolotti's« und aßen Pizza. Die Drinks dort haben es in sich. Wodka und Grapefruitsaft. Jedenfalls wurde ich allmählich betrunken. Ich reichte Truman den Arm und brachte ihn nach Hause. Lustiger ist es, wenn Bob MacBride ihn am Arm nimmt und nach Hause bringt – das sieht echt gruselig aus. Aber wenn ich es tue, ist es auch gruselig. Er wankte, und weil er so kräftig ist, hätte er mich beinahe umgeworfen. Fuhr nach Hause (Taxi $ 3.00).
Der Abend bescherte mir drei beidseitig bespielte Bänder.

Montag, den 10. Juli 1978 Vincent und ich fuhren mit dem Taxi ($ 3.00) ins Studio von Sire Records, um einen Werbespot für die »Talking Heads« zu machen. Ich mußte meinen Text ungefähr 20mal wiederholen. Hinterher sagte ich Victor, daß ich nie Schauspieler sein könne – ich habe nicht das Zeug dazu, meine Zunge ist wie gelähmt, und immer geht was schief. Ich hatte nur einen Satz: »Sag ihnen, daß Warhol dich schickt.« Aber er klang jedesmal so, als hätte ich ihn abgelesen.
Victor rief an. Er muß vier Wochen lang im Rollstuhl sitzen. Er war bei allen möglichen Ärzten, aber sein Bein schwoll immer mehr an. Schließlich fand er einen 80 Jahre alten Südamerikaner, der ihm eine Spritze gab. Victor bestellte einen Krankenwagen und ließ sich ins »Studio 54« zu der Party für Elton John fahren.

Freitag, den 14. Juli 1978 Ich ging zu Dr. Cox und zeigte ihm die Tabletten, die Jay Johnson aus Japan mitgebracht hat. Er sah sich die Pakkung an, und weil er kein Japanisch lesen kann, meinte er: »Ich glaube, die können Sie nehmen.«
Ich holte Bob ab. Wir fuhren zu unserer Verabredung mit Truman und Bob MacBride ins »La Petite Marmite«. (Taxi $ 3.50.)
Truman brachte eine Sonntagsausgabe der »Times« mit. Die Ausgabe von dieser Woche mit dem zweiten Teil des Artikels über ihn. Diesmal war er aber nicht auf der Titelseite, wie er gedacht hatte. Ich ließ ihn den Artikel signieren und erbat ihn mir als Geschenk. Er sagte, er wolle in einem Loft für seine 540 besten Freunde eine Party geben, und die Frauen sollten Schleier tragen. Truman beglich die Rechnung.
Fuhren mit dem Taxi ins Büro ($ 3.00). Später schickte uns Susan Blond eine Limousine. Truman und ich fuhren ins »Palladium«, um Rick Derringer zu treffen. Man führte uns die Treppe hinauf in eine Garderobe, wo wir eine Flasche Jack Daniel's, Milch und Kekse vorfanden. Truman mixte sich gerade einen Jack Daniel's mit Milch, als so ein Rock'n'Roll-Manager hereinstürzte und brüllte: »Raus hier, raus! Wir müssen über Geld reden!« Alle gingen, nur Truman und wir nicht; wir wußten nicht, wohin. Der Typ fuhr Truman an:

»Habt ihr nicht gehört? Raus hier!« Ich sagte: »Aber das ist doch Truman Capote.« Und Truman sagte: »Aber das ist doch Andy Warhol.« Der Manager sagte: »Oh, Verzeihung.«

Sonntag, den 16. Juli 1978
Barbara Allen rief am Morgen an und schlug vor, gemeinsam zum Tennisturnier nach Forest Hills zu fahren. Richard Weisman mußte wegen einer Fernseh-Sache mit ABC schon früher dort sein. Zuerst wollte ich mitkommen, aber als ich sah, wie neblig und grau es draußen war, beschloß ich, die Spiele im Fernsehen zu verfolgen und zu arbeiten. Aber ich ging zur Kirche. Als ich nach Hause kam, schaltete ich den Apparat ein. Nastase spielte gegen Vitas Gerulaitis. Ich war für Vitas, und er gewann auch.
Barbara und Bob riefen an. Vitas hatte alle zum Dinner ins »River Cafe« in Brooklyn eingeladen. Sie überredeten mich, mitzukommen, und versprachen, mich abzuholen. Sie kamen um 10.00. Barbara zeigte uns den Ring, den Nastase ihr geschenkt hatte. Und dann kam Nastase. Er hatte ein wunderschönes Mädchen bei sich, ein Modell, und Barbara ging nach oben und weinte. Richard Weisman fand das albern. Er sagte, Barbara wisse doch genau, daß Nastase verheiratet sei und Kinder habe. Truman sagte, er habe einen steinreichen Mann für Barbara: Sie hätte dann drei Flugzeuge, alles Geld der Welt und ein Haus in Mexiko. Das heiterte sie auf.
Wir blieben bis 2.00. Vitas zahlte.

Montag, den 17. Juli 1978 Ich mußte mir eine Verkleidung für Halstons Party ausdenken. Ich schickte Robyn los, um eine Perücke für mich zu kaufen, und er erstand ein Prachtexemplar – eine graue Dolly-Parton-Perücke ($ 20.51). Ich setzte sie auf und zog das Kleid dazu an, das ich mal für eine Kunst-Modenschau bei »Rizzoli« entworfen habe. Es ist aus sechs verschiedenen Modell-Kleidern zusammengenäht. Der erste, den ich bei Halston sah, war Stevie. Er war angezogen – dachte er – wie Liza. Rote Pailletten; es wirkte furchtbar. Die Kellner, die im »Studio 54« sonst fabelhaft aussehen, sahen bei Halston wie Landstreicher aus. Stevie zog dauernd seinen Schwanz unter dem Kleid hervor, und ich war überrascht: Er war groß. Barbara Allen war die Beste. Sie kam als Mann mit Suspensorium, Jackett und Schnurrbart. Stevies Boa fing Feuer, und er wäre verbrannt, wenn nicht ein Schwuler die Flammen erstickt hätte. In Frauenkleidern sah Halston wie Diane de Beauvau. Jetzt ist mir auch klar, warum er sie so mag. Pausbäckig und pummelig – das gefällt ihm.

Dienstag, den 18. Juli 1978
Trumans Bild war in der Zeitung. Es zeigte ihn betrunken in Stanley Siegels Show. Ich selbst habe die Sendung nicht gesehen. Vor der Show hatte er Stanley gebeten, keine Fragen zum Thema Alkohol zu stellen, und dann ist er besoffen hingegangen.

Donnerstag, den 20. Juli 1978
Heute morgen war ich zur jährlichen Generaluntersuchung beim Arzt. Gräßlich. Mit der üblichen Sprechstundenhilfe ist es halb so schlimm, aber Rosemary ist weg, und Doc Cox hat einen männlichen Assistenten. Ich kam mir vor (lacht) wie im »Anvil«. Erst wurde das Becken geröntgt, dann nahmen sie eine Proktoskopie vor, wie sie es nannten, und das war zu peinlich. Doc Cox mußte kurz raus, zu einer Patientin, und die schüttete ihm versehentlich Wasser auf die Hose. Als er wiederkam, sah er aus, als hätte er sich angepinkelt. Doc Cox war süß. Auf dem Rückweg kaufte ich noch fürs Büro ein ($ 15.21). Um 2.30 war ich dort. Eartha Kitt war zum Lunch da. Und Barry Landau mit Polly Bergen.
Ronnie war betrunken und erklärte, er arbeite »zum letztenmal« hier – Fred hatte ihn tags zuvor angebrüllt, er mache nicht richtig sauber und lasse alles verdrecken. Und später gerieten

sich Ronnie und Eartha in die Haare, aber niemand zerrte ihn aus dem Zimmer. Sie stritten sich über James Deans Charakter, ob er »schwierig« gewesen sei. Ich glaube, Eartha hält sich ebenfalls für eine Rebellin und stellte sich deshalb vor James Dean. Aber ich finde, man kann die beiden nicht miteinander vergleichen – sie kämpft für Menschenrechte, und James Dean war bloß ein Typ, der nicht zur Arbeit erschien. Der Streit wäre nicht so ausgeartet, wenn Polly Bergen nicht für Ronnie Partei ergriffen hätte. Als Polly den Raum verließ, sagte Eartha so etwas wie: »Die steckt doch voller Scheiße.« Und als Eartha mal rausging, sagte Polly das gleiche über Eartha, nur etwas zahmer.

Wir wollten Truman anrufen, aber er nahm nicht ab.

Ich zog mich an und holte Catherine ab. Ihr englischer Freund, Jamie Neidpath, kam mit. Er besitzt große Ländereien und sieht aus wie 20, ist aber 30. Er kleidet sich komisch. Lange, schmale Seidenkrawatten, wie die Beatles früher, und Gehrock. Ich wollte von ihm wissen, warum er sich so komisch anzieht. Er antwortete, er habe irgendwann beschlossen, das sei die richtige Kleidung für ihn, und dabei sei er geblieben.

Taxi zum »Bottom Line« ($ 6.00). Steve Paul war da. Ich glaube, er managt David Johansen. Lou Reed saß am Nachbartisch. Catherine war total in ihn verknallt – sie war nur seinetwegen gekommen. Ein paar Tische weiter saß Fran Lebowitz. Sie hatte den Arm um eine Frau gelegt (lacht). Ich fotografierte sie. David Johansen ist hinreißend. Er hat nur einen Fehler, er springt zuviel herum. Das muß er noch lernen, wie Lou es gelernt hat.

Lou lud uns zu sich nach Hause ein. Er wohnt über einer Bagel-Bäckerei in der Christopher Street, dort, wo früher die »Voice« war, zwischen der 6. und 7. Straße. Als wir auf das Haus zugingen, flüsterten ein paar Jungs: »Da ist Lou Reed.« Und er sagte: »Verpißt euch.« Ist das nicht toll? Er hat sich zwei Dackel zugelegt, weil ihm meine so gefallen haben. Sie sind niedlich – sie heißen Duke und Baron. Er lebt von Rachel getrennt, aber irgendwie sind sie noch zusammen, sie haben nur getrennte Wohnungen. Lous Wohnung ist eigentlich mehr ein Haus. Er hat sie durch eine Freundin bekommen. Er bewohnt sechs Zimmer und zahlt nur $ 485.00 im Monat; die Wohnung unterliegt dem Mieten-Stop. Am besten gefällt mir das lange, schmale Badezimmer (3,60 m auf 0,60 m). Er überlegt sich, ob er es umbauen soll, aber ich habe ihm abgeraten; es ist doch wunderbar so. Ach, so wie Lou lebt, würde ich auch gern leben. Jedes Zimmer ist vollgestopft mit elektronischen Gags – ein gigantischer Fernseher, ein Anrufbeantworter, den man hört, wenn das Telefon läutet, Tonbandgeräte, Fernseher, Videorecorder. Und er ist nett und dabei immer so lustig, so in sich ruhend, es ist einfach unglaublich. Sein Haus ist sehr sauber. Er hat eine Putzfrau. – Na ja, ein bißchen riecht es nach Hundescheiße, aber... Er telefonierte, und später ließ er einen Mitschnitt von seinem Konzert laufen. Catherine ging runter und kaufte Bagels und Grapefruit- und Orangensaft. Lou hatte nur eine schäbige Halbliterflasche Scotch im Haus.

Freitag, den 21. Juli 1978 Bob MacBride rief an und sagte, er wolle sich mit mir treffen. Ich wollte aber nicht, ohne daß Truman dabei war. Ich versprach zurückzurufen, tat es dann aber nicht. Jetzt muß ich lügen und sagen, ich hätte es versucht, ihn aber nicht erreicht.

Montag, den 24. Juli 1978 Bob MacBride kam zum Lunch. Er macht sich Sorgen um Truman. Er ist davon überzeugt, daß er Selbstmord begehen will. Truman liegt in einem Privatkrankenhaus, aber das weiß niemand. Truman ist deprimiert, weil alle sagen, er sei erledigt. Bob erzählte mir, er habe Truman zu Stanley Siegels Show ins Studio gebracht, da sei er noch völlig in Ordnung gewesen.

Vermutlich habe er ein Thorazin oder etwas Ähnliches genommen. Truman sagt, er könne sich an die Show nicht mehr erinnern. Ich versuche immer wieder, aus Bob herauszubekommen, ob Truman die »Answered Prayers« nun schreibt oder nicht, aber er sagt weder ja noch nein.
Außerdem erzählte mir Bob, daß C. Z. Guest gestern ihren Mann zu

C.Z. Guest *(Andy Warhol)*

Truman geschickt hat, um ihn dazu zu überreden, nach Minnesota in ein Krankenhaus zu gehen. Mir war nicht ganz klar, ob Bob einen Rat von mir wollte, deshalb meinte ich nur: »Wenn Truman ins Krankenhaus geht, versuchen Sie, mich mitzunehmen, wenn Sie ihn besuchen.« Ich werde alles auf Band nehmen. Man kann einen Menschen nicht aufhalten – wenn er sich umbringen will, wird er es tun.

Dienstag, den 25. Juli 1978

Ich vergaß zu erwähnen, daß ich vorgestern abend im Fernsehen die Wahl der Miss Universum gesehen habe.
Eigentlich war Miss USA die Beste. Sie war aus Hawaii und sah aus wie Jerry Hall. Aber dann kam die Frage: »Wie denken Sie über die Vereinigten Staaten?« Sie hätte was Ernsthaftes sagen müssen wie: »Die Vereinigten Staaten sind die freieste Nation, die alles zusammenhält.« Doch sie vermasselte alles und sagte: »Oh, ich liebe die Strände.« Miss Südafrika gewann. Sie war eine brünette Ausgabe der Miss USA, gab aber eine ernsthafte Antwort. Miss Kolumbien war so bekifft, daß sie nicht sprechen konnte (lacht), nein, stimmt gar nicht, ich mache nur Spaß. Es waren etwa 75 Mädchen. Die meisten kamen aus südamerikanischen Ländern, von denen man noch nie etwas gehört hat. Die Ex-Miss-Universum war wirklich schwarz, aber vielleicht lag das an meinem Fernsehgerät.
Ich sprach mit Ronnie. Er will in ein Rehabilitationszentrum gehen, um von Alkohol und Drogen loszukommen. Er sagte, er habe die ganze Woche noch nicht geschlafen. Ich fragte ihn, ob er Probleme mit Gigi habe. Ja, sagte er, sie habe den Ehering aus dem Fenster geworfen. Ich begreife sowieso nicht, weshalb sie überhaupt geheiratet hat. Sie ist immer auf Achse, und dabei wünscht sich Ronnie eine Frau wie seine Mutter, die in Brooklyn wohnt und nie aus dem Haus geht. Gigi arbeitet jetzt als Maskenbildnerin bei dem Brian-DePalma-Film mit. Das wird zu neuen Komplikationen führen.
Ging heim und rief Truman an, aber es nahm niemand ab. Ich hätte ihn anrufen sollen, bevor ich zur Arbeit ging.

Mittwoch, den 26. Juli 1978

War mit Truman und Bob MacBride im »La Petite Marmite« verabredet. Truman war gerade aus dem Krankenhaus entlassen worden. Er sagte, die Guests brächten ihn nach Minnesota zu einer Entziehungskur. Nach seinem Auftritt in Siegels Show bekam er etwa 100 Briefe. Den von Stanley Siegel las er mir vor. Widerlich. Siegel schreibt, daß Truman großartig gewesen sei. Dabei ist doch klar: Hätte er wirklich Mitgefühl mit Truman gehabt, dann hätte er ihn bremsen müssen. Diese eine Sendung hat Stanley Siegel nationale Beachtung eingebracht. Jetzt ist er bekannt.

Donnerstag, den 27. Juli 1978

Blieb abends zu Hause und schaltete »20/20« ein. Es war lustig, als Hugh Downs sagte: »Wie Andy Warhol einmal gesagt hat: In 15 Minuten wird

jeder berühmt.« Statt zu sagen: »In Zukunft wird jeder 15 Minuten lang berühmt sein.«
Ach ja, fast hätte ich es vergessen: Truman ähnelt immer mehr seiner Bulldogge. Er sitzt da und reibt sich die Augen, als knete er Teig, und wenn er dann die Hände wegnimmt, sind sie ganz rot – das Weiße ist rot, die Ränder sind rot. Er sieht wirklich aus wie sein Hund, alles an ihm ist schlaff.

Freitag, den 28. Juli 1978 Es war ein ruhiger Tag im Büro. Wir mußten ganze Berge von Obst essen, das wir zum Lunch gekauft hatten, sonst wäre es übers Wochenende verdorben.

Samstag, den 29. Juli 1978 Jed und ich gingen rüber ins »Pierre« und anschließend in die »Oyster Bar«. Sie war geschlossen. Wir nahmen ein Taxi zu »Woods« – ebenfalls geschlossen ($ 3.00). Also gingen wir nach nebenan ins »La Relais«. Wir wollten sehen, wie es dort ist. Als wir reinkamen, hatte ich den Eindruck, alle anderen seien schon da – etwa Charles Collingwood und Helen Frankenthaler. Sie war unausstehlich, wie immer. Bei ihr war ein Galerist aus Europa. Denise Hale war auch da. Ich fragte Helen, ob ich sie mit ihr bekannt machen solle. Darauf Helen: »Wieso? Das könnte ihr so passen.« Sie geht am Mittwoch auch zu den Mondales nach Washington. Ich nehme Fred mit. Vizepräsident Mondale gibt eine Party für Künstler, von denen Werke in seinem Haus hängen. Ich fragte Helen nach ihrem Siebdruck – ich hatte nämlich gehört, daß sie einen gemacht hat. Aber sie sagte nur: »Ich mache keine Siebdrucke, das überlasse ich dir.« Ich war etwas verwirrt. Hat sie nun einen gemacht oder nicht? Ich sagte: »Ich meine, für deine Multiples.« Darauf sie: »Ich mache keine Multiples.« Sie war unausstehlich. Sie hat ja auch Motherwell geheiratet, um ins Geschäft zu kommen. Ihre Arbeiten sind schrecklich.
Wir gingen ins Kino (Taxi $ 3.00), weil wir Patti D'Arbanville in »Big Wednesday« sehen wollten. Sie hatte drei Sätze: 1. »Oh, mein Gott«, 2. »Uh, uh, mmh« und 3. »Iiiih, oh, oh.«

Sonntag, den 30. Juli 1978 Bob rief an. Er war gerade aus Montauk gekommen. Er sagte, Catherine habe ihm den Nerv getötet.
Ich glaube, Tom ist in Winnie, das dänische Fotomodell, verliebt. Ulli Lommel will draußen einen Film drehen: »Cocaine Cowboys«. Er hat eine reiche Frau geheiratet. Sie heißt Suzette Love.

Mittwoch, den 2. August 1978, New York – Washington D. C. Das Leben ist wirklich eine ständige Wiederholung. Die alten Songs werden in neuer Fassung herausgebracht, die Jungen halten sie für neu, die Alten erinnern sich an sie. Vielleicht ist das ein Weg, die Generationen zusammenzuhalten, eine Möglichkeit, miteinander zu leben.
Wir nahmen den Shuttle nach Washington (Zeitschriften und Zeitungen $ 3.00). Die Maschine war wie immer voll besetzt. Ich bezahlte die Tickets für Fred und mich ($ 81.00). Wir fuhren mit dem Taxi ins »Madison Hotel« ($ 5.50) und gaben unser Gepäck ab ($ 3.00). Taxi zu den Mondales ($ 4.00). Alles ist so teuer. Zum erstenmal achte ich auf die Inflation. Auf der Speisekarte im Hotel war alles doppelt so teuer wie früher. Ein kleines Steak kostet jetzt $ 15.00 und nicht mehr $ 7.50. Da bringen sie einem ein Leben lang bei, wie man mit Dollars und Pennies umgeht, und auch die Inflation drehte sich früher nur um Pennies, und mit einemmal werden die Pennies zu Dollars, und alles wird auch gleich in Dollarsprüngen teurer.
Es war heiß und schwül in Washington. Joan und Fritz Mondale haben keine Arbeiten von wirklich großen Künstlern. Abgesehen von Helen Frankenthaler und mir.

Die Rockefellers haben in demselben Haus gewohnt, als Rockefeller Vizepräsident war. Ihr Max-Ernst-Bett steht allerdings nicht mehr dort.
Joan Mondale plazierte mich zu ihrer Linken und einen Inder zu ihrer Rechten. Ich glaube, sie war etwas beschwipst. Sie wurde sehr traurig und sagte: »Wahrscheinlich sehen wir uns heute zum letztenmal. Sie sind ein berühmter Künstler und werden es noch lange bleiben, aber wir stehen nach der jüngsten Umfrage in New Jersey schlechter da als zuvor, sogar noch schlechter als Nixon, kurz bevor er gehen mußte. Und es geht weiter bergab.« Ich sagte, die Zeiten würden sich auch wieder bessern.
Wir entdeckten den Finanzminister in der Ecke, und ich sagte zu Joan, der Minister solle Dollarnoten in Blindenschrift drucken lassen. Die Schweiz mache das für blinde Zeitungsverkäufer. Sie fand die Idee wundervoll und sagte, ich solle ihm das unbedingt vorschlagen. Aber dann ging sie doch selbst zu ihm hin und erzählte es ihm. Das Dinner war entsetzlich. Wer hat nur das Essen in Amerika ruiniert? Zeitschriften wie »Good Housekeeping« und »Family Circle« und »McCall's«? Steak mit Kartoffeln, zum Beispiel, ist ein gutes, einfaches Essen. Aber nein, statt dessen serviert man immer verrücktere Zusammenstellungen wie Kalbfleisch mit Thunfischsauce und Kapern. Übrigens, das Ganze fand im Zelt statt. Dabei ist es so teuer, ständig Zelte aufzubauen. Es gab alle möglichen harten Sachen zu trinken, die man im Weißen Haus jetzt nicht mehr kriegt. Gegen 10.00 schob uns Helen Frankenthaler einen Zettel zu. Sie fragte, ob wir auch gehen wollten. Wir mußten zurück ins Hotel. Ich hatte mit Fred über Helen Frankenthaler gesprochen und ihm erzählt, was für eine gräßliche Person sie sei. Aber dann war sie plötzlich wie umgewandelt. Sie sagte: »Ich war in letzter Zeit ziemlich unausstehlich. Ich weiß auch nicht, was mit mir los ist. Heute abend werde ich sehr nett sein, ehrlich.« Und *wie* nett sie war! Erstaunlich, wie sich ein Mensch verändern kann, wenn er nur will.
Wir nahmen Drinks im Hotel.

Donnerstag, den 3. August 1978 Ging ins Büro. Alle waren besoffen. Dabei hatte Ronnie große Reden geschwungen, er wolle zu den Anonymen Alkoholikern gehen. Er ist so was von verrückt, wenn er besoffen ist.
Ich fotografierte Bob Colacello. Ronnie sah sich die Bilder an und sagte: »Bob, sie sind verheerend. Du hast nicht nur ein Kinn, du hast drei.« Bob sagte: »Nein, habe ich nicht. Das Doppelkinn ist weg. Ich sehe heute gut aus.« Und das stimmte auch. Bob sah gut aus. Aber Ronnie fuhr fort, griff sich jedes Bild und machte es schlecht.
Brigid war depressiv. Nur Vincent war glücklich, weil ein paar Schecks reingekommen waren.
Victor kam vorbei, mit karottenblonden Haaren. Er will sie jetzt weiß färben lassen, um zu sein wie ich, aber mit dunklen Augenbrauen. Seit drei Tagen ist er gut drauf, denn er hat guten Koks gekauft.
Ich bekam ein paar meiner Fotos von Truman aus dem Labor zurück. Truman auf der Couch beim Psychiater. Nach den Bildern hat man den Eindruck, er habe keine Zähne mehr. Hat er noch welche?

Freitag, den 4. August 1978 Brigid hat die Bänder mit Truman transkribiert. Ich habe ihn noch nicht in Minnesota angerufen.

Samstag, den 5. August 1978 Ich fuhr mit dem Taxi zu Nett Gordon ($ 3.20), um mich maniküren zu lassen. Die Maniküre kostete $ 46.80. Der kubanischen Lady gab ich $ 10.00 Trinkgeld, weil sie mir alles über sich erzählte. Aber meine Nägel hat sie versaut. Nett serviert ihren Kunden Drinks. Ein Junge, der dort arbeitet, erzählte mir, er habe Candy Darling die erste Dauerwelle gelegt.

Sie sei damals 15 gewesen. Ich frage mich, wie alt Candy war, als sie aufhörte, Jimmy Slattery zu sein, und nur noch Kleider trug.
Ich ging zu Fuß nach Hause. Catherine rief aus Montauk an, und sie war nüchtern. Sie sagte, Tom habe für die Dreharbeiten zu »Cocaine Cowboys« etwa 30 Leute draußen, und die Klos liefen über. Sie gab vor zu wissen, daß Tom und Winnie geheiratet haben.
Mr. Winters rief Vincent an. Die vielen Leute machen ihn wahnsinnig. Tom ist in das Hotel beim Jachtclub gezogen, darüber war Catherine sehr froh. Sie verbrachte den ganzen Tag vor dem Fernseher und ließ sich vom Zimmerservice bedienen.

Sonntag, den 6. August 1978

Mein Geburtstag. Ich hatte ihn total vergessen, bis Vincent anrief und mich daran erinnerte.

Montag, den 7. August 1978

Victor vertraute mir ein Geheimnis an: Halston plane eine Überraschungsparty für mich und habe ein Geschenk, das mir bestimmt sehr gefallen werde. Dann ging er, um sich die Haare färben zu lassen.
Ich warf mich in Schale. Um 8.50 holte ich Catherine ab. Als wir gehen wollten, rief Tom Sullivan an und schlug vor, uns mit seiner Limousine abzuholen. Wir warteten an der Ecke, aber er kam nicht. Weil es schon spät war, mußten wir mit dem Taxi ins »21« ($ 2.00).
Als wir hinkamen, saß nur Jay Mellon da. Keiner war zu meinem Geburtstagsdinner gekommen. Wir tranken etwas. Eine Stunde später war immer noch niemand da. Um 9.00 hätte das Dinner beginnen sollen, und es war schon 10.00, und kein Mensch war da. Catherine ging die Treppe hinauf, um nachzusehen, ob sich in einem der oberen Räume was abspielte. Ich rief bei Eartha an, um zu fragen, wo sie und ihre Tochter blieben. Kitt ging ran und sagte, ihre Mutter sei mit Barry Landau ausgegangen! Na ja, ich bedankte mich und legte auf.
Gegen 10.00 kam endlich Lou Reed. Er hatte ein großartiges Geschenk für mich, einen Drei-Zentimeter-Mini-Fernseher. Lou war reizend und völlig nüchtern. Jay und ich trugen dunkle Anzüge. Lou trug einen hellen Anzug mit Fliege.
Dann kam Fred mit Nenna Eberstadt, beide in Weiß. Sie war etwas verlegen und überreichte mir ein kleines Geschenk. Und dann kam Tom Sullivan, holte ein Hemd hinter seinem Rücken hervor und nötigte mich, es anzuziehen. Winnie ist nicht so arg hübsch. Warum er sie wohl geheiratet hat? Jedenfalls brauchte sie eine Green Card. Catherine übrigens auch.
Halston, Dr. Giller und Stevie kamen gemeinsam, ebenfalls ganz in Weiß. Alle waren aufgeregt, wie bei einem Familientreffen. Catherine hatte eine gute Sitzordnung ausgeknobelt. Ich glaube, wir waren 13 bei Tisch. Ich war betrunken und nervös. Das Dinner war gut. Catherine hatte Ente und senegalesische Suppe bestellt. Irgendwann sagte Stevie, er kenne Lou von der Syracuse University her. Er zählte alle möglichen Details auf. Lustig, daß sie miteinander studiert haben; außerdem kommen beide aus Long Island.
Die Torte kam, und der Kellner sang »Happy Birthday«. Victor ließ sich nicht blicken. Vielleicht genierte er sich wegen seiner Haare. Halston entschuldigte sich: Er müsse nach Hause und die Drinks vorbereiten. Wir sollten nachkommen. Ich glaube, wir nahmen Toms Limousine, genau weiß ich es aber nicht mehr, ich war zu betrunken. Als wir zu Halston kamen, waren da viele Leute. Ich erhielt ein gesungenes Telegramm von Bill Dugan und Nancy North. Eine Lady mit Melone trug es mit Verve vor; eine gute Sängerin.
Als erster überreichte mir Stevie sein Geschenk. Er holte eine Mülltonne aus der Garage – vollgestopft mit 2000 Eindollarnoten – und leerte sie über mir aus, wirklich das beste Geschenk. Von Victor bekam ich einen Turnierhut.

Halston schenkte mir einen weißen Pelzmantel. Aber dann fand er ihn zu klein und sagte, er würde mir später einen anderen geben. Also, ich weiß nicht recht.
Ich ging gegen 4.00. Alle anderen blieben.

Dienstag, den 8. August 1978
Ronnie kam zu spät zur Arbeit. Gigi kam nach ihm ins Büro und schrie ihn an, was er mit ihren Katzen gemacht habe. Als er erzählte, was passiert war, stand das ganze Büro unter Schock. Bei der Rückkehr von Halstons Party entdeckte er die beiden Katzen. Eine war am Ersticken, weil sie vor lauter Hunger versucht hatte, einen Schwamm zu fressen, und die andere schlug mit den Krallen nach ihr. Ronnie packte beide Katzen, trug sie ins Badezimmer und ertränkte sie in der Wanne. Anschließend warf er die Kadaver in den Ofen. Und jetzt will er sich von Gigi scheiden lassen. Er sagte, er und die Katzen hätten seit fünf Tagen nichts mehr zu essen gekriegt, weil er kein Geld hatte. Als Brigid sagte, er hätte sich doch etwas leihen können, antwortete er, dazu sei er »zu stolz«. Ich glaube, er hat die Tiere aus Rache an Gigi verhungern lassen. Ich wußte, daß die beiden nie hätten heiraten dürfen. Wie kann man zwei unschuldige Katzen umbringen? Ich konnte Ronnie nicht mal ansehen.

Mittwoch, den 9. August 1978
Ging um 10.00 zu Halston. »Newsweek« wollte mich in dem weißen Pelzmantel fotografieren. Fred holte mich ab und trug mir die Mülltonne voll Geld auf die Straße. In dem Moment kamen etwa 15 schwarze Jugendliche mit Besen vorbei und gingen in Richtung Park – vermutlich ein Verschönerungsprogramm der Stadt, um ihnen Jobs zu verschaffen. Sie sahen nicht sehr glücklich aus. Einer köpfte mit seiner Schaufel jede Blume, an der er vorbeikam. Sie hatten gute Besen. Neu. Sie erkannten mich nicht, nur ein kleines Mädchen kam den ganzen Weg zurückgerannt und rief: »Du bist Andy Warhol, du bist Andy Warhol.« Es starrte mich und Fred an; er hielt noch die Mülltonne im Arm.

Samstag, den 12. August 1978
Der Papst ist gestorben. Brigid rief an und wollte sich mit mir die Trauerfeier im Fernsehen ansehen. Als sie den toten Papst heraustrugen, klatschten alle Leute, die dort in Rom versammelt waren; eine starke Inszenierung. Es hat schon 262 Päpste gegeben, das ist eine ganze Menge. Wenn einer Papst wird, ist er gewöhnlich schon so alt, daß er es höchstens noch 15 Jahre macht.

Sonntag, den 13. August 1978
Ging zur Kirche. Es war heiß und schwül. Kaufte Karten für die Actor's-Fund-Vorstellung von »Ain't Misbehavin'« (6mal $ 17.50). Taxi zum Theater ($ 2.00), wo ich mit Jay Johnson, Tom Cashin, Amy Sullivan und Ricky Clifton verabredet war. Neulich nachts hat Halston Ricky aufgefordert, sein Haus zu verlassen. Er hatte ihn dabei ertappt, wie er in seinen Schränken stöberte. Ricky wollte aber nichts stehlen, nur ein bißchen schnüffeln. Es war 4.00 morgens. Er war betrunken und wurde pampig zu Halston.

Mittwoch, den 16. August 1978
Ein Anruf von Mr. Winters sorgte für Aufregung: Drei Autos der Kripo und drei Streifenwagen waren vor dem Haus in Montauk vorgefahren. Die Leute aus der Stadt können Tom nicht ausstehen, weil er mit dem Pferd durch die Stadt reitet und weil seine Band Drogen nimmt. Aber das Ganze entpuppte sich als blinder Alarm. Der Gehilfe des Klempners hatte der Polizei erzählt, er habe eine Menge Waffen im Haus gesehen. Aber Tom konnte die Sache aufklären – er sagte der Polizei, daß sie einen Film drehten und die Gewehre dafür brauchten.

Donnerstag, den 17. August 1978 Im Iran ist in zwei Städten das Kriegsrecht ausgerufen worden. Das Festival, zu dem wir am 8. September fliegen sollten, wurde abgesagt. Mir fällt ein Stein vom Herzen.

Sonntag, den 20. August 1978
Ich ging mit Amos und Archie spazieren. Das neue Gesetz, wonach man Hundescheiße jetzt immer wegräumen muß, ist nicht so schlecht. Es war ganz leicht. Sie machten ihr Geschäft direkt neben dem Abfalleimer, und ich warf es nur hinein.

Montag, den 21. August 1978
Es war so ein schöner Tag. Heiß, trocken und leicht windig. Ich ging zu Fuß auf die East Side und verteilte »Interviews«. Anschließend durchstöberte ich ein paar Läden. Die meisten Geschäfte hatten zu – Montag. Ich wollte Plastikfrüchte kaufen, danach zeichne ich zur Zeit. Anschließend nahm ich ein Taxi ins Büro ($ 2.50, »Sasparilla« $ 49.00).
Eigentlich hätte ich am Mittwoch nach Montauk rausfahren sollen, um in »Cocaine Cowboys« eine kleine Szene zu spielen, aber das wurde auf nächste Woche verschoben. In der Szene soll ich Jack Palance als Andy Warhol interviewen.

Dienstag, den 22. August 1978
Ging zu Fuß ins Büro. Brigid tippte das Band mit Truman ab. Sie war gerade bei Humphrey Bogart und der Affäre mit John Huston angelangt. Nicht zu vergessen die Affäre mit Sam Goldwyn. Angeblich hat sich Sam Goldwyn eines Tages an Truman herangemacht und gesagt: »Du reizt mich schon seit Jahren.« Er gab ihm einen langen Zungenkuß, und dann wollte er von Truman einen geblasen haben. Truman weigerte sich, meint aber heute, es wäre vielleicht ganz lustig gewesen. Truman sagt, er habe gefragt: »Was ist mit Frances?« Und Sam Goldwyn habe geantwortet: »Vergiß Frances.«
Ich hatte Brigid auf dem Band absichtlich gelobt. Ich wollte, daß sie es beim Abtippen hört. Ich hatte gesagt, sie habe mal 150 Kilo gewogen, aber jetzt sei sie runter auf 60 Kilo und wieder sehr hübsch.

Mittwoch, den 23. August 1978
Als Bob um 12.00 immer noch nicht im Büro war, rief ich ihn an und weckte ihn. Wie kann er von seinen »Interview«-Mitarbeitern erwarten, daß sie hart arbeiten, wenn er selbst um die Mittagszeit noch im Bett liegt. Ich sagte ihm das, und er antwortete, er komme sofort. Später bekam ich mit, wie er Brigid erzählte, er habe einen Taubstummen kennengelernt und sei gerade mit ihm zugange gewesen, als ich anrief.
Ich holte Catherine und Jed mit dem Taxi ab ($ 4.00). Wir fuhren in den

Bruce Springsteen *(Andy Warhol)*

Madison Square Garden zu Bruce Springsteen (Karten $ 19.00). Da waren wir schon am Montag abend gewesen, hatten aber nur die letzten Sekunden der Show gesehen. Diesmal kamen wir rechtzeitig und saßen ganz vorn. 30 000 Kids waren in der Halle. Alle jung und nett. Warum gefällt ihnen »Interview« nicht? Das Blatt ist doch jung und modern. Mein Kopf scheint irgendwie falsch zu sitzen, denn plötzlich sprangen alle auf und schrien nach Bruce und ich als einziger nicht.

Freitag, den 25. August 1978
Das Ereignis des Tages: Catherine erzählte mir unter Tränen, daß sie »In-

terview« verlassen wird. Sie hat einen Job bei »Viva« gekriegt. Und da sie wieder zugenommen hat, geht sie so fett, wie sie gekommen ist. Später kam ich dahinter, daß sie bei allen geweint hat. Es war also nicht speziell meinetwegen. Vermutlich hat sie Angst, weil sie dort leitende Redakteurin wird. Vielleicht ist es sogar der Job, den man voriges Jahr Bob angeboten hat. Man war scharf auf sie, und sie ist jetzt scharf auf den Job. Jonathan Lieberson und Steve Aronson halfen ihr bei einem Papier, in dem sie dargelegt hat, wie sie die Zeitschrift verändern würde. Alle bei »Interview« sind begeistert, daß sie geht. Das überraschte mich – ich wußte nicht, daß sie so unbeliebt war.

Samstag, den 26. August 1978
Wir fuhren hinüber ins »Plaza«, um Shaun Cassidy zu interviewen. Das Interview lief nicht gut, denn wegen seiner jugendlichen Fans wollte er es ganz stubenrein haben. Er hat dunkle Ringe unter den Augen. Vielleicht führt er ein Doppelleben. Er ist sehr groß. Nur stereotype Antworten. Wir fragten ihn ein paarmal, wie man sich als Idol fühlt, das Tausende von Mädchen anhimmeln, und er wiederholte nur, daß er sich dadurch überhaupt nicht verändert habe. Doch als wir im Foyer an den kreischenden Mädchen vorbeigingen, veränderte er sich doch (lacht). Er war plötzlich ein ganz anderer. Die Limousine fuhr vor, und er war ein anderer Mensch.
Wir fuhren in die Stadt. Barry McKinley sollte ihn für »Interview« fotografieren. Shaun ist wie ausgewechselt, wenn er fotografiert wird. Etwas verwandelt ihn in eine selbstverliebte Person. Und Barry redet auch ganz anders, wenn er fotografiert. Scavullo und seine Kollegen sagen etwa: »Wundervoll, wundervoll«, aber Barry sagt (lacht): »Zeig's mir, du Scheißkerl. Zeig's mir, gib mir alles, was du draufhast. Welche Droge nimmst du gerade, du Arschloch?« Es war so unglaublich, daß ich das Tonbandgerät holte.
Später, in Shauns Garderobe im Madison Square Garden, lernten wir seine schöne, junge Freundin kennen. Shaun trug eine Stretchhose, in der man seinen großen Schwanz sehen konnte. Er rief die Musiker herein und instruierte sie, wann sie langsam spielen und wie sie die 13 Jahre alten Mädchen anturnen sollten. Lustig.
Dann ging Shaun raus. Er sprang durch einen Ring, wie ein Löwe, und die Mädchen flippten aus. Man schleppte mich auf die Bühne – das erstemal, daß ich im Garden auf der Bühne stand. Clevere, kleine Mädchen riefen »Andy!« Shaun hantierte sexy mit dem Mikrofon, steckte es sich zwischen die Beine und berührte dabei wie zufällig seinen Schwanz. Er ist so eine Art Mick Jagger für die Kleinen.

Montag, den 28. August 1978, New York – Montauk Ging zum Zahnart. Dr. Lyons ist sauer, weil ich ihn am Röntgen hindere. Ich erzählte ihm von dem Zahnarzt im Fernsehen, der Röntgenaufnahmen für überflüssig hält. Dr. Lyons sagte, das sei ihm egal, und solange ich sein Patient sei, hätte ich mich nach ihm zu richten.
Ach ja, Bob MacBride hat angerufen. Truman hält sich für kuriert und kommt diese Woche aus Minnesota zurück. Keine Ahnung, wie das funktionieren soll. Er will doch nur raus, um im alten Trott weiterzumachen. Brigid und ich fragen uns sowieso schon die ganze Zeit, ob Truman jemals etwas selber geschrieben hat. Vielleicht hatte er immer einen Knaben, der das für ihn erledigte. Oder zumindest seine Texte überarbeitet hat. Ich weiß, wovon ich rede. Truman hat mir mal ein Manuskript von sich gezeigt – es war katastrophal. Wenn man so was sieht, kann man sich nur wundern, wie er überhaupt auf die Idee kommt, daß es gut sein könnte, so schlecht sind die Texte.
Der Wagen holte mich um 3.50 ab. Catherine und ich fuhren hinaus nach Montauk. Eine schöne Fahrt. Bei »Burger King« kauften wir zwei Steaksandwiches für Mr. Winters ($ 5.00). Als wir in Montauk angekommen waren, überreichte ich die

Sandwiches Mr. Winters und seiner Frau Millie. Außerdem hatte ich ihnen ein abstraktes Bild mitgebracht. Es war ein »Schatten«. Ich gab ihnen auch ein paar »Interviews« und hatte den Eindruck, daß Mrs. Winters die Zeitschrift besser gefiel als das Sandwich und Mr. Winters das Sandwich besser fand als das Bild. Er kann es ja wegstellen und aufheben. Ich wollte Mr. Winters dazu überreden, im Film mitzumachen, aber er weigerte sich. Im Haus waren eine Menge Leute. Dabei drehten etwa 20 irgendwo draußen, und trotzdem waren noch viele hier. Ich begrüßte Winnie, Toms dänische Frau, die wirklich schön ist, wie ich inzwischen trotz allem finde. Wir stiegen im »Yacht Club Hotel« ab. Tom brachte uns seinen Betamax. Ulli und seine Frau Sukey kamen. Wir aßen im »Yacht Club« zu Abend. Das Essen war gräßlich. Ein mieser Schuppen. Jack Palance, der in Toms Film mitspielt und anfangs dort gewohnt hat, sagte, er finde das Hotel

17 Love is a Pink Cake, 1953

auch schlimm. Die Leute seien so unverschämt.
Um Mitternacht fuhren wir in eines der schönen Kinos von Southampton, um die Muster vom Vortag zu sehen. Der Film läßt sich nicht schlecht an. Viele Luftaufnahmen und immer wieder Jack Palance. Tom ist gut. Die Band spielt im Film. Ich glaube, er dreht den Film nur, um seine Band vorzustellen. Sie fuhren mich zum »Yacht Club« zurück, und ich schlief in meinen Kleidern ein.

Dienstag, den 29. August 1978, Montauk – New York Catherine kam in mein Zimmer; Tom holte uns ab und brachte uns zum Haus, wo wir frühstückten. Später kam auch Jack Palance, der die Nacht durchgezecht hatte. Er ist 55 und sieht aus wie 30. Er ist mit seinem Hund, Patches, und seiner Freundin da. Ich glaube, er ist halb Russe, halb Ukrainer. Ich fragte Tom, wie sie auf Jack gekommen seien, und er sagte, sie hätten eigentlich Rod Steiger gewollt – auf jeden Fall einen Schwulen, einen alten schwulen Schauspieler –, aber da Jack auf seiner Farm in Pennsylvania saß, hätten sie ihn angerufen, und er sei zu allem bereit gewesen. Jack sagte, er saufe nun mal gern und nehme deshalb jede Rolle.
Jack spielt einen Typen namens Rof, der Jayne Mansfields Manager war, und Tom spielt den Sänger einer Band. Sein Name ist Destin. Wir gingen raus, um meine Szene zu drehen, in der ich, ohne es zu wissen, die Leute fotografiere, die mit dem Kokain abhauen. Sie wollten mich an den Anfang des Films setzen. Ich hatte ein paar Sätze und war schlecht. Ich schaffe es einfach nicht, echt zu wirken.
Beim Dinner interviewte ich Tom. Seine Lebensgeschichte ist filmreif. Er erzählte, wie er in Kolumbien mit einem Flugzeug abgestürzt und fast verbrannt ist. Er wurde gefunden und in einem Privatflugzeug nach New York gebracht.
Ich schlief im Wagen ein. Gegen 2.30 waren wir wieder in der Stadt.

Mittwoch, den 30. August 1978 Ich sprach mit Brigid. Sie behauptet, unser Interview mit Shaun Cassidy sei nicht gut, da keiner was gesagt habe.

Donnerstag, den 31. August 1978 Bob stritt sich am Telefon mit Fran Lebowitz. Fran will nicht mehr für »Interview« schreiben, weil er ihren Artikel verändert hat. Ich weiß gar nicht, was in Bob gefahren ist. Warum verändert er ihren Text? Hängt das mit Drogen zusammen?

Freitag, den 1. September 1978 Catherine fängt am Montag bei »Viva« an. Sie verdient $ 30 000.00. Außerdem geht sie neuerdings mit Stephen Graham aus. Sie waren bei seiner Mutter in Martha's Vineyard, daher vermute ich, daß man ihr außerdem demnächst die Herausgeberschaft der »Washington Post« anbietet. Abwarten, was passiert, wenn sie merken, daß sie nichts kann.
Avedon gibt vor seiner Ausstellung im Met ein Dinner und hat Fred dazu eingeladen. Er umschmeichelt Fred. Er will etwas. Ich hasse ihn noch immer. Er will »Interview« kein Interview geben; das sei nicht das »richtige« für ihn. Aber vor kurzem hat er Bob dazu gebracht, in »Interview« für ihn Reklame zu machen. Für wen hält er sich eigentlich? Er ist ein Mitarbeiter von »Bazaar«, nichts weiter. Als er die Fotos von meinen Narben und der Factory-Besatzung gemacht hat, haben wir ihm sogar die Rechte überlassen und dann nicht einmal Abzüge bekommen. Viva erscheint in seinem neuen Buch, und wenigstens ihr hat er ein paar Fotos geschickt.

Samstag, den 2. September 1978 Ging spazieren und kaufte Vorlagen zum Zeichnen (Obst $ 23.80). In der Canal Street erstand ich einen Haufen alter Schuhe aus den fünfziger Jahren ($ 2.00 das Paar). Solche Schuhe habe ich früher gezeichnet, Modelle von Herbert Le-

18 Statue of Liberty, 1963 ▸

Ich wollte

nie Maler

werden.

Ich wollte

Steptänzer

werden.

vine. Um 1954/55 waren Schuhe spitz, 1957 wurden sie rund.
Ich ging nach hinten, versuchte zu malen, aber das Bild glückte nicht besonders. Ich arbeitete am Porträt eines Deutschen.

Sonntag, den 3. September 1978 Ich arbeitete an meinen Obst- und Diamantenzeichnungen und sah fern. Mit dem Bild lief es nun; ich fand mich besser als am Samstag. Mir ist Farbe auf die Schuhe getropft, und da ich zur Zeit meine Fingernägel wachsen lasse, habe ich auch da Acrylfarbe. Ich glaube, Acryl zieht Acryl an, denn es wird immer mehr.

Dienstag, den 5. September 1978 Als ich ins Büro kam, saß Brigid an ihrer Schreibmaschine. Man sah ihr an, daß sie morgen 40 wird. Was kann ich ihr schenken? Schokolade? Ich werde ihr noch ein Band zum Abtippen geben.

Mittwoch, den 6. September 1978 Ging mit den Mädchen von »Interview« ins Bekleidungscenter, um die Zeitschrift zu verkaufen, obwohl ich etwas ängstlich war, weil ich in den Abendnachrichten gehört hatte, daß in der 35. Straße erneut die »Legionärskrankheit« ausgebrochen sei. Man vermutet jetzt, daß die Erreger Bakterien sind, die sich in Klimaanlagen bilden.
Das Blue Cross rief an. Ronnie soll ihnen eine Arztrechnung geschickt haben, die sie ihm erstatten sollten: Als er die Katzen ermordet hat, haben sich die Tiere gewehrt und ihn zerkratzt.
Mit dem Taxi zum »Waldorf« ($ 3.00). Mir zu Ehren fand eine Party statt, weil wir an dem Tag eigentlich in den Iran hätten fliegen sollen. Doch dann war der Bürgerkrieg ausgebrochen. Die Hoveidas waren braungebrannt und sahen erholt aus. Mrs. Hoveida sagte, sie habe keine Ahnung, was im Iran vor sich gehe. Von ihrem Mann erfahre sie nichts. Und er sagte nur: »Würde ich heute abend hier sitzen, wenn die Lage wirklich so ernst wäre?«

Donnerstag, den 7. September 1978 Rief in Trumans Wohnung an. Bob MacBride war am Apparat und sagte, Truman sei vor einer Stunde aus Minnesota zurückgekehrt; sie seien gerade zur Tür hereingekommen.
Traf Catherine im »La Follia« auf Joan Fontaines Buchparty (Taxi $ 4.00). Ich stellte sie als die neue leitende Redakteurin von »Viva« vor. Was so was ausmacht! Alle schmissen sich plötzlich an sie ran. Sie war Miss Big.
Ich setzte Catherine unterwegs ab. In der Nähe der 63. Straße trafen wir zufällig die Redakteurin, die sie eingestellt hat – und (lacht) die ist noch ganz begeistert, daß sie Catherine bekommt.

Freitag, den 8. September 1978 Mit Truman beim Lunch. Er trank nichts, darum war er langweilig. Ich bezahlte das Essen, weil es so aussah, als habe er kein Geld ($ 60.00). Ich nahm ihn auf Band, machte Fotos und dann gingen wir zu seiner Bank, der Midland Bank. Bob MacBride fuhr nach Hause, er hatte eine Allergie. Als wir über die Straße gingen, rief jemand: »Seht mal! Lebende Legenden!« Auf der Bank hob Truman $ 5000.00 in Fünfzigdollarnoten ab. Der Kassierer fragte ihn, ob er es wirklich so haben wolle. Vor acht Monaten hat Truman nämlich $ 25 000.00 in Hundertdollarnoten abgehoben und das Geld dann verloren. Auf Trumans Girokonto waren $ 16 000.00, auf seinem Sparkonto $ 11 000.00. Er überwies $ 10 000.00 vom Sparkonto auf das Girokonto. Also hat er doch Geld, und es kommt Geld nach. Als wir die Bank verließen, fing es an zu regnen. Ein Mädchen von Radcliffe kam auf uns zu und sagte, sie arbeite an Brian DePalmas Film mit und es sei ihr eine Ehre, uns ihren Schirm anzubieten. So gingen wir ein Stück mit.

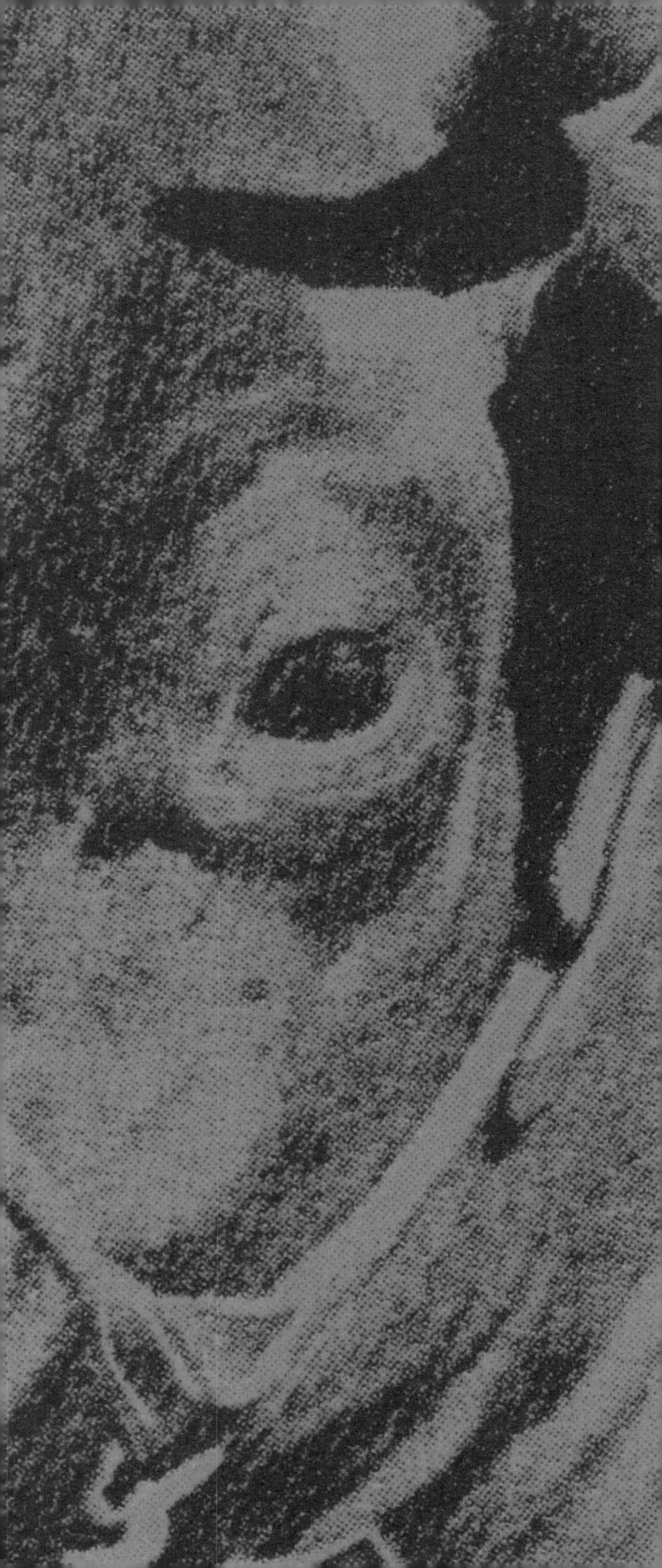

Sonntag, den 10. September 1978 Ich holte Bob ab. Wir gingen hinüber zum »UN Plaza«. Ich wunderte mich über die Hunde. Sie schafften tatsächlich den ganzen Weg. Es machte ihnen Spaß.

Truman trank auch diesmal nichts, deshalb war er wieder langweilig. Er hatte einen Typ aus Kalifornien da, der Bluejeans anhatte. Ich kann Leute nicht ausstehen, die mit einem Taillenumfang von 95 noch Jeans tragen. Truman hatte mir Kaviar und Kartoffeln versprochen, doch statt dessen gab es eine scheußliche Quiche Lorraine. Truman hörte Platten, ich glaube, Donna Summer.

Der Typ aus Kalifornien hatte Joints. Er, Bob und Truman rauchten. Truman sagte, nach einem Joint sei er stets aufgedreht und interessant. War er dann aber nicht. Ich sprach über die Gay Bob Doll. Robert Hayes hatte mal eine in der Factory. Die Puppe kommt aus einem Schrank. Sie trägt ein kariertes Hemd und Bluejeans, dazu einen Ohrring und eine Halskette. Außerdem hat sie eine Tasche und einen großen Schwanz. Doch ich glaube, ich hätte nicht davon anfangen sollen, denn alle hießen hier Bob. Aber wenn du mal was verschenken willst, dann verschenke so eine Puppe. Sie ist zu ulkig.

Montag, den 11. September 1978 Rupert kam vorbei. Wir arbeiteten an verschiedenen Bildern – Früchte, Landschaften, Schmuck. Catherine rief von »Viva« aus an. Sie ist nervös. Sie war mit Delfina Rattazzi von Viking Press beim Lunch, um sie ein bißchen auszuhorchen. Catherine wollte von ihr erfahren, wie man an neue Autoren kommt. Und heute ist sie mit Victor Bockris zum Lunch verabredet, um *ihn* auszuhorchen. Sie haut jeden an.

Ach ja, ich vergaß zu erwähnen, daß am Samstag mein Haus gewackelt hat. In der kubanischen Botschaft in der 67. Straße zwischen der Fifth Avenue und der Madison Avenue ist eine Bombe hochgegangen. Als ich aus dem Fenster sah, lehnte sich auf der anderen Straßenseite, wo das Mädchen mit dem Bürstenhaarschnitt wohnt, das für YSL arbeitet, ihr Freund aus dem Fenster. Er war nackt und sah gut aus.

Dienstag, den 12. September 1978 Ich entdeckte, daß Archie und Amos Flöhe haben. Was ich bei mir bisher für Mückenstiche gehalten habe, sind in Wirklichkeit Flohbisse. Beide tragen jetzt Flohhalsbänder. Vielleicht sollte ich auch eins tragen.

Donnerstag, den 14. September 1978 Traf zufällig Barry Landau. Es ist gut, daß er mich nicht mehr anruft. Bob hat ihm gesagt, ich sei sauer auf ihn, und erstaunlicherweise ruft er seitdem nicht mehr an.

Wir gingen zu Halston. Dann fuhren wir in mehreren Limousinen ins »Studio 54« zu Dr. Gillers Geburtstag. Es gab eine Torte mit einer Spritze (lacht), auf der stand: »Dr. Feelgood.« Barbara Allen kam lachend auf mich zu. Sie sagte, sie sei gerade mit einem von Robert Kennedys Söhnen oben auf der Galerie gewesen – sie meinte den mit den vorstehenden Zähnen, der aussieht wie sein Vater. Er zog einen Joint aus der Tasche und wollte ihn mit ihr rauchen. Als das Streichholz brannte, hielt er einen Moment inne, sah ihr in die Augen und sagte: »Wenn ich in eine Flamme schaue, sehe ich das Gesicht meines Onkels.« Das ewige Licht. Ich ging. Der Rausschmeißer rief mir ein Taxi. Ich wollte ihm dafür \$ 10.00 geben, doch er wollte sie nicht annehmen (Taxi \$ 2.50).

Samstag, den 16. September 1978 Traf mich an der Ecke mit Bob, Joanne du Pont und Paul Jenkins. Wir fuhren nach New Rochelle zur Geburtstagsparty von Mr. Kluge, dem Vorsitzenden von Metromedia. Jeder dort war sehr, sehr reich. Das Haus lag am Strand und war gelb gestrichen. Sie hatten zwei Zelte aufgestellt, in einem wurde gegessen, im anderen getanzt. Es wimmelte von Sicherheitsbeamten. Ich saß neben einer Lady, die mir erzählte, sie habe einen

schlimmen Daumen. Sie war gräßlich. Sie stellte sich mir als »Mrs. Goldenson« vor. Der Name sagte mir nichts, also fragte ich sie, wer sie sei, und sie antwortete: »Wenn Sie das nicht wissen, dann sage ich es Ihnen auch nicht.« Ich formulierte die Frage anders, und sie erwiderte: »Sie müßten es eigentlich wissen, warum soll ich es Ihnen also sagen?« Später erfuhr ich, daß ihrem Mann ABC gehört. Leonard Goldenson. Doch sie war so unmöglich, daß ich den Rest des Abends kein Wort mehr mit ihr wechselte.
Dann entdeckte mich Bob. Er sagte, Mrs. Potamkin brenne darauf, mich kennenzulernen. Mrs. Potamkin – Luba – macht die Werbesports für Potamkin Cadillac. Ich ging zu ihr. Bert Parks war auch da, und ich war richtig aufgeregt. Bob und ich saßen an seinem Tisch, und ich fing eine Unterhaltung mit Mrs. Bert Parks an. Sie hatte einen kleinen Schwips und preßte ihre Titten an mich. Als Bob sah, daß ich in Bedrängnis geriet, kam er herüber und legte ihr den Arm um die Schulter, um sie von mir abzulenken. Sie zwickte ihn in den Arsch. Bert merkte, daß sie beschwipst war, und sagte: »Laß uns tanzen, Darling.«
Ich glaube, jeder hier war wer. Jeder war reich und hetero, eine neue Sorte. Lauter reiche alte Leute und attraktive junge Frauen für die alten Knacker. Um 1.00 wurde das Frühstück serviert. Sie hatten riesige Muscheln aus Eis. Bob erzählte mir, daß alle von mir Porträts wollten, doch ich war so betrunken, daß mir das egal war.

Montag, den 18. September 1978 Stand früh auf. Ich hatte in Kleidern geschlafen, damit die Flöhe mich nicht beißen konnten. Ich habe ungefähr 40 Bisse am ganzen Körper. Sie stammen von verschiedenen Tagen, was man merkt, wenn sie nacheinander verschwinden.
Doug Christmas hat immer noch nichts von sich hören lassen. Wenn er nicht im voraus zahlt, fliege ich morgen nicht nach Kalifornien.

Dienstag, den 19. September 1978 Am Morgen verteilte ich »Interviews«. Rief Vincent an und erkundigte mich, ob Doug Christmas den Scheck geschickt hatte. Nein. Also rief ich Fred an und drohte ihm an, hier zu bleiben. Jetzt ist Mittwoch, und ich weiß noch immer nicht, ob ich fliege. Die Maschine geht um 12.00. Ich kann mich nicht entschließen.

Mittwoch, den 20. September 1978, New York – Los Angeles
Am Morgen warteten wir auf den Scheck von Doug Christmas. Bis Mittag war noch kein Scheck da. Kurz nach 12.00 kam er dann doch. Der Fahrer holte mich von »860« ab. Fred stieg unterwegs zu. Wir fuhren zum Flughafen, um eine Maschine zu erwischen. Der Fahrer war nett (Trinkgeld $ 10.00).
Die Maschine startete pünktlich. Eigentlich hätten wir zu Marcia Weismans Dinner gehen sollen. Außerdem verpaßten wir die glanzvolle »Opium«-Party von YSL auf der chinesischen Dschunke am South Street Pier.
Wir stiegen im Hotel »L'Ermitage« ab. Das Hotel ist für Leute, die anonym bleiben wollen – wer eine Affäre hat, muß dorthin. Es gibt kein Foyer, und alles ist sehr elegant. Wenn man seinen Schlüssel holt, muß man eine vierstellige Zahl eingeben. Ich hatte 1111, Fred 2222.

Donnerstag, den 21. September 1978, Los Angeles Wir gingen ins Getty-Museum. Es war überwältigend. Vor allem die Nachbildung eines griechischen Bauwerks, das man in Italien bis heute nicht ausgegraben hat – man weiß zwar, wo es sich befindet, doch auf den Mauerresten steht ein anderes Gebäude. Kaufte ein Buch über Malerei ($ 17.00).
Bob kam in L. A. an und erzählte von YSLs »Opium«-Party. Dann kam Joan Quinn mit fuchsienroten Haaren und dazu passenden Amethysten. Die

Firma Fiorucci schickte uns einen Wagen, der uns zu ihrer Eröffnungsparty bringen sollte. Vorher fuhren wir zu Ursula Andress. Sie wohnt vorübergehend bei Linda Evans. Das Haus liegt in Holmby Hills. Sehr groß, englischer Landhausstil, mit Swimmingpool und Tennisplätzen. Ursula trug über dem Gipsverband an ihrem gebrochenen Arm einen Schal von YSL. Der Hurrikan »Norman« hatte sie überrascht, als sie mit Ryan O'Neal in Malibu zum Surfen war. Laut Joan munkelt ganz L. A., daß sie vielleicht auch der Hurrikan »Ryan« erwischt haben könnte.

Wir fuhren zu Fiorucci. Als wir ankamen, stand Ronnie Levin mit Susan Pile und Tere Tereba davor. Susan rief uns zu, die Party sei abgeblasen worden. Wir hielten das für einen Scherz und wollten aus der Limousine steigen, doch ein Bulle drängte uns zurück und sagte, wir hielten den Verkehr auf, die Party finde auf Anordnung der Feuerwehr von Beverly Hills nicht statt. Ein Transvestit reichte uns Geschäftskarten durchs Fenster.

Linda Evans *(Alpha)*

Wir fuhren zurück zum Hotel. Ich ging zu Sue Mengers. Alle warteten auf einen Anruf von Mick Jagger. Sue ist wieder ganz schön fett. Und sie gibt sich so billig. Kein Gedanke an Dinner. Sie schlug vor, auf dem Weg zu Diana Ross bei »Burger King« halt zu machen. Ein unpersönlicher Laden. Man spricht seine Bestellung in einen Automaten. Sie nahm einen doppelten Whopper, doch dann ließ ihr der Gedanke keine Ruhe, daß zwei einzelne Hamburger vielleicht billiger gewesen wären.

Sue behandelte den Fahrer wie Dreck. Doch ich sagte nichts. Ich weiß genau: Wenn ich nur eine Bemerkung mache, die ihr nicht paßt, redet sie nie wieder ein Wort mit mir. Sie erzählte, daß sie Isabella Rossellini und Martin Scorsese miteinander bekannt gemacht habe und daß sie nun schon seit zwei Monaten zusammenlebten. Sie haßt Jerry Hall, weil Jerry Bob Weiner erzählt hat, Sue wolle mit Timothy Leary auf einen LSD-Trip gehen. »Wofür halten die mich eigentlich?« Mein Gott, als ob das ihrem Ruf schaden würde, vulgär wie sie ist. Wir gingen hinter die Bühne. Sue sagte: »Ich bin die Agentin von Miss Ross.« Ein reizender kleiner Kellner servierte Fleischbällchen. »Wenn wir gewußt hätten, daß es hier Buletten gibt, hätten wir uns die Hamburger sparen können«, sagte sie. Ich trank Stolichnaja pur und wurde ziemlich blau. Sue erzählte von John Travolta. Sie sagte,

sie sei dahinter her gewesen, seine Agentin zu werden, doch er habe abgelehnt. Der Grund: Sie hat ihm einen Korb gegeben, als er in der TV-Serie »Welcome Back, Kotter« war, woran sie sich zuerst nicht mehr habe erinnern können. Erst später sei es ihr wieder eingefallen, irgendwann nachts auf dem Klo.
Diana Ross kam und sah wirklich schön aus. Erfreut mich zu sehen, küßte sie mich. Sie trank Kaffee mit einem Schuß Brandy, bevor sie auf die Bühne ging.
Wir saßen in der siebenten Reihe. Universal Amphitheater. Ein Flugzeug flog über die Arena, auf dem in Leuchtschrift zu lesen war: »Willkommen in meiner Show.« Laserstrahlen auf der Bühne. Diana trat aus einer großen Leinwand hervor und schritt eine elegante Treppe herunter. Ihr Bruder ist reizend. Ich möchte, daß er für »Interview« fotografiert wird. Diana erzählte mir, daß sie ein Foto in »Interview« auf die Idee für ihre Show gebracht habe. Auf dem Foto wird sie von Männern eine Treppe heruntergetragen.
Diana sagte nicht, daß ihr das Titelbild gefallen habe, und ich weiß auch, warum. Sie sieht darauf zu schwarz aus. Am Schluß der Show brachte sie eine Nummer aus »Wiz« und entschuldigte sich, die Musik sei zu langsam gewesen: »Publikum, vergib mir.« Das war überflüssig, denn keiner kannte den Unterschied.
Nachher, hinter der Bühne, fing Diana an zu weinen. Sie wollte für den nächsten Tag noch eine Probe ansetzen und bekam deshalb Streit mit Berry Gordy, der erklärte, er sei nicht bereit, noch einmal Geld für eine Probe auszugeben. Diana suchte Unterstützung bei Sue, doch die sagte, dafür sei sie nicht zuständig. Zu mir sagte sie: »Nichts wie raus hier.«

Samstag, den 23. September 1978, Los Angeles Wendy Stark holte uns ab. Wir fuhren nach Venice und gingen in die »Ace Gallery« zu meiner »Torso«-Ausstellung. Es war ein schöner, sonniger Tag, 35 Grad, aber trocken. Die Ausstellung machte sich gut – Schwänze, Mösen und Ärsche. 1000 Exemplare von »Interview« lagen zum Mitnehmen bereit.
Dann wurde es Zeit, zu Julia Cameron Scorsese zu fahren. Sie hatte vorher mit Fred telefoniert und gesagt, wir sollten auf keinen Fall Drogen mitbringen, denn sie versuche momentan, solide zu sein.
Doch als wir hinkamen, saßen alle da und rauchten Joints. Tony und Berry Perkins und eine Menge junger Schriftsteller und Komponisten. Tony wollte wissen, was Chris Makos im Moment so treibt. Er sagte, Chris sei zwar der größte Gauner, aber auch so unwiderstehlich, daß man nachgeben müsse. Er fragte mich, wie mir das Hotel »L'Ermitage« gefalle. Ich antwortete, ein guter, diskreter Ort für eine Affäre. Darauf er: »Aber auch für *zwei* Affären?«
Doug Christmas erzählte uns, Ronnie Levin habe einen Freund beauftragt, die Empfangsdame der Galerie abzulenken. Währenddessen ging er hinein, nahm eine meiner Zeichnungen aus dem Rahmen und trug sie zusammengerollt hinaus. Und dann hatte er auch noch den Nerv, sie der Galerie wieder zum Kauf anzubieten. Er wurde angezeigt, und die Polizei sagt, sein Strafregister sei kilometerlang.

Sonntag, den 24. September 1978, Los Angeles Wir fuhren los, um Ursula Andress abzuholen. Als wir nach Venice kamen, wurde ich durch die Menge gelotst. Marisa trug eine mit goldenen Pailletten besetzte Baskenmütze, eine ebenfalls mit goldenen Pailletten besetzte Jacke und hautenge schwarze Stretchhosen – man konnte ihre Möse sehen. Ihre Schwester Berry trug ein blauweißgestreiftes Baumwollkleid und Sue ein wallendes Chiffongewand in leuchtendem Rosa. 3500 Leute kamen. Wir arrangierten alles so, daß ich rasch in meinen Wagen steigen konnte, um zu »Robert's« zu fahren, wo die Party stattfand. Das Restaurant lag am Strand.
Ein Typ sprach mich an und meinte, er habe den größten Schwanz von

ganz L. A. Ich bot ihm an, das Glied zu signieren. Marisa war so erregt, daß sie sich hinüberbeugte, um den Schwanz zu sehen. Dabei fing ihr Haar an einer brennenden Kerze Feuer – die Strafe folgte also auf dem Fuße. Ken Harrison war auch bei der Eröffnung, doch er verirrte sich in der Menge. Sue brannte darauf, ihn kennenzulernen. Alle brannten darauf, ihn kennenzulernen, weil sein großer Schwanz in meiner Ausstellung zu sehen ist.

Montag, den 25. September 1978, Los Angeles – New York Aus New York traf die neue Ausgabe von »Interview« ein. Frans Kolumne war so langweilig, daß ich Bob vorschlug, sie zu feuern. Wir gerieten uns deswegen in die Haare. Dann holte uns Wendy ab. Wir fuhren ins »Giorgio's« nach Beverly Hills, um Anzeigen zu verkaufen. Fred und Gale Hayman, die Besitzer, waren begeistert, mich zu sehen. Sie verkaufen Nerzpullover mit V-Ausschnitt, und ich sagte: »So einen hätte ich gern.« »Sie bekommen ihn zum Einkaufspreis«, meinte Fred Hayman. Da merkte ich, daß ich ins Fettnäpfchen getreten war. Ich sagte: »Oh, nein, nein, nein. Ich nehme einen, wenn ich wieder mal in der Stadt bin.«
(Trinkgelder für Zimmermädchen $ 30.00; Trinkgelder für Portiers $ 20.00; Trinkgelder für Pagen $ 10.00; Chauffeur $ 10.00; Trinkgeld für Gepäckträger $ 5.00; Zeitschriften für den Flug $ 14.50).
Johnny Casablancas stieg in dem Hotel ab. Und draußen warteten eine Menge Rastafarians, weil auch Bob Marley dort wohnte.
Das Flugzeug stand fünf Stunden auf dem Rollfeld, die Treibstoffleitung mußte repariert werden. Stadtgespräch war das Flugzeugunglück in San Diego, bei dem am Morgen 150 Menschen ums Leben gekommen waren.

Dienstag, den 26. September 1978 Setzte Fred ab. Truman sollte um 3.00 in die Factory kommen. »High Times« wollte als Weihnachts-Titel ein Foto von uns bringen. Truman kam um 2.30, also zu früh. Bob MacBride pinkelte mir hinten ein »Piss Painting«. Nachher ging er immer wieder hin, um nachzusehen, ob sich die Farben verändert hatten. Truman erzählte Brigid von seiner Entziehungskur. Sie stellte ihm eine Menge Fragen. Ihre Schwester Richie ist nämlich auch in der Klinik, in der Truman war.
Paul Morrissey kam vorbei. Er und Truman unterhielten sich den ganzen Nachmittag über Drehbücher. Toni kam vier Stunden zu spät. Für mich brachte er ein Nikolauskostüm mit, für Truman Mädchenkleider. Truman war aber nicht in der Stimmung, Frauenkleider anzuziehen. Er meinte, er sei bereits wie ein kleiner Junge angezogen. Truman war ganz schön betrunken und umarmte alle.
Truman flehte Brigid an, ihm einen Drink zu geben, aber auf keinen Fall Bob etwas davon zu sagen – das war, nachdem sie ihn in der Küche beim Trinken erwischt hatte. Ronnie versuchte sich als Maskenbildner. Mein Make-up war wirkungslos, ich habe zu viele Pickel.

Mittwoch, den 27. September 1978 Ein paar deutsche Fotografen kamen vorbei. Rupert half mir bei den Obst-Zeichnungen.
Das Programm für den Abend:
5.30 Roberta di Camerino im »21«
6.00 »Barney's« für Giorgio Armani
6.30 Museum of Modern Art, Jubiläum des »Rolling Stone«
7.00 Cocktails by Cynthia Phipps
8.45 Dinner im »La Petite Ferme«
10.30 Joe Eulas Party
11.00 Halston
12.00 »Studio 54«, Tier-Benefiz
1.00 Miss-Busen-Wahl im »Flamingo«, zu der mich Victor lotsen will.

Donnerstag, 28. September 1978 Bob war in mieser Stimmung, weil ihm der Arzt das Trinken verboten hat. Er findet absolut jeden, den er trifft, langweilig. Er ist verschmockt. Munter wird er nur, wenn gekrönte Häupter in der Nähe sind. Er ist so schlimm wie Fred.

Samstag, den 30. September 1978 Ging nach Hause. Eine Limousine holte mich ab und brachte mich zur Vorführung von »Goin' South« (»Der Galgenstrick«, Regie Jack Nicholson, 1978). Das ist der Film, für den Barbara Allen »vorgesprochen« hat. Jack Nicholson hat Regie geführt.
Der Film – also, ich bin mir nicht sicher, aber ich halte ihn für leichtgewichtig und nichtssagend. Er fängt gut an. Man denkt, daß was passiert, doch dann passiert nichts. Das neue Mädchen, Mary Steenburgen, ist okay – sie spielt gut, ist aber nicht schön.
Weißt du, ich habe neulich über kommerzielle und große künstlerische Filme nachgedacht, und dabei ist mir eins klargeworden: Das Kommerzielle ist immer miserabel. Kaum wird etwas für den Massenkonsum produziert, ist es schlecht. Ich weiß, daß ich Filme wie »The Other Side of Midnight« und »The Betsy« als meine Lieblingsfilme bezeichne, doch ich glaube… ich werde die Tonart ändern. Man muß Sachen machen, die Durchschnittsbürger nicht verstehen. Das sind die einzig guten Sachen. Klar, die gekünstelten Filme aus dem Ausland sind oft so langweilig, daß man sie nur schwer bis zum Schluß aushält, aber wenigstens versuchen sie etwas Kreatives. Kurz und gut, ich werde ins »New Yorker« gehen und mir wieder schwierige Filme ansehen. Ich verpasse so viel, wenn ich immer nur zu Parties gehe.
Ich war ein wenig betrunken, ging zu Jack und sagte ihm, der Film habe mir sehr, sehr gefallen. Fred hat mir nämlich beigebracht, wie ernst die Leute so was nehmen.

Hinterher fuhren Catherine und ich zu einem Lokal in der 54. Straße, das »Nackte Frauen und Männer« versprach. Auf einem langen Tisch standen nur fast nackte Mädchen. Drumherum saßen Männer. Total verrückt. Sie halten den Typen ihre Titten und Ärsche einen Zentimeter vors Gesicht, und die Kerle sitzen nur da wie Zombies. Auf einem Schild steht: »Nicht anfassen.« Eine der Nutten sah mich an und rief: »Oh, mein Gott, oh, mein Gott.« Dann kamen die anderen, und eine fragte: »Spendierst du mir einen Drink?« Ich gab ihr einen aus – (lacht) da wußte ich noch nicht, daß dort ein Drink $ 8.50 kostet. Immer mehr Mädchen kamen, und ich fühlte mich so behaglich, als sei ich »normal«. Sie versuchten mich abzuschleppen und sagten, oben gehe es viel, viel, viel lustiger zu. Was meinst du, was sie oben machen? Das Mädchen sagte zu Catherine, ihr würde es oben bestimmt auch gefallen. Sie versuchte, Catherine anzumachen. Ich bestellte Drinks für die anderen Mädchen. Das waren also dreimal $ 8.50 plus $ 5.00 Trinkgeld ($ 30.50) und dann noch mal achtmal $ 8.50 plus $ 20.00 ($ 88.00). Irgendwann wurde mir das Geld knapp. Wir verließen das Lokal und gingen nebenan in einen Schwulenporno. Catherine wollte ihn sehen. Es war ein Film aus der Mottenkiste und so blöd, daß wir nur zehn Minuten blieben (Taxi $ 3.00).

Sonntag, den 1. Oktober 1978 Brigid und ich sprachen über alte Zeiten. Sie hat 23 Jahre lang Amphetamine geschluckt. Ist das nichts? Das muß man sich mal vorstellen, 23 Jahre.

Montag, den 2. Oktober 1978 Wenn wir aus Dänemark zurück sind, möchte Doug Christmas in Paris die »Piss Paintings« ausstellen. Deshalb muß ich jetzt mehr Wasser trinken, damit ich mehr davon machen kann. Ich schaffe jetzt zwei pro Tag. Fred schlug vor, jeweils zwei zusammenzuhängen, das sähe interessanter aus.

Montag, den 9. Oktober 1978, Paris Ging zur Party bei Loulou de la Falaise. Shirley Goldfarb war da.

Shirley hat ihren Krebs besiegt. Sie wiegt schon wieder 48 Kilo – dabei war sie bis auf 35 Kilo runter. Durch die Chemotherapie hat sie ein paar Haare verloren, das ist alles. Sie ist noch genauso abscheulich wie eh und je, und jetzt, wo es ihr besser geht, behandeln sie die Leute auch wieder schlecht. Ihr Mann war auch da. Schade, daß ich keinen Kassettenrecorder bei mir hatte, um sie aufzunehmen. Sie war glücklich und sah gut aus. Loulou hat eine Maisonettewohnung mit Empore. Es gab eine Geburtstagstorte, aber ich bekam nichts davon ab, weil ich zu sehr mit Shirley beschäftigt war.

Dienstag, den 10. Oktober 1978, Paris Wir wurden zu einem privaten Dinner in den »Club Sept« eingeladen ($ 40.00 für den Chauffeur). Als wir hinkamen, war unser Tisch für Bette Midler reserviert. Isabelle Adjani war da. Sie war sehr schön. Als Bette hereinkam, klatschten alle. Ich mußte ihr einen Handkuß geben. Ich versuchte, mit ihr zu plaudern, doch sie erinnert mich zu sehr an Fran Lebowitz – sie hat auch ständig Angst, daß man ihre Ideen klaut. Wir können einfach nicht miteinander.

Donnerstag, den 12. Oktober 1978, New York Fuhr zu Bob MacBrides neuem Atelier. Und nun rate mal, wo es ist. Union Square West 33! Im 10. Stock! Es hat mir einen Stich versetzt, als ich mit dem Fahrstuhl in das Stockwerk hinauffuhr, wo früher »Interview« war. Bob MacBride hat den Raum daneben. Zu schade, daß wir das Haus nicht gekauft haben, auch wenn dort zuwenig Platz ist und »Interview« allein schon vier Stockwerke einnehmen würde. Bobs Sachen finde ich jetzt gut. Ja, wirklich, ich mag sie. Es sind schwule Holzskulpturen. Truman sprang auch da rum. Keine Ahnung, ob er wieder trinkt.
Wir bekamen einen Anruf – einen Anruf, den ich lieber nicht bekommen hätte. Wir sollen am Freitag, den 20. Oktober, also nächste Woche, wegen der »Piss Paintings« nach Paris kommen.

Sonntag, den 15. Oktober 1978 Holte Bob ab. Wir fuhren mit dem Taxi ins »U N Plaza« zum Lunch ($ 2.00). Truman stand in der Küche. Er sagte, er sei beim Kochen, aber ich glaube, daß in Wirklichkeit alles gekauft war. Es war ziemlich heiß in der Küche. Der Backofen war an, und die Sonne schien kräftig, aber auf dem Herd stand nichts. Ich glaube, er wollte in der Küche nur trinken und benutzte das mit der Kocherei als Ausrede. Im Kühlschrank stand eine Flasche Stolichnaja. Er bot Bob einen an, und als Bob ablehnte, bestand er darauf, daß wenigstens ich einen trank. Er nahm ein großes Rotweinglas, goß es zu drei Vierteln voll und tat einen Spritzer Orangensaft dazu. Ich nahm das Glas, hielt es aber nur in der Hand. Ich ging zurück ins Zimmer und unterhielt mich mit Bob MacBride über seine Skulpturen. Zwischendurch sah ich nach Truman. In der Küche lagen ein paar Tomaten herum. Er zeigte mir einen Kuchen, den er angeblich gebacken hatte. Ich glaube, er war gekauft, weil Pappe darunter war. Aber er ließ mich ein Foto machen, auf dem er den Kuchen hält, als hätte er ihn eben gebacken. Er prahlte mit seinen Kochkünsten und schwärmte von dem Kalbsstew, das er gestern angeblich gemacht hatte.
Schließlich trank er mir meinen Drink weg. Er setzte uns schwarze Bohnensuppe vor und behauptete, sie müsse lauwarm serviert werden. Nach all der Kocherei in der Küche war sie ohnehin kalt. Sie sah grau aus. Ich aß nichts davon, doch Bob Colacello meinte, sie sei großartig. Ich schüttete meine Bohnensuppe ins Klo. Keiner merkte es. Ich mußte mit der Suppe erst eine Weile durch die Wohnung laufen, ehe ich das Klo fand. Truman wurde immer voller. Ich ließ den ganzen Nachmittag das Tonband laufen.

Dienstag, den 17. Oktober 1978 Ich verbrachte den Abend mit Dolly Parton. Sie ist jetzt ein Halston-Girl und wird von ihm unterstützt.

Der Thurn-und-Taxis-Knabe und Pierre de Malleray holten uns ab. Wir aßen bei »Ballato's« zu Abend. Der Taxis-Typ war betrunken und erzählte eine Menge Geschichten. Er ist der reichste Mann von Deutschland. Er ist groß, aber sein Gesicht ist ein wenig gedunsen. Er ist alt und erzählte, ein paar Neger hätten ihm vor dem Hotel aufgelauert und ihn mit einem Baseballschläger verfolgt. Sie riefen »Schwuler« hinter ihm her, und er drehte sich um und sagte: »Hört zu, ihr schwarzen Nigger –«, so was in der Art. Jedenfalls beschimpfte er sie, und sie waren so verblüfft, daß sie weggingen. Er sagte, man könne nur überleben, wenn man zurückschlage.
Wir fuhren zu Halston. Dolly war auch da. Sie trug das häßlichste Kleid, das ich je gesehen habe, ein Halston-Modell, das fürchterlich aussah. Sie ist fett; sie ißt gern.

Samstag, den 28. Oktober 1978 Thomas Ammann rief an. Er wohnt zur Zeit in Freds Haus. Wir fuhren zu »Christie's« und besorgten uns Kataloge, weil ein paar von meinen alten Zeichnungen versteigert wurden. Sie sind von Bill Cecil. Er ist bei einem Autounfall ums Leben gekommen. Seine Familie hat mit amerikanischen Antiquitäten gehandelt. Ich glaube, durch sie habe ich angefangen, amerikanische Sachen zu sammeln – von ihnen habe ich meinen ersten Schrank. Heute steht er im Büro von »Interview«. Die Grafik bewahrt ihre Bleistifte und ihren Klebstoff darin auf. (Kataloge $ 6.00, $ 22.00, $ 8.00, $ 10.00.)
Liz Taylor-Warner gab am Abend eine Party, deren Erlös John Warner zufließen sollte. Liz sah sehr fett aus, aber trotzdem wunderschön. Shen, ihre Sekretärin, war auch da. Aber Warner selbst ließ sich keinmal blikken. Die Party war schrecklich, und Liz war deswegen wütend. Halston erklärte, er könne ihr die $ 10 000.00 gleich so geben, wenn das alles sei, was sie von dem Abend erwarte.
Dann begann Aline Franzen, die den Abend organisiert hatte, mit der Versteigerung. Doch niemand wollte etwas kaufen – alle trugen nur den erlesensten Schmuck, den Bulgari zu verkaufen hat. »Dieses Bild habe ich mit meinem Herzblut gemalt. Wer möchte dafür ein Gebot abgeben?« fragte sie, aber niemand meldete sich. Liz stieß mich an: »Du solltest ein Gebot abgeben.« Doch ich weigerte mich. Ich wollte lieber bei den zwei Eintrittskarten fürs »Studio 54« mitbieten. Endlich rief Liz: »Okay, dann nehme ich es eben.« Aber Aline meinte: »Nein, Liz, das geht nicht.« Aline warf sich auf den Boden und weinte. Es war zum Totlachen. Dann rief Liz' Sekretärin Shen, *sie* wolle das Bild kaufen, aber Liz schrie: »Nein, Shen, unmöglich. Sie haben doch überhaupt kein Geld.« Lee Grant betätigte sich ebenfalls als Auktionator und versteigerte zwei Zähne – ich glaube, sie waren aus Porzellan – für $ 2.00. Ich sage dir, keiner von der Bande wollte auch nur ein Stück kaufen. Arme Liz. Aline meinte: »Ihr Reichen seid Geizkragen.« Da erhob sich John Cabot Lodge und hielt eine sonderbare Rede. Er sprach über die Rote Gefahr. Total verrückt. Halston und Liz verabredeten sich für später in seinem Haus.
Ich fuhr mit Halston zu ihm nach Hause. Liz kam etwas später nach. Er gab ihr etwas Koks. Sie wurde high, und es ging ihr besser. »Sieh mal«, sagte ich zu ihr, »es sind noch neun Tage bis zur Wahl. Du mußt selbst hingehen und zu den Negern reden. Dieses damenhafte Getue bringt doch nichts.« »Ach was«, sagte sie. Ich sagte: »Hör zu, wenn ihr die Wahl verliert und du deinen Mann verläßt, dann mußt du für mich am Broadway Truman Capote spielen.« Sie fing an zu lachen, fiel in eine Art Trance und versuchte, wie Truman zu sprechen, doch sie konnte sich nicht daran erinnern, wie er sprach.
Dann ging ich mit Victor in die Küche und fütterte Linda unter dem Tisch mit Kartoffelchips. Eigentlich sollte ich das ja nicht tun, aber es war lustig.

Halston und Liz führten im Nebenzimmer intime Gespräche, und später erzählte er mir, daß John Warner nicht mit ihr fickt.
Ich sagte: »Elizabeth« – man muß sie nämlich wirklich mit Elizabeth anreden – »Elizabeth«, sagte ich, »es wäre so schön, dich im Weißen Haus zu sehen.« Sie war süß und sagte: »Oh, es genügt mir schon, die Frau eines Senators zu sein. Jetzt mal ehrlich, kannst du dir eine Frau wie mich im Weißen Haus vorstellen? Eine Jüdin, und noch dazu zum siebentenmal verheiratet?«

Sonntag, den 29. Oktober 1978
Wachte um 10.30 Uhr auf, doch eigentlich war es erst 9.30. Sommerzeit. Bob rief an. Er war bei Averil. Wir sollten uns mit Mike Nichols und diesem »Dr. Warhol« treffen. Nichols wollte mich unbedingt mit ihm bekannt machen. Er kam aus Polen und behauptete, er sei mein verloren geglaubter Cousin. Ich wollte nicht hingehen, denn ich kann Mike Nichols nicht ausstehen. Doch wir mußten, weil Ara Gallant alles arrangiert hatte. Unser Lunch hatte ursprünglich im »Carlyle« sein sollen, doch dann wurde er ins »Lady Astor's verlegt.
Ich ging zur Kirche. Danach holte ich Ara, Bob und Averil ab ($ 5.00). Mike Nichols war schon wieder fort, als wir hinkamen. Sein Assistent sagte, er habe sich geärgert, weil wir 15 Minuten zu spät kamen. Der hat vielleicht Nerven. Erst will er unbedingt, daß ich komme, und dann rennt er beleidigt weg. Oh, es war schrecklich – dieser Doktor behauptete doch tatsächlich, ich sei Pole. Er schreibt sich W-a-r-c-h-o-l. Und dann fragte mich dieser schwule Pole, ob ich allein lebe. Er hat uns für nächsten September nach Polen eingeladen. Mike Nichols trifft sich immer mit ihm, weil er Araberpferde sammelt – er hat 120 Pferde in Connecticut und reist jeden September ins kommunistische Polen, um noch mehr zu kaufen. Dieser Dr. Warchol hilft ihm dabei.
Ging früh zu Bett. Ich sprach mit Jeds Geschäftspartnerin Judith Hollander über die Restaurierung von Möbeln und über die Auseinandersetzungen, die ich neulich mit Jed hatte.

Mittwoch, den 1. November 1978 Tom Sullivan kam vorbei und zeigte uns »Cocaine Cowboys« auf Video. Er rauchte Marihuana. Es war komisch, den Geruch im Büro zu haben. Paul Morrissey sah sich den Film eine Weile an und sagte dann, er sei zu moderat. Brigid schaute hin und wieder mal rein und fand ihn auch fad. Doch mir gefiel er.
Außerdem finde ich mich in dem Film gar nicht mal schlecht. Ich habe nur eine Einstellung, und hätte man mich mehr machen lassen, wäre ich noch besser. Jedenfalls war ich besser als in »meinem ersten Film«, »The Driver's Seat«. Dazu gibt es in »Cocaine Cowboys« ein paar gute Musiktitel. Die Story ist allerdings einfältig. Dealer werfen Kokain aus einem Flugzeug. Ein junges Mädchen und eine Sekretärin finden den Koks und klauen ihn. Tom behauptet, der Film habe ihn $ 950 000.00 gekostet. Mir ist unverständlich, warum, denn es waren keine gewerkschaftlich organisierten Leute dabei.
Ed Walsh kam vorbei, um uns Pläne für unser Haus in der Great Jones Street zu zeigen. Wir wollen es renovieren lassen und dann vielleicht vermieten. *

*Andy hatte dieses Gebäude in der 57 Great Jones Street sowie das viergeschossige Haus um die Ecke – genannt »342» oder »Bowery« – 1970 gekauft.

Freitag, den 3. November 1978
Bei der Parke-Bernet-Auktion am Donnerstag ging der »Elvis« für $ 85 000.00 weg. Er war auf $ 100 000.00 bis $ 125 000.00 geschätzt worden. Der Markt für zeitgenössische Kunst ist gesättigt. Todd Brassner sagte, der »Mao« hätte für etwa $ 4000.00 weggehen sollen, doch er habe den Preis bis $ 5000.00 hinaufgetrieben. Als dann ein anderer das Bild bekommen habe, sei er ganz stolz gewesen.

Thomas holte mich mit dem Wagen ab. Wir fuhren ins »La Grenouille«. Die Geschäftsführerin des Restaurants erzählte mir, daß ihr Sohn demnächst heiraten wird. Ihr Sohn war mit meinem Neffen James, dem Sohn meines Bruders Paul, auf dem Carnegie-Technikum. James lebt jetzt in New York und versucht sich als Künstler. Ich werde ihm dabei nicht helfen. Denn ich konnte seine Mutter nie leiden und käme mir komisch vor, wenn ich jetzt dem Sohn helfen würde. Ich habe ihn ein paarmal mit nach Montauk genommen, aber er... ach, ich weiß auch nicht.

Montag, den 6. November 1978 Rupert kam vorbei. Wir arbeiteten an den »Weintrauben«. Taxi zu Maxime de la Falaises Loft Ecke Fifth Avenue und 19. Straße ($ 4.00). Alle hatten bereits zu Abend gegessen. Susan Bottomly – International Velvet – war auch da. Sieht ziemlich mager aus. Sie hat ihren Freund in Wales verlassen; denn sie habe es nicht mehr mit ihm ausgehalten. Er wollte ein Kind und sie nicht.

Dienstag, den 7. November 1978 Es war Wahltag, viele Geschäfte hatten geschlossen. Catherine rief an und wollte was unternehmen. Wir blieben bis 6.30 oder 6.45 im Büro und fuhren dann in die Fifth Avenue 725. In der »Robert Miller Gallery« wurde die Juan-Hamilton-Ausstellung eröffnet (Taxi $ 4.00). Ich war kaum dort, als ein Typ hereinkam und Juan Papiere in die Hand drückte. Die Frau, die jahrelang für Georgia O'Keeffe gearbeitet hat, hat ihn angezeigt. Sie behauptet, daß er heimlich Absprachen getroffen hat, um in den Besitz sämtlicher Bilder von Georgia zu gelangen.
Ich verließ Rupert in der 66. Straße, fuhr nach Hause und leimte mich zusammen. Ich hatte die Hoveidas eingeladen – die Dinge stehen schlecht im Iran – und das Dupont-Mädchen und Paul Jenkins. Bob hatte Lily Auchincloss eingeladen – ihr Mann hat sie gerade wegen Kay Larkin verlassen. Wir fuhren zum »Quo Vadis«. Hoveida erhielt einen Telefonanruf. Er erfuhr, daß die Telefonverbindungen vom Iran nach Paris und nach New York unterbrochen waren und der Schah verstärkt Militär eingesetzt hatte. Die Hoveidas wirkten beunruhigt. Gleich um die Ecke saß Truman. Er hatte Barbara Allen einen Millionär besorgt. Ich glaube, es war sein jüdischer Rechtsanwalt. Seit letzter Woche ist Truman wie verwandelt. Ob er ein neues Medikament bekommt? Er ist jetzt so elegant, und letzte Woche war er noch Alkoholiker.

Mittwoch, den 8. November 1978 Dotson Rader ist gerade im Vormittagsprogramm. Er ist zum Kotzen. Ich habe immer geglaubt, daß er für die CIA arbeitet, und glaube es noch immer. Ich finde ihn unerträglich. Bleib dran, ich will nur schnell den Fernseher ausschalten... so, jetzt geht es mir schon viel besser. Die Cocktailparty bei Tatiana Liberman war amüsant. Barbara Rose hatte die teuersten Klamotten an, aber sie hat noch immer keinen Geschmack. Ich machte ihr den Vorschlag, einen Schwulen für sie anzuheuern, der überall mit ihr hingeht und ihr sagt, was sie kaufen soll, damit es zusammenpaßt. Ich sagte: »Barbara, du wohnst jetzt in einem schicken Haus – in der Galleria –, deshalb solltest du endlich damit anfangen, schick auszusehen.« Ich bemühte mich, diplomatisch zu sein, doch alles, was dabei herauskam, war die Wahrheit.
Ach ja, David Whitney hat angerufen und erzählt, daß er nach Kalifornien geht. Philip Johnson hatte ihm ein Ticket erster Klasse geschenkt. »Oh, Philip«, sagte er, »das hättest du nicht tun sollen. Ich brauche es nicht.« Daraufhin hat es Philip zurückgegeben und ein Auto dafür gekauft!
Beim Dinner saß ich neben Doris Duke. Sie war hinreißend. Hinterher gingen alle ins »Studio 54«. Bob nahm die meisten Frauen in seiner silbernen Limousine mit. Ich stieg in Doris

Dukes schicken Kombi. Kaum waren wir im »Studio 54«, da wollte sie schon gehen – wegen der Fotografen. Ich brachte sie zu ihrem Wagen und ging dann wieder ins »54«. John Scribners Sohn und Robyn waren dort. Und James Curley. Ein süßer Junge. Sein Vater war Botschafter in Irland. Catherine war auch da. Sie ist unzufrieden mit ihrem Job bei »Viva«. Sie sagt, sie wäre lieber wieder bei »Interview«, auch wenn Bob sie dauernd angebrüllt habe. Für jeden Artikel seien ein Dutzend Besprechungen nötig. Ich bot ihr an, sie nach Hause zu bringen. Es war gegen 2.00 (Taxi $ 4.00).

Freitag, den 10. November 1978 Adriana Jackson kam vorbei. Ich machte von ihr und einer Schweizerin Fotos für ein Porträt. Gigi kümmerte sich um das Make-up. Endlich haben wir jemanden, der die Gesichter weiß schminkt. Jetzt sieht man die Falten nicht mehr, und weil die Abzüge besser werden, werden auch die Siebe besser. Außerdem haben die Leute den Eindruck, daß man für sie etwas Besonderes macht. Die Fotos kommen tatsächlich besser raus. Der Schweizerin gefiel ihre Nase nicht, dabei war sie eigentlich ganz hübsch. Es war schwer, ein Foto zu machen, auf dem sie mit ihrer Nase zufrieden war.
Bob Markell von Grosset & Dunlap kam ins Büro. Er sagte, der Bildband, an dem Bob und ich zur Zeit arbeiten, solle am 31. Mai erscheinen. Dann schlug er mir vor, im Fernsehen aufzutreten. Ich schaute ihn nur an und ging aus dem Zimmer. Ach ja, er meinte, daß die »intimen Fotos« von unseren Bekannten in Europa sehr gut ankommen. Das macht mich nervös – (lacht) was ist, wenn sie tatsächlich intim sind?

Montag, den 13. November 1978 Ich denke, ich könnte versuchen, den Urin auf die »Piss Paintings« *aufzupinseln*.
Fuhr hinüber zu Jamie und Phyllis Wyeth. Phyllis hatte Geburtstag. Jamie hatte mich am Nachmittag telefonisch eingeladen. Wir sprachen über Joanne du Pont. Ich habe nicht den Eindruck, daß Jamie sie besonders mag. Keine Ahnung, warum – schließlich hat auch er bei den du Ponts eingeheiratet.

Dienstag, den 14. November 1978 Truman Capote kam auf einen Sprung vorbei. Er wollte Bob MacBride in seinem Atelier am Union Square 33 besuchen. Vielleicht nimmt er Lithium und ist deshalb plötzlich so vergnügt. Aber meine eigentliche Theorie ist, daß er auf Long Island war und mit Jack Dunphy gesprochen hat und daß sich Jack Dunphy hat breitschlagen lassen, »Answered Prayers« für ihn zu schreiben. Truman trug einen superschicken Mantel. Von Courrèges. Ein großer Reißverschluß und zwei kleinere an den Ta-

Mit James Curley *(Patrick McMullan)*

schen. Angeblich schon ein paar Jahre alt. Trumans Hände waren kalt. Was für eine Droge ist das nur?
Ich arbeitete bis um 7.30 im Büro. Rupert half mir bei dem Versuch, den Urin mit einem Pinsel aufzutragen – doch das war schwierig. Setzte Rupert ab ($ 4.00).

Mittwoch, den 15. November 1978 Nach der Arbeit machten wir im Büro eine Flasche Champagner auf. Das war gegen 6.30. Averil, Vincent und ich tranken, anschließend gingen wir. Wir wollten zu »Bloomingdale's«. Averil stoppte eine Limousine und fragte den Fahrer nach dem Preis. $ 10.00, sagte der Fahrer. Wir stiegen ein. Averil behauptete, alle Kennedy-Kids würden zur Eröffnung des Superman-Shops kommen. Im Superman-Shop erinnerte alles an die sechziger Jahre. Wie oft wollen sie die Camp-Mode eigentlich noch aufwärmen?

Donnerstag, den 16. November 1978 Bei der Werbeveranstaltung für »Viva/Penthouse« im »Tavern on the Green« wurden T-Shirts verteilt. Der Blonde von den Smother Brothers – sie spielen am Broadway in »I Love My Wife« – kam auf mich zu und sagte: »Hi, Andy, wie geht's?« Später, als ich zum Telefon ging, um im Büro anzurufen, wartete er vor der Kabine. Er erzählte von sich. Er habe das Gefühl, er sei nicht mehr kreativ und vermutlich komme das daher, daß er jetzt eine gesicherte Existenz habe. Und dann wollte er wissen, wie das bei mir ist. Ich sagte, ich sei nicht mehr kreativ gewesen, seit man auf mich geschossen habe, weil ich mich danach nicht mehr mit ausgeflippten Leuten eingelassen habe. Ein Junge sprach ihn an und sagte: »Erinnerst du dich nicht mehr an mich? Ich war der Chauffeur bei der Familie Soundso und der erste Boy in Sharon Tates Haus nach dem Mord.« Ist das nicht ein fabelhafter Satz?
Man munkelt, daß »Viva« eingestellt wird.

Samstag, den 18. November 1978 Es war ein herrlicher Tag, über 20 Grad. Ich beobachtete die Leute im Park.

Sonntag, den 19. November 1978 Stevie Rubell hatte mich morgens angerufen und gefragt, ob ich Lust hätte, mit Diana Ross zu einem Mitternachtskonzert ins »Palace« zu gehen. Es wurde von einem Paar veranstaltet, das für Diana Songs schreibt. Ashford und Simpson. Wir fuhren zum »Palace Theater« und gingen in die Garderobe. Der Mann sieht wirklich gut aus, und die Frau ist reizend. Als das Publikum Diana erblickte, fiel die ganze Meute über sie her. Sie hatte vier Leibwächter bei sich, aber die Schwarzen lieben sie nun mal. »The Wiz« ist ein Riesenhit, ich hatte keine Ahnung davon. Das Konzert war sensationell, es gab Bravorufe.
Valentino lud zur Party ins »Studio 54«. Ich vermute, Stevie wollte ihm die Party vermasseln, denn er hatte die Kellner wie Pilgerväter ausstaffiert und servierte Truthahn. Er erzählte mir, Valentino habe eine Erklärung verlangt und er habe zu ihm gesagt: »Nun, wie Sie wissen, wurde Amerika von einem Italiener entdeckt.« Und anscheinend (lacht) hat es Valentino geschluckt. Die Vorderfront des »Studio 54« war als Schiffsbug hergerichtet. Ich verlor Halston vorübergehend aus den Augen, und als ich ihn etwas später wiederentdeckte, verspeiste er gerade eine Truthahnkeule und überredete mich, davon zu kosten. Also ich finde, eine Diskothek ist der letzte Ort, wo man Fleisch essen sollte. Doch später sah ich, daß auch Stevie Truthahn aß, und daher vermute ich, daß alles okay war. Barbara Allen war da, ging aber bald nach Hause, um sich mit Bryan Ferry zu treffen.

Montag, den 20. November 1978 Truman will wieder in Stan-

Wenn

nicht

jeder

eine

Schönheit

ist,

dann

ist

es

keiner.

Wenn

nicht

jeder

eine

Schönheit

ist,

dann

ist

es

keiner.

ley Siegels Show auftreten, aber nur, weil sie diesmal aufgezeichnet wird. Die Zeitschrift »Viva« ist tatsächlich eingestellt worden, und Catherine sitzt auf der Straße.

Dienstag, den 21. November 1978 Thomas Ammann rief an und lud mich zum Dinner mit Cy Twombly ein. Auch Bob war eingeladen. Thomas fragte mich, wo wir hingehen sollten. Ich erzählte ihm vom »Palace« – das ist das Restaurant in der 59. Straße, über das vor einem Jahr die Zeitungen geschrieben haben und das so teuer sein soll. Als ich ihm sagte, daß das Essen dort $ 300.00 pro Person kostet, lachte er nur und meinte, das sei wohl übertrieben. Wir einigten uns also auf das »Palace«. Dann rief Thomas Barbara Allen an. Taki Theodoracopulos war bei ihr. Beide wollten kommen.
Im »Palace« hingen gehäkelte Vorhänge an den Fenstern. Es sah aus wie bei einer Handleserin. Wir waren die einzigen Gäste, aber etwa 18 Leute sprangen herum, um zu bedienen. Ich kam mir vor wie in der Wohnung von Leuten, die bessere Tage gesehen haben und vornehm tun. Wie zu Hause bei Barbra Streisand. Westside-Geschmack. Über jedem Tisch ein Kronleuchter und die Teller mit Goldrand. Doch das Essen war gut. Es gab acht Gänge. Die Rechnung belief sich auf $ 914.00. Thomas war geschockt, glaube ich. Doch, ich bin sicher, daß er wirklich geschockt war, denn nach einem Blick auf die Rechnung riß er keine Witze mehr über das Essen.

Donnerstag, den 23. November 1978 Thanksgiving Day. Ich sah mir im Fernsehen den Umzug an. Ich glaube, New York erlebt einen Boom – wenn man bedenkt, daß die Mitglieder sämtlicher Marschkapellen in Hotelzimmern übernachten müssen. Ich machte mich fertig und fuhr zur Arbeit (Taxi $ 3.50). Keiner war da.
Ich ging zu Halstons Thanksgiving Dinner.
Und an diesem Feiertag wurden in Guyana immer mehr Leichen entdeckt. Sie müssen von Anfang an gewußt haben, daß es 900 waren. Warum wollten sie es zuerst vertuschen? Und wie kommt es, daß wir vorher nie etwas von diesen Leuten gehört haben?

Sonntag, den 26. November 1978 Ich rief Bob an. Er war miesepetrig. Er sagte, er könne jetzt nicht reden, er schreibe gerade seine Kolumne »Out«. Ich weiß gar nicht, warum er so gereizt war. Er schreibt doch den ganzen Monat nichts außer dieser Kolumne.
Ich ging zur Kirche. Es war so klar und kalt draußen. Danach arbeitete ich. Ich zeichnete Erdkugeln und Monde und sah fern.

Montag, den 27. November 1978 Die Meldung des Tages war das Attentat auf den Bürgermeister von San Francisco. Zunächst hörte sich alles so an, als hätte die Jim-Jones-Sekte etwas damit zu tun. War aber nicht der Fall. Der Täter war ein Typ, der aussieht wie ein Reporter.

Mittwoch, den 29. November 1978 Ging zu einer Vorführung ins »Coronet Theater«. »The Deer Hunter« (»Die durch die Hölle gehen«, Regie Michael Cimino, 1977) ist eine neue Art Film – drei Stunden lang nur Quälerei. Er spielt in Clairton, Pennsylvania, wo alle meine Vettern herkommen. In dem Film wird behauptet, die Stadt sei russisch und polnisch, damit es nach was aussieht. In Wirklichkeit ist sie tschechisch. John Savage spielt mit und viele gutaussehende Kids.
Der Film beginnt damit, daß drei Kumpels miteinander trinken. Dann wird eine polnische Hochzeit gefeiert, eine geschlagene Stunde lang. Das hätte man kürzen können; trotzdem hat es Spaß gemacht – es war so echt und sehr schön. Solche Filme zeigen im Kino einen Menschentyp, der früher nie zu sehen war, und das ist gut. Nach der Hochzeit gehen sie auf Rotwildjagd, und von dieser Szene wird hinübergeblendet nach Vietnam. Am

Ende setzt sich Chris Walken die Pistole an die Schläfe und erschießt sich. Bobby De Niro ergreift seine Hand und hält seinen blutenden Kopf und sagt: »Oh, Liebling, ich liebe dich, ich liebe dich.« So ungefähr.
Ich traf Liz Smith von der »Daily News«. Kein Fotograf knipste mich. Ich vermute, daß ich momentan nicht sehr gefragt bin.
Ach ja, Arthur Miller war auch bei der Filmvorführung. Es war interessant, ihn zu sehen. Er sieht sehr gut aus. Ich glaube, Leute wie er tun auch einiges dafür. Der Typ des reichen Juden. So wie dieser 26 Jahre alte Bursche im Vormittagsprogramm – Schwartz heißt er, glaube ich. Er redete wie ein Kennedy. War Stadtrat oder so was. Arthur Miller machte einen sehr kultivierten Eindruck. Er sieht Richard Avedon ziemlich ähnlich, hat aber ein ehrlicheres Gesicht. Wie ein Lehman. Ich denke, solche Leute heiraten hübsche Frauen und kriegen hübsche Kinder.

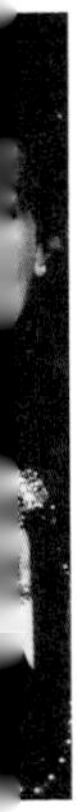
risa
son
hol)

Donnerstag, den 30. November 1978 Ich bekam eine Einladung zu Valentinos Dinner für Marisa Berenson. Ging hinüber zum Mayfair House ins »Le Cirque«. Lee Radziwill und Peter Tufo waren da. Und Andre Oliver und Baryschnikow. Auf der Tischkarte neben mir stand »Jessica«. Jessica Lange, wie sich dann herausstellte. Sie ist jetzt mit Baryschnikow liiert. Als sie kam, sagte ich zu ihr: »Ich habe schon viel von Ihnen gehört.« Und sie sagte dasselbe zu mir. Sie ist mit Corey Tippin, Jay Johnson, Tom Cashin und Antonio Lopez befreundet. Sie hat in Montauk gewohnt, als Tom und Jay draußen waren, um zu streichen und das Dach zu erneuern. Nach »King Kong« hat ihr Dino de Laurentiis anderthalb Jahre lang keine Rolle mehr angeboten, deshalb spielt sie jetzt in dem neuen Film von Bob Fosse – hört sich aber eher nach einer kleinen Rolle an.

Freitag, den 1. Dezember 1978
Alle arbeiteten an den Vorbereitungen für die Cocktailparty, die Bob im Büro gab. Möbel wurden umgestellt, es wurde aufgeräumt, und Vincent fuhr los, um Getränke einzukaufen. Tommy Pashun brachte Blumen.
Stevie gab mir eine Methaqualon, und Halston sagte: »Für den Karton, für den Karton.« Victor hat ihm von meiner Gewohnheit erzählt, alles, was mir Leute schenken oder was mit der Post kommt, in Kartons im Büro aufzubewahren. Früher brachte mir Victor ab und zu Briefe, die Halston von Jackie O. und anderen bekommen hatte. Doch dann kam Halston auf die Idee, sie selber aufzuheben. Diese Frauen schreiben tatsächlich noch Briefe – wo sie wohl die Zeit dafür hernehmen? Ich bin wieder zu Jackie O.'s Weihnachtsparty eingeladen. Jemand muß uns auf seiner Liste haben. Auf Jackies Liste stehen wir jedenfalls nicht, denn zu ihrer Party letzte Woche hat sie uns nicht eingeladen. Fred weiß von Robert Kennedy jr., daß sie lange hin und her überlegt haben, ob sie uns einladen sollten. Schließlich ließen sie es bleiben. Jackie ist wirklich schlimm. Jann Wenner und Clay Felker hat sie eingeladen. Ausgerechnet *die*.

Sonntag, den 3. Dezember 1978 Halston und Stevie Rubell haben Bianca einen wunderschönen Pelzmantel geschenkt. Dr. Giller hat den Kragen bezahlt, Halston und Steve übernahmen den Rest. Er hat $ 30 000.00 oder $ 40 000.00 gekostet. Es überrascht mich, daß sie mich nicht gefragt haben, ob ich ihr einen Ärmel schenken will. (Lacht.) Halston sagt: »Das sollte jeder haben: Pelze, Schmuck und Bilder von Andy Warhol.«

Dienstag, den 5. Dezember 1978 Doug Christmas kam ins Büro. In seiner Begleitung war eine reiche Lady aus Texas namens Connie. Er war extra für einen Tag mit ihr eingeflogen, weil er das große Geld bei ihr wittert. Nahm ein Taxi, um mich mit ihnen zu treffen ($ 4.00).
Sie möchte ein Porträt in Lebensgröße. Ihre Freundin ist die Lady vom

Kimbell-Museum, die ich mal gemalt habe – der Name ist mir entfallen. Sie sagte, sie wolle keinen von meinen großen Köpfen, sondern etwas anderes, ein lebensgroßes Porträt. Jackie O.'s Porträtmaler hat sie schon einen Korb gegeben – wie war doch sein Name? Shickler? Und dann sagte sie, falls ich ihr Porträt machen sollte, müßten wir »einander kennenlernen«. O Gott, O Gott! Sie lud mich in ihr Drei-Millionen-Dollar-Haus ein, das sie in Fort Worth bauen läßt. Als sie zum wiederholten Mal davon anfing, daß wir uns unbedingt kennenlernen müßten, rannte ich schließlich davon. Dann haute Fred ab. Wir kamen aber beide wieder.

Victor rief an und sagte, er sei auf dem Weg nach Caracas. Ich sagte zu ihm: »Tu es nicht, Victor, tu es nicht.« Er könnte an der Grenze gestoppt werden; es ist zu gefährlich. Ich fürchte, daß er was Dummes vorhat.

Ich bekam eine Einladung zu einem Musikabend bei William F. Buckley, Beginn 6.00. So was gibt's da öfter.

Mittwoch, den 6. Dezember 1978 Die Kids, die im Büro arbeiten, sind hoffnungslose Fälle. Robyn, zum Beispiel, arbeitet jetzt vier Wochen bei uns, und die ganze Zeit hat er seinen Gehaltsscheck aus Versehen auf das Konto des Büros rücküberwiesen! Er hat sein Konto bei derselben Bank, und statt seiner eigenen Kontonummer hat er die Kontonummer des Schecks, den er einzahlen wollte, auf den Einzahlungsschein geschrieben! Vincent mußte ihn aufklären.

Freitag, den 8. Dezember 1978 Jackie Curtis kam vorbei. Er hatte eine Woche vorher angerufen, um einen Termin auszumachen, und wir gingen davon aus, daß er noch einen Freund mitbringt. Es war wie in alten Zeiten. Jackie schleppte 15 Leute an. Zwei davon waren Fotografen. David Dalton war auch dabei. Er schreibt gerade ein Buch über ihn. Jackie hat keine Zähne mehr und ist fett. Er nimmt wieder Amphetamine. Doch er ist immer noch sehr clever. Man sollte herausfinden, was sich aus seinem Talent machen läßt. Jetzt, wo Ivan Karp und Truman für »Interview« schreiben, könnten wir vielleicht auch Jackies Buch als Serie bringen. Ich brachte es zu Bob, doch der hatte schlechte Laune. Er hatte die ganze Nacht wachgelegen und an seine Leber gedacht. »Gib das Buch einem von meinen Assistenten«, sagte er. Wir gaben es Brigid. Sie las es und rief mich dann an. Sie fand es irgendwie langweilig. Nur Tonband-Mitschnitte. Sie war gegen einen Abdruck.

Montag, den 11. Dezember 1978 Zur Premiere von »Superman« gab es eine Party im »Xenon«. Am Nachmittag saß Bob im Büro mit hängendem Kopf in einer Ecke. Er wirkte deprimiert. Dabei kann er eigentlich weder derart unglücklich noch überarbeitet sein. Alles, was er tut, ist auf Partys zu gehen. (Taxi $ 3.00.)

Mittwoch, den 13. Dezember 1978 Chris Makos rief an und erzählte, Donahue plane eine Show für Singles ab 50. (Lacht.) Er rief an, weil wir uns nach einer neuen Kamera umsehen wollten. Fuhr mit dem Taxi zu dem Fotogeschäft an der Ecke 44. Straße und Madison Avenue, um mich mit ihm zu treffen ($ 5.00). Später gingen wir an der Grand Central Station spazieren. Mir war nostalgisch zumute – es war wie vor 20 Jahren. Damals arbeitete ich für »Vogue« und »Glamour«. Beide sind ganz in der Nähe. Und meine Bank war auch gleich um die Ecke.

Donnerstag, den 14. Dezember 1978 Wir fuhren zum Büro, und der Verkehr war schlimm. (Taxi $ 4.00.) Die »Daily News« hatte gerade angerufen, um einen Kommentar von mir zu bekommen. 50 Beamte hätten im »Studio 54« eine Razzia wegen hinterzogener Einkommensteuer abgehalten und bei der Gelegenheit

Ch
Ma

auch Ian Schrager wegen 50 Gramm Koks festgenommen.
Ein netter Junge war im Büro, ein Freund von Averil. Er merkte nicht, daß er über ein Bild lief, das ich gerade gemalt hatte. Die Farbe war noch nicht trocken; lustig.

Freitag, den 15. Dezember 1978 Kaufte zwei Exemplare der »Daily News«, weil einiges über Steve* Rubell drinstand. Bianca war auf der Titelseite. (Taxi $ 4.00.) Fuhr nach Hause, leimte mich und ging dann zu Halston. Er gab ein Dinner. Man hatte beschlossen, daß Steve etwas essen mußte, weil er seit drei Tagen nichts mehr zu sich genommen hatte. Keine Ahnung (lacht), wer so was beschließt. Es hieß einfach: »Stevie muß etwas essen, er braucht seine Nahrung.« Ob Dr. Giller Halston ins Ohr geflüstert hat: »Stevie muß etwas essen«? Wer bei so was wohl den Anfang macht? Halston selbst bereitete ein Schnellgericht zu: Steak, Pommes frites und Salat. Zum erstenmal sah ich alle Gäste bei Halston essen. Er hat schon viele Dinner gegeben, bei denen niemand etwas aß, doch diesmal drückte sich keiner, weil (lacht) »Stevie« etwas essen mußte.
Es war gegen 9.30. Das Ganze fand im engsten Familienkreis statt, deshalb hatte Bianca auch ihren neuen Freund, den Martha-Graham-Tänzer, nicht einladen dürfen. Steve erzählte von der Razzia. Er hatte 18 verschiedene Versionen zu bieten. Die Typen von der Steuerfahndung hatten eigentlich niemanden verhaften wollen – es waren 36 Mann und alle bewaffnet. Sie wollten lediglich die Bücher beschlagnahmen. Doch als sie bei Ian Koks fanden, nahmen sie ihn fest. Steve behauptete, es sei nur ganz wenig gewesen, ein Weihnachtsgeschenk. Und dann plapperte er ständig was von »Schwarzgeld«. Ich war überrascht.

*Nach der Razzia im »Studio 54« begann Andy, Rubell nicht mehr Stevie, sondern Steve zu nennen.

Samstag, den 16. Dezember 1978 Erfuhr von Halston, daß Dr. Giller mich zu sich eingeladen hatte. Halston wollte mich abholen. Ich setzte meine Kontaktlinsen ein. Halston kam mit dem Taxi. Ich sagte zu ihm, ich hätte ihn noch nie in einem Taxi gesehen. Er wurde verlegen, und das machte wiederum mich verlegen. Ich sagte, daß ich Taxis toll fände und immer mit dem Taxi führe. Und dann durfte ich mir die ganze restliche Fahrt über anhören, daß auch er häufig im Taxi fahre und ich es nur nicht mitbekäme. Er sagte, es sei schlicht zu teuer, den Wagen den ganzen Tag nur herumstehen zu lassen. Ich wurde noch verlegener. Er machte mir einen Vorschlag: Jedesmal, wenn ich seinen Wagen spätabends vor dem »Studio 54« stehen sehe, sollte ich ihn einfach nehmen und damit nach Hause fahren. Dr. Gillers Wohnung ist eine exakte Miniaturkopie von Halstons Wohnung. Die gleichen Bilder, die gleiche Einrichtung, die gleichen Farben.
Was Halston an der Razzia im »Studio 54« am meisten aufregt, ist der Umstand, daß die Steuerfahnder einen kleinen Raum entdeckt haben, von dem niemand etwas gewußt hatte. Halston fühlt sich verletzt. Obwohl sie eng befreundet sind, hat ihm Steve nichts von dem Raum erzählt. Steve ist der Ansicht, daß die Beamten einen Insider-Tip bekommen haben müssen, denn bis auf die Leute, die im »54« arbeiten, habe niemand etwas von dem Raum gewußt. Allerdings sind Steve und Ian nicht zimperlich, wenn sie Leute rausschmeißen. Von daher könnte es jeder gewesen sein.
Später, im »Studio 54«, fragte ich Potassa, ob sie jemals Sex mit Dalí hatte. Sie sagte: »Nein, er hat nur einmal meinen Schwanz in die Hand genommen und geküßt.« Dalí soll demnächst wieder in die Stadt kommen. Potassa will, daß wir dann unsere alte Freundschaft erneuern. Potassa trinkt nur Champagner. »Scham-pan-ja«.

Als Dalí ihren Schwanz geküßt hat, soll er gesagt haben: »Magnifico.«

Montag, den 18. Dezember 1978 Brigid ist jetzt runter auf 63 Kilo und sieht gut aus. Charles Rydell wohnt bei ihr, aber sie ist gemein zu ihm. Ja, richtig gemein. Er darf nicht fernsehen, seine Beine nicht hochlegen und nicht ins Bad. Und das nach allem, was er für sie getan hat – immerhin hat er ihr jahrelang Geld zugesteckt.
Truman rief an. Er will für »Interview« ein paar Anekdoten aus seinem Leben erzählen. Wir wollen ihn auf Band aufnehmen. Brigid soll die Bänder hinterher transkribieren, und Truman wird Artikel daraus machen.

Dienstag, den 19. Dezember 1978 Ich habe mir Calvin Klein in der »Phil Donahue Show« angesehen. Halston behauptet, »Halston«-Parfum sei das meistverkaufte Parfum in Amerika. Ob das stimmt? Als ich mit Brigid bei »Macy's« war, entdeckte ich keinen Käufer am Halston-Stand. Na ja, vielleicht habe ich nicht genau genug hingesehen.
Barbara Allen sagte, daß Halston mich viel lustiger findet, wenn Bob und Fred nicht in der Nähe sind. Er meint, wenn ich mit den beiden zusammen sei, würde ich kein Wort sagen und ihnen das Reden überlassen. Doch ohne sie sei ich gesprächig und lustig. Halston hat eine merkwürdige Meinung von mir. Ich hätte ihn gestern anrufen sollen. Aber ich habe im Augenblick sehr viel zu tun.
Wir fuhren zu Irving Blums Galerie in der East 75. Straße, um uns die Ausstellung meiner frühen Sachen anzusehen. Eine der »Soup Cans« war eine Fälschung. Irving war es peinlich, als ich es ihm sagte.
Victor rief an. Er ist aus San Francisco zurück. Man kann tatsächlich nicht mit ihm herumalbern. Was man zu ihm sagt, setzt sich in seinem Kopf fest. Er brütet vor sich hin und wird wahnsinnig. Ich nannte ihn »paranoid«, und schon kam er wieder ins Grübeln.
Endlich weiß ich, was ich der Halston-Familie – Halston, Steve, Dr. Giller und Bianca – zu Weihnachten schenke: Gemälde von einem Getränkebon aus dem »Studio 54«.
Fuhr mit dem Taxi zu Tom Armstrong ($ 3.50). Als ich hinkam, waren Merce Cunningham, John Cage und Jasper Johns gerade dabei zu gehen. Leo Castelli war da und versuchte, mit seiner betrunkenen Frau zu tanzen. Ich machte Fotos. Hilton Kramer, der Kunstkritiker, war auch da. Wir hatten uns bisher noch nicht kennengelernt und holten das jetzt nach. Er haßt meine Arbeit. Mark Lancaster war auch da. Wir hatten viel Spaß miteinander.
Habe ich eigentlich erwähnt, was Bob mir erzählt hat? Als er vor ein paar Wochen in Washington Jerry Hall und Tennessee Williams miteinander bekannt machte, meinte dieser, sie sei das hübscheste Mädchen, das er seit Candy Darling getroffen habe.

Mittwoch, den 20. Dezember 1978 Ich hatte Marisas Einladung zum Dinner bei »Mortimer's« angenommen, doch als ich das Büro verlassen wollte, sah ich auf dem Terminkalender, daß am selben Abend Jackie O.'s Weihnachtsparty stattfand. Ich lud Bob dazu ein. Er war begeistert und sagte, damit sei der Tag gerettet, das sei doch was, worauf man sich freuen könne. Fuhren mit dem Taxi in die Fifth Avenue 1040 ($ 5.00). Als wir hinkamen, hatte es den Anschein, als sei die Party schon fast vorüber. Lee war da, wollte aber gerade gehen. Caroline ist eine hinreißende Schönheit geworden – sie ist schlank, hat ein schmales Gesicht, makellose Haut und wunderschöne Augen. Während wir uns unterhielten, gesellte sich ein reizender Typ zu uns. Tom Carney. Ich fragte Caroline, ob er ihr Freund sei, und sie sagte ja. Er schreibt für den »Esquire«. Von ihm war der Artikel über Tom McGuane. Sie erkundigte sich nach ihrem alten Schwarm aus London, Mark Shand.
Jean Stein war mit dem russischen Dichter da, den sie in die Gesellschaft

einführen will – ich glaube, sein Name ist Andre Bosch-in-eck-schinsk. Sie schreibt immer noch an ihrem Buch über Edie. Von 6.00 bis 8.00 gab es Cocktails, anschließend wurde für die übriggebliebenen Gäste das Dinner serviert. Das Essen war wirklich gut – gebackener Schinken, Kartoffelsalat und roter Kopfsalat aus Cape Cod –, sie kauft nur in den besten Läden ein. Warren Beatty und Diane Keaton waren auch da. Bob hörte – oder besser gesagt, er schnappte zufällig auf –, wie Jackie sagte, daß Warren in der Halle etwas »Ekelhaftes« getan habe, doch wir kamen nie dahinter, was. Wir gingen gegen 9.00. Den Fahrstuhl teilten wir uns mit Pete Hamill und den Duchins.

Mit dem Taxi zu Marisas Dinner bei »Mortimer's« ($ 2.00). Marisa sah in ihrem silbernen Kleid fantastisch aus und war mit Paul Jasmin da. Sie will nun endlich die Stadt verlassen. Steve erzählte, daß Warren Jackie O. gebumst habe und darüber rede. Bianca sagte, daß Warren das wahrscheinlich nur erfunden habe, so wie er erfunden habe, daß er mit ihr, Bianca, geschlafen hat. Sie will ihn im »Beverly Wilshire« deswegen mal angeschrien haben: »Warren, wie ich höre, erzählst du, daß du mit mir vögelst. Wie kannst du etwas erzählen, was gar nicht stimmt?« Er soll ganz verlegen geworden sein. Doch dann erzählte Bianca, Warren habe einen großen Schwanz, und Steve fragte, wie sie das wissen könne. Doch sie sagte, alle ihre Freundinnen hätten mit ihm geschlafen. Ach ja, Diana Ross war auch bei dem Dinner. Sie war amüsant.

Nach dem Dinner wollten alle noch ins »Studio 54«. Steve hatte seinen Mercedes mit, doch Diana Ross hatte Angst, mit ihm zu fahren. Ich versicherte ihr, er sei ein großartiger Autofahrer – was er auch ist, selbst wenn er Drogen genommen hat – und so quetschte sie sich zwischen uns. Im »54« war's voll – Party für CBS-Schallplatten. Seit der Razzia steht Steves Lokal jedermann offen.

Ach ja, nach der Party bei Jackie O. fühlte sich Bob wie im siebenten Himmel. Er schwärmte von ihr. Sie sei unheimlich nett zu ihm gewesen, habe seinen Namen richtig ausgesprochen und sogar ihr Glas Perrier mit ihm geteilt, als der Butler seins vergessen habe. Sie habe nur gesagt: »Es ist für uns beide.«

Donnerstag, den 21. Dezember 1978 Gestern rief mich Jackie O. ständig im Büro an. Drei- oder viermal. Ich rief aber nicht zurück, denn die Nachrichten, die sie mir hinterlassen hatte, waren kompliziert: »Rufen Sie mich nach 5.30 unter dieser Nummer an, oder vor 4.00, falls es nicht regnet.« Schließlich rief sie mich zu Hause an – ich frage mich, woher sie die Nummer hat. Es war irgendwie merkwürdig. Sie klang tiffig. »Wenn ich Sie einlade, Andy, dann meine ich auch *Sie* und nicht Bob Colacello.« Sie sei wütend auf Bob, weil er »gewisse Dinge schreibt«. Jetzt, wo ich darüber nachdenke, fällt mir wieder ein, daß Caroline auf der Party so etwas erwähnt hat. Es waren eine Menge Journalisten dort, etwa Pete Hamill und Carolines neuer Freund. Ich sagte ihr, daß sie sich keine Sorgen machen solle, Bob werde nichts schreiben. Also muß dort etwas vorgefallen sein, worüber sie nichts lesen will. Ich glaube, sie hat den ganzen Tag an nichts anderes gedacht.

Catherine wollte ins »Cowgirls and Cowboys« (Taxi $ 2.00). Es ist wahnsinnig dort. Ein dunkles Loch mit lauter hübschen Jungs, und alle sind zu haben. Und alle anderen Gäste sind Prominente. Henry Post war da. Jeder findet ihn schrecklich. Und das gefällt mir an ihm. Außerdem ist er nett und intelligent. Als ich ihn fragte, was er hier wolle, sagte er, er recherchiere eine Story.

Freitag, den 22. Dezember 1978 Bob holte Paulette Goddard ab, und dann pickten sie mich auf. Wir fuhren in die iranische Botschaft. Ich schenkte Hoveida eine Grafik.

Die Zeitungen schreiben, daß der Schah abdankt und sein Sohn den Thron besteigt. Paulette führte sich bescheuert auf. Ich glaube, sie war nicht ganz bei sich. Sie redete tatsächlich von Maschinengewehren, die ihre Beine durchlöchern. Dann, als wir bei Tisch saßen, drückte der Wind die Türen auf, und Paulette stand auf und kroch durch das Eßzimmer zum Büfettraum. Nein, kroch ist nicht der richtige Ausdruck; sie stand auf und versuchte, sich zu verdrücken. Hoveida fragte: »Wohin wollen Sie?« Und sie antwortete: »Ich will mich verstecken.« Es war sonderbar. Immer wieder sagte sie, der Abend sei »morbid«, weil alle Iraner neue Jobs suchten.

Bob setzte mich zu Hause ab. Ich war schon im Bett und fast eingeschlafen, als Victor anrief. Es war gegen 2.00. Er wollte, daß ich ins »Studio 54« komme. Es sei tolle Stimmung, und der ganze Fußboden sei mit Schnee bedeckt. Ich ging nicht hin.

Sonntag, den 24. Dezember 1978 Stand früh auf. New York war wie ausgestorben; es gab jede Menge Taxis. Anscheinend war jedermann weggefahren. Es war herrlich: alle Geschäfte offen und nirgends Andrang. Mit dem Taxi zum Union Square ($ 3.00). Ich bat Rupert zu kommen und mir bei der Arbeit zu helfen. Ich beschloß, Grafiken nach den Ali-Bildern zu machen.

Ach ja, am Morgen rief ich David Whitney an, um ihm frohe Weihnachten zu wünschen. Philip Johnson nahm ab und sagte, er sei gerade beim Aufräumen, der Sturm habe eine Scheibe eingedrückt – er war im Glashaus in Connecticut. Er sagte, die Scherben hätten ihn halbieren können. Ist das nicht furchtbar? David war nicht da, er war im Gewächshaus.

Truman rief an und sagte, er sei allein, weil Bob MacBride Weihnachten mit seinen Kindern verbringen müsse. Ich arbeitete den ganzen Nachmittag und ging um 5.00. Setzte Vincent und Rupert ab ($ 4.50).

Tom Cashin kam auf ein schnelles Truthahn-Dinner zu mir nach Hause, ehe wir zu Diane von Fürstenbergs Party gingen. Diane hatte Bob nicht eingeladen. Auf einmal sagen mir alle, daß sie mich nur mögen, wenn ich Bob und Fred nicht mitbringe. Das ist mal was Neues. Jeder ist gemein zu Bob. Wahrscheinlich bin ich als nächster dran.

Als wir dann aber zu Diane von Fürstenberg kamen, hatte sie Gewissensbisse und sagte: »Wie konnte ich nur so häßlich sein? Warum war ich so schäbig zu Bob?« Dann rief sie ihn an. Er war gerade auf dem Weg zu Adriana Jackson, versprach aber, nach dem Dinner vorbeizukommen.

Es regnete, als wir losgingen; wirklich scheußlich. Es war eine schreckliche Weihnachtsparty mit schrecklichen Leuten, gleich 50 davon. Um so unfaßbarer, daß sie Bob zuerst nicht einladen wollte.

Dann gingen wir zu Halston. Catherine war da. Ich schenkte ihr ein Bild mit etwas von meinem Ejakulat. Doch Victor behauptete, es sei *seins*, und wir stritten uns deswegen. Doch wenn ich es recht bedenke, könnte es tatsächlich seins gewesen sein.

Bei Halston gab es einen großen Fisch. Ich trank Rotwein und wurde davon so müde, daß ich zum ersten Mal Wirkung spürte, als mir Tom Sullivan ein Koks-Kristall auf die Zunge legte. Es war nur ein winziges Quantum, aber es machte mich wach. Wir gingen noch ins »Studio 54«, und ich wußte, daß ich nun bis 5.00 aufbleiben würde.

Montag, den 25. Dezember 1978 Ging zur Kirche. Tom Cashin rief an, um frohe Weihnachten zu wünschen.

Der Truthahn bei Halston war um 9.00 abends gar und ausgezeichnet. Wir ließen den gestrigen Abend Revue passieren. Halston verriet uns, daß Steve den ganzen Tag mit Roy Cohn verbracht habe und nur kurz vorbeikomme, denn er müsse ja wieder zu ihm zurück.

Die Steuerfahnder haben im »Studio 54« einen Raum voll Bargeld entdeckt. Jetzt, wo ich weiß, wieviel Geld Steve wirklich hatte, wundere ich mich, daß er nicht großzügiger war. Er hätte uns fürstlich bewirten können, hat es aber nicht getan. Zwar hat er uns einmal ins »La Grenouille« eingeladen, doch er hätte sich noch viel mehr einfallen lassen können.

Man sprach über Biancas Scheidung. Steve sagte, sie solle Roy Cohn anheuern und Mick verklagen. Doch die Sache ist kompliziert – Bianca möchte in London geschieden werden und Mick in Frankreich, denn in Frankreich hat sie ein Papier unterschrieben, in dem steht, daß ihr im Falle einer Scheidung nichts zusteht.

Mittwoch, den 27. Dezember 1978 Halston rief an und lud mich zu einem Dinner für Diana Ross in sein Haus ein. Sie trug eine äußerst enge schwarze Hose, die wie angegossen saß. Sie ist recht mager. So eng war die Hose, daß sie sich kaum setzen konnte. Sie saß neben mir, redete den ganzen Abend und tätschelte mich. Vermutlich hatte sie was genommen. Sie sagte, sie habe Cher erklärt, daß sie bei ihrem TV-Special nicht mitmachen werde. Cher ist letzte Woche nach Las Vegas geflogen, um mit ihr darüber zu sprechen. Aber Diana hat abgelehnt: »Das ist im Moment nicht meine Szene.« Und ganz cool sagte sie: »Ich habe ja nichts gegen diese Frau, aber...« Waren sie nicht mal die besten Freundinnen?

Sonntag, den 31. Dezember 1978 Fred ist am Amazonas. Nein, warte. In den Anden. Ich habe mit David Bourdon gesprochen. Er wollte zu Rosenquists Silvesterparty. Rosenquist hatte wieder eine Band engagiert. Das war so erfolgreich voriges Jahr, daß er es jetzt wieder macht.

Ich arbeitete den ganzen Nachmittag im Büro. Es war schön, an Silvester zu arbeiten. Ich malte Hintergründe. Walter Steding half mir dabei. Ronnie war auf einer Silvesterparty der Anonymen Alkoholiker, und Brigid kam kurz rein, um ein paar Bänder abzuholen.

Ich hatte keine Ahnung, daß der Abend bei Halston so vornehm werden würde, meine Liebe. Ich nahm Jed mit. Ich hatte Halston vorher gefragt, und er war einverstanden. Catherine brachte Tom und Winnie mit – auch das hatte Halston gebilligt. Tom will Catherine und mich in dem Film größer rausbringen, es seien sowieso noch Szenen nachzudrehen. Jemand hat ihm soeben $ 150 000.00 gegeben, also war das möglich. Bianca trug ein Kleid von Dior.

Ach ja, Vincent hat angerufen. Mrs. Winters hatte mit ihm telefoniert. Ihr Mann hatte offenbar einen Herzanfall.

Diana Ross sah blendend aus. Mohammed, der Hausboy, hatte eine Freundin mitgebracht, Jake La Mottas Tochter. Das ist der Boxer, den Bobby De Niro in dem neuen Scorsese-Film spielt. Sie ist hübsch.

Bei Halston hörten wir im Radio etwas »live aus dem Studio 54«, und der Sprecher rief: »Ja, tatsächlich! Da sind sie! Halston, Bianca und Andy Warhol! Sie kommen soeben zur Tür herein.«

Dann gingen wir alle ins »Studio 54«. Die Dekoration war großartig. Der Fußboden glitzerte silbern, jemand saß auf einem Trapez, und überall waren weiße Luftballons. Bobby De Niro war angeblich schon seit 10.00 dort. Es hatte eine Pressekonferenz gegeben.

Es war so ein Abend, an dem man sich ständig aus den Augen verliert, ständig nur sucht und findet, findet und sucht. John Fairchild jr. hatte sich in Bianca verknallt; also suchten wir sie und fanden sie auch. Doch kurz darauf verloren wir sie wieder, und als ich sie dann fand, war er weg, und dann ging ich verloren; sie suchte mich, und dann war er wieder weg...

Ich war nüchtern, trank viel Perrier. Um 7.00 war immer noch was los. Ich ging nach draußen, wo es warm war und immer noch Leute auf Einlaß warteten, als sei es erst 1.00. Nur das Licht war anders.

1970

Montag, den 1. Januar 1979
Maxime gab mir zu Ehren eine Dinnerparty, die ich nicht wollte. Also bat ich sie, Bianca und die Herreras einzuladen und holte Catherine ab. Und Allen Brooks, den Porno-Star, lud ich auch ein. Fuhr mit dem Taxi zur Ecke 19. Straße und Fifth Avenue ($ 5.00). Gloria Swanson war mit ihrem neuen jungen Ehemann da. Früher war sie einmal mit Maximes Ex-Schwager, Graf de la Falaise, verheiratet. Sie sagte: »Hier riecht es ja fürchterlich. Ich muß ans Fenster, um nichts davon zu riechen. Wo kommt der Gestank nur her? Laß deinen Ofen nachsehen. Ich habe eine sehr feine Nase und weiß, daß hier irgendwo Gase entweichen.« Ich wußte genau, was sie gerochen hatte: mein Parfum. Jasmin von Shelly Marks. Ich teste zur Zeit ein neues Duftprogramm und probierte Jasmin aus. Ich wagte mich nicht mehr in Glorias Nähe. Ich ging ins Bad und versuchte, den Geruch abzuspülen. Für den Rest des Abends blieb ich ihr immer drei Schritte vom Leib, auch wenn sie ein Gespräch mit mir anfangen wollte. Einmal flüchtete ich zu Sylvia Miles. Gloria sah gut aus mit ihren kurzen grauen Haaren. Maxime servierte Spaghetti.
Mario Amaya war auch da. Er war 1968 in der Factory, als Valerie Solanis auf mich schoß und wurde auch getroffen, am Arm. Er hat gerade seinen Job am Chrysler-Museum in Norfolk aufgegeben.

Dienstag, den 2. Januar 1979
Fuhr zu einer Verabredung mit Truman in Dr. Orentreichs Praxis Ecke 72. Straße und Fifth Avenue, um Aufnahmen von den beiden zu machen – für Trumans erste »Gespräche mit Capote« in »Interview«. Wir gingen durch die Hintertür, und Dr. Orentreich schenkte uns Ärztemuster. Er war offenbar der Meinung, ich wolle ein Interview von ihm und begann über seine Arbeit zu plappern. Danach entfernte er Äderchen aus meiner Nase. Ich hatte das vorher schon einmal von Dr. Domonkos machen lassen. Es hält zwar nicht lange vor, aber für eine Weile sieht es prächtig aus. Nach drei Monaten muß man es bereits wiederholen. Dr. Orentreich meint, daß der Arzt, der meine Nase vor 20 Jahren operiert hat, gepfuscht habe.
Truman läßt sich das Gesicht liften, aber nicht von Dr. Orentreich, sondern von einem seiner Mitarbeiter. Dr. Orentreich wird die Operation aber »überwachen«.

Freitag, den 5. Januar 1979
Bianca hatte so viele Leute ins Büro eingeladen, um ihnen meine Bilder von ihr zu zeigen, daß ein Super-Lunch daraus wurde. Und ich hatte alle Kids aus dem »Studio 54« eingeladen, die hinter mir her sind. Ich dachte, wenn sie mich mal im kalten Tageslicht sehen, so ganz ohne Glamour, dann ist ein für allemal Schluß damit. Ich hatte Curley, Justin und Pecker eingeladen. Sie waren Kellner im »Studio 54« und wurden gefeuert, weil sie Drinks auf der Damentoilette serviert haben. Keine Ahnung, wen das gestört hat; die Damentoilette ist doch immer voller Männer.
Bianca hatte Karten für John Currys Eisrevue im Minskoff Theatre. Nach der Show gingen wir zu John Curry in die Garderobe. Die Garderoben im Minskoff sind neu und schön, mit Klimaanlage. Jade war mit. John Curry sieht gut aus. Er hat etwas Hinreißendes. Als ich ging, küßte er mich auf den Mund. Sie überlegen, ob sie die Show absetzen sollen, weil er verletzt ist. Aber eine Woche wollen sie auf jeden Fall noch weitermachen.

Samstag, den 6. Januar 1979
Walter Steding rief an und sagte, er wolle bei uns arbeiten. Ich gab ihm den Auftrag, John Curry ein Bild aus der »Shadow«-Serie zu bringen (Taxi $ 10.00).
Vincent rief in Montauk an. Mr. Winters' Zustand hatte sich verschlechtert, und Mrs. Winters war völlig durcheinander. Ich konnte nicht glau-

ben, daß ein Mensch, der so gut aussah wie Mr. Winters, ernstlich krank sein sollte. Obwohl – in letzter Zeit war er doch etwas angeschlagen. Ich glaube, der Kummer mit Tom Sullivan hat ihn mitgenommen.
Bob rief an und sagte, daß Rod Stewart und Alana Hamilton sich mit uns zum Dinner treffen wollten. Ich dachte, er macht Witze. Ich arbeitete zu Hause bis 10.00. Dann holte mich Bob ab. Wir fuhren zu »Elaine's« (Taxi $ 2.50). Dort stellte sich heraus, daß es eigentlich Swifty Lazars Dinnerparty war. Die Erteguns waren da. Und Rods Manager, oder war es nur sein Assistent? Ich weiß es nicht, jedenfalls war er lustig und flirtete mit Bob. Die Party war langweilig, und der arme Rod sah gequält aus, denn er wollte sich amüsieren. Allen war nach Kiffen, aber keiner hatte Stoff. Dann verließen Françoise und Oscar de la Renta die Party, und plötzlich, ganz unglaublich, kam Stimmung auf. Was es doch ausmachen kann, wenn zwei Leute gehen; die Atmosphäre war total anders.
Anschließend gingen wir noch ins »Studio 54«. Truman war da. Er hockt jetzt immer oben in dem Krähennest, wo der Discjockey Platten auflegt. Er macht es zu seinem Privatbüro. Die Leute besuchen ihn dort, und er bleibt immer bis um 8.00. Truman erzählte mir, daß Ivan Karp Bob MacBrides Kunst gesehen hat und sie im Dezember kommenden Jahres bei einer Gruppenausstellung zeigt.

Sonntag, den 7. Januar 1979 Es regnete in Strömen. Ich wollte gerade aus dem Haus, als John Curry anrief, um sich für das »Shadow«-Bild zu bedanken, das ich ihm geschickt hatte. Fuhr zu »Elaine's«. Dinner mit Phyllis Diller (Taxi $ 2.50). Barry Landau hatte es arrangiert, also war er dabei. Phyllis war reizend, sie ist eine glücklich Geschiedene. Während wir uns unterhielten, fiel ihr auf, daß ich derjenige war, der sie 1958 mal gefragt hatte, ob er ihren Fuß zeichnen dürfe. Sie hat sich damals rasch aus dem Staub gemacht – es könnte im »Bon Soir« gewesen sein. Jedenfalls brachte sie es in all den Jahren nicht auf die Reihe, daß ich der Betreffende war, und sagte: »Also *Sie* sind der Fuß-Fetischist!«
Phyllis aß nicht viel. Tommy Smothers saß bei uns. Und Tommy Tune. Er sagte, das Essen bei »Elaine's« sei das beste, was er seit langem gegessen habe. Alle sahen ihn an, als sei er nicht ganz dicht, was wohl auch der Fall ist. Dann fuhren wir zum »Studio 54«. Es war sehr leer. John Fairchild jr. war da und wollte mich anpumpen. Ich riß einen 100-Dollarschein in der Mitte durch. Das brachte ihn aus der Fassung, doch es war ein denkwürdiger Augenblick. Was mir in diesem Moment nämlich noch nicht klar war: Er hatte seinen Mantel wahrscheinlich nur deshalb anbehalten, weil er nicht genug Geld hatte, um ihn an der Garderobe abzugeben.
Halston ist wirklich amüsant – egal, wie oft wir einander über den Weg laufen, jedesmal schnappt er mich, umarmt mich, küßt mich und sagt: »Es ist so schön, Sie zu sehen, Mr. Warhol.« Bezahlte John Fairchild jr. dafür, daß er für mich Leibwächter spielte ($ 20.00).

Montag, den 8. Januar 1979
Vincent rief an. Mr. Winters ist gestorben.
Habe ich schon erzählt, daß Fred neulich im Büro angerufen hat? Sie waren immer noch nicht in Bogota, sondern in irgendeiner Kleinstadt. Er erzählte, daß er und Rachel Ward aus dem Boot gefallen seien und sie zunächst nicht wieder auftauchte. Es sei sehr gefährlich gewesen. Er ist mit drei oder vier Kennedys und Rebecca Fraser unterwegs.

Dienstag, den 9. Januar 1979
Ich wollte »The Wiz« sehen, deshalb fuhren Jed und ich mit dem Taxi zum »Plaza« (Taxi $ 2.00, Tickets $ 10.00). Der Film wirkte billig. Diana Ross und Michael Jackson waren ausgesprochen häßlich anzusehen.

Sidney Lumet muß einen Haß auf Frauen haben – er fotografiert sie von unten. Man konnte bis in Lena Hornes Nasenlöcher sehen. Sie ist seine Ex-Schwiegermutter. Die Bühnenfassung war viel besser.

Mittwoch, den 10. Januar 1979
Sprach mit Vincent. Er war in Montauk, um Mrs. Winters zu besuchen. Er sagte ihr, daß sie weiter dort wohnen kann, wenn sie will. Sie hat einen Sohn, und dann ist da noch ein Sohn von Mr. Winters. Vielleicht können die Söhne ihr helfen, aber vielleicht bleibt sie auch allein dort.

Donnerstag, den 11. Januar 1979 Fred ist von seiner Reise zurück. Er ist überglücklich, weil er neun Kilo abgenommen hat. Er wiegt jetzt wieder 54 Kilo, trägt einen Schnurrbart und sieht großartig aus, ausgesprochen jung.
Er hat mir einen Smaragd mitgebracht, den kleinsten, den ich je gesehen habe – einmal Blinzeln, und man verliert ihn aus dem Auge. Er hat ein Zehntel Karat. Aber ein Zertifikat! Und das ist richtig hübsch.

Montag, den 15. Januar 1979
Fred fuhr nach Connecticut, um mit Peter Brant über den Verkauf des Muhammad-Ali-Portfolios zu sprechen. Zuerst ließ ihn Peter eine Stunde warten, und dann machte er ihm Vorwürfe, weil er und Joe Allen für ihren Anteil an »BAD« noch immer keinen Profit einstreichen konnten.

Dienstag, den 16. Januar 1979
Der Schah hat den Iran verlassen. Er hat in Ägypten Station gemacht und will weiter nach Texas, wo sein Sohn sich auf die Luftwaffe vorbereitet. Im Fernsehen hieß es, daß er bei Walter Annenberg in Kalifornien wohnen wird. Ich weiß nicht, was sich das Fernsehen dabei denkt – es gab tatsächlich eine Straßenkarte und Luftaufnahmen von dem Haus zu sehen.

Samstag, den 20. Januar 1979
Brigid half Bob den ganzen Tag bei dem Text für den Fotoband. Also, in meinen Augen sind die beiden verrückt – sie lassen mich in dem Buch über Lee Radziwill und Jackie O. sprechen, als seien das meine besten Freundinnen. Mir war zum Kotzen. Arbeitete und sah fern.

Dienstag, den 23. Januar 1979
Fuhr mit dem Taxi zu Heiner Friedrichs Galerie auf dem West Broadway ($ 5.00). Fred war noch nicht da. Ronnie und Stephen Mueller hängten die Bilder. Die Ausstellung wirkte gut in der riesigen Galerie.
Kam gegen 4.30 ins Büro. Bob war aufgeregt, weil die »New York Times« angerufen hatte. Sie will Trumans Kolumne nachdrucken, und Truman hat das Copyright. Bob befürchtet, Truman könnte die Sache jetzt für die »Times« machen und nicht für »Interview«, aber das glaube ich eigentlich nicht. Eher macht er ein Buch daraus.
Tom Sullivan kam vorbei und benahm sich verrückt. Er bot mir wiederholt 25 Prozent seines Geschäfts an, völlig gratis. Worin besteht sein Geschäft eigentlich? Ständig beteuerte er, daß er sein Geld nicht mit Heroin oder Kokain verdient, wie alle glauben. Es sei etwas anderes. Ich frage mich nur, was? Marihuana? Catherine hat diese Woche ihre Green Card bekommen. Es hat drei Jahre gedauert.
Als ich nach Hause kam, fand ich eine Nachricht von Mrs. de Menil vor. Sie hatte angerufen und ließ ausrichten, daß meine Ausstellung in Heiners Galerie sie sehr beeindruckt habe.

Donnerstag, den 25. Januar 1979 Brigid war runter auf 54 Kilo, doch ich erwischte sie in Bobs Büro beim Naschen von lauter Sachen, die schlecht für sie sind – Pommes frites, gebackene Muscheln, Mayonnaise. Sie bereitete sich den ganzen Tag auf die Eröffnung der »Shadows«-Ausstellung vor. Sie fuhr nach Hause und legte all ihren Schmuck an.

Den ganzen Tag ging es zu wie im Taubenschlag. Um 5.00 kam der Wagen, um mich abzuholen. Leimte mich zusammen und nahm ein paar von den Kids mit. Es schneite leicht. Anfangs waren nicht viele Leute da. Es war eher eine große Betriebsversammlung. Barbara Colacello hatte Champagner, Seagrams-Whiskey, Evian und andere Alkoholika oder Soft-Drinks von Sponsoren umsonst bekommen, weil sie gesagt hatte, die feine Gesellschaft käme.

Doch von den 400 Leuten, die Bob eingeladen hatte, kamen nur sechs. Sechs von 400: Truman Capote, die Eberstadts, Hoveida, der gerade von seinem Posten als Botschafter zurückgetreten ist, und die Gilmans. Doch 394 unserer besten Freunde ließen sich nicht blicken.

Kein Halston – er war auf Mustique.

Kein Steve – auch auf Mustique.

Keine Catherine.

Es wurde eher eine Punk-Vernissage mit wundervollen Fantasy-Kids, die jetzt zu solchen Eröffnungen gehen. René Ricard war da. Mrs. de Menil und François kamen. Beide waren reizend. Doch Addie und Christophe de Menil kamen nicht.

David Bourdon und Gregory Battcock waren auch da. Ich freute mich darüber, aber wir hatten keine Gelegenheit, miteinander zu sprechen.

Viele Kids hatten Kameras mit, hielten aber vergeblich nach berühmten Leuten Ausschau. Victor war der einzige gut gekleidete Mensch – mit Schirm und schwarzen Perlen.

Auf der Toilette herrschte Gedränge – ich nehme an, die Leute koksten sich voll. Wir holten ein paar Leute fürs Dinner zusammen – Jed, John Reinhold, John Fairchild jr., seine Freundin Belle McIntyre, William Pitt und Henry Post. Bob hatte Wut auf mich, weil ich Henry Post eingeladen hatte. Er glaubt, daß Post wieder Enthüllungsartikel schreibt. Vielleicht hat er sogar recht, und ich kriege noch Ärger.

Wir fuhren im Taxi zum »65 Irving«, Irving Place 65. Unterwegs sahen wir in der Nähe des Washington Square, wie ein Hund von einem Taxi angefahren wurde. Eine Frau schrie, und wir boten ihr den Wagen an, um den Hund in die Tierklinik zu bringen. Doch sie sagte, ihr Mann hole ihren Wagen, und das verdarb mir den Abend. Mir wurde ganz komisch.

Philippa de Menil hatte René Ricard eingeladen – er ist der erste Dichter, den ihre »Dia Foundation« unterstützt. Als wir im »65 Irving« ankamen, nannte er meine Arbeit »dekorativ«. Das machte mich fuchtig, was mir jetzt peinlich ist, weil alle mitkriegten, wie ich wirklich bin: Ich lief rot an und beschimpfte ihn. Und er schrie zurück und behauptete, John Fairchild jr. sei mein Liebhaber – du weißt ja, wie gemein René ist. Es war wie damals bei den Streitereien mit Ondine. Alle waren perplex, daß ich so wütend und unbeherrscht reagierte und sogar brüllte. Weißt du eigentlich, daß René jetzt einen Agenten hat? Und weißt du auch, wer dieser Agent ist? Gerard Malanga. René hängt immer den großen Schriftsteller heraus, dabei basiert seine Schreiberei auf einer einzigen Idee, die er ständig wiederholt – wie er sich von den Reichen bewirten läßt und wie man alles umsonst kriegen sollte, immer dasselbe alte Zeug. Zum Glück bekam Henry Post den Streit nicht mit. Er saß an einem anderen Tisch.

Am Samstag wird die Ausstellung offiziell eröffnet, das war nur eine Vorbesichtigung. Die Ausstellung sieht nur deshalb so gut aus, weil sie so groß ist.

Freitag, den 26. Januar 1979

Paul Morrissey rief aus Kalifornien an, um mir zu sagen, daß Carlo Ponti ihm ein Drehbuch angeboten hat. Er habe ihm geantwortet – behauptet er jedenfalls –, daß er so lange keinen Film für ihn macht, bis er das Geld rausrückt, das er mir noch von »Frankenstein« und »Dracula« schuldet. Wahrscheinlich glaubt Ponti, daß er Paul bestechen kann, wenn er ihm einen Film anbietet. Und ich bin sicher, das geht. Paul sagte, Bobby De Niro werde vielleicht Montauk mieten. Wir sollten ihm einen guten Preis machen, damit er es auch nimmt. Er fände es großartig, Bobby dort zu haben. Ich bin aber eher der Meinung, wir sollten die Miete erhöhen – Montauk wirft zu wenig ab, um die laufenden Kosten zu decken.

Samstag, den 27. Januar 1979
An diesem Tag mußte ich wieder in Heiners Galerie – die eigentliche Eröffnung.
Es ist ein tolles Gefühl, wenn einen Leute fragen, wie viele Bilder verkauft sind, und man sagen kann: »Sie sind alle verkauft.«
Gouverneur Rockefeller ist gestorben.

Sonntag, den 28. Januar 1979
Stand früh auf. Mir taten sämtliche Knochen weh, weil ich den ganzen Tag hatte stehen müssen, um 3000 Leute zu begrüßen. Fred rief an und lud mich ein, um 10.00 bei ihm zu Hause vorbeizukommen und mich vor der Party für Pilar Crespi im »Studio 54« unter die Kennedys zu mischen. Tom Cashin kam vorbei und wollte mich zu einer Party für Fotomodelle mitnehmen, aber ich war zu erschöpft.
Ach ja, und dann in den Nachrichten die Frau, die das Flugzeug entführt und behauptet hat, sie habe Nitroglyzerin. Sie verlangt, daß Charlton Heston und die Wonder Woman ihren Brief im Fernsehen verlesen. Sie sah wie eine normale Lehrerin aus ... Sie stammt aus Kalifornien. In der Maschine waren Prominente – der Vater von den »Jackson Five« und der Typ, der mit Mary Martin in »Sound of Music« am Broadway gespielt hat.

Montag, den 29. Januar 1979
Rupert kam ins Büro. Ich stellte ihn zur Rede, weil er überall herumerzählt, daß er meine Bilder macht. Er trinkt zu viel, deshalb glaubt er im Suff, daß er sie macht. Fuhr zum Madison Square Garden (Taxi $ 3.00). Jenette Kahn wollte, daß ich mich mit Sonny Werblin, dem Präsidenten des Madison Square Garden, treffe, um mit ihm über die Bemalung des Spielfelds für die Knicks zu sprechen. So, wie es Bob Indiana für seine Heimmannschaft in Indiana gemacht hat. Wir trugen Sonny die Idee vor. Er fand sie nicht schlecht und will jetzt Bilder von dem Spielfeld sehen, das Bob Indiana bemalt hat. Jenette hat bereits Fotos angefordert. Das Spiel war langweilig. Die Knicks sind langsam, ein gutes Team, aber zu langsam. Viele Korbwürfe gingen daneben – der Gegner machte bei jedem Versuch einen Korb.
Danach mußte ich Jenette zum Dinner ausführen; sie wollte zu »Trader Vic's«. Mußte zwei Stunden lang Small talk machen. Ich glaube, sie ist in mich verknallt. Sie ist intelligent und elegant, hat große Titten und ein schönes Gesicht. Und sie ist sehr mit sich im klaren. Sie kann Leuten etwas klarmachen. Ich bin überzeugt, daß man im Geschäftsleben Erfolg hat, wenn man Dinge sehr einfach ausdrücken und klarmachen kann, was man will. Bob Denison, zum Beispiel, kann das. Jenette macht es mit Charme. Sie ist direkt und kommt auf den Punkt – wie vorhin bei Sonny Werblin.

Dienstag, den 30. Januar 1979
Ich stellte Rupert erneut zur Rede, weil er immer noch behauptet, daß er meine Bilder macht. Er versprach, das Trinken eine Weile zu lassen.

Mittwoch, den 31. Januar 1979
Ich arbeitete den ganzen Nachmittag. Dann fuhr ich mit dem Taxi zu Delia Doughertys Modenschau Ecke Lafayette und Canal Street ($ 5.00). Sie führte Kleider aus Pappröhren vor. Die Mädchen mußten hereingerollt werden; sie konnten weder gehen noch sprechen. Das war absolute Spitze. Jane Forth war da. Sie war gerade aus Südamerika zurück. Sie hat bei einem Film mit Carol Lynley als Maskenbildnerin gearbeitet. Jane will wieder auf die Schule für Maskenbildner, weil man mehr verdient, wenn man auch Narben und Brandwunden machen kann und nicht nur das übliche Make-up. Sie hat eine fette Ex-

Polizistin engagiert, die ihren Sohn Emerson versorgt, den sie von Eric Emerson hat. Er ist jetzt acht oder neun und nimmt Ballettunterricht. Er tritt in die Fußstapfen seines Vaters.

Freitag, den 2. Februar 1979
John Reinhold rief am Morgen an. Er wollte mich in die Galerie seiner Frau in der 78. Straße mitnehmen (Taxi $ 2.00). Sie war gerade in Europa, um sich nach Postern umzusehen. In der Galerie gab es eine wunderschöne Ausstellung alter Filmplakate, zum Beispiel von der Garbo aus den zwanziger Jahren. Die riesigen Poster wurden in Deutschland gedruckt. Sie sind ungefähr 2,40 mal 3 Meter groß – ein original »King Kong«-Plakat war darunter, und Plakate für Charlie-Chaplin-Filme. Bisher habe ich immer die kleineren amerikanischen Filmposters gekauft, doch die sind nichts wert. Die Originale der Posters von Cassandre kosten jetzt $ 35 000.00. Kannst du dir das vorstellen? Und wenn ich daran denke, wie viele ich mir entgehen ließ. Sogar ein Druck kostet schon zwischen $ 5000.00 und 10 000.00. *Plakate.* Kannst du dir das vorstellen?
War zum Lunch im »Three Guys« Ecke Madison Avenue und 75. Straße. Ein wirklich guter Sandwich-Shop. Viele Kids; in der Nähe muß eine Schule sein. Hinter uns saß ein Mädchen, das ständig »Scheiße« zu seiner Mutter sagte. Die Mutter konnte sagen, was sie wollte, das Mädchen sagte nur: »Du gehst mir auf die Nerven, Mutter.« Am liebsten hätte ich dem Mädchen eine runtergehauen – so eine Rotznase. Das Kind war ungefähr 14 und die Mutter 35. Die Mutter fing an zu weinen. Du weißt, wie das ist, wenn deine Mutter hilflos ist und du ihr dann Daumenschrauben anlegst? Dieses Kind hat es getan; es war ekelhaft. Hinterher setzte ich John bei seinem Büro ab und fuhr zum Union Square (Taxi $ 4.50).

Sonntag, den 4. Februar 1979
Ich werde in einem Artikel von Hilton Kramer über viktorianische Kunst im Magazinteil der »New York Times« erwähnt und fertiggemacht.

Montag, den 5. Februar 1979
Halston rief an und lud uns zu einem Dinner mit Liza, Liz, Dolly Parton und Lorna ein. Ich fuhr nach Hause, um mich umzuziehen, und ging dann zu Fuß zu Halston. Liza wollte mich und Jed unbedingt in ihrer Wohnung am Central Park South 40 haben, um uns die Skulptur ihres Freundes Mark Gero zu zeigen. Sie sagte, das könne höchstens fünf Minuten dauern.
Er war nicht da. Er pokerte in einem mexikanischen Restaurant in der 86. Straße mit seinen Kumpels. Sie war dort mit ihm verabredet. Sie bestand darauf, daß ich ihm eine Notiz hinterließ, die besagte, daß ich ganz begeistert von seinen Sachen sei und eine Ausstellung für ihn arrangieren würde. Er macht Titten aus Marmor, Alabaster und Holz. Während wir uns unterhielten, rieb Liza an den Titten herum. Liza hat ihr Haus in Murray Hill noch nicht bezogen. Es tut weh, ihre Wohnung anzusehen, denn sie hat einfach keinen Geschmack. Halston tut alles, um ihr welchen beizubringen, und versucht auch, Jed dazu zu überreden, ihr die Wohnung einzurichten. Ich glaube, sie hat nur ihre Arbeit im Kopf; die Einrichtung ist ihr egal.
Wir setzten sie vor dem Lokal ab, in dem ihr Freund pokerte. Dann brachte ich Jed nach Hause. Es war etwa 2.00. Ich fuhr zurück zu Halston. Dolly und Liz ließen sich nicht blikken.

Freitag, den 9. Februar 1979
Fred ist nach Berlin geflogen. Diana Ross rief an. Sie will ein Porträt von sich und ihren Kindern. Ihr Manager gibt mir Bescheid, wenn es soweit ist. Jetzt, wo Fred nicht da ist, muß ich mich wohl selbst darum kümmern.

Samstag, den 10. Februar 1979
Kam erst gegen 6.00 ins Bett. Und dann rief Victor an und wollte wissen,

ob ich ein paar »ausgefallene Ideen« für ihn hätte. Er arbeitete und war zudem mitten in einer Party für zwölf Kids, die er im »Anvil« aufgegabelt hatte.

Fuhr zu Trumans Facelifting-Party. Am nächsten Morgen – Sonntag – sollte er in die Klinik. Die Operation war für Montag angesetzt. In welcher Klinik, verriet er keinem. Ich nahm Janet Vilella und einen der »Du Pont«-Zwillinge mit – einen der Brüder, die behaupten, Du Pont zu heißen. Doch ich halte das für erfunden. Truman war nicht gerade begeistert, als er den Zwilling sah, denn er hatte ihn in unangenehmer Erinnerung. Der Zwilling ist in Jacques Bellini verliebt, und der hat ihn im »Studio 54« dazu angestiftet, zu Truman zu gehen und ihm scheußliche Dinge zu sagen. Der andere Zwilling ist Ruperts Freund. Bob Colacello, Bob Mac Bride und Halston waren da. Und Dr. Giller. Er sagte, er habe versucht, mich anzurufen und sei sehr eifersüchtig geworden, als sich ein anderer Mann am Telefon gemeldet habe. Jed hatte abgenommen. Truman wollte mich dazu animieren, viel Schokolade zu essen. Er glaubt, daß ich welche mag, aber das stimmt nicht. Kulturdezernent Geldzahler war mit seinem neuen, reizenden Freund gekommen. Henry hatte von Bürgermeister Koch eine Dienstmarke verlangt und auch eine bekommen. Und jetzt gab er damit an. Christopher Isherwoods Freund Don Bachardy war auch da.

Sonntag, den 11. Februar 1979

Mica Ertegun rief an und teilte mir mit, der Lunch bei »Mortimer's« sei von 1.00 auf 1.30 verschoben.

Ich ging zur Kirche. Unterwegs lief mir Gary Wells in hellgrünen Hosen über den Weg. Er kam gerade aus der Kirche. Ich staunte, daß er schon so früh auf war, weil ich ihn noch so spät im »Studio 54« gesehen hatte.

Nach der Kirche fuhr ich im Taxi zu »Mortimer's« ($ 2.00). Es war brechend voll, doch ich war der erste, der zum Lunch für Hélène Rochas und Kim D'Estainville gekommen war. Jerry Hall war da. Jetzt, wo Bianca die Hälfte von Micks Vermögen fordert, läßt sie kein gutes Haar an ihr. Der Fall kommt vor ein kalifornisches Gericht, wo jetzt alle Klagen von Leuten entschieden werden, die dort ihren Wohnsitz haben. Ich sagte Mica, wir sollten aus Ahmet einen Schwulen machen, damit er aufhört, jedem Mädchen nachzusteigen. Er ist wirklich amüsant – wir suchten nach dummen Ideen für Musicals – Jogging zum Beispiel – »Jogging!«. Alle sind überrascht, daß ich neuerdings soviel rede. Sie finden, ich bin ein neuer Mensch.

Montag, den 12. Februar 1979

Das Wichtigste habe ich vergessen – Lunch bei »Christie's« am Freitag. Ich holte Bob ab. Wir gingen zu Fuß hin. Der Typ zeigte mir seinen gesamten Schmuck und meinte: »Sie können ihn billig kriegen.« In dem Moment ging mir ein Licht auf – die Auktionshäuser können den Zuschlag geben, wie es ihnen gerade paßt. Stimmt doch, oder? Stell dir vor, du sitzt bei »Sotheby's« und der Typ sagt: »Zwaaaaaanzig Dollar ... Dreiiiißig Dollar...« Verstehst du? Sie melken die Situation aus, aber schön langsam. Und dann wieder geht es zack, zack: »Neuntausend, neuntausendfünfhundert, zehntausend, zehntausendfünfhundert, verkauft! Fertig!« Verstehst du? Am Schluß führten sie uns

Truman Capote *(Peter Beard)*

nach unten und zeigten uns Zeichnungen von mir, die zum Verkauf standen, darunter eine Fälschung.
Im Iran ist es tatsächlich zum Umsturz gekommen. Es ist unheimlich, das alles im Fernsehen zu erleben. So was könnte auch hier passieren. Brigid hat mir von dem Jungen in den Nachrichten erzählt, der niemandem gesagt hatte, daß seine Mutter gestorben war. Er hatte sie acht Monate im Haus.

Dienstag, den 13. Februar 1979
Truman meint, man sollte »Interview« so ähnlich wie das alte »Vanity Fair« aufziehen. Er hat Brigid eine Menge Vorschläge gemacht. Zum Beispiel will er, daß sich alle Montag morgens zu einer Redaktionskonferenz treffen. Aber solche Besprechungen sind reine Zeitverschwendung. Andere machen es so, aber bei »Interview« erledigt jeder irgendwie seinen Job. Bei anderen Zeitschriften sind solche großen Besprechungen ein Barometer dafür, wie die Leute sich und ihre Position einschätzen – wie die »Macht« verteilt ist. Das einzige, was bei solchen Konferenzen klar wird, ist, ob die Leute sich und ihre Position einschätzen – wie die »Macht« verteilt ist. Das einzige, was bei solchen Konferenzen klar wird, ist, ob die Leute *sich* oder *dich* für besser halten.

Truman Capote *(Photoreporters)*

Donnerstag, den 15. Februar 1979 John Fairchild jr. hat angerufen. Er wolle mich um 6.30 abholen, um zur Brooklyn Academy zu fahren und eine Benefizvorstellung von »Hair« mit Twyla Tharp anzusehen, die Lester Persky organisiert hat. John kam in einer Limousine. Mit im Wagen saßen Henry Post, William Pitt, Marita und Terri Garr. Terri ist sehr hübsch. Der Chauffeur verfuhr sich, aber wir kamen trotzdem pünktlich an. Alle Welt war da. Mike Nichols grüßte mich sogar. Vermutlich fühlte er sich dazu verpflichtet, seit er mir diesen Dr. Warchol aus Polen zugemutet hat.
Es gibt eine neue Art des Tanzes, eine kuriose Mischung aus Hinfallen und Stolpern, die mich an das Tanzen in den Discos erinnert. Genauso sieht es aus, wenn sich ein kreativer Mensch auf der Tanzfläche einer Disco bewegt (Drinks in der Pause $ 10.00). Jack Kroll von »Newsweek« war auch da. Henry Post erzählte mir, John Fairchild jr. habe ihn am Abend zuvor ins »Studio 54« geschmuggelt – Henry hat Lokalverbot, weil er im Magazin »New York« seinen Artikel über den Club veröffentlicht hat. Ian Schrager entdeckte ihn aber und forderte ihn auf, das Lokal »wie ein Gentleman zu verlassen«. Zuerst wehrte er sich mit dem Argument, dies sei ein öffentlicher Ort, doch dann ließ er sich einschüchtern.

Freitag, den 16. Februar 1979
Fuhr mit dem Taxi zum »UN Plaza« ($ 3.00). Truman sah aus, als habe Dr. Frankenstein ihn gerade produziert. Sein Gesicht war mit Narben übersät. Er sah aus, als sei bei ihm eine Schraube locker. Dann fuhren wir zu Dr. Orentreichs Praxis ($ 4.00) und schlüpften durch den Hintereingang. Es war wie ein Trip mit der Garbo. Okay, laß mich Trumans Aufzug beschreiben: Er hatte einen Schal um den Kopf geschlungen und hatte einen ulkigen verbeulten Hut aufgesetzt. Außerdem hatte er einen Schal vor

dem Mund, trug Sonnenbrille, ein Jackett, Lederjacke und Mantel. Mit all den Schals fiel er auf wie ein bunter Hund. Ohne diese Vermummung hätte niemand von ihm Notiz genommen. Er wäre nur eine merkwürdige Figur gewesen, die im Gesicht blutet. Er hat beschlossen, noch mehr machen zu lassen – ich vermute, er hatte noch nicht genug Schmerzen. Er will die Falte auf seinem Nasenrücken richten lassen. Sie saß ihm zu weit rechts. Truman behauptete, er selbst habe diese Operationsmethode erfunden. Dr. Orentreich habe sie zuerst an zwei Frauen ausprobiert, und nun sei er bereit, sie bei ihm anzuwenden. Orentreich hatte acht Krankenschwestern, eine hübscher als die andere. Ich mußte an Hugh Hefner und seine Bunnies denken. »Wie gut Sie nähen, Doktor«, sagten sie zu Orentreich. Als er die Wunde vernäht hatte – die Falte war nur einen halben Zentimeter lang gewesen, und die Narbe war ungefähr siebeneinhalb Zentimeter lang – verbanden sie Truman. Er war bei Bewußtsein und sagte, er habe keine Schmerzen, aber ich kann mir kaum vorstellen, daß so etwas nicht weh tut. Er vereinbarte für Montag einen Termin, um die Fäden ziehen zu lassen.
Danach fuhren wir zurück zum »UN-Plaza«. Truman sprach nur von »unserer Zeitschrift«. Zusätzlich zu den Redaktionskonferenzen verlangt er jetzt auch noch eine Meinungsseite und eine Leserbriefspalte. Würde mich nicht wundern, wenn ich demnächst Post von seinem Anwalt bekäme.

Samstag, den 17. Februar 1979
Ich verabredete mich mit Susan Blond im Palladium-Theater in der 14. Straße, um mir eine englische Gruppe namens »The Clash« anzusehen (Taxi $ 5.00). Don Delsener führte uns in einen kleinen Raum. Nachdem wir dort eine Weile herumgesessen hatten, kam ein Paar herein, das ich nicht kannte. Wie sich zeigte, waren es Carrie Fisher und Paul Simon. Ich erkenne ihn nie. Bruce Springsteen kam, und auch ihn erkannte ich zuerst nicht. Ich hielt ihn für Al Pacino. Er war nett und sagte: »Hallo, kennst du mich noch?« Er zog seinen Handschuh aus und gab mir die Hand. Wir haben uns im Madison Square Garden kennengelernt.
Blondie – Debbie Harry – war da. Als wir hinter die Bühne gingen, trafen wir Nico! Mit John Cale! Sie sieht wieder schön aus, absolut wunderschön. Sie hat endlich wieder ihr schmales Gesicht. Ihre Haare sind eigentlich dunkelbraun, aber John hat sie dazu überredet, sie leuchtend rot zu färben. Ihren ersten Auftritt haben sie im »CBGB«. Sie wird »Femme fatale« aus dem ersten Album von »Velvet Underground« singen, und John spielt dazu Geige. Sie wohnt im »Chelsea Hotel«.
Die Gruppe »Clash« ist gut, aber jeder hat schlechte Zähne – Stiftzähne und Stummel. Und sie schreien, daß sie die Reichen loswerden wollen. Einer von ihnen sagte, er habe keine Lust, in ein Lokal downtown zu gehen – er wolle lieber nach uptown. Ich sagte: »Okay, gehen wir ins ›Xenon‹ und ins ›Studio 54‹.«

Montag, den 19. Februar 1979
George Washingtons Geburtstag. Es lagen 30 cm Schnee.
Mit Peter Beard und Cheryl Tiegs beim Lunch. Cheryl ist zäh. Wahrscheinlich bringt sie Peter noch dazu, sie zu heiraten. Doch ich halte Peter für einen Playboy. Er sieht wirklich großartig aus und wird niemals älter. (Lunch $ 30.00). Cheryl sagte, sie wolle zum Film. Ich erklärte ihr, daß sie dann leiser reden müsse, etwa wie Betty Bacall, mehr mit dem Zwerchfell, nicht durch die Nase. Sie sagte, man möge sie so, wie sie ist. Sie hatten ihren Wagen weggeschickt und gingen zu Fuß nach Hause.

Mittwoch, den 21. Februar 1979 Kurz bevor ich das Büro verließ, hatte Mrs. Sedaka angerufen und mich zu einer Party für Neil eingeladen. Alle waren begeistert, daß ich kam. Ich konnte mir nicht verkneifen, Neil zu sagen, daß er für ein Porträt unbedingt vorher abnehmen müsse. Ich kann mir nicht vorstellen, ihn so fett zu malen. Aber er sagte, fett sei sein Image, die Leute hätten ihn gern fett. Trotzdem glaube ich, daß er zuviel ißt. Er sagte, er habe nur drei Wodka getrunken. Vielleicht bin ich ja auch zu weit gegangen. Nächste Woche soll ich anfangen.

Samstag, den 24. Februar 1979
Stand früh auf. Brigid rief an. Sie nähert sich wieder den 70 Kilo. Draußen war es warm und regnerisch. Ich wollte möglichst früh in Heiners Galerie sein, um im Lauf des Nachmittags 1000 »Interviews« unter die Leute zu bringen (Taxi $ 6.00). Gegen 12.30 kam ich hin und machte mich an die Arbeit. Ich kann es immer noch nicht glauben, daß ich tatsächlich 1000 Hefte losgeworden bin, aber so war's. Rupert und die Du-Pont-Zwillinge kamen vorbei. Ich machte eine Pause und lud sie und die Kids aus der Galerie nach nebenan ins japanische Restaurant »Robata« ein ($ 90.00). Verließ die Galerie gegen 6.30. Eine Frau sprach mich an und behauptete, sie sei mit mir auf die Highschool gegangen. Sie hatte das Jahrbuch bei sich und wollte es mir zeigen. Ich sagte, es wäre mir lieber, wenn sie es mir nicht zeigte.

Sonntag, den 25. Februar 1979
Ging zur Kirche. Anschließend kaufte ich Batterien ($ 3.00).
Truman gab ein Essen für Buckminster Fuller – Bob MacBride hatte ihn gerade für »Interview« interviewt. Er ist 83 und etwas schwerhörig, aber er war sehr nett. Truman sieht großartig aus. Er will sich diese Woche Haar transplantieren lassen. Außerdem will er nach Georgia fahren, um für uns ein Interview zu machen, mit wem, will er aber nicht verraten. Ich gab ihm einen Kassettenrekorder und eine Kamera. Zwei Reiseveranstalter waren da und Bill Lieberman, der jahrelang Kurator für Zeichnungen und Graphik im Museum of Modern Art war; ein alter Freund.

Montag, den 26. Februar 1979
Taxi zur Chembank ($ 4.00). Malte den ganzen Nachmittag im Büro an Porträthintergründen. Joe Dallesandro rief aus Paris an. Er sagte, er trinke täglich eine Flasche Whiskey. Er wollte Geld, und ich weiß nicht, was wir mit Joe machen sollen. Wir waren vorgewarnt, daß er anrufen würde, weil uns Terry Dallesandro kürzlich besucht hatte. Sie wohnt noch immer in Staten Island. Sie sah gut aus und hatte Make-up aufgelegt. Sie beklagte sich über Joe, der ihr kein Geld schickt. Ich frage mich, ob sie von Sozialhilfe lebt. Little Joe war nicht mit, er war in der Schule. Er ist jetzt acht. Sie interessiert sich für nichts, sagt, daß sie nie etwas liest und zu keiner Arbeit taugt, nicht mal zur Sekretärin. Sie ist mit der 10. Klasse abgegangen. Ich fragte sie, wofür sich der kleine Joey interessiere, und sie sagte, er nehme (lacht) Karate-Unterricht.
Joe sagte, er habe einen Film »auf dem Feuer«, doch das hat er beim letzten Mal auch schon erzählt. Terry sagte übrigens, sechs Monate, nachdem sich Joes Bruder Bobby erhängt hat, habe ein anderer Junge ebenfalls Selbstmord begangen, der wie Joe und Bobby in dem Kinderheim auf Long Island aufgewachsen ist.
Rupert rief an – beide Du-Pont-Zwillinge sind zu ihm in die White Street gezogen.

Donnerstag, den 1. März 1979
Ging zu Fuß ins Büro und traf unterwegs John Head und Lorne Michaels. Wir waren mit ihnen verabredet, um über eine Fernseh-Show zu sprechen. Sie sagten, sie würden eine Sendung mit mir machen, wir müßten nur den passenden Aufhänger finden. Ich glaube, sie kamen nur, weil sie auf der Suche nach neuen Ideen waren, denn wenn man eine Fernseh-Show macht, gehen sie einem bald aus. Aber wenn man seine Show nicht selbst produziert, ist kein Geld damit zu machen.

Deshalb bin ich der Meinung, wir sollten unten anfangen, alles selber machen und auf diese Weise lernen.
Ging nach Hause, zog mich um und fuhr mit dem Taxi zum »Plaza« ($ 2.00), um mich mit John Fairchild jr., Belle McIntyre, William Pitt und Rupert zu treffen (Drinks $ 70.00). John hatte nur Schwule eingeladen, damit keiner auf die Idee kam, ihm Belle auszuspannen. Sie haben eine merkwürdige Beziehung – ich glaube nicht, daß er mit ihr ins Bett geht, doch irgendwie bildet er es sich ein und wird eifersüchtig.
Wir gingen zu Fuß zu »Regine's«. Es war wunderbares Wetter. Als Belle mit einem der Zwillinge zu tanzen anfing, bekam John einen Eifersuchtsanfall. Ich versuchte ihn festzuhalten, aber er war völlig schizo. William Pitt sagte, es gebe nur eine Möglichkeit, ihn zu bremsen: wir sollten ins »Studio 54« gehen. Und das taten wir (Taxi $ 4.00).

Freitag, den 2. März 1979 Brigid aß ununterbrochen, und als ich versuchte, sie davon abzuhalten, gerieten wir uns in die Haare. »Ich esse, soviel ich will«, sagte sie, »versuche nicht, mich daran zu hindern. Wenn es mir paßt, gehe ich über 75 Kilo.« Ich holte alles, was an Eßbarem da war, stellte es vor sie auf den Tisch und sagte: »Na los, dann friß.«
Fuhr in die Stadt zu einer Verabredung mit Bob Guccione. Er will, daß ich 12 oder 13 Seiten nackte Mädchen für ihn fotografiere. Er bewohnt eine Art Renaissance-Haus in der 67. Straße. Es sieht furchtbar aus. Alles wirkt schmuddelig.

Sonntag, den 4. März 1979 Einer von den Du-Pont-Zwillingen hat Susan Blond erzählt, er sei in mich verliebt. Er sagte noch mehr so dummes Zeug, dabei halte ich höchstens mal seine Hand (lacht) muntere ihn auf.

Jim, der Agent oder Manager der »Beach Boys« – er interessiert sich für Kunst – lud mich in die Radio City Music Hall zu einem Auftritt der »Beach Boys« ein und ich nahm Tom Cashin mit. Als ich gehen wollte, klingelte das Telefon. Ich dachte, es sei Dennis Wilson, weil sich jemand mit »Dennis« meldete. Erst nach fünf Minuten merkte ich, daß Dennis Hopper dran war. Er fragte: »Die ›Beach Boys‹? Sind sie in der Stadt? Wo spielen sie?« Ich verabredete mich mit ihm in der Radio City Music Hall. (Taxi $ 3.00).
Ich saß auf der einen Seite der Bühne und amüsierte mich mit den Kids, als mich Dennis Hopper auf seine Seite rief, wo seine Freundinnen und Ehefrauen alberten und ihn fast verrückt machten. Wirkliche Groupies. Es ist komisch, Groupies über 30 zuzusehen – Groupies Ende 30.
In der Pause schlich ich mich fort. Später erzählte mir jemand, sie hätten von der Bühne großartig verkündet, daß ich im Publikum sei. Bestimmt hassen sie mich jetzt. Wir gingen zu »Laurent«. Dalí hatte uns zum Dinner eingeladen, ungefähr 40 Leute. Er ist wirklich generös. Anschließend wollten die Kids noch ins »Xenon« zu der Party für Pélé. In New York wimmelt es von Brasilianern; es ist wie Karneval.

Dienstag, den 6. März 1979 Mit dem Taxi zum Union Square und verteilte »Interviews« (Taxi $ 4.00). Gegen 1.00 ging ich ins Büro. Neil Sedaka kam. Er ist toll und bewundernswert. Jane Forth, die den kleinen Emerson mithatte, schminkte Neil. Er posierte, doch es war schwierig, ein gutes Foto von ihm zu machen. Sein Gesicht ist so fett. Wir arbeiteten eine Stunde daran.

Donnerstag, den 8. März 1979 Jean Stein rief im Büro an und wollte Brigid sprechen. Sie möchte sie für das Edie-Sedgwick-Buch interviewen, an dem sie immer noch arbeitet. Die Sache ufert mittlerweile aus. Sie läßt 18 Leute daran arbeiten – George Plimpton soll es redigieren. Als sie anrief, ließ sich Brigid durch Robyn Geddes verleugnen. Ein paar Minuten

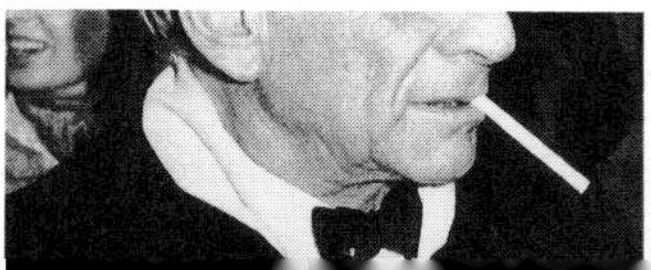

später rief Dennis Hopper an und Brigid unterhielt sich mit ihm. Brigid zog über Jean Stein her und sagte, sie sei von ihr genervt, und dann stellte sich heraus, daß Dennis bei Jean wohnt. Später rief Viva aus Kalifornien an und machte Ärger – wenn Brigid nicht mit Jean zusammenarbeite, sagte sie, werde Jean alle Horror-Geschichten über sie in das Buch packen, und Brigid könne Jean nicht einmal verklagen, denn alles sei wahr.
Wahrscheinlich kann uns Dennis nicht leiden, weil ich nicht bei seiner Cocktail-Party war. Ich habe sie vergessen, hatte aber auch nicht die Absicht hinzugehen, und habe sie wohl deshalb vergessen.
Ich wollte mit Brigid und Bob an dem Text für den Bildband arbeiten, doch

Leonard Bernstein *(DPA)*

jedesmal, wenn ich einen Vorschlag machte, schrie mich Bob in höchster Lautstärke an, der Text sei gut so, und auch Brigid schrie, er sei großartig. Bob reißt den Hals so auf, daß ich glaube, er spinnt. Ich möchte mal wissen, wozu ich das überhaupt lesen soll, wenn sie der Meinung sind, daß sie wunderbare Arbeit leisten und alles so toll, toll, toll ist. Also ließ ich sie in ihrem Größenwahn allein. Wirklich, mir stinkt's. Immerhin mag ich den Titel – »Social Disease« – und die guten Fotos.

Sonntag, den 11. März 1979, New York Brigid rief an und sagte, sie sei überarbeitet. Truman hat jetzt einen Kassettenrekorder. Er interviewt alle möglichen Leute, und Brigid muß die Interviews transkribieren. Er könnte damit bestimmt $ 70 000 verdienen, doch für »Interview« macht er es umsonst. Er behält aber das Copyright, damit er später daraus ein Buch machen kann.
Sah mir »All in the Family« an und fuhr danach mit dem Taxi zu Judy und Sam Peabody, um mich mit Nurejew zu treffen (Taxi $ 2.50). Nurejew sah furchtbar aus – richtig alt. Ich denke, das Nachtleben setzt ihm nun doch zu. Sein Masseur war bei ihm. Er ist gleichzeitig eine Art Leibwächter. Nurejew hatte den Peabodys vorher gesagt, daß er sofort gehen würde, falls Monique Van Vooren auftauchen sollte. Ich hatte davon keine Ahnung. Nurejew sagt, sie habe ihn ausgenutzt. Ich finde das unmöglich. Als er zu geizig war, in einem Hotel zu wohnen, hat ihm Monique ihr Bett angeboten, und nun sagt er, sie nutze ihn aus. Das ist schäbig von ihm, richtig schäbig. Um 1.30 wollten die Eberstadts gehen, und ich setzte sie ab (Taxi $ 3.50).

Montag, den 12. März 1979
Ging zu Lester Perskys Premiere von »Hair« ins Ziegfeld. Danach stieg ich in die Limousine und fuhr zur Party. Es war die größte Party der Welt – überall hingen Bäume, und ich kam mir vor wie im Central Park, nur die Straßenräuber fehlten.
Oh, und dann passierte etwas Seltsames, etwas so Lächerliches. Ein alter Mann kommt auf mich zu, küßt mich erst auf beide Wangen und dann auf den Mund. Ich ekelte mich, und wie sich herausstellte, war es Leonard Bernstein. Er hörte gar nicht mehr auf, alle glotzten, und er sagte, seit 25 Jahren versuche er verzweifelt, mich kennenzulernen, wir müßten unbe-

dingt miteinander reden und uns dringend am nächsten Tag treffen. Wirklich alle glotzten. Da kam Doc Cox und zog mich fort, um mir seinen neuen Freund vorzustellen. Doch Leonard Bernstein stöberte mich wieder auf, und alles begann von vorn. Ich erinnere mich, wie mir ein Freund in Pittsburgh mal erzählte, ein schwuler Dirigent sei in der Stadt und mache sich an Jungs ran. Das war das erste Mal, daß ich von Leonard Bernstein hörte. Ständig umarmte und küßte er mich, und gleichzeitig machte er mich runter. Erst ein großes Kompliment, und im nächsten Moment ein Nakkenschlag. Etwa so: »Ich wollte Sie schon immer mal kennenlernen, aber alle sagten, Sie seien ein Scheusal.« Schließlich kam ich los von ihm.

Mittwoch, den 14. März 1979

Ein Aufnahmeteam der BBC war im Büro, um über Fran Lebowitz eine Story zu machen. Und über uns, wie wir Jessica Lange interviewten (Kuchen $ 2.77).

Jessica möchte eine ernsthafte Schauspielerin werden. Sie ist dreißig, und sie ist hübsch, doch ich glaube, sie hat Kronen auf den Zähnen. Ich wurde gefragt, wo ich Fran entdeckt hätte, und ich sagte: »In der Gosse.« Dann fragten sie mich, ob ich ihr Buch gelesen hätte, und ich sagte: »Nein.« Ich hoffe, es ist richtig rausgekommen. Im Grunde wollten sie nur hören, warum sie ausgerechnet für uns schreibt, wo sie doch so gut ist. Ich bat Fran, uns beim Interview mit Jessica zu helfen, doch sie sagte, sie mache keine Interviews. Sie hatte auch ihre Kolumne nicht mitgebracht, deshalb waren wir sauer. Überhaupt hatte sie diesmal komische Sprüche drauf. Sie erzählte Jessica, daß ihr »King Kong« gefallen habe, doch Jessica sagte, sie habe den Film nicht gesehen. Und als dann Jessica zu ihr sagte: »Dein Buch hat mir gut gefallen«, antwortete Fran: »Ich habe es nicht gelesen.«

Ich holte Jed und Paulette Goddard ab, und wir fuhren mit dem Wagen ins Zeughaus zur Cartier-Party, mit der Ralph Destino das Jubiläum der Santos-Dumont-Armbanduhr feierte. Bob sollte ihm dabei helfen, Prominente für die Uhr zu interessieren. Truman war da. Er trug seine Matrosenmütze – offenbar hat er sehr abgenommen. Merkwürdig. Als sei sein Gesicht mit dem Meißel bearbeitet worden. Dabei sieht er nicht jünger aus. Nur schmaler. Die Narben sind verschwunden. Nur eine ist noch zu sehen, die von der Falte an der Nase. Monique Van Vooren war da. Sie sagte, Nurejew käme auch. Ich fragte: »Sind Sie sicher?« Und sie sagte: »Keine Sorge, wenn es eine Uhr umsonst gibt, kommt er.« Und tatsächlich, im selben Augenblick trat er ein. Er sieht wirklich sehr alt aus.

Mr. Destino hat es sich was kosten lassen, die Flugzeuge in das Zeughaus zu schaffen – die Armbanduhr war für einen Piloten entwickelt worden. Die ganze Party dürfte um die $ 100 000.00 gekostet haben, aber sie funktionierte nicht.

Paulette trug eine Menge Schmuck. Allein die Rubine müssen drei Millionen Dollar wert gewesen sein. Sie sprach davon, ihre Bilder zu verkaufen, und prahlte mit ihrem vielen Geld. Sie wollte keine Damenuhr, sondern eine Herrenuhr, und Mr. Destino war es recht. Die Uhren, die er verschenkt hat, kosten im Laden $ 1300.00. Acht hat er verschenkt. Ich vermute, sie haben ihn $ 600.00 pro Stück gekostet.

Donnerstag, den 15. März 1979

In der »Post« erschien ein Foto von Paulette und mir, wie wir neben den Flugzeugen stehen. Die Flugzeuge hatten eine Menge Publicity.

Ich rief John Fairchild jr. an und lud ihn zu »Elephant Man« (»Der Elefantenmann«, Regie David Lynch, 1979) ein. Er versprach zu kommen. Als ich daraufhin sagte, er werde später womöglich wieder absagen, sagte er nein, und wenn sein Leben davon abhinge. Doch als ich dann nach Hause kam, lag natürlich eine Absage von ihm da. Ein Freund sei »unerwartet in die Stadt gekommen«. Ich weiß nicht,

wie ich darauf reagieren soll. Was soll ich tun? Denn ich habe ja gewußt, daß es so kommen würde. Soll ich sagen, daß ich gar keine Karten hatte und nur sehen wollte, was er tun würde? Soll ich? Oder soll ich sagen, daß es mir nichts ausmacht? Oder vielleicht ins andere Extrem verfallen und ihm Schuldgefühle einimpfen, weil ich genau weiß, wie peinlich ihm die Sache ist. Wahrscheinlich hat er die ganze Nacht kein Auge zugetan. Er hat genau gewußt, daß er nicht mitgehen würde. Und das mit dem Freund stimmt auch nicht. Aber warum hat er dann zuerst zugesagt?
»Elephant Man« ist »Equus« mit einem Elefanten an Stelle eines Pferdes. Ich fand »Equus« schon schlecht, was sollte mir also an diesem Film gefallen? Aber alle Schauspieler waren gut.

Freitag, den 16. März 1979
Taxi zur Chembank ($ 4.00), dann zu Fuß ins Büro. Fred sagte mir, ich müsse am 6. April nach Washington, um behinderten Kindern das Malen beizubringen. Begeistern tut mich das nicht. Ich tue es Phyllis Wyeth zuliebe. Fred fuhr zu Leo, denn Leo hat ein Bild von mir verkauft. Gerade zur rechten Zeit, weil wir jetzt mehr Steuern zahlen müssen – kleine Atempause.
David Mahoney gab zum St. Patrick's Day eine Party bei Halston. Ich holte Catherine ab und fuhr mit ihr zum Olympic Tower (Taxi $ 3.00). Curley erwartete uns. Er sagte, er sei eingeladen, aber das stimmte nicht. Er kam nur hinein, weil er unseren Namen benutzte. Die Kissingers gingen gerade. Ich sagte Nancy, ich hätte neulich ihre Tante getroffen, und sie sagte: »Ach, die Verrückte.« Wir sprachen mit Gouverneur Carey, der Catherine mochte.
Prominente von Wand zu Wand. Truman war da. Steve Rubell war nicht besonders nett, irgendwie abweisend, vermutlich, weil ich mit Henry Post gut auskomme. Walter Cronkite sagte hallo; er war reizend und stellte uns seine Tochter vor, die Schauspielerin ist.

Montag, den 19. März 1979
Halston holte mich ab. Wir fuhren zu Martha Grahams Studio in der 63. Straße, um ihr beim Proben zuzusehen. Martha ist hinreißend, so jung. Sie hat einen Kerl, der sich um sie kümmert. Dann fuhren wir zum Dinner zu Halston. Martha fliegt nach England, um vor der Königin aufzutreten. Anschließend geht es nach Ägypten und nach Lissabon. Der Abstecher in den Iran wurde natürlich abgesagt. Trotzdem begreife ich nicht, wie sie das macht in ihrem Alter; eine solche Reise ist wirklich strapaziös. Wir unterhielten uns über Schönheitschirurgie. Einen Eingriff hat Martha hinter sich. Jemand erzählte mir, ein freundliches Ehepaar habe ihr ein Facelifting verschafft, als es ihr dreckig ging. Danach habe sich ihre Karriere wieder erholt. Möglicherweise läßt sie sich auch an den Händen operieren. Sie sagt, daß ihre Hände wie kleine Stümpfe aussehen. Ich erzählte ihr, ich hätte sie 1948 in Pittsburgh tanzen gesehen. Sie sagte, sie stamme aus Pittsburgh. Halston war überrascht, das hatte er nicht gewußt. Sie hatten sich nie richtig unterhalten. Halston servierte Kaviar und gebackene Kartoffeln. Und wenn Halston gebackene Kartoffeln und Kaviar serviert, muß es immer gleich ein Pfund Kaviar sein. Ich weiß ja nicht, ob man bei all den Wirren im Iran zur Zeit echten Kaviar bekommt. Vielleicht nennen sie das Zeug nur so. Halston ist übrigens wütend auf Bianca, weil sie noch nicht aus London zurück ist. Eigentlich hatte Mohammed seinen freien Tag, doch Halston hatte ihm befohlen, den ganzen Tag im Haus zu warten. Als Halston in London anrief, sagte Bianca, sie habe eine Lebensmittelvergiftung, doch er glaubte ihr kein Wort, denn als sie bei ihm wohnte, hat sie diese Ausrede zigmal gegenüber anderen benutzt.

Dienstag, den 20. März 1979
Fred sah sich »Cocaine Cowboys« an und fand den Film schrecklich. Er sagte, er schäme sich für mich. Aber Fred weiß nicht, was ein guter Film ist.

Freitag, den 23. März 1979 Ich blieb in der Stadt, weil ich zu Brady Chapin in den Central Park West 225 wollte, ein nettes, kleines Haus. Der Lunch wurde zu einer Wiedersehensfeier für Scavullo, Nancy White und mich, denn wir haben einst zusammen bei »Harper's Bazaar« gearbeitet. John Tesh, der Nachrichtensprecher von Channel 2, kam auch. Er ist 1,93 m groß und sieht sehr gut aus. Er aß nichts und er hatte eine Freundin mit. Vermutlich hatte er gehört, wer eingeladen war, und wollte nicht für schwul gehalten werden. Brady kennt ihn vom Joggen im Park.

Samstag, den 24. März 1979 Stand früh auf. Thomas Ammann rief an und holte mich um 10.30 ab. Er wollte mit mir einen Streifzug durch die New Yorker Geschäfte machen. Es hat Spaß gemacht. (Küchengeräte $ 50.00). Anschließend fuhr ich nach Hause und leimte mich für »Fiorucci's« zusammen. Um 1.30 war ich dort, signierte »Interviews« und blieb den ganzen Nachmittag. Paulette ließ sich blicken. Und Keith Richards und Ron Wood. Ich sah sie zum ersten Mal bei Tageslicht, und sie sehen alt und verbraucht aus. Aber ihre Freundinnen sind jung und knackig.
Paulette war süß. Sie sagte, sie kaufe jetzt immer hier ein. Die Kids, die sie bedienten, kannten sie nicht. Es ist schon merkwürdig, in der einen Kategorie eine Berühmtheit und in der anderen gänzlich unbekannt zu sein. Ich erklärte den Kids, daß sie mal mit Charlie Chaplin verheiratet war und Chaplin war ihnen ein Begriff. Ich blieb bis 6.00. Dann ging ich mit ein paar von den Kids ins »Reginette« ($ 70.00).

Montag, den 26. März 1979 Es war ein schöner Tag, aber kühl. Ich ging los, um »Interviews« zu verteilen. Ich schaute kurz ins »Primavera« hinein und traf Audrey, die Besitzerin. Sie war die richtige Begleitung für einen Zug durch die neuen Läden, also liefen wir durch die Stadt und hatten unseren Spaß. Audrey erzählte von einer Frau, die ihr einen Castellani gebracht hatte. Sie gab der Frau $ 100.00, und jetzt ist er $ 10 000.00 wert. Ja, so wird es gemacht, das ist Antiquitätenhandel. Wenn ältere Leute etwas verkaufen, drückt man ein Auge zu und gibt ihnen ein *bißchen* mehr. Doch im Grunde ist es wie auf dem Flohmarkt: Wenn man da ein Stück entdeckt, das wirklich was wert ist und der Verkäufer ist ahnungslos, dann sagt man es ihm auch nicht. Bestimmte Stile verschwinden. Art-Deco zum Beispiel – ganz selten findet man heute noch ein Stück. Die Leute schnappen die Sachen und stellen sie weg. Und wenn die Sammler alles abgeräumt haben, fehlt ein ganzer Stil auf dem Markt (Kataloge $ 8.00).

Dienstag, den 27. März 1979 Brigid rief an und sagte, sie sei kurz vor dem Ausflippen; sie kommt sich vor wie eine Mülltonne. Sie wiegt jetzt fast 70 Kilo und weiß nicht, was sie tun soll. Ich sagte ihr, sie solle in die Kirche gehen und zu Gott beten.

Freitag, den 30. März 1979 Ich fuhr mit dem Taxi zu Parke Bernet, um mich mit Suzie Frankfurt und Mark Shand zu treffen (Taxi $ 2.00). Nur Suzie kam. Sie wollte in die 47. Straße, also nahmen wir ein Taxi ($ 3.00). Suzie sagte, wirklich guten alten Schmuck gebe es nur in London. Doch dann trafen wir einen Typ von der Londoner »Philips Gallery«, der in der 47. Straße einkaufte – für London. Und eines Tages fliegt Suzie nach London, kauft ein und bringt den Schmuck wieder zurück. Er sagte, er sei regelmäßig zum Einkaufen hier.

Samstag, den 31. März 1979 Fuhr mit Catherine und Stephen Graham zum »Studio 54«. Catherine hatte auch Jamie Blandford eingeladen. Der gutaussehende Marquis ist der nächste Herzog von Marlborough. Jamie stellte mich dem Sohn von Gunther Sachs vor. Er ist wohl aus der Zeit vor der Ehe mit Brigitte Bardot; denn er sah aus wie über 20. Es war voll wie oft in der U-Bahn. Steve

zählte mir ein paar von den Stars auf, die da waren, doch ich kann mich nicht mehr an die Namen erinnern. Einer war der »neue Shaun Cassidy«, ein blonder Junge, Leif Garrett oder so. Er soll Millionen verdienen.
Es war sehr lustig im »Studio 54«. Ich ging hoch auf die Galerie. Halston und Lester waren oben. Man braucht nur zu sagen: »Das ist Lester Persky, der Produzent von ›Hair‹«, und schon liegen die Jungs auf den Knien. Sie gehen echt auf die Knie. Halston lud mich zu Victors Geburtstagsparty ein. Jamie wollte in den Keller, aber Catherine und ich blieben oben.

Sonntag, den 1. April 1979 Jamie rief an und sagte, sie hätten im Keller des »Studio 54« gekokst. Es geht also wieder los.
Ich schenkte Victor zum Geburtstag ein »Money«-Bild. Dazu steckte ich ihm Geld in ein koscheres Gurkenglas, das Alarm schlägt, wenn man es öffnet. Als Catherine und ich bei Halston ankamen, waren erst ein paar Leute dort – Halston, Nancy North, Rupert und sein Freund, der bei ihm wohnt. Victor war noch nicht da. Halston zeigte mir die Geburtstagstorte. Sie war mit Geld bedeckt. Halston wollte das Geld verbrennen, aber ich war dagegen. Ich schlug vor, die Torte so anzuschneiden, daß jeder mit seinem Stück Kuchen einen Geldschein bekam. Halston machte Blumen aus den Scheinen und verzierte die Torte damit. Er ist wirklich clever. Dann kam Victor in dem grünen Pelzmantel von Halston, in dem wir Sophia Loren für »Interview« fotografiert hatten. Er brachte seinen chinesischen Freund aus San Francisco mit, Benjamin. Er erschien neulich in Frauenkleidern im »Xenon« und sah wirklich wie ein hübsches Mädchen aus.
Arman und Corice waren auch da. Sie schenkten Victor einen Sprachcomputer. Man gibt »Guten Morgen« ein, und man liest »Bon Jour«. Victor zeigte sich von keinem Geschenk sonderlich beeindruckt, und anstatt die Torte so anzuschneiden, daß jeder einen Geldschein bekam, raffte er das ganze Geld zusammen und steckte es in seine Einkaufstasche. Er war wiederlich. Catherine und Dr. Giller schmusten miteinander.

Donnerstag, den 5. April 1979 Holte Catherine ab und fuhr mit ihr zu »Regine's«. Paloma Picasso war mit ihrem Mann und mit ihrem Freund da. Oder seinem Freund. Oder beider Freund. Ich weiß nicht, was zutrifft. Neil und Luba Sedaka brachten ihre beiden kleinen Jungen mit. Paloma verknallte sich wahnsinnig in Neil. Als sie zehn gewesen sei, erzählte sie, hätten sie in Argentinien immer »Sweet Sixteen« auf Portugiesisch und Spanisch gesungen. Sie sang es Neil vor, und es gefiel ihm, so beeindruckt war er von ihr.
Regine war reizend; sie hat jetzt ein »Hinterzimmer«. Alle wollen jetzt Hinterzimmer wie im »Studio 54« –

Paloma Picasso *(Andy Warhol)*

das »Xenon« hat die Idee auch schon kopiert. Doch wie üblich hat Regine alles falsch gemacht. Ihr Hinterzimmer ist zu groß, zu feudal und zu abgelegen.

Montag, den 9. April 1979 Fereidoun, Hoveidas Bruder, der unter dem Schah Premierminister war, ist am Wochenende im Iran gehängt worden.
Alle sind in der Stadt, wegen der Eröffnung von Cy Twomblys Ausstellung. Ich bin erstaunt, daß ich nicht

zu dem Dinner eingeladen war, das Earl und Camilla McGrath für ihn gaben.
Leimte mich zusammen, um zu Cy Twomblys Dinner im Whitney Museum zu gehen. David Whitney hatte angerufen und gesagt, er wolle mit Philip Johnson vorbeikommen und mich abholen. Doch ich sagte, ich würde mich verspäten, worauf David sagte, er sei immer pünktlich. Es regnete. Ich nahm ein Taxi ($ 2.00). Die Ausstellung war großartig. Marilyn und Ivan Karp waren da. Marilyn erzählte von dem Psychiater, den sie Truman empfohlen hatte. Der hatte sie angerufen und sich nach einem gewissen Fred Hughes erkundigt, der zu ihm in Behandlung kommen wolle – es war übrigens derselbe Psychiater, zu dem auch Brigid geht; wir haben in »Interview« mal was über ihn gebracht. Er wollte von Marilyn wissen, ob es sich bei diesem Fred Hughes um »den Schauspieler Fred Hughes« handle. Sie sagte, sie kenne keinen Schauspieler Fred Hughes und daß *dieser* Fred Hughes für Andy Warhol arbeite. Ich vermute, daß die Psychiater auf diese Weise alles schon vorher auskundschaften, und wenn der Patient dann zur ersten Sitzung kommt, wissen sie alles über ihn.
Lily Auchincloss sagte, sie habe Mr. Hoveida zum Tod seines Bruders Blumen geschickt, und fragte mich, ob ich etwas gemacht hätte. Ich sagte nein. Bob war weg, und ich wußte nicht, was ich tun sollte.

Dienstag, den 10. April 1979

Christophe de Menil lud mich zu einem Blues-Konzert in die Carnegie Hall ein (Taxi $ 4.00). Ich nahm Curley mit. Es war brechend voll. Allen Ginsberg gab mir einen dicken Kuß. Er war mit Peter Orlowski da. Wir hatten gute Plätze. Die Show gefiel allen. Blues könnte wieder groß rauskommen. Die schwarzen Bluesmusiker verstehen es, sich anzuziehen – Hüte, schöne Anzüge, Schmuck und Goldzähne, die man auch sehen kann. Und sie haben Leute, die für sie arbeiten. Sie müssen wirklich große Stars sein.
Curley war abscheulich. Er machte einen Jungen an und verabredete sich mit ihm. Ich wurde so wütend, daß ich ihn nie wieder irgendwohin mitnehme. Er ist nur ein reicher Schnorrer.

Mittwoch, den 11. April 1979

»Time-Magazine« rief an und akzeptierte meine Idee mit den drei Fondas für ihr Titelblatt. Bis Donnerstag 4.00 muß es fertig sein. Bei der Durchsicht alter Covers haben sie festgestellt, daß ich schon mal eins mit Jane gemacht habe. Ich schickte Rupert los, um Fotostate zu besorgen. Als er erst um 7.30 mit dem Zeug wiederkam, schrie ich ihn an. Am Nachmittag kam Bob aus Kalifornien zurück. Er hat es endlich geschafft, das Interview von John Savage zu bekommen, und das ist toll. Bob sagt, John habe noch nie ein Interview gegeben. Vielleicht kommen wir ja jetzt auch an die gesetzteren Typen ran, denen »Interview« bisher zu frivol war.
Auf Ahmet und Mica Erteguns Party spielte ich mit Ahmet Backgammon. Ich verlor vier Bilder an ihn. Welche, müssen wir noch klären.

Donnerstag, den 12. April 1979

Die Du-Pont-Zwillinge Richard und Robert waren in der »860«. Brigid und ich versuchten, herauszukriegen, wie sie herkommen konnten. Brigid kam schließlich dahinter, daß Fred sie eingeladen hatte! Brigid nahm Richard mit nach Hause, gab ihm $ 25.00, und dafür sollte er ihren Ofen reinigen. Aber dann mußte sie sich den ganzen Abend anhören, wie er am Telefon Verabredungen fürs »Studio 54« traf und seinen Bruder beauftragte, seine hellgrünen Hosen zu bügeln – Robert bügelt für Richard, weil Bügeln das einzige ist, was er wirklich gut kann. Er hat mit Rupert zusammengelebt und ihn dann wegen Fred verlassen.
Truman kam ins Büro. Ihm gefiel der neue Titel für unseren Bildband:

»Over-Exposed«. Bob war dieser Titel im Gespräch mit Irving Mansfield in Kalifornien eingefallen. Ich finde »Social Disease« immer noch besser. Wenn wir schon nicht kommerziell sein wollen, können wir ruhig etwas nehmen, was die Leute abschreckt.
Fuhr mit dem Taxi zum Büro zurück ($ 3.00). Alles wartete auf mich. Lloyd, der Mafia-Typ, der im »Studio 54« arbeitet, rief an. Er wollte mit Catherine und mir zu Abend essen. Wir verabredeten uns in einem Lokal namens »York's« Ecke 38. Straße und Second Avenue (Taxi $ 4.00).
»York's« war ein nettes kleines Lokal. Nach dem Essen setzten wir Catherine ab und fuhren mit dem Taxi weiter zu »Regine's« ($ 3.00). Ich glaube, er hatte bei »York's« um die Ecke einen Rolls Royce geparkt und nicht gewollt, daß wir ihn sehen. Er sagte, er wolle Regine kennenlernen, doch als wir hinkamen, kannte er schon alle. Er kennt überhaupt jeden, wo man auch hinkommt, ganz eigenartig. Er ist noch so jung – erst 18 –, benimmt sich aber wie ein Vierzigjähriger. Ich trank ein halbes Glas, und er drei. Dann erklärte er mir, er sei bisexuell. Ich erschrak, denn ich hatte geglaubt, er sei hinter Catherine her. Er erzählte mir von seiner Familie. Er sagte, sein Vater arbeite für Roy Cohn, aber für mich hörte es sich so an, als sei er Geldeintreiber. Sein »Pop« steht jeden Morgen um 6.00 auf und geht zur Post, um das Geld abzuholen, das er bei den Schuldnern angemahnt hat. Lloyd hat eine siebenjährige Schwester, die mal eine Schönheit wird, wie er sagt. Er kauft ihr Geschenke.
Regines Mann kam zu uns, und ich machte die beiden bekannt. Wir brauchten nichts zu bezahlen. Dann wollte Lloyd noch mehr trinken und sagte: »Wie wär's, wenn wir in den ›Playboy Club‹ gingen?« Er mag die Bunnies. Über Frauen hat er seine eigenen Ansichten – er mag sie nur, wenn sie sehr schön sind. Er ist Jude, und ich fragte ihn, weshalb er am Passahfest nicht zu Hause sei, und er sagte, sie seien nicht religiös. An der Bar starrten mich drei Typen an, doch wie sich herausstellte, arbeiten sie im »21«. Es war seltsam. Lloyd nahm noch zwei Drinks. Er sagte, seine Mutter sei schön – sie ist erst 38 – und trage kein Kleid zweimal, Schuhe auch nicht. Er möchte uns nach Westchester einladen, in ein wirklich gutes Restaurant, sagt er. Er behauptet, das sei besser als »Elaine's«. Ist das nicht komisch? Von allen Lokalen gerade das herauszupicken. »Besser als bei ›Elaine's‹«, sagte er. »Wenn ihr es dort nicht mindestens ebenso gut findet wie bei ›Elaine's‹, dann lade ich euch ein Jahr lang zum Dinner ein. Aber ihr müßt ehrlich sein.«
Ach übrigens, Steve Rubell ist im Gefängnis. Es war noch nicht in den Nachrichten. Er hatte eine Schlägerei mit Fotografen. Lloyd sagte, einmal habe ihn Steve beleidigt. Steve war auf Methaqualon, und Lloyd sagte: »Mann, Stevie, wie froh ich bin, daß du meine Mam und meinen Pa magst.« Und Steve antwortete: »Da täuschst du dich. Sie sind unbedeutend, Nullen – aber ich mag dich.« Er sagte, das habe ihn sehr verletzt. Das war, als er Steve einmal nach Hause fuhr.

Montag, den 16. April 1979

Habe ich schon erzählt, daß Nurejew neulich abends bei »Elaine's« war? Man weiß nie, wie man sich verhalten soll, wenn man dort jemanden sieht! Einfach cool bleiben, um nicht zu stören? Oder die Leute umarmen, weil es ja wirklich toll ist, wenn Diana Ross es tut?
Steve Rubell feierte seine Entlassung aus dem Gefängnis mit einer Party. Ich ging nicht hin. In der Zeitung stand, er habe in der Zelle ein Tagebuch geschrieben, und zwar auf Karten vom »Studio 54«, die er zufällig in seiner Tasche gehabt habe. Ist das nicht großartig? Er sagte, die Zelle sei abstoßend gewesen und daß er nun als erstes für eine Gefängnis-Reform kämpfen will.

Mittwoch, den 18. April 1979
Es war ein sonniger Tag. Ich ging in die Lexington Avenue und verteilte »Interviews«. Anschließend ging ich in den »Russian Tea Room«, um mich mit der Agentin Joan Hyler zu treffen, die mir Filmrollen verschaffen will. Sie arbeitet auch für John Savage und Meryl Streep.
John Fairchild jr. rief an und lud mich zur Vorführung von »Manhattan« ein; die Karten hatte er von seinem Vater. Doch im Terminkalender stand schon ein Dinner bei Alice Mason. Das ist die New Yorker Immobilienmaklerin, die dafür gesorgt hat, daß Carter zum Präsidenten gewählt wurde. Ich setzte Rupert ab (Taxi $ 4.00) und fuhr in die 72. Straße.
Ich war neugierig auf ihre Wohnung, immerhin ist sie eine große Immobilienfrau. Doch als ich hinkam, traute ich meinen Augen nicht: ein glattes Nichts im sechsten Stock, und (lacht) die Farbe blättert von den Wänden ab. Und absolut nichts Besonderes.
Es war eine Art Arbeitsessen. Lauter bedeutende Frauen, groß, schön und intellektuell, und alte, reiche Junggesellen. Ein Raum voll handverlesener Leute. Bess Myerson, John und Mary Lindsay, John Kluge. Und Jaquine Lachman, die so erleichtert war, als Mr. Lachman starb. Doch nun macht ihr Rita, eine frühere Mrs. Lachman, Probleme.
Die Tochter von Alice Mason führte mich in das Schlafzimmer ihrer Mutter, wo mein Carter-Porträt hing und Fotos von ihr und Carter. Sie hat merkwürdige Kunst in der Wohnung. Gegen 12.15 machte ich mich davon.

Donnerstag, den 19. April 1979
Mußte zum Gedenkgottesdienst für Botschafter Hoveidas Bruder, der im Iran hingerichtet wurde. Nahm ein Taxi zum Riverside Drive ($ 2.50). Alle waren da. Wir zogen unsere Schuhe aus. Auf dem Fußboden lag ein Teppich, und niemand wagte, einen Fuß darauf zu setzen. Man hätte sonst das Gefühl gehabt, auf den Leichnam zu treten, weil eben keiner da war. Persische Musik wurde gespielt. Die Feier war mit der besten Cocktail-Party zu vergleichen, nur daß es keine Drinks gab.
Ich las in der Zeitung, daß Steve Rubell Ron Galella verklagen will, weil er im »Studio 54« eine Schlägerei angefangen hat. Am Samstag bin ich zu Ron Galellas Hochzeit eingeladen. Ich glaube, ich gehe hin.

Freitag, den 20. April 1979
Telefonierte mit Henry Post. Es geht ihm schon besser. Er hat sich die Nase richten lassen.

Dienstag, den 24. April 1979
Die Zeitungen sind voll davon, daß Margaret Trudeau die »Today Show« während der Sendung verlassen hat – sie weiß, wie man Publicity kriegt – und später im »Studio 54« aufgekreuzt ist.
Fuhr mit dem Taxi downtown ($ 3.50) und verteilte »Interviews«. Ging ins Büro, wo ich um 12.00 mit David Whitney, David White und Fred verabredet war. Wir wollten für die Ausstellung im Whitney Museum alle Porträts durchsehen, die ich je gemacht habe.

Sonntag, den 29. April 1979
Taxi zu Ruth Warrick in die Park Avenue. Ich war etwas zu spät. Lucie Arnaz war bereits gegangen. Als ich so dastand, kam ein gutaussehender Typ auf mich zu, der mir schon vorher aufgefallen war. Da erst sah ich, daß es William Weslow war. Vor 20 oder 30 Jahren war er am Ballet Theater. Ich wurde ihm ein paarmal vorgestellt, doch er ignorierte mich und sprach nie ein Wort mit mir, weil ich damals ein Niemand war. Heute ist er Masseur. Henry Geldzahler geht zu ihm. Balanchine hat ihn 1970 gefeuert. »Hör zu, Darling«, sagte Balanchine zu ihm, »du bist zu alt. Wir haben dich schon viel zu oft gesehen. Du bist out, Darling. Ich hoffe, du nimmst dir jetzt nicht das Leben, Darling, oder?« Und er hatte geantwortet, daß er sich seinetwegen be-

stimmt nicht umbringen würde – den Gefallen würde er ihm nicht tun. Balanchine mag keine Jungs, nur großgewachsene Mädchen.
Und jetzt ist er also Masseur. Dick Cavett ist auch Kunde bei ihm – Dick habe ihm ungefähr 40 Leute vermittelt, erzählte er. Er ließ mich seine Schenkel fühlen, und ich (lacht) fing an zu kichern.
Es war eine sonderbare Party. Wenn man irgendwo hingeht, wo nur Leute sind, die keinen Namen haben, muß man sich ständig überlegen, was man sagen soll. Das ist anstrengend. Ich traf Kay Gardella, die Fernsehkritikerin. Ausgerechnet. Sie ist ziemlich fett. Eine so fette Person habe ich seit Jahren nicht gesehen – die meisten sind heutzutage nicht fett, sondern mollig. Richtig fett ist eigentlich niemand.

Montag, den 7. Mai 1979 Ging zu Hoveidas Ausstellung in der Galerie Bodley. Hoveida hatte gestern einen Brief in der »Times« über seinen Bruder, einen Brief an das neue Regime im Iran. Er schreibt, sein Bruder sei nicht abgehauen wie alle anderen Minister, weil er an den Iran geglaubt habe. Hoveida sprach von Mord und erklärte, der neue Premierminister müsse sich darauf gefaßt machen, gleichfalls ermordet zu werden. Es war ein guter Brief (Taxi $ 45.00).

Donnerstag, den 10. Mai 1979 Wieder so ein heißer Tag. Paul Morrissey ist in Kalifornien. Er will »Trash II« drehen. Holly ist darin eine Entertainerin, Joe lebt in der Bronx und drückt immer noch, und beider Sohn verkauft in der Schule Drogen. Nelson Lyon ist in der Stadt. Er sagt, er habe Paul die Idee zu dem Film geliefert.

Samstag, den 12. Mai 1979 Halston und Steve Rubell kommen nicht mehr so gut miteinander aus – auf einem Foto von Calvin Kleins Modenschau sitzt Steve in der ersten Reihe.

Sonntag, den 13. Mai 1979 Ging am Nachmittag zur Kirche. John Fairchild jr. hatte mich fünf oder sechs Tage nicht mehr angerufen, deshalb versuchte ich, ihn zu erreichen. Curley ruft dauernd an und erzählt mir von seinen Eskapaden im »Studio 54«.
Nelson rief aus Tarrytown an, wo er an dem Trailer für »Apocalypse Now« arbeitet. Bobby De Niro glaubt, daß er Geld für »Trash II« beschaffen kann. Nelson schreibt zusammen mit Paul das Drehbuch.

Samstag, den 2. Juni 1979 Truman rief an. Er war wütend auf Lee Radziwill. Es war schrecklich. Er sagte, sie werde »Rasierklingen scheißen«, wenn er am Dienstag in der »Stanley Siegel Show« auftrete, »um es ihr mal richtig zu zeigen«. Und ständig fragte er: »Glaubst du nicht auch? Glaubst du nicht auch? Was ist los, du sagst ja gar nichts?« Es war wirklich schrecklich. »Sie wird aufwachen und sich hassen«, sagte er. »Meinst du nicht auch? Meinst du nicht auch?« »Ja, Truman«, antwortete ich, »sie ist jetzt so labil, daß sie zum Selbstmord fähig wäre.« Und er sagte: »Ihr Pech. Wenn ich dir erzählen würde, was sie alles über dich gesagt hat...« Ich sagte, das sei mir egal, sie sei nie eine Freundin für mich gewesen. Ich wußte immer, was für ein Mensch sie ist: Für mich war sie jemand, der unser Haus in Montauk gemietet hat, mehr nicht, deshalb war mir auch immer egal, was sie über mich erzählte, ich wußte sowieso schon alles. Es war gespenstisch, wie bösartig Truman über jemanden herziehen konnte, mit dem er mal eng befreundet war. Wenn Truman mit jemandem Schluß macht, dann richtig.
Halston wird wahrscheinlich Montauk mieten. Vincent war mit ihm am Wochenende draußen, um ihm das Haus zu zeigen. Victor war auch dabei, und das macht mir angst. Ich stelle mir immer vor, daß Victor das ganze Haus mit roten Fußabdrücken bemalt.

Sonntag, den 3. Juni 1979
Nelson rief an und erzählte mir die Handlung von »Trash II«. Joe arbeitet in einer Pizzeria, und Holly möchte, daß sie von der Lower East Side in eine bessere Gegend ziehen – nach Lodi in New Jersey beispielsweise, die Stadt mit den Chemieabwässern. Doch sie haben kein Geld, bis einer der Jungen von einem Taxi angefahren wird. Sie verklagen die Taxifirma und können sich ein Haus kaufen.
Übrigens scheint das »POPism«-Manuskript allen zu gefallen. Bob, Fred und Rupert haben es in Paris gelesen.

Dienstag, den 5. Juni 1979
Sah mir am Morgen die »Stanley Siegel Show« an. Truman mimte den schwulen Südstaatler und plauderte all die peinlichen Dinge aus, die ihm Lee im Lauf der Jahre erzählt hat – zum Beispiel, daß Peter Tufo wie ein Frettchen aussieht und sich aus Publicity-Sucht an ihre Rockschöße gehängt hat, und daß Newton Cope, mit dem sie ja immer noch verlobt ist, obwohl die Hochzeit vor ein paar Wochen abgesagt wurde, »keine tolle Partie« ist, außer vielleicht in einer »Provinzstadt«. Und dann erzählte er, wie sie William F. Buckley jr. verführen wollte, indem sie ihn um seelischen Beistand bat, und als er nicht anbiß, behauptete, er sei schwul. Wenn Lee schon *vor* dem Streit mit Truman eine Trinkerin war, dann kannst du dir ja ausmalen, was jetzt los ist. Truman macht einen Narren aus sich. Er hätte wenigstens besoffen sein können.
Halston sagte, er sei ganz und gar für Truman. Lee habe bekommen, was sie verdient. Dann sprachen wir über Steve Rubell. Halston sagte mir im Vertrauen, daß Steve wohl ins Kittchen wandert. Kurz darauf kam Steve und sagte, nach Meinung seiner Anwälte habe er noch eine Chance, wenn er beweisen könne, daß die Prominenz aus Washington im »Studio 54« Drogen genommen hat und so weiter. Danach fuhr er los, um Diana Ross abzuholen und sie ins »Studio 54« zu bringen.

Mittwoch, den 6. Juni 1979
Truman rief an und erzählte, daß alle Zeitungen in Washington und Kalifornien auf der Titelseite über seinen Auftritt in der Siegel-Show berichteten. Doch die New Yorker Zeitungen machen nichts draus.
Ich mußte ein Exemplar von »Philosophy« signieren und las das Buch noch mal. Und jetzt frage ich mich doch, warum es nicht ganz groß rausgekommen ist – es hat eine Menge guter Stellen.

Donnerstag, den 7. Juni 1979
Truman rief an. Ein Fan hatte ihm ein Telegramm geschickt und zu seinem Auftritt in der »Stanley Siegel Show« gratuliert. Es sei das Beste im Fernsehen gewesen, seit Ruby Oswald erschoß.
Zu Hause zog ich mein neues schwarzes Leinenjackett von Giorgio Armani an. Es ist aus demselben steifen, dünnen Leinenstoff, der früher unter Reifröcken getragen wurde.
Die große Party, die das »Studio 54« gestern für »Interview« gab, wurde mir gründlich verdorben, weil Jed am

Oscar de la Renta *(Action Press)*

Eingang mit dem Türsteher Mark Ärger hatte. Die Sache ist ziemlich verworren. Steve behauptet nämlich, daß er Jed reingelassen hat, und Jed behauptet, daß Steve ihn gesehen hat und dann *nicht* reinlassen wollte.

Montag, den 11. Juni 1979 Als ich gerade mit Brigid telefonierte, wurde im Fernsehen eine aktuelle Meldung angekündigt, die dann nicht kam. Später wurde dann in den regulären Nachrichten gesagt, daß John Wayne gestorben sei.

Dienstag, den 12. Juni 1979 Mit dem Taxi zur Chembank ($ 3.75), dann noch einen Spaziergang am Union Square ins Büro. Oscar de la Renta und sein Freund Jack Alexander, ein Werbemann, waren zum Lunch da. Ein Geschäftsessen, bei dem wir Oscar überreden wollten, in »Interview« zu inserieren. Bob erklärte ihm, daß er jüngeren Leuten kein Begriff sei. Aber Oscar erinnerte daran, daß Jerry Hall jung sei und *seine* Kleider trage. Barbara Allen kam vorbei und setzte sich zu uns. Dadurch wurde der Lunch interessanter. Sie reist zur Hochzeit von Maria Niarchos und wollte Bob überreden mitzukommen.
Dann kam eine Lady, die Ivan Karp geschickt hatte. Sie spielt mit dem Gedanken, ihr Porträt machen zu lassen. Sie redete genau wie Lee Radziwill. Womöglich hat sie dieselbe Schule besucht wie Lee und Jackie. Sie sagte, ursprünglich habe sie sich von Scavullo fotografieren lassen wollen, doch das würde sie $ 5000.00 kosten und da habe sie sich gedacht, dann lieber gleich ein Porträt von Warhol. Ich bezweifle, daß sie jemals eins machen läßt. Ich glaube, sie hatte an dem Nachmittag nur nichts Besseres zu tun. Oscar ging. Brigid und ich gingen zu »Mays«, um Büromaterial zu besorgen ($ 22.68). Es war ein herrlicher Tag.

Mittwoch, den 13. Juni 1979 Curley rief an und lud mich zu seiner Geburtstagsparty ein. Ich rief Henry Geldzahler an, um ihn einzuladen, denn er wollte auch gern hingehen. Als ich Curley zurückrief, bekam ich keinen Anschluß, weil ihm sein Vater einen Anrufbeantworter geschenkt hat.
Vincent rief bei Doug Christmas an, und es ist schrecklich. Sie schwören Stein und Bein, daß der Scheck abgeschickt wurde. Sie geben einem sogar die Kontonummer, aber wenn man zurückruft, sind sie »beim Lunch«. Für die Mädchen in seiner Galerie muß es furchtbar sein, so was sagen zu müssen. Wenn er sagen würde: »Ich kann Sie nicht bezahlen«, wüßte man wenigstens, woran man ist.
Philip Niarchos geht immer noch mit Manuela Papatakis. Anfangs konnte ich sie ja nicht leiden. Dabei ist sie wirklich nett und hat Klasse – eins von den kurz geratenen Mädchen, die Schuhe mit hohen Absätzen tragen, um größer zu wirken, wobei mir unbegreiflich ist, wie man damit gehen kann. Man steht praktisch immer auf seinen Zehenspitzen. Ich habe mal welche anprobiert, und das ist der Grund dafür, daß ich es nicht begreife. Bob Weiner rief an und warf uns Antisemitismus vor. Im Interview von Truman hatte es nämlich geheißen, man solle alle Juden ausstopfen und ins Museum of Natural History stellen. Bob sagte, er habe den Text fünf Leuten vorgelesen, und alle seien seiner Meinung.

Donnerstag, den 14. Juni 1979 Henry Post rief aus Long Island an. Er erholt sich dort noch immer von seinem Autounfall.
John Fairchild jr. rief an und lud mich für Freitagabend zum Rollschuhlaufen ein.
Fuhr im Taxi zu Curleys Geburtstagsparty ins »Pearl's« ($ 2.00).
Wir saßen zu zehnt um einen runden Tisch, lauter Typen, deshalb sagte ich zu Pearl, es handele sich um ein Geschäftsessen ohne Frauen. Alle waren blond, nur Henry Geldzahler und ich waren grau. Henry war sehr witzig. Er zeigte seine Dienstmarke herum und schoß eine Pointe nach der ande-

ren ab. Er ist so komisch und intelligent. Ich machte Fotos. Hinterher gingen wir ins »Studio 54«. Und das war mein Geburtstagsgeschenk für Curley: Alle wurden reingelassen.

Freitag, den 15. Juni 1979 Ein Junge fragte mich, ob ich nicht dafür sorgen könne, daß er und sein Freund am Abend ins »Xenon« reinkämen. »Na klar«, sagte ich, »wenn's weiter nichts ist.« Als ich ins Büro kam, rief ich gleich im »Xenon« an. Ich nannte dem Mädchen am Telefon meinen Namen, und das Mädchen sagte: »Sie klingen aber gar nicht nach Andy Warhol.« »Ich bin es aber«, sagte ich. Darauf sie: »Woher weiß ich denn, *daß* Sie es sind?« So ging es weiter, bis mir der Verdacht kam, sie wolle mich nur mürbe machen. Schließlich sagte sie: »Ich rufe zurück, um mich zu überzeugen.« Das Telefon klingelte und ich sagte: »Hallo, das ist doch wirklich zu peinlich...« »Tja, diese Woche haben allein 18 Angela Lansburys bei uns angerufen, deswegen...« Ich sagte: »Na, was soll's, bei Ihnen ist ohnehin nicht viel los, und ich wollte Ihnen nur sagen, daß zwei nette Kids kommen und sogar bezahlen! Einer möchte sogar Mitglied werden, also...« »Einen Moment«, sagte sie, »ich rufe Sie zurück.« Das Telefon klingelte, und sie sagte: »Wir haben beschlossen, daß wir Sie im ›Xenon‹ nicht mehr sehen wollen.« »Waaas?« »Was Sie neulich getan haben«, sagte sie, »hat uns sehr geärgert.« Sie spielte auf die »Interview«-Party im »Studio 54« an. Am selben Abend hatte das »Xenon« nämlich sein Jubiläum gefeiert, was wir aber erst erfuhren, als es schon zu spät war. Ich weiß nicht, ob das Mädchen verrückt ist oder nur verlegen, weil sie mir anfangs nicht geglaubt hatte und die Sache erst nachprüfte. Oder hat sie Howard Stein gefragt, und *er* hat das gesagt? Wenn Peppo Vanini im Büro gewesen wäre, hätte er sich nicht so niederträchtig aufgeführt, aber soweit ich weiß, ist Peppo auf der Hochzeit von Maria Niarchos. Jedenfalls lassen sie sich einfach $ 30.00 durch die Lappen gehen. Das war vielleicht ein Schock. Ich habe mir vorgenommen, in Zukunft nicht selber anzurufen. Doch es hätte noch schlimmer kommen können. Sie hätte auch sagen können: »Gut, schicken Sie Ihre Freunde her«, um sie dann nicht reinzulassen.

Ich rief also den Jungen an (lacht) und sagte: »Du wirst es nicht glauben, aber ich kann nichts für euch tun – sie haben mir gesagt, daß sie auch mich dort nicht mehr sehen wollen. Tut mir leid.« Er wurde verlegen. Ich nehme an, ein anderer hätte eine Geschichte erfunden, um das Gesicht zu wahren, doch ich habe ihm einfach gesagt, wie's war.

Ging mit John Fairchild jr. und Belle McIntyre zu der nagelneuen Rollschuhbahn Ecke 55. Straße und Broadway. Ein paar Neger, die keiner kennt, haben sie eröffnet, und es war hinreißend. Sie ließen uns umsonst rein und gaben uns sogar Rollschuhe, was nicht üblich ist. Es war toll, wieder mal Rollschuh zu laufen, ein großer Spaß. Noch heute kaufe ich mir Rollschuhe.

Wir gingen zu »Stage Delicatessen« und aßen Sandwiches, die nach Prominenten heißen. Das »Diana Ross«-Sandwich war am schlimmsten – Leber in Aspik mit Erdnußbutter. An der Ecke trennten wir uns. John ging mit Curley ins »Studio 54«, und ich setzte Belle ab (Taxi $ 4.00).

Samstag, den 16. Juni 1979 Stand auf und rief Curley an. Er war zu müde, um zu Brentanos Buchladen nach Manhasset zu fahren, wo Blondie und ich »Interviews« signieren sollten.

Barbara Colacello kam bei mir vorbei. Anschließend holten wir Rupert vor dem »Pierre« ab, weil ganz in der Nähe eine U-Bahn-Station ist. Dann holten wir Blondie ab. Sie wohnt in dem großen Haus Ecke 58. Straße und Seventh Avenue. Blondie – Debbie –

Mit John Lennon *(Christopher Makos)*

war reizend. Ihr Haar war frisch frisiert. Man käme nie auf die Idee, daß sie über 30 ist – keine Falten und ausgesprochen hübsch. Ihre Großmutter sei 95 geworden, erzählte sie, und in ihrer Familie sähen alle jung aus. Sie gibt ihr ganzes Geld für Kosmetik aus. Sie kann nicht die ganze Zeit so hübsch gewesen sein, sonst wäre mir das mit den Jahren aufgefallen. Bestimmt hat sie versucht, sich häßlich zu machen. Aber manche Leute sehen tatsächlich besser aus, wenn sie etwas älter werden. Ich weiß nicht, wie ich sie anreden soll. Ich denke, ich rede sie mit Debbie an. Aber wenn ich sie jemandem vorstelle, nenne ich sie Blondie. Andererseits heißt aber die ganze Gruppe Blondie, von daher...
Während der Fahrt war sie großartig. Sie hatte keine Beschwerden und keine Extrawünsche.
Wir kamen zu Brentanos Buchladen. Eigentlich war das Ganze ein teurer Spaß. Der Laden hatte nicht annonciert, daß wir kommen würden. Selbst wenn die Leute davon gelesen hätten, war kaum damit zu rechnen, daß sie unseretwegen kämen. Die Kids, die kamen, kamen wegen Blondie. An mir hatte keiner Interesse. Ein ganz neuer Typ von Jugendlichen. Sie gingen nach nebenan, kauften ihre Schallplatte und ließen sich von ihr ein Autogramm darauf geben.
Dann mußte Debbie zurück, zu einer Probe für ihre neue Platte. Gegen 5.00 kamen wir an. Rupert und ich setzten sie ab, anschließend nahmen wir einen verspäteten Lunch.
Wir tranken Aquavit und aßen Kaviar ($ 70.00). Wir betranken uns, redeten übers Geschäft und achteten nicht auf den Typ, der neben uns auf dem Boden saß und herumbrüllte. Schließlich fragte er: »Oh, kann ich ein Autogramm haben?« Es war John Lennon! Leider hatten wir ihn nicht früher bemerkt – er war in Begleitung von Yoko und ihrer Mutter. Schade, es wäre amüsant geworden. John ist jetzt ziemlich mager. Ich weiß nicht, was für eine Diät er macht – vielleicht Reis-Diät. Sie wohnen im »Dakota«. Dann fuhr ich nach Hause. Ich war betrunken, daher kam Kino nicht mehr in Frage. Ich kann nachmittags wirklich nichts vertragen.

Donnerstag, den 19. Juli 1979, Paris Es war ein herrlicher Tag. Ich ging spazieren und schaute bei »Fauchon« rein. ($ 20.00). Schlenderte durch Beaubourg, kaufte Zeitschriften und etliche Ausgaben von »Vogue« ($ 8.00). Ich ging beim Café »Flore« vorbei, das aber geschlossen

war. Verabredete mich mit Anthony Russell und Florence Grinda zum Dinner bei »Castel's«. Er arbeitet immer noch an seinem Rock 'n' Roll. Taxi zu »Castel's« ($ 3.00).
Florence, Anthony, Florences Bruder und ein großes, hübsches Fotomodell namens Margo waren da. Mick und Jerry kamen. Mick hat einen Bart. Jerry trug eine Perlenkette, die sie von Mick hatte. Er machte gerade eine Platte. Sie sprachen über den 17 Jahre alten Freund von Anita Pallenberg, der sich im Bett umgebracht hat. Jerry spielt in dem neuen John-Travolta-Film »Urban Cowboy« mit und fährt zwischen Paris und den Dreharbeiten in Houston hin und her. Sie erzählte begeistert davon und sagte, John sei einfach toll. Jeder steuerte einen Teil zur Rechnung bei. Fred begleitete mich nach Hause. Ich blieb noch wach, las und rief Curley an, um zu erfahren, was in New York los war – er war auf den Bermudas, weil der Hausverwalter seiner Familie gestorben war.

Freitag, den 20. Juli 1979, Paris – London Sehr früh raus. Fred kam um 8.30 und tat so, als sei er im Bett gewesen und soeben aufgestanden. Später sagte er mir, er sei bei Jerry Hall gewesen. Keine Ahnung, ob er nur Spaß gemacht hat. Er war so müde, daß er einschlief. Ich mußte ihn um 10.30 wecken; denn wir mußten packen, um nach London zu fliegen. Die Tickets kauften wir bei der Lufthansa ($ 600.00, Trinkgelder $ 20.00, Taxi zum Flughafen $ 25.00). Wir nahmen einen Flug der British Airlines. Er war okay. Ein großes Flugzeug, vollbesetzt, eine DC-10, glaube ich. Taxi vom Flughafen zum »Savoy« ($ 30.00). Während wir am Flughafen auf unser Gepäck warteten, hörten wir, wie ein paar Leute über die Ankunft von Martha Graham sprachen. Sie sagten, sie sei alt, und man müsse ihr einen Karren schicken. Wir warteten eine Weile, doch sie kam nicht.
Wir trugen uns im »Savoy« ein und Martha erschien mit Ron Protas. Sie kamen aus Dänemark. Ron ist Marthas rechte Hand. Ich unterhielt mich mit Martha. Es war amüsant. Sie war sehr erschöpft. Ich erfuhr, daß Dr. Giller sich bereits angemeldet hatte, versuchte, ihn zu erreichen, aber er war ausgegangen. Liza und Halston waren noch nicht eingetroffen. Sie kamen mit der Concorde (Trinkgeld für den Träger $ 5.00, Zimmerservice $ 5.00).
Die Zimmer im »Savoy« waren klein und niedlich. Sie gingen auf den Hof hinaus, aber es war kein richtiger Hof. Winzig. Sauteuer. Der gutaussehende Nick Scott lud uns zum Dinner mit seiner Frau im »Savoy Grill« ein. Er war mal Biancas Butler. Damals dachte er, er habe sein ganzes Geld eingebüßt, doch jetzt ist er wieder flüssig. Sabrina Guinness kam auch zum Dinner. Sie ist häufig mit Prinz Charles ausgegangen und wir glauben, sie hat ihn gebumst. Fred traf Halston in der Lobby und sagte ihm, daß ich ihn so bald wie möglich anrufen würde.
Das Essen war ausgezeichnet, der Grill war superb. Sabrina und ich gingen in Halstons Zimmer. Ich nahm Liza für das Interview in »Interview« auf Band. Steve Rubell war mit Randy da. Sie hatten ein Schlafzimmer und ein Wohnzimmer. Halston wohnte im angrenzenden Zimmer mit Victor Hugo, und daneben wohnte Dr. Giller. Sein Zimmer war das schönste – ganz in Rot und Weiß, mit Blick auf den Fluß. Es war komisch, alle in einer neuen Umgebung zu erleben. Steve wollte in die Disco. Er hatte sein tragbares Radio bei sich und drehte dran rum. Victor zog sich um und probierte verschiedene Sachen an. Bianca hatte ein Zimmer mit Peter Sparking, dem Tänzer der Martha-Graham-Truppe.

Samstag, den 21. Juli 1979, London Stand früh auf und schloß mich der Halston-Clique an. Halston hatte ein Auto und wollte uns die Stadt zeigen. Ich ging mit ihm in ein paar Hemdengeschäfte. Danach schlenderten wir herum und kauften Filme und Bänder ($ 60.00). Als wir ins Hotel zurückkamen, wollte Fred zur King's Road. Ich wollte Victor mitnehmen, aber Halston wollte nicht mit Fred gehen.

Wir gingen alle zum Dinner bei »Mr. Chow's«. Ein furchtbarer Fraß. Dann entschlossen wir uns zu einem Streifzug durch die Discos. Halston war am komischsten von allen. Er rief überall an und sagte: »Hallo, hier ist Steve Rubell, Eigentümer von ›Studio 54‹. Habe ich freien Eintritt?« Er führte sich wie eine Tunte auf und machte den Reiseführer. Solange er in London war, durfte Bianca nur Halston-Kleider tragen. Sie war unglücklich. Mick hatte sie angerufen und mit ihr wegen Jade gestritten. Er sagte, er könne noch mehr Kinder haben, sie aber nicht, und sie entgegnete beleidigt, das könne sie wohl. Die beiden tun so, als sei Jade ein Gegenstand, und machen sich gegenseitig das Leben schwer. Mick wollte, daß Jade an seinem Geburtstag zu ihm kommt, doch Bianca wollte sie nicht hingehen lassen.

Sonntag, den 22. Juli 1979, London Am Abend zuvor telefonierte ich mit Catherine Guinness, und sie lud uns in das Haus ihrer Mutter und ihres Stiefvaters nach Essex ein – Kelvedon, ein riesiger Besitz. Catherine ist wirklich auf der Siegerstraße. Es war überaus schön. Drue Heinz und ihr Mann waren da. Und Guy Nevills Eltern. Ungefähr 35 Leute beim Lunch. Halston, Steve, Victor und Randy waren da. Und Catherines Stiefvater Paul Channon. Er ist jetzt Minister in Mrs. Thatchers Kabinett. Er ist auch ein Guinness, aber noch reicher als Catherines Vater. Catherines Mutter Ingrid saß zwischen Halston und mir, ein Stück weiter Victor. Es war lustig, viel Wein, ich wurde betrunken. Halston mußte zurück nach London zu Marthas Proben. Victor begleitete ihn. Catherine zeigte mir das Haus. Wunderbar. Steve spielte Tennis, und er spielt wirklich gut.

Wenn man sieht, wie reich Catherine ist, kommt es einem verrückt vor, daß sie in einer New Yorker Bruchbude gehaust hat und einer regelmäßigen Arbeit nachgegangen ist. Es war herrlich, sie bereiteten uns einen schönen Tag, und alle waren so freundlich. Verlor meine Kontaktlinse, und Catherine half mir beim Suchen. Sie lag im Waschbecken. War mir beim Einsetzen reingefallen.

Montag, den 23. Juli 1979, London Ging mit Victor und Catherine in Punkläden. Einer hieß »Seditionaries«. Wir kauften Hemden mit Nazi-Symbolen, mit denen man leicht Anstoß erregen kann, außerdem ein T-Shirt mit zwei Schwänzen, die auf ein Foto von Marilyn Monroe pissen; darunter steht »Piss«. Catherine kannte ein kleines italienisches Restaurant, wo ihre Familie sonntags hingeht. Gute italienische Küche ($ 100.00). Danach besorgten wir Blumen für Catherines Mutter ($ 20.00), und Catherine zeigte uns das Haus ihres Stiefvaters am Cheyne Walk. Whistler hat dort gewohnt.

Victor und ich fuhren zurück zum Hotel (Taxi $ 7.00). Martha Graham hatte heute Premiere im Covent Garden. Wir machten uns fertig und trafen uns in Halstons Zimmer – John Bowes-Lyon, Dr. Giller, ich, Randy, Steve und Victor. Fred holte Sabrina Guinness ab. Liza war vorausgefahren. Wir saßen alle in der ersten Reihe auf dem Balkon.

Nach den ersten drei Nummern kam Liza mit »The Owl and the Pussycat«. Dann hielt Martha eine lange Rede, ungefähr eine halbe Stunde. Alle trugen schöne Halston-Kleider. Lynn Wyatt saß zuerst neben Fred und setzte sich dann zu John Bowes-Lyon.

Mit Liza und Martha hinter der Bühne, dann eine kleine Cocktail-Party in der Bar des Covent Garden. Der Covent Garden ist sehr schön, er hat Ähnlichkeit mit der alten Met in der

38. Straße. Nach ein paar Drinks gingen alle ins »Savoy« – Halston gab eine Privatparty. Wir waren oben, wußten aber nicht, daß die Party oben *und* unten stattfand. Auf der Party unten waren Prinzessin Margaret, Halston, Liza und alle anderen. Als wir endlich merkten, was wir verpaßten, gingen wir runter. Halston war nervös, doch seine Party war fantastisch, ich fand alles toll. Victor wollte mich unbedingt Prinzessin Margaret vorstellen, doch es kam nicht dazu. Statt dessen machte ich zwei Fotos. Victor machte auch zwei Fotos von ihr und Roddy Lewellyn. Doch die beiden wollten nicht zusammen gesehen werden und ihm den Film wegnehmen. Da mischte sich Fred ein und sagte, Victor gehöre zum Hause Halston.

Verließ die Party gegen 4.00 und ging in Lizas Zimmer. Sie trug ein sehr schönes Kleid aus durchsichtigem Stoff. Das Haar hatte sie zurückgebürstet, so wie ihre Mutter früher – in »The Owl and the Pussycat« hat sie es so getragen. Es war eine Perücke, aber ich hätte das nicht gemerkt.

Nachdem Halston und ich Lizas Zimmer verlassen hatten, machten wir uns daran, alle Schuhe zu vertauschen, die vor den Türen standen. Das war das Komischste, was ich je gemacht habe.

Donnerstag, den 26. Juli 1979, London – Paris Stand früh auf – mußte packen und alle zusammentrommeln. Halston führte das Kommando, und Steve wußte nicht, wem er Trinkgeld geben sollte. Schlimm, wenn man so knauserig ist – er ist wirklich ein Geizhals. Er *weiß* ganz genau, was Dinge wert sind, aber er will nichts geben, sondern alles *behalten*, glaube ich. Mir ist das unbegreiflich. Als Halston seine Rechnung bezahlt hatte, brüllte er den Typ am Empfang an, daß alles dreckig und häßlich gewesen sei, und ob sie tatsächlich der Meinung seien, daß man mit einem so miesen Service ein Hotel führen könne. Ich fand das unmöglich, aber er sagte: »Das muß man tun. Man muß sie auf Trab halten und ihnen vormachen, daß man reich ist, sehr, sehr reich.« Er brüllte weiter, und keiner gab mehr ein Trinkgeld. Wir verdrückten uns. In dieser Bruchbude steigen wir kein zweites Mal ab. Immerhin haben zwei Zimmer für zwei Leute $ 2600.00 gekostet, und wir hatten nicht einmal etwas verzehrt.

Wir kamen rechtzeitig zum Flughafen. Das »Savoy« hatte einen netten Mann dort, der für uns das Einchekken erledigte. Ich gab ihm $ 15.00.

Wir stiegen ein, alles reibungslos, und 40 Minuten später landeten wir in Paris. Victor hatte vergessen, ein Visum zu besorgen und wurde deshalb am Zoll aufgehalten. Wir warteten auf ihn. Steve sagte: »Ist das nicht Jerry Hall?« Sie war es. Sie kam gerade aus Houston von den Dreharbeiten zu dem John-Travolta-Film. Mick hatte in ein paar Tagen Geburtstag, und sie wollte ihn in ein schickes Restaurant einladen. Endlich kam Victor vom Zoll. Ein Wagen erwartete uns (Gepäck $ 5.00). Hotel Plaza-Athénée. Herrliches Wetter. Sehr schöne Suite. Halston hatte in Paris nichts anderes vor, als seinem Hund etwas von Vuitton zu kaufen. Gepäck für Linda.

Freitag, den 27. Juli 1979, Paris – New York City Kam erst um 6.00 ins Bett, und um 7.30 klopfte Halston an meine Tür. Er haßt es, von New York weg zu sein, und wollte wieder zurück. Doch um diese Zeit aufzustehen war ein Horrortrip. Das Hotel war überaus schön. Es hatte Geranien vor den Fenstern und rote Markisen. Steve wollte auch nicht aufstehen und abreisen, doch nachdem wir ihm eine halbe Stunde gut zugeredet hatten, stand er tatsächlich auf. Wir mußten uns hinsetzen und frühstücken, doch das war eine Tortur.

Halston machte das Rumbrüllen Spaß. Sobald es ans Bezahlen geht, spielt er sich auf, schreit und staucht jeden zusammen, weil der Service miserabel gewesen sei und er auch noch

dafür bezahlen müsse, und wenn er die Rechnung begleicht, läßt er einen das spüren – na ja, er ist wie ich, nur schlimmer. Und dann erzählt er dir, daß er wieder nach New York zurück muß, um zu schuften und Geld ranzuschaffen, nur um anschließend wieder Geld auszugeben. Mein Gott, das nervt. Aber andererseits ist es wirklich unglaublich, was Hotelzimmer jetzt kosten.

Endlich saßen Victor und die andern im Wagen und wir kamen rechtzeitig in die Concorde. Steve gab dem Chauffeur kein Trinkgeld, obwohl er die ganze Nacht mit uns unterwegs gewesen war und nicht geschlafen hatte. Ich gab ihm einen Fünfziger ($ 50.00).

Kaum saßen wir im Flugzeug, schliefen alle ein. Die Stewardeß weckte Halston, und er schrie sie an, das ja nicht noch mal zu tun.

Ich war scharf auf das Silberbesteck der Concorde und wollte Victor wekken und bitten, ein Essen zu bestellen, um an mehr Bestecke heranzukommen – ich arbeite mich an eine zwölfteilige Garnitur heran. Ich weckte ihn aber nicht und kam deshalb nur zu einem Besteck. Es war ein angenehmer Flug. Der Zollbeamte nach der Landung war früher Taxifahrer und hatte mich mal gefahren; er winkte mich durch. Kam nach Hause und ging ins Büro. Die Taxis sind teurer geworden ($ 4.00).

Es war ein heißer Tag, und im Büro tat kein Mensch einen Handschlag. Brigid wartete auf die Frau aus New Jersey, die den Geburtstagskuchen für ihre Mutter liefern sollte. Sie wollte ihn später aufs Land mitnehmen.

David Whitney rief an und sagte, ich müsse einige der Porträts nach Paris schaffen. Ich rief Fred an, erreichte ihn aber nicht. Arbeitete mit Rupert bis 7.30. Las meine Post.

Sonntag, den 29. Juli 1979

Weißt du, was Jean Stein getan hat? Sie rief meine Familie in Pennsylvania an und wollte sie für ihr Buch über Edie interviewen – sie sagte, sie arbeite an einem »Buch über die sechziger Jahre«. Eine Unverschämtheit!

Ich sprach mit Henry Post. Sein Bein ist immer noch in Gips, aber die Auto-Versicherung stellt ihm eine Schwester, die für ihn tippt. Henry behauptet, es existiere eine ganze Liste von Leuten, die im »Studio 54« Drogen gekauft haben, und die Staatsanwaltschaft sei hinter dieser Liste her.

Montag, den 30. Juli 1979

Stand früh auf und sah die »Today Show«. Es tat wohl, wieder gutes amerikanisches Fernsehen zu sehen. Danach zog ich los, um »Interviews« zu verteilen, und auch das fand ich wieder gut. Ich schlenderte zum Hotel »Pierre«, wo Ronald Reagan beim Lunch der North American Watch Company sprechen sollte. Ich war dort mit Vincent verabredet. Ich dachte, ich sei zu früh dran, deshalb schaute ich noch bei »Tiffany's« rein. Ich ging davon aus, daß sie nicht vor 1.00 anfangen und eine Stunde lang Cocktails trinken würden, doch als ich um 12.55 hinkam, waren sie schon mitten drin. Vincent war schon unruhig, und wir gingen hinein. Barbara Sullivan von der Uhrenfirma war sehr nett. Sie stellte mich Ronald Reagan als »Andy Warhol, der Künstler« vor. Leider standen die Fotografen hinter uns und kriegten deshalb keine Bilder. Neben Ronald Reagan saß Harry Platt, der Direktor von »Tiffany's«. Ich erzählte ihm, daß ich zu spät gekommen sei, weil ich noch bei »Tiffany's« eingekauft hätte. Das fand er herrlich. Ich mache eine Diät, deshalb aß ich nur Steak. Art Buchwald hielt eine Rede, und er ist wirklich komisch. Er sollte im Fernsehen auftreten. Nach ihm sprach Ronald Reagan. Die Republikaner wollen ganz cool zusehen, wie sich die Demokraten gegenseitig zerfleischen, also wird wohl Teddy Kennedy an die Macht kommen. Ronald Reagan sieht großartig aus mit seinen 69 Jahren. Er nannte Gouverneur Jerry Brown »flockig«. Was bedeutet »flockig«? Dann holte man ihn vom Rednerpult; keine Zeit

Da
(Ar

mehr, sich unters Volk zu mischen. Ich finde das unmöglich.
Ich arbeitete bis gegen 7.30 und setzte Rupert ab ($ 4.00). Ich rief Barbara Allen an und lud sie für den Abend ein. Um 8.30 fuhren wir mit dem Taxi zum »Le Club« ($ 4.00). Vitas war über unser Kommen nicht sonderlich begeistert. Seit dem Artikel in »Interview« ist er reserviert, weil er auf dem Foto kein Hemd anhat und einen Knaben umarmt.
Barbara trug den Pyjama von irgendwem, sah aber gut darin aus. Sie will nach Kalifornien ziehen. Sie zeigte mir eine goldene Halskette von Cartier, die ihr Bill Paley geschenkt hatte. Sie sagt, Typen wie Gianni Agnelli und Bill Paley seien durchweg in sie verliebt.
Übrigens, in London gibt es sehr viele Araber. Das wäre was, wenn wir Porträt-Aufträge von Arabern kriegen könnten. Nach Amerika kommen sie kaum, aber in England sind sie überall. Sie sind stinkreich – wenn wir da bloß einsteigen könnten.

Dienstag, den 31. Juli 1979
Ron Feldman hat Harry Guggenheim auf die Liste der berühmten Juden gesetzt, die er in der Serie haben möchte. Wir diskutieren, ob wir auch Woody Allen und Charlie Chaplin nehmen sollten, wußten aber nicht, ob Chaplin tatsächlich Jude war.
Ich fuhr nach Hause und ging dann ins »Le Relais«, um mich mit John Fairchild jr. zu treffen. Ralph Lauren war da.
John hat jetzt eine ältere Freundin. Robyn Geddes auch. Vierzigjährige, von denen sie sich herumkommandieren lassen (Dinner $ 190.00).

Mittwoch, den 1. August 1979
Bekam von John Reinhold einen Platinring als verfrühtes Geburtstagsgeschenk. Ich konnte ihm nicht sagen, daß ein falsches Datum eingraviert war – statt 6. 8. 79 stand da 5. 8.! Letztes Jahr hat er das richtige Datum noch gewußt.

Donnerstag, den 2. August 1979 Ich schickte Rupert zu UPI, um Fotografien berühmter Juden auszusuchen.

Samstag, den 4. August 1979
Holte Rupert zu Hause in der White Street ab. Rupert möchte das Gebäude kaufen, in dem sich sein Loft befindet, und das angrenzende Haus auch. Ich vermute, er hat eine Menge Geld, sonst würde er an einen solchen Kauf nicht denken. Seine Mutter ist aus Palm Beach, sieht aber durchaus wie eine Mutter aus. Als Rupert einmal in Frauenkleidung auf einer Party erschien, ähnelte er ihr sehr. Rupert Jason Smith.
Kaufte Käse und Süßigkeiten für meinen Geburtstag übermorgen. Danach arbeitete ich oben vier Stunden mit Rupert, und später fuhren wir mit dem Taxi in die Christopher Street ($ 2.00) und pirschten nach was Neuem.

Montag, den 6. August 1979
Mein Geburtstag. Als ich ins Büro kam, schnitt ich sofort den Kuchen an, damit ich das nicht vor den anderen tun mußte. Er schmeckte miserabel. Brigid hatte ihn bei einer Frau in New Jersey bestellt. Es war, wie gewünscht, eine *Hochzeitstorte*, dreistöckig, aber sie war dann doch nicht groß genug, weil den ganzen Tag Leute kamen. Meist ignoriere ich meinen Geburtstag und verbitte mir jede Erwähnung, aber dieses Jahr war ich in Partystimmung und sträubte mich nicht. Ich arrangierte sogar die Party und lud Leute ein.

Dienstag, den 7. August 1979
Ich arbeitete bis 7.30. Halston gab eine Party für mich. Er wußte, daß ich Geburtstag hatte, aber er wollte nicht an einem Montag feiern. Es war schön: nur die Kids aus dem Büro. Truman war auch gekommen, und D. D. Ryan sagte ihm, daß ihr das Interview »Siamesische Zwillinge«, das er vor sieben oder acht Jahren mit sich selbst gemacht hat, sehr gefallen

habe. Ein ähnliches Interview hat er für die Februar-Ausgabe von »Interview« gemacht. Truman wurde verlegen und leugnete das Zwillings-Interview, doch dann gab er es zu.
Der Geburtstagskuchen war ein riesiger Keks, wie ein »Famous Amos«, nur sah er wie ein großer Haufen Scheiße aus. Lustig.
Halston schenkte mir nicht wieder so etwas Teures wie voriges Jahr. Wahrscheinlich war es ihm zuviel, sich jedes Jahr in solche Unkosten zu stürzen. Darum brach er mit der Tradition und gab mir 20 Schachteln. Eine enthielt Rollschuhe, eine andere einen Sturzhelm, Radio, Kopfhörer, Knieschützer, Handschuhe und ein Buch »Wie laufe ich Rollschuh?«. Victor holte seine Rollschuhe, und wir liefen vor dem Haus. Das hat Spaß gemacht. Jane Holzer und Bob Denison kamen spät. Wir bestellten Wagen und fuhren ins »Studio 54«. Und Steve machte mir ein nützliches Geschenk: eine Rolle Karten für 5000 Gratis-Drinks, die er gerade fürs kommende Jahr hat drucken lassen.

Mittwoch, den 8. August 1979
Kulturdezernent Geldzahler rief an. Es paßte ihm nicht, daß Raymond New York verlassen wollte. Fred brachte Lizas Fotos – sie waren entsetzlich. Zwar waren sie scharf und deutlich, aber Liza, die ja nicht dick ist, wirkt darauf dick und sieht aus wie ein Transvestit. Falscher Gesichtsausdruck. Richard Bernstein hat einen ausgesprochenen Kreativ-Job vor sich, bevor er sie auf der Titelseite von »Interview« plazieren kann.
Später ins »Studio 54« ($ 4.00). Steve stand an der Tür und sagte, Valerie und Robin Williams seien da. Er führte mich zu ihnen. In den Zeitungen ist immer wieder von Scheidung die Rede, aber Valerie sagte, das sei nicht wahr.
Ich stellte ihr einen süßen Kellner namens Robert vor, der frei hatte und ihr zu gefallen schien. Sie tanzten, aber dann wurde Valerie nervös – vielleicht hatte sie Robin nur eine Minute lang eifersüchtig machen wollen. Er trägt noch immer die Sachen, die wir damals im Village gekauft haben. Er hat einen eigenartigen Körperbau.
Steve rauchte einen Joint, und als der Typ, von dem er ihn bekommen hatte, noch einmal dran ziehen wollte, machte Steve ein Theater.

Sonntag, den 12. August 1979
Ich hatte das »POPism«-Manuskript mit nach Hause genommen und arbeitete am Nachmittag daran. Dann diskutierte ich es mit PH am Telefon. Ging kurz zur Kirche. Das Wetter war furchtbar, es regnete in Strömen.

Freitag, den 17. August 1979
Ich ging zum Gulf & Western-Gebäude zu einem Termin mit Paramount Pictures wegen des Plakats für den Film »The Serial«. Ich hatte keine Ahnung, daß eine so große Versammlung angesetzt war. Ich kam eine Viertelstunde zu spät, und es waren schon 20 Leute da. Fred war zwar anwesend, hatte aber einen Kater. Er war regelrecht krank und mir keine Hilfe. Kohen (mit »K«) deutete aus dem Eckfenster und sagte: »Sie müssen sich sehr viel Mühe geben, damit ich das Büro behalten kann.« Er wiederholte mehrmals: »Ich weiß es, wenn ich es sehe.« Wie altmodisch.
Nach dem Gespräch machte ich mit Fred einen Spaziergang, weil ihm noch übel war. Das Geschäft erschien uns nicht sehr attraktiv. Fred wird ihnen einen sehr hohen Preis nennen, und wenn sie okay dazu sagen, mache ich das Plakat.

Montag, den 20. August 1979
Ich fuhr mit dem Taxi zum Irving Place und stieg am Gramercy Park aus ($ 1.50). Sah ein Eichhörnchen, das eine Nuß fraß. De Antonio und seine Frau waren schon in der Irving 65. Wir haben ihn gebeten, für »Interview« zu schreiben, und jetzt suchen wir einen Interviewpartner für ihn.
Traf Barry Friedman auf der Straße, aber er zeigte mir die kalte Schulter.

Ich weiß nicht warum. Er hatte ein Mädchen bei sich. Vielleicht war er high oder verärgert, oder jetzt was Besseres; ich weiß auch nicht.

Dienstag, den 21. August 1979
Ich arbeitete bis 7.30. (Taxi $ 4.00). Ich ging nach Hause und machte Zeichnungen. Kein Mensch rief an. Sind alle im Urlaub?

Sonntag, den 26. August 1979
Barry Landau rief an. Die »New York Times« hatte ihn gefragt, ob er Hamilton Jordan im Keller von »Studio 54« gesehen habe. Er sagte, er habe ja gesagt; er habe es nicht fertiggebracht, zu lügen. Ich ging zur Kirche.

Montag, den 27. August 1979
Ich hatte keine Verabredung zum Lunch, war brav und aß nichts. Aber dann kam Fred und wollte das neue Ding aus dem »McDonald's«-Werbespot probieren – das Rindfleisch-und-Zwiebel-Sandwich. Es schmeckte wie Pappe, und die kleinen Stücke sahen wie vorgekaut aus. Die Zwiebeln waren das einzig Gute; sie waren echt. Komisch, echte Zwiebeln und alles übrige künstlich. Die Soße war gut, aber sehr süß.
Am Nachmittag ging ein schweres Gewitter nieder.

Dienstag, den 29. August 1979
Auf der Titelseite der »Post« war ein großes Bild von Barry Landau. Landau sei Zeuge gewesen, als Hamilton Jordan im »Studio 54« nach Kokain fragte.

Mittwoch, den 29. August 1979
Stand auf und fuhr zum Union Square ($ 3.50). Zu Fuß ins Büro. Fred hatte die Zeitungen und wir lachten, als wir den Artikel über das »Studio 54« lasen. Das Telefon läutete – FBI! Wir lachten nicht mehr. Ich ließ Fred sprechen. Sie meldeten sich noch für heute bei mir an. Halston rief an und sagte, das FBI sei gerade bei ihm gewesen, weshalb, wollte er am Telefon nicht sagen. Kurios, womit die ihre Zeit vergeuden. Haben sie denn keine Liste der zehn meistgesuchten Männer mehr? Da wollen sie ausgerechnet Barry Landau finden, den sonst kein Mensch finden will!
Rupert und ich arbeiteten an der Serie der berühmten Juden. Ich habe noch immer nicht verbindlich erfahren, wer alles dazugehören soll. Sarah Bernhardt, vielleicht Woody Allen, Charlie Chaplin, Freud, Modigliani, Martin Buber. Wer ist Martin Buber? Die Guggenheims, Einstein, Gertrude Stein und Kafka (Fotos für die Recherchen $ 2.20). Ich glaube, sie haben überlegt, auch Bob Dylan dazuzunehmen, aber ich habe gelesen, daß er jetzt »wiedergeborener« Christ geworden ist.

Donnerstag, den 30. August 1979 Mit dem Taxi zum Union Square ($ 3.60). Zu Fuß ins Büro. Telefonierte, aß eine Kleinigkeit. Es wimmelte von Models, die von Barry McKinley fotografiert wurden, meist Männer, die blendend aussahen. Wieso bietet sich heute eine so große Auswahl? Weil keiner mehr zur Armee geht? Wäre es nicht toll, einen Film nur mit gutaussehenden Jungen zu drehen – der Metzger, der Bäcker – nur Models.

Freitag, den 31. August 1979
Das »Interview« mit Liza auf der Titelseite ist raus. Es hat viele Flecken. Ich war enttäuscht, weil das Heft so dünn war. 40 Seiten Anzeigen bei nur 88 Seiten. Und die »Vogue« ist diesen Monat so dick wie ein Telefonbuch.
Ich mußte mich mit meiner Agentin, Joan Hyler, im »Elaine's« treffen, damit sie mich dem Mann vorstellen konnte, der mir eventuell eine Gastrolle in »The Love Boat« verschafft (Taxi $ 3.00). Elaine wirkte sehr schmal. Am Nachbartisch saßen Jerzy Kosinski und seine Freundin Kiki und ein Pole, ein Regieassistent, der gerade geflohen ist. Er war überwältigt: Sein erster Tag in New York, und

gleich trifft er *mich*. Er hatte in Polen meine »Philosophy« gelesen. Er hatte noch keinen Asylantrag gestellt – unmöglich an einem Feiertag, er mußte bis Dienstag warten.
Wir gingen ins »Studio 54«. Mark ließ uns ein. Steve Rubell war da, nüchtern. Er fand Barrys Verhalten großartig. Ich hatte eine Sekunde lang vergessen, daß Barry es für Steve tat und wollte gerade sagen, wie schrecklich Barry war. Ich besann mich aber noch rechtzeitig und hielt den Mund. Steve hat also eine Abmachung mit den Behörden getroffen – wenn er Namen preisgibt, verbessert er damit seine eigene Lage. Also hilft ihm Barry, indem er Namen nennt.

Dienstag, den 4. September 1979 Bruno Bischofberger läßt mir keine Ruhe wegen meiner frühen Fotos für seine Fotosammlung. Wann habe ich mit den Polaroids angefangen? 1965? Bruno möchte, daß ich die Freiheitsstatue male, aber ich habe mich noch nicht entschieden. Ich versuchte, ihm die Idee auszureden und ihn für meine Herz-Bilder zu interessieren.
Ich traf Diane von Fürstenberg, die nicht mehr ins »Studio 54« gehen will, weil sie es falsch findet, daß Steve Namen nennt.

Mittwoch, den 5. September 1979 Ein Hurricane zog auf, es war alles grau. Ich verteilte »Interviews«, die neuen mit Liza, und dachte an Montauk. Es hieß, dieser Hurricane bewege sich in dieselbe Richtung wie der von 1938, der damals Montauk flachlegte.
Ich holte Bob um 7.45 ab. Wir fuhren zum »Magno«-Vorführraum, um uns »Yanks« (»Gestern waren wir noch Fremde«, Regie John Schlesinger, 1978) anzusehen. Ich lud auch Curley dazu ein. Bob und ihm gefiel der Film sehr, ich konnte ihn nicht ertragen. Er spielt in den vierziger Jahren, aber wenn du einen Film aus den vierziger Jahren sehen willst, brauchst du doch nur den Fernseher einzuschalten und siehst auch noch schöne Menschen wie Tyrone Power und nicht Richard Gere! In dem Film gab's keine Bomben und keinen Krieg.

Donnerstag, den 6. September 1979 Ich stand auf und David war da – Hurricane David. Ich glaube, es hat die ganze Nacht geregnet; deshalb muß ich wohl auch einmal aufgestanden sein.
Ich verteilte wieder »Interviews«.
Ich ging denselben Weg wie sonst. Der Hurricane war ausgeblieben. Es hatte auch zu regnen aufgehört. Nur die Bäume im Park sahen mitgenommen aus, doch nicht sehr.
David Kennedy in den Schlagzeilen! Er war in Harlem gewesen, um Rauschgift zu kaufen. Er ist der Irre, der mit Fred die Schlägerei im »Xenon« hatte. Süß, wie er zur Polizei sagte: »Ich bin David Kennedy. Bitte sagen Sie meiner Familie nichts. Ich bin auf dem Weg nach Hyannis.«

Samstag, den 8. September 1979 Fuhr nach Forest Hills und bekam einen guten Platz. Ging zu den Umkleideräumen. Billie Jean King sagte hallo. Sah Martina Navratilova gegen Tracy Austin zu, aber ich hasse Damentennis. Mädchen spielen nicht besonders gut. Ich hasse ihre Art zu spielen, kann sie nicht ausstehen.
McEnroe und Connors spielten gegeneinander – dieselbe Art Mensch, dieselben Typen.

Samstag, den 15. September 1979, New York – Chadds Ford, Pennsylvania Suzie Frankfurt holte uns ab – der Wagen gehörte einem Kunden von ihr, für den sie das Haus einrichtet. Ein schöner Tag. Wir fuhren direkt zum Brandywine River Museum, und von dort nahm uns jemand zu Frolic Weymouths Haus mit. Er hatte ein Zelt aufgebaut und servierte recht anständigen Geflügelsalat. Genau die richtigen Leute waren da. Lady Bird Johnson, Henry und Shirlee Fonda, reiche alte Damen wie Bulldoggen.
Anschließend gingen wir zu Jamie Wyeth, der die ganze Zeit für

»WWD« interviewt wurde. Phyllis war im Pool, und ich unterhielt mich mit Shirlee Fonda.
Dann zurück zu Frolics Haus – umziehen. Die Frauen zogen ihre Ballkleider an. Henry Fonda hat übrigens noch alle Zähne. Er aß grüne Äpfel. Ich bin sicher, daß die Zähne echt sind, weil sie leicht nachgedunkelt sind.
Suzie drehte einen Joint – peinlich. Ich probierte einen Pfefferminzdrink und schüttete ihn weg. Suzie vergaß, dem Chauffeur was zum Essen zu bringen. Furchtbar.
Im Museum stellte mich Frolic Gouverneur Scranton und seiner Frau und einigen alten Damen vor. Wir nahmen ein paar Drinks, sahen Bilder, aßen zu Abend. Marina Schiano und Jed tauschten ihre Platzkarten, weil sie nebeneinander sitzen wollten. Sie waren nicht glücklich. Ich saß zwischen Nancy Hanks und Bonny Wintersteen, der Schwester Henry McIlhennys. Nancy ist die Chefin des National Endowment for the Arts. Ich vermute, daß sie Jamie in ihr Ratgeber-Gremium, den American Council for the Arts, geholt hat. Bonny Wintersteen war faszinierend und lustig. Sie ist dick und kämmt ihr graues Haar streng zurück. Vor ein paar Jahren hat sie ihre zehn berühmtesten Gemälde an die Japaner verkauft. Sie brachten hohe Preise. Sie habe es satt gehabt, ständig fremden Leuten in ihrem Haus die Bilder zu zeigen.

Sonntag, den 16. September 1979, New York Ging auf Lester Perskys »Yanks«-Party im »Trader Vic's«. Es war ein kleines, privates Dinner für 14 Gäste. Lester und Richard Gere, John Schlesinger und Tommy Dean kamen fast gleichzeitig. Lester trägt jetzt einen schmalen Schnurrbart. Richard Gere fragte, wie Lester und ich uns kennengelernt hätten. Ich sagte, wir hätten uns vor zehn Jahren in der Gosse getroffen. Diesmal gefiel Lester die Geschichte nicht – mein Fauxpas. Richard erzählte, er sei vor zehn Jahren mit dem Bus von New Jersey gekommen und habe im Village unseren Film »Bike Boy« gesehen. Seitdem wollte er Schauspieler werden – elf Jahre habe er dazu gebraucht. Er ist groß und sieht gut aus. Wir sprachen über Frauen, und er erzählte mir, daß er in Rom Dalila Di Lazzaro, das schönste Mädchen der Welt, kennengelernt habe – auf einer Party in Zeffirellis Hinterhof. Ich sagte ihm, sie sei unsere Entdeckung. Paul Morrissey hatte sie im italieni-

Richard Gere *(London Features International)*

schen Fernsehen in einem Werbespot für Seife gesehen und sie zum Star in »Frankenstein« gemacht. Richard war beeindruckt. Er spielt demnächst in »Bent« mit, einem neuen englischen Stück über Homosexuelle in Konzentrationslagern. Ich fragte ihn, ob er Italiener sei. Nein, Franzose und Ire.
John Schlesinger hielt eine Rede.

Montag, den 17. September 1979 Taxi zum Union Square ($ 4.00). Ich hatte einen Lunch für Jack Kroll von »Newsweek« geplant und auch zwei seiner Freunde eingeladen. Einer hatte den Film »Anti-Clock« gemacht, den Jack mochte. Ob das Mädchen seine Freundin war oder seine PR machte, wußte ich nicht. Es handelt sich um einen kleinen künstlerischen Film. Sie sagten: »Es ist Ihre Art Film« (lacht), also

kann man sich vorstellen, was dran ist.
Bob sagte, er sei deshalb so hinter »Newsweek« her, damit sie eine Titelgeschichte über mich bringen. Doch ich will keine. Was würden sie denn schreiben? Reporter wärmen doch nur alte Geschichten auf. »Er wohnt auf der Upper East Side, hat zwei Dackel, und manchmal dient er Paulette Goddard als Spazierstock.« Vielleicht sehen sie es ja wie ich und finden mich auch langweilig. Man muß schon etwas Besonderes tun, heiraten und Kinder kriegen oder Drogen nehmen oder 100 Kilo abnehmen oder sterben, um was herzugeben.
Setzte Rupert und Bob ab ($ 4.00), ging nach Hause und zog meinen Smoking an. Robyns Mutter, Mrs. Amory, hatte mich zu einem Abend mit Tanz zugunsten der Krebsforschung eingeladen. Ich hatte Gael Malkenson gebeten, mich zu begleiten und holte sie ab. Sie trug ein hellgrünes Kleid. Wir nahmen einen Drink. Ihr Freund ist verreist. Er arbeitet für eine Käsefirma, und Gael nimmt zu, weil er den ganzen Käse mit nach Hause bringt. Mit dem Taxi zum Lincoln Center ($ 2.50).
Ein Orchester spielte, und alle alten Schachteln tanzten Foxtrott auf dem Parkett. Und immer ist eine Lady zwischen 75 und 80 darunter, die auf der Tanzfläche zu hopsen anfängt. Die alten Schachteln wollen immer noch mit Männern ins Bett. Sie sehen aus wie die Frauen in der Transvestitenbar »Bonnie & Clyde«. Jede könnte deine Mutter sein.
Die Gilmans waren da. Sie sind sehr gut mit Robyns Mutter befreundet und wohnen auch in Tuxedo Park. Ich fragte Sondra, was Adela Holzer mache, und sie antwortete: »Du wirst es nicht glauben, mein Lieber, aber sie wohnt seit acht Monaten bei mir. Und sie wird den Gerichtssaal als Siegerin verlassen.« Ich glaube, das ist wahre Freundschaft. Aber wenn sie eine so gute Freundin ist, wieso hat sie Adela dann vier Tage im Gefängnis sitzen lassen?
Bei der Tombola gab es eine Reise nach Mailand zu gewinnen. Aber wer will schon nach Mailand?

Gael und ich sprachen lange über unsere Zeitschrift. Robyn und ich wollten von ihr Klatsch über Bob erfahren, aber sie wollte über ihren Boß nicht reden. Sie sagte nur, daß sie ihm aus dem Weg geht, wenn er brüllt.

Mittwoch, den 19. September 1979 Stand früh auf, weil wir im Büro einen großen Lunch hatten. Brigid hatte Stanley Marcus von Neiman-Marcus eingeladen. Taxi zum Union Square und von dort zu Fuß ins Büro (Taxi $ 3.00, Nahrungsmittel $ 125.00). Die Eingangshalle war frisch gestrichen – in puertoricanischen Farben. Man mag nicht da durchgehen.
Mr. Marcus war ein lustiger, kleiner Mann. Ich naschte vom Krautsalat, und er ertappte mich dabei. Wir erwarteten Fred aus Europa zurück, aber er kam nicht. Rupert ließ sich sehen. Später kam auch noch Curley und holte den Schirm ab, den mir Jack Heinz neulich geliehen hatte. Jack hatte angerufen und gesagt, es sei sein Lieblingsschirm.
Ich bat Carole Rogers von »Interview«, das Wort »Out« als Titel für eine Zeitschrift eintragen zu lassen. Aber sie sagte, das ginge nur, wenn man das Blindmuster einer Zeitschrift mit diesem Titel einreiche. Ich möchte eine neue Zeitung starten, eine *jüngere* als »Interview«. »Interview« ist mittlerweile zu etabliert. Setzte Rupert ab ($ 4.00), zog den Smoking an und holte Suzie Frankfurt und Bob ab.
Wir gingen zu Fuß ins »Pierre« zu Gianni Versaces Modenschau. Gianni Versace setzte sich an unseren Tisch, doch erst nach der Schau. Carrie Donovan war da, von der ich meine ersten Jobs habe. Andre Leon Talley saß neben mir, eine ziemliche Tunte. Und dieser Kerl von »Women's Wear«, der uns nicht leiden kann. Wie heißt er noch? Michael Coady. Er saß mit seiner Freundin bei uns am Tisch,

und diesmal war er richtig nett. Und Ludovic, der Geschäftsführer vom »Regine's«.
In der Modenschau führten europäische Mädchen Sachen von Joe MacDonald vor. Seltsame Textilien – Spitzen, Velours und Leder. Seine Kleider sind dieses Jahr sehr feminin, verspielt, irgendwie gerafft und häßlich. Zum Schluß übermannten ihn seine Gefühle, und er weinte (lacht).
Ludovic lud uns ins »Regine's« ein, aber zuerst gingen wir noch zu einer Party für Michael O'Donoghue, zu der uns Nelson eingeladen hatte. Michael hat den Film »Mondo Video« geschrieben, der jetzt gerade anläuft. Ich bezahlte den Wagen ($ 15.00) zum »Tango Palace«, Ecke 47. Straße und Broadway. Dort sah es aus wie in der alten Factory, mit Alufolie an den Wänden. Und die Mädchen, die früher zehn Cent pro Tanz kosteten, kosten heute $ 20.00 pro Sekunde. Eine Frau mit Riesenbrüsten wie Geri Miller in »Trash« war da und tanzte; vulgär. Die Party war abscheulich. Die widerlichsten Leute sprachen mich an. Es spielte eine Band, die sich »The Clits« nannte. Richard Turley war da und ihm gefiel es dort.

Donnerstag, den 20. September 1979 Ich mußte mir eine Vorführung von »Anti-Clock« ansehen. Jack Krolls Freunde, die den Film gemacht hatten, zeigten ihn extra für mich und weil ich nicht alleine hingehen wollte, nahm ich John Reinhold, Curley und Thomas Ammann mit, der sich für solche Filme interessiert. Wir fuhren zur Ecke 48. Straße und Broadway (Taxi $ 3.00). Ich kam fünf Minuten zu spät. Sie hatten schon angefangen. Der Film war unscharf und wurde an nur etwa vier Stellen scharf. Er lief auf zwei Leinwänden, war als Video aufgenommen und dann auf Film übertragen worden. Ein Mädchen masturbierte unter der Dusche. Dann sah es aus, als sei der Film gerissen, und wir wußten nicht, ob das der Fall oder der Film zu Ende war. Keiner wagte zu fragen. Also blieben wir im Dunkeln sitzen, und erst als wir einen Mann mit dem Film aus dem Vorführraum kommen sahen, wußten wir, daß er wirklich zu Ende war. Wir wußten nicht, was wir sagen sollten. Aber die Frau, von der die Vorführung organisiert worden war, erwartete eine Reaktion. Also sagte ich schließlich: »Ich fand ihn gut«, und sie war erleichtert.

Freitag, den 21. September 1979 Stand auf, lief rum, verteilte »Interviews«. Ich ging zu Manolo Blahniks neuem Schuhgeschäft Ecke 65. Straße und Madison; schöne, einmalige Schuhe. Ging zu »Kron's« ($ 58.68). Es regnete, daher war es unmöglich, ein Taxi zu bekommen, alle brauchten eins. Da fuhr Gene Shalit in einem Wagen vorbei und bot an, mich mitzunehmen. Ich sagte, mein Ziel liege nicht auf seinem Weg, aber er sagte, ich könnte gar nicht genug von ihm verlangen! Er sagt, daß er nicht raucht, nicht trinkt und auch keine Drogen nimmt – er arbeitet nur. Er hat Meryl Streep zu einem Interview überredet, und ich fragte ihn nach seinem Geheimnis – wir versuchen nämlich auch schon lange, sie für »Interview« zu kriegen. Er sagte, das sei der Lohn für zähe Arbeit. Grundsätzlich nehme er alle Anrufe selbst entgegen, und lasse nie einen Assistenten ran. Er fuhr mich bis zum Büro. Ich arbeitete den ganzen Nachmittag; später setzte ich Rupert ab (Taxi $ 4.00).
Zu Hause zog ich mich um. Ich war Sharon Hammonds Begleiter bei einer Party für Alexis Smith im Restaurant »Dukes«, bevor sie mit »The Best Little Whorehouse in Texas« auf Tournee gingen. Ich saß zwischen Mrs. Long und Twyla Tharp. Twyla jammerte, ihre Filmkarriere sei abgemeldet; Lester und »Hair« hätten sie ruiniert, weil zuwenig von ihrem Tanz zu sehen gewesen sei. Aber ich kann mir beim besten Willen nicht vorstellen, wie sie noch mehr hätten

bringen können. Sie hatte ihren gutaussehenden Freund mit, der jünger ist als sie. Sie leben seit Jahren zusammen. Sie bestritt, daß sie etwas mit den Judson-Tänzern zu tun hatte – das waren die Tänzer in der Judson Church im Village, damals in den sechziger Jahren. Zwar leugnete sie nicht, sie zu kennen, aber immer, wenn ich einen erwähnte, sagte sie, da sei sie gerade im Keller gewesen oder so. Aber nach ein paar Drinks begann sie, Geschichten über die Tänzer zu erzählen, die sie angeblich nicht kannte.

Samstag, den 22. September 1979 Ich ging vom Büro aus zum Markt und kaufte Sachen für die Küche ein ($ 8.00). »Interview« lief.
Thomas Ammann holte mich mit seinem Wagen ab. Wir fuhren zum »Nippon«, um die anderen zu treffen. Wilson Kidde und Billy Kimball – er ist ein Freund von Wilson, der in Harvard studiert – John Reinhold, Robert Hayes, Curley, Keller Donovan, der Dekorateur, Rupert und sein neuer Freund waren schon da – wir waren zu zehnt, und lauter Männer. Es war schon fast peinlich. Ich hörte ein älteres Paar am Nachbartisch sagen (lacht): »Das sind bestimmt angehende Collegestudenten mit ihren Dozenten.« John und ich wirkten eben älter, und die Jungs trugen alle Krawatte und Jackett. Wir amüsierten uns gut (Dinner $ 300.00). Anschließend gingen wir ins »Cowboys« und danach ins »Rounds«. Ein Typ dort sagte, er kenne mich aus Tennessee, und fragte, ob er sich zu uns setzen dürfe, um das wahre New York kennenzulernen ($ 105.00). Joe MacDonald war da und erzählte uns, daß das »Flamingo« wieder aufgemacht habe. Also fuhren wir hin und der Türsteher ließ uns gratis rein, weil ich dort bei einer männlichen Schönheitskonkurrenz mal in der Jury war. Das »Flamingo« war toll, denn alles war nagelneu. Um 3.00 brachte mich Thomas Ammann nach Hause.

Sonntag, den 23. September 1979 Ich ging zur Kirche und dann nach Hause. Ich leimte mich zusammen, Curley holte mich ab, und wir fuhren wegen der »John Ogel Show« in die 42. Straße zur Radiostation WPIX. Ich hatte Walter Steding gebeten, vor dem Mikrofon auf seiner Zaubervioline zu spielen. Er spielte gut und klang beim Interview intelligent.
Dann platzte Lou Reed herein. Er freute sich, uns zu sehen. Er sagte, einer seiner Dackel habe eine Rückenoperation hinter sich. Ich lud ihn ein, später mit uns in den »Mudd Club« zu kommen, wo eine »Nacht der toten Rockstars« stattfand. Lou sagte, er käme als er selbst hin, aber ich sagte, dafür sehe er jetzt zu gut aus.
Wir aßen im »One Fifth« zu Abend (Taxi $ 3.00). Beim Reinkommen sahen wir Jackie Curtis – er geht wieder als Frau – an der Bar. Neben ihm Taylor Mead (wer sonst?), der auf Viva wartete (auf wen sonst?). Sie wollten auch in den »Mudd Club«. Nahmen Drinks ($ 45.14), und als es 11.30 wurde, fuhren auch wir dahin (Taxi $ 3.00).
Es gab dort einen Raum, in dem sich Janis Joplin in den Arm fixt. Und einen Paul-McCartney-Raum – ich vermute, weil einmal das Gerücht umging, er sei gestorben. Und es gab Mama Cass mit einem Teller voll Schinkensandwiches. Man konnte sich welche nehmen und essen. Es war schrecklich. Vincent und Don Munroe machten Videoaufnahmen.
Viva las Gedichte, aber das verpaßte ich. Ich sah sie nicht. François de Menil und der Ex-Mr. Viva waren da. Mädchen in Schwarz vergossen Tränen, und draußen fuhr ein Leichenwagen vor. Ich war todmüde. Setzte alle ab (Taxi $ 15.00).

Dienstag, den 9. Oktober 1979 Ich mußte zu Richard Weismans Party für Gouverneur Brown. Catherine hatte das arrangiert. Fred hatte Curley eingeladen. Dichter Verkehr – Castro ist in der Stadt (Taxi $ 3.50). Bo Polk war da und lud mich zu einer

Party für George Bush ein. Gouverneur Brown hielt eine Rede. Ich nahm sie auf, und als er später von mir wissen wollte, weshalb ich sie aufgenommen hatte, erklärten ihm die Kids: »Für nichts – er wirft alle Tonbänder in eine Schachtel.« Er sprach nicht viel, aber wenn einer dauernd Reden hält, was bleibt ihm da noch zu sagen?

Donnerstag, den 11. Oktober 1979 Es war kalt und regnerisch, als ich aufstand. Jemand hat Truman in New Orleans getroffen; er ist also nicht nach Nebraska gefahren. Vielleicht hat er nur Geld gebraucht – er hat uns um $ 6000.00 gebeten, um in Nebraska einen Artikel für »Interview« zu recherchieren, und wir gaben sie ihm.

Ich arbeitete den ganzen Nachmittag hinten.

Fred hatte eine von seinen komischen Launen – er wühlte allen Leuten in den Haaren und lud Curley ein, mit uns zur Larry-Rivers-Ausstellung in der »Marlborough«-Galerie zu gehen.

Larrys Ausstellung ist wie eine Retrospektive. Sehr lustig; man hat den Eindruck, daß ihm die Ideen ausgegangen sind und er alles noch einmal gemalt hat. Im Aufzug traf ich die griechische Dame, deren Porträt ich soeben gemacht habe, doch ich erkannte sie nicht. Rupert erzählte, meine Siebdrucke von den Juwelen seien gut geworden. Bei der Eröffnung sagte jemand zu mir: »Ich bin Larrys Schwager. Mir gehört das Gebäude, in dem Sie Ihr Büro haben.« Er sagte, er habe das Erdgeschoß gerade an jemanden vermietet, der dort eine Diskothek aufmachen wolle, wir sollen uns aber keine Sorgen machen, weil während unserer Geschäftszeiten kein Lärm zu befürchten sei. Dafür bedankte ich mich ausdrücklich. Ist das nicht phantastisch? Die Mafia steckt bekanntlich auch erst *nach* Geschäftsschluß die Diskotheken in Brand. Ist das nicht wunderbar – eine Diskothek im Haus.

Freitag, den 12. Oktober 1979 Es regnete, noch so ein schrecklicher Tag. Michael Zivian rief morgens an und bat mich, einige meiner »Spacefruits« zu signieren. Ich ging zu Fuß durch die Madison Avenue zu seiner Galerie.

Henry Post rief an. Ich hatte Angst, daß er das Gespräch auf Tonband aufnahm, und sagte deshalb überhaupt nichts. Er hat mir den Artikel über Methaqualon geschickt, den er für »New York« geschrieben hat. Er ist immer noch hinter Steve Rubell her.

Sonntag, den 14. Oktober 1979 Ich ging zur Kirche. Es war schön draußen. Um 5.00 traf ich mich mit Bob. Wir holten Fred ab und gingen in die Cathedral St. John the Divine, Ecke 112. Straße und Broadway, um den Dalai Lama zu sehen (Taxi $ 6.00). Der Dalai Lama hielt eine Rede, höchst langweilig. Er hatte einen Dolmetscher, doch ich weiß nicht, warum. Denn später sprach er sehr gut Englisch. Er trug nur Orange und Rot. Hinten fand eine Party statt. Alle standen da und schüttelten einander die Hände. Bob sagte, der Dalai Lama habe ihn nicht beeindruckt, er sei nicht so gut wie der Papst.

Ach ja, Catherine muß ins Krankenhaus. Ein Nerv muß behandelt werden; sie hat immer noch kein Gefühl in der Hand. Ihre Mutter kommt in die Stadt und Catherine hofft, daß sie nichts merkt. Nur ihre Brüder Valentine und Jasper wissen, was mit ihrer Hand los ist.

Montag, den 22. Oktober 1979 Priscilla Presley kam ins Büro, und wir interviewten sie. Ihr Freund, das Model Michael Edwards, war dabei. Sie gestand, daß sie in all den Jahren mit Elvis nie Kaviar gegessen habe, weil er Fisch haßte und sie hinausgeworfen hätte, wenn er sie mit Kaviar ertappt hätte. Mein Gott, was für eine Schönheit. Aber vielleicht hat sie sich doch die Nase begradigen lassen. Auf alten Fotos sieht die Nase jedenfalls etwas breiter aus.

Montag, den 29. Oktober 1979 Ich muß für die Ausstellung im Whitney Museum ein Selbstporträt machen, weil es um Porträts geht. Fred kam der Gedanke, daß ich Frauenkleider anziehen sollte. Ich muß Gigi holen, fürs Make-up. Ronnie ist hektisch, weil er demnächst eine Ausstellung hat – er hat Käfige für die Kunst entdeckt.

Dienstag, den 30. Oktober 1979

Traf Juan Hamilton, der später auch ins Büro kam. Er und Georgia O'Keeffe sind im »Mayfair« (Taxi $ 3.50). Als ich vor dem Büro ankam, stieg der deutsche Künstler Joseph Beuys mit seinen Kindern und Heiner Bastian aus einem Auto – etwa acht Personen. Er küßte mich auf den Mund, und ich wurde nervös. Ich wußte nicht, worüber ich mit ihm reden sollte. Heiner Friedrich und Philippa de Menil kamen auch. Und dann waren auch noch Robert Hayes mit Sally Kellerman, Barry Diller und Barry McKinley da. Es gab keine Sitzgelegenheiten mehr. Heiner Bastian sagte, ich solle Beuys für ein Porträt fotografieren. Dann machte ich hinten im Atelier Fotos von Georgia und Juan. Es ist zu lästig, so viele berühmte Leute gleichzeitig im Büro zu haben, weil keiner weiß, warum der andere da ist. Bis 4.00 arbeitete ich mit Georgia. Endlich gingen alle.
Später ging ich zur Pferdeshow im Madison Square Garden, dann mit ein paar Pferdekennern ins »Statler Hilton«. Wir kriegten Rühreier mit Speck. Vermutlich mögen das Pferdekenner. Es war gut. Ich stahl etwas Besteck, doch es war peinlich, als es mir hinfiel und alle es sahen. Es war »Statler Hilton«-Silber aus den vierziger Jahren.
Im »Studio 54« traf ich Steve Rubell, der davon ausgeht, daß er am Freitag zu zwei Monaten Gefängnis verurteilt wird. Er habe, sagte er, sich mit dem Gericht arrangiert – man läßt die Drogenanklage fallen, und er bekennt sich der Steuerhinterziehung schuldig. Er wollte wissen, ob wir ihn im Gefängnis besuchen.

Mittwoch, den 31. Oktober 1979

Bobby Zarem gab um 1.00 im »Maxwell's Plum« einen Lunch zum Start meines Fotobuches – Bob und ich haben uns schließlich auf den Titel »Exposures« geeinigt. Ich blieb am Morgen uptown und traf mich dann mit Elizinha Goncalves und Bob im »Mayfair House«. Wir gingen zu Fuß ins »Maxwell's Plum«, und als wir noch einen halben Block weit zu laufen hatten, kam uns Bobby Zarem entgegen und schrie, wir seien zu spät dran, was wir uns erlaubten, die Gäste gingen schon wieder. Dabei war unser Timing genau richtig, denn die Leute warteten gespannt auf uns. Es war voll, wir mußten uns einen Weg bahnen. Karen Lerner filmte für die Sendung »20/20«. Sie heftete mir ein verstecktes Mikro an, also mußte ich aufpassen mit dem, was ich sagte. Es war eine Pressekonferenz, und es war praktisch jeder da, dem Bobby was Gutes tun wollte.
Sie hatten meine Initialen AW in Eis gegossen; einen Meter hoch. Doch die Buchstaben schmolzen. Ich aß nichts. Jeder bekam das Buch geschenkt, mindestens 100 gingen weg. Die Kellner klauten eine Menge Bücher und baten mich später, sie in der Küche zu signieren. Aber sie waren nett, also war es mir egal.
Catherine stellte Steve Rubell sehr persönliche Fragen, zum Beispiel: »Hast du wirklich das ganze Geld genommen?« Aber es schien ihm nichts auszumachen. Er behauptet jetzt, daß er sich mit der Finanzbehörde geeinigt hat: Angeblich geht er jede Woche zwei Tage ins Gefängnis und leistet Sozialarbeit. Er will den Leuten beibringen, wie man auf Armeestützpunkten Diskotheken für Soldaten einrichtet. Eine fabelhafte Idee. Und als nächstes bringt man ihnen bei, wie man schwul wird und Drogen nimmt, oder?
Später fuhren wir im Taxi ins »Studio 54«. Halloween wurde dieses Jahr tüchtig gefeiert. Sogar in den Autos sah man verkleidete Leute, Kostüme mit blinkenden Lichtern. Das »Studio

54« war toll hergerichtet. Man kam rein und sah auf beiden Seiten je zehn Türen und durch jede mußte man hindurch. Dabei huschten Mäuse unter Plastikplatten rum. In einem anderen Raum konnte man durch ein Loch in der Wand acht Liliputanern beim Essen zusehen und mit ihnen sprechen. Sie nagten an Hühnerknochen. Der nächste Raum war voller Gummihandschuhe; dazwischen bewegten sich echte Hände. Es war besser als bei der Eröffnung einer Kunstausstellung, besser als jede Show in einer Galerie. Es gab noch andere Räume, in die ich nicht hineinging. Es war großartig. Voll, Leute von Wand zu Wand. Ich weiß gar nicht, wo sie alle herkamen.
Um 3.00 setzte ich Catherine ab (Taxi $ 3.50).

Donnerstag, den 1. November 1979 Im Taxis zu Ronnies Ausstellungseröffnung ($ 3.00). Unterhielt mich mit Larry Rivers. Sein Artikel über die fünfziger Jahre ist die Titelgeschichte des Magazins »New York«. Der harte Kern aus den sechziger Jahren war da. René Ricard zum Beispiel, der nichts sagt, aber rumläuft und Sprüche macht. Dann mußten Fred und ich zu einem Dinner, das die deutsche Botschaft für Beuys gab. Ich saß neben einer Deutschen, die mich auf der Straße wegen eines Autogramms angesprochen hatte. Das war lustig. Wir kamen ein wenig zu spät und verpaßten deshalb die Rede. Angeblich war es darin um Exkremente gegangen und wie gekonnt sie Beuys verwendet.
In Zusammenhang mit dem Bobby-Zarem-Empfang erwähnten uns Jack Martin, Liz Smith und »Suzy« in ihren Kolumnen, wenn auch nur kurz.

Montag, den 12. November 1979 Halston hatte mich zum Abendessen eingeladen, aber dann rief Catherine an und sagte, Steve Rubell und Ian Schrager wollten uns vorher noch ins »Pearls« mitnehmen. Also ging ich hin. Steve erzählte mir, Liza sei schwanger und wolle heiraten, aber das sei noch ein großes Geheimnis. Wir hätten Steve bestellen lassen sollen, weil er sonst immer sauer wird. Aber wir bestellten, während er auf der Toilette war, und dann aß keiner was. Catherine aß ein Stück Schweinefleisch. Sie hat wieder eine schöne, schlanke Figur. Ich bin runter auf knapp 60 Kilo.
Wir fuhren zu Halston. Halston hatte das Dinner fertig. Er nahm mich beiseite und vertraute mir an, Liza sei schwanger, aber das sei noch ein großes Geheimnis, über das ich nicht reden solle. Catherine versuchte, bei Ian zu landen. Sie war betrunken und fragte Steve schon wieder, wieviel er wirklich gestohlen habe.

Dienstag, den 4. Dezember 1979 Ich war drei Wochen mit Bob und Fred auf PR-Tour für mein Buch »Exposures«, und jetzt bin ich todmüde. Unser Trip begann so schick in Präsident Carters Loge im »Kennedy Center« von Washington und endete plebejisch am Hollywood Boulevard – in »B. Dalton's Bookstore«, dem früheren »Pickwick Books«. Während ich dort signierte, kam eine Frau mit einer Stichwunde im Bauch herein und schrie: »Das ist nicht Andy Warhol! Ich habe mit Andy Warhol geschlafen. Er ist 2,30 m groß und paßt nicht durch die Tür. Er würde sich nie in so eine Buchhandlung stellen, dazu ist er zu paranoid!« (lacht). Und damit könnte sie sogar recht haben. Bei Neiman-Marcus in Dallas, wo man uns eine große Party im Heizungskeller gab, schwärmten die Kids von dem Buch: es sei »geil« und »cool«. Die Texaner waren liebenswürdig: »Es ist sehr freundlich von Ihnen, daß Sie unseretwegen eine so weite Reise auf sich genommen haben.« Ich wünschte, ich könnte auch so reden – mir fallen nie so schöne Sätze ein. In Dallas bestand ein großer, freundlicher Herr darauf, uns anschließend persönlich in die Diskothek zu begleiten. »Ich will euch was sagen, Jungs, ihr werdet einen Beschützer brauchen. Dort gibt es eine Menge Schwule.

19 Franz Kafka, 1980

Aber vermutlich seid ihr das ja gewohnt, aus New York City...« Wir lachten und fragten uns, ob er Spaß machte. Doch das war nicht der Fall.

Dienstag, den 18. Dezember 1979 Hatte eine Limousine für den ganzen Tag. Holte Paulette zu Halstons Modenschau ab. Sie sah blendend aus in ihrem weißen Pelz. Bei Halston saß ich neben Martha Graham, die zum ersten Mal wirklich alt aussah. Vielleicht lag es auch daran, daß sie sonst Make-up trug, und diesmal nicht. Die »Daily News« machte viele Fotos von Liza und mir. Ich sagte ihr, ich wisse nicht, was ich zu ihrer Fehlgeburt sagen solle und sie sagte, es gehe ihr ganz gut.
Im Büro hatten wir Lunch mit einem Fotografen – ein Freund von Alexander Guest –, der Bob und mich für »Penthouse« fotografieren sollte. Ein Mädchen schminkte mir und Bob schwarze Augen und blutende Lippen! Es sah gut aus, sehr echt.
Wir fuhren mit ihnen zu einer Schule, Ecke Avenue C und 4. Straße. Das ganze Viertel sah wie ausgebombt aus. Die Schule hatte zehn Schülern freigegeben (lacht), damit sie Jungs spielten, die uns gerade überfallen hatten. Es war sehr kalt. Ein Junge rief mir zu: »Gehen Sie nicht auf zu viele Parties.« Sie sagten, daß sie jetzt eigentlich Maschineschreiben hätten. Ich weiß nicht, was das für eine Art Schule war – sie haben nämlich auch Karatestunden. Die Kids waren süß. Wir posierten vor echten Graffiti. Ich konnte kaum glauben, daß die Schule den Kids ausgerechnet für »Penthouse«-Fotos freigegeben hatte, wo das Blatt doch voller Mösen ist. Und dann erfuhr ich, daß sie nicht einmal dafür bezahlt wurden! Ich sagte dem Typ von »Penthouse«, daß ich es schäbig fände, den Kids nichts zu geben. Er reagierte komisch, notierte sich aber ihre Namen. Wir fuhren zurück ins Büro.

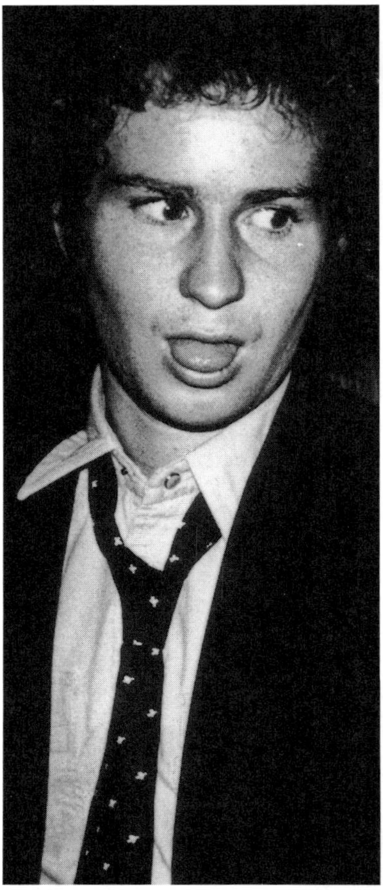
John McEnroe *(Andy Warhol)*

Mittwoch, den 19. Dezember 1979 Das Kamerateam der ABC-Sendung »20/20« kam ins Büro, um zu filmen. Ich arbeitete bis 7.30.

Donnerstag, den 20. Dezember 1979 Taxi in die 47. Straße ($ 3.00). Von dort zu Fuß zu unserer Weihnachtsparty im Büro. Dann ging ich nach Hause und machte mich zurecht. Dann zu Tom Armstrong Ecke 72. Straße und Park Avenue. Leo Castelli und Iris Love waren da, und Robert Rosenblum, der sagte, er verstehe nicht, wieso meine Ausstellung im »Whitney« so schlechte Kritiken hatte. Ich war ekelhaft zu Bobo Legendre, weil ich sie für eine verlogene Heuchlerin halte. Sie ist mit De Antonio befreundet und eine Teppicherbin. Es gab Auflauf mit Hackfleisch und Kartoffelbrei, aber ich hatte schon gegessen.
Dann zu Richard Weisman ins »UN Plaza«. Ron Duguay, Fred, Whitney Tower und Averil waren da. Averil trägt jetzt wieder Mini, diesmal hatte sie einen Rock ihrer Mutter an, der ein Loch hatte. Peter Beard und Cheryl Tiegs waren auch da. Und Rod Gil-

bert, aber ohne Judy. Ich glaube, Duguay ist jetzt scharf auf Catherine, nachdem er ihr Oben-ohne-Foto im »Exposures«-Buch gesehen hat. Vitas war mit dem süßen Jungen da, mit dem wir ihn in Paris fotografiert haben. Auch John McEnroe war da.
Catherine Oxenberg war da und etliche Mädchen, die wie Stewardessen

Catherine Oxenberg *(Andy Warhol)*

aussahen. Wenn Mädchen sich betrinken, werden sie unausstehlich. Meine Limousine wartete, also nahm ich Catherine und ein paar von den Stewardessen mit. Zuerst stieg Catherine aus, dann ich. Ich gab dem Chauffeur ein Trinkgeld ($ 40.00), damit er die anderen nach Hause fuhr. Und ich verpaßte Fred Muellers Party, Eleanor Wards Party, Keller Donovans Party und die »Rolling-Stone«-Party.

Freitag, den 21. Dezember 1979, New York – Vail, Colorado Kamen um 5.30 in Denver an. Catherine und ich betranken uns im Flugzeug und hatten Spaß mit einer Lady, die wertvollen Schmuck sammelt und früher mal im Ritz Towers gewohnt hat. Sie verlor einen silbernen Ring im Flieger, aber es war ihr egal, er war ja nur aus Silber. Sie war auf dem Weg nach Taos.
Eine Art Bus stand bereit und brachte uns nach Vail. Ein schönes Mädchen mit roter Mütze trug unsere schweren Taschen (Trinkgeld $ 10.00).
Um 7.40 kamen wir bei Jed an. Die Höhe machte mir zu schaffen. Ich bekam heftige Schmerzen in der Brust. Ich vermute, das hängt mit den alten Schußverletzungen zusammen. In Denver hatte ich kaum etwas gespürt, weil Denver niedriger liegt. Als ich mal in Mexico-Stadt war, hatte ich auch Beschwerden, aber es war nicht so schlimm wie hier. Das ganze Haus sieht wie eine große Sauna aus. Jed hat es zusammen mit Peter und Sandy Brant gekauft. Venturi hat es gebaut. Überall Holz, alles einfach und sauber. Im ersten Stock sind die Schlafzimmer, die Küche liegt einen Stock höher, das Wohnzimmer im dritten. Und überall Stickley-Möbel.
Wir gingen zu Fuß in die Stadt, ins »Left Bank Restaurant« (Drinks $ 30.00, Dinner $ 200.00). Fran und Ray Stark waren da. Bob weiß, daß sie Republikaner sind, erzählte Kennedy-Witze und lud sie für Montag zum Cocktail ein. Ray ist begeistert von Paul Morrissey. Er schreibt ein Drehbuch für ihn. Ich trug mich ins Gästebuch des Lokals ein. Betty und Gerald Ford standen drin und Bob Hope. Dann auf den Hügel, ein schrecklicher Weg. Ich war wie benommen, und mir ging es wirklich äußerst miserabel.

Montag, den 24. Dezember 1979, Vail, Colorado Aurore hatte einen Schinken und einen Truthahn vorbereitet, aber es kam niemand zu unserer Cocktailparty. Mercedes Kellogg rief an und sagte, sie sei erkältet und die Starks blieben einfach weg.

Dienstag, den 25. Dezember 1979, Vail, Colorado Die Fords geben absolut jedem die Hand. Betty Ford sieht nicht mehr so gut aus wie auf den Fotos nach ihrem Lifting. Sie sieht eher aus wie früher, nur ist sie jetzt blond. Vorher hatte sie doch braunes Haar? Jetzt ist es goldblond. Zuerst hielt ich sie für Mrs. Nixon. Bob wollte sie unbedingt kennenlernen, aber er schob mich vor, und ich traute mich nicht. Also wurde nichts draus.
Ich verteilte »Interviews«. Es gibt hier günstige Ecken dafür. Drei Leute baten mich um ein Autogramm. Alle starrten mich an, weil ich den Wolfsparka von Halston anhatte.

20 Do It Yourself (Landscape), 1962

Wir gingen in eine Bar, in der Skifilme liefen. Man trinkt Bier und sieht den Skiläufern zu. Weil niemand kam, um unsere Bestellung aufzunehmen, sahen wir uns nur den Film an und zogen dann weiter. Wir aßen mit Nan Kempner zu Abend. Ich fing an, »Dress Gray« zu lesen. Sämtliche Namen darin passen und klingen gut. Der Held heißt zum Beispiel Ry.

Mittwoch, den 26. Dezember 1979, Vail – New York Kam rechtzeitig zurück und erwischte Vincent um 6.00 noch im Büro. Rupert war über Weihnachten verreist, deshalb hatte er nicht allzuviel geschafft. Ich sprach mit John Reinhold, der mit mir im »Trader Vic's« über Ideen für Schmuck reden wollte. Ich nahm ein Taxi, weil ich dachte, so wäre ich schneller. Aber der Fahrer fuhr nicht los. Er sagte, er sei so überrascht, mich in seinem Wagen zu haben. Er überfuhr eine Ampel. Dann verfuhr er sich, und ich fragte ihn: »Wissen Sie, wo Sie hinfahren müssen?« Ja, ja, zum »Plaza«, Ecke 59. Straße und Fifth Avenue. Er fuhr an der 59. vorbei, und an der 57. gab ich ihm $ 3.00 und stieg schnell aus.
John war schon dort. Später kam auch Curley. Um Mitternacht wollte er ins »Studio 54«, reichlich früh (Taxi $ 4.00). Seine Bemerkung, im Magazin »New York« sei ein Bild von mir und Steve Rubell zusammen auf einer Couch, machte mich nervös. Bianca kam mit John Samuels ins »Studio 54«. Er studiert in Harvard und hatte Ferien. Er sah sehr verliebt aus – er nimmt sie ein paar Tage mit in die Sonne.

Donnerstag, den 27. Dezember 1979 Ich versuche, abzunehmen, und überall im Büro liegen Berge von Käse. Gael Malkensons Freund importiert welchen, deshalb bekommen wir ihn zum halben Preis. Ronnie und Gigi hatten sich heftig gestritten. Daraufhin hatte sie ihre Sachen gepackt, war ausgezogen, und jetzt hatte er schlechte Laune. Zu dem Streit war es gekommen, weil er ihr immer Geschenke kaufte und sie kein Geld hatte, um ihm welche zu kaufen, und darüber hatte sie sich aufgeregt. Wie in einem schlechten Film aus den vierziger Jahren.
Wir erhielten ein Exemplar von Steven Gaines »The Club« zugeschickt – der »Roman« über das »Studio 54«. Darin kommt ein eleganter Modeschöpfer aus der 7th Avenue vor, der »Ellison« heißt (lacht), im Olympic Tower arbeitet und einen peruanischen Freund namens »Raoul« hat. Die Namen sind völlig daneben.

Freitag, den 28. Dezember 1979 Ich verteilte »Interviews« und nahm dann ein Taxi zur Park Avenue 245, wo ich mit Bob Denison über Investitionen reden wollte. Ich betrat das Gebäude und fuhr mit dem Aufzug in den 27. Stock. Als ich ausstieg, roch es irgendwie verbrannt. Ich ging in Bobs Büro. Er sah nach, ob eine seiner Maschinen brannte. Da stürzte die Sekretärin herein und rief »Feuer«, wir sollten abhauen.
Bob wollte in den Aufzug, aber ich bestand darauf, die Treppe zu nehmen. Der Notausgang war abgeschlossen – wie in »Towering Inferno« (»Flammendes Inferno«, Regie J. Guillermin, J. Allen, 1974). Aber wir fanden dann doch eine unverschlossene Tür und gelangten ins Treppenhaus. Leute sagten, es brenne im 35. Stock. Im 26. Stock kamen noch andere Leute ins Treppenhaus, im 25. und 24. Stock wurden es mehr – und so weiter auf jeder Etage. Wir kamen immer langsamer voran, doch es brach keine Panik aus, weil wir ja wußten: Der Brand ist über uns. Trotzdem waren einige Leute einer Ohnmacht nahe. Dann waren wir unten. Auf der Straße standen Hunderte von Menschen. Bob Denison und ich gingen hinüber in die »Trattoria«, und hatten dort unsere Besprechung. Ich konnte es nicht fassen, daß man mich ungehindert in das Gebäude und in den Aufzug gelassen hatte, obwohl zumindest die Fahrstuhlwärter gewußt haben mußten, daß es brannte. Ich hätte in das brennende Stockwerk fahren können. Die Leute vom Liftpersonal standen herum wie Idioten.

Der Mann von der »Trattoria« kam zu uns und sagte, ich sei doch früher häufig hier gewesen, was ich denn jetzt mache. Ich war zu aufgeregt, um etwas zu essen. Ich trank nur Kaffee.

Samstag, den 29. Dezember 1979 Bianca und Suzie Frankfurt riefen an, aber mir fielen ihre Nummern nicht ein, und deshalb rief ich nicht zurück. Ich sollte mir wirklich ein Adreßbuch zulegen. Ich trank ein Glas Wein, sah ein wenig fern und schlief dabei vor Müdigkeit ein.

Montag, den 31. Dezember 1979 Ich nahm mir vor, mich zu schonen und nur auf Halstons Silvesterparty zu gehen. Ich wickelte die Geschenke für Jade ein und machte mich um 10.00 auf den Weg. Eine Feier im kleinen Kreis, Smoking. Jane Holzer, Bob Denison, Nancy North und Bill Dugan waren da. Bob und Jane haben sich also wieder versöhnt. Victor rief aus Kalifornien an und sagte, er amüsiere sich prächtig. Um Mitternacht Küsse und dann das Essen. Steve Rubell war auch da. Und Dr. Giller, der sehr nett war. Jade war von meinen Geschenken begeistert. Um 3.00 wollte Bianca zu Woody Allens Party im »Harkness House« in der 75. Straße. John Samuels chauffierte uns und parkte in der zweiten Reihe.

Hall
ters)

Woodys Party war die beste, lauter berühmte Leute. Wir hätten früher hingehen sollen. Mia Farrow war bezaubernd und wunderschön. Bobby De Niro war da, unheimlich dick, geradezu fett. Ich wußte, daß er für den Boxerfilm Gewicht zulegen mußte. Aber wäre es nicht komisch, wenn er es nie wieder los würde? Er sieht so häßlich aus. Er muß verrückt sein, er ist nämlich wirklich fett.

Mick kam mit Jerry. Bianca ging auf sie zu und war charmant. Ich weiß nicht, wie sie es angestellt hat, aber sie hat es geschafft, das Eis zu brechen, und sich eine halbe Stunde lang mit beiden zu unterhalten. Sie wollte Jerry nervös machen, was ihr auch gelang. Mick hatte seinen Bart abrasiert, darum sah er sehr gut aus.

Wir gingen ins »Studio 54«, und »Eis« war angesagt. Eis von Wand zu Wand; die kühle Dekoration tropfte von den Wänden. Steve lockte uns in den Keller. Fast hätte er gesagt: »Hat einer etwas Kokain?« Es sollte sein wie in alten Zeiten. Unten war es dreckig, überall Müll ... Winnie war da – ohne Tom Sullivan. Er sei in Hawaii, sagte sie.

Als wir wieder oben waren, kam Duguay mit noch einem Eishockeyspieler herein. Ich wollte sie mit Marina Schiano bekanntmachen, aber sie sagten, ihre Freundinnen aus Minnesota oder Indianapolis – oder sonst woher – seien da, sie müßten also brav sein. Um 6.00 morgens verließ ich mit Marina das »Studio«. Draußen fast ein Aufstand: Leute, die immer noch reinwollten. Jack Hofsiss, der Regisseur von »Elephant Man«, kam mit seiner Limousine vorbei und nahm uns mit. Er hatte schon etwa 20 Jungen im Wagen. Vor Marinas Haus stieg ich aus. Wäre ich sitzen geblieben, hätten sie mich eingeladen, mitzukommen, aber ich wollte beizeiten aufstehen und an meine Arbeit gehen. Marina lud mich zu einer Pizza ein, und ich ging mit hoch. Man hört immer wieder, daß sie das beste Essen der Stadt hat: Sie kennt Leute, die ihr Salami aus Brooklyn und Pizza aus Queens bringen, und das wollte ich ausprobieren. Die Pizza war irgendwie nicht schlecht, ganz einfach mit viel Teig, ein wenig Ketchup und ein wenig Käse. Käse, der keine Fäden zieht, wenn man reinbeißt. Mir fiel auf, daß sie einen Berg Lebensmittel auf dem Herd gestapelt hatte. Sie sagte, es bringt Glück, wenn man an Silvester Lebensmittel auf dem Herd stapelt. Sie fragte mich über mein Haus aus, und ich erzählte ihr, wie teuer mich dessen Unterhaltung kommt. Sie fand mich »ehrlich« und sagte, sie habe wirklich etwas von mir erfahren und deshalb seien wir von nun an so etwas wie Freunde.

Dienstag, den 1. Januar 1980

Ich stand erst um 11.00 auf, aber weil ich nicht getrunken hatte, war alles halb so schlimm. Ich leimte mich zusammen und telefonierte mit Rupert. Er sagte, er komme um 12.00 zur Arbeit.

Ich nahm »Interviews« mit, aber es war schwierig, welche loszuwerden, weil kein Mensch unterwegs war. Ich arbeitete drei, vier Stunden im Büro und fuhr dann zu Heiner Friedrichs Galerie, wo Walter De Marias »Erdraum« noch einmal arrangiert wurde (Taxi $ 3.00). Robert Rosenblum hatte sein jüngstes Baby in ein Tuch gewickelt und mitgebracht. Es war dieselbe Ausstellung, nur die schwarze Erde in der Galerie war neu.

Später arbeitete ich zu Hause. Marina rief an und lud mich ein, herzukommen und ihr dabei zu helfen, den Berg Lebensmittel auf ihrem Herd abzutragen. Es gab nur Sachen, die ich mag – Pastinak, Lauch und dergleichen. Ich ging zu Fuß hin. John Bowes-Lyon war da. Ich hatte ihm ein Geschenk mitgebracht, weil er vor ein paar Abenden davon geredet hatte, mir eins mitzubringen. Aber ich glaube, das hat er nur getan, um etwas von mir zu bekommen – er schenkte mir nur eine alte Krawatte. Er ist schrecklich.

Mittwoch, den 2. Januar 1980

Gigi kam in die »860« und machte mir ein wirklich gutes Make-up. Nur die Perücke taugte nichts. Es ging um das Whitney-Poster. Ronnie war nicht da. Er ist krank. Gigi erzählte mir, sie sei schwanger. Wenn Ronnie einverstanden ist, will sie in New York bleiben und das Baby bekommen. Wenn nicht, läßt sie sich scheiden und geht weg.

Whitney Tower rief an. Kenneth Anger habe Freds Tür Ecke 89. Straße und Lexington Avenue mit Farbe beschmiert. Er denkt offenbar, daß ich noch dort wohne. Er hat mich mal »Teufel« genannt. Ich weiß nicht, was ihm fehlt.

Donnerstag, den 3. Januar 1980

Ich ging spazieren und verteilte »Interviews« (Taxi $ 3.50, Malutensilien $ 54.88). Taxi zum Union Square, von dort zu Fuß ins Büro. Produzent Lewis Allen kam mit einem Mitarbeiter zum Lunch. Bianca rief an und sagte, sie komme mit John Samuels, um Lewis Allen kennenzulernen.

Lewis Allen will einen Broadway-Abend mit mir produzieren, in der Art wie »Ein Abend mit den Beatles«. Ich soll dasitzen und aus dem »Philosophy«-Buch vorlesen. In den sechziger Jahren hat Lewis Allen versucht, die Rechte an »Clockwork Orange« (»Uhrwerk Orange«, Regie Stanley Kubrick, 1971) zu kaufen, damit wir einen Film daraus machen. Er hat unter anderem »Annie« produziert.

Freitag, den 4. Januar 1980

Ich blieb uptown, weil ich Bianca zu meiner Agentin Joan Hyler mitnehmen wollte, die auch John Samuels' Agentin ist. Wir waren zum Lunch im »Russian Tea Room« verabredet. Ich holte Bianca mit dem Taxi ab ($ 3.00). Der Weissberger-Typ war da mit Anita Loos, Maureen Stapleton und Imogene Coca. Es war aufregend, diesen Königinnen der Komödie zu begegnen. Auch Frank Perry war da. Er ist etwas dicker geworden. Oh, John benutzt den Namen »Samuels« nicht mehr. Er ist jetzt »John Stockwell« – Stockwell ist sein zweiter Vorname, und den will er für seine Karriere als Schauspieler einsetzen. Es war komisch, wenn er den Leuten so vorgestellt wurde. Mir ist übrigens gar nicht aufgefallen, daß er in der neuen Armani-Anzeige auftaucht. Sie haben ihn in »Interview« gesehen und daraufhin für ihre Anzeige geholt.

Joan erzählte mir, sie habe eine Rolle für mich in »The Fan« – als Statist in einer Partyszene. Sie kann ganz schön dick auftragen. Sie sagt, daß sie eine gute Agentin ist, weil sie weiß, was sie will, und schnelle Entscheidungen treffen kann. Ich glaube, Leute handeln nach dem, was sie sind – Agenten benehmen sich wie Agenten, Schauspieler wie Schauspieler ... und Künstler benehmen sich vermutlich wie Künstler.

Taxi zum Union Square ($ 3.00). Ich arbeitete bis 8.00 mit Rupert. Es schneite, und der Schnee blieb sogar liegen. Es war schön und ganz unerwartet.

Samstag, den 5. Januar 1980
Arbeitete den ganzen Nachmittag an den deutschen Ladies, am Hintergrund für ein paar Bilder und an den jüdischen Genies. John Samuels lud uns ein, mit seinem Vater ins Ballett zu gehen. Mr. Samuels ist Vorsitzender im Verwaltungsrat des City Center. Wir hatten gute Plätze im Theater, erster Rang. Peter Martins tanzte, er war gut. Während der Pause holte ich Drinks ($ 20.00). Mr. Samuels führte uns hinter die Bühne, und wir lernten das Mädchen kennen, das nicht Balanchines Frau werden wollte. Wie heißt sie? Shelly? Shirley? Suzy? Ein unterhaltsamer Abend.
Dinner im »Russian Tea Room« ($ 210.00).

Montag, den 7. Januar 1980
Ich ging zu Fuß zu Dr. Cox: meine jährliche Generaluntersuchung. Ich legte einige »Interviews« ins Wartezimmer und unterhielt mich mit Rosemary. Sie und Dr. Cox stritten sich, während sie mir Blut abnahm. Sie beklagte sich und sagte, sie würde gern den Beruf wechseln, sei aber zu alt, um noch eine Ausbildung als Neurologin zu machen. Ich schlug ihr vor, in die Modebranche zu gehen, Make-up vielleicht.
Kaufte Zeitungen. Die Russen marschieren in Afghanistan ein.

Dienstag, den 8. Januar 1980
Suzie Frankfurt kam mit Gianni Versace. Jane Forth sollte sich um sein Make-up kümmern. Ich fotografierte ihn eine Stunde lang. Ein Deutscher vom »Stern« rief an, und ich gab ihm ein Telefoninterview.
Bianca hat John Samuels fallenlassen, und er ist am Boden zerstört.

Mittwoch, den 9. Januar 1980
Als ich Catherine nach dem Dinner nach Hause fuhr, sahen wir vor Halstons Haus zwei Limousinen stehen. Wir beschlossen, bei ihm reinzuplatzen. Nur Steve Rubell, Bianca und Halston waren da – alle drei erkältet. Sie wollten ins »Studio 54« und überredeten uns, mitzukommen.
Im »Studio 54« war es leer, aber lustig, Sly Stallone war da und sah sich im Lokal um, weil er es eventuell als Film-Drehort benutzen will. Susan Anton war nicht mit, also machte er sich an Bianca ran, und allem Anschein nach sind sie in den Keller zum Bumsen gegangen. Jedenfalls waren sie irgendwann verschwunden, und wir konnten sie nirgends finden. Stallone sieht richtig gut aus, jetzt, wo er abgenommen hat.

Freitag, den 11. Januar 1980
Thomas Ammann hatte uns für 10.00 zu einem Dinner ins »La Grenouille« eingeladen. Bianca sollte dort zu uns stoßen, kam aber nicht. Mary Richardson hatte angerufen, offenbar, um mir indirekt zu verstehen zu geben, ich solle auch John Samuels einladen. Aber der Wink kam nicht bei mir an. Hätte sie doch was gesagt. Verwirrend, wenn jeder ein anderes Spiel spielt.
Catherine kam mit unserem Kunsthändler Heiner Bastian. Sie war mit ihm an meiner Stelle zu den Tennisspielen gegangen, und gerade als die beiden hereinkamen, sagte ich zufällig, sie habe ihm keinen guten Sitzplatz besorgt. Darüber regte sie sich auf, weinte sogar und sagte: »Da nehme ich *deinen Freund* zu den Spielen mit, und jetzt verdirbst du ihm mit einer einzigen Bemerkung den ganzen Abend.« Aber ich glaube, sie regte sich nur auf, weil McEnroe verloren hatte.

Samstag, den 12. Januar 1980
Traf Peter Beard und Cheryl Tiegs, als ich auf dem Weg ins »Le Club« war, und sie nahmen mich im Wagen mit. Cheryl hatte einen Gipsverband. Sie ist in Montauk gestürzt; ich wette, Peter hat sie gestoßen. Peter und ich bekamen im Auto Streit – es war übri-

gens sein Auto – als er sagte: »Alles geht den Bach runter.« Ich sagte auch, daß Cheryl noch glamouröser und schöner aussehen müßte, wenn sie ausgeht, sonst habe sie nie die Chance, die Schönheit Nummer eins auf der Welt zu werden. Sie sah zwar gut aus, aber zu schlicht. Sie trägt die schlimmsten, unmöglichsten Kleider.

Sonntag, den 13. Januar 1980
Ich stand früh auf, todmüde. Catherine rief an und wollte zum Tennis fahren, aber ich war müde, und die Spiele regen mich zu sehr auf. Ich ging zur Kirche.
Nahm eine Tablette für meine Gallenblase – mit Wein und nicht, wie vorgeschrieben, mit Wasser. Man soll vor dem Arztbesuch 20 Stunden lang nichts essen. Mein Termin ist Montag früh um 9.00.

Montag, den 14. Januar 1980
Um 8.00 stand ich auf und leimte mich für den Termin bei Dr. Cox zusammen. Ging zu Fuß. Rosemary und er hatten schon wieder Streit. Im Wartezimmer saßen reiche Ladies wie Dorothy Hammerstein. Die Dicke röntgte mich, konnte aber die Gallensteine nicht lokalisieren. Also aß ich das weiße Zeug, saß rum und wartete. Ich mußte wieder einen Atmungstest machen. Dabei bläst man in einen Behälter, der sich im Kreis dreht. Gegen 11.00 war ich fertig (Taxi $ 4.00). Im Büro traf ich mich mit David und Sam Aaron, denen das Spirituosengeschäft »Sherry-Lehman« gehört. Sie wollen das Porträt einer Weinflasche.
Dann kamen zwei Kerle von der Steuerbehörde und führten sich wirklich schrecklich auf. Sie brüllten und verlangten mich zu sprechen. Ich versteckte mich derweil in Freds Büro. Der größere von beiden war die Pest; dem Kleinen gefielen sogar meine Bilder. Aber der Große war unverschämt. Wir riefen unsern Anwalt Bob Montgomery an, der versprach, gegen 5.00 zu kommen. Er sagte, wir sollten mit den Beamten nicht sprechen.
Da rückten sie damit heraus, daß sie hinter Rupert Smith her waren. Trotzdem riet mir Fred davon ab, etwas zu sagen. Der Kleine wollte mich unbedingt zum Reden bringen. Schließlich überreichten sie mir eine Vorladung und gingen. Sie wollen nur Unterlagen, gesperrte Schecks oder so. Jedenfalls waren sie unverschämt und unausstehlich. Und Bob Montgomery sagte den Termin ab und machte einen neuen.

Dienstag, den 15. Januar 1980
Lewis Allen kam vorbei, um über das Musical zu sprechen – er möchte Marionetten auf die Bühne bringen und dazu ein Tonband laufen lassen, auf dem ich aus »Philosophy« oder »POPism« zitiere.
Ich machte ein dreistündiges Interview mit Ron Duguay. Anschließend nahmen wir ihn mit zu Halstons Dinner für Martha Graham. Victor wohnt jetzt wieder im Haus. Ich glaube, er hat sein Loft verkauft. Steve Rubell war auch da. Er sagte, daß die Urteilsverkündung verschoben wurde. Er soll jetzt vor Gericht aussagen, daß Hamilton Jordan im »Studio 54« war und Kokain genommen hat. Und das will er nicht tun. Halston sagte: »Aber das hast du doch schon im Fernsehen gesagt.« Darauf Steve: »Ja, aber das ist nicht dasselbe wie eine Aussage unter Eid.« Da hat er recht, das ist etwas anderes.

Donnerstag, den 17. Januar 1980 »Interview« führte im Gulf & Western Building »American Gigolo« (»Ein Mann für gewisse Stunden«, Regie Paul Schrader, 1980) vor (Taxi $ 4.50). Richard Gere war gut, und Lauren Hutton war großartig. Sie spielt die Frau eines Senators, die einem Strichjungen das Alibi für einen Mord liefert. In einer Sexszene sieht man Richard Gere völlig nackt. Art-Director war Nando. Zum Schluß wirft Richard Gere einen Zuhälter vom Balkon, und im Hintergrund sieht man meine drei Poster, die Torsi. Die Szene spielt sich direkt davor ab.

Nach dem Film brachte ich Catherine nach Hause. Als ich sie absetzen wollte, hielt Halstons Wagen neben uns. Halston und Bianca waren auf dem Weg ins »Studio 54« zu Steve Rubells Abschiedsparty vor seiner Verurteilung. Mein Taxifahrer fuhr hinter der Limousine her ($ 3.50). Bei der Party standen wir nur herum, und es wurden Fotos gemacht. Halston war schlau – er verzog sich. Aber ich begriff nicht, was vor sich ging. Es war ziemlich voll, obwohl es so früh war.

Freitag, den 18. Januar 1980
Steve und Ian wurden zu je dreieinhalb Jahren verurteilt.

Montag, den 21. Januar 1980
Ich versuchte, hinten im Haus »860« Platz für »Interview« aufzutun, damit die Redaktion sich ausbreiten kann. Bob sagt, das sei nötig, weil es unangenehm sei, Inserenten anzulügen, wenn andere Leute zuhören. Aber ich glaube nicht, daß das der Grund ist. Vielmehr wollen die Redakteure nicht, daß andere bei ihren Privatgesprächen zuhören.
Rupert kam ins Büro. Er hat die »Shadows« fünf Zentimeter kleiner gemacht, als ich es ihm gesagt hatte – völlig eigenmächtig – und dazu hat er kein Recht. Ich schrie ihn an. Jetzt brauchen wir kleinere Keilrahmen.

Dienstag, den 22. Januar 1980
Ich arbeitete hinten an dem Beuys-Porträt. Ronnie sagte, er könne sich selbst nicht mehr ausstehen und ging mit Brigid zu einer Versammlung der Anonymen Alkoholiker in der Park Avenue. Gigi rief an. Sie will sich scheiden lassen. Sie hat Ronnie gesagt, das Kind sei abgetrieben. Aber bei Frauen weiß man ja nie. Wer weiß, ob sie je wirklich schwanger war.

Donnerstag, den 24. Januar 1980 Victor Bockris brachte William Burroughs zu uns, und wir führten das Interview zu Ende. Ich machte Bianca mit William Burroughs bekannt. Bianca hat jetzt kurze Haare, eine Art Bürstenschnitt, sieht furchtbar aus. Ich malte hinten mit Jade, die sich auf ihr erstes Bild setzte. Ich ließ sie Diamantenstaub auf die Leinwand streuen.

Freitag, den 25. Januar 1980
Marina Schiano rief wegen des Dinners an, das Mica Ertegun gab. Es wurde kompliziert, weil Bianca kommen wollte, denn zuerst wollte sie nur kommen, wenn Mick nicht käme, dann wollte sie nur kommen, wenn Mick käme – es *war* kompliziert.
Leimte mich zusammen. Catherine schlug vor, zu Halston zu gehen, um von dort loszufahren. Er hatte eine Limousine. Bianca war noch nicht

Mick Jagger, William Burroughs *(Andy Warhol)*

fertig, als eine Freundin sie anrief und sagte, auf dem Kabelkanal »C« würde mein Horoskop besprochen. Wir schalteten ein. Eine Art Maharadscha stellte mein Horoskop, wobei er komische Sachen von Zeitungsausschnitten ablas. Es war so krank.
Wir fuhren zu den Erteguns, und es war hervorragend. Mick war allein da; Jerry ist verreist. Es war, als ob Mick und Bianca sich ineinander verliebten. Sie flirteten, Bianca berührte ihn, es war erregend. Sie hatte Bob angerufen und gebeten, John Samuels nach dem Dinner herzubestellen, um, glaube ich, Mick eifersüchtig zu machen. Aber jetzt war Mick so lieb zu ihr, daß sie John, der anrief, sagte, er solle nicht kommen, weil Mick da sei und die Sache »zu kompliziert« würde.
Wir fuhren zu Halston zurück. Bob übergab sich ins Waschbecken, weil er zuviel getrunken hatte. Bianca sagte, sie würde ihn nach Hause bringen. Als sie nach einer Stunde nicht zurück war, gingen wir hinaus zum Wagen und trauten unseren Augen nicht – der Fahrer kam hinten aus der Limousine und eine halbe Minute danach Bianca. Sie sah benommen aus. Schon möglich, daß sie nur *geschlafen* hat. Oder hatte sie ihm einen geblasen? Oder er sie geleckt? Oder hatte er versucht, sie zu bestehlen? Wir wußten es nicht. Barbara sagte, Bianca habe vielleicht Mick besucht, der kurz vor ihr gegangen war. Es war zu merkwürdig. Wir waren ratlos. Der Fahrer sah nicht einmal gut aus, also kamen wir nicht dahinter.

Montag, den 28. Januar 1980
Stand auf, es war ein schöner kalter Tag in New York. Ich arbeitete zu Hause und telefonierte. Ging zu Fuß ins Büro. Der Umbau des Parterres zur Diskothek »Underground« ist fast fertig (lacht). Sie soll tatsächlich »The Underground« heißen, ich meine es ernst. Sieht aus wie eine Festung. Gerade wird eine riesige Klimaanlage installiert. Ich hörte, daß die Disco denselben Leuten gehört, denen auch das »Infinity« gehört hat. Das »Infinity« ist bis auf die Grundmauern abgebrannt.

Donnerstag, den 31. Januar 1980 Holte Ina Ginsburg und ihren Sohn Mark ab. Wir gingen zur Premiere von Edward Albees neuem Stück »A Lady from Dubuque« mit Irene Worth. Es geht um drei Paare, die sich streiten. Irene war sehr gut, aber irgendwie erwischt sie nie den ganz großen Hit. Einer der besten Sätze in dem Stück war: »Wie kannst du dir nur diesen Jasper Johns an die Wand hängen?« Antwort des großen Schwarzen: »Besser, als einen beschissenen Andy Warhol zu besitzen.« Alle drehten sich um und starrten mich an.

Freitag, den 1. Februar 1980
Ich ging auf Diane von Fürstenbergs Geburtstagsparty für Barry Diller. Ich hatte Catherine dazu eingeladen, und wir holten auch Truman ab. Er ist ein anderer Mensch geworden, sehr reserviert, nicht freundlich. Er sagte, er habe etwas für die April-Ausgabe von »Interview«. Ich versuchte, das Gespräch aufzunehmen, aber er hatte nichts zu sagen. Es ist komisch – er

Mit Bruno Bischofberger

kommt mir vor wie eins von diesen außerirdischen Wesen, die sich in fremden Körpern einnisten. Er ist noch derselbe und doch nicht derselbe. Außerdem sieht er älter aus. Er muß zugenommen oder abgenommen haben. Doch er macht sich keine Gedanken über sein Aussehen. Ich begreife das nicht.
Wir kamen zu Diane von Fürstenberg. Diana Ross war da. Sie sah fabelhaft aus. Diana Vreeland war auch da. Es wird immer schwieriger, sich mit ihr zu unterhalten.
Richard Gere war auch da, und alle sprachen über Vincent Canbys Verriß von »American Gigolo« in der »Times«. Aber er sagte, er sei guten Mutes, denn die Leute stünden Schlange rund um den Block, um den Film zu sehen. Es kann noch ein Hit werden.
Paul Schrader war da, und Catherine machte sich an ihn ran. Sie blieb, als ich ging. Später stellte sich heraus, daß sie kurz nach mir gegangen war. Es hat sich also nichts getan.

Montag, den 4. Februar 1980
Ich beeilte mich, weil ich um 11.30 im Büro sein mußte. Jean Kennedy Smith sollte mit Kerry Kennedy kommen, um Wahlkampfplakate für Ted Kennedy auszuwählen (Taxi $ 4.00). Mußte mich fotografieren lassen; die ganze Presse war da.

Sonntag, den 10. Februar 1980, Zürich Um 11.30 ließ uns Bruno Bischofberger im »Dolder Grand Hotel« wecken. Er brachte Fred und mich zu meiner ersten Porträt-Kundin. Wir fuhren zu einem kleinen Haus, das an Häuser auf der Lower East Side erinnerte und vor dem eine Mutter mit drei Kindern stand. Fred sagte, ein Kind sei besonders süß gewesen, aber mir war es nicht aufgefallen. Sie hatten Cordhosen und zerrissene Hemden an. Fred bat um ein Glas Orangensaft und bekam Orangensaft aus der Dose. Die Mutter war nichts als eine kleine Mutter. Die Möbel waren alt und verschlissen. Nichts in dem Haus sah nach Reichtum aus. Alles machte einen so ärmlichen Eindruck, daß ich das Porträt schon umsonst für sie machen wollte. Sie waren nett, aber ich konnte mir nicht vorstellen, daß sie sich ein Porträt leisten konnten. Zu unserer Verblüffung sagte Bruno, die Schweizer seien schwer einzuschätzen und versteckten ihr ganzes Geld.

Montag, den 11. Februar 1980, Zürich Ich schlief lange. Thomas Ammann weckte mich wegen eines Porträts. Eine schöne Frau mit einem fetten Ehemann. Ich sagte, sie brauche kein Make-up. Sie war leicht zu fotografieren, weil sie eine hinreißende Schönheit ist. Ihr Mann sagt ihr immer, sie sei häßlich – Thomas meint, daß die Schweizer ihre Frauen immer so behandeln, damit die sich nur nicht zu sicher fühlen. Wir schenkten ihnen ein Buch und ein »Interview«. Den Film entwickelten wir nicht selbst. Es ist schwierig, hier einen anderen Film als den SX-70 aufzutreiben, den anderen lassen sie auslaufen. Wir kauften englische Zeitungen, die ich bezahlte ($ 5.00).
Wir aßen unten im Restaurant mit Loulou de la Falaise Klossowski, ihrem Mann Thadee und Thomas zu Mittag. Das Essen war gut. Wir ließen es auf die Hotelrechnung setzen. Der Blick auf den See und die Berge war schön. Wir waren die einzigen Gäste. Die Sonne schien durchs Fenster und brannte auf meinen Rücken. Am Morgen hatte es noch gehagelt; launisches Wetter. Loulou sagte, daß YSL ein so großes Genie sei, daß er nicht mehr damit klarkomme und eine Million Tabletten nehmen müsse. Sein ganzes Büro sei deprimiert von seinen Depressionen, nur sie nicht. Sie sagt, daß sie positiv reagiert, egal, was kommt. Und genau das macht sie krank, weil sie immer so tut, als sei sie glücklich, belastet das ihre Leber. Seit 15 Monaten hat sie keinen Drink mehr angerührt, aber Kokain findet sie nicht so schlimm. Ich schon. Wir sprachen über ihren Stiefvater John McKendry. Sie sagte, er habe zu viele Freunde.

Dienstag, den 14. Februar 1980, Düsseldorf Hans Mayer fuhr uns in seinem Auto hinaus aufs Land in eine kleine Stadt, wo wir einen Metzger fotografieren sollten. Seine Firma heißt Herta. Sie ist eine der größten Wurstfabriken in Deutschland. Ein sympathischer Typ: Er hat eine interessante Fabrik: Man konnte alle Angestellten sehen. Mein »Pig« hing an der Wand. Überall Plunder, eine Menge Spielsachen, ausgestopfte Kühe, ausgestopfte Schweine – Schweine, Schweine, Schweine, wohin man blickte. Und Kunst. Von der Decke hingen komische Sachen, an den Wänden hatte er Drippingbilder. Er kauft eine Menge Kunst. Er sagt, er verkaufe dadurch mehr Würste, weil seine Leute sehr glücklich seien. Er gab uns weiße Kittel und weiße Hüte und führte uns. Wir sahen den Wurstmacherinnen bei der Arbeit zu. Das war lustig. Wir rochen das kochende Sauerkraut, bekamen aber keine Hot Dogs. Er besaß das komplette Picasso-Portfolio, dem ich den Picasso-Druck von Paloma hinzugefügt hatte. Wir schauten es uns an, und dann mußten wir uns noch mehr Schweine, noch mehr Salamis und noch mehr Schinken ansehen – gekochte und gemalte.

Wir machten Polaroidaufnahmen für das Porträt und tranken Tee. Dann kam seine Frau. Sie boten uns keinen Lunch an. Dann, ganz plötzlich, fragte er uns, ob wir seine Hot Dogs probieren wollten. Sie machten welche warm. Jeder bekam zwei, einen weißen und einen schwarzen. Sie schmeckten ausgezeichnet, besonders mit Senf. Er sagte, er müsse jetzt zum Essen in die Kantine. Wir mußten uns dagegen ohne Lunch verabschieden, was wir recht befremdlich fanden. Wir fuhren weiter zu einem Restaurant in Bottrop.

Gleich nach unserer Ankunft hatte man uns erzählt, daß heute ein verrückter Tag sei, ein Tag, an dem die Frauen Männer jagen und ihnen die Krawatten abschneiden. Da wir Bescheid wußten – wir sahen diese betrunkenen Frauen herumlaufen – nahmen wir unsere Krawatten ab und steckten sie in die Tasche. Aber eine Frau erwischte mich am Hemdzipfel und schnitt ihn ab. Es war mein gutes Hemd, und ich war wütend. Die Frauen waren wie Furien. Wir stiegen mit Hans ins Auto und fuhren zurück in seine Galerie. Ich war müde und ärgerte mich über die Sache mit dem Hemd.

Montag, den 18. Februar 1980, New York Ich hatte einen Jetlag und verschlief. Ich ließ die Kids am Feiertag zur Arbeit kommen, weil sie in den zwei Wochen während meiner Abwesenheit gefaulenzt hatten. Aber die Haustür war verschlossen und die Heizung war kalt. An der Diskothek im Erdgeschoß wird immer noch gearbeitet. Sie haben es sogar gewagt, mir eine Einladung zur Eröffnung zu schicken. Sie haben den Aufzug kaputtgemacht, und die kalte Heizung geht vermutlich auch auf ihr Konto.

Ronnie versucht, den Text für seine große Rolle in Walter Stedings Performance zu lernen, die demnächst irgendwo downtown stattfindet – als Walters Manager sollte ich mich vielleicht mal darum kümmern, wo das ist.

Es war so schön, wieder zurück zu sein. Ich hatte mit neun Grad Celsius gerechnet, aber es waren sechs Grad unter Null. Ich verteilte »Interviews« und fuhr dann mit dem Taxi zum Union Square ($ 3.50). Endlich war es vorn im Haus wieder warm, nur hinten noch nicht. Brigid saß noch vor demselben Blatt Papier wie bei meiner Abreise. Ob sie geglaubt hat, ich würde es nicht merken?

»Interview« hat meinen alten Raum übernommen. Ich weiß nicht, wo ich jetzt malen soll.

Dienstag, den 19. Februar 1980 Ich stand vor 9.00 auf, um die »Today Show« nicht zu verpassen. Ich verstehe nicht, warum Gene Shalit das Interview nicht bringt, das er mit mir gemacht hat. Vielleicht wartet er da-

21 The Star, 1981

mit, bis ich tot bin: »Hier die Aufzeichnung eines Gesprächs, das ich 1980 mit Andy Warhol führte.« Ich muß ein schrecklicher Gast sein. Ich scheine zu flippig fürs Fernsehen zu sein. Es ist immer dasselbe – keiner weiß, was er mit mir anstellen soll. Na ja, der Bericht für »20/20«, den Karen Lerner über unsere »Exposures«-Tour gemacht hat, soll nächste Woche ausgestrahlt werden. Am 28. Februar.
Wir hatten einen Pizza-Lunch im Büro ($ 5.00).
Ach ja, der Typ vom Magazin »New York« rief an. Es geht um den Vorabdruck von »POPism«. Sie kündigen ihn auf dem Cover an. Wenn der Abdruck ein Riesenerfolg wird, brauchen wir keine Reklame mehr für das Buch zu machen. Wäre das nicht wunderbar?
Ron Feldman kam. Wir sahen uns die

»Ten Jews« an. Es war eine gute Idee, sie zu machen. Sie werden sich verkaufen. Alle Deutschen wollen Porträts. Vielleicht verdanken wir das unserem exzellenten Verkäufer dort, Hans Mayer. Warum bekommen wir so wenige Aufträge für amerikanische Porträts?

Donnerstag, den 21. Februar 1980 Habe ich schon erzählt, daß Bianca uns vor ein paar Wochen nach dem Abend bei Halston gefragt hat, an dem sie Bob heimgebracht hatte, weil ihm übel geworden war? Bob war entsetzt, als sie davon anfing. Das

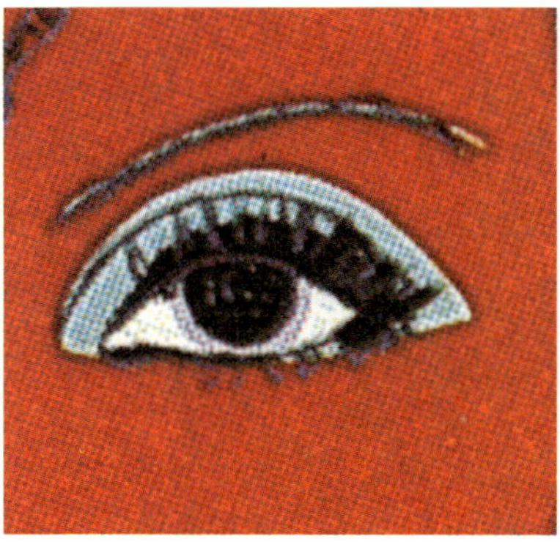

war der Abend, an dem wir den Fahrer hinten aus der Limousine steigen sahen. Bob erzählte uns, daß er ihr gesagt hatte: »Gut, Bianca, du hast mich heimgebracht. Aber als mich am nächsten Morgen alle anriefen und sagten, es sei sehr nett von dir gewesen, anderthalb Stunden bei mir zu bleiben, da mußte ich sagen, daß du gar nicht bei mir warst. Sie sagten, daß sie dich mit dem Fahrer hinten im Wagen gesehen haben.« Bianca erklärte, sie sei ohnmächtig geworden, nachdem sie Bob abgesetzt hatte. Mick habe ihr bei den Erteguns drei Wodka hintereinander gegeben. Außerdem sei sie so aufgeregt gewesen, ihn zu treffen, daß der Wodka sie umgeworfen habe. Der Fahrer habe nur versucht, sie aufzuwecken.
Richard Weisman fragte, ob ich mich mit Stallone am Freitag am Drehort seines Films zum Lunch treffen wolle. Er sagte, daß Stallone vielleicht ein Porträt will.

Freitag, den 22. Februar 1980
Richard Weisman rief an: Lunch mit Stallone um 12.30.
Ich habe vergessen, Trumans Anruf zu erwähnen. Er erzählte, daß er in der Schweiz beim Überqueren einer Piste von einem dicken Skiläufer angefahren worden sei. Er schien wieder ganz der Alte zu sein. Ich glaube, er ist guter Dinge, weil er von Lester $ 450 000 für seinen »Interview«-Beitrag »Handgeschnitzte Särge« bekommen hat. Wir kriegen aber nichts davon ab.
Wir gingen in die First Avenue, wo Stallone dreht – mit ungefähr 300 Komparsen. Der Film heißt, glaube ich, »Hawks«. Martin Poll ist der Produzent. Er ist derjenige, der Stallone zu meiner Porträtausstellung ins

Whitney Museum mitgenommen hatte. Martin und seine Frau waren da und eine riesige Menschenmenge. Der Requisiteur kam und sagte, er habe auch bei »BAD« die Requisite gemacht.
Wir gingen in ein Restaurant in der Nähe. Ich glaube fast, sie schicken jeden Morgen jemanden los, der bis zum Mittag für den Regisseur ein ruhiges Lokal ausfindig machen muß. Richard, Martin Poll und seine Frau, Stallone und ich saßen zusammen. Stallone ist so nett und so toll. Er muß gut 25 Kilo abgenommen haben. Er ist sexy. Aber alle Stars meinen, sie müßten ihr Porträt von mir umsonst bekommen. Er ist intelligent und führt in dem Film selbst die Regie. Jetzt kriegt er Ärger mit der Gewerkschaft, weil sie Filmaufnahmen hat, auf denen er sagt: »Licht! Action!« Der Fall kommt vor eine Kommission. Stallone erzählte von seinen Problemen mit der Gewerkschaft, unter anderem von einem kleinen Iren, den er am liebsten zusammenschlagen würde. Einmal hatte er alles für die Aufnahme vorbereitet, alle waren im Kostüm und für eine Kampfszene blutig geschminkt. Es schneite sogar, wie gewünscht – da plötzlich hieß es: »Okay, aufhören! Pause! Abendessen!« Stallone sagte, er habe sie praktisch auf Knien angefleht, ihn die Szene drehen zu lassen: »Bitte! Wir sind doch Kollegen! Ich bin Rocky!« Doch sie ließen ihn nicht drehen. Sie machten Pause, und dann mußte er wieder von vorn anfangen.

Montag, den 25. Februar 1980 Ich bestellte etliche Exemplare von »POPism« bei Harcourt Brace. Sie eignen sich gut als Geschenk. Ich arbeitete den ganzen Nachmittag, während ich Philippa de Menil und Heiner zum Dinner erwartete. Sie hatten sich ein »Dinner bei Kerzenschein« in Nummer »860« gewünscht. Ich werde aus ihnen nicht schlau. Irgendwie sind sie sonderbar, sie gehen ungern aus. Wir wollen ihnen neue Sachen verkaufen. Rupert holte ein paar Grafiken her. Als Heiner und Philippa kamen, zeigte ich ihnen die Arbeiten. Robyn brachte das Essen und stellte es in den Ofen. Er blieb und spielte den Butler. Philippa ißt sonst nie etwas, aber diesmal aß sie alles. Vielleicht hatte sie zum ersten Mal Hunger. Sie verschlang sogar zwei Stück Bananen-Pie. Sie war lustig. Robyn hatte ein gutes Menü zusammengestellt.

Heiner und Philippa sind gerade aus der Türkei zurückgekommen. Sie haben sämtliche tanzenden Derwische zu Dr. Giller zur Akupunktur geschickt. *Alle.* Sie haben noch immer kein geeignetes Gebäude für ein Warhol-Museum gefunden. Die »Dia Foundation« will eins einrichten. Der Eigentümer des Backsteingebäudes nebenan verlangt $ 300 000.00, nur für die Pacht.

Mittwoch, den 27. Februar 1980 Truman rief neulich an; er will uns keine Artikel mehr liefern.

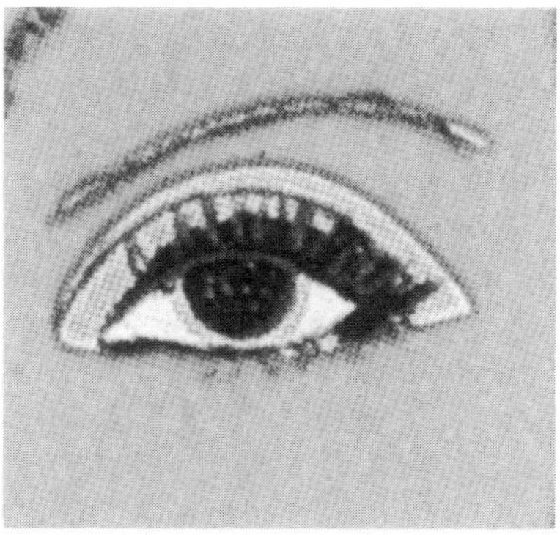

Dafür sollen wir die »Answered Prayers« bekommen, wenn sie im Oktober fertig sind. Ich sagte zu Bob, daß Truman lügt. Er ist nicht mehr derselbe. Truman hat uns fallenlassen, und ich weiß nicht, warum.
Jill Fuller rief im Büro an und sagte, sie habe einen Hubschrauber gemietet, um uns ins Nassau Coliseum zu »Pink Floyd« zu fliegen. Sie ist mit der Gruppe befreundet. Ich rief Catherine an – sie arbeitet jetzt übrigens für Richard Weisman. Sie war von der Idee mit dem Hubschrauber begei-

stert, also nahm ich meine ganze Courage zusammen und redete mir ein, daß es ganz amüsant werden könnte. Der Typ von unten sagte, daß die Diskothek am Donnerstag abend eröffnet und mein Name an der Tür hinterlegt wird. Gestern haben sie die Musik so laut gedreht, daß alles gewackelt hat. Durch den Aufzugschacht hörte ich, wie sie »Lauter! Lauter!« brüllten, obwohl es schon unglaublich laut war.
Ich holte Catherine ab (Taxi $ 4.00) und fuhr mit ihr zu Jill. Jill gab uns eine Flasche Chamapagner mit, dann fuhren wir mit dem Taxi zum Hubschrauber ($ 3.00). Der Flug war wunderschön, wir tranken den Champagner. Vier Limousinen erwarteten uns.
Dann begann die Show. Sie ist so komplex und teuer, daß sie nur in Kalifornien, New York und London gezeigt werden kann. Auf der Bühne standen große Figuren wie beim Umzug von »Macy's«.

Freitag, den 29. Februar 1980

Im Büro gaben wir einen Lunch für Toiny Castelli, ihre Assistentin, Iolas, Brooks und Adriana Jackson. Toiny will eine Ausstellung mit meiner Grafik machen. Und Iolas eröffnet eine neue Galerie.
Das »Studio 54« hat seine Alkohollizenz verloren. Die Zeitungen brachten Fotos von Sylvester Stallone, wie er an der Bar den letzten Drink bekommt. Auch Steves Restaurants auf Long Island haben ihre Lizenz verloren.

Samstag, den 1. März 1980

Victor Bockris rief an und sagte, es bleibe bei dem Dinner mit Mick Jagger bei William Burroughs. Victor schreibt ein Buch über Burroughs. Ich blieb im Büro und ging zwischendurch nicht nach Hause. Der Fahrer fuhr so schnell, daß er an der Bowery 222 vorbeifuhr (Taxi $ 3.00).
Wir gingen hinauf. Ich war seit 1963 oder 1962 nicht mehr in dem Haus gewesen. Früher war dort der Umkleideraum einer Turnhalle. Fenster gab es keine. Alles war weiß gestrichen und sauber. Die Rohre an den Wänden wirken wie Skulpturen. Bill schläft in einem anderen Raum auf dem Boden. Ich halte ihn nicht für einen guten Schriftsteller. Sein Buch »Naked Lunch« war gut, aber jetzt lebt er mehr von der Vergangenheit.
Eine Frau – ich glaube, sie hieß Marcia – erzählte uns, sie habe Kenneth Anger in seiner Wohnung in der 94. Straße fotografiert. Ich riet ihr, in seiner Gegenwart meinen Namen nicht zu erwähnen, weil er sie sonst zusammenschlagen könnte. Er halte mich für den Teufel. Sie sagte, sein Apartment sei ganz in Rot; von allen Leuten habe er Bilder an der Wand und jeden mache er schlecht. Bill fragte Mick nach seiner Meinung über die »Drogenkultur«, die »Revolution« und ähnliches. Dann gingen Mick und Jerry. Ich blieb etwas länger. Victor Bockris begleitete mich hinunter. Wir mußten eine halbe Stunde auf ein Taxi warten ($ 5.00). Um 11.00 daheim.

Sonntag, den 2. März 1980

Es war sehr kalt. Ich ging zur Kirche. Um 2.30 mußte ich im »Regency« sein, weil ich Sylvester Stallone fotografieren wollte. Fred erwartete mich. Suite 1526. Sylvester sah gut aus. Seine Frau Sasha war auch da. Er ist wieder mit ihr zusammen. Sie ist süß, klug und sieht sehr jung aus. Ich verstehe nicht, wie er sie wegen Susan Anton verlassen konnte.
Ich bat ihn, das Hemd auszuziehen. Er trug eine Art Medaille. Ich verknipste zehn Filme, denn er ist sehr, sehr schwer zu fotografieren. Von vorn ist sein Hals dünn, und von der Seite hat man das Gefühl, er ist einen Meter dick. Von vorne hat er einen riesigen Brustkasten, von der Seite überhaupt keinen. Er hat schöne Hände, doch mal wirken sie klein, mal sehen sie wie Pranken aus.
Sylvester sprach über die »Oscars«. »All That Jazz« (»Hinter dem Rampenlicht«, Regie Bob Fosse, 1980) hat

ihm überhaupt nicht gefallen. Er beklagte sich, daß er und Woody Allen dieses Jahr übergangen wurden.

Montag, den 3. März 1980 Taxi zum Union Square ($ 8.10). Carole, meine Cousine aus Butler, Pennsylvania, besuchte uns. Mit ihrer langsamen Art zu sprechen brachte sie mich auf die Palme. Nachdem sie gegangen war, arbeitete ich. Ich ließ Rupert kommen. Ich mußte in der »Brewster Gallery« Ted-Kennedy-Plakate signieren und wollte nicht allein hin. Wir fuhren in die Madison Avenue 1010 (Taxi $ 4.00).
Ted Kennedy kam nicht. Er war in Massachusetts. Es wäre schön gewesen, wenn er die Plakate auch signiert

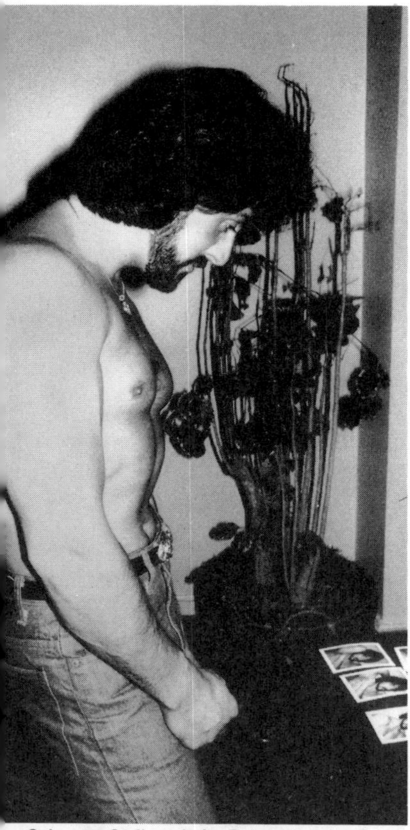

Sylvester Stallone beim Betrachten der Fotos, die Andy Warhol von ihm gemacht hat *(Warhol)*

hätte. Ich signierte den ganzen Nachmittag. Die anderen Kennedys waren alle da. Auch Kerry und eine ihrer Schwestern, aber Kerry ist hübscher. Die jungen Kennedys sehen alle etwas komisch aus. Pat Lawford war da und wir mußten uns zusammen fotografieren lassen. Sie trank vor lauter Nervosität, und dann hielt sie eine Rede. Es war harte Arbeit. Kerry ging rum und verkaufte Plakate. Sie kosteten zwischen $ 750.00 und $ 2000.00.

Dienstag, den 4. März 1980
Catherine Oxenberg kam um 1.00 zum Lunch – sie soll auf das nächste Titelblatt von »Interview«. Sie ist erst 18 und war recht nervös. Sie plapperte drauf los und erzählte, daß ihre Mutter rumschläft, und daß Sharon Hammonds Schwester Maureen mit ihrem Vater verheiratet war und jetzt mit ihrem Halbbruder zusammenlebt. Er ist 19, und sie muß etwa 40 sein. Ihre Mutter ist Prinzessin Elizabeth von Jugoslawien.

Mittwoch, den 5. März 1980
Ich holte John Reinhold ab. Wir gingen zu Fuß ins »Pearls« zum Lunch. Wir sprachen über Diamantenstaub, der in Wirklichkeit wie Puder ist. Splitter würden hübscher aussehen, doch den Preis für ein Bild auf zwanzig- oder dreißigtausend Dollar erhöhen. Es war schön, Pearl wiederzusehen.

Donnerstag, den 6. März 1980
Lunch für Richard Gere und seine Freundin Silvinha. Sie ist diesen Monat in »Interview«.
Amina, das schwarze Fotomodell, schreibt ein Stück und fragte ständig: »Wo ist denn dieser Richard Gere? Er muß doch hier sein!« Doch als er dann kam und sie nicht beachtete, konnte sie ihn nicht mehr leiden und setzte sich an den Tisch, an dem ich Kennedy-Plakate signierte. Robyn hatte bei Irving 65 Essen geholt, und Brigid aß alle Reste auf, so daß für ihn nichts übrigblieb.
Es war ein so wunderschöner Tag, daß ich Brigid und Chrissy Berlin vorschlug, Bea in ihrem Antiquitätenladen am University Place zu besuchen. Unterwegs verteilten wir »Interviews« an die Junkies, die von der Ecke Park und 17. Straße in die 14. Straße umgezogen sind. Als wir bei Bea ankamen, ging Brigid kurz weg, um Zigaretten zu kaufen. Sie war kaum drei Sekunden aus dem Laden, als ich lautes Quietschen und ein

dumpfes Geräusch hörte. Ich rannte raus. Brigid lag auf der Straße – und ihr dicker Bauch knapp vor einem Lastwagen. Aber sie rappelte sich auf, lachte und sagte: »Nein, nein, alles in Ordnung.« Der Lastwagen gehörte einem Kunstrestaurator; der wollte sie ins Krankenhaus fahren, doch sie war froh, daß ihr nichts fehlte, und lehnte ab. Sie hatte sich nur erschrokken. Chrissy regte sich so auf, daß sie nach Hause gehen mußte.
Ich war überglücklich, daß Brigid noch am Leben war, und sagte, sie dürfe sich etwas wünschen, egal was. Also nahm sie Eis (4 × $ 0.75), Kekse von Greenberg's ($ 0.90), Kuchen ($ 12) und Big Macs ($ 8.52). Wir liefen eine Stunde lang, um sicherzugehen, daß ihr auch wirklich nichts fehlte. Dabei ging uns die ganze Zeit durch den Kopf, wie schnell alles vorbei sein konnte. Ich hoffe, es war ihr eine Lehre, und sie paßt in Zukunft besser auf.

Montag, den 10. März 1980 Ich blieb downtown und nahm mit Vincent und Shelly ein Taxi in die Lafayette Street. Charles Maclean feierte in Jennifer Bartletts Studio eine Party, ein großes Fest für englische Kids. Clare Hesketh, Lord Hesketh's Frau, sagte: »Ist Fred nicht wundervoll? Er war bis 11.00 heute morgen bei mir.« Ich sagte: »Ach, tatsächlich? Sehr interessant. Er kam um 11.15 zur Arbeit.«
Unter den Gästen waren Tom Wolfe, Evangeline Bruce, die McGraths und Steve Aronson, der mich mit vielen Schriftstellern bekanntmachte.

Dienstag, den 11. März 1980
Kenny Lane rief an und lud mich zum Lunch mit einem Scheich aus Kuwait ein (Taxi $ 3.00). Kenny hat eine hübsche Wohnung. Er stellte mich dem Scheich und dessen Frau vor – auch die Frauen werden Scheich genannt. »Mein Mann ist klein«, sagte sie, »wenn er sich mit Ihnen unterhält, steigt er womöglich auf einen Stuhl.« Sie kauft moderne Kunst, und er will 200 Millionen Dollar ausgeben, um sein Museum zu füllen – zum Beispiel mit kuwaitischen Teppichen.
Ich leimte mich zusammen und ging zu Fuß zu Diana Vreeland. Elizinha Goncalves, Fernando Sanchez und Sharon Hammond waren da. Ich nahm Mrs. Vreeland auf Tonband auf. Sie erzählte eine Riesen-Geschichte über »Deep Throat«. Ihre Freundin, die in ihrem Haus wohnt und blind war, hatte sie eines Tages angerufen und gesagt: »Diana, ich kann wieder sehen! Ich habe mein Augenlicht wieder. Ich will ins Kino gehen!« Diana fuhr fort: »Vier Blocks entfernt lief ›Deep Throat‹. Die Kartenverkäuferin fragte uns: ›Wissen Sie, worauf Sie sich einlassen?‹ Und

Farrah Fawcett bei einer Fotositzung mit Andy W

meine Freundin, ganz aufgeregt, daß sie wieder ins Kino konnte, sagte nur: ›Ich bin so aufgeregt, ich bin so aufgeregt.‹ Wir betraten das Kino, und wie alle Porno-Kinos war es fast leer. Nur etwa 20 Männer saßen da. Die meisten schliefen, wahrscheinlich hatten sie schon sieben Vorstellungen verschlafen und vergessen, wo sie waren. Der Film begann – meiner Freundin fielen fast die Augen aus dem Kopf.

Zehn Jahre lang nichts sehen, und dann gleich ›Deep Throat‹. Noch Tage später fragte sie: ›Diana, glaubst du nicht, daß sich das Mädchen wehgetan hat? Wie hat sie das bloß gemacht? Ihr Hals muß ja ganz wund sein.‹ Und ich sagte: ›Über so was mache ich mir keine Gedanken – für mich war der Film eine reine Liebesgeschichte.‹« Bob sagte: »Wie konntest du das der alten Dame antun?« Diana konterte: »Was hättest du denn jemandem gezeigt, der zehn Jahre blind war? Es hat sie aufgemuntert.«
Dann ging sie mit uns ins »Quo Vadis« mit.

Mittwoch, den 12. März 1980
Ich kaufte 100 Exemplare »POPism« von Harcourt Brace.
Als Gregory Battcock kam, gab ich ihm welche. Gerard bestellte zwei Bücher telefonisch.
Als ich nach Hause kam, rief ich Brigid an. Sie und ihre Schwester Chrissy saßen gerade beim Nachtisch. Ich will Brigid dazu bringen, daß sie wieder abnimmt, und sagte, ich würde ihr für jedes Pfund, das sie abnimmt, $ 5.00 geben, aber sie müsse mir für jedes Pfund, das sie zunimmt, $ 10.00 geben. Sie bringt morgen ihre elektronische Waage ins Büro.

Samstag, den 15. März 1980
Farrah Fawcett rief an und sagte, sie sei auf dem Weg zum Union Square. Eine halbe Stunde später war sie da in Begleitung von Ryan O'Neal. Sie sahen sich Farrahs Porträt an. Ich glaube, sie mochte es nicht, aber dann studierte sie es eine halbe Stunde lang und sagte schließlich, daß es ihr gefalle. Ich holte Bob, der ihr ein Cover-Foto vorschlagen sollte. Sie war einverstanden. Sie sah gut aus, hatte frisch gewaschene Haare und war wirklich sehr schön. Sie gingen, und ich blieb mit Rupert alleine. Ich setzte ihn ab (Taxi $ 4.00). Zu Hause leimte ich mich zusammen, weil ich zu Prinz Abudis Dinner für Marion Javits eingeladen war.
Er wohnt gleich um die Ecke in der 68. Straße. Als ich hinkam, trat gerade Ultra Violet auf. Sie trug ihr Kleid aus den sechziger Jahren, das mit den Goldmünzen. Ich sagte zu ihr: »Mensch, Ultra, tu das nicht. Solange eine Goldmünze nur $ 35 wert war, ging das ja, aber heute kostet das Stück $ 775. Paß bloß auf.« Sie antwortete, die besten seien schon längst verkauft – bis auf ihre schweren Pesos. Ich freute mich, sie wiederzusehen und fragte: »Wer hat dich eingeladen? Wie kommst du hierher?« Ich glaube, sie ist gut mit Marion befreundet. Ich habe das Gefühl, daß sie Leuten vielleicht Gefälligkeiten erweist. So was muß es sein – ein Mann, vielleicht sogar ein älterer, mit dem sie ausgeht oder so. Aber sie war amüsant. Ich blieb den ganzen Abend mit ihr zusammen, denn es war eine gräßliche Party. Ultra hat vor, ihre Memoiren zu schreiben. Ach ja, sie hat mir endlich erzählt, wie das mit ihrer Krankheit war. Es war wegen Ruscha. Ed Ruscha, der Künstler. Sie hatte sich in ihn verliebt, aber er war verheiratet und kam damit nicht klar. Und sie wurde immer unberechenbarer, weil sie so in ihn verknallt war.

Ultra Violet *(Philippe Pouliopolous)*

Dann machten ihre Nerven nicht mehr mit und sie fing an, jeden Tag ein Goldstück zu essen – jemand hatte ihr erzählt, daß die Indianer Gold essen. Es fraß ihr ein Loch in den Magen.
Jetzt ist Ruscha zwar nicht mehr verheiratet, aber es ist aus. Sie sieht sich nach einem Jüngeren um. Wir blieben bis 3.00.

Sonntag, den 16. März 1980, New York – Washington, D. C.
Besuchte in Washington die Goldman Fine Arts Gallery und das Jüdische Museum im Jewish Center. In der Galerie stellten sie »POPism« und »Exposures« vor. Es war anstrengend. Jeder schien zu glauben, er müsse mir eine intelligente Frage stellen: »Haben Sie die vielen Varianten benutzt, um die verschiedenen Facetten von Gertrude Steins Persönlichkeit darzustellen?« Ich sagte nur ja.

Montag, den 17. März 1980, Washington, D. C. – New York
Unser Frühstück im Weißen Haus wurde abgesagt. Ich vermute, daß die Regierung Carter nichts mehr mit uns zu tun haben will, weil ich Plakate für Ted Kennedy gemacht habe. Wir waren sogar froh, daß wir nicht so früh aufstehen mußten. Wir hätten nämlich um 7.30 dort sein müssen. Wir schliefen bis 11.30.
Ein Mädchen führte uns zu »Kramerbooks«, einer Buchhandlung mit Café. Alle tranken. Bob mag den Laden. Als er an der Georgetown University studierte, hat er dort immer Kids aufgegabelt. Die Leute hielten mir alles mögliche zum Signieren hin. Ich signierte alles – Unterwäsche, ein Messer und sogar ein Baby.
Wir mußten den Shuttle um 9.00 erwischen (Tickets $ 153.00). Kaufte mehrere Zeitungen und »Newsweek« ($ 2.00). In »Newsweek« stand eine hervorragende Kritik über »POPism«.

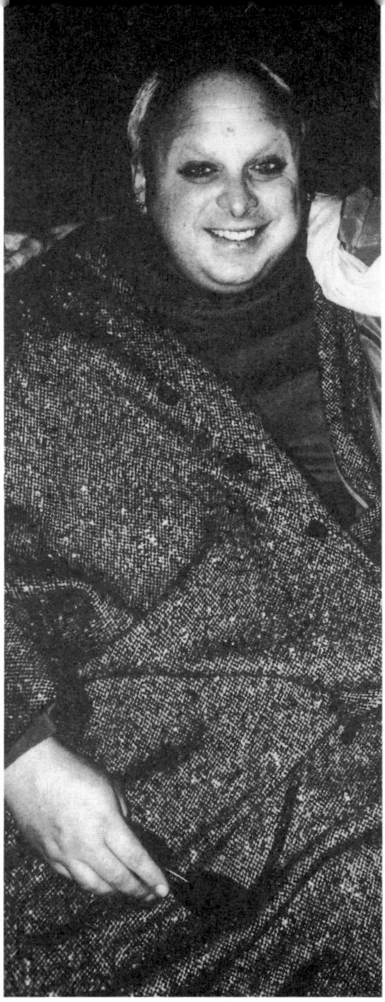
Divine *(Andy Warhol)*

Dienstag, den 18. März 1980
Ich hatte Ultra zum Lunch eingeladen. Bei Tageslicht sieht sie wie eine alte Frau aus, aber abends, mit Make-up, ist sie wirklich hinreißend.
Divine kam ins Büro. Er sagte, er habe $ 2000.00 und suche ein Geburtstagsgeschenk für Joan Quinn, und ich sagte ihm, daß wir etwas so Billiges nicht hätten.
Bob war nervös, weil er am Abend eine Vorlesung am Bard College halten mußte. Er ging um 4.00. Seine erste Vorlesung über Klatsch.
Karen Lerner rief an. Der Beitrag in »20/20« wird erneut um zwei Wochen verschoben. Ich glaube, ich will gar nicht mehr, daß er ausgestrahlt wird, weil man durch das Fernsehen einfach zu bekannt wird. Das bißchen Publicity, das ich bekomme, genügt. Außerdem verheizen sie einen, und davor habe ich Angst. Ja, ich finde, weniger Publicity tut's auch.
Ich wollte mich mit Catherine und ihrem Chef Richard Weisman im »Mayfair House« treffen. Als ich hinkam, stritten sie sich. Ich erfuhr, daß sie gerade gekündigt hatte. Es war ein angenehmer Job – soviel ich weiß,

mußte sie immer nur Geschenke für ihn besorgen (Drinks $ 20.00).
Fuhr mit dem Taxi zu Diane von Fürstenberg ($ 4.00). Dieselben Leute wie immer. Berry Berenson und die Niarchos-Kids. Lustig, ihnen zuzuhören, wenn man mal erlebt hat, wie Fred ihr Lispeln nachmacht. Barbara Allen erzählte, alle ihre Liebhaber seien da: Mick Flick, Mick Jagger, Philip Niarchos und Bryan Ferry. Barbara sah blendend aus.
DVF sagte, sie habe es kaum erwarten können, »POPism« zu lesen, und jeder sei von dem Buch angetan. Und dann kam Silvinha mit Richard Gere und sagte, ich sei ihr Idol der sechziger Jahre gewesen, und jetzt versuche sie, mein Idol der achtziger zu werden.
François de Menil war da, aber ich sah ihn nicht. Im Schlafzimmer zogen sich alle Stoff rein. Barbara Allen sagte, sie wisse nicht, mit wem sie nach Hause gehen solle. Als ich weg wollte, entdeckte mich Richard Weisman: »Andy! Andy! Gehen Sie?« Auf einmal wollte er auch gehen, aber dann mußte er sich wie üblich von jedem verabschieden – und genau das hatte ich vermeiden wollen. Im Auto sagte er: »Glauben Sie, es war ein Fehler, daß ich neulich mit Catherine ins Bett gegangen bin?« Ich sagte: »Was?« Ich wußte zwar, daß er und Catherine vor einiger Zeit mal miteinander geschlafen hatten, aber er sprach von *neulich*. Das kann ich Catherine gegenüber nie erwähnen, es wäre zu peinlich. Richard hatte Schuldgefühle und wollte von mir wissen, ob Catherine wohl deshalb gekündigt hat. Wenn man mit seinem Boß schläft, glaubt man automatisch, man müsse es immer tun.

Mittwoch, den 19. März 1980

Wir wollten uns im Anta Theater das Stück »Heartaches of a Cat« ansehen, eine Produktion von Kim D'Estainville.
Ich holte Paulette ab. Im Theater mußte sie Autogramme geben. Ein reizendes, ungewöhnliches Stück. Die Schauspieler trugen schöne Tiermasken, die an Spielzeug in alten französischen Büchern erinnerten. Das Publikum war begeistert. Das Stück könnte ein Hit werden. So wie die Kids Peter Pan lieben, werden sie auch das lieben. Es spielte die argentinische Truppe, die sich von Palomas Mann getrennt hat.
Claudette Colbert war mit Peter Rogers da, und aus irgendeinem Grund freut sie sich jedesmal, wenn sie mich sieht. Jerome Robbins war auch da. Soweit ich weiß, hat er an der Aufführung mitgearbeitet.
Hinterher gingen wir zur Premierenfeier, gegenüber bei »Gallagher's«. Bianca kam nicht. Wie sich später herausstellte, mußte sie am Flughafen drei Stunden warten, um ein Gemälde für Thomas Ammann abzuholen. Sie war wütend ($ 10.00 für die Limousine).
Eine nette Frau bat Paulette um ein Autogramm für ihre Tochter. Paulette schob die Hand der Frau von ihrer Schulter und sagte: »Ich kann Fettfinger auf meinem weißen Kleid nicht haben.«

Samstag, den 22. März 1980

Ich arbeitete bis 7.30 und fuhr dann im Taxi zu Si Newhouse ($ 4.00) in die East 70th Street – ein großes, geräumiges Haus. Eine Künstlerparty. Bruno Bischofberger war da. Und Mel Bochner, der Künstler, der mit Dorothea Rockburne verheiratet war und von ihr seine Ideen bezog. Mary Boone war da, die mit Ronnie eine Ausstellung machen will. Aber er hat kein Interesse, weil sie ihn jeden Morgen um 4.00 anruft. Carl Andre und Mark Lancaster waren auch da.
Bianca hatte mich angerufen, bevor ich zu Si Newhouse ging, und mich für später zu Halston eingeladen. Ich konnte Mark nicht mitnehmen, weil Halston sich immer aufregt, wenn man jemanden mitbringt. Also Taxi zu Halston ($ 1.50).
Bianca telefonierte mit Steve im Gefängnis. Er mußte alle drei Minuten Fünfcentstücke einwerfen.
Steve sagte, es gehe ihm prächtig. Er habe fünf Kilo zugenommen. Zum Dinner habe es Reiseintopf gegeben.

Wenn er die Alkohollizenz zurückbekommt, will er das »Studio 54« verkaufen. Mit der Lizenz wird er es leichter los.

Montag, den 24. März 1980 Ich kaufte »Wrestling«, »Petland« und »Jet« – eine Menge Magazine, aus denen ich Honig für »Interview« saugen wollte ($ 8.50, Taxi $ 3.00).
Ich hatte einen Fototermin mit einer Werbeagentur. Sie bauten auf und fragten mich, warum ich so kreativ sei. Ich sagte: »Ich bin's ja gar nicht.« Das brachte sie aus dem Konzept, und es fiel ihnen keine weitere Frage ein. Dann fuhr ich zu »Bloomingdale's«. Ich kam 45 Minuten zu spät. Sie waren sauer. Ich signierte wieder Bücher. Dann brachten sie mich in ihrem Wagen nach Hause. Es regnete.
Ging ins »La Boite« zu dem Dinner, das Bob für »POPism« organisiert hat. Henry Geldzahler und Ahmet hielten entsetzliche Reden. Henry sagte, ich sei der Spiegel unserer Zeit, und Ahmet behauptete, alle liebten mich. Richard Gere war süß. Er hat mein Buch gelesen und mochte es. Stallone platzte mit zwei Freundinnen herein. Er stritt sich mit Bianca, weil er hörte, wie sie ihn schlechtmachte. Alle sangen »Happy Birthday« für John Samuels, der 20 wurde. Unser Lektor Steve Aronson war auch da und brachte alle an seinem Tisch zum Lachen.

Sonntag, den 30. März 1980, Neapel Lucio Amelio brachte uns ins »Excelsior Hotel«. Er betonte immer wieder, er habe uns die »Elizabeth-Taylor-Suite« verschafft. Aber Beuys bekam die größere Suite im oberen Stockwerk – wahrscheinlich kamen sie uns deswegen ständig mit Elizabeth Taylor. Die Zimmer waren aber groß, sehr groß sogar und vom Fenster aus konnte man die Schwarzhändler sehen, die da unten Zigaretten verkauften.
Wir ruhten uns aus, und anschließend fuhren wir zu Graziellas Bruder ans Meer und kriegten was zu essen. Außer uns waren ein alter Ex-Filmstar und ein Ex-Modeschöpfer da. Sie trugen das Essen auf, aber Graziella und ihr Bruder aßen selbst nichts. Das kommt einem eigenartig vor. Und mir wird es eine Lehre sein – wenn ich in Zukunft jemanden zum Lunch einlade, esse ich immer mit.

Montag, den 31. März 1980, Neapel Das Fernsehen machte mit uns Aufnahmen in den Slums von Neapel. Suzie nahm ihren Schmuck ab. Wir fuhren spazieren und entdeckten etwas ganz Tolles: Wäscheleinen von Fenster zu Fenster über die Straße gespannt, wie in alten Zeiten.
Wir fuhren zurück zum Hotel, um uns mit Beuys zu treffen. Wir aßen mit ihm und seiner Familie in einem lustigen kleinen Restaurant. Beuys war süß. Wir hatten viel Spaß.

Dienstag, den 1. April 1980, Neapel Stand um 10.00 auf. Wieder ein Interview mit dem »Expresso«. Lucio holte uns ab und fuhr uns in die Galerie zu einer Pressekonferenz mit 400 Leuten. Joseph Beuys ist inzwischen wild auf Presse, weil er sich als Kandidat der Freien Himmelspartei um die Präsidentschaft in Deutschland bewirbt, und wenn ich dabei bin, findet er noch mehr Beachtung. Ach, nein, er kandidiert für die Grüne Partei. Wir wurden zur Eröffnung der Ausstellung abgeholt. Mindestens 3000 bis 4000 Leute waren da. Wir kamen kaum rein. Es war schrecklich. Schließlich schlichen wir uns weg. In der »City Hall« (oder so ähnlich), einem Transvestiten-Nachtclub, gab man uns eine Party. Wir warteten drei Stunden, dann endlich kam ein Transvestit mit behaarter Brust. Ich unterhielt mich gerade, also fuhr er mir über den Mund. Er brachte ein paar Nummern, stieß mich dann plötzlich zur Seite und stürmte raus. Wir hatten keine Ahnung, was passiert war. Jemand sagte, die Gefühle hätten ihn übermannt, weil er für mich gesungen habe. Aber es war zu langweilig. Fred regte sich auf, weil uns die Scheinwerfer des Fernsehens so lange anstrahlten. Er beschimpfte Lucio, einen so lächerlichen Abend habe er noch nicht erlebt, Lucio stehle uns die Zeit, denn das sei nichts, um Bilder zu verkaufen. Er habe uns wohl dazu benutzt, um den Sprung ins Showgeschäft zu schaffen. Wir kamen erst gegen 4.00 ins Bett.

Mittwoch, den 2. April 1980, Neapel – Rom Fred und ich hatten um 10.00 unsere Privataudienz beim Papst und mußten deshalb um 7.00 in Neapel losfahren. Als wir die Außenbezirke von Rom erreichten, wußte der Fahrer nicht, wie man in die Innenstadt kam. Wir mußten einem Taxi folgen, das uns bis zu Graziellas Büro vorausfuhr, wo zwei Karten für die Privataudienz beim Papst für uns bereitlagen. Suzie ärgerte sich, weil sie nicht mit durfte. Sie gab Fred ihr Kreuz mit, um es segnen zu lassen.

Wir holten die Karten ab, und der Fahrer setzte uns am Vatikan ab. Als ich die 5000 Menschen sah, die dort herumstanden und gleichfalls auf den Papst warteten, war mir sofort klar, daß uns Graziella alles andere als eine Privataudienz verschafft hatte. Fred tat vornehm, ging zu den Wachen und sagte, wir hätten eine Privataudienz beim Papst. Sie lachten nur.

Zusammen mit den anderen 5000 wurden wir zu unseren Plätzen geführt. Eine Nonne rief: »Sie sind Andy Warhol! Geben Sie mir ein Autogramm?« Sie sah aus wie Valerie Solanis, und ich bekam Angst, sie könnte eine Pistole ziehen und auf mich schießen. Dann mußte ich noch fünf anderen Nonnen Autogramme geben. Ich werde in einer Kirche immer so nervös. Und dann kam endlich der Papst. Er saß in einem goldenen Wagen und drehte ein paar Runden. Schließlich stieg er aus und hielt in sieben verschiedenen Sprachen eine Rede gegen die Scheidung. Eine Gruppe von Stimmungsmachern rief: »Hurra für den Papst.« Das Ganze dauerte drei Stunden. Es war unglaublich langweilig. Dann endlich kam der Papst zu uns herüber. Er gab jedem die Hand. Fred küßte ihm den Ring und ließ Suzies Kreuz segnen. Der Papst fragte ihn, woher er komme, und er sagte: »New York.« Ich machte Fotos – eine Menge Leute fotografierten. Dann gab er mir die Hand, und ich sagte, ich sei auch aus New York. Ich küßte seinen Ring nicht. Die Leute neben uns überreichten ihm einen goldenen Teller. Sie kamen aus Belgien. Die Menge hinter uns sprang von den Sitzen auf. Es war beängstigend. Fred wollte eine Polaroidaufnahme machen, aber ich sagte, sie könnten die Kamera für ein Maschinengewehr halten und auf uns schießen. Also kamen wir nie zu einem Polaroidbild vom Papst. Als Fred und ich unseren Segen hatten, rannten wir raus.

Samstag, den 5. April 1980, Paris Wir gingen in Kim D'Estainvilles neuen Laden in der Nähe des Triumphbogens. Eine komische Gegend. Kims Stück war am Broadway abgesetzt worden, davon mußte er sich erst einmal erholen. Es gab niemanden in der Stadt, dem wir Anzeigen verkaufen konnten. Wir gaben ein Dinner im »Club Sept« (Taxi $ 4.00). Wir bekamen einen großen Tisch, aber wir waren enttäuscht. Ein paar Fotomodelle waren zwar gekommen, aber alle Top-Models waren auf besseren Festen, und der Rest sah nach nichts aus. Nach einer Stunde tauchten Francesco Scavullo und Sean Byrnes auf, und wir luden sie zum Essen ein. Francesco erzählte mir, was ich angeblich alles im »Studio 54« getrieben habe – ich war fassungslos. Man sagt mir nach, ich schleppe ständig Jungs ab und nehme sie mit nach Hause. Also, ich war schockiert. Ich weiß nicht, wo er seine Informationen her hat und wer ihm diesen Klatsch erzählt. Wenn ich es wüßte, könnte ich vielleicht begreifen, warum solche Lügen über mich verbreitet werden.

Ach ja – außerdem erzählte er, daß das »Studio 54« geschlossen hat. Wir hatten noch nichts davon gehört. Steve und Ian haben verkauft. Also das Ende einer Ära.

Wir erfuhren auch, daß Halston mit Bianca ins »Xenon« gegangen ist – zum ersten Mal. Und »Bond's« eröffnet demnächst am Broadway. Scavullo bezahlte das Essen – ich wollte das nicht, denn schließlich hatte ich ihn eingeladen, doch er bestand darauf.

Sonntag, den 6. April 1980, Paris Ostern. Ich hatte eine furchtbare Nacht. Zwei Alpträume, in denen Flugzeuge auseinanderbrachen und Leute herausfielen. Fred ging aus und traf zufällig Shirley Goldfarb. Sie erzählte ihm von ihrer 88 Jahre alten Mutter in Miami Beach. Wie jedes Jahr zum Passahfest hat sie ihr $ 25.00 für Matze geschickt.

Montag, den 7. April 1980, Paris – New York Stand in Paris um 8.00 auf. Hatte eine schlaflose Nacht, weil ich dachte, Fred sei hinausgeschlichen. Ich hatte die Tür gehört, und dann ein Klicken. Als ich ihn aber am Morgen fragte, sagte er nein. Jetzt weiß ich auch nicht. Ich hätte ja nur nachzusehen brauchen, tat es aber nicht. Ich bekomme Angst, wenn ich irgendwo allein bin. Ich bewahre nie die Telefonnummern von Leuten auf – obwohl ich es eigentlich tun sollte. Aber von jetzt an tu ich's.
Wir kamen so schnell zum Flughafen Charles de Gaulle, daß wir bis zum Abflug noch eineinhalb Stunden hatten. Im Warteraum saß ein großer schwarzer Typ. Ich wunderte mich (lacht), daß er sich die Concorde leisten konnte. Und dann sagte er zu mir: »Sie haben mich noch nicht fotografiert.« Ich hatte ihn aber noch immer nicht erkannt. Und plötzlich hatte ich's – Dizzy Gillespie! Er kam gerade aus Afrika und erzählte, wie toll es da unten sei. Er war wahnsinnig nett. Er liebt Afrika. Er sagte, daß dort zwar eine Menge Dreck herumliegt, ihm so was aber gefällt.
Bei der Landung sah ich Dizzy nicht (Trinkgelder $ 10.00). Wir passierten anstandslos den Zoll. Wir hatten unsere Fotos mit dem Papst oben auf unsere Taschen gelegt, und der Zöllner war beeindruckt. Als wir rauskamen, war unser Wagen nicht da, also nahmen wir ein Taxi ($ 0.75 Maut). Als wir in die Stadt kamen, herrschte überhaupt kein Verkehr auf der Straße, obwohl die öffentlichen Verkehrsmittel streikten. Der Taxifahrer konnte es nicht fassen. In der 89. Straße stieg Fred aus, und eine Frau stieg zu mir ins Taxi. Sie konnte kein Englisch, befolgte aber die Vorschrift, daß während des Streiks mindestens zwei Personen in einem Auto sitzen müssen. Ich sah, wie ein Polizist einen Jungen ins Auto eines Mädchens bugsierte. So macht jedermann neue Bekanntschaften.
Es war ein wunderschöner Tag. Viele Leute gingen wegen des Streiks zu Fuß. Ich schlenderte ins Büro. Brigid und Robyn waren da. Ich arbeitete den ganzen Nachmittag und wartete auf Rupert. Er kam erst um 6.30. Er war auch zu Fuß gegangen. Brigid und ich verteilten »Interviews«. Ein Stadtstreicher rief mir zu, ich solle stehenbleiben, damit er ein Foto von mir machen könne. Er kramte in seinen Taschen nach seiner Kamera. Und dann fragte ich ihn, ob ich ein Bild von ihm machen dürfe. Er sagte nein. Ich machte aber trotzdem eins. Er hatte wirklich eine Kamera mit intaktem Blitzlicht. Vielleicht war er Stückeschreiber oder jemand, der einen Artikel über das Leben von Stadtstreichern schreibt. Er war um die 40.

Dienstag, den 8. April 1980 Rupert kam. Wir arbeiteten an den jüdischen Genies. Truman rief an. Er hörte sich an, als sei er wieder der alte. Er sagte, er habe schwer gearbeitet, und sein Buch »Chameleon« werde in den »Book of the Month Club« aufgenommen. Ich fragte, wie er das geschafft habe, und er (lacht), sagte, er sei eben ein guter Schriftsteller.
Karen Lerner rief an. Sie sagt, daß Hugh Downs den Beitrag für »20/20« überarbeitet und er mit Sicherheit diesen Donnerstag gesendet wird. Sie schätzt ihn auf 13 Minuten, und mir

graut davor. So eine große Fernsehkiste kann unser ganzes Geschäft kaputtmachen. Davon bin ich inzwischen wirklich überzeugt.
Ich kaufte Knoblauchpillen, weil ich kürzlich in einem Buch gelesen habe, daß Knoblauch die Widerstandskraft stärkt. Ich glaube daran, es scheint zu stimmen. Ich vergaß zu erwähnen, daß neulich auf einer Cocktail-Party eine Frau auf mich zukam, mich auf den Mund küßte und sagte: »Ich bin schwer krank, ich muß sterben.« Warum tun Menschen das? Versuchen sie, anderen ihre Krankheit anzuhängen, um sie dadurch loszuwerden?

Mittwoch, den 9. April 1980
Ging durch den Regen ins Büro. Der Verkehrsstreik hält an. Arbeitete den ganzen Nachmittag. Schloß um 6.00 hinter mir ab. Peter Love, Gael Malkensons Freund, hatte einen Lastwagen. Wir brauchten 40 Minuten bis um die nächste Ecke.
Als ich nach Hause kam, sagte ich eine Verabredung im »Regine's« ab, weil ich Halsschmerzen hatte. Die habe ich von der Frau, die mich neulich abends geküßt und dann gesagt hat: »Ich muß sterben.« Ich nahm eine Schlaftablette und legte mich hin, aber es half nichts. Mein Hals wurde schlimmer.
Carmen D'Alessio hat Bob erzählt, daß sie Steve einmal pro Woche im Gefängnis besucht. Carmen hat einen Vertrag mit Mark Fleishman, dem neuen Besitzer von »Studio 54«. Danach organisiert sie weiterhin Parties und macht die PR. Er geht davon aus, daß er innerhalb von zwölf Wochen eine Alkohol-Lizenz bekommt.

Donnerstag, den 10. April 1980
ABC wollte mich für »Omnibus« filmen – die Sendung ist jetzt wieder im Programm. Der Wagen sollte mich um 10.00 abholen.
Die »Omnibus«-Leute waren schon um 7.30 im Büro. Sie hatten tags zuvor bereits alles mit Vincent geregelt. Es ging um einen Bericht über Carly Simon. Larry Rivers, Marisol und ich sollten je ein Porträt von ihr machen. Ich hatte gesagt, ich würde nichts mehr ohne Honorar machen, und Vincent hatte mit ihnen einen Vertrag geschlossen. Carly zahlt das meiste selbst.
Als ich ins Büro kam, steckten sie mir ein Mikro an und schickten den Wagen zurück, um Carly abzuholen.
Carly war zu nervös, um heraufzukommen, daher ließen wir ihr etwas Wein ans Auto bringen. Dann kam sie und war sehr umgänglich. Wir baten sie, sich die Lippen zu schminken. Die Arbeit hatte kaum begonnen, als sie Hunger bekam. Wir schickten jemanden zu »Brownies«, um Vollkorn-Sandwiches zu holen, das gefiel ihr. Ich nahm alles auf Tonband. (»Brownies« $ 23.44). Ara Gallant kam mit Susan Strasberg und überredete Bob, sie zu interviewen – sie hat gerade ein Buch geschrieben.
Um 6.00 kam Jodie Foster ins »860«. Sie sah schön aus. Sie brachte ihre Mutter mit. Sie und ihre Mutter sind

Mit Jodie Foster *(Christopher Makos)*

ein Team. Sie sind wie ein Ehepaar – und Jodie ist der Mann. Sie ist sehr intelligent. Alle Colleges, bei denen sie sich beworben hat, haben sie zum Studium zugelassen. Von Harvard, Yale und Princeton bekommt sie erst am Montag Bescheid. Wir rieten ihr, unbedingt John Samuels kennenzulernen, falls sie nach Harvard geht. Natürlich weiß ich nicht, ob er ihr Typ ist.
Während wir arbeiteten, rief Brigid aus dem Restaurant an und sagte, der »20/20«-Beitrag über mich sei gerade gesendet worden und toll gewesen.

Hugh Downs habe moderiert. Ich war erleichtert. Wenn nicht einmal Brigid, die sonst immer an mir herumkritisiert, was auszusetzen hatte, dann mußte wohl alles in Ordnung sein.
Ich wiege immer noch 63,5 Kilo. Ich verstehe das nicht. Ich esse nicht viel. Mein Stoffwechsel muß sich verändert haben. Ich sollte 62 Kilo wiegen. Allerdings esse ich zur Zeit Nüsse, Schokolade und andere Sachen, die ich wegen meiner Gallenblase eigentlich nicht essen darf. Doch ich habe das Gefühl, daß meine Tabletten etwas nützen, deshalb kann ich das Zeug essen. Nur werde ich zu dick und muß damit aufhören.
Walter Steding tritt im »Squat Theater« in der 23. Straße auf – dort wurde auch »Andy Warhol's Last Tape« aufgeführt.

Freitag, den 11. April 1980

Henry Geldzahler kam vorbei, um mit mir über einen Plakatauftrag der Stadt zu verhandeln. Fred gefiel seine Idee, und Henry wollte auf der Stelle losgehen und einen Baum für das Plakat fotografieren. Er braucht es in zwei Wochen. Langsam glaube ich, daß Henry verrückt ist. Er sagte, daß Ellsworth Kelly das Porträt übermalen will, das ich von ihm gemacht habe, und ich sagte, nur zu. Aber dann wollte er, daß ich ihm ein neues mache. Er versucht also gratis von mir ein Bild zu kriegen, nur damit Ellsworth Kelly es übermalen kann. Er trägt immer noch seine Dienstmarke unter dem Revers.
Rupert kam. Wir numerierten Portfolios. Die Portfolios »Ten Jewish Geniuses« verkaufen sich wirklich gut, deshalb will Ron Feldman jetzt zehn Rockstars haben. Aber das ist abgeschmackt. Oder zehn Phantasiefiguren wie Sankt Nikolaus ... Also ich glaube, daß die jüdischen Genies sich deshalb so gut verkauft haben, weil es Juden sind, deshalb sollten wir wieder etwas in der Richtung machen. Zum Beispiel zehn *jüdische* Rockstars.
Ich rief bei Harcourt Brace an und machte Krach wegen der 80 Bücher, die wir bezahlt und noch immer nicht bekommen haben. In dem Moment kam Jackie Curtis herein, um sich eins abzuholen. Als er hörte, wie ich ins Telefon brüllte, begriff er sofort, worum es ging, und verschwand wieder. Ich schnauzte mehrere Leute an, bis mir endlich eine Frau sagte: »Sie haben mit einem Barscheck bezahlt, und wir mußten abwarten, ob er eingelöst wird.« Ist das zu fassen!

Samstag, den 12. April 1980

Ich stand früh auf und sah mir die Zeichentrickfilme im Fernsehen an. Ich mußte ein Portfolio zu einer Dame bringen; Gegengeschäft für eine Anzeige (Taxi $ 4.00). Sie sah sich alles an und entdeckte einen Fleck auf einem Blatt. Ein analer Charakter – der Ausdruck stammt von Rupert, er nannte sie so. Sie sah sich alles an, vom ersten bis zum letzten Blatt.
Ich rief Brigid an, um mich zu erkundigen, wie sie mit dem Transkribieren des Foster-Bandes zurechtkam. Sie sagte, sie arbeite seit Stunden daran und es sei sehr, sehr gut. Ich bat sie, sich etwas präziser auszudrücken, und sie sagte, sie sei an der Stelle, wo sich Jodie im Büro umsieht. Da war sie zwei Minuten im Büro gewesen. Ich wußte also, daß Brigid nichts getan hatte, und brüllte.

Montag, den 14. April 1980

Ging mit einem Stapel »Interviews« auf die Straße und wollte sehen, ob man mich aus »20/20« wiedererkannte. Fehlanzeige. Das bedeutet, daß einen das Fernsehen auch nur einen Tag lang berühmt macht, und dann ist es wieder vorbei. Ich verteilte »Interviews« und ging spazieren. Ich fuhr zweimal mit dem Taxi und war entsetzt – die Fahrpreiserhöhung war in Kraft getreten ($ 4.05, $ 5.05). Es scheint wirklich viel mehr zu sein. Ich gebe ab heute einfach weniger Trinkgeld und kümmere mich nicht darum. Ich muß wohl künftig zu Fuß ins Büro gehen. Die halbe Strecke. Schließlich kam ich zum Union Square.

Wir hatten Henry Geldzahler zum Lunch da. Harcourt Brace hat endlich die 80 »POPisms« geliefert. Ich gab jedem ein Exemplar, doch in Zukunft werde ich damit geizen, mitten in der Inflation. Henry wollte mit mir raus, um den Baum für das städtische Plakat zu fotografieren, aber während wir beim Lunch saßen, fing es an zu regnen.
Wir fuhren zu Polly Bergen in die Park Avenue (Taxi $ 3.50). Eine »Oscar«-Party. Wir saßen in einem Fernsehzimmer und bekamen die anderen gar nicht zu Gesicht. Die Helen Gurley Browns waren da. Und Ex-Bürgermeister Wagner und seine Frau Phyllis, die früher mal mit Bennet Cerf verheiratet war.
Dustin gewann. Die arme Bette Midler ging leer aus.

Donnerstag, den 15. April 1980

Ging mit Henry Geldzahler ins Village zu dem ehemaligen Frauengefängnis, das heute ein geschlossener Park ist. Wir wollten das Foto für das Plakat machen. Die Bäume waren ideal zum Fotografieren. Ich schenkte der Dame, die uns den Garten aufschloß, ein »Interview«. Nachdem sich Henry von mir verabschiedet hatte, sprach mich im Village ein junger Mann an. Er sagte, er sei mit Joe und Bobby Dallesandro in einem Pflegeheim aufgewachsen und eng mit Bobby befreundet gewesen. Ich mußte ihm von Bobbys Selbstmord erzählen. Er war geschockt. Ich ließ ihn auf der Straße stehen, allein mit seinem Schock.
Als ich ins Büro kam, hatte Bob schlechte Laune. Ich setzte ihn ab ($ 5.50). Leimte mich zusammen, holte Catherine ab und fuhr mit ihr zu Bill Copley. Seine Sekretärin erzählte mir, daß Bill seinen Hund Tommy ausgerechnet am kältesten Tag des Jahres draußen auf der Terrasse vergessen hatte. Jemand hatte Tommy entdeckt, die Polizei angerufen, und die hatte ihn dann geholt. Ich sagte Bill, daß ich Tommy gerne zu mir nehmen würde. Er will es sich überlegen.
Clarissa Rivers war da. Sie kommt gerade aus Mexiko zurück. Außerdem Vincent, Shelly und Michael Heizer.

Mittwoch, den 16. April 1980

Henry Post kam ins Büro, und wir waren empört, denn er und sein Rechtsanwalt haben Bob mit einer Klage gedroht, weil Bob in »Interview« geschrieben hatte, Steve Rubell habe Henrys Artikel über das »Studio 54« im Magazin »New York« eine einzige Lüge genannt. Und dabei hielten wir Henry für einen Freund. Er sieht blendend aus und treibt regelmäßig Sport. Aber ich glaube, er legt immer noch Rouge auf.
Ging nach Hause, leimte mich zusammen und ging zu Fuß ins »Quo Vadis«, wo wir Nastassia Kinski interviewten. Sie ist sehr hübsch, groß und spricht fließend Englisch. Bis ganz zum Schluß scheuten wir uns, sie nach Roman Polanski zu fragen, doch dann sagte sie, sie habe keine Affäre mit ihm gehabt. Sie war interessant, aber nicht so faszinierend wie Jodie Foster. Sie spricht sechs Sprachen. Mit ihr könnte man jeden Film von Ingrid

Nastassia Kinski *(Rudolf Blaha)*

23 Self-Portrait, 1967

22 In the Bottom of My Garden, 1955

Bergman noch einmal machen. Sie sieht so aus, wie Isabella Rossellini aussehen könnte. Wir setzten sie am »Navarro« ab. Sie ist seit drei Wochen in der Stadt und will für immer dableiben. Sie wohnt bei Milos Forman. Ich glaube, die beiden haben was miteinander, weil sie sagte, sie habe während der »Oscar«-Verleihung für ihn gekocht. Sie erzählte, daß er ihr eine tolle Filmrolle angeboten habe – die Rolle der Evelyn Nesbit, die in »Ragtime« nackt die Treppe herunterkommt. Ich brachte es nicht fertig, ihr zu sagen, daß Milos diese Rolle jeder Frau anbietet, hinter der er her ist – darunter Margaret Trudeau und zwei andere. Das ist seine Masche. Wir setzten sie ab (Taxi $ 5.00).

Wir gingen ins »Tavern on the Green« zur Premierenfeier von »Watcher in the Woods«. Die Party war für Bette Davis – wir waren per Telegramm eingeladen worden. Ich dachte, wir seien befreundet, weil wir uns einmal lange miteinander unterhalten hatten. Sie wußte, wann man auf mich geschossen hatte und war äußerst reizend zu mir gewesen. Also ging ich zu ihr und sagte: »Tag, ich bin Andy Warhol. Erinnern Sie sich?« Sie sah mich an und sagte »Jaaa«. Dann drehte sie sich um und ging fort. Später hörte ich, wie jemand am Tisch sie fragte: »Haben Sie mit Andy Warhol gesprochen?« Und sie sagte: »Ja, ich habe mit Andy Warhol gesprochen.« Sehr kalt. Ich habe keine Ahnung, was da los ist.

Montag, den 21. April 1980 Als ich ins Büro kam, saß Robyn an der Schreibmaschine und tippte einen – wie nennt man das, wenn einer alles aufschreibt, was er bisher gemacht hat? – Lebenslauf?

Iolas war mit zwei Kunden zum Lunch angesagt, also brauchten wir zwei Jungs zur Gesellschaft. Ich rief Curley an. Er brachte seinen Vetter David Laughlin mit. David arbeitet in der »Coe-Kerr Gallery«. Iolas war kaum da, als seine Kontaktlinsen verrutschten – er nimmt sie übrigens nie heraus. Er bat mich, nach ihnen zu suchen, aber ich konnte sie nicht entdecken. Jackie Curtis platzte herein. Er hatte Frauenkleider an und trug rosafarbene Slipper. Er störte, indem er ständig fragte, ob er störe. Ich sagte nein, weil er mich im Grunde wirklich nicht störte. Er aß nichts, weil er Diät hielt und zum Frühstück bereits ein Viertelpfund Schinken und drei Eier vertilgt hatte. Er bat mich um ein paar Exemplare von »POPism«, und ich gab ihm welche. Er wollte zu einer Modenschau und ging. Doch dann kam er wieder. Diesmal störte er wirklich, zudem war er betrunken. Aber inzwischen waren Kimiko und John Powers gekommen, und Kimiko war ganz begeistert von Jackie. Und ob man's glaubt oder nicht, sie hat nicht einmal gemerkt, daß er ein Mann ist. Jackie sah gut aus; er hat abgenommen. Er sagte, er wolle Brigids Job übernehmen, sei sehr gut im Maschineschreiben und könne hinten in einer Ecke tippen. Jackie trug ein Armband, von dem er behauptet, ich hätte es ihm geschenkt, ich kann mich aber nicht daran erinnern. Dann schenkte er Brigid und Kimiko Armbänder, um ihre Zuneigung zu erkaufen.

Dienstag, den 22. April 1980
Cheryl Tiegs und Peter Beard kamen vorbei. Natürlich wollte Peter ein Kunstwerk und eine Performance von mir umsonst. Ich mußte ihnen die Räumlichkeiten zeigen.

Ich ging früher, weil ich zu der Veranstaltung mit Martha Graham um 6.30 nicht zu spät kommen wollte (Taxi $ 6.00). Als wir ankamen, hielt Martha gerade ihre Rede – das füllt stets die erste Stunde aus. Sie wäre gerne Schauspielerin. Pausendrinks ($ 10.00). Nurejew war schlecht. Von modernem Tanz versteht er nichts.

Donnerstag, den 24. April 1980
Stand um 8.00 auf, weil Vincent den Leuten von ABC zugesagt hatte, daß wir Punkt 9.00 im Studio sein würden. Es ging noch mal um die Sendung über Carly Simon, bei der Larry

Rivers, Marisol und ich unsere Porträts von Carly zeigen sollen. Kurz nach uns kamen Larry und Marisol in einer Limousine an. Wir lernten den Regisseur kennen – ein Typ mit einem falschen High-Society-Akzent. Larry war vergnüglich. Er wollte den Regisseur auf Trab bringen und fragte ihn: »Wo soll ich mich hinstellen? Was soll ich sagen? Wie muß ich aussehen? Was soll ich denken?« Ich glaube, daß mein Porträt Carly am besten gefiel, denn sie bezahlt es. Ich hatte nur eins mitgebracht, Larry gleich fünf, und auf einem bumst im Hintergrund ein chinesisches Paar. Er mußte es rausbringen. Dann wollten sie uns vor leeren Staffeleien aufnehmen, während wir Carly zuhörten. Aber Larry wollte nicht und sagte, er habe schon bei dem Bild mit dem bumsenden Paar nachgegeben und das sei ihm jetzt zu abgeschmackt.

Hinterher kamen Larry und Marisol mit zum Lunch ins Büro.

Marisol war süß. Sie lud mich zu ihrer Geburtstagsparty ins »Chanterelle« ein, ein sehr schickes, kleines Restaurant in der Stadt. Ich solle aber keinem erzählen, daß sie 50 wird.

Arbeitete bis 8.00. John Reinhold holte mich; später trafen wir auch Henry Geldzahler. Wir sprachen noch mal über unser Plakat, anschließend fuhren wir mit dem Taxi ($ 2.50) ins »Da Silvano« in die Sixth Avenue. Das Dinner war nicht so gut wie beim ersten Mal, als wir dort waren ($ 98.40). Danach gingen wir zu Fuß zum Ninth Circle, weil Henry etwas Abwechslung suchte. Es wimmelte dort vor schwulen Intellektuellen, die sich mit mir über Kunst unterhalten wollten. Aber Henry sagte ihnen, dazu sei ich zu dämlich.

Henry fiel ein guter Satz zu »POPism« ein: »Es ist ein richtiger Büchsenöffner.« Ist das nicht großartig?

Ach ja, beinahe hätte ich das aufregendste Ereignis des Tages vergessen: Jackie O. rief zweimal vergeblich bei mir zu Hause an und einmal im Büro. Sie wollte wissen, ob ich ein Zitat zu Diana Vreelands Buch »Allure« beisteuern könne. Es soll aus Fotos und Bildunterschriften bestehen und demnächst erscheinen. Sie sagte: »Es ist so ähnlich wie Ihr Buch ›Exposures‹.«

Samstag, den 26. April 1980

Ich mußte ins Lincoln Center zu einer Vorstellung von »Clytemnestra«. Der Tanz war sehr schön, und Martha war begeistert, sie hatte sich nämlich solche Sorgen gemacht. Nur Nurejew tanzte wieder sehr schlecht. Ich sah ihn in der Garderobe und sagte hallo. Bianca trug ein Kleid von Halston und einen Ossie-Clark-Mantel. Das Kleid war wunderbar. Das Oberteil hatte ein fleischfarbenes V, so daß es aussah, als sei es tief ausgeschnitten.

Das Beste kam, als Diana Vreeland eine Banane aß. Die Banane lag in Marthas Garderobe, und Diana bekam Lust darauf, schälte sie und aß sie direkt aus der Schale. Das sah lustig aus. In ihrem Alter sieht das wirklich lustig aus. Sie liebt Bananen.

Später gingen wir zu einem kleinen Supper bei Halston. Wir versuchten, ein paar von den Tänzern mitzunehmen, aber Halston meinte, Martha würde das nicht gefallen. Also blieb es bei Martha, Bianca, Diana und John Bowes-Lyon. Später kamen noch Liza, Mark Gero und ein Engländer, der behauptete, er schreibe Lieder für Charles Aznavour. Er hatte ein Mädchen mit, eine Philippinin, glaube ich. Sie erzählte, sie habe mit Michael Caine zusammengelebt, und da Bianca auch mal mit ihm zusammen war, schüttete sie Bianca ihr Herz aus. Auch Bianca klatschte über ihn, sagte aber, sie habe nie zuvor über ihn gesprochen. Sie waren sich darin einig, daß er stundenlang schrie, wenn er betrunken war. Sex, sagten beide, sei »denkwürdig« mit ihm. Ob das positiv oder negativ gemeint war, weiß ich allerdings nicht.

Sonntag, den 27. April 1980

Nastassia Kinski kam ins Büro. Ich war unfreundlich zu ihr, weil sie sich für die Titelseite von »Vogue« hat fotografieren lassen und für ein »Interview«-Cover jetzt nicht mehr zu gebrauchen ist. Aber schön ist sie. Holte

Catherine ab. Taxi zu »Hector's«, Ecke Third Avenue und 82. Straße. Stuart Lichtenstein führt das Lokal, früher Geschäftsführer bei »Max's«. Es war Averil Meyers Geburtstagsparty. Sie saß mit Diana Vreeland und Mick Jagger an einem Tisch, uns setzte sie an einen anderen. Wir waren gespannt, wo sie John Samuels hinsetzen würde. Sie hatte nämlich die Nacht davor mit ihm geschlafen. Es gab Hühnchen und Fisch. Wir aßen nichts.

Averils Vater war ziemlich betrunken und machte Catherine an. Er zog ihr fast das Kleid über den Kopf. Seine Frau stand daneben. Ich hatte gedacht, Catherine würde Averils neue Mutter werden, aber dann hörten wir, daß er kein Geld hat. Averil sah komisch aus, als sie mit John Samuels tanzte, denn in ihren Schuhen war sie 30 Zentimeter größer als er.

Dienstag, den 29. April 1980
Bianca wollte Rollschuh laufen, und so fuhren wir mit Thomas Ammanns Limousine ins »Roxy«. Bianca will Thomas tatsächlich heiraten. Sie fängt immer wieder davon an. Sie brennt darauf, daß er sie heiratet. Wir liefen etwa eine halbe Stunde lang Rollschuh. Bianca läuft wie ein kleines Kind, aber dann erinnerte sie mich daran, daß sie mal an Krücken gehen mußte, weil sie in Los Angeles beim Rollschuhlaufen ihre Sehnen überdehnt hatte.

Bianca kam dahinter, daß John Samuels bei Averil in Manhasset war. Sie zählte einfach zwei und zwei zusammen, und ich konnte ihre Vermutung bestätigen. Sie sagte, daß Averil immer ihre Reste kriege, also sei es vorhersehbar gewesen. Bianca und John hatten in der Nacht Schluß gemacht, als wir alle zu Martha gingen. »Er ist ein Kind«, sagte sie.

Donnerstag, den 1. Mai 1980
Calvin Tomkins hat im »The New Yorker« eine große Rezension von »POPism«. Eine Lobeshymne. Ich sollte Harcourt Brace sagen, sie sollen sich zum Teufel scheren. Was machen die eigentlich? Wann erscheint die Anzeige in der »Times«?

Am Morgen holte ich Bianca und Victor ab. Wir fuhren zum Olympic Tower. Ich war mit Halston verabredet, um mir seine Sportkollektion anzusehen ($ 4.50). Bianca trug ein tolles Halston-Oberteil und blaue Hosen. Sie hat wirklich einen breiten Arsch. Sie trug Manolo-Schuhe und einen Gürtel von Elsa Peretti. Wir waren pünktlich. Halston setzt seine alternden Mannequins immer noch ein. Sie seien zu ihm immer loyal gewesen, sagt er, also will er jetzt auch loyal ihnen gegenüber sein.

Taxi in die »860« ($ 5.50). Catherine gab einen Lunch für Alexander Coburn und den P.-J.-O'Rourke-Typ vom »National Lampoon«-Magazin. Ein Fotojournalist vom »Stern« wollte sich für das Vorwort seines Buches mit mir fotografieren lassen. Henry Wolf, ein alter Freund von mir, machte die Aufnahme. Er war 1960 Art-Director von »Harper's Bazaar« und hat das Aussehen der Zeitschrift verändert. War er es oder Marvin Israel? Ich weiß nicht mehr genau, wer als erster die häßlichen Mädchen mit großen Nasen ins Blatt gebracht hat. Und vermutlich hat Mrs. Vreeland das damals nur deshalb unterstützt, weil es fast so war, als käme sie selbst auf die Titelseite. So sehe ich es jedenfalls heute.

Freitag, den 2. Mai 1980 Ich bin immer noch nicht sicher, ob wir die 25 Prozent nehmen, die der Hollywood-Typ, der für Alan Ladd arbeitet, für »Trash II« anbietet. Paul nennt den Film mittlerweile übrigens »Trash-ier«.

Ich arbeitete den ganzen Tag mit Rupert. Bis 9.00 oder 9.30. Brachte Rupert nach Hause ($ 5.00). Jed hatte plötzlich 40 Grad Fieber und Angst, einen Herzinfarkt zu bekommen. Um 4.00 morgens brachte ich ihn ins New York Hospital, wo uns Dr. Cox bereits erwartete. Aber er hatte nur

Schmerzen in der Brust wie bei einer Grippe. Jetzt ist er wieder zu Hause, hat aber immer noch hohes Fieber.

Sonntag, den 18. Mai 1980

John Powers rief an und gab mir die Preise durch, die bei der Versteigerung erzielt worden waren. Der »Triple Elvis« ging für $ 75 000.00 weg. Er hielt das für einen fairen Preis, also war ich auch zufrieden. Und der Lichtenstein ging für $ 250 000.00 weg. Das gefiel mir weniger. Die drei »Jackies« brachten nur $ 8000.00 – also ein gutes Geschäft für den Käufer.

Mittwoch, den 21. Mai 1980

Henry Geldzahler verwendet die grüngelbe Version als Plakat für die Stadt New York. Er sagte, daß Milton Glaser die Typografie macht. Ich finde seine Art Design abscheulich. Henry war zum Lunch im Büro, so konnte Gerry Ayres ihn kennenlernen und ein bißchen Kunstwelt schnuppern. Gerry schreibt gerade an einem Drehbuch für Jack Nicholson mit dem Titel »Der Maler«. Ich sollte Jack den Tip geben, lieber die Lebensgeschichte von Jackson Pollock zu kaufen.

Henry hatte seinen neuen Lover mitgebracht, den er an der NYU aufgelesen hatte. Ich mußte die beiden fotografieren, wie sie sich küssen. Er fliegt demnächst nach Kalifornien, um sich mit seinem alten Freund Raymond zu treffen, der dort für David Hockney Modell steht – Raymond kann ein Flugzeug nehmen, wenn er irgendwo Modell stehen muß. Nach dem Lunch sagte Henry zu Gerry Ayres: »Aber was malt der Maler eigentlich? Darum geht es doch wohl in der Story. Also, was soll er malen?«

Fuhr uptown ($ 4.50), leimte mich zusammen und ging zu Fuß zu Sharon Hammond. Leslie, die Frau von Tony Curtis, öffnete mir die Tür. Sie war bei Sharon zu Besuch und hatte sich betrunken. Sie sagte, sie stamme aus einer reichen Bostoner Familie, und jammerte, wie sie nur einen Schauspieler und noch dazu einen Juden habe heiraten können. Sharon war auf der Toilette. Ihr Freund, Lord Sondes, hatte die Stadt verlassen, und seitdem hatten sie die ganze Zeit nur gegessen. Jetzt saß sie nach all der Esserei zum ersten Mal auf dem Klo. Leslie sagte, sie sei reingegangen und habe sie beim Stöhnen überrascht. Sharon nahm es peinlich genau mit ihrem Make-up. Sie brauchte eine Ewigkeit. Sie war überrascht, als ich um einen Wodka bat. Sie hat große Titten.

Ich hatte ein Exemplar von »POPism« für Marty Bregman mitgebracht. Wir waren später mit ihm verabredet. Vielleicht hatte er ja Interesse, einen Film daraus zu machen. Aber natürlich mußte ich es Leslie schenken. Wir nahmen ein Taxi in die East 57th Street ($ 3.00) zu Marty Bregmans und Cornelia Sharpes Wohnung. Wir fuhren hinauf ins Penthouse. Es war eine von diesen seltsamen Parties mit alternden Frauen und lauter komischen Kerlen. Wahrscheinlich waren die meisten sogar prominent, aber die Stars von heute sind so unscheinbar, daß sie nicht weiter auffallen. Es dauerte eine halbe Stunde, bis ich merkte, daß Al Pacino in der Ecke saß.

Ich hinderte Sharon am Essen, weil sie zugenommen hatte. Sie freute sich, als ich sie mit Al Pacino bekanntmachte. Er sagte: »Tag, Andy.« Leslie angelte sich einen Kerl mit großen Händen. Er stammte aus derselben Stadt wie Cornelia, und sie sagte, (lacht): »Mach dir keine Sorgen, sie ist in guten Händen.« Cornelia sah fett aus. Als wir gingen, hielt Leslie einen starken Drink in der Hand. Wir nahmen den Fahrstuhl. Setzte Sharon ab ($ 3.00).

Donnerstag, den 22. Mai 1980

Ein langer, hagerer Japaner interviewte mich. Er war süß und zitterte vor Nervosität. Er sagte, ich sei sein Lieblingsstar. Er kam von der »Studio Voice«, dem japanischen »Interview«. Er brachte mir ein T-Shirt mit. Gael Malkenson sagte, sie werde

Samstag heiraten. In einer katholischen Kirche. Aber sie erzählt immer Geschichten, von denen man nicht weiß, ob sie wahr sind. Arbeitete bis 7.00.
Ich sah meine Sachen durch, um für Marisol ein Geburtstagsgeschenk auszusuchen. Ich entschied mich für ein kleines Gemälde. Doch als ich Victor abholte, wollte er es haben, also schenkte ich es ihm. Wir fuhren runter nach Soho ins »Chanterelle«. Das ist das Restaurant, das alle über den grünen Klee loben und das so klein sein soll, daß es schwierig ist, einen Tisch zu bekommen. Na ja, so klein war es dann doch nicht, es war sogar recht groß, wirklich. Und das Essen war akzeptabel, aber nicht umwerfend. Marisol wiederholte immer wieder, dies sei ihre erste eigene Party. Halston beruhigte sie: Die Party sei großartig. Zuerst sprach ich mit Ruth Kligman. Sie ist jetzt eine wiedergeborene Christin. Sie war völlig verändert. Sehr nett und ausgeglichen. Als ich ihr aber von dem Film »Der Maler« erzählte, den Gerry Ayres für Nicholson schreibt, wurde sie so hektisch wie früher. Sie fragte: »Soll ich Jack anrufen? Oder soll mein Anwalt Gerry Ayres anrufen?« Ich sagte: Er schreibt doch eine erfundene Geschichte! Beruhige dich. Wenn der Film Erfolg hat, werden Künstlerstories wieder populär, und du kannst die Filmrechte an deiner ›Love Affair‹ verkaufen.« Ruth sagte, sie könne vielleicht Nick Nolte für die Rolle Jackson Pollocks kriegen. Sie erklärte mir, daß man als Wiedergeborene eine weiße Weste hat und alles, was man früher gemacht hat, nicht mehr zählt. Es ist wie bei der Beichte, nur, beichten kann man jeden Tag, wiedergeboren werden vermutlich nur einmal.
John Cage war da. Und Merce Cunningham. Louise Nevelson kam gegen Ende des Dinners, aber man hatte ihr einen Ehrenplatz freigehalten. George Segal war mit seiner Frau da. Und Joe Brainard. Es war schön, Joe nach all den Jahren wiederzusehen. Leider kamen wir nicht dazu, uns länger zu unterhalten.
Marisol sieht gut aus mit ihren 50 Jahren. Sie hatte am Nachmittag eine wunderschöne Geburtstagstorte gebacken – schöne Marzipanfiguren, wunderwunderschöne Figuren, die miteinander bumsten. Sie schenkte mir eine. Halston bekam auch eine. Sie waren wie kleine Juwelen.
Wir sagten zu Marisol, sie solle ihr Alter verheimlichen, weil niemand es erraten würde, aber sie sagte, die meisten wüßten es, es stehe in all ihren Katalogen. Ich sagte: »Die Leute lesen keine Kataloge.« Daraufhin sagte sie (lacht), dann wüßten es eben nur die 40 Dinnergäste.

Freitag, den 23. Mai 1980 Die wichtigste Person bei Marisols Dinner vergaß ich zu erwähnen – Edward Albee. Er saß neben dem Geburtstagskind und war ziemlich wortkarg. Ich versuchte, ihn aus der Reserve zu locken. Ohne großen Erfolg. Er sagte nur, er habe gelesen, daß ich sein letztes Stück als »das beste Stück, das ich je gesehen habe« bezeichnet hätte. Er meinte das Stück mit Irene Worth. Er bedankte sich bei mir dafür. Ich muß das zu einem Journalisten gesagt haben. Ich sagte, er solle für Marisol zum Geburtstag ein Stück schreiben.

Montag, den 26. Mai 1980
Heldengedenktag. Kein Verkehr. Ging ins Büro. Ich arbeitete an sechs oder sieben Porträts.
Habe ich erzählt, daß mich neulich Senator Kennedy im Büro anrief? Ich wurde ihn nicht mehr los und wußte nicht, worüber ich mit ihm reden sollte. Ich glaube, er hatte gerade nichts zu tun. Fred erklärte mir, weshalb Kennedy den Wahlkampf fortgesetzt hat – um Geld für die Demokraten zu sammeln. Seine Schwester, Mrs. Smith, rief kürzlich ebenfalls an, doch ich ließ mich verleugnen. Ich wußte, daß sie nur eine Spende von mir wollte.
Und habe ich erzählt, daß in dem Film »The Empire Strikes Back« (»Das Imperium schlägt zurück«, Regie John Landis, 1979) ein schwarzer Junge

von 15 oder 16 Jahren mit seinen Eltern vor mir saß und am Daumen lutschte? Ich glaube nicht, daß er geistig behindert war. Er sah jedenfalls nicht so aus.

Dienstag, den 27. Mai 1980 Lewis Allen kam ins Büro. Er möchte das Stück »Evening with Andy Warhol« mit einer Puppe von mir machen, die auf der Bühne Texte spricht, die auf den Büchern »Philosophy« und »Exposures« beruhen.

Freitag, den 30. Mai 1980 Blieb uptown, weil Bob und ich uns um 12.30 mit Nicola Bulgari treffen wollten. Nachdem wir uns Nicolas Schmucksammlung angesehen hatten, nahm er uns mit in den »Knickerbocker Club« – und das war großartig. Direkt gegenüber stand früher das Dodge-House. Das Essen war toll: Kartoffelbrei, Reisauflauf und Eier. Bulgari sagte: »Verstecken Sie das Tonband. Wenn man merkt, daß Sie aufnehmen, wird man es Ihnen verbieten.« Er führte sich auf, als sei das Lokal für so was zu nobel. Vielleicht hatte er Angst, aus dem Club rauszufliegen. Es war zu albern. Nach dem Lunch gingen wir in einen anderen Raum und blieben dort eine Stunde. Keine Ahnung, warum, er wollte nur sabbeln. Er ist (lacht) gegen Kommunismus.

Samstag, den 31. Mai 1980 Ich arbeitete zu Hause. Ich sah einen schönen, alten Film mit Dick Powell übers Rollschuhlaufen. Strenggenommen war es kein Film übers Rollschuhlaufen, aber alle Darsteller hatten Rollschuhe an. Anfang der vierziger Jahre war Rollschuhlaufen ganz groß, aber in den fünfziger Jahren war es damit vorbei – nein, ich glaube, erst in den sechziger Jahren. In den sechziger Jahren starb *alles* aus.

Montag, den 2. Juni 1980 Rupert rief an. Er sagte, bei ihm regne es, deswegen könne er die Grafiken nicht vorbeibringen. Wo ich war, regnete es nicht, also wußte ich nicht, ob ich ihm glauben sollte. Ich war mit Richard Gere zum Lunch verabredet (Taxi $ 5.10).

Barbara Allen war die erste, dann kamen Richard Gere, Silvinha und die Frau von Taki Theodoracopulos – das heißt, sie sind noch nicht wirklich verheiratet. Barbara versucht, eine Überraschungshochzeit für Taki zu arrangieren – sie will ihn einladen, einen Friedensrichter bestellen, und dann soll getraut werden. Aber ich dachte, Barbara hatte eine Affäre mit Taki, deshalb begriff ich nicht, wieso sie sich mit seiner Freundin so gut versteht. Ach ja, der psychedelische Künstler Mati Klarwein war auch bei dem Lunch.
Der Japaner von der »Studio Voice« ist ganz wild auf mich. Er wollte, daß ich ihm einen neuen Namen gebe, also taufte ich ihn »Chuck Roast.«

Mittwoch, den 4. Juni 1980, New York – Houston Wir waren in Lynn Wyatts Haus. Dinner mit 50 Gästen. Es gab Krabbencremesuppe, gegrilltes Filet Mignon, das 24 Stunden eingelegt worden war, dann heißes, mit Curry gewürztes Obst und »Rice-a-Roni« nach armenischer Art, wie Joan Quinn sagte, die auch da war. Außerdem gab es Rahmspinat und ein grandioses Dessert. Fruchteis auf einer großen Meringue. Das Dinner war für Diane von Fürstenberg und Barry Diller. Es waren lauter verrückte Leute aus Dallas und Forth Worth da. Alle steinreich, mit dicken Klunkern, richtig vulgär und lustig. Geschieden und auf Abenteuer aus.
Nach dem Essen gingen wir ins Wohnzimmer. Alle waren von Lynns Porträt begeistert. Auch Diane fand es toll. Sie will, daß ich ihre Kinder porträtiere. Nur weiß ich nicht, wie ernst es ihr damit ist. Und dann tauchte John Travolta mit 30 Leuten auf. Er hatte eigentlich auch zum Dinner kommen wollen, aber da er 30 Leute mitbringen wollte, hatte Lynn nein

Bei der Arbeit im Atelier *(Christopher Makos)*

gesagt. Er sah umwerfend aus. Er trug ein schwarzes Seidenhemd, ein grellgrünes Leinenjackett und schwarze Hosen. Seine Augen sind tiefblau. Mit ihm kamen dieses süße, kleine Mädchen, ein Haufen Leibwächter, Jim Bridges, der Regisseur von »Urban Cowboy«, und unser alter Freund Jack Larson, der in »Superman« Jimmy Olsen gespielt hat. Und dann war da noch Debra Winger, der weibliche Star des Films. Sie war großartig. Mit ihr würden wir gerne zusammenarbeiten. Sie sprach mit mir über ihren Dickdarm und daß sie voller Scheiße steckt. Ihre Familie war auch da. Und ihr Freund. Er war nett, Jude.

Barbara Allen und Jerry Hall machten sich über den Schmuck der Frauen lustig, die direkt vor ihnen standen. Maxime Messenger, die Klatschkolumnistin, war auch mit John Travolta gekommen. Sie hatte ihm vorher ein Dinner gegeben. Wir fuhren mit Barry und Diane spazieren. Barry war wütend, weil Jerry, ihre Schwester Cindy und Fred so betrunken waren, daß sie ihn an seinem Hotel nicht aussteigen ließen. Er war ohnehin nicht bei bester Laune, aber das ist bei ihm nichts Neues. Er sagte zu Jerry, sie solle die Fresse halten, und das kränkte sie sehr. Fred tat so, als stecke er jedem den Finger in die Nase.

Donnerstag, den 5. Juni 1980, Houston Ich traf Travolta wieder beim Lunch und ließ mir ein Autogramm auf eine Serviette geben.

Hier haben alle den starken Akzent von Jerry Hall. Alle lieben sie, weil sie echt texanisch mit ihr reden können. Wir aßen Froschschenkel, Rindfleisch, Geflügel und Garnelen, alles gegrillt, mit Chili gewürzt und mit Guacamole (Soße aus Avocados und Tomaten) serviert. Draußen war es sehr heiß, um die 35 Grad, und dann versagte die Klimaanlage. Wir besuchten ein paar Western-Shops, weil wir ein Kostüm für die Premiere von »Urban Cowboy« brauchten.

Gegen 5.00 kamen wir ins Hotel zurück.

Wir fuhren mit dem Wagen ins »Gay Lynn Theater« – es ist nach Lynn Wyatt benannt. Tausende von Paparazzi und Fans, die erste Weltpremiere in Houston. Sie schrien: »Andy! Andy! Andy Warhol!« Ich posierte mit Jerry für die Fotografen. Dann standen Jerry und Lynn Wyatt mit dem Fernsehteam vor dem Kino, und Lynn war wie Barbara Walters: »Und hier haben wir den berühmten Künstler Andy Warhol, und Jerry und Cindy Hall, die Stars des Films. Jerry, sagen Sie uns, wo Sie dieses Kleid her haben?« Sie trug ein lila Velourskleid, das ihre Figur betonte. Wir betraten das Kino und nahmen Platz. Vor uns saßen Liz Smith und Iris Love in Cowgirl-Kostümen. Und Liz' Bruder, denn Liz stammt aus Texas.

Diane von Fürstenberg ging den Gang rauf und runter, als sei das ihr Kino. Sie hatte enge Hosen an, ein knappes Oberteil und darüber eine Weste mit einem kleinen Sheriffstern, auf dem »Disco Bucks« stand. Außerdem trug sie zwei Tonnen Diamanten und Goldschmuck aus den vierziger Jahren. Barry Diller saß direkt hinter uns. John Travolta kam in einer Traube von etwa tausend Leuten und setzte sich auch hinter uns. So langsam gingen uns die Fotografen auf die Nerven, und wir wehrten uns mit unseren eigenen Kameras. Dann begann der Film und alle waren begeistert.

Hinterher fuhren wir mit unserer Limousine zu »Gilley's«, wo der Film gedreht worden war. Wir waren ein paar Sekunden früher gegangen, um vor der Menge anzukommen (Trinkgeld für den Chauffeur $ 20.00).

Als Travolta zu uns an den Tisch kam, war es aus. Die Menge erdrückte uns fast. Ein Polizist, der hinter uns stand, versuchte, uns zu schützen, aber er war betrunken, und ich sagte: »Dreh dich nicht um, Bob. Du hast ein großes Schießeisen und einen Riesenschwanz im Genick.« Der Polizist fragte: »Kann ich etwas für Sie tun?« Bob lachte und meinte: »Bleiben Sie einfach da stehen.« Und das tat er. Er hatte zwei Revolver im Halfter und sah toll aus. Ständig rempelte und drückte er von hinten, rieb seinen Schwanz an uns und fragte: »Brauchen Sie etwas, wollen Sie etwas?« Trotzdem, er war großartig, weil er sich auch um die Bedienung kümmerte und Essen bringen ließ. Und Drinks. Und Bier. Zu Bob sagte er: »Sie essen ja Ihre Paprika nicht.« Und Bob antwortete: »Sie machen wohl Scherze? Das Zeug ist so scharf, daß mir ein Biß genügt.« Darauf der Polizist: »Na, dann werde ich Ihnen mal zeigen, wie man Paprika ißt.« Er schob sich das Ding in den Mund, kaute und zwinkerte Bob zu.

Ich war der zweitgrößte Star nach John Travolta, mit einigem Abstand. Er hatte die meisten Fans hinter sich. Jemand rief von der Bühne, daß alle raus müßten, wenn sie nicht Platz für John Travolta ließen.

Wir kamen gegen 1.00 nach Hause. Ich begann, »Princess Daisy« zu lesen, ein schreckliches Buch. Aber ich werde darin erwähnt, also ein Buch für die Schachtel. Es heißt darin, Daisy sei zu schick, um zu einer Andy-Warhol-Party in London zu gehen.

Samstag, den 21. Juni 1980, New York Eine Frau aus Arizona wollte wegen eines Porträts ins Büro kommen; Edmund Gaultrey hat das arrangiert (Taxi $ 5.00). Sie stellte sich als sehr schön heraus und hatte ihr einjähriges Baby mit. Das Baby machte uns zu schaffen. Babies sind schwierig zu fotografieren. Sie sitzen nie still, bekommen gerade Zähne, verziehen den Mund und sind launisch – ich hasse sie. Edmund rief aus Arizona an und sagte, wir sollten das Baby alleine fotografieren, aber da

waren wir schon fertig: Ich hatte das Kind mit der Mutter und die Mutter allein fotografiert.
Setzte Rupert ab ($ 5.00). Ich leimte mich zusammen, weil ich mit Jeds Freunden Alan Wanzenberg und Stephen Webster verabredet war. Wir gingen ins »Inagiku«. Da ich in letzter Zeit zuviel Wein getrunken habe, hielt ich mich an Perrier und aß rohen Fisch. Alan ist Architekt und arbeitet für I. M. Pei. Stephen ist Rechtsanwalt. Ich gab ihm den Auftrag, unsere Steuerveranlagung anzufechten, denn die Steuern sind von $ 400.00 auf $ 12 000.00 gestiegen, als sie beide Bowery-Gebäude zusammen veranlagten, wozu sie kein Recht haben. Außerdem ist die Gegend so heruntergekommen, daß mir die Summe viel zu hoch erscheint.
Auf einen Schlaftrunk zu »Trader Vic's« ($ 25.00). Der Oberkellner lud mich zu seiner Skulpturenausstellung nächste Woche ein. Kam gegen 1.30 nach Hause.

Sonntag, den 22. Juni 1980

Ging zur Kirche. Anschließend erledigten Rupert und ich eine Menge Arbeit. Machte einige Bilder noch mal – den Kölner Dom, das Bonner Schloß, ein paar Deutsche.
Thomas Ammann rief an und lud mich zu einem Geschäftsessen ein. Ich sagte, gute Idee. Ich arbeitete den ganzen Nachmittag. Alle Lemuren strömten ins »Underground«. Sie haben alle Schnurrbärte, Alligator-T-Shirts und Blue Jeans oder aber Lederhosen, Jacketts und Sonnenbrillen.
Barbara Allen rief an. Sie wollte wissen, wer hier war und wer wofür zu haben sei. Ich erzählte ihr, daß Thomas Ammann in der Stadt sei. Sie rief ihn an und wurde zum Dinner eingeladen.
Wir fuhren zu »Mr. Chow's« (Taxi $ 4.00). Thomas war sauer, weil wir zu spät kamen. An der Tür traf ich Rita Lachman mit dem Ghostwriter ihrer »Rita Lachman Story«. Sie setzten sich an den Nachbartisch. Der Architekt Alan Wanzenberg war da, der Anwalt Stephen Webster, Barbara, Fred, Jed und noch eine Frau. Barbara saß neben mir, und ich redete ihr zu, Bill Paley als Porträt-Kunden ins Büro zu bringen. Ich erwähnte beiläufig, daß Truman an einem Artikel über Babe Paley schreibt. Barbara sagte, sie wolle ihn sofort lesen, um sicherzugehen, daß es Mr. Paley nicht beleidige. Sie benimmt sich manchmal lächerlich. Mr. Paley, sagte sie, habe ihr etwas ganz Großartiges geschenkt, was, wollte sie nicht sagen – zuerst solle jeder von uns etwas beichten. Doch als wir es getan hatten, sagte sie es immer noch nicht. Sie hatte eine Flasche Sake für sich und erzählte, sie sei innig in Mr. Paley verliebt. Er sei der einzige Mann, den sie liebe. Aber dann verknallte sie sich in Thomas, weil sie weiß, daß Bianca scharf auf ihn ist.

Montag, den 23. Juni 1980

Stand um 8.00 auf und sah mir die »Today Show« an. Die neue Moderatorin ist zu hübsch, Jane Pauley hat mir besser gefallen. Sie ist nicht mehr dabei, weil sie den Trudeau-Typ von »Doonesbury« heiratet. Bei einem Wettbewerb hat er mal ein Porträt von mir gewonnen. Wir vertrösteten ihn, aber eines Tages kam er vorbei, mit Schal und Hut, und ich machte ein kleines belangloses Porträt von ihm, weil ich nicht dahinterkam, wer er war.
Ich schrie Ronnie an, weil er dreimal eine Dreiviertelstunde telefonierte.

Dienstag, den 24. Juni 1980

Arbeitete bis 6.30. Fred kam mit der U-Bahn zum »Mitzi Newhouse Theater«, wo Bob Wilsons Stück »Curious George« Premiere hatte. Als ich ins Theater kam, wartete Fred schon mit Katy Jones und ihrer Schwester. Die ganze Kunstwelt war versammelt. Im Stück tropfte Wasser von der Decke, Wanduhren zeigten die Zeit an und schlugen sogar. Schöne Farben; das Bühnenbild war von Bob Wilson. Es dauerte zwei Stunden, und dann war es vorbei.

Hinterher gab es eine Party bei Leo Castelli. Wir waren die ersten. Das Essen war gut. Aber dann sagte Chris Makos zu mir, ich sähe dick aus. Ich schaute Fred an, der nie etwas ißt und immer blendend aussieht, und begnügte mich mit einer Salatgurke und Wasser. Ich mischte mich unters Volk und unterhielt mich.

Fred wollte Katy Jones zum Gehen überreden, aber sie war hinter Bob Wilson her und wollte bleiben. Wir warteten alle auf Bob Wilson, weil wir in seinem Wagen mitfahren wollten. Richard Weisman war mit Patti LuPone da. Sie war hingerissen, als ich sie mit Bob Wilson bekanntmachte. Sie ist »Tony«-Gewinnerin und fragte mich, was sie mit ihrer Karriere machen sollte. Ich riet ihr, so lange wie möglich bei »Evita« zu bleiben, weil sie der einzige große Star am Broadway sei und mit »Evita« in noch höhere Regionen aufsteigen könnte. Sie stimmte mir zu.

Bob Wilson ging häufig auf die Toilette und kam jedesmal deprimiert zurück. Er setzte Katy und mich ab.

Mittwoch, den 25. Juni 1980

Ein Widerling, der mir immer wieder Briefe schreibt, kam rein, und obwohl Vincent ihm sagte, ich sei gerade mitten in einem Interview, weigerte er sich zu gehen. Ich wußte sofort, daß er widerlich war, denn normale Menschen sind nicht so aufdringlich. Ich gab dem »Miami Star« ein Interview.

Chris Makos rief aus seiner Dunkelkammer an. Ich will mit ihm durch die Stadt ziehen und fotografieren. Von der 42. Straße und der Freiheitsstatue wurden lange keine Aufnahmen gemacht.

Dann, als wir den Aufzug abgeschlossen hatten und gerade das Büro verlassen wollten, kam der widerliche Typ von vorhin hinter einer Kiste hervor. Ich weiß schon, warum ich Vincent immer sage, er soll überall nachschauen, ob sich jemand versteckt hat. Der Typ sagte, das sei »Performance Art«. Irgendwie schaffte Vincent ihn raus. Aber ich war ganz schön durcheinander.

Als ich nach Hause kam, war ich immer noch nervös und trank einen Brandy. Dann ging ich an die Schublade mit den Süßigkeiten und daraus wurde ein langer Fernsehabend. Ich sah mir die Mutter-und-Tochter-Schönheitskonkurrenz an. Und eine Wiederholung mit Farrah Fawcett.

Bob Wilsons Stück bekam üble Kritiken. Ich sah mir eine Wiederholung mit Carol Burnett an, und diese Stars waren wirklich noch gut, so talentiert und so lustig. Gut, Bob Wilson hat ein autistisches Kind, realisiert auch ein paar originelle Einfälle, das ist alles. Aber im Vergleich zu Carol Burnett kommt mir der Gedanke, wie nichtig Bob Wilsons Sachen sind.

Donnerstag, den 26. Juni 1980

Joe Dallesandro rief Fred an und wollte Geld – ich glaube, wir sollen ihn sein Leben lang aushalten. Ich schrie Fred an, daß Joe sich gefälligst an Paul wenden soll. Joe will doch das Geld nur, damit er herumhängen und jeden Tag eine Flasche Jack Daniel's trinken kann.

Freitag, den 27. Juni 1980 Wir gingen in John Addisons neuen Club »Bonds«. Ein riesiger Textilladen, den er zu einer Disco umgebaut hat. Wir suchten ihn, aber der Schuppen ist so groß, daß wir ihn nirgends entdeckten. Die Getränke waren frei, doch ich gab dem Kellner ein Trinkgeld ($ 20.00). Es ist sehr schön dort.

Samstag, den 28. Juni 1980

Ich rief Bob an und fragte, ob das Interview mit Paloma Picasso geklappt habe. Bob sagte ja; Lester Persky werde es im »Quo Vadis« führen. Paloma mag Patti LuPone. Wir fragten telefonisch an, ob im »Les Mouches«, wo ihre Show läuft, noch ein Tisch für uns zu haben sei.

Ich ging zu Fuß ins »Quo Vadis« und war der erste. Nach mir kamen Bob, Lester und Paloma. Ich halte Diät und aß deshalb nur Melone und Arugula (eine Kohlart), aber das Hähnchen, das sich Bob mit Paloma teilte, sah gut aus. Was machen die Restaurants mit

dem Fleisch, das an den Knochen bleibt? Wird es weggeworfen oder wird Hackfleisch daraus gemacht?
Lester interviewte Paloma. Sie ist großartig und sagt einfach alles. Sie schlug vor, den letzten Teil des Interviews in der Picasso-Ausstellung im MOMA aufzunehmen. Sie will vor den Bildern erzählen. Nach dem Abendessen gingen wir ins »Un Deux Trois« in der 44. Straße, das Ähnlichkeit mit »La Coupole« haben soll.
Es war noch zu früh, um ins »Bonds« zu gehen, also entschieden wir uns für »Les Mouches«. Bob mußte bezahlen. Er haßt Patti LuPone immer noch, aber nicht mehr ganz so schlimm. Wenn sie auf ihn zugegangen wäre und gesagt hätte: »Oh, Bob, du bist der Chefredakteur von ›Interview‹! Ich liebe ›Interview‹!«, dann wäre er zerflossen. Aber ich bin wohl genauso. Ron Duguay war da. Zuerst zeigte er überhaupt kein Interesse an Patti – diese Athleten mögen alle denselben blonden Typ –, aber dann sagte ich zu ihm: »Patti will dich, und sie ist echt gut.« Später setzte sie sich zu ihm. Patti ist lustig. Sie singt anspruchsvolle Lieder, aber dann wird sie nervös und streckt die Zunge heraus wie Donald Duck. Ich mag sie. Sie ist toll.

Montag, den 30. Juni 1980
Um 4.00 kam ein kleiner Mann aus München und wollte sich sein Porträt anschauen. Als er es sah, war er verblüfft. Es habe so viel Charakter. Fred hatte mir geraten, bei den Alten nicht alle Falten wegzuretuschieren. Es sei schöner, ein paar stehen zu lassen. Also hatte ich die roten Äderchen des Münchners schwarz gemacht, und statt seiner unauffälligen Kleidung hatte ich ihm Sachen in hellen Farben angetan. Seine Tochter hatte ich jedoch schön gemacht, wirklich elegant. Fred war nervös, während der Mann die Bilder betrachtete, weil er sich für dessen Aussehen verantwortlich fühlte. Doch der Typ war nett und sehr freundlich.

Stephen Mueller und Ronnie waren da, sie spannten Leinwände auf Keilrahmen. Robyn versuchte, zwei Frauen, die er am Vorabend kennengelernt hatte, ein Portfolio zu verkaufen. Als er eine Grafik mit Rabatt loswurde, war er begeistert. Ich blieb bis 7.00 im Büro.

Dienstag, den 1. Juli 1980 Ich stand früh auf, weil ich mit Bob verabredet war und später mit Paloma und Lester im MOMA (Taxi $ 3.00). Wir gingen mit Paloma durch die Ausstellung. Sie redete, und Lester war witzig. Die Ausstellung geht über drei Stockwerke. Es war anstrengend. Ein Mann im Rollstuhl bat mich um ein Autogramm, und ich fragte ihn: »Möchten Sie keins von Paloma Picasso?« Er bekam beide, aber dann wurde es Zeit, denn Paloma mußte zu »Tiffany's«, wo ihre Schmuck-Kollektion verkauft wird.
David Whitney kam vorbei. Wir unterhielten uns mit ihm über eine mögliche Wiederholung der Ausstellung im Jewish Museum. Ich mache ein Porträt von ihm, weil er so nett war. Er hatte seinen Smoking mitgebracht, in dem er wirklich prächtig aussah. Er hat mich für Donnerstag zum Dinner mit Philip Johnson eingeladen und will mir sogar einen Wagen schicken. Er sagte, ein so berühmter Mann wie ich sollte ein Auto haben. Witzig.
Brigid war wieder auf einem Süßigkeiten-Trip. Sie sagte, sie gehe Zigaretten holen, aber Robyn sah, daß sie mehr Geld mitnahm, als sie für Zigaretten brauchte. Als sie zurückkam, sagte ich: »Du hast Schokolade am

Robyn Geddes und Brigid Berlin *(Andy Warhol)*

Mund.« Ich sah zwar keine, aber es funktionierte. Sie gab zu, daß sie ein Eis gegessen hatte.

Donnerstag, den 3. Juli 1980
Philip Johnson und David Whitney holten mich ab. Wir gingen ins »Côte Basque«. Sie tranken Martinis, also ich auch. Philip macht das neue AT & T-Gebäude, Ecke 56. Straße und Madison. Nach dem Dinner gingen wir in Philips und Davids Wohnung in der Fifth Avenue, gegenüber der Met. Die Fassade ist von Philip. Die beiden sind unzufrieden mit der Wohnung – zu klein, kein Platz für Bilder. Aber im Schlafzimmer hängen meine »Cows« und 20 Grafiken von Jasper Johns. Mir gefällt die Wohnung. Sie ist sauber und ordentlich. David ist gut im Wegwerfen – wenn er fünf neue Hemden kauft, wirft er fünf alte weg. In ihrer Wohnung steht nie etwas herum, kein Schnickschnack, keine Blumen, kein Essen im Kühlschrank. Na ja, auf einem Stuhl lag Unterwäsche, und ich hätte fast etwas gesagt, weil ich das erste Mal was herumliegen sah. Ihre Limousine brachte uns nach Hause.

Freitag, den 4. Juli 1980 Nahm ein Taxi, um mich um 7.30 in der Wohnung von Debbie Harry und Chris Stein zu treffen. Das Penthouse in 200 West 58th Street. Ich brauchte eine Stunde, denn ganz New York wollte zum Feuerwerk um 9.00 im Central Park. Der Verkehr war verheerend (Taxi $ 4.00). Debbie hat schöne Augen.

Sie hatte den ganzen Tag ein interessantes Restaurant für heute abend gesucht und (lacht) auch eins gefunden. Wir fuhren in das Lokal mit der tollen Aussicht, Ecke 119. Straße und Morningside Drive. Das Essen war so gut wie im »Côte Basque«. Doch mir ist ein Rätsel, wie sich jemand das leisten kann, so teuer ist es. Vielleicht Ärzte und Professoren.

Aber zuerst nahmen wir bei Debbie einen Drink. Mit der Anzeige für Vanderbilt-Jeans hat sie ein Vermögen gemacht. Jetzt will sie ein Haus kaufen. Chris möchte auf der Lower East eine Wohnung mieten, um dort Interviews zu geben. Denn seinen Ruf, er führe ein bescheidenes Leben, will er sich nicht kaputtmachen lassen. Debbie wird ihre Interviews wohl auch dort geben müssen. Aber wenn du ihre Wohnung siehst – er sagt ja, daß niemand erfahren soll, wie *gut* sie leben. Dabei wohnen sie in einer Rumpelkammer: Man hat den Eindruck, als seien aus einem Raum 18 gemacht worden. Hier war wohl früher einmal ein Lager. An der Wand hingen mindestens 100 goldene Schallplatten. Keine Ahnung, warum es so viele sind – vermutlich auch Duplikate. Sie haben einen guten Portier.

Samstag, den 5. Juli 1980 War mit Rupert verabredet. Kein Mensch war in der Stadt, das Taxi kam voran ($ 4.50). Ich arbeitete wieder an Re-

Debbie Harry *(Paige Powell)*

prisen der »Flower«-Bilder. Es war drückend schwül, und mir war ganz komisch zumute – alles war genau wie im Sommer 1964, als ich die »Flowers« zum ersten Mal malte. Die gleichen »Flowers«, die gleiche Hitze, die gleiche Stimmung wie damals. Ich fragte Rupert, was er empfinde, wenn er mich die berühmten Bilder der sechziger Jahre malen sehe. Er sagte, er empfinde gar nichts dabei. Aber ich schon. Es handelt sich um eine Auftragsarbeit. Ich werde sie irgendwie anders machen – vielleicht verwende ich Diamantenstaub.

John Reinhold rief an. Er lud mich ein, seine Wohnung anzusehen; Michael Graves hat sie eingerichtet. Es regnete in Strömen. Henry Geldzahler war mit uns zum Dinner in einem Restaurant namens »Petit Robert« verabredet. Der Name kam mir bekannt vor, aber ich wollte nicht darüber nachdenken. Wie sich später herausstellte, gehört es Robert Biret, den ich seit 1948 kenne. Er hat mir Arbeit bei »Glamour« und »Bonwit Teller« verschafft und war mein bester Freund. In den fünfziger Jahren haben wir oft zusammen gegessen. In seinem Haus habe ich Halston kennengelernt. Später ging Robert nach Paris. Das Lokal ist drüben in der 11. Straße. Ich unterhielt mich fast die ganze Zeit nur mit Robert. Er sieht gut aus. Wir sprachen über unsere Mütter, ich glaube, seine lebt noch in Frankreich. Im Essen war viel Knoblauch. Ich aß gekochtes Rindfleisch mit Knoblauch, was ich später bereute, denn ich roch noch am nächsten Morgen danach.

Sonntag, den 6. Juli 1980 Ich stand auf und versuchte, Tom Sullivans Anrufen zu entgehen. Er tischt uns Geschichten von Freunden auf, die angeblich im Krankenhaus liegen und dringend ein paar Dollar brauchen. Ich glaube, er hat kein Geld mehr. Vielleicht hat er alles in »Cocaine Cowboys« gesteckt. Doch auch ein paar Millionen hätten ihm nicht lange gereicht bei seinem Leben in Saus und Braus und ständig auf Reisen.

Mittwoch, den 9. Juli 1980, Paris Gingen zum Dinner zu »Castel's«. Wir saßen unten und trafen Jean, Clara Sants Freund. Fred wußte von Clara, daß es ihrem Freund in unserem New Yorker Büro nicht gefallen hatte, weil wir ihm angeblich zu wenig Beachtung geschenkt hätten. Er hatte nicht begriffen, daß es unser Stil ist, *jeden* zu ignorieren. Aber jetzt tat es mir leid, daß wir keine schönen Mädchen oder interessante Leute für ihn eingeladen haben. Denn wenn die Leute in Europa so nett zu uns sind, sollten wir uns in New York revanchieren. Ich bezahlte das Essen, und es war teuer ($ 400).

Donnerstag, den 10. Juli 1980, Paris – Monte Carlo Konnte kein Auge zutun, weil wir Fred saufend bei »Castel's« zurückgelassen hatten. Da ich wußte, daß er am Morgen nicht in der Lage sein würde, uns zu wecken, trank ich zwei Tassen Kaffee. Gegen 6.00 hörte ich jemanden an der Tür – Fred versuchte, seinen Schlüssel ins Schlüsselloch zu stecken. Nach einer halben Stunde war er drin. Ich wollte aufstehen und ihm die Meinung sagen, aber ich war wie benommen.

Es regnete. Es war scheußlich, grau und kalt, es fror. Wir mußten nach Monte Carlo zu der Ausstellung von Jamie Wyeth und mir. In Monte Carlo war wunderbares Wetter; die Sonne schien. Als erstes trafen wir Pam Combemale, eine geborene Woolworth, und Jamie Wyeth, die gerade mit der Concorde angekommen waren. Jamies Garderobe und Phyllis' Koffer waren verlorengegangen. Sie hatte nichts zum Anziehen.

Um 6.00 gingen wir ins Foyer und sahen bei der Vorbereitung für die Ausstellung zu. Ich gab »Time« ein Interview, und dann gingen wir in ein Restaurant, das so ähnlich war wie »Trader Vic's«. Es hieß »Mona's«. Die Portanovas, Liz Smith, Iris Love und die Larsens waren dort. Es wurde viel getanzt. Jamie war großartig und tanzte mit Phyllis. Ich war betrunken, ging zu ihnen, fiel hin und sie mit. Und anschließend tanzte ich mit allen, das heißt, mit allen Frauen – etwas völlig Neues für mich. Ich hatte zwei Wodka, die müssen mich entfesselt haben.

Freitag, den 11. Juli 1980, Monte Carlo Wir holten Jamie und Phyllis ab. Ich entschuldigte mich bei ihr dafür, daß ich sie umgeworfen hatte. Wir fuhren ans Kap Ferrat, um Lynn Wyatt zu besuchen, die jetzt in Somerset Maughams ehemaligem Haus, der »Villa Mauresque«, wohnt. Ich hatte gerade in der Biographie darüber gelesen. Die Villa war das, was ich wirklich sehen wollte. Wir waren lange unterwegs, weil viel Verkehr war.

Lynn trug ein Kleid, das seitlich geschlitzt war; man konnte ihre Brüste sehen. Sie hatte nur einen kleinen Bikini an und sah schön aus. Ich glaube, sie wollte Jamie anmachen. Sie haben

Gracia Patricia von Monaco *(DPA)*

fast die gleichen Nachnamen. Jeder glaubt, daß ihr Sohn die Ausstellung hat.

Ich bat Lynn, ein Interview für »Interview« zu machen, weil David Niven und seine Frau hereinkamen. Er sah sehr gut aus, sehr schlank. Seine Frau ist dünn wie ein Bleistift.

David Niven war süß und erzählte tolle Geschichten. Jamie war hingerissen. Wir mußten ins Hotel zurück, weil wir mit Fürstin Gracia um 4.00 im Foyer verabredet waren. Wir wollten ihr die Ausstellung zeigen, die in einem der Speisesäle vorbereitet war. Gingen auf unsere Zimmer, leimten uns zusammen und kamen runter. Eingeladen waren nur Jamie, Phyllis, Freddy Woolworth und Fred. Jed war noch am Strand. Wir mußten uns in einer Reihe aufstellen, bis uns Fürstin Gracia begrüßt hatte. Ich war der erste. Wir alberten herum, weil wir so dastehen mußten, und als wir uns dann umdrehten, war sie da. Sie hatte einen kleinen Bauch. Wir sollten ihr die Hand küssen, aber ich wollte nicht und gab ihr nur die Hand. Sie mochte mich nicht, aber Jamie. Und als Gracia erfuhr, daß Phyllis eine echte du Pont war, trug sie dem Rechnung und war ausgesprochen freundlich. Dann mußten wir ihr die Bilder zeigen. Ich bemühte mich um Witz, kam aber nicht besonders an. Ich sagte, ich hätte gehört, daß sie auch male. Nein, sagte sie, sie mache nur Collagen. Sie hatte eine große Ausstellung in Frankreich und alles verkauft. Ich wollte wissen, was sie sonst noch macht, und schließlich erzählte sie, daß sie Vortragsreisen durch die Vereinigten Staaten macht und Gedichte liest. Sie reist wie Truman ein paar Wochen herum, und kommt dann mit den Piepen nach Hause. Nachdem wir eine Dreiviertelstunde miteinander geplaudert hatten, entschloß sie sich zum Gehen.

Fred und ich mußten nach oben, weil ich einen Termin für ein Porträt hatte: Mrs. Benedetti, die meint, daß sie wie Marilyn Monroe aussieht. Ich bat sie, sich auszuziehen und weißes Make-up aufzulegen. Sie versuchte, wie Marilyn Monroe zu posieren, mit offenem Mund und so, aber sie ist alt. Das Bild wurde trotzdem gut. Ich hatte meine Kontaktlinsen drin und konnte nicht klar sehen, aber alles war in Ordnung.

Regine lud uns alle zu »Jimmy's« ein. John Larsen und seine Frau waren auch da. Er ist ein prima Kerl. Edie Sedgwick und ich waren vor Jahren mit ihm befreundet. Heute ist er eher Jamies Freund. Beide sind sehr gute Tänzer. Es wurde spät, und ich war müde. Dann kam Bo Polk mit einem schönen Mädchen. Als Phyllis sah, wie Jamie mit dem Mädchen Wange an Wange tanzte, sprang sie auf die Tanzfläche und schlug Jamie mit ih-

rem Stock. Er wurde verlegen, denn er hatte wirklich sehr eng mit ihr getanzt.
Als ich ins Hotel kam, mußte ich das Zimmermädchen wecken, weil ich keinen Schlüssel hatte. Das war gegen 3.00.

Samstag, den 12. Juli 1980, Monte Carlo Traf Sylvester Stallone. Er hat den Bart abrasiert und sieht blendend aus. Er war mit seiner Frau gerade aus Budapest eingeflogen. Ich sagte ihm, daß ich ihn gerne noch einmal ohne Bart porträtieren würde. Er sah nämlich wirklich gut aus. Er wollte gegen 6.00 kommen, damit ich ihn noch mal fotografieren konnte.
Am Strand traf ich ihn wieder. Alle Leute fotografierten ihn. Er sieht toll aus in der Badehose, ist schlank, hat aber was von einem Bodybuilder. Eine Art Mr. America mit kleinem Bizeps. Ich empfahl ihm, nie wieder zuzunehmen, doch er sagte, genau das müsse er für »Rocky III« tun. Ich riet ihm zu einem ausgestopften Anzug. Wir gingen ins Hotel und machten uns frisch. Dann leimte ich mich zusammen, weil es Zeit wurde, zur Ausstellungseröffnung ins Foyer zu gehen. Ich war vor den anderen fertig, ging gleich runter und machte mich um 7.05 an die Arbeit. Pam Combemale und Freddy Woolworth begrüßten schon die Gäste. Ich stellte mich daneben und schüttelte jedem, der hereinkam, die Hand, wie bei einem Empfang. Sie machten mich mit den Leuten bekannt. Lauter alte Semester, die ältesten Menschen der Welt. Dann kam Jamie. Wir schritten gemeinsam die Reihe ab, und mitten drin stand Raymond Loewy! Der Typ, der das Design für die Lucky-Strike-Schachtel und alles übrige gemacht hat! Ich war so begeistert, ihn kennenzulernen, daß ich ihn fragte, ob ich ein Foto von ihm machen dürfe. Er war großartig. Aber es waren so viele alte Schachteln da, nicht zu fassen. Aber ich glaube, wir kriegen ein paar Porträtaufträge; das wäre schön. Dann kam Stallone, ganz in Weiß und so gutaussehend. Iris Love und Liz Smith trudelten einige Minuten später ein. Liz sagte, eine so elegante Eröffnungs-Party habe sie noch nie erlebt.

Sonntag, den 13. Juli 1980, Monte Carlo Fred holte mich ab. Wir gingen hinunter in Stallones Zimmer, um ihn zu fotografieren. Man hatte seine große Suite gegen ein kleineres Zimmer eingetauscht, und er beklagte sich jetzt. Er trug seine blaue Badehose. Wir machten die Fotos, genügten drei Filme, und plauderten. Dann wurden wir etwas ungeduldig und gingen. Wir luden ihn zum Dinner ein, doch er sagte, er habe zu tun.

Dienstag, den 15. Juli 1980, Monte Carlo Sao Schlumberger lud uns, die Mädchen, Freds Freund David Rocksavage, Warren Adelson von der »Coe-Kerr Gallery«, dessen Frau Laetrile und ihren kleinen Sohn in das kleine Haus im Kap Ferrat ein, das sie dort gemietet hatte. Ich war halb verhungert, weil ich seit dem Frühstück nichts mehr gegessen hatte. Also aß ich alles, was ich sah, und fotografierte. Das Haus war hübsch, die Aussicht phantastisch. Wir blieben bis 5.00. Mona wollte nach St. Tropez, und die Mädchen fuhren nach Venedig in Gianni Volpis Palazzo. Kerry mußte noch auf ihren Bruder warten, und Vicky Gifford auf ihren Freund. Das ist ein und dieselbe Person.

Mittwoch, den 16. Juli 1980, Monte Carlo Das französische Fernsehen kam und fragte mich, wie man sich fühle, wenn man »aus dem Untergrund« an diesen herrlichen Ort komme. Ich sagte ihnen, das sei Quatsch, weil ich sehr oft herkäme und niemals »aus dem Untergrund«. Anschließend machte ich Aufnahmen für eine Radiosendung und dann eilte ich nach oben. Jed hatte die Ausgabe von »L'Uomo Vogue« mit mir auf der

Titelseite. Ich sah fürchterlich aus, aber innen waren viele gutaussehende Leute in Jeans abgebildet.
Wir verteilten uns auf verschiedene Wagen und fuhren mit Hélène Rochas, Juliette Grecos Schwester Charlotte und ihrem Ehemann, einem Architekten, zum Lunch. Zuerst gingen alle Schwimmen, dann plauderten wir. Zum Lunch gab es den besten Fisch, den ich je gegessen habe, das beste Essen. Es war traumhaft: panierter Fisch mit Anis. Am Swimmingpool gab es dann noch mal Anis, und wir klatschten über alle und jeden. Gegen 5.00 gingen wir. Rocksavage setzte uns ab.
Lynn Wyatt hatte Geburtstag und gab ein Dinner, doch ich hatte ihr noch nichts gekauft. Johnny Carson sollte auch kommen. Ich konnte es kaum erwarten, ihn kennenzulernen. Im Foyer trafen wir Maxime Messinger, das ist die glänzende Klatschreporterin aus Houston. Sie war extra wegen Lynns Geburtstagsparty angereist.
Zog mich um und fuhr zu Lynn nach Kap Ferrat ($ 35.00). Wir dachten schon, wir kämen zu früh, was aber nicht der Fall war. Estée Lauder war da. Lynn führte mich herum und stellte mich vor. Der erste, mit dem sie mich bekanntmachte, war Johnny Carson. Das war aufregend. Er ist nicht klein, im Gegenteil. Er hat graues Haar und sieht kerngesund aus. Seine Frau Joanna ist sehr hübsch. Sie war früher Modell bei Norell, also klatschten wir über Kleider, Mode und anderen Schrott, und ich machte keine Fotos. Ich war einfach zu... es war zuviel für mich. Alle hatten Angst, an Johnny Carsons Tisch Platz zu nehmen, aber David Niven setzte sich zu ihm. Wir saßen mit Liz Smith am letzten Tisch neben dem Swimmingpool. Und dann sagte der König oder Prinz von Jugoslawien, er habe ein Mao-Bild von mir.
Alle sangen »Happy Birthday Lynn«, und es gab ein prächtiges Feuerwerk – überall Funken, rosa Qualm und ohrenbetäubende Kracher.
In letzter Zeit steht so viel über Ronald Reagan in den Zeitungen. Anscheinend ist er auf dem besten Weg, Präsident zu werden. Es sieht nicht gut aus. Ich habe nur ein einziges Mal gewählt. In den fünfziger Jahren, aber ich weiß nicht mehr, welche Wahl das war. Ich bediente den falschen Hebel, weil ich nervös war. Ich begriff nicht, wie die Wahlmaschine funktionierte. Draußen gab es auch kein Modell, an dem man üben konnte. Das Wahllokal war in einer Kirche in der 35. Straße zwischen Park Avenue und Lexington Avenue. Damals wohnte ich in der Lexington Avenue 242. Und dann wurde ich als Geschworener berufen und schrieb zurück: »Verzogen«. Ich ging nie wieder zur Wahl.

Samstag, den 19. Juli 1980, Paris Das »Flore« hatte geschlossen, deshalb gingen wir ins »Deux Magots« und hofften, daß Shirley Goldfarb käme. Doch vermutlich probt Shirley für ihre große Show, die Pierre am Donnerstag für sie veranstaltet. Sie singt die Speisekarten aller Pariser Restaurants vor. Die Show ist in Pierres Theater. Er will, daß wir bleiben und sie uns ansehen. Außer den Speisekarten singt Shirley auch »Merry Christmas« und »Aulde Lang Syne«. Ich glaube, ein Alptraum steht bevor, denn sie nimmt die Sache ernst. Es wird sicher schrecklich. So lustig, wie es jetzt klingt, wird es bestimmt nicht werden, es sei denn, sie hat viele gute Menüs im Repertoire.

Montag, den 21. Juli 1980, Paris – New York Das Flugzeug startete pünktlich um 11.00, also zur geplanten Zeit, und wenn das passiert, ist es einfach ideal. Doch das Essen schmeckte irgendwie fad. Außerdem wird es zu schnell serviert. Nach anderthalb Stunden ist man fertig, und die restliche Zeit sitzt man da und wird nervös. Ich stahl so viel Silberbesteck, daß mir bange wurde vor dem Zoll. Ich weiß nicht, ob man welches einführen darf oder nicht. Ich kam an den Zoll, und obwohl der Detektor nicht piepte, mußte ich dem Typ in einen Raum folgen und meine

Taschen leeren. Meine Vitamintabletten trage ich immer bei mir, ich mag es nicht, wenn ich damit durch den Pieper muß. Er tastete jede einzelne ab. Dann durchsuchte er meine Schuhe und rollte mir die Socken runter. Als er die anderen Medikamente, meine Schmerzmittel, sah, fragte er: »Und was ist das?« Ich versuchte, es ihm zu erklären, doch er wurde ungeduldig und sagte: »Ach, hauen Sie ab.« Ich muß besser darauf achten, was ich mitnehme. Ich sehe sie schon meine sämtlichen Perücken durchwühlen und fragen, warum ich so viele habe.
Aus dem eiskalten Paris kamen wir in das sommerlich warme New York: 38 Grad. Ein »Schocker«, wie Diana Vreeland zu sagen pflegt. (Taxi $ 40.00).

Dienstag, den 22. Juli 1980
Auf der Straße fragte mich jemand, ob ich es nicht toll fände, daß wir einen Filmstar als Präsidenten bekommen. Das sei doch echt Pop. So gesehen (lacht) ist es wirklich toll, echt amerikanisch. Übrigens redet kein Mensch von Reagans Scheidung. Ich war immer der Meinung, daß man keine Chance hat, Präsident zu werden, wenn man geschieden ist.
Arbeitete bis 7.30, setzte Rupert ab (Taxi $ 5.00).
Ach ja, das Beste waren Jerry Halls Dankschreiben für die Geburtstagsgeschenke. Ich bekam einen Brief, Jed bekam genau denselben und Averil auch. In ihrer Kinderschrift hat Jerry jedem dasselbe geschrieben, Zeile für Zeile, Wort für Wort. Auf geblümtem Papier. Eigentlich sollte ich alle anrufen, die ihr etwas geschenkt haben, und sie um die Briefe bitten. Man könnte ein Buch daraus machen. Das wäre doch lustig, oder? (lacht).

Donnerstag, den 24. Juli 1980
Rupert brachte die Andrucke. Er hat sie diesmal allein gemacht, ohne sie mir vorher zu zeigen. Er versuchte, künstlerisch vorzugehen und tat es mit Erfolg, wirklich mit Erfolg. Es geht um die »Shoes« mit Diamantstaub. Er hat sie komplett vollendet, einschließlich Diamantstaub. Ich weiß nicht, warum er das getan hat. Ich mache Schuhe, weil ich zu meinen Wurzeln zurückkehren will. Ich überlege mir ernsthaft, ob ich vielleicht von jetzt an nur noch Schuhe machen soll (lacht).

Sonntag, den 27. Juli 1980
Auf um 7.30, ferngesehen. Rupert rief an. Eigentlich hätte ich zur Arbeit müssen, doch das Wetter machte mich schläfrig. Ich blieb zu Hause und blätterte in Zeitschriften und Büchern. Ich sah mir im Nachrichtenkanal des Kabelfernsehens den ganzen Tag Berichte über den Tod des Schah an. Ich wußte nicht, daß eine Schwester des Schah in Teheran ein Haus besaß, das I. M. Pei gebaut hat. Man sah es im Fernsehen, und es war wirklich hübsch, mit Eßzimmer. Ich frage mich, wen sie zum Dinner eingeladen hat. Der Palast, in dem wir waren, war eine Bruchbude.

Montag, den 28. Juli 1980 Ich habe Gloria Swansons Buch über Zucker gelesen. Sie stellt mich als abschreckendes Beispiel vor, weil sie im »Philosophy«-Buch und in Interviews von mir gelesen hat, daß ich viele Süßigkeiten esse. Sie behauptet, Zucker sei der Grund dafür, daß wir den Krieg in Vietnam verloren haben, und daß die Amerikaner überall, wo sie hinkommen, Coca Cola und künstliche Orangendrinks einführen und aus gutem Reis schlechten Reis machen. Das klang plausibel, also werde ich versuchen, weniger Zucker zu essen.
Arma Ardon von CBS rief im Büro an und lud mich zum Dinner in den »Russian Tea Room« ein. Hinterher wollten wir uns mit Eddie Money im »Trax« treffen. Nachdem ich zugesagt hatte, erinnerte mich Vincent an das Dinner der North American Watch Company im »Pierre«. Normalerweise dauert das nicht sehr lange, ein paar Reden, und alles ist vorbei. Also wollte ich beide Termine einhalten. Arbeitete und setzte dann Rupert ab (Taxi $ 5.00). Leimte mich und ging ins »Pierre«. Walter Cron-

kite, der Hauptredner des Abends, traf gerade mit seiner Frau ein. Er ist von den Nachrichten beurlaubt.
Es war 9.30. Um diese Zeit hätte ich eigentlich im »Russian Tea Room« sein sollen. Doch dann begann Walter Cronkite mit seiner Rede, und sie war interessant. Er erzählte, daß ihm ein Manager von Rolex eine Uhr geschenkt hatte und er später zu einem Interview mit Präsident Johnson ging. Der Präsident starrte auf sein Handgelenk und sagte: »Dieser verdammte Typ hat behauptet, daß nur Präsidenten so eine Uhr bekommen.« Und weil er an nichts anderes als die Uhr dachte, konnte Johnson keine Frage mehr beantworten.
Um 11.00 kam ich endlich weg. Das Dumme war, daß ich ganz vorne gesessen hatte. Ich bekam kein Taxi und rannte den ganzen Weg bis zum »Russian Tea Room«. Ich hatte fast einen Herzanfall. Als ich hinkam, sagte mir ein Kellner, daß sie bereits gegangen seien. Ich war froh, als ich das Wort »sie« hörte, denn das hieß, daß Arma nicht allein war. Wahrscheinlich war Fred bei ihr. Ich hatte ihn hingeschickt, weil ich mir schon gedacht hatte, daß es etwas später werden würde. Ich fuhr mit dem Taxi zum »Trax« ($ 3.00). Zuerst fand ich es nicht und irrte herum, aber dann fand ich es doch.
Don Mahoney, ein Polizist, kam heraus und kündigte Eddie Money an. Er ist Eddies Bruder und sieht sehr gut aus. Er gefiel mir. Dann fing Eddie Money an zu singen. Er ist großartig. Ein singender John McEnroe. Vitas und Richard Weisman waren da. Ich weiß, daß Vitas seine Haare färbt und sich Lockenwickler reindreht. Dann sprachen wir mit Eddie Money, der reizend war. Er sagte, er habe mir 1968 im Columbus Hospital die Daumen gedrückt, als ich angeschossen worden war. Er war damals Polizist im Revier gleich um die Ecke. Fred war müde. Er ist erst am Morgen mit der Concorde gekommen.

Dienstag, den 29. Juli 1980
Fred hatte Geburtstag. Richard Weisman gab ihm eine Überraschungsparty, und das Telefon klingelte den ganzen Tag. Robyn mußte Leute einladen, ohne daß Fred es merkte. Deshalb wurde den ganzen Tag nur geflüstert.
Setzte Vincent ab (Taxi $ 4.50). Suzie Frankfurt bat mich, sie pünktlich um 8.00 abzuholen, denn es sei eine Überraschungsparty. Um 8.55 war ich dort. Alle aus dem Büro waren da, samt Anhang.
Als Fred kam, war er wirklich überrascht, fast schon geschockt. John Samuels war auch da, und er war süß. Er lud mich in das Haus seines Vaters auf Long Island ein, das früher J. P. Morgan gehört hat. John Scribner und D. D. Ryan waren da. Eddie Money kam mit Vitas und Arma Andon. Ein Mädchen stieg aus einer Torte für $ 500. Es war ein großer Flop. Suzie meckerte über den Preis. Richard bezahlte. Averil schickte ein singendes Telegramm, obwohl sie da war. Sie war betrunken und gab mir einen Zungenkuß. Als ich ihn nicht erwidern wollte, wurde sie wütend. Die beiden Frankfurt-Kids waren da. Ich saß in der Küche und aß koschere Sandwiches.

Samstag, den 2. August 1980
Ein heftiges Gewitter war niedergegangen, doch die Stadt kühlte nicht ab. Holte John Reinhold zum Dinner ab. Wir gingen ins »Côte Basque«. Als wir das Restaurant verließen, fiel mir auf der Straße die Servierplatte hin, die ich geklaut hatte. Plötzlich waren Polizisten da – sie dachten, eine Scheibe hätte geklirrt. Aber dann erkannten sie mich und sagten: »Oh, schon gut, Mr. Warhol.« Das hätte auch böse ausgehen können. Sie hätten mich aufs Revier mitnehmen können.

Sonntag, den 3. August 1980
Ich zog mich an und ging in der Hitze zur Kirche. Eigentlich hätte ich ins Büro gehen sollen, doch es war so heiß, daß ich niemanden sehen wollte.

Dienstag, den 5. August 1980

Verpaßte die »Today Show« mit Truman. Doch es war wohl wie immer. Brigid versuchte, ihn telefonisch zu erreichen, doch er hatte den Hörer danebengelegt. In der »Times«-Kritik über »Music for Chameleons« wird nicht erwähnt, daß einige der Stories aus »Interview« stammen.

Halston wollte für mich eine Geburtstagsparty geben, doch ich wollte mit Stephen Graham ins Theater. Ich werde Susan Johnson für ihn einladen, denn er mag dämliche Mädchen. Ich frage mich, ob sie miteinander können werden. Nein, er wird ihr nicht gefallen.

Halston schenkte mir zum Geburtstag einen ganzen Karton voll häßlicher Schuhe.

Mittwoch, den 6. August 1980

Mein Geburtstag. Ich hatte die ganze Nacht kein Auge zugetan. Morgens um 7.00 nahm ich schließlich eine Schlaftablette, doch sie putschte mich eher auf. Diesmal fühle ich mich wirklich wie ein alter Mann. Ich kann nicht glauben, daß ich schon so alt bin, denn das bedeutet (lacht), daß Brigid auch alt ist. Es ist zu abstrakt. Ich kann nicht mal mehr eine Schabe zerdrücken, weil sie ein Lebewesen ist, etwas Lebendiges. Ich leimte mich zusammen und wollte spazierengehen. Eine Menge Leute riefen mich zum Geburtstag an. Todd Brassner zum Beispiel. Ich sagte: »Komm rüber und bring ein Geschenk mit.« Er kam nicht. Victor Hugo schickte Orchideen, die mit schönen Bändern verziert waren. Von »Renny«. Das muß ein sehr schicker Laden sein.

Ich war mit Chris Makos in der »860« verabredet (Taxi $ 5.50). Dann kamen andauernd Kids rein. Curley brachte mir ein Stück Schrott, einen Scheinwerfer von einem Flugzeug. Ich bat ihn, zum Lunch zu bleiben. Richard Weisman rief an und wollte kommen. Ich sagte, daß wir uns zum Lunch im »65 Irving« treffen könnten. Wir waren zu zehnt. Prinzessin Ingeborg von Schleswig-Holstein kam auch. Sie arbeitet jetzt für »Interview«. Sie ist mit Königin Elisabeth verwandt. Brigid war auch da. Wir tranken Piña Colada und Daiquiri mit Erdbeeren. Dann kam Richard auf die Idee, Daiquiri mit Heidelbeeren zu versuchen. Das war lustig.

Rupert schenkte mir 300 Krawatten. Von Robert Hayes bekam ich ein silbernes Album mit sämtlichen Elvis-Platten. Mimi Trujillo brachte zwei Kleider mit, die sie mir zeigen wollte. Victor überredete sie dazu, mir beide zu schenken. Sie sind herrlich. Halston schickte ein singendes Telegramm. Drei Sänger. Sie waren fürchterlich. Sie versuchten eine Show, doch ich bat sie, nicht zu übertreiben und ganz einfach zu singen. Außerdem schickte Halston eine große Torte in Form eines Schuhs. Sie muß sehr

Happy Birthday *(Andy Warhol)*

gut gewesen sein, denn Brigid aß sie ganz alleine auf.

Ich leimte mich zusammen und kam zu spät, aber noch später kam Susan Johnson. Ich schrie sie an. Stephen war schon drin. »Annie« war wundervoll (Taxi $ 6.00). Es war gerammelt voll, kein Gedanke an Rezession. Sogar Stehplätze. Das Publikum, darunter vor allem ältere Leute, war begeistert. Ich bemühte mich, wach zu bleiben. Dann gingen wir hinter die Bühne. Aber ich bekam Alice Ghostley nicht zu Gesicht; ich bin mit ihrem Mann zur Schule gegangen.

Wir fuhren mit einem schäbigen Wagen zu »Mr. Chow's«. Mr. und Mrs. Chow begrüßten uns. Ich trug mich nicht ins Gästebuch ein und hole es das nächste Mal, mit meinem eigenen Füller, nach. Tina Chow wünschte mir alles Gute zum Geburtstag. Wir tranken Champagner.
Stephen lud ein Mädchen an unseren Tisch ein. Sie ist Bildhauerin und wohnt bei Rupert in der Nähe. Sie machte eine Skulptur aus ihrer Serviette und schenkte sie mir. Aber später nahm sie der Ober mit, ohne daß wir es merkten. Stephen war so nervös, daß er fast wieder getrunken hätte. Wir setzten ihn an der Ecke 57. Straße und Second Avenue ab, dann brachte ich Susan nach Hause (Taxi $ 5.00).

Donnerstag, den 7. August 1980 Ging in Philip Johnsons Wohnung und sprach eine Stunde mit David Whitney. Er arbeitet an der Ausstellung im Jewish Museum. Seiner Meinung nach sollte sie einfach sein, ohne jeden Firlefanz. Doch ich war für eine Inszenierung. Ich finde, durch Design wird eine Ausstellung doch erst richtig interessant. Aber vermutlich hat das Museum kein Geld.
Richard Weisman hatte eingeladen. Wir sollten uns mit Ann Miller, Patti LuPone, Phil Esposito und ihm um 11.00 im »21« zum Dinner treffen. Die Leute vom »21« mißbilligten meine Jeans und wollten schon etwas sagen, doch ich huschte schnell hinein. Ich konnte Bob endlich dazu überreden, Patti LuPone auf die Titelseite von »Interview« zu nehmen. Sie ist so amüsant, und Bob verliebte sich schließlich in sie.
Ich mußte immer nur Ann Miller anstarren. Ihr Gesicht ist makellos. Keine einzige Falte, nicht einmal ein Lachfältchen. »Eines Tages werde ich mir das Gesicht liften lassen müssen«, sagte sie. Aber das glaube ich nicht, denn ihre Haut ist überhaupt nicht runzlig – ihr Gesicht ist zwar fett, aber glatt und kein bißchen faltig. Sie hat winzige Hände mit langen Fingern. Sie war zweieinhalbmal verheiratet – eine Ehe wurde annulliert. »Ich habe die reichsten Texaner der Welt geheiratet, doch sobald wir verheiratet waren, war's mit der Liebe vorbei«, sagte sie. Sie war bezaubernd. Sie aß wie ein Filmsternchen aus Hollywood bei seinem ersten Rendezvous – sie hatte Hühnerfrikassee. Typisch Hollywood. Ihre Nase ist so zierlich und vollkommen, es *muß* eine falsche Nase sein.
Ann erzählte, wie ein paar Leute sie fallenließen, als es ihr schlecht ging. Wenn ihr diese Leute jetzt für »Sugar Babies« Blumen schicken, dann schreibt sie zurück: »Danke für nichts.« Sie kennt Reagan seit Jahren, aber sie würde ihn nie wählen. Sie ist wie ich. Nach jeder abfälligen Bemerkung sagt sie: »Oh, versteh mich nicht falsch, Reagan ist wunderbar. Ich würde ihn nur nicht wählen.«
Bob begleitete mich nach Hause. Als wir in die 66. Straße kamen, war bei mir gegenüber vor dem ugandischen Gebäude ein großes Feuer. Ein erst kürzlich gepflanzter Baum brannte, weil jemand den Müll darunter in Brand gesteckt hatte. Eine ganze Familie saß auf den Treppenstufen und sah den Flammen zu – es erinnerte an Puerto Rico –, und ich wurde wütend. Es war wie in Afrika. Sie saßen da und sahen zu, wie dieser schöne Baum brannte, der zur selben Zeit gepflanzt worden war wie der vor meinem Haus. Sie riefen nicht mal die Feuerwehr! Ich verstehe das nicht, denn auch die Portiers in dem Häuserblock müssen etwas gesehen haben. Doch niemand tat etwas. Bob und ich gingen ins Haus, und er rief die Feuerwehr an. Sie war im Nu da, löschte, aber ich weiß nicht, ob der Baum es überstehen wird.

Samstag, den 9. August 1980 Vincent kam mit seinem gesamten Fernsehteam ins Büro. Auch Don Munroe war da. Sie filmten mich, wie ich ein paar einführende Worte zu den Shows sage, die er aufgenommen hat, damit ich in den Programmen stärker präsent bin. Ich glaube, die Reihe soll

»Andy Warhols TV« heißen. Es handelt sich um Interviews mit Leuten – die Leute reden mit der Kamera. Habe bis um 8.00 im Büro gemalt. Bill Schwartz rief an. Er ist aus Atlanta gekommen, um an dem Parteitag der Demokraten teilzunehmen. Er lud mich zum Dinner ein. Er wohnt im »Mayfair House«.

Leimte mich und ging rüber zum »Mayfair House«. Als ich hinkam, sagte ein Mann, der sich gerade eintrug: »Sie haben meine Frau gemalt.« Ich erkannte ihn nicht. Als seine Frau kam, erkannte ich sie auch nicht. Es war schrecklich, weil so viele Leute um uns herumstanden. Sie hatte sich die Haare blond gefärbt, und das verwirrte mich. Es waren Mr. und Mrs. H & R Block. Und ich hatte sie so genau gemustert. Es war wirklich schlimm. Ich lud sie ins Büro ein.

Sonntag, den 10. August 1980

Bob rief an. Ich solle mich um 7.30 mit ihm treffen, um Ina Ginsburg abzuholen und die Berichterstattung über die Convention der Demokraten mit der »Newsweek«-Party im »Rainbow Room« zu beginnen, die von Katharine Graham gegeben wurde. Wir fuhren zum Metropolitan Club, wo Ina wohnte. Ina trug ein schwarzes Kleid, das auf der Schulter mit einer Diamantbrosche zusammengehalten wurde. Möglicherweise ein Modell von Halston. Dazu hatte sie weiße Schuhe an. Sie war nett. Dann im Taxi zum »Rainbow Room« ($ 3.50). Liz Carpenter war da, die frühere Privatsekretärin von Lady Bird Johnson. Sie ist groß und fett, stammt aus Texas und trug ein Kleid mit Stars and Stripes und einer Wassermelone auf der Vorderseite. »Ich weiß, dieses Kleid ist irgendwie patriotisch«, sagte Peter Duchin.

Alle Reichen und Prominenten waren da, und mir war unbegreiflich, daß alle in der Stadt waren, es war schließlich August. Doch dann wurde mir klar, daß New York wohl doch eine Großstadt sein muß, wenn der Parteitag so etwas bewirken kann. Tom Brokaw war da, und Barbara Walters mit ihrem Beau. Ina kannte alle und stellte uns vor, doch ich kann mir ohnehin nur die Hälfte der Namen von Leuten merken, die *ich* kenne, also konnte ich mich nicht revanchieren.

Ina stellte uns einem Mädchen namens Dolly Fox vor. Sie ist reich und wohnt in den Ritz Towers. Sie ist Botin, aber eine mit der rosa Karte, das heißt, sie kann einfach zum Präsidenten ins »Sheraton« gehen. Sie geht noch auf die Highschool, doch sie benimmt sich erwachsen. Ihre Mutter Yolanda war in den fünfziger Jahren Miss America. Wir luden Dolly zum Dinner bei »Pearls« ein.

Bei »Pearls« wimmelte es von Teilnehmern der Convention. Wir bekamen jedoch einen Tisch.

Wir bestellten das Abendessen. Bob fing an zu schreien und war eine Sekunde lang unbeherrscht, als Ina etwas gegen Reagan sagte, doch er fing sich wieder und entschuldigte sich. Ina und Jerry Zipkin möchten, daß Bob ihnen eine Einladung zu Richard Weismans Lunch für Miz Lillian besorgt.

Danach fuhren wir mit dem Taxi in die Park Avenue zu einer Party zu Ehren der Delegierten aus Rhode Island – viele reiche Firmen-Präsidenten. Ina hatte uns die Einladungen besorgt. Es gab vorzüglichen Kaffee – eine Party ist immer gut, wenn der Kaffee gut ist. Dieser stammte vielleicht aus einem Restaurant, das ihn in einem Container geliefert hatte. Ich weiß es nicht.

Gegen 12.00 gegangen, Ina zum Metropolitan Club begleitet. Gegen 12.30 zu Hause.

Montag, den 11. August 1980

Arbeitete vorn, wo die Klimaanlage ist, an Bildern und Plakaten, weil es hinten zu heiß war. Die Prinzessin von Holstein lungert ständig in meiner Nähe, wenn ich arbeite. Ich schickte sie zu Ronnie, damit er ihr zeigen konnte, wie man Konturen macht. Robyn hat Erkundigungen über die Holsteins eingezogen und herausgefunden, daß sie zwar viele

Titel, aber kein Geld haben. Wir schalteten das Fernsehen an, um die Convention zu sehen.
Setzte die Prinzessin ab (Taxi $ 4.50). Sie will mir lieber beim Malen helfen, statt für »Interview« zu arbeiten, doch ich schaffe es ohne sie schneller. Alle wirklichen Amerikaner von der Convention sind in der Stadt, und irgendwie aufregend ist das schon. Ich sah viele mit Cowboyhüten.
Fuhr nach Hause und leimte mich zusammen. Victor wollte uns bei Halston treffen. Als ich hinkam, schlief Bianca in einem weißen Abendkleid, das ich für ein Nachthemd hielt.
Halston arbeitete bis spät in die Nacht. Er mußte die Kollektion für China fertigstellen. Er reist nach China und Japan.
Ich las die Zeitungen und aß Kartoffelchips.
Wir beschlossen, zu »Elaine's« zu gehen. Wir hatten einen Tisch im hinteren Teil des Lokals. Elaine ist etwas dicker geworden.
Bianca winkte jemandem zu. Nick Roeg war der Meinung, sie habe ihn gemeint, und kam an unsern Tisch. Er war betrunken und unausstehlich – er gehört zu den Leuten, die mir angst machen, weil ihre Stimmung von einem zum anderen Augenblick umschlägt. Er hat bei »Performance« mit Mick Regie geführt und soeben »Bad Timing« mit Art Garfunkel abgedreht.
Er erklärte Bianca, er liebe sie schon seit Jahren, und ich fragte ihn: »Warum machst du nicht einen Film mit ihr. Du kannst sie haben.« »Wie kannst du es wagen«, schrie er mich an, »wie schamlos von dir, so etwas zu sagen. Das ist geschmacklos!« Bianca protestierte ebenfalls. Sie war nett zu ihm und demütigte ihn nicht. Vermutlich hofft sie tatsächlich, durch ihn Arbeit zu bekommen. Er umarmte und küßte sie. Er sagte, »BAD« habe ihm gefallen.
Dann erzählte er mir, daß er in England »meine Mutter« im Fernsehen gesehen habe. Das war dieser blöde »Dokumentarfilm« von David Bailey, in dem Lil Picard so tat, als sei sie meine Mutter. Nick schwärmte davon, wie wundervoll und reizend sie gewesen sei, und wie toll es sei, eine Mutter zu haben, die einen sosehr liebte. Er wünschte, seine eigene Mutter wäre so, und ich hatte einfach nicht den Mut, ihm zu sagen, das sei nicht meine Mutter gewesen. Er fand es so rührend, daß er weinen mußte. Er quasselte und machte uns wahnsinnig. Er ist jetzt 52 und erzählte, wie gut er früher ausgesehen habe. Doch jetzt, sagte er, gerate alles aus den Fugen.

Dienstag, den 12. August 1980

Um 12.00 war ich mit Debbie Harry im Büro verabredet (Taxi $ 4.00). Ich war früh dran; Debbie und Chris waren pünktlich. Wir arbeiteten den ganzen Nachmittag. Debbie war reizend. Jedes Bild wurde perfekt. Vincent nahm sie für »Andy Warhols TV«-Show auf Band auf. Lisa Robinson war auch da. Sie machte mit ihr und Chris ein Interview. Ich beteiligte mich auch daran. Lisa macht gute Interviews. Sie blieben bis 4.00.
Ich mußte früh gehen, weil ich Bianca in die Peking-Oper eingeladen hatte. Sie hatte zugesagt, und ich lud noch John Samuels ein. Wir liefen zur Metropolitan Opera und verpaßten den Beginn der Vorstellung. Daher mußten wir mit den Chinesen draußen warten, die sich lauthals darüber beschwerten, daß sie nicht hinein durften. Ich finde es lächerlich, daß die Met so pingelig ist und einen nicht hinein läßt, wenn man 20 Sekunden zu spät kommt. Und noch dazu bei dieser Chinesen-Oper, wo die Chinesen doch sowieso während ihrer Opernaufführungen gewohnt sind, zu reden und Lärm zu machen.
Nach zehn Minuten durften wir hinein. Fran Lebowitz war mit Jed da. Die Oper war langweilig. Gute Kostüme und ein großes Durcheinander. Transvestiten.
Ich sah Margaret Hamilton, die Hexe aus »The Wizard of Oz«, und war so aufgeregt, daß ich zu ihr ging und ihr sagte, wie wundervoll sie gewesen sei.

Sie macht jetzt Werbespots für Maxwell House. Sie ist wirklich klein. Bianca versucht Halston zu überreden, John Samuels ein Ticket zu besorgen, damit er mit nach China kann. Ich fragte sie, weshalb sie in die »Tomorrow«-Show gehe, wenn sie nichts zu sagen habe. Sie habe etwas zu sagen, meinte sie. Schließlich spiele sie in dem neuen Burt-Reynolds-Film »Cannonball II« mit. Ganz große Sache – sie ist in einer einzigen Szene zu sehen, hat eine Woche gearbeitet.

Mittwoch, den 13. August 1980 Hockte im Haus und wartete, daß es Zeit wurde, zu Richard Weismans Lunch für Miz Lillian zu gehen. Der Rest von Trumans Auftritt in der »Donahue-Show« wurde wegen der Convention verschoben. Jerry Zipkin las Bob auf. Ich traf beide bei Bob, und wir fuhren zum »UN Plaza«. Draußen warteten Leute von der Presse, machten Fotos, bekamen aber keine wirklich großen Stars zu sehen. Suzie Frankfurt und Patti LuPone waren da, und ein über 2 m großer Basketballspieler. Ich weiß nicht, wie er heißt. Es war ein Weißer, richtig nett und immer freundlich. Miz Lillian war im Nebenzimmer. Es waren mehr Presseleute da als Gäste.

Eine Freundin von Robyn war auch da. Sie fragte dauernd nach ihm. Sie arbeitet als Volontärin für LeRoy Neiman; ich glaube, sie trägt ihm die Tasche. LeRoy Neiman war auch da. Er machte eine Zeichnung von Miz Lillian für die »Daily News«. Miz Lillian unterhielt sich mit Barbara Walters. Lillian behauptet, mein Porträt von ihr habe $ 65 000.00 eingebracht, doch mir ist davon nichts bekannt. Eine Torte wurde hereingebracht, und ich nahm das »Happy Birthday« auf Band auf. LeRoy sagte, er habe einen Wagen unten, und wir könnten mit ihm fahren. So gingen wir alle, auch Miz Lillian.

Im Hotel warteten die Geschwister, Cousins und Cousinen aus Georgia. »Sis«, sagte sie zu einer, doch ich weiß nicht, ob es tatsächlich ihre Schwester war. Wir fuhren hinauf zum Penthouse. Dann ging es mit einem anderen Aufzug weiter in den nächsten Stock zu ihrem Zimmer. Als die Zeiten noch besser waren, sagte sie, habe sie immer eine ganze Suite gehabt.

Miz Lillian äußerte sich abfällig über Leute aus Harvard, die sie alle verabscheut. Fast hätte sie zu einem Typen aus Harvard, mit dem sie im Peace Corps war, gesagt, daß er schwul sei, doch das tat sie nicht.

Ich sagte LeRoy, daß er sehr gute Interviews mache, und ich wünschte, er würde für »Interview« arbeiten. Er könne nur deshalb so offen mit Miz Lillian reden, sagte er, weil sie ihn an seine Mutter erinnere. Ich ließ ihn stehen und ging auf der Straße spazieren. Ich gab Autogramme. Ein Mädchen schenkte mir einen »I Love New York«-Button. Sie bat mich um Geld, und ich wollte ihr schon welches geben, als sie plötzlich schrecklich aggressiv wurde. Ich gab ihr das Ding wieder zurück, und sie packte meinen Finger, steckte ihn in ihr Buch und preßte es zu. Ich hätte sie fast mit meinem Kassettenrecorder geschlagen.

Ich verteilte »Interviews«. Um 4.00 war ich mit den H & R Blocks im Büro verabredet (Taxi $ 3.60). Im Büro herrschte Betrieb. Sie brachten ihre Tochter mit und einen Senator aus Missouri, glaube ich. Sie kommen aus Kansas City. Sie waren begeistert von unserem Büro. Ich schenkte ihnen ein Exemplar von »POPism«. Arbeitete bis 7.30 und setzte Vincent ab (Taxi $ 5.00). Ich nahm einen Drink und wurde sehr müde. Beschloß, zu Hause zu bleiben und mir die Convention im Fernsehen anzusehen; langweilig.

Donnerstag, den 14. August 1980 Als ich ins Büro kam, wimmelte es im ganzen Gebäude von Secret-Service-Leuten. Ich gab ihnen »Interviews«. Dann fiel mir ein, daß ich den jungen Mondale eingeladen hatte. Liz Carpenter war da. Sie trug ihre Haare wie Bo Derek, nur mit Perlen drin. Sie wollte, daß ich dem Erziehungsminister einen Vortrag über Kunsterziehung halte.

Liz Carpenter hatte acht Leute bei sich. Nancy Dickerson war da. Wilson Kidde brachte seinen Freund Matt Salinger aus Princeton mit; er ist der Sohn von J. D. Salinger, den wir für »Interview« haben wollten, und der absagte. Er fand, ein Interview würde zu kompliziert, da sei es einfacher, keins zu geben. Er sieht wirklich gut aus.
Das Essen fand zu Ehren von Pat Ast statt. Wir plazierten sie neben den jungen Salinger, damit sie sich gut unterhielt. Ich hielt eine Rede und verteilte Exemplare meines »Philosophy«-Buchs. Ich sagte, ich glaube nicht an Kunst, sondern an die Fotografie. Oatsie Charles war auch da und schenkte mir einen Mondale-Schal. Der kleine William Mondale war entzückend. Er hielt die ganze Zeit durch. Ich fragte ihn nach den Leuten vom Secret Service, und er sagte, sie seien ihm im Weg. Er ist reizend.
Rupert kam. Ich machte ein paar Zeichnungen und Bilder. Hans Mayer rief aus Deutschland an. Ich muß ein Porträt noch mal überarbeiten.
Bob nahm den Hörer ab und rief in Kalifornien an. Er erklärte, ich sei bereit, ein Poster von Reagan zu machen. Ich habe aus Jux darüber geredet und habe jetzt den Alptraum, wirklich eins machen zu müssen. Diese Dinge sind so heikel. Bob ist ganz aus dem Häuschen, weil er ein hundertprozentiger Republikaner werden will.

Freitag, den 15. August 1980

Stand auf und verteilte »Interviews«. Ich nehme jetzt immer mehr mit. Ich lasse sie in Taxis liegen. Es ist ganz leicht, sich Leute auf der Straße vom Leib zu halten, wenn man ihnen ein »Interview« gibt. Sie denken, sie bekommen eine Zeichnung oder dergleichen. Vincent sagte neulich, ich solle sie verkaufen anstatt sie zu verschenken, das müsse mir doch mehr Spaß machen.

Dienstag, den 19. August 1980

Bob war den ganzen Tag schlechter Laune. Als ich ihm sagte, daß Patti LuPone aufs Titelblatt sollte, fing er an zu schreien. Sie sei Paloma zu ähnlich, sagte er. Beide seien Südländerinnen. Ach, Bob ist so unreif. Erst Kindergeplärr, wenn er was erreichen will, und dann die Schau mit den Schuldgefühlen. Man weiß stets im voraus, wie er reagiert. Bob denkt, er habe zu viel zu tun. Er glaubt, er habe kein Privatleben. Es gefällt ihm nicht, mit diesen alten Damen herumzulaufen; er tut es nur mir zuliebe. Doch dann gab er zu, daß er manchmal nichts gegen Reisen hat und nichts gegen die alten Damen. Seine eigenen Freunde seien ihm jedoch lieber. Welche Freunde? Ich weiß es nicht. Allenfalls Leute, die er von der Arbeit her kennt. Bei solchen Auftritten wird stets Fred zu Rate gezogen. Nach seiner eigenen durchzechten Nacht muß er dann überlegt handeln, den Allwissenden spielen und Bob den Kopf zurechtrücken.
Ein paar Wochen, nachdem Prinzessin Holstein mir ihre Hilfe angeboten hatte, sagte ich ihr schließlich, sie könne mir bei den Vorzeichnungen helfen, und dann verschwand sie für eine Stunde, und ich mußte alles allein machen. Als sie zurückkam, fragte ich sie, wo sie gewesen sei, und sie sagte, sie habe telefoniert. Sie wird Ronnies Assistentin – sie sitzt da und redet mit Ronnie, weil er nichts zu tun hat. Robyn verbringt seine Zeit damit, seine Freunde anzurufen, damit sie nachschlagen, mit wem die Prinzessin verwandt ist. Soviel über den Zustand des Büros.

Mittwoch, den 20. August 1980

Bob benahm sich etwas besser. Er entschuldigte sich, daß er tags zuvor so albern war. Wir trafen uns zum Dinner, um über das Interview mit Patty LuPone zu sprechen. Ich lud auch Rupert dazu ein, weil wir noch über die Florida-Reise mit Ron Feldman reden mußten. Wir trafen uns im »Le Relais« (Dinner $ 130.00).

Als ich nach Hause kam, rief ich Bob an, und wir redeten bis morgens um 3.00, weil ich darauf wartete, daß Jed endlich nach Hause kam. Er war mit Alan Wanzenberg, dem Architekten, zum Dinner verabredet – er arbeitet mit Jed am Haus der Brants in Palm Beach.

Montag, den 25. August 1980
Bob sagte mir, daß Ina angerufen habe. Wir wollten uns die Premiere von »Forty Second Street« ansehen. Wir fuhren zum »Winter Garden« (Taxi $ 4.00). Fotografen und die Menschenmenge schubsten uns herum. Mary Tyler Moore kam genau zum Anfang der Show. Die Show war fantastisch. Tammy Grimes als alternder Star war wirklich komisch. In der Eröffnungsnummer kamen 50 Steptänzer auf die Bühne. So sollten Shows sein, vor allem groß. Szenenwechsel. Gower Champion liegt angeblich im Krankenhaus.
Die Show war aufregend. Doch das Erstaunlichste war, daß sich Carol Cook doch noch zum Star gemausert hat. Ich konnte es nicht glauben. Ich hatte sie vor 25 Jahren bei Nathan Gluck kennengelernt. Damals sagte sie dauernd, daß sie einmal ein Star würde. Und 25 Jahre später hat sie es tatsächlich geschafft. Sie spielte die Rolle von Joan Blondell. Es war wie immer – »the show must go on«. Carol tut, was Brigid immer getan hat – sie schaut in den Spiegel und ist glücklich, weil sie ein hübsches Gesicht sieht, doch sie betrachtet sich nie in voller Lebensgröße, weil sie dann über 200 Kilo Fett sehen würde. Derzeit ist sie nicht ganz so fett.
Am Ende der Show Bravorufe. 85mal hob sich der Vorhang. Dann herrschte plötzlich Stille. David Merrick kam auf die Bühne, legte die Hand an die Stirn und sagte: »Dies ist ein tragischer Moment: Gower Champion ist soeben gestorben.« Keiner wußte, was er tun sollte. Die Hauptdarstellerin fing an zu weinen. Sie hatte Gower gerade näher kennengelernt. Es war wie im Film. »Vorhang runter. Laßt den Vorhang fallen«, sagte der Hauptdarsteller.

Mittwoch, den 27. August 1980
Doc Cox rief an. Er wollte mich zur Vorführung des Films »Union City« mit Debbie Harry in der Hauptrolle abholen. Machte früh Schluß und setzte Robyn und Fred ab (Taxi $ 5.50). Der Doc verspätete sich etwas, schließlich kam er in einer Limousine. Er erzählte mir, er habe mit seinem 19 Jahre alten Freund Schluß gemacht, weil der Junge zu eifersüchtig gewesen sei. Es war ein irrer Typ. Charles Rydell spielte in dem Film einen Taxifahrer. Er war gut. Taylor Mead war eine Minute lang als Betrunkener zu sehen. Ich fand den Film großartig, aber Bianca, Ina, Bob und Doc Cox gefiel er nicht.
Hinterher trafen wir Tammy Grimes bei »Elaine's«. Helen Frankenthaler kam an unseren Tisch und war stark betrunken. »Möchtest du Bianca Jagger kennenlernen?«, fragte ich, doch sie winkte ab und sagte: »Daran liegt mir nichts.« Ich solle an ihren Tisch kommen, um Clement Greenberg und Kenneth Noland kennenzulernen. Das sei doch faszinierend, sagte sie, und so ging ich eben hin.

Donnerstag, den 28. August 1980 Irgend jemand ruft mich jeden Morgen um 7.00 an, läßt es dreimal klingeln und hängt dann ein. Und das unter dieser Nummer – ein Anschluß, den niemand kennt. Einmal habe ich den Hörer abgenommen, doch normalerweise tue ich es nicht. Ist das nicht merkwürdig?

Freitag, den 29. August 1980
Ich habe mir ein Haus in der 22. Straße angesehen, das zum Verkauf steht, aber es ist einfach zu teuer – 1,3 Millionen. Es hat zehn Stockwerke. Daneben gleich diese hellgelb gestrichenen Feuerleitern. Trotzdem wäre es ein schönes Gebäude für unsere Zeitschrift. Ich sah mir andere Häuser in der Nachbarschaft an. Doch die sind in den letzten paar Jahren weggegangen; jeder hat gekauft.

Ich rief Donald Ambrose, Curleys Freund, an. Er wohnt in der Gegend von Gramercy Park. Ich lud ihn zum Dinner ein, weil wir jemanden brauchen, der bei »Interview« den Platz von David einnimmt, der weggeht. Frech. Man wußte nie, woran man mit ihm war. David hatte das Büro gestrichen. Er hatte einen Freund aus Wisconsin, Jay Shriver, der ihm dabei half. Jay war gerade nach New York gekommen und wohnte bei David. Mir fiel auf, daß Jay ordentlich war und gut arbeiten konnte. Ich war der Meinung, er wäre der geeignete Mann für unser Büro, so etwas wie ein Hausmeister, doch wir wollten den Job nicht so nennen. Er konnte mir sogar beim Malen helfen, weil sich Ronnie dafür zu schade ist. Er telefoniert nur noch den ganzen Tag und fährt nach Europa, wo Lucio für ihn eine Ausstellung macht. Jedenfalls hatte ich David gesagt, daß wir seinen Freund Jay bitten wollten, für uns zu arbeiten. Er wurde wütend und sagte, wie ich überhaupt um so etwas bitten könne. Und dann kündigte er.

Im Taxi zum »Trader Vic's« ($ 2.00). Traf Donald Ambrose an der Bar (Drinks $ 20.00). Neben uns saßen ein paar Nutten, und als wir aufstanden, um ins Restaurant zu gehen, kam eine und schnappte sich David.

Sonntag, den 31. August 1980

Die Präsidentschaftswahl ist zu langweilig, um sie sich anzuschauen. Jetzt hasse ich sogar John Anderson, obwohl es eine Weile so aussah, als sei er großartig. Wenn man Ronald Reagan in den Armenvierteln sieht, dann kann man ihn direkt sagen hören: »O Gott, was soll ich hier eigentlich?« Doch sein Haar sieht wirklich gut aus. Auf meinem Bildschirm sieht es ganz nach echtem gutem Haar aus, nicht gefärbt.

Dienstag, den 2. September 1980 Ging zu »Halston's«. NBC machte eine Magazinsendung. David Brinkley filmte Halston bei Proben mit den Leuten, die er in den Fernen Osten mitnehmen will. Das Team begleitet Halston auch nach China. Bei Halston sah alles prächtig aus. Viele Orchideen. Gelassenheit. Die Mädchen liefen mit brandneuem Gepäck herum. Halston hat für die Reise 500 neue Kleider entworfen. Einige der Mädchen nehmen die Kleider als Bezahlung, und einige (lacht) nehmen nur Geld. Die Kleider sind wundervoll.

Hinterher in die 42. Straße, und das war ein absurdes Theater. Schwarze, die darauf warteten, jemandem die Goldkette abzureißen. Typen vor den Juwelierläden, die ihre Waffen an den Fußknöcheln festgeschnallt hatten. Die Schwarzen vor den Geschäften, in denen die Diamanten lagen wie das Gemüse im Laden an der Ecke. Es war wie in einem unglaubwürdigen Film. Um 3.00 hatte ich eine Verabredung im Büro.

Brigid hat mehr als ein Kilo abgenommen. Sie ißt drei Mahlzeiten am Tag, aber nur Diätkost. Am Abend vorher ruft sie ihre Freunde von den Anonymen Übergewichtigen an und legt genau fest, was sie am nächsten Tag ißt. Wenn der Plan feststeht, kann man ihn nicht mehr ändern. Wer sich auf Pastete mit Rinderhack festgelegt hat, darf nicht auf Fisch umsteigen. Man kontrolliert sich gegenseitig. Sie ist jetzt runter auf 75 Kilo.

Mittwoch, den 3. September 1980 Aufgestanden und die große Neuigkeit erfahren, daß Johanna Lawrenson, Vivas alte Freundin und Helen Lawrensons Tochter, mit Abbie Hoffman zusammenlebt, der gerade verkündet hat, er werde sich stellen. Ich bezweifle, daß Viva davon gewußt hat, weil sie sonst geplaudert hätte.

Die Prinzessin von Holstein war wütend, weil ich für Joseph Beuys' Grüne Partei ein Poster mache. Es sei eine Tragödie, daß jemand wie ich so etwas täte, es handle sich um eine sozialistische Partei. Ich wußte nicht, was ich tun sollte. Sie sagte Bob, sie wisse nicht, ob sie weiterhin für jemanden arbeiten könne, der politisch Stellung nehme, ohne zu wissen, was das bedeutet. Fred machte ihr klar, daß sie das nichts angeht.

Donnerstag, den 4. September 1980 Hermann (»The German«) Wünsche ist gerade mit der Concorde gekommen. Er stellt einen Katalog meiner gesamten Grafik zusammen. Lunch für Hermann.
Ron Feldman rief an. Er sagte, die Reise nach Miami werde aufregend. Ich solle Ehrenbürger der Stadt werden. Das klingt unheimlich.

Freitag, den 5. September 1980, New York – Miami Die Route von New York nach Miami ist die schlimmste. Die Leute sind so häßlich. Puertoricaner, Kubaner und Lateinamerikaner. Irgendwie ekelhaft. Florida hat sich wirklich verändert. Alles ist anders dort, eine neue Welt (Zeitschriften und Zeitungen $ 12.00).
Wir wurden von einem Wagen abgeholt und zum Hotel »Turnberry Isle« gebracht. Der Verkehr war so schlimm, daß wir anderthalb Stunden brauchten. Ich mußte mich für eine Cocktailparty umziehen und während der Party Fotos für drei Porträts machen. Das Büfett war superb, doch ich konnte nichts davon essen, weil ich mit Leuten reden mußte, die Autogramme von mir wollten. Ich sprach mit einer Dame, die sich auf der Stelle porträtieren lassen wollte. Wir gingen zum Fotografieren nach oben. Sie trug Perlen, die einen umhauten. Die Kette reichte ihr bis zum Bauchnabel und war wundervoll. Ich kann mich nicht mehr an ihren Namen erinnern, aber sie ist eine gute Freundin von Liza. Sie fragte mich, ob ich eine Prise wolle, und ich sagte nein. Sie war eine von diesen verrückten Ladies, also porträtierte ich sie. Dann gab die Besitzerin des Hotels unten ein Dinner, sehr gediegen. Ich saß zwischen der Gastgeberin und noch einem Porträt und amüsierte mich wirklich gut.
Nach dem Dinner mußte ich oben die beiden anderen Damen porträtieren. Rupert fungierte als Maskenbildner. Die eine war ganz blaß, weil sie zu vornehm war, sich zu sonnen und Falten zu kriegen, und die andere war dunkel und gebräunt, so daß es schwierig wurde. Wir mußten das ohne Make-up-Profi ausgleichen und verbrauchten eine Menge weiße Schminke. Morgens um 2.00 waren wir endlich durch und gingen zu Bett. Ich war so fertig, daß ich nicht schlafen konnte.

Samstag, den 6. September 1980, Miami Bus-Tour mit hundert Kameraleuten von fünf TV-Sendern. Ein Mädchen erklärte uns sämtliche Hotels im Art-Deco-Stil. Jed konnte die Tour nicht mitmachen, weil er noch in Palm Beach zu tun hatte. Er wollte gegen 6.30 kommen. Danach fuhren wir zum »Famous Restaurant«. Jeder Reporter wollte ein paar Worte mit mir wechseln; es waren über hundert. Ich gab viele Autogramme, redete viel und mußte für die Fotografen alles mögliche essen, zum Beispiel auch »gefilte Fisch«. Hatte das noch nie gegessen. Es war okay, aber richtig harte Arbeit. Hinterher waren wir so erschöpft, daß man uns zum Hotel zurückbrachte, wo wir uns vor der Vernissage etwas ausruhten. Jed kam mit Alan, dem Architekten. Wir wurden mit Limousinen zur Eröffnung gefahren. Ich mußte Autogramme geben, Interviews geben; Riesenauftrieb. »POPism«, »Exposures«, Posters.

Sonntag, den 7. September 1980, Miami Frühstück mit Mr. Sopher, dem Besitzer des Hotels, und seiner Frau. Er erinnerte mich daran, daß er aus Pittsburgh oder McKeesport stammte. Ihm gehört dieses ganze Imperium: 320 Hektar Sumpfland hat er in dieses herrliche Fleckchen Erde verwandelt. Gab eine Menge Autogramme und Interviews. Es war ermüdend.
Fuhr zurück ins Hotel und sah mir »Stage Door« mit Ann Miller und Ka-

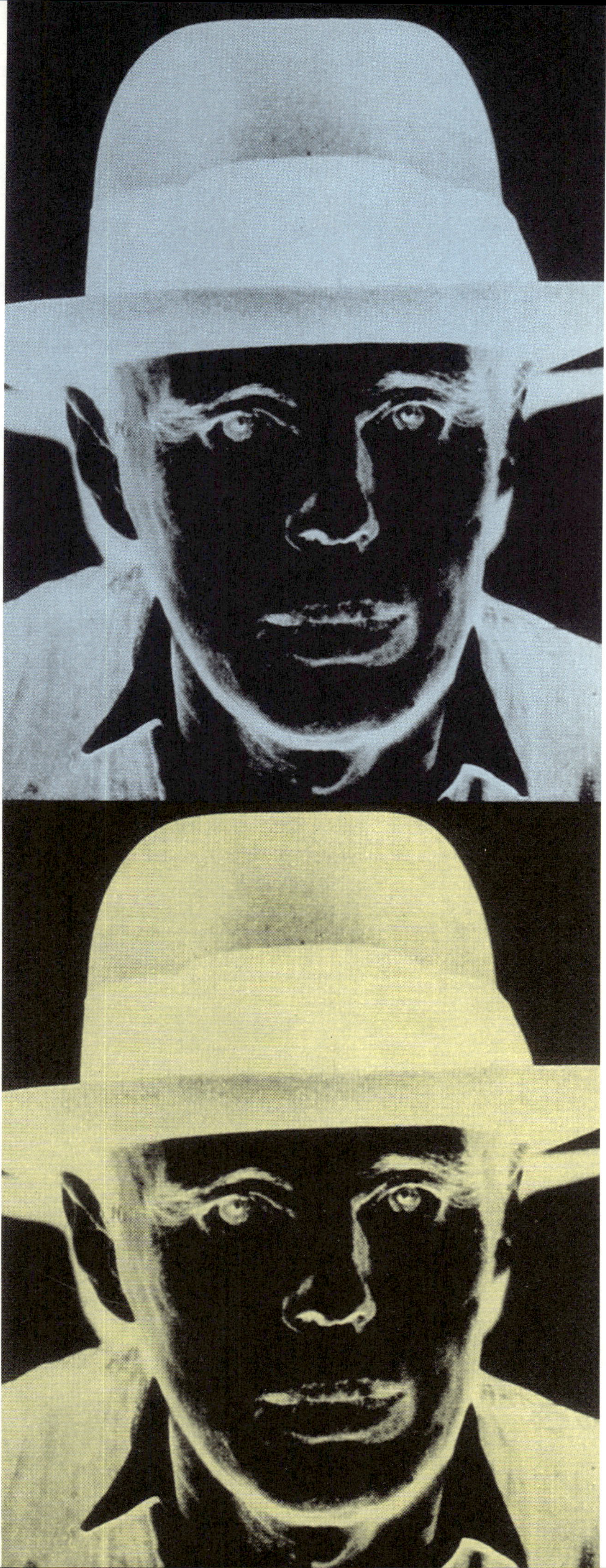

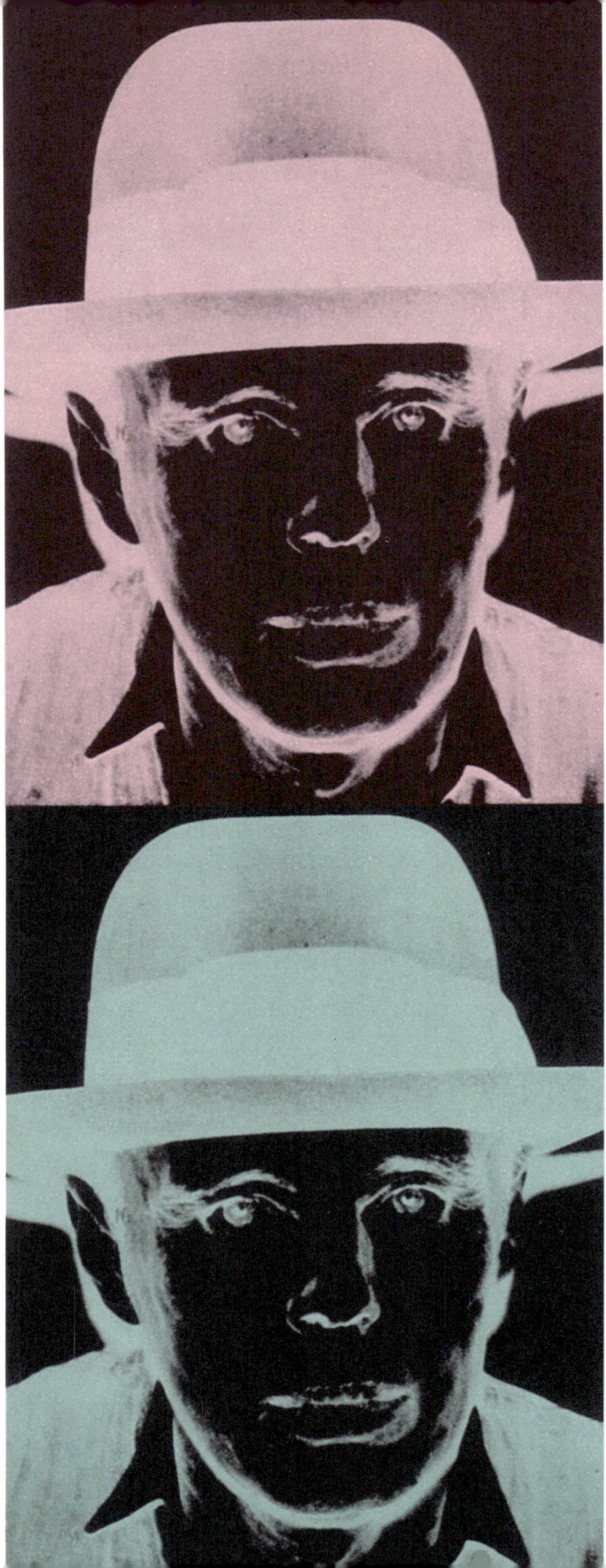

tharine Hepburn an. Das war besser, als sich Tennis anzusehen, weil ich keinen verlieren sehen kann.

Montag, den 8. September 1980, Miami – New York Die Rolex-Uhr, die mir Thomas Ammann zum Geburtstag geschenkt hat, ist defekt. Sie geht zwei Stunden nach. Wartete in der Abflughalle. Kaufte Zeitschriften ($ 8.00). In einer der Zeitungen stand, daß in Dade County, wo wir gerade waren, jede Minute ein Mord passiert. Es ist die mörderischste Gegend der Welt. Jemand war in einem Hotel abgestiegen und hatte nicht unters Bett gesehen. Als er es am nächsten Tag nachholte, fand er eine Frau von 81 Jahren, die man erwürgt hatte. Jetzt kannst du dir vorstellen, wo wir waren. Es ist eben furchtbar heiß dort, und ich vermute, in heißen Gegenden drehen die Leute durch. Das Gehirn trocknet aus.
Im Flugzeug wollte das Mädchen vor mir ein Autogramm. Ich signierte eine Spucktüte für sie.
War mit Sharon Hammond zum Dinner verabredet. Wir holten Ann Barish ab und fuhren zu »Elaine's« (Taxi $ 4.00). An diesem Abend waren Woody Allen, Mia Farrow und Jean Doumanian aus »Saturday Night Live« da. Sie ist eine alte Bekannte von Woody Allen. Ich dachte, sie sei seine Freundin, doch sie ist nur eine alte Bekannte. Sharon sagte, sie dürfe nach 12.00 nichts mehr trinken, weil sie sich am nächsten Morgen von Dr. Rees die Augen liften lassen wolle. Wir sagten ihr immer wieder, wie dumm sie sei und daß sie das nicht nötig habe, doch sie will unbedingt das überflüssige Fett um die Augen los werden und meint, jetzt sei die richtige Zeit dafür. Außerdem will sie ihre Wangen mit Silikon auspolstern lassen, damit die Fältchen um ihren Mund verschwinden. Sie fängt früh damit an.
Dustin Hoffman war mit seiner Freundin da. Er ging an mir vorbei, ohne ein Wort zu sagen.

Mittwoch, den 10. September 1980 Es war der jüdische Feiertag, daher wurde es um 3.00 zusehends leerer auf den Straßen. Arbeitete mit Rupert bis 7.30 oder 7.45 an Debbie Harrys Porträt (Taxi $ 5.00). Holte Barbara Allen und John Samuels ab, die jetzt *das* Gesprächsthema sind. Wir fuhren zu Diane von Fürstenberg. Es war absolut niemand dort, den wir kannten. Diane war auch nirgends zu finden, um uns vorzustellen, also saßen wir da und kicherten. Dann kamen Richard Gere und Silvinha. Sie waren gerade von Fire Island zurück. Marina Schiano und Thomas Ammann hatten es auf Richard abgesehen. Sie machten abfällige Bemerkungen über Fire Island, und ich sagte, es sei der schönste Ort auf Erden. Ich wettete mit Richard, daß ihn niemand um ein Autogramm gebeten habe, weil die Schwulen da draußen bekanntlich so cool seien. Marina mußte auch dazu einen Kommentar abgeben: »Tja, *dich* werden sie nicht um ein Autogramm bitten, aber *ihn* schon.« Du kennst ja Marina. Und Richard sagte zu Bob (lacht): »Keine Fotos bitte.« Dianes Kids sind reizend. Als wir gehen wollten, kam sie zu uns und sagte: »Oh, meine Lieben, habt ihr eigentlich schon den Prinzen von Thailand kennengelernt?«

Donnerstag, den 11. September 1980 Leimte mich zusammen und holte Bob und Diana Vreeland ab. Wir fuhren zum Dinner zu den Winships. Diana trug ein schönes Kleid von Valentino (Taxi $ 2.00). Es war ausgesprochen anheimelnd dort; eine Dinnerparty für Zandra Rhodes. Die Carimatis, Ralph Destino und Andre Gregory waren da. Ralph erzählte mir, er sei verliebt und wolle heiraten, und zum dritten Mal an drei Tagen gab ich jemandem den Rat, nicht zu heiraten. Ich muß damit aufhören. Und dann schloß ich mit ihm eine große Wette ab. Ich habe Angst davor, zu erfahren, wer recht behält. Wir wetteten um ein Porträt. Es ging darum, ob Rita Hayworth in Brooklyn geboren wurde oder nicht. Ich sagte nein.

Freitag, den 12. September 1980 Noch ein jüdischer Feiertag. Es war ein schöner, warmer Tag, und es war immer noch schön leer auf den Straßen; nur Taxis. Fred ließ sich sehen. Er kam gerade vom Irving Place, wo Milos »Ragtime« drehte. Es sei lustig gewesen, mit all dem Pferdemist.

Samstag, den 13. September 1980 Beschloß, zur Party der Kennedys zu gehen, wo die Verlobung von Michael mit Vicky Gifford gefeiert wurde. Ich wollte nicht allein gehen, daher wartete ich an der Ecke auf Fred und Mary Richardson, und wir fuhren gemeinsam zum »Le Club« Ecke 55. Straße und Sutton Place. Die Paparazzi waren auch alle da: Ron Galella und so weiter. Caroline, John-John und Eunice Shriver waren da – zumindest glaube ich, daß sie es war – und Ethel. Als einzige Erwachsene fehlten Jackie und Ted. Und Jean Kennedy Smith.
Fred und ich saßen bei den Älteren am Tisch. Eunice erzählte mir, daß sie eine Vorliebe für Madonnen habe. Ich sagte ihr, ich mache moderne Madonnen. Ich wolle sie anrufen und ins Büro einladen. Michael hielt eine Rede. Er sagte, wie sehr er Frank Gifford liebe; er sei so etwas wie ein zweiter Vater für ihn. Und der Zehnjährige erzählte, wie Michael mal während einer Autofahrt auf die Toilette mußte und einfach in eine Bierflasche pinkelte. Alle sagten, er solle den Mund halten, doch er redete weiter. Robert jr. hielt die beste Rede, er wird wahrscheinlich mal besser als Teddy. Doch am lustigsten war der Kennedy, der mit der Handtasche seiner Freundin tanzte und sich wie ein Schwuler benahm. Sie tanzen alle ziemlich gut. Mary küßte alle Jungs; sie kannte sie alle.
Dann war ich zu einer Bootsparty eingeladen, die Calvin Klein und Elton John auf dem Boot veranstalteten, das »Peking« hieß, und auf dem Yves St. Laurent die »Opium«-Party hatte, die ich verpaßte. Daher wollte ich unbedingt hin. Elton John hatte im Park ein Konzert für 400 000 Kids gegeben. Fred wollte Mary, Kerry und etliche Jungs mitnehmen. Wir fuhren mit einem Wagen downtown. Es war ein schöner Abend. Ich traf ein paar interessante Leute – zum Beispiel Joe Dallesandro und den Tierarzt von Archie und Amos; er sieht so gut aus.

Sonntag, den 14. September 1980 Brigid sagte, sie habe endlich mit Viva gesprochen. Abbie habe sich deshalb gestellt, weil er erfahren hatte, daß Viva davon wußte, und er sicher war, daß sie plaudern würde.
Übrigens, Barbara Loden ist gestorben. Sie war hinreißend.

Montag, den 15. September 1980 Taxi zum Jewish Museum, wo das »Time«-Magazin Fotos von mir machte (Taxi $ 3.10). Es war derselbe Fotograf, der mich seit Jahren fotografiert. Ron Feldman war auch da.
Eunice Shriver hatte am Morgen angerufen. Sie wollte sich die »modernen Madonnen« ansehen, von denen ich ihr erzählt hatte. Ich lud sie zum Lunch ein, aber später sagte sie ab. Im Büro war was los, alle wieselten herum. Einer von diesen Jungs aus Las Vegas, den Edmund Gaultney mitgebracht hatte, wollte sich porträtieren lassen. Wir konnten niemanden für das Make-up auftreiben, daher machte ich es selbst. Anscheinend kann ich es tatsächlich, denn es wurde ziemlich gut. Der Junge war braungebrannt, also weiße Schminke.

Dienstag, den 16. September 1980, New York – Philadelphia Was die Fahrt im Zug nach Philadelphia betraf, wo wir uns Jamie Wyeths Ausstellung im Fine Arts Museum ansehen wollten, änderte ich meine Meinung. Ich ließ Fred einen Wagen besorgen. Bob und ich fuhren zu »Doubles« (Taxi $ 5.00). Wir aßen mit Jean Tailer und Pat Buckley zu Mittag. Ich verstaute meine Tasche, bestellte Drinks und dann das Essen. Es war

ein Lunch für Damen; alle Damen gehen gerne zum Lunch zu »Doubles«, weil's da billig ist und man essen kann, was man will und soviel man will. Das Essen ist schrecklich: geräucherter Truthahn und geräucherter Schinken; ich kriegte Halsentzündung davon. Diese reichen Damen geben eine Stange Geld für Kleidung aus, leisten sich aber kein anständiges Essen. Bob hatte den besten Klatsch auf Lager. Pat Buckley ist begeistert, daß jetzt »Shogun« im Fernsehen läuft. Am Abend zuvor hat sie sich mit ihrem Dinner-Tablett ins Bett gelegt und die vollen drei Stunden durchgehalten. Ihre Freundinnen mußten in den Pausen anrufen. Sie ging nicht einmal hinunter, um George Bush zu begrüßen, der mit ihrem Mann zu Abend aß. Sie ist enttäuscht, daß es heute abend nur zwei Stunden dauert.
Kamen in Philadelphia an. Traf Jamie; Statement fürs Fernsehen. Sein Vater und seine Mutter ließen sich nicht blicken. Aber sein Bruder Nick und dessen Frau Jane, die bei Sotheby's arbeitet, waren da. Arnold Schwarzenegger und Nurejew kamen nicht. Ich sah Bettie Barnes, der meine Katze sterben ließ. Das ist ein Mann. B-E-T-T-I-E. Ich habe ihm mal ein Kätzchen geschenkt. Es maunzte die ganze Zeit, und weil ich dachte, ihm fehle die Mutter, schenkte ich Bettie auch noch die Mutter. Wir hatten noch zwei Katzen übrig. Meine Mutter und ich hatten schon 25 verschenkt. Das war Anfang der sechziger Jahre. Nachdem ich ihm die Mutter gegeben hatte, ließ er sie sterilisieren, und sie starb auf dem Operationstisch. Meine gute Hester. Sie ist jetzt im Katzenhimmel. Seither habe ich Schuldgefühle. So hätten wir »POPism« anfangen sollen. Damals hörte ich auf, mich zu kümmern. Ich bin davon überzeugt, daß die Katze noch leben würde, wenn ich sie hätte sterilisieren lassen, doch *er* ließ sie sterben.
Es war Jamies große Show. Ich mußte vor meinem Porträt stehen. Jamie malt jetzt größere, poppigere Bilder. Ich schlug ihm vor, noch größere zu machen, doch er glaubte nicht, daß man so große Keilrahmen bekommen könne. Ich sagte, man könne welche haben, die stoßen an den Himmel.

Mittwoch, den 17. September 1980 Ich war müde von der Fahrt nach Philadelphia.
So viele jüdische Zeitungen wollen mich jetzt wegen der »Ten Jewish Geniuses« interviewen – »Jewish Day«, »Jewish Week«, »Jewish Month«. Fred findet, ich solle eine Weile keine Interviews geben, weil es zu viele würden. Er hat recht.
Ich ging nach Hause und leimte mich zusammen. Thomas Ammann holte mich ab, um mit mir zu Sondra Gilmans Party zu gehen. Sie war für Nick Roeg, doch Nick war bereits weg, als wir kamen. Es war heiß, die Leute schwitzten. Sylvia Miles war da. Sie verhält sich komisch. Sie glaubt, wir hätten sie fallengelassen, und will »unsere Beziehung erneuern«.
Sondra hat den neuen Nick-Roeg-Film produziert – »Bad Timing« (»Blackout«, Regie Nicolas Roeg, 1980), mit Art Garfunkel und Theresa Russell, die, glaube ich, auch da war. Sie sah nach nichts aus. Das Essen war entsetzlich. Als wir gingen, servierte Sondra immer noch Wachteleier; sie haben eine Wachtelfarm.

Donnerstag, den 18. September 1980 Ich ging ins Büro und hatte Streit mit Carole Rogers, weil sie ein paar Briefumschläge weggeschmissen hatte. Sie meinte, sie kosteten doch nur 35 Cent, doch ich konnte ihr beweisen, daß sie $ 2.00 kosten. Bob hat wieder bessere Laune, weil er in sein neues, größeres Büro umgezogen ist. Jay Shriver bringt es perfekt in Ordnung.
Die Frau von Senator Heinz rief an. Ich müsse unbedingt nächste Woche zu ihrem Dinner nach Washington kommen, weil sie mit Jamie und mir gerechnet habe. Es solle mir zu Ehren stattfinden. Die Leute von Ronald Reagan jr. riefen an, um mir mitzutei-

len, daß er einverstanden sei, sich für »Interview« von mir interviewen zu lassen. Ich wußte überhaupt nichts davon.
Joanne Winship rief den ganzen Tag an, weil sie wissen wollte, ob ich Carolina Herrera abholen würde, um sie zu ihrem Wohltätigkeitsdinner für italienische Pfadfinder mitzunehmen. Ich hatte es vor, wollte aber Carolina noch nicht anrufen, um Mrs. Winship zum Wahnsinn zu treiben. Mrs. Winship drohte, sie werde Carolina einen Wagen schicken, wenn ich es ihr nicht auf der Stelle sagte. Ich wußte genau, daß sie das nicht tun würde. Ich holte Carolina ab. Sie trug eines ihrer selbstentworfenen Kleider. Sie besitzt etwa 20 eigene Kreationen. Sie möchte als Designerin arbeiten, deshalb ist sie nach New York gekommen. Wir fuhren mit dem Taxi zum »Pierre« ($ 3.00). Monique Van Vooren war da. Sie wollte mit mir fotografiert werden, das geschah. Als ich gehen wollte, packte sie mich und fragte, wie ich es wagen könne, sie so abzuschieben, und ich sagte: »Ach, Monique, sei nicht verrückt.« »Wie kannst du mich einfach fallenlassen!« sagte sie. »Nächstes Jahr komme ich ganz groß raus.«
Dann setzte sich Monique an unseren Tisch, und Joanne Winship sagte: »Immer diese widerlichen Leute, die sich hinsetzen, wo sie nicht sitzen sollen!« »Oh, du Miststück«, sagte Monique. »Du Angeberin, du bist mein Gast und setzt dich hin, wo ich will!« sagte Joanne. Es war so verrückt. Joanne benahm sich wie eine Wahnsinnige. Ich genoß das. Ich hätte nur meinen Kassettenrecorder gebrauchen können.
Ron Link, der vor dem Dinner eine Modenschau veranstaltet hatte, setzte sich an unseren Tisch, und Joanne schrie ihn an. Da bekam er einen Haß auf sie und ging. Joanne sagte zu Monique, er sei *ihretwegen* gegangen. Ich glaube, sie ist übergeschnappt, total verrückt. Aber mir gefiel das großartig.

Samstag, den 20. September 1980 John Reinhold holte mich ab, um mit mir zu Bill Copleys Hochzeitsfeier zu fahren (Taxi $ 5.25). Die Tür stand offen, als wir hinkamen. Im Garten war ein Zelt aufgestellt. Donald Bruce White sorgte für Speisen und Getränke. Ich beneidete die Braut, weil sie eine 145 000-$-Perlenkette von Tiffanys trug. Ich hatte ihren Namen absichtlich nicht auf mein Geschenk geschrieben. Es war ein »Schuh«.
Es war eine kleine Party. Bills neuer Dackel heißt Ludwig. Er sieht anders aus als der kleine Tommy, der überfahren wurde. Aber er ist trotzdem niedlich. Ich gab ihm etwas zu fressen, also mochte er mich.

Montag, den 22. September 1980 Raquel Welchs Sekretärin rief an. Raquel wollte unsere Verabredung zum Lunch von 1.30 auf 1.00 verschieben. Daher blieb ich zu Hause und ging zu Fuß zum »Quo Vadis«. Raquel kam trotzdem eine halbe Stunde zu spät. Sie erschien erst um 1.30. Für eine Vierzigjährige sieht sie großartig aus. Ihr neuer Ehemann ist ein französischer Filmproduzent. Jetzt, wo sie ein bißchen auf die Erde zurückgekommen ist, benimmt sich Raquel richtig nett.

Dienstag, den 23. September 1980 Bob gab ein großes Mittagessen für Paige Rense, die Chefredakteurin von »Architectural Digest«. Es war ein großer Erfolg. Eugenia Sheppard, Earl Blackwell, Lily Auchincloss und Pat Buckley waren da. Lee Radziwill war auch gekommen. Paige Rense will sie für »Interview« interviewen. Chris Alexander fotografierte die beiden. Jean Tailer, Christina Carimati, Marion Javits und Joe Eula, die ich seit Monaten nicht mehr gesehen habe, waren da. Insgesamt waren es 27 Leute.
Victor hat aus Paris angerufen. Halston und seine Truppe hatten in China

großen Erfolg. Es sei wundervoll gewesen, sagte er. Ich hätte Großes versäumt.

Mittwoch, den 24. September 1980, New York – Washington

Fuhr zum Hotel und meldete mich an. Um 7.00 gingen wir zu Steve Martindales Cocktailparty, wo wir Liz Carpenter trafen. Sie wollte immer noch ein Porträt haben. Ich erkundigte mich bei Ina Ginsburg, ob Liz es ernst meine, und Ina sagte: »Nun, ich denke, du solltest ihr den Preis nennen.« Vermutlich weiß sie nicht, daß es $ 25 000.00 kostet. Ina meinte, sie würde wahrscheinlich einen Herzanfall bekommen. »Du mußt ein Xerox von mir machen«, sagte Liz Carpenter immer wieder, anstatt Polaroid. »Wann machst du ein Xerox von mir, Darling?«

Danach fuhren wir zu der Party für die »Lesben des Jahres«. Diese lesbischen Typen – wie heißen die noch? Ach ja, »Überragende Frauen«. Zuerst wurde ich diesem unangenehmen Typ vorgestellt. Viva sei in der Stadt, sagte er, und er werde sie bei einem Prozeß als Anwalt vertreten. »Viva ist sehr unglücklich über die Vorkommnisse der Vergangenheit«, sagte er und deutete damit an, daß sie uns verklagen wollte. »Nun, Viva schafft sich ihre eigenen Probleme, und das sind nicht meine«, entgegnete ich. Das Ganze war widerlich, absolut widerlich.

Auf der Fahrt zu Senator Heinz aßen wir die Kekse, die Ina mitgebracht hatte. Jamie und Phyllis Wyeth waren da. Dann erschienen Liz Taylor und John Warner. Sie war sehr nett. Zum Dinner setzte sie sich an unseren Tisch.

Ina brachte uns zum Hotel. Ich ging nach oben. Sie hatten eine Packung Godiva-Pralinen dagelassen, und ich aß von allen die Mitte.

Ich brach jede Praline durch. Sie hatten auch eine Flasche Brandy dagelassen, und ich trank sie aus. Außerdem war da noch eine Schale mit Obst, und ich aß alle Kiwis. Von all dem Süßen muß ich ohnmächtig geworden sein, doch nach einer Stunde wachte ich wieder auf.

Donnerstag, den 25. September 1980, Washington – New York

Im Flugzeug las ich »Conversations with Joan Crawford«. Mir gefiel es, wie sie »Scheiße«, »fuck« und dergleichen sagte. O Gott, hätte ich doch nur Paulette dazu bringen können, ein Buch mit uns zu machen. Es wäre großartig geworden. Ich muß sie fragen, ob sie es jetzt vielleicht doch macht, als eine Art Weihnachtsgeschenk. Ich will ja nur eine saftige Aufnahme machen, die ich irgendwann verwenden kann. Ich frage mich, ob ich es wirklich fertigbringe, sie darum zu bitten: »O bitte, Paulette, nur ein Geschenk, damit ich mir dabei (lacht) einen runterholen kann.« Ist das nicht ein guter Spruch? Ja, ich glaube, das werde ich sagen.

Der Regen holte uns in Manhattan ein. Bob hatte seine Koffer aufgegeben, daher mußten wir eine Weile warten (Taxi $ 20.00). Wir fuhren alle nach Hause, um unser Gepäck loszuwerden. Es war 11.30.

Ron Reagan jr. wollte ins Büro kommen. Doch zuerst kamen die Fotografen, die Friseure, die Stylisten und die Art-Direktoren – um 6.00 waren schon 25 Leute im Büro. Bob rannte wie verrückt herum und sagte: »Ist dieser ganze Aufwand eigentlich nötig, nur um ein einziges Foto von einem gutaussehenden Jungen zu machen?« Es kamen immer noch mehr Leute – die Assistenten von den Assistenten der Assistenten. Schließlich erklärten wir das alles für Wahnsinn und schickten sie weg. Am Ende waren nur noch drei oder vier Leute übrig.

Dann kam Ronnie Reagan jr., Hand in Hand mit seiner Freundin. Außerdem hatte er einen schwarzen Freund dabei, der auf ihn aufpaßte und den er »Schokoladenjungen« nannte. Jamie Kabler, der mit Mrs. Annenbergs Tochter verheiratet ist, arrangierte alles. Er sagte: »Ist das zu glauben? Lally Weymouth hat Ron wegen eines

Interviews angerufen, und als er ihr sagte: ›Tut mir leid, ich gebe keine Interviews – ich gebe nur ein Interview und zwar für das Magazin *Interview*, soll sie gesagt haben: ›Wie können Sie mit diesem Homosexuellenblatt zusammenarbeiten?‹« Ron war geschockt und wollte den Termin schon absagen, doch Jamie lief auf die Straße und kaufte ein Exemplar von »Interview«. Ron las es, fand es nicht sehr homosexuell und sagte, er kümmere sich nicht um das Gerede. Er werde das Interview machen, vor allem, weil er »Andy kennenlernen« wolle. Außerdem wollte er mit mir zum Essen gehen. Er entpuppte sich tatsächlich als netter Kerl. Gott, war er süß. Das einzig Schlimme war, daß er ständig das kleine Mädchen betatschte. Er und das Mädchen leben zusammen. Der »Schokoladenjunge« ist nur ein enger Freund.

Ron ist sehr intelligent. Er redete nicht viel, aber wenn er was sagte, hatte es Hand und Fuß. Ein Lispler, aber nett. Wie er so dasaß, wirkte er irgendwie vergnügt. Dann wurden Fotos gemacht, und er trank. Er trank mehr als jeder, den ich kenne. Ich weiß nicht, ob er nur gegen seine Nervosität antrank oder was sonst der Grund war.

Wir gingen ins »65 Irving«, um das Interview zu machen. Ich wußte nicht, worüber ich mit ihm reden sollte. Ich war zu schüchtern, er war zu schüchtern. Schließlich schöpfte Bob etwas Mut und fragte ihn nach seinem Vater. Und ich fragte ihn (lacht) im Auftrag von Bob, ob sein Vater sich die Haare färbt. Er sagte, jeder stelle ihm diese Frage. Ich schob die Schuld auf Bob, und Bob schob sie auf mich. Ron sagte, nein, sein Vater färbe sich nicht die Haare, und seine Mutter sei sehr nett und bewundernswert.

Da saßen wir also im »65 Irving«. Ich sagte ihm, ich hätte noch nie Froschschenkel gegessen, und er war so nett, welche zu bestellen, damit ich sie probieren konnte. Er ist wirklich reizend. Er hat einen schönen Körper und schöne Augen. Aber er hat keine schöne Nase. Sie ist zu lang. Sehr volle Lippen. Er sieht keinem aus der Familie ähnlich; es ist verblüffend. Ich weiß nicht, ob er schwul ist. Er saß da und hielt das Bein seiner Freundin fest. Sie ist 28 und heißt Doria. Sie haben sich in Kalifornien kennengelernt. Sie lud mich zu einem Cuisinart-Dinner ein – er hatte ihr zum Geburtstag eine Cuisinart-Küchenmaschine gekauft. Außerdem haben sie einen 25-Zentimeter-Fernseher von Quasar.

Ich machte Polaroid-Fotos und schenkte sie ihnen zum Andenken. Obendrein gab ich ihnen die Bücher »Philosophy« und »Exposures«. Und dann schrieb Klein Ron für seinen schwarzen Freund in eines der Bücher: »Für meinen Lieblingsnigger.« Und der Junge sagte, er werde das im Weißen Haus jedem zeigen. Dann sprachen wir über Merce Cunningham, und er sagte, am besten gefielen ihm dessen Helium-Kissen. Ich erzählte ihm, daß ich diese »Silver Pillows« gemacht hätte. Das hatte er nicht gewußt.

Habe ich schon erzählt, daß ich die Wette mit Ralph Destino verloren habe, bei der es um den Geburtsort von Rita Hayworth ging? Sie ist tatsächlich in Brooklyn geboren. Jetzt muß ich also das Porträt seiner zukünftigen Frau machen.

Samstag, den 27. September 1980 Um 9.00 aufgestanden. Mußte mich zusammenleimen, um Fred Dryer im »Quo Vadis« zu interviewen. Er gehört zu den Los Angeles Rams. Er trug weder Hemd noch Krawatte und seine beiden Schläger auch nicht. Aber man gab uns im Restaurant den hinteren Tisch, an dem wir mal Burt Reynolds interviewt hatten. Fred Dryer ist 1,98 m groß und sieht so gut aus, daß ich mich in ihn verliebte. Er möchte Schauspieler werden. Ich wurde verlegen, als er mich fragte, Nummer wieviel auf der Rangliste er sei, und ich es nicht wußte. Er aß vier Salate und Fleisch.

Sonntag, den 28. September 1980 Brigid war den ganzen Tag bei EST (Extra Sensory Training; ein spezielles Bewußtseinstraining). Man hat ihnen die Uhren weggenommen. Sie kam erst morgens um 5.00 nach Hause. 200 Leute waren dort. Die Sache stinkt. Sie sahen einander in die Augen und furzten dabei. Sie nannten sich gegenseitig Arschloch. Brigid ist jetzt also ein großes Arschloch. Es ist einfach lächerlich.

Mittwoch, den 1. Oktober 1980 Ich beschloß, im Büro zu bleiben und zusammen mit Rupert den Diamantstaub aufzubringen. Wenn er echt wäre, würde er $ 5.00 je Karat kosten, und das hieße, daß allein der Diamantstaub pro Bild $ 40 000.00 kosten würde.

Donnerstag, den 2. Oktober 1980 Richard Weisman brauchte für die Veranstaltung im »21« vor Alis Boxkampf noch ein paar Mädchen. Ich lud Barbara Allen ein. Sie wollte John Samuels mitbringen. Ich fragte Richard, und er war einverstanden.
Arbeitete bis 7.30 mit Rupert an Porträts. Ich erfuhr, daß der Kampf nicht vor 11.00 begann, und fragte mich, warum wir schon um 7.30 im »21« sein sollten. Ich nahm Anrufe entgegen. Dann fuhr ich uptown (Taxi $ 5.00).
»21« hatte sich für seine Stammgäste etwas Besonderes einfallen lassen. Um 7.30 wurden Cocktails serviert, und um 8.30 gab es das Dinner. Dann bekamen wir Karten für den Boxkampf in der Radio City Music Hall, und hinterher erwartete man uns wieder im »21« zu einem kleinen Imbiß. John McEnroe senior war mit einem Freund aus dem Büro von Paul Weiss da. Angeblich war er unser Anwalt, doch ich kannte ihn nicht. Überall Ali-Posters und Buttons mit der Aufschrift »Ich bin der Größte«. Ich versuchte, nicht zuviel zu trinken. Mit der Begründung, wir versäumten den Boxkampf, scheuchte man uns raus. Wir gingen durch das Warner's-Gebäude zur Radio City Music Hall. Der Kampf mit Spinks war noch in Gang, und danach kam Muhammad Alis Kampf. Ich konnte nicht hinsehen und kaute an sämtlichen Fingern. Die Zuschauer waren fassungslos, als er verlor. Es war einfach unvorstellbar. Ali war geschminkt. Er sah gut aus, wie weiß geschminkt; sein Gesicht glänzte nicht. Das Gesicht von Holmes dagegen war schwarz und glänzte. Danach gingen wir zurück zum »21«. John Samuels verliebte sich in Walter Cronkite und redete auf ihn an der Bar ein. Ich holte ihn dort weg, weil er betrunken war.
Bob hatte Barbara einen Joint besorgt, weil sie ihn darum gebeten hatte, und sie freute sich mehr darüber als über alles andere. Wir verließen das Lokal und machten uns auf den Heimweg. In der Nähe der 79. Straße hörten wir plötzlich Polizeiwagen und sahen eine Menschenmenge. John Samuels lief hin, und auf der Straße lag ein Toter. Wir fragten die Leute, was passiert sei, und ein Portier erzählte uns, daß hier drei Typen vorbeigekommen seien, die ihm merkwürdig vorkamen. Sie hatten sich mit einem Undercover-Agenten angelegt und versucht, ihn auszurauben. Der Bulle hatte geschossen und einen von ihnen getötet. John wollte mitten im Geschehen sein, und Barbara war wütend. Es war einfach schrecklich. Zuerst der brutale Boxkampf mit Ali und dann das. Wir stiegen in ein Taxi. Ich setzte Barbara ab und wartete, bis sie im Haus war. Als wir am Lenox-Hill-Krankenhaus vorbeifuhren, lieferten sie gerade den Toten ein, den wir auf der Straße gesehen hatten (Taxi $ 4.00).
Ich hatte Barbaras Nummer nicht und konnte sie nicht anrufen, um ihr zu sagen, daß ich gut nach Hause gekommen war. Ich rief Bob wegen der Nummer an. Er erzählte mir, Barbara habe ihm gesagt, daß alle hinter John Samuels her seien – »vor allem Andy«. Ich sagte ihm, er solle sie anrufen und ihr die Meinung sagen. Ich kannte John Samuels, bevor sie ihn kennenlernte, und ich hatte ihn nur eingeladen, weil ich der Meinung war, es

würde sie glücklicher machen. Richard hatte eigentlich ein anderes Mädchen gewollt, nicht sie. So sieht es nämlich aus!

Sonntag, den 5. Oktober 1980

Kirche. Diana Vreeland rief an und bedankte sich, daß ich zehn Exemplare ihres Buches »Allure« gekauft hatte. Ich ging mit dem Hund spazieren, und mir war so, als sei eine Exhibitionistin an mir vorbeigegangen – sie trug nur einen Regenmantel und sonst nichts, das sah man. Sie ging an mir vorbei und machte am Ende des Häuserblocks kehrt. Sie sah seltsam aus. Aber vielleicht hat sie ja nur mit jemandem Streit gehabt und war aus dem Haus gerannt. Wenn man die »Post« liest, kommt einem schließlich jeder komisch vor.

Montag, den 6. Oktober 1980

Cornelia Guest kam vorbei. Sie trinkt, dabei ist sie erst 15. Aber sie ist hübsch.

Arbeitete bis 5.30 (Taxi $ 7.00). Fuhr nach Hause und zog meinen Smoking an. Ging auf ein paar Drinks zu C. Z. Guest. Dort sagte ein Typ zu mir: »Wir haben etwas gemeinsam.« Seine Familie produziert den ganzen Brandy und Sherry von Spanien. Und in den sechziger Jahren war Nico das Mädchen in all ihren Anzeigen, auf allen Postern, in allen U-Bahnen und in den Zeitschriften. Nico war in ganz Spanien bekannt. Er wollte wissen, wo dieses hübsche Mädchen jetzt sei, und ich sagte ihm, sie sei jetzt eine völlig andere Person. Er würde es kaum glauben, aber sie sei fett und heroinabhängig. Er wollte sie sehen, und ich sagte, falls sie noch im Squat Theatre auftrete, könnten wir hingehen.

Cornelia Guest *(Andy Warhol)*

C. Z. brachte uns mit dem Kombi zum Metropolitan Museum, wo Cardin eine Modenschau mit Dinner veranstaltete. Es war die längste Modenschau der Welt. Ich war erstaunt. Ich fürchte, er hat sämtliche Kleider behalten, die er je gemacht hat, so viele waren es. Mir gefiel die Modenschau, aber die Damen langweilten sich. Ich sah Bill Paley, Barbara Allen und Slim Keith. Ich wünschte, ich hätte Fotos gemacht. Es waren genau die richtigen Leute beisammen.

Ich unterhielt mich mit Palomas Mutter, Françoise Gilot. Mit C. Z. sprach ich über Orchideen. Ihre Garten-Kolumne erscheint jetzt in sechs Zeitungen. Ich hatte eine Menge Spaß. Am Ende sagte ich Pierre Cardin, wie großartig seine Modenschau gewesen sei – mir gefiel sie deshalb so gut, weil er so viele Kleider aufgehoben hatte, von 1950 bis 1980.

Das Dinner war im Tempel von Dendur. Jeder bekam ein Buch über den Tempel und Schokoladentrüffel. Ich preßte Trüffel zwischen den Seiten einiger Bücher. Es sah aus wie Scheiße. Ein Typ hatte sein Buch verloren, und ich gab ihm meins. Wenn er es aufschlägt, sieht es wie Scheiße aus.

Dienstag, den 7. Oktober 1980

Hermann »The German« sagte, er sei zu 90 Prozent sicher, daß ich ein Porträt vom Papst machen könne. Und neulich sagte Mario D'Urso auf einer Party zu mir: »Ich bemühe mich, den Papst für dich zu kriegen.« Jeder glaubt, ich wolle unbedingt ein Porträt vom Papst machen. Nun, ich möchte schon, aber so verzweifelt bin ich auch nicht dahinter her.

Ich lehnte es ab, für »New York« ein Ronald-Reagan-Porträt fürs Titelblatt zu machen. Für die Zeitungen bin ich Republikaner für eine Nacht.

Arbeitete an Grundierungen. Rupert war wieder da. Er hatte sich nach Mickey-Mouse-Bildern für die »New Myths«-Serie umgesehen, die ich für Ron Feldman mache – Mickey Mouse, Donald Duck, das Phantom. Wir werden sie anders machen müssen, beispielsweise Diamantstaub draufstreuen.
Leimte mich zusammen und holte Carolina Herrera ab. Wir beschlossen, zu Halston zu gehen. Sie nahm ihre Ohrringe ab und gab sie mir. Wir tranken etwas. Victor trug seine Samurai-Hosen; wirklich stark. Dann fuhren wir mit zwei Wagen zum B.-Altman-Dinner zu Ehren amerikanischer Designer, eine Wohltätigkeitsveranstaltung der New York Public Library.
Ich saß an Halstons Tisch. Wir kamen überein, daß ich nur Fotos von den 20 Kellnern machen sollte. Victor und ich gingen in den Waschraum. Er zog seine Samurai-Hosen aus, und ich trug sie als Cape. Wir dachten, der Waschraum sei leer, doch als wir gehen wollten, kamen alle aus den Kabinen.
Dann fuhren Carolina und ich zu »Mr. Chow's«, wo Carmen D'Alessio für ihre 40 Freunde ein Dinner veranstaltete. Lester Persky brachte eine Million Toasts aus. Er war betrunken. Er trank auf Henry Geldzahler, der nicht mal anwesend war. Dann forderte er mich auf, einen Toast auszubringen, und ich sagte: »Eine Runde Drinks für alle von Lester.«

Mittwoch, den 8. Oktober 1980 Holte Brigid ab (Taxi $ 7.00). Wir wollten zu Charles Rydells Haus in Port Jervis fahren, um ihn über seine kleine Rolle in »Union City« zu interviewen. Wir holten Doc Cox in der 72. Straße ab. Er verspätete sich. Doc Cox brachte uns in seinem Rolls hin. Er erklärte Brigid, sie dürfe in dem Wagen nicht rauchen, weil das den guten Ledergeruch verderben würde. Sie wurde wütend – wenn sie eine Zigarette rauchen wollte, mußte sie ihren Kopf aus dem Fenster halten, also hatte sie schlechte Laune.
Als wir hinkamen, mixte Doc Martinis. Brigid trank einen, den ersten an diesem Tag. Ich machte Fotos. Brigid ging nach draußen, um »frische Tomaten« zu holen, doch am Ende des Tages war sie betrunken und lallte. Ich pflückte Pflaumen, und wir aßen sie – obwohl sie gegen Ungeziefer gespritzt waren, schmeckten sie sehr gut. Ich aß etwa zehn. Dann holte ich Kirschtomaten und richtige Tomaten. Brigid trank ihre Martinis im Tomatenbeet und verlor im Beet ihr Martiniglas.
Brigid und Charles schwärmten ständig vom »Lunch bei Flo-Jean« und sagten: »So was hast du im Leben noch nicht gesehen.« Je mehr sie davon redeten, desto verhaßter wurde es einem. Wir gingen dennoch hin. So was hat man wirklich im Leben noch nicht gesehen. Es ist das geschmackloseste Lokal, in dem ich jemals war. Ein großes, weitläufiges Restaurant, das von Flo und Jean geführt wird und angefüllt ist von Babypuppen, eine Million davon. Alle Farben. Denn das Lokal ist äußerst farbenfroh. Rosa, grüne und gelbe Servietten – wirklich alle Farben. Flo (oder Jean) erzählte, daß ihr Mann 1929 gestorben sei. Das Essen war schlecht, aber reichhaltig. Ich nahm fast zwei Kilo zu, obwohl ich nur Kartoffelbrei und süße Sauce aß. Wir tranken eine Menge; Brigid blieb bei ihren Martinis. Charles bezahlte das Essen, und ich kaufte Souvenirs. Alle hatten viel Spaß. In diesem Restaurant gab es Räume über Räume, einer neben dem anderen für Hochzeiten und Partys. Es nahm etwa ein Viertel des Delaware River ein. Brigid war nun so betrunken, daß sie alle Kellnerinnen küßte. Dann erzählte sie mir Geschichten vom Essen, die ich noch nie gehört hatte. Einmal war sie in der »Oyster Bar« an der Grand Central Station und bestellte einen drei Pfund schweren Hummer. Als die freundliche Bedienung ihn brachte, sah er nicht nach drei Pfund aus.

»Ich leide an Freßsucht und weiß genau Bescheid. Dieser Hummer wiegt niemals drei Pfund«, sagte Brigid. Der Hummer sollte $ 39.00 kosten. Die Bedienung sagte: »Oh, ich bin sicher, daß er soviel wiegt.« »Dann wollen wir ihn wiegen«, sagte Brigid, »und wenn dieser Hummer tatsächlich drei Pfund wiegt, gebe ich Ihnen zehn Dollar.« Sie gingen in die Küche

Berlin in ihrer schlimmsten Phase, 1976 *(Pat Hackett)*

und legten ihn auf die Waage. Er wog weniger als ein Pfund! Die Bedienung wurde verlegen und sagte, man werde ihr dafür nichts berechnen.
Um 5.30 waren wir mit dem Lunch fertig, doch Charles schleppte uns um 6.00 zum Dinner.

Montag, den 13. Oktober 1980
Ich verließ das Büro und ging an die Ecke 42. Straße und Sixth Avenue zur großen Columbus-Day-Parade (Taxi $ 5.50).
Der Tag war deprimierend, weil ich den ganzen Vormittag mit Steuerberatern verhandeln mußte. Ich aß Kräkker und trank Kaffee.
Bob holte mich mit einer Limousine ab. Unterwegs stieg São zu, und wir fuhren zum International Center for Photography Ecke 94. Straße und Fifth Avenue, wo Jackie O. für Diana Vreelands Buch »Allure« eine Party veranstaltete. Es war eine kleine Party; nur 70 Leute kamen rein. São erzählte, daß man im »Carlyle« einen Diebstahl vereiteln konnte. Drei Bewaffnete, und das morgens um 4.00. Ich jagte ihr einen Schrecken ein, als ich ihr sagte, sie seien wahrscheinlich nur gekommen, weil sie wußten, daß *sie* dort war. Ich bin jedenfalls davon überzeugt.
Jackie O. kam. Ich hatte Angst, Fotos zu machen, daher gab ich einem der Zeitungsfotografen meine Kamera, damit er eine Aufnahme machte.
Jackie kam in Begleitung von Charles Ryskamp, dem Typ von der Morgan Library. Gloria Vanderbilt und die de la Rentas saßen an ihrem Tisch. Oh, wie ich sie hasse. Françoise küßt mich nicht mehr. Na schön. Sie wollten früh nach Hause.
Als ich heimkam, ließ laute Musik mein Haus bis in die Grundfesten erbeben. Aurora hatte ihren Freund zu Gast. Mir war es peinlich, daß ich früher nach Hause gekommen war, als sie erwartet hatte. Sie spielten gerade meine neue Platte von den Bee Gees.

Dienstag, den 14. Oktober 1980 Ein Tag mit Paloma Picasso. Ging zum Frühstück zu Tiffany's. Der Schmuck war hübsch, doch ich habe denselben aus den vierziger Jahren. Es sind Kopien der vierziger Jahre. Paloma hat auch einen herzförmigen Armreif entworfen. Es war teures Zeug – $ 27 000.00 für ein Armband.
Nach der Arbeit leimte ich mich zusammen und fuhr zu »Mr. Chow's« zum Dinner für Paloma (Taxi $ 4.00). Ich sagte Fran Lebowitz, sie solle sich einen Typen für eine heiße Liebesaffäre suchen, damit ihr die Ideen nicht ausgingen, wenn sie jemals über eine schreiben müsse. Es waren viele Prominente da. Thomas Ammann war aus Argentinien zurück. Er sagte, daß dort alles so teuer sei, daß er nicht

wisse, wie man dort leben könne. Er hatte einen Wagen mit. Um 1.00 war ich zu Hause.

Mittwoch, den 15. Oktober 1980 Paloma war in der »Today«-Show. Das hätte sie bleibenlassen sollen – sie redete die ganze Zeit von ihrem Schmuck. Man wird sie noch mal entführen.
Ich hatte eine Verabredung mit einer Lateinamerikanerin. Sie sollte sich ihr Bild aussuchen. Sie brachte ein paar schöne Frauen aus Venezuela mit. Der berüchtigte Ronnie Levin kam auch vorbei. Man hatte mich gewarnt, daß er in der Stadt sei, daher kam sein Besuch nicht überraschend. Im Büro beachtete ihn niemand. Er lief herum, als gehöre alles ihm, und dann ging er wieder.

Donnerstag, den 16. Oktober 1980 Vincent bereitete alles vor, um das Interview, das John Richardson mit Paloma führen wollte, auf Video aufzunehmen. Sie kam mit ihrem Ehemann Raphael und Xavier, dem Freund. Der Typ von Tiffany brachte den Schmuck.
David White kam mit einem Brief von Rauschenberg – David arbeitet jetzt für ihn –, in dem es hieß, daß die Tische in meiner Sammlung von ihm stammten, weil er sie gemacht habe, als Jane Holzer Ende der sechziger oder Anfang der siebziger Jahre versuchte, ins Kunsttischlergeschäft einzusteigen. Das Vorhaben schlug fehl, und ich bekam die Tische. Also ist es prima, daß Rauschenberg in dem Brief schreibt, daß sie von ihm stammen, weil er sie jetzt vielleicht eines Tages signiert.
Juan Hamilton rief an. Er und Georgia O'Keeffe seien im »Mayfair« und wollten um 4.30 vorbeikommen. Ich sagte, sie sollten gleich kommen, weil Paloma hier sei. Alle waren entzückt, einander zu sehen.
Angeblich will Juan Georgia heiraten, doch er ist bereits verheiratet, und seine Frau erwartet jetzt ein Kind. Georgia trug ein schwarzes Ding um ihren Kopf. Diesmal wirkte sie wirklich alt. Man muß sie dauernd auffangen, als habe sie sich auf einen Stuhl gesetzt, der gar nicht da ist. Doch auf dem Video von Vincent sah sie jung und munter aus. Sie weiß alles, was vor sich geht, nur daß sie sich jetzt schwerfälliger bewegt.
Nachdem alle weg waren, kam Rupert, und wir machten uns an die Arbeit. Ich arbeitete bis 8.30. Jay Shriver hatte sich bereit erklärt, ebenfalls länger zu bleiben. Weil sie Überstunden gemacht hatten, lud ich Rupert und Jay ins »65 Irving« ein. John Reinhold sollte uns dort treffen. Jay kommt aus Milwaukee. Er sagte, seine Mutter sei Tschechin. Zwar sei sie nicht von dort, aber trotzdem hundertprozentige Tschechin.

Dienstag, den 21. Oktober 1980 Ich habe zufällig den Jungen getroffen, der für John und Yoko einkaufen geht und ihnen Kleidung und anderes besorgt. Ich fragte ihn, ob er schon mal etwas wieder zurückbringen mußte, und er sagte, nur einmal. Ich fragte ihn, ob sie jemals etwas von den Sachen trügen, die er ihnen kauft, weil sie nie ausgingen. »Sie wollen ein Comeback«, sagte er, »sie haben die Sachen im Studio getragen.« Doch das Beste kommt noch. Er erzählte, daß er sich schriftlich verpflichten mußte, kein Buch über John Lennon und/oder Yoko Ono zu schreiben, als er anfing, für sie zu arbeiten. Ist das nicht toll? Er sagte, er liebe seinen Job. Ich sollte mich auch nach jemandem umsehen, der mir beim Einkaufen hilft – der mir zeigt, wo es all die schönen, neuen Sachen gibt.
Übrigens hatte ich eine Auseinandersetzung mit dem Makler. Er teilte mir mit, daß das Haus in der 22. Straße, das ich unbedingt haben wollte und über das er mich auf dem laufenden halten sollte, am Freitag verkauft worden sei. Ich war wütend.

Mittwoch, den 22. Oktober 1980 Vincent versuchte, die Copleys zu überreden, ins Büro zu kommen, weil Bill Copley vorgeschlagen hatte, ich solle von seiner neuen Frau Marjorie ein Porträt machen. Bill ist sehr glücklich, doch sie hat ihn dazu gebracht, alle Hausangestellten zu feuern, die vor ihrer Heirat bei ihm gearbeitet haben. Es ist alles sehr merkwürdig. Ich hoffe nur, daß ihm nichts zustößt.

Der gutaussehende Kellner bei »Glorious Food«, der an der Columbia-Universität gerade seine Abschlußprüfung in Psychiatrie gemacht hat, hatte mich zum Dinner eingeladen. Doch dann bekam ich kalte Füße und sagte ihm, ich müsse mit Bob ein Interview machen, was gar nicht stimmte. Er wollte mir die Columbia-Universität zeigen. Doch ich kann nicht mit Leuten ausgehen, die ich nicht kenne. Andererseits ist es schwierig, Mädchen auszuführen, weil man sie aufreißen muß. Da ist es schon leichter, mit Jungs zu gehen, die *dich* aufreißen. Ich werde schon wie Mrs. Vreeland.

Channel 2 hat mit einer versteckten Kamera Helfer der Volkszählung 1980 gefilmt, die während der Arbeit tranken, Kokain schnupften und danach die Formulare mit erfundenen Namen ausfüllten, weil sie pro Name $ 4.00 bekamen.

Samstag, den 25. Oktober 1980 Es war sehr stürmisch. Ich stand 25 Minuten an der Ecke, ehe ich ein Taxi bekam. Sean McKeun, das Wilhelmina-Model, rief aus Japan an. Dort war es bereits Sonntag. Bob kümmerte sich um das »Zehn normale Männer für São-Dinner«. Er hatte es ihr versprochen. Er war immer noch auf der Suche nach diesen »normalen« Jungs. Alle heterosexuellen Männer hatten abgesagt. Vermutlich wollten sie sich ohne Richard Weisman und seine Sportler nicht mit uns sehen lassen. Setzte Rupert ab (Taxi $ 6.50).

Sonntag, den 26. Oktober 1980 Man erwartet, daß der Iran die Geiseln freiläßt. Aber dann sieht es wieder so aus, als behaupteten nur die Republikaner immer wieder, daß sie freikommen, damit es für Carter noch schlimmer aussieht, wenn es dann doch nicht der Fall ist. Die »Post« hat es auf der Titelseite, und sie ist für Reagan. In den Nachrichten wurde gesagt, daß Israel den Iran militärisch unterstützt. Der Typ vom Kabelfernsehen in einer Kleinstadt sagte, das sei wahr, doch die Regierung dementiert es.

Ich sah »Sabrina« im Fernsehen. William Holden und Audrey Hepburn sahen so alt aus. Ich ging mit den Hunden spazieren.

Montag, den 27. Oktober 1980 Bob und ich unterhielten uns darüber, wie schwer es war, zehn normale Männer zu finden. Jemand meinte, das sollte meine nächste Grafik-Serie werden – zehn Männer, die nie eine homosexuelle Erfahrung hatten.

Ich war mit Marjorie Copley verabredet, die sich für ihr Porträt fotografieren lassen wollte. Rupert kümmerte sich um das Make-up. Ihr Haar war zu Zöpfen geflochten. Als sie die Flechten löste, fiel das Haar bis aufs Hinterteil. Es war frisch gewaschen und roch gut. Wir aßen zusammen. Sie geht auf eine Schule. Sie hat Naturwissenschaft studiert, aber war nicht intelligent genug. Jetzt möchte sie Sozialwissenschaft studieren, und ich sagte: »Tu's nicht.« Bill sieht großartig aus. Das einzige, was uns immer noch wundert, ist, daß sie alle Leute gefeuert hat, die für ihn gearbeitet haben. Dabei ist sie gar nicht so penetrant und herrisch, wie ich erwartet hatte. Sie tat alles, was ich von ihr verlangte. Sie war nett.

Jed hat das Apartment gegenüber von Stuart Pivars Wohnung in dem Haus in der West 67th Street neben dem »Café des Artistes« gekauft. Er will es als Büro für sein Innenarchitekturgeschäft benutzen, damit seine Kunden und die Arbeiter nicht mehr den ganzen Tag in meinem Haus ein und aus gehen, also kehrt wieder Ruhe ein.

Ich rief Jane Holzer an. Ich will sie zu der Party abholen, die Diane von Fürstenberg für Diana Vreeland gibt. Arbeitete bis 8.00. Dann holte ich Jane mit dem Taxi im »Volney Hotel« Ecke 74. Straße und Madison Avenue ab, wo sie jetzt mit Rusty das Penthouse bewohnt ($ 5.50). Janes Apartment ist klein, aber hübsch. Rusty öffnete die Tür. Er hat zugenommen, weil er vermutlich den Sommer bei

Jane Holzer *(Andy Warhol)*

seinem Vater, Lenny, verbracht hat. Doch er ist sehr charmant. Es ist, als höre man Cary Grant reden: »Ich hab dich lieb, Mami.« Jane investiert jetzt in Immobilien und Filme.
Wir fuhren mit dem Taxi zu DvF ($ 3.00). Warren Beatty kam direkt hinter uns ins Haus. Doch als er uns sah, kehrte er wieder um. Er wollte nicht im selben Fahrstuhl fahren. Ich erzählte Jane, daß er hereingekommen und gleich wieder hinausgegangen sei, und sie sagte, wenn er sie gesehen hätte, hätte er es bestimmt nicht getan. Kurz nachdem wir oben waren, kam Warren. Er küßte Jane, und ich sagte zu ihm: »O Warren, du bist so gemein. Du wolltest nicht mit uns nach oben fahren.« Er behauptete, er habe noch nach jemandem Ausschau gehalten. Doch er war allein... Er sah sexy aus, wirkte aber älter und aufgedunsener – er trägt die typische Hollywood-Frisur, die aussieht wie ein Hut. Richard Gere war auch da. Ich stellte ihn Jane vor, und er sagte: »O Baby Jane, du bist eine Legende. Ich habe in ›POPism‹ über dich gelesen.«

Donnerstag, den 30. Oktober 1980 Lewis Allen kam mit den Puppenmachern vorbei, die für sein Stück einen Roboter aus mir machen wollen. Wir mußten eine ganze Stunde für sie stillsitzen, damit sie mein Gesicht studieren und beurteilen konnten, ob ich eine gute Puppe abgebe. Sie sahen ulkig aus, diese Leute von Walt Disney, oder wo sie sonst herkamen. Wenn sich ein Roboter bewegen und, sagen wir, drei Bewegungen mit dem Mund und zwei mit den Augen machen soll, dann sind dafür 100 Motoren nötig. Und jedesmal, wenn man noch eine Bewegung haben will, muß man 20 weitere Motoren einbauen. Wir haben bei Lewis Allen noch nicht unterschrieben, weil wir den Vertrag erst Paul Weiss zugeschickt haben. Der hielt ihn für ein lächerliches Stück Papier, weil es so kompliziert war.

Freitag, den 31. Oktober 1980 Halston gab zu Hiros Geburtstag eine Party in seinem Ausstellungsraum im Olympic Tower. Victor sagte, wir sollten in die große neue Disco namens »The Saint« kommen, wo früher das legendäre »Fillmore East« war. Das ehemalige Village-Theater.
Als wir hinkamen, bat Victor auf Knien um Einlaß. Ich erfuhr, daß die Disco unserem alten Freund Bruce Mailman gehörte, der früher die St.-Mark's-Sauna hatte und immer mit Projekten beschäftigt war. Er war sicherlich auch im »Saint«, als wir dort waren, ich erkannte ihn nur nicht. Die Disco ist besser als »Studio 54«. Es gibt ein Hinterzimmer, und alle sehen gleich aus – Bluejeans, keine Hemden, keine Bärte. Frauen haben keinen Zutritt. Nur Pat Cleveland darf hinein und zehn Lesben, die Mitglied sind. Es besteht eine Warteliste für zwei Jahre, und man wird nur aufgenommen, wenn jemand aussteigt. Die Lightshow war toll. Halston ging um 3.00, und ich ging auch.

Mittwoch, den 5. November 1980, Düsseldorf – Baden-Baden – Stuttgart Um drei Uhr morgens wachte ich auf und erfuhr die

traurige Nachricht, daß Carter Reagan hoffnungslos unterlegen war. Es war das erste Mal, daß sich ein Präsident so früh geschlagen geben mußte. Ich hatte Tränen in den Augen.
Ich konnte nicht schlafen und nahm ein Valium.

Donnerstag, den 6. November 1980, Frankfurt – Düsseldorf
Traf Dr. Siegfried Unseld. Er ist Verleger von Hermann Hesse und Goethe. Er sieht wirklich gut aus. Ich dachte, er sei leicht zu fotografieren, eben weil er so gut aussah, doch es war sehr schwierig. Sein gutes Aussehen kam im Foto nicht über.
Ich hatte Chris Makos auf die Reise mitgenommen, damit er mir half, doch er trug weder meine Koffer noch sonst etwas – er kümmerte sich nur um seine eigenen Fotos.
Der nächste Ort war anderthalb Stunden entfernt. Darmstadt. Ich fotografierte eine Dame, eine Art deutsche Diane von Fürstenberg. Sie ist eine Top-Textilfabrikantin – ihre Firma heißt Tink oder Fink. Das Haus war schön. Sie war ganz wie eine Geschäftsfrau gekleidet. Sie trug ein Samtkostüm, aus dem überall Taschentücher hervorkamen. Sie war sehr nett, und die Bilder wurden gut.
Nach der langen Autofahrt nach Düsseldorf hatten Chris und ich Streit, weil die Wände im Hotel »Breidenbacher Hof« sehr dünn sind und ich durch die Wand hindurch hören konnte, wie Christopher im Nebenzimmer telefonierte. Ich wurde nervös, weil er eine 18stellige Nummer wählte. Ich wußte also, daß er ein Ferngespräch mit seinem Freund Peter Wise in New York führte, und das kommt mich teuer.

Freitag, den 7. November 1980, Düsseldorf Bei der Vernissage von Rodney Ripps in Hans Mayers Galerie war ein verrückter Künstler. Ich mußte mit ihm ins Bad gehen, aber ich nahm Christopher mit. Ich mußte mich unter die Dusche setzen, die Hände auf dem Boden, und der verrückte Künstler machte Polaroidfotos. Dann mußte ich die Schuhe ausziehen, und er fotografierte meine Füße. Ich war wie ein Hund auf allen vieren; es war so blödsinnig. Er ist angeblich der neue Beuys. Ein kahlköpfiger Spinner in karierten Hosen. Er war sehr groß und sah aus, als hätte er einen großen Schwanz. Ich weiß nicht, klingt das so, als sei er schwul? Nein, er war zu ernst, um schwul zu sein.

Samstag, den 8. November 1980, Düsseldorf – Paris Um 11.00 hatte ich endlich sämtliches Geschirr, das ich als Andenken mitgenommen hatte, die Postkarten und alles übrige im Koffer. Ich mußte schnell zum Flughafen. Flog nach Paris.
Im Taxi zu Freds Wohnung ($ 30.00). Thomas Ammann war nur diesen einen Tag in Paris. Er hatte einen Zehnkampf-Diskuswerfer mit. Wir gingen in all die wundervollen Geschäfte, wo es viele Art-Deco-Sachen gab, einfach unglaublich.
Später rief Jerry Hall an. Wir sollten uns ihre und Micks neue Wohnung auf der Insel inmitten der Seine ansehen. Mick war im Aufnahmestudio. Sie bat mich, zwei Flaschen Champagner mitzubringen, also kaufte ich welchen ($ 200.00), und wir fuhren hin.
Ich sprach mit Thomas und brachte ihn endlich dazu, alles zu erzählen, was er über Jed wußte. Thomas Ammann hatte Alan Wanzenberg ins Spiel gebracht; er kannte ihn als erster.
Fred wollte tanzen gehen, aber ich wollte nach Hause, und Thomas setzte mich ab. Ich wartete darauf, daß das Telefon klingelte, doch es blieb stumm. Ich war deprimiert und hörte mir »La Bohème« über Kopfhörer an.

Montag, den 10. November 1980, Paris Philippe Morillon rief an. Er wollte um 7.00 Material für »Interview« vorbeibringen.

Mick kam um 4.00. Ich ging ihm aus dem Weg, weil ich nicht weiß: Was kann man zu Mick Jagger sagen? Er wollte sowieso mit Fred Hughes allein sein – Fred ist der einzige, mit dem er redet, aber ich weiß nicht worüber.
Christopher und ich gingen zu »Cerutti«. Im Kino nebenan lief »Bambi«, und da Ferien waren, standen die Mütter mit ihren Kindern Schlange. Es war so traurig, daß diese kleinen Kinder warten mußten. Man hätte die Türen aufmachen und sie einlassen sollen.
Ging in eine Buchhandlung. Schließlich kam mir eine Idee, an der ich demnächst wirklich arbeiten will – Mütter mit Babys, die an ihren Brüsten saugen. Das ist erotisch. Ich glaube, das ist ein gutes Sujet. Eigentlich hat mich Eunice Shriver auf diese Idee gebracht. Neulich sahen wir in einer Wohnung eine Madonna, ein Baby auf dem Arm einer sexy Lady, ein pausbäckiges Kind, das an einer Brust saugte. Christopher will für mich ein paar Mütter mit Neugeborenen auftreiben.
Chris' Hotel war gleich neben dem »Flore«. Er nahm mich mit nach oben und zeigte mir das Zimmer, das wir für ihn bezahlten. Es war eine Bruchbude, aber immerhin hatte er einen Fernseher und war begeistert.
Im »Herald Tribune« wird der schreckliche Tod von Steve McQueen bis ins Detail beschrieben.
Später goß mir Fred ein großes Glas Mirabel ein. Ich hatte, glaube ich, was von persönlichen Problemen gesagt, und dann unterhielten wir uns über Kunst. Fred war der Meinung, wir sollten eine Serie Disney/Warhol machen: Schneewittchen und ein paar von den Zwergen, Bambi und andere Figuren – Donald Duck. Nachdem wir das beschlossen hatten, war ich echt begeistert. Ich hoffe nur, daß die Idee auch Ron Feldman gefällt.

Samstag, den 15. November 1980, Köln Wir fuhren zu einem Kloster. Wir mußten Punkt 12.00 dort sein. Wenn wir nur eine Minute zu spät kamen, durften wir nicht mehr hinein. Hermann fuhr sehr schnell bei diesem strömenden Regen. Als wir drin waren, durften wir kein Wort mehr sprechen. Wir gingen in den Speisesaal. Während wir zu Mittag aßen, las der Mönch 20 Minuten lang etwas vor – es gab sauren Apfelwein und Linsensuppe. Sie schmeckte wie aus der Dose. Doch als ich das sagte, sahen mich alle an, als sei ich verrückt. Aber ich kenne doch meine Suppen.
Der einzige, wirklich gutaussehende Priester saß hinter mir.

Sonntag, den 16. November 1980, New York War um 11.00 mit Bruno Bischofberger im Büro verabredet. Er lud uns zu Julian Schnabel in die 20. Straße ein. Das ist ein Künstler, der jetzt bei Castelli ist, ein Freund von Ronnie. Vor dem Haus standen drei Limousinen – Bruno weiß schon, wie man Künstlern den Charakter verdirbt. Julian wohnt in einem Loft neben Les Levine. Ich war neidisch, weil Julian es vor vier Jahren so billig erworben hat. Er hat gerade geheiratet und stellte mich seiner aparten Frau vor. Seine Bilder sind irgendwie schlecht. Er ist sehr ehrgeizig. Es gibt jetzt eine ganze Gruppe von Kids, die diese schlechte Kunst machen; ich glaube, sie sind alle von Neil Jenney beeinflußt. Dann kommt noch Bruno vorbei und erklärt, »ich kaufe alles«, und die Kids gewöhnen sich an das große Geld. Ich weiß nicht, was sie machen werden, wenn alles vorbei ist – aber vermutlich gibt es dann wieder was anderes.
Ging zur Kirche, dankte Gott für die Reise und dafür, daß ich lebendig zurückgekehrt war. Danach erledigte ich Telefonate und war irgendwie gelähmt. Ich wurde nervös bei dem Gedanken an diese neuen Kids, die ein Bild nach dem anderen malten, während ich auf Partys ging. Ich glaube, ich sollte auch lieber loslegen. Thomas Ammann lud mich zum Dinner mit Richard Gere ein, aber ich war zu müde. Ich sah mir im Fernsehen »Saturday Night Fever« an, und das war großartig.

Dienstag, den 18. November 1980 Ich war zum Lunch im Met eingeladen, daher blieb ich uptown. Die Leute dort waren so nobel, elegant und klug; wenn ich versuchte, einen kleinen Kommentar abzugeben, hörten sie gar nicht zu. Sie waren reich, jung, selbstsicher und typisch englisch.
Trank einen Martini mit etwas Wodka. Den brauchte ich, um mir Mut angesichts dieser hochtrabenden Leute zu machen. Prinz Michael von Kent und seine Frau erschienen und hatten wirklich Klasse. Sie trug einen winzigen Hut und ein weites Kleid. Sie erklärte, sie sei schwanger. *Sie* war freundlich zu mir. Sie zeigte mir ein Foto ihres 18 Monate alten Babys. Der Prinz trug einen Maßanzug – die Engländer verstehen es, mit einem Anzug einen neuen Menschen aus dir zu machen, indem sie den Stoff an die richtigen Stellen bringen. Danach ging ich und machte mich an meine Arbeit.
Ich hatte John Reinhold gebeten, mit mir im »Italian Pavilion« zu Abend zu essen, und er holte mich ab (Taxi $ 5.00). Joe MacDonald wollte gerade gehen, weil er eine »Fick-Verabredung« hatte. Um 12.00 waren wir mit Essen fertig (Taxi $ 4.50). Als ich zu Hause war, rief John an und sagte, seine Frau sei nicht zu Hause. Und das sei noch nie vorgekommen. Ich wußte nichts zu sagen. Ich hatte bereits ein Valium genommen und wußte nicht, was ich tun sollte.

Mittwoch, den 19. November 1980 Ging die Madison Avenue hinauf, um Jane Wyeth bei Sotheby's zu besuchen. Wir haben zwei große Anzeigen von Christie's, und bemühen uns, auch welche von Sotheby's zu bekommen. Das Auktionsgeschäft erlebt einen Boom. Ich konnte nicht einmal alle Kataloge tragen, die ich mitnahm. Diese Auktionshäuser sind ein einziger Schwindel. Dinge, die sie nicht verkaufen, stellen sie einfach wieder aus, und gelegentlich findet sich dafür dann einer von diesen Trotteln, die nie aussterben. Ich wünschte, mir wäre dieser Satz eingefallen – »Die Dummen sterben nicht aus« (Taxis downtown $ 3.50, $ 3.00).
Traf Edmund Gaultney. Am Abend sollte bei ihm meine Ausstellung eröffnet werden. Es war eine Ausstellung, die man mir nicht zutraute, an einem Ort, an dem man nicht mit mir rechnete. Doch das Beste verschwieg er mir, bis alles vorbei war – daß es nur für einen Tag war! Ist das nicht toll? Doch er sagte es keinem.
Ich gab Henry Post ein Interview für das Magazin »New York«. Er schrieb einen Artikel über Eleganz, über Dinge, die man mit Geld kaufen kann. Vermutlich rührt er in seinem Artikel für Jeds feines Dekorationsgeschäft die Werbetrommel. Sie sind Freunde.
Fred und ich sprachen übers Geschäft. Bob bekam Anzeigen aus Washington, weil wir die Interviews mit Reagans Sohn im Heft hatten.
Fuhr zur Galerie in der 24 East 82nd Street, und es gefiel mir. Tom Cashin war da. Er hat sich um eine Rolle in »Oklahoma« beworben. Ich riet ihm, es bei »Brigadoon« zu versuchen. Er sei besser als John Curry. Ich stand neben Palomas Mann, Mr. Picasso. Doch weil ich mir keine Namen merken kann, konnte ich ihn niemandem vorstellen. Ich glaube, er war sauer. Chris Makos kam mit Peter Wise und Jon Gould, einem schwulen Vizepräsidenten von Paramount.
Wir aßen im »Gibbon« zu Abend. Das Essen dort ist halb französisch und halb japanisch. Mir ist die japanische Hälfte lieber. Der Oberkellner zeigte uns endlich sein wahres Gesicht. Er war in hohem Grade schwul. Das Dinner muß Edmund ein Vermögen gekostet haben.
Nach Hause um 12.00.

Donnerstag, den 20. November 1980 Arbeitete bis 7.30. Setzte Rupert ab. Barbara Allen rief an. Sie war wütend über das, was Scavullo in der Zeitung behauptete – er wisse nicht, wie einige Leute den Sprung in die High-Society schafften, die von nichts eine Ahnung hätten, wie zum Beispiel Barbara Allen. Sie sprach in ihrem vornehmsten Ton (Taxi $ 6.00).

Samstag, den 22. November 1980 Stand früh auf. Mit dem Taxi zum Büro ($ 4.00), um mich mit Diana Vreeland sowie dem Prinzen und der Prinzessin von Kent zu treffen. Ich hatte einen Hintergrund gemalt und gehofft, die Farbe würde trocknen, bevor jemand kam, damit ich die Leinwand zusammenrollen konnte. Ich hatte sie auf dem Boden ausgebreitet, und plötzlich lief Prinz Michael darauf herum, weil er sie für einen Bodenbelag hielt. Fred bat ihn, die Leinwand zu signieren. Er unterschrieb mit »Michael« und ließ den »Prinz« weg.

Montag, den 24. November 1980 Bob erzählte, daß Cal – der Freund von Ronald Reagan jr., genannt »Schokoladenjunge« – angerufen und mitgeteilt habe, daß Ron gerade geheiratet hat. Also arrangierte Bob für Dienstagabend ein Dinner. Bob wurde für eine Zeitung interviewt und erzählte dem Mädchen, wir gingen mit ihnen im »Le Cirque« essen. Ich war sauer und sagte Bob, er hätte das nicht sagen sollen. Darum verlegte er das Dinner ins »La Grenouille«; sie hätten sonst einen Fotografen ins »Le Cirque« geschickt. Die Geschichte von der Hochzeit erreichte die Zeitungen um 5.30.
Unten war das Türschild kaputtgeschlagen worden – genau neben meinem Namen. Das war mir unheimlich.

Dienstag, den 25. November 1980 Reagan jr. sagte das Dinner ab, wie ich es Bob prophezeit hatte. In den Zeitungen stand, die Reagans verlebten ihre Flitterwochen mit der Warhol-Clique im »Le Cirque«.

Donnerstag, den 27. November 1980 Stand auf und sah im Fernsehen die Thanksgiving-Day-Parade. Sah zufällig John Reinholds kleine Tochter – ein mit Helium gefüllter Superman tauchte auf und reichte praktisch bis zum 20. Stock.
Arbeitete allein im Büro. Curley rief an und lud mich zum Thanksgiving-Dinner ein. Er wollte in der Wohnung seiner Eltern in der Park Avenue etwas kochen. Ich sagte, ich käme nach dem Dinner. Dann rief Catherine an. Ich fragte sie, ob sie nicht vorbeikommen wolle, damit es wieder so wäre wie im letzten Jahr. Sie kam gerade aus London und hatte im Flugzeug Truthahn gegessen. Sie war der einzige Fluggast von Laker. Ich glaube, niemand reist an Thanksgiving. Fuhr mit Catherine zu Curley (Taxi $ 3.00).

Dienstag, den 2. Dezember 1980 Richard Weisman rief an und lud mich zur Party für den berühmten Hollywood-Fotografen George Hurrell ins »Doubles« ein. Als ich hinkam, verließ Douglas Fairbanks jr. gerade das Lokal. Ich fragte ihn, warum er schon gehe, und er sagte, er habe vor seinem Bild gestanden, sich von der Presse fotografieren lassen, und nun sei es Zeit, zu gehen.
Lillian Gish, Maureen Stapleton und Tammy Grimes waren die Stars der Party. Ich traf Mr. Hurrell. Er ist wirklich stark und geradeaus. Paul Morrissey hatte gesagt, er sei jeden Moment am Einschlafen, doch er war voll da und wußte alles über mich. Er geriet ins Schwärmen und war reizend. Ich fragte ihn, ob ich ein Foto machen dürfe, und er sagte: »Aber sicher.«
Diana Vreeland sagte mir am Telefon, wie sehr ihr ihre Titelstory in »Interview« gefallen habe. Auf dem Foto sieht sie aus wie 20, und sie sagte: »Das einzige Problem dabei ist, daß ich allmählich selbst glaube, daß ich aussehe wie die Frau auf dem Cover.«

Donnerstag, den 4. Dezember 1980 Bob und ich wollen das junge Ehepaar Reagan am Samstag zum Dinner einladen, weil Rons Frau Doria für »Interview« arbeiten möchte – sie wollen vier Monate lang reisen, und sie möchte uns darüber eine Kolumne schreiben.

Freitag, den 5. Dezember 1980 Catherine will für eine Woche nach Frankreich, weil ihr Stiefgroßvater Sir Oswald Mosley, der Nazi, gestorben ist. Die ganze Familie wolle sich dort treffen. Das sei gut für das Buch über die Mitfords, bei dem sie ihrem Vater hilft.

Habe ich übrigens erzählt, daß Florinda Bolkan, die vorbeikam, um sich fotografieren zu lassen, nichts machen wollte, bevor Marina Cicogna sagte, es sei okay – sie wollte nicht einmal ihren Kopf senken. Marina benimmt sich wie ein Lastwagenfahrer und schubst alle herum. Wenn das Liebe ist, dann ist die Liebe wohl so.

Samstag, den 6. Dezember 1980 Ich rief Bob an, um zu hören, ob es bei unserem Dinner mit Ron und Doria Reagan blieb, und er sagte ja. Als ich ins Büro kam, wartete Rupert schon auf mich. Jay kam auch. Dann rief Joe Dallesandro aus Kalifornien an. Ich glaube, er war irgendwo in der Nähe von Sacramento. Natürlich ging es wieder um Geld. Er sagte, er sei mit seiner Mutter in einem Truck unterwegs. Sie wohnen in einem Truck oder einem Wohnwagen, ich weiß es nicht genau. Ich sagte ihm, er solle nach Los Angeles gehen und sich entdecken lassen. Es ist so absolut langweilig – er ruft nie an und fragt, ob wir etwas zusammen unternehmen wollen; es geht immer nur um Geld.

Habe den ganzen Nachmittag gearbeitet. Beschloß, Weihnachtseinkäufe zu machen. Rupert nahm ein paar »Interviews« mit, und wir gingen ins Village. Anscheinend gingen die Leute dieses Jahr früh einkaufen. Ich glaube, daß dieses Weihnachtsfest so gigantisch wird wie nie, zumindest was den Umsatz betrifft. Landesweit.

Ron und Doria waren schon da, als wir ins »Nippon« kamen. Der Besitzer führte uns in einen der Privaträume. Ron hatte sein Alligator-T-Shirt an, um seine Muskeln zu präsentieren. Im Lokal überall Sicherheitsbeamte. Der Besitzer brachte uns dauernd neues Spielzeug – den Reagans schenkte er diese neuartige Flaschenöffner-Pistole, mit der man Flaschen aufmachen, aber auch jemanden umbringen kann. Bob fragte, ob wir zur Amtseinführung im Januar kommen dürften, und sie versicherten, daß wir Einladungen bekämen. Sie wollten bald auf die Bermudas. Bob versprach, Lily Auchincloss zu fragen, ob sie dort in ihrem Haus wohnen könnten. Doria ist reizend und charmant. Bob war so glücklich. Nach dem Essen überließen wir sie dem Secret Service und gingen gegen 12.30 oder 1.00 zu Fuß heim (Dinner $ 200.00). Das Leben wird mit jedem Tag aufregender. Doch dann muß ich wieder nach Hause zu meinem schrecklichen Privatleben, wo die Situation mit Jed täglich schlimmer wird.

Montag, den 8. Dezember 1980 Ging zu »Halston's«. All seine Mädchen waren da und trugen seine Kleider. Vor der Tür standen drei Limousinen. Wir fuhren zum Metropolitan Museum zur Einweihung von Diana Vreelands »Costume Institute« mit anschließendem Dinner. 650 Prominente waren da. Jemand kam und sagte, John Lennon sei erschossen worden, doch kein Mensch glaubte ihm. Also rief jemand bei der »Daily News« an und erfuhr, daß es stimmte. Es war entsetzlich. Alle sprachen von nichts anderem. Er war vor seinem Haus erschossen worden.

Als ich nach Hause kam, stellte ich den Fernseher an. Sie sagten, Lennon sei von jemandem ermordet worden, dem er am selben Abend noch ein Autogramm gegeben habe.

Dienstag, den 9. Dezember 1980 Die Nachrichten brachten dasselbe wie am Vorabend: Fotos von John und alte Filmausschnitte. Mußte Archie und Amos ins Büro bringen, damit die Puppen-Leute von Lewis

on *(Andy Warhol)*

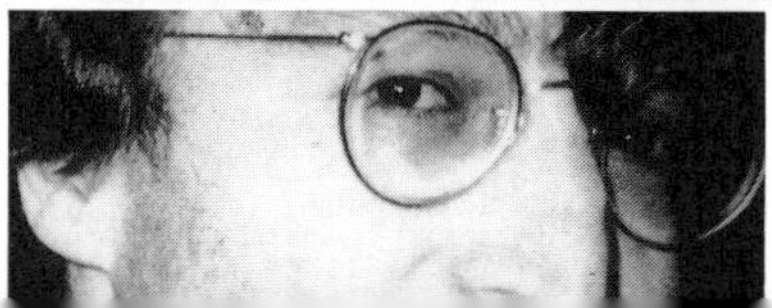

Allen sich die Hunde ansehen konnten (Taxi $ 5.00). Ich wurde schon von Howdy Doody erwartet. Ich mache ein Porträt von ihm. Er ist einer der »Big Myths«.
Nachdem ich Howdy fotografiert hatte, setzte ich mich auf den Friseurstuhl, den die Puppen-Leute mitgebracht hatten. Sie machten erst meinen Hinterkopf und stülpten mir dazu eine Kappe über. Zwei Fotografen waren dabei; Ronnie machte 3-D-Aufnahmen. Ich bekam Modelliermasse aufs Gesicht, und meine Ohren und Augen wurden abgedeckt. »Zwick mich, wenn du raus willst«, sagte einer. Es machte mich ganz krank. Ich war erkältet und konnte den Schleim nicht abhusten. Endlich nahmen sie die Form ab, und ließen sie prompt fallen. »Wir können sie retten, wir können sie retten«, sagten sie. Aber dann wollten sie doch noch einen Abdruck machen, und ich sagte: »Nein, das nicht.« Sie steckten meine Hände in das Zeug, doch es gab Luftblasen, so daß ihnen bei diesem Versuch ein paar Finger verlorengingen. Dann waren meine Zähne an der Reihe. Während das so weiterging, kam Ron Reagan. Er hatte gerade mit seinem Vater im »Waldorf« zu Mittag gegessen. Ich war derart weggetreten, daß ich kaum sprechen konnte. Bob hatte Doria den Tag über freigegeben – sie arbeitet jetzt für ihn –, doch sie war nicht zum Lunch ins »Waldorf« gegangen, weil Nancy sich immer noch nicht an den Gedanken gewöhnen konnte, daß ihr Sohn ohne ihre Zustimmung geheiratet hat.
Bob war groß in Form, weil ausgerechnet in der denkwürdigen »Daily News«-Ausgabe mit der Schlagzeile »John Lennon erschossen« der große Artikel über ihn drin stand – »Der Mann hinter Andy Warhol«. Es war ein langer Artikel, aber er war langweilig.

Mittwoch, den 10. Dezember 1980 Die Zeitungen bringen immer noch Neues über Lennon. Er wurde

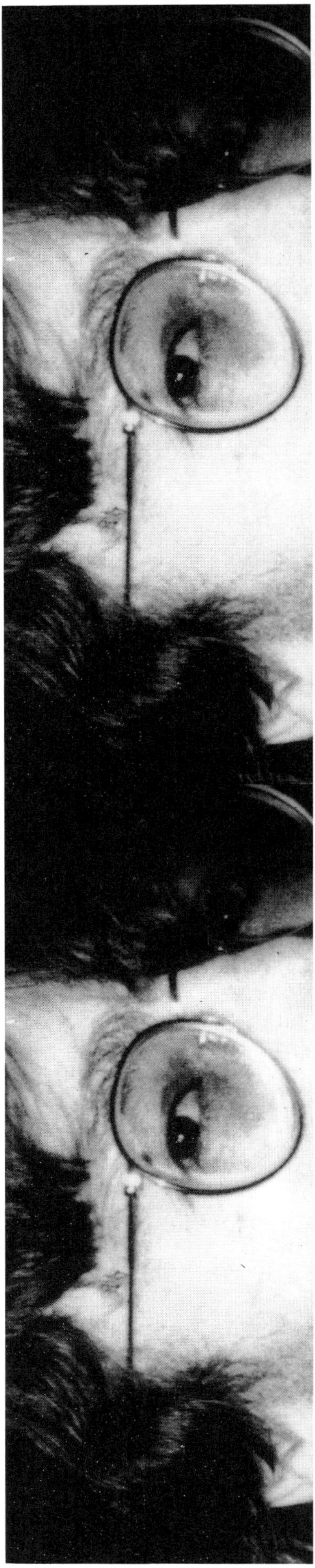

von einem frustrierten Künstler ermordet. Das Poster von Dalí wurde erwähnt, das er an der Wand hängen hatte. Immer wieder werden Hausmeister und ehemalige Lehrer interviewt. Der Täter sagte, der Teufel habe ihm die Tat befohlen. John war sehr reich; es heißt, er habe ein Vermögen von 235 Millionen Dollar hinterlassen.

Sonntag, den 14. Dezember 1980 Während der Schweigeminuten, in denen Johns gedacht und für seine Seele gebetet werden sollte, saß ich in einem Taxi mit einem schwarzen Fahrer. Er hatte einen schwarzen Sender eingeschaltet. Der Diskjockey unterbrach das zehnminütige Schweigen mit den Worten: »Wir sind da oben bei dir, John.« Der Fahrer lachte und sagte: »Ich nicht, Baby, ich bleibe hier unten.« Er wählte einen anderen Sender, und dort (lacht) wurde über die Stille gesprochen.
Catherine war begeistert, weil Tom Sullivan wieder in der Stadt ist und ihr gesagt hat, daß er sie liebt. Doch er redet viel Stuß. Sie sollte aufpassen. Sie tat ihren Schlüssel für ihn in den Briefkasten.

Montag, den 15. Dezember 1980 Ich fragte Autogrammjäger vor dem »Regency«, auf wen sie warteten. Sie sagten, James Cagney wohne dort und es sei so schwierig, an ihn heranzukommen.
Eine Lady aus der 67. Straße klingelte an der Haustür und sagte, wir setzten ihr Haus unter Wasser. Als ich nachsah, entdeckte ich eine Menge Wasser, aber ich wußte nicht, was ich tun konnte, ehe Jed nach Hause kam. Es war ein Wasserrohrbruch, und das Wasser stieg hoch.

Dienstag, den 16. Dezember 1980 Truman hatte eine Lesung im Lincoln Center. Brigid wollte nicht hingehen, weil sie sich zu fett vorkam. Ich mußte ihr aber versprechen, zu beschwören, daß sie dagewesen sei, falls er mich fragte. Jane Holzer schickte einen Wagen, um mich abzuholen. Es war das Mitzi-Newhouse-Theater. Wir saßen in der vierten Reihe neben Halston und Martha Graham. Lester, Suzie Frankfurt und Rex Reed waren auch da. Der Saal war nicht völlig ausverkauft, aber ziemlich voll. Truman war reizend. Zuerst erklärte er alles. Er ging auf Zehenspitzen und schnippte mit den Fingern. Es war wie in der Disco. Das war der beste Teil. Er las und mimte. Er trug die Geschichte der Jungfrau vor, »A Christmas Memory« und ein paar andere Texte. Hinterher sagten ihm alle, wie wundervoll er gewesen sei, denn es waren lauter Freunde da. Rex sagte, die Lesung habe »meine Seele berührt«. Truman zitterte. Als erstes fragte er nach Brigid, und ich schwor, daß sie da sei. »Und, wo ist sie dann«, wollte er wissen. Ich sagte, sie habe nach Hause gemußt, doch ich glaube, er wußte Bescheid.

Mittwoch, den 17. Dezember 1980 Ich war böse, weil zwei Bilder kaputtgegangen waren. Vermutlich wegen der Kälte. Als der Wagen vorfuhr, mußte ich mit Robert Hayes zum »Mayfair«, um mich mit diesem Deutschen aus Düsseldorf zu treffen, der mich kennenlernen wollte. Wir tranken nur Champagner. Ich wollte einen Witz machen und sagte ihm, daß ich vorhätte, »unsichtbare Kleider« zu entwerfen. Als ich ging, sagte er: »Lassen Sie mir Einzelheiten zukommen. Ich möchte mit Ihnen an dieser Kollektion arbeiten.« Er meinte es ernst.

Donnerstag, den 18. Dezember 1980 Erhielt einen dringenden Anruf aus dem Büro. Ein Rockstar erwarte mich in Nummer »860«, um sich von mir fotografieren zu lassen. Ich rief Fred an, um zu erfahren, worum es ging, aber er konnte sich nicht erinnern. Ich sagte, ich käme gleich, und dann dauerte es 25 Minuten (Taxi $ 5.50). Der Rockstar entpuppte sich als Ric Ocasek von den »Cars«. Sie kommen aus Boston. Er trägt einen Ohrring und hat überkronte Zähne.

Er sieht nicht unbedingt gut aus, mit seinem schwarzgefärbten Haar, doch er ist nett und so bezaubernd wie David Bowie.
Bob war mit Telefonieren beschäftigt. Wir mußten uns mit Doria, Ron und ihrem Freund Cal in der 53. Straße »Flash Gordon« ansehen. Sie saßen in der vorletzten Reihe, und hinter ihnen der Secret Service. Der Film war wirklich nicht gut, aber lustig. Nach dem Kino stiegen sie in ihren Wagen und machten keine Anstalten, uns mitzunehmen. Wir fuhren im Taxi

Jed Johnson *(Patrick McCullan)*

zum »Gibbon«-Restaurant, um dort mit ihnen zu essen. Diese Kids können nie Freunde haben, weil es unheimlich ist, mit ihnen zusammen zu sein, bei all dieser Bewachung. Man meint immer, man wird umgelegt. Der Secret Service hat in ihrem Haus ein Zimmer gemietet – das Wohnzimmer einer Dame. Dort sitzen sie und wachen bei offener Tür. Anscheinend mögen die Typen vom Secret Service kein japanisches Essen, weil sie nur Kaffee tranken.
Cal teilte uns mit, daß unsere Einladungen für die Amtseinführung bereits verschickt worden seien. Bob fragte Ron und Doria, ob wir auch zu den richtigen Partys eingeladen seien, und sie sagten, das käme schon hin.

Freitag, den 19. Dezember 1980 C. Z. Guest rief an. Ich muß mir überlegen, ob ich Heiligabend dort hingehe. Cornelia kam herausgeputzt ins Büro und ließ sich fotografieren. Sie möchte Model werden.
John und Kimiko Powers brachten ein Geschenk.

Samstag, den 20. Dezember 1980 Vincent gab eine Party. Ich fuhr hin (Taxi $ 5.00). Die Party war wirklich fantastisch. Ich machte Fotos von diesem gutaussehenden Jungen, den ich für ein Model hielt. Als sich herausstellte, daß es sich um John-John Kennedy handelte, war es mir peinlich. Fred hatte ihn und Mary Richardson mitgebracht. Chris Makos fotografierte auch. Debbie Harry überreichte mir ein Geschenk. Sie wollte, daß ich es aufmache, aber ich wollte warten, bis ich zu Hause war. Jetzt bin ich froh darüber, denn ich weiß nicht, was es ist. Es ist ein schwarzes Ding. Ich frage mich, ob es ein Schwanzring ist. Es ist ein Gummi mit einem Stäbchen, und das Stäbchen macht keinen Sinn.

Sonntag, den 21. Dezember 1980 Jed hat beschlossen, auszuziehen. Ich möchte nicht darüber reden. Er will nun auch in der Wohnung in der West 67th Street wohnen, die er gekauft hat, um dort zu arbeiten.
Ging zur Kirche. Habe im eiskalten Büro gearbeitet und überweise diesmal keine Miete.

Montag, den 22. Dezember 1980 Ein furchtbarer Tag, keine Spur von Weihnachtsstimmung, und es wurde immer schlimmer. Ich schrie alle an und machte sie schuldbewußt, den ganzen Tag über. Ich wurde diese Stimmung auch nicht los, nicht einmal nachts. Curley fing an zu weinen, und ich sagte, er müsse sofort damit aufhören; ich sei kurz vor dem Zusammenbrechen.
Ich sollte eigentlich De Antonio zum Lunch ausführen, aber ich hatte keine Lust. Ich ließ was holen, und wir aßen im Konferenzzimmer. Es war eiskalt, und der tolle Mike, der als einziger weiß, wie man dem Boiler etwas Wärme entlockt, war nicht da. Ich war in einem schrecklichen Zustand. Ich spürte, daß eine Erkältung im Anzug war. Ich kann eben bei Kälte nicht arbeiten.
Hans Mayer kam, um ein paar Bilder abzuholen, und wir wickelten sie in Folie. Ich schenkte Hans und De ein Bild, um in Weihnachtsstimmung zu kommen, aber es glückte mir nicht.

Ich bezahlte ein paar Rechnungen.
Ich dachte mir, daß das Dinner bei C. Z. Guest an Heiligabend vielleicht das Richtige sei, um mich in Stimmung zu bringen. Bob und ich beschlossen, mit Jerry Zipkin, Liz Smith und Iris Love hinzugehen. Damit ist das entschieden. Ich nehme ein paar Exemplare von »POPism« als Geschenke mit.
Curley rief an und lud mich zum Dinner ein. Dann rief Whitney Tower an und teilte mir mit, daß Mick und Jerry mich gerne sehen möchten. Ich fragte, ob ich Curley mitbringen könne, und sie waren einverstanden. Ich verbrachte den Nachmittag neben dem elektrischen Heizofen. Sobald ich einen Zentimeter wegrückte, erstarrte ich.
Ich schickte Jon Gould Rosen – ich möchte, daß Paramount in »Interview« inseriert.
Curley holte mich um 9.00 mit dem Wagen ab. Unterwegs fuhren wir bei Whitney vorbei. Jerry hat eine neue Wohnung am Central Park West. Sie hat sich gerade von ihrem Geld eine Farm in Texas gekauft, und braucht noch einen Traktor. Sie gab mir ein Geschenk. Es war etwas, was ich mir schon immer gewünscht habe – ein komplettes Porzellanservice aus der Concorde. Ich war völlig überrascht und begeistert. Ich habe keine Ahnung, woher sie wußte, daß ich das mag. Es ist komisch, wenn man etwas geschenkt bekommt, was man sich tatsächlich wünscht. Mick war zum ersten Mal wirklich nett zu mir. Er redete und redete als seien wir die besten Freunde. Er sagte mir, daß er am 27. Dezember für den Herzog-Film »Fitzcarraldo« nach Paris fliegen müsse. Er erzählte mir alles darüber und war sehr freundlich.
Mittlerweile war Curley richtig blau. Als er anfing, Mick »Michael« zu nennen und Fotos zu machen, wußte ich, daß ich ihn so rasch wie möglich nach Hause schaffen mußte. Curley glaubt immer noch, daß mein Vater in einer Pittsburgher Kohlengrube gestorben ist. Und weil der Familie seiner Mutter, den Mellons, ganz Pittsburgh gehört, fühlt er sich schuldig. Das ist rührend. Ich brachte Curley raus und dachte, er würde nüchtern, wenn ich mit ihm in die »Brasserie« ginge. Zur Zeit trinkt er ziemlich viel. Noch ist das lustig, doch wenn er so weitermacht, wird sich das schnell ändern. In der »Brasserie« bestellte ich alles mögliche ($ 50.00). Dann fing Curley an zu weinen, und ich befahl ihm, damit aufzuhören. Im nächsten Moment war er wieder okay, lachte und torkelte. Um 1.30 setzte er mich ab. Es war immer noch Frost.

Dienstag, den 23. Dezember 1980 Ich bin so wenig in Weihnachtsstimmung wie nie. Bin mit einer leichten Erkältung aufgewacht. Das Büro rief an, immer noch keine Heizung. Ich überlegte, da fing es an zu schneien. Große, schöne Flocken. Doch als ich mit der Kamera am Fenster war, hatte es aufgehört.
Im Büro war Weihnachtsfeier, man wartete auf mich. Es gab Truthahn, Schinken und Alkohol. Ich wollte noch Weihnachtseinkäufe machen, doch dann überlegte ich mir, daß es später vielleicht schwierig sein könnte, ein Taxi zu kriegen, daher fuhr ich gleich hin (Taxi $ 7.00). John-John Kennedy, Cornelia Guest, John Samuels und Jimmy Burden waren im Büro – all die Kids, die ich schon als Babys kannte, sehr seltsam. Jackie O. hat mich dieses Jahr nicht zu ihrer Weihnachtsparty eingeladen. Ich verteilte ein paar Exemplare von »POPism«. Ronnie schenkte mir eines seiner Kunstwerke; es war wirklich großartig – ein Speer.

Mittwoch, den 24. Dezember 1980 Im Taxi zu Jerrys und Micks Wohnung zum Weihnachts-Lunch. Jerrys schwangere Schwester Cyndy war frisch mit Robin Lehman verheiratet, und alle waren glücklich. Jerrys Mutter war auch da. Jerry trug eine Schürze. Wenn man den Reißverschluß aufmachte, kam ein großer Schwanz zum Vorschein. Ich machte lustige Fotos, wie sie mit einem Schwanz in der Hand den Truthahn zubereitete.

Earl McGrath war da. Ahmet Ertegun kam kurz vorbei. Das Essen war um 5.00 fertig. Eigentlich sollte es schon um 2.00 fertig sein. Alles war ausgezeichnet, der beste Truthahn, den ich je gegessen habe. Alles war frisch, auch die Erbsen, also schlug ich zu.
Um 6.30 kam der Wagen, um uns zu den Guests zu bringen. Wir holten Barbara Allen ab. Sie trug ein grünes Taftkleid von YSL. Dann fuhren wir zum »Saum von Harlem« – so nennt Jerry Zipkin seine Umgebung – und holten Jerry ab, der Nelson Seabra bei sich hatte. Das Dinner wurde im Sitzen eingenommen, und der Truthahn war scheußlich. Er schmeckte wie Büchsenfleisch, und die Preiselbeersoße war auch aus der Dose. Es gab 18 verschiedene Desserts, aber keines davon war gut. Ich saß neben Suzy Knickerbocker und Bob zwischen Liz Smith und Iris Love. Iris trug einen Kilt und ließ mich fühlen, ob sie Unterhosen anhatte. Cornelia sah schön aus.
Danach mußte ich zurück in die Stadt zu Halston. Das Thermometer war von vier Grad plus auf minus neun gefallen. Halston gab mir einen grünen, mit Perlen verzierten Anzug, den ich mir in den Schrank hängen könnte. Er sieht aus wie ein 5000-$-Anzug. Das ist seine Art Kunst. Doch es ist nicht mein Lieblingsgrün, obwohl das Grün schön ist. Ich hätte lieber einen in Rot gehabt.
Ich spürte meine Erkältung wieder und wollte nach Hause ins Bett, aber weil das Haus leer war, ging ich nicht. Ich schenkte Halston eine Pralinenschachtel mit künstlichem Konfekt, das ich selbst gemacht hatte – es war nicht allzu großartig –, und ein »Diamant«-Bild. Victor bekam einen »Schuh«. Gegen 1.30 kam ich nach Hause und öffnete meine Päckchen. John Reinhold hatte mir einen kleinen Fernseher von 5 × 5 cm geschenkt, einen Sony Trinitron.

Donnerstag, den 25. Dezember 1980 Es war der kälteste Tag überhaupt. Ich hatte Angst, schlafen zu gehen, weil ich allein im Haus war. Ich hätte gerne Nena und Auroras Bruder Agosto als Leibwächter, obwohl er nur ungefähr einen halben Meter groß ist. Er ist gerade vom Marinekorps zurück und sagt dauernd »Ja, Sir!« und »Nein, Sir!«. Er ist großartig. Ich war schon auf dem Weg zur Arbeit, als mir einfiel, daß es im Büro ja kalt war, und ich beschloß, nicht hinzugehen.
Holte John Reinhold ab. Wir fuhren zu Sharon Hammond zum Weihnachts-Dinner (Taxi $ 5.00). Es waren keine bedeutenden Gäste da.
Sharon führte mich ins Nebenzimmer und zeigte mir ein Foto von ihrem Lord, wie er gerade pinkelt. Sein Schwanz ist so groß wie der eines Pferdes. Sie weiß nicht, ob sie ihn heiraten soll, doch ich riet ihr zu – bei so einem Schwanz. Er hat ihr nicht die Kissen geschenkt, die sie sich zu Weihnachten gewünscht hatte, sondern einen Fernseher fürs Badezimmer. Und keinen Schmuck. Er hatte ihr zum Geburtstag Schmuck geschenkt, und fünf Minuten später hatte sie ihn im Taxi liegenlassen. Vermutlich kriegt sie deshalb keinen mehr.

Freitag, den 26. Dezember 1980 Der Tag nach Weihnachten, und ich machte schon wieder Weihnachtskarten für nächstes Jahr, für John Loring von Tiffany's. Seit er in »Interview« inseriert, muß ich das machen. Es ist wirklich eine gute Idee – Diamanten mit richtigem Diamantenstaub, ein neunteiliges Set. Jede Karte zeigt ein Stück, und wenn man alle neun zusammensetzt, ergeben sie den Diamanten. Es ist künstlerisch. Wenn es ihnen aber nicht gefällt...
Immer, wenn ich an Tiffany's denke, fällt mir ein, wie ich in den fünfziger Jahren einmal meine Zeichnungen dort ließ und sie jemand stahl.
Ich rief Marina Schiano an, um ihr frohe Weihnachten zu wünschen. Sie will ihre Mutter in Neapel im Krankenhaus besuchen. Sie sagte, es täte ihr leid, daß Jed ausgezogen sei und daß er mit Alan Wanzenberg in Colorado beim Skifahren sei.

1981

Samstag, den 3. Januar 1981
Arbeitete den ganzen Nachmittag. Ging zur Geburtstagsparty von Chris Makos. Peter Wise hatte sich ausgedacht, ihm ein Hotelzimmer zu schenken. Er besorgte ihm eins in dem Hotel – das »St. Moritz« am Central Park South –, in das anscheinend keiner mehr ging. Wir fuhren alle hin (Taxi $ 3.00). Peter war reizend. Er hatte alle Toilettenartikel von Chris mitgebracht, und Chris gefiel das; er war begeistert. Jon Gould, der Vizepräsident von Paramount, kam in Begleitung eines Stewards. Ich glaube, die Rosen, die ich ihm ständig schicke, weil ich mir davon Anzeigen erhoffe, bringen ihn in Verlegenheit. Ich sollte lieber damit aufhören. Er versucht, sich als Macho zu geben.
Dann fuhren wir zu John Reinholds Wohnung, um zu sehen, wie weit Michael Graves mit der Einrichtung war. Er hat für ein Zimmer neun Monate gebraucht – entweder war das Fenster einen Zentimeter zu klein oder zu groß; es mußte ständig neu gemacht werden.

Sonntag, den 11. Januar 1981
Rief Vincent an und weckte ihn auf. Er sagte mir, daß etliche meiner Bilder durch die Kälte Sprünge bekommen haben.
Sah von 1.00 bis 5.30 »Giant« im Fernsehen. Verdammt langer Film. Ich ging zwischendurch sogar zur Kirche, und als ich wiederkam, lief er immer noch. Am schlimmsten ist James Dean als alter Mann. Aber eins haben sie gut gemacht – wenn er betrunken ist und ins Mikrofon spricht, dann sieht er aus wie ein Rockstar. Er hat das Mikrofon ganz dicht am Mund, und es sind nur Geräusche zu hören; regelrecht abstrakt.
Ich trank etwas Wein und nahm ein paar Aspirin, um meine Rückenschmerzen loszuwerden. Außerdem versuche ich, zwei Aspirin am Tag zu nehmen, damit ich nicht senil werde, weil ich gelesen habe, daß Aspirin Arterienverkalkung stoppt. Aber ich weiß nicht so recht: Meine Mutter hat Millionen Aspirin geschluckt, und es hat nicht geholfen.
Von Bob erfuhr ich, daß Reagans Amtseinführung am Samstag stattfindet. Ich wußte nicht, daß es schon jetzt ist.

Montag, den 12. Januar 1981
Die Sonne schien, und ich arbeitete vorne an Ronnies Schreibtisch. Ich mußte ein paar Porträts von Joseph Beuys machen. Ronnie war fahrlässig und ließ mitten im Raum einen Topf Farbe stehen. Ich trat dagegen, und die Farbe lief mir über Schuhe und Hosen. Das Saubermachen dauerte den ganzen Nachmittag – es war das erste Mal, daß so was passierte. Ric Ocasek, Star der »Cars«, kam mit seiner Band, um sich sein Porträt anzusehen.

Dienstag, den 13. Januar New York Ich suchte nach Ideen für die »New Myths«-Serie. Außerdem suchte ich nach Bildern von »Mutter Gans«. Das Beste wird sein, wenn wir Leute entsprechend kostümieren und die Bilder selber machen; dann müssen wir uns auch nicht um das Copyright kümmern.

Mittwoch, den 14. Januar 1981
Ich diktierte Brigid ein Dankschreiben an Gloria Swanson, in dem ich ihr mitteilte, wie sehr mir ihr Buch gefallen hat, und daß ich versuchen will, endlich von den Süßigkeiten wegzukommen. Zweck meiner neuen Briefschreiberei ist es, Antwortbriefe zu erhalten – die Methode von Joan Crawford. Steve Aronson hat übrigens für »Interview« mit Gloria Swanson eines seiner guten, langen Interviews geführt. Sie erkundigte sich im Büro nach seiner Nummer und lud ihn ein zu Tee ohne Zucker.

Dienstag, den 20. Januar 1981, Washington D. C. Der Fahrer holte uns um 10.00 bei Ina Ginsburg ab. Sein Name war Carter. Er fuhr so nahe wie möglich ans Capitol heran; den Rest mußten wir zu Fuß gehen.

Überall Menschenmengen. Viele Kinder, viele Soldaten, Marines, Polizei. Schließlich hatten wir sämtliche Kontrollpunkte passiert und fanden unsere Sitzplätze in Sektion E. Ich wollte mich schon beschweren, weil wir so weit hinten saßen. Dann sahen wir diesen schwarzen Marineinfanteristen. Er ging auf zwei weiße Marineinfanteristen zu und salutierte vor ihnen. Sie sagten (lacht) – das heißt, wir nahmen das an: »Die Staatsoberhäupter werden bald eintreffen. Für ihre Sicherheit ist gesorgt.« Statt dessen sagten sie: »Robert Goulet und Glen Campbell sitzen in Reihe 64.« Dann gingen die drei, um nach weiteren Stars Ausschau zu halten. Wir hatten Ferngläser. Ich richtete meins auf Rosalyn Carter. Sie sah sehr traurig aus. Während der Vereidigung ging ein Marineinfanterist durch die Reihen und sagte mit leiser Stimme: »Falls Sie es noch nicht wissen, die Geiseln haben soeben Teheran verlassen.« Am Himmel flogen Hubschrauber Patrouille. Das Podium war mit kugelsicherem Glas umgeben.

Nachher trafen wir im Capitol an einer Treppe mit dem Hinweis »Nur für Senatoren« zufällig Doria und Ron. Es gab ein großes Hallo. Dann wurden sie weggeführt, und wir gingen in einen anderen Saal. Plötzlich rief eine Stimme: »Andy! Andy!« Es war Happy Rockefeller. »Andy, warum bist du nicht gekommen und hast dir die Bilder angesehen, die du von mir gemacht hast«, fragte sie. Sie trug einen Nerzmantel. Der Saal war praktisch leer. Neben ihr stand ein Marineinfanterist mit einem Walkie-Talkie. Wir waren anscheinend die einzigen, die keine eigenen Marines hatten. Die Antrittsrede konnte einen anfeuern, und ich fühlte mich plötzlich wie ein Republikaner. Doch als sie vorbei war und ich in die Gesichter dieser Republikaner blickte, da war ich doch froh, daß ich Demokrat bin – es gibt tatsächlich einen Unterschied.

Mittwoch, den 4. Februar 1981
Ich saß mit Victor im Büro, und plötzlich sagte jemand: »Sieh mal, wer da ist!« Es waren Steve Rubell und Ian Schrager. Sie waren gerade in der Gegend. Victor umarmte sie und sagte, daß Halston am Samstag eine Dinnerparty für sie plane. Die Party mußte um 6.00 beginnen, weil die beiden um 11.00 wieder in der offenen Anstalt sein mußten. Steve war richtig braun; ich weiß nicht, woher er das hat. Er war dick angezogen, damit man nicht sah, wie sehr er im Gefängnis zugenommen hatte. Ian sah gut aus.

Freitag, den 6. Februar 1981
Vincent und ich hatten eine Verabredung mit dem Home Box Office. Ein Mädchen, das Louis Waldon, unseren Star aus »Lonesome Cowboys«, kannte, arbeitet dort. Sie hatte Vincent erzählt, daß sie daran interessiert seien, etwas mit unserer Kabel-TV-Show zu machen. Wir gingen hin, und sie fingen an, mich niederzumachen. Es war wie in alten Zeiten. Sie sagten: »Sie sind zu ausgefallen. In der amerikanischen Mittelschicht kennt Sie kein Mensch.« Ich wollte schon aufstehen, doch dann dachte ich mir, man kann ja nie wissen, wen man mal wiedersieht. Vincent war ebenfalls wütend, doch auch er ließ sich nichts anmerken. Schließlich standen wir auf und gingen. Sie wollten mich nur bei sich haben, um mich zu beleidigen. Wir fuhren zurück ins Büro.

Donnerstag, den 12. Februar 1981 Fred wollte eigentlich nach Europa, doch dann teilte ihm seine Mutter mit, daß sein Vater gestorben sei, und er fuhr statt dessen nach Texas.

Freitag, den 13. Februar 1981
Chris Makos lud mich um 7.00 in sein Haus ein, um mit mir über Projekte zu sprechen und Fotos anzuschauen. Jon Gould sollte auch kommen.

Ich arbeitete mit Rupert bis 8.00. Er setzte mich bei Chris ab. Wir sprachen über verschiedene Projekte und fuhren dann zum »Coach House«-Restaurant, um zu Abend zu essen. Einer der Kellner war der Junge, der eine Zeichnung von mir hatte. Sie stammte von einem, der sie auf einer Parke-Bernet-Auktion erworben hatte. Als ich das Blatt sah, wußte ich, daß es nicht von mir war. Daher wollte ich es auch nicht signieren. Ich sagte ihm, daß wir ihm statt dessen vielleicht etwas anderes geben könnten, falls er mal ins Büro käme. Es handelte sich um eine Suppendose. Ich kann mich beim besten Willen nicht erinnern, daß ich sie gezeichnet habe, obwohl sie so aussieht, als sei sie von mir. Doch ich erinnere mich auch nicht an dieses Papier. Außerdem ist sie seitenverkehrt, das heißt, ich hätte sie fotografieren und dann übertragen müssen. Doch ich kann mich nicht daran erinnern. Ich habe doch gar nicht so viele Zeichnungen gemacht, und alle entstanden in einem sehr kurzen Zeitraum. Also wenn *ich* es nicht einmal weiß… Das Dinner war gut ($ 300.00).

Samstag, den 14. Februar 1981
Ging zu einer Vernissage in der Grey-Gaultney-Galerie. Beim Gehen trafen wir Gouverneur Carey. Er schlug vor, ich solle den Bürgermeister dazu überreden, den Central Park von Christo in Plastik verpacken zu lassen; dadurch bekämen viele Puertorikaner einen Job.

Sonntag, den 15. Februar 1981
Als Brigid am Freitag von der Arbeit nach Hause kam, konnte sie ihren Kater Billy nicht finden. Noch vor Ladenschluß kaufte sie in der Tierhandlung eine neue Katze! Kannst du dir vorstellen, daß jemand dazu imstande ist? Für $ 300.00. Als sie mit der neuen Katze nach Hause kam, hörte sie es Miauen und öffnete den Schrank. Dort saß Billy in einem Eimer. Sie gab die neue Katze wieder zurück.
Meine beiden Nichten aus Pittsburgh kamen. Ich unterhielt sie ein paar Stunden lang. Sie sehen einander ähnlich und sind noch so wie vor zehn Jahren; kein bißchen älter. Ging zur Kirche.

Montag, den 16. Februar 1981
Um 9.00 aufgestanden; es war ein Feiertag. President's Day – man hat die Geburtstage von Washington und Lincoln zusammengenommen und auf einen Montag gelegt.
Fred kam. Keiner sprach ihn auf die Beerdigung seines Vaters an.
Ich arbeitete an den »Mythen« – Dracula und die böse Hexe. Ich sah gut aus in Frauenkleidern und hatte Lust, selbst dafür Modell zu stehen. Doch Fred sagte, ich solle mir mit der Verkleidung Zeit lassen und die Idee nicht für dieses Portfolio verbraten.
Wie schaffst du es eigentlich, keine Tränensäcke zu bekommen? Ich weiß, es sammelt sich Tränenflüssigkeit an. Aber ich will einfach keine.

Dienstag, den 17. Februar 1981
Gestern habe ich mir eine Spielshow angesehen: »Blockbusters« mit Bill Cullen. Zwei schwarze Typen, ein Portier und sein Cousin, traten gegen ein weißes Mädchen an. Es ging um »Buchstabenraten«, und der Satz lautete: »Andy Warhol ist eine ›J.‹«. Das Mädchen (lacht) gab die richtige Ant-

Jon Gould *(Andy Warhol)*

wort; sie lautete »Jungfrau«. Bill Cullen sagte: »Richtig, und das mit 51.« Sie gewann $ 500.00 und brachte es auf $ 12 000.00.
Ich habe übrigens einen Brief zu »BAD« aus Deutschland bekommen; er ist in Deutsch geschrieben und sieht sehr förmlich aus. Der einzige Satz, den ich lesen kann, ist sehr komisch: »In diesem Film töten sie einen Mann unter einem Volkswagen!«

Mittwoch, den 18. Februar 1981
Doria Reagan kam, und Brigid konnte ihr endlich zeigen, wie man Interviews abtippt. Ich lud zum Lunch ein. Ich konnte keine Sicherheitsbeamten entdecken, doch als Ron kam, um sie abzuholen, brachte er gleich fünf davon mit.

Donnerstag, den 19. Februar 1981 Ich wollte noch »Interviews« verteilen, aber es war schon zu spät. Ich war mit Christopher Gibbs aus England im Büro verabredet (Taxi $ 5.50). Doria Reagan war da und tippte. Es war wieder kein Typ vom Secret Service in ihrer Nähe, dabei hätte sie doch schwanger sein können. Ich meine: Kümmert sich niemand um den möglichen Enkel?
Habe ich erzählt, daß Faye Dunaway kürzlich angerufen hat? Sie spielt Joan Crawford in »Mommie Dearest« (»Meine liebe Rabenmutter«, Regie Frank Perry, 1981) und wollte wissen, ob ich bei der Auktion Joan Crawfords Lieblingsbrosche gekauft habe und sie ihr leihen könne. Aber ich habe sie nicht. Faye erledigt ihre Telefonate immer selbst. Sie ist amüsant. Vielleicht werde ich *sie* mal anrufen. Ihre Nummer kriege ich von Ara. Man könnte eine Geschichte über sie machen.
Ich lud Jon Gould ein, um mir mit ihm »42nd Street« anzusehen. Er sucht Ideen für Paramount, und ich will ihm vorschlagen, aus »POPism« einen Film zu machen. Ich nahm ein Exemplar mit. Wäre es nicht fantastisch, wenn Paramount die Filmrechte erwerben würde? Dann könnte ich mit ihm am Drehbuch arbeiten. Er weiß so viel – er kennt die Fakten, Figuren und Bücher. Er wäre der richtige Mann.

Sonntag, den 22. Februar 1981
Jerry Hall rief an. Der arme Mick ist wegen des Herzog-Films in Peru, wo es die ganze Zeit regnet. Er muß auf einer feuchten Matratze schlafen. Jason Robards ist schon mit Lungenentzündung in ein New Yorker Krankenhaus gebracht worden und will nun nicht mehr zurück. Ich lud sie zum Lunch mit den Basses aus Texas ein.
Auf dem Heimweg lief mir Alan J. Weberman, der »König der Müllologie«, über den Weg. Er stand an der Straßenecke und telefonierte. Ich wußte, wer er war, weil er mir eine Zusammenstellung aller untersuchten Mülltonnen überreichte. Gerade hatte er den Müll von Roy Cohn und Gloria Vanderbilt untersucht. Ich glaube, seine Karriere begann mit Bob Dylan. Ich hatte Angst, er könnte mitkriegen, wo ich wohnte, und wechselte daher die Richtung.
Als ich endlich nach Hause kam, leimte ich mich und ging zum Armory. Es war Roy Cohns Geburtstagsparty. Smoking. Die Mafioso-Typen erschienen aber nicht im Smoking. Steve und Ian kamen nicht, weil sie keine Publicity wollten. Es waren ungefähr 200 Leute da, darunter viele Prominente.
Ich unterhielt mich mit einem Typen und bedauerte, daß man dieses schöne Zeughaus abreißen wolle. Er dagegen fand das gut, weil er bei einer Baufirma arbeitet. Man brachte eine Unmenge Torten. Auf jeder stand ein Buchstabe, und zusammen ergaben sie den Satz »Happy Birthday Roy Cohn«. Roy hatte tatsächlich die Presse hierher gelockt, Reporter von der »Times« und der »Post«.

Montag, den 23. Februar 1981
Ara rief an und teilte mir mit, ich könne Mary Tyler Moore statt um 8.00 erst um 8.30 in »John's Pizza« treffen. Also blieb ich in der Stadt und arbeitete solange.
Jay Shriver setzte Brigid und mich ab (Taxi $ 10.00). Das Lokal war leer,

weil es so regnete. Es ist ein kleines Lokal, nur 6 m × 12 m. Der Besitzer hatte schon angefangen zu trinken. Er war nervös, weil wir kamen. Es gibt dort keine Stücke, sondern nur eine ganze Pizza. Brigid war immer noch auf Diät, daher trank sie nur »Tabs«. Doch der Besitzer bot ihr Wein an und zeigte ihr die 60 verschiedenen Sorten Pizza, und sie wurde fast verrückt. Die Versuchung machte Brigid schwach. Der Besitzer war betrunken.

Mary und Ara kamen fünf Minuten zu spät. Mary war wirklich reizend. Die Jukebox spielte Songs von Sinatra aus den vierziger Jahren. Es war sehr laut. Der Besitzer holte sich einen Stuhl und war Teil der Party. Auf die Servietten hatte er die »New York Times«-Kritik des Lokals drucken lassen.

Mary Tyler Moore will eine neue Frau werden. Brigid sagte Mary, daß sie ihre Krähenfüße liebe – was wahr ist –, doch es klang wie eine Beleidigung. Brigid versuchte, das Gespräch auf plastische Chirurgie zu bringen, ließ es aber bald dabei bewenden. »Es gibt nur eins, was ich wissen möchte«, sagte Brigid plötzlich. »Gehst du mit Warren Beatty aus?« Mary schluckte, und Ara schaute merkwürdig. »Nun«, sagte sie, »wie du weißt, heißt ›ausgehen‹ einfach ›ausgehen‹.« Damit wurde diese Frage nie geklärt. Mary sieht aus wie eine alte Barbie-Puppe. Sie ist perfekt – kurzes Haar, ein schöner Körper, wie die Mutter von Barbie. Sie sieht aus wie Doris Day in den fünfziger Jahren. Und ißt viel. Später bemerkte ich, wie flott sie geht und keinen beachtet, so daß sie niemand anhält. Sie ist ein Dynamo.

Mary studiert Politikwissenschaft. Ich glaube, mit dieser Stimme könnte sie die größte politische Wucht seit Ronnie Reagan sein. Sie geht zwei- oder dreimal in der Woche zu einem Psychiater. Auf einmal bekam sie Lust auf einen Eisbecher mit heißem Guß, also schlug ich als besten Ort dafür die »Serendipity«-Bar vor, und das gefiel ihr.

Als wir ins »Serendipity« kamen, flüsterte alles: »Da ist Mary.« Wir saßen unter der Lampe, die vor 35 Jahren in meinem Wohnzimmer hing. Ich bestellte eine halbe Portion; Mary und Ara auch.

Montag, den 2. März 1981, Paris Wir telefonierten, um festzustellen, wer in der Stadt war, nahmen uns einen Wagen und fuhren zum Chateau La Flori, wo Bergitte de Ganay für Charlotte Greville und ihren Mann Andrew Fraser ein Dinner gab. Sie waren hier zur Jagd.

Auf der Rückfahrt flippte Fred plötzlich aus, und das war zu peinlich. Zuerst war alles normal, doch auf einmal wurde er für zehn Minuten ein anderer Mensch, bis er schließlich wieder zur Besinnung kam. Der Fahrer bekam einen Schreck und hätte fast angehalten (Wagen $ 320.00). Später beklagte sich Fred, daß nie jemand nett zu ihm sei. Im Grunde beklagten wir uns beide – ich fühlte mich nämlich ebenfalls vernachlässigt.

Sonntag, den 8. März 1981, Düsseldorf Gestern abend auf der Cocktail-Party bei Hans Mayer waren viele Leute, von denen ich bereits Porträts gemacht hatte, und die ich nicht wiedererkannte. Daher sah ich in ihnen potentielle Kunden für neue Porträts. (Lacht) O Gott, kein Wunder, daß die Leute meinen, ich sei geistig weggetreten.

Wir frühstückten mit Joseph Beuys. Er bestand darauf, daß ich in sein Haus komme und mir sein Atelier anschaue. Ich sollte sehen, wie er lebt, mit ihm Tee trinken und Kuchen essen. Es war sehr nett. Er schenkte mir ein Kunstwerk, das aus zwei Flaschen mit Sprudelwasser bestand. Sie explodierten in meinem Koffer und zerstörten alles, was ich mithatte. Ich kann den Koffer nicht aufmachen, weil ich nicht weiß, ob es sich noch um ein Kunstwerk handelt oder nur um zerbrochene Flaschen. Wenn er nach New York kommt, muß ich ihn dazu bringen, den Koffer zu signieren, denn sonst ist er zu nichts mehr zu gebrauchen.

Andy Warhol und Joseph Beuys *(DPA)*

Montag, den 9. März 1981, München Sehr sonnig und sehr kalt. Fuhr zu der Galerie, wo eine kleine Ausstellung der glitzernden »Schuhe« veranstaltet wurde. Ich mußte Interviews geben und mich für deutsche Zeitungen fotografieren lassen. Danach fuhren wir zurück ins Hotel und wurden von den »2000«-Leuten abgeholt – es handelt sich dabei um 20 Typen, die sich zu einem Club zusammengeschlossen haben. Sie wollen 2000 Flaschen »Dom Perignon« kaufen und sie bis zum Jahr 2000 in einem versiegelten Raum aufbewahren. Dann sollen sie geöffnet und getrunken werden. Der Gag an der Sache ist, wer dann noch dabei ist und wer nicht.

Es war amüsant, weil alle wirklich »normal« waren, und es machte Spaß, mit ihnen auszugehen. Einige brachten ihre Frauen mit. Das Dinner hatte acht Gänge, und zu jedem Gang wurden viele verschiedene Weine gereicht. Der erste Gang bestand aus frischer Leber. Die Gans war gerade in der Küche geschlachtet worden. Man hatte die Leber herausgenommen, in Stücke geschnitten und warm gemacht – halb erwärmt durch die Hitze und halb durch die Gans. Das war delikat. Doch wenn man darüber nachdachte, war man nahe daran, sich zu übergeben. Als zweiter Gang folgte Suppe. Dann gab es Hummer mit jungen Wachteln – die Brust der kleinen Wachtel war so groß wie ein Fingernagel. Es schmeckte wirklich gut, aber es war alles so furchtbar – als würde man die Brust einer Schabe verspeisen. Zwischen den einzelnen Gängen gab es Sorbet, das aussah wie ein Jackson Pollock, weil sie frische Kiwis und Erdbeeren pürierten und auf einem Teller mischten. Künstlerisch. Der überkrustete Lammrücken war der beste, den man mir je überkrustet hat.

Die 20 Männer wechselten dauernd ihre Plätze, damit jeder einmal neben mir sitzen konnte. Sie dachten, sie kämen zu einer guten Konversation, doch ich war stockbesoffen.

Donnerstag, den 12. März 1981, New York Vincent erzählte mir, daß Bill Copleys Frau Marjorie, die tschechische Madam aus Pittsburgh – von der ich gerade ein Porträt gemacht habe –, ihren Mann verlassen habe. Sie war zu Tiffany's gegangen, hatte ordentlich eingekauft und dann das Bankkonto abgeräumt. Die beiden Porträts nahm sie auch mit. Sie fliegt immer mit einer Privatmaschine von Miami nach Key West. Bill erwartete sie auf dem Flugplatz mit einem Rosenstrauß, doch an ihrer Stelle stieg ein Typ aus der Maschine, der ihm die Scheidungsklage überbrachte. Bills Körper ist jetzt mit Brandwunden dritten Grades bedeckt. Als sie in Key West waren, hatte er im Bett geraucht. Sie schlief in einem anderen Zimmer. Die beiden Huren – Freundinnen von Marjorie –, die mit ihr nach Key West geflogen waren, waren ausgegangen und entdeckten das Feuer, als sie um 5.00 nach Hause kamen. Er hätte sterben können. Sie behauptete, sie habe die ganze Zeit geschlafen und nichts gehört und nichts gerochen, dabei war das halbe Haus abgebrannt. Die Feuerwehr mußte kommen. Bill hat Hauttransplantationen bekommen; er wurde schon ein paarmal operiert. Es war wirklich schrecklich. Und er ist völlig allein, weil sie seinen Assistenten und die Sekretärin gefeuert hat.

Ich las meine Post und fuhr dann ins Büro (Taxi $ 5.00). Brigid war aufgeregt, weil sie sich die Augen liften lassen wollte. Sie hat das Geld bereits überwiesen. Ronnie ist glücklich, weil er eine reiche Freundin gefunden hat.

Fuhr um 11.30 zum »Ritz« (Taxi $ 5.50). Wir bekamen Getränkegutscheine. Punkt 11.30 trat Walter Steding auf und war wirklich gut. Es ist merkwürdig, jemandem zuzusehen, der für einen als Hausmeister arbeitet und solche schauspielerischen Gaben besitzt.

Freitag, den 13. März 1981

Brigid tippte das Band ab, das wir bei Charles Rydell in Port Jervis aufgenommen hatten. Nachdem sie sich selbst auf Band gehört hatte, wollte sie nie wieder trinken.

Ara lud mich für 11.30 zu einer Party für Jack Nicholson in die 212 East 49th Street ein. Models von Wand zu Wand. Ich sagte Jack, wie großartig er in »Postman« (»Wenn der Postmann zweimal klingelt«, Regie Bob Rafelson, 1981) gewesen sei und daß jeder von Jessica Lange begeistert sei. Ich unterhielt mich mit einem Jungen, der beim Team von »Cocaine Cowboys« war. Er erzählte mir die wahre Geschichte von Tom Sullivan – daß er jahrelang Drogen genommen hatte, und daß seine Mutter in Tampa einen Bus fuhr. Im Augenblick sei Tom völlig abgebrannt. Er hatte sein Geld damit verdient, daß er Marihuana – nicht Kokain – aus Kolumbien einfliegen ließ.

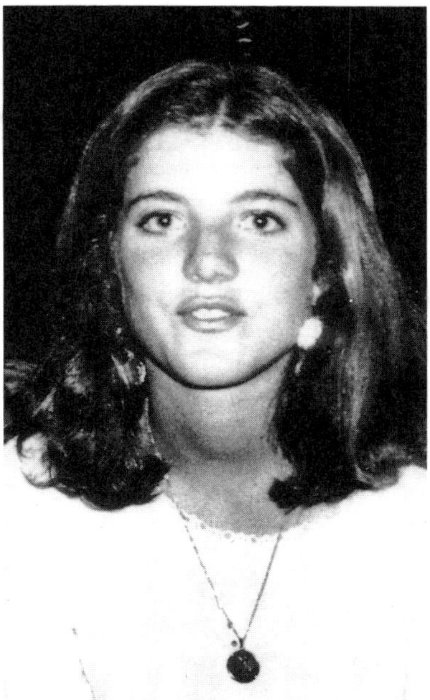

Caroline Kennedy *(Andy Warhol)*

Samstag, den 14. März 1981

Fuhr um 11.00 zur Loyola-Kirche zur Trauung von Michael Kennedy und Vicky Gifford. Fred war auch da (Taxi $ 4.00). Auf der Straße Kamerateams und Polizisten.

In Kirchen wird mir immer schwindlig. Die Bankreihen waren mit hübschen Blumen geschmückt. Kerry Kennedy und Mary Richardsons Schwester waren Brautjungfern. Dann kam die Braut. Es war die schönste Braut, die ich je gesehen habe. Wirklich die schönste Braut. Da

wünschte man sich tatsächlich, auch zu heiraten. Ich bin ihr in Monte Carlo begegnet. Sie ist Frank Giffords Tochter.
Fuhr zum »St. Regis« zum Empfang auf dem Dach des Hotels (Taxi $ 4.00). Dort oben war es herrlich. Ich mußte viele Hände schütteln. Robert Kennedy wollte mit mir die Krawatte tauschen, dann wurde er seltsam und wollte auch die Hosen tauschen. Caroline Kennedy sprach kein Wort mit mir. Sie zeigte mir die kalte Schulter, aber ich weiß nicht, warum. John-John dagegen war sehr nett. Er sagte hallo und so.

Sonntag, den 15. März 1981
Es war ein wirklich schöner Tag. Chris lud mich zum Brunch mit ihm und Jon Gould ein, doch ich dachte, der Zauber würde vergehen, wenn ich Jon bei Tageslicht sähe. Ich beschloß, sie statt dessen in mein Haus einzuladen. Ich war zu nervös, um ins Büro zu gehen – ich blieb zu Hause und räumte auf. Übrigens hat Jon mir neulich gesagt, daß ihm »POPism« gefallen habe. Doch zu Chris hat er gesagt, daß er nicht glaube, daß Paramount daraus einen Film machen würde. Doch vielleicht passiert ja noch etwas. Vielleicht ist es noch zu früh. Jon hat außerdem gesagt, das Buch sei »schlecht redigiert«. Also weiß ich nicht, wie gut er im Lesen ist.
Ich servierte Tee und Kuchen. Jon brachte seine schmutzige Wäsche mit, die er während des Besuches waschen wollte. Zuerst hatte er nämlich gesagt, er könne nicht kommen, weil er seine Wäsche in einen Waschsalon in der Columbus Avenue bringen müsse. Ich sagte ihm, ich hätte eine Waschmaschine im Haus. Ich wollte, daß er sich hier zu Hause fühlte.

Montag, den 16. März 1981
Mrs. Mahoney, die Frau des Vorsitzenden von Norton Simon – das Unternehmen, das »Halston's« gekauft hat –, verplapperte sich und erzählte mir, daß Halston im Krankenhaus liege, doch ich solle das bloß keinem sagen. Also rief ich Bianca an, und Bianca rief bei Halston an. Mohammed log und sagte, Halston schlafe. Victor werde später zurückrufen.
Morgens regnete es, aber es war nicht kalt. Doch gegen Abend sank die Temperatur wieder unter null. Mrs. de Menil kam mit Mrs. Pompidou ins Büro. Sechs Sicherheitsbeamte gingen voraus, und sechs weitere blieben bei ihr. Sie ist groß und schön. Mrs. Malraux war auch dabei. Ich schenkte allen mein »Philosophy«-Buch. Mrs. de Menil ist sehr mager. Sie baut in Houston ein Museum, doch das sollte noch geheim bleiben. Madame Pompidou blieb nur zehn Minuten – ich erfuhr erst später, daß sie Nixon besuchen wollte.
Ich wartete im Büro, bis es Zeit war, zu Mrs. de Menil zu fahren (Taxi $ 4.00). Anschließend gaben Arman und seine Frau Corice eine Dinnerparty für Madame Pompidou.

Mittwoch, den 18. März 1981
Ich hatte mit Raquel Welch eine Verabredung zum Lunch. Vor ein paar Wochen hatte sie abgesagt, und dies war der neue Termin. Diesmal brachte sie ihren Mann mit. Als wir die erste Verabredung trafen, verlangte sie, daß keine anderen Gäste anwesend wären, doch diesmal waren schon 20 Leute angesagt.
Es war ein merkwürdiges Essen. Raquel und ihr Mann wollten intellektuelle Gespräche führen. Ich gab ihnen die Werke von PH und mir – das »Philosophy«-Buch und »POPism«.
Raquel saß auf der Couch, während alle so taten, als starrten sie sie nicht an. Sie interessiert sich für Kunst, daher machten wir den Rundgang. Susan Blond fragte sie, ob sie in New Wave Clubs gehe. »Nein«, sagte sie. »Ich möchte die Old Wave zurück haben, weil sie für Qualität steht, nicht diese Kids, die nur Blödsinn machen.« Ist das zu glauben? Sie sagte, an der UCLA habe sie eine Vorlesung gehalten.
Bob war fix und fertig. Bei einem derart großen Mittagessen erreiche man nichts, denn die Leute wüßten nicht,

warum sie hier seien, während sie bei einem kleinen Lunch wüßten, daß man ihnen Anzeigen verkaufen wolle. Mary Boone zum Beispiel habe nicht gewußt, warum sie da war.

Donnerstag, den 19. März 1981
Ich mußte mich entscheiden, ob ich Chris Makos bitten sollte, uns nach Europa zu begleiten und mir beim Fotografieren von Gebäuden zu helfen, oder nicht. Ich beschloß, ihn mitzunehmen.

Freitag, den 20. März 1981
Bob und ich mußten unser Interview mit Rex Smith machen. Ich hielt es für besser, uptown zu bleiben, weil das Ganze im »Quo Vadis« stattfinden sollte. Wir verliebten uns in ihn. Er hatte Locken wie Vitas Gerulaitis, sah aber besser aus.
Plötzlich rief jemand: »Andy!« Es war Yoko Ono. Wir waren erstaunt. Sie sah elegant aus wie die Herzogin von Windsor. Sie hatte das Haar zurückgekämmt und trug eine dunkel umrandete Brille. Ihr Gesicht war dezent geschminkt. Sie trug einen Pelz von Fendi und Schmuck – einen Smaragdring mit einem großen Rubin und Diamantohrringe von Elsa Peretti. Ich sagte ihr, ich werde sie anrufen und zum Lunch einladen, und sie gab mir ihre Nummer. Es war wirklich seltsam, eine völlig neue Yoko.

Montag, den 23. März 1981
Ich habe vergessen, die Story von Halston zu erzählen, soweit sie aus Victors vagen Andeutungen hervorgeht. Fest steht nur, daß er immer noch im Krankenhaus liegt. Ein Spiegel, der an der Decke über seinem Bett hing, soll auf ihn gefallen sein und ihn verletzt haben. Das Silber von der Rückseite des Spiegels sei in die Wunde gelangt und habe sie infiziert. Ich weiß allerdings nicht, ob Victor in seiner kreativen Art das alles nur erfunden hat.
Chris Makos kam um 3.00. Wir fotografierten eine Madonna namens Jackie mit einem Baby. Es war ein süßes kleines Mädchen, ein wirklich hübsches Kind. Die Madonna glich einer schönen Ausgabe von Viva oder einer ihrer Schwestern.

Dienstag, den 24. März 1981
Als Vincent und ich gegen 5.30 Rechnungen bezahlten, hörten wir mehrmals einen Knall und dachten an Feuerwerkskörper. Als wir dann auf den Union Square blickten, lag ein Toter auf der Straße. Offenbar hatte die Polizei die Person erschossen. Das Fernsehen kam, und seine Scheinwerfer waren so hell, daß wir vom Fenster aus die Blutlache erkennen konnten, die den Leichnam umgab.

Mittwoch, den 25. März 1981
Brigid wiegt jetzt weniger; man kann bereits ihre Knochen fühlen. Heute oder morgen will sie sich die Augen richten lassen.
Vincent suchte in der Zeitung den Artikel über den Mord am Union Square. Schließlich entdeckte er ihn in der »Post«. In dem Wagen müssen eine Menge Drogen oder dergleichen gewesen sein, weil der Polizist fünfmal geschossen hat.
Ich zog mich rasch an, um in die Park Avenue 635 zu gehen, wo Walter Hoving für John Kluge ein Dinner veranstaltete. Am Eingang traf ich Hoveida. Es war schön, ihn zu sehen. Ich bat ihn, mich zu begleiten, und sagte, daß ich ihn längst anrufen wollte. Jane Pickens Hoving begrüßte uns. Dort war wirklich ein prominenter Haufen versammelt – die Trumps, die Bronfmans.

Donnerstag, den 26. März 1981 Morgens rief Joan Lunden an. Sie und Barbi Benton erwarteten mich im »Le Cirque« zum Lunch. Barbi war wegen Joans Vorstellung am folgenden Tag in der Stadt. Ich wußte, daß Jed dort sein würde, daher sagte ich, ich könne nicht kommen. Joan war auf der Highschool Jeds Freundin gewesen, und Barbi war die Freundin seines Bruders Jay.

David Hockney kam zum Lunch, und Vincent machte ein Video von ihm. Hinterher ging er ins Nebenzimmer und machte das Interview. David ist reizend, wirklich bezaubernd.
Julie Sylvester von der Dia Art Foundation kam vorbei. Sie arbeitet für Heiner Friedrich. Sie erzählte mir, daß Philippa jetzt armen Menschen Geld gibt. Ich hoffe nur, daß sie das nicht von ihrem Kunst-Budget abzweigt; denn sie ist wirklich großzügig.
Barbi Benton rief an und lud mich zu »Pirates of Penzance« ein. Ich sagte ihr, ich hätte schon etwas anderes vor, was auch stimmte, doch sie sagte: »Du gibst einem Playboy-Häschen einen Korb? Mir hat noch keiner einen Korb gegeben! *Du* hast doch die Hosen an und kannst tun, was du willst. Ändere doch deine Pläne.« Ich sagte okay. Sie war so aggressiv, daß mir keine andere Wahl blieb. Ich wollte sie um 7.30 im »St. Moritz« abholen und fragte, ob ein Taxi okay sei, und sie sagte ja.
Kriegte schnell ein Taxi. Ich stellte fest, daß ich meine Kreditkarten nicht mit hatte, sondern lediglich $ 100.00, daher mußte ich mir von Barbi $ 20.00 leihen. Sie sah sich das Stück nur an, weil sie entschlossen ist, an der Westküste den Part von Linda Ronstadt zu übernehmen.
Nach der Vorstellung sagte Barbi, Joe Papp habe für sie ein Treffen mit Linda Ronstadt arrangiert. Also gingen wir hin. Es war so albern, den beiden zuzuhören. Linda möchte in einem anderen Stück mitspielen, das im Herbst Premiere hat. »Das hat deiner Karriere neue und weitere Perspektiven eröffnet«, sagte Barbi. »Jetzt kannst du es mit Barbra Streisand aufnehmen.« Sie sprachen darüber, wie schrecklich schüchtern sie beide waren. Rex Smith war da, in seinen engen Hosen und mit seinem großen Schwanz. Er sah Barbi an und sagte: »*Das* ist mein neues Abenteuer«, denn als wir das Interview mit ihm machten, hatte er erzählt, daß er ein »neues Abenteuer« suche.
Ich lud Rex zum Dinner bei »Pearl's« ein. Er warf sich in Schale und drehte sich einen Joint. Wir waren erst gegen 11.00 bei »Pearl's«, und die Küche hatte schon geschlossen, doch sie warteten trotzdem auf uns.
Rex war hinter Barbi her, und ich fragte ihn nach seiner Ex-Frau. Er sagte, sie sei älter gewesen. Er mochte ältere Frauen. Er fragte Barbi, wie alt sie sei, und sie sagte 31. Alles lief prächtig, bis er fragte, »Bist du verheiratet«, und sie mit »Ja« antwortete. Und bei Rex war die Luft raus, das Dinner so gut wie gelaufen.

Freitag, den 27. März 1981
Um 3.00 hatten wir noch eine Madonna mit Kind bestellt. Ich weiß, daß diese Serie problematisch wird. Es ist zu eigenartig: Mütter, Babys, Stillen.

Samstag, den 28. März 1981
Um 9.45 kam ich zu Halston. Steve Rubell und Ian waren da. Halston hat fast sieben Kilo abgenommen und trank Ginger Ale. Er erzählte mir, was wirklich passiert war. Ich wußte, daß er und Martha Graham sich Vitamin B-12 spritzten. Eine der Spritzen war mit Blei infiziert, und er bekam Schmerzen im Bein. Er ging zum Arzt, und der schickte ihn ins Krankenhaus. Doch Halston weigerte sich und wollte nach Hause. Da fing das andere Bein auch noch an, und er konnte kaum gehen. Man brachte ihn ins Krankenhaus. Die Ärzte fürchteten, er könne sein Bein verlieren, und operierten ihn. Ich denke, das ist die Wahrheit, weil Halston keine Geschichten erfindet. Er war froh, daß nichts in die Presse gelangte.

Montag, den 30. März 1981 Es war warm und regnerisch. Ich blieb uptown, weil Bob und ich um 1.00 im »Quo Vadis« ein Interview mit Dominique Sanda hatten. Dort hatte man uns versehentlich schon ab 12.00 einen Tisch reserviert. Bob und ich verliebten uns Hals über Kopf in Dominique. Sie war wundervoll, sie hat Magie. Wir machten große Augen.

Und wenn Bob so hin und weg ist, dann ist es Liebe. Sie kichert und spricht perfekt Englisch, wenn auch mit einem leicht britischen Akzent. Eines Tages, so erzählte sie, wurde ihr bewußt, daß sie ihren Nachnamen nicht mehr leiden konnte, und von da an nannte sie sich Sanda. Ich glaube, dieser Name hat viel mit ihrer Aura zu tun. Hinterher wollte sie einen Spaziergang im Regen machen. Wir gaben ihr ein »Interview« als Regenhut, und sie ging damit los.

Wir gingen zu Sharon Hammonds Geburtstagsparty. Es war ausgesprochen festlich. Ich vermute, daß der Mordanschlag auf Reagan alle ziemlich mitgenommen hatte und daß ihnen ein Stein vom Herzen fiel, als sie hörten, daß er durchkommen würde. Sharons Lord war auch da. Lester Persky unterhielt sich mit einem anderen Produzenten über »POPism« und sagte, er wolle das Buch »kaufen«. Aber wenn Lester so was sagt, weiß ich nie, woran ich bin. Hat er nun die Filmrechte oder ein Exemplar des Buches gemeint?

Mittwoch, den 1. April 1981, New York – Paris Auf dem Weg zu unserem Hotel setzten wir Chris Makos am »Hotel Lenox« in der Rue de l'Université 9 ab (Taxi $ 50.00). Rocksavage gab eine kleine Dinnerparty.

Donnerstag, den 2. April 1981, Paris Helmut Newton kam um 12.00, um Modeaufnahmen zu machen. Sie brachten riesige Blumen-Bouquets mit, die wir hinterher behalten durften. Helmut erlaubte mir, ihn und sein hübsches Model zu fotografieren.

Am späten Abend ermutigte mich Christopher Makos, Jon Gould in Kalifornien anzurufen. Dort war es 5.00. Ich tat so, als sei ich nicht betrunken, und meine Stimme klang stocknüchtern – wie ich das geschafft habe, weiß ich auch nicht. Die Sekretärin sagte, er sei in einer Besprechung, er würde mich aber garantiert in einer Viertelstunde zurückrufen, und dann fragte sie, ob sie mich »Andy« nennen dürfe, ich sei nämlich ihr Gott, aber an ihrer Vertraulichkeit merkte ich sofort, daß etwas faul war. Ich wußte, daß er nicht anrufen würde. Trotzdem saß ich da und wartete auf seinen Anruf. Ich glaube, ich bin sogar eingedöst, doch ich hätte bestimmt gehört, wenn das Telefon geläutet hätte. Und dann platzte Fred herein, und mit ihm eine Horde rüpelhafter Franzosen. Ich kannte sie nicht. Sie hatten gräßliche Stimmen und redeten und redeten, und dann legte Fred auch noch »Diamonds are a Girl's Best Friend« auf in voller Lautstärke – ich dachte, ich flippe aus. Und ich war so verzweifelt, weil kein Anruf kam, daß ich mich fast umbringen wollte. So ist das Leben, Kleines. Freds Freunde gingen nicht vor 4.00 morgens. Ich sah aus dem Fenster, als ich sie gehen hörte, und fand sie nicht so toll, aber Fred sagte, sie seien allesamt reich.

Freitag, den 3. April 1981, Paris Stand um 12.00 auf, weil wir mit São Schlumberger zum Lunch im »Maxime's« verabredet waren (Taxi $ 12.00). São saß allein da und hatte schon Angst, wir hätten sie vergessen. Sie schenkte uns wunderschöne Krawatten aus Indien. Sie sagte, sie sei zu Naguib, ihrem letzten Freund, »zu offen« gewesen, und jetzt gebe ihr jeder den Rat, es sei, äh – das Beste sei, sie – ich glaube, mir fällt es deshalb nicht mehr ein, weil niemand wußte, was das Beste für sie ist.

Nach dem Lunch gingen wir in die Gainsborough-Ausstellung. Viele schöne Gemälde von Menschen und ihren Hunden. Da wir schon in der Nähe waren, gingen wir zu »Givenchy«. Hubert kam im weißen Kittel herunter und führte uns herum; das machte Spaß.

Samstag, den 4. April 1981, Paris Wir gingen zum Dinner, dann in den »Club 78«, danach ins »Privilege« – um 4.00 morgens waren wir zu Hause. Ich rief Jon Gould bei

»Paramount Pictures« in Los Angeles an. Ich war betrunken und sagte, glaube ich, eine Menge falscher Dinge.

Mittwoch, den 8. April 1981, Wien Ich stand früh auf. Ich hatte von Billy Name geträumt. Er wohnte unter der Treppe in meinem Haus und schlug Purzelbäume. Alles war sehr bunt. Und so unheimlich. Seine Freunde drangen irgendwie in mein Haus ein, führten sich in ihren farbenprächtigen Kostümen wie Verrückte auf, trieben Späße und machten sich breit. Sie bestimmten über mein Leben. Es war wirklich unheimlich. Sie waren wie Clowns. Jeder war ein Clown auf seine Art. Sie wohnten bei mir, ohne es mir zu sagen. Morgens, wenn ich nicht da war, kamen sie hervor und machten Unsinn, und dann krochen sie zurück in den Schrank, in dem sie wohnten.

Dann wachte ich auf. Christopher hatte alle Lichter angelassen, und die Fenster standen offen. Es war ein sehr schöner Tag.

Ich suchte nach einem Lodenmantel für Jon Gould. Bruno Bischofberger sagte, die besten Lodenmäntel gebe es in Zürich, und Fred behauptete dasselbe von Paris. Doch ich finde, die besten gibt es in Wien.

Dann mußten wir uns mit einem Typ namens André Heller treffen. Er hat goldene Schallplatten gemacht, besitzt eine Menge Gemälde und will von mir eine Zeichnung für ein Plattencover. Er wollte uns in den unterirdischen Teil der Stadt führen, um uns tote Menschen zu zeigen. Sie sind versteinert und tragen Kleider aus dem 18. Jahrhundert. Fred sagte, das sei womöglich ein guter Einfall, vielleicht kämen uns dabei Ideen.

Also trafen wir uns mit André. Er schenkte uns etwa 20 Schachteln Konfekt. Dann gingen wir in die Katakomben und mußten die Leichen mit oooh und aaah begrüßen. Es war eiskalt da unten. Und dann wollte er, daß wir das Konfekt zurückließen. Das wollten wir nicht und taten es trotzdem. Ich fand es abscheulich da unten. Fred war angetan.

Bruno brachte uns ins Hotel zurück. Fred hatte Lust, noch mal hinabzusteigen, aber Christopher wollte lieber durch den Park pirschen. Wir stellten unsere Sachen ab und machten einen ausgiebigen Spaziergang durch den Park, das war gesund.

Donnerstag, den 9. April 1981, Wien Bruno holte uns ab, weil wir Punkt 10.30 im Ministerium einen Termin bei der Kultusministerin hatten. Wir sprachen mit dem Kurator meiner »Reversals«-Ausstellung im Museum für Moderne Kunst in Wien. Seinen Namen habe ich vergessen. Er zeigte uns die schönen Kataloge, die für die Ausstellung gedruckt worden waren. Sie sind länglich und dünn. Wir gingen ins Hotel und machten uns frisch. Die Ausstellung begann um 6.00.

Als wir ins Museum kamen, herrschte unglaublicher Andrang. Die Öffentlichkeit hatte Zutritt. Ich war zum ersten Mal in Wien, also hieß es »Andy sehen – jetzt oder nie«. Das dauerte zwei Stunden; ich mußte Schuhe und Ärsche signieren und kriegte den Kopf nicht hoch.

Schließlich hielt es Christopher nicht mehr aus und sagte, wir müßten jetzt gehen. Also liefen wir an den Leuten vom Fernsehen vorbei, sprangen in den Wagen und fuhren in ein Wiener Restaurant, wo wir Hot Dogs aßen. Dann in einen tollen Club namens »Chaca« – lauter junge, gutaussehende Kids. Tango-Musik und alte Elvis-Songs, das war das Größte.

Chris und ich nahmen einen entzükkenden Jungen mit ins Hotel, Martin. Wir brachten ihn dazu, sein Hemd auszuziehen und auch seine Hose. Er trug verrückte Op-art-Unterwäsche. Wir machten Fotos, und er stand hervorragend Modell. Dann gaben wir ihm den Wagen für die Heimfahrt. Eins habe ich von Chris gelernt: Man muß den Leuten nur sagen, was sie tun sollen, dann tun sie es auch. Das gilt besonders für Models und Schauspieler. Dann entdeckte ich ein Telex von Jon Gould: Er sei wieder in New York. Eine nette Nachricht. Jetzt ging es mir gut.

Montag, den 13. April 1981, Paris – New York Ich packte bis 2.30 morgens, schluckte ein Valium und schlief tief und fest. Dann klopfte Fred an meine Tür, und Chris Makos rief an. Beide waren fertig zur Abreise. Chris ist der perfekte Kumpan für mich. Er ist so, wie ich immer sein wollte. Er ist energisch, aber nur, wenn's drauf ankommt. Und er ist ein Kind. Er geht auf Sexpartys und kommt befriedigt mit geputzter Pfeife zurück. Und er liebt Peter, seinen Liebhaber. Er ist sehr rücksichtsvoll, und wenn er in ein Lokal geht, kann er es kaum erwarten, wieder zu gehen – genau wie ich. Außerdem animiert er mich dazu, überall hinzugehen. Und wenn er mich auch fast so weit gebracht hat, daß ich *seinen* Rucksack trage – das macht mir nichts aus, denn es ist spannend mit ihm, und mit ihm fühle ich mich jung. Ich habe Chris eine Belohnung versprochen – eine Jaeger-Couture-Reverso-Uhr –, wenn er Jon Gould dazu bringt, sich mit mir einzulassen. Das Ganze ist verzwickt, weil Jon versucht, ein Hetero-Image zu wahren. So behauptet er mir gegenüber, er sei nicht schwul, er könne nicht... doch ich glaube...
Nahm die Concorde. Um Punkt 9.00 waren wir zu Hause. Ich rief Jon an, doch er sagte, er könne nicht mit mir reden, seine Badewanne laufe über.
Nahm ein Taxi downtown ($ 4.00). Im Büro sprach ich mit Marc Balet. Er hat den Katalog der »Zoli«-Agentur gemacht, den Katalog mit den Models, in dem ich auch vorkomme. Ich habe sogar schon Angebote. Offiziell bin ich also jetzt ein Model.
Am Abend wollte ich ins Lincoln Center. Barbara Stanwyck wurde mit dem Preis der »Film Society« ausgezeichnet. Ich rief die Werbeagentin Sue Salter an. Sie war infam. »Oh, mein Lieber, es ist ausverkauft.« Ich erinnerte sie daran, daß wir schon viel für sie getan haben. Daraufhin sagte sie, sie wolle versuchen, eine Karte für mich aufzutreiben, doch ich müsse bezahlen, und dann sagte sie, daß sie mir auch zwei Karten besorgen könne, die würden aber $ 250.00 kosten. Ich sagte: »Das geht in Ordnung.« Jetzt können sie wenigstens keine Gefälligkeiten mehr von mir erwarten. Vielleicht ist es besser so. Wenn man immer bezahlt, kann keiner etwas wollen. Letztes Jahr habe ich die Karten noch umsonst gekriegt.
Jon Gould bat mich, ihn abzuholen, also fuhr ich mit Chris Makos bei ihm vorbei. Wir gingen zu Fuß in die »Alice Tully Hall«. Eine Menge Plätze waren frei. Ich hätte diese Sue Salter in der Luft zerreißen können. Wenigstens hatten wir gute Plätze, Reihe J. Und die Filmausschnitte von Barbara Stanwyck waren großartig. Nur gegen Ende wurde es langweilig, weil sie zu oft dieselben zeigten. Chris setzte mich um 11.30 ab.

Dienstag, den 14. April 1981 Arbeitete bis 5.30. Jon Gould lud mich zu einer Vorführung von »Atlantic City« (Regie Louis Malle, 1980) ein, die er für seine Clique arrangiert hatte. Taxi zu »Paramount« ($ 7.00). Ich traf den Mann, der im »Zoli«-Katalog mein Foto gesehen und mir einen Termin angeboten hat. Ich finde es lustig, in so einem Katalog ein hübsches Gesicht unter vielen anderen zu sein und mehr nicht.

Mittwoch, den 15. April 1981 Hatte eine schlaflose Nacht. Sah in der »Today Show«, wie die Astronauten mit ihrem Shuttle zurückkamen. Sie sind wirklich süß. Ist dir schon mal aufgefallen, wie alt sie nach einem Weltraumflug aussehen? Sie schicken gutaussehende Männer hoch und kriegen müde Typen zurück.
Ich ging zu Karl Fisher, um meinen ersten Werbespot für Sony zu machen. Ich wurde bereits erwartet, sie

bauten auf. Sie sprachen über andere Künstler, die sie für die Kampagne kriegen wollen. Namen wie Duchamp und Picasso fielen. Im Ernst. Ich glaube wirklich, sie hatten keine Ahnung, daß die tot sind. Maurice Sendak war außer mir der einzige auf ihrer Liste, der noch lebt. Und Peter Max.

In einem Nebenraum gab es etwas zu essen, aber mir boten sie nichts an. Die Bosse zeigten sich, aßen Käse und gaben Sprüche von sich wie »Ein ausgezeichneter Aufstrich«. Wie in der Werbung. Die Leute reden wirklich so, sie bestehen nur noch aus Werbung.

Alle beteuerten mir, ich sähe wunnndervoll dünn aus, aber ich fühle mich schwach.

Donnerstag, den 16. April 1981 Stand früh auf. Draußen war herrliches Wetter. Aber ich habe eine Phase, in der ich nur denken kann: Was soll das alles? Du tust dies, und was heißt das? Und du tust jenes, und was hat das für einen Sinn?

Wirklich, ich mache eine seltsame Phase durch. Ich habe es immer wieder hinausgeschoben, dem Tagebuch von meinen seelischen Problemen zu erzählen. Als ich mich Weihnachten mit Jed so oft gestritten habe und er schließlich ausgezogen ist, konnte ich einfach nicht darüber sprechen. Jetzt lebe ich allein, und in gewisser Weise bin ich erleichtert. Aber auf Dauer möchte ich in dem großen Haus nicht allein sein, nur mit Nena, Aurora, Archie und Amos. Ich war verzweifelt, weil mir alles sinnlos vorkam. Da faßte ich den Entschluß, den Versuch zu wagen, mich wieder zu verlieben, und dieser Versuch gilt nun Jon Gould. Aber es ist zu schwierig. Ich meine: Da denkt man ständig an einen anderen Menschen, doch es ist nur eine Phantasie, nichts Wirkliches. Und dann verwickelt sich alles, man sieht einander die ganze Zeit, und dann stellt sich heraus, es ist ein Job wie alles andere. Also, ich weiß auch nicht. Aber in Jon verliebt zu sein, ist nicht schlecht, weil er seine eigene Karriere hat und wir gemeinsam Ideen für Filme entwickeln können. Verstehst du? Vielleicht kann er »Paramount« doch noch dazu überreden, in »Interview« zu annoncieren. Dann ist meine Schwärmerei wenigstens gut fürs Geschäft.

Ach ja, ich traf Lou Reed und seine Frau im Village auf der Straße. Sie ist nichts Besonderes, eine kleine Frau, sehr sexy. Ich erzählte ihm, daß ich in »People« gerade etwas über ihn gelesen hatte und fragte, weshalb er uns nie besuchen komme. Er antwortete,

Lou Reed *(Andy Warhol)*

weil er niemanden mehr kenne. Dann fragte er, ob Ronnie noch da sei. Ich sagte ja. Ob Vincent noch da sei. Ich sagte ja. Ob PH noch da sei. Ich sagte ja. Es war lustig.

Ich zeigte Jon Gould das Haus, um ihn zu beeindrucken. Ich benahm

mich ganz verrückt und deutete an, daß es auch sein Haus sein könnte und es sogar ein Zimmer mit seinem Namen gab.
Wir sahen uns »Excalibur« (Regie John Boorman, 1981) an. Die Sexszenen waren abgeschmackt, aber schön gemacht. Er behielt seine Rüstung an, als sie miteinander schliefen. Ich war ganz verwirrt. Ich hatte immer angenommen, daß es den Ort Camelot wirklich gibt.

Freitag, den 17. April 1981 Ich war deprimiert und beschloß, »Interviews« zu verteilen. Anschließend ging ich ins Büro. Das Moynihan-Girl Maura war da. Sie kam zwei Tage zu spät zum Lunch (Taxi $5.00). Jetzt, wo die »Soho News« Dominique Sanda auf dem Cover haben, wäre es bescheuert von uns, wenn wir sie auch auf dem Cover bringen würden. Vielleicht nehmen wir Maura dafür. Sie ist süß, intelligent – sie war in Harvard – und hat eine Rockband.
Chris Makos rief mich aus dem sonnigen Palm Beach an. Er war mit seinem Freund Peter dort, und das deprimierte mich.
Ich arbeitete bis 6.30. Rupert lud mich zu einer Männerparty in die Bleecker Street ein, aber ich war zu deprimiert. Aß in der »Brasserie« ($40.00). Ich ging einsam und verzweifelt nach Hause, weil niemand mich liebt und weil Ostern ist. Ich weinte.

Samstag, den 18. April 1981 Chris Makos rief mich um 9.00 aus Florida an und war so glücklich, daß er mich von neuem deprimierte. Mittlerweile schaffe ich zehn Liegestütze, aber mit den Rumpfbeugen tue ich mich schwer. Ich hing herum, mit meinen Gedanken woanders. Ich arbeitete von 12.30 bis 7.00. Rupert bekam 30 Anrufe, ich keinen einzigen.
Ich holte John Reinhold ab. Wir trafen uns mit Tom Baker im »Playhouse« in der West 48th Street, um uns Sylvia Miles in dem Ein-Personen-Stück anzusehen (Taxi $5.00, Karten $45.00). Das Bühnenbild war gut – eine Nachbildung ihrer Wohnung, einschließlich meiner »Marilyn«. Ein paarmal fiel mein Name in dem Stück. Danach gingen wir hinter die Bühne in Sylvias Garderobe. Überall Blumen, Telegramme und Plakate. So was gefällt ihr. Es war mir peinlich, daß ich ihr nichts mitgebracht hatte. Ich muß ihr Champagner schicken. Wir brachten John Reinhold nach Hause. Er hatte ein schlechtes Gewissen, weil heute das Passahfest war. Tom und ich sprachen über Jim Morrison. Tom erzählte mir, sie hätten mal drei Mädchen abgeschleppt, aber dann habe Jim schlappgemacht und er habe alle drei allein bumsen müssen. Ich blieb bis 4.00. Brachte Tom mit dem Taxi nach Hause ($5.00).

Sonntag, den 19. April 1981 Ostern. Ich war sehr deprimiert. Es war Sonntag, deshalb war Jed gekommen und hatte die Hunde mitgenommen. Ich weinte dreimal. Dann riß ich mich zusammen und ging zur Kirche.

Montag, den 20. April 1981 Es war etwas kühl, deshalb hatte ich eine Jacke an und den Rucksack dabei. Vincent sprach mit unserem Vermieter in der »860« und erfuhr von ihm, daß die Monatsmiete für den leerstehenden fünften Stock $7500.00 beträgt! Wir zahlen $2300.00 für unseren Stock. Ich sollte wirklich ein Haus kaufen. Wir brauchen mehr Platz für »Interview«, und die Mieten sind horrend. Wenn unser Vertrag ausläuft, wird auch unsere Miete in die Höhe schnellen.
Janet Villella rief an und schlug vor, mich mit ihrer Limousine abzuholen und zur Eröffnung des ABT im Lincoln Center zu fahren.
Ich suchte meinen Smoking. Janet kam um 7.00.
Das Erschütterndste an diesem Ballettabend war die Frau, die mich plötzlich fragte: »He, kennst du mich noch?« Als ich verneinte, sagte sie: »Lila Davies«. Wir haben zusammen am Carnegie Tech studiert. Sie gehör-

Wenn man

geboren wird,

ist das so,

wie wenn man

entführt wird.

Wenn man

geboren wird,

ist das so,

wie wenn man

entführt wird.

te zu den Leuten, mit denen ich in den fünfziger Jahren in der 103. Straße zusammengewohnt habe. Sie war in Begleitung ihres 18jährigen Sohnes. Sie leben in Cleveland. Ich kam mir richtig alt vor, denn ihr Sohn sah aus wie sie damals. Ich war alt und grau und müde, weg vom Fenster. Ich lud sie zum Lunch ins Büro ein. Ich glaube, alle meine Probleme kommen daher, daß ich mich alt fühle. Ständig sehe ich diese jungen, nachwachsenden Kids. Wenigstens weiß ich jetzt, wo das Problem liegt.

Dienstag, den 21. April 1981
Brigid hatte Rod McKuen zum Lunch eingeladen. Er hat früher immer bei ihr auf der Couch geschlafen, wenn er pleite war. Er war gerade in die Stadt gezogen und hatte sie angerufen. Wir saßen also zusammen, aßen, und ich versuchte dahinterzukommen, was so faszinierend an ihm sein soll und warum er so populär ist. Ich kam nicht dahinter.
John Wallowitch rief an. Ich sagte ihm, wie gut mir sein Klavierspiel neulich im Kabelfernsehen gefallen hatte, und lud ihn ins Büro ein. Er rief an, um mir den Tod seines Bruders Eddie mitzuteilen – vor ungefähr 25 Jahren mein erster fester Freund. Er sei nach Florida geflogen, um Eddie zu besuchen und habe ihn aufgedunsen und tot in seinem Haus vorgefunden. Eddie sei nicht mehr zu den Anonymen Alkoholikern gegangen, habe wieder mit dem Trinken angefangen und einen Anfall erlitten. Eddie hatte ständig Depressionen, aber ich verstand nie, warum. Er sah gut aus und war Fotograf. John wollte die Leiche nicht identifizieren. Ein Freund mußte kommen und es für ihn tun.
Ich ging nach Hause und rief Jon Gould im »Beverly Wilshire« an. Danach ging ich ins Bett, schlief aber sehr unruhig. Um 3.00 wachte ich auf, trank einen großen Brandy und nahm ein Valium.

Mittwoch, den 22. April 1981
Schlecht geschlafen. Ich muß aufhören, soviel Kaffee zu trinken. Ich muß gesündere Nahrung zu mir nehmen und auch den Alkohol lassen. Ich machte in aller Eile meine Übungen. Ich schaffe jetzt zehn Liegestütze und zweimal acht Rumpfbeugen.
Lila Davies rief an, um unser Lunch abzusagen, weil sie Karten für »Amadeus« hatte.

Freitag, den 24. April 1981 Am Morgen verteilte ich »Interviews«. Dann Termin mit Donald Trump im Büro (Taxi $ 5.50). Marc Balet hatte das Treffen arrangiert. Ich vergesse immer wieder, daß Marc kein Architekt mehr ist, sondern Art director. Aber zu Hause baut er noch Modelle. Er macht einen Katalog für die vielen Geschäfte im Atrium des Trump Tower und hat Donald Trump vorgeschlagen, mich ein Bild von dem Gebäude malen zu lassen und es dann über dem Eingang zum Wohntrakt aufzuhängen. Deshalb kamen sie ins Büro, um die Sache zu bereden. Donald Trump sieht blendend aus. Er hatte zwei Frauen mit. Eine hieß Evans. Es ist einfach unglaublich, wie reich diese Leute sind. Sie sprachen über ein Gebäude, das sie für $ 500 Millionen kaufen wollten. Donald Trump ist ein maskuliner Typ. Wir trafen keine feste Vereinbarung, aber ich mache ein paar Bilder und lege sie ihnen dann vor.

Sonntag, den 26. April 1981
Ein schöner Tag. Jon Gould begleitete mich auf dem ganzen Weg ins Büro. Dann ging er in die Sporthalle und ich zur Arbeit. Ich machte ein paar »Madonnas«. Danach ging ich auf einen Sprung in die Kirche. Chris Makos rief an. Ich sagte, ich sei zu erschöpft, irgendwo einen Tisch fürs Dinner zu bestellen. Darum reservierte er im »Da Silvano«. Jon rief an und sagte, er habe frei. Ich holte ihn von der Arbeit ab und fuhr mit ihm zu »Da Silvano« ($ 8.00). Dort gibt es zwar nur teure italienische Gerichte, aber sie geben sich Mühe (Dinner $ 140.00).

Mittwoch, den 29. April 1981 Brigid sagte, »Jon Gould von Paramount Pictures« habe viermal im Büro angerufen. Irgendwie klang es abfällig, und ich erzählte ihr, daß wir zusammen an einem Skript arbeiteten. Als ich ihn zurückrief, war er beim Lunch.

Christopher kam mit zwei Hanteln, die ich kaum heben konnte. Ich schaffe jetzt zweimal zehn Liegestütze und zehn Kniebeugen. Jon rief an: Sein Mietwagen war an der Ecke 75. Straße und Columbus abgeschleppt worden. Daran war ich schuld; ich hatte nämlich gesagt, daß dort nichts passieren würde. Zuerst hatte er gedacht, er sei gestohlen worden, aber dann hatte die Polizei bei Hertz angerufen.

Donnerstag, den 30. April 1981 Agosto, der Bruder von Nena und Aurora, kam ins Büro. Das ist der kleine, bezaubernde Typ, der bei der Marineinfanterie war. Vincent sprach mit ihm wegen eines Jobs.

Ich ging nach Hause und holte dann Jon ab (Taxi $4.00, Karten $60.00). Wir fuhren ins »Minskoff«.

Wir hatten gute Plätze in »Can Can« – in derselben Reihe wie Ethel Merman. Ich sagte ihr, daß ich sie gern mal wieder auf der Bühne sehen würde. Wir begegneten Donald Trump und dem Bauunternehmer Neil Walsh mit ihren Frauen. Es war schön, Donald Trump an einem anderen Ort wiederzusehen. Ich plauderte mit seiner tschechischen Frau, Jon Gould plauderte mit Trump. Ich gehe sehr gern mit Jon aus, weil ich mir dabei immer wie bei einem richtigen Rendezvous vorkomme – er ist groß und kräftig, und ich habe das Gefühl, daß er mich beschützen kann. Und es ist aufregend, weil er sich überhaupt nicht wie ein Schwuler benimmt. Ich bin überzeugt, daß ihn die Leute auch nicht für einen halten.

Montag, den 4. Mai 1981 Ich bekam eine Morddrohung. Gleich mehr darüber.

Ich lief rüber zu Janet Sartin, mit der ich verabredet war. Als ich kam, sagte sie: »Darling, dein Büro hat vor etwa zehn Minuten angerufen. Es sei sehr dringend.« Ich rief zurück. Vincent sagte, daß Joey Sutton vierzigmal angerufen habe. Letzte Woche hat er mir einen Brief geschickt, und ich habe ihn aufgemacht, obwohl Vincent dagegen war. In dem Brief stand: »Hüten Sie sich am 5. Mai, es geht um Leben oder Tod!« Er bildet sich ein, daß ich ihm den Song »Miss You« gestohlen und dann Mick Jagger gegeben habe, um ihn aufzunehmen. Keine Ahnung, wie er darauf kommt... Ich weiß nicht einmal, ob der Typ wirklich Songs schreibt. Er ist etwas... durcheinander.

Von Janet aus ging ich direkt zu »Sporting World« und kaufte mir einen Hut als Verkleidung. Ich entschied mich für einen Jägerhut in Tarnfarben ($27.00).

Ich versuchte Jon anzurufen, um ihm von der Morddrohung zu erzählen. Endlich erwischte ich ihn (lacht), doch ihn ließ die Sache kalt. Da mich immer noch Leute anhielten und Autogramme von mir wollten, kaufte ich noch mehr zum Verkleiden ($15.71). Dann nahm ich ein Taxi zur Ecke Park Avenue und 18. Straße ($5.50). Robyn erwartete mich. Ein Detective Rooney oder so von der New Yorker Polizei kam vorbei. Risa Dickstein, die Anwältin von »Interview«, empfahl uns einen Detektiv. Aber ich werde Agosto als Leibwächter anheuern. Er soll mich begleiten, wenn ich ausgehe.

Ich verpackte die Geschenke, dann kam Jon und holte mich ab. Wir fuhren ins »Grenouille«, um uns mit Chris Makos und Peter Wise zu treffen (Taxi $6.00). In dem Lokal wimmelte es von komischen Miami-Beach-Typen. Wir bekamen einen Tisch ganz vorn. Die anderen Leute im Restaurant wurden neidisch, weil wir uns so prächtig amüsierten, und wollten zu uns kommen. Jeder hatte den anderen Geschenke mitgebracht, und wir packten aus. Zum Nachtisch bestellten wir zwei Soufflés und

Champagner. Da Geld immer noch das beste Geschenk ist, gab ich Jon und Peter je $ 100.00 in Eindollarnoten. Peter bekam noch $ 25.00 in Penny-Rollen dazu, die hatten Gewicht. Jon gab ich $ 80.00 in Susan-B.-Anthony-Dollars. Jon schenkte Peter eine Teekanne und eine große Rührschüssel. Und schließlich hatte ich für jeden noch eine silberne Wäscheklammer als Briefhalter. Wir blieben bis Mitternacht und hatten Spaß. Als wir anfingen, mit dem Strohhalm ins Glas zu pusten, wurde Marcel, der Oberkellner, etwas ungehalten (Dinner $ 400.00).

Dienstag, den 5. Mai 1981 Vincent stellte Wachmänner ein. Er wollte nicht, daß ich ins Büro komme, aber ich mußte einiges erledigen. Peter Wise riet mir zu einer kugelsicheren Weste und wußte auch, wo man welche kaufen konnte. Ich redete ununterbrochen, weil ich nervös war. Ich fuhr zur Ecke University Place und 11. Straße (Taxi $ 6.00) und ging in den komischen Laden im zweiten Stock. Peter hatte Christopher telefonisch gebeten, hinzukommen und Fotos zu machen. Ich kaufte eine kugelsichere Weste ($ 270.00). Der widerliche Kerl in dem Laden sagte, sein Umsatz sei seit dem Attentat auf Reagan nach oben gegangen. Ich rief Jay Shriver im Büro an. Er erwartete mich am Hintereingang und fuhr mit mir im Lastenaufzug nach oben.
Im Büro herrschte Betrieb wie selten. Der Wachmann, den wir gemietet hatten, traute seinen Augen nicht, als er die ganzen Freaks sah. Bei »Interview« arbeitet halt immer irgendeine Neue, die jeden hereinläßt. Ich rief Jon bei »Paramount« an, aber er war in einer Besprechung. Bob kam nicht ins Büro.
Brigid ist neidisch, weil ich soviel abgenommen habe, aber jetzt, wo ihr Gesicht etwas voller ist, sieht sie besser aus.
Jackie Curtis kam herauf. Er hat das Haar gefärbt, trägt es jetzt aber ganz kurz. Er kam aus Gstaad und hatte seinen Freund mit. Der sieht richtig gut aus. Ich weiß nicht, wie Jackie das anstellt: Sie ist fett, hat ständig eine Alkoholfahne und hinkt – ein Bild des Jammers. Sie brachte mir eine Einkaufstasche mit.*
Holte Jon in der 18. Straße ab, zwischen der Eighth und Fifth. Wir fuhren zu Chris Makos am Waverly Place (Taxi $ 9.00). Fanden einen Citibank-Automaten. Jon benutzte ihn. Ich hatte so was noch nie gemacht und fand es aufregend. Er stellt einem Fragen.

*Wenn Andy über Männer sprach, die Frauenkleider oder Make-up trugen, nannte er sie mal »er« und mal »sie«.

Mittwoch, den 6. Mai 1981 Ich rief Jay Shriver im Büro an. Er nahm mich in Empfang und brachte mich sicher nach oben. Eine Menge Leute waren da. Es gab Lunch für Sylvia Miles.
Jon rief an und sagte, er müsse für Charles Bluhdorn, seinen Boß von Gulf & Western, einen Tisch reservieren. Bluhdorn wollte Barry Diller zum Dinner ins »87« ausführen. Jon wollte, daß ich ihm helfe. Das »87« ist ein neues Restaurant, sehr klein, und es ist schwierig, dort einen Tisch zu bekommen. Aber kein Restaurant ist unüberwindlich, wie ich finde. Also rief ich den Kulturdezernenten Henry Geldzahler an. Er sagte okay, er werde dort anrufen und sein Glück versuchen, aber nur weil Charles Bluhdorn der Stadt letztes Jahr zwei Millionen gespendet habe. Er versuchte es also, doch es war nichts zu machen. Ich rief Jon zurück, und der begann schon, um seinen Job zu bangen. Doch dann sagte Bluhdorn das Dinner kurzfristig ab.
Taxi ins »Ritz« ($ 4.00). Neil Bogart gab eine »Prom Night Party«. Unten tanzte einer von diesen langweiligen Fans, rauchte Joints und spielte verrückt. Er wollte mit mir nach oben, hatte jedoch keinen Ausweis. Aber irgendwie schaffte er es doch und setzte sich an unseren Tisch. Da hatte Eva,

Liz Taylor mit ihrer Mutter *(Andy Warhol)*

die Frau vom »Stern«, einen fabelhaften Einfall: Sie erzählte ihm, daß sie nicht wisse, was sie mit dem Doppelgänger von Andy Warhol anfangen solle. Sie sei beim »Stern« nur zweite Garnitur und dürfe den *echten* Andy Warhol nicht interviewen, sondern müsse mit seinem Doppelgänger vorlieb nehmen. Und dann haderte sie über ihre untergeordnete Stellung. Irgendwie glaubte er ihr, stand sofort auf und sprach an dem Abend kein Wort mehr mit mir. Er hielt mich für einen falschen Andy Warhol. Ist das nicht großartig? Als wir gingen, lud ich die Deutsche zu Grace Jones' Show ins »Xenon« ein.

Donnerstag, den 7. Mai 1981
Taxi in die Mercer Street zum Fototermin mit meinen »Myth«-Grafiken (Taxi $ 8.00). Rupert wartete an der Straßenecke, weil er nicht genau wußte, wohin. Die Leute vom »Stern« waren schon da. Sie stellten mich direkt vor die »Myths« und mir wurde fast schlecht, als ich sie sah – typisch sechziger Jahre. Ich mache keine Witze, die Bilder waren wirklich typisch.
Leimte mich zusammen und holte Jon ab. Wir wollten uns »Little Foxes« ansehen. Im Theater herrschte ein Riesenandrang. Wir saßen in der ersten Reihe, vor Halston, Liza und Mark. Liz Taylors Mutter war auch da. Sie war süß, wie Janet Gaynor. Die Schauspieler hatten viele Vorhänge; der Beifall hörte nicht auf. Sie schleppten Lillian Hellman auf die Bühne. Dann gingen wir in die Garderobe. Senator Warner begrüßte mich.
Jon und ich gingen auf die Geburtstagsparty, die Lady McGrady für ihn in der Park Avenue 15 gab – direkt am Hinterhof meiner ehemaligen Wohnung in Murray Hill. Ich unterhielt mich gerade mit einer blonden Frau, als ein Mann zu uns trat und sagte: »Ich möchte wetten, daß Sie nicht wissen, mit wem Sie da reden.« Ich mußte ihm recht geben. »Das ist Rita Jenrette, die Frau des Kongreßabgeordneten, die sich für den ›Playboy‹ fotografieren ließ.« Sie erzählte mir, daß sie mitten in Harlem wohnt – entweder hat sie kein Geld oder einen schwarzen Freund. Sie spinnt total, ist aber sehr intelligent. Jon brachte

mich nach Hause, kam für fünf Minuten mit rein und ging.

Sonntag, den 10. Mai 1981
Versuchte ein paarmal, Jon anzurufen. Dann ging ich in Ron Links Stück. Ich war gerade wieder zu Hause, als Jon anrief. Aber in dem Moment war ich so durcheinander, daß ich kein Wort herausbrachte. Ich ging um 12.30 ins Bett.

Montag, den 11. Mai 1981 Vereinbarte für Donnerstag einen Termin bei Dr. Cox. Ich habe so viel abgenommen, daß ich fürchte, krank zu werden. Ich wiege noch 54,5 Kilo.
Bob verschaffte uns eine Einladung zu Earl Blackwells und Eugenia Shepherds Dinner für die Sacklers. Ich organisierte eine Limousine, und da man mich ausdrücklich gebeten hatte, eine Frau mitzubringen, holte ich Barbara Allen ab. Wir fuhren ins »Doubles«. Ich trug meinen Smoking, hätte aber auch schwarze Hosen anziehen sollen, denn die Kellner sahen mich komisch an, weil ich Jeans anhatte. Es war ein hochklassiges Dinner. Nur die richtigen Leute waren da.
Danach rief ich Jon an, und fuhr mit Barbara Allen in seine Wohnung auf der West Side. Wir verbrachten eine Stunde damit, sein Kleingeld zu zählen – er errechnete sein Budget. Er liest gerade zum zweiten Mal »POPism« und stellte mir ernsthafte Fragen. Das war mir zu viel und zu blöd. Gingen um 1.00.

Dienstag, den 12. Mai 1981
Ich stand um 7.30 auf und telefonierte mit Chris Makos. Ich wollte mit ihm über den gestrigen Abend mit Jon reden. Ich habe ihm doch die goldene Uhr als Belohnung versprochen, wenn er Jon dazu bringt, sich mit mir einzulassen. Aber selbst wenn es zu keiner Romanze zwischen uns kommt, möchte ich, daß Jon bei mir einzieht. Denn dann wird man sehen, was sich daraus ergibt.

Mittwoch, den 13. Mai 1981
Ich hatte um 12.00 eine Verabredung zum Lunch mit Charlie Cowles und Sid und Anne Bass. Charlie war vor mir da. Alle hingen am Bildschirm – jemand hatte auf den Papst geschossen. Ich geriet in Wut und brüllte: »Wir haben schon ein Porträt verloren, als auf Reagan geschossen wurde. Das soll uns nicht noch mal passieren. Schaltet diesen Apparat ab!«
Dann kamen Sid und Anne Bass und sahen sich die Porträts an. Ich muß an den Lippen etwas ändern und auch eine Menge neue Bilder machen. Ich bin jetzt auf 53 Kilo und kriege es allmählich wirklich mit der Angst zu tun. Mein Magen ist geschrumpft.
Jon rief aus Hollywood an. Ich versuchte den ganzen Tag, Bill Copley zu erreichen, um mit ihm einen Termin für ein Tonbandgespräch zu vereinbaren. Ich plane ein Stück über sein Leben.
Ich hatte acht Einladungen zum Dinner.
Ging zu Halston. Liza Minnelli war da. Sie hatten eine »Post« – »ATTENTAT AUF DEN PAPST«, in Rot. Großartig. Wir sprachen über kugelsichere Westen. Liza sagte, sie habe keine Angst vor Schwarzen (lacht), weil ihr Vater Lena Horne einen Job gegeben habe.

Donnerstag, den 14. Mai 1981
Chris Makos holte mich ab, und wir gingen mit Marc Balet zum Trump Tower, um das Modell des Gebäudes zu fotografieren, von dem ich mein Bild machen will ($ 5.00). Ich war so dünn, daß ich sogar Cola trank. Ein dickes Ding bei meinem geschrumpften Magen.
Taxi zu Bill Copley ($ 8.00). Bill war nüchtern und hatte abgenommen. Er erzählte, wie er sich in Key West beim Rauchen im Bett verbrannt hatte, ins Krankenhaus kam und behandelt wurde. Bei der Entlassung präsentierte ihm seine Frau die Scheidungspapiere. Aber er ist immer noch verrückt nach ihr – er möchte mir die

zwei übrigen Porträts von ihr abkaufen. Keine Ahnung, was er damit anfangen will. Erinnerst du dich? Das ist die Frau, die früher mal Puffmutter war.

Sonntag, den 17. Mai 1981
Wir gingen ins »Savoy«. François de Menil feierte in seinem neuen Club seinen Geburtstag. Es war gerammelt voll. Etwa 600 Gäste waren erwartet worden, und wie es aussah, waren alle gekommen. Ich glaube, ich kannte jeden. Bob war mit der Dame Stassinopoulous da, die das Maria-Callas-Buch geschrieben hat.
Ich kam ständig mit merkwürdig aussehenden Leuten ins Gespräch, die sagten, sie seien »Mitbesitzer« des Clubs. Ich machte mir Sorgen um François.
Philippa de Menil stellte Heiner Friedrich als ihren Mann vor, deshalb vermute ich, daß sie geheiratet haben. Ich war betrunken und tanzte. Ich wurde mit Stephen Grahams Freundin fotografiert. Die »Pointer Sisters« sangen »Happy Birthday«. Es war lustig, meinen Boß Zoli dort zu sehen – ich kam mir vor wie ein berufstätiges Mädchen. Ich ging zu John Belushi und sagte: »Sie erinnern sich nie an mich.« Das hat *er* nämlich zweimal zu *mir* gesagt, als ich ihn nicht erkannte. Wir tanzten miteinander, das war lustig.
Um 2.00 war ich zu Hause. Chris rief an und sagte, er sei gerade in den Bädern. Ich rief Jon im »Beverly Wilshire« an.

Donnerstag, den 21. Mai 1981
Als ich nach Hause kam, lag eine Nachricht von Jon Gould für mich da. Er wollte die Nachtmaschine nehmen. Ankunft in New York 7.00. Chris sollte ihn um 8.00 abholen und nach Cape Cod bringen. Ich hatte so viel zu packen – Anzüge, Filme, Kameras, Radios, Fernseher –, daß ich nicht fertig wurde.

Freitag, den 22. Mai 1981, New York – West Falmouth, Massachusetts Peter Wise erwartete Jon, Chris und mich am Flughafen. Das Flugzeug kostete rund $ 800.00, ich bezahlte mit Scheck. Peter brachte uns zu seinem Haus und machte mit uns eine Führung. Er zeigte uns sogar das Treibhaus hinten im Garten. Dann bekamen wir unsere Zimmer zugewiesen. Vincent und Shelly wollten nach der Arbeit herkommen. Wir warteten den ganzen Tag und den ganzen Abend auf sie.
Ich entdeckte ein großes Boot auf dem Wasser. Es war nur zur Hälfte gestrichen und sah so hübsch und so irre aus, daß ich Lust bekam, eine Party darauf zu feiern. Später machten Peter und Chris mit uns eine Stadtrundfahrt. In »Mildred's Chowder House« in Hyannis kaufte Peter Muschelsuppe, angeblich die beste in ganz Neuengland. Dann endlich kamen Vincent und Shelly. Sie hatten acht Stunden gebraucht. Normalerweise dauert die Fahrt nicht länger als fünf.

Samstag, den 23. Mai 1981, West Falmouth, Massachusetts Wir standen um 11.00 auf. Peter machte Apfelpfannkuchen zum Frühstück. Dazu gab es echten Ahornsirup und Speck. Anschließend fuhren wir zum Flohmarkt nach Mashpee und dann zum Thornton Burgess Museum, wo wir Schwäne und Enten fütterten. In Sandy Neck gingen wir zum Lunch. Wir aßen gebackene Muscheln und gebratenen Fisch mit viel Ketchup, dazu tranken wir Milchshakes und Frappés ($ 35.00, inklusive Trinkgeld). Dann fuhren wir nach Hause.
Peter und ich gingen in einen Nebenraum, um zu reden. Plötzlich hörten wir Geräusche aus dem hinteren Zimmer. Wir gingen nachsehen, und dort war eine turbulente Schlacht mit Wasserpistolen im Gang. Keiner wollte sich ergeben, bis Christopher schließlich aufgab, weil die anderen ihn im Badezimmer in die Enge getrieben hatten. Shelly und Jon hatten gewon-

nen, aber sie waren hinterlistig. Da ging Christopher auf Jon zu und gab ihm eine Ohrfeige. Das war so dramatisch, daß wir es nicht fassen konnten. Jon stand da, wehrte sich nicht und sagte, es habe nicht weh getan und alles sei ja nur Spaß gewesen. Wie er mir später erzählte, muß er bei allem gewinnen. Er glaubt, daß er entscheiden muß, was richtig ist und was nicht, und daß er immer bekommt, was er will. Wenn er etwas nicht will, läßt es ihn kalt, aber er muß überlegen, ob er es will, und mehr will er nicht. Als Chris ihm die Ohrfeige gab, hatte ich das Gefühl, daß er sie genoß. Ich glaube, er will tatsächlich geschlagen werden. Alle beruhigten sich wieder.

Sonntag, den 24. Mai 1981, West Falmouth, Massachusetts. Wir fuhren nach Falmouth Harbor und mieteten das Boot, das mir so gefallen hatte. Es war 20 m lang. Wir brauchten eine Stunde nach Martha's Vineyard. Jon trug die Perlen, die ich ihm geschenkt hatte. Sie reichten fast bis zum Boden und standen ihm gut. Er sah aus wie ein Tiefseefischer. Wir kamen nach Oak Bluffs mit seinen Zuckerbäckerhäusern und machten Fotos von einer Hochzeit. Die Braut war irischer Abstammung, der Bräutigam Südamerikaner. Dann fuhren wir nach Edgartown. Wir waren sehr hungrig. Wir gingen ins »Colonial Inn«. Die Angestellten holten ihre Exemplare von »POPism« und »Interview« und ließen sie von mir signieren. Einer brachte sogar ein »Tate-Gallery«-Poster meiner »Marilyn« an (Lunch $ 120.00). Mit der Fähre setzten wir nach Chappaquiddick über ($ 5.00). Wir fotografierten einen Mann, der uns erzählte, wo und wie der Unfall damals geschehen ist und weshalb er die ganze Geschichte nicht glaubt. Wir rekonstruierten das Ereignis in allen Einzelheiten, um herauszufinden, ob Ted Kennedy an dem Unfall tatsächlich schuld war, und kamen zu dem Schluß, *daß* er schuld war.
Als wir wieder zu Hause waren, rief Jon seine Familie in Amesbury an. Sein Großvater hatte einen Schlaganfall erlitten, und sein Hund hatte einen Rückfall. Deshalb wollte er nicht mit uns nach New York zurückkehren. Wir sollten ihn statt dessen in Amesbury absetzen.

Montag, den 25. Mai 1981, West Falmouth – New York Nahm das Flugzeug von Hyannis nach La Guardia. Alle aßen Erdnüsse und Popcorn, und auf einmal sackte das Flugzeug ab. Aber mir wäre es auch egal gewesen, wenn wir alle umgekommen wären, weil ich so unglücklich war. Ich hatte gehofft, der Ausflug würde mich mit Jon einen Schritt weiterbringen, doch das war nicht der Fall. Er hatte uns verlassen, um nach seiner Familie zu sehen, die ihn rückhaltlos bewundert. Ach ja, von jetzt an kann ich dem Tagebuch nichts Persönliches mehr über Jon anvertrauen, denn als ich ihm davon erzählte, wurde er wütend und verbot es mir. Er hat gedroht, sich nie wieder mit mir zu treffen, wenn ich es trotzdem tue. Ich werde also von heute an nur noch auf die geschäftliche Seite unserer Beziehung eingehen – in Zukunft ist er nur noch ein Angestellter von »Paramount Pictures«, mit dem ich versuche, an Drehbüchern und Filmen zu arbeiten.
Ich gab dem Piloten ($ 100.00) und dem Chauffeur der Limousine ein Trinkgeld ($ 20.00).
Tina Chow rief an und lud mich zu einer Party für David Bailey und seine Frau Marie ein. Es war eine Riesenparty. Marie ist wunderschön. Sie trug ein geschlitztes Kleid. Ich erzählte allen, ich sei jetzt Model und versuche, Jobs zu ergattern. Jerry Hall kam auch und erklärte, wie man Schwänze lutscht und Mösen leckt. Und dann erzählte sie Witze. Es war lustig. Und dann fing David an, Witze zu erzählen. Paloma Picasso war da und gab mir einen dicken Kuß.

Dienstag, den 26. Mai 1981 Doria Reagan tippte Briefe für Bob. Ich ging an ihr vorüber und erkannte sie nicht. Sie trug ein T-Shirt und

Shorts und sah süß aus. Als ich sie zum Lunch einlud, lehnte sie ab. Sie sagte, sie habe zuviel zu tun. Sie arbeitet vier Stunden täglich und erledigt eine Menge in sehr kurzer Zeit.

Ich ging in die Fifth Avenue 927. Die Zilkhas gaben ein Dinner für die Inhaber von »Dior«. Es war sehr nett von Cecile Zilkha, mich einzuladen, denn es war ein hochklassiges Dinner. Aber alle sahen so alt aus. Deshalb passe ich vermutlich dazu. Aber es ist lustig, daß sie daran gedacht haben, mich einzuladen. Ich sehe jetzt sehr gut aus und könnte jede dieser alten Schachteln haben. Ich sollte mich an Yoko Ono ranmachen, aber bestimmt würde ich es im falschen Moment tun – wahrscheinlich würde ich anrufen, wenn sie gerade jemanden gefunden hätte.

Ich kam nach Hause und kein Anruf aus Kalifornien.

Samstag, den 30. Mai 1981
Ich hatte ein langes philosophisches Gespräch mit Brigid, und wir kamen beide zu dem Schluß, daß die Zeit uns womöglich überholt hat. Als ich mich auf den Schmalfilmen sah, die wir letztes Wochenende am Cape Cod aufgenommen haben, war ich mir regelrecht zuwider. Einfach alles, was ich mache, wirkt seltsam. Ich habe einen komischen Gang und sehe komisch aus. Schade, daß ich in den Filmen nicht den Komiker gemimt habe, dann sähe ich wenigstens wie eine Marionette aus. Aber jetzt ist es zu spät. Was stimmt nicht mit mir? Wenn ich mir Vincent und Shelly anschaue, die sehen ganz normal aus. Und Cowboystiefel stehen mir auch nicht mehr, glaube ich. Vielleicht sollte ich mir Turnschuhe kaufen. Ich muß mit Jay ins »Paragon«, um mir welche zu besorgen.

Montag, den 1. Juni 1981 Traf mich mit Marc Balet, um ihm das Bild vom Trump Tower zu zeigen, an dem ich arbeite. Marc hat es so eingerichtet, daß mein Gemälde auf den Umschlag des Katalogs kommt, den er entwirft. Das heißt, daß die Trumps dieses Bild von ihrem Gebäude zu guter Letzt wohl nehmen müssen. Eine großartige Idee, nicht wahr?

Ronnie fliegt nach Basel, um seine Arbeiten bei der Kunstmesse auf Lucio Amelios Stand zu zeigen.

Dienstag, den 2. Juni 1981
Stand früh auf. Chris holte mich zu der Ausstellung im Whitney ab. Den Künstler kennen wir schon eine ganze Weile. Er ist von mir beeinflußt und macht diese plakatähnlichen Polaroidbilder von Gesichtern. Wie heißt er bloß... Chuck Close.

Danach sahen wir uns auch die Schau über die vierziger Jahre an. Dabei fällt einem auf, daß Chuck Close viel besser ist als die Maler in dieser Ausstellung.

Donnerstag, den 4. Juni 1981
Ich glaube, ich habe mich erkältet, als ich einen eiskalten Daiquiri getrunken habe. Die Kälte ging mir durch und durch, ich konnte es fühlen.

Ich rief in Kalifornien an und erhielt die Auskunft, er sei zu beschäftigt, um mit mir zu reden.

Machte mich fertig und ging ein paar Häuser weiter zu Bob Gucciones Party für Roy Cohn. Roy war großartig. Ich machte Fotos. Ich wäre gerne mit ihm befreundet, aber nicht zu eng. Ein Bunny war da. Ich wußte nicht, was ich zu ihr sagen sollte, also sagte ich, sie habe eine tolle Figur.

Ich vergaß zu erwähnen, daß mir neulich abends ganz schwarz vor Augen wurde, so wie früher als Kind. Zuerst dachte ich, es sei wegen der Blitzlichter, aber da waren überhaupt keine Blitzlichter. Ich bekam furchtbare Angst, ich könnte einen Gehirntumor haben oder blind werden.

Samstag, den 6. Juni 1981
Allmählich hasse ich es, zwischen Antiquitäten zu leben. Man wird ihnen immer ähnlicher. Wirklich.

Dienstag, den 9. Juni 1981 Ich rief in der Praxis von Dr. Cox an und fragte Rosemary, ob ich eine Vitamin-B-12-Spritze bekommen könnte, be-

vor ich nach Seattle zu meiner Ausstellung fliege (Taxi $ 3.00). Rosemary sollte mir eine Spritze geben, die vor Erkältungen und Erkrankungen im Brustraum schützt. Als ich ihnen nämlich vor einiger Zeit erzählte, daß ich ständig abnähme, rieten sie mir zu dieser Spritze, doch damals hielt ich sie für unnötig und nahm die Sache nicht ernst. Aber jetzt hatte ich 37,7 Fieber, und Rosemary wurde böse und sagte, ich hätte womöglich Lungenentzündung. Ich solle auf der Stelle nach Hause gehen und zwei Tage im Bett bleiben, sonst könne ich nicht nach Seattle. Meine Brust wurde geröntgt. Ich ging nach Hause und legte mich ins Bett, obwohl ich mich gesund fühlte.
Fred mußte mir die Unterlagen bringen, damit ich meine Steuererklärung abschicken konnte. Möglicherweise fliege ich doch nicht nach Seattle. Der Doc sagt, daß ich mich Donnerstag noch einmal röntgen lassen muß. Ich war immer der Ansicht, daß ich mit allem spielend fertig werde, doch das funktioniert nicht.

Mittwoch, den 10. Juni 1981
Archie scheint krank zu sein, nur weiß ich nicht, ob aus Sorge um mich, weil ich zu Hause bin, oder weil er will, daß ich verschwinde. Also meiner Ansicht nach ist das Leben nicht lebenswert, wenn man nicht gesund ist, und Gesundheit ist Reichtum – sie ist besser als Geld, Freundschaft, Liebe und alles andere.
Bekam wieder einen Anruf von »Paramount Pictures«. Er kommt am Freitag nach New York, genau dann, wenn ich abreise.

Donnerstag, den 11. Juni 1981
Hatte beim Aufstehen kein Fieber. Termin bei Dr. Cox (Taxi $ 3.00). Ich wurde geröntgt – die Infektion war noch nicht abgeklungen. Er riet mir von der Reise nach Seattle und Kalifornien ab. Ich war den ganzen Tag deprimiert.

Freitag, den 12. Juni 1981 Die Lungenentzündung ist am Abklingen. Ich darf wieder ausgehen, muß aber noch vorsichtig sein.
Jon war wieder in der Stadt. Er sagte, er sei davon ausgegangen, daß ich am Wochenende nicht da sei und habe schon andere Pläne. Ich fürchte, meine ganze Beziehung ist in die Brüche gegangen. Er versprach, mich anzurufen, tat es aber nicht. Das war gemein. Ich muß mich zusammenreißen und weitermachen. Ich brauche eine völlig neue Philosophie. Ich weiß nicht, was ich machen soll. Ich sah mir »Urban Cowboy« an. John Travolta tanzt wunderbar. Es war ein sehr guter Film. Ein »Paramount«-Film, und das erinnerte mich wieder an Jon. Ich fühlte mich elend und weinte mich in den Schlaf.

Samstag, den 13. Juni 1981
Ich hatte einen furchtbaren Tag. Ich war verzweifelt. Ich glaube, ich hätte durchgedreht, wenn ich zu Hause geblieben wäre. Außerdem wollte ich arbeiten.

Andy und sein Dackel Archie *(Pat Hackett)*

Rupert sollte ins Büro kommen, war aber noch nicht da. Ich betrat das Gebäude, drückte den Knopf, und der Aufzug kam, die Türen gingen auf, und ich sah zwei Rasta-Typen. Ein Mann und eine Frau. Es war so seltsam, daß ich zurückwich und rausging, aber schließlich kam Rupert, ging rein und sagte ihnen, sie sollten verschwinden, und sie verschwanden. Ich glaube, sie waren bekifft. Sie standen da wie Schaufensterpuppen.

Sonntag, den 14. Juni 1981 Es ging mir wieder besser, ich war nicht mehr so deprimiert. Ich setzte mich zu Hause neben den Luftbefeuchter und sah mir im Kabelfernsehen einen Film von Neil Simon an. Er hieß »Chapter Two« und war genau das richtige. Er gefiel mir sehr. Die Dialoge waren wirklich lustig. Dann läutete das Telefon. Jon war dran. Das ganze Wochenende war er weggewesen, ohne mich auch nur einmal anzurufen, und jetzt tat er so, als sei überhaupt nichts passiert.

Montag, den 15. Juni 1981 Als ich ins Büro kam, war Robyn völlig weggetreten. Er ist ein lieber Junge, aber mit den Gedanken nie bei der Arbeit. Jay Shriver ist eine gute Kraft. Auf ihn kann man sich verlassen.

Richard Weisman rief an. Er sagte, Margaret Trudeau sei in der Stadt und ob ich nicht Lust hätte, mit ihnen zu essen. Als Jon anrief, lud ich ihn dazu ein. Er fand es ganz lustig, Margaret kennenzulernen. Wir trafen uns um 9.10 im »George Martin's«. Margaret hat etwas zugenommen. Sie sollte zusehen, daß sie wieder so schlank wird wie vorher, denn so wirkt sie leicht gealtert. Bruce Nevins war ihr Begleiter. Er hat immer gesagt, er würde uns Anzeigen von Perrier geben, aber nie Wort gehalten.

Bianca war auch da. Zum erstenmal fing Jon nicht an zu jammern, er müsse nach Hause und arbeiten. Irgendwann sagte ich, ich sei müde und müsse ins Bett, und wir gingen.

Dienstag, den 16. Juni 1981 Stand früh auf, weil ich um 10.30 einen Termin bei Dr. Cox hatte. Ich fühlte mich gut, maß meine Temperatur, und sie war normal. Der Doc sagte, ich hätte die Lungenentzündung überstanden.

Eva schickte mir den Artikel, den sie für den »Stern« geschrieben hatte, und es war unglaublich. Da schütte ich ihr mein Herz aus, und sie schreibt diesen angelesenen Artikel – »Vater starb im Kohlebergwerk / Warhola / Carnegie Tech« und so. Du weißt schon. Und dabei habe ich ihr regelrecht das Herz ausgeschüttet. Sie hat ein wirklich gutes Interview von mir gekriegt, weil sie ständig gesagt hat, daß sie wirklich mal etwas anderes machen will. Ich habe ihr sogar erzählt, daß mein Vater Bauarbeiter war, und trotzdem: »Vater starb im Kohlebergwerk.« Ich habe ihr ja das Interview nur gegeben, weil der Mann vom »Stern« in München so nett zu uns war. Das war der mit dem Alkohol, der bis ins Jahr 2000 halten soll. Außerdem geht sie überhaupt nicht auf die jüngeren Arbeiten ein, die wir gemacht haben. Auf die modernen Sachen. Und dabei hatten wir doch den tollen Abend im »Ritz«, wo sie dem Typ erzählt hat, ich sei nur ein Doppelgänger von Andy Warhol. Nicht mal das erwähnt sie.

Ich ging zu Janet Sartin und gestand ihr, daß ich wieder auf die Orentreich-Methode umgestiegen bin. Ihre Behandlung schlägt nicht an. Ich habe 18 Pickel. Orentreich hat das Zeug, das sie über Nacht austrocknet.

Arbeitete an »Gun«-Zeichnungen und »Gun«-Gemälden.

Ach ja, wie ich gehört habe, heiratet Jeds Schwester Susan den Sohn von Mel Brooks! Das halte ich nicht aus, wenn dieses verzogene Gör das große Los zieht.

Mit Margaret Trudeau *(DPA)*

Mittwoch, den 17. Juni 1981

Fred geht nach Europa. Warum, weiß ich nicht. Er sollte lieber in der Stadt bleiben und sich ums Geschäft kümmern. Aber aus irgendeinem Grund bildet er sich ein, daß er zur Londoner Szene gehört. Irgendwie identifiziert er sich mit diesen englischen Kids, die ihn nur ausnehmen. Und Aufträge werden wir aus England nie bekommen, nicht von denen jedenfalls. Also ich weiß nicht.

Tom Sullivan ist gestorben. Mit 24. Sein Herz hat versagt.

John Reinhold lud uns auf einen Drink ein, um uns seine Wohnung zu zeigen, die Michael Graves eingerichtet hat. Die früher großen Räume hat er in Eisenbahnabteile verwandelt. Wirklich, wenn du jemals eine Kaltwasserwohnung gesehen hast, dann weißt du, wie es da aussieht. 18 Millionen Säulen und Türen, die sich öffnen lassen, Sachen zum Ausklappen, eine Million Details, und so viele verschiedene Farben – es ist lächerlich. Wahrscheinlich läßt sich die Wohnung schon so fotografieren, daß sie groß wirkt, aber trotzdem hat Graves aus den großartigen Robert-Stern-Räumen drei Zimmer und acht Einbauschränke gemacht. Alles ist wirklich kleinteilig, du kannst dir nicht vorstellen, wie. Ich weiß nicht, was das bedeuten soll. Ich wurde müde. Um 11.30 ging ich nach Hause, nahm Hustensaft mit Kodein und legte mich ins Bett.

Donnerstag, den 18. Juni 1981

Ich ging zu »Tiffany's«. Palomas Schmuck ist wirklich schön. Er ist zwar nichts Besonderes, sieht aber nach was aus. Elsas Zeug verkauft sich auch.

Ich habe schon eine Weile keinen Alkohol mehr getrunken und fühle mich ausgezeichnet. Aber vielleicht machen mich auch die Antibiotika high. Ich weiß nicht, warum ich mich so wohl fühle.

Ich ging zu einem Dinner der Kennedys im »Metropolitan Club«. Caroline Kennedy kam zu mir herüber. Sie war sehr lustig. Und Ted Kennedy war sehr freundlich. Caroline saß neben einem chinesischen Chirurgen, der nichts mehr sieht, aber trotzdem noch operiert. Seine Frau zerkleinerte ihm das Essen.

Senator Moynihan hat abgenommen. Er war großartig, sehr nett. Ein Gedeck kostete $ 1000.00. Es wurden Volkstänze und irische Jigs vorgeführt. Dann wollte ein Inder namens Hassim mit Caroline tanzen, aber sie ließ ihn abblitzen. Daraufhin sagte er: »Wollen Sie vielleicht lieber mit meinem Sohn tanzen?«, und holte einen sehr gutaussehenden jungen Mann. Der Vater erzählte, er habe in den sechziger Jahren gedichtet und sei auch einmal in die Factory gekommen, aber ich hätte ihn nicht beachtet. Ich konnte mich nicht an ihn erinnern. Caroline hatte plötzlich lebhaftes Interesse an ihm, weil er über Magie sprach, in typischer Harvard-Manier, wenn du weißt, was ich meine – was war die Glühbirne, bevor sie eine Glühbirne war? So in der Art. Ich ging nach Hause und wartete auf Jons Anruf. Um 2.00 kam er endlich, und ich konnte einschlafen.

Freitag, den 19. Juni 1981

Wartete auf einen Anruf von Jon aus Utah. Er rief an und kam mir richtig nett vor.

Ich trinke nicht und fühle mich wunderbar, aber ich muß mit dem Valium aufhören. Außerdem nehme ich ab, obwohl ich esse, und das jagt mir Angst ein, weil ich nicht weiß, ob es daran liegt, daß ich nicht trinke und daß ich Antibiotika nehme. Andererseits mag ich es, wenn ich dünn bin. Obwohl die Widerstandskraft darunter leidet. Wahrscheinlich sollte ich langsam über ein Jahr verteilt abnehmen.

Samstag, den 20. Juni 1981

Chris Stein zeigte uns Fotos von Weegee aus den fünfziger Jahren. Sie waren hervorragend... Weegee war Pressefotograf und wurde immer als erster über Funk an den Tatort gerufen. Deshalb konnte er solche Aufnahmen machen. Die meisten Fotos, die Chris mitbrachte, waren von einer

Party in Greenwich Village. Man hätte meinen können, man sieht Bilder von einer Party aus den achtziger Jahren – sie sehen genauso aus! Es ist komisch, daß sich die Dinge im Grunde nicht verändern. Die Leute glauben zwar, daß sie sich verändern, aber sie tun es nicht. Die Leute auf den Fotos hatten Sicherheitsnadeln an den Kleidern, und auf einem küssen sich zwei Jungs an einem Fenster, und eine Frau sieht ihnen zu. Der Titel des Fotos ist: »Leben in Greenwich Village« – heute sagt man dazu: »New Wave« oder so. Aber es ist dasselbe.

Sonntag, den 21. Juni 1981
Ich merke, daß ich eine bessere Haut bekomme, wenn ich den Luftbefeuchter benutze. Die Nase bleibt frei, und die Haut trocknet nicht aus.
Jon rief endlich an. Er war aus Utah zurück. Er sagte, er sei im »Gulf & Western«-Gebäude. Und dann tischte er mir das Märchen auf, daß er zu müde sei, um rüberzukommen, und daß er seinen Koffer und seine Schlüssel verloren habe. Aber er war mir zu glatt, und seine Geschichte klang unwahrscheinlich – er behauptete, draußen regnete es, dabei regnete es kein bißchen. Ich dachte mir, das war's, das ist das Ende. Ich nahm Valium und ging ins Bett.

Montag, den 22. Juni 1981
Der Morgen war eine einzige Katastrophe. Ich hatte so schlecht geschlafen wie nie. Eigentlich sollte ich nicht zulassen, daß mir so etwas noch mal passiert, aber... Mein Gewichtsverlust ist immer noch beängstigend. Es gefällt mir zwar, aber es ist beängstigend.
Jon rief an und entschuldigte sich, daß er nicht rübergekommen war. Er sagte, wir sollten uns aussprechen. Wir verabredeten uns zum Dinner. Er kam zu mir, und wir führten ein ernstes Gespräch. Dann gingen wir ins »Le Relais«. Er trug seinen Jogginganzug, aber niemand nahm daran Anstoß. Am Nebentisch saß Edmund Gaultney. Rita Lachman kam zu uns und zeigte uns eine Kopie ihrer Einladung zur Hochzeit von Prinz Charles und Lady Diana. Bob behauptet, sie bewahre das Original in einem Safe auf. Ich weiß aber, daß man sie wieder ausladen wird – daß man ihr mitteilt, daß es sich um ein Versehen gehandelt habe oder so (Dinner $ 59.00). Wenn man nichts trinkt, sind die Mahlzeiten viel billiger.
Das Gespräch mit Jon war interessant. Er sagte, ich sei ihm nicht ernst genug. Immer, wenn er etwas Wesentliches sagte, hätte ich einen oberflächlichen Kommentar parat. Ich muß mich also bemühen, ein ernsthafterer Mensch zu werden. Wir sprachen über das Filmgeschäft. Er fühlt sich eingeengt zwischen Barry Diller und dem anderen Chef.

Freitag, den 26. Juni 1981
Ging zu Dr. Cox, um mir meine B-12-Spritze geben zu lassen, aber Rosemary rutschte ab. Ich lief schwarz und blau an, und mein Hemd wurde blutig.
Ich erhielt einen Anruf von Jon. Er sagte, er sei am Rand einer Lungenentzündung und könne deshalb nicht mit mir ins Kino gehen. Ich besuchte ihn und blieb zwei Stunden. Um 11.30 kam ich ins Bett.

Donnerstag, den 2. Juli 1981
Ich ging zu der Party von Mick und Jerry im »Mr. Chow's« (Taxi $ 7.50). Es macht mir zwar Spaß, über Abtreibungen und Sex zu plaudern, aber ich muß von diesen Themen loskommen und mal über etwas anderes reden, über Politik oder dergleichen. Wenn ich nämlich die Interviews lese, die ich geführt habe, stelle ich fest, daß ich furchtbare Fragen stelle. Ein anderer würde bessere Arbeit leisten, wenn er die Chance hätte, jemanden einen Tag lang auf Tonband aufzunehmen. Ich kann mich selbst nicht leiden.

Samstag, den 4. Juli 1981 Es regnete ununterbrochen. Averil und Tim Haydock heirateten. Suzie Frankfurt mietete uns für die Fahrt nach Manhasset eine Limousine.
Chris rief vom Cape an. Peter will den

In der Zukunft

wird jeder

fünfzehn Minuten

lang

berühmt sein.

In der Zukunft

wird jeder

fünfzehn Minuten

lang

berühmt sein.

ganzen Sommer draußen verbringen, an seiner Kunst arbeiten und sich um den Garten kümmern, den seit dem Tod seines Vaters niemand mehr gepflegt hat. Er denkt, wenn er den Sommer über da bleibt und arbeitet, kann er im Winter in der Stadt seine Arbeiten verkaufen. Er findet den Plan gut – ich übrigens auch –, aber Christopher haßt Familienleben, und Peters Mutter ist dort. Sie mag es sogar, daß die beiden zusammen sind, aber Chris mag keinen Familienanschluß. Sein Vater ist Grieche und lebt mit einem Chinesen zusammen. Seine Mutter wohnt in Kalifornien, sie ist Italienerin.

Wir fuhren nach Manhasset. Averil sah schön aus. Der junge Kennedy, der bei der Hochzeit seines Bruders die Krawatte mit mir getauscht hat, war auch da. Er trug meine Krawatte. Er hat Fantasie. Er sagte, er trage sie jetzt auf allen Hochzeiten. Ich hätte mir seine umbinden sollen. Catherine war auch da, sie war Brautjungfer. Ihre Haare waren heller als sonst. Sie muß sie gefärbt haben.

Sie spielten »America the Beautiful«, und alle redeten während der Zeremonie. Sämtliche Verwandte von Averil waren da. Alle sind groß. Fred trug einen Cutaway. Vincent und Shelly waren da. Rachel Ward war ebenfalls Brautjungfer. Sie hat gerade einen Film mit Burt Reynolds gedreht und geht jetzt nach Kalifornien, wo sie eine Hauptrolle als Partnerin von Steve Martin spielt. Sie hat es also geschafft. Jerry und Mick waren auch da. Jerry würde liebend gern selbst heiraten, man merkte es ihrer Spannung an.

Alle Kids tanzten und gingen nackt baden. Um 8.30 regnete es noch immer. Wir verabschiedeten uns. Ein Junge sprang in den Wagen und setzte sich auf den Vordersitz. Wir nahmen ihn mit. Wer er war, weiß ich nicht.

Sonntag, den 5. Juli 1981 Jon rief um 12.00 an und lud mich zu einem Spaziergang ein. Er hat 4,5 Kilo zugenommen, und ich habe abgenommen. Ich bin jetzt wieder auf 53,5 Kilo. Ich sollte mehr essen, muß es mir aber erst noch überlegen. Ich bin gern so dünn.

Montag, den 6. Juli 1981

Victor wird Geschworener. Kannst du dir das vorstellen? (Lacht.)

Ich nahm ein Taxi in die Fifth Avenue 666 zu Halstons Vorführung von Lizas Film »Arthur« (»Arthur – Kein Kind von Traurigkeit«, Regie Steve Gordon, 1981) ($ 7.00). Der Film gefiel mir sehr gut. Dudley Moore ist so lustig. Jon sagte, der Film sei »schwach«, und ich erwiderte: »Aber du hast die ganze Zeit gelacht.« »Das schon«, sagte er, »aber kein Vergleich zu ›Raiders‹.« (»Jäger des verlorenen Schatzes«)

Ich weiß nicht, was aus mir und Jon wird. Alles plätschert so dahin. Aber ich muß jetzt einfach verliebt sein, sonst werde ich verrückt. Ich muß einfach etwas fühlen. Ich bin recht eifersüchtig, weil Jon eine Familie hat, die er liebt und gerne besucht. Wenn mich von meiner Familie jemand besuchen will, sagte ich immer, ich sei verreist. Habe ich dem Tagebuch erzählt, daß Jon ein Zwilling ist? Genau wie Jed. Ist das nicht krank?

Donnerstag, den 9. Juli 1981

Halston lud mich nach Montauk ein. Wir fliegen am Freitag um 6.30. Er hat ein Flugzeug gemietet. Ich finde es

Halston in Montauk *(Andy Warhol)*

nett, wenn man von seinem Mieter in sein eigenes Haus eingeladen wird – man fühlt sich zu Hause und verdient dabei noch Geld. Ich lud Chris Makos und Jon ein, mitzukommen.

Freitag, den 10. Juli 1981, New York – Montauk Als wir zu Halston kamen, sah Halston Chris an und sagte: »Ach, *du* kommst mit?« Chris und ich waren wie gelähmt.

Samstag, den 11. Juli 1981, Montauk Ich ging in die Küche im Haupthaus, um Kaffee zu holen. Pat Cleveland saß da und las. Lateinbücher und Bücher über die Beherrschung der Willenskraft. Pat machte sich an Jon ran. Sie zeigte ihm, wie man geht, als ob man ein Zehncentstück im Arsch stecken hätte. Sie konnten es beide gut. Pat redet wie ein Model. Und sie spielt Flöte, allerdings nur drei Noten. Außerdem macht sie Yoga. Lauter solche Sachen eben. Sie zog sich aus, und dann sonnten sie sich nackt und vögelten die Felsen. Sie hat einen tollen Körper, Jon auch. Chris ist ein bißchen dick, aber sein Körper ist in Ordnung. Ich trug meinen weißen Sonnenschutz und war geschützt bis auf die Füße. Und sie verbrannte ich mir dann auch, weil ich barfuß ging. Ich ging mit Halston zum Lunch. Er war reizend. Versuchte, Drehbücher zu lesen. Spazierte am Strand entlang bis zu Dick Cavetts Grundstück. Jon sagte, er müsse in die Stadt zurück, aber Chris und ich überredeten ihn, noch eine Nacht zu bleiben.
Nach dem Dinner sahen wir uns »Grease« (Regie Randal Kleiser, 1978) an. Um 12.30 beschloß ich, früh zu Bett zu gehen.

Sonntag, den 12. Juli 1981, Montauk – New York Ich war müde, weil ich versucht hatte, auf dem Rücken zu schlafen, um keine Falten zu bekommen. Aber das ist einfach zu brutal, ich tu's nie wieder. Das Flugzeug kam morgens um 9.30. Es war ein schöner Tag. Der Rückflug dauerte 40 Minuten. Wir überflogen nur Grundstücke von Reichen ($ 500.00 plus Trinkgeld $ 20.00).
Brigid rief an. Sie kam gerade aus dem Krankenhaus – sie hat Gallensteine, so groß wie Traubenkerne. Die Ärzte wollen operieren. Ich sagte ihr, daß Ärzte immer operieren wollen. Es ist wie beim Porträtieren: Es ist einem egal, wen man porträtiert, solange man jemanden hat, den man porträtieren kann. Damit verdienen sie doch ihr Moos. Ich riet ihr, den Arzt um ein Schmerzmittel zu bitten, aber sie sagte, das habe sie getan, doch sie hätten ihr nichts gegeben, mit der Begründung, sie müßten wissen, wenn sie Schmerzen bekomme, damit sie dann sofort operieren könnten. Ich finde, sie sollte es im September machen lassen, es sei denn, sie bekommt vorher starke Schmerzen. Das Leben ist zu hart. Rief Rupert an.
Ich holte das Buch mit meinen alten Bildern hervor und sah mir all die klugen Sachen an, die ich früher gemacht habe. Heute fällt mir nichts Gescheites mehr ein. Vielleicht sollte ich wieder Suppendosen machen. Chris Makos rief an und sagte mir, Schnabel sei sehr gefragt, und abstrakter Expressionismus sei wieder im Kommen. Er bot sich an, mir eine Dose mitzubringen – Campbell's Won-Ton-Suppe, die mit den orientalischen Schriftzeichen.
Ich rief bei Jon an, aber es nahm niemand ab. Sah im Fernsehen den wunderbaren Film »Coal Miner's Daughter« (»Nashville Lady«, Regie Michael Apted, 1980). Schade, daß ich ihn nicht aufgenommen habe. Wie gern wäre ich mit so einem Mann verheiratet! Er ist so lieb, so wundervoll.

Montag, den 13. Juli 1981 Machte 40 Liegestütze.
Leimte mich zusammen und holte Jon und Catherine Guinness an der Ecke 63. Straße und Park Avenue ab. Sie sah aus wie ein Flittchen. Sie zieht sich immer noch unmöglich an. Engländerinnen wissen einfach nicht, wie man sich anzieht. Sie trug einen roten Nuttenrock und Schuhe, die hinten offen waren, dazu blond gefärbte Haare und die Diamantohrringe ihrer Mutter... Sie war süß und plapperte stundenlang. Unter anderem erzählte sie, daß Fred eine wunderschöne Frau verführt habe, Natascha Grenfell –

ein Patenkind von Zeffirelli und Tennessee Williams. Wir verbrachten einen schönen Abend im »Xenon« (Taxi $ 4.00). Ein Tennis-Benefiz mit John McEnroe.

Mittwoch, den 15. Juli 1981
Ich hatte Mary Richardson einen Termin bei Halston verschafft, weil sie einen Job suchte, aber dann sagte sie, sie habe sich inzwischen mit Bill Blass zum Lunch getroffen, und er habe ihr als Mannequin $ 500.00 die Stunde geboten. Und jetzt war sie so begeistert, daß sie nicht mehr mit Halston sprechen wollte. Und dabei hatte ich mir die Mühe gemacht und ihr den Termin besorgt. Sie will bei Fred ein kleines Dinner geben und lud mich dazu ein.
Steve Aronson kam mit Shelley Wanger und ihrem neuen Freund David Mortimer. Er sieht umwerfend aus. Und dann – mein Gott, muß Steve eigentlich immer alles wissen und sich ausgerechnet an das erinnern, was er vergessen soll? Er sah Jon an und fragte mich: »Wie sagst du, heißt er? Wie war sein Name noch mal? Hast du mir nicht erzählt, daß er ›POPism‹ schlecht redigiert fand?« Ich sagte: »Bitte, Steve, nicht jetzt.« Dabei verstehe ich nicht, daß ich Steve davon erzählt und auch noch Jons Namen erwähnt habe. Das fasziniert mich. Warum habe ich das getan? Warum mache ich mir freiwillig Ärger?
Steve erzählte mir, daß er gerade Roy Cohn interviewt habe. Ursprünglich wollte er ihm die Frage stellen: »Sind Sie nicht durch und durch schwul?« Doch dann fand er ihn sehr nett und ließ es bleiben. Er war auf der Frage sitzen geblieben und fragte mich nun, ob *ich* bereit sei, zuzugeben, daß ich schwul sei.

Donnerstag, den 16. Juli 1981
Auf der Party nach der Vorführung von »Endless Love« (»Endlose Liebe«, Regie Franco Zeffirelli, 1981) unterhielt ich mich mit Don Murray. Ich hatte gelesen, daß Liza mit dem Gedanken spielt, ein Remake von »Bus Stop« zu machen, deshalb sagte ich zu Don, wenn sie in ihrem Alter noch das Mädchen spielen könne, dann könne er doch noch mal die Rolle des jungfräulichen Cowboys übernehmen. Ich schlug ihm vor, zu ihr zu gehen und ihr das zu sagen. Er lachte. Er ist groß und sieht immer noch toll aus.

Montag, den 20. Juli 1981 Ich ging in John Reinholds Büro, um etwas über die neuen Diamantfunde in Australien zu erfahren. Die Preise für Diamanten fallen. Fuhr ins Büro (Taxi $ 5.00).
Ich war wütend auf Rupert, weil er schon vor Wochen nach Jamaika gegangen ist und die Hälfte seiner Assistenten jetzt auch in Urlaub will. Über diesen Horst habe ich mich besonders aufgeregt. Als ich zu ihm sagte, daß Rupert sich vorsehen soll, und daß ich mir sehr wohl einen neuen Siebdrucker suchen könnte, wenn sie mir nicht helfen, lachte er mir nur ins Gesicht wie ein Deutscher und sagte: »Ich hätte dir eine Rose mitbringen sollen, dann hättest du bessere Laune.« Ich sagte: »Erzähl du mir nichts von Rosen – Rupert hat den Job damals nur bekommen, weil Alex Heinrici Ferien gemacht hat – ziemlich lange Ferien, so wie Rupert jetzt. Ich habe mich umgesehen und mir einfach einen anderen besorgt. Das kann ich jetzt wieder tun.«

Dienstag, den 21. Juli 1981
Jon rief an und sagte unseren Ausflug nach Newport ab.

Mittwoch, den 22. Juli 1981
Ich stand früh auf. Es war ein schöner Tag. Ich wollte spazierengehen, und »Interviews« verteilen, war aber mit Mercedes Kellogg zum Lunch verabredet. Sie brachte diesen von Bülow mit. Er soll versucht haben, seine Frau mit Insulin umzubringen. Sie liegt seit Monaten im Koma. Ala von Auersperg, die Tochter seiner Frau aus erster Ehe, und ihr Bruder klagen ihn an. Ich schätze ihn auf etwa 55. Er erzählte Anekdoten.

Samstag, den 1. August 1981

Ich schaffe jetzt fünfmal 15 Liegestütze. Ich habe den Leuten im Büro gesagt, daß sie für meinen Geburtstag nächste Woche lieber nichts planen sollen und ich nicht käme, wenn sie es trotzdem täten.

Sonntag, den 2. August 1981

Jon joggte von der West Side herüber. Chris Makos holte uns um 3.30 ab. Wir fuhren ins Whitney zur Walt-Disney-Ausstellung (Eintritt $ 8.00). Es war sehr voll. Es sieht lustig aus, wenn Disneys Sachen an der Wand hängen. Doch sie kamen nicht besonders zur Geltung. Vor allem gab es Mickey Mouse.

Danach sahen wir uns auf einer anderen Etage Georgia O'Keeffes Ausstellung an. Von ihr sind diese Blumen und Schlitze; eigentlich malt sie nur die Vagina. Wir sahen uns noch die Sachen von anderen an, aber man erkennt immer, was Frauen gemacht haben. Ihre Arbeiten sind einfacher und unbefangener. Man sieht es.

Wir wollten ins »River Café«, aber dort gab es nichts mehr, also setzten wir uns im Village in ein Straßenlokal. Das Essen war ein Reinfall ($ 70.00). Dafür konnten wir die anderen beobachten: Jungs mit herrlichem Brustkorb, frisch von Fire Island zurück, und Männer in Shorts, die absichtlich ihre Eier raushängen ließen – schreckliche Typen.

Montag, den 3. August 1981

Ich ging in der Fifth Avenue in einen Plattenladen. Es lief gerade »Heroin« aus der ersten LP von »Velvet Underground«. Ich habe das Album produziert und das Cover gemacht. Ich weiß nicht, ob mich jemand kommen sah und die Platte schnell auflegte oder ob sie zufällig lief. Es ist seltsam,

Andy auf »Interview«-Tour *(Pat Hackett)*

wenn ich Lou diese Stücke singen höre; die Musik klingt immer noch gut. Sie weckt Erinnerungen in mir. Man bat mich, das Album zu signieren. Es hat immer noch das Originalcover mit der Banane, die sich schälen läßt. Ob MGM immer wieder Neuauflagen herausbringt? Ich habe nie einen Penny für die Platte bekommen.

Mittwoch, den 5. August 1981
Die Trumps kamen vorbei. Donald Trump, seine Frau und zwei Frauen, die für ihn arbeiten, wie ich vermute. Mrs. Trump ist im sechsten Monat schwanger. Ich zeigte ihnen meine Bilder vom Trump Tower. Insgesamt waren es acht; ich weiß auch nicht, warum ich so viele gemacht habe. In Schwarz, Grau und Silber, was ich sehr schick fand fürs Foyer. Aber es war ein Fehler, so viele zu machen. Ich glaube, das hat nur verwirrt. Mr. Trump regte sich furchtbar auf, weil farblich nichts aufeinander abgestimmt sei. Angelo Donghia ist der Innenarchitekt. Er schickt mir Muster der verwendeten Materialien, damit ich die Bilder farblich auf seine Orange- und Pinktöne abstimmen kann. Ich glaube, Trump ist doch geizig. Marc Balet, der die Sache arrangiert hatte, war irgendwie geschockt. Aber vielleicht läßt sich Mrs. Trump porträtieren. Ich hatte nämlich die Porträts von Lynn Wyatt absichtlich hinter die Gemälde von dem Gebäude gehängt, so daß sie vielleicht anbeißt. Jon rief aus Hollywood an.

Donnerstag, den 6. August 1981 Mein Geburtstag – ich hatte allen im Büro mit Rausschmiß gedroht, wenn sie ihn auch nur erwähnen sollten. Brigid wollte sich den Tag frei nehmen, aber ich spielte Mr. Mißmut. Ich ließ alle fünf Minuten früher gehen. Das war alles.
Das lustigste Erlebnis hatte Brigid. Als sie am Morgen in den Delikatessenladen ging, hörte sie, wie der Diskjockey im Radio sagte: »Und herzlichen Glückwunsch an Andy Warhol, der heute seinen 64. Geburtstag feiert.« Sie lachte, weil er mich elf Jahre älter gemacht hatte.
John Reinhold schickte mir 500 Karat Diamantenstaub als Geschenk. Etwa eine halbe Tomatensuppen-Büchse voll. Dazu schickte er 27 Rosen. Diamantenstaub kann töten. Eine gute Methode, jemanden umzubringen.
Jon rief aus Hollywood an. Meinen Geburtstag hatte er vergessen, was großartig war.

Samstag, den 8. August 1981
Jane Holzer rief an und lud mich in die East 66th Street 4 ein. Ein Student der Columbia Film School drehte dort mit Freunden einen Underground-Film mit einer teuren 35-mm-Ausrüstung. Ich ging hin, aber es war deprimierend. Es ist jetzt 20 Jahre her, daß ich Underground-Filme gedreht habe, und dann diese hübschen, reichen Jungs – sie sind sogar noch reicher und haben größere Wohnungen als die Jungs in meinen Filmen. Wir hörten, wie sie sagten, daß sie keine alten Leute vor der Kamera haben wollten. Irgendwie deprimierte mich das. Ich ging.

Montag, den 10. August 1981
Ich mußte die Sachen von Halston und Galanos für die »Los Angeles Times« fotografieren. Jon holte mich ab und fuhr mit mir zu Halston. Seine Limousine wartete bereits, aber Liza war noch nicht da. Halston telefonierte gerade mit Liz Taylor. Sie schimpfte ihn Arschloch, daraufhin nannte er sie ebenfalls Arschloch und fügte hinzu, ihr Arschloch sei größer als seines. Und mich forderte er auf, Fotos zu machen, um es zu beweisen. Es war lustig, den beiden zuzuhören. So reden sie also miteinander.

Dienstag, den 11. August 1981
Bekam die Kontaktlinsen, die man nicht rausnehmen muß, aber ich kann mit ihnen weder lesen noch zeichnen. Gibt es Bifokalbrillen, die man zu Kontaktlinsen tragen kann? Es ist schrecklich, wenn man nachts aufwacht und sehen kann.
Fuhr ins Büro (Taxi $ 3.50). Das letzte Stück ging ich zu Fuß. Ich malte

Hintergründe für das Porträt von Diana Ross. Ich überlege, welche Farbe ich nehmen soll. Ob sie lieber schwarz oder weiß sein möchte?
Später ging ich hinauf zum Con Ed Building in der Madison Avenue. Es steht zum Verkauf. Es hat drei Eingänge – jeweils einen in der Madison Avenue, in der 32. Straße und in der 33. Straße. Es hat den Grundriß eines »T« und liegt mitten im Block. Wir kriegten die Türen nicht auf und gingen deshalb zur Ecke 22. Straße und Sixth Avenue, um uns ein anderes Haus anzusehen. Es kostete $ 1,9. Anschließend gingen wir zurück ins Büro. Es war fürchterlich heiß.

Samstag, den 15. August 1981
Ich habe wieder zugenommen und wiege jetzt fast 54 Kilo. Mit 52 Kilo habe ich mir aber besser gefallen, deshalb beschloß ich, nichts zu essen. Arbeitete den ganzen Nachmittag an Greta Garbo, Mickey Mouse und Diana Ross (»Brownies Foods« $ 15.00).

Sonntag, den 16. August 1981
Ich ging zu Fuß zur Kirche. Mit dem Taxi ins Büro, um mich um 1.00 mit Rupert zu treffen ($ 5.00). Ich rief Fred in East Hampton an und beschwerte mich über das schlechte Geschäft, daß er mit Ron Feldman abgeschlossen hat. Ich sagte, daß Leo Castelli mein Partner sei und ich eigentlich keine Ausstellung mit Ron Feldman machen sollte. Seine Galerie werde durch eine so große Ausstellung von mir berühmt, außerdem seien die Bilder zu groß und fürchterlich. Ron hat mich für die Zeit um den 18. September eingeplant. Ich malte Hintergründe für »Superman« und »Dracula«. Ich muß mindestens vier pro Tag schaffen, wenn ich fertig werden will.

Montag, den 17. August 1981
Um 11.30 hatte ich einen Termin für die Besichtigung des Con Ed Building (Ecke 32. Straße und Madison). Es ist ein herrliches Haus. So etwas zu kaufen, wäre wie der Kauf eines wundervollen Kunstwerks.
Susan Blond rief an und lud mich ein, am Dienstag und Mittwoch Michael Jackson hinter der Bühne zu besuchen. Ich soll Liza Minnelli mitbringen, doch bis jetzt habe ich sie noch nicht erreicht. Ich versuche es weiter.
Zu Bett um 12.30. Schlief ein, wachte aber wieder auf und aß Wassermelone.

Dienstag, den 18. August 1981
Es war ein wirklich schöner Tag. Wir haben immer noch gutes Wetter, wegen des schwulen Hurricans Dennis.
Ich holte Jon ab. Wir gingen in Allan Carrs Penthouse im »St. Moritz«. Es gab eine Party für Mark Lee und Mel Gibson, die Stars aus dem Film »Gallipoli« und hinterher eine Vorführung des Films.
Im Taxi zum Madison Square Garden ($ 5.00), und Susan führte uns hinter die Bühne. Sie rief, daß Katharine Hepburn da sei und ich mich beeilen müsse, wenn ich mit aufs Foto wolle. Wir verpaßten sie. Michael Jackson machte uns mit seinen Brüdern bekannt. Michael sieht viel besser aus als bei unserer letzten Begegnung, als Stephanie Mills dabei war.
Wir gingen in die Halle. Ein paar Kids saßen auf unseren Plätzen und ließen sich nur mit Mühe verscheuchen. Michaels Show gehört zum Besten, was ich bisher gesehen habe. Er ist ein hervorragender Tänzer. Er verschwindet in einem Loch und kommt auf der anderen Seite in einem neuen Outfit wieder heraus. Ich weiß nicht, wie er das macht.
Ich setzte Jon ab, und als wir am Columbus Circle vorbeikamen, sah ich Mark und Mel, die beiden Stars aus »Gallipoli«. Allein. Sie irrten herum; ein trauriger Anblick. Ihre Party war vorüber, und sie wirkten verloren, als wüßten sie nicht, wohin.

Donnerstag, den 20. August 1981 Ich arbeitete an der »Wicked Witch« und an »Howdy Doody«. Rupert brachte »Mickey Mouse« und die »Garbo«. Sie sehen fabelhaft aus, aber ich sehe schon die Kritiken vor mir: »Wie kann er nach 20 Jahren wieder dieses Zeug machen?« Wir bearbeiteten Ron Feldman, weil wir Geld von ihm wollten. Schließlich sagte er, er werde zahlen, sobald die Bilder fertig seien. Die Ausstellung bei Ron Feldman paßt mir überhaupt nicht – sie ist reine Werbung für seine Galerie; er sollte viel mehr zahlen.

Montag, den 24. August 1981
Besorgte mir zwei »Gentleman's Quarterly« ($ 5.00), weil ich als Model in der Anzeige von Barneys abgebildet war. Das Foto gefiel mir sehr gut; ich war ganz aufgeregt.
Jay ist großartig. Endlich kann er so malen wie ich und mir zur Hand gehen, wenn mal die Zeit drängt. Ronnie macht immer alles so grob. Ich sprach mit Jon, weil ich das Gefühl hatte, daß er mir aus dem Weg ging. Ich glaube, er hatte am Abend etwas anderes vor.

Michael Jackson und Susan Blond *(Warhol)*

Mittwoch, den 26. August 1981
Ich bin hin- und hergerissen zwischen den beiden Häusern – dem an der Ekke Madison und 32. Straße und dem am Broadway 895. Das Haus in der Madison Avenue ist schön, groß und künstlerisch. Und gegenüber liegt Empire State Building. Es könnte zu einer Goldgrube werden. Andererseits wäre seine Renovierung teuer; wie sollten wir das schaffen? Wir könnten jedoch eine Hypothek zu 12 Prozent bekommen, das wäre nicht schlecht. Aber dann ist da noch das Haus Nummer 895. Es ist zweckmäßig und kostet nur $ 1,8, im Gegensatz zu dem in der Madison Avenue, das $ 2 kostet. Man könnte ein Stockwerk vermieten und hätte Einkünfte. Ich weiß nicht. Fred ist genauso unentschlossen.

Donnerstag, den 27. August 1981 Wir haben uns für das Haus an der Ecke Madison und 32. Straße entschieden. Ich war vielleicht nervös. Ich muß einen Brief unterschreiben, einen Scheck ausstellen und dann abwarten, was passiert.
Bob besorgte Jon und mir eine Einladung zu Iris Loves Geburtstagsparty im »Barbettas« (Taxi $ 3.00). Sie war im Garten. Senator Ribicoff hielt eine Rede. Diana Vreeland war mit Fred gekommen und sagte mir, ich sähe wie ein Junge von 14 aus. Sie ist begeistert von meiner Karriere als Model. Ich traf die Schwester von Iris, die jetzt blond ist. Vor 20 Jahren war sie mal in mich verknallt, und jetzt ist sie schon zweimal geschieden.
Es fing an zu regnen. Wir wurden aus dem Garten gejagt, und als es aufhörte, jagten sie uns wieder rein.
Ich war häßlich zu Henry Geldzahler. Er wollte, daß ich ihn jemandem vorstelle, und ich ignorierte ihn. Ich weiß auch nicht, warum – doch, doch, ich weiß es sehr wohl: weil Henry mich schon so oft auf diese Weise verletzt hat. Jetzt war ich mal dran.

Freitag, den 28. August 1981
Ich sagte zu Jon, er sei fett, meinte es aber nicht ernst.
»Paramount« gab eine Vorführung von »Mommie Dearest« (»Meine liebe Rabenmutter«, Regie Frank Perry, 1981) (Taxi $ 6.00). Ara war mit Russell Todd da. Wir waren von dem Film

absolut begeistert. Faye war wirklich gut. Wirklich. Dieser Film hat mich so tief berührt. Das passiert mir in letzter Zeit häufiger mit Filmen. Was ist bloß mit mir los?
Hinterher gab es ein leichtes Supper. Weil es noch früh war, schlenderten Jon und ich die schicke Columbus Avenue hinauf. Jemand rief mir »Schwuler« nach. Das war lustig. Ich ging nach Hause, sah fern und nahm eine Schlaftablette. Um 9.00 wachte ich auf, fühlte mich deprimiert und unglücklich. Mein Gott, so kam ich mir vor, als ich nach New York zog. Ich mache wieder dasselbe durch, habe Angst davor, allein zu leben und... Was soll ich tun? Ich wiege nur noch 52 Kilo, aber das ist nicht das Problem, ganz und gar nicht. Ich sehe besser aus, wenn ich dünn bin. Ich glaube, ich sollte mir nicht so viele Gedanken über das Aussehen machen, aber eigentlich tue ich das ja auch nicht. Nie. Bestimmt nicht. Ich mag häßliche Menschen. Wirklich. Außerdem sind häßliche Menschen genauso schwer zu kriegen wie schöne – auch sie wollen einen nicht.

Sonntag, den 30. August 1981, New York – Colorado Gleich nach der Ankunft bei John und Kimiko riefen wir Jack Nicholson an und verabredeten uns für den nächsten Tag. Ich kam mir wie im Film vor, als ich mit Jack telefonierte. Es war so aufregend. Mein Gott, war das aufregend.
John Denver hatte sich zum Dinner angesagt. Wir hatten in den Klatschblättern gelesen – im »Globe«, »Star« und »Enquirer«, fünf von der Sorte –, daß John wieder zu seiner Frau zurückkehrt, und plötzlich klingelte es an der Tür, und beide standen vor uns. Wir sagten, wir wüßten genau über sie Bescheid, sie brauchten nichts mehr zu sagen. Sie fanden das sehr komisch und waren reizend. Ich wurde vom Champagner betrunken, und später hielt mir Fred vor, ich hätte ständig mit bedeutenden Namen rumgeprotzt. John Denver sagte, er würde mich gern in seinem kleinen Privatflugzeug nach Fort Collins mitnehmen, wo wir sowieso hin wollten. Er sagt, daß er alles über mich weiß und ständig von Leuten hört, er sehe mir ähnlich.

Montag, den 31. August 1981, Fort Collins Wir riefen Jack an. Er schlug vor, daß wir uns in Aspen treffen sollten. Also fuhren wir nach Aspen, in die wunderschöne Spielzeugstadt.
Wir gingen in das Restaurant, wo wir mit Jack und Lou Adler verabredet waren. Jack war einfach wunderbar. Mein Gott, er war so wunderbar. Auch die Bedienung war wunderbar, alle waren wunderbar. Bob beklagte sich später, daß Chris so aufdringlich sei, aber ich sagte, man müsse aufdringlich sein, sonst käme man zu keinem guten Foto.
Wir fuhren zum Flughafen von John Denvers Flugzeug, aber das Wetter war schlecht. Plötzlich tauchte Johns Vater auf. Wir bestiegen den Lear-Jet, und sein Vater flog die Maschine. Die ganze Zeit ging es rauf und runter, rauf und runter, aber wir landeten in Fort Collins, wo uns viele Kids erwarteten. Wir wurden zum Motel gebracht.
Wir kauften eine Menge »Rolling Stones« mit Jim Morrison auf der Titelseite. Seit er tot ist, verkaufen sich seine Platten tatsächlich besser als vorher.
Dinner mit dem Präsidenten der Colorado State University. Nach dem Dinner führte er uns ins Museum, so konnten wir vor allen anderen die Ausstellung sehen. Vor dem Museum stehen drei Dosen, jede etwa zehn Meter hoch. Sie sehen aus wie große Skulpturen von Oldenburg. Große, von Hand bemalte Dosen von Campbell's Tomatensuppe. Einer der Jungs wird sie gemacht haben. Und im Motel stehen in jedem Zimmer Dosen mit Blumen. Ich habe die Campbell's Suppendosen so satt; ich könnte kotzen. Aber die Ausstellung ist nett: Sie

besteht nur aus einem einzigen Raum, und der hängt voller Grafiken. Wir blieben eine Stunde, dann ging ich. Ich nahm ein Valium, konnte aber nicht einschlafen.

Dienstag, den 1. September 1981, Colorado Wir mußten um 10.30 weg, denn ich hatte vier Fernsehtermine. Wir fuhren zum Campus der Universität. Ich mußte mit einer Kuh posieren – sie hatten sie aus einer ihrer landwirtschaftlichen Abteilungen herbeigeschafft. Ich mußte mich vor die Suppendosen stellen und die Kuh streicheln. Das war lustig. Und dann das Fernsehen. Ich war gut. Auf jede dumme Frage fiel mir eine Antwort ein. Sie erzählten mir, als Rauschenberg da war, sei kein Mensch gekommen. Ich sei der berühmteste Künstler der Welt.
Bei der Eröffnung kamen wir nur durch den Hintereingang in die Ausstellung. Die Kids drängelten und schoben, und ich saß da und mußte signieren. Alles, was ich tue, ist signieren, signieren, signieren.

Mittwoch, den 2. September 1981, Colorado – New York Die Zeitungen waren voll von mir und meinem Alter. Alle nannten es. Diese Uni wird sich zu einer der besten Unis entwickeln, weil sie so intelligente Leute hat. Zum Beispiel besuchten wir ein Seminar – es hieß »Windkanal« oder so –, bei dem der Professor Modelle von Hochhäusern in eine Röhre stellte und Luft durchjagte, um zu sehen, was mit ihnen geschieht, wenn sie einem Sturm ausgesetzt sind. Er sagte, daß es in unserem Land fünf sehr gefährdete Gebäude gebe; welche das sind, wollte er nicht verraten. Dann mußten wir in ein Seminar, in dem Samen von Zuchtbullen gesammelt wird.
Christopher ging der Film aus. Er drehte fast durch. Er wollte den Riesenschwanz fotografieren. Sie brachten den Bullen und ließen ihn den Ochsen bespringen. Er verspritzte etwas Saft, aber *den* Saft wollten sie nicht. Sein Schwanz sah aus wie ein 60 cm langer Bleistift und war spitz. Ein Mann sagte: »Warten Sie, ich hole die künstliche Vagina.« Er rannte fort, holte Handschuhe und alles mögliche. Der Stier besprang wieder den Ochsen und ejakulierte unheimlich schnell. Damit war alles vorbei. Wir gingen ins Büro und sahen, wie der Typ das Sperma aus der künstlichen Vagina holte.
Auf der Fahrt zum Flughafen schliefen wir alle, außer Chris. Er wollte den Abend in Denver verbringen und in die Bäder gehen. Die Sache mit dem Bullen muß ihn scharfgemacht haben. Als wir in New York ankamen, wurden wir schon von unserem Fahrer erwartet. Wir brachten Fred nach Hause, und er gab mir meine Unterwäsche, die in seiner Tasche war. Dann setzten wir Bob ab. Ich gab dem Fahrer ein Trinkgeld ($ 40.00).

Sonntag, den 13. September 1981 Arbeitete den ganzen Nachmittag, bis Christopher mit seinen Fotos kam. Es sagte, er sei verliebt, und ich mußte ihm vorhalten, daß er kein Recht dazu hat, weil er bereits »verheiratet« ist. Er hatte sich in einen Mark aus Denver verliebt. Er hat sich nur verliebt, weil er nicht genug zu tun hat. Nachdem er gegangen war, rief Peter an. Ich sagte Peter, wir sollten Chris den Geldhahn zudrehen. Dann müßte er nämlich schwerer arbeiten, denn was tut er schon? Herumsitzen und von Liebschaften träumen, mehr nicht. Und ist das in Familien nicht ohnehin üblich – daß man den Geldhahn zudreht? Chris muß zurück in die Dunkelkammer und wieder Abzüge für Kunden machen. Es geht ihm nämlich zu gut. Er verdient so viel Geld mit den Vergrößerungen, die er für mich macht.
Ich bin nervös wegen meiner Ausstellung. Die »Rolling Stones« haben gerade glühende Kritiken gekriegt. Und was haben sie gebracht? Eine Wiederholung ihrer alten Platte. Und ich ma-

che jetzt eine Ausstellung mit einer Wiederholung meiner alten Pop-Ikonographie.
Ich ging ans Telefon. Mein erster Superstar, Naomi Levine, war dran. Sie sagte: »Wie ich höre, hast du eine Ausstellung. Ich komme dich besuchen.« Darauf ich: »Wie, ich habe eine Ausstellung? Tatsächlich? Wo?« Das Gespräch hätte Wort für Wort aus den sechziger Jahren stammen können. Ich hörte mich sagen: »Oh, wirklich? Oh! Wirklich?«

Dienstag, den 15. September 1981 Ron Feldman ließ mich zur Ausstellungseröffnung in einer Limousine abholen. Jon mußte zu einer Videotagung, wollte aber versuchen zu kommen. John Reinhold wollte auf jeden Fall kommen. Wilson Kidde auch. Als Rupert ins Büro kam, sah er aus wie mein Sohn. Oder wie der Künstler persönlich (lacht). Fliege, weißes Hemd, blauer Blazer, Bluejeans. Und Cowboystiefel. Als ich ihn anstarrte, weil er genauso angezogen war wie ich, wurde er verlegen und tauschte die Fliege gegen eine Krawatte aus.
Mein Gott, waren viele Leute da, lauter junge. Keiner über 21.
Ging zu Halston. Er gab zur Wiedereröffnung des »Studio 54« ein Dinner. Eigentlich hatte er eine Party für Steve geben wollen, aber dann erfuhr er von Steve, daß Calvin bereits eine Party für ihn arrangiert hatte. Halston stellte Steve vor die Wahl: er oder Calvin. Steve entschied sich für Calvin. Aber Calvin glättete die Wogen, indem er Halston anrief und ihn einlud. Wir nahmen Halstons Wagen. Im »Sovereign« fuhren wir hinauf in Calvins Penthouse. Alle waren entweder berühmt oder schön – Brooke Shields, 75 andere Models und Jack Nicholson.
Anschließend fuhren wir ins »Studio 54«. Auf der Straße herrschte Gedränge, wie ich es noch nie gesehen habe. Im Vergleich dazu war es bei meiner Ausstellung leer. Calvin hatte Brooke mitgebracht. Drinnen war es so gerammelt voll, daß sie ein Vermögen gemacht haben müssen – bei $ 25.00 Eintritt pro Kopf. Um 2.45 gingen wir. Wir brauchten eine Viertelstunde bis zum Ausgang.
Ach ja, ich vergaß zu erwähnen, daß Truman am Montag angerufen hat – zuerst erkannte ich seine Stimme nicht. Er erzählte total krauses Zeug: daß er zweimal gestorben ist und sein Gehirn 32 Sekunden lang ausgesetzt hat und daß er sein nächstes Buch deshalb »32 Seconds« nennen will. Am nächsten Tag, am Dienstag, brach er gegen 6.30 im Foyer zusammen. Die Reporter von Presse und Fernsehen rasten ins »UN Plaza«. Er wurde ins Krankenhaus gebracht und stand auf den Titelseiten sogar der »Post«. Ich denke, er hat die Presse gekriegt, die wir für die Ausstellung in der Feldman-Galerie gebraucht hätten. Vom Fernsehen kam nämlich niemand.

Mittwoch, den 16. September 1981 Bob meint, es sei nur noch eine Frage der Zeit, bis er Mrs. Reagan zu einem Interview überredet hat. Aber ich finde, sie ist zu alt. Es wäre altmodisch. Wir sollten jüngere Leute interviewen. Wonach sollen wir sie fragen? Nach ihrer Filmkarriere? Egal, es wird sowieso nie dazu kommen. Es fing an zu regnen, und ich kaufte mir einen Schirm ($ 5.00).

Freitag, den 18. September 1981 Chris kam zum Lunch. Sein neuer Freund ist wieder in Colorado, und Peter ist am Cape Cod. Chris saß da und betrachtete mit der Lupe die Augen seines neuen Freundes auf den Fotos, die er von ihm gemacht hat. Auf einem Kontaktbogen.
Arbeitete an Andrew Carnegies Porträt für Carnegie-Mellon. Jon ist in Cincinnati zu einer Voraufführung von »Ragtime«, und anschließend muß er deshalb auch nach South Carolina, wohin genau, weiß ich nicht.
Die Wiedereröffnung des »Studio 54« bekam keinerlei Publicity. Das Team von »Entertainment Tonight« war zwar gekommen, hatte aber keine Prominenten entdeckt. Aber ein paar

kleinere Lichter waren dort, die »B-52s« zum Beispiel. Ach ja, habe ich eigentlich erwähnt, daß Tony Curtis zu mir raufkam und erzählte, daß er mit Collagen jetzt eine neue Karriere starten will?

Dienstag, den 22. September 1981 Ich stand sehr früh auf, um pünktlich zu meiner Verabredung mit Nelson Lyon ins Büro von »Saturday Night Live« zu kommen. Taxi zur Rockefeller Plaza 30 ($ 4.50). Es gab Probleme, weil die 1,80 große Blondine in der Halle Nelson nicht kannte, mich nicht kannte und die Sendung »Saturday Night Live« auch nicht. Sie war sehr schön, aber echt dumm. Schließlich war ich oben. Wir trafen uns in einem großen Büro mit einem Produzenten und der Regisseurin Jean Doumanian. Sie wollten, daß ich irgendwann etwas mache. Aber ich sagte ihnen, daß nur eine regelmäßige Sendung in Frage käme – oder gar keine. Nelson findet, ich sollte etwas Politisches machen.
Das Gespräch endete in Hollywood-Manier – ganz unvermittelt. Plötzlich lassen sie dich links liegen und wechseln das Thema. Keiner sagt: »Vielen Dank, es war nett von Ihnen, daß Sie zu uns gekommen sind.« Du sitzt zwar noch da, aber sie beachten dich nicht, als seist du unsichtbar. Irgendwie ist das großartig.

Mittwoch, den 23. September 1981 Ich war mit Peter Brant im Büro zum Lunch verabredet. Außerdem war eine Frau da, die vorher angerufen hatte. Sie brachte ein Porträt zurück, auf das ein kleines Mädchen einen Apfel geworfen hatte und das ich reparieren sollte. Peter Brant kam. Er führte sich furchtbar auf und suchte sich ein paar Grafiken aus. Jetzt sind wir quitt, was das Geld angeht, das er in »BAD« investiert hat. Jetzt braucht er nie mehr wiederzukommen. Gut.
Chris holte mich ab. Wir fuhren zu »Saks« (Taxi $ 7.00) Ich hatte einen Job als Model. Wir nahmen Rupert mit. Die Leute dort hielten ihn für einen Boten. Zwei von Halstons Models waren da – Alma, die nett war, und eine Blonde, die mich ignorierte. Diese Models sind albern. Sie scheinen tatsächlich zu glauben, daß ich ihnen die Jobs wegnehme.

Montag, den 28. September 1981 Stand früh auf, kam aber trotzdem eine halbe Stunde zu spät zu meinem Termin bei Janet Sartin. Ich entdeckte einen Pickel in Janets Gesicht und fragte sie danach.
Rief im Büro an, bevor ich zu meiner Gymnastikstunde bei Lady Sharon ging. Als ich hinkam, lag sie noch im Bett. Machte eine Stunde lang Gymnastik. Ich werde so müde davon, daß ich nachts besser schlafe. Außerdem bekomme ich davon größeren Appetit und esse mehr.
Hochbetrieb im Büro. Lucio Amelio war da. Vincent verhandelte mit den Leuten von »Saturday Night Live«: Wir bekommen $ 3000.00 für eine Minute in der ersten Woche, und wenn es gut wird, machen wir weiter. Wir müssen ihnen ein paar »Philosophy«-Bücher schicken.

Dienstag, den 29. September 1981 Ich stand früh auf, weil ich um 9.30 einen Yoga-Kurs hatte. Ich frage mich, warum ich nicht schon seit Jahren Yoga mache. Es strengt überhaupt nicht an, man sitzt nur da und dehnt seine Muskeln. Deshalb habe ich vor Jahren Martha Graham aufgegeben – in Pittsburgh besuchte ich einen Kurs bei einem ihrer Lehrer, der mit einer Inderin verheiratet war. Nelson kam vorbei. Er sagte, er sei schon seit 45 Stunden auf den Beinen und bastle am Dialog für meinen Spot, den wir am Freitagmorgen drehen müssen. Er wollte von mir etwas über die alte Show »Saturday Night Live« hören, aber ich hatte sie mir nie angesehen.
Nahm meine Vitamine. Hatte die ganze Nacht das Gefühl zu fliegen.

Mittwoch, den 30. September 1981 Nelson kam mit dem Drehbuch für »Saturday Night Live«. Ich bekam kalte Füße.

Donnerstag, den 1. Oktober 1981 Ging in Dr. Rees' Praxis in der East 72nd Street. Ich füllte Formulare aus und sprach mit dem Doktor. Er war ganz wild darauf, mein Gesicht zu liften. Ich wollte aber nur ein paar Mini-Lifts, und zwar immer nur ein bißchen an verschiedenen Tagen. Doch er sagte, er müsse alles auf einmal machen und um das ganze Ohr herum die Haut aufschneiden. Er zeigte mir, wie das aussehen würde. Und als er mir dann erzählte, daß man nach der Operation eine Weile grün und blau ist und zwei Wochen in der Stadt bleiben muß, sagte ich ihm, ich würde es mir überlegen.
Fuhr mit dem Taxi zu meiner Verabredung mit Don Munroe ($ 6.50). Er und Vincent bereiteten die Aufnahmen für unseren Beitrag zu »Saturday Night Live« vor. Wir gingen den Text durch, und ich war furchtbar. Ich glaube nicht, daß das komisch ist – drei Filmrollen, anderthalb Stunden Arbeit. Aber später sagte mir Vincent, daß es ihnen gut gefallen habe. Und als ich ihn fragte, ob ich noch mal ranmüsse, sagte er nein. Mir graut schon jetzt vor der Ausstrahlung. Jon findet, ich sollte die Finger davon lassen, weil die Sendung zu schlecht sei und zu viele Leute sie sehen würden. Jetzt hoffe ich nur, daß sie mich rausschneiden.

Freitag, den 2. Oktober 1981 Diana Ross kam um 3.00. Sie war von den Porträts begeistert und sagte: »Packt sie alle ein.« Sie verstauten sie in ihrem Wagen. Ihr Scheck lag um 5.00 bei Bob. Außerdem soll ich das Cover für ihr nächstes Album machen.

Samstag, den 3. Oktober 1981 Ich rief Vincent an, weil ich wissen wollte, ob er was von »Saturday Night Live« gehört hatte. Ja, sagt er, sie seien ganz glücklich damit und würden es bringen. Sie hätten nur noch keinen Moderator.
Jon holte mich mit dem Wagen ab. Wir führten eine Menge Telefonate, um die Adresse des neuen Maud-Frizon-Schuhladens herauszukriegen ($ 0.60). Schließlich erfuhren wir, daß er in der 57. Straße war, zwischen Madison und Park (Taxi $ 6.00, $ 4.50). Doch als wir hinkamen, konnten wir ihn nirgends entdecken, nur eine riesige Menschenmenge auf der Straße. Ich fragte einen Mann nach dem Schuhladen, und er deutete auf die Menge und sagte: »Dort; Cher ist drin.« Alle wollten also Cher dabei zusehen, wie sie Schuhe anprobiert. Ich ging hinein, aber es war mir zu peinlich, sie anzusehen. Sonny Bono war auch da. Er hatte seine Freundin Susie Coelho mit, ein sehr schönes Mädchen.
Ich glaube, diese Leute tun den ganzen Tag nichts anderes, als Kleider und Schuhe zu kaufen. Rupert erzählte mir, daß er gesehen hat, wie Rod Stewart bei »Parachute« für ein paar tausend Dollar eingekauft und dabei »Interview« gelesen hat. Sonny und Susie probierten Schuhe an. Sonny trug exakt die gleiche Lederjacke von Armani, die auch Jon anhatte, nur ist seine braun und Jons Jacke schwarz. Die Schuhe, die Jon so gefielen, gab es nicht mehr, weil Rod Stewart am Vortag zehn Paar gekauft hatte.
Als wir gingen, fragte uns ein Angestellter, ob wir die Hintertür benutzen wollten, und dann sagte er: »Cher läßt ausrichten, daß sie sich geehrt fühlen würde, wenn Sie ein Porträt von ihr machen würden.« Das war großartig. Jon Gould sagte, ich solle mir die Sache nicht durch die Lappen gehen lassen und noch mal reingehen. Ich ging also rein und redete mit ihr; sie wohnt übrigens im »Pierre«.

Sonntag, den 4. Oktober 1981 Es müssen sich unglaublich viele Leute »Saturday Night Live« angesehen haben, denn kein Mensch sagt auf der Straße: »Da kommt Andy Warhol,

der Künstler!« Ich höre nur: »Da kommt Andy Warhol aus ›Saturday Night Live‹!« Sie hatten gestern abend meinen ersten Beitrag gesehen.
Ich las die »New York Times«. Immer noch keine Kritik über meine »Myths«-Ausstellung. Sie ignorieren sie. Roy Lichtenstein stellt im »Whitney« aus, ich war aber noch nicht dort. Doch ich bin sicher, daß die Ausstellung gut ist. Er ist mein Lieblingsmaler nach Rosenquist.

Montag, den 5. Oktober 1981
Ich hatte am Telefon Streit mit Ron Feldman. Er ist unausstehlich. Er wollte nicht die ganze Serie »Myths« abnehmen, sondern ausgewählte Bilder, die sich am besten verkaufen. Ich fand ihn furchtbar und schrie ihn an, dabei hasse ich es, am Telefon zu schreien.

Dienstag, den 6. Oktober 1981
Immer wieder sagen mir Leute, daß sie mich in »Saturday Night Live« gesehen haben. Ich glaube, die Leute hocken nur zu Hause. Das überrascht mich.

Dienstag, den 6. Oktober 1981
Ich hatte Streit mit Jon und nahm seine Anrufe nicht entgegen.
Rupert brachte ein paar »Dollar Signs«, aber irgendwie sahen sie aus wie Bilder von Jasper Johns. Vincent war zur Auktion bei »Sotheby's«, wo Portfolios von mir versteigert wurden und kaufte sie zurück. Ein paar »Campbell's Soup Cans« und »Maos«, aber keine »Marilyns«, weil sich die Preise der »Marilyns« gehalten haben. Sie liegen jetzt bei etwa $ 35 000.00 pro Stück. Mrs. Castelli macht demnächst eine Ausstellung meiner Druckgrafik. Vincent bot also gegen »Castelli Graphics«. Vermutlich war Leo deswegen sauer, aber...
Nelson kam und wollte die nächste Folge von »Saturday Night Live« besprechen. Ich glaube, ich male etwas und spreche über Malerei.

Cher *(Andy Warhol)*

Freitag, den 9. Oktober 1981
Paul Morrissey kam wegen des Grundstücks in Montauk ins Büro. Halston und Lauren Hutton wollen Land kaufen, und er versucht, etwas für sie zu arrangieren.
Leo Castelli kam mit seiner Freundin Laura de Coppet. Er trank, und dann umarmten und küßten sie sich. Nicht zu fassen, dieser alte Mann. Das Mädchen ist dasselbe, das Jackie Curtis Geld gibt. Leo hat ein Porträt von ihr in Auftrag gegeben.

Samstag, den 10. Oktober 1981
Ich wollte »Duran Duran« im »Savoy« sehen, weil ihr Video »Girls on Film« so gut war. Als ich hinkam, spielte noch die Vorgruppe. »Duran Duran« sind gutaussehende Kids wie Maxwell Caulfield. Hinterher wollten sie mich kennenlernen, also ging ich in ihre Garderobe. Ich sagte ihnen, sie seien großartig. Sie waren alle stark geschminkt, hatten aber ihre Freundinnen aus England mit, hübsche Mädchen. Offenbar sind sie alle hetero, obwohl es schwerfällt, das zu glauben. Wir fuhren in ihrem weißen Wagen ins »Studio 54«. Steve Rubell war sehr nett zu ihnen.

Mittwoch, den 14. Oktober 1981 Bob bat mich, bei unserem Titelinterview mit Nancy Reagan am nächsten Tag in Washington ja keine

25 Uncle Sam, 1981 ▲

26 Myths

»Fragen über Sex« zu stellen. Ich traute meinen Ohren nicht. Das ist doch unglaublich. Hat er tatsächlich angenommen, ich würde mich hinsetzen und sie fragen, wie oft Ron und sie es miteinander machen? Und dann sagte Bob, ich mache mich zum Trottel mit meinen Model-Jobs. Ich sagte, das sei mir egal, und er sagte, ihm aber nicht, denn wenn ich mich zum Trottel mache, erschwere ihm das die Arbeit. Arbeitete bis 7.00.

Donnerstag, den 15. Oktober 1981, New York – Washington, D. C. Wir fuhren früh zum Weißen Haus. Wir wurden in einen Raum geführt, und dann kam Nancy Reagan. Ein Kellner brachte vier Gläser Wasser. Wir hatten Doria mitgenommen. Wir sprachen über die Rehabilitation von Drogensüchtigen, langweilig. Ich machte ein paar Fehler, aber es war mir egal, weil ich mich immer noch über Bobs Bemerkung aufregte, keine Fragen über Sex zu stellen. Sie hatte eine Sekretärin bei sich, die alles mitschrieb. Man hatte uns zwar gesagt, daß sie das Interview nicht mitschneiden würden, doch ich bin sicher, daß ein Tonband mitlief. Bob ließ sein Tonbandgerät laufen und ich meins. Ich machte vier Fotos. Mrs. Reagan schenkte Doria eine Tupperware-Schüssel, nicht eingepackt, und Doria gab ihr drei Schachteln mit Socken für Ron. Bob sagte zu Mrs. Reagan, sie sei eine sehr gute Mutter. Und dann fragte er sie nach ihren Plänen für Weihnachten. Sie antwortete, sie wollten im Weißen Haus bleiben, weil sonst nie jemand im Weißen Haus bleibe. Um 4.30 war das Interview zu Ende. Sie und Doria sprachen noch eine Viertelstunde miteinander, während Bob und ich warteten. Dann nahmen wir ein Taxi zum Flughafen. Wieder in New York, rief ich Jon im Büro an. Doria setzte mich ab. Ich gab ihr $ 20.00 für das Taxi. Als ich zur Tür reinkam, läutete das Telefon. Brigid wollte wissen, welchen Tee Mrs. Reagan serviert hatte. Ich dachte darüber nach und wurde immer wütender. Ich meine, warum hat sie sich nicht fein gemacht? Sie hätte uns in

Bob Colacello (l.) und Nancy Reagan
(Pressephoto Weißes Haus)

einem anständigen Raum empfangen und das feine Porzellan auflegen lassen können. Wenigstens ihrer Schwiegertochter zuliebe. Sie hätte sich durchaus etwas Besonderes für das Interview ausdenken können. Hat sie aber nicht. Je länger ich darüber nachdachte, desto wütender wurde ich.

Freitag, den 16. Oktober 1981 Ich ärgerte mich über Brigid. Sie transkribierte das Interview mit Nancy Reagan und sagte, es sei eine Katastrophe. Wir gingen zu Doria und fragten sie, ob es nicht sonderbar sei, daß man uns keinen Tee serviert und uns wie x-beliebige Leute behandelt habe. Doria sagte, vermutlich sei die Sekretärin daran schuld. Sie glaubt, daß Nancy uns oben empfangen wollte und die Sekretärin ihr davon abgeraten hat.

Montag, den 19. Oktober 1981 Mußte los, um die Sache mit dem Haus perfekt zu machen und mit etwas Champagner zu begießen.

Donnerstag, den 29. Oktober 1981 Chris zeigt seine Fotos in Kalifornien und will die Fotos von mir in Frauenkleidern in den Mittelpunkt rücken – ausgerechnet dann, wenn das Interview mit Nancy Reagan erscheint. »Time« und »Newsweek«

greifen das mit Sicherheit auf, und dann ist mein Ruf komplett ruiniert. Wieder einmal.
Ich sprach mit Jon in Los Angeles. Er kommt Samstagabend zurück.

Samstag, den 31. Oktober 1981
Wir gingen ins Village, um uns die vierte »Village Halloween Parade« anzusehen. Es war großartig, ein Riesenspaß. Der Umzug begann Punkt 6.00 und führte von Westbeth zum Washington Square. Am lustigsten war ein Paar, das sich als Tisch und Lampe verkleidet hatte.
Holte Jon ab (Taxi $ 7.50). Er schnitt gerade Löcher in ein Taschentuch, um sich eine Maske daraus zu machen. Um 2.00 fuhren wir ins »Studio 54«. Es war ihre beste Party überhaupt. Mädchen mit lebenden Schlangen und ein Spukhaus. Aber ich bekam Steve Rubell nicht zu Gesicht. Chris war als Arzt verkleidet, Peter als Krankenschwester. Robin Williams war auch da.

Sonntag, den 1. November 1981
Schlief lange, bis 12.00. Ich traf mich mit Jon und begleitete ihn zum Waschsalon in der Columbus Avenue.

Dienstag, den 3. November 1981 Es war Wahltag, und Jon hatte frei. Aber er hatte sein Adreßbuch verloren und konnte sich nicht an meine Nummer erinnern. Folglich konnte er nicht anrufen.

Mittwoch, den 4. November 1981 Chris weckte mich um 7.15 und sagte, ich solle den Fernseher einschalten. Start der Raumfähre. Ich schaltete ein. Aber nach 31 Sekunden brachen sie den Start ab. Öl hatte die Ventile verstopft, also starten sie frühestens in einer Woche.
Wir fuhren zu unserem neuen Haus, Ecke 33. Straße und Madison ($ 4.00). Es war ein schöner, sonniger Tag, und alle Häuser strahlten im Sonnenlicht. Ich führte zwei Telefonate ($ 0.20). Unser Haus ist sensationell, so schön, unglaublich. Und in der Nachbarschaft gibt es alles: Cafés, original puertoricanisches Essen, wie Ronnie und Robyn es mögen, und Jean DeNoyer eröffnet in der 32. Straße ein neues Restaurant namens »La Coupole«. Die ganze Gegend ist Spitze. Gegenüber steht ein schönes Hotel, in dem Huren wohnen, die man auf die Straße setzen will. Das Beste an unserem Haus ist die Dachterrasse. Sie könnte zu einer eleganten, herrlichen Wohnung gehören.

Montag, den 9. November 1981
Schlüpfte in den Smoking: Dinner mit der thailändischen Königin für den »Save the Children Fund«. Ich zog keinen Mantel über, weil ich früh gehen wollte, um mich mit Jon zu treffen. Taxi zum »Waldorf« ($ 4.00). Ich verpaßte Imelda Marcos, die angeblich ohne Einladung gekommen war. Sie wohnt im Hotel. Paloma unterhielt sich mit Clare Booth Luce. Clare erkannte mich nicht gleich, sagte dann aber: »Sie haben abgenommen. Warum tun Sie das?« Ich sagte was von meiner Model-Beschäftigung. Sie sieht sehr alt aus, aber eher wie ein junger Mensch in altem Kostüm. Ein seltsamer Anblick. Das Essen war gut, das beste Dinner, das ich dort je gekriegt habe. Die Königin von Thailand saß auf einem Podium. Ich konnte die ganze Zeit nur an ihren Schmuck denken.

Mittwoch, den 18. November 1981 Hatte einen Job als Model bei »L'Uomo Vogue« in der West 21st Street (Taxi $ 7.00). Way Bandy war da, und Harry, ein englischer Friseur. Harry war lustig und süß, Way war wundervoll. Wir unterhielten uns über Vollwertkost. Way trägt tagsüber nur wenig Make-up und sieht sehr gut aus. Er hat sich schon mehrmals liften lassen, und wir sprachen auch darüber. Er geht um 11.00 ins Bett, steht um 5.00 auf und macht zweieinhalb Stunden Yoga und Gymnastik. Way und der Friseur verdienen je $ 1000.00 am Tag. Liebend gern würde ich die beiden fünfundzwanzigmal im Jahr engagieren, um mich für besondere Gelegenheiten zurechtmachen zu lassen. Doch er sagte, er habe nur noch sechs Termine frei. Nachdem sie fertig waren, kamen zwei andere und verwandelten mich in einen Punk. Ein Schwarzer und eine Frau namens Mary Lou Green. Sie setzten mir eine »Blondie«-Perücke auf, mit der ich wie ein Mädchen aussah. Und dann putzten sie mich auch noch als Ronald Reagan heraus.

Freitag, den 20. November 1981, New York – Toronto Der amerikanische und der kanadische Zoll sind das Schlimmste. Conrad Black hatte uns einen Wagen geschickt, der uns zum »Four Seasons Hotel« brachte. Ich bekam Suite 2910, mit Blick auf ganz Kanada. Ich machte mich frisch und zog mich um, und dann gingen wir in Mr. Blacks Büro. Es liegt in einem postmodernen Gebäude, so was mit hohen Säulen. Eine altmodische Dame mit Hochfrisur saß an einer altmodischen Telefonanlage.

Mr. Black hatte am Vorabend »POPism« gelesen. Er hatte seine Hausaufgaben gemacht. Er erinnerte mich an Peter Brant, war aber netter. Ich schätze ihn auf 37. Er ist etwas rundlich, aber sehr freundlich und hat ein nettes Vermögen – er besitzt Minen, Supermärkte und Zeitungen.

Ich zog mich für das Dinner um, das Mr. Black und seine Frau Lisa für mich im Museum gaben. Gaetana Enders Mann Tom und Gaetana hatten sich angesagt. Tom war früher Botschafter in Kanada und ist jetzt Staatssekretär für Lateinamerikanische Fragen. Er ist fast zwei Meter groß, Gaetana 1,30.

Wir trafen Gaetana um 7.00 im Foyer und fuhren im Taxi zum Museum. Ein kleines Fernsehteam war dort, und wir schimpften über den Öffentlichkeits-Rummel, bis uns klar wurde, daß dieses Team von Mr. Blacks Fernsehsender kam. Auch ein Kardinal war da, aber der hatte unlängst einen Schlaganfall; deshalb war er nur halb da. Mr. Black bat ihn, das Tischgebet zu sprechen. Bob amüsierte sich endlich mal wieder. In letzter Zeit hat er immer nur herumgenörgelt, aber der Saal voller Milliardäre weckte seine Lebensgeister.

Beim Dinner stellten sie mich dem Kardinal vor, und er sagte: »Wie ich höre, haben Sie einen Neffen, der Priester ist.« Ich antwortete: »Ja, aber er ist gerade mit einer mexikanischen Nonne durchgebrannt.« Kaum hatte ich das gesagt, zerrte Fred mich beiseite und brüllte mich an, wie ich so mit dem Kardinal reden könne, wo er doch schon halbtot sei und es auf der ganzen Welt nur 20 Kardinäle gebe. Ich hätte doch einfach ja sagen können. Der Kardinal hörte Freds Standpauke, als sie ihn hinausführten und in den Wagen setzten. Er drehte die Scheibe runter und sagte: »Andy Warhol ist ein ehrlicher Mensch. Er hätte mich anlügen und behaupten können, mit seinem Neffen sei alles in Ordnung. Aber er hat mir die Wahrheit gesagt. Ich liebe seine Kunst, und ich weiß, daß er jeden Sonntag zur Kirche geht.«

Ich wurde durch die Ausstellung »Von Gauguin bis Moore« geführt. Henry Moore hat dem Museum eine Menge Plastiken gestiftet. Kein Mensch weiß, warum so viele. Wirklich eindrucksvoll. Etwa 40 Figuren, gigantisch. Im Vergleich dazu sehen meine Arbeiten nach gar nichts aus. Oh, so langsam hasse ich sie – es muß gesagt werden. Ich bin immer nur auf Achse, während alle anderen arbeiten. Ich muß nach Hause und was tun. Gut, ich bin vielleicht bekannt, aber ich bringe mit Sicherheit keine gute Arbeit mehr zustande. Ich bringe gar nichts mehr zustande.

Ich trank nicht sehr viel. Trinken macht dick, deshalb muß ich damit aufhören.

Samstag, den 21. November 1981, Toronto – New York Nahm ein Taxi in die Stadt ($ 20.00). Gegen 1.00 waren wir im Büro. Ich wurde nervös und trank Kaffee. Um 4.00 war die Eröffnung meiner Ausstellung, eine Retrospektive meiner

Grafik in Castellis Galerie. Leo rief an und fragte, wann ich käme. Er wollte mir ein Foto zeigen, das Hans Namuth von mir gemacht hatte. Er sagte, es sei sehr schön.
Ich fand die Ausstellung schrecklich. Ethel Scull fragte: »Wissen Sie noch, wer ich bin?« (lacht).
Fast hätte ich das Aufregendste an der Eröffnung vergessen: Warren Beatty spazierte mit Diane Keaton herein, und ich beging einen Fauxpas, als ich sagte: »Ich habe gerade den Artikel über Sie im ›Playgirl‹ gelesen!« Sie sagten nur: »O mein Gott!« und weg waren sie. Ich habe keine Ahnung, ob sie daran interessiert waren, Kunst zu kaufen, oder ob Diane Keaton nur fotografieren wollte. Auf jeden Fall hatten sie nicht die Mühe gescheut, zu dieser überfüllten Veranstaltung zu kommen, und das fand ich nett.
Später gingen wir zum Dinner bei »Reginette's«. Es war sehr gut, und Spaß hatten wir auch. Neben Jon saß eine süße Argentinierin, ein Model von Ford. Sie aß das Brot, das ich signiert hatte. Und (lacht) der König von Schweden war auch da. Wie Bob erzählte, hatte sich der PR-Mann von Diana Ross vor ein paar Monaten nicht festlegen wollen, ob Diana zum Dinner kommen würde, und gefragt (lacht): »Wer kommt denn sonst noch außer Ihnen, Andy und dem König von Schweden?«
Ich ging nach Hause und legte mich ins Bett. Um 3.30 ging die Alarmanlage los und versetzte mich in Panik. Aurora war da. Wir hielten uns an Händen und durchsuchten zusammen das Haus. Es war falscher Alarm, keine Spur vom Schwarzen Mann.

Sonntag, den 22. November 1981 Wollte mir Roy Lichtensteins Ausstellung im »Whitney« ansehen. Ich rief Jon an und fragte ihn, ob er mitkommen wolle. Gingen die Madison Avenue hinauf (Karten $ 4.00). Die Ausstellung war fabelhaft. Ich war sehr neidisch.

Dienstag, den 24. November 1981 Um 9.50 begann meine Gymnastikstunde bei Lady Sharon. Es machte Spaß, turnte eine ganze Stunde lang. Meine Trainerin Lidija trug den rosa »Moondrops«-Lippenstift von Revlon. Da Chris gesagt hatte, meine Lippen seien zu blaß, ging ich gleich nach dem Bezahlen ($ 30.00) zu »Bloomingdale's« und kaufte einen Lippenstift ($ 3.75).
Ich arbeitete, malte eine Weile, während Vincent alles für die Videoaufnahmen bei Larry Rivers vorbereitete. Dann fuhr ich hin (Taxi $ 5.00). Larry gab ein gutes Interview. Er erzählte, er habe sich die Augenpartien liften und eine Narbe beseitigen lassen. Ich wollte es nicht glauben und fragte: »Warum hast du deine Nase nicht machen lassen?« Und er sagte, das hätte seinen Charakter verändert! Larry sprach über das Älterwerden. Ich riet ihm, einfach nicht daran zu denken. Er sagte, er habe mit John Bernard Myers schlafen müssen, um in seiner Galerie ausstellen zu können. Das ist nicht alles. Er war auch mit Frank O'Hara zusammen. Larry gab uns ein gutes Videointerview, aber dafür muß ich jetzt ihm eins geben. Larry ist sonderbar, ganz gut als Künstler, aber verrückt als Mensch.
Ich verlegte das Thanksgiving-Dinner bei mir zu Hause zwei Tage vor, weil alle meine Freunde an Thanksgiving wegfahren wollten. Ich lud Jon, Chris und Peter für 8.00 ein. Peter macht die besten Kuchen. Wir ließen Bänder mit Weihnachtsmusik laufen und aßen zuviel. Danach gingen wir nach oben. Chris rückte die Möbel um, und wir spielten Scharade.
Gegen 10.30 gingen wir ins »Studio 54«. Bob gab eine Party für São. Wir fanden einen Parkplatz und waren noch vor Bob und São da. Ich ging auf die Tanzfläche und ließ keinen Tanz aus. Daß ich neuerdings tanze, hat einen einfachen Grund: Ich habe endlich begriffen, daß einen auf der Tanzfläche niemand zur Kenntnis nimmt. Ich habe Jon dabei beobachtet, wie er herumhopste, und mir gedacht, das kannst du auch. Das habe ich von ihm

übernommen. Also tanze ich jetzt. Jed soll übrigens auch dagewesen sein. Vielleicht hat er mich tanzen gesehen. Warum hat er mich nicht schon vor Jahren zum Tanzen gebracht? Das hätte er doch für mich tun können. Ich war kein bißchen betrunken. Ich fühlte mich nur miserabel, weil es nie so läuft, wie es soll. Irgendwie war ich in einer furchtbaren Laune. Ich trank einen Schluck Champagner, mehr nicht. Und dann tanzte ich mit Gaetana, mit São und mit PH. Ich verstehe nicht, wieso ich das früher nicht konnte.

Donnerstag, den 26. November 1981 Stand auf, war deprimiert, verbrachte einen einsamen Tag. Kein Anruf von Jon. Aß ein paar Pralinen. Aß Reste vom Truthahn. Ich wollte Halston anrufen und wählte die falsche Nummer. Um 5.45 ging ich schließlich zu Liza. Es war urgemütlich. Außer Liza waren da: Mark Gero, seine Eltern, ein Onkel und drei Brüder, eine Polin, Halston und Victor Hugo.

Das Dinner war in der Diele, wo alle meine Porträts von Liza hängen. Sie machten sich wirklich gut. Ich sagte zu Mark: »Ich glaube, ich habe die Wohnung schon in Zeitschriften gesehen.« Er sagte: »Ja, in einem Batman-Comic.« Ein lustiger Typ. Außerdem war er von allen Brüdern der attraktivste. Liza hat sich den Besten geholt. Ich glaube, die Mutter ist Polin, deswegen haben sie diesen polnisch-italienischen Einschlag. Einer der Brüder ist Dozent in Harvard.

Samstag, den 28. November 1981 Arbeitete den ganzen Nachmittag. Die DuPont-Zwillinge riefen an und luden mich zu Cornelia Guests Party zum 18. Geburtstag ein. Nikki Haskell gab die Party im »Le Club«. Ich sagte, ich sei mit Peter und Chris verabredet, und er sagte, ich solle sie mitbringen.

Später ließ ich mich dazu überreden, ins »Underground« zu gehen, in die Disco im Erdgeschoß von »860«. Obwohl ich mir eigentlich vorgenommen hatte, da nie hinzugehen. Cornelia begleitete mich, weil sie mit mir fotografiert werden wollte. Peter und Chris kamen getrennt. Die Mafia-Typen in der Disco machten mir angst. Ethel Scull war auch da. Sie wollte es nicht glauben, daß ich tanze und einen Narren aus mir mache. Sie lud mich zu ihrer Geburtstagsparty am nächsten Abend ein und sagte, da könnte ich noch mal einen Narren aus mir machen. Ich sagte zu, obwohl ich wußte, daß ich nicht hingehen würde. Die Leute, denen die Disco gehört, brachten uns Dom Perignon. Cornelias Freundinnen waren süß; süße Mädchen von 18 Jahren mit Juwelen. Ein Jongleur jonglierte für Cornelia und schenkte mir dann eine von seinen Keulen.

Montag, den 30. November 1981 Earl McGrath feierte seinen 50. Geburtstag im »Trax« und war aufgeregt. John Belushi hielt eine Rede. Er sagte, Earl habe ihm zur Seite gestanden, »im Gegensatz zu diesem Scheißkerl Laurence Olivier, der nie einen Finger für mich krumm gemacht hat«. Er war lustig. Ich unterhielt mich mit Isabel Eberstadt, die gerade ihren Roman abgeschlossen hat. Das wird ein scharfes, scharfes, scharfes Buch, da bin ich ganz sicher.

Mittwoch, den 2. Dezember 1981 Laura de Coppet rief an und erzählte mir haarklein, ein Liebhaber habe das Porträt zerstört, das ich in Leos Auftrag von ihr gemacht hatte: in Stücke geschnitten. Ich fragte: »Warum erzählen Sie mir das?« Sie antwortete: »Weil es Ihnen gehört.« Darauf ich: »Nein, es gehört Ihnen.« Darauf sie: »Soll ich es Ihnen rüberschicken?« »Nein«, sagte ich, »klären Sie den Fall mit Leo und sagen Sie mir dann Bescheid.«

Sonntag, den 6. Dezember 1981 Ich verlor eine meiner Kontaktlinsen und fand sie erst eine Stunde später auf einem Stück Seife wieder. Sie sah aus wie eine Seifenblase.

Mit Cornelia Guest und einem der DuPont-Zwillinge

Ich trug also eine Intraokularlinse und eine Übernachtlinse und sah eigentlich sehr gut damit.

Ich holte Jon ab und fuhr mit ihm zum »Rainbow Room«, um einen Preis vom Magazin »The Best« zu kriegen (Taxi $ 7.00). Es wimmelte von Fotografen und TV-Kameras. Verlor Jon sofort aus den Augen. Massimo Gargia, der Mann, der »The Best« ins Leben gerufen hat, sagte, mein Preis sei der einzige ohne eingravierten Namen, weil ich ihn so spät angenommen hätte. Ich sagte, das sei perfekt in Ordnung. Der Preis war aus Kristall und hatte die Form eines Penis, um den eine Kette gelegt war, die aussah wie aus Gold. Es stand »Cartier« darauf. Also fragte ich Ralph Destino, den Direktor von Cartier, ob es echtes Gold sei, und er sagte (lacht): »Bilden Sie sich einfach ein, es sei Gold.«

Montag, den 7. Dezember 1981 Ich arbeite an einem Ausklapper für »Artforum«, um den man mich gebeten hatte. Ich überlegte, ob ich einen Transvestiten zum Ausklappen oder eine Anzeige für meine Karriere als Model machen sollte, entschied mich dann aber für ein »Dollar Sign«, weil Leo bereits dafür geworben hat. Leo rief an und sagte, Lauras Porträt sei wirklich zerstört. Ich weiß nicht, was ich dazu sagen soll. Von mir bekommen sie keinen kostenlosen Ersatz. Wenn sie noch eins wollen, müssen sie es bezahlen. Es ist nicht mein Problem, es ist ihr Problem.

Fred war den ganzen Tag nicht da. Er half Diana Vreeland. Ich glaube, sie war ziemlich aufgeregt wegen ihrer Ausstellung im »Met«.

Halston kam mit zehn Models, und wir verteilten uns auf die sechs Limousinen, die er mitgebracht hatte. Das war ein Spaß. Marisa Berenson machte im Museum eine Sache für »Entertainment Tonight«. Wir gingen zum Fototermin in einen Raum, in dem die Fotografen schon warteten. Raquel Welch war wirklich süß. Sie ist überglücklich, weil sie mit »Woman of the Year« einen Hit hat.

Gezeigt wurden Kostüme aus dem 18. Jahrhundert. Die Röcke sind so weit, daß man mit ihnen durch keine Tür paßt. Weshalb hat man sie getragen? Damit man sein Geschäft verrichten konnte, ohne daß es jemand sah? So hat es mir Patty LuPone mal erklärt.

Ach ja, ich hatte ein lustiges Gespräch mit Douglas Fairbanks jr. Er sieht blendend aus.

Mittwoch, den 9. Dezember 1981 Mauras Vater, Senator Moynihan, gab eine Party in der »Castelli Gallery«. Ich hatte versprochen zu kommen, aber dann arbeitete ich bis 7.30 oder 8.00, und anschließend wollte ich mit Jon Drehbücher durchgehen. Ich nahm ein Taxi in seine Wohnung in der West 76th Street ($ 5.00). Kam gegen 11.30 nach Hause (Taxi $ 5.00).

Freitag, den 11. Dezember 1981
Fred wurde in die East 66th Street 15 eingeladen – seit fünf Jahren gehört das Haus Mrs. Marcos. Sie hält sich zur Zeit in der Stadt auf und gibt hier eine Menge Parties. Das Haus liegt in meiner Straße und ist doppelt so groß wie mein Haus. In jedem Stockwerk stand ein Weihnachtsbaum, und im obersten Stock war eine Disco. Aber es gab keine Zentralheizung, dafür liefen überall elektrische Heizlüfter. Bei ihrem Anblick fiel mir wieder ein, daß man mir regelmäßig die Con-Ed-Rechnungen von Mrs. Marcos ins Haus geschickt hatte. Einmal stand der Hinweis dabei, daß der Strom abgestellt würde, falls sie die Rechnung nicht bezahle. Irgendwas stimmte mit ihrer Anschrift nicht; deshalb landeten die Rechnungen immer bei mir in der East 66th Street 57, und ich machte sie auf.
Die Cristina Ford-Lady war da, ganz eindrucksvoll. Imelda tanze mit Van Cliburn. Man servierte Champagner wie Wasser.

Samstag, den 12. Dezember 1981 Halston rief an und lud mich zu einem Dinner für Jade Jagger ein. Ich brachte ihr ein »Dollar Sign«-Gemälde mit. Bianca versucht, Kommunistin zu werden; sie gehört jetzt zur nicaraguanischen Guerilla. Halston war lustig. Er sagte ihr, sie sehe schön aus, und ihre Kleider seien prächtig. Ich erzählte ihr von der Party bei Mrs. Marcos, und sie war empört, daß ich dort war. Ich sagte, nach einem Sturz des Marcos-Regimes bekämen wir nur einen zweiten Iran.
Steve Rubell war da, und auch Ian kam. Ian hat eine Affäre mit Jane Holzer. Ich wußte nichts davon. Aber er war auch hinter Bianca her. Er wollte sie nach Hause bringen. Calvin rief einige Male wegen Steve an. Irgendwie imponiert mir Calvin. Er macht alles, was er will. Er wirbt in »Interview« und in »WWD«, er geht ins »54« und ins »Xenon« – er läßt sich von keinem etwas vorschreiben.

Sonntag, den 13. Dezember 1981 Fuhr mit dem Taxi zu Jon. In seiner Wohnung war die Sicherung durchgebrannt. Wir gingen also Sicherungen kaufen, weil wir an einem Drehbuch arbeiten wollten. Anschließend fuhren wir mit dem Taxi zu mir ($ 4.50) und sahen uns »Apocalypse Now« an. Im Fernsehen wirkt der Film sehr gut. Auf dem kleinen Bildschirm sehen Dennis und Marlon gar nicht schlecht aus. Jon ging um 11.00.

Montag, den 14. Dezember 1981 Langsam wird mein Körper fester. Wenn ich schon als Kind mit Gymnastik angefangen hätte, hätte ich schon lange so einen schönen Körper.
Draußen fiel dichter Schnee. Ich ging in die »Interview«-Redaktion. In der Ausgabe mit Nancy Reagan entdeckte ich Druckfehler. Ich finde, einer ist schon zuviel. So was fällt den Leuten auf.

Dienstag, den 15. Dezember 1981 Ich nahm ein Vibramycin, und später, in meinem Schönheitskurs, wurde mir übel. Ich aß einen Cracker und trank Wasser. Draußen regnete es, es war matschig und naß. Traf mich mit John Reinhold und ging mit ihm in unser Stammlokal »Think Thin«. Wir sprachen über Schmuckdesign.
Bob ist auf der Suche nach jemandem, der Farrah Fawcett interviewt. Gore Vidal hat abgelehnt: »Ich mache keine Interviews – ich gebe welche.«

Mittwoch, den 16. Dezember 1981 Ich stand früh auf, ging zu »Christies« und verteilte »Interviews«. Es war indianischer Schmuck ausgestellt, und das Zeug ist heutzutage teuer. Ich glaube, es war Ralph Lauren, der die Preise für einen Gür-

tel auf $ 15 000.00 bis $ 30 000.00 getrieben hat.
Brigid färbte meine medizinischen Korsetts, die ich um den Bauch trage, seitdem ich angeschossen worden bin. Sie hat es gut gemacht. Die Farben sind wunderschön, aber es hat nicht den Anschein, daß sie jemals wer an mir zu sehen kriegt – mit Jon geht nichts voran. Wir arbeiten an Drehbüchern, das ist alles.
Jon holte mich ab. Wir fuhren mit dem Taxi zum Broadway 1600 und sahen uns »Four Friends« (»Vier Freunde«, Regie Arthur Penn, 1981) an ($ 4.00). Der Film handelt von den Kids in den sechziger Jahren und hat eine Menge Handlung mit Nebenhandlungen. Er spielt in der psychedelischen Hippie-Zeit und erinnert an die schlechten Filme, die 1968 und 1969 rauskamen. Ich fand ihn so mies wie »Honky Tonk Freeway«, aber Jon war gerührt. Er weinte den ganzen Film über. Ich setzte ihn um 10.30 ab.

Donnerstag, den 24. Dezember 1981 Steve Rubell wollte mit mir zu C. Z. Guests Weihnachtsfete nach Old Westbury, aber wir hätten eine Stunde hin und eine Stunde zurück gebraucht, und das war mir zu beschwerlich, weil ich fürchtete, krank zu werden. Ich spürte es schon im Hals. Jon rief aus Massachusetts an und wollte wissen, welche Hemdgröße ich habe. Da außer mir keiner da war, war er gezwungen, mich selbst zu fragen. Er versprach mir, um 10.00 bei Halston anzurufen.
Als ich nach Hause kam, war ich todmüde. Ich trank Brandy, und als ich gehen mußte, war ich betrunken. Die Hunde waren über die Feiertage bei Jed. Ging zu Halston. Victor hatte mir am Telefon die Namen der 20 Gäste durchgegeben, und ich hatte für jeden ein kleines Geschenk eingepackt – Rotzfahnen mit Dollarzeichen und eine Skulptur.
Liza war da, obwohl Victor mir nicht gesagt hatte, daß sie käme. Ich hatte nichts für sie und versprach ihr deshalb eine »Martha«. Liza warf vor Begeisterung die Arme in die Luft. Sie hatte den ganzen Tag in Harlem verbracht und kranke Kinder im Krankenhaus besucht. Das ist das beste, was man machen kann. Jane Holzer und ich wollen es nächstes Jahr auch tun. Liza ist hier, um ihren Vater zu besuchen. Er ist herzkrank und liegt im Sterben. Pat Cleveland war da. Sie hat gerade eine Hepatitis hinter sich und küßte jeden. Meine Abwehrkräfte sind so schwach, daß ich jetzt bestimmt Hepatitis kriege. Jane erzählte mir endlich, sie sei unsterblich in Ian Schrager verliebt. Ich wollte nichts davon hören, denn ich hätte nur negative Dinge gesagt, die sie ihm wiedererzählt hätte. Ich mag ihn nämlich. Ich sagte nur, sie solle von seinem Geschäftssinn profitieren – mehr nicht.
Um 3.00 brachte mich Jane nach Hause. Ich nahm Aspirin, packte und nahm eine Schlaftablette.

Sonntag, den 27. Dezember 1981, Colorado In Denver hatten wir zwei nette Piloten. Wir aßen kalten Hummer und nahmen Drinks. Der Flug war schön und machte Spaß. Und der Schnee war wundervoll. Kurz vor der Landung in Grand Junction erhielten wir die erfreuliche Nachricht, daß sich der Sturm gelegt hatte und unsere Maschine als erste in Aspen landen konnte (2mal $ 200.00). Das Haus, das wir gemietet hatten, war schön und sauber, mit Panoramafenster und Blick auf die Berge. Jane Holzer rief an. Sie kommt erst nach Silvester.
Meine Erkältung kam wieder, obwohl sie schon völlig weggewesen war. Aber wenigstens hatte ich keine Probleme mit der Höhe. Ich schluckte Antihistaminika, Aspirin und Hustensaft. Peter machte Kartoffelbrei und Salat zum Dinner. Wir sahen »Shampoo« im Fernsehen und gingen zu Bett.

Dienstag, den 29. Dezember 1981 Stand früh auf, und auf einmal hatte ich Höhenprobleme. Setzte Peter und Jon am Skihang ab und ging mit Chris einkaufen. Wir blieben zwei

Stunden in der Stadt. Trafen viele Leute, die überrascht waren, mich hier zu sehen, und ich erkannte sie nicht, weil sie Skianzüge anhatten. Tatum O'Neal kam und sah süß aus in ihrem weißen Skianzug.
Es war ein wunderschöner Tag. Die Sonne schien. Für Aspen war es verhältnismäßig kalt, aber der Schnee war so gut wie noch nie.
Wir gingen in »Angelo's Restaurant«. Sonny Bono kam zu uns und erzählte, daß er Silvester seine Freundin Suzie Coelho heirate. Er lud mich zu seiner Hochzeitsparty bei Cathy Lee Crosby ein.

Mittwoch, den 30. Dezember 1981, Colorado Chris und ich nahmen uns vor, am Idiotenhügel einen Anfängerkurs zu machen und uns dann nach oben zu arbeiten. Wir hatten einen privaten Skilehrer von 1.30 bis 3.30. Zwei Stunden fuhren wir im Zickzack den Hügel runter und mit dem Schlepplift wieder rauf. Man hockt sich auf das Ding und kommt den ganzen Berg rauf, das macht viel Spaß. Es war ganz einfach; außer mir fuhren dort nur Zweijährige. Wenn man mit zwei anfängt, geht man die ganze Sache natürlich viel unverkrampfter an und wird mit der Zeit ein guter Skiläufer. Aber ich war zu verspannt. Dreimal bin ich gestürzt.

Donnerstag, den 31. Dezember 1981, Colorado Wir gingen auf Sonnys Hochzeit. Wir brauchten eine Weile, bis wir die schöne Kirche fanden. Die Zeremonie hatte begonnen; wir mußten stehen. Schöne Lieder wurden gesungen, und dann sagte der Priester: »Hiermit erkläre ich euch, Sonny und Cherie« – er sagte »Cherie« statt Suzie. Den Anwesenden verschlug es den Atem, und Suzie sagte: »Ich heiße nicht Cher-ie, sondern Suzie!« Der Priester geriet aus der Fassung und stotterte, er habe gewußt, daß ihm das passieren würde. Und dann wiederholte er millionenmal »Sonny und Suzie, Sonny und Suzie«, bis die Zeremonie vorbei war. Es war wirklich schön. Draußen schneite es, und alle hielten Kerzen in der Hand. Suzie war ganz in Weiß, und Sonny weinte. Man lud uns zu Cathy Lee Crosbys Party für Sonny

Dollar Signs, 1982 *(Ausschnitt)*

ein. Wir gingen aber zu der Silvesterparty, die Jimmy Buffet und seine Frau in einer der Hallen gaben.
Wir trafen Lisa Taylor, und ich beging den Fauxpas, sie nach John McEnroe zu fragen. Sie sagte, sie habe gerade Schluß mit ihm gemacht und ertränke ihren Kummer in Alkohol. Sie trank Tequila mit Cola aus einem Schnapsglas – damit er schneller in den Kopf stieg und betrunken machte, wie sie sagte. Jack Nicholson und Anjelica waren da. In der gestrigen Zeitung ließ sich Margaret Trudeau über ihre Affäre mit Jack aus. Und in ihrem neuen Buch erzählt sie von ihrem Cowboy Tom Sullivan, aber sie erwähnt nicht, daß er tot ist.
Cathy Lee Crosbys Party begann um 11.30, aber ich wollte Mitternacht nicht im Haus anderer Leute erleben. Wir beschlossen, am Square zu bleiben, und ließen die anderen vorgehen. Spazierengehen konnten wir auf dem Platz nicht, denn es war eine sehr kleine Version des Times Square. Die Kids aus Aspen waren durchweg betrunken, grölten herum, fielen hin oder hupten in ihren Autos, alles mitten in der Stadt. Irgendwie erinnerte es mich an »La Bohème«, es wirkte gespielt und unwirklich.

1987

Freitag, den 1. Januar 1982, Colorado Ging ins Krankenhaus, um nachsehen zu lassen, ob ich mir bei einem Sturz am Tag zuvor den Arm gebrochen hatte. Die Leute in der Notaufnahme waren sehr freundlich. Ich wurde geröntgt, und dann setzten sie mich in eine kleine, mit Bettlaken abgeteilte Kabine. Während wir auf die Röntgenbilder warteten, schoben sie einen Mann herein. Er fragte: »Bin ich im Himmel?« Und dann sagte er, er habe vom Hals abwärts kein Gefühl mehr. Sie erschraken und rollten ihn unter den Röntgenapparat.
Um 4.00 hatte Jon in der United City Bank einen Termin mit einem gewissen Dawn Steel von »Paramount Pictures«.
Dinner bei Barbi Benton. Zev Bufman, der Produzent von »Little Foxes«, und seine Frau waren da. Mrs. Bufman würde nie zulassen, daß er eine Affäre mit Elizabeth Taylor hat.

Montag, den 4. Januar 1982, Colorado – New York Nach der Ankunft rief ich im Büro an. Eigentlich hatte ich noch arbeiten wollen, aber es war schon 5.30. Blieb zu Hause und packte aus.
Ein Ring fiel mir in den Abfluß und blieb stecken. Holte Jon ab und ging zu Halston. Nur Steve Rubell und Victor waren da. Halston erzählte, daß er mit Lauren Hutton vor zwei Tagen acht Hektar Land in Montauk gekauft habe. Also wird es zwischen Dick Cavetts Grundstück und unserem keine Eigentumswohnungen geben. Bianca möchte Montauk mieten, während Halston baut. Mein Arm tat immer noch weh.

Dienstag, den 5. Januar 1982 Stand früh auf und hatte das Gefühl, ich bin noch in Aspen. Irgendwie war mir schwindlig und schummerig, wie auf einem LSD-Trip, obwohl ich nie auf Trip war. Ich glaube, mit meinen Lungen stimmt was nicht, immer noch eine Nachwirkung der Schußverletzungen.
Bekam eine Menge Einladungen zum Dinner. Sprach mit Jon. Er schlug vor, weiter an den Drehbüchern zu arbeiten.

Mittwoch, den 6. Januar 1982 Heiner Friedrich gab bei sich in der 82. Straße eine Teeparty. Die Gäste sollten die Schuhe ausziehen, ich tat es nicht, hätte es aber besser getan. Fred hatte mir davon abgeraten, Heiner wegen eines Kredits für unser Haus anzusprechen. Aber Heiner gibt diese Woche noch eine Party, und bei der Gelegenheit frage ich ihn. In John Chamberlains Loft richtet er ihm nämlich ein Museum ein – und warum sollte er nicht einen Teil unseres neuen Hauses an der Madison Avenue mieten und dort für mich ein Museum einrichten? Ich würde ihn ja fragen, aber jeder wird nur dann aktiv, wenn er die guten Einfälle selber hat. Ich werde mich also auf Andeutungen beschränken. Ich schlug ihm vor, in dem Haus eine Bar zu eröffnen, aber er sagte nein. Moslems tränken nicht – er und Philippa sind jetzt nämlich Moslems, sie gehören zu den ›Wirbelnden Derwischen‹.

Samstag, den 9. Januar 1982 Große Doppeleröffnung – »Dollar Signs« bei Castelli in der Greene Street und »Reversals« bei Castelli am West Broadway.
Bob Rauschenberg, Joseph Beuys und Hans Namuth waren da. Es war wie ein hektischer Tag in den sechziger Jahren. Ich hatte vergessen, wie attraktiv Künstler sind. Das sind sie nämlich wirklich.
Die Treppe war der beste Platz. Ich konnte alle sehen und dabei gleichzeitig signieren. Anschließend ging ich hinüber in die Greene Street. Dort waren die großen Tiere. Rosenquist wußte nicht, was er sagen sollte, und so erzählte er mir, das Foto von mir habe ihm gut gefallen.

Sonntag, den 10. Januar 1982 Nicht ein Anruf. Das passiert immer, wenn man tags zuvor der Star des Abends war – kein Mensch ruft am

Morgen an. Endlich, um 12.45, klingelte das Telefon. Mein Bruder war dran. Später rief Brigid an und erzählte, sie sei im »Chelsea« gewesen, um Viva zu besuchen, die ihr Baby bekommen hat.

Rief Jon an, aber niemand nahm ab. Jane Holzer rief an und sagte, sie sei mit Robert Towne in Washington. Das ist der Typ, der die Drehbücher für »Shampoo« und »Chinatown« geschrieben hat. Sie wollten später nach New York kommen und mit mir zum Dinner gehen. Sie sagte: »Bring dein Tonband mit, er ist unglaublich faszinierend.« Ich wußte nicht, was sie vorhatte.

Um 10.20 ging ich ins »Elaine's« (Taxi $ 4.00). Elaine ist wieder fett! Richtig fett. Jane und Robert Towne waren schon da. Sie hatten einen guten Tisch. In den ersten drei Stunden konnte ich Robert nicht ausstehen. Vielleicht kann ich ihn immer noch nicht ausstehen, ich weiß nicht genau. Er benahm sich wie der typische Kalifornier und gebrauchte lauter Wörter, die ich nicht mag – »Arschloch« und »Bimbo« zum Beispiel. »Bimbo« macht mich wahnsinnig. Er wollte nicht, daß ich das Band laufen ließ, weil er so schwer an »my Baby« gearbeitet hatte, wie er sagte. Zu Jane sagte er aber: »Wenn du es willst, erlaube ich es.«

Seine Frau Julie war auch da. Sie hat die Schauspielerei aufgegeben und handelt jetzt mit Immobilien. Sie sah gut aus, hat aber fast das Alter erreicht, in dem er sie austauschen wird. Ihre besten Jahre hat sie jedenfalls hinter sich.

Robert Towne sprach von »Warren«, deshalb erzählte ich ihm, daß ich »Jack« gerade in Aspen getroffen hatte. Ach ja, gleich am Anfang zitierte er den Satz von mir: »In Zukunft wird jeder fünfzehn Minuten berühmt sein.« Nur sagte er »zehn Minuten«. Das war vor allem deswegen so lustig, weil fünfzehn Minuten später der Regisseur Mark Rydell zu uns kam und das Zitat auch gebrauchte, aber richtig. Darauf stritten er und Robert über die Zeitdauer, und ich mußte mich auf Townes Seite schlagen, weil ich sein Gast war. Aber warum hatten mich beide zitiert? Ich fragte Robert, ob er das Zitat als Titel kaufen wolle, aber er sagte (lacht): »Nein, ich mag nur Titel, die aus einem Wort bestehen.« Ich schlug ihm vor, mir den Titel »THE« abzukaufen, den mir mal Tennessee Williams verkauft hat. Er lachte. Ich hatte gedacht, Jane würde das Dinner bezahlen, aber dann beglich er die Rechnung. Das war mir peinlich. Er hatte eine Limousine. Wir setzten ihn am »Carlyle« ab, anschließend brachte mich Jane nach Hause. Sie erzählte mir, daß sie vor seiner Heirat mit Julie eine Affäre mit ihm hatte.

Freitag, den 15. Januar 1982

Bekam einen Anruf von Jon. Er war in Los Angeles, wollte aber am Abend wieder hier sein und mit mir in die Voraufführung des neuen Coppola-Films in der »Radio City« gehen. Aber dann hatte seine Maschine Verspätung, und er schaffte es nicht mehr rechtzeitig.

Der Film, »One From the Heart« (»Einer mit Herz«, Regie Francis Ford Coppola, 1982), war langweilig, beschissen. Frederic Forrest, einer meiner Lieblingsschauspieler, hat für seine Rolle etwa neun Kilo zugenommen. Der Film war zwar hübsch, aber Bilder sind nicht genug. Ein Erfolg wird das nicht.

Ich ließ kein gutes Haar an dem Film, aber als mich Reporter von »People« und von »Time« fragten, wechselte ich die Tonart und sagte, ich sei begeistert.

Samstag, den 30. Januar 1982

Jon holte mich ab, und wir nahmen ein Taxi zum Sheridan Square, um uns Harvey Fiersteins »Torch Song Trilogy« anzusehen (Karten $ 7.00). Das Stück dauerte vier Stunden, aber es war sehr komisch. Die Dialoge waren witzig. Alle waren begeistet, alle lachten.

Als es zu Ende war, richtete mir der Platzanweiser aus, daß Harvey Fierstein mich sehen wolle. Ich hatte immer das Gefühl gehabt, daß wir ihn irgendwoher kannten, konnte ihn aber nirgends unterbringen, und als wir uns dann gegenüber standen, sagte er: »Erinnern Sie sich nicht mehr an mich? Ich war doch der Fünf-Zentner-Bursche in Ihrem Stück ›Pork‹, und sehen Sie mich heute an – ich habe einen Hit!« Er war großartig. Er hat eine ganz tiefe Stimme, ist sympathisch und sehr begabt – er hat das Stück geschrieben, Regie geführt und spielt selbst mit. Ich sagte, ich würde versuchen, ihn den Leuten von »Interview« als neues Talent zu empfehlen.
Setzte Jon ab (Zeitschriften und Zeitungen $ 10.00, Taxi $ 6.00). Gegen 1.00 ging ich ins Bett.

Montag, den 1. Februar 1982

Seit drei Wochen hatten wir unseren Lunch mit Bürgermeister Koch geplant, heute hätte er kommen sollen, doch da starb plötzlich sein Vater. Aber man versprach uns einen neuen Termin.
Da aus dem Lunch nichts wurde, fuhr ich ins »Odeon«. Leos Arbeiter gaben für Leo einen Überraschungslunch. Die Fahrt dauerte eine Stunde ($ 10.00).
Es wimmelte von Stars. An jedem Tisch saß ein Künstler – an einem saß Jasper Johns, an einem anderen Robert Rauschenberg, am nächsten Dan Flavin, Artschwager, Richard Serra. Ich ging zu dem Tisch, an dem James Mayer und Mr. und Mrs. Sidney Lewis saßen, und sagte: »An dem Tisch möchte ich sitzen, denn jeder hier schuldet mir Geld.« Mrs. Lewis gab mir ein Zehncentstück.
Ich schenkte Leo Unterwäsche und eine Rotzfahne mit Dollarzeichen. Er freute sich darüber; sonst hatte ihm niemand ein Geschenk mitgebracht. Seine Frau Toiny war auch da. Ich hatte »Interviews« mit, doch alle rieten mir, sie zu verstecken, weil in dem Heft das Interview mit Leos Freundin Laura de Coppet abgedruckt war. Die beiden sollen immer noch ein Verhältnis haben. Wie man mir erzählte, war es deswegen zu einem heftigen Krach gekommen: Leo wollte eigentlich nach Rom fliegen, doch als Toiny das Interview las, wurde sie wütend und zerriß sein Ticket. Er war gezwungen, einen Tag später zu fliegen. Es soll ihr heftigster Streit gewesen sein.

Mittwoch, den 3. Februar 1982

Telefonierte mit Stuart Pivar, um gemeinsam etwas zu unternehmen. Ich ging hinüber in seine Wohnung in der West 67th Street. Es war ein merkwürdiges Gefühl, das Haus zu betreten, in dem auch Jed wohnt. Wir wollten zu Fuß in die Autoausstellung im Coliseum gehen (Karten $ 15.00). Die DeLorean-Autos gefielen mir am besten, weil ihre Türen andersherum aufgehen. Sie haben mal $ 40 000.00 gekostet, heute kosten sie noch $ 20 000.00.
Stuart brachte mich ins Büro. Ich arbeitete bis 7.00 an »Crosses« und »Valentines«. Eigentlich hatte ich mit Jon ausgehen wollen, doch er mußte an seinem neuen Loft arbeiten. Chris rief an. Er und Peter wollten zur Wiedereröffnung der »Danceteria«. Sie ist jetzt dort, wo früher das »Interferon« war. Ich hatte keine Lust mitzugehen.

Samstag, den 6. Februar 1982

Ich ging zu Jan Cowles in die Fifth Avenue 810. Sie gab eine Geburtstagsparty für ihren Sohn Charlie. Ich schenkte ihm ein »Dollar Sign«-Gemälde. Leo war da. Und Joe MacDonald, doch ich wollte ihm nicht zu nahe kommen und mit ihm reden, weil er Schwulenkrebs hat. Ich sprach mit der Frau seines Bruders.
Um 11.00 mit dem Taxi ins »La Coupole« ($ 5.00). Diana Ross war da. Bei ihr waren Patrice Calmettes, Iman, Bianca, Barry Diller und Steve Rubell. Sie hatten gerade gegessen. Ich wollte Barry Diller zum Lachen bringen, weil er nie lacht und alle behaupten, das sei unmöglich. Ich forderte ihn zum Tanzen auf, doch er rang sich

nicht mal ein Lächeln ab. Ich gab auf und sagte ihm nur, daß ich seinen Film »Venom« mag, da lachte er.
Clavin Klein lud uns zu einer Besichtigung seiner neuen Wohnung an der Ecke 66. Straße und Central Park West ein (Taxi $ 6.00). Diana kam in einer Limousine. Die Wohnung ist wundervoll, eine Maisonette mit Fitneßraum und neuen Fenstern. Und er hat alles selbst gemacht. Alles in Weiß. Er hat eine Treppe wie Halston. Sie ist aus Holz und hat kein Geländer. Sie sieht aus wie ein Kunstwerk, es ist beängstigend. Alles sehr ordentlich. Er sammelt die gleichen Dinge wie ich: Stieglitz-Fotos von Georgia O'Keeffe, indianische Teppiche und helles Schildpatt.

Montag, den 8. Februar 1982
Es war so schön, daß ich bis zum Sonnenuntergang draußen blieb. Es war warm und sonnig.

Donnerstag, den 11. Februar 1982 Die »Oscar«-Nominierungen kamen raus: Faye ist nicht für »Mommie Dearest« nominiert. Also, wenn das keine Glanzleistung war...

Sonntag, den 14. Februar 1982
Brigid ist im Krankenhaus. Womöglich entfernt man ihr die Gallenblase. Marisa und Richard Golub ließen sich in Halstons Büro trauen. Sie sah wunderschön aus in dem ärmellosen rosa Tüllkleid von Halston. Wenn so eine Frau diese Kleider trägt, sieht man erst, wie schön sie sind. Braut und Bräutigam redeten und lachten während der Zeremonie. Irgendwie fand ich das gut. Aber er ist auch nur so ein Typ, der sich eine schöne Frau sucht, damit er in die Zeitungen kommt.
Fuhr mit dem Taxi zurück, um Chris abzuholen. Wir sahen uns »Quest for Fire« (»Am Anfang war das Feuer«, Regie Jean-Jacques Annaud, 1982) an. Rae Dawn Chong spielte mit, die Ex-Freundin von Owen Bayless. Owen hat mal bei »Interview« gearbeitet. In dem Film ist sie nackt. Sie spielt eine Frau, die der Menschheit beibringt, wie man in der Normalstellung bumst, anstatt von hinten. Das Publikum war begeistert. Es war mal etwas anderes. Dialog gab es keinen.

Mittwoch, den 17. Februar 1982
Brigid wird am Freitagmorgen im Roosevelt Hospital operiert. Wie sie sagte, ist Lee Strasberg gerade dort gestorben, und Joanne Woodward wird am Fuß operiert.

Samstag, den 20. Februar 1982
Stand früh auf, weil ich mit Rupert verabredet war. Brigid rief an. Sie darf schon wieder aufstehen. Sie sagte, die Operation sei schlimm gewesen, aber jetzt sei sie froh, daß alles vorbei ist.

Sonntag, den 21. Februar 1982
Stand früh auf und ging zur Kirche. Vincent rief an. Shelly hat ein 3,7 Kilogramm schweres Mädchen zur Welt gebracht. Sie wollen es auf den Namen Austin taufen lassen.

Montag, den 22. Februar 1982
Stand früh auf und ging in meine Gymnastikstunde. Brigid rief nicht an, aber ich wußte, daß mit ihr alles in Ordnung war, weil sie sich im Büro gemeldet hatte. Die Verabredung zum Lunch mit Bürgermeister Koch am nächsten Tag stand noch. Das überraschte mich. Er hatte gerade seine Kandidatur für das Amt des Gouverneurs bekanntgegeben, und deshalb war ich davon ausgegangen, daß er absagen würde.
Jane Fonda rief an. Ich versuchte, sie zurückzurufen, erreichte sie aber nicht. Ich überlegte den ganzen Tag, was sie wohl wollte. Später rief Kate Jackson an – es macht Spaß, wenn man so viele Anrufe von Filmstars bekommt. Sie sagte, sie habe nur angerufen, um hallo zu sagen. Ich sagte, daß mir ihr Film »Making Love« gefallen habe. Chen aus Liz Taylors Büro rief an und lud mich zu Liz' 50. Geburtstag ein – am Samstag in London, aber ich glaube, da sind wir in Belgien. Es soll eine Riesenfete werden.

Dienstag, den 23. Februar 1982
Der Tag, an dem Bürgermeister Koch zum Lunch ins Büro kommen sollte.

Bei den Dreharbeiten zu »Querelle«. Rainer Werner Fassbinder, Brad Davis, Andy Warhol *(Chr. Makos)*

Vincent war ganz aufgeregt. Ich blieb dabei, daß er absagen würde, aber noch hatte er es nicht getan. Dann, um 11.00, rief er an und sagte ab. Vincent war bitter enttäuscht, und jetzt halte ich Koch ebenfalls für schlimm. Wenigstens fünf Minuten hätte er doch kommen können. Jetzt stimme ich natürlich nicht für ihn. Ich weiß ja, daß ich nie zur Wahl gehe, aber trotzdem, ich finde das unmöglich von ihm. In den Nachrichten gab es Ausschnitte aus früheren Reden, in denen er stets beteuerte, daß er sich nie für das Gouverneursamt bewerben würde. Jetzt schlägt er ganz andere Töne an. Er ist eben genau wie alle anderen. Heult mit den Wölfen.

Jane Fonda rief wieder an. Sie möchte ein kostenloses Porträt. Sie will Plakate davon drucken lassen und mit dem Verkaufserlös die Wahlkampagne ihres Mannes, Tom Hayden, unterstützen. Fred weiß noch nicht, ob ich es machen soll.

Dienstag, den 2. März 1982, Berlin Wir besuchten die Dreharbeiten zu Fassbinders neuem Film nach Genets Roman »Querelle«. Brad Davis spielt die Hauptrolle. Ich ließ mich mit Brad fotografieren, und für Jon bekam ich einen Aschenbecher mit seinem Autogramm. Ich lernte Fassbinder kennen. Er trug sehr ausgefallene Kleidung: Reithosen mit Leopardenfellmuster. Einer der Umstehenden meinte, Fassbinder habe sich extra für mich so angezogen, normalerweise trage er schwarzes Leder. Er kam mir vor wie ein Zirkusdompteur. Und Brad sah ganz ungewohnt aus, so zerbrechlich – jedenfalls viel besser als auf dem Cover von »Interview«.

Samstag, den 6. März 1982, Paris Um 6.30 hatte ich eine Eröffnung in der »Galerie Daniel Templon«, von der ich nichts wußte. Da ich aber in der Stadt war, mußte ich mich dort blicken lassen. Wir gingen also hin, und es war halb so schlimm. Ausgestellt wurden die »Dollar Signs«, und sie sahen nicht schlecht aus. Zufällig trafen wir São Schlumberger. Sie war überrascht, mich in Paris zu treffen. Sie bot sich an, uns ins Hotel zurückzufahren. Sie war süß in ihrer Lederkleidung mit den Fuchsschwänzen. Wir luden eine Menge Models zu der Party ein, die Lord Jermyn für mich gab – wenigstens behauptete er, daß er die Party mir zu Ehren gab.

Aber ich glaube, daß ich für ihn bloß ein willkommener Vorwand war. Kurz vor 9.00 holten wir Chris ab und gingen zu Fuß hin.
Johnny Pigozzi erzählte mir, daß John Belushi an einer Überdosis gestorben sei.
Hinterher wollten uns die Models zu einer anderen Party mitnehmen, und Eric de Rothschild sagte, er habe draußen seine »Limousine« stehen, aber er hatte nur einen Volkswagen. Wir zwängten uns zu acht hinein. Die Party war wirklich gut, und dann die vielen Models, eins schöner als das andere. Alle tanzten zu amerikanischen Songs, rauchten Joints und brieten Frankfurter Würstchen bei offenem Fenster. Als die Polizei vorfuhr, bekamen wir es mit der Angst zu tun. Jeder warf seinen Dope weg. Es war etwa 2.00, Zeit für uns zu gehen, weil wir für die Rückreise nach New York packen mußten.
Chris und ich nahmen ein Taxi zu Freds Apartment ($ 10.00).

Montag, den 8. März 1982 Victor rief an und erzählte, er sei mit ein paar Jungs aus Amsterdam zusammengewesen. Er sagt, daß alle Angst haben, Schwulenkrebs zu kriegen, also ficken sie jetzt mit dem großen Zeh. Jetzt geht's also darum (lacht), wer den größten Zeh hat. Victor sagte: »Es ist irre.«

Samstag, den 13. März 1982
Stand früh auf, um mich mit Jon zu treffen. Es fing an zu regnen, doch es war warm. Ich wollte mir im »Met« die Primitive Kunst im neuen »Rokkefeller-Flügel« ansehen (Taxi $ 4.00, Eintritt $ 7.00). Es gab eine Menge Fotos von Michael Rockefeller zu sehen, dem Jungen, der aufgefressen wurde. Ein Junge und ein Mädchen standen vor einem Foto, und ich hörte sie sagen: »Er sieht aus wie ein Hippie.« Es ist eine schöne Sammlung, viele afrikanische Sachen, aber auch indianische, mexikanische und südamerikanische. Die Installation ist fantastisch. Ging zu Fuß von der 83. Straße in die 44. Straße zu »Barnes & Noble«. Ich suchte für »Interview« Nachschlagewerke und Bücher über Dorothy Kilgallen.

Montag, den 15. März 1982
Ich bekam einen Brief von Billy Name: Er möchte seine Fotos von der ersten Factory in der 47. Straße Jean Stein für ihr Buch »Edie« geben. Ich kann sie nicht ausstehen und will nicht, daß er sie ihr gibt.
Brigid arbeitet wieder – wunderbar. Sie strahlte und hat eine wirklich schöne Narbe von ihrer Gallenblasenoperation; die Klammern haben kaum Spuren hinterlassen. Wir saßen eine Stunde am Konferenztisch, und sie erzählte mir alles über die Gallenkoliken und ihre Operation.

Dienstag, den 16. März 1982
Paul Morrissey kam und sagte, Jean Stein habe ihn angerufen und ihm eine Stelle aus ihrem Buch »Edie« vorgelesen, ein Zitat von René Ricard über ihn. Wie er sagt, hat er ihr mit einer Klage gedroht, falls sie es veröffentlicht, aber sie ist trotzdem entschlossen, es zu drucken. Fred fand, ich solle großzügig sein, Billys Fotos raussuchen und ihr geben. Aber ich sagte: »Fred, du weißt, daß es mir

Mit Robert Rauschenberg und Joseph Beuys in Berlin, März 1982 *(Christopher Makos)*

nichts ausmachen würde, meine Zeit zu opfern und die Fotos zu suchen, aber nach dem, was ich gehört habe, hat Jean gemeines Zeug über mich geschrieben. Ich will einfach nicht.« Daraufhin sagte Fred: »Wenn das so ist, dann ruf sie doch an und sag ihr das.« Zuerst wollte ich, daß er sie anruft, machte es dann aber doch selbst. Ich rief sie an und sagte: »Wissen Sie, Jean, ich müßte nachmittagelang nach den Fotos suchen, und ich würde es auch tun, aber wie ich höre, ziehen Sie in Ihrem Buch über mich her.« Darauf sie: »Oh, na ja, also... ich... es sind Tonbandaufnahmen, Aufzeichnungen von Interviews.« Ich sagte: »Dann sind es eben andere, die über mich herziehen.« Sie sagte: »Das... das habe ich nicht behauptet.« Und ich: »Können Sie mir die Fahnen schicken?« Sie: »Die Fahnen? Die habe ich alle weggegeben.« Ich: »Jean, schon mal was von Kopiergeräten gehört?« Sie: »Ich... aber Billy hat Ihnen doch diesen netten Brief geschrieben.« Ich: »Ja, Billy hat mir einen netten Brief geschrieben.«

Sie gehört zu der hartnäckigen Sorte Frau, wie Brooke Hayward, wie Suzie Frankfurt, verstehst du? Derselbe Typ. Sie geben sich feminin, und sind dabei knallhart. Im Grunde ist es mir ja egal, was sie in ihrem Buch über mich zusammenschreibt, ich bin sogar davon überzeugt, daß es mich interessiert. Aber eins macht mir wirklich etwas aus: Sie nennt mich einen »sozialen Aufsteiger!« Das hat mir Isabel Eberstadt verraten – und das stimmt einfach nicht. Es hat mir nie etwas bedeutet, reiche Kids kennenzulernen und zu ihren faden Parties eingeladen zu werden. Es stört mich, weil es nicht wahr ist! Alles andere ist mit Sicherheit spannend, ob es nun stimmt oder nicht. Aber das mit dem »sozialen Aufsteiger« ist nicht wahr! Aber warum macht es mir eigentlich soviel aus? Ich weiß nicht, warum, ich weiß nur, daß es so ist.

Übrigens, Paul hat mir erzählt, daß er Ondine getroffen hat. Er zieht immer noch durchs Land, zeigt eine 16-mm-Kopie von »Chelsea Girls« und hält Vorträge. Was fängt er bloß an, wenn der Film irgendwann mal zerfällt? Oder verlorengeht? Das ist Stoff für eine Stück.

Die Neuigkeit des Tages betraf Claus von Bülow: Er wurde auf Rhode Island schuldig gesprochen. Ich vermute, er legt Berufung ein.

Mittwoch, den 17. März 1982

Jon holte mich um 8.00 ab. Wir gingen zu Diane von Fürstenberg. Sie gab eine Party, angeblich ohne besonderen Anlaß, aber ich glaube, die Party war für einen reichen Indonesier. Bob wollte erst nach dem Essen kommen, weil er zu einem Dinner der Hales für den Justizminister ging.

Barbara Allen kam auch. Sie sagte, Bill Paley habe sie hergebracht. Ich zog sie wegen Peter Duchin auf, und sie brach in Tränen aus und erzählte mir, daß sie mit dem Gedanken spielt, zu Joe Allen zurückzukehren. Bei Valentino war sie nämlich gerade rausgeschmissen worden. Ich hatte keine Ahnung. Sie sagte, man habe sie gekränkt, außerdem schulde man ihr noch Geld. Sie wisse nicht mal, warum sie geflogen ist. Sie hat die kurzen Abenteuer satt und findet, es sei an der Zeit, sich zusammenzunehmen und Gastgeberin zu werden.

Donnerstag, den 18. März 1982

Ich habe gelesen, daß der »Book of the Month Club« Jean Stein für ihr Buch »Edie« eine sechsstellige Summe gezahlt hat. Mir ist da was eingefallen, was Billy Name und seine Fotos angeht: Angenommen, das Buch schlägt ein und Edie wird wieder zur Kultfigur, dann wäre es doch besser für Billy, sein eigenes Portfolio mit den Fotos von Edie rauszubringen. Auf diese Weise hätte er viel mehr davon. Ich muß ihm das schreiben, weil ich Jean die Fotos einfach nicht geben will. Mag ja sein, daß in dem Buch nichts wirklich Schlimmes über mich steht, aber ich will nun mal nicht.

Es war ein sonniger, kalter Tag. Nahm ein Taxi zum »Mayflower Hotel«, um Cher zu interviewen ($ 6.00). Sie hat ein elegantes Penthouse, wie ein zweistöckiges Haus auf dem Dach. Sie wollte das Interview im Schlafzimmer machen. Von ihrem Bett aus hat man einen Blick auf den Central Park. Sie hat vier Tage nichts gegessen; sie konnte nicht einmal eine Vitamintablette schlucken. Von Medikamenten gegen Halsschmerzen bekam sie einen Ausschlag, und ihr Gesicht schwoll an. Jetzt trinkt sie nahrhafte Malzgetränke, damit sie nicht zu sehr abnimmt.

Sie war wunderbar und sagte einfach alles. Sie sagte, sie habe zur Zeit zwei

Liebhaber und alles sei innerhalb einer Woche passiert. Sie ist sehr glücklich, weil es richtige Männer sind, wie sie sagt. Sie sprach über alles außer über ihren Vater. Das Thema war tabu.
Als man sie telefonisch benachrichtigt habe, daß sie neben Meryl Streep die zweite Hauptrolle in der Karen-Silkwood-Story spielen sollte, habe sie fünf Stunden geheult, sagte Cher, weil alles, was sie bis dahin gemacht habe, Scheiße gewesen sei.
Ich brachte Bob nach Hause ($ 3.50). Dann holte mich Jon ab. Wir fuhren zu Ahmet Erteguns Haus. Bob hatte gesagt, wir kämen nur auf ein paar »Sandwiches«, aber der dämliche Butler führte uns nicht nach oben, sondern geradewegs ins Eßzimmer, wo alle beim Dinner saßen. Mica und Ahmet mußten aufstehen.
Wir fuhren ins »Bottom Line«, um Ahmets Neuentdeckung Laura Branigan zu sehen. Sie war fabelhaft.

Donnerstag, den 25. März 1982
Lord Jermyn gab für Fred ein Dinner im »Odeon« (Taxi $ 8.00). Man fährt lange, bis man dort ist. Mick Jagger kam, und das war der große Augenblick. Alle waren ganz elektrisiert. Charlie Watts kam mit ihm. Aber keine Jerry. Die beiden gehen momentan getrennte Wege. Julian Schnabel möchte mich immer noch malen, sagt aber, daß er nur am Samstag Zeit hat, weil er verreisen will. Er bekommt $ 40 000.00 für ein Porträt. Er ist der Jim Dine der achtziger Jahre. Er kopiert andere Leute, ist aufdringlich, hat sich mit Ronnie angefreundet, und ein reiches Mädchen hat er auch schon geheiratet. Ich werde ihm wohl Modell sitzen müssen. Er malt zwar abstrakt, aber wahrscheinlich muß ich trotzdem hin, weil er Inspiration wünscht.

Samstag, den 27. März 1982
Jon rief aus Los Angeles an. Er war mit Bob und Thomas Ammann zum Lunch.

Sonntag, den 28. März 1982
Bob kam aus Kalifornien zurück, offenbar nur, weil er zu einer ›Jeansparty‹ in einem neuen Café in Tribeca eingeladen war. Und deswegen verläßt er Hollywood.
Ich traf Mary Richardson. Sie erzählte mir, daß sie einen Typ geheiratet hat, der mit John Samuels in Harvard studiert hat. Carlos Mavroleon heißt er. Soweit ich mich erinnere, lispelt er. Das wäre doch lustig, ein Hetero, der lispelt.

Montag, den 29. März 1982
Stand früh auf, um rechtzeitig zu meiner Gymnastikstunde bei Lidija zu kommen. Sharon hatte Lidija erzählt, daß sich die Frau, die unter ihr wohnt, über den Lärm beschwert habe. Ich glaube, auf diese Weise will uns Sharon zu verstehen geben, daß wir den Raum nicht mehr benutzen können. Damit sind unsere Tage dort wohl gezählt.
Taxi zum »Gracie Mansion« ($ 6.00). Es waren nur Künstler dort, irgendwie schrecklich. Henry Geldzahler kam mit Raymond. Außerdem waren Duane Hanson, Alice Neel und Tom Armstrong da. Alle klagten, weil das »Whitney« das Porträt, das Alice von mir gemacht hatte, nicht für das Dinner ausgeliehen hatte. Man muß es einen Monat im voraus beantragen. Ich sagte, mir sei das nur recht, es sei ein privates Bild. Alice hatte ein Aktgemälde von sich mitgebracht, und ihre Familie war da. Sie produziert diese Bilder wahnsinnig schnell. Der Bürgermeister war nett. Er hielt eine hübsche Rede voller Bonmots.
Bob erzählte ihm, daß wir ihn gern auf dem Cover von »Interview« hätten, aber der Bürgermeister sagte: »Nach den Wahlen.« Bob fragte: »Könnten wir es nicht doch vorher machen?« Doch der Bürgermeister sagte: »Besser danach.« Wir waren enttäuscht.

Dienstag, den 30. März 1982
Chris wollte raus und sich Anregungen holen. Es war ein schöner Tag. Wir gingen ins »Dubrow's«, das ist die Cafeteria im Textilviertel. Das Es-

sen wird dort mit roten Lampen angestrahlt, damit es appetitlich aussieht, und alles ist übergroß und aufgeblasen. Ich dachte, es sei billig, war es aber nicht ($ 20.00). Wir hatten gerade noch genug Zeit, uns im Erdgeschoß von »Macy's« umzusehen, weil Chris einen Termin hatte.
Cy Twombly hatte in der »Sperone Westwater Gallery« eine Ausstellungseröffnung. David Whitney, Sandro Chia und ein paar italienische Künstler waren dort. Dann gingen wir ins »Odeon«. Ich stand neben Si Newhouse. Er sprach über das neue »Vanity Fair«. Er hat neulich einen Jasper Johns für $ 800 000.00 gekauft. Ich sagte ihm, ich hätte noch ein paar »Warrens« und »Natalies«, von denen ich mich trennen würde.

Samstag, den 3. April 1982
Ich ging ins »Pasta and Cheese«, nahm ein Glas aus dem Kühlregal und ließ es fallen. Der Deckel war lose gewesen; die Marinarasoße spritzte, und ich war von oben bis unten bekleckert. Es war so peinlich. Sie sagten, das sei nicht schlimm, aber so was ist mir noch nie passiert.
Wir gingen in die Lafayette Street zu Bob Rauschenbergs Party. Auf dem Weg trafen wir zufällig Henry Post. Um 12.30 gingen wir ins »Studio 54«. Eddie Murphy, der schwarze Star von »Saturday Night Live«, feierte seinen Geburtstag. Er sieht prima aus. Er hat gerade bei »Paramount« einen Filmvertrag unterschrieben. Das Studio war voll, aber nur Nobodies.

Sonntag, den 4. April 1982
Chris rief an. Er wollte nach Queens ins »PS 1«. Der Laden wird in der Presse ständig gelobt. Henry Posts Freund und Lebensgefährte hatte dort eine Ausstellung. Sie war gut besucht. Es war wie vor Jahren, als wir zu solchen Veranstaltungen ins »Settlement House« gingen. Aber damals hatten sie bessere Künstler – Oldenburg und Whitman. Brooke Adams war da. Sie war reizend und sagte hi. Prinzessin Ingeborg zu Schleswig-Holstein war auch da. Sie hat mal bei uns gearbeitet. Aber sie war so ein intellektuelles Huhn, daß wir auf ihre weitere Mitarbeit verzichtet haben. Jetzt arbeitet sie dort einen Tag in der Woche. Wir ließen uns von ihr führen.
Henry gab eine Cocktailparty bei Anna Wintour. Er schimpfte über Bob Rauschenbergs Party vom Vortag und sagte, seine Party werde aber vornehm und schick. Aber allmählich glaube ich, daß Henry keine Ahnung von eleganten Parties hat und wohl auch noch nicht viele Parties gesehen hat. Auf seiner gab es nicht einmal etwas Anständiges zu essen. Sie ging von 6.30 bis 8.30, und es gab nur zerbröselte Cracker. Und Stars waren auch keine da.
Steve Rubell war da. Und was das Verrückteste ist: Er kam mit dem Staatsanwalt, der ihn ins Gefängnis gebracht hat! Ich glaube, Henry hat sie zusammengeführt – dabei hat sein Artikel die ganze Affäre erst ins Rollen gebracht.

Montag, den 5. April 1982
Thomas Ammann lud mich telefonisch zum Dinner ein. Taxi ins »Mr. Chow's« ($ 7.00).
Wir unterhielten uns über Kunst. Thomas erzählte die Geschichte von dem Picasso, den er Paulette Goddard für $ 60 000.00 abgekauft hat. Er brachte das Bild zu einem von Picassos Kindern, und wie sich herausstellte, war es eine Fälschung. Er sagte, Paulette habe es ihm nicht leichtgemacht, sie sei »bockig« gewesen, habe ihm aber sein Geld zurückgegeben. Aber ist es wirklich denkbar, daß jemand schon vor 30 Jahren einen Picasso gefälscht hat? So richtig berühmt wurde er erst 1950. Ich kam 1949 nach New York. Damals gab es Galerien wie »Sidney Janis« und daneben das Museum of Modern Art. Mit einemmal wurde Kunst ganz groß, und Picasso wurde die Nummer eins unter den Malern. Aber für eine Fälschung ist das reichlich früh. Also, ich weiß nicht.
Thomas hatte auch Jerry Rifkin eingeladen. Er ergreift jede Gelegenheit, um über Leute herzuziehen – das hält er für unterhaltsam. Ich sagte zum

Beispiel, daß Holly Solomon und ihrem Mann das Haus gehört, in dem Marilyn Monroe und Arthur Miller gelebt haben. Prompt fing Jerry an, über Holly herzuziehen, über ihr Aussehen, über ihre Kleider. Er sagt, viele Ehefrauen wünschten sich von ihrem Liebhaber eine Brosche für $ 150 000.00, und wenn der Liebhaber ihnen das Geld gegeben hat, bäten sie ihren Mann um dasselbe, und auch er rückt das Geld raus. Doch die Frauen kaufen nur eine Brosche, stekken die restlichen $ 150 000.00 ein, und jeder von den Männern glaubt, *er* hätte die Brosche gekauft.

Mittwoch, den 7. April 1982
Wollte mir »Cat People« (»Katzenmenschen«, Regie Paul Schrader, 1982) ansehen. Jon holte mich ab. Wir fuhren ins »Gemini« (Taxi $ 10.00). Der Film gefiel mir sehr gut, besonders die Ausstattung von Art-Director Scarfiotti. Und faszinierend fand ich auch, wie der Arm abgebissen wurde und wie sie das gemacht haben. Und dann das Geräusch, als er aus der Gelenkpfanne sprang.

Freitag, den 9. April 1982 Meine letzte Gymnastikstunde bei Lady Sharon. Ich bin sauer auf sie. Erst bringt sie uns alle dazu mitzumachen, und dann setzt sie uns auf die Straße – angeblich wegen der Leute unten. Und das nehme ich ihr nicht ab. Wenn es die Nachbarn bisher nicht gestört hat, stört es sie künftig auch nicht. Ich mache meine Übungen jetzt eine Weile bei John Reinhold, und dann dürften auch die Geräte kommen, die ich fürs Büro bestellt habe.

Montag, den 19. April 1982
Chris rief an und schlug vor, in den Fassbinder-Film zu gehen, dessen Dreharbeiten wir in Deutschland besucht hatten. Ich hatte eine Verabredung zum Lunch, deshalb sahen wir nur anderthalb Stunden von dem Film und die waren okay, aber der Film ging noch vierzig Minuten lang weiter.

Dienstag, den 20. April 1982
Ein geschäftiger Nachmittag. Fassbinder und sein Produzent kamen vorbei. Ich sagte ihnen, daß mir ihr Film gefallen habe. Kurz nachdem sie gegangen waren, kam der Produzent zurück und sagte, er habe Fassbinder in einem Pornoladen im Village zurückgelassen. Ein merkwürdiger Typ, dieser Fassbinder. Als ich ihn mit den Jungs im Büro bekanntmachte, war er nett, doch als ich ihm Lidija, die Gymnastiklehrerin, vorstellte, war er ganz sonderbar.
Ich rief Edmund Gaultney an, weil mich Calvin Klein gebeten hatte, mich mit Georgia O'Keeffe in Verbindung zu setzen. Er wollte sie kennenlernen und ein Gemälde kaufen. Dann rief ich Juan Hamilton an, und der drehte das große Rad. Er sagte, Calvin könne gern nach Albuquerque fliegen, allerdings wisse er nicht, ob Georgia ihn empfangen werde. Ich sagte, daß Calvin so etwas nicht täte, doch er sagte: »Aber nur so geht's.« Also rief ich Calvin an und riet ihm, selbst mit Juan zu sprechen; es geht nur persönlich.

Mittwoch, den 21. April 1982
Der Wagen holte uns ab und brachte uns zur »Butler Aviation«. Ich sollte in einem Werbespot der US-Luftwaffe auftreten. Rund 100 Leute machten mit, sogar die »Rockettes« und Dick Cavett, der gerade gegangen war. Ich wurde dem Regisseur und seinem Assistenten vorgestellt. Beide waren mir unsympathisch. Sie trugen Goldkettchen, Turnschuhe und Bluejeans – wie in Hollywood.
Die Maskenbildnerin schminkte meinen Pickel zu, und dann setzten sie mich ins Flugzeug neben eine Dame mit grauer Perücke. Ich sollte nur einen Bagel halten und fragen: »Was ist Kunst?« Ich machte alles falsch – beim erstenmal fragte ich: »Was ist ein Bagel?« Ich hatte 20 Klappen!
Oh, ich könnte Paul Morrissey ins Gesicht springen. Ich schlage die Zeitung auf, und was sehe ich: »Franken-

stein« läuft zur Zeit in 50 Kinos. Und ausgerechnet jetzt feilscht er mit *mir* um jedes Komma in dem förmlichen Vertrag, den er aufgesetzt hat, um eindeutig zu klären, wie groß seine Anteile an welchem Film sind. Und sein Rechtsanwalt Chase Mellen formuliert jede Kleinigkeit aus – was zum Beispiel passiert, wenn ich in 20 Jahren nicht mehr bin. Und in der Zwischenzeit verdient Ponti, irgendeine Mafiafirma oder sonst jemand ein Vermögen an »Frankenstein«. Wieso war Paul *da* nicht pfiffig? Ich werde jetzt den Vertrag wirklich mal lesen und fordern, daß alles noch genauer formuliert wird, bevor ich unterschreibe – was ist denn, wenn *Paul* in 20 Jahren nicht mehr ist? Ich habe keine Lust, mit seiner Mutter über ausländische Filmrechte verhandeln zu müssen. Jawohl, so mache ich es. Genauso.
Habe ich eigentlich erwähnt, daß mir Mrs. Rupert Murdoch einen Brief geschrieben hat? Sie will die Kirche retten. Die Kirche in der 66. Straße, in die ich immer gehe. St. Vincent Ferrer. Es besteht die Gefahr, daß bald keiner mehr hingeht. Früher war es *die* schicke katholische Kirche, aber jetzt ist sie immer leer.

Donnerstag, den 22. April 1982
Halstons Modenschau war großartig. Ich mag seine wunderbar einfachen Kleider. Er ließ zehn oder zwölf Mannequins laufen. Die Kleider waren aus diesem neuen Stoff, der aussieht wie Papier und Seide. Die Gäste befühlten ihn, um rauszukriegen, was es ist. Als Farben verwendete er Kanonengrau und Kanonengrün. Sie schillerten wie ein Wasserfall. Lauren Hutton saß neben mir, hatte die gleiche Kamera wie ich, aber sie knipste aus der Hüfte. Ich sagte, daß ihr nie ein Foto gelingt, wenn sie nicht durchschaut und den Kreis an die richtige Stelle bringt.

Sprach mit Ron Feldman über das Portfolio »Extinct Animals«.

Sonntag, den 25. April 1982
Holte Jon ab und ging mit ihm in den Park. Ganz zufällig trafen wir seinen Chef, Barry Diller, der mit Calvin Klein, David Geffen und Steve Rubell einen Spaziergang machte. Es war eine Art anstößiger Moment. Alle sahen irgendwie schuldbewußt aus.

Montag, den 26. April 1982
Jane Fonda rief an. Sie kommt am Donnerstag, um sich porträtieren zu lassen. Ich beschloß, das Bild zu machen, nachdem Fred sich mit dem Lebenslauf und den politischen Ideen ihres Mannes beschäftigt und mir zugeraten hatte.

Dienstag, den 27. April 1982
Es war schön, mit dem Schirm durch den Regen zu spazieren. Keiner stört einen.
Chris kam vorbei. Er hat Eheprobleme – Peter war bis 3.00 weg. Chris weinte hysterisch, und dabei hatte ich ihn immer nur stark erlebt. Eine solche Reaktion hätte ich nie von ihm erwartet. Ich war ausgesprochen entsetzt. Aber ich merkte, daß ich ihn sehr mag, weil er in Wirklichkeit sensibel wie ein Marshmallow ist. Ich sagte mir, du mußt etwas tun, damit die Ehe hält, also lud ich sie zum Dinner ein.
Arbeitete den ganzen Nachmittag.

Mittwoch, den 28. April 1982
Die Ehe von Chris und Peter erholt sich.
Ich habe noch mal die Lippen am Agnelli-Porträt gemacht. Ich frage mich, was in zehn Jahren mit den Porträts geschieht, wenn die kleinen siebgedruckten Rasterpunkte, die das Bild ausmachen, anfangen abzublättern.

Donnerstag, den 29. April 1982
Jane Fonda wollte um 2.00 kommen. Fred und ich stritten uns darüber, wer das Make-up machen sollte. Er lief raus, um sich zu beruhigen. Dann kam er wieder. Jane Fonda brachte ihren Friseur Joe Turban und eine eigene Visagistin mit. Jane ging an

Krücken, und wie übercharmant sie war, weil sie etwas umsonst wollte! Wirklich charmant.
Ich hatte Brigid gebeten, auf der neuen Nähmaschine, die ich gekauft hatte, meine Fotos zusammenzunähen. Aber wie sich dann herausstellte, konnte mein Leibwächter, der Ex-Marineinfanterist Agosto, am besten nähen. Er hat auf Hawaii in einem Hemdenladen gearbeitet, bevor er zur Marineinfanterie ging.

Mittwoch, den 5. Mai 1982 Fuhr mit dem Taxi in die Park Avenue 720, nahe der 70. Straße, ein sehr schickes Haus. Mrs. Landau will, daß ich die Haare auf ihrem Porträt braun statt schwarz mache.

Donnerstag, den 6. Mai 1982 Ich erfuhr, daß das Geburtstagsdinner, das Silvinha für Richard Gere gab, erst um 10.00 begann. Also ging ich nach Hause und arbeitete eine Weile (Taxi $ 5.50).
Fuhr zu Richard Gere in die East 10th Street (Taxi $ 7.00). Er bewohnt das Penthouse mit einer Terrasse, die mir so lang wie ein Häuserblock vorkam. Silvinha malt dort. Diane von Fürstenberg und John Samuels waren da. John erzählte, daß er neben Diane Lane und Amanda Plummer die Hauptrolle in »Hotel New Hampshire« spielen wird. Tony Richardson führt Regie.

Sonntag, den 9. Mai 1982 Am Abend war Bobs Geburtstagsparty im neuen »Club A«. Elizinha Goncalves gab sie.
Ich holte Jon ab und fuhr mit ihm in die East 60th Street 333 zum »Club A« (Taxi $ 7.00). Es war eine glanzvolle Party, wirklich großartig. Man hätte nie erwartet, daß sie für Bob war. Viele tolle Leute waren da. Ich unterhielt mich mit Betsy Bloomingdale. Sie sagte, Alfred sei immer noch krank. Suzy Knickerbocker, Farrah Fawcett und Ryan O'Neal waren da. Lynn Wyatt war extra hergeflogen. Bedient wurden wir von älteren Männern, die an die Kellner erinnerten, die vor Jahren in den Restaurants der Lower East Side bedient haben; eine gute Schule. Die Party muß viel Arbeit gemacht haben und mit viel Aufwand geplant worden sein. Das Essen war fantastisch: Es gab mit Kaviar gefüllten Räucherlachs, so hatte man zwei Gänge in einem.

Montag, den 10. Mai 1982 Jon lud mich in den Film »An Officer and a Gentleman« (»Ein Offizier und Gentleman«, Regie Taylor Hackford, 1982), mit Richard Gere und Debra Winger ein. Ich kann nicht sagen, ob er mir gefallen hat oder nicht. Jon hat dreimal geweint. Doch Richard Gere hat sich zu einem wirklich guten Schauspieler entwickelt. Auch Debra Winger ist eine gute Schauspielerin, nur hat sie eine Nase, die einfach nicht da ist. Wenn sie ihre Nase richten lassen würde, könnte sie aussehen wie Ava Gardner.

Dienstag, den 11. Mai 1982 Ich stand früh auf und erledigte Telefonate. Termin bei Dr. Cox. Ich ging zu Fuß. Der Termin war um 11.00, ich kam aber nicht vor 1.00 oder 1.30 wieder heraus.
Die »New York Times« brachte einen großen Artikel über Schwulenkrebs. Offenbar weiß niemand, was man dagegen tun kann. In dem Artikel steht, daß die Krankheit epidemische Ausmaße annimmt und daß Jungs, die sexuell sehr aktiv sind, sie in ihrem Samen haben und alle möglichen Krankheiten kriegen – Hepatitis eins, zwei, drei und das Pfeiffer-Drüsenfieber. Ich habe Angst, mich anzustecken, wenn ich mit einem von den Jungs, die in die Bäder gehen, aus demselben Glas trinke oder auch nur Umgang mit ihnen habe.

Donnerstag, den 13. Mai 1982 Im Büro war Ronnie immer noch schwierig. Tags zuvor hatten wir uns gestritten, und ich hatte ihm gesagt, er solle sich beruhigen. Es ist wie damals, als ich ihn losschickte und sagte, er könne alles mitbringen außer Zitronenkuchen, und er dann mit Zitronenkuchen zurückkam. Wir sind nie dahintergekommen, warum er das getan hat. Nun, diesmal spannte er Leinwände auf, aber alle wurden faltig, und da gerieten wir aneinander. Er fuhr mich an: »Du malst nicht, du fotografierst nicht, du spannst nicht auf – was kannst du denn noch alles nicht?« Ich weiß nicht, was er damit bezweckt. So hat er sich immer aufgeführt, als er noch trank und Drogen nahm, aber damit hat er ja aufgehört. Arbeitete bis 6.30.

Samstag, den 15. Mai 1982
Ich ging in die »Robert Samuels Gallery«. Chris Makos zeigte dort die Fotos, die er von mir in Frauenkleidung gemacht hat. In einer zweiten Ausstellung zeigten verschiedene Fotografen Fotos von Candy Darling. Es war Eröffnung, und der Andrang war groß. Leute wie Jackie Curtis und Gerard Malanga waren da (Taxi $ 6.00). Setzte Jon ab (Taxi $ 6.50).

Dienstag, den 18. Mai 1982
Ich versuchte, Informationen über Steven Spielberg zu beschaffen – für das Interview mit ihm. Und ich beschloß, dem unausstehlichen Mädchen, das mich neulich abends nicht in »E. T.« lassen wollte, nicht mehr böse zu sein. Sie schickte Orchideen, um sich zu entschuldigen. Es ist dumm, über so was lange nachzudenken.

Mittwoch, den 19. Mai 1982
Fuhr mit Bianca ins »Sherry Netherland«, um Spielberg zu interviewen (Taxi $ 3.00). Er war wirklich süß. Er saß auf seinem Bett und lud uns ein, mit ihm zu essen. Bianca war scharf auf ihn, weil sie eine Rolle in einem seiner Filme will. Und er war scharf auf Bianca, weil sie ihm in *ihrem* Film gefallen hatte. Er erzählte, er habe mit zwölf meinen Film »Sleep« gesehen, und das habe ihn dazu inspiriert, einen Film mit dem Titel »Snore« zu drehen. Er sagte, er habe noch nie so ein lustiges Interview erlebt. Wir wollten ihn ins Büro einladen und versuchen, ihm ein Bild zu verkaufen. Doch dann machte er von sich aus den Vorschlag. Er sagte, am 27. Mai sei er wieder in der Stadt. Doch an dem Tag bin ich nicht da. Wir werden schon noch einen Termin finden.

Donnerstag, den 20. Mai 1982
Sah W. C. Fields mit Schnurrbart in einem Film, den ich nie gesehen hatte. Fred arbeitete Route und Pläne für unsere Europareise aus. Brigid und ich gingen in den Schönheitssalon in der Third Avenue. Ich ließ mich maniküren und pediküren. Passanten schauten durchs Fenster und trauten ihren Augen nicht ($ 26.00).

Zwei Mädchen von der School of Visual Arts entdeckten mich und kamen herein. Dann liefen sie zurück zur Schule, holten ihre Mappen und zeigten sie mir. Beim Hinausgehen traf Brigid auf der Straße Gerard Malanga und brachte ihn zu mir. Er hatte zwar seine Kamera mit, aber das falsche Objektiv. Er drehte fast durch, weil er mich nicht bei der Pediküre fotografieren konnte. Als die Mädchen von Visual Arts zurückkamen, machte ich sie mit Gerard bekannt. Er ist immer noch scharf auf hübsche junge Mädchen. Es war wie in alten Zeiten.

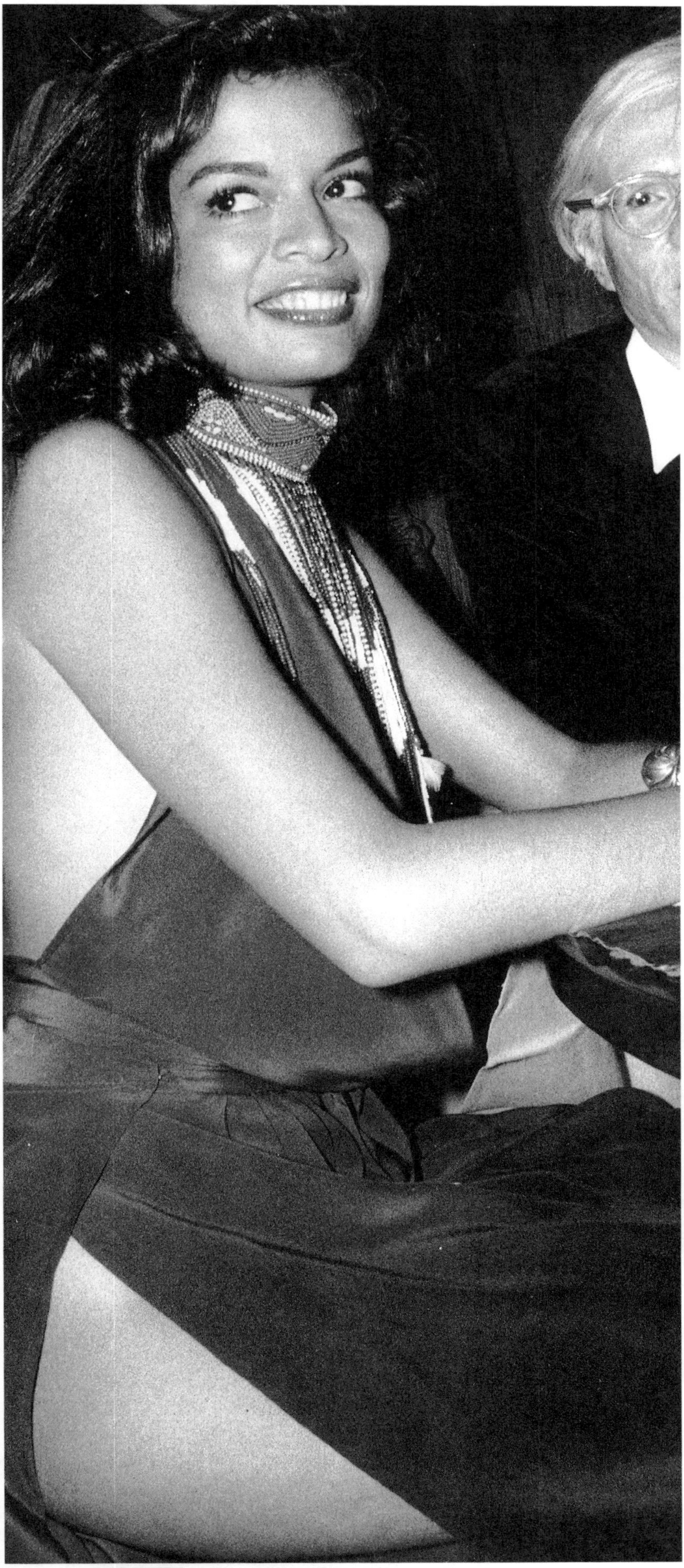

Mit Bianca Jagger *(Bettmann)*

Montag, den 31. Mai 1982 Sprach mit Brigid. Sie wiegt jetzt 77 Kilo, und die Leute fragen schon, ob sie ein Kind kriegt. Ich rief Jay Shriver an. Er kam am freien Tag rein, weil das Wochenende so öde war. Arbeitete den ganzen Nachmittag. Schickte Jay los, um Besorgungen zu machen ($ 30.00). Malte mit der Hand. Beendete die »Crosses«. Setzte Jay ab (Taxi $ 5.50).
Und England gewinnt auf den Falkland-Inseln.

Freitag, den 4. Juni 1982 Hatte um 2.00 Aufnahmen bei Avedon für einen Prospekt von Christian Dior. André Gregory war da. Downtown läuft ein Stück, das er geschrieben hat. Bei dem Film »My Dinner with André« (»Mein Essen mit André«, Regie Louis Malle, 1981) war er Co-Autor und Produzent. Als er dafür $ 500 000.00 beschaffte, erzählte er, wurde er gefragt: »Was haben Sie vor? Wollen Sie einen Andy-Warhol-Film drehen?«

Samstag, den 5. Juni 1982 Früh auf. Kaufte ein fürs Büro ($ 22.73; $ 33.82). Ich ging in einen Laden mit koreanischen Erzeugnissen. Es war voll, ungefähr 15 Leute. Ich hörte einem Typ zu, der sich zehn Minuten lang über eine Ananas ausließ. Als er endlich fertig war, wollte ich auch unbedingt eine. »Sie muß reif und frisch sein! Saftig! Süß! Man muß sie sofort essen können!« sagte er. Ich drehte mich um. Es war Nixon. Er hatte eine seiner Töchter mit, doch sie sah schon älter aus – vielleicht Julie. Aber er sah putzig aus, wie eine Figur von Dickens – fett und mit Bauch. Er mußte die Rechnung unterschreiben. Leute vom Secret Service waren bei ihm. Das Mädchen an der Kasse sagte, er sei der »am schärfsten bewachte Mann«.
Fuhr zu »My Dinner with André« (Taxi $ 4.00). Die Leute standen Schlange. Ich sagte dem Mädchen, daß wir von André kämen und sie uns bitte reinlassen solle. Sie dachte, wir wollten umsonst rein, doch ich sagte ihr, ich würde bezahlen. Ich schlief vor Langeweile ein. Hippiegeschwätz. Vermutlich halten die Kids das für intellektuell, weil es um Gefühle geht. Nach Hause, Bett um 1.00 (Taxi $ 4.00).

Dienstag, den 8. Juni 1982 Ich mußte nach Baltimore, weil Richard Weismans Vater Fred der University of Maryland meine Porträts »Ten Sports Figures« schenken wollte. Habe ich meinem Tagebuch übrigens schon berichtet, daß sich Fred Weisman in den sechziger Jahren einen Schädelbruch zugezogen hat, und zwar durch Frank Sinatra. In der Polo Lounge in Los Angeles. Sie kannten einander nicht. Sinatra knallte ihm ein Telefon auf den Kopf.
Beschloß, mit New York Air zu fliegen, weil ich den Werbespot für sie gemacht hatte, und das war ein Fehler, weil die Maschine eine Dreiviertelstunde auf dem Rollfeld stand. Angeblich warteten sie auf Ersatzteile, aber ich vermute, sie wollten nur die Maschine voll kriegen. Niemand erwähnte meinen Werbespot, nicht einmal die Stewardeß, als sie mir einen Bagel brachte.
Bei der Ankunft im Maryland College kam ein Mädchen auf mich zu und fragte: »Was ist das für ein Gefühl, in der Schule zu sein, wo Valerie Solanis

Richard Nixon *(Globe)*

ihren Abschluß gemacht hat?« Ich hatte keine Ahnung, daß Valerie dort studiert hatte! Das war mir neu, ich hatte nie davon gehört.
Ich wurde fotografiert und ins Haus des Präsidenten eingeladen. Wir gingen über den Campus. Dann saßen wir rum und plauderten mit ein paar Auserwählten; das war so langweilig wie immer. Erwischte den Shuttle und war um 3.45 wieder in New York.
Rupert kam, und wir arbeiteten bis 8.00 an einem Plakat für den Fassbinder-Film.

Mittwoch, den 9. Juni 1982
Curley feierte seinen 25. Geburtstag. Wir schickten jemanden zum Einkaufen und tranken was.
Gerade rief Thomas Ammann an, um mir zu sagen, daß Fassbinder sich umgebracht hat. Na ja, er war wirklich seltsam. Damals im Büro benahm er sich seeehr seltsam. Und wenn *ich* schon so was sage, dann stimmt es auch. Er war 37 und hat 40 Filme gemacht.
Brachte Rupert nach Hause (Taxi $ 5.00). Richard Weisman holte mich ab zur Premiere von »Grease II«. Jon brachte Cornelia Guest mit. Von so einem Film habe ich schon immer geträumt. Das Pfeiffer-Mädchen und der junge Caulfield gefielen mir ausgezeichnet. Und Pat Birchs Regie war hervorragend. Richtig gut.

Dienstag, den 15. Juni 1982
Schickte Agosto zum Buchladen in der Madison Avenue, um ein paar Exemplare von »Edie« zu besorgen. »Das Buch verkauft sich wie verrückt«, sagten sie im Laden ($ 60.00). In dem Buch ist eine Kopie dieser Geburtsurkunde von mir, auf der nichts stimmt. Ich verstehe das einfach nicht. Für Andrew Warhola, ausgestellt in einer ganz anderen Stadt, und das Geburtsdatum ist, glaube ich, der 29. Oktober 1930. Wo kriegt man so was her? Was soll das? Und der Name der Mutter ist unleserlich gemacht. Ich begreife das nicht.
Chris und Peter holten mich um 6.00 ab, um mit mir in »Grease II« zu gehen. Ich wollte mir das noch mal ansehen. Diesmal war die Leinwand kleiner. Die Vorführung kam mit der ersten nicht mit. Mir fehlte der volle Sound aus dem »Ziegfeld«. Jetzt verstehe ich, warum die Kritiker den Film langweilig fanden.

Mittwoch, den 16. Juni 1982
Ich wollte mir »Grease II« zum drittenmal ansehen. Lorna Luft hatte eine Vorführung bei »Paramount« arrangiert (Taxi $ 5.50). Sie selbst kam aber nicht. Dafür war ihr Mann Jake Hooker da. Er sagte, Lorna habe den Film schon zu oft gesehen. Ich saß in der letzten Reihe. Es war besser als beim zweiten Mal, als ich dicht vor der Leinwand gesessen hatte.

Freitag, den 18. Juni 1982 Brigid überredete Jay Shriver, mit ihr einen trinken zu gehen. Ich glaube, das Edie-Sedgwick-Buch hat sie hart getroffen, weil sie glaubte, es hätte ein Buch über *sie* werden sollen. Sie ging mit Jay zum Lunch, trank und erzählte ihm Geschichten von San Simeon. Als kleines Mädchen hat sie dort immer ihren Vater besucht, der damals Chef der Hearst Corporation war. Als sie zurück ins Büro kam, wollte sie uns amüsieren und wälzte sich auf dem Boden. Doch da war nichts Amüsantes außer einer fetten Person, die sich auf dem Boden wälzte.

Mittwoch, den 23. Juni 1982
Jane Holzer holte mich ab. Sie sah hübsch aus in ihrem roten Halston-Kleid. Wir fuhren zum City Center, um uns Martha Grahams Vorstellung anzusehen. Danach verlor Bianca »Tricky Dicky« Cavett im Gedränge und mußte ihn suchen. Dann fuhren wir zu Halston. Dick erzählte mir von dieser Transsexuellen aus New Orleans, die hinter ihm her war. Er fragte mich ständig, was er tun solle. Ich riet ihm, sie zu ficken. Ich weiß wirklich nicht, was er von mir hören wollte. Dick machte eine Stunde lang Ana-

gramme. Ich ließ meine Diät außer acht, aß Kartoffelchips und trank Alkohol. Ich fühlte mich wie Brigid.

Samstag, den 26. Juni 1982
Fuhr zum »Heartbreak«, das ist die neue Discothek beim »Vandam« und beim »Paradise Ballroom«. Tagsüber ist es Café und abends Disco. Dort läuft nur Musik aus den fünfziger und sechziger Jahren. Jeder zieht an, was er will, und jeder tanzt, wie er will. In einem Film käme das nie rüber. Und sämtliche Kids im »Heartbreak« kamen zu mir und erinnerten mich daran, daß ich ihnen im »Studio 54« versprochen hatte, mir ihre Arbeiten anzusehen. Ich glaube, sogar der Türsteher vom »Heartbreak« will kommen und mir seine Arbeiten zeigen.

Sonntag, den 27. Juni 1982
Fuhr zur Ecke 45. Straße und Broadway ($ 6.00), um mir im »Criterion« den Film »Blade Runner« (»Der Blade Runner«, Regie Ridley Scott, 1982) anzusehen (Karten $ 10.00). Ein dunkler Film. Ich weiß nicht, ob er wirklich so abstrakt oder wirklich nur simpel ist. Er hat eine Handlung. Als ob Dick Powell Philip Marlowe spielte. Also, wenn ich jemals so etwas als Drehbuch zu Gesicht bekommen sollte, wüßte ich nicht, was ich davon halten soll. Die Dialoge werden sehr ernst vorgetragen. Die Probleme entsprechen dem wirklichen Leben. Setzte Jon ab (Taxi $ 8.00). Sah Kabel bis 1.30.

Dienstag, den 29. Juni 1982
Arbeitete den ganzen Nachmittag.
Fuhr ins »Plaza« zu der Veranstaltung von Bill Blass Chocolates. Ein Typ dort behauptete, meine Schwägerin Ann und seine Mutter seien religiöse Fanatikerinnen. Zuerst stritt ich ab, daß ich eine Schwägerin habe – ich kann sie nämlich nicht ausstehen. Doch dann erzählte ich ihm von meinem Neffen Paul, der das Priesteramt aufgegeben hat. Und er erzählte mir, daß seine Schwester das Kloster verlassen hat und jetzt mit schwarzen Typen bumst. Ich aß Erdbeeren, die in Schokolade getunkt waren.

Mittwoch, den 30. Juni 1982
Geraldine Smith kam mit Liz Derringer vorbei, die mich für die Zeitung von Southampton interviewte. Gary Lajeski will dort in ein paar Wochen Grafiken von mir ausstellen. Ich weiß überhaupt nichts davon. Fred meint, ich solle hingehen, damit sich die Leute später an mich erinnern und kaufen.
Ich beschloß, statt zu Lena Hornes Abschiedsparty zu Roy Cohns dritter alljährlicher Geburtstagsparty in seinem Haus in Greenwich zu gehen. Steve Rubell fuhr seinen Wagen nicht selbst, weil er zu viel getrunken hatte. Ian setzte sich ans Steuer. Im Wagen saßen Steve, Ian, Bob und ich. Bob ist so sauer auf mich, daß er kein Wort mit mir spricht. Ich hatte keine Krawatte um und trug ein »Interview«-T-Shirt. Deswegen war er wütend. Ich weiß nicht, worüber er sich so aufregt.
Roys Haus in Greenwich liegt in unmittelbarer Nähe des Zentrums. Es ist nur ein kleines Haus. Jeder, der zu Roy Cohns Parties geht, sagt: »Es ist so amüsant und interessant, weil man nie weiß, wen man trifft.« Ich hatte gehört, daß man dort allen möglichen Leuten begegnen kann, vom Mafia-Boß bis zum Schuster. Und das stimmt. Jedenfalls kam ein Typ auf mich zu und sagte: »Ich bin der Mechaniker, der jahrelang Ihren Wagen gewartet hat. Ich wollte Sie schon immer mal kennenlernen.« C. Z. Guest war auch da. Sie hat die Rosen um Roys Haus gepflanzt. Cornelia war mit. Ich beging eine Dummheit. Ich glaube, der Wein steigt mir neuerdings schneller zu Kopf. Dieser Combemale, der mit der Schwester von Freddy Woolworth verheiratet ist, erzählte mir einen Witz und riß eine Dollarnote in zwei Hälften. Daraufhin nahm ich einen 100-Dollar-Schein und zerriß ihn ebenfalls. Eine Hälfte gab ich Mrs. Bassirio, die andere Doris Lilly, und dann sagte ich zu ihnen, sie müßten nun auf ewig Freunde

sein, weil jede von ihnen eine Hälfte besitze.
Das Essen war ausgezeichnet, doch die Leute machten sich darüber her wie Tiere. Angeblich hat Roy sieben Liebhaber. Für jeden Wochentag einen. Ich glaube, er hat sich das Gesicht bei einem Metzger liften lassen, weil man jetzt noch die blutigen Narben von der letzten Operation sieht.

Samstag, den 10. Juli 1982
Brigid ging ihre alten Akten durch. Sie hat die ganzen siebziger Jahre dokumentiert. Sie hat alles aufgeschrieben und hinterher auf Band gesprochen. Sie hat so viel getan. Wenn die Leute wüßten, was man alles machen kann, wenn man Amphetamine nimmt, würde das Zeug wieder sehr beliebt.

Mittwoch, den 14. Juli 1982
Arbeitete an dem Portfolio »Endangered Species«. Ich telefonierte mit Ron Feldman und schickte Chris mit der Mappe zu ihm. Ron war begeistert, echt begeistert. Jetzt müssen wir uns überlegen, wie wir das am besten vermarkten. Setzte Rupert ab. (Taxi $ 5.50).

Samstag, den 17. Juli 1982 Es war ein glühendheißer Tag. Ging ins Whitney Museum (Eintritt $ 4.00) und sah mir die Ed-Ruscha-Ausstellung an. Sie war interessant. Hinterher ging ich in »Young Doctors in Love« (»Küß mich, Doc!«, Karten $ 3.00), sehr gut. Garry Marshall führte Regie. Ich wußte nicht, daß er schon ein alter Knabe ist. In dem Film gab es eine lustige Szene, in der dieser Typ aus der Calvin-Klein-Werbung in Jeans in den Operationssaal geschoben wird. Er nimmt dabei dieselbe Pose ein wie in den Anzeigen. Wenn man es mitkriegt, ist es sehr komisch. Nur kriegt es nicht jeder mit.

Sonntag, den 18. Juli 1982
Chris rief an. Unsere Maschine nach Fire Island ging 10.00. Wir wollten dort Fotos machen. Holte Jon ab und fuhr in die 23. Straße (Taxi $ 8.00). Auf Fire Island aßen wir in einem Gartenlokal zu Mittag. Wir riefen Calvin an. Er lud uns zu sich ein (Telefon $ 0.20). Calvins Haus liegt direkt am Ocean Walk, auf dem sich etwa 8000 Jungs, aber auch eine Menge Mädchen tummeln. Alle warten darauf, für eine Jeans-Anzeige entdeckt zu werden.
Wir flogen mit demselben Piloten zurück. Als wir über dem Wasser waren, hörten wir ein Geräusch. Ich dachte, irgend etwas sei kaputtgegangen. Und als wir schließlich nach Manhattan kamen, war die Landung recht unsanft. Ich glaube, der Typ war kein guter Pilot. Beim Aussteigen sahen wir, daß Treibstoff auslief (Rundflug $ 360.00 plus $ 40.00 Trinkgeld). Calvin hatte mir zwar gesagt, daß man kein Trinkgeld geben muß, doch der Pilot gab mir beide Male kein Wechselgeld zurück, deshalb dachte ich, Trinkgeld sei üblich.

Freitag, den 23. Juli 1982, New York – Montauk Nach 45 Minuten landeten wir in Montauk und stiegen in Halstons neuen Wagen. Victor hatte »Ming Vauze« bei sich – dahinter verbirgt sich sein Freund Benjamin in Frauenkleidern. Bianca war auch draußen, wollte aber nicht, daß jemand davon erfuhr. Als Jon sie zufällig am Strand traf, mußte er ihr schwören, niemandem zu erzählen, daß er sie gesehen hatte. Sie war nämlich mit Chris Dodd zusammen, einem Senator aus Connecticut, der mit seiner Frau in Scheidung lebt.

Samstag, den 24. Juli 1982, Montauk Es war ein herrlicher Tag. Jon hatte »Indecent Exposure« mit, das Buch von David Begelman. Und alle lasen »Edie«. Es war lustig, alle mit dem gleichen Umschlag zu sehen. Ich glaube, als Jon »Edie« las, hat er begonnen, sich für mich zu interessieren.
Kids, die so wunderschöne Körper hatten, spielten an den Flipperauto-

maten in der Stadt. Kaufte mir im Drugstore »White's« eine Zahnbürste ($ 2.00). Fuhr zurück, sah fern und führte intellektuelle Gespräche. Ich las in den guten Kunstbüchern, die bei Victor immer herumliegen.

Sonntag, den 25. Juli 1982, Montauk Wachte auf und ging in die Küche. Steve saß dort bei seiner morgendlichen Coca-Cola und las in dem Buch über die Annenbergs. Gauner faszinieren ihn.
Chris rief an. Er war für einen Tag nach Fire Island geflogen. Nena mußte zu einer Operation ins Krankenhaus. Ich bat Doc Cox, sich nach dem Namen ihres Arztes zu erkundigen. Er tat es und versicherte, sie sei in guten Händen. Ich bat ihn, ein wachsames Auge auf sie zu haben.

Montag, den 26. Juli 1982
Stand um 9.00 auf. Rief Nena im Krankenhaus an und sprach mit ihrem Arzt. Die Operation ist am Vormittag, anschließend wird sie zwei Tage auf der Intensivstation bleiben müssen.
Dieses Mädchen aus Santa Fé kam im Büro vorbei. Sie hat früher bei »Interview« gearbeitet. Ihr Name fällt mir nicht mehr ein. Sie erinnerte mich an die Mädchen aus Aspen, die dir tief in die Seele blicken und hinter deine wahre Bestimmung kommen wollen. Und sie war hinter Agosto her. Ich wurde todernst und sagte ihm, er solle nach hinten gehen und erst wiederkommen, wenn sie weg sei. Ich werde nicht zulassen, daß sie nach Sinn in seinem Leben sucht und es damit ruiniert! Sie ließ eine Nachricht mit ihrer Telefonnummer für ihn da. Ich ließ den Zettel verschwinden, sagte ihm aber nichts davon. Ich erlaube nicht, daß sie Ärger macht.
Fuhr mit dem Taxi zum »Studio 54« ($ 4.00). Ich konnte die Hintertür nicht finden. Aber dafür entdeckte uns ein Tippelbruder ($ 50.00). Drinnen waren 25 hinreißende Models und ich. Alle trugen große Körbe und knapp sitzende Unterwäsche. Ich mußte zweimal raus. Ich hatte die Nummern 33 und 49.
Hinterher kritisierte Chris meinen Auftritt als Model. Er findet, weil ich schon etwas älter bin, sollte ich beim Gehen den Kopf heben und zeigen, wer ich bin, anstatt schüchtern zu Boden zu blicken! Ich glaube, ich muß mir etwas einfallen lassen, damit ich mehr wie ein Hanswurst wirke, hinfallen oder so was.
Hinterher fuhren wir zu einer Party ins »Heartbreak« (Taxi $ 8.00). Chris und Peter bekamen Streit. Chris wollte, daß Peter ein Model abholt, aber Peter weigerte sich.

Mittwoch, den 28. Juli 1982
Ging mit Jay in den Gebißladen, den er in der 21. Straße entdeckt hatte. Er befindet sich im 9. Stock und ist toll. Überall Zähne. Am besten gefiel mir ein Riesengebiß aus Aluminium. Angeblich war es antik. Die Leute erkannten mich, weil Jay ein T-Shirt mit der Aufschrift »Andy Warhol's TV« trug (Gebiß $ 484.00). Ich trug das Riesengebiß im Regen spazieren. Das war lustig.
Calvin Klein lud mich für das Wochenende nach Fire Island ein. Ich sprach mit Steve Rubell. Er sagte, Bianca habe angerufen und gefragt, ob ich käme, weil sie auch eingeladen sei.

Donnerstag, den 29. Juli 1982
Ich rief John Reinhold an und lud ihn ein, mich zu Suzie Frankfurt zu begleiten. Doch er wollte seine Zeit lieber mit seiner zwölf Jahre alten Tochter Berkeley verbringen, die aus dem Ferienlager zurückgekommen war. Also lud ich beide ins »Serendipity« ein (Taxi $ 8.00) und bestellte tolle Sachen, nur um sie zu sehen. Es machte Spaß, sich mit Berkeley zu unterhalten. Im Augenblick möchte sie nicht mehr Schauspielerin, sondern Cartoonistin werden. Sie hat das Ferienlager zehn Tage früher verlassen. Es war eins von denen, wo man Kühe melkt und Hühner füttert.

Samstag, den 31. Juli 1982, New York – Fire Island Von der Strandpromenade in The Pines aus rief ich Calvin an, um ihm zu sagen, daß Chris für einen Tag mitgekommen sei. Er meinte, das sei okay. Als ich hinkam, waren nur Chester Weinberg und David Geffen wach. Es war ein trüber Tag. Ich frühstückte erst mal. Dann standen Calvin und Steve Rubell endlich auf.

Wir gingen zu der Hawaii-Party bei Gil de la Cruz, ein Stück die Straße runter. Dann holten wir uns Pizza. Bei Tageslicht konnte man sehen, was hier für Kerle waren (Pizza $ 20.00). Wir gingen zurück zu Calvins Haus. Wir erwischten Calvin und Steve mit Kip Knoll und einem gewissen Ford, zwei Porno-Stars. Es war uns peinlich, und wir gingen wieder zu der Party.

Als wir wieder nach Hause kamen, war auch Chester Weinberg von der Party zurück. Er war bei David Geffen reingeplatzt, aber der hatte jemanden bei sich und sagte ihm, er solle verschwinden, und daraufhin hatte sich Chester in sein Zimmer verkrochen. Dann grillten wir Steaks. Die ganze Zeit wurde nur schwul, schwul, schwul geredet. Um 12.00 gingen alle ins Bett und stellten ihre Wecker auf 2.00, weil »hier die Post erst um 4.00 so richtig abgeht«. Um 2.00 standen alle auf, nur ich blieb im Bett. Später hörte ich, wie alle von der 4.00-Uhr-Pirsch zurückkamen.

Sonntag, den 1. August 1982, Fire Island – New York Wachte in The Pines auf. Unten im Dienstmädchenzimmer. Unterhielt mich mit Jim, dem Hausboy, der Tänzer werden möchte. Rieb mich mit Sonnenschutzmittel ein, weil ich mir sogar bei dem trüben Wetter tags zuvor einen Sonnenbrand geholt hatte. Ich las weiter in »Indecent Exposure«. Ich kam an eine Stelle, an der es um David Geffen ging, und las sie ihm laut vor.

Unterhielt mich lange mit David Geffen. Sein Vater stellte Büstenhalter her. Mir fiel auf, daß ich überhaupt nichts von ihm wußte, außer daß er zum Dunstkreis um Danny Fields gehörte. Er kannte Nico aus der Zeit, als sie noch mit Leonard Cohen zusammen war. Sein neues Donna-Summer-Album hat bis jetzt nur die besten Kritiken bekommen. Bis Ende der Woche wird es ihm $ 2,5 Millionen eingebracht haben.

Wir stiegen in ein Wasserflugzeug. Kurz nach dem Start schrie eine aufgeregte Stimme aus dem Funkgerät, am Flugzeug sei noch eine Tür offen. Es war meine. Ich hätte rausfallen können ($ 100.00).

Später fragte uns der Pilot, der so aussah wie ein New Yorker: »Wo kann ich hier ein Taxi bekommen?« Wir sagten es ihm, und er begleitete uns. Er sagte: »Vielleicht kann ich Ihnen aushelfen.« Ich wußte nicht, was er meinte, und er sagte, er habe Kokain in bester Qualität. »O nein, nein«, sagte ich, »ich nehme so was nicht.« Er wurde verlegen. Wir gingen drei Häuserblocks weit nebeneinander her, ohne ein Wort zu sagen.

Donnerstag, den 5. August 1982 Ich sah »Tarzan« im Kabelfernsehen. Bo Derek ist die schlechteste Schauspielerin der Welt. Sie aß eine Banane, und nicht mal das konnte sie. Es sah aus, als hätte sie keine Zähne.

Susan Pile erzählte Jon, daß ich in Wahrheit am 6. August Geburtstag hätte. Ich hatte ihm erzählt, ich hätte erst am 15., weil ich gehofft hatte, auf diese Weise drum herumzukommen. Doch wie es aussieht, wollen sie jetzt eine Party machen. Es gab Krach im Büro. Jemand hatte Essen rumliegen lassen, und ich regte mich darüber auf. Ich gab Paige, unserer Anzeigenverkäuferin, den Auftrag, den Schuldigen zusammenzustauchen, egal, wer es sei. Aber wie sich dann herausstellte, war es der Neue von »Interview«. Ein reizender Typ. Er ist immer freundlich, lächelt mir zu und begleitet mich bis zur Straßenecke, um mir ein Taxi zu rufen. Das war wirklich peinlich. Später bestritt ich, daß ich Paige den Auftrag gegeben hatte – ich sagte: »Oh, sie muß wohl gerade Kokain oder so was genommen haben.« Aber Robyn wiederholte in ihrer Gegenwart das Wort »Kokain«, daraufhin flippte sie aus. Ich war wütend auf Robyn, weil er den Mund nicht gehalten hatte, und er schob Jay die Schuld in die Schuhe. Doch Jay sagte, er habe nichts damit zu tun. Ich verteilte wie wild blaue Briefe und schrie das neue Mädchen Jennifer vom Empfang an, weil sie mir den Kaffee in einer Kaffeetasse gebracht hatte, obwohl ich ihr das ausdrücklich verboten hatte. Sie sagte, es sei nichts anderes da, und ich brüllte, wir hätten eine Menge Champagnergläser und warum sie mir den Kaffee nicht in einem der Gläser bringe statt in einer schäbigen alten Tasse, die jeder benutzt. Mein Gott, war das ein Tag.

Ich machte Robyn mit Iolas bekannt, weil ich dachte, das könnte für Robyns Karriere als Künstler von Nutzen sein. Robyn ist ein netter Junge, doch er hat keinerlei Ambitionen, aber Künstler will er werden. Ich dachte, jetzt, wo Ronnie weg ist und sich die Dinge für ihn so gut entwikkeln, könnte das doch auch mit Robyn geschehen. Der 74 Jahre alte Iolas schnappte sich Robyns Hand und hielt sie fest. Man sagt, daß das Energie verleiht. Und ich glaube daran. Iolas war davon überzeugt, daß er dadurch Robyns Energie bekam. Aber ich hoffte im stillen, daß Robyn *seine* bekäme.

Paul Morrissey will nach Deutschland. Man hat ihm die Regie für alle Filme angeboten, die Fassbinder noch drehen wollte. Die hätten *mich* fragen sollen!

Freitag, den 6. August 1982

Es war ein deprimierender Tag, mein Geburtstag. Lief im Viertel herum. Rief John Reinhold an und lud ihn zum Kaffee ein, doch er steckte mitten in den Vorbereitungen für eine Japanreise. Jon wollte nach New Hampshire.

Ich traf Robert Hayes. Er erzählte mir, daß Greg Gorman, der Fotograf von »Interview«, angerufen habe. Ich sollte in der 18. Straße nahe der Fifth Avenue mit Dustin Hoffman ein Reklamefoto machen. Dustin drehte gerade in Frauenkleidern den Film »Tootsie«. Ich hielt die Sache für einen Scherz.

Als ich hinkam, hieß es: »Okay, wir drehen Ihre Szene gleich.« Sie wollten mich tatsächlich in den Film einbauen. Greg Gorman war ausgesprochen hinterlistig, denn er muß gewußt haben, daß ich Geld dafür verlangt hätte. Die Filmleute spekulierten darauf, mich für eine Sekunde zu bekommen, was ihnen ja auch gelang. Dustin sah toll aus. Wenn ich da an all die Lehrerinnen denke, die ich früher hatte. In Wirklichkeit müssen das alles Tunten gewesen sein! Dann fanden sie Dustins Kleid für die Aufnahme mit mir nicht sexy genug. Sie wollten, daß er sich umzieht, und baten mich, um 3.15 wiederzukommen.

Also ging ich zurück ins Büro. Überall lagen kleine Päckchen herum, und ständig rief jemand vom Drehort an. Ich ging wieder hin und nahm Susan Pile mit. Sie war aus L. A. gekommen. Ich hatte Geburtstag, also bemühte ich mich, gute Laune zu zeigen, doch ich fühlte mich miesepetrig. Als wir am Drehort ankamen, trug Dustin ein schärferes Kleid. Dustin hatte am 8. August Geburtstag, und ich sagte, ich auch (lacht). Lernte Dustins neue Frau kennen. Sie ist sehr hübsch und sieht aus wie Debra Winger. Viele Mädchen sehen heute so aus. Doch das Baby sieht aus wie ein Baby, das Barbra Streisand mit Elliott Gould haben könnte.

Dienstag, den 10. August 1982

Ich wanderte im East Village umher. Dabei wurde mir sonderbar zumute. Alte Erinnerungen kamen hoch. Die Lokale waren beleuchtet. »Gem Spa« gibt es immer noch. Ich mußte an die fünfziger Jahre denken, als ich noch am St. Mark's Place wohnte, und an die sechziger, als wir mit Nico und den Velvets die Discothek »Dom«

übernahmen, an die vielen psychedelischen Shows im »Fillmore«, an das Essen bei »Ratner's« und alles. Mich überfiel Nostalgie.

Samstag, den 14. August 1982
Der Chauffeur der Limousine wußte den Weg nach New Jersey nicht genau, sagte aber, er wolle es versuchen. Wir holten Chris und Peter ab und fuhren zu den »Meadowlands«, um Blondie zu sehen. Als Vorgruppen standen Duran Duran und David Johansen auf dem Programm.
Unsere Plätze waren oben in der Konzessionärsloge. Das war lustig. Ich machte Fotos von Mutter, Ehefrau und Kind – drei Generationen von Konzessionären (Hot Dogs $ 20.00). Die Milchshakes waren so dick, als wären sie aus Plastik; man hatte das Gefühl, Margarine zu trinken. Marianne Faithful las ein Gedicht vor. Jemand wetterte gegen Drogen, da sagte sie: »Oh, bitte, nichts gegen Drogen, ich stehe unter Kokain.« Ich mochte sie sehr; sie war ganz anders als vor ein paar Wochen im Büro. Sie war intelligent und ausgeglichen. Und sie sprach ohne englischen Akzent. Sie kam mir vor wie eine Amerikanerin, voll da und kein bißchen abgehoben.

Montag, den 16. August 1982
In einer Morgen-Show sah ich Ken Wahl. Er sieht sehr gut aus, doch er spielte den Klugscheißer und erzählte abgedroschenen Mist, wie ihn nur dumme Schauspieler von sich geben. Etwa, er könne auch wieder »zurück und Benzin pumpen«. Er sagte: »Ja, ich bin aus dem Mittelwesten.«
Kannst du mir verraten, warum heutzutage jeder so gut aussieht? In den fünfziger Jahren gab es Leute, die wirklich gut aussahen, und der Rest sah nicht gut aus. Heute sind alle zumindest attraktiv. Wie kommt das? Liegt es daran, daß es keine Kriege mehr gibt, in denen die schönen Menschen umkommen?

Freitag, den 20. August 1982
Christopher hat in der Christopher Street einen Jungen namens Christopher aufgegabelt, der ihm erzählte, Paul Morrissey habe ihn neulich auf der Straße angesprochen und gefragt, ob er in einem Film mitspielen wolle, den er in Berlin drehe.

Samstag, den 21. August 1982
Kehrte bei »Schrafft's« Ecke 58. Straße und Madison Avenue ein. Die Kellnerinnen tuschelten: »Ist er es? Ist er es? Nein, er ist es nicht.« Beim Rausgehen sagte ich: »Ich bin es.« Sie waren begeistert.

Montag, den 23. August 1982
Die Jungs von »Duran Duran« kamen und brachten noch stattlichere und größere Freundinnen mit. Ich versuchte, meine Diät einzuhalten, doch am Abend ließ ich es. Der Deutsche, für den wir die Fassbinder-Plakate gemacht haben, kam vorbei. Wie sich herausstellte, hat Paul in Wirklichkeit gar keinen Film von Fassbinder übernommen, sondern dieser Typ hat ihn für eine Filmregie engagiert. Der Film handelt von einem Strichjungen, der anschaffen geht, damit er sich Klamotten kaufen kann. Aber machen das nicht *alle* Strichjungen?

Sonntag, den 5. September 1982, Montauk Bianca kam mit ihrem Freund Senator Dodd, einer Mischung aus Teddy und Bobby Kennedy. Mit 38 ist er der jüngste Senator. Machte einen Spaziergang, fotografierte und ging zum Haus zurück. Halston war fein angezogen und verabschiedete sich. Wir waren geschockt, weil wir keine Ahnung hatten, was los war.
Jon kriegte raus, daß Halstons Mutter gestorben war. Halston hatte es beim Dinner am Abend zuvor verschwiegen und so getan, als sei nichts geschehen. Victor sollte es uns sagen, nachdem er gegangen war.
Wir unterhielten uns prächtig mit dem Senator. Robert Redford ist sein bester Freund. Er hält seine Romanze geheim, weil es bis zu seiner Scheidung nur noch 40 Tage sind. Bianca nimmt ihn sehr in Beschlag (Dinner $ 120.00 mit Trinkgeld).

Dienstag, den 7. September 1982 Ich habe Benjamin Liu eingestellt, damit er mich jeden Morgen abholt und auf mich aufpaßt, während ich durch die Straßen ziehe. Wenn er Frauenkleider anhat, heißt er »Ming Vauze«. Er kam zu spät. Ich saß da, wartete und wurde sauer. Erfuhr, daß »Rolling Stone« Richard Gere auf dem neuen Cover hat und

Benjamin Liu *(Andy Warhol)*

beschwerte mich bei »Interview«, daß er uns einen Korb gegeben hatte. Sah mir »Mr. Goodbar« an. Richard Gere spielte mit, und ich nahm ihm seine Absage übel, obwohl er eigentlich gut war. Hielt den Schluß nicht aus; der war zu verrückt.

Samstag, den 11. September 1982 Ich glaube, ich habe dem Tagebuch noch nicht erzählt, daß Tom Baker, unser Star aus »I, a Man«, gestorben ist. Überdosis.

Donnerstag, den 16. September 1982, New York – Washington, D. C. Ich war den ganzen Tag nervös, weil ich am Abend zu dem Staatsempfang für das Ehepaar Marcos im Weißen Haus sollte. Nahm Valium. Ich halte es in Washington nicht mehr aus, zu viele TV-Scheinwerfer. Kamen um 4.00 an und fuhren zum »Watergate« (Taxi $ 10.00; Trinkgelder $ 4.00, $ 2.00). Jerry Zipkin und Oscar de la Renta wohnten auch dort. Telefonierte. War sehr nervös. Bestellte Lunch. Nahm noch mehr Valium. Ließ einen Wagen kommen und fuhr zum Weißen Haus. Kam ohne Schwierigkeiten hinein.

Bob und ich waren in Begleitung. Meine Begleiterin war Frances Bergen, Charlie McCarthys Mutter. (Lacht) Sie interessierte sich überhaupt nicht für mich. Sie verschwand bei der ersten Gelegenheit.

Der Marineinfanterist stellte mich als »Mr. World« vor. Die Sergeantin, die mich begleitete, war aufgeregt, weil sie so etwas noch nie gemacht hatte. Jemand fragte mich, weshalb ich eingeladen worden sei, und ich sagte: »Weil Mrs. Marcos früher in meiner Straße gewohnt hat.«

Das Valium half nicht. Das Dinner war im Garten, und da war es schön dunkel. Man war das Risiko eingegangen und hatte kein Zelt aufgestellt. So war es viel schöner. Doch man wurde hin und her geschoben. Nur etwa 80 Leute und vier Milliarden Lichter. Aber keine Fernsehkameras, also war ich nicht mehr nervös.

Der Präsidenten-Tisch war direkt hinter mir. Der Präsident von U. S. Steel saß an meinem Tisch. Ich sagte: »Oh, ich bin aus Pittsburgh. Mein armer Bruder hat keine Arbeit mehr im Stahlwerk« – ich log wie gedruckt. »Er hat seinen Job verloren, und Sie sollten eines der leerstehenden Gebäude in eine Disney World verwandeln, Führungen machen und von den Leuten $ 10.00 dafür kassieren, daß sie etwas Kohlenstaub ins Gesicht kriegen und sehen, wie die heiße Lava gegossen wird.« »Großartige Idee«, sagte er, »warum bin ich noch nicht selbst darauf gekommen?« Vizepräsident Bush und seine Frau saßen ebenfalls an unserem Tisch. Sie sagte, sie kenne jemanden, den ich auch kenne, doch ich kann mich nicht mehr erinnern, um wen es ging.

Dann wurden die Reden gehalten. Der Präsident war mit seiner schnell fertig. Marcos war langsam. Ich entspannte mich. Die Fifth Dimension sangen »Up Up and Away«. Die Gruppe hat inzwischen mehr neue als alte Mitglieder. Ich fragte einen von den Marines, ob es hier irgendwo einen Münzfernsprecher gebe, und alle lachten mich aus. Bob wollte noch bleiben und tanzen. Ich fuhr mit dem Wagen zurück zum Hotel. Rief Jon an. Um 12.00 schlief ich ein.

Freitag, den 17. September 1982, Washington – New York Nach New York zurück. Ging ins Büro und arbeitete den ganzen Nachmittag mit Benjamin. Traf mich mit Chris. Er hatte gerade das gute Resultat seines Schwulenkrebs-Tests erfahren: »negativ«.

Samstag, den 18. September 1982 Stand früh auf. Es war ein herrlicher Tag. Ich konnte nicht mit Jon arbeiten, weil ein Sekretär bei Paramount an Schwulenkrebs gestorben war und er zur Beerdigung mußte. Also, langsam werde ich nervös. Ich mache nichts und kann es doch kriegen.

Sonntag, den 19. September 1982 Neulich sah ich Robert Hayes' Freund Cisco mit einem anderen die Straße lang gehen, und als ich später Robert weinen sah, dachte ich, zwischen den beiden sei es aus. Ich fragte Marc Balet. Er sagte, Cisco habe erfahren, daß er Schwulenkrebs hat, es sei noch ein Geheimnis. Später erzählte mir auch Robert davon. Die Ärzte meinen, daß er sich die Krankheit bereits vor drei Jahren geholt hat, und daß es drei Jahre dauert, bis sie zum Ausbruch kommt. Ich frage mich nur, wie sie das behaupten können, wo sie doch nichts darüber wissen und nicht einmal sagen können, was los ist. Robert hat sich auch untersuchen lassen, ihm fehlt nichts.

Montag, den 20. September 1982 Es gab eine Menge zu tun, ich ging aber trotzdem früher, um Lana Turner noch bei »Bloomingdale's« zu erwischen ($ 8.00). Kaufte mir eines ihrer Bücher ($ 16.00). Dann ging ich zu ihr, und sie sagte: »Ich glaube nicht, daß ich mit dir sprechen möchte. Ich habe dich aus meinen Gebeten verbannt. Du hast gesagt, ich sei besser gewesen, als ich noch nicht zu Gott gefunden hatte. Ich wünsche dir das Schlimmste.« Ich glaube, bei dem Interview mit Faye Dunaway in »Interview« habe ich so was gesagt. Und sie hat es gelesen. Ich wußte nicht, was tun. Ich war ein nervöses Wrack. »O nein, Lana«, sagte ich, »du *mußt* für mich beten. Bitte, schließe mich wieder in deine Gebete ein! Bitte, signiere dein Buch für mich.« Sie ließ sich überreden und schrieb »Für einen Freund« und »Gott segne dich«, setzte aber jedesmal ein Fragezeichen dahinter.

Dienstag, den 21. September 1982 Traf Lynn Wyatt, die von Grace Kellys Beerdigung kam. Sie sagte, Fürst Rainier habe geweint und Prinz Albert habe keinen Ton herausgebracht.

Fuhr zu Diane von Fürstenberg (Taxi $ 4.00). Barry Diller und Valentino waren da. Aus dem Augenwinkel sah ich George Plimpton und seine Frau Freddy. Als sie mich entdeckte, stürzte sie sich wie eine Verrückte auf mich. Sie hatte ein schlechtes Gewissen, weil George Jean Stein bei dem Buch »Edie« geholfen hatte. Sie lief rum wie ein kopfloses Huhn und gab seltsame Laute von sich. »Hör mal«, sagte ich, »ich weiß nicht, warum du so ein Theater machst. Mir ist dieses dämliche Buch völlig egal.« Ich hätte sagen sollen: Wenn du dich wieder mit mir vertragen willst, schick einen Scheck.

Montag, den 4. Oktober 1982 Traf mich downtown mit Bruno Bischofberger (Taxi $ 7.50). Er brachte Jean Michel Basquiat mit. Das ist der Typ, der sich früher »Samo« nannte, als er noch in Greenwich Village auf dem Bürgersteig saß und T-Shirts bemalte. Damals steckte ich ihm hin und wieder $ 10.00 zu und schickte ihn ins »Serendipity«, um dort seine T-Shirts zu verkaufen. Er war eins von den Kids, die mich verrückt machten. Er ist schwarz, doch man sagt, er sei Puertoricaner. Keine Ahnung. Dann hat ihn Bruno entdeckt, und jetzt hat er Aufwind. Er wohnt in einem herrli-

chen Loft in der Christie Street. Er kam aus Brooklyn, gehört zur Mittelschicht – er war auf dem College –, und so benahm er sich damals auch in Greenwich Village.
Ich lud die beiden zum Lunch ein und machte ein Polaroidfoto. Er ging nach Hause, und nach zwei Stunden war er mit einem noch feuchten Bild von ihm und mir zurück. Er muß allein für den Weg in die Christie Street eine Stunde gebraucht haben. Er sagte, sein Assistent habe es gemalt.
Übrigens verkauft sich Ronnie Cutrones Kunst wie verrückt – Steve Rubells Bruder hat gerade einen Cutrone gekauft.

Dienstag, den 5. Oktober 1982
Gaetana Enders brachte einen Politiker aus Venezuela und seine Frau zum Lunch mit. Er sieht wirklich gut aus. Er geht am Stock, und seine Frau ist schön. Ich habe ihn vor Jahren bei Halston kennengelernt. Sie mußten bald wieder gehen. Er sagte: »Eines Tages werde ich meine Frau vielleicht mit einem Porträt überraschen.«
Dann kam Gouverneur Careys Frau – die griechische Lady Evangeline. Sie ging davon aus, daß sie ein Gratis-Porträt bekäme. Sie trug keinen Hut wie sonst, deshalb fragte ich: »Wo ist Ihr Hut?« Und sie antwortete: »Keine der Frauen auf Ihren Porträts trägt einen Hut.« Ich machte Fotos von ihr, doch dann wußte ich nicht weiter und rief Bob. Er klärte sie darüber auf, was die Porträts kosten. Und das muß sie umgehauen haben, denn nachdem sie gegangen war, rief ihr Mann an und sagte, die Frau eines Gouverneurs dürfe nicht soviel Geld für ein Porträt ausgeben, solange ihr Mann noch im Amt sei. Dabei hatte sie vorher immer gesagt, sie wolle es haben, solange er noch im Amt sei, des »größeren Prestiges« wegen. Sie versucht es mit allen Tricks.
Ich vergaß zu erwähnen, daß mir Jean Michel Basquiat am Tag zuvor die $ 40.00 zurückgeben wollte, die er mir aus der Zeit schuldete, als er noch T-Shirts bemalte. Ich sagte, das sei schon okay und wurde verlegen – ich war erstaunt, daß das alles war. Ich dachte, ich hätte ihm mehr gegeben.
Wir hatten den ganzen Nachmittag zu tun. Miniröcke kommen wieder in Mode. Cornelia trug einen im »Xenon«.

Sonntag, den 10. Oktober 1982
Ich glaube, ich bin mit einer Erkältung aufgewacht. Ging zur Kirche. Jay Shriver rief an. Er wollte nicht zur Arbeit kommen. Er wollte es mir »erklären«, doch ich sagte, ich könnte mir selbst einen Vers drauf machen. Benjamin Liu rief an. Er wollte den nächsten Tag frei nehmen, um Make-up zu kaufen.

Montag, den 11. Oktober 1982
Nahm Aspirin, um die Erkältung loszuwerden. Ich nahm ungefähr 30 »Interviews« mit. Als ich bei »Fiorucci« vorbeikam, hielt vor dem Schaufenster jemand einer Gruppe von Schülern einen Vortrag. Ich verteilte alle »Interviews«. Sie hatten eine »Exkursion« zu »Fiorucci's« gemacht, soweit ist es mit der Schule gekommen. Von dort aus ging ich zu »Crazy Eddie's« und schaute mir Computer an. Probierte ein Atari-Spiel aus. Das war aufregend. Sah mir eine »Columbus Day Parade« an (Taxi $ 7.00).
Gymnastik mit Lidija und Chris Makos. Ich hatte mich für den Abend mit Doc Cox verabredet und mußte noch ein paar Leute zusammentrommeln, damit für seine Unterhaltung gesorgt war. Arbeitete an einem »Piss Painting«.
Um 9.00 holte mich Doc Cox mit seinem Rolls ab. Ich weiß nicht, warum er sich ausgerechnet für den Rolls entschieden hat. Wir rollsten zu »Mr. Chow's«.

Mittwoch, den 13. Oktober 1982
Traf mich mit Rupert (Taxi $ 5.00). Iolas ging gerade und wollte nicht zum Lunch bleiben, weil er völlig durcheinander war. Er hatte in einem Pariser Taxi Schmuck für eine Million Dollar vergessen. Er hatte ihn nicht im Hotelzimmer zurücklassen wollen

und mitgenommen. Und dann vergaß er ihn im Taxi. Das kann jedem passieren, schrecklich. Der Schmuck ist ihm unersetzlich, weil er an jedem Stück hing. Der Lunch galt also nur dem Sohn von Linda Christian.

Dienstag, den 19. Oktober 1982
Dieses Retin-A zur Behandlung von Akne hilft tatsächlich, aber nur auf einer Gesichtshälfte. Eine Hälfte meines Gesichts ist makellos, die andere blüht. Die Haut schält sich. Ich ging zu einem anderen Schönheitsdoktor. Er gab mir Lakritzwurzel zum Einnehmen. Vielleicht verteilt er nur, was er loswerden möchte. Außerdem ist er eine Tunte. Diese Quacksalber. Als er das erstemal mein Gesicht berührte, sagte er: »Spannt das?« Und beim zweitenmal, als er mein Gesicht auf dieselbe Weise und an derselben Stelle berührte, sagte er: »Ist das nicht entspannend?«
Fuhr mit dem Taxi ($ 6.00) zu B. Altmans Dinner für die »feinen Leute«. Lief Sid und Anne Bass und Ashton Hawkins über den Weg. Ich war betrunken und sagte schreckliche – komische –, na, jedenfalls abscheuliche Sachen. Wenn ich betrunken bin, bin ich unmöglich. Ging um 11.00. Wollte mir noch die »Go Gos« ansehen, aber ich war zu betrunken.

Donnerstag, den 21. Oktober 1982 Ich habe Schmerzen von der Gymnastik. Vielleicht übertreibe ich. Ich glaube, Lidija nimmt mich zu hart ran.
Die Schmuckauktion neulich lief gut. Das bedeutet, daß sich die Konjunktur erholt.
Pontus Hulten rief an. Er will was umsonst. Ich traf mich mit ihm in der Stadt (Taxi $ 6.50, Einkäufe $ 7.00, $ 6.62, $ 3.19.) Er will immer dasselbe – eine Gratis-Grafik für ein Gratis-Museum mit Gratis-Eintritt oder ein Gratis-Benefiz. Er stellt wirklich großartige Dinge auf die Beine, und dann schmeißt man ihn raus. So wie am Beaubourg. Dort haben sie ihn gefeuert, weil er kein Franzose ist, und das, nachdem er den Laden in Schwung gebracht hatte. Jetzt macht er in Kalifornien ein Museum auf und will was umsonst. Er glaubt, er lebt in einem sozialistischen Land. Er ist wie Jonas Mekas, der gleiche Typ.
Übrigens, Gouverneur Jerry Brown hat neulich angerufen. Er sagte: »Hallo Andy, schön, wieder mal mit Ihnen zu reden. Wir verstehen uns doch, und Sie kennen meine Einstellung zur Kunst. Wenn Sie ein paar Sachen für mich machen würden, könnte ich sie zusammen mit Werken anderer Künstler als Sicherheit für einen Kredit angeben und meine Kandidatur für den Senat finanzieren…« Ich verwies ihn an Fred. Er hätte sich ruhig von mir porträtieren lassen können, als er noch Gouverneur war; die Stadt oder der Staat hätten es bezahlt. Sie mußten sowieso ein Porträt von ihm machen lassen. Marcia Weisman oder jemand anderer hätten es auch bezahlt.

Freitag, den 22. Oktober 1982
Schlenderte die Fifth Avenue runter und verteilte »Interviews«. Versuchte, sie einer Gruppe von Bauarbeitern anzudrehen, doch sie lachten mich aus, und ich wurde verlegen. Einen Block weiter *baten* mich andere Bauarbeiter sogar um Hefte. Das machte alles wieder wett. Nach der Arbeit holte ich Chris ab (Taxi $ 5.00) und fuhr mit ihm zu Calvin Kleins großer Geburtstagsfete im »Studio 54«. Mark Fleishman hatte uns empfohlen, möglichst früh zu kommen, um 10.00 oder so.
Der Vorraum des »Studio 54« war mit Luftballons, weißen Konzertflügeln und Ansteckschleifen dekoriert. Ich war beleidigt, weil Calvin mit Bianca und seinen Verwandten, wie Müttern und Großmüttern, an einem Tisch saß. Ich hätte sie gern kennengelernt (Taxi $ 8.00).

Mittwoch, den 27. Oktober 1982, New York – Hongkong
Traf am Abend in Hongkong ein. Es war heiß und schwül, ein Wetter wie in Florida. Man brauchte nicht mal

seine Uhr umzustellen, das war toll: Genau zwölf Stunden Zeitdifferenz. Alfred Siu, unser Gastgeber, holte uns ab. Rolls-Royce und Limousinen. Jeffrey Deitch von der Citibank kam auch zum Flughafen. Er ist ein liebenswerter, netter Kerl. Ihm haben wir das ganze Projekt zu verdanken. »Mandarin Hotel«. Wir waren alle in verschiedenen Stockwerken – ich wohnte in Zimmer 1801, Chris in 1020, Fred in 820 und seine Freundin Natasha Grenfell in 722. Ich hatte eine Suite mit Blick auf den Hafen. Es war herrlich, doch alle behaupteten, Hongkong stecke in einer Rezession. Nachdem wir ausgepackt hatten, wollte Alfred uns den Club »I« zeigen – einen Häuserblock entfernt, im ersten Stock der Bank of America. Er war noch nicht ganz fertig, es blieben noch drei Tage. Wir lernten Joe D'Urso kennen, den Innenarchitekten. Er sagte, er habe alle Wohnungen von Calvin eingerichtet. Alfred ist sehr nett – ein verwöhnter, reizender Bursche, sehr entzückend. Und Joe D'Urso ist ein fetter kleiner Widerling, aber er hat Talent. Fuhr zum Hotel zurück, rief in New York an.

Donnerstag, den 28. Oktober 1982, Hongkong Stand früh auf, um mich auf beiden Seiten Hongkongs nach Schneidern umzusehen. Alle Kids fanden etwas Passendes, nur ich nicht. Ich bin nun mal keine Modepuppe (Taxis $ 4.50, $ 6.00). Lunch im Club »I« mit Alfred Siu und etwa acht Frauen, die angeblich Porträts bestellen wollten. Eine war Amerikanerin und mit einem Chinesen verheiratet, die anderen waren Miss-America-Typen – Miss Taiwan, Miss Dies und Das. Sie sind alle mit reichen Herren aus der Baubranche verheiratet, können sich gegenseitig nicht ausstehen und sind wunderschön. Birmanisch und chinesisch, lauter todschicke Anziehpuppen. Nach dem Lunch brachte uns Alfreds hübsche Frau in ein Haus, in dem man sich die Zukunft voraussagen lassen konnte. Es gab da rund 8000 Wahrsager, und man durfte sich einen aussuchen. Ich nahm eine Frau und erkundigte mich nach meinem Liebesleben. Sie (lacht) sagte, ich sei mit einer jüngeren Frau verheiratet und hätte Probleme.
Chris fing an zu fotografieren. Er knipste ein paar schlafende Wahrsager. Durch das Blitzlicht wurden sie geweckt und jagten uns davon – vermutlich wollte keiner von ihnen fotografiert werden, wegen des bösen Blicks oder so.
Alfred gab eine Dinnerparty, und das war zauberhaft. Eine Dschunke brachte uns zu seiner Privatjacht. Er hatte extra ein Team aus New York kommen lassen, das uns während unseres Aufenthalts fotografieren sollte. Sieben schreckliche Leute. Ich will mich nicht einmal an ihre Namen erinnern. Wir gingen ins »Disco-Disco«, einen Transvestiten-Schuppen. Eine Engländerin forderte mich zum Tanz auf, aber ich wollte nicht. »Du bist gar nicht so, wie es immer in den Zeitungen steht«, sagte sie. Ich sagte: »Ja, ich weiß.«

Freitag, den 29. Oktober 1982, Hongkong Schwül. Fuhr mit dem Boot zur Halbinsel Kowloon ($ 12.00 hin und zurück). Wir waren mit den Sius in ihrem Haus auf dem Hügel verabredet. Von dort überblickt man ganz Hongkong. Die Fotografen folgten uns auf Schritt und Tritt.
Die Party vor der Eröffnung war sehr »exklusiv«, meine Liebe, sehr nobel, eine Menge Leute. Die Ausstellung war okay. Das Fitneß-Center war offen, drinnen wurde trainiert. Sie setzten mich auf ein Gerät und kippten es so, daß ich mit dem Kopf nach unten hing. Alle Pillen fielen mir aus den Taschen, und fast hätte ich auch meine Haare verloren. Dann gingen wir in die Disco. Sie war genau eine Minute vor der Eröffnung fertig geworden. Tanzte mit Natasha Grenfell und schubste sie herum. Ich war betrunken. Die Sache mit den möglichen Porträt-Aufträgen fiel ins Wasser;

Alfred war das peinlich. Gegen 2.00 schlichen wir uns davon.

Samstag, den 30. Oktober 1982, Hongkong Besorgte mir im »Peking Communist Store« Material für Ideen ($ 250.00). Ich erfuhr, daß Hongkong eigentlich den Chinesen gehört und England es nur *gepachtet* hat! Jetzt weiß ich auch, warum hier alle so nervös sind. Die Pachtzeit ist fast abgelaufen.
Die offizielle Eröffnung des Club »I« dauerte von 8.30 bis 1.30. Um 4.30 wieder zu Hause. Telefonierte mit New York.

Montag, den 1. November 1982, Peking Zweistündige Autofahrt. Alle sangen berühmte amerikanische Songs. Endlich kamen wir an die Große Mauer, und sie war wirklich groß. Ich hatte darüber gelächelt, doch jetzt war ich überwältigt. Wir gingen auf die linke Seite, weil es dort nicht so steil und überfüllt war. Alle Chinesen fotografierten sich gegenseitig. Fast hätte es mir die Haare vom Kopf geweht. Ich glaube, sie haben einen Schnappschuß davon gemacht. Soldaten gehen dort mit ihren Freundinnen spazieren. Es ist wie oben auf dem Empire State Building.
Dann fuhren wir mit dem Bus zu den Ming-Gräbern. Auch das war beeindruckend. Wieder etwa zwei Stunden Fahrt. Wir brauchten einen ganzen Nachmittag.
Ging mit den Kleidern ins Bett. Im »Peking Hotel.« Die Gegend war verseucht mit verwanzten Motels.

Mittwoch, den 3. November 1982, Peking Auf um 6.30, noch ein Tag in der Gruppe. Ging zum Vogelmarkt. Dort treffen sich die Leute und verkaufen Vögel. Damit verbringen sie also ihre Zeit – sie verkaufen Würmer, Spinnen und Vögel. Im Bus zum Sommerpalast. Trafen Bekannte aus Amerika – Lita Vietor, die in San Francisco so nett zu uns war, und Leute aus Palm Beach. Sie waren auf einer Rundreise. Pause an dem Hotel, das I. M. Pei gebaut hat. Wir fotografierten es.
Besuchten eine Kommune. Die Kinder sangen »God Bless America« und

Andy Warhol auf der Großen Mauer *(Christopher Makos)*

»Jingle Bells«. Es war traurig mitanzusehen, wie diese kleinen Kinder vorgeführt wurden – wie dressierte Tiere. Nach uns kam die nächste Busladung, und alles fing von vorn an. Umarmungen, dieselbe Show.

Donnerstag, den 4. November 1982, Peking – Hongkong Wir verließen das Hotel, um die Maschine um 8.45 zu kriegen. Trank Tee ($ 12.00). Man darf kein Trinkgeld geben; einer verpetzt den anderen. Wir stellten fest, daß man ihnen Zigaretten geben muß. Darauf sind sie scharf. Hätten das tun sollen, wußten es nur nicht. Wir saßen stundenlang auf dem Flughafen herum. Eine Frau und ihr Mann hatten ihre Pässe verloren. Eineinhalb Stunden lang durchwühlten sie ihr Gepäck. Die Frau schrie ihren Mann an; es war filmreif. Zwei Minuten vor dem Abflug steckte die Frau ihre Hand in die Tasche und fand die Pässe. Sie waren wirklich schon alt; traurig. Es war furchtbar. So alt, und nicht aus China herauskommen. »Wo sind sie?« »Du hattest sie zuletzt.«

Montag, den 8. November 1982, New York Schickte Benjamin hinunter nach Chinatown (lacht), weil ich in China kein einziges Geschenk besorgt hatte. Ich sagte ihm auch (lacht), daß ich in Erwägung zöge, ihn zu feuern, weil ich keine Chinesen mehr sehen könne.
Erledigte Post im Büro, schaffte aber nur ein Drittel dessen, was ich aufarbeiten muß. Die Zeitverschiebung begann mir zuzusetzen. Blieb zu Hause.

Mittwoch, den 10. November 1982 Bob war zum Lunch mit Jann Wenner im »Le Cirque« verabredet. Doch ich wußte, daß Jann ihn nicht abwerben konnte, weil Bob bei uns viel mehr verdient. Vermutlich wollte er ihn nur ein bißchen aushorchen. Bob erzählte mir, daß John Fairchild und James Brady auch im »Le Cirque« waren, deshalb vermute ich, daß dort die neue Klatschbörse ist.
Arbeitete den ganzen Nachmittag. Blieb zu Hause, um meine Erkältung auszukurieren. Sah mir »Dynasty« an. Am besten war die Szene, in der das Baby gekidnappt wurde. Das Baby war nämlich echt. Sonst nehmen sie im Fernsehen ja Puppen. In »Dynasty« wurde das echte Baby durch die Straßen geschleppt, und sein Kopf ruckelte hin und her. Mein Gott, in dieser Serie ist aber auch jeder schrecklich frisiert.

Samstag, den 13. November 1982 Chris hatte uns in die »Shafrazi Gallery« eingeladen, wo die Ausstellung von Keith Haring zu Ende ging. Das ist der Typ, der in der ganzen Stadt diese Figuren malt, diese Graffiti. Sein Freund ist ein Schwarzer, deshalb waren 400 schwarze Kids da. Sie waren süß und bezaubernd. Wie in den Sechzigern, bis auf die Schwarzen (lacht).
Ronnie war mit seiner Freundin da. Er sah sehr schick aus. Seine Kunst geht weg wie nichts.
Im Untergeschoß war eine Party. Alles war in blaues Licht getaucht. Ich wollte vermeiden, daß mein Haar total blau aussah, und ging deshalb nicht runter.

Montag, den 15. November 1982 Jean Michel Basquiat, der früher als »Samo« Graffiti gemacht hat, kam zum Lunch. Ich hatte ihn eingeladen. Um 3.30 ging ich zu Julian Schnabel und stand ihm Modell. Ich trug ein Paramount-T-Shirt, in dem man gut hätte posieren können, doch ich mußte es ausziehen. Zwei Stunden lang hielt ich so aus, im Stehen. Ich nahm meine Brille ab, so konnte ich ihm ins Gesicht sehen und trotzdem verklärt blicken.

Donnerstag, den 18. November 1982 Mußte den Smoking anziehen und zu einer Party der de Menils fahren. Anlaß war die Yves-Klein-Eröffnung im Guggenheim Museum (Taxi $ 5.00). Ich traf Mrs. Klein. Sie hat wieder geheiratet. Ging nach oben. Dort waren Fred und Natasha Grenfell. Dann kam Jean Stein, und ich ignorierte sie ziemlich.
Dann im Taxi zum Guggenheim Museum (Taxi $ 4.00). Ich ging die Rampe hoch und sah mir die Ausstellung an; dann ging ich die Rampe runter und sah mir die Ausstellung an. Dann ging ich nach Hause und lag gegen 10.00 im Bett.

Samstag, den 20. November 1982 Tom Cashin rief an und sagte, Zoli sei an Schwulenkrebs gestorben. Thomas Ammann holte mich mit seiner Limousine ab. Wir fuhren ins

»Odeon«. Dort drängten sich die Künstler-Stars – John Chamberlain, Joseph Kosuth, die Christos, dazu viele Kunsthändler und Barbara Jakobson. Ein merkwürdiges Mädchen erzählte mir, sie habe versucht, mich im Büro zu besuchen, aber Robyn habe sie nicht reingelassen. Sie will unbedingt, daß ich mir ihre Arbeiten an-

sehe. Ich werde es wohl tun müssen, sonst wird sie verrückt (Dinner $ 256.80).

Montag, den 22. November 1982 Verteilte »Interviews« auf der Straße. Die Ausgabe mit Calvin Klein ist hervorragend (Küchenbedarf $ 9.75, $ 30.85; Taxis $ 5.00; Telefon $ 0.40).
Gymnastik mit Lidija.
Malte ein bißchen.
Fuhr nach Hause (Taxi $ 5.50), leimte mich zusammen und dann zu Sandro

Five Coke Bottles, 1962 (Ausschnitt)

Chia in der 521 West 23rd Street. Er wohnt im selben Haus, in dem Julian Schnabel sein Atelier hat ($ 7.00). Sandro zeigte mir seine neuen Bilder.

Dienstag, den 23. November 1982 Vincent wollte wegfahren, daher blieben wir lange im Büro und beglichen Rechnungen. Jay war in der Stimmung, in der er angebrüllt werden will. Und immer, wenn er angebrüllt werden will, macht er mit Absicht etwas falsch. Zum Beispiel malt er etwas in der falschen Farbe, und sagt hinterher, das habe er gewußt. Und wenn man ihn dann angebrüllt hat, macht er ein Gesicht, als sei nichts passiert und ist zufrieden. Es wurde sehr spät.
Ich bin bei Halston zum Thanksgiving-Dinner eingeladen.

Mittwoch, den 24. November 1982 Am Wochenende warf mir Bianca vor, ich hätte dem Magazin »People« von ihr und Senator Dodd erzählt. Sie sagte, die einzigen, die davon wüßten, seien Steve Rubell, Halston und ich. Also ich glaube, daß Steve geplaudert hat. Und auf »Seite Sechs« der »Post« wurde behauptet, daß sie sich nicht nur mit Bernstein, sondern auch mit Woodward trifft. Daraufhin rief sie tatsächlich bei der »Post« an und ließ am nächsten Tag richtigstellen, daß sie sich nur mit Bernstein trifft.

Donnerstag, den 25. November 1982 Thanksgiving. Draußen sah es kalt aus. Das Büro blieb geschlossen. Ich war um 4.00 aufgewacht, hatte den Fernseher angemacht und einen Film mit Margot Kidder gesehen. Ich kapierte ihn zwar nicht, aber er erschreckte mich. Am Schluß läßt die Polizei sie allein in dem Haus zurück – ich weiß nicht warum, vielleicht weil sie einen Schock hat. Ich glaube, die Polizei dachte, die Gefahr sei vorüber, und dann hört man plötzlich, wie ein Typ die Treppe herunterkommt und ihren Namen ruft. Man weiß nicht, was passieren wird. Mir war unheimlich. Ich stand auf. Das Haus war leer.
Sprach mit Chris und Peter. Peters Mutter war aus Massachusetts gekommen. Sie wollten einen Truthahn braten und luden mich ein, zu kommen.
Ich rief Berkeley Reinhold an. Sie sah sich gerade vom Fenster aus Macy's Parade an. Ihre Mutter machte zum erstenmal ein Thanksgiving-Dinner. Ihr Vater war in Hongkong. Also rief ich John Reinhold per Direktwahl dort an. Er wohnte im selben Hotel wie wir damals, deshalb war es einfach zu behalten – »The Mandarin«. Mir unterlief ein Fauxpas. Ich erzählte John, daß seine Frau ein Thanksgiving-Dinner zubereite, und er reagierte verwirrt, weil sie das noch nie getan hatte.
Sprach mit Jon in New Hampshire.
Ging zum Dinner zu Halston. Martha Graham war da. Sie wirkte so gebrechlich, als pfeife sie aus dem letzten Loch. Dann kamen Steve Rubell, Jane Holzer und ihr Sohn Rusty. Rusty sieht mittlerweile hübsch aus. Außerdem hat er Grips. Ich sprach die ganze Zeit mit ihm. Er sagte, er und ein anderer Junge hätten als einzige die Frage beantworten könnten: »Wer hat Campbell's Suppendosen gemalt?«
Jade kam mit Bianca. Ich schickte Rusty zu ihr, um sie zu begrüßen. Sie war sehr reserviert und sagte: »Kennen wir uns?« Darauf er: »Natürlich.« Und sie: »Ach ja, es ist ungefähr ein Jahr her.« Und er: »Nein, zwei Jahre.« Er ärgerte sich, weil sie ihn von oben herab behandelte, doch Jane erklärte ihm, daß Mädchen das nun mal tun, wenn sie nervös werden.
Der Truthahn war freilaufend auf Janes Farm in Pennsylvania gezogen worden. Ich schlich mich davon, ohne mich von jemandem zu verabschieden.

Freitag, den 26. November 1982 Erfuhr, daß Rusty bei Halston einen Brand entdeckt hat, nachdem ich gegangen war. Er hatte sich von einem Kamin bis zu einer Marisol-Skulptur und einem Schrank gefressen. Wenn Rusty nichts bemerkt hätte, wäre Halstons Haus abgebrannt.

Jon rief an, um mir zu sagen, daß er wieder in der Stadt ist.

Samstag, den 27. November 1982 Brigid rief an. Ich lud sie in »Cats« ein (Karten $ 200.00). Fuhren zum Theater ($ 6.00). Wir saßen in der ersten Reihe, aber seitlich.

Der erste Akt war langweilig, doch ich bemerkte die Mösen der Mädchen in den Katzenkostümen. Ich war empört. Man konnte vorn die Schlitze sehen. Sie hätten wirklich Einlagen tragen sollen. Außerdem sah man Schamhaar hervorquellen, und dazu noch das Katzenfell, also das war etwas verwirrend. Man konnte einfach alles sehen! Vielleicht kommen deshalb so viele alte Männer in die Show. Und dann wurde mir klar, was das Bühnenbild ist: ein großes Pop-Art-Ding, alles unheimlich groß; einen halben Meter große Colaflaschen, ebensogroße Campbell's Suppendosen, überhaupt alles, was man in einer Küche so findet. Aber in Oldenburg-Größe.

Montag, den 29. November 1982 Ich hatte Pierre Restany und seine Frau zum Lunch eingeladen. Er war in den sechziger Jahren sehr nett zu mir gewesen. Und nun wollte ich mich revanchieren. Er ist *der* französische Kunstkritiker. Er hat eine bemerkenswerte Frau. Sie ist 1,88 m – vermutlich war sie Mannequin. Elegante französische Frauen sehen wie Lesben aus. Mrs. Restany trug einen alten Herrenmantel von Lanvin.

Ronnie Cutrone kam vorbei, und während ich mit Lidija Gymnastik machte, unterhielt er Pierre und seine Frau. Er wußte nicht, wer sie waren. Pierre erzählte ihm, daß er seine Ausstellung bei Shafrazi gesehen habe und daß sie ihm gefalle. Ronnie verkauft alles, was er macht. Das hätte er schon vor Jahren tun können. Das ganze Zeug, das jetzt die Italiener machen, hat er zuerst gemacht.

Später wollte ich mir Twyla Tharp ansehen. Sie tanzt zu Songs von Frank Sinatra. Rief Jon an und holte ihn ab (Taxi $ 6.00). Als wir mit dem Fahrstuhl zum »Rainbow Room« hinauffuhren, sahen wir, daß ein Stockwerk tiefer eine Party von Paramount stattfand.

Im »Rainbow Room« waren viele Stars. Ich entdeckte Sam Spiegel. Leo Castelli war auch da. Er umarmt mich jetzt nicht mehr. Er ist auch nicht mehr mit Laura de Coppet zusammen. Und was die Vorstellung angeht: Ich glaube, Twyla wollte diesmal was ganz Normales machen. Neun Paare führten neun Gesellschaftstänze vor, doch jede Tanzschule hätte es besser gemacht. Hinterher sprach ich kurz mit ihr. Später, als wir gingen, sah ich Dick Avedon, Tuesday Weld und Paul Simon (Mäntel $ 2.00).

Der Fahrstuhl hielt in dem Stockwerk, in dem die Paramount-Party war. Nick Nolte und Eddie Murphy stiegen ein. Nick Nolte ist fett, und die Haare hängen ihm über die Augen wie bei der einen Hunderasse. Doch sonst sieht er gut aus. Ihr Film »48 Hours« soll wirklich gut sein. Eddie Murphy sieht auch gut aus. Dieser intelligente Blick. Man sagt, daß er mal größer wird als Pryor.

Donnerstag, den 2. Dezember 1982 Fuhr ins »Xenon« (Taxi $ 4.00) zu Cornelias Geburtstagsparty. Ich glaube, sie langweilte sich, denn sie entdeckte uns sofort. Dann kamen Fotografen und sagten, Stallone sei auf der anderen Seite der Tanzfläche und wolle sich nicht mit Mädchen fotografieren lassen. Sie baten mich, hinzugehen und mich mit ihm fotografieren zu lassen. Stallone war sehr nett. Er sagte, er werde im Februar in New York mit John Travolta einen Film drehen. Wir sollten in Kontakt bleiben. Er hatte ungefähr acht Leibwächter mit. Sie saßen an der Bar. Dann ging ich. Bekam ein schnelles Taxi ($ 5.00).

Samstag, den 4. Dezember 1982 Ich lud Curley zu »Tootsie« ein. Zuerst machte man uns Schwierigkeiten und wollte uns nicht reinlassen, weil die Karten nicht da waren, die Charlie Evans zurücklegen lassen wollte. Wenn ich schon gewußt hätte, daß ich in dem Film tatsächlich zu sehen bin, obwohl ich kein Geld bekommen habe, wäre ich hartnäckiger gewesen und hätte darauf bestanden, so viele Leute mitzubringen wie ich wollte.
Dustin benimmt sich in dem Film ganz natürlich. Überhaupt nicht wie eine Tunte. Es ist, als hätte man eine Tante und wüßte nicht, daß sie in Wirklichkeit ein Mann ist. Das ist etwas völlig anderes.
Dann suchten wir Charles Evans. Es wimmelte von Stars, also setzten wir uns in die Nähe des Büfetts, damit wir alle sehen konnten. Dustin war lieb, der Regisseur Sidney Pollack auch. Ich unterhielt mich mit Terri Garr, der in dem Film großartig war. Wir sprachen über Henry Post. Man munkelt, daß er Schwulenkrebs hat. Curley stiftete mich zum Trinken an. Ich trank Wodka.

Freitag, den 10. Dezember 1982 Ging den ganzen Weg von der 77. Straße bis zur 17. Straße zu Fuß. Ich hatte im Büro angerufen und gefragt, ob ich Verabredungen hätte, und Jennifer, die Praktikantin, hatte nein gesagt. Doch als ich kam, wartete Paul Bochicchio, der mir die Haare macht, bereits seit fünf Stunden auf mich, also schnauzte ich sie an. Und sie band gerade Kränze aus Stechpalmenblättern, und ich dachte, okay, sie will damit ihre Wohnung schmükken. Doch dann fing sie an, die Wände im Büro damit zu behängen, und ich schrie, sie solle sie bloß wieder abnehmen, denn im Büro könnten wir Weihnachtsstimmung nicht gebrauchen. So bekam sie an diesem Tag gleich zweimal Ärger. Sie brachte die Kränze auf die Toilette. Plötzlich hat Jennifer so schlechte Gewohnheiten wie Robyn. Arbeitete bis 7.30.

Sonntag, den 12. Dezember 1982 Stand früh auf. Es hatte geschneit. Öffnete alle Fenster. Es war ein schöner Tag zum Spazierengehen. Traf Chris und Peter im »Plaza«. Gingen in den »Edwardian Room« zum Lunch. Wir aßen lange und reichlich ($ 240.00 mit Trinkgeld).
Fuhr zu Iris Loves Party für Pauline Trigère im »Dionysos« in der 210 West 70th Street (Taxi $ 6.00). Viele Stars waren da – Diana Ross mit einem Beau, Morgan Fairchild und David Keith. Er war eigentlich mit einem anderen Mädchen gekommen, aber da er verrückt nach Mädchen ist, machte er sich an Morgan ran. Die Herreras aus der besseren Gesellschaft waren da und viele von den Mädchen – Paloma, Fran, Marina und Florinda. Man sah griechische Tänze; Iris hüllte sich in eine griechische Toga.

Montag, den 13. Dezember 1982 Jodie Foster rief an. Sie hat ein Interview mit Nastassja Kinski gemacht, das die »Yale Daily News« nicht wollte. Sie fragte an, ob »Interview« es drucken wolle. Jetzt bringen wir es im Februar zusammen mit einem Titelbild von Nastassja. Jodie ist sehr nett.

Dienstag, den 14. Dezember 1982 Liz Smiths Kolumne erweckt den Eindruck, als sei die Party in dem griechischen Restaurant am Sonntag hinreißend gewesen! Es hört sich jedesmal so toll an, wenn man über Parties liest.
Ging rüber in die Seventh Avenue, um mir dort den Rücken massieren zu lassen. Chris sagt, der Typ sei gar kein Shiatsu-Masseur, sondern ein Chiropraktiker. Außerdem habe ich den Eindruck, daß ich der einzige bin, der dort hingeht. Es ist immer so leer. Wahrscheinlich bin ich sein einziger Kunde. Und er wird mir wahrscheinlich das Kreuz brechen, damit ich weiter zu ihm gehen muß (Telefonate $ 0.20).
Ich ging zurück ins Büro und arbeitete weiter an meinem Porträt von Al-

fred Hitchcock für »Vanity Fair«. Wartete auf Rupert. Mr. LeFrak rief an. Ich muß endlich mit seinem Porträt anfangen.
Ich ging zu einer Vorführung von »Gandhi« im Vorführraum der Columbia, Ecke 56. Straße und Fifth Avenue. Der Film war einfach aufregend. Er dauerte drei Stunden, und das einzige, was mich störte, war Miss Candice Bergen. Sie holte einen unsanft in die Realität zurück. Plötzlich taucht sie auf und sagt, sie sei Margaret Bourke-White, Fotografin vom Magazin »Life«. Sie ist einfach schrecklich. Nervend. Wie ich in »The Drivers' Seat«. Da war ich ähnlich schlecht.

Donnerstag, den 16. Dezember 1982 Fuhr extra den weiten Weg von uptown hinunter nach Chinatown, weil es so lustig ist, Benjamin chinesisch sprechen zu hören (Taxi $ 20.00). Wir suchten nach neuen Ideen, doch es ist aufreibend, alles gleichzeitig zu machen. Dieser ständige Druck – nach neuen Ideen suchen, malen, Haus kaufen bringt eine Menge Streß.

Freitag, den 17. Dezember 1982 Ich habe ungefähr 18 Parties versäumt.

Sonntag, den 19. Dezember 1982 Ging zu Vincent und Shellys Party. Dort waren ungefähr acht Babies und sämtliche Kids aus dem Büro. Ich bat Jay, mir als Weihnachtsgeschenk ein Taxi zu besorgen.

Montag, den 20. Dezember 1982 War mit den LeFraks verabredet. Sie fanden ihr Porträt scheußlich.
Arbeitete bis um 7.00. Schenkte PH Ohrringe zu Weihnachten – Frösche von David Webb aus den vierziger Jahren. Sie war begeistert. Dann fuhr ich zu Dr. Silver. Er versprach mir, daß ich in zwei Wochen keine Pickel mehr habe.

Dienstag, den 21. Dezember 1982 Mrs. LeFrak gefielen ihre Haare nicht. Rupert arbeitet daran. Ich muß ihn anrufen und ihm sagen, daß er das Ganze luftiger halten soll – sie braucht mehr Lichter im Haar. Aber wahrscheinlich ist es schon zu spät.

Donnerstag, den 23. Dezember 1982 Als ich ins Büro kam, waren alle schlechter Laune. Brigid zog über Chris her und sagte, alle im Büro hätten zu Weihnachten nur den einen Wunsch, daß Chris sich nicht mehr hier blicken lasse. Als ich ihm das später erzählte, sagte er: »Vielleicht sollte ich Brigid die $ 20.00 wiedergeben, die ich ihr schulde.« Sie hat vor ein paar Jahren für ihn an einem Projekt gearbeitet, für das *er* hinterher nicht bezahlt wurde, also war er der Meinung gewesen, er brauche auch *sie* nicht zu bezahlen. Aber natürlich ist er auch geizig, und das ist der eigentliche Grund, weshalb er sie nicht bezahlt hat. Auch Robyn war launisch. Jay ist nach Hause gefahren, nach Milwaukee. Er ist der einzige, der vielleicht noch gearbeitet hätte.

Freitag, den 24. Dezember 1982 Ich ließ die Leute zur Arbeit kommen. Brigid verbrachte den ganzen Tag wie Madame Defarge, saß nur rum, stickte und tat sich leid, daß sie nicht frei hatte. Ich war mit den Nerven fertig und brachte nichts auf die Reihe. Ich arbeitete im Büro und packte Bilder für die Halston-Clique ein. Verabredete mich zu Hause mit Benjamin.
Später fuhren wir zu Halston, doch ich konnte ihn nirgends entdecken. Es war merkwürdig. Dabei kamen wir vier Stunden zu spät. Schließlich fanden wir ihn oben mit Steve Rubell neben dem Weihnachtsbaum. Halston schenkte mir – vielleicht – zwei Elsa-Peretti-Kerzenleuchter von »Tiffany's«. Ich mußte unterschreiben, daß ich sie ihm zurückgebe, falls er kein zweites Paar mehr für sich bekommen kann. Das ist ganz was Neues. Und ich Nervenbündel hatte krampfhaft überlegt, welches Bild in

welcher Größe ich wem schenken sollte. Es war qualvoll.
Steve Rubell schenkte mir fünf Kassetten und lag mir dann ständig damit in den Ohren: »Ich habe dir fünf Kassetten geschenkt. Ist das nicht das größte Geschenk?« Es waren ganz normale Kassetten, die man überall kaufen kann. Eine war von Michael Jackson, sie kostet $ 3.00. Steve war ja schon geizig, als er noch Geld hatte, aber jetzt, wo er keins mehr hat...

Samstag, den 25. Dezember 1982 Stand spät auf. Ging zur Kirche. Hatte traurige Weihnachten. Überredete Benjamin, ins Büro zu kommen, ehe er zu seiner Familie nach San Francisco flog (Taxi $ 5.00). Arbeitete den ganzen Nachmittag mit ihm und machte Rechnungen fertig. Hörte von der Schneekatastrophe in Denver. Gab Benjamin Geld, weil er an diesem Tag gearbeitet hatte ($ 100.00).

Dienstag, den 28. Dezember 1982, Aspen Barry Diller lud uns für 8.30 zu einem Cocktail mit Calvin Klein, Marina Cicogna und Diana Ross ein. Diana trug einen neuen Cowboyhut und neue weiße Stiefel. Sie wollte Action.
Wir stiegen in die Wagen und folgten Barry. Er ist ein schlechter Fahrer. Dann lud uns Barry zum Dinner bei »Andre's« ein. Das Essen dort war abscheulich. Diana tanzte auf dem Tisch, und jeder wollte mit ihr tanzen. Sie sagte: »Ich tanze mit jedem von euch.« Ein großes Wort.

Donnerstag, den 30. Dezember 1982, Aspen Wir erfuhren von John Coleman, daß Barbi Benton eine Party gab, also rief ich sie einfach an und sagte: »Halloooo.« Und sie sagte: »Halloooo.« Und dann sagte ich: »Oh, ich habe nur angerufen, weil wir doch letztes Jahr soviel Spaß hatten, du weißt schon...« – so was in der Art. Darauf sagte sie, sie habe eine Party und ob ich nicht Lust hätte zu kommen. Ich sagte: »Oh, jaaaaa, warum nicht.«
Wir waren um 7.00 da. Ich lernte ihre Eltern kennen. Sie waren so liebenswert. Ich erfuhr, daß Barbi in New York auf die Welt kam und einen

Diana Ross *(DPA)*

Großvater hatte, der ihr 50 Puppen kaufte. Aber die Mutter wollte ihr die Puppen nicht geben. Sie zogen nach Sacramento, als Barbi drei war.
Sah Zef Bulman wieder.
Der Astronaut Buzz Aldrin war da, zurück vom Mond. Ich machte viele Fotos von ihm. Er ist gealtert, doch er war nett und erfreut, uns zu begegnen. Wir hatten ausgemacht, an diesem Abend zu lügen – Chris erzählte den Leuten, er habe ein zwölf Monate altes Baby, auf das er aufpassen müsse, weil seine Frau in New York geblieben sei. Alle glaubten ihm. Und ich erzählte, ich sei Tiefseefischer, und prompt lud mich eine Frau nach Boca Raton ein. Ich hatte überhaupt nichts getrunken.

Freitag, den 31. Dezember 1982, Aspen Barry Diller kam mit Diana Ross, und Jack Nicholson kam mit Anjelica Huston – Jack hat jetzt eine dicke Wampe.
Fünf Minuten vor Mitternacht beschlossen wir – Jon und ich –, vor der Menge zu flüchten und nach draußen zu gehen. Wir wollten nicht hören, wie sie »Auld Lang Syne« sangen. Wir sahen uns das Feuerwerk an, und nach zehn Minuten gingen wir wieder rein. Das war toll. Keiner hatte mitgekriegt, daß wir weggewesen waren. Und die Küsserei war auch schon vorbei.

1963

Samstag, den 1. Januar 1983, Aspen Etwas Komisches ist passiert. Ich dachte, Jon wollte mich umbringen. Ich saß auf einem Motorschlitten, und er stieß mich über einen Abhang. Ich dachte, er hätte es absichtlich getan. Plötzlich tauchten Bäume vor mir auf, und ich fiel in einen Schneehaufen. Wir fuhren zum Haus. Das machte Spaß. Erst als ich dort angekommen war, begriff ich, wie gefährlich es gewesen war, den Abhang hinunterzufahren. Da wurde mir bewußt, was eigentlich passiert war. Ich machte Jon Vorhaltungen, doch er erklärte mich für verrückt, und ich war erleichtert.

Sonntag, den 2. Januar 1983, Aspen – New York In der ganzen Zeit, die ich weg war, habe ich keinen Tropfen Alkohol getrunken. Und ich habe auch nicht zugenommen. Ich wiege immer noch 57 Kilo.

Montag, den 3. Januar 1983 Die LeFraks riefen an. Das Porträt gefällt ihnen immer noch nicht. Mr. LeFrak wollte wissen, warum die Augen seiner Frau auf dem Porträt nicht haselnußbraun sind und warum er eine Knollennase hat. Vielleicht genügt es, wenn wir diese beiden Sachen in Ordnung bringen.
Bob ist immer noch nicht aus Santo Domingo zurück. Er besuchte die Cisneroses.

Dienstag, den 4. Januar 1983 Traf mich mit Chris im »Post House« in der 63. Straße zum Dinner, um ein für allemal die Höhe seines Gewinnanteils an meinem Portfolio »Decorative Photography« zu klären. Wir baldowerten es aus. Chris ist unglaublich geizig – du kannst dir nicht vorstellen, wie geizig. Er ist wie Bob. Und Paul Morrissey. Sie wollen immer noch mehr. Ach ja, Bob hat ein fantastisches Wochenende erlebt, und jetzt bildet er sich ein, er müsse wie ein Fürst leben. Es macht ihn sehr unglücklich, wenn er nicht immer noch mehr bekommt. Ich halte es für das Beste, er heiratet eine von den alten Schachteln, dann hat er alles, was er sich wünscht (Dinner $ 130.00).

Donnerstag, den 6. Januar 1983 Als ich ins Büro kam, drückte mir Vincent einen Brief in die Hand. Er war von Bob. Er geht. Keiner im Büro weiß davon, nur Gael, Robert

Schlittenfahren mit Jon *(Mark Sink)*

und Fred. Wie ich höre, hat er einen Agenten namens Janklow – ein bedeutender Literaten-Anwalt. Ich freue mich für Bob. Wirklich. Doch ich finde, er hätte weiterarbeiten sollen, bis wir Ersatz gefunden haben. Es ist häßlich von ihm, so ohne Vorwarnung zu gehen. Fred hat ihn angerufen und mit ihm gesprochen, ohne Erfolg. Vermutlich hat ihn Thomas Ammann dazu ermutigt.
Keiner im Büro weiß es, außer den genannten Leuten. Doch außerhalb des Büros (lacht) wissen es alle. Dabei hatte sich sein Weggang schon seit einiger Zeit abgezeichnet. Bevor Bob in Urlaub fuhr, hatte ich ihm gesagt, er könne sich als Weihnachtsgeschenk ein Gemälde aussuchen. Er wollte ein »Hammer & Sichel-Bild«. Da ich davon aber nur zwei habe, sagte ich: »Ach, Bob, jedes andere, nur nicht das.« Da wurde er wütend. Bob ist schlicht größenwahnsinnig geworden. Er verkehrt dauernd mit reichen Leuten und meint, er müßte das auch alles haben. Doch Magazin-Redakteure verdienen nun mal nicht soviel. Andererseits hat er viel nebenbei ver-

dient – er bekam Provision für die Porträts und kriegt 50 Prozent von Brunos Foto-Portfolio. Doch im Grunde wollte er 50 Prozent von »Interview« – zumindest glaube ich, er sagte 50. Ich konnte nicht richtig verstehen, ob er 50 oder 15 sagte. Ich bot ihm damals eine Gewinnbeteiligung an, sobald »Interview« in den schwarzen Zahlen wäre. Bisher war das nicht der Fall. Er behauptete zwar das Gegenteil, aber das stimmt nicht.
John Powers brachte einen möglichen Porträt-Kunden mit – einen Facharzt für plastische Chirurgie aus Florida. Mr. LeFrak kam vorbei, während ich mit den beiden sprach. John war einfach großartig. Er brachte Mr. LeFrak so in Verlegenheit, daß er die Porträts schließlich akzeptierte – er fragte ihn: »Was verlangen Sie eigentlich noch?« Und später sagte er zu mir: »Es ist unglaublich, wie konntest du ihn auf deinem Porträt so gut aussehen lassen?«
Gegen 7.00 fuhr ich nach Hause. Setzte Jay ab (Taxi $ 5.00). Ich wollte zu Hause bleiben und telefonierte mit Christopher und Fred.
Weißt du, Geld ist nicht der Grund, weshalb Bob gegangen ist, denn er hat gut verdient. Auch das Bild »Hammer & Sichel« war nicht der Anlaß, denn auch ohne diesen Streit hätte er früher oder später einen Grund gefunden. Er hatte schon lange vor zu gehen. Vielleicht kommt er mit Thomas Ammann ins Geschäft. Bob kann sehr gut Kunst verkaufen. Wenn jemand sagt, er will kein Porträt, zieht Bob nur ein Gesicht und geht. Und er scheut sich nicht, Leute zu mahnen, wenn sie ihre Rechnungen nicht bezahlen. Sogar Fred ist darin zurückhaltend. Bob nicht. Wenn er einen guten neuen Job in Aussicht hat, freut mich das für ihn. Er hätte nur nicht Knall auf Fall gehen dürfen. Das Schlimme ist: So ein Verhalten ist nicht professionell.

Freitag, den 7. Januar 1983

Die Zeitungen schreiben eine Menge über Bob Colacello, und im Büro wurde immer noch über die Kündigung getuschelt. Jane Holzer rief an und sagte, sie habe es von Steve Rubell erfahren. Ich wechselte das Thema und fragte sie, was es bei ihr Neues gebe. Sie sagte: »Du nimmst das alles so gelassen.« Was soll ich denn sonst tun? Ich meine... für unsere Gehaltsliste bedeutet das eine große Ersparnis. Fred meint, wir sollten nicht überstürzt einen neuen Chefredakteur einstellen – Robert Hayes ist so nett; mal sehen, was er kann.
Nick Rhodes von »Duran Duran« kam ins Büro und brachte seine Freundin Juliana mit. Er ist 20, sie 23. Er hatte doppelt soviel Make-up im Gesicht wie sie, obwohl er nur halb so groß ist.

Dienstag, den 11. Januar 1983

Vincent meldete, daß die Porträts der LeFraks wieder zurückgekommen seien. Diesmal fehlten die Pupillen, und auf dem Gesicht war ein Fleck.

Mit Grace Jones *(Ron Galella)*

Und ich hatte schon geglaubt, ich würde sie nie wiedersehen.
Grace Jones kam in ihrem Macho-Outfit mit einem hinreißend aussehenden, etwa 1,98 m großen Schweden. Er heißt Hans Lundgren. Wir

gaben uns die Hand, und das war seltsam, weil er einen so schwachen Händedruck hatte, richtig lasch. Grace sah toll aus.
Sprach mit Jon. Er ist zur Zeit in L. A.

Mittwoch, den 12. Januar 1983
Barbara Allen kam vorbei. Sie geht jetzt mit dem Multimillionär Henrik de Kwiatkowski, und alle hoffen, daß sie diesmal heiratet. Barbara hat sich sehr verändert. Sie wirkt wie eine ältere Frau. Sie sieht immer noch gut aus, das meine ich nicht, aber ihre Einstellung hat sich geändert. Ich will sie nicht schlechtmachen, sie ist wirklich nett, aber ihr Auftreten ist anders geworden. Aus dem Mädchen wurde eine Frau von dieser gewissen Sorte.
Wir sahen »Peter Pan« (Karten $ 10.00). Es war toll. Disney ist immer noch unübertroffen. Der Strich und die Farbe sind einmalig (Essen $ 5.00). Beim Hinausgehen öffnete ich eine Tür und stieß ein kleines Mädchen um. Was sind das nur für Eltern, die ihr Kind noch abends um 10.00 mit ins Kino nehmen! Ich fühlte mich entsetzlich – es ist nur passiert, weil diese Türen nach zwei Seiten aufgehen.

Freitag, den 14. Januar 1983
Ging zu dem neuen Haus. Ich hatte gedacht, alles sei fertig, doch der alte Handwerker war immer noch bei der Arbeit. Ich konnte es nicht ertragen. Ich sah mir an, wo künftig mein Atelier sein soll – im Untergeschoß, wo es dunkel ist. Der Raum eignet sich allenfalls als Lager. Ich glaube, das sollten wir nicht so machen. Wenn ich in den Broadway 860 komme, fühle ich mich sofort wohl. Dort ist es sonnig und hell. Vielleicht finde ich auch noch einen anderen Ort zum Malen. Das Haus in der Great Jones Street wäre geeignet. Oder ich müßte in den »Unterhaltungsbereich« im dritten Stock ziehen. Dort gibt es eine Terrasse mit Glasdach, und es ist wenigstens hell. Ich weiß ohnehin nicht, was wir mit dem vielen Platz anfangen sollen! Fred hat einen riesigen Bereich. Was will er damit anfangen? Keiner sieht mehr was vom anderen. Brigid sitzt in der riesigen Eingangshalle, und Vincent hat einen Riesenbereich für seine Fernseh-Sachen. Für »Interview« ist es gut, wenn viel Platz da ist. Das macht Sinn. Warum steigen wir eigentlich nicht ins Immobiliengeschäft ein und vermieten einen Großteil der Räume?
Außerdem hatte ich angenommen, wir würden einen geräumigen Fahrstuhl bekommen, doch er ist nur 2,5 cm auf 2,5 cm. Ich mochte gar nicht darüber nachdenken und fing an zu toben.
Ich ging nach Hause und sah mir »Rebel Without a Cause« an (»Denn sie wissen nicht, was sie tun«). Es war merkwürdig. Sal Mineo sah aus wie ein Baby, wie ein richtiges Baby, und James Dean und Dennis Hopper wirkten dagegen wie erwachsene Männer. Man kann sich überhaupt nicht vorstellen, was dieses junge Ding mit den beiden anstellen will, und doch sollen alle in einem Alter sein. James Dean sah so modern aus – Jeans, Lacoste-Hemd und die rote Windjacke. Wenn er sich vorbeugte, sah man, daß er kein Unterhemd trug. Natalie Wood war ideal als amerikanischer Teenager und sah nie besser aus. Dennis sah so gut aus. Es war ein trauriger Film. Die Hausangestellte war ein Überbleibsel aus »Imitation of Life«. Sie hatte ein Medaillon mit dem heiligen Christophorus und klagte über den armen kleinen Sal Mineo: »Warum durfte *er* niemanden haben?« Es war traurig. James Dean hatte seinen Kopf in Natalies Schoß gelegt. Dann kam Sal Mineo, legte seinen Kopf auf James Deans Bauch und schlief ein. Und dann schlichen sich James Dean und Natalie auf Zehenspitzen davon, weil sie knutschen und allein sein wollten. Es war so traurig, daß er niemanden hatte.

Donnerstag, den 27. Januar 1983 Ich fliege zum erstenmal nach Atlantic City. Ich sehe mir gemeinsam mit Diana Ross Frank Sinatras

Show an und bringe dem Besitzer des »Golden Nugget« eine Grafik von Dianas Porträt mit. Diana hat mit dem »Golden Nugget« gerade einen Vertrag abgeschlossen. Sie zahlen ihr eine Menge. Sie ist noch nie in einem kleinen Saal aufgetreten, deshalb wollte sie ihn sehen.
Ich mußte um 5.15 zu Hause sein, weil mich Diana Ross abholen wollte, um mit mir zum Hubschrauber zu fahren (Taxi $ 5.50). Ich hatte gerade noch genug Zeit, meine Kontaktlinsen einzusetzen. Es klingelte an der Tür. Diana kam allein, das machte mich nervös. Wir fuhren zur 60. Straße und stiegen in einen Hubschrauber von PanAm, den das »Golden Nugget« bezahlte.
Wir mußten noch ein paar Minuten auf ihren Anwalt warten. Frank Sinatras Schneider flog auch mit uns. Er hatte einen italienischen Namen, sah aber jüdisch aus. Der Anwalt gefiel mir, er hatte so was Liebenswürdiges. Und wegen der großen Flutkatastrophe rief er am Abend ständig in Los Angeles an, weil er wissen wollte, ob sein Haus schon mit Frau und Kindern weggespült worden war. Alle, die aus Kalifornien waren, riefen zu Hause an, um zu erfahren, ob ihre Häuser noch standen. Auch Diana. Da waren Sachen zu hören wie: »O nein! Das Nachbarhaus ist weg!«
Ich empfahl Diana, Barry Diller zu heiraten, doch sie sagte, sie könne doch einer Freundin nicht den Mann wegnehmen – damit war Diane von Fürstenberg gemeint. Außerdem riet ich ihr, mehr Filme zu machen.
Als wir von New York abflogen, war die Skyline wunderschön.
In Atlantic City wurden wir von einem Typ abgeholt, den Edmund Gaultney irgendwann mal ins Büro mitgebracht hatte. Er fuhr uns zum »Golden Nugget«. Das Lokal gehört seinem Bruder, Steve Winn.
Diana konnte sich nicht entscheiden, welches Kleid sie anziehen sollte. Ich sagte, ich sei ihr Friseur und werde die Wahl für sie treffen, doch dann konnte ich mich auch nicht entscheiden. Schließlich nahm sie ein enges weißes Kleid, aber dann überlegte sie es sich wieder anders und zog enge schwarze Hosen und ein Top an.
Sie führten uns durch das »Golden Nugget«, und das war aufregend. Es gibt dort sage und schreibe 18 Restaurants, alle im viktorianischen Stil. Ich fragte, warum dort alles viktorianisch ist, und der Typ sagte, kein Mensch würde in moderner Umgebung spielen.
Wir fuhren mit dem Fahrstuhl fünf Stockwerke hoch. Sie sagten, sie würden mir jederzeit ein Flugzeug schikken, egal wann. Doch als ich ihnen sagte, ich sei kein Spieler, war ich für sie gestorben. Diana ist eine leidenschaftliche Spielerin, aber dort hat sie noch nicht gespielt.
Wir hörten, daß Frank Sinatra stets pünktlich beginnt und gingen deshalb in den Saal. Er hatte 500 Sitzplätze. Für 200 Plätze werden Karten verkauft; die restlichen 300 gehen an Prominente. Frank kam raus und sang alle seine Songs. Es war großartig.
Er stellte Diana Ross und mich dem Publikum vor. »Wir haben heute zwei fabelhaft berühmte Leute unter uns, beide einzigartig auf ihrem Gebiet. Er ist Künstler, sie ist Sängerin.« Und diese Ansage ging noch lange so weiter.
Danach waren wir in Sinatras Suite. Zum erstenmal gab er mir die Hand. Also wirklich, er sieht großartig aus. *Wie* alt ist er? Ungefähr 67? Er trägt kein Toupet, da bin ich sicher. Ich bin fest davon überzeugt, daß er keins trägt – vielleicht hat er sich Haare transplantieren lassen. Der Schneider war da und nahm für Anzüge Maß. Obwohl er hetero war, küßte und umarmte Sinatra die Typen wie ein Schwuler. Ziemlich tuntenhaft.
Frank sagte, er wolle für sein nächstes Album ein Stück mit Michael Jackson aufnehmen, und Diana sagte: »Warum machst du keins mit mir?«
Als Diana und ich einen Moment allein waren, sagte ich zu ihr, daß viele

Leute mit »komischen Namen« da seien. Sie drückte ihre Nase zur Seite und sagte: »Meinst du solche?« Und das sah lustig aus, ganz Mafia. Zu Hause um 12.00.

Freitag, den 28. Januar 1983
Benjamin holte mich ab, und wir machten die übliche Runde. Wir gingen zur Madison Avenue, und dort entdeckte ich Bob Colacello auf der Straße. Meine erste Reaktion war, abbiegen und einen anderen Weg nehmen, doch dann beschloß ich, ihm nachzugehen und mit ihm zu reden. Ich wollte es hinter mich bringen. Ich folgte ihm in die Bank of New York in der Madison Avenue, ein elegantes kleines Backsteingebäude im Kolonialstil. Der Sicherheitsbeamte wollte mich erst hinauswerfen, doch ich schaffte es, zu Bob vorzustoßen.
»Oh, hallo Bob«, sagte ich. »Ich war gestern abend mit Diana Ross zusammen. Wir haben uns Frank Sinatra angesehen. Ich weiß doch, daß du schon lange ein Interview mit ihm machen willst, und gestern abend hat er gesagt, daß er wahrscheinlich dazu bereit wäre. Willst du es noch machen?« Ich versuchte nur, alles wieder auf eine freundschaftliche Ebene zu bringen, doch Bob war sauer und sagte: »Mein Agent Mort Janklow würde das nie zulassen.« Also sagte ich: »Na gut, okay, Bob, es war trotzdem toll, dich zu sehen, wirklich.« Ich verließ die Bank niedergeschlagen. Zu allem Übel lehnten die Leute auf der Straße auch noch die »Interviews« ab, die ich ihnen geben wollte (Taxi $ 4.50, Telefon $ 0.50).
Da ich schon mal in der Gegend von Doc Cox war, schaute ich bei ihm rein, um ein wenig zu plaudern. Ich wollte mir von ihm bestätigen lassen, was ich über Henry Post erfahren hatte, nämlich daß er AIDS hat und zusehends verfällt. Er hat das Virus von seiner Katze. Er liegt im New York Hospital.

Montag, den 31. Januar 1983
Ich sah »Chinatown« im Fernsehen. Warum schreibt Robert Towne eigentlich keine so tollen Sachen mehr? Traf mich mit Lidija (Taxi $ 6.00) zur Gymnastik. Dann hatte ich eine Verabredung mit Keith Haring in Soho (Taxi $ 3.50). Fuhr mit Chris und Peter. Keith hat für $ 1000.00 ein riesiges Studio ohne Bad gemietet. Es ist toll. Ein puertoricanischer Junge saß

herum, und ich wollte wissen, was er dort tut. Keith sagte, er mache die Schrift bei seinen Graffiti. Das verwirrte mich. Ich frage mich, was *Keith* dann eigentlich macht. Wahrscheinlich malt er *um* die Schrift herum.

Donnerstag, den 3. Februar 1983 Fuhr mit Jon zu Antonios Ausstellung bei »Parsons« (Taxi $ 4.00). Es war überfüllt. Die Leute bestürmten mich und wollten Autogramme, und ich gab ihnen welche. Aber Grace Jones weigerte sich, Autogramme zu geben und sagte zu den Mädchen und Jungs, sie sollten abhauen. Doch als sie mich soviel kritzeln sah, war es ihr wohl peinlich. Sie sagte, ihr Publikum schätze es, wenn es so behandelt werde. Ich glaubte ihr kein Wort.
Dann zur Eröffnung von Keith Haring (Taxi $ 4.00) in der »Fun Gallery« auf der Lower East Side.
Keiths Ausstellung sah gut aus. Bilder von ihm dienten als Hintergrund für die anderen Bilder. Wie bei meiner Ausstellung im Whitney Museum – alle Bilder hingen auf meiner »Kuhtapete«. Chris und Peter wollten hinterher natürlich ins »Coach House«, weil das der teuerste Laden ist.

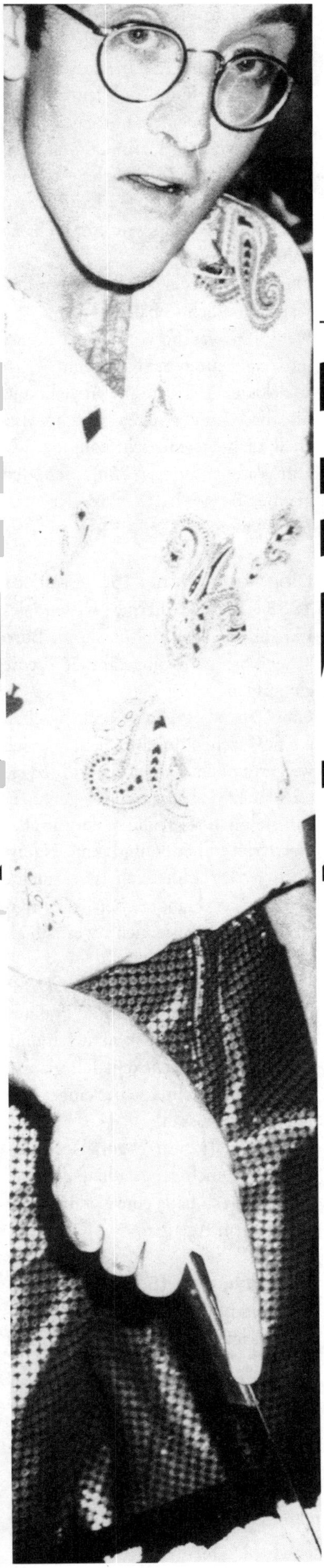

Freitag, den 4. Februar 1983
Draußen war es eisig.
Steve Rubell rief an. Er sagte, er habe mir Karten für Joan Rivers in der Carnegie Hall geschickt und lud mich vor der Show auf einen Drink bei Calvin ein. Wie er mir erzählte, hatte er Bob zur »Post« geschickt, um sich für die Redaktion der »Seite Sechs« zu bewerben. Doch sie hatten seine Spesenforderungen abgelehnt. Diese Blätter zahlen nicht viel. Das weiß ich noch von früher, als ich für »Harper's Bazaar« gearbeitet habe.
Fuhr zu Calvin am Central Park West (Taxi $ 4.00). Ich fragte Steve, ob er Bob Colacello eingeladen habe, und er sagte: »Nein.« Wozu solle man Bob einladen, wo er doch für niemanden mehr arbeite. Bei Calvin waren 14 Jungs und ein Mädchen – Sue Mengers. Barry Diller war da. Und Sandy Gallin, der erfolgreiche Agent.
Es war amüsant, sich mit Sue zu unterhalten. Sie ist ein richtiges Ferkel. Anschließend fuhren wir in Limousinen zur Carnegie Hall.
Joan Rivers kam mit ihrer Boa auf die Bühne. Sie ist witzig, nur verstehe ich nicht, wie sie mit ihren Sprüchen ungeschoren davonkommt. Wieso wird sie von keinem verklagt? So behauptete sie zum Beispiel, daß Christina Onassis wie ein Affe aussieht und Nancy Reagan sich mit einem Baguette in der Nase bohrt. Doch hinterher redeten alle wie sie. Ich glaube, sie ist sehr beliebt.

Samstag, den 5. Februar 1983
Catherine Guinness ist in der Stadt. Sie wohnt in ihrer alten Wohnung, die sie behalten hat. Sie heiratet den Lord, der sich immer im Stil des 19. Jahrhunderts anzieht. Jamie. Dinners werden für sie gegeben. Sie ruft jeden Tag an und will ausgehen.

Montag, den 7. Februar 1983
Ging nach Hause, um für die Party von »Newsweek« den Smoking anzuziehen. Taxi zum Lincoln Center

Keith Haring *(Andy Warhol)*

($ 4.00). Die Party war langweilig. Keine Stars. Nur Nancy Reagan, der Präsident und Mrs. Carter. Genaugenommen war es ein großes Redaktionsfest. Die Ausstellung der »Newsweek«-Titelseiten aus den letzten Jahren war interessant. All die Jahre nur Krieg, Krieg und nochmals Krieg. Wir gingen früh, weil wir noch zu Marianne Hintons Party für Catherine in der East 57th Street wollten (Taxi $ 5.00).

Catherines zukünftiger Ehemann, Lord Neidpath, war auch da. Ich habe ihn vor ein paar Jahren kennengelernt. Er hat lange schwarze Locken, und in seinem Seidenjackett sieht er aus wie frisch den sechziger Jahren entsprungen, wie frisch von der King's Road. Fred, Shelley Wanger und Steve Aronson waren da. Catherine wird also eine Lady.

Donnerstag, den 10. Februar 1983 Ich lud Jane Holzer zu der Rolling-Stones-Party ein. Die Stones feierten die Premiere ihres Films. Jane war diejenige, die mich in den sechziger Jahren mit ihnen bekanntgemacht hat. Außerdem wollte sie sich mal wieder jung fühlen. Sie sah großartig aus. Taxi zum »Corso« in der East 86th Street. Wir kamen genau zur rechten Zeit. 100 Polizisten waren da ($ 3.00).

Freitag, den 11. Februar 1983
Am Morgen hatte es noch nicht geschneit, und ich glaubte auch nicht, daß es noch anfangen würde. Der Wetterbericht stimmt nie. Aber um 12.30 fing es dann doch an (Taxis $ 3.00; Telefon $ 0.50).

»Interview« hatte bei Paramount eine Vorführung von »Lords of Discipline« organisiert. Ich hatte Angst, zu spät zu kommen, und bestellte eine Limousine. Dann ging ich ins Büro von »Interview« und lud ein paar Kids ein mitzufahren. Aber Fred schrie mich an, ich hätte die Büroordnung verletzt. Ich vergesse ständig, daß bei »Interview« genau geregelt ist, wer wen wozu einladen darf; ausschlaggebend ist der Rang, den jemand einnimmt. Wie in einem normalen Büro. Robert Hayes lud ich nicht ein, mitzufahren, weil er seine Schwester und seinen Freund Cisco mithatte. Cisco hat AIDS, und ich will ihm nicht zu nahe kommen.

Die Leute auf der Straße lachten und warfen mit Schneebällen.

Der Film war hervorragend. Er hat mir ungeheuren Spaß gemacht; er ist so dekadent. Frauen spielen nicht mit, und die Männer streiten sich nur. Mitchell Lichtenstein sieht toll aus, wie sein Vater Roy vor 20 Jahren. Ich glaube, David Keith wird der neue John Wayne.

Dienstag, den 15. Februar 1983 Rief Catherine wegen des Lunchs an, den wir für sie im Büro gaben. Sie hatte ungefähr 30 Leute eingeladen.

Ging zu »Sotheby's«. Sie wollten meine Taschen durchsuchen, aber ich weigerte mich. Daraufhin wollten sie mich nicht reinlassen. Ich sagte ihnen, daß sie mich als Kunden ein für allemal verloren hätten und ging. Na, ist doch wahr! Schließlich ist es meine Handtasche. Handtaschen von Frauen durchsuchen sie nicht, weshalb also meine?

Vergaß zu erwähnen, daß mir Diana Ross eine große Schachtel Pralinen geschickt hat; sie ist so nett. Ich muß ihr auch etwas schicken. Ich glaube, sie hat die Schachtel selber eingepackt – so wie sie aussah.

Bob Colacello war ebenfalls zu Catherines Lunch eingeladen, doch er sagte ab: »Ich habe eine Verabredung mit meinem Agenten.«

Mittwoch, den 16. Februar 1983
Noch ein Lunch im Büro für Catherine. Sie sagte, sie habe sich in England sehr mit Bob Dylan angefreundet. Vermutlich hat sie oft Gäste und zeigt ihnen ihre Häuser. Catherine hat Klasse. Sie hat eine Menge von Tom Sullivan gelernt.

Sah »Dynasty«. Joan Collins ist wirklich gut. Lustig ist, wie sie dem schwulen Sohn den Verband vom Gesicht nehmen. Man hat das Gefühl, die alten Gags von Bette Davis und Joan Crawford noch mal zu erleben – mit Männern.

Donnerstag, den 17. Februar 1983 Es war ein herrlicher Tag, fast Frühling. Ich war zum Lunch mit Lady Sharon und Jill Fuller im »21« verabredet. Jill hatte Geburtstag, und ich schenkte ihr ein »Dollar Sign«.
Ich erzählte ihnen die Wahrheit über Bob – daß ich ihm das »Hammer & Sichel«-Bild nicht geben wollte und er daraufhin gekündigt hat. Als ich Fred später im Büro gestand, daß ich einen Fehler gemacht und alles erzählt hätte, wurde er wütend. Jetzt stünde es bald in der Zeitung; damit hat er vermutlich recht. Jill und Sharon glauben, daß man Bob fallenlassen wird. Und Jill und Sharon gehören zu den Leuten, die Bob tatsächlich fallenlassen würden. Sharon sagte: »Bob ist mein Freund, aber er ist launisch, und das ist schwer zu ertragen.«
Aber es stimmt. All diese Leute werden Bob fallenlassen, wenn er nicht irgendwo eine Kolumne bekommt. Sie wollen ihren Namen in einer Kolumne lesen, und nur dafür brauchen sie ihn!

Montag, den 28. Februar 1983
Benjamin holte mich ab. Wir versuchten, das große Pfefferkuchenhaus, das mir die kleine Berkeley Reinhold zu Weihnachten geschenkt hat, an die Tauben im Park zu verfüttern. Doch sie mochten weder Pfefferkuchen noch Bonbons. Außerdem wollte ich noch etwas von dem englischen Kuchen loswerden, aber den mochten sie auch nicht. Ich hätte gute Lust, sie einfach verhungern zu lassen. Was wollen sie eigentlich? Sie mögen Nüsse, vielleicht bringe ich ihnen irgendwann mal Erdnüsse. Dann fuhren wir in die Stadt (Taxi $ 6.00).
Ich traf mich mit Lidija zur Gymnastik, dann zum Lunch für Tom Armstrong, Sandy Brant, David Whitney und Philip Johnson. Sie redeten mir zu, dem Whitney Museum meine Filme zu überlassen. Sie wollen sie restaurieren, katalogisieren und zeigen. Aber ich weiß nicht so recht. Vincent sagt, ich solle es tun, weil diese Leute meine Freunde seien. Ich finde aber, wir sollten noch versuchen, die Filme kommerziell zu vermarkten. Ich sagte, daß sich Beschreibungen von diesen Filmen besser anhören, als sie in Wirklichkeit sind und das Publikum Filme wie »Sleep« und »Eat« für langweilig halten würde. Außerdem sagte ich, ich sei nicht leicht rumzukriegen. Tom Armstrong müsse mich schon in den »Knickerbocker Club« einladen. Das war sowieso geplant, aber Vincent hatte zunächst das erste Gespräch beim Lunch hinter sich bringen wollen. Sie waren mit allem einverstanden. Offenbar denken sie jetzt, sie hätten mich. Aber ich habe noch keine Entscheidung getroffen. Ich überlege.

Mittwoch, den 2. März 1983
Victor erzählte mir, er habe Jon in einem Schwulenclub gesehen, doch ich erwähnte das Jon gegenüber nicht. Chris fragt ständig, ob er mit der Uhr rechnen könne, die ich ihm versprochen habe, wenn Jon… Ich sage immer nur, noch nicht.*
Victor erzählte mir den neuesten Klatsch über Halston. Ich konnte es nicht mehr hören. Es macht mich nervös, wenn er mir erzählt, wie Halston ihn aus dem Wagen geworfen habe, und daß Liza ein Modell von YSL getragen habe. Am Abend war die Party für Lizas Vater im Museum of Modern Art.
Während ich mit Victor sprach, rief Steve Rubell an. Er wollte uns ins MOMA begleiten. Ich sagte ihm, daß ich mit Jane Holzer zuerst noch zu Claus von Bülows Party für Catherine gehen wolle.

* Jon Gould hatte zwar noch seine eigene Wohnung, wohnte jetzt aber in Andys Gästezimmer im vierten Stock.

Rief Victor an. Er werde als Mrs. Halston ins MOMA gehen. Von der neuen Sekretärin erfuhr ich, daß Halston diesmal nicht für Transport sorgen werde. So ändern sich die Zeiten.

Montag, den 7. März 1983 Ich fuhr zu Dr. Silver, dem Pickeldoktor (Taxi $ 7.00). Er empfahl mir, mehr Wasser zu trinken. Ich werde seinen Rat befolgen, doch glaube ich nicht, daß es mir gefällt, so oft pinkeln zu gehen. Schließlich müßte ich jedesmal nach Hause fahren, weil ich öffentliche Toiletten äußerst ungern benutze.

Dienstag, den 8. März 1983
Jon rief aus Kalifornien an. Er wollte rechtzeitig zur Bette-Midler-Show da sein und schaffte es tatsächlich. Am Ende der Show wurde sie ganz ernst. Ihr versagte fast die Stimme. Sie bedankte sich bei den Kids, die Schlange gestanden und sogar im Freien übernachtet hatten, um an Karten zu kommen. Jann Wenner saß hinter mir und fragte: »Was macht Bob Colacello?« Und um mich neugierig zu machen, erzählte er mir, daß er mit ihm zum Lunch gewesen sei. Ich fragte ihn: »Warum stellst du ihn nicht ein?«
Die Show war um 11.30 zu Ende, und um 11.45 war ich zu Hause. Ging nicht mit in den »Club A« zur Party für Bette.

Mittwoch, den 9. März 1983
Brigid stritt sich mit dem ganzen Büro wegen einer gestohlenen Grapefruit. Und auf einmal schrie Paige, ihr Schal sei geklaut.
Um 3.30 fuhr ich in ein großes Studio in der 35 West 31st Street. Ich sollte bei einem Werbespot der Stadt für die Brooklyn Bridge mitmachen. Vermutlich haben sie mich genommen, weil sie Woody Allen nicht gekriegt haben, denn auf meinem Skript stand überall »WOODY«. Mein Text lautete: »Das ist Kunst«, »Vielleicht in Rot« und: »Ein Meisterwerk«.

Donnerstag, den 10. März 1983
Im Büro klingelte das Telefon. Es war Henry Posts Freund Todd. Ich bekam Gänsehaut. Irgendwie ahnte ich, was los war. Er teilte mir mit, Henry sei gestorben – durch den Virus, den er sich von seiner Katze geholt hatte, habe sich im Gehirn eine Zyste gebildet. Ich vergaß wohl zu erwähnen, daß ich ihn letzte Woche im Krankenhaus angerufen habe. Ich weckte ihn, und das tat mir so leid. Ich fragte ihn, ob er etwas brauche, aber er wollte nichts. Er fühlte sich sehr schwach und zweifelte daran, daß er es schaffen würde.

Freitag, den 11. März 1983
Brigid strickt mir einen Ersatz für den Kaschmirschal von Halston, den ich so mochte und den ich letztes Frühjahr verloren habe. Wie kann man nur einen 2,70 m langen Schal verlieren? Ich kann es noch immer nicht begreifen. Christopher war damals dabei, doch auch er hat nicht bemerkt, wie ich ihn verloren habe. Ein 2,70 m langer, roter Schal.

Sonntag, den 13. März 1983
Halston rief an und lud mich zum Dinner ein. Er wird so großspurig, sagte was von »drei Milliarden« und

Halston *(Pat Hackett)*

»J. C. Penney«. Ich weiß nicht, was das zu bedeuten hat, nur daß ihm Worte wie »Ausverkauf« herausrutschten. Ich vermute, sein Ausverkauf hat schon stattgefunden, und er gibt seinen Namen künftig für billiges Zeug her. Wahrscheinlich geht es darum. Er weiß nicht, ob er das Richtige getan hat.
Halston machte mich ganz nervös. Ich wollte nichts Falsches sagen und ihn damit verärgern. Schließlich ist er unser Mieter in Montauk, und ich möchte nicht, daß die Sache platzt. Er wollte Klatsch, doch ich erzählte ihm nur Dinge, die schon jeder wußte.

Montag, den 14. März 1983
Rupert rief an und sagte mir, Ron Feldman erwarte mich in der Galerie in der Greene Street. Ich solle Grafik signieren. Ich antwortete: »Sag ihm, er kann mich mal. Ich komme, wenn es mir paßt.« Später rief Ron selbst an. Er wollte mir meinen Scheck geben, wenn ich käme. Mit einemmal paßte es mir. Ich wollte aber nicht allein gehen, deshalb versprach er, mich abholen zu lassen. Und dann kam Rupert mit einem Taxi – ich hatte gedacht, er schickt eine Limousine. Als wir hinkamen, führte mich Ron in sein Büro und sagte: »Und nun reden wir über Bettlaken und Kissenbezüge.« »Nein, das tun wir nicht«, sagte ich. »Ich habe schon Millionen Dollar ausgeschlagen, weil ich keine Geschäfte mit Bettlaken und Kissenbezügen machen will, und ich mache auch mit Ihnen keine.«

Dienstag, den 15. März 1983
Es war ein schöner Tag. Als ich auf der Straße spazierenging, rief ein kleines Mädchen – es war vielleicht sechs oder sieben – einem anderen zu: »Sieh mal, der Typ mit der Perücke.« Ich wurde verlegen und verlor dann völlig die Beherrschung. Der ganze Nachmittag war mir verdorben. Ich war deprimiert.

Montag, den 21. März 1983
Benjamin begleitete mich in den »Knickerbocker Club«, wo ich mit Tom Armstrong, David Whitney, Fred und Vincent zum Lunch verabredet war. Und Sandy Brant war extra aus Florida gekommen. Es geht immer noch um meine Filme, aber ich habe noch nicht ja gesagt. Ich will es auch nicht, doch Vincent und Fred sind gegen mich.
Der »Knickerbocker Club« ist ein absolut vornehmer, teurer Laden. Ich glaube, es war ein Fehler von mir, als ich in dem großen Raum das Wort »Schwanz« in den Mund nahm, denn David Whitney wäre fast gestorben. Doch dann sagte *er* ungefähr fünfmal »fuck«. Wir nahmen Drinks im Speiseraum und gingen dann in unser eigenes kleines Eßzimmer. Das Essen war überragend. Wir tranken Champagner, und ich war für den Rest des Tages erledigt. Sie brachten einen Toast auf mich aus, obwohl ich ihnen noch keine Antwort gegeben habe (Taxi $ 6.00).
»Interview« zog in das neue Haus um. Die Leute beklagten sich, weil es regnete. Während ich den Auszug von »Interview« verfolgte, wurde mir bewußt, daß auch ich »860« bald verlassen mußte. Doch als sie fort waren und ich den leeren Raum sah, kam mir auf einmal alles so schön vor, daß ich mit meinem Krempel gar nicht mehr weg wollte. Wahrscheinlich könnte ich das neue Gebäude von oben bis unten damit vollstopfen.

Mittwoch, den 23. März 1983
Es war toll, jetzt hatte ich den großen, leeren Raum ganz für mich allein. Ein solches Loft hatte ich schon immer gewollt. Jennifer hat Osterferien und bedient die Telefone im Büro. Und die meiste Zeit sitzt sie auf Robyns Schoß. Wir erhielten Karten für die Eröffnung der New-Art-Ausstellung im Whitney Museum, die Biennale. Die Ausstellung ist genau wie die in den sechziger Jahren. Keith Haring kommt groß raus. Er kam extra für drei Tage von Japan nach New York

und flog dann weiter nach Paris. Diese Kids verkaufen alles – Jean Michel Basquiats Ausstellung in Los Angeles war ausverkauft.

Freitag, den 25. März 1983
Prinzessin Pignatelli kam her. Ihr Mann besitzt 200 Fotos von mir und will, daß ich sie signiere. Ich sprach mit ihm am Telefon. Genausogut hätte ich gegen eine Wand reden können. Ich sagte: »Es sind *Ihre* Fotos. Warum soll ich sie signieren?« Darauf er: »Aber sie sind von Ihnen.« Und ich sagte: »Aber es sind Ihre Fotos.« 200 Abzüge. Wir ließen es dabei bewenden.

Sonntag, den 27. März 1983
Ich fuhr bei Regen mit dem Taxi zum Whitney Museum ($ 4.00; Eintritt $ 5.00), um mir noch mal die Biennale anzusehen. Sie unterscheidet sich natürlich von den Ausstellungen der fünfziger Jahre. Damals gab es nur kleine Bilder – und heute – na, jedenfalls ist es eine interessante Ausstellung. Von Frank Stella und Jasper Johns waren je zwei Bilder da. Keith Haring ist der einzige junge Künstler, den ich kenne. Wenn Kids wie Ronnie anfangen, schlecht zu malen, werden sie von jedem kopiert. Sehr merkwürdig. Wir blieben ungefähr zwei Stunden. Ich mußte nur wenige Autogramme geben (Taxi $ 5.00). Es regnete immer noch.
Blieb zu Hause und sah »Die Dornenvögel«. So was Krankes. Nur Leute, die versuchen, sich an einen Priester ranzumachen.

Dienstag, den 29. März 1983
Übrigens, tags zuvor hat Julian Schnabel angerufen. Er war bei seiner Frau in der Klinik. Sie hat ein Mädchen zur Welt gebracht. Er versuchte, begeistert zu klingen. Aber in Wahrheit wollen alle nur einen Jungen. Er hat auch schon eine Tochter (Besorgungen $ 40.00).

Mittwoch, den 30. März 1983
Lud Susan Sarandon zum Lunch ein, um sie zu interviewen. Sie war großartig. Sie ist eine Liberale, stammt aus einer großen Familie und war früher Hippie. Sie redete wie ein Buch, bis um 4.00. Sie ist wie Viva, aber intelligent.

Donnerstag, den 31. März 1983
Habe mich mit Jay Shriver im Armdrücken gemessen. Er ist wirklich stark. Keiner weiß wovon. Er trainiert nicht. Ich konnte ihn kein einziges Mal schlagen. Ich mußte ihm in die Finger beißen. Er kann Liegestütze mit einer Hand. Ich nicht.

Freitag, den 1. April 1983 Ich war mit Miguel Bose verabredet (Taxi $ 6.00). Er wollte sich fotografieren lassen. Seine Mutter ist in Spanien eine bekannte Schauspielerin, sein Vater ist Stierkämpfer.
Er sagte, er sei mit Joe McDonald befreundet, deshalb vermute ich, daß er mir etwas erzählen wollte. Doch offenbar habe ich *ihm* etwas Neues gesagt, als ich erzählte, daß Joe AIDS hat. Jedenfalls reagierte er darauf nervös und verstört.

Dienstag, den 5. April 1983
Benjamin holte mich ab. Wir fuhren zum Coliseum am Columbus Circle zur Art Expo. Ich sollte die Brooklyn-Bridge-Poster für die Stadt signieren und mich mit dem Bürgermeister zeigen. »Der Bürgermeister kommt herein. Der Bürgermeister nimmt Platz. Der Bürgermeister überreicht den Preis« – alles war genau geplant. Henry war da, obwohl er nicht mehr für die Stadt arbeitet. Bess Myerson hat ihn abgelöst. Sie ist die neue Kulturdezernentin.

Donnerstag, den 7. April 1983
Jed rief an. Es war das erstemal seit zwei Jahren, daß wir uns wieder sachlich unterhalten haben. Es ging um Keith Richards. Keith möchte Patti Hansen einen Rubin kaufen und will wissen, wo man ihn begutachten lassen kann. Es kann einem nämlich überall passieren, daß ein Stein ausgetauscht wird. Der einzige, der das mit Sicherheit nicht tut, ist John Rein-

hold, und zwar deshalb, weil es ihm selber mal in San Antonio passiert ist – jemand hat bei den Sachen, die er verkauft hatte, einen Stein ausgetauscht und dann behauptet, er selbst habe es getan. Um Ärger zu vermeiden, hat er bezahlt, weil man in so einem Fall nichts beweisen kann. Ich glaube, sogar die angesehensten Geschäfte tun es. Wo es auf jeden Fall passiert, ist bei Auktionen. Man geht mit dem Stein in eine Ecke, sieht ihn sich an und tauscht ihn aus.
Traf Chris und Peter. Sie hatten einen Freund mit, der für Kandidaten der Demokraten Spenden sammelt. Er verdient damit einen Tausender pro Woche. Sein letzter Kandidat hat verloren. Wie er erzählte, hatte dessen Frau darauf bestanden, Diamanten und Modellkleider zu tragen, als sie in die Armenviertel gingen, weil sie wollte, daß er verlieren sollte – sie hatte keine Lust, die Stadt zu verlassen und nach Washington zu ziehen. Und zu den Leuten sagte sie: »Ich weiß, daß es euch armen Leuten weh tut, wenn ihr uns in unseren kostspieligen Kleidern seht.« Er hielt sie für verrückt. Außerdem sollen sie einen Apparat gehabt haben, der die Briefmarken schief auf die Briefe klebt, weil man dann mehr Antworten bekommt – es wirkt persönlicher.

Montag, den 11. April 1983
Erfuhr, daß Joe MacDonald gestorben ist.
Cornelia wollte mit ihrem Freund Roberto zu der Oscar-Party im »Xenon«, bei der wir gemeinsam als Gastgeber fungierten. Roberto ist der Immobilienmakler, mit dem sie zur Zeit liiert ist. Sie ist mit sieben leeren Koffern mit ihm nach Mailand gefahren und kam mit acht vollen Koffern zurück. Er hat ihr alles gekauft.
Die Oscars waren mir ein Greuel. Meryl Streep war so sentimental. Ich fand es unerträglich, daß »Gandhi« sämtliche Oscars bekam. Hätte ich mich doch nicht als Gastgeber für diese Party hergegeben – man macht sich nur bei denen unbeliebt, die man vergessen hat einzuladen. Ich ging nach oben und setzte mich zu einem Jungen aus Deutschland, den ich dort kennengelernt hatte.

Dienstag, den 12. April 1983
Ron Feldman und seine Frau holten mich um 4.00 mit einer Limousine ab. Wir fuhren zum »Museum of Natural History«, wo die Ausstellung meiner »Endangered Species« eröffnet wurde. Sie trug unechten Modeschmuck, wie ich ihn vor Jahren gesammelt habe.
Rupert bekommt von Tag zu Tag mehr Farbe. Anstatt zu arbeiten, legt er sich auf die Sonnenbank.
Als wir am Museum vorfuhren, stand eine Menschenmenge davor. Ich dachte, meinetwegen, doch vor dem Museum wurde ein Disney-Film gedreht. Als wir wieder herauskamen, machten die Filmleute gerade Jagd auf eine fette Ratte, die sich im Wohnwagen eines Schauspielers verkrochen hatte.
Ursprünglich sollte meine Ausstellung im Foyer gezeigt werden, doch dann wurde sie weiter nach hinten verbannt. Jetzt muß man erst durch die Räume mit den Dinosauriern laufen, bis man in den kleinen Raum mit meinen Bildern gelangt. Doch es sah toll aus, wirklich schön. Weiß gerahmt.

Donnerstag, den 14. April 1983, New York – St. Martin
Angenehme Fahrt, Ankunft im Hotel »La Semana« auf St. Martin (Taxi $ 10.00).
Der schönste Ort, den ich je gesehen habe. Blau und weiß. Jon, Chris, Peter und ich hatten ein Haus, die Villa »M«. Wir trugen uns ein und bestellten Pina Colada. Ich rieb mich mit Sonnen-Blocker ein und ließ ihn die ganze Zeit drauf. Das Dinner im Hotel war grandios. Am ersten Tag kommt man sich hier vor wie ein Tourist. Doch je mehr Leute nach einem kommen, desto mehr fühlt man sich wie ein alter Hase.

Freitag, den 15. April 1983, St. Martin Der herrlichste Tag der Welt. Habe den ganzen Tag fotografiert.

Samstag, den 16. April 1983, St. Martin Ein hinreißender Tag. Blauer Himmel und blaues Meer. Chris, Peter und Jon gingen tauchen. Ich machte Fotos von einem Schiffswrack.
Nach dem Dinner besuchten wir ein Spielcasino. Wir begannen mit $ 10.00 Einsatz. Jon gewann etwas Geld, und ich brachte ihn zum Aufhören. Ich sagte, es sei besser, beim Rausgehen noch ein paar Penny in der Tasche zu haben.
Ich weiß auch nicht, aber mir ist schleierhaft, wie ich mit Chris befreundet sein kann. Er ist wie meine Tante in Pittsburgh, die immer alles anfaßte, zuviel überschüssige Energie hatte und die ich deshalb nie sehen wollte. Sie war die Frau von meinem Onkel, dem Bruder meines Vaters. Sie machte mich wahnsinnig. Und Chris ist genauso. Er muß auch immer alles anfassen. Aber er ist da, wenn man ihn braucht, und er erledigt das Organisatorische, was ja auch schon viel Arbeit macht.

Sonntag, den 17. April 1983, St. Martin – New York Mußte eine Gebühr entrichten, um von der Insel zu kommen (4 mal 5 = $ 20.00). St. Martin ist zur Hälfte französisch und zur Hälfte niederländisch. Die französische Hälfte war sauberer.

Mittwoch, den 20. April 1983, New York Ich sehe schlimm aus. Ich muß mein Gesicht liften lassen, Make-up nützt nichts. Man sieht trotzdem die eingefallenen Wangen und den Hals – der Hals läßt sich nicht mal mehr in einem Rollkragen verstecken.

Montag, den 25. April 1983 Die neue Ausgabe von »Interview« mit Chris Atkins auf dem Cover ist ein großartiges Heft. Auch Steve Aronsons Kolumne ist großartig. Wir zahlen ihm eine Menge, aber es ist auch die beste Kolumne, die wir je hatten.
Im Magazin der »Times« vom Sonntag stand ein Artikel über die jungen italienischen Maler. Sieht ganz so aus, als sei Amerika tatsächlich out. Ich werde es jetzt schwer haben, mich noch zu behaupten.

Donnerstag, den 28. April 1983 Fuhr zur Modenschau von Perry Ellis (Taxi $ 5.50). An der Tür liefen wir Bob Colacello direkt in die Arme. Er war sehr freundlich. Richtig liebenswürdig, und das war schön. Er hat gerade einen Job bei »Parade« bekommen, einer Sonntagsbeilage für verschiedene Zeitungen.

Freitag, den 29. April 1983 Ging zu Si Newhouse, Ecke 70. Straße und Lexington Avenue. Alle Größen der künstlerischen Vergangenheit waren da – Jasper, Roy und Leo. Es war verrückt. Ich hielt das nicht aus, wurde nervös und deprimiert. Ging noch vor dem Essen.

Montag, den 2. Mai 1983 Fred fliegt bald nach Kalifornien, wenn Mrs. Vreeland den »Rodeo Drive Award« bekommt.
Vergaß zu erwähnen, daß ich mich neulich bei den Newhouses mit Jasper unterhalten habe, bevor ich ausflippte und ging. Er war sehr nett. Er hat auf St. Martin ein Haus. Als ich sagte, ich sei gerade dort gewesen, erzählte er, daß sein Haus direkt neben dem Hotel »La Semana« liegt. Er hat mir angeboten, daß ich jederzeit dort wohnen kann.
Fuhr zu »Mr. Chow's« (Taxi $ 3.00). Drinks mit Diane von Fürstenberg, Barry Diller und Mrs. Chow. Neben mir lag eine Platzkarte mit dem Namen »Joan«. Ich fragte: »Welche Joan?« Und als sie »Joan Collins« sagte, wollte ich es nicht glauben. Und dann kam sie. Sie trug die Imitation eines weißen Halston-Modells. Sie behauptete, Halston seit Jahren zu kennen. Sie hatte keine einzige Falte, kein Fleckchen im Gesicht. Sie sagte, sie gebe keine Interviews und trete auch nicht bei Carson oder in ähnli-

chen Shows auf, doch für »Interview« würde sie eine Ausnahme machen. Aber wie mir Robert Hayes später erzählte, war sie schon auf jeder Titelseite. (Lacht) Ich sollte den Leuten, die mich einladen, auch mal sagen, daß ich *niemals* ausgehe, aber ihnen zuliebe gern eine Ausnahme machen würde.

Mittwoch, den 4. Mai 1983 Erledigte Routinearbeit mit Benjamin. Anfangs war es warm draußen, dann kühlte es sich ab (Telefon $ 0.20). Lunch in »John's Pizzeria«. Am Ende geschah etwas Tolles. Sie sagten: »Das geht auf Kosten des Hauses.« Ich konnte es nicht fassen. In Stammlokalen passiert mir das nie! (Trinkgeld für den Kellner $ 5.00).

Steve Aronson *(Pat Hackett)*

Kaufte den »New York Native«, in dem eine Kritik meiner Ausstellung »Endangered Species« stand ($ 1.25). Kaufte außerdem Steve Aronsons Buch »Hype« (Buch $ 15.95, Taxi $ 4.00). Arbeitete an Bildern. Beschloß, dann zu Steve Aronsons Party in Kathy Johnsons Haus zu gehen. Es war wahnsinnig voll, alle waren da: Lily Auchincloss, Tom Wolfe, Farley Granger, Jean Vanderbilt, Terry Southern, die Hearsts, Dorothy Schiff. Eben alle. Und eine Menge junge Schönheiten. Ließ mir von Steve das Buch signieren, das ich gekauft hatte. Warum hat man mir eigentlich kein Freiexemplar geschickt?

Sonntag, den 8. Mai 1983 Beschäftigte mich zu Hause mit Schachteln. Wenn man Kartons glättet, sind sie sehr schön.
Mir ist aufgefallen, daß das Magazin »People« immer mehr Leute mit Problemen aufs Titelblatt nimmt. Und es ist abzusehen, daß wir in Zukunft Schwierigkeiten haben, Leute für das Cover von »Interview« zu kriegen. Ich glaube, daß »Rolling Stone« Druck machen und sagen wird: Wer zu »Interview« geht, kommt nicht auf die Titelseite von »Rolling Stone«. Bekanntlich hat sich die »Interview«-Ausgabe mit Sting auf dem Cover bisher am besten verkauft. Covers mit Stars aus der Musikszene wie Michael Jackson und Diana Ross verkaufen sich immer gut. Aber wir kriegen Travolta nicht und hatten auch bei Sean Penn kein Glück, daher glaube ich, daß »Rolling Stone« mauert. Wir brauchen junge Leute, neue Gesichter für unser Cover, und zwar genau zum richtigen Zeitpunkt, nicht zu früh und nicht zu spät.

Montag, den 9. Mai 1983 Karen Burke rief an. Sie war das Mädchen, das immer mit Hoveida kam. Sie mag wohl ältere Männer. Zuerst wollte ich nicht mit ihr sprechen, doch dann sagte mir Brigid, daß sie demnächst ihren Doktor macht und auf Collagenbehandlung und Haartransplantation spezialisiert ist, also nahm ich den Anruf entgegen. Sie sagte, sie wolle meine Ärztin für solche Fälle werden. In drei Monaten bekomme sie ihre Lizenz und dürfe praktizieren. Sie kam an mit etwa 4000 Gratisproben. Von ihr hatte Rupert übrigens das menschliche Herz, als ich die »Hearts«-Serie machte. Ich glaube, sie hat es einer Leiche entnommen. Die »Hearts« waren ein Flop, weil ich nicht den richtigen Dreh fand. Damals fing ich an zu abstrahieren. Arbeitete den ganzen Nachmittag.

Mittwoch, den 11. Mai 1983
Meine Schwägerin Ann kriegte mich ans Telefon. Sie will immer kommen, und ich sage jedesmal, daß ich gerade verreise. Zum erstenmal seit Jahren hatte es wieder ein Familientreffen gegeben, und ich war der einzige, der nicht eingeladen war, weil man wußte, daß ich sowieso nicht kommen würde. Sie erzählte mir, daß ihre Tochter jetzt Grabstätten verkauft. »Sie ist mit einem 1,93 m großen Burschen verheiratet. Er ist Lutheraner und sehr nett. Oh, er ist so ein netter Kerl. Im Moment hat er keine Arbeit, aber...« Ich konnte diese Schwägerin noch nie leiden. Sie hat ihren einzigen Sohn dazu gebracht, Priester zu werden, obwohl er das eigentlich nicht wollte, wie ich glaube. Ich war immer der Meinung, sie solle selber Nonne werden. Und dann ihre Tochter Eve... Sie sollte meine Mutter versorgen, als ich in Paris war und »L'Amour« drehte, doch sie holte mich zurück nach New York und erklärte, sie müsse ihr eigenes Leben leben. Ich fragte: »*Was* für ein Leben?« Sie hätte ebensogut in New York bleiben und sich weiter um meine Mutter kümmern können, aber das wollte sie nicht. Sie ging nach Denver, und dort ist sie noch heute. Und jetzt ruft mich meine Schwägerin an und erzählt mir lauter Sachen, die ich nicht hören will: »Heute ist der Todestag deines Vaters. Bist du an Mariä Himmelfahrt in der Kirche gewesen?«

Samstag, den 14. Mai 1983 Es war sonnig und warm. Der Baum vor meinem Haus hat den Winter nicht überstanden. Ich erkundigte mich, was man da tun kann. Die Leute sagten, ich müsse die Stadtverwaltung anrufen und ihnen die Sache schildern, doch vor Herbst würden sie wahrscheinlich nichts unternehmen.
Fuhr mit Benjamin zu der Sandro-Chia-Ausstellung in der »Castelli Gallery« (Taxi $ 5.00). Anschließend gingen wir zu Tony Shafrazi und sahen die Arbeiten von... Der Name fällt mir nicht ein. Er macht Graffiti als Fred Flintstone. Dafür ist er bekannt – Kenny Soundso. Scharf. Ich spielte mit dem Gedanken, eine Arbeit dieses Künstlers zu kaufen. Ich dachte so an $ 4000.00 bis $ 5000.00. Wir gingen, und ich ließ mir die Sache durch den Kopf gehen. Später rief ich an und erfuhr, daß das Bild $ 16 000.00 kostet. Diese Kids kommen direkt von der Straße und haben solche Preise!
Fuhr ins Büro. John O'Connor kam, um mir zu helfen. Machte zwei große »Rorschachs«. Ich weiß auch nicht, aber irgendwie sahen sie gut aus. Ich werde ganz verwirrt, wenn ich Kunst sehe. Man weiß nie, ob man noch was ändern soll oder alles so lassen, wie es ist. Oh (lacht), ich weiß, ich werde nichts verändern, nichts verändern.

Sonntag, den 15. Mai 1983
Ging ins Criterion, um mir »Breathless« (»Atemlos«, Regie James McBride, 1983) anzusehen (Karten $ 10.00). Merkwürdig, Richard Gere in so einer Rolle zu sehen. Mit Matt Dillon wäre es eine Art James-Dean-Film geworden. Er erinnert an Sartre, an die Sache mit dem Nichts. Man könnte meinen, Existentialismus sei immer noch modern, aber das stimmt nicht. Er tut schlimme Dinge, und die ganze Zeit sieht man seinen Arsch. Bei jeder sich bietenden Gelegenheit läßt er die Hosen runter. Aber bei Leuten in seinem Alter wirkt das seltsam.

Montag, den 16. Mai 1983 Brigid hat mir erzählt, daß Mickey Ruskin morgens um 3.00 eine Überdosis genommen hat. Mickey hatte sie monatelang angerufen, weil er an einem Buch schrieb und dafür ein Interview über »Max's Kansas City« und die sechziger Jahre mit ihr machen wollte.

Rief Julian Schnabel an ($ 0.50) und fuhr dann zu ihm. Ihm gehören vier Stockwerke in dem Haus, das Les Levine vor Jahren gekauft und in Eigentumswohnungen umgewandelt hat. Schnabel war früher sein Assistent. Julian hält sich an meine Philosophie, pro Tag ein Bild zu malen. Er versucht, der neue Andy Warhol zu werden. Das machte mich so nervös, daß ich wieder ins Büro ging und bis um 8.00 intensiv arbeitete.

Mittwoch, den 18. Mai 1983 Benjamin hatte Keith Haring und Kenny Scharf zum Lunch eingeladen. Ich versuchte, Keith auf das Cover von »Interview« zu bringen. Ich hielt es für eine gute Idee, mal einen Künstler zu nehmen. Kunst ist jetzt so populär. Doch ich setzte mich nicht durch. Wahrscheinlich nehmen wir Miguel Bose.

Wir riefen Richard Gere an, weil wir ihn für den Titel von »Interview« wollten, doch er rief nicht zurück. Offenbar doch kein Freund.

Paige ist völlig durcheinander – Jean Michel Basquiat nimmt tatsächlich Heroin. Sie weinte und bat mich, etwas zu unternehmen. Aber was soll ich da machen? Er hat ein Loch in der Nase und kann nicht mehr koksen, aber offensichtlich braucht er was. Vermutlich will er der jüngste Künstler werden, der draufgeht. Paige hat vorigen Monat eine große Ausstellung für ihn arrangiert.

Montag, den 23. Mai 1983 Ich nahm mir vor, Chris wieder nach Europa mitzunehmen, weil ich nervös werde, wenn ich allein bin, während Fred sich um Geschäfte kümmert.

John Sex tritt bei Chris mit seiner Boa Constrictor auf – er setzt sie in seiner Nummer ein. Ich ging hin, um Fotos zu machen, und verknipste drei Filme. Doch ich hatte Angst vor der Schlange. Die Schlange schläft bei ihm. John hat ganz ungewöhnliche Haare, eine total extreme Frisur – eine Pompadour-Frisur, nur viel, viel höher, blond gefärbt und mit viel Haarspray. Als er einmal in ein Taxi stieg und die Haare wieder mal nach allen Seiten abstanden, fragte ihn der Taxifahrer: »Was ist das? Eine Andy-Warhol-Perücke?«

Montag, den 30. Mai 1983 Memorial Day. Es war trüb, fing an zu regnen. War mit Bruno Bischofberger im »Jockey Club« des »Ritz Carlton« am Central Park South verabredet. Bruno wartete mit Julian Schnabel und Francesco Clemente.

Julian Schnabels Bild ist gerade bei einer Auktion für $ 96 000.00 weggegangen. Clemente ist auch einer von diesen neuen italienischen Malern,

John Sex *(Andy Warhol)*

wie Chia und Cucchi. Irgendwie gehört auch Julian in diese Kategorie – er ist tatsächlich fest entschlossen, ein großer Star zu werden.

Später rief Victor ein paarmal an. Er weinte und war hysterisch. Er habe keine Freunde, und es werde »etwas« passieren, wenn Halston um 6.00 nach Hause käme. »Victor«, sagte ich, »ich will da nicht mit hineingezogen werden, denn beim letztenmal, als ich mich eingemischt habe, hast du mir erklärt, ich solle mich um meine eigenen Angelegenheiten kümmern. Mach bloß keine Dummheiten.« Victor drohte, Halstons Namen in die Presse zu bringen und seinen Ruf zu ruinieren. Ich sagte ihm, daß er sich damit nur selbst schaden würde. Vermutlich ist Victors neuer Freund an allem schuld, der ihm den Laufpaß gegeben hat. Menschen übertragen so was auf andere.

Dienstag, den 31. Mai 1983
Fred erzählte, daß er an der Ecke 63. Straße und Park Avenue zwei Typen beobachtet hat, die sich mitten auf der Straße umarmt und geküßt haben. Es waren Victor und sein Freund. Ich glaube, ich muß mir um Victor vorerst keine Sorgen mehr machen.

Mittwoch, den 1. Juni 1983
Bruno und Jean Michel Basquiat kamen zum Lunch. Obwohl Paige jammert, daß er sich mit Drogen kaputtmacht und ins Grab bringt, strotzte er vor Gesundheit. Er hat neun Kilo zugenommen. Er war gerade in Jamaika und sah richtig gut aus. Er hat sich in dem schicken Laden am Astor Place die Haare schneiden lassen. Früher kostete dort ein Haarschnitt $ 2.50 und heute $ 4.00 noch was.

Donnerstag, den 2. Juni 1983
Liz Smith hat Calvin eine ganze Kolumne gewidmet. Sie hat neulich neben ihm gesessen, und er hat sich energisch gegen das Gerücht verwahrt, er habe AIDS. Auf Liz hat er einen gesunden und glücklichen Eindruck gemacht, zur Zeit sei er in Marokko.

Sonntag, den 5. Juni 1983 Taxi zum »Water Basin« Ecke 32. Straße und East River ($ 6.00). Ganz in der Nähe starten die Hubschrauber. Brooke Shields feierte ihren 18. Geburtstag. Brooke war süß. Ihre Mutter dankte für mein Kommen. Die üblichen Leute waren da. Cornelia mit ihrem Beau. Couri Hay, Scavullo und Sean Byrnes. Ted Kennedy jr. sagte hallo. Brooke aß mit uns. Es ist lustig, sie im Kreis ihrer kleinen Freundinnen zu sehen. Hier die 1,83 m große Göttin, dort die häßlichen kleinen, gescheiten Entchen – vermutlich sind sie gescheiter als Brooke, aber das sind zwei Paar Stiefel. Sie sieht aus wie

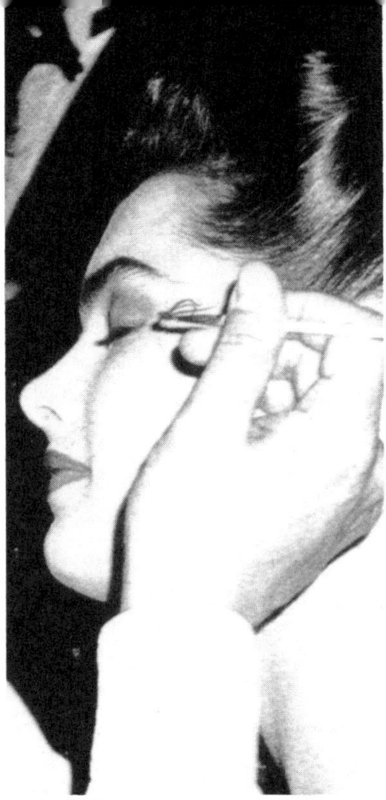
Brook Shields *(Andy Warhol)*

25. Wenn sie eine tiefere Stimme hätte, könnte sie es beim Film tatsächlich schaffen.
Brooke empfand es als Geschenk, daß ihr Foto auf der Titelseite von »Interview« erschienen war, und bedankte sich dafür. Aber ich hatte ihr schon ein Bild geschenkt. Um so netter fand ich, daß sie das gesagt hatte.
Sie verteilte Fotos von sich in kleinen Silberrahmen. Eine hübsche Idee. Das Essen sah gut aus, alle sahen reizend aus. Um 12.00 schlich ich mich davon und ging heim, um die Hunde auszuführen.

Dienstag, den 7. Juni 1983 Im Büro war viel los. Jay kam nach hinten, wo ich arbeitete, und sagte, der Sohn von Sidney Poitier sei da. Und jeder im Büro glaubte es. Genausogut hätte man den DuPont-Zwillingen glauben können. Aber Jay glaubte es tatsächlich. Aber als der Typ sagte, seine Mutter Diahann Carroll wollte ihn hier abholen, setzten wir ihn raus. Ich sagte zu ihm: »Du könntest sie hier verpassen. Du wartest lieber unten auf sie.« Ach ja, und Diana Ross sollte angeblich auch mitkommen. Fast hätte ich das vergessen. Auch noch Diana Ross. Im Büro glaubten sie ihm immer noch.
Im dichtesten Verkehr zum »Museum of Natural History« ($ 8.00). Sah mir Halstons Show an und fuhr danach zu

ihm. »Mir ist etwas Merkwürdiges passiert«, sagte Halston. »Es klingelte an der Tür, und draußen stand ein Junge, der behauptete, der Sohn von Sidney Poitier und Diahann Carroll zu sein. Er sagte, er sei hier mit *dir* zum Dinner verabredet. ›Hör zu, Darling‹, sagte ich zu ihm, ›du bist nicht eingeladen.‹« Der Junge muß am Nachmittag im Büro mitgekriegt haben, daß ich zu einem Dinner bei Halston wollte.

Mittwoch, den 8. Juni 1983
Der falsche Sohn von Poitier rief im Büro an und (lacht) lud sich zum Lunch ein. Er ist schön wie eine junge Mulattin und lispelt. Ich schrie Jay an und drohte, sie alle beide hinauszuwerfen, wenn der Typ auch nur einen Fuß in die Tür setzen sollte. Jay ist immer noch nicht davon überzeugt, daß der Junge nicht echt ist! Doch er ließ sich nicht mehr blicken.

Donnerstag, den 9. Juni 1983
Stand früh auf, weil ich um 10.00 im Büro eine Verabredung mit Wayne Gretzky von den Oilers hatte (Taxi $ 6.00). Fred hatte das arrangiert. Als ich hinkam, erfuhr ich, Gretzky habe angerufen und mitgeteilt, er sei auf dem Weg. Fred, der diesen Früh-früh-Termin gemacht hatte, war noch nicht da. Um 12.30 war außer mir noch immer keiner da. Ich war wütend. Von Brigid erfuhr ich den Grund für Freds Verspätung. Er hatte eine Schwarze mit nach Hause genommen, die ein Betäubungsmittel in seinen Drink geschüttet und ihm sämtliche Uhren gestohlen hatte. Deshalb schrie ich ihn nicht an. Endlich kam auch Gretzky. Er war entzückend. Blond, 22 und nett. Er trägt beim Spielen keine Schulterpolster. Ich schlug ihm vor, zum Film zu gehen. Wie er mir erzählte, spielt er in »Fall Guy« mit und macht auch einen Film mit Tom Selleck. Er geht mit einer kanadischen Sängerin.

Sonntag, den 12. Juni 1983
Früh auf. Es war ein herrlicher Tag. Ging zur Kirche. Danach fuhren Jon und ich zum Zoo in der Bronx ($ 20.00; Eintritt $ 5.00). Ich war zum erstenmal dort. Es war wirklich herrlich. Machte viele Fotos. Es war lustig. Machte den Safari Trail mit und lief Ron Galella in die Arme, der mit seiner Frau da war. Sie besuchte den Zoo auch zum erstenmal. Ron brachte uns mit dem Wagen zum Grand Concourse, und dort stiegen wir – in die U-Bahn ($ 1.50). Anfangs hielt sie ständig, doch dann ging es expreß. Stieg am Columbus Circle aus und ging nach Hause.
Es war der Tag der Schwarzen. Eigentlich feierte die Stadt den Puerto Rican Day. Das war schon mal ein Hauptgrund, sich zu verdrücken. Doch am Puerto Rican Day sah man 98,9 Prozent Schwarze. In der U-Bahn waren 85 Prozent Schwarze, im Zoo 80 Prozent Schwarze, im Park 99,5 Prozent Schwarze. Weiße sind wirklich eine Minderheit.

Montag, den 13. Juni 1983
Eddie Murphy ließ anrufen. Eine Absage. Wir bekommen ihn nicht aufs Titelblatt. Das kann kein Zufall sein. Ob »Rolling Stone« dahintersteckt? Jedenfalls werde ich mir das merken. Ein alter Hund vergißt nicht.

Dienstag, den 14. Juni 1983
Stand früh auf. Benjamin fuhr nach Boston, ohne mir etwas davon zu sagen. Er will als Transvestit mit 15 Mädchen auftreten. Er trägt immer noch Frauenkleider. Auf Wunsch. Er singt lippensynchron zu Schallplatten.
Hatte um 10.00 einen Termin bei Scavullo. Ich mußte für den Jordan-Marsh-Katalog Modell stehen. Nachdem ich in »New York« den Artikel über AIDS gelesen habe, benutzte ich mein eigenes Make-up, hatte aber mein Lipgloss vergessen. Zum erstenmal nach langer Zeit hatte ich keinen Pickel. Karen Burkes Behandlung funktioniert. Sie gibt mir dieses »Ten Percent«, das ist Benzoylperoxid.

Mittwoch, den 15. Juni 1983
Chris rief an. Er war böse, weil Jon ihm erzählt hatte, daß ich ihn und Peter nicht mehr zum Dinner einladen wollte, weil sie zuerst immer alles mögliche bestellen und es sich dann zum Mitnehmen einpacken lassen. Ich sagte, das sei die Wahrheit. Als ich später nach Hause kam, fand ich eine Orchidee vor. Peter hatte sie geschickt. Ich fühlte mich mies.
Übrigens, Richard Gere hat endlich zurückgerufen. Er geht jetzt vielleicht doch auf unser Titelblatt. Offenbar ahnt er, daß sein neuer Film ein Flop wird.

Donnerstag, den 16. Juni 1983
Frank Zappa kam, um für unsere Fernsehshow interviewt zu werden. Ich glaube, seit dem Interview kann ich Zappa noch weniger leiden als zuvor. Ich erinnere mich noch, wie fies er zu uns war, als die »Mothers of Invention« zusammen mit dem »Velvet Underground« spielten – ich glaube im »Trip« in L. A. und im »Fillmore« in San Francisco. Schon damals konnte ich ihn nicht ausstehen, und ich mag ihn noch immer nicht. Und was Moon angeht, verhielt er sich äußerst merkwürdig. Ich sagte, wie toll ich sie finde, und er sagte: »Hör zu, ich habe sie gezeugt. Ich habe sie erfunden.« Als wolle er sagen: Sie ist ein Nichts, alles ist mein Werk. Also ehrlich, wenn sie *meine* Tochter wäre, würde ich sagen: »Mann, sie ist echt clever.« Doch er will den ganzen Ruhm für sich. Das war sonderbar.
Dann waren wir mit Stellan aus Schweden verabredet. Wir fuhren zu Sandro Chia, Ecke West 23rd Street und 10th Avenue. Er hat jetzt fast das ganze Haus für sich. Er besitzt eine Lithopresse, auf der auch andere Künstler drucken können. Vermutlich will er so etwas wie eine Stiftung daraus machen, wegen der Steuer. Er wollte mir ein Bild schenken, daher ging ich hin. Und er gab mir eins, das ich nicht mochte. Ich wollte eigentlich einen »Schwebenden Mann«.

Sonntag, den 19. Juni 1983
Victor rief an, und jetzt habe ich Angst, daß die Drogen von Victors Gehirn Besitz ergriffen haben. Man weiß ja, wie das geht: Man ist aufgewühlt, nimmt Drogen, erlebt alle möglichen Kämpfe und plötzlich klappt man zusammen.
Ich fürchte, er hat einen Nervenzusammenbruch. Er sagte, er sei im Krankenhaus gewesen, daher die vielen Stiche und Blutergüsse. Es war zu verrückt.
Ich habe über die Straßenhändler nachgedacht, weil ich darüber im Fernsehen einen Bericht gesehen habe. Der Sprecher strahlte förmlich, als er sagte, die Stadt habe bei ihnen Waren im Wert von $ 485 000.00 beschlagnahmt. Was soll das? Die Schwarzen, die da auf der Straße arbeiten, wollen doch nur verkaufen, aber jetzt werden sie anfangen zu stehlen! Gut, Straßenhändler sind unordentlich, dreckig und verstopfen die Straßen, aber sie versuchen doch nur zu *arbeiten*! Und das Fernsehen jubelt auch noch, wenn man ihnen das Geschäft kaputtmacht. Sie holen Ladenbesitzer vors Mikrofon, die über hohe Mieten jammern und über Unfairneß klagen. Aber verkaufen denn die Läden etwa dasselbe Zeug wie die Leute auf der Straße? Wohl kaum.

Freitag, den 24. Juni 1983, Montauk Wir saßen im Flugzeug nach Montauk, und so etwas ist mir noch nie passiert – die zweimotorige Maschine wollte einfach nicht anspringen. Sie holten eine andere Maschine, die Starthilfe leisten sollte. Das war unglaublich. »Hör zu, Darling«, sagte Halston, »die Piloten wollen auch nicht sterben. Die werden schon wissen, was sie tun.« Ich sagte: »Ich saß schon in vielen Flugzeugen, aber so was habe ich noch nicht erlebt.« Schließlich wurde es lächerlich. Es klappte nicht mit der Starthilfe, und wir mußten aussteigen. Sie boten uns Brezeln und Erdnüsse an (lacht). Es war ihnen peinlich. Wir stiegen in ein anderes Flugzeug (Essen $ 5.00). Dann hoben wir

ab. Es war ein kurzer und schöner Flug – der Mond zeigte sich in voller Pracht, und wir glitten über die Hochhäuser.
Halstons Bruder – er ist Attaché in Brüssel – war mit seiner Frau, den Kindern und den Stiefkindern da. Die Kids trugen Sachen aus Halstons neuer Kollektion von J. C. Penney. Ich glaube, sie ist ein Renner.

Samstag, den 25. Juni 1983, Montauk Paul Morrissey sagte, irgend jemand habe angerufen und $ 80 000.00 Miete für Montauk geboten. Und Halston zahlt nur $ 40 000.00. Aber mit Halston ist es viel besser. Er hält alles in Ordnung und hat nie viele Leute zu Besuch. Außerdem hat er seine eigenen Möbel, und das ist mit ein Grund, weshalb er nur $ 40 000.00 zahlt. Liza kommt auch nicht mehr her – sie und Halston stehen immer noch miteinander auf Kriegsfuß, weil sie bei der Oscar-Verleihung kein Modell von Halston getragen hat. Ich frage nur immer wieder: »Warum hätte sie das tun sollen?« Dafür will Liz Taylor Halston demnächst in Montauk besuchen – sie dreht zur Zeit »Private Lives«, aber samstags und sonntags hat sie frei.
Fuhr in die Stadt. Halston sagte zu mir: »Darling, wäre es nicht fantastisch, wenn deine Gemälde nur einen Dollar kosten würden und du könntest damit die Häuser der ganzen Welt bepflastern? Und die großen, die man sich über den Kamin hängt, würden nur $ 50.00 kosten – denk doch nur an die vielen amerikanischen Haushalte, die du damit vollstopfen könntest.« Das Konzept von J. C. Penney.

Sonntag, den 26. Juni 1983, Montauk Wir fuhren zu »Guerney's Inn«. Ich war noch nie dort. Er liegt gleich neben Edward Albees Haus. Das Lokal ist rustikal eingerichtet. Es ist modern, mit einer Nische in der Wand. Es hat Balkone, etwa 1,20 m mal 1,80 m groß. Als wir von unserem Balkon auf einen anderen hinunterschauten, sahen wir, wie zwei Männer auf grünem Filz 100-Dollar-Noten abzählten. Wahrscheinlich hatte soeben ein Boot Drogen eingeschmuggelt.

Mittwoch, den 29. Juni 1983 Ich sprach mit Bob Colacello. Er geht nach Europa, um für »Parade« einen Artikel zu schreiben. Traf Calvin. Ich erzählte ihm, Juan Hamilton sei verärgert gewesen, weil er dessen Anruf nicht entgegengenommen habe. Juan und Georgia O'Keeffe sind offenbar der Ansicht, sie hätten Calvin bei seinem Besuch in New Mexico so zuvorkommend behandelt, daß er sich jetzt revanchieren müsse. Aber ich glaube, daß Calvin ihnen in keiner Weise verpflichtet ist, weil er für soviel Geld Bilder von Georgia gekauft hat.

Donnerstag, den 30. Juni 1983 Wir hielten an dem neuen Haus. Robert Hayes trägt jetzt tatsächlich Anzüge. Er sieht wirklich gut aus. Wie Bob Colacello. Es steht ihm. Aber er nimmt seinen Hund mit ins Büro, und Hunde können Krankheiten übertragen... Aber was mache ich nur mit *meinen* Hunden? Ich lasse sie immer so nah an mich heran, wenn sie draußen auf der Straße waren. Halston läßt Linda nie auf die Straße. Sie verrichtet ihr Geschäft in der Küche. Das eine Mal, als Halston sie in den Park ließ, kam sie mit Flöhen zurück. Archie hat sie sich am selben Tag geholt (Telefon $ 0.50, Einkäufe $ 17.32).
Unsere Fernsehshow wurde in einem »Time«-Artikel über »Entertainment Tonight« erwähnt.
Setzte Benjamin ab ($ 6.00). Nahm ein anderes Taxi zum Olympic Tower, um mich mit Halston zu treffen. Wir wollten uns Lizas Show in New Jersey ansehen ($ 3.00).
Der Platz war zwar überdacht, aber es gab keine Seitenwände, und es war kalt. Lizas Show war großartig, zwei Teile, besser als »The Act«. Sie ist fabelhaft. Zu Beginn trug sie ein Kleid von YSL mit einem Gürtel von Elsa Peretti. Nachher hatte sie Kleider von Halston an. Ein Friseur hatte ihr eine Punk-Frisur verpaßt. Ich war halb verhungert, weil ich nichts gegessen

hatte, doch es gab weder Hot Dogs noch etwas anderes.
Liza fuhr mit uns zurück. Sie sagte, sie fahre nicht gern in dunklen Autos, sie brauche Licht. Sie machte die Innenleuchte an, und das Licht fiel direkt auf mich. Weil ich das nicht ertrage, drehte ich die Leuchte so, daß Liza angestrahlt wurde. Das gefiel ihr. Sie war die ganze Fahrt über im Scheinwerferlicht.

Freitag, den 1. Juli 1983 Arbeitete den ganzen Tag im Büro. Fred machte Pläne für seine Europareise. Er fliegt am Dienstag – eins von den Lambton-Mädchen heiratet. Und Catherine heiratet am 16. Juli. Sie rief an und fragte, ob ich käme, aber ich komme nicht.
Ich machte mich fertig und holte Peter Wise ab. Wir fuhren zu Keith Haring (Taxi $ 8.50). Wunderschön bemalte Kids waren da. Sie trugen Ohrringe und fantasievolle Punkklamotten. Und 1,80 m große Negerkinder waren auch da.
Mit der Party feierte Keith seinen Umzug in eine andere Wohnung. Bis jetzt hat er dort aber nur ein Zelt stehen, und in dem schläft er mit seinem schwarzen Freund. Wir wollen es für »Interview« fotografieren. Keith war ein guter Gastgeber.
John Sex mit der hübschen Frisur war auch da. Ich machte etwa 50 Aufnahmen. Ich fotografierte ohne Kontaktlinsen. Auf der Toilette machte ich einen Schnappschuß von einem Mädchen. Sie hätte mich fast verprügelt. Und dann, als ich ging, merkte ich, daß kein Film in der Kamera war.

Samstag, den 2. Juli 1983 Ging zu »Mr. Chow's«. Geburtstagsparty für Jerry Hall. Sie sieht bezaubernd aus, so schön. Die Räume unten waren alle mit weißen Rosen geschmückt. Clarisse Rivers war da. Earl McGrath war amüsant. Mick saß zufällig neben mir. Jed war auch da. Ich glaube, mit Alan Wanzenberg. Es gab eine große weiße Torte mit Kerzen. Die Party nahm kein Ende. Es war toll. Ging um 1.30 und fühlte mich elend.

Sonntag, den 3. Juli 1983 Draußen war es heiß. Ich ging zur Kirche. Rief Jay Shriver an und fuhr in die Stadt, um mich mit ihm zu treffen (Taxi $ 6.00). Ich schloß das Büro auf und arbeitete den ganzen Nachmittag. Rief Earl McGrath an und fragte, ob ich Jay zum Dinner mitbringen könne.

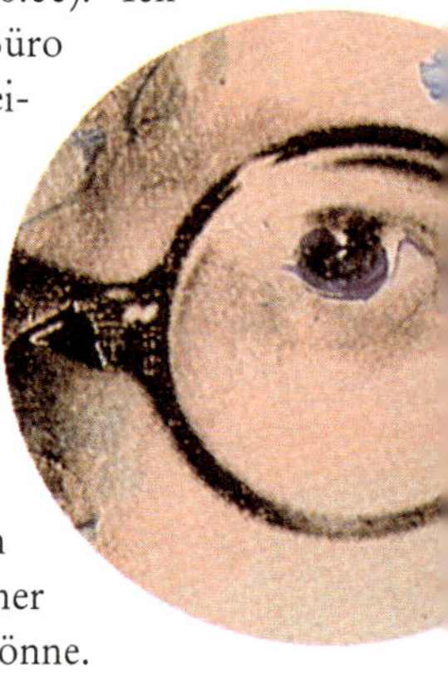

Taxi zur West 57th Street ($ 8.00). Die Klimaanlage bei Earl funktionierte gut. Camillas Essen ist ausgezeichnet, sie kocht gut italienisch. Annie Leibovitz war da. Sie sagte, Jann Wenner sei wütend auf sie, weil sie mit »Vanity Fair« einen Jahresvertrag abgeschlossen habe. Er habe ihr gesagt, sie könne nicht gleichzeitig für »Rolling Stone« und »Vanity Fair« arbeiten. Dann mußte jeder ein Gedicht vorlesen, und das war das Letzte. Alle machten mit, nur ich nicht. Man holte sich die Bücher aus den Regalen. Es war echt krank.

Dienstag, den 5. Juli 1983 Bei der Freiheitsstatue fand eine Party statt. Da ich aber schon in einer PR-Mitteilung gelesen hatte, daß ich auch kommen würde, war die Sache damit für mich erledigt.

Mittwoch, den 6. Juli 1983 Ich war mit Karen Burke verabredet, weil sie nach Europa reist. Sie möchte Tests mit mir machen, um zu sehen, ob sie mich mit Collagen behandeln kann. Ich werde sie machen lassen. Mit meinen Pickeln ist sie nämlich gut fertig geworden. Ich habe zwar gelesen, daß Collagenbehandlungen nur drei bis sechs Monate vorhalten, aber was soll's, dann muß man es eben noch mal machen.

Donnerstag, den 7. Juli 1983
Die Meldung des Tages: Alfred Bloomingdales Vicki Morgan wurde erschlagen aufgefunden. Bei so was denke ich immer an die CIA. Wenn sie nicht in eine Sado-Maso-Sache verwickelt war.
Catherine rief noch mal wegen ihrer Hochzeit an. Ich weiß nicht, was ich tun soll. Ich habe keine Lust. Halston sagt, er geht nur, wenn ich gehe. Richard Weisman bringt ihr am Mittwoch das Hochzeitskleid von Halston. Victor möchte hingehen. Catherine hält mir einen Platz in ihrem Wagen frei.

Montag, den 11. Juli 1983 Steve Wynn kam vorbei. Das ist der Typ aus dem »Golden Nugget« in Atlantic City. Er hatte seine Frau mit. Sie ist intelligent, aber alt genug, um bald durch eine Jüngere ersetzt zu werden. Sie gaben Frank und Barbara Sinatra ein Dinner im »La Grenouille«. Steve Wynn hatte zwei Schecks bei sich, Gesamtwert eine Milliarde Dollar, von einer Bank in der Stadt – er zeigte sie uns. Er ist wirklich sexy. Er trägt Hosen aus Europa. Benjamin begleitete ihn zum Wagen. Es war ein alter Klapperkasten. Benjamin hatte etwas Protziges erwartet.
Ging im Village spazieren und kaufte bei »Tower Recorcds« das Album der »Talking Heads«, dessen Cover Rauschenberg gemacht hat. Er hatte sich aufgeregt, weil er nur $ 2000.00 dafür bekam. Und mit Recht. Er hätte $ 25 000.00 kriegen müssen.

Mittwoch, den 13. Juli 1983
Am Abend war Premiere von »Staying Alive«. Ein glanzvolles Ereignis. Wir fuhren zum Ziegfeld. Die Menge stand davor Schlange.
Ich hielt mich im Gang auf. Und dann kamen 18 Leibwächter herein, dann Stallone und seine Frau. Er sah mich und blieb kurz stehen. Er freute sich, daß ich gekommen war.
»Staying Alive« gefiel mir sehr gut. Um 11.45 war die Party im »Xenon«. Auf dem Weg dorthin liefen wir Garson Kanin und Ruth Gordon über den Weg. Wir waren uns nie zuvor begegnet. Ich hatte einen Stapel neue »Interviews« mit. »Oh, das habe ich schon«, sagte er. Sie hat überhaupt keine Falten. Dabei ist sie schon 110 oder so.
John Travolta kam aus dem »Xenon«, umringt von 18 Leibwächtern. Er trug einen Smoking. Sein Blick fiel auf mich. Er kam und sagte hallo. Das waren gleich zwei an einem Abend.

Freitag, den 15. Juli 1983
Maura holte mich um 1.00 ab. Wir wollten Richard Gere in den Astoria-Studios interviewen, wo sie jetzt den Film »Cotton Club« drehen.
Wir waren nervös, weil wir das Gefühl hatten, es könnte schwierig werden. Maura hatte Stanislawski gelesen. Wir wanderten durch Dick Sylberts Dekoration für »Cotton Club«. Das war interessant. Hinten im Slumviertel saß Richard und sah alte Filme im Fernsehen. Er sieht sich jeden alten Film an, der etwas mit seiner Rolle zu tun hat, und übernimmt von den Schauspielern Details. Er wollte uns tatsächlich weismachen, sein erster Film sei »Days of Heaven« (»In der Glut des Südens«, Regie Terrence Malick, 1978) gewesen, dabei weiß ich genau, daß das nicht stimmt. Aber das zeigt nur, wie unkooperativ er war. Er wollte nichts von sich preisgeben. Das einzig Interessante war: Damals in Mexiko verbrachte er die meiste Zeit im Krankenhaus, weil er Ruhr hatte. Immer, wenn er nicht in den dreckigen Schützengräben drehen mußte, hing er am Tropf – sie machten ihn los, damit er zur Arbeit konnte, und hinterher kam er wieder. Das war der Film mit Michael Caine. »The Honorary Consul« (»Der Honorar-

27 **David Hockney, 1974**

konsul«, Regie John Mackenzie, 1983). Maura gefiel ihm, aber sie ist eine Freundin von Silvinha, und das machte die Sache kompliziert.

Sonntag, den 17. Juli 1983
Wieder so ein glühendheißer Tag. Ich verschlief.
Half Chris und Peter, mit den Problemen ihrer modernen Ehe fertig zu werden. Der Junge, in den Chris verliebt ist, kommt am Donnerstag aus Kalifornien.

Dienstag, den 19. Juli 1983
Rief John Reinhold an und lud ihn zum Kaffee ein (Telefon $ 0.50, Kaffee $ 5.00). Ich benötigte Spielzeug zum Fotografieren. Ich habe ein Projekt damit vor. Er versprach, mir welches zu beschaffen.
Victor und Farrah sind jetzt die besten Freunde, weil er ihr gesagt hat, wie schlecht sie in »Extremities« war und was sie falsch gemacht hat. Und sie glaubt, daß sie jetzt viel besser spielt und sie das allein Victor zu verdanken hat. Dabei war sie wirklich gut, und Victor war so high, als er sie sah, daß er überhaupt nicht begriff, was Sache war.

Donnerstag, den 21. Juli 1983
Ich werde das Konzert von Diana Ross im Central Park nie richtig beschreiben können. Der Himmel verdunkelte sich, und es fing an zu regnen. Etwas so Unglaubliches habe ich noch nie gesehen. Das Ereignis des Jahrhunderts – ihre Haare wehten im Wind und wurden klatschnaß. Wäre der Platz überdacht gewesen, hätte sie weitersingen können. Die Kids wären dageblieben, und ihr Konzert wäre fürs Fernsehen aufgezeichnet worden. So aber mußten sie mittendrin abbrechen. Morgen wird das Konzert wiederholt. Sie weinte. Barry Diller versuchte, sie zu trösten, doch sie sagte, sie habe 20 Jahre auf dieses Konzert gewartet. Ich glaube, es war einfach zu gefährlich bei dem Gewitter. Dieses Schauspiel mitzuerleben war wie ein Traum, eine Halluzination. Wie die grandioseste Szene der Filmgeschichte. Wenn man ihre Lebensgeschichte verfilmt, wird man dieses gewaltige Schauspiel noch mal zu sehen kriegen, und hinterher wird sie weinen und sagen: »Warum mußte das ausgerechnet mir passieren?« Und dann wird sie zu trinken anfangen und sich die Pulsadern aufschneiden. Ach, das Gewitter sah so fantastisch aus. Unglaublich schön.
Wir saßen bei den Prominenten. Aber weil Benjamin einen Schirm mit hatte, durften wir nicht unter den Baldachin. Rob Lowe war bei uns. Er ist sehr schön. Als seien seine Augenbrauen nachgezogen und seine Lippen gemalt – alles ist perfekt. Er ist wie die Kids, die wir kennen, ganz normal eben. Und ständig ist er hinter Mädchen her. Er hat nichts anderes im Kopf. Ich bat ihn, mir eine Muschi zu zeichnen, und er zeichnete eine Muschi. Und dann fragte ich: »Was ist das?«, und zeichnete eine Katze. Mit seiner Freundin ist wohl Schluß. Immer wenn sie ihn in Kanada anrief, sagte die Vermittlung: »Er ist in Nastassja Kinskis Zimmer.« Und als er ihr am nächsten Tag erklären wollte, sein Telefon habe nicht funktioniert, schrie sie, er solle aufhören, sie anzulügen. Er sagt, er sei nicht in Nastassja verliebt. Angeblich geht es nur um Sex. Doch um seine Hüfte trug er eine Spielzeugschlange, der Gag auf ihrem Avedon-Poster. Also denkt er doch an sie. Vielleicht ist er sogar verliebt. Er ist 19.
Es tat mir so leid für Jon, weil er so schwer für das Konzert gearbeitet hatte. Paramount besitzt die Firma Showtime, und die hatte die Filmrechte gekauft.
Schließlich verließen die Leute den Park. Wir folgten den Schwarzen und landeten in der 72. Straße in der Nähe des »Dakota«. Wir mußten über eine Mauer klettern und versanken einen Meter tief im Morast. Es war wie in einem Krieg. Als wir endlich aus dem Park heraus waren, lud ich Rob Lowe und Benjamin ins »Café Central« ein. Ich sagte, dort säßen alle Stars. Und als wir reinkamen, war kein Mensch da. Wir nahmen Drinks (Drinks $ 83.50).

28 Torso, 1977

Auf der Party im Gulf and Western Building machte sich Rob an Cornelia und Maura ran. Er und Cornelia verschwanden dauernd.

Ich schenkte Diana Ross ein »Diamond«-Bild. Sie sah sich Videos von dem Konzert an. Barry Diller kam, und ich schwärmte ihm von dem Konzert vor. Er sagte: »Sie mögen wohl Katastrophen. ›Grease II‹ hat Ihnen ja auch gefallen.«

Freitag, den 22. Juli 1983 Es war der Tag des zweiten Diana-Ross-Konzerts. Man hatte beschlossen, es zu wiederholen (Taxi $ 8.00). Cornelia kam. Rob Lowe kam nicht. Das Konzert war enttäuschend, weil es nunmehr normal ablief.

Doch hinterher gerieten die Kids in Aufruhr, und wenn die Polizei nicht gewesen wäre, hätten alle durchgedreht. Es waren zu 99 Prozent Schwarze. Der Typ, dem das »Café Central« gehört, führte uns durch den Park. Wir kamen genau an der richtigen Stelle heraus und konnten noch ins »Café Central« gehen. Er ging am Stock.

Montag, den 25. Juli 1983
Mrs. Winters Sohn Al, unser neuer Hausverwalter, rief an und sagte, daß Paul Morrissey draußen in Montauk ist und das kleine Haus bewohnt. Ich glaube nicht, daß Halston und Victor davon etwas wissen. Er folgt Al auf Schritt und Tritt, sagt ihm, was er tun soll und macht ihn verrückt. Er sagte zu Paul: »Rufen Sie Vincent an.« Und Paul sagte: »Hören Sie zu, mir gehört die Hälfte dieses Besitzes.« Paul verlangt nun von mir, daß ich ein neues Papier unterschreibe – er ist überzeugt, daß der Vertrag, den er mit seinen Anwälten ausgearbeitet hat und den ich unterschreiben mußte, *mir* zu viele Vorteile bringt. »Nein, vergiß es«, sagte ich. »Ich unterschreibe gar nichts mehr.« All die Jahre hat Paul mit anderen Leuten

schlechte Geschäfte für uns vereinbart, und jetzt versucht er, bei *mir* den »cleveren« Geschäftsmann zu spielen und verwendet seine ganze Energie darauf, als hätte ich ihm in all den Jahren nicht regelmäßig bessere Aufträge verschafft als jeder andere.

Dienstag, den 26. Juli 1983
Christopher brachte seinen neuen jungen Liebhaber mit ins Büro. Er hat ihn aus Kalifornien importiert, um mit ihm zusammenzuleben. Ich zeigte ihm die kalte Schulter. Ich habe versucht, Chris mit Aufträgen kürzerzuhalten, aber er hat sie mir doch abgeluchst. Ich habe mich nur deshalb so für Chris und Peter engagiert und ihnen Ratschläge gegeben, weil ich dachte, wenn ihre Beziehung wieder in Ordnung käme, dann sei auch für mich noch Hoffnung. Doch nun geht Peter mit diesem Kassierer George und Chris mit seinem neuen Freund Brian. Ich habe den Glauben an die moderne Ehe verloren.

Mittwoch, den 27. Juli 1983
War mit Lidija verabredet (Taxi $ 6.00) und machte meine Übungen. Dann kamen Tim Leary und Gordon Liddy. Wir wollten ein PR-Interview machen, nur eine kleine Sache, weil die beiden jetzt zusammen herumziehen und Vorträge halten.
Gordon Liddy sprach von »Machtübernahme«. Er sagt, wenn irgendwelche Typen auf der Straße glauben, sie seien stärker als du, dann machen sie dich nieder. Und dabei riß er ein Messer aus dem Gürtel. Ich traute meinen Augen nicht. Ich war überrascht, wie klein er war. Dann holte er Bilder von seinen drei Söhnen aus einem Lederetui. Schlägertypen in Badehosen; man konnte die Umrisse ihrer Schwänze sehen. Also, ich finde es befremdend, daß einer solche Bilder von seinen Söhnen zeigt! Er war ganz aus dem Häuschen, weil einer der Jungs zur Marineinfanterie wollte. Tim nervte mit seinem Hippiegerede, und Gordon Liddy rasselte herunter, wie viele Atombomben schon explodiert sind. Irgendwie kommt mir Liddy verloren vor. Es ist eigenartig. Als wüßte er nichts mit sich anzufangen. Er fand mich sehr sympathisch und möchte, daß wir uns öfter sehen. Als Tim gegangen war, blieb er noch eine Weile.

Donnerstag, den 28. Juli 1983
Stand früh auf und mußte mich beeilen, weil ich im Büro mit Pia Zadora verabredet war. Daher war ich aufgeregt.
Sie kam und war entzückend. Ihr Mann, Riklis, zeigte Fotos. Sie ist sehr nett. Ich glaube, sie wird mal ein großer Star. Ihre Haut ist herrlich. Sie haben sich in Kalifornien ein neues Haus gekauft, und ein paar Bilder gefielen ihr.
Später ging es im Büro hoch her. Am nächsten Tag hatte Fred Geburtstag. Er hatte es geheimhalten wollen, doch (lacht) Suzie Frankfurt schickte einen riesigen Luftballon und Nelken.

Montag, den 1. August 1983
Peter Sellars und Lew Allen kamen zum Lunch. Sie haben für die Puppe ein Apartment gemietet. Diese Nachbildung von mir, eine Art Roboter, spielt die Hauptrolle in »An Evening with Andy Warhol«. Das Ganze soll im November losgehen und ein Jahr lang laufen. Sämtliche Magazine wie »Life« sollen groß darüber berichten. Und irgendwo hat auch Bob Colacello die Finger mit drin – vermutlich bleiben wir dadurch fürs Leben aneinandergekettet.
Vincent holte mich im Smoking ab (Taxi $ 6.00). Wir fuhren ins New York State Theater zum Bankett der »North American Watch Company«. Mr. Grinberg drückte mich gegen General Haig. Er war sehr nett. Wir sprachen über sein Interview in »Interview«. Ich saß zwar nicht am Tisch des Ex-Präsidenten Ford, aber direkt hinter ihm.
Ich aß etwas, denn ich wog nur noch 55 Kilo, und wenn ich noch mehr abnehme, verliere ich meinen Appetit.

Außerdem ist man viel anfälliger, wenn man so mager ist.
Haig hielt eine Rede über Krieg und Raketen und ist dafür. Aber vielleicht braucht man das Zeug ja wirklich – wenn ich nur daran denke, was Gordon Liddy letzte Woche so von sich gegeben hat. Aber ich weiß nicht, woran ich glauben soll. Kämpfen ist falsch, doch wenn man *nicht* kämpft...
Ford sagte in seiner Rede, wie froh er sei, im Ruhestand zu leben, und daß er sich für Reagans Wiederwahl einsetzen werde. Und dann sagte er, daß die Leute wieder mehr Uhren kaufen könnten, jetzt, wo sich die Wirtschaft erholt habe – so ungefähr drückte er sich aus.

Freitag, den 5. August 1983
Bianca möchte unbedingt Calvin heiraten, weil sie kein Geld hat. Als sie ihm vor zwei Wochen gesagt hat, daß er zuviel wiegt, hat er sofort abgenommen. Behauptet sie. Ja, und jetzt hat Halston einen Haß auf Bianca. Er bat mich, Jerry Hall mitzubringen. Er sagte, sie werde alles von ihm bekommen, was sie sich wünsche. Und über Bianca sagte er: »Der zahle ich's heim.« Es war unheimlich, ausgesprochen schrecklich. Und dann rief Steve Rubell von Fire Island an. Ich sprach mit ihm. Dann kam Calvin an den Apparat und bat mich, Bianca zu holen. »Bianca, Steve ist dran«, sagte ich. Halston schaute auf und sagte: »Nein, es ist Calvin, Bianca.«

Montag, den 8. August 1983
War mit Lidija verabredet (Taxi $ 5.00). Chris kam vorbei. Er schwärmte von seinem »erweiterten Familienleben« – von ihrer »modernen Ehe«, in der sich jeder mit anderen treffen und so leben kann wie in einer Kommune. Ich finde das alles geschmacklos und sagte, ich wolle nichts davon hören. Ich werde Vincent jetzt anweisen, ihm weniger Laborarbeit zu geben: Ich will ihn bestrafen.

Dienstag, den 9. August 1983
Es ist interessant, daß John Russell am Sonntag in seinem Artikel über Schnabel alles erwähnte, nur nicht mein Porträt. Ich weiß nämlich, daß Schnabel sich gerade von meinem Porträt großes Echo in der Presse erhofft hat.
Paige blieb über Nacht bei Jean Michel in dem dreckigen, stinkenden Loft. Ich weiß, daß das Loft stinkt, weil Chris dort war und gesagt hat (lacht), es sei ein Nigger-Loft. In der Ecke liegen zerknüllte 100-$-Scheine, der ganze Raum stinkt nach Schweiß, und überall tritt man auf Bilder. Am Nachmittag, als Jean Michel kam, um mit mir Gymnastik zu machen, sagte er, Paige habe sich zur rechten Zeit mit ihm eingelassen. Auf diese Weise erfuhr ich von den beiden. Er dachte, Paige sei Jays Freundin, was sie ja auch mal war, trotzdem lud er sie ein, und sie ging mit ihm aus. Der Abend verlief so: Sie mieteten einen Kleinlaster und fuhren in ein schwarzes Viertel von Brooklyn. Dort gingen sie in ein White Castle und aßen acht Hamburger. Plötzlich kamen zwei Leute mit dicken Knüppeln herein, und er und Paige dachten, die beiden wollten sie umbringen. Es war ein verrückter Abend.
Das war am Tag, ehe er nach St. Moritz flog, um Bruno zu besuchen. Mary Boone und Bruno verkaufen seine Bilder. Die beiden haben keine Ahnung, daß auch Thomas Ammann ein paar Arbeiten von Jean Michel zu verkaufen hat. Ich weiß nicht, wo er sie her hat. Er sagt, aus einer »geheimen Quelle« – Moment mal! Ich wette, er hat sie von Paige! Thomas ist ein Schlitzohr. Er lernt durch uns die Leute kennen, und dann tut er geheimnisvoll. Ich wette, er hat die Bilder von Paige, die vor ein paar Monaten die Sachen von Jean Michel ausgestellt hat.

Donnerstag, den 11. August 1983 Ich versuchte, die Leute im Büro zum Packen zu bewegen. Den Nachmittag über arbeitete ich an den

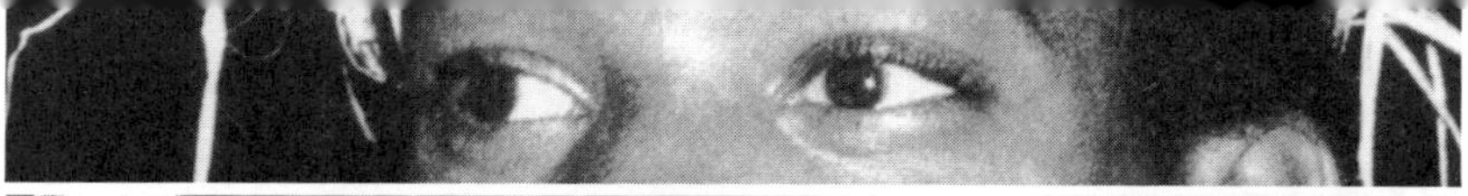

Jean Michel Basquiat *(Andy Warhol)*

Porträts von Pia Zadora. Ich rief bei ihr an, aber sie ist zwei Wochen verreist. Sie arbeitet an einem Film.
Sah mir mit Jon und Cornelia »Mame« an (Karten: $ 120.00). Das Publikum bestand aus alten Dekorateuren. Wir gingen nach nebenan zu »Orso's«, wo wir Marion Javits und Gil Shiva trafen. Sie hatten das Programm von »La Cage Aux Folles« in der Hand. Alle anderen hatten es auch. Wir versteckten unsere »Mame«-Programme; es war uns peinlich.

Freitag, den 12. August 1983
Jerry Hall kam zum Lunch, um Bob Mackie für uns zu interviewen (Taxi $ 6.00, Einkäufe $ 102.00). Ich erzählte ihr, daß Halston sie sehen will. Sie sagte, sie sei stets nett zu ihm gewesen, aber er habe sie immer nur angeschnauzt, was bringt ihn also dazu, plötzlich nett zu ihr zu sein? Sie ist noch nicht dahintergekommen.

Sonntag, den 14. August 1983
Ging in »Private School« (Taxi $ 4.00, Karten $ 10.00, Popcorn $ 6.00). Ich wollte Phoebe Cates sehen. Diese Filme sind wie Remakes französischer Komödien aus den sechziger Jahren, in denen sich ältere Frauen an junge Männer ranmachen. In diesem Film sind es häßliche Jungs, die Frauen beim Duschen heimlich durchs Fenster beobachten und sich dabei einen runterholen, und die Frauen haben immer große Titten. Vermutlich waren unsere Filme deshalb kein Erfolg, weil unsere Mädchen immer so kleine Titten hatten.

Montag, den 15. August 1983
Taxi zur Gymnastik bei Lidija, wo ich Jean Michel Basquiat treffen wollte, der mitmacht (Taxi $ 5.00). Er hat sich in Paige Powell verliebt.
Pia Zadora rief an. Sie will ein »Dollar Sign«. Am liebsten würde sie es gleich mitnehmen, wenn es in den Jet ihres Mannes paßt; es wird ausgemessen.

Mittwoch, den 17. August 1983
Fuhr in die Stadt zur Gymnastik mit Lidija und Jean Michel (Taxi $ 5.00). Und er hat doch Körpergeruch. Er ist wie Chris. Der findet Körpergeruch beim Turnen auch sexy. Ich kann das absolut nicht finden. Und vor lauter Körpergeruch habe ich angefangen, über mein Leben nachzudenken, und ich bin zu dem Schluß gekommen, daß mir eigentlich nichts Wesentliches fehlt. Wenn ich mir beispielsweise vorstelle, wie Paige mit Jean Michel ins Bett geht, dann frage ich mich, wie sie das nur fertigbringt. Ich meine, wie stellt sie es an? Gibt sie ihm einen

Fingerzeig und sagt: »O Mann, laß uns was Ausgeflipptes machen und zusammen duschen!«
Whitney Tower rief an und lud mich zu seiner Party im »Club A« ein (Taxi $ 5.00).
Whitney ist ganz außer sich, weil die junge Frau seines Vaters noch ein Baby gekriegt hat. Cornelia rief ihn an und sagte: »Gratuliere, du bist wieder Bruder geworden.« Und er rechnet jetzt aus, um wieviel sein Erbteil wieder geschrumpft ist.

Donnerstag, den 18. August 1983 Traf mich mit Jean Michel Basquiat zur Gymnastik mit Lidija (Taxi $ 5.00).
Keith Haring kam mit seinem schwarzen Freund, und ich machte Aufnahmen. Auf den Fotos sahen sie aus wie Turteltäubchen, ein irrer Anblick. Wir dachten doch, die große Kreidezeichnung mit der schwangeren Frau an der Ecke 53. Straße und Fifth Avenue sei von Keith. Sie ist tatsächlich von ihm, und wir versuchen, sie zu kriegen. Er hat sie schon vor einiger Zeit gemacht.
Holte Cornelia, Sean McKeun und Maura mit der Limousine ab. Im Shea-Stadion spielte »The Police«. Cornelia hatte Hunderte Sandwiches und Champagner mit. Es regnete aus Eimern.
Sting kam und begrüßte uns. Er sah ein bißchen alt aus. Er hatte ein Mädchen mit, vermutlich seine Frau. Und Matt Dillon! Matt Dillon war da. Oh, er sieht gut aus. Und als es Zeit war zu gehen, waren die Mädchen endlich mit ihm ins Gespräch gekommen und wollten noch bleiben. Vielleicht kriegen wir ihn doch noch für eine Titelseite.
Ging, setzte alle ab.
Gerade hat meine Schwägerin angerufen. Sie wollte mich gestern abend besuchen, als es zu regnen begann. Schätze, sie hat mich nur knapp verpaßt. Sie sagte, sie wolle es heute noch mal versuchen, aber ich sagte, ich sei nicht da.

Samstag, den 20. August 1983
Halston rief an. Er hat seinen Urlaub in Montauk abgebrochen. Victor habe den Bogen überspannt und verrückt gespielt. Halston lud mich zum Dinner ein und wollte mich mit dem Wagen abholen lassen. Doch ich sagte, ich ginge lieber zu Fuß, und das tat ich. Halston und ich saßen in einem Raum und im Raum nebenan drei Leibwächter. Halston hat sie engagiert, weil Victor damit gedroht hatte, alle Fenster einzuwerfen. Victor sagt, er liebe Halston zu sehr, als daß er tatenlos zusehen könne, wie er immer großspuriger wird. Aber ich finde, daß Halston sehr hart arbeitet, und wenn er großspurig werden will, dann sei ihm das unbenommen. Ich weiß aber auch, daß jemand am Einfluß von Drogen zerbrechen kann, und das scheint mir bei Victor der Fall zu sein.
Ach ja, Chris kam ins Büro und erzählte mir, was ich hören wollte. Er sagte: »Zwischen Brian und mir ist es aus. Wir haben nichts mehr miteinander, weil wir voneinander genug haben.«

Sonntag, den 21. August 1983
Es war ein wunderschöner Tag. Niemand war da. Ich war ganz allein, aber ich hatte trotzdem den Mut, ins Büro zu gehen. Ich nehme immer einen spitzen Stock mit, damit ich die Aufzugtüren aufstemmen kann, falls sie klemmen. Und wenn ich am Wochenende allein ins Büro gehe, sage ich immer jemandem Bescheid.
Halston versuchte den ganzen Tag, Victor telefonisch zu erreichen. Er scheint sich beruhigt zu haben, als Dick Cavett und Bianca bei ihm vorbeikamen, gemeinsam »The Importance of Being Earnest« durchgingen und die Rollen spielten. Das hat ihn aufgeheitert. Ich arbeitete bis 7.00 und nahm dann ein Taxi, um mich mit Jean Michel Basquiat und Paige Powell zu treffen ($ 5.00). Paige ist verrückt, ohne Grund fängt sie laut zu lachen an. Ich würde sie in die Kate-

gorie schizophren einordnen. Jean Michel sagte, er habe die Highschool nie fertig gemacht. Das überraschte mich. Ich dachte immer, er sei auf dem College gewesen. Er ist 22. Nahm ein Taxi zu »Mr. Chow's« ($ 5.00). Lester Persky war dort. Er hatte den hübschen weißblonden Jungen mit, der für den Fünfkampf trainiert. Er will, daß wir ihn in »Interview« rausbringen. Lester sieht jetzt so komisch aus, wie ein fetter kleiner Hitler.

Montag, den 22. August 1983
Ging ins Büro, weil ich mit Jean Michel verabredet war. Ich fotografierte ihn, wie er ein Suspensorium anhatte. Chris hat angerufen. Er wirft mir vor, ich hätte ihn fallenlassen, weil mir Brian nicht paßt, und vermutlich stimmt das sogar, aber trotzdem... Ich weiß nicht, was ich mit Chris machen soll. Ich denke, er findet sicher wieder einen Dummen. Außerdem kriegt er ja jeden Monat Geld für seine »Interview«-Seiten. Arbeitete bis 7.00.
Holte Cornelia im »Waldorf« ab (Taxi $ 6.00). Sie hatte die neue Nummer von »Life« mit einem doppelseitigen Foto von ihr. Sie sieht darauf hinreißend aus, zum Kidnappen schön (Trinkgeld für den Portier $ 5.00).

Mittwoch, den 24. August 1983
Es war ein schöner Tag. Ich verließ früh das Haus, um mir von Karen Burke Collagen-Injektionen geben zu lassen. Sie trägt hohe Absätze und fährt Fahrrad, was sehr gefährlich ist. Nach den Injektionen begleitete mich Dr. Karen bis zur 66. Straße. Von den Spritzen blutete ich im Gesicht.

Donnerstag, den 25. August 1983 Ich werde Rupert nie verzeihen, daß er mich zur »Gay Night« in das Stück »La Cage aux Folles« (»Ein Käfig voller Narren«) geschleppt hat. Ich konnte mir darunter nichts vorstellen, bis wir dort waren – nur Schwule und Lesben. Außerdem hatte ich erwartet, wir würden im Parkett sitzen – immerhin hatten die Karten $ 40.00 gekostet. Doch unsere Plätze waren hoch oben auf dem Balkon. Es war eine Benefizvorstellung, deshalb kosteten die Karten für unten über hundert oder so. Und dann diese Schwulen! Sie wollen keine »Interviews« und tun ständig so, als ob sie einen nicht kennen. Aber dann gehen sie heim und ziehen über einen her. Zwei Lesben kamen zu uns und sagten hallo. Ich fragte, für wen die Vorstellung sei, und sie sagten, für die »Islanders«. Ich sagte: »Das Hockey-Team ›The Islanders‹? Wozu brauchen die Unterstützung von Schwulen?« Sie lachten. Da stieß mich Rupert in die Rippen und klärte mich auf, daß sie Fire Island meinten. Die beiden Lesben fragten: »Wie seid ihr denn auf dem Balkon gelandet?« Ich deutete auf Rupert und sagte: »Dieser Trottel hat uns hierhergebracht.« Das Stück war jedenfalls so langweilig, daß ich ein paarmal eingenickt bin. Und dann das Publikum, dieses Publikum! Bei jedem schwulen Satz sprangen sie von den Sitzen, johlten und applaudierten, wirklich, bei der kleinsten Anspielung auf jemanden und etwas ging das Geklatsche los. Und alle trugen Schnurrbart. Acht von zehn Leuten hatten einen. Als endlich Schluß war, machte ich, daß ich fort kam.
Zu Hause lag ein Zettel, daß Ara Gallant angerufen habe. Ich rief zurück. Er sagte, er habe Debra Winger und den Gouverneur von Nebraska zu Besuch, und lud mich ein, rüberzukommen. Es war aber schon so spät, daß ich nicht mehr ausgehen wollte.
Sprach mit Jon in L. A.

Freitag, den 26. August 1983
Holte Jean Michel Basquiat zur Gymnastik ab ($ 6.00). Er will unsere Remise in der Great Jones Street 57 mieten. Benjamin ist rübergegangen und hat einen Mietvertrag geholt. Ich hoffe, die Sache klappt. Jean Michel versucht jetzt, jeden Tag beim Malen feste Arbeitszeiten einzuhalten. Wenn er es nicht schafft und die Miete nicht aufbringen kann, müssen wir ihn

raussetzen, aber das wird schwer. Es ist immer schwer, jemanden rauszusetzen.

Sonntag, den 28. August 1983

Ich hatte immer mehr Bisse. Dafür gab es nur eine Erklärung: Archie mußte Flöhe haben. Ich sah nach. Er hatte wirklich welche. Manche Jahre sind gut für Flöhe, und so eins haben wir gerade.

Es war ein nebliger, grauer Tag. Die Puertoricaner hatten im Park eine Fete. Dabei war nicht mal »Puerto Rican Day«. Sie machen einfach ein Fest aus x-beliebigem Anlaß. Und dann wimmelt es im Park den ganzen Tag von berittener Polizei. Wunderschöne Polizisten hoch zu Roß. Im ganzen Park nicht ein Weißer.

Montag, den 29. August 1983

Ich bin gerade in Hundescheiße getreten. In meiner Diele. Normalerweise trage ich Slipper, aber diesmal hatte ich keine an. Und normalerweise kann man die Scheiße eine Meile gegen den Wind riechen, nur diesmal hat sie nicht gestunken. Ich habe sie gerade weggeputzt. Außerdem habe ich überall Flohbisse. Wenn man weiß, daß man Flöhe in der Wohnung hat, spürt man sie die ganze Zeit, egal, ob sie da sind oder nicht. Ich duschte und wusch mir die Scheiße vom Fuß, und jetzt überlege ich die ganze Zeit, welche Krankheit ich von dieser ganzen Geschichte bekommen kann.

Victor kam mit seinem Bruder, der so gut aussieht. Victor sagt, der Schwanz seines Bruders sei so groß, daß er beim Frühstück damit immer auf den Tisch gehauen habe. Ich nehme an, sie frühstücken nackt; man kennt ja diese Südamerikaner. Es dauert Jahre, bis man sich dem verklemmten Leben der Zivilisation anpaßt. Aber Victor ist in Wirklichkeit besser dran als sein Bruder – sein Bruder muß immer noch arbeiten.

Dienstag, den 30. August 1983

Chris kam ins Büro und heulte mir was vor. Er will, daß zwischen uns alles wieder so wie früher wird, als er noch eine Menge Arbeit von mir bekam. Ich wußte nicht, was ich darauf antworten sollte. Ich will nämlich nicht, daß alles so wie früher wird. Ich rufe ihn überhaupt nicht mehr an. Wahrscheinlich sollte ich es aber doch tun. Aber ich denke zuviel an Jungs, wenn ich mit ihm zusammen bin.

Die Dame aus Argentinien kam und stellte für ihre Porträts einen dicken Scheck aus. Das war großartig. Der Scheck deckt eine Monatsrate für das neue Gebäude. Und die letzte Rate haben wir mit Pia Zadoras Scheck bezahlt. So was baut einen auf.

Mittwoch, den 31. August 1983

Fuhr mit dem Taxi zu Lidija ($ 5.00) zur Gymnastik mit Jean Michel. Er hat sich ein paar Haare abgeschnitten, sie an einem Helm befestigt und mir mitgebracht. Es sah toll aus. Er hat Bruno dazu gebracht, ihm für den ersten Monat Versicherung und Miete zu bezahlen. Er wollte mir die Remise in der Great Jones Street abkaufen, aber ich sagte, daß wir zusammen mit unserer anderen Remise an der Bowery einen schönen Bauplatz hätten und dort vielleicht eines Tages ein Theater hinsetzen. Er und Paige haben sich heftig gestritten. Sie hatten sich für 9.00 verabredet, und er war nicht vor 1.00 erschienen.

Nelson rief an und erzählte, daß Joe Dallesandro in L. A. Taxi fährt. Warum schafft sich Joe keine Frau an, die ihn aushält? Oder sonst jemanden. Er hat doch immer noch einen großen Schwanz. Er ist dumm. D-U-M-M. Und ich weiß nicht, was mit »Heat« los war. Der Film lief Freitag beim New Yorker Filmfestival – sie haben eine Reihe von Filmen wiederholt, die früher auf dem Festival Premiere hatten. Ich habe nichts darüber gehört.

Dann wollte Chris von mir zum Dinner eingeladen werden. Er sagte, er habe den ganzen Tag nichts gegessen, und versprach, auch wirklich zu essen und sich nicht alles einpacken zu lassen. Zuerst wollten wir in den »Water Club«, doch dann entschieden wir uns für den »Jockey Club« im »Ritz Carlton« (Dinner mit Trinkgeld $ 250.00).

Montag, den 5. September 1983 Labour-Day. Jean Michel rief an, er brauchte etwas moralische Aufrüstung. Er kam, und wir sprachen über seine Angst, am Ende nur eine Eintagsfliege zu sein. Ich sagte, das sei er nicht, da könne er ganz unbesorgt

Pia Zadora *(Andy Warhol)*

sein. Aber dann bekam ich es selber mit der Angst, weil er unser Haus an der Great Jones Street gemietet hatte. Was, wenn er wirklich eine Eintagsfliege ist und die Miete nicht bezahlen kann? (Ausgaben $ 35.06, $ 6.00.)
Pia Zadora rief an und sagte, sie käme vorbei. Und dann kamen gleich alle – ihr Mann Riklis, seine Mutter und noch ein Kerl. Ich hatte zwölf Porträts von Pia gemacht, aber nur zwei gefielen ihnen, und das waren nicht die, die ich für die besten hielt. Jetzt haben wir also all diese Bilder übrig. Aber wir hatten trotzdem Glück: Sie kaufte das »Dollar Sign«. Arbeitete allein bis 6.00 und wurde depressiv. Es war heiß und stickig.

Dienstag, den 6. September 1983 Schickte Jay früh nach Hause, damit er sich umziehen konnte. Er, Benjamin und ich wollten nämlich zu der »Penthouse«-Party für Pia Zadora gehen und die Porträts mitnehmen. Wir gingen zu Fuß hin. Die Party fand bei Bob Guccione, ganz in meiner Nähe, statt. Guccione meinte, es sei jetzt »an der Zeit«, richtig pornographische Fotos von berühmten Leuten zu machen. Ich stieg darauf ein und sagte (lacht): »Wie wär's mit Cornelia Guest?« Ich weiß auch nicht, warum ich das gesagt habe.
Pia trug einen wunderschönen Ring – ein Diamant mit blauen Saphiren. Ihr Kleid war von Bob Mackie, rot und weiß, mit einem blauen Stern. Ein wirklich schönes Kleid. Es hat einen Schlitz bis zum Arsch, und als ein Windstoß kam, stöhnte einer der Fotografen: »O Gott, was wäre das für ein Muschi-Bild geworden.« Aber den lustigsten Spruch hörte Benjamin. Als die Porträts gezeigt wurden, sagte einer der Fotografen: »Wie konnte Andy Warhol bloß derart in die Mittelmäßigkeit abstürzen?« Und der Kollege, den er angesprochen hatte, sagte: »Na, und? Er ist doch *bekannt* dafür, daß er auf Mittelmäßigkeit abfährt.«
Es war schon komisch. Da gehen sie alle zu einer Party, die für Pia gegeben wird, und jeder macht sie nieder. Aber mir ging es blendend. Riklis kam nämlich auf mich zu und sagte: »Wie kriegen wir die anderen Porträts? Wir sollten mal darüber reden!« Ich war begeistert.

Mittwoch, den 7. September 1983 Ich rief Robert Hayes an. Erzählte ihm, daß ich Matt Dillon auf die Titelseite kriegen will. Er war ganz begeistert davon. Daß ich auch Shirley McLaine will, gefiel ihm weniger. Aber ich versuche, Zeitschriften zu verkaufen.

Montag, den 12. September 1983 Jean Michel hatte sich verspätet und mußte zurück in die Stadt, deshalb verpaßte er seine Pediküre bei Yanna. Also ging ich rüber und nahm seinen Termin ($ 35.00).
Bei »Bloomingdale's« ist französische Woche. Als wir hinkamen, sagte ich zu Mrs. de Menil, sie sei eine tolle Großmutter – Tiya hat gerade ein Baby bekommen. Ich glaube, ich hätte das lieber nicht sagen sollen, weil sie nicht damit fertig wird. Dabei hatte ich doch gemeint, daß sie umwerfend aussieht, viel besser als ihre Kinder.
Sprach mit Peter Schjeldahl, dem Kunstkritiker. Ich weiß, daß er mich nicht leiden kann, trotzdem gab ich mir alle Mühe, ihm zu gefallen. Wir sprachen über Ted Berrigan, der an Schlankheitspillen und Cola gestorben ist. Er konnte einfach nicht damit aufhören, Cola zu trinken, und das hat ihm den Magen zerfressen.

Dienstag, den 13. September 1983 Jean Michel kam. Er war mit Drogen vollgepumpt und ganz aufgeregt. Er hatte ein Bild mit, das er mir zeigen wollte. Er erzählte mir folgende Geschichte: Er hatte sich eine Schachtel Zigaretten kaufen wollen, machte eine Zeichnung und verkaufte sie für $ 0.75. Dann, eine Woche später, kam ein Anruf von seiner Galerie. Da sei eine Zeichnung von ihm aufgetaucht – ob sie die für $ 1000.00 kaufen sollten. Jean Michel fand das lustig. Und das ist es auch. Und dann ging er nach oben, um auszuprobieren, ob ihm jemand für $ 2.00 ein Bild abkaufen würde. Jetzt, wo seine Gemälde für $ 15 000.00 weggehen, will er wissen, ob ihm jemand auch $ 2.00 dafür gibt. Lidija kam, und ich machte meine Übungen. Ach ja, das Mädchen, mit dem Jean Michel auf Weltreise war, und das er in London zurückgelassen hat, kam nach New York und wollte ein Flugticket zurück nach Kalifornien.

Samstag, den 17. September 1983 Stand um 6.00 auf, um in Queens Aufnahmen für das TDK-Inserat zu machen. Es war der zweite Tag; doch lohnt es sich, früh aufzustehen, wenn man einen fetten Scheck dafür bekommt. Eigentlich hätten wir bis 5.30 arbeiten sollen, waren aber schon gegen Mittag fertig.
Wir verabredeten uns um 9.30 im »Café Seiyoken« zum Dinner. Holte Bianca ab, die derzeit im Haus von Marcie Kleins Freund wohnt.
Wir gingen also ins »Café Seiyoken«. Ich machte Bianca mit Keith Haring bekannt. Ich wette, sie will von ihm umsonst ein Wandgemälde in ihre Wohnung. Sie sagt, sie würde ihn gern für »Interview« interviewen. Sie will auch Rauschenberg und andere Künstler interviewen.
Rauschenberg war auch da. Er trank Jack Daniel's, kam zu uns und war sehr nett. Ich glaube, er sagte, er arbeite an Kostümen für Laurie Anderson und Trisha Brown, aber im »Café Seiyoken« ist es so laut, daß man sich kaum vernünftig unterhalten kann (Dinner $ 450.00). Ich denke nicht, daß ich da noch mal hingehe. Aber sie sind Anzeigenkunden, deshalb war es gut, sich mal sehen zu lassen.
Steve schickte seinen Chauffeur, um uns abzuholen und zu ihm ins »Van Dam« zu bringen. Also fuhren wir hin. Außer Steve waren noch Ryan, Farrah und Bob Colacello da. Bob sieht gut aus. Er ist ganz der Alte und erzählte eine Geschichte nach der anderen. Ryan war total überdreht, redete jeden mit »Baby« oder »Honey« an und küßte alle Jungs auf den Mund; das ist so krank. Farrah war auch eigenartig. Sie wollte unbedingt, daß ihr Keith etwas auf den Arm zeichnet. Und dann wurden Ryan und Farrah so nervös, daß sie draußen eine Runde drehen mußten, um einen Joint zu rauchen. Ich glaube, die Spannung rührte daher, daß Ryan mal eine Affäre mit Bianca hatte.

Sonntag, den 18. September 1983 Konnte nicht aufstehen, weil ich erst um 3.00 ins Bett gekommen war. Führte die Hunde aus. Kein Mensch rief an; vermutlich habe ich während der Woche alle so genervt.

Ging zur Kirche, anschließend zu Fuß zur »Frick Collection« (Eintritt $ 4.00). Es ist kaum zu fassen, wie reich manche Leute waren. Einer der Wärter – er heißt Fayette – erkannte mich und gab mir umsonst einen Katalog.

Später spazierten Jon und ich zum Castle im Central Park. Wir gingen zum Bootshaus, mieteten ein Ruderboot ($ 20.00) und ruderten eine Stunde. Der See mit den vielen Leuten kam mir vor wie ein moderner Seurat. Wir fuhren auf einen Stein auf, und dann rammten uns vier Mädchen, das war lustig. Dann fuhren die Mädchen weiter, und Jon und ich waren wieder allein. Ich kam mir vor wie Shelley Winters in »A Place in the Sun«. Ich kann nicht schwimmen.

Dienstag, den 20. September 1983 Taxi zu Lidija ($ 4.00). Jean Michel kam nicht zur Gymnastik, weil er mit Paige die Nacht durchgemacht hatte. Er will nach Zürich. Er ist noch nicht in die Great Jones Street umgezogen. Am Nachmittag war ich fleißig. Arbeitete mit Rupert an den Cocteau-Zeichnungen für Pierre Berge. Malte. Arbeitete bis 7.30 (Taxi $ 6.00). Arbeitete zu Hause weiter. Las Zeitschriften.

Donnerstag, den 22. September 1983 Stand früh auf und fuhr wegen der Collagen-Injektionen zu Karen Burke in 1050 Park Avenue. Sie redet wie ein Wasserfall. Obwohl das Wartezimmer voll war, quasselte sie eine geschlagene Stunde. Sie behandelte meinen Hals, und es tat sehr weh. Eine wahre Folter. Während ich auf dem Tisch lag, erzählte sie mir ihre Lebensgeschichte.

Als ich ins Büro kam, hatte Brigid gerade ihre Katze Jimmy einschläfern lassen. Ich wurde wütend und sagte, sie hätte das nie tun dürfen, ohne einen zweiten Tierarzt zu konsultieren. Außerdem hatte Rupert angeboten, Jimmy nach Pennsylvania mitzunehmen, denn manchmal hilft schon eine Luftveränderung. Aber Brigid hatte ihm nichts gesagt, so daß er nichts tun konnte.

Richard Weisman gab im »Le Club« eine Geburtstagsparty für Catherine Oxenberg. Das letztemal hatte ich Catherine Oxenberg bei einer Party von Mark Rich in Spanien gesehen. Gestern schrieben übrigens die Zeitungen, er habe mehr Steuern hinterzogen als jeder andere; Hunderte Millionen oder so. Ich machte Fotos vom Geburtstagskind.

Freitag, den 23. September 1983 Das war der Abend, an dem Drue Heinz die Riesenparty zum 75. Geburtstag ihres Mannes Jack gab. Sie war im Garten hinter ihrem Stadthaus, auf der Riverview Terrace beim Sutton Place. Das ganze Ufer war beleuchtet. Es waren Unmengen von Leuten da. Ungefähr 50 Tische und an jedem zehn Leute. Alle trugen Kostüme von 1890. Ich hatte als einziger einen Smoking an. Gleich als ich hinkam, lief mir Mrs. Heinz über den Weg. Ich sagte ihr, daß meine Begleiterin Cornelia abgesagt hatte, und sie sagte: »Na, dann sitzen Sie eben neben niemandem.« Ich fragte sie nach Malcolm Forbes, weil ich ihm etwas geben wollte, und sie sagte: »Ach, schmeißen Sie es doch einfach über die Mauer.« Ich war sprachlos. So was nennt man wohl schlagfertig. Ich sollte an Tisch 2 sitzen, und das war ein guter Tisch, doch als ich hinkam, stand mein Name auf keiner der Tischkarten.

Also wurde ich nach Tisch 18 verfrachtet, und an diesem riesigen Tisch saß kein Mensch außer einem Künstler, der für die Familie Heinz arbeitet. Es war schon komisch – da waren wir nun ganz allein, und alle wirklich wichtigen Leute saßen ein paar Stufen höher. Der Künstler war jedoch ein hübscher, unterhaltsamer Bursche. Anfangs dachte ich, er sei schwul, weil er ohne Begleiterin war, aber dann erzählte er mir, man habe ihn gebeten, allein zu kommen, deshalb habe er seine Freundin nicht mitgebracht. Er hieß Ned. Wir tauschten

untereinander die Geschenke aus, die wir eigentlich für Mr. Heinz mitgebracht hatten. Seins ist immer noch eingepackt – es ist eine Zeichnung. Ich habe sie noch nicht ausgewickelt, weil sie in der Verpackung so hübsch aussieht.
Es gab ein Feuerwerk, und ich wurde betrunken. Das Essen war gut, kein Dosenfutter. Sie hatten 100 gutaussehende, schwule Kellner, und die konnten auch nicht begreifen, warum wir allein an einem Tisch saßen. Leute kamen und fragten, ob wir nicht nach oben kommen wollten, aber ich wollte nicht. Auch Geldzahler kam und fragte, aber ich wollte nicht. Dann sagte Ned, er müsse auf die Toilette, und ich sagte, wenn er das täte, dann ginge ich. Er sagte: »Das ist hart.« Er war auch betrunken. Aber ich ging nicht. Es war kalt, und wenn es kalt ist, kann ich nicht denken. Erst als Ned zurückkam, ging ich. Vor dem Dessert. Es war schon verrückt und meine letzte Party im Hause Heinz.

Samstag, den 24. September 1983 Arbeitete bis 7.00 mit Benjamin (Taxi $ 6.00). Dann rief der Typ von Harper & Row an, für den ich das Buch »America« machen soll. Er lud zum Dinner ins »Texarkana« ein, und wir verabredeten uns für 9.00. Nahm ein Taxi ($ 6.00).
Traf auf Ronnie Cutrone. Er war mit etwa 40 Leuten da. Sie kamen gerade von seiner Ausstellung. Auf der Einladung hatte »zum Gedenken an meinen Vater« gestanden. Benjamin und ich hatten uns eigentlich vorgenommen, auch hinzugehen, aber dann hatten wir Sachen nach Hause geschafft und nicht mehr daran gedacht. Aber man kann unmöglich sagen: »Ich hab's vergessen.« Deswegen war es ziemlich peinlich. Tony Shafrazi, Keith Haring und Lou Reed waren da. Lou sah irgendwie bedrückt und merkwürdig aus. Ronnie sagte, daß er Lou regelmäßig auf dem Land besucht und daß sich Lou jedesmal noch ein Motorrad und noch ein Stück Land dazu gekauft hat.
Ich saß eine Ewigkeit mit diesem Kerl von Harper & Row zusammen – Craig Nelson heißt er –, aber er ließ sich einfach nicht die Rechnung bringen. Wie lange hätte ich noch warten sollen? Also verlangte ich die Rechnung, und er bot nicht an, sie zu bezahlen. Sie betrug $ 100.00, Trinkgeld inklusive. Setzte Craig Nelson bei seiner Bude in der Avenue A ab (Taxi $ 8.00).

Sonntag, den 25. September 1983 Wachte frierend auf. Ging zur Kirche.
Rief Curley an. Ich wollte mich mit ihm und seinen Freunden zum Dinner treffen, doch er hatte keine Lust. Er sagte, das sei so ein Abend, an dem man am besten zu Hause bleibt. Dann rief ich Mark an, den Jungen von den »Pedantiks«, und wir verabredeten uns im »Texarkana«. Er wollte Sam aus seiner Gruppe mitbringen. Anschließend rief ich Jay Shriver an. Er sagte, er sei eingeschlafen und wolle nicht mehr ausgehen. Ich sagte okay (Taxi in die Stadt $ 6.00). Ich traf Sam und Mark beim Reingehen.
Beim Dinner redeten wir über Rock, glaube ich. Mark hat blonde Haare und sieht eher durchschnittlich aus. Man käme nie darauf, daß er schwul ist. Sam hat schlechte Zähne und ist grau im Gesicht. Vermutlich ist Rock 'n' Roll nicht gesund, und mit der Zeit sehen Rockmusiker halt so aus. Wir waren schon eine ganze Weile da, als plötzlich *Jay* kam. Er hatte eine halbe Stunde an der Bar gesessen und gedacht, ich hätte ihn gesehen. Doch ich hatte ihn nicht bemerkt. Er war da, weil er die Kellnerin aufreißen wollte, die ihm letzte Nacht gefallen hatte. Ich war ziemlich sauer auf ihn, weil er mich angelogen hatte. Von wegen, er ginge nicht mehr aus! Er hätte mir doch die Wahrheit sagen können. Schließlich bin ich kein Kind mehr (Dinner $ 120.00)
Rief Benjamin an, aber er sagte, er sei müde, denn er habe bis 5.00 im »Pyramid Club« als Transvestit gearbeitet.

Aber Mark ist Türsteher im »Pyramid« und sagte, daß der Laden schon früher zumacht. Also hat mich vielleicht auch Benjamin angelogen.
Ich brachte Mark und Sam nach Hause ($ 6.00). Als ich heimkam, war ich furchtbar sauer auf Jay und alle anderen. Ich fühlte mich ausgenutzt, mißbraucht und obendrein belogen.
Sprach mit Jon in Los Angeles.

Montag, den 26. September 1983 Seit dem Abend bei Drue Heinz hasse ich die Republikaner, aber ich ändere meine Meinung heute noch, wenn Ron jr. es wirklich geschafft hat, für »Interview« ein Interview mit seinem Vater zu kriegen. Als Januar-Titel. Ich würde sogar republikanisch wählen. Ich weiß, daß ich nie wähle, aber ich habe vor, mich wieder als Wähler registrieren zu lassen.

Dienstag, den 27. September 1983 Alles geht so schnell in New York. In fünf Minuten kann man vergessen sein. In weniger als fünf. Du kannst jahrelang jeden Abend Millionen Leute treffen, und dann vergessen sie dich in einer Minute. Benjamin kam früh, um mich abzuholen. Er war nicht verkleidet, schade. In Frauenkleidern sieht er viel maskuliner aus. Komischerweise wirkt er als Mann zart und mädchenhaft, wenn er aber als Tunte geht, bemerkt man die Adern auf seinem Handrücken, seine breiten Schultern und die kräftigen Hände.
Ich würde abends gern Lippenstift auflegen, damit meine Lippen voller wirken, nur habe ich Angst davor, daß es jemandem auffällt, wenn ich mal zu lang in hellem Licht stehe.

Mittwoch, den 28. September 1983 Bianca rief an und lud mich ins »Da Silvano« zum Lunch für den sandinistischen Kulturminister von Nicaragua ein. Eine Frau. Unter den Gästen war ein Amerikaner namens Peter Davis – ein Kommunist wie Emile De Antonio. Er hat einen Film mit dem Titel »Hearts and Minds« gedreht. Der italienische Künstler Clemente war auch da. Ich mag ihn wirklich sehr – er hat sich die amerikanische Art angeeignet. Er versteht amerikanischen Humor, und das ist deshalb so ungewöhnlich, weil ich nie begreifen werde, wie man das als Ausländer schaffen kann. Er redet nicht viel, sitzt bloß da, ißt und beobachtet. Bianca will für ihre Wohnung ein Wandgemälde von ihm, umsonst. Sie seift jeden Künstler ein.
Und dann war da bei dem Lunch noch ein Typ, der für Mitterrand arbeitet. Früher war er politischer Gefangener, irgendwo in Südamerika, glaube ich.
Es wurde ein Fünf-Stunden-Lunch. Die nicaraguanische Kulturministerin kam viel zu spät. Sie ist fast so hübsch wie Bianca. Sie sagte: »Ich weiß, daß die Leute denken, während einer Revolution gebe es keine Kunst, doch sogar im Bomben- und Kugelhagel entsteht welche. Wir haben Tänzer, Maler, Fotografen, und alle sind gewerkschaftlich organisiert...« Also... Und dann sagte sie, daß die Revolution gesiegt habe und »die Stunde des Volkes geschlagen hat«. Ach, ich weiß auch nicht, das ist alles sehr abstrakt. Aber schließlich habe ich mich auf der großen Party im Hause Heinz mit all diesen reichen Republikanern auch so idiotisch gefühlt.
Jedenfalls wollen sie, daß wir nach Nicaragua kommen und dort irgendwie die Sache der Kunst unterstützen. Clemente sagte: »Aber klar doch, ich fahre da runter und verliere meine Green Card, für die ich soviel durchgemacht habe.« Und als wir dann endgültig geschafft waren, stieg die Rebellin in ihre Limousine, und der Sozialist, der für Mitterrand arbeitet, stieg in *seine*, und wir fuhren zu Clementes Loft, gleich neben Tower Records. Sein Künstler-Loft ist wirklich schön, überall große Bilder. Aber dieser Mitterrand-Typ war gräßlich. Er trat auf ein Bild, das auf dem Boden lag, und tat dann so, als habe er es für einen Teppich gehalten. Dabei wußte er genau, daß es ein Gemälde war, davon bin ich überzeugt.

Dann wollten sie mein »Studio« sehen, also fuhren wir zum Büro, aber dort gab es nichts zu sehen. Der Kontrast sprang ins Auge. Wir halten es derart mit der Mode, daß wir von Dingen wie Krieg und Politik keine Ahnung mehr haben. Ich hatte keine Kunst, die ich ihnen hätte zeigen können. Sie wollten Filme sehen, doch ich hatte auch keine Filme.
Also gingen sie schließlich. Ich arbeitete bis 7.30. Cornelia rief an und fragte, wo ich bliebe, sie sei längst fertig. Und ich hatte einen Smoking im Büro, zog ihn an und ging zu den Waldorf Towers. Ich bat sie, schon mal runterzukommen, weil wir spät dran waren, aber sie sagte: »Ich warte nicht unten wie eine Prostituierte.«

Kenny Scharf, Andy Warhol, Keith Haring *(Patrick McMullan)*

Als ich kam, stellte sich der Portier unglaublich dumm an. Nachdem ich fünfzehn Minuten im Taxi gewartet hatte, kam er raus und sagte, in dem Haus sei kein Mr. Warhol. Also ging ich selber rein, rief in Cornelias Zimmer an, und sie kam in einem roten Kleid herunter. Sie sah aus wie eine Hure, aber wunderschön. Sie hat etwas zugenommen. Wir fuhren ins »Pierre« (Taxi $ 8.00) zu der Benefiz-Modenschau, die Joanne Winship organisiert hatte.

Donnerstag, den 29. September 1983 Ich wachte mit Flohbissen auf, und das machte mich hysterisch. Ich rannte aus dem Haus und kaufte Flohhalsbänder für meine Knöchel.
Kenny Scharf kam vorbei. Er hat soeben für $ 2000.00 ein Haus in Bahia gekauft und ißt den ganzen Tag Kokosnüsse. Seine Frau bekommt ein Baby. Sein Vater muß ein mittelschwerer Produzent sein. Kenny hat seine Frau auf einem Flug zum Karneval kennengelernt. Dann kam auch Keith Haring. Er hatte sich vorher von Dr. Giller eine Vitamin-B-12-Spritze geben lassen. Es war wie in den sechziger Jahren, als sich die Jungs einen Schuß setzten und aufgekratzt zurückkamen. Und Keith tobte und schrie wegen Michael Stewart. Das ist der schwarze Graffiti-Maler, den die Polizei umgebracht hat, wie die Zeitungen schreiben. Keith sagte, er sei selber viermal von der Polizei festgenommen worden, aber weil er normal aussehe, hätten sie ihn nur als Schwulen beschimpft und wieder laufen lassen. Aber der Junge, der umgebracht wurde, hatte Rasta-Locken wie Jean Michel.
Arbeitete den ganzen Nachmittag. Brachte Benjamin nach Hause (Taxi $ 7.00). Leimte mich zusammen und ging allein zu Regine. Sie gab eine Geburtstagsparty für Julio Iglesias. Lester Persky kam gleichzeitig mit mir an. Wir gingen als Paar rein, und drinnen waren Kameras aufgebaut, aber (lacht) alle sagten, das sei nur das spanische Fernsehen. Die üblichen Leute waren da: Suzie Knickerbocker, Jerry Zipkin und Cornelia. Julio Iglesias sieht in Wirklichkeit anders aus als auf den Fotos. Er ist über 1,85 und sehr attraktiv mit seinem tiefbraunen Teint und seinen blitzenden weißen Zähnen. Er war sehr freundlich, als würden wir uns kennen. Vielleicht kennt er ja jemanden, der uns kennt und die

ganze Zeit über uns redet. Cornelia saß in der Nähe und schaffte es, seine Blicke auf sich zu ziehen. Halston hatte angerufen und uns für hinterher zu sich eingeladen.
Ich ging also zu Halston. Jane Holzer war da, und Halston spulte seine übliche Platte ab: »Ich bin ja so reich.« Dabei hat er allen Grund, sich Sorgen zu machen, seit der Kerl, dem seine Firma gehört, in »Fortune« erklärt hat, er werde sie unter Umständen verkaufen.
Ach ja, und Halston hat mich schon wieder gebeten, ein Treffen mit Jerry Hall zu arrangieren. Er will Bianca immer noch eifersüchtig machen. Aber jetzt, wo Jerry schwanger ist, dürfte es schwierig werden, sie einzukleiden.

Samstag, den 1. Oktober 1983 Mußte früh aufstehen. Maura und ich waren zu einem Interview mit Matt Dillon in Freds Haus angesagt. Als Matt endlich kam, setzte er sich in die Küche, und Maura interviewte ihn. Er ist erst 19. Maura stellte ihre üblichen Fragen – »Sind Sie katholisch?« und »Sind Sie irischer Abstammung?« Er sagte ja. Es wird exakt das gleiche Interview wie mit Brooke Shields.

Mittwoch, den 5. Oktober 1983, New York – Mailand Stand früh auf, versuchte zu packen und holte Benjamin ab (Taxi $ 6.50). Jean Michel Basquiat kam ins Büro, um mit Lidija zu turnen. Ich sagte, daß ich nach Mailand fliege, und er sagte, er käme mit. Wir verabredeten uns am Flughafen. Arbeitete den ganzen Nachmittag, bis 4.30.
Ich hatte nicht erwartet, daß Jean Michel käme, doch als ich auf dem Flughafen in der Schlange stand, erschien er tatsächlich. Er ist verrückt, aber ein süßer und lieber Kerl. Er hatte vier Tage lang nicht geschlafen und sagte, er werde mir beim Schlafen zusehen. Er war ganz verrotzt und schneuzte sich in Papiertüten. Er war so schlimm wie Chris. Trotzdem, Paige hat ihn in eine Art Gentleman verwandelt, denn inzwischen badet er sogar. Wir kamen recht pünktlich in Mailand an und stiegen in dem berühmten Hotel ab. Den Namen habe ich vergessen.

Donnerstag, den 6. Oktober 1983, Mailand Gab an dem Tag fünf oder zehn Interviews, ein Termin jagte den anderen. Gingen zum Lunch in ein hervorragendes Restaurant. Das Essen war ausgezeichnet, und die Leute sahen so gut aus. Ich glaube, wir haben eine Menge Inserenten für »Interview« geworben. Waren bei einem großen Dinner in einer neuen Disco mit lauter schönen Models.
Zurück ins Hotel. Jean Michel kam und sagte, er sei deprimiert und wolle sich umbringen. Ich lachte und sagte, das kommt davon, wenn man vier Tage lang nicht schläft. Er jammerte noch eine Weile und ging dann auf sein Zimmer.

Freitag, den 7. Oktober 1983, Mailand Noch mehr Presse. Dann hatten wir eine Galerie-Eröffnung mit zwei Gemälden, aber in der kleinen Eingangshalle drängten sich 40 Millionen Leute, um sie zu sehen. Einfach zu voll. Mußte mich für eine große Dinnerparty für Leandro Gualtieri und seine Frau, die Designerin Regina Schrecker, umziehen. Jean Michel kam zurück. Ich hatte ihn Teller bedrucken lassen, und so konnten wir jedem ein Porträt auf einem Teller schenken. Die Party war elegant, und hinterher gingen die Kids tanzen.

Samstag, den 8. Oktober 1983, Mailand – Paris Jean Michel kam, als wir abreisen wollten. Er wollte noch bei Keith Haring bleiben, um Publicity zu kriegen, wie er sagte – Keith war mit Kenny Scharf von Spanien gekommen, um Fiorucci zu malen (Concierge $ 30.00, Pagen $ 20.00, Zimmermädchen $ 10.00, Pförtner $ 5.00, Taxi zum Flughafen $ 30.00).

Dienstag, den 11. Oktober 1983, Paris – New York Als ich nach Hause in die 66. Straße kam, ging ich nicht unter die Dusche, weil ich wußte, daß ich dann überhaupt nicht mehr zum Arbeiten käme. Ich verströmte (lacht) »Essence of France« – Körpergeruch. In der Zeitung war ein merkwürdiges Bild von Bürgermeister Koch, aufgenommen bei der Beerdigung von Kardinal Cooke. Er grinst verächtlich zu Nixon hinüber. Ein unheimliches Bild. Fuhr zu Lidija (Taxi $ 6.00). Trank viel Kaffee.
Arbeitete bis 7.00 oder 7.30. Paige ist beleidigt, weil Jean Michel sie nicht aus Europa angerufen hat. Jean Michel hat uns in Mailand sitzen lassen. Ronnie Cutrone kam und sagte, er sei zur gleichen Zeit wie wir in Mailand gewesen, und Jean Michel sei nach Madrid weitergeflogen. Jean Michel versucht, über Nacht berühmt zu werden, und wenn es klappt, ist er vermutlich erledigt.

Mittwoch, den 12. Oktober 1983 Ich versuchte den ganzen Tag, Thomas Ammann zu erreichen, aber er war nicht da. Er will immer noch einen Teil meines Hauses mieten – den zweiten Stock –, um seine Bilder dort auszustellen, und ich weiß nicht, wie ich ihm klarmachen soll, daß das nicht geht. So was läßt sich nicht geheimhalten; die Leute würden erfahren, daß das Haus mir gehört. Das ginge doch etwas zu weit.
Und Paige ist jetzt wirklich stocksauer, weil Jean Michel immer noch nicht angerufen hat. Bei uns hat er sich auch nicht gemeldet. Sie verkauft schon seit einiger Zeit seine Bilder. Er hat sich von Mary Boone getrennt – sie nahm 50 Prozent. Paige nimmt nur 10 Prozent. Er arbeitet aber auch mit Bruno zusammen, deshalb wird er auch noch ausgestellt. Ich erzählte Paige, daß Jean Michel in Mailand hinter Joanna Carson her war, aber das hätte ich wohl nicht tun sollen. Paige sagte, sie könnte ihn auch einfach vergessen, sie wolle alles oder nichts. Aber Menschen sind natürlich Menschen, und ein Narr ist ein Narr, und egal was sie sagen, sie verlieben sich immer wieder.

Donnerstag, den 13. Oktober 1983 Prinzessin Caroline wollte schon um 9.00 ins Büro kommen, um für das Dezember-Cover der französischen »Vogue« Modell zu sitzen. Sie ist die Gastredakteurin der diesjährigen Weihnachtsausgabe, und ich soll sie fotografieren. Also beeilte ich mich (Taxi $ 6.50). Sie war schon da, aber es dauerte ein oder zwei Stunden, bis sie umgezogen war. Außerdem wollten sie Bilder davon, wie ich sie fotografiere, also rief ich Chris an,

Mit Caroline von Monaco *(Christopher Makos)*

und er kam. Sie ist hübsch, wirkt aber wie 40. Sie sieht aus, als sei sie durch den Wolf gedreht worden. Aber sie wissen schon, wie man sie zurechtmachen muß. Sie hatte einen japanischen Visagisten mit.
Paul Morrissey war da, und wir gingen die Wände hoch. Er will ein Remake von »Pepe le Moko« drehen, und zwar mit Kindern. Paul hat wirklich gute Ideen, und wir würden gern mit ihm arbeiten, wenn er sich nur den abgestandenen Drogenschund aus dem Kopf schlagen könnte. Er ließ Brigid ein paar Verträge neu tippen.

Dienstag, den 18. Oktober 1983 Jean Michel kam vorbei, und ich gab ihm eine Ohrfeige (lacht). Im Ernst. Sogar eine ziemlich saftige. Das hat ihn etwas aufgerüttelt. Ich sagte: »Wie kommst du eigentlich dazu, uns in Mailand sitzenzulassen?« Benjamin hat mich dazu angestiftet.

Mittwoch, den 19. Oktober 1983 Der Baum vor meinem Haus ist das ganze Jahr nicht einen Zentimeter gewachsen. Der Ginkgo. Er ist noch

grün, aber er wächst nicht. Benjamin sagt, er muß erst richtig Wurzeln schlagen. Aber er ist hübsch. Klein, hübsch und grün.
In den Zeitungen stand, die Polizei habe »den Sohn von Sidney Poitier und Diahann Caroll« als Hochstapler verhaftet. Er hatte sich bei allen möglichen Leuten einquartiert. Es war klug von Halston, ihn damals gleich rauszuwerfen. Außerdem war dem Typ an der Nasenspitze anzusehen, daß er log. Aber die anderen haben ihn bei sich wohnen lassen! Er hätte wer weiß wer sein und leicht eine ganze Familie auslöschen können.

Freitag, den 21. Oktober 1983
Jean Michel kam, und Paige Powell war mit ein paar Kunden da. Paige hatte für Jean Michel einen Vortrag am Vassar College arrangiert. Ein Wagen sollte sie abholen.
Aber wie mir Jean Michel sagte, wollte er Paige nicht mitnehmen, weil er die Mädchen vom Vassar College bumsen wollte. Und als ich nach Hause kam, lag auch eine Nachricht von Robert Hayes da, in der es hieß, Paige sei ganz hysterisch, weil Jean Michel sie nicht abgeholt habe. Das war gemein. Ich sagte ihr, daß das Leben eben so spielt, und lud sie zu einem Drink ein. Dann rief ich Sean McKeon an und bat ihn mitzukommen. Er sollte mir helfen, die Situation zu meistern. Sean hat schon seit Jahren eine Schwäche für mich, und es ist gut, mit jemandem zusammen zu sein, der einen mag.
Wir gingen also ins »Mayfair« und tranken zwei Champagner und eine Tasse Kaffee ($ 40.00). Paige war so sauer – sie hatte Bilder von Jean Michel verkauft und ihm gerade einen Scheck über $ 20 000.00 gegeben. Sie sagte, sie würde sein Zeug nie mehr ausstellen oder verkaufen. Ich schlug vor, eine Ausstellung mit meinen Sachen zu machen und sie »Das Schlechteste von Warhol« zu nennen. Ich versprach ihr, dafür meine Schränke zu durchstöbern und all das schreckliche Zeug, aus dem nie etwas geworden ist, rauszuholen. Das heiterte sie etwas auf. Aber sie ging schon ziemlich früh, weil sie immer noch sehr nervös war. Sean setzte mich ab, und ich ging zu Bett.

Sonntag, den 23. Oktober 1983
Eins meiner Bilder wird demnächst versteigert und ist nur auf $ 100 000.00 geschätzt. Ich glaube, es ist eine »Coke Bottle«. Roys Sachen verkaufen sich für fünf-, sechs- oder siebenhunderttausend und Jaspers Bilder für eine Million.

Montag, den 24. Oktober 1983
Es ist eiskalt, und die Heizung schafft es nicht. Und ich habe immer noch Probleme mit der Wasserwanze. Ich treibe sie jede Nacht in die Ecke, aber dann bringe ich es nicht fertig, sie totzumachen. Sie frißt sich jetzt schon drei Jahre lang bei mir durch.
Ich werde das Gefühl nicht los, daß es ein Fehler war, das Haus in der 33. Straße zu kaufen. Vielleicht hätten wir es gleich nach dem Kauf wieder losschlagen sollen. Aber es ist der Schlüssel zu allen Grundstücken des Blocks, wegen seiner T-Form.

Mittwoch, den 26. Oktober 1983
Jean Michel war den ganzen Nachmittag im Büro. Paige kam, zog aber schmollend wieder ab. Ich glaube, es ist aus mit den beiden. Er will los und ledig sein, und sie will sich binden.

Donnerstag, den 27. Oktober 1983 Gael Love rief an und schrie, die Zeitungsverkäufer seien sauer, weil ich Freiexemplare von neuen Ausgaben verteile, bevor sie überhaupt am Kiosk sind. Ich sagte ihr, daß ich tue, was mir paßt. Ich glaube, die Nummer mit Richard Gere hat sich bis jetzt am besten verkauft, obwohl das Interview so schlecht war. Aber offenbar spielt das keine Rolle, es muß nur jemand sein, über den jemand was lesen will.

Dienstag, den 1. November 1983 Taxi, um mich mit Lidija zu treffen ($ 6.00). Ein junger Deutscher war in »860«. Er sagte, er sei letzte Nacht in der Bar »Cowboy« gewesen. Die AIDS-Furcht sei vorbei, und es

herrsche wieder »Stimmung«. Und der Freund von Robert Hayes ist in der Stadt und wohnt bei ihm. Er kann keine Chemotherapie machen, weil er die Nebenwirkungen nicht vertragen würde.
Und Jean Michel hat jetzt dieses blonde WASP-Mädchen zum Bumsen. Ich glaube, er haßt alle weißen Frauen.
Und Cornelia hat mir meinen Schal weggenommen. Wenn sie ausgeht, hat sie nie was an und trägt durchsichtige Kleider, aber dann beklagt sie sich, weil ihr kalt ist. Also hat sie den großen roten Schal genommen, den ich bei einer Modenschau gekriegt habe, und das war's dann wohl. Dabei hatte der Schal endlich das passende Rot.

Donnerstag, den 3. November 1983 Robyn will seinen Job aufgeben und für die »Tower Gallery« arbeiten. Ich glaube aber nicht, daß er dort lange bleibt. Er will Künstler werden und glaubt, daß er dort seinem Ziel näher ist.

Dienstag, den 8. November 1983 Bei der Versteigerung gestern abend ging mein »Triple Elvis« für $ 135 000.00 weg, das ist gut. Er war auf $ 70 000.00 bis $ 90 000.00 geschätzt. Aber Thomas Ammann hat $ 440 000.00 für einen von David Whitneys Rauschenbergs geboten.

Donnerstag, den 10. November 1983 Eine Reporterin vom »Wall Street Journal« rief an und sagte, sie schreibe einen Artikel über »Clubs« und wolle mit mir ins »Area«, ins »Limelight« und in den »Cat Club« gehen. Aber ich glaube, sie hat Hummeln im Hintern und will nur durch die Clubs ziehen unter dem Vorwand, daß sie darüber schreibt.
Ja, ich bin wirklich froh, daß die »Coke Bottle« $ 135 000.00 erzielt hat. Alle fanden, das sei gut. Thomas erzählte mir, der »Elvis« sei für $ 146 000.00 weggegangen. Und Thomas hat für $ 40 000.00 ein »Flower«-Bild gekauft. Doch es ist viel mehr wert. Eines Tages...

Samstag, den 12. November 1983 Sah mir »Rear Window« (»Das Fenster zum Hof«) an. Ich saß neben einem Schwarzen, der nicht rücken wollte. Als er mich erkannte, sagte er: »Wir Löwe-Geborenen machen, was wir wollen, stimmt's?« Er hatte Körpergeruch. Und er war ein Intellektueller, lachte an den richtigen Stellen. Der Film hat mir sehr gefallen, er war in dem schönen Technicolor, das es heute nicht mehr gibt.

Sonntag, den 13. November 1983 Ich versuchte, ein Dinner mit Keith Haring und Thomas Ammann zu arrangieren, weil Thomas Keith kennenlernen will. Also rief ich Keith an. Er stand gerade auf. Er war mit Juan bis 8.00 morgens in der »Paradise Garage« gewesen und hatte den ganzen Tag geschlafen.
Um 9.00 holte mich Thomas ab und sagte, Richard Gere und Silvinha würden uns im »Van Dam« treffen. Also gingen wir hin. Es war leer, wie immer am Sonntagabend. Bestellte gegrillten Fisch, aß ihn aber nicht. Richard trug ein Hütchen und einen Schnurrbart, wie in »Cotton Club«. Und er schimpfte über die Zeitungen, die nie etwas richtig machen. Er war fantastisch. Er sagte, er sei nur gekommen, um Keith Haring kennenzulernen. Er kauft Kunst. Er erzählte, daß er ein Sperma-Bild von mir ins Feuer geworfen habe. Passiert war folgendes: Ich hatte Jean Michel ein Sperma-Bild geschenkt, und er hatte sich mit Richard betrunken, und da er nichts bei sich hatte, um Richard Gere seine Telefonnummer aufzuschreiben, schrieb er sie auf das Bild und gab es Richard. Und als Richard dann am nächsten Morgen aufwachte, sah er das Bild, fand es ekelhaft und warf es ins Feuer. Ich erzählte ihm, es sei *mein* Sperma, aber in Wirklichkeit war es Victors Sperma. Richard sagte, wenn er genug Geld hätte, würde er alle Bilder von Balthus kaufen. Balthus malt diese kleinen Mädchen, die lächeln, als hätten sie gerade mit jemandem geschlafen. Die Bilder kosten jetzt über eine Million.

Mittwoch, den 16. November 1983 Jay war beleidigt, weil ich ihm nicht erlaubt habe, in dem Teil des Gebäudes, der an der Madison Avenue liegt, zusammen mit Benjamin eine Diskothek aufzumachen. Er war angefressen.
Und auch Vincent war schlecht gelaunt. Er war auf einer Sitzung von »Madison Square Garden TV«, und wie es aussieht, setzen sie unsere Show ab.

Freitag, den 18. November 1983 Ging zu Karen Burke, der Collagen-Frau, und jedes Wort, das sie sagte, war peinlich. Sie sagte, sie plane eine Studie über die Haut von Homosexuellen, weil sie angeblich soviel Sperma schlucken. Und mich führte sie als Beispiel an. Ich sah sie nur an und sagte: »Hören Sie zu, *ich* habe noch kein Sperma geschluckt.« Da begriff sie, daß sie einen Fehler gemacht hatte. Und dann fragte ich sie, ob sie sich selber Collagen-Injektionen geben würde, und sie sagte, o nein, sie sei allergisch dagegen. Es hörte sich an wie: »Was, ich soll Collagen nehmen? Sind Sie verrückt?« Das war das nächste Fettnäpfchen. Und dann sagte sie: »Bei den Naturkosmetika, die ich entwickle, nenne ich Ihren Namen.« Dabei war die Idee von *mir*. Vor einer Woche hatte ich ihr davon erzählt! Die Idee, Cremes aus Butter und andere Kühlschrank-Kosmetika herzustellen, die man ständig ersetzen muß. Also sagte ich nur: »Nun, ich steige ja *mit* Ihnen in das Geschäft ein, also...«

Sonntag, den 20. November 1983 Cornelia rief ein paarmal an, und dann versetzte sie mich bei der Premiere von »Marilyn«. Das Stück begann um 6.00, und damit hätte auch schon Schluß sein sollen. Es war albern. Das Mädchen, das Marilyn spielte, war aber sehr gut. Sie hat Star-Qualitäten, und sie kann singen, aber offenbar war das Skript zu schlecht. Hinterher logen wir und sagten, wir hätten das Stück toll gefunden. Traf Lester Persky und Truman Capote, der betrunken wirkte. Und er küßte mir die Hand. Was soll das nun wieder? Ich fragte ihn, ob er zu der anschließenden Party gehe, und er sagte: »Nein, trinken kann ich auch zu Hause.«

Montag, den 28. November 1983 Ich schaue aus dem Fenster... unten geht eine Frau mit ihrem Hund, sie entfernt sich hastig von dem Haufen, den er gerade gemacht hat... sie läßt ihn einfach liegen... jetzt ist sie weg, und sie hat ihn genau vor *meinem Haus* liegen lassen! Und da kommt ein Lastwagen von »Happiness Cleaners and Laundry«...
Fred hat als Ersatz für Robyn einen Jungen eingestellt und mich nicht mal gefragt. Und ich glaube nicht, daß der Junge was taugt, weil er fünf Stunden lang untätig auf Fred gewartet hat, statt sich eine Arbeit vorzunehmen, wie Aufwischen oder so. Er ist Italiener mit englischem Akzent.

Dienstag, den 29. November 1983 Die »New York Times« brachte einen großen Bericht über AIDS. Das Tourismusgeschäft in Haiti ist total zusammengebrochen. Wahrscheinlich waren die Touristen insgeheim bloß wegen der großen Schwänze dort. Jean Michel ist nämlich halber Haitianer, und er hat wirklich den größten.
Ging zum Trump Tower, legte einen Stapel »Interviews« aus und sah zu, wie die Leute sie mitnahmen. Eine Dame bat mich zitternd um ein Autogramm, und dann sagte sie »Gott segne Sie«. Ich hoffe, sie behält recht.

Sonntag, den 4. Dezember 1983 Steve Rubell rief an, er wolle mich um 6.30 mit Bianca und Ian Schrager abholen. Im »Helmsley Palace« war eine Philip-Johnson-Ausstellung mit Jackie O. Zog meinen Smoking an.
Sprach dort mit David Whitney. Die Fotografen wollten ein Bild von mir und Bianca, aber sie machte Schwierigkeiten. Sie trug Sachen von Calvin. Anschließend fuhren wir in Steve Rubells Wagen zu den »Four Seasons«. Gab Jackie O. die Hand. Sie hat mich nie mehr zu ihrer Weihnachtsparty

eingeladen, also ist sie eine blöde Kuh. Und wenn sie es jetzt täte, ginge ich nicht mehr hin. Ich würde ihr sagen, sie solle sich um ihren eigenen Kram kümmern. Immerhin bin ich genauso alt wie sie, also kann ich ihr auch einen Korb geben. Aber sie kommt mir älter vor als ich. Aber mir kommen ja alle Leute älter vor.

Philip war irgendwie süß. Er sagte, dies sei nicht seine Ausstellung, sondern seine Hinrichtung. David Whitney trank Martinis und sagte, sobald Philip abkratzt, sollten wir beide uns zusammentun. Ich lachte nur darüber, aber später sagte er, ich müsse ihn auf den Mund küssen. Ich hatte ja keine Ahnung, daß er tatsächlich in mich verliebt war! Ich dachte immer, er macht nur Scherze. Und Philip hielt eine Rede, und David lachte und applaudierte. David ist clever.

Bob Rauschenberg mußte ich auch auf den Mund küssen. Und später küßte mich dieses hübsche Groupie auf den Mund. Also, falls ich mir was geholt habe: im Tagebuch steht, von wem. Ich ging, ohne mich von Bianca zu verabschieden (Taxi $ 7.00).

Mittwoch, den 7. Dezember 1983 Freds neuer Assistent heißt Sandro Guggenheim. Der Typ, den er eingestellt hat, ohne mich zu fragen. Na ja, er heißt nicht wirklich Guggenheim, aber er ist Peggy Guggenheims Enkel. Peggy hat ihm aber kein Geld hinterlassen.

Donnerstag, den 8. Dezember 1983 Mußte zu »Fiorucci«, um »Interviews« zu signieren, weil »Interview« etwas arrangiert hatte. Ich fuhr hin (Taxi $ 6.00), und es war »Andy-Warhol-Doppelgänger-Tag«. Im Laden standen fünf Typen mit weißen Perücken und hellrosa gerahmten Brillen. Und das sah wirklich lustig aus. Ich signierte rund 250 »Interviews« und verkaufte sie.

Sonntag, den 11. Dezember 1983 Es war ein grauer Tag. Gingen zu Averil nach Katonah, um dort die Bäume anzuschauen. Ihr Mann arbeitet als Notarzt im Krankenhaus, und sie hat gerade Zwillinge zur Welt gebracht. Sie haben Fred eine kleine Hütte auf ihrem Grundstück überlassen, und wir wollten uns Freds jüngstes architektonisches Abenteuer ansehen.

Peter Wise mietete ein Auto, wir holten Fred ab, und dann fuhren wir raus (Maut und Benzin $ 10.00). Averils Mann sieht blendend aus. Sie leben in einem großen komfortablen Haus mit Hausmädchen. Alles wirkt reich und doch irgendwie schäbig. Die perfekte Familie mit Weihnachtsbaum und Hund und einem Mann, der seine Frau liebt. Und es ist erstaunlich, sich vorzustellen, was für eine wilde Hummel sie noch vor ein paar Jahren war.

Dienstag, den 13. Dezember 1983 Gestern hat es stark geregnet. Benjamin und ich schlenderten über die Madison Avenue, und es ist immer das gleiche Problem – man weiß nie, ob man viele kleine und billige Geschenke oder lieber ein großes, teures Stück kaufen soll. Und dieses Jahr fällt mir auf, daß Neues wieder gefragt ist. Voriges Jahr galt eher Nostalgie. Wer letztes Jahr eine Uhr aus den dreißiger Jahren hatte, war schick. Aber jetzt hat man wieder Corums und so. Taschenuhren sind out. Armbanduhren sind noch in, aber wohl nicht mehr lange. Das ist der zweite Sammlertrend, den ich ausgelöst habe, das Sammeln von Armbanduhren. Der erste Trend war Art deco. Dieses Jahr kann man Taschenuhren, für die man letztes Jahr noch $ 12 000.00 bezahlt hat, für $ 4000.00 kriegen. Und solche, die $ 85 000.00 gekostet haben, kriegt man für $ 35 000.00.

Wir gingen ins Büro, und ich las den »Rolling Stone«, in dem Jann Wenner über seine besten Freunde herzieht. Von mir behauptet er, ich gehöre zu den am meisten überschätzten Leuten. Und dabei hätte er allen Grund, mich aufzuwerten, weil ihm doch meine »Maos« gehören. Was ist bloß in ihn gefahren? Ach ja, vielleicht hat er die »Maos« verkauft!

Mittwoch, den 14. Dezember 1983 Bruno kam rein und machte uns verrückt. Er hatte Jean Michels Miete nicht mit. Also rief ich später Jean Michel an, weil seine Miete fällig war, und dann bekam ich Streit mit Jay, weil er Jean Michel meine Privatnummer gegeben hatte. Er sagte: »Oh, ich wußte nicht, daß das nicht recht ist...« Ich brüllte: »Hast du noch alle Tassen im Schrank?« Also wirklich, er wußte doch, daß ich Jean Michel nicht im Haus haben will – er ist drogensüchtig, und daher unzuverlässig. Das geht doch nicht – und außerdem, wozu soll ich ihm meine Privatnummer geben? Jay hätte das wissen müssen.

Und Richard Weisman hat uns Karten für das Eishockeyspiel geschickt. Wayne Gretzky hat uns eingeladen.

Ich hatte ein schlechtes Gewissen, weil ich Jean Michel wegen der Miete angerufen habe, und lud ihn zu dem Spiel ein. Ich schickte Jay früher nach Hause, damit er ihm das Ticket bringen konnte.

Robyn Geddes kam vorbei und wollte seinen alten Job wiederhaben, aber Fred mußte ihm sagen, daß er vergeben war. Und Fred rief mich an, ich solle zu dem Hockeyspiel keine Bluejeans anziehen, weil wir hinterher ins »21« wollten.

Dienstag, den 15. Dezember 1983 Gymnastik mit Lidija; holte mir eine Zerrung. Aber vielleicht habe ich auch Krebs in der Leistengegend, ich weiß es nicht. Beschloß, Wasser statt Kaffee zu trinken. Im Büro war viel los. Vincent bezahlte Rechnungen.

Thomas Ammann hat hier im Haus ein paar Bilder ausgestellt – Balthus, Picasso von 1923. Und was mache ich mit den Weihnachtsbäumen, die Tommy Pashun geschickt hat? Fünf kleine Weihnachtsbäume. Letztes Jahr sind mir alle eingegangen, obwohl ich sie liebevoll gepflegt und mit Wasser besprüht habe.

Freitag, den 16. Dezember 1983 Ging in etliche Läden, wo ich vor einer Woche gebeten hatte, Sachen für mich zurückzulegen, und niemand hatte es getan. Ich habe also eine Menge Geld gespart. Trotzdem war ich sauer, daß sie für einen Stammkunden nichts zurücklegen. Die können mich mal.

Machte mit Jon einen Spaziergang und begegnete Jann Wenner – er sah mich schon von weitem und lud uns zu einem Drink ein. Ich sagte: »In deinem Artikel ›Überschätzte Leute‹ hast du ja deine besten Freunde runtergemacht.« Und er sagte: »Stimmt, aber Gilda Radner habe ich von der Liste streichen lassen.« Und kein Wort über mich! Er hat eine Wampe gekriegt und trägt sein Haar wieder lang.

Sonntag, den 17. Dezember 1983 Im »21« war ein Lunch mit Bo Polk. Ich fragte Jon, ob er Lust hätte, mitzukommen. Holte ihn ab und fuhr zur Ecke 52. und 5. Straße. Als ich aus dem Taxi stieg ($ 5.00) und mich umdrehte, sah ich, wie ein Auto in eine Gruppe von etwa 50 Leuten hineinraste. Menschen wurden in die Luft geschleudert. Es war wie in einer Filmszene. Und als das Auto hielt, lagen überall Menschen auf dem Bürgersteig, und andere rannten schreiend durcheinander. Mir wurde schlecht. Jon rannte hin, um zu helfen. Auch ein paar von den Leuten, die davongekommen waren, versuchten, den anderen zu helfen. Jon half einem Studenten von der Yale-Universität. Er hatte ein Päckchen von Cartier bei sich und bat Jon, es in die Innentasche seiner Jacke zu stecken, damit es ihm niemand stehlen konnte. Ein paar Sekunden später waren die Krankenwagen da. Eine Menge »Empire«-Krankenwagen. Möchte gern wissen, woher die so schnell kamen. Es war chaotisch. Ich dachte, Jon wäre voll Blut, war er aber nicht.

Später, nachdem ich in den Nachrichten auch die anderen Katastrophen gesehen hatte, die Bombe bei Harrods und das Feuer in Madrid, war ich erleichtert, daß bei dem Unglück in der Fifth Avenue kein Mensch ernstlich verletzt worden war. Folgendes war

passiert: Ein schwarzer Verkehrspolizist befahl einem Typ auf dem Beifahrersitz eines Wagens, der vor »Doubleday« stand, weiterzufahren, aber der Mann konnte nicht Auto fahren. Doch vermutlich war er aus Versehen mit dem Fuß aufs Gaspedal gekommen. Er wurde nicht einmal angezeigt.
Im »21« sagte das Mädchen an der Garderobe: »Ich kenne Sie.« Und ich dachte, sie spiele auf meinen dreckigen Mantel an, den sie neulich nicht mal aufgehängt, sondern einfach auf den Boden geworfen hat. Aber später bat sie mich um ein Autogramm, und vermutlich war das der Grund, warum sie es gesagt hatte.
Nach dem Lunch schlenderten wir die Madison Avenue entlang. Mir war immer noch komisch wegen des Unfalls.

Sonntag, den 18. Dezember 1983 Unterhielt mich mit Chris und Peter. Sie schmückten ihren Weihnachtsbaum, und dann gingen sie in den »Pyramid Club« in der Avenue A, um bei einer Konkurrenz für Unterwäsche Preisrichter zu spielen. Taxi zu Chris ($ 9.00). Chris ist so schmal geworden, daß seine Augäpfel vorstehen. Er nimmt aus dem gleichen Grund ab wie ich, als ich auf 52 kg runter war – er glaubt, daß ihn das jünger macht. Aber so dünn sieht er nicht gut aus. Wenn wir zum Fotografieren nach Aspen gehen, muß ich ihn zu einem Eiscreme-Gelage überreden.

Montag, den 19. Dezember 1983 Taxi zu Lidija ($ 5.00). Und mitten in der Gymnastik durchfuhr mich plötzlich ein stechender Schmerz, als hätte mich ein Schwert durchbohrt. Ich dachte, das ist das Ende. Zumal ich bei dem Unfall am Samstag gesehen hatte, daß in einer Sekunde alles vorbei sein kann. Aber der Schmerz verging. Es muß eine Art Muskelkrampf gewesen sein. Lidija war besorgt. Sie stimmt alles auf mich ab. Zum Beispiel machen wir keine Bauchmuskelübungen mehr, weil sich das Einschußloch in meinem Bauch davon vergrößert hat. Und wir nehmen leichtere Gewichte. Als ich jung war, habe ich auch schon Gewichtheben gemacht. Bei »Al Roon's«. Bevor daraus die »Continental Baths« wurden und Bette Midler dort verkehrte. Damals war es noch eine ganz normale Turnhalle. Aber ich habe nie die Technik gelernt. Einfach nur gehoben.

Dienstag, den 20. Dezember 1983 Jean Michel kam ins Büro, war aber ziemlich weggetreten. Clemente brachte ein paar von den Bildern, an denen wir zu dritt arbeiten, und Jean Michel war so voll, daß er wie besessen drauflos malte. Jean Michel und Clemente stechen einander beim Malen aus. Wir arbeiten gemeinsam an etwa 15 Bildern.
Draußen war es so kalt, daß ich daheim blieb. Telefonierte zwei Stunden mit John Reinhold. Schlief ein und wachte wieder auf. Ich machte mich über Jons Zimtsterne her und aß sie auf. Trank etwas Cognac. Ich schlief wieder ein, die Art Schlaf, bei der man immer denkt, man sei wach. Richtig gut schlief ich nur von 7.30 bis 8.15. War zu faul, den Luftbefeuchter anzustellen, und wachte mit trockenem Mund und trockenen Fingern auf.

Mittwoch, den 21. Dezember 1983 Ging zu »Fiorucci«; dort gibt's eine Menge Spaß. Alles ist so, wie ich es mir immer gewünscht habe, alles aus Plastik. Und wenn ihnen etwas ausgeht, wird es, glaube ich, nicht nachbestellt. Außerdem sind da die süßesten Kids.
Arbeitete bis 7.30. Dann leimte ich mich zusammen und ging rüber zu Micks Party in der West 81st Street. Es war lustig, an der Tür standen Wachleute. Ich sah sein neues Haus zum erstenmal und war enttäuscht. Ich hatte gedacht, es sei am Riverside Drive. Wenn ich an all die herrlichen Häuser denke, die sie sich angesehen

haben, dann begreife ich nicht, warum sie ausgerechnet das gekauft haben. Jed hat es zwar renoviert, aber es ist ein ganz normales Haus.
Und auch die üblichen Leute waren da. Ahmet, Camilla und Earl McGrath, Jann Wenner, Peter Wolf und Tom Cashin. Ich beschloß, mir einen anzusaufen. Das Essen war gut. Möglich, daß es fertig geliefert wurde, aber wenn, dann vom feinsten Laden. Jerry hat einen riesigen Bauch. Frauen, die vorher sehr schlank waren, sehen recht komisch aus, wenn sie schwanger sind. Man mag kaum glauben, daß es sich um ein und dieselbe Person handelt. Sie sieht aus wie ein Lastwagen. Sie trug ein Diadem und eine Art weißes Hochzeitskleid.

Donnerstag, den 22. Dezember 1983 Benjamin holte mich ab. Es regnete stark, aber es war warm geworden. Ich war in furchtbar schlechter Weihnachtsstimmung. Kein Mensch war in der Stadt.
Paige rief an. Sie hatte mir ein Fernsehgerät aus Schokolade geschickt, das sie extra bei einem unserer Inserenten hatte anfertigen lassen, um unsere MSG-TV-Shows zu feiern. Sie wußte nicht, daß wir am selben Tag einen Brief bekommen hatten, in dem schwarz auf weiß stand, daß die Show abgesetzt ist.

Freitag, den 23. Dezember 1983 Taxi zur Party in der »Interview«-Redaktion; versuchte, in Weihnachtsstimmung zu kommen. Robyn Geddes war da, und ich sah ihm an, daß es ihm nicht gut ging. Und irgendwie waren keine wichtigen Leute auf der Party. Robert Hayes war da. Und sein Freund Cisco, der an AIDS sterben wird. Ich glaube, ich bin deswegen regelrecht ausgeflippt. Ich könnte damit nicht umgehen. Die Kids waren alle bei ihm zu Hause gewesen – er hatte ein Weihnachtsessen für Jay und Paige gemacht, und sie hatten davon gegessen. Er hat schon früher für sie gekocht. Wir waren oft in seinem Restaurant.

Samstag, den 24. Dezember 1983 Bei Halston war es wirklich weihnachtlich. Victor nahm sich zusammen. Peter Beard war da, Cheryl Tiegs, Jennifer und Jay aus dem Büro und Halstons Nichte. Bianca kam mit Jade. Steve Rubell fehlte. Das Dinner war exzellent: Truthahn mit Preiselbeeren. Ich fraß mich voll wie ein Schwein. Halston schenkte mir einen alten Anzug, der ungefähr 40 Zentner wog. Die Geschenke waren nicht sonderlich toll – anders als bei anderen Weihnachtsabenden, die ich dort erlebt habe. Bianca beging einen Fauxpas: Sie fragte mich, ob ich zu Diane von Fürstenberg ginge, und ich war nicht eingeladen. Vermutlich hat sie mich von ihrer Liste gestrichen. Sie hat wohl Bob den Vorzug vor mir gegeben. Naja, dann kriegt sie eben ein Weihnachtsgeschenk weniger. Ich weiß auch nicht, aber so lustig war es da ja auch nicht. Benjamin wollte mich zum Gehen überreden, damit er auch abhauen und sich amüsieren konnte, und um 12.00 hatte er mich soweit. Er begleitete mich nach Hause. Ich hing noch eine Weile rum und war melancholisch. Dann nahm ich ein Valium und vergaß die Welt.

Sonntag, den 25. Dezember 1983 Stand auf, und es war Sonntag. Versuchte meine Augenbrauen und meine Haare zu färben. Aber ich war nicht in Stimmung. Ging zur Kirche. Bekam nicht allzu viele Anrufe. Genaugenommen gar keinen, glaube ich. Mühte mich damit ab, Geschenke zu verpacken. Peter und Chris wollten vorbeikommen, um unseren Trip nach Aspen vorzubereiten. Ich glaube, ich brachte den ganzen Tag damit zu, die Geschenke einzupacken, und als sie dann kamen, hatte ich schon eine Menge Schrott im Fernsehen gesehen. Verbrauchte eine Menge Krepppapier.
Chris schenkte mir ein Foto von Georgia O'Keeffe und Peter ein kleines Gemälde. Die Zeit verging wie im Flug. Keiner aß etwas.

Montag, den 2. Januar 1984, Aspen – New York Kam nach New York und nahm eine Scull-Limousine ($ 20.00 für den Fahrer). Der Fahrer sagte, er habe Jean Michel abgeholt und zum Flughafen gefahren. Jean Michel wollte für zwei Monate nach Hawaii. Ich hoffe, er hat seine Miete im voraus bezahlt. Kam nach Hause und war sehr müde, sah fern, nahm ein Valium.
Habe während der Tage in Aspen nicht einmal gebadet und nie die Kleider gewechselt. Eben gelebt wie ein Schwein. Eine gute Geschichte, was? Aber mein Parfum hat gewirkt, und ich hatte keinen Mundgeruch, aber ich war niedergeschlagen, weil Jon so reserviert ist. Er sagt, er muß für sich sein, und ich habe immer das Gefühl, daß er kurz davor ist, mich zu verlassen, deshalb komme ich nie richtig zur Ruhe.

Mittwoch, den 4. Januar 1984
Vincent regte sich auf, weil in der Zeitung stand, daß ich am 10. Januar im »Club A« eine Party für Chris gebe. Und jetzt rufen ihn alle möglichen Leute im Büro an und wollen eine Einladung. Und das macht ihn verrückt. Ich hatte extra gesagt, daß es nicht *meine* Party ist und er meinen Namen nur am Rande erwähnen soll, aber auf den Einladungen steht: »Andy Warhol lädt ein...«
Peter rief an. Chris hatte Geburtstag, und Peter fragte mich, ob ich sie einlade und mit ihnen feiere. Das hätte ich nicht durchgestanden. Also fing ich Streit darüber an, ob es denn meine Pflicht sei, sie auszuführen.
Ich ging mit Benjamin zu einer Party bei Louise Malhado. Jennifer hatte zwar nur fünf Minuten gearbeitet, aber doch lange genug, um uns die falsche Adresse zu geben. Aber dann fanden wir es doch. Wir waren beide dreckig und hatten Bluejeans an, und es war schwer, Benjamins Anwesenheit zu erklären. Aber es waren lauter ältere Semester da, daher waren die alten Knaben scharf darauf, ihn kennenzulernen. Innenarchitekten.
Setzte Benjamin ab (Taxi $ 20.00). Ich ging heim und sah »Dynasty«. Helmut Berger war gut. Ich ging früh zu Bett. Aber dann fiel mir der Kaviar in der Küche ein, den Calvin geschickt hatte, und ich ging die Treppe runter – in Socken. Es war wie in einer Komödie: Ich rutschte dreimal aus und fiel dreimal hin. Plumpste regelrecht die Treppe hinunter. Holte mir blaue Flecken.

Sonntag, den 7. Januar 1984
Mußte zu Keith Harings Ausstellung gehen, letzter Tag (Taxi $ 8.00). Fuhr den weiten Weg, weil ich sehen wollte, was die anderen so machen und wurde neidisch. Kaufte Plakate der Ausstellung ($ 95.00). Sie war im Disco-Anbau der »Tony Shafrazi Gallery«. Traf eine Menge Leute, und es war unheimlich. Die Ausstellung von Keith erinnerte mich an alte Zeiten, als ich noch oben war.
Und dann sahen wir uns Lichtensteins Schau an. Er hat ein Wandgemälde gemacht! Ich versteh das nicht. Direkt auf die Wand. Macht er den Kids ihre Graffiti-Geschichten nach? Also, ich finde das albern, warum tut er so was? Anschließend gingen wir in Peter Bonniers Galerie; Gemälde von Steve Jaffee. Ein Porträt von Jean Michel war darunter, und Jean Michel erzählte mir, daß dieser Typ arbeitet wie ich – er paust durch.

Sonntag, den 8. Januar 1984
Calvin rief an und wollte wissen, ob es sich lohnt, am Dienstag zu Chris' Party in den »Club A« zu gehen. Und ich bekam Streit mit Chris, weil er meint, daß ich nicht einladen darf, wen ich will. Aber ich stehe als Gastgeber auf der Einladung, und da kann ich doch einladen, wen ich will, oder? Und wenn ich Chris frage, wer kommen soll, zählt er mir jeden Jungen auf, mit dem er mal geschlafen hat.

Montag, den 9. Januar 1984
Fred kam und sagte als erstes, ich hätte seinen Weihnachtsschal geklaut.

Und das stimmt. Brigid muß es ihm erzählt haben. Sie hat es ihm erzählt und ihn aufgehetzt. Sie hat offensichtlich nichts Besseres zu tun, als ihm zu erzählen, daß ich den Schal gestohlen habe, der während seiner Abwesenheit für ihn abgegeben wurde. Ich glaube, sie hat sie nicht mehr alle.

Dienstag, den 10. Januar 1984

An dem Tag sollte Christophers große Party im Club A steigen, und deshalb riefen ununterbrochen Leute wegen Einladungen an. Und Chris spielte den Vornehmen und sagte nein, nein, nein, es sei zu exklusiv. Calvin und Steve Rubell riefen ein paarmal an, und Calvin fragte (lacht), was er anziehen solle.

Ich wartete auf Jerry Hall. Sie wollte kommen, um sich für ein Porträt fotografieren zu lassen, kam aber nicht und rief auch nicht an oder meldete sich sonstwie. Das war seltsam. Sie ist sonst so zuverlässig. Ich weiß nicht, wann das Baby auf die Welt kommen soll. Wäre es nicht furchtbar für Mick, wenn es wieder ein Mädchen würde? Ich wette, daß sie sofort heiraten, wenn's ein Junge wird, ganz bestimmt.

Sprach mit Rupert, und er brachte mich auf eine Idee – ein Portfolio der Freiheitsstatue.

Dann mußte ich gehen. Inzwischen hatte es zu schneien begonnen.

Mittwoch, den 11. Januar 1984

Jerry Hall rief an und sagte: »Hatten wir ausgemacht, daß ich heute vorbeikomme?« Und ich sagte einfach: »Ja.«

Jean Michel rief aus Hawaii an. Er meint, daß die dort gar nicht so unterentwickelt sind. Der erste Typ, dem er begegnet sei, habe gesagt: »Sind Sie nicht Jean Michel Basquiat, der Graffitimaler aus New York?« Außerdem hat er ein paar Hippies getroffen, die dort leben, und als er meinen Namen erwähnte, fragten sie: »Oh, meinst du diese wandelnde Leiche mit den Drogen.« Und ich finde, über *ihn* hätten sie so reden sollen.

Jerry kam und brachte Micks Tochter mit, die von Marsha Hunt. Aber das Mädchen sagte kein Wort. Während Jerry und ich arbeiteten, las es Zeitung.

Jean Michel rief noch einmal aus Hawaii an. Ich gab ihm den Rat, sich ein Ohr abzuschneiden. Wahrscheinlich tut er es.

Sonntag, den 15. Januar 1984

Ich war Preisrichter bei der Cheerleader-Ausscheidung für die »New Jersey Generals«, die Mannschaft, die Donald Trump gekauft hat. Das Ganze fand im Untergeschoß des Trump Tower statt. Es war das Finale, und ich sollte eigentlich um 12.00 dort sein, nahm mir aber Zeit, ging erst mal zur Kirche und lief schließlich gegen 2.00 dort ein. Ich habe immer noch einen Haß auf die Trumps, die nie meine Bilder vom Trump Tower gekauft haben. Deshalb habe ich das getan. Als ich eintrudelte, waren sie schon beim 50. Mädchen, und nur 20 waren noch übrig. Ein anderer Typ war für mich eingesprungen, übergab mir einen Notizblock, und ich übernahm seine Aufgabe. Ich wußte nicht, wie ich die Punkte vergeben sollte. Die Mädchen sahen nicht besonders aus, weil keine Scheinwerfer auf sie gerichtet waren.

Aber sie hatten so unterschiedliche Körper – manche hatten breite Hüften und schmale Taillen, andere waren eher knabenhaft, und manche hatten so dünne Beine, daß man zwischen ihnen hindurchsehen konnte. Dieses Cheerleading betreiben sie »zu ihrem Vergnügen«, es gibt kein Geld dafür. Also sie sollten sich einen Football-Spieler schnappen, sonst haben sie ja gar nichts davon.

Jede von ihnen mußte zu »Billy Jean« von Michael Jackson tanzen, also mußten wir uns siebzigmal »Billy Jean« anhören. So krank war das.

Ging zum »Beulahland« an der Ecke 10. Straße und Avenue A (Taxi $ 6.00) und sah die Fotoausstellung der Kids aus dem Büro – Benjamin, Paige und Jennifer. Es war ganz in der Nähe des Hauses Ecke 8. Straße und Avenue A, in dem ich gewohnt hatte, als ich nach New York kam. Und ich mußte daran denken, wie anstrengend es damals war, mit meinen Bildern den ganzen Weg von der U-Bahn-Station am Astor Place zu Fuß zurückzulegen und sie dann auch noch in den 7. Stock zu schleppen. Und als wir im »Beulahland« ankamen, hieß es, wir hätten die Mütter, Väter und Verwandten nur knapp verpaßt. Ich dachte an Jennifers Eltern und Paiges Tanten und Onkel und war froh darüber.

Freitag, den 20. Januar 1984
Um 12.30 kam Mrs. Tisch, um sich für ein Porträt fotografieren zu lassen. Endlich mal eine, die ich auf einer Party kennengelernt hatte und die ein Porträt haben wollte (Taxi zu Lidija $ 6.00). Mrs. Tisch hatte ihren gesamten Schmuck angelegt. Sie hat allerdings eine üble Nase. Bei unserer ersten Begegnung war mir das gar nicht aufgefallen, aber so ist es. Ich frage mich, warum sie das nicht korrigieren läßt, bei all dem Geld. Warum bringen die Leute nicht einfach in Ordnung, was schiefgegangen ist? Sie ist dünn wie ein Besenstiel, und sie mag keinen roten Lippenstift, weil sie glaubt, ihr Mund sei zu groß. Trotzdem war es nicht schwierig. Arbeitete den ganzen Nachmittag.

Montag, den 23. Januar 1984
Jean Michel trifft sich mit den Frauen auf Hawaii. Er fliegt nach L. A., um Richard Pryor zu malen und geht anschließend wieder zurück nach Hawaii. Und Paige will auch hin, aber ich habe ihr geraten, sich vorher zu vergewissern, daß er auch wirklich dort ist, wenn sie kommt. Sonst kann es passieren, daß sie ankommt, und er ist weg – wo sie doch so viele Pläne gemacht hat.

Paige Powell und Jean Michel Basquiat auf Hawaii *(Janine Basquiat)*

Ach ja, ein Typ kam vorbei und behauptete, er sei Rupert Murdochs Neffe, und nach seinem Fehler mit Sidney Poitiers »Sohn« sagte Jay diesmal: »Er ist bestimmt ein Schwindler.« Aber ich glaube, es war ein echter Neffe. Denn er ging schnell wieder weg und hielt sich nicht ewig auf.

Freitag, den 27. Januar 1984
Wir nahmen ein Taxi zur »Castelli Gallery« und sahen uns die Jasper-Johns-Ausstellung an. Als wir hinkamen, stand Jasper an der Tür und ließ gerade ein paar Leute heraus, und ich sagte zu ihm, wir wollten einfach so bei ihm hereinplatzen, und er ließ uns rein. Ich glaube, ich war nicht eingeladen – jedenfalls habe ich nie eine Einladung gesehen. Und auch zum Lunch war ich nicht eingeladen. Die Bilder waren wundervoll, und jedes sah nach $ 600000.00 aus. Ich glaube, die meisten gehören Japser selbst. Er verkauft nur hin und wieder, wenn er muß! Dann gingen wir zum South Street Seaport und machten Fotos. Und es war ein komisches Gefühl, daß genau dort, wo Jasper, Bob Rauschenberg und Bob Indiana früher gewohnt haben, jetzt diese Pseudo-Stadt mit ihren 100 Millionen Geschäften entsteht. Gingen in ein griechisches Café ($ 24.00).

Samstag, den 28. Januar 1984
Machte einen Streifzug durch das East Village. Verknipste ein paar Filme. Traf René Ricard. Er ist der George Sanders der Lower East Side, der Rex Reed der Kunstwelt – er hatte einen puertoricanischen Freund mit, der so heißt wie eine Zigarettenmarke. Wir gingen zur »Fun Gallery«, und von dort zur »Lochran Gallery« in einem einstigen Möbelgeschäft. Sie haben einfach Bilder an die Wand geknallt, und fertig war die Galerie. Und dann gingen wir zu »Gracie Mansion« in der Avenue A. Dort hingen fünf gefälschte Bilder von mir: »Electric Chairs«. Und ein paar Jackson-Pollock-Fälschungen. Ich habe nichts gesagt. Draußen sah ich ein Schild, auf dem »Funeral Home« (Beerdigungsinstitut) stand, und weil ich dachte, es sei eine Discothek, wollte ich reingehen. Aber da trugen sie tatsächlich

eine Leiche rein. Ich flippte aus und ging auf die andere Straßenseite.

Dienstag, den 31. Januar 1984

Dr. Karen Burke kam. Sie glaubt zu wissen, warum es Brigid immer so juckt. Sie glaubt, es kommt von den Katzen. Sie wartete, bis Brigid um 5.00 Schluß machte und ging mit ihr nach Hause. Ich fragte Brigid: »Und wenn die Katzen tatsächlich was haben?« Sie antwortete: »Oh, dann gebe ich sie einfach weg.« Ich weiß auch nicht, sie hat kein Gefühl.

Samstag, den 4. Februar 1984

Erledigte eine Privatsache mit Jon, mußte ihm aber versprechen, dem Tagebuch nichts Persönliches über ihn anzuvertrauen.*

*Jon Gould wurde am 4. Februar mit einer Lungenentzündung ins New York Hospital aufgenommen und am 22. Februar wieder entlassen. Am nächsten Tag wurde er erneut eingeliefert – bis zum 7. März. Am selben Tag instruierte Andy seine Haushälterinnen Nena und Aurora: »Wascht von heute an Jons Kleider getrennt von meinen Sachen und spült auch das Geschirr extra.«

Montag, den 6. Februar 1984

Benjamin holte mich ab, es war ein schöner Tag. Ich sollte zum erstenmal Fotos für die französische Ausgabe von »Vogue« machen. Sie zahlen $ 250.00 pro Tag.

Gingen zu unserem neuen Haus, Ecke 33. Straße und Madison (Taxi $ 4.50). André Leon Talley, der die Aufnahmen vorbereitet, hatte die »Guardian Angels« dahin bestellt. Der einzige Raum im ganzen Gebäude, wo es wie in einer U-Bahn-Station aussah und wo man sie fotografieren konnte, war der Keller.

Hinterher ging ich nach Hause und sah fern. Barbara Walters ist einfach schmierig mit ihrem forschenden Blick und immer den gleichen alten Fragen: »Wie alt waren Sie, als Sie bemerkten, daß Sie einen Geschlechtstrieb haben?«

Dienstag, den 7. Februar 1984

Jean Michel rief aus Hawaii an und redete lange. Paige ist wieder zurück und im siebten Himmel, vermutlich überfickt. Und jetzt läßt er die andere Frau einfliegen. Paige war so blöd, ihren Flug selbst zu bezahlen – sie hat darauf bestanden, wie das ihre Art ist –, und der anderen bezahlt er jetzt den Flug. Er muß $ 1000 pro Woche Miete für unser Haus zahlen, ist schon drei Monate im Rückstand, und nun soll Bruno einspringen.

Sprach ein paarmal mit Paul Morrissey. Irgendwie kommen wir uns wieder näher; er ist wieder halbwegs normal.

Fuhr mit dem Taxi uptown, um den Smoking anzuziehen und lud Benjamin zu der Party mit Michael Jackson ein (Taxi $ 7.00). Leimte mich zusammen und fuhr mit dem Taxi zu Halston ($ 3.00). Er hatte mir angeboten, mich in seiner Limousine mitzunehmen.

Wir fuhren zum »Museum of National History« und kamen gerade rechtzeitig, um mitzuerleben, wie Michael Jackson in der Halle ein Preis überreicht wurde. Und er redete und redete; er ist ein neuer Mensch.

Die Kids wurden massenweise auf der anderen Straßenseite zurückgehalten, als wir ankamen. So war es arrangiert. Es waren keine besonderen Leute da, nur solche, die jeder schon kennt, nichts von Bedeutung. Nur die Typen von der Plattenfirma im Smoking. Ach ja, Bob Colacello war da, und wir versöhnten uns endlich wieder. Weil ich betrunken war. Ich hatte einen Drink bei Halston. Ich sagte Bob, daß ich seinen Artikel über Larry Flynt in »Vanity Fair« fabelhaft fand, und er war ganz aufgeregt vor Freude, daß ich ihn mochte.

Ach ja, am besten gefiel mir auf der Party Trumans »Nichte«, die jetzt als Stylistin für »Interview« arbeitet. Sie heißt Kate Harrington. Ist das nicht ein toller Name? Kate Harrington. Sie ist sehr hübsch. So wie sie hätte Holly Golightly eigentlich aussehen sollen. Und ich mochte sie, weil sie jedem Mann, auf den sie scharf war, ihre Karte gab. Und sie kann was – sie hat das Cover mit Goldie Hawn arrangiert.

Montag, den 13. Februar 1984
Stand in dem Bewußtsein auf, daß wieder ein Arbeitstag für die französische »Vogue« vor mir lag. Mußte mich früh mit André Talley treffen. Ich wollte Benjamin in seinem Transvestiten-Outfit fotografieren. Draußen war es warm, etwa zehn Grad plus.
Kam hin (Taxi $ 5.00), und Benjamin sah fabelhaft aus, sehr elegant. Jetzt war mir klar, warum er so viele Jobs als Transvestit kriegt. Ach ja, und wir haben auch Bilder von Lidija gemacht. Auf den Fotos sind also lauter Unbekannte, aber die Franzosen werden denken, sie sind wer. Und das ist etwas Neues, denn Berühmtheiten sind überall, sie hängen einem allmählich zum Hals heraus.

Donnerstag, den 23. Februar 1984 Benjamin holte mich ab. Wir gingen »Interviews« verteilen. Aber ich verteile das Jane-Fonda-Heft nicht gern, weil mir das Cover nicht gefällt. Es sieht ihr nicht ähnlich, und es fehlt Schwarz. Aber das nächste Heft mit Goldie Hawn sieht gut aus. Ja, und Jean Michel kommt am Ersten aus Hawaii zurück und fliegt am Zweiten nach Schweden. Nur ein paar Tage. Unser alter Freund Stellan aus Stockholm sagt, die Frauen stünden seinetwegen schon Schlange.

Samstag, den 25. Februar 1984
Bianca erzählte mir, daß sie gerade in Japan war und mit Robert Wilson ein Interview für »Vanity Fair« gemacht hat. Und als ich wissen wollte, warum sie es nicht für »Interview« gemacht hat, fragte sie, ob »Interview« sie drei Wochen nach Japan geschickt und ihre Hotelrechnung bezahlt hätte. Das muß wirklich teuer gewesen sein. Sie sagte: »Robert Wilson ist ein Genie.« Ich habe ihn früher auch für gut gehalten, aber das letztemal im Lincoln Center war er so langweilig.

Montag, den 27. Februar 1984
Sah mir die Juwelen bei »Christie's« an. Bei jeder Auktion haben sie was

»**Interviews**« *(Wilfredo Rosado)*

von Gloria Vanderbilt. Ich glaube, daß sie eine Menge aufgeliefert hat, und zwar unbedeutenden Schund. Vermutlich wollen sie bei jeder Auktion mit einem Namen aufwarten. Doch davon abgesehen wäre es schlicht peinlich gewesen, wenn sie alles auf einer Auktion versteigert hätten.
John und Kimiko holten mich ab. Wir sahen uns in der Met den »Tannhäuser« von Wagner an. Langweilig. Nicht *ein* guter Sänger. Vermutlich machen alle starken Sänger jetzt Rock 'n' Roll. In die Oper gehen immer noch viele ältere Männer mit Knaben, denen sie die besseren Dinge des Lebens zeigen wollen.
Ich blätterte in einer Zeitschrift und fand darin ein Interview mit Joe Dallesandro. Er hatte es gegeben, kurz bevor er »Cotton Club« drehte – die Lucky-Luciano-Rolle, die ihm PH verschafft hat, weil sie den Produzenten kannte. Er sagte in dem Interview: »Oh, ich bin nie mit den Leuten von der Factory herumgezogen, das waren nicht meine Freunde.«

Mittwoch, den 29. Februar 1984
»Time« hat mir ein Bild von Michael Jackson geschickt, und ich sollte ein Titelblatt machen, aber dann hat dieser dämliche Hart bei den Vorwahlen in New Hampshire Mondale geschlagen, und sie haben ihr Cover aktualisiert. Angeblich machen sie Michael jetzt später, aber da habe ich meine Zweifel. Vielleicht war es nur ein Trick, weil sie nicht so viel bezahlen wollen. Andererseits, sie *sind* ein Nachrichtenmagazin.
Und Liza lud mich in ihr Theater ein. Ich sollte mir den Auftritt dieses acht- oder neunjährigen Mädchens ansehen, das wochenlang mit seinem Vater vor dem Bühneneingang herumlungerte, damit Liza es sich ansieht.
Fuhr also mit Benjamin hin (Taxi $ 5.00). Und das kleine Mädchen kam zu spät – nachdem es wochenlang gebettelt hatte. Das war schon merkwürdig, weil jeder davon ausgegangen war, daß das Kind pünktlich wäre. Dann kam sie. Sie hatte eine perfekte kleine Barbiepuppen-Figur, lange Haare und ein wunderschönes Gesicht. Eine Jüdin. Sie legte Lizas Musik aus »New York, New York« auf, sang, und wir hockten rum. Ihr Vater hielt sich im Hintergrund. Und dann, als sie fertig war, sprach Liza mit beiden. Nachdem sie die Kleine gelobt hatte, frage sie: »Und was wollt ihr von mir?« Das kleine Mädchen war süß, nervös und aufgeregt und sagte: »Ich möchte Liza Minnelli sein.« Und: »Ich will Karriere machen.« So in der Art. Liza fragte, wo sie schon aufgetreten sei, und sie sagte, sie habe einen Werbespot fürs Fernsehen gemacht. Und dann gab Liza ihr Tips, und ich bekam eine Gänsehaut. Es war ein denkwürdiger Augenblick. Ein Stück unverfälschte Wirklichkeit, Showbusiness, aber real. Wie in »All about Eve« oder so.
Dann gingen wir. Lizas neuer Leibwächter ist der Hell's Angel, den ich mal im »Café Central« getroffen habe. Er hat eine Hakenprothese anstelle einer Hand.

Donnerstag, den 1. März 1984
Am Morgen rief Jay an und sagte, der »Time«-Titel mit Michael Jackson sei wieder akut.

Freitag, den 2. März 1984
Mick und Jerry haben ihr Baby bekommen. Ein Mädchen. Ein Mädchen namens Elizabeth Scarlett.

Dienstag, den 6. März 1984
Arbeitete bis 8.00 an dem Michael-Jackson-Titel für »Time«. Dann sah ich einen gräßlichen alten Film im Fernsehen, mit Joan Collins: so was wie »Caesar«. Sie war furchtbar schlecht. Jetzt hat sie die richtige Rolle und ist sehr gut. Sie brauchte einfach die richtige Rolle.

Mittwoch, den 7. März 1984
Traf die Frau, die ich gerade porträtiert habe – Mrs. Tisch. Ich wunderte mich, warum sie mir so bekannt vorkam. Die Porträts gefallen ihr sehr gut, aber sie weiß nicht, wie viele sie kaufen soll. Fred ruft sie an.

Machte den Michael-Jackson-Titel fertig. Mir gefiel er nicht, aber den Kids im Büro. Dann kamen die Leute von »Time«, um ihn sich anzusehen, ungefähr 40 Leute. Sie standen herum und sagten, er werde die Verkaufszahlen an den Kiosken »um 400« steigern, und vermutlich glaubten sie das auch. Später rief dieser Typ von »Time« – Rudy – an und sagte, sie nähmen den Titel. Ich glaube, die gelbe Version. Ich sagte, er solle mir die Daumen halten, damit ich Samstag nicht wieder rausfliege, und er versprach es.
Vic Ramos rief an und wollte etwas besprechen. Er kommt am Dienstag mit Matt Dillon zum Lunch. Darauf freue ich mich, es macht Spaß, Matt wiederzusehen. Ich glaube, wir sollen einen Film mit ihm produzieren, das wird es sein. Denn Regie (lacht) soll ich wohl nicht führen. Das wäre zu einfach, zu schön, um wahr zu sein. Er fragte, ob Paul im Lande sei, und ich sagte ja. Und er sagte, wir sollten erst mal wie vorgesehen zusammen essen und könnten dann später mit Paul über das Projekt reden.

Montag, den 12. März 1984

»Time« ist erschienen, und zwar mit dem Michael-Jackson-Cover; der Titel wurde nicht gekippt. Und der Artikel im Heft war verrückt. Sie fragen ihn, ob er sich einer Geschlechtsumwandlung unterziehen wolle, und er sagte nein. Das Cover hätte mehr Blau vertragen.
Jean Michel kam. Er ist zurück aus Hawaii. Er brachte einen Scheck für die Miete mit, und das war eine positive Überraschung. Vincent kam. Alle wollen Tickets für das »Hard Rock Café«, das Lokal, bei dem Dan Ackroyd irgendwie die Finger drin hat. Rock Brynner führt den Laden. Eddy Murphy wurde dort erwartet.
Ich habe dem Tagebuch noch nicht erzählt, daß Michael Sklar gestorben ist, oder? Als ich bei »Jean's« war, um mir eine Brosche anzusehen, hat mir dieser Typ, der meine Karriere verfolgt, den Nachruf gezeigt. Er starb vor ungefähr zwei Tagen. Im Nachruf stand, daß er in Andy Warhols »Trash« und »L'Amour« Hauptrollen gespielt hat. Und daß er an Lymphknotenkrebs gestorben ist. Ob das AIDS ist? Aber Michael hat es doch nie wild getrieben. Er hat hart gearbeitet.

Dienstag, den 13. März 1984

Matt Dillon und Vic Ramos kamen zum Lunch. Jean Michel kam auch – er wollte Matt Dillon kennenlernen, weil Matt in seinem Interview mit uns Jean Michels Kunst erwähnt hat.
Matt kam als erster. Und dann kam Vic, aber er wollte Jean Michel nicht dahaben, weil in den siebziger Jahren ein Graffiti-Maler – ich habe damals in der Zeitung davon gelesen – bei ihm eingebrochen ist und seine Wohnung verwüstet hat. Vic hat bis heute die Farbe nicht ganz weggekriegt.
Und nach zwei Stunden wußten wir immer noch nicht, warum sich Vic mit uns zum Lunch hatte treffen wollen. Schließlich sagte Matt, daß er gern einen Film über einen Underground-Filmemacher der sechziger Jahre machen möchte.
Matt trug rosa Schuhe und sagte, er habe sie am St. Mark's Place gekauft. Und er sprach über »Midnight Cowboy« und imitierte den Schwulen in dem Film mit einem affektierten Akzent. Er redete wie ein Brite, ein bißchen auch wie Fred, wenn er Mrs. Vreeland nachmacht. Matt hat das Ohr, das ein überdurchschnittlicher Schauspieler braucht. Vic Ramos hat damals die Rollen in »Midnight Cowboy« besetzt und Paul, Jed, Ultra und all die anderen in der Partyszene auftreten lassen. Ich war nicht dabei, weil ich im Krankenhaus lag. Das war im Sommer 1968, kurz nachdem man auf mich geschossen hatte.
Als ich das Büro verließ, regnete und schneite es draußen. Der Hund hatte auf mein Bett gepißt, und ich prügelte ihn. Amos.

Donnerstag, den 15. März 1984 Mir war sterbenselend. Ich hatte Karottensaft getrunken und ein paar Bohnen zum Lunch gegessen, und als ich gestern nach Hause kam, fühlte ich mich nicht gut. Ich war zu einem Dinner für Egon von Fürstenberg und Mrs. Egon eingeladen und mußte mich entscheiden, ob es mir gut genug ging, um hinzugehen. Ich ging – eine Stunde zu spät – schließlich hin. Man setzte mich neben Mrs. Egon, aber kaum hatte ich das Essen gerochen, wurde mir furchtbar übel, und ich mußte nach Hause. Aber ich behielt alles drin. Die Hunde saßen die ganze Nacht auf mir, und ich hoffte, sie würden sich die Krankheit von mir holen und mich von ihr befreien. Es ist wirklich unheimlich, wenn einem so schlecht ist.

Dolly Parton *(Pat Hackett)*

Freitag, den 16. März 1984 Ein schlimmer Tag. Als ich aufwachte, war mir immer noch übel, und ich beschloß, daheim zu bleiben. Das Telefon klingelte oft.

Samstag, den 17. März 1984 Dolly Parton kam ins Büro, um sich interviewen zu lassen. Sie war fabelhaft. Sie sagt, sie hat eine Wohnung in New York, geht aus und sieht sich in der Stadt um, aber ich weiß nicht, wie sie das kann, es sei denn, sie setzt sich dabei eine andere Perücke auf. Sie redete vier Stunden lang nonstop. Sie ist ein wandelnder Monolog.

Sie sagt, die meisten ihrer Groupies seien Lesben und Schwule. Ihr Friseur und ihre Freundin Shirley holten sie ab. Sie kamen in einem Taxi, nicht mit einer Limousine. Ich arbeitete lange.

Sonntag, den 18. März 1984 Das Telefon klingelte kein einziges Mal. Halt, warte mal, es hat doch geklingelt. Jane Holzer rief an. Wir fliegen mit ihr am Freitag nach Palm Beach. Wir sollen ihr bei der Eröffnung ihrer Eisdiele »Sweet Baby Jane's« helfen. Sie hat das Magazin »People« deswegen angerufen, und ich sehe schon den Artikel: »Was passierte wirklich mit Baby Jane?«

Montag, den 19. März 1984 Paloma rief an und lud uns für den Abend zum Dinner für ihr neues Parfum ein. An Männer haben sie das Parfum nicht verschickt, aber die Flasche ist irgendwie hübsch. Das Dinner war in der alten Burden-Villa in der 91. Straße. Heute ist dort eine katholische Schule, und der alte Ballsaal wird für Parties vermietet.

Setzte Benjamin ab. Leimte mich zusammen. War spät dran. Nahm ein Taxi uptown ($ 3.50). Und weil ich zu spät kam, war ich vom Haupttisch verbannt. Ich landete bei Rosemarie Kent am Tisch! Sie ist wieder im Land und arbeitet für die »Post«! Sie schreibt immer noch ihre idiotischen »What's in/What's out«-Artikel, weißt du – »Handtaschen! Schuhe! Andy Warhols Perücken!« – und ich habe

ehrlich versucht, zu vergessen, wie furchtbar sie ist. Denn Gott vergibt, also ich auch. Weißt du, ich bin überzeugt, daß ich neulich krank geworden bin, weil ich diese Frau angeschrien habe, zur Strafe. Habe ich dem Tagebuch noch nicht davon erzählt? Eine Immobilienmaklerin rief im Büro an und sagte, sie wolle unser Stockwerk ein paar Leuten zeigen, und ich brüllte sie an, dazu habe sie kein Recht, unser Mietvertrag sei noch nicht abgelaufen, und sie solle sich hüten, vorher einen Fuß in unsere Räumlichkeiten zu setzen. Sie sagte, sie hätte nie erwartet, daß ein so netter Mensch und Künstler wie ich sie so anschreien würde. Und dann wurde ich krank.
Palomas Party ging schlicht daneben. Vielleicht waren die Leute zu alt. Ich will nur noch zur Eröffnung von Geschäften oder Galerien gehen, das ist meine neue Philosophie.
Und die große Neuigkeit des Tages: Ruperts Haus in New Hope in Pennsylvania ist abgebrannt. Deshalb kam er nicht. Ein Stück Kohle ist im Kamin steckengeblieben. Ich habe nie einen Priester geholt, um aus dem Zimmer, in dem damals von selbst Feuer ausgebrochen ist, die bösen Geister zu vertreiben. Ich habe es selbst mit Weihwasser besprengt. Aber ich glaube trotzdem, daß mit dem Zimmer etwas nicht stimmt. Ich hatte dort das Teufelsbild von Picabia hängen, und es fiel herunter, und auch die Decke kam runter.

Freitag, den 23. März 1984, New York – Palm Beach Es regnete den ganzen Tag, aber um 6.00, als uns Jane Holzer abholte, hörte es ein wenig auf. Wir gingen zu der Straße, in der »Sweet Baby Jane's Eisdiele« liegt. Der Block gehört Jane. Ich gab den Leuten von den Zeitungen und von »People« Interviews. Jane gab mir nicht einmal ein ganzes Eis, nur einen kleinen Löffel voll. In dem Laden gibt es das, was man gewöhnlich mit Eiscreme zusammen verkauft, Waffeln und so. Langweilig.

Montag, den 26. März 1984, New York »New York Central« schickte dreimal die falsche Farbe. Und Jay hat sich die Schulter ausgerenkt. Passiert ist es beim Basketball, als jemand auf ihn drauffiel. Er hat das Wochenende im Krankenhaus »St. Vincent« verbracht und ist gerade entlassen worden. Weil er Ende der Woche in Urlaub gehen wollte, sagte ich ihm, er solle gleich in Urlaub gehen, aber er lehnte ab. Er will seinen Urlaub nicht verschwenden, solange er den Arm nicht gebrauchen kann; er will lieber so arbeiten. Und dabei müssen wir doch noch Sachen ins neue Gebäude bringen. Jetzt kann er uns nicht einmal dabei helfen.

Dienstag, den 27. März 1984 Benjamin holte mich nicht ab, weil er direkt zum Büro fuhr, um beim Umzug zu helfen. Jean Michel und Paige kamen gleichzeitig an und stritten sich. Paige ist aus ihrer Wohnung in der West 81st Street hinausgeworfen worden. Wahrscheinlich wollte die Hausverwaltung sie raushaben, weil sie Besuch von Schwarzen mit Rasta-Locken bekam. Die Verwaltung bekam es wohl mit der Angst zu tun; sie wußte nicht, daß es Künstler waren. Aber es wundert mich, daß Paige sie nicht umstimmen konnte, charmant, wie sie ist.

Mittwoch, den 28. März 1984 Ich hatte vergessen, daß David Whitney und Jasper Johns kommen wollten, um ein Bild für Jaspers Stiftung abzuholen, die »Jasper Johns Foundation« für notleidende Künstler. Ich weiß nicht, wer darüber befindet, wer notleidend ist. Vermutlich so eine blöde Kuh wie Barbara Rose, oder? Oder Robert Hughes. Oh, ich wette, daß er es macht. Ich werde David fragen. Sie kamen also und wollten das größte Bild. Das Tintenklecks-Bild. Den »Rorschach Blot«. Jasper mochte das Bild.

Donnerstag, den 29. März 1984

Draußen regnete und schneite es, und ausgerechnet an diesem Tag mußten wir im »Be Bop Café« in der 8. Straße das »Cars«-Video drehen, für ihren Song »Hello Again«. Benjamin holte mich zu den Aufnahmen in seinem Transvestiten-Outfit ab. Er sollte in dem Video mitmachen.

Ich mußte einen Barkeeper spielen und einen Smoking tragen. Die Statisten sahen aus wie in den alten Factory-Tagen – Benjamin als Tunte, ein glatzköpfiger Mime als Pierrot, John Sex mit seiner Schlange und Diane Brill mit ihren großen Titten und ihrer Wespentaille. Die »Cars« waren nett. Ich sollte ein Lied singen, aber der Text fiel mir nicht ein. Und während ich sang, sollte ich einen Drink mixen, aber mit meinen Kontaktlinsen konnte ich den Colahahn am Tresen nicht finden.

Sonntag, den 1. April 1984

Das Wetter war schön. Die ganze Stadt war auf den Beinen.

Ich traf mich am anderen Ende des Parks mit Jon und machte mit ihm einen Spaziergang. Ich hatte uralte Corn-flakes für die Vögel mit, aber irgendwie schaffte ich es, eine Stelle ohne Vögel zu finden, und so habe ich vermutlich nur die Ratten gefüttert.

Kaufte »New York« ($ 1.50). Sah nach, was im Kino lief, und wollte mir »The Ten Commandments« (»Die Zehn Gebote«) ansehen (Taxi $ 4.00, Karten $ 10.00). Ich gebe folgendes zu Protokoll: Cecile B. DeMille ist der schlechteste Regisseur, den die Welt je gesehen hat. Obwohl wir eine Stunde zu spät kamen, lief der Film noch drei Stunden, plus eine halbe Stunde Pause. Und die Schauspieler waren miserabel, einer wie der andere. Edward G. Robinson zum Vergessen. Und Yvonne DeCarlo und Ann Baxter kann man auch vergessen. Charlton Heston war okay, er sah gut aus. Und die Orgienszene (lacht) bestand darin, daß sich die Leute gegenseitig mit Trauben bewarfen – wie in einem Andy-Warhol-Film, stimmt's? Und dann hoben sie ihre Röcke fünf Zentimeter vom Boden. Das war's. Das war die Orgie! Edward G. Robinson – kaum zu glauben.

An Nachmittag rief Benjamin an und sagte, daß Victor aus L. A. käme. Halston gab eine Geburtstagsparty für ihn.

Und um Mitternacht waren wir also bei Halston. Victor kam. Ich schenkte ihm ein gerahmtes Keith-Haring-T-Shirt, aber er mochte es nicht und warf es weg, aber später wollte er es wieder haben – wegen des Rahmens, wie er sagte.

Dienstag, den 3. April 1984

Kaufte die neue französische »Vogue« mit meinen Fotos, und die Polaroids sahen ganz gut aus. Ming Vauze hatte eine ganze Seite. Zeitschriften sind mittlerweile so dick wie Bücher und genauso teuer. Dann fuhr ich mit dem Taxi zu Lidija ($ 6.00). Übte nur ein paar Minuten, kam zu einem Porträt-Termin aber trotzdem eine Stunde zu spät.

Habe ich dem Tagebuch schon die Sache mit Brigids Katze Freddy erzählt? Brigid hatte sie Rupert mitgegeben, und als dessen Haus in Pennsylvania abbrannte, wurde das Tier von den Flammen überrascht, versteckte sich aber im Ofen. Und so wurde die Katze gerettet.

Donnerstag, den 5. April 1984

Fred machte mich am Morgen sehr wütend. Ich fragte ihn, was mit den Michael-Jackson-Porträts geschehen solle, und er kehrte den souveränen Macher raus und gab mir vorgestanzte, supercoole Antworten wie: »Ich habe alles im Griff«, »Alles unter Kontrolle« und dergleichen. Ich sagte: »Verschon mich damit.« Doch als er dann auch noch anfing, *mir* Fragen zu stellen, schlug ich ihn mit seinen eigenen Waffen und sagte: »Ich habe hier zu sagen...«

Von Gael Love erfuhr ich, daß Doria und Ron in L. A. eine Wohnung gemietet haben und Ron $ 6000.00 pro Artikel kriegt, sie also nicht mehr für uns arbeiten.

Vor einiger Zeit riefen Journalisten an und fragten, was ich von Campbell's neuen Suppendosen halte, von diesen Plastikdosen, die man Knautschen kann, und ich sagte: »O ja, tolle Idee, einfach toll, toll, toll!!« Und dann bekam ich einen furchtbar netten Brief von einem Typ bei Campbell's, der schrieb: »Ich freue mich, daß Sie mit uns der Meinung sind, daß wir einen New Look gebraucht haben.« Ich hätte antworten sollen: »Und ich schaffe mir eine neue Perücke an.«

Samstag, den 7. April 1984

Benjamin und sein Mitbewohner Rags hatten gehört, daß Julian Lennon im »Be Bop Café« eine Geburtstagsparty feierte, und wir wollten uneingeladen da reinplatzen. Mietete eine Limousine, die drei Dollar pro Person kostete ($ 20.00). Wir kamen und taten so, als sei das Lokal normal geöffnet. Ein Typ versuchte, mich Julian Lennon vorzustellen, aber der sah mich nur an und zeigte kaum eine Reaktion; also gingen wir wieder.

Dienstag, den 10. April 1984

Benjamin holte mich ab, und wir gingen rüber zu »Sotheby's«. Ich war nur auf eines aus, auf eine Brosche von Verdura: Ein großes schwarzes Negergesicht mit Augen aus rundgeschliffenen Rubinen und vielen anderen Steinen.

Machte einen Termin mit der Ernährungswissenschaftlerin Dr. Linda Li auf der West Side.

Gael Love rief ein paarmal an. Robert Hayes war drei Wochen lang mit einer Erkältung ausgefallen und jemand hatte mir den Floh ins Ohr gesetzt, der mir flüsterte: »Was stimmt bloß mit Robert nicht?« Aber Gael sagte: »Nein, nein, damit hat es nichts zu tun.«

Holte John Reinhold ab, um mit ihm zu Yokos Smoking-Dinner für Vasarely zu fahren (Taxi $ 4.00). Wir fuhren also ins Dakota und mußten in der Halle die Schuhe ausziehen. Sie hatte viele hübsche Jungen als Kellner engagiert. Ich wußte nicht, welcher davon Sam Havadtoy war, der Liebhaber, der bei ihr wohnt. Er ist Dekorateur. Es war sehr schick. Gegessen wurde in der Küche. Es gab frisches Gemüse und Pasta und so was wie Kalbfleisch. Ich kannte keinen, aber jeder stellte was dar. John Cage war da, und Merce Cunningham.

Und der kleine Sean Lennon verliebte sich spontan in mich. Er sagte: »Warum sind deine Haare so komisch?« Ich sagte: »Punk.« Er sagte: »Wie heißt du?« Ich sagte: »Adam.« Dann bat ich ihn, mir einen doppelten Champagner zu bringen, und als er damit zurückkam, sagte er, jemand habe ihm erzählt, ich sei Andy Warhol. Und dann ging er zu allen hin und sagte: »Wißt ihr, wer das ist? Das ist Andy Warhol.« Und ich machte meinen alten Trick und riß einen Dollarschein in zwei Hälften. Und er sagte: »Du mußt mir ein Autogramm geben.« Also schrieb ich: »Für Sean, Andy.« Und er sagte: »Dein Vorname interessiert mich nicht, ich will deinen Nachnamen.« Ich sagte, daß ich gar nicht so berühmt sei und die anderen Leute hier viel berühmter seien, John Cage zum Beispiel. Er solle sich ein Autogramm von *ihm* holen. Und das tat er dann auch, und John gab ihm seine schönste Unterschrift. Und dann ließ sich Sean von ihm ein »J«

Yoko Ono, Sean Lennon, Sam Havadtoy *(Andy War*

malen, kam zu mir, zerriß das »J« in zwei Hälften und gab mir eine davon. Leider hatte John das »J« auf die Rückseite des Zettels mit seiner schönen Unterschrift geschrieben – und das tolle Autogramm war ruiniert.
Ach ja, als ich letzte Woche zu Hause aufräumte, fielen aus einer Schublade Bilder von John und Yoko, die ich in den sechziger oder frühen siebziger Jahren aufgenommen habe. Und zwei der Fotos waren Doppelbelichtungen ihrer Gesichter. Es tat mir in der Seele weh, eins davon wegzugeben, doch ich tat's. Die eine Aufnahme, auf der man beide noch unterscheiden kann, gab ich Yoko, die andere, auf der ihre Gesichtszüge ineinanderfließen, behielt ich. Wann könnten diese Fotos entstanden sein? Mal überlegen... Ich ging mit John und Yoko durch die Stadt und war auf der Suche nach einem Haus, also hatte ich das Haus an der Bowery noch nicht gekauft, 1969 also. Und in der Greene Street standen drei Häuser zum Verkauf, jedes für $ 200000.00. Yoko wollte eins kaufen, John wollte eins kaufen, und ich wollte eins kaufen. Aber dann wurde Yoko gierig und wollte alle drei. Doch am Ende hat sie gar keins gekauft. Aber da war ich schon aus dem Rennen. Dieses Haus wäre heute Millionen wert.
Das Dinner wurde serviert, und ich saß neben Walter Cronkite. Wir unterhielten uns, es war interessant. Er sagte, seiner Ansicht nach sei Carter der intelligenteste Präsident gewesen. Und dann erzählte er mir, wie er vor Jahren zu einem Interview mit Nixon ging, als Nixon wieder mal für die Präsidentschaft kandidierte. Sie ließen ihn vor der Tür warten, und er hörte, wie Nixon drin am Telefon »Pisse« und »Schwanzlecker« und »Scheiße« sagte. Und Walter Cronkite dachte, das sei extra für ihn so arrangiert, um ihn glauben zu machen, Nixon sei ein echter Macho. Doch als dann Jahre später die Watergate-Tonbänder an die Öffentlichkeit kamen, war er überrascht, daß Nixon in Wirklichkeit die ganze Zeit so redete.
Und dann schnappte ich auf, wie Sean mit einem Typ sprach und ihn nach seinem Namen fragte, und der Typ sagte: »Coppola«.

Mittwoch, den 11. April 1984

Taxi zu Emily Landaus Lunch in der 720 Park Avenue ($ 5.00).
Thomas Ammann war da, und Fred kam betrunken an, redete wie Mrs. Vreeland und spielte sich auf. Aber er redete über interessante Dinge. Über Möbel und ähnliches. Emily hatte schöne schwarze Jungs als Kellner engagiert. Ihr hat früher die Wohnung im »Imperial House« gehört, die Liza Minnelli später gekauft hat. Ich habe ein Porträt von ihr gemacht, doch es hat mir nie richtig gefallen, deshalb wollte ich es noch mal machen, weil sie doch so tolle Bilder von Malern wie Rauschenberg und Picasso hat und ich nicht wollte, daß meins daneben schlecht aussieht.

Donnerstag, den 12. April 1984

Jean Michel kam vorbei. Er war die ganze Nacht unterwegs gewesen. Ich brachte ihn dazu, an einem unserer Gemeinschaftsbilder zu arbeiten. Er wollte Spaghetti, also ließen wir welche aus dem »La Colonna« bringen ($ 71.45). Er schlief ein. Und als er dann aufstand und an den Telefonen vorbeiging, hatte er einen Riesenständer, der wie ein Baseballschläger in seiner Hose steckte. Ich glaube, das heißt jung sein. Ich vergesse solche Dinge.
Gael leistet doppelte Arbeit, seit Robert Hayes ausgefallen ist. Und die Kids im Büro sagen, daß seine Krankheit eher psychisch bedingt sei. Sie geben aber zu, daß er *tatsächlich* hustet, wenn sie ihn besuchen. Und drei Wochen sind eine lange Zeit für eine Erkältung, nicht wahr?

Sonntag, den 15. April 1984

Das Wetter war furchtbar, es regnete in Strömen. Die Hunde tobten durch die Wohnung, es war also nicht allzu friedlich. Ich blieb daheim und recherchierte. Ich sah mir die Fotos von

Weege an. Er ist so großartig: Schlafende Leute, Brände, Mord, Sex und Gewalt. Ich würde zu gern solche Bilder machen. Ich wünschte, ich könnte mit einer Polizeistreife mitfahren. Aber ich glaube, ich kann auch selbst was arrangieren: Ich könnte Benjamin vor ein fahrendes Auto stoßen.

Montag, den 16. April 1984

Jean Michel war im Büro. Er hatte sich Lunch mitgebracht, saß auf dem Boden, malte und redete nicht viel. Ich glaube, er macht die Nacht durch und verbringt dann hier seine Schlafenszeit. Rupert kam vorbei und erzählte von der Show im »P.S.1«. Sie haben die alte Factory aus der 47. Straße kopiert. Ein Raum war mit Silberfolie ausgeschlagen, ein paar Leute verteilten LSD, und eine Edie lief auch herum.

Robert Hayes liegt jetzt mit Lungenentzündung im Krankenhaus. Aber ich glaube nicht, daß er das hat, was er befürchtet. Ich glaube, er ist nur erschöpft und hat Angst, weil Cisco es hat. Ich glaube nicht, daß man es so leicht bekommt.

Ich habe in fünf Minuten ein Hundebild gemacht, um fünf vor sechs. Ich nahm ein Foto, warf es mit dem Projektor an die Wand, befestigte Papier an der betreffenden Stelle und zeichnete das Bild nach. Zuerst zeichnete ich, und dann malte ich wie Jean Michel. Ich glaube, die Bilder, die wir zusammen machen, sind besser, wenn man nicht unterscheiden kann, wer was gemacht hat.

Die Straßen waren leer. Schließlich kamen wir drauf, daß Passahfest war. Setzte Benjamin ab ($ 7.00).

Dienstag, den 17. April 1984

Das Wetter war gut. Ich fotografierte Leute auf der Straße: ungefähr acht Maler, die auf der Straße Leute porträtierten. Ich entdeckte einen schwarzen Bauchredner, der von einer Menschenmenge umringt war und hielt meine Kamera hoch, um ihn auf das Foto zu kriegen. Aber die Bauchrednerpuppe erkannte mich und rief meinen Namen, und daraufhin drehten sich alle um, und ich mußte Autogramme geben. Fotografierte auch ein paar Prediger.

Ging in ein japanisches Restaurant, um etwas zwischen die Zähne zu kriegen ($ 75.00). Die Kellnerin konnte kein Englisch, wollte aber ein Autogramm von mir. Daher vermute ich, daß mein Werbespot in Japan noch läuft. Wir nahmen Drinks, für mich die ersten seit Wochen, und das machte das Leben etwas erträglicher. Ich rief John Reinhold an. Erfuhr, daß Jean Michel im Büro »860« auf mich wartete, aber ich ging ins neue Büro. Und weil ich beschwipst war, terrorisierte ich alle.

Ging ins alte Büro und rief Jean Michel an. Er kam rauf und übermalte ein Bild, das ich gemacht hatte. Und ich weiß nicht, ob es dadurch besser wurde oder nicht.

Mittwoch, den 18. April 1984

Ich habe gerade mit Christopher telefoniert. Robert Hayes liegt auf der Intensivstation, und seine Mutter kommt aus Kanada her. Er hat wochenlang gehustet, und mit einer Lungenentzündung ist nicht zu spaßen; man kann im Nu daran sterben. Bevor er ins Krankenhaus ging, war er wochenlang zu Hause, angeblich mit schwerer Grippe. Doch einmal kam er zu einem Arbeitsessen herüber und hatte überall kleine runde Pflaster, und ich fragte Gael nach dem Grund. Sie sagte, er habe sich Leberflecke entfernen lassen. Das klang plausibel.

Jay kam strahlend zur Arbeit. Er ist in Kate Harrington verliebt, unsere Moderedakteurin. Ich sagte: »Ich glaube, sie geht mit John Sykes von MTV.« Jay sagte: »Hör zu, sie hat an dem Tag mit ihm Schluß gemacht, als sie *mich* traf!« Ich mische mich da lieber nicht mehr ein. Kate hat auf jeden ein Auge. Sie hat Temperament und ist hübsch. Hoffen wir, daß Jays gute Laune anhält. Jean Michel war auch hinter Kate her – sie hat ein »Interview«-Foto von ihm und De Antonio in Armani-Kla-

motten gestylt, und er hat ihr fünf Joints dagelassen.
Victor rief ein paarmal an. Ich habe mal gesagt, er könnte gefährlich werden, und jetzt fängt er ständig davon an und erwähnt Valerie Solanis. Er wohnt im »Barbizon«. Er sagte, Halston habe die Schlösser ausgewechselt. Halston glaubt, daß Victor seine Peretti-Kerzenleuchter gestohlen hat, aber er hat sie sich nur ausgeliehen, um sie im »Barbizon« als Sicherheit zu hinterlegen. Victor hat mir zwei zu Weihnachten geschenkt, aber da war Halston dabei, und ich bekam sie nur unter der Bedingung, daß Halston noch welche nachkaufen könnte. Falls nicht, muß ich sie zurückgeben. Aber bei »Tiffany« gibt es noch welche, das habe ich nachgeprüft.

Sonntag, den 22. April 1984, New Hampshire – New York
Ich war mit Jons alter Freundin Katy Dobbs in New Hampshire. Das liegt gleich hinter der Grenze von Massachusetts. In der Nähe hat Jons Familie ein Strandhaus. Ich fand es so schön, daß ich mir dort auch ein Haus kaufen will. Es ist wie Montauk. Direkt am Meer. Ich las die Tagebücher von Ned Rorem, während ich dort war. Von den frühen sechziger Jahren bis 1971. Die Szene, zu der *wir* gehört haben, hat er aber nicht mitgekriegt – seine Zeit waren die eleganten vierziger und fünfziger Jahre.
Es war Ostern, und wir besuchten einen Freund von Katy. Ihr fester Freund Fred arbeitet beim Kabelprogramm Nickelodeon und war in Tennessee bei einem Pfeifwettbewerb. Er ist sehr talentiert und sehr nett.
Ach ja, der Ostergottesdienst. Sie standen um 4.30 auf, um hinzugehen, aber ich konnte nicht mit. Ich wollte nicht mit, weil ich mir in der Kirche komisch vorgekommen wäre. Die Leute hätten mir zusehen können, wie ich bete, niederknie und mich bekreuzige. Ich bekreuzige mich nämlich auf die falsche Art, auf die orthodoxe. Bestimmt hätten sie mich angestarrt.
Dann, als sie zurückkamen, machten wir einen Ausflug und fuhren zum Lunch im Haus von Jons Familie. Es waren ungefähr 10 Leute da. Lunch gab es im Freien. Die Bäume dort sehen aus wie Weihnachtsbäume. Die Zwillinge Jon und Jay trugen beide hellgrüne Hosen. Sie sind harte Burschen, aber am Wochenende flippen sie gern aus. Der Bruder hat gerade mit einem wunderschönen Model Schluß gemacht, das in New York lebt. Ich bin ihr mal begegnet. Er arbeitet im Geschäft seines Vaters. Versicherungsbranche. Er hat sich hier gerade ein eigenes Haus gekauft.
Ich habe nichts von Robert Hayes gehört.
Ned Rorem hat sich mit Anaïs Nin getroffen. Jetzt kann sie ihn in ihrem Tagebuch erwähnen und er sie in seinem. Das will ich auch machen – ich möchte jemanden finden, der auch ein Tagebuch führt, damit jeder ins Tagebuch des anderen kommt. Fuhr nach Boston und flog per Shuttle nach New York (Tickets $ 171.00; Zeitungen und Zeitschriften $ 5.00).

Montag, den 23. April 1984
Sonntag abend, 8.40, gab es in New York ein Erdbeben. Und letztes Jahr hatten wir auch eins. Es war wirklich zum Fürchten. Ich dachte immer, Manhattan läge in einem erdbebensicheren Gebiet.
Und dann bekam ich Pickel im Gesicht, zur Strafe dafür, daß ich Ostern nicht in der Kirche war.
Nahm ein Taxi downtown ($ 7.00). Rief Jean Michel an. Er kam und bestellte sich chinesisches Essen bei einem Restaurant in der Sixth Avenue. Und dann wollte Keith Haring, daß ich mir seine Bilder ansehe, bevor sie verladen werden. Er sagt, ich habe ihn beeinflußt – er malt jetzt auf Leinwand. Also aßen wir chinesisch und Sachen von »Pie in the Sky«.
Victor rief an und lud mich zu einer kleinen Geburtstagsparty für Halstons Nichte ein. Halston hatte am gleichen Tag Geburtstag.

Und Robert Hayes geht es etwas besser, sein Fieber ist gesunken.
Setzte Benjamin ab ($ 7.00), zog mich zu Hause um und (lacht) ging zu einem Dinner, zu dem ich nicht eingeladen war. Ein Dinner für Shirley McLaine. Ich *dachte*, ich wäre eingeladen worden, aber wie sich herausstellte, war ich es nicht. Wie ich also gegen 9.00 zum »Limelight« kam (Taxi $ 6.00), sagte der Türsteher: »Oh, Sie sind aber furchtbar früh dran, oder?« Und ich sagte: »Aber ich bin zum Dinner eingeladen.« Darauf er: »Oh, Entschuldigung.« Dann gingen wir hinein. Das Dinner hatte gerade begonnen, und er sagte: »Entschuldigen Sie, Mr. Warhol, ich muß rasch etwas nachsehen.« Dann kam er wieder zurück und sagte: »Entschuldigung, Mr. Warhol, alles in Ordnung.« Ich wußte also immer noch nicht, daß ich nicht eingeladen war. Aber schließlich ging mir doch ein Licht auf, es war nämlich *wirklich* intim. Nur 30 Leute. Bella Abzug war da, und später kamen noch Iris Love und Liz Smith. Das Motto der Party war »Weiß«. Liz trug einen weißen Smoking, und ich hatte nur einen weißen Rollkragenpullover an, aber alle anderen trugen weiße Smokings. Und jeder hielt eine Rede. Ich war der einzige, der keine Rede hielt.
Später kam Shirley und klopfte mir auf die Schulter wie einem Hund: »Hallo, Andy, auch da.« Schließlich war es für mich Zeit, zu Halston zu gehen.
Nahm ein Taxi zur 63. Straße ($ 8.00). Halstons Nichte ist sehr hübsch geworden. Halston gab mir ein Stück Papier. Es war zu einem Schiffchen gefaltet. Ich war ganz aufgeregt, weil ich wußte, daß es der Scheck über $ 40 000.00 war, für die Miete. Ich hatte keine Geschenke mitgebracht, weil es draußen so regnerisch war, und stellte deshalb für Halston, Victor und die Nichte je ein »I. O. U. One Art« aus.*

*I. O. U. One Art: I Owe You One Art (Ich schulde dir ein Kunstwerk)

Und dann ging ich nach Hause und entfaltete das Papierschiffchen, aber es war kein Scheck, es war nichts – da stand nur »Glückwunsch zum Geburtstag« oder so was. Es war kein Scheck, aber es hätte ein Scheck sein müssen.

Mittwoch, den 25. April 1984
David, der junge Kennedy, lieferte heute die Schlagzeilen. Er ist tot. Sie haben eine Extraausgabe gemacht und riefen die Nachricht aus. Die Zeitungen gingen weg wie nichts. David war der, von dem alle dachten, er sei vielleicht schwul. Und im Fernsehen zeigten sie eine halbe Stunde lang Count Basie. Auch er ist tot.

Montag, den 30. April 1984
Victor kam und fragte Jean Michel, warum er mit mir herumzieht. Nur um mir eins auszuwischen. Und dann gingen sie zusammen zu Victor, um sich Kunstsachen anzusehen. Die Bilder, die ich gestern gemacht habe, gefallen mir überhaupt nicht.
Dann rief mich Jean Michel an. Seine Ausstellung bei Mary Boone wird am kommenden Wochenende eröffnet, und ich glaube, er hat Lampenfieber. Ließ mir Lunch bringen ($ 44.25). Man munkelt, daß Julian Schnabel von Mary Boone zu »Pace« gewechselt ist, weil man ihm eine Million im voraus bezahlt hat. Und Jay ist immer noch guter Laune und arbeitet schwer. Er sucht für uns eine Umzugsfirma, die uns hilft, die restlichen Sachen von »860« ins neue Büro zu schaffen.

Dienstag, den 1. Mai 1984
Stand früh auf. Benjamin holte mich zu Calvin Kleins Modenschau ab. Wir kamen zu spät, aber sie hatten meinen Platz in der vordersten Reihe freigehalten (Taxi $ 6.00).
Das Wetter war wunderbar, und ich wollte eigentlich ins Freie, kam aber nicht dazu. Jean Michel kam, und wir arbeiteten. Ging zur Ausstellungseröffnung von Jamie Wyeth in der »Coe Kerr Gallery«. Traf Lacey Neuhaus und Doug Wick. Sprach mit Ted Kennedy jr. Jean Kennedy Smith war auch da; sie war nett und lächelte. Jamie lud mich fürs Wochenende auf

die Farm ein, aber ich sagte, ich müsse packen und umziehen.

Mittwoch, den 2. Mai 1984 Es war schön, doch ziemlich windig. John Reinhold rief an und sagte, er müsse verreisen. Er wollte einen Dollarschein zerreißen, wie wir es immer machen, und wenn er zurück ist, will er den Dollar wieder zusammenkleben und mit uns auf den Kopf hauen. Woody Allen hat den Prozeß gegen seinen Doppelgänger gewonnen, ebenso wie Jackie Onassis ihren Prozeß gegen ihre Doppelgängerin. Jetzt ist der arme Doppelgänger von Woody Allen arbeitslos. Das Gericht hat ihm erklärt, (lacht) er dürfe nur in Werbespots auftreten, wenn er durch eigenes Verdienst berühmt geworden sei. Das ist doch was! (Taxis $ 5.00.) Und ich kann die Trumps nicht ausstehen, weil sie meine Porträts des Trump Tower nie gekauft haben. Und ich kann sie auch deshalb nicht leiden, weil die Taxis vor ihrem häßlichen »Hyatt Hotel« den Verkehr um die Grand Central Station so aufhalten, daß ich immer so lange brauche, bis ich zu Hause bin (Taxi $ 6.00).
Robert Hayes geht es wieder viel besser, er wird wieder gesund. Es war eine doppelseitige Lungenentzündung, kein AIDS.
Jean Michel war da, aber er war nervös wegen seiner Ausstellung, und ich mußte ihm beim Malen die Hand führen. Zum erstenmal seit einiger Zeit hatte er wieder Heroin genommen. Deshalb bewegte er sich so langsam (Taxi $ 7.00).
Ich habe die Art, wie ich wohne, so satt, diesen ganzen Schrott, und ich schleppe immer noch mehr nach Hause. Nur weiße Wände und ein sauberer Boden, das ist alles, was ich will. Die einzig wirklich schicke Art zu wohnen ist, gar nichts zu haben. Ich meine, wozu brauchen die Menschen Besitz? Im Grunde ist das idiotisch.

Donnerstag, den 3. Mai 1984 Mary Richardson rief an und sagte, der junge Kennedy – David, der an einer Überdosis gestorben ist – habe in seiner Wohnung nur ein Bild an der Wand gehabt, und zwar die Serviette, auf die ich ihm etwas gezeichnet habe – ich weiß nicht mehr, ob einen Schwanz oder bloß Herzen.
Bei »Interview« waren alle ganz begeistert, daß es Robert besser geht. Ich gehe ihn besuchen. Gael sagt, daß er glücklicher und lebendiger als vorher ist und so jung aussieht wie nie.
Jean Michel rief an. Er wollte, daß wir uns seine Ausstellung in der »Mary Boone Gallery« ansehen, und ich sagte zu. Nahm Jay und Benjamin mit (Taxi $ 5.00). Die Schau war großartig. Jean Michel war sehr aufgeregt. Bei ihm war eine hübsche Koreanerin, Larry Gagosians Sekretärin. Gagosian gehört die Galerie in L.A., die Jean Michel vertritt. Aber Jean Michel wird ihr das Herz brechen. Alle hübschen Mädchen fliegen auf ihn. Sie waren wie Turteltauben und hielten Händchen. Dann wollte Jean Michel zum Dinner. Wir gingen ins »Odeon« (Taxi $ 6.00). Robert Mapplethorpe war dort, und irgendwas stimmt nicht mit ihm. Entweder hat er sein gutes Aussehen eingebüßt oder er ist krank (Dinner $ 280.00)

Samstag, den 5. Mai 1984 Es war schön und sonnig. Arbeitete viel. Rief Jean Michel an, und er sagte, er käme vorbei. Er drehte sich Joints. Er hatte ganz offensichtlich Lampenfieber wegen seiner Ausstellung, die später bei Mary Boone offiziell eröffnet werden sollte. Dann wollte er sich neu einkleiden, und wir gingen in den Laden, in dem er immer kauft. Er hatte Körpergeruch. Wir gingen zu Fuß und kamen zum Washington Square Park. Dort habe ich ihn zum erstenmal getroffen. Damals signierte er noch mit »SAMO«, machte Graffiti und bemalte T-Shirts. Für ihn sind das unangenehme Erinnerungen.

Jean Michel Basquiat vor der Galerie Mary Boone *(Andy Warhol)*

Dienstag, den 8. Mai 1984 Holte Benjamin ab. Wir nahmen einen Stapel »Interviews« mit und gingen zu »Christie's«. Das Mädchen dort war sehr nett und zeigte uns die Ausstellung. Eine große Fälschung von mir war zu sehen, doch ich hatte sie signiert. Ich weiß auch nicht, warum. Aber das Bild gehörte Peter Gidal. Er hat damals dieses Buch über mich gemacht, und ich wollte nett zu ihm sein, deswegen habe ich das Bild signiert. Es sind vier Jackies, und ich habe nie einen Siebdruck von mehreren gemacht. Glaube ich wenigstens. Nein, meine Jackies waren alle einzeln.

Mittwoch, den 9. Mai 1984 Bekam die Einladung zur zweiten Hochzeit von Jackie Curtis. Er heiratet wieder einen Jungen. Ein Priester macht es. Und Jackies Bild ist so stark retuschiert, daß er aussieht wie 15. Blondes Haar und blaue Augen.

Dieser englische Werbemensch, Saatchi, der die »Marilyn« kaufen will, möchte sie über vier Jahre hinweg abzahlen oder so, und ich weiß nicht, was ich tun soll. Wichtig ist doch, daß wir das Geld schnell kriegen, damit wir die Handwerker im neuen Haus bezahlen können.

Ruth Ansel rief an und sagte, Marvin Israel sei gestorben. Aber ich nahm ihren Anruf nicht an, weil ich seinen Tod nicht akzeptieren wollte. Er hatte am Montag in Texas einen Herzanfall. Er hat dort etwas zusammen mit Avedon gemacht. Er war Art-director bei »Harper's Bazaar«. Ich habe mal für ihn gearbeitet.

Donnerstag, den 10. Mai 1984 Ging zu »Sotheby's«, um nachzusehen, wie sich meine Zeichnungen verkaufen. Frühe Zeichnungen von 1962. Fred war da und bot mit, und das trieb den Preis in die Höhe. Gekauft hat aber ein anderer Typ. Es sind vor allem die Händler, die das Zeug anbieten und die Preise hochtreiben. Das ist ihr Geschäft. Alle Leute, die Kunst haben, treiben die Preise in die Höhe. Traf Jed, als ich mir Art Deco ansah.

Freitag, den 11. Mai 1984 Ich bekam eine Einladung zu einer Ausstellung von Siebdruckporträts nach Fotografien von Francesco Scavullo – gedruckt von Rupert Smith! Fred sagt zwar, ich soll Rupert deswegen nicht anschreien, aber ich wette, sie sehen wie Arbeiten von mir aus. Rupert hat genau gewußt, daß das nicht sauber von ihm war, sonst hätte er es mir erzählt und gesagt: »Ich habe das und das vor; ich hoffe, es macht dir nichts aus.«

Sonntag, den 13. Mai 1984 Thomas Ammann rief an. Wir sahen uns Arbeiten von diesem Künstler namens Eric Fischl an, über den »Vanity Fair« neulich eine Story hatte. Er malt Sachen wie ein Mädchen, das duscht, während ihm ein zweites dabei zusieht, und man sieht Schamhaar, einen Affen und ein Baby – irgendwie kopiert er Balthus.

Montag, den 14. Mai 1984 Ging rüber zu Dr. Linda Li. Sie behandelte die richtigen Stellen, und die Schmerzen gingen weg. Aber dann las ich einen Artikel, in dem erklärt wird, wie man es selber machen kann, und war etwas verunsichert, doch dann stand am Ende des Artikels: »Aber rufen Sie Ihren Arzt an.«

Mittwoch, den 16. Mai 1984 Ich zeige Rupert die kalte Schulter. Ich meine, jeder, der seine Scavullo-Ausstellung gesehen hat, sagt es ja auch – daß er Augen und Lippen koloriert und Doppelporträts gemacht hat, genau wie ich. Ich bin sehr sauer. Gingen zu Keith Harings Party in der »Paradise Garage«. Davor standen Kids und verkauften Karten, obwohl die Party umsonst war. John Sex trat auf. Madonna fing so spät an, daß ich nur den Anfang mitbekam.

Donnerstag, den 17. Mai 1984 Der große Hammer des Tages: Wir sind alle im Büro und arbeiten, und

◀ 29 The American Indian (Russell Means), 1976

◀ 30 Mao, 1973

plötzlich kommt mein Bruder hereinspaziert. Mein Bruder Paul, den ich seit 20 Jahren nicht gesehen hatte. Mit ihm kamen sein Sohn James und dessen Freundin. Er war in der Stadt, um James eine Wohnung zu kaufen. James ist der Künstler, dem ich nicht helfen wollte, als er nach New York kam. Er wollte damals für »Interview« arbeiten, und ich sagte ihm, er müsse auf eigenen Füßen stehen. Und jetzt kauft er die Wohnung in Long Island City, und mein Bruder gibt ihm das Geld.
Mein Bruder kann besser reden als ich. Er war schon immer ein guter Redner. Und ein großer Spieler. Er hat sich oben in Erie eine Farm gekauft und will sich dort zur Ruhe setzen.
Nahm ein Taxi, um mich mit Lidija in der »Nr. 860« zu treffen ($ 5.00). Der Ort leert sich; den ganzen Tag wurden Sachen in die 33. Straße geschafft. Arbeitete den ganzen Nachmittag. Rupert kam. Er ist etwas kleinlauter geworden. Traf mich mit Jon im »East-West« zum Dinner (Taxi $ 10.00).

Freitag, den 18. Mai 1984 Ging mit Benjamin in das Fotogeschäft und kaufte die neue Olympus-Kamera, von der Chris mir erzählt hatte ($ 410.00). Die Batterie reicht für 5000 Bilder. Sie haben immer noch die alten Polaroidmodelle mit den Kästen. Ich sollte sie aufkaufen.

Dienstag, den 22. Mai 1984 Am Morgen rief Benjamin an, und wir klatschten eine Weile am Telefon. Später kam er rauf. Ich rief den Aufzugkundendienst an, weil ich einen Funken gesehen hatte, aber sie sagten, der Funke sei immer da, das sei ganz normal. Ich durfte nichts essen, weil ich um 3.00 beim Doc Tests machen lassen mußte. Aber wir schlenderten rum, und ich strotzte vor Energie, wegen der Vitamine.
Jean Michel kam früh ins Büro. Er las die große Rezension über seine Ausstellung in der »Voice«. Sie nannten ihn den vielversprechendsten Künstler der Szene. Na, wenigstens haben sie mich nicht erwähnt und geschrieben, er solle sich nicht mit mir rum-

Karl Lagerfeld *(DPA)*

treiben, wie neulich die »New York Times«.
Ich öffnete eine der Umzugskisten, die im hinteren Raum herumstanden, und es waren 16-mm-Filmrollen darin und Briefe von Ray Johnson, dem Künstler, und ich glaube, auch meine blutbefleckten Kleider von damals, als ich niedergeschossen wurde.
Mir fiel auf, daß Tony Shafrazi keinen Künstler seiner Galerie ins MOMA gebracht hat, weil er es war, der Picassos »Guernica« beschädigt hat. Aber das ist nicht fair. Keith Haring ist nicht im MOMA vertreten, und von mir stellen sie nur *ein* Bild aus, die kleine »Marilyn«. Ich finde das unmöglich. So was regt mich auf.
Dann, am Nachmittag, fuhr ich zu Doc Cox (Taxi $ 7.00). Ich beschwerte mich über ihr Thermometer. Es liegt nämlich einfach so im Wasser, und jeder benutzt es. Das ist doch nicht in Ordnung!

Mittwoch, den 23. Mai 1984 Erkundigte mich, wie es Robert Hayes ging und erfuhr, daß er immer noch im Krankenhaus ist.
Benjamin holte mich ab. Wir wollten zu Karl Lagerfelds Dinner im »Museum of Modern Art«. Eigentlich hätte Benjamin als Tunte kommen sollen, aber er war normal angezogen. Wir betraten gleichzeitig mit Karl den Aufzug, und er war sehr nett. Er trug Lippenstift zu seinem Pferdeschwanz. Meine Tischnachbarin beim

Francesco Clemente *(Andy Warhol)*

Dinner war Fran Lebowitz. Sie war lustig. Sie trinkt nichts und ißt keinen Nachtisch. Aber sie raucht ununterbrochen.

Ich wickelte ein Lammkotelett in eine Serviette, um es für die Hunde mitzunehmen, und machte mir die Hosentasche blutig. Um 10.30 war das Dinner vorbei.

Jean Michel erwartete uns unten im »Odeon« (Telefon $ 0.90; Taxi $ 10.00). Und dann kam dieser Fischl. Er erzählte, daß er vorhin die Fernsehshow »College Bowl Championships« gesehen habe und daß ich die Antwort auf eine der Fragen gewesen sei. Die Frage lautete: »Wer hat Marilyn Monroe gemalt?« Und das Mädchen von der Universität Minnesota kam binnen einer Sekunde drauf. Und ich sah diese Lesbe von »Artforum«, die mich umsonst hat arbeiten lassen – ich machte ein original »Dollar Sign« – um dann in derselben Ausgabe irgendeinen Kerl die schlimmste Kritik über mich schreiben zu lassen, die je in dem Heft erschienen ist.

Und Fred war mit Joan Collins aus. Ich glaube, sie hat was mit Mick Flick. Vermutlich kommen solche Frauen so zu ihren Klunkern – als Dankeschön für eine aufregende Nacht.

Donnerstag, den 24. Mai 1984
Jay und die Crew sind umgezogen. Ich habe eine »Zeit-Kapsel« geöffnet, und das war wie immer ein Fehler, weil ich nicht mehr davon loskomme. Wie damals, als ich in einer Filmfragmente fand und mir den Kopf darüber zerbrach, wo der Rest des Films sein könnte. Das »Whitney« hat jetzt meine alten Filme. Ich habe sie ihnen schließlich doch gegeben – vielmehr Vincent hat es getan. Aber ohne meine Erlaubnis dürfen sie nichts damit machen. Sie sehen sie jetzt erst mal durch und reinigen sie.

Jean Michel kam vorbei und war in sehr guter Stimmung. Wir aßen chinesisch. Er malte große, schwarze, schreiende Figuren. Arbeitete bis 7.00. Jill Fuller holte mich in einer Limousine ab. Wir sahen uns das Konzert von diesem »Pink Floyd«-Typ im »Beacon Theater« an.

Danach gab Lorne Michaels ein Dinner im »Café Luxembourg«. Henry Geldzahler und Clemente waren da, und ich bekam ein schlechtes Gewissen, weil Jean Michel und ich die Gemeinschaftsbilder jetzt ohne ihn machen. Sie werden jetzt gut und kommen an, während uns Bruno für die anderen, die wir zu dritt gemacht haben, nur wenig bezahlt hat. Aber vielleicht geben wir Clemente ein paar von unseren Ausschußbildern. Vielleicht kann er ja was damit anfangen. Er ist wirklich nett.

Freitag, den 25. Mai 1984 Rief im Büro an und tobte wegen Jean Michels Bild in der Dolly-Parton-Ausgabe. Es war einfach gräßlich – so geschmäcklerisch beschnitten. Ich tobte also, aber Gael sagte, Fred sei dafür

verantwortlich. Also rief ich Fred an und stauchte ihn zusammen, und er sagte, das habe er ganz speziell und persönlich selber gemacht.
Robert Hayes ist immer noch im Krankenhaus. John Reinhold rief dort an, aber Roberts Mutter wollte ihn nicht mit ihm sprechen lassen. Er hatte immer noch Fieber. Seine Familie ist jetzt seit anderthalb Monaten hier. Die Krankenhausrechnung muß sehr hoch sein. Ich glaube, das »Blue Cross« bezahlt 80 Prozent; dennoch: Ich schätze die Kosten auf etwa $ 500.00 pro Tag.

Samstag, den 26. Mai 1984
Stand früh auf. Jean Michel rief ein paarmal an. Zum Beispiel morgens um 7.00, weil er noch nicht ins Bett gegangen war. Er wollte zur Hochzeit von Jackie Curtis. Ich zog mich an, Taxi zur St. Mark's Church in der Second Avenue ($ 9.00).
Doch die Trauung war abgesagt worden, weil der Priester darüber verärgert war, daß Jackie die Presse informiert hatte. Er weigerte sich, die Trauung vorzunehmen. Also wurde das Ganze in Mickey Ruskins Wohnung am University Place 1 verlegt, und wir fuhren dorthin. Ständig sprachen uns Jackies Verwandte an: »Ich bin Jackies Tante aus Toledo.« Dann kam Jackie, so spät wie immer. Äußerst seltsam fand ich, daß er immer noch jedem erzählt, wir hätten vor zwölf Jahren zusammengewohnt. Allmählich glaube ich, er ist tatsächlich davon überzeugt. Erinnerst du dich, was für ein Spaß das war, als er den Interviewern immer erzählte, wir seien Zimmergenossen? Jetzt frage ich mich, ob er es schon damals geglaubt hat oder erst später. Oder hatte er nur eine kurze Halluzination, die im Gedächtnis haften blieb? Jedenfalls glaubt er aus irgendeinem Grund fest daran. Einige Leute sahen aus wie Valerie Solanis; sie kamen auf mich zu und sagten hallo. Jackie trug ein mit Perlen besetztes, kurzes Kleid, und seine Zähne waren schlecht. Der Bräutigam war ein gutaussehender Tscheche, vielleicht 21 oder 22 und geistig wohl etwas zurückgeblieben. Jedenfalls machte er den Mund nicht auf.

Dienstag, den 29. Mai 1984
Ich ging mit Benjamin in ein japanisches Restaurant und rief John Reinhold an. Er sollte sich dort mit uns treffen. Man wollte uns aber erst einen Tisch geben, wenn er kam. Und als er da war, hieß es, es sei kein Tisch mehr frei. Wir wurden wütend und gingen verärgert weg. Zuerst wollten wir zu »Pearl's«, doch dann gingen wir zu »Raga«. Die Wirtin dort hält sich für was Besseres. In dem Lokal war kein Mensch – 18 leere Tische. Sie tat vornehm wie eine Tunte und wedelte mit den Ärmeln. Sie nahm einen Anruf entgegen und ließ uns einfach stehen. Was wir aßen war ziemlich teuer ($ 125.00, und ich gab nicht mal viel Trinkgeld) für einen schnellen Imbiß. »Möglich, daß wir noch einen Tisch für Sie haben...« Was denken sich diese Leute eigentlich? Taxi, um mich mit Lidija zu treffen ($ 6.00).
Jean Michel war da. Er hatte sich Pizza kommen lassen, doch dann wollte

Andy und Jean Michel. Gemälde von Jean Michel Ba

er sie nicht. Wir malten gemeinsam ein afrikanisches Meisterwerk. 30 Meter lang. Er ist besser als ich. Arbeitete bis 6.30.

Mittwoch, den 30. Mai 1984
Tina Chow gab um 1.00 bei »Mr. Chow's« ein Lunch (Telefon $ .80.00, Zeitungen und Zeitschriften $ 4.50). Das Beste daran war Jerry Hall. Sie sah irgendwie wollüstig aus. Sie hatte Fotos von dem Baby mit, das wie Mick aussieht. Jerry sagte: »Ich

bin so froh, daß ich neben dir sitze. Weißt du, ich brauche nämlich nur eine Million Dollar, dann könnte ich meinen eigenen Schönheitssalon mit Boutique eröffnen. Ich könnte nach Europa fahren, Kleider besorgen und Schönheitsbehandlungen machen – so wie bei ›Giorgio's‹. Doch Mick gibt mir das Geld nicht, das sei zu einfach. Ich solle es mir selbst beschaffen. Ist es also nicht wunderbar, daß ich gerade neben dir sitze?« Das war der Witz des Tages – mit einer läppischen Million könnte ich also in das Geschäft einsteigen, für das Mick ihr kein Geld gibt.

Donnerstag, den 31. Mai 1984
Besichtigte Victors neue Wohnung im »Barbizon«. Er hat eine wunderschöne Terrasse. Ich schätze, sie ist ungefähr 6 m mal 6 m. Das Apartment kostet $ 1400.00 pro Woche. Man kann im »Barbizon« auch Zimmer für $ 84.00 die Nacht bekommen. Victor ist fast ein Künstler. Ich weiß nicht, warum er keiner wird. Er hat Fotos von sämtlichen Fensterdekorationen aufgehoben, die er für Halston gemacht hat.
Vincent beschäftigte sich mit den Verträgen. Wir wollen ein Bild verkaufen, um mit dem Geld die vielen Rechnungen für das neue Haus zu bezahlen. Ich habe das alles so satt.

Sonntag, den 3. Juni 1984
Ging zur 11-Uhr-Messe. Ich zucke jedesmal zusammen, wenn es heißt »Friede, Friede sei mit euch« und man seinen Nachbarn die Hand reichen muß. Ich gehe immer schon vorher. Oder ich tue so, als bete ich. Ich weiß nicht, wie lange sie das schon so machen, weil ich in meiner Jugend in die griechisch-orthodoxe Kirche gegangen bin.

Montag, den 4. Juni 1984 Ich arbeitete im Büro, es war viel los. Ich mußte das »Marilyn«-Bild verschicken. Irgendwie fiel mir das schwer. Es geht an diesen Saatchi in England. Bei den Hypotheken wird es eine Hilfe sein, aber ich weiß nicht, ob die Idee gut war, es zu verkaufen.

Donnerstag, den 7. Juni 1984
Diane Lane sollte zu einem Interview ins Büro kommen, deshalb mußte ich mich mit Gael Love treffen (Telefon $ 0.50; Taxi $ 5.00). Ich fragte Gael nach Robert Hayes. Sie sagte: »Frag mich nicht, sonst fang ich an zu heulen. Wenn man achteinhalb Jahre mit jemandem zusammengearbeitet hat...« Ich fragte trotzdem weiter, und ihre Augen wurden feucht. Anscheinend hat er wirklich das, was alle vermuten. Sie sagte, seine Schwester habe sie besucht und gesagt, es gebe ja »immer eine Chance«.
Diane Lane kam ins Büro. Sie ist schön und lieb, aber viel zu erzählen hat sie nicht. Sie hat eine gute Einstellung zu ihren Filmen – wenn sie gute Arbeit leistet, ist auch der Film gut. Immer wenn sie nicht »in Stimmung« war, gab ihr Coppola einen väterlichen Rat und sagte: »Stimmungen gibt es nicht.«
Gael war zu analytisch, deshalb fragte ich Diane: »Wie sieht es mit Ihrem Sexualleben aus? Haben Sie mit Warren Beatty geschlafen?« Und dann packte sie aus und sagte, daß sie tatsächlich mit ihm ausgegangen ist. Er hat sie auf sein Knie gesetzt und ihr gesagt, sie solle keine Angst vor Sex haben, hat ihr »väterliche Ratschläge« gegeben und so weiter. Sie sagte, ihr Vater habe gut auf sie aufgepaßt.
Yoko Ono macht eine Auktion bei »Sotheby's«, aber es ist alles Plunder – Art-Deco-Schmuck, den sie bei sich zu Hause rumliegen hat, und (lacht) Toilettenpapier, das John in den Fingern hatte.

Freitag, den 8. Juni 1984
Lunch in Nr. »860« für den Dekan der »Carnegie Mellon Academy«. Sein Anzug roch nach Mottenkugeln. Ich sollte eine Grafik stiften oder Geld spenden, und man wollte mir dafür einen Sitz einräumen. Es ging um Stipendien für junge Leute. Ich weiß nicht. Es war das ernsthafteste Gespräch (lacht), das ich in den letz-

Abends im Büro *(Mark Sink)*

ten acht Jahren in diesem Büro geführt habe. Ich soll Benefizveranstaltungen aufziehen. Der Typ sagte, er habe die Schauspielschule besucht, aber als Schauspieler keinen Erfolg gehabt; also sei er Dekan geworden.

Montag, den 11. Juni 1984 Ich bringe es einfach nicht fertig, Robert Hayes anzurufen. Ich kann nicht. Sieh mal, ich habe Henry Post angerufen, wir sprachen noch miteinander, und dann war er tot. Ich weiß nicht, was da abläuft, es ist zu hoch für mich. Ich kann ihn einfach nicht anrufen. Ich war außerdem nie richtig mit ihm befreundet. Bei Christopher oder so wäre das anders.
Sprach mit PH. Es sieht so aus, als würden wir unser Buch über Parties für Crown machen, zur Hälfte Fotos, zur Hälfte Text.

Sonntag, den 17. Juni 1984
Wollte in Nr. »860«, aber weil gerade ein Transport für die 33. Straße abfuhr, ging ich dorthin. Es war lustig. Mir war bisher nicht aufgefallen, daß unsere Abteilung viel größer ist als die »Interview«-Redaktion. »Interview« spielt sich eigentlich auf sehr wenig Platz ab. Unser Teil ist größer und hat Räume, von denen ich bisher gar nichts wußte.
Ging nach Hause und sah mir im MTV die Sendung über mich an. Sie zeigten »Heat« und ein Stück von »Kiss«. Dazu redete Don Munroe. Außerdem wurden Ausschnitte aus dem Video »Hello Again« gezeigt, das wir für die »Cars« gemacht hatten. Ich kam auch zu Wort, und ich war okay.
Ich versuchte, ohne Valium zu schlafen, doch der Wein, den ich zum Dinner getrunken hatte, machte mich verrückt. Valium ist die perfekte Droge für mich.

Samstag, den 23. Juni 1984
Es war ein trauriger Tag am Broadway 860, weil die Möbel verpackt und verladen wurden. Eine Firma namens »Nice Jewish Boys« machte den Umzug, und es waren tatsächlich jüdische Jungs. Ein Blonder war sehr nett, aber er will wieder zurück nach Israel. Alle wollten Bücher, und ich gab ihnen ein paar von den »Philosophy«-Büchern. Ich kramte in einem alten Karton von 1968 und stieß auf ein seltsames Foto. Wir besuchten ein College, und wir waren dort die einzigen Freaks. Viva war mit und 20 von uns. Kurz bevor auf mich geschossen wurde. Wir waren dort tatsächlich die einzigen Freaks. Die Kids hatten keine langen Haare, aber sie trugen auch nicht den normalen Kurzhaarschnitt wie heute. Es muß eine komische Gegend gewesen sein, denn 1968 hatte praktisch jeder lange Haare. Außerdem waren

alle klein und dick. Vielleicht waren wir in diesem katholischen College – St. Paul's. Trotzdem, ein trauriger Anblick – und dann diese Fotos von mir!
Am Freitag lief ich Bob Colacello über den Weg. Er spielt jetzt den blasierten Reichen.

Sonntag, den 24. Juni 1984
Die Ärzte vermuten, daß Fred multiple Sklerose hat, und bei mir besteht der Verdacht auf Lympho... Lympho noch was. Ich weiß nicht, warum sie einem diese Angst machen müssen. Zu Rupert haben sie gesagt, er habe ein schwaches Herz, und dann hat es nicht gestimmt. Und als Fred vom Pferd fiel, wurde sein Gehirn sofort mit Ultraschall untersucht, weil er ein taubes Gefühl in der Hand hatte und ein Kribbeln in den Beinen verspürte. Und nun machen sie einen Test nach dem anderen mit ihm.
Wir sahen uns die »Gay Day«-Parade an. Die »Schwulen Bullen« und ich bekamen den meisten Beifall, und (lacht) ich machte Fotos (Film $ 6.90, Lunch $ 60.00). Die Gruppen aus Oklahoma City und Virginia ließen schwule Ärzte und Lesben mitmarschieren. Der Festwagen der Sado-Masochisten erregte das meiste Aufsehen. Große Kerle, ganz in Leder, mit Schlüsseln und allem. Aber sämtliche Schönheiten müssen in Soho oder auf Fire Island zum Einkaufen gewesen sein, denn am Umzug nahmen sie nicht teil. Typen in Rollstühlen wurden von ihren Liebhabern geschoben. Im Ernst! Es war wie an Halloween, nur ohne Kostüme.

Montag, den 25. Juni 1984
Grace Jones hatte angerufen und mich für 6.00 zu einer Vorführung von »Conan the Destroyer« (»Conan, der Zerstörer«) eingeladen (Taxi $ 4.00). Doch Grace verspätete sich, darum fing es nicht pünktlich an. Richard Bernstein war da und machte mir ein schlechtes Gewissen, als er erzählte, er habe Robert Hayes im Krankenhaus besucht. Alle hätten Gesichtsmasken tragen müssen. Außerdem hat er Peter Lester besucht. Peter hat diese Art von AIDS, bei der man überall Flecken bekommt. Richard sagte, Robert habe furchtbar ausgesehen. Peter Lester soll dagegen gut ausgesehen haben, abgesehen davon, daß er ein Hemd trug, um die Flecken zu verbergen.
Wie auch immer, Grace war jedenfalls toll. Sie ist eine echte Persönlichkeit. In einer Szene sieht sie eine Maus und wird hysterisch. Das war dämlich.

Dienstag, den 26. Juni 1984
Neuerdings muß ich eine Menge kommerzielle Porträts machen – von Schnapsflaschen, nicht von Menschen.

Donnerstag, den 28. Juni 1984
Brigid brachte mich dazu, Robert Hayes einen Brief zu schreiben. Ein Briefchen. Ich schrieb ab, was sie mir aufgesetzt hatte, und sie schickte es ihm. Er will heim nach Kanada, um dort zu sterben.
Steve Rubell rief an. Er hatte mich lange nicht gesehen und schickte mir einen Wagen, der mich zu der »Go-Go«-Party im »Private Eyes« brachte. Es war die Party des Jahres, ziemlich aufregend. Paige machte Fotos. Wir kriegten gelbe Aufkleber, und das bedeutete, alle Getränke umsonst. Ist das nicht lustig?

Montag, den 2. Juli 1984 Morgens um 8.00 rief Jean Michel an. Wir philosophierten. Er hatte das Belushi-Buch von Bob Woodward gelesen und es mit der Angst bekommen. Ich sagte ihm, wenn er auch eine Legende werden wolle, brauche er nur so weiterzumachen wie bisher. Doch wenn er am Telefon mit mir spricht, ist er eigentlich okay. Gespräche in Telefonzellen kosten jetzt $ 0.25. Ich telefoniere einfach nicht mehr. Uptown sind schon die Münzfernsprecher auf $ 0.25 umgestellt worden. Downtown gibt es noch paar, wo es $ 0.10 kostet.

Dienstag, den 3. Juli 1984
Chris kam gerade, als seine Ex-Assistentin Terry einen Laborauftrag bei

mir abholte. Fast wäre es zum Streit gekommen, doch Benjamin rettete die Situation. Er sagte einfach, es seien *seine* Fotos.

Dienstag, 10. Juli 1984 Paige lud in der 33. Straße zum großen Lunch für die farbigen Kids aus Ralph Coopers »Amateur Night im Apollo« ein; mit ihren Müttern und auch ein paar Großmüttern (Taxi $ 6.00). Die Kids hatten alle komplizierte Namen – wie LaTosha und Emanon –, und die Mütter und Großmütter hießen schlicht Grace, Mary oder Ann. Der Knabe Emanon gab nur Geräusche statt Worte von sich. Alle waren wirklich reizend.

Ich glaube, ich male von jetzt an im Ballsaal, weil der Keller, in dem ich eigentlich arbeiten wollte, zum Bilderlager geworden ist. Gut. Ich wollte sowieso nicht in diesem dunklen Loch malen.

Schnappte mir Benjamin und lief mit ihm zu dem Kino, wo der Film »Muppets Take Manhattan« vorgeführt wurde. Frank Oz hat das Drehbuch geschrieben und Regie geführt. Außerdem spricht er die Stimme von Miss Piggy und einer zweiten Figur. Er kam zu uns und sagte: »Du wirst dich nicht an mich erinnern, aber ich war einer von deinen Freunden während der ›Filmmakers' Co-op‹-Tage.« Das »Philosophy«-Buch hat ihm gefallen. Er liest es immer wieder und nannte es »nobel«.

Mittwoch, den 11. Juli 1984 Machte einen Streifzug durch die Läden und rührte die Werbetrommel für »Interview«. Ich frage jetzt immer, ob ich mal das Telefon benutzen darf, um die $ 0.25 zu sparen, die ich in der Telefonzelle zahlen müßte. Am Nachmittag kam Chris ins Büro und (lacht) tat dasselbe.

Ich sehe gerade MTV, und sie benutzen meine Bilder unheimlich oft in Videos. Eben habe ich meine »Liz Taylor« gesehen, und vorhin meinen »Joseph Beuys«.

Mittwoch, den 18. Juli 1984 Si Newhouse kommt zum Lunch. Er hat angerufen und gesagt, er wolle über »Interview« reden. Ich habe ihn nach »860« eingeladen, nicht in das neue Haus. Ich wollte nicht, daß er sieht, wie toll es ist, für den Fall, daß er es kaufen will. Dafür will ich versuchen, ihm Kunst zu verkaufen. Aber man weiß ja, wie so was immer abläuft – wahrscheinlich sagt er, daß er mich nur fragen wollte, welche Druckfarbe wir für »Interview« verwenden! Ihm gehören »Vogue«, »Vanity Fair« und 1000 Zeitungen, und trotzdem wird er mich fragen, wo wir unsere Bleistifte kaufen.

Donnerstag, den 19. Juli 1984 Si Newhouse kam zum Lunch in Nr. »860«. Wir waren schon fast raus, die Räume waren praktisch leer. Er bot mir an, »Interview« zu kaufen. Als ich darüber nachdachte, kam ich zu dem Schluß, daß er nur kaufen will, um einen Konkurrenten loszuwerden. Ich weiß nicht, was er zahlen will. Keiner war da. Fred war in L. A., und Vincent war zum Lunch, deshalb wollte ich kein Angebot hören. Er will noch mal zum Lunch kommen, wenn Fred da ist. Ich zeigte ihm alte und neue Bilder. Er interessiert sich für eine »Natalie«. Wir sollen sie für ihn aufspannen.

Freitag, den 20. Juli 1984, New York – Aspen Benjamin holte mich sehr früh ab. Wir flogen direkt nach Aspen zu der Prominenten-Auktion. Marty Raines bezahlte die Reise. Richard Weisman war auch beteiligt. Howard Cosell war der Auktionator. Sie verkauften eine Wohnung für $ 400 000.00. Dann kamen vier Porträts von mir an die Reihe, und ich holte $ 160 000.00 für Menschen mit Gehirnlähmung zusammen.

Samstag, den 21. Juli 1984 – Aspen Wurde beglückwünscht, weil ich $ 160 000.00 für den guten Zweck zusammengebracht hatte. John Forsythe erzählte mir, er habe bei einem Bild mitgeboten, sei aber bei $ 25000.00 ausgestiegen. Jetzt wäre der richtige Zeitpunkt, um sich an die Bande aus Hollywood heranzumachen; immerhin gingen die Porträts bei der Auktion für $ 40000.00 weg. Da müßte ihnen doch klar werden, daß $ 25000.00 günstig sind. Wenn wir nur jemanden in L. A. hätten, der sich darum kümmern könnte. Bob Colacello wäre dafür der richtige Mann gewesen.

Jack Nicholson blieb das ganze Wochenende. Wir trafen ihn überall. Er ist im Augenblick ziemlich fett.

Später sagte ich Dionne Warwick, daß ich sie vor 20 Jahren bei einer Rock 'n' Roll-Show im »Brooklyn Fox« getroffen hätte, und sie konnte sich sogar daran erinnern.

Montag, den 23. Juli 1984 War mit Lidija verabredet (Taxi $ 6.50). Sämtliche Fitneßgeräte waren übers Wochenende rübergeschafft worden, und nur das Nötigste war noch im »860«. Ich packte ein paar Kartons voll, und das schaffte mich mehr als alles andere, mehr, als zehn Bilder zu malen. Weil das so aufwühlt.

Die wichtigste Neuigkeit betraf Robert Hayes. Ich wollte nicht daran denken. Die Kids von »Interview« waren alle ganz betroffen. Fred meint, wir müssen ihm eine Seite widmen, aber ich weiß nicht, ob das gut ist. Doch Fred sagt, wir müssen es tun.

Dienstag, den 24. Juli 1984
Jean Michel weckte mich auf und erzählte von seiner Freundin. Sie hat eine Eileiterentzündung. Er sprach von der großen Blonden, von Ann. Er arbeitet sich nach oben. Mit kleinen Mädchen hat er angefangen, dann bekam er Selbstvertrauen, und jetzt ist er mit großen Blondinen zusammen, die aber durchschnittlich aussehen. Doch ich wette, bald ist er bei den schönen Schwedinnen. Mit einer wird er ein weißes Baby haben und sie dann wegen eines farbigen Mädchens verlassen, stimmt's?

Wollte mich mit Grace Jones im Büro treffen. Wir warteten drei Stunden. Benjamin telefonierte herum, und schließlich spürte er sie bei »Bergdorf« auf, wo man ihr gerade einen Pelzmantel aus dem Kühlraum holte. Sie gibt ihr ganzes Geld für Pelzmäntel aus. Das ist alles, was sie im Kopf hat. Geld interessiert sie nicht, sagte sie, nur Pelze. Ich sagte, sie sei verrückt. Pelze kann man nicht wieder verkaufen. Sie solle sich lieber Schmuck zulegen. Doch sie liebt nun mal Pelze. Ganz schön irre. Sie kauft sie und steckt sie in einen Kühlraum. Ich sollte Grace für »Vogue« fotografieren. Außerdem wollten wir sie für »Interview« interviewen. Jedenfalls kam sie zu spät, und wir zogen stundenlang über sie her. Doch als sie dann endlich kam, hieß es nur noch: »O Darling!« (Benjamins Telefongespräche $ 5.00.)

André Leon Talley fragte Grace, ob sie sich als Weiße fühle, und sie sagte ja. Er ist zurückhaltend und gut. Ich ließ Champagner kommen, doch dann hatten wir kein Eis. Im Büro fehlt es an allem.

Mittwoch, den 25. Juli 1984
Machte einen kleinen Spaziergang und fuhr dann zur Ecke Spring Street und Sixth Avenue, um mich mit Fred zu treffen und Grafiken zu signieren, die ich von dem Haus gemacht hatte (Taxi $ 8.00). Die Frau, der es gehört, ist 1,50 m mal 1,50 m. Und sie machte auf große Dame. Ich fragte sie ein paarmal, wieviel das Haus gekostet habe, doch sie sagte, auf Anhieb könne sie das nicht sagen. Dabei ist sie die Sorte Mensch, die in einer Sekunde auf den Penny genau sagen kann, was jede einzelne Fußbodendiele gekostet hat. Der Empfangsraum war hinreißend. Ich beneidete sie um die Einrichtung, alles sauber und ordentlich. Sie hat jahrelang für Norman Rockwell gedruckt.

Fred fragte, ob wir bitte unseren Scheck haben könnten, doch sie hatte ihn nicht da. Die kugelrunde Lady brachte statt dessen noch ein Blatt und sagte: »Ach, wären Sie so nett, es für mich zu signieren?« »Nein«, sagte ich. Später ließ ich meine Wut an Fred aus. Diese fette Schlampe tat so vornehm, dabei hatte sie nicht mal unseren Scheck.

Aber ich bin sicher, daß sie eine Menge Extratouren machen. Solche Sachen tauchen ständig bei »Macy's« auf. Grafik ist leicht nachzuahmen. Und Museumsplakate? Vergiß es! *Jeder* kann von dieser oder jener Ausstellung in diesem oder jenem Museum ein Plakat nachmachen. Mein Blatt von der Brooklyn Bridge wird überall verkauft, und wo bleibt unser Anteil an dem Geld?

Seit Fred nicht mehr trinkt, kommt seine Blasiertheit wieder zum Vorschein. Es ist unheimlich. Früher kam sie nur zum Vorschein, wenn er trank, und nun ist sie da, auch wenn er nicht trinkt.

Donnerstag, den 26. Juli 1984 Traf mich mit Lidija (Taxi $6.00). Machte meine Übungen und packte dann den ganzen Nachmittag in Nr. »860« Kartons. Ich will versuchen, so lange wie möglich da drin zu bleiben, bis sie uns rauswerfen. Mir gefallen die leeren Räume, und vorn ist es schön sonnig. Ich verlasse den Union Square Park nur ungern – die Bäume werden mir fehlen. Solange ich ein Telefon habe, habe ich alles, was ich brauche.

Samstag, den 28. Juli 1984 Fuhr nach Soho (Taxi $6.00). Robert Mapplethorpe wollte Grace Jones für »Interview« fotografieren, und Keith Haring sollte das Make-up machen. Gingen ins »Central Falls« zum Lunch, weil sie bei uns inserieren. Sie waren begeistert, daß wir kamen (Lunch $40.00). Ich machte noch einen Spaziergang durch Soho, denn ich wußte, daß Grace wieder zu spät kommen würde. Gab Autogramme. Rief Keith an. Er sagte, ich solle in 40 Minuten dort sein. Um die Zeit totzuschlagen, gingen wir zur Ecke Avenue D und 2nd Street, wo Keith den sogenannten »Candy Store« gemacht hat – ein Sandsteinhaus mit Ladenfront, dessen Fassade er rot, grün, blau und lila bemalt hat. Drinnen handeln die Kids mit Drogen. Auch mit Heroin. Keith sagte, er wolle »scharfe Kids« um sich haben.

Ging zu Mapplethorpe in die Bond Street. Keith schminkte Grace, und Mapplethorpe machte Aufnahmen von ihr; das dauerte drei Stunden. Hinterher fuhr ich nach Hause und sah im Fernsehen die Eröffnungszeremonie der Olympischen Spiele. Es war überwältigend. Dann fuhr ich zu dem Dinner (Taxi $3.00), das Grace bei »Holbrook's« gab.

Sonntag, den 29. Juli 1984 Ich nahm mein ganzes Brot mit in den Park, um es an die Vögel zu verfüttern, doch sie ließen sich nicht blikken, und ich haßte sie deswegen. Ging zur Kirche. Hinterher holte mich Jon ab. Er hatte ein Auto. Wir fuhren hinaus zu den Brants nach Greenwich.

Jed hat das Haus eingerichtet. Ich sah es zum erstenmal und war beeindruckt. Peter ist immer noch wild auf Pferde. Eine Menge Polospieler waren da. Ich war zu einfach angezogen, weil Sandy mir gesagt hatte, das sei gut so. Doch ich fühlte mich mies in meinem Aufzug, zumal auch Jed da war. Fred kam zusammen mit Averil und ihrem Mann. Es war sein Geburtstag. Ich entdeckte eine Couch, die eine genaue Kopie der Couch war, die bei mir im ersten Stock steht. Sie hatte $2000.00 gekostet. Ich sagte ihnen, sie könnten die echte aus dem Roosevelt-Besitz für $85000.00 bekommen. In jedem Zimmer hängt ein Bild von mir. Ich glaube, Peter hat $500000.00 für einen neuen Jasper Johns ausgegeben, der überhaupt nicht nach Johns aussieht. Es ist eins seiner neuen Bilder und sieht aus wie eine Illustration.

Während des Dinners spielte eine Tanzkapelle, und alle tanzten. PH war mit Jed da.

Ich ging in ein großes Zimmer. Über dem Kamin hing eine »Marilyn« in einem goldenen Rahmen. Sie sah wunderschön aus. Richtig schön. Das Bild sah aus wie ein Millionen-Dollar-Gemälde. Es paßte gut zu dem amerikanischen Zeug in dem Raum. Nur schade, daß ich damals nicht besser gemalt habe. Die Farbe – sehr gut gemalt ist es nicht. Ich wußte noch nicht, wie man es macht. Mein »Merce Cunningham« hing im selben Zimmer wie der Jasper Johns. Meine »Mona Lisa« hing neben dem Treppenaufgang. Ich wollte Jon das »Marilyn«-Bild zeigen, aber die Kellner von »Glorious Foods« sagten, wir sollten nicht in die Zimmer gehen.

Montag, den 30. Juli 1984 Ich wollte nicht zur Trauerfeier für Robert Hayes gehen und seiner Familie statt dessen ein Bild von ihm schenken. Doch schließlich fand ich, es sei besser hinzugehen, um Gerede zu vermeiden.

Gerade hat Chris angerufen und gesagt, die Trauerfeier sei ihm so verlogen vorgekommen. Er kann nicht begreifen, warum keiner von Roberts alten Freunden aufgestanden ist und ein paar Worte gesagt hat. Er sagt, er hätte einen schwarzen Schleier anlegen, sich erheben und sagen sollen, er sei die erste Mrs. Hayes gewesen. Ich sagte, Grabreden seien *immer* verlogen, so sei das nun mal. Ich glaube, Roberts Tod hat ihn recht nervös gemacht. Ich finde, wir sollten etwas gegen diese Krankheit unternehmen. Vielleicht eine Wohltätigkeitsveranstaltung. Das ist schließlich so was wie Polio. Noch kann man nicht mit Bestimmtheit sagen, daß die Krankheit durch sexuellen Kontakt übertragen wird – es ist einfach ein Virus!

Aber Chris ist so unmöglich. Als Lidija für eine Anzeige, die sie aufgeben wollte, ein Foto brauchte, verlangte er $ 750.00 dafür, und das, nachdem er monatelang umsonst Stunden bei ihr genommen hatte!

Um 4.00 fuhren wir zur Kirche Ecke 22. Straße und Park Avenue zum Gottesdienst für Robert Hayes. Die Kirche war bis auf den letzten Platz gefüllt.

Dienstag, den 31. Juli 1984 Susan Blond rief an und fragte, wem ich die Karten für Michael Jacksons Konzert geben wolle. Sie wollte wis-

Susan Blond *(Pat Hackett)*

sen, ob Leute darunter waren, die etwas für sie tun konnten. Und sie sagte, daß Michael vielleicht eine Galerie mit mir besuchen will, wenn er hier ist. Seinetwegen wollen sie sogar das Museum of Modern Art zumachen. Das könnte lustig werden. Steve Rubell sagte (lacht): »Michael möchte sich vielleicht ein bißchen Kunst ansehen.«

Arbeitete bis um 7.00. Um 11.30 ging ich zu Bett.

Ich will zu einem Arzt gehen, der einen mit Kristallen behandelt. Das gibt einem Energie. Ich bat Dr. Li, mir so einen Arzt zu empfehlen, und sie gab mir einen Namen.

Mittwoch, den 1. August 1984 Jemand hat mir erzählt, daß in der Sonntagsausgabe der »New York Times Book Review« etwas über mich steht, und zwar in der Rezension eines Iraners. Darin heißt es, daß sich der Schah mit jemandem darüber unterhalten habe, wie unattraktiv ich sei.

Als ich das hörte, war mir der ganze Tag verdorben.
Ich ging zu dem Kristall-Doktor. Es dauerte 15 Minuten, und im Wartezimmer saßen drei Leute, die ich kannte. Die Behandlung kostete $ 75.00. Er sagte mir, meine Bauchspeicheldrüse sei die einzige Ursache für meine Pickel. Es war faszinierend. Wirklich faszinierend. Er und seine Assistentinnen trugen Kristalle um den Hals. Er sagte, sein Kristall sei etwas ganz Besonderes, er sei von dem Meister des Kristall-Zentrums programmiert worden. Der Kristall der Sekretärin glitzerte wie eine ganze Lightshow. Mir gab er keinen, doch er nannte mir den Namen eines Ladens. Dort soll ich einen kaufen und ihn anschließend von ihm prüfen lassen.
Christopher kam ins Büro. Er sah die vielen Fotos und fragte: »Oh, hast du Arbeit für mich.« Er weiß immer noch nicht, daß ich mit seiner ehemaligen Assistentin Terry zusammenarbeite. Aber eines Tages werde ich es ihm sagen müssen. Sie macht es für den halben Preis, für $ 3.00 pro Abzug – und Chris verlangt $ 6.00. Und das nach den vielen Reisen, die er umsonst hatte. Er ist einfach verrückt. Okay, *ich* bin verrückt. Warum habe ich ihn mitgenommen?

Samstag, den 4. August 1984

Arbeitete den ganzen Nachmittag bis um 7.00. Susan Blond rief an und sagte, wir könnten Michael Jackson vor seinem Konzert im Madison Square Garden vielleicht in einem Hotelzimmer treffen. Wir fuhren mit dem Taxi zum »Penta Hotel« ($ 5.00). Bis letzte Woche hieß es noch »Statler Hilton« oder so, und nun ist es das »Penta«. Wegen der vielen Fans wollte der Taxifahrer nicht so nah ranfahren, wir mußten aussteigen und den Rest zu Fuß gehen.
Wir stiegen in den »Aufzug B« und fuhren nach oben. Calvin war da. Er war wütend, weil er zu früh gekommen war. Marina Schiano und seine Freundin Kelly waren bei ihm. Die Schauspielerin Rosanna Arquette kam und war reizend. Ich fragte sie, ob wir schon mal was über sie in »Interview« gebracht hätten, und sie sagte: »Nein, aber das sollten Sie!« Und dann zeigte sich plötzlich diese Erscheinung, und es war Michael Jackson.
Susan Blond trieb mich regelrecht in seine Arme. Er war schüchtern. Und dann drängten mich die anderen zur Seite. Keith gab ihm T-Shirts, jeder schob jeden, und dann war ich erneut bei ihm, und alles war aus. Er gab mir die Hand. Sie fühlte sich an wie Schaumgummi. Der mit Pailletten besetzte Handschuh ist nicht einfach ein kleiner mit Pailletten besetzter Handschuh, eher ein Baseballhandschuh. Für die Bühne muß alles größer sein als im wirklichen Leben.
Wir gingen zur Show. Laserstrahlen huschten über die Bühne, und im Hintergrund lief ein Film, in dem ein Schwert aus einem Stein gezogen wer-

den mußte, und Michael zog es heraus. Bianca kam zu spät. Der Vater von Michael Jackson saß auf ihrem Platz. Sie wußte nicht, wer er war und wollte ihn wegjagen. Aber Susan Blond stand auf und bot ihr ihren Platz an.
Nach dem Konzert riefen wir bei »Mr. Chow's« an und erkundigten uns, ob sie geöffnet hatten. Sie hatten geöffnet und sagten, sie hätten sogar noch etwas zu essen. Wir fuhren hin.

Wir bekamen den Tisch neben Anthony Quinn. Er sagte hallo, und ich wußte nicht, ob ich zu ihm rübergehen sollte. Ich weiß das nie, also spielte ich den Schüchternen. Als er ging, kam er an unseren Tisch und umarmte mich. Mir fiel ein, daß er auch Künstler ist. Er malt.

Sonntag, den 5. August 1984

Jean Michel wollte zu Jermaine Jacksons Party im »Limelight«. Wir fuhren hin (Taxi $7.00). Die Rausschmeißer waren blöde Mafia-Typen, die niemanden kannten. So eine Party war das. Jean Michel führte uns in einen falschen Trakt, und wir wurden aufgefordert, zu verduften. »Nun siehst du mal, was es heißt, ein Farbiger zu sein.« Ich kannte keinen Menschen, aber Jean Michel setzte sich frech hin und sagte: »Hallo, Leute.« Er kannte sie wohl von der Schule. Er ist in Brooklyn zur Schule gegangen. St. Ann's. Das war irgendwie schick, weil man Schulgeld zahlen mußte. Und als dann sein Vater sein ganzes Geld verloren hatte, mußte er mit dem Bus zu einer staatlichen Schule fahren. Dort gab es viele Italiener, die ihn ständig verprügelten. Das mochte er gar nicht. Doch der Unterricht war gut. Vermutlich ist er deshalb so gescheit.

Wir gingen in den VIP-Raum. Ich kam mir vor wie bei einer Party von früher. Dann mußten plötzlich alle wieder raus, weil Jermaine kommen sollte, wie es hieß. Man versprach uns aber, wir dürften später wiederkommen, besser gesagt (lacht), einige Auserwählte. Wir mußten einen Häuserblock weit laufen, um in den nächsten Raum zu gelangen. Die Fotografen sahen mich nur gelangweilt an. Sie grüßen mich nicht mal mehr.

Jean Michel wollte, daß ich ihn in die Great Jones Street begleite und mir seine Bilder ansehe. Wir gingen hin. Er hat einen richtigen Schweinestall. Sein schwarzer Freund Shenge, der bei ihm wohnt, sollte sich eigentlich um den Haushalt kümmern, aber es ist ein Schweinestall. Die ganze Wohnung stinkt nach Marihuana. Er gab mir ein paar Bilder, an denen ich arbeiten soll, dann ging ich (Taxi $8.00).

Montag, den 6. August 1984

Der Tag, über den man nicht spricht. Ich verbot allen, das Wort »Geburtstag« in den Mund zu nehmen.

Fuhr zum Whitney Museum. Ethel Scull stiftete dem Museum das Porträt, das ich in den sechziger Jahren von ihr gemalt habe. Zu diesem feierlichen Anlaß fand ein Lunch statt (Taxi $4.00), direkt vor dem Bild.

Ethel war noch nicht da. Als man sie anrief, war sie noch im Bad. Sie dachte, der Lunch sei erst Dienstag. Schließlich kam sie. Sie trug einen Hut, hatte ein Gipsbein und saß im Rollstuhl. Es war so traurig. Wie der große Moment in einem Film, auf den alle warten. Das Bild ist nicht sehr gut. Es war einfach – ach, ich weiß nicht. Sie sagte, ich hätte für das Bild $1200.00 in bar verlangt. In bar, sagte sie, doch daran kann ich mich nicht erinnern – ich hätte nie über Geld gesprochen. Ich kann es heute noch nicht, darum kann ich mir nicht vorstellen, daß ich gesagt haben soll: »Ich will $1200.00 in bar.« Es muß jemand von der »Bellamy Gallery« oder Ivan Karp oder sonst jemand gewesen sein, der das Geld bekommen hat. Außerdem erzählte sie, sie habe mich zu Hause besucht, und meine Mutter habe ihr die Tür geöffnet. Aber warum hätte meine Mutter an die Tür gehen sollen, wenn ich Besuch erwartete – ich hätte doch selbst aufgemacht. Ich weiß auch nicht, es war verrückt.

Es war so langweilig. Und was für eine bedauernswerte Familie das ist – Ethel spricht nicht mehr mit ihren Söhnen. David Whitney zeigte uns die Fairfield-Porter-Ausstellung. Ich sah mir Bilder von Mondrian an. Er hat Klebstreifen genommen und bemalt, und dann hat Sidney Janis die Sachen gekauft und ein Geschäft damit gemacht.

Um 3.00 fuhr ich in die Stadt (Taxi $6.00).

Paige suchte ein Lokal fürs Dinner aus, und ich lud auch Jay dazu ein, aber dann rief er zurück, und Benjamin ging ran. Jay wollte Kate Harrington mitbringen und wissen, ob ich etwas dagegen hätte. Ich sagte nichts, und Jay fragte Benjamin: »Hat Andy das Gesicht verzogen?« Er wollte Ärger. Doch Benjamin reagierte großartig. Er sagte nur: »Hier hast du die Adresse – wenn du kommen willst, dann komm.« Ich hätte Kate wirklich angebrüllt, wenn sie mitgekommen wäre; denn am Nachmittag hat sie ihre Arbeit bei »Interview« nicht gemacht, weil sie angeblich krank war.

6. August *(Andy Warhol)*

Wir fuhren in ein Restaurat namens »Jam's«, Ecke 79. Straße und Lexington Avenue. Wir kommen ständig daran vorbei, wußten aber nicht, daß es so schick ist. Das Essen ist teuer, aber ausgezeichnet. Jean Michel bestellte eine Menge Champagner und wollte bezahlen, aber ich ließ es nicht zu (Dinner $ 550.00). Alle hielten sich betont zurück, keiner sagte »Happy Birthday«, und alles ging glatt. Paige trug ein schulterfreies, pinkfarbenes Kleid. Sie ging mit ihrer Kamera in die Küche, um zu filmen. Jean Michel setzte mich ab, und ich hatte den Eindruck, daß seine Anwesenheit Paige nicht allzuviel ausgemacht hat, sie ist allmählich von ihm geheilt. Als Jean Michel mich absetzte, sagte er, er würde jetzt gern mit ihr bumsen, aber ich sagte ihm, daß das nur neuen Ärger bringen würde und daß er ihr lieber ein paar Kunstwerke schenken soll, weil sie das einzige Mädchen ist, das ihm je wirklich geholfen hat. Sie hat seine erste Ausstellung organisiert und so viele Bilder von ihm verkauft. Und sie hat ihn nie für sie bezahlen lassen. Sie stand auf eigenen Füßen und hat sogar den Flug nach Hawaii selbst bezahlt. Ich weiß nicht, warum ihm das nicht gefallen hat.

Dienstag, den 7. August 1984

Ich traf mich mit David Whitney und Philip Johnson zum Dinner im »Four Seasons«. Ich lud Keith, Juan und Jean Michel dazu ein. Philip geht regelmäßig um 9.00 ins Bett, darum wollte er bereits um 6.30 essen, doch ich legte das Dinner auf 7.30.

Im »Four Seasons« war es voll. Ich freute mich auf ein gutes Essen, weil ich das Dinner bei »Jam's« am Abend zuvor nicht vertragen hatte. Doch das Essen war furchtbar. Doc Cox war auch da.

Helen Frankenthaler saß mit André Emmerich an einem Nebentisch. Sie ließ Philip eine Nachricht bringen, auf der stand, daß sie ihn im Auge behalten müsse, bei den vielen Jungs. Ich ließ mir den Zettel geben. Er kommt ins Archiv. Alle waren irgendwie wortkarg, es wurde kaum geredet.

David war betrunken und tat, was er immer tut, wenn er ein paar Drinks zu viel hat. Er sagte, daß er bei mir einzieht, wenn Philip abkratzt. Das ist schrecklich.

Mittwoch, den 8. August 1984

In meiner Straße parkten 18 Lastwagen, und auf meiner Veranda saß ein

Typ von einer Filmgesellschaft. Ich fragte ihn, was sie drehten, und er sagte, »Brewster's Millions«. (»Zum Teufel mit den Kohlen«, Regie Walter Hill, 1985). Er stellte sich als Carol LaBries Halbbruder vor – Carol, unser Star aus »L'Amour«. Er führte uns zu dem Lastwagen, der ein paar Meter weiter stand. Und drin saß Richard Pryor. Er sah viel besser aus als bei unserer letzten Begegnung. Richtig gut.

In dem Truck war es heiß und muffig. Die Klimaanlage funktionierte nicht richtig. Ich wollte sie zu mir nach Hause einladen, doch bei mir tut's die Klimaanlage auch nicht viel besser. Ich war tatsächlich drauf und dran, sie reinzubitten.

Donnerstag, den 9. August 1984 Ging mit Keith und Bobby, Madonnas Ex-Freund, ins Kino. Irgendwie ist Bobby mit Keith befreundet. Ich mußte Autogramme geben, und die beiden wunderten sich, daß so viele Leute meinen Namen riefen und einen Künstler kannten. Ich hätte die Leute, die meinen Namen riefen, fragen sollen, ob sie wissen, womit ich mein Geld verdiene. Die Schwarzen kennen mich alle. Offenbar bin ich in ihrem Bewußtsein. Das machen die weißen Haare.

Das Kino war fast leer. Besser, es wäre total leer gewesen. Dieser Film, »Never ending Story« (»Die endlose Geschichte«), mein Gott ... in Deutschland ist er ein großer Hit. Er hat was von meiner Philosophie – die Suche nach dem Nichts. Das Nichts ergreift von dem Planeten Besitz. Eine Mischung aus Alice im Wunderland, E. T. und Rumpelstilzchen.

Montag, den 13. August 1984
Jane Fonda rief an. Ich nahm den Anruf entgegen, und das war dumm von mir, denn sie will immer was. Schon ulkig, wie sie einfach Leute anruft und um eine Gefälligkeit bittet. Sie will, daß ich mit den Bildern, die ich von ihr gemacht habe und die sie nie gekauft hat, nach Boston fahre. Sie hat sich mal eins ausgeliehen, aber wieder zurückgebracht. Die Grafiken waren für die Wahlkampagne ihres Mannes. Aber er kann doch nicht schon wieder kandidieren, nicht wahr? Das war doch erst letztes Jahr, oder?

Mittwoch, den 15. August 1984
Ich bin immer noch auf der Suche nach Ideen. Der bevorstehende Herbst beschert uns einen New Look, neue Menschen. Denn erst nach fünf Jahren kann man sagen, wie ein Jahrzehnt wird. Die achtziger Jahre. Man wird sich alle Menschen ansehen und aus den letzten fünf Jahren diejenigen herauspicken, die als Menschen der achtziger Jahre überdauern werden. Die Menschen der ersten fünf Jahre werden entweder Teil der Zukunft oder Teil der Vergangenheit sein.

Arbeitete bis 4.30. Fuhr mit dem Taxi zum Kristall-Doktor, und diesmal war es ein echtes Erlebnis. Die Sitzung hatte was von einer Teufelsaustreibung. Ich mußte mich auf seinen Tisch legen und die Augen schließen. Dann fragte er mich: »Wissen Sie, wo Sie sind?« »Was meinen Sie damit?« fragte ich. Und er wiederholte: »Wissen Sie, wo Sie sind?« »Was meinen Sie damit?« fragte ich wieder. Schließlich sagte ich, daß ich auf seinem Tisch liege, und er sagte: »Oh, ich dachte, Sie wüßten es nicht, weil Sie die Augen geschlossen haben.« Er berührte mich mal hier und mal da, und als ich keine Reaktion zeigte, erklärte er, ich hätte kein Empfinden für meinen Schmerz. Aber es tat nun mal nicht weh. Aber er sagte, ich sei nicht sensibilisiert für meinen Schmerz, und das käme noch. Er nahm meinen Kristall und fragte ihn: »Wie lange? Eine Minute? Zwei Minuten? Eine Stunde? Ein Tag?« Bei vier Tagen antwortete der Kristall mit ja, und solange wird es dauern, diesen Kristall zu programmieren. Ich schlug vor, einen anderen zu besorgen, der schneller sei, doch er war dagegen, also warte ich jetzt vier

Tage. Danach muß ich ihn immer bei mir tragen, und wenn ich schlafe, darf er nicht mehr als drei Meter von mir weg sein. Ich bin davon überzeugt, daß dieser Hokuspokus hilft. Positives Denken nennt man das. Aus dem gleichen Grund tragen die Leute ja auch Gold und Schmuck. Irgendwas ist dran an dieser Sache. Und wenn man Perlen um einen Stein trägt, dann bewirkt das etwas für einen. Der Arzt sagte, ich hätte negative Kräfte in mir. Ich wollte wissen, wie oft ich noch zu ihm gehen muß, aber er gab mir keine Antwort. Es ist absurd. Aber man fühlt sich besser, wenn man rauskommt.

Montag, den 20. August 1984
Jean Michel rief um 7.30 aus Spanien an, doch ich stand gerade unter der Dusche und hörte das Telefon nicht. Zuerst war er auf Ibiza, und jetzt ist er auf Mallorca. Er ist der neue Liebling der Bruno-Clique. Ich warte nur darauf, daß er eines Tages ankommt und sagt, daß er die Bilder verabscheut, die wir zusammen gemacht haben, und daß ich sie zerfetzen soll oder so. Keith hat mir übrigens gesagt, daß der Name »SAMO«, den Jean Michel früher geführt hat, für »Same Old Shit« gestanden hat. Er sagt, Jean Michel habe die neuen Künstler am stärksten beeinflußt.
Fuhr zu »Jam's«, um mich dort mit Philip, David, Keith und Juan zu treffen (Taxi $ 6.00). Das Essen war gut. Der Fisch war richtig gewürzt, mit Koriander oder Salbei – es macht so viel aus, wenn man die richtigen Gewürze nimmt.
Ich versuchte, von Philip den Entwurf für ein Einzimmer-Haus zu kriegen. Sie jammerten, sie hätten kein Geld. Ich jammerte, ich hätte kein Geld. Keith jammerte, er hätte kein Geld. Alle jammerten, sie hätten kein Geld. Verrückt. David hatte drei Martinis getrunken, war aber irgendwie normal. Wir waren von 7.30 bis 10.00 dort. Ich fragte Philip, wie es war, einen Flugzeugabsturz mitzuerleben. Aufregend, sagte er. Es ist jetzt sieben Jahre her. Er blieb damals als einziger unverletzt. Das Flugzeug landete zwischen Kirschbäumen (Dinner $ 400.00).

Mittwoch, den 22. August 1984
Gael Love rief an. Sie hatte das Geschäft mit den Leuten von Swatch perfekt gemacht. Wenn man zwei Abonnements von »Interview« bestellt, bekommt man eine Swatch-Uhr, und wenn man zwei Swatchs kauft, bekommt man dafür ein Abonnement. Sie denkt, das bringt uns 30000 neue Abonnenten.
An diesem Morgen wachte ich gerade rechtzeitig auf, um »The Toy« mit Richard Pryor mitzukriegen. Lustig. Ich bat PH, ihm einen Brief zu schreiben. Ich möchte, daß sie nächste Woche, wenn sie in L. A. ist, den ersten Teil eines Interviews mit ihm macht, und übernehme dann die zweite Hälfte, wenn er wieder nach New York kommt. Ich unterschrieb den Brief und schickte ihm ein Exemplar meiner »Philosophy«. Mal sehen, was er dazu sagt.

Dienstag, den 11. September 1984 PH ist endlich aus L. A. zurück. Die Leute von Richard Pryor haben ihr erklärt, Richard sei nach Hawaii »in Klausur« gegangen, und er bekäme seine Post erst, »wenn er im Oktober zurückkommt«. Sie war in L. A., um eins von ihren Drehbüchern zu verkaufen – Coppolas »Zoetrope«-Studio hat es zwei Jahre lang behalten, konnte den Film aber nicht finanzieren und ging dann bankrott. Außerdem hat sie dort auf meinen Wunsch hin das Treatment zu »Girl of the Year« aus den sechziger Jahren ausgearbeitet, weil ich es Jon zeigen wollte. Vielleicht kann er »Paramount« dafür interessieren.
Während sie weg war, starb Truman. Sein ehemaliger Freund Jack Dunphy bekam $ 600000.00 und trug die Asche in einem goldenen Buch mit den Initialen »TC«. Brigid hat erfahren, daß Kate »Harrington« nicht Trumans Nichte ist – in Wirklichkeit heißt sie Kate O'Shea! Sie ist die Tochter von Trumans altem Freund Jack O'Shea, der auf Long Island wohnte und eine Frau und viele Kin-

der hatte. Ich male gerade Bilder von Truman für die Titelseite des Magazins »New York«.
Jean Michel hat eben angerufen. Er hat zwei Tage nichts von sich hören lassen. Er wohnt jetzt ständig im

Truman Capote *(Globe)*

»Ritz Carlton« statt in der Great Jones Street. Sein Zimmer kostet $ 250.00 pro Nacht.
Ich arbeitete an dem Judy-Garland-Bild für Ron Feldman. Die Umsetzung eines Inserats mit dem Text: »Was steht einer Legende am besten?«

Donnerstag, den 13. September 1984 Ging zu Dr. Bernsohn. Ich fragte ihn, ob wir in »Interview« über ihn berichten dürfen, und er sagte: »Ich tue Dinge, von denen ich nicht möchte, daß die Leute etwas darüber erfahren.« Dabei spürt man die Energie, wenn man dort weggeht. Irgendwas geschieht mit einem. Bei dem Typ, zu dem mich Chris geschickt hatte, spürte ich überhaupt nichts. Doch er bewirkt was. So wie Eisu nur durch Konzentration seine Hand zum Schwitzen bringen konnte.
Dr. Bernsohn ist ein komischer Typ. Angeblich hat er bis vor kurzem noch bei seinen Eltern gewohnt, und jetzt will er sich eine Eigentumswohnung kaufen. Er sagt, daß er mir Steine geben will, die für ihn programmiert worden sind, aber er will sie für mich neu programmieren. Er möchte ins Büro kommen und sich meine Bilder anschauen, um die »Vibrations« zu spüren, die von ihnen ausgehen. Ich habe Angst, daß er ein 50000-Dollar-Bild sieht und sagt: »Ich möchte es haben.« Was soll ich dann tun?

Freitag, den 14. September 1984 Die Preisverleihung bei MTV war aufregend, wie die »Brooklyn Fox«-Shows in den sechziger Jahren. So viele Stars waren da. Diana Ross war meine Begleiterin, aber sie saß in einer anderen Reihe – in der ersten Reihe –, weil sie Michael Jacksons Preise entgegennehmen sollte. Lou Reed saß in meiner Reihe, aber er sah kein einziges Mal zu mir hin. Ich verstehe Lou nicht. Warum redet er nicht mehr mit mir? Rod Stewart, Madonna, Cindy Lauper, Bette Midler, Dan Aykroyd und Peter Wolf waren da.
Draußen goß es in Strömen. Wie damals bei dem Konzert von Diana Ross im Central Park. Wir gingen ins »Tavern on the Green«. Wir mußten 20 Minuten draußen im Regen stehen, und dabei lief uns das Wasser von allen Regenschirmen in den Kragen. Drinnen wimmelte es nur so von Prominenten, doch alle fühlten sich gedemütigt, weil sie im strömenden Regen warten mußten, und jammerten sich gegenseitig etwas vor.

Samstag, den 15. September 1984 Dinner mit Jean Michel. Er brachte eine Frau mit, die für die »New York Times« einen Artikel über ihn schreibt. Er kommt tatsächlich auf die Titelseite! Er erzählte ihr, daß er früher Strichjunge war, doch das kann sie nicht verwenden. Vermutlich hat er ihr das nur erzählt, um Eindruck zu machen. Die richtige Frau kann alles aus ihm herausholen.

Sonntag, den 16. September 1984 Übrigens hat mir John Reinhold erzählt, daß er ein ganz privates Tagebuch führt. Er versteckt es in einem Schrank. Neulich hat er es herausgeholt und die Eintragungen vom

letzten Jahr gelesen. Das ist gefährlich. Doch er verwendet nur Initialen wie »Ich ging mit B.«. Wenn ich das so machen würde, würde ich glatt vergessen, wer »B.« war.
Jean Michel rief an. Er erzählte mir von den Problemen, die er mit Shenge hat. Shenge kümmert sich um seine Wohnung in der Great Jones Street. Er hat unten eine eigene Wohnung, doch er geht immer hinauf zu Jean Michel und benutzt sein Bad und sein Bett. Jetzt, wo Jean Michel eine Weile im »Ritz Carlton« gewohnt hat, ist er es gewohnt, daß sein Bett gemacht ist. Er hat Shenge auf der Straße aufgelesen, er hatte kein Zuhause. Er sieht aus wie ein Rasta-Typ. Er ist verheiratet. Ich glaube, seine Frau und sein kleiner Sohn leben in der Bronx. Shenges Bett stand früher direkt neben der Haustür, als sei er immer von der Straße direkt ins Bett gehechtet. Seltsam.

Montag, den 17. September 1984
Vincent holte die kleinen Porträts von Truman Capote ab, die ich für das Magazin »New York« gemacht habe. Als sie die Bilder sahen, sagten sie, sie hätten etwas Neues erwartet, doch ich hatte sie in meiner üblichen Art gemacht, weil ich dachte, sie wollten es so haben. Sie wollen lediglich ein Abdruckhonorar zahlen. Ich weiß nicht, warum Zeitschriften so schlecht zahlen, wenn ich etwas für sie mache. Ich muß dann immer an damals denken, als mich Carl Fisher zum Erscheinen meiner »Philosophy« auf der Titelseite von »New York« brachte. Da wurde eine komplette Dekoration gebaut und rund acht Mitarbeiter damit beschäftigt – man kann sich vorstellen, was sie dafür ausgegeben haben. Und wie ich darüber nachdachte, für wie wenig Geld ich arbeite, wurde ich so wütend, daß ich sofort bei »Vogue« anrief und fragte, wo das Geld bleibt, das sie mir noch schulden.
Keith Haring erzählte mir, daß er für $ 1500.00 einen Laden gegenüber vom »Puck Building« gemietet hat. Er will sein Zeug nicht an einen anderen Laden verkaufen, sondern in seinem eigenen.
Zuvor hatte Bruno angerufen. Er hat Bilder, die Jean Michel, Clemente und ich gemeinsam gemacht haben, und von denen er sagte, sie seien »eine Kuriosität, die niemand haben will«, für $ 60000.00 pro Stück verkauft! Er selbst hat für etwa 15 Bilder zusammen $ 20000.00 bezahlt. Jawohl! Ich habe das komische Gefühl, daß er Clemente in Wirklichkeit mehr gibt, weil ich mir nicht vorstellen kann, daß er es für sowenig macht. Und ich sollte auch mehr bekommen, weil mein Name den Preis hochschraubt. Ach ja, Jean Michel hat mich überredet, anders zu malen, und das ist gut so.

Dienstag, den 18. September 1984 Ich ging nach Hause und sah Tyrone Power in »Jesse James«. Und das ist wirklich was zum Anschauen. Vielleicht konnte er nicht spielen – aber...

Donnerstag, den 20. September 1984 Das war der Tag großer Pläne, denn Dr. Reese, der bedeutendste aller Kristall-Doktoren, war in der Stadt.
Taxi zur 74. Straße zwischen Park Avenue und Madison Avenue (Taxi $ 3.00). Bezahlt wurde im voraus. Man bekam seine 15 Minuten, und schon war man wieder draußen. Da war eine ältere Frau über 60, klein und stämmig, und da war der Doktor, groß und kräftig wie ein Holzfäller. Der Raum war sehr klein. Sie fuhren einem mit der Hand über die entlegensten Körperstellen und murmelten verschlüsselte Begriffe. Sie sagten, sie seien in ein »Loch« geraten oder »Hier verschwindet ein Loch«, oder sie murmelten »C-85, 14, 15 D-23, umgehen 18, 75 Strich 4...« Dann machte der Große eine Bemerkung, und Dr. Bernsohn sagte: »Oh, er spürt nichts.« Und zu mir sagte er: »Ich sage Ihnen nächste Woche mehr.« Ach ja, davor hatte der andere Arzt noch gesagt: »Ich glaube, ein so extremer Fall ist mir noch nie untergekommen.«

Samstag, den 22. September 1984 Rief Jon bei Paramount an und bat ihn, sich mit mir im MOMA zu treffen. Ich kam umsonst in die Ausstellung primitiver Kunst. Sie stellen das alte Zeug und das moderne Zeug nebeneinander, um zu zeigen, was woher übernommen wurde. Danach schaute ich mir die Irving-Penn-Ausstellung an. An die alten Fotos konnte ich mich noch sehr gut erinnern. Sie vor allem waren es, die mich dazu veranlaßt haben, nach New York zu kommen. Es war schön, sie wiederzusehen. Und sie waren gar nicht mal so anders, aber... ich mußte ständig daran denken, daß ich mir damals eine Kamera hätte kaufen sollen, als ich nach New York kam. Fotografie war ein weites Feld, und wenn man »genauso gut« war, konnte man damit groß rauskommen. Es genügte, ein Foto von einer bekannten Persönlichkeit zu machen, was konnte da schon schiefgehen? Und heute würde ich wohl Werbespots fürs Fernsehen machen. Jedenfalls wäre alles ganz anders gelaufen. Ich denke nur mal darüber nach. Es ist komisch, daß die Models auf Irving Penns Fotos alle älter waren, so um die 35. Er hat viele Bilder von seiner Frau gemacht – Lisa Fonssgrives. Ich erinnere mich noch gut an das Foto von dem Mädchen, aus dessen Handtasche Tranquilizer und solche Sachen herausfielen. Die Ausstellungen waren fantastisch.

Steve Rubell fragte an, ob wir uns seinen künftigen Club ansehen wollten, das »Palladium Theater« in der 14. Straße. Ursprünglich war dort die Musikakademie. Er brachte uns hin und löcherte uns mit der Frage: »Gefällt es euch? Gefällt es euch?« Es ist riesengroß. Ein bekannter japanischer Architekt baut es gerade um.

Sonntag, den 23. September 1984 Versuchte, Jean Michel zu erreichen, der zur Pop-Art-Ausstellung im Whitney Museum gehen und hinterher mit mir arbeiten wollte, doch er war nicht da. Jon und ich gingen ohne ihn hin (Karten $ 5.00). Ich signierte eine Menge Postkarten, die sich die Leute dort kaufen können. Von meiner »Marilyn« und meinen anderen Bildern. Ich glaube nicht, daß ich Geld dafür bekomme. Ich bekam mit Fred Streit, weil er möchte, daß ich einen Vertrag mit einer Kartenfirma mache; seiner Ansicht nach würde diese Firma dafür sorgen, daß die anderen keine Karten mehr herausbringen, doch ich weiß nicht, ob das tatsächlich stimmt.

Rauschenberg war das Beste an der ganzen Ausstellung. Seine Sachen sehen irgendwie neu aus. Ich weiß nicht, warum. Die Sachen von Jasper Johns waren auch gut. Die Arbeiten von Segal machten sich gut, weil sie so groß waren, aber auch sehr häßlich. Die Reifen draußen sahen so schrecklich aus, daß ich schon fürchtete, der Rest der Ausstellung sei genauso. Doch das Whitney Museum ist klein. Von mir war ziemlich viel ausgestellt, alles frühe Arbeiten. Jean Michel hatte mir gesagt, er finde meine Sachen am besten, aber man weiß ja...

Anschließend bummelte ich durch die Straßen und ging nach Hause. Jean Michel rief an. Er hat jetzt *zwei* Hotelzimmer. Eins im »Ritz Carlton« und eins im »Mayfair Regent« in der 65. Straße. Ich glaube, er ist nur auf die vornehme East Side gezogen, um mit mir zu konkurrieren. Ich hatte ihm gesagt, daß der Fernsehempfang hier schlecht sei, doch er hatte mir nicht glauben wollen, und als er dann ins »Mayfair« zog, bekam er den »Showtime«-Kanal nicht. Vielleicht ist ihm das eine Lehre. Ein guter Fernsehempfang ist schon wichtig. Also zog er wieder ins »Ritz Carlton«. Er hat dort einen großen Whirlpool.

Montag, den 24. September 1984 Ich muß zu Trumans Trauergottesdienst. Hinterher soll bei C. Z. Guest eine Party stattfinden. Steve Rubell hatte den besten Spruch. Er sagte: »Du kommst nicht zu meinem, und ich gehe nicht zu deinem.« Das ist die beste Abmachung. Jay will hingehen – ich glaube, er und Kate sind wieder zusammen.

Ich lud Paige ein, mich zu Ahmet Erteguns Party im »Carlyle« zu begleiten (Taxi $ 3.00). Ahmet öffnete. Wieder die üblichen Leute – Jerry Zipkin, Mica und Chessy. Gedämpftes Licht. Mrs. Buckley und Charlotte Curtis waren da. »Oh, deine Augenbrauen sind ja gefärbt«, rief Charlotte. Was konnte ich darauf schon sagen? »Ja. Sie sind zweifarbig.« Charlotte guckt immer so griesgrämig. Aber ich mag sie trotzdem. Sie hat in den sechziger Jahren diese ausgezeichneten Kolumnen geschrieben. Paige war die Jüngste auf der Party.

Donnerstag, den 27. September 1984 Sprach mit Keith Haring. Er sagte, er sei ins Whitney Museum gegangen, weil er so deprimiert gewesen sei. Er hatte sich die Pop-Art-Ausstellung angesehen. Mein »Dick Tracy« hatte ihm gefallen. Ich sagte, er sei für $ 500 000.00 verkauft worden. Er meinte, das sei nicht genug, er sei mindestens eine Million wert, und wenn er die Million gehabt hätte, hätte er ihn gekauft. Es war nett von ihm, so was zu sagen. Und es war schön, so was zu hören. Si Newhouse hat das Bild von Irving Blum gekauft.
Traf mich mit den Brants zum Dinner im »Jam's« (Taxi $ 6.00). Ich sagte dem Typ, daß wir unten sitzen wollten, doch er führte uns nach oben, und später erfuhr ich auch, weshalb – Robert Redford saß direkt hinter mir. Ich glaube, seine Frau und seine Tochter waren bei ihm. Ich sprach ihn nicht an, denn das wäre nicht cool gewesen. Als ich nach Hause kam, las ich zufällig in einem alten »Playboy« ein Interview mit ihm, und da dachte ich mir, ich hätte doch hallo sagen sollen. Er hat sich nämlich früher als Maler versucht und war in den fünfziger Jahren Art-director bei einer Zeitschrift in New York. Ich hatte keine Ahnung davon. Jedenfalls dürfte er einiges über mich wissen.
Habe ich übrigens dem Tagebuch schon erzählt, daß Merv Griffin unsere Fernsehshow mies gemacht hat? Ja, wirklich.

Samstag, den 29. September 1984 Sprach mit Keith und Jean Michel. Jean Michel sollte eigentlich herkommen und malen, doch er gab eine Geburtstagsparty für seine Mutter. Ich ging hin. Seine Mutter ist eine nette Frau, ein wenig matronenhaft, aber sie sieht gut aus. Irgendwie hat er einen Groll auf sie. Er sagt, sie sei häufig in Nervenkliniken gewesen und er habe sich vernachlässigt gefühlt. Doch er braucht sich ihretwegen nicht zu schämen, sie war wirklich nett. Sein Vater war nicht da. Seine Eltern sind geschieden, und der Vater lebt mit einer anderen Frau zusammen. Er ist Buchhalter.
Jean Michel hat im »Ritz Carlton« immer noch ein Zimmer für $ 250.00 pro Tag. Der 15 m lange Betontisch, den er sich von Freddy, dem Architekten, extra für die Great Jones Street hatte anfertigen lassen, nahm zuviel Platz weg, und Jean Michel schlug ihn einfach in Stücke. Und von Robert Laughlin – er hat das Apartment neben Freddy, und in Freddys Apartment hat früher Kenny Scharf gewohnt –, also von Robert Laughlin erfuhr ich, daß Freddy bei seinem Einzug alle Bilder von Kenny Scharf übermalt hat, die dort an den Wänden waren. Er hat sie einfach weiß überpinselt! Er wechselte nicht einmal die Türen mit Kennys Bildern aus; dabei hätte man sie so leicht retten können!

Montag, den 1. Oktober 1984 Draußen war es bitterkalt. Was soll man machen, wenn einen diese unverschämten alten Weiber beiseite stoßen und einem das Taxi vor der Nase wegschnappen? Schließlich erwischte ich ein Taxi ($ 8.00), doch es ging nur langsam voran.
Den ganzen Nachmittag warteten wir auf Stuart Pivars Rückruf. Michael Jackson sollte ihn nämlich anrufen und vorbeikommen, um sich Bouguereaus anzusehen. Doch Stuart ging für einen Moment hinaus und verpaßte den Anruf, aber vielleicht meldet er sich ja heute. Wenn das Ganze stimmt. Bilder von Bouguereau ko-

sten jetzt zwei Millionen Dollar das Stück, und Stuart besitzt etwa vier. Der Preis ging ganz plötzlich hoch. Lustig, doch die Gemälde sind genau richtig für Michael Jackson – zehnjährige Jungs mit Elfenflügeln, die schöne Frauen umkreisen. Stuart Pivar ist ganz vernarrt in junge Körper. Seiner Ansicht nach sind es die Hormone, die einen jung halten. Er ist scharf auf Siebzehnjährige, aber er bekommt sie nicht.

Dienstag, den 2. Oktober 1984
Jean Michel kam ins Büro, um zu arbeiten, doch er schlief auf dem Fußboden ein. Wie er so dalag, erinnerte er an einen Penner. Ich weckte ihn, und er fabrizierte zwei großartige Meisterwerke.

Mittwoch, den 3. Oktober 1984
Jean Michel rief drei- oder viermal an. Er hatte Heroin genommen. Bruno kam und sah ein Bild, mit dem Jean Michel noch nicht ganz fertig war. »Ich möchte es haben, ich möchte es haben«, sagte er. Er gab ihm Geld und nahm es mit. Ich hatte ein komisches Gefühl, weil mir so was schon lange nicht mehr passiert ist. Aber so war es nun mal.
Ich ging zu der Party für Imelda Marcos auf dem Boot von Malcolm Forbes. Es war mir peinlich, weil ich dachte, ich käme zu spät, aber dann war ich einer der ersten. Die meisten Leute waren alt und alle aus meiner Straße, der East 66th Street – vermutlich ist das die reichste Straße der Welt. Imelda wohnt zwischen der Fifth Avenue und der Madison Avenue. Lee Radziwill kam auch. Sie sah gut aus mit ihren kurzen Haaren. Imelda ist ein bißchen zu dick geworden. Falls ich sie porträtieren soll, nehme ich ein Foto von früher, als sie beim Schönheitswettbewerb Miss Philippinen war. Nach dem Dinner sang sie etwa zwölf Lieder – unter anderem »Feelings«. Und dann diesen Song aus dem Krieg, du weißt schon, diese geschmacklose Schnulze, wie heißt sie nur? »Mares Eat Oats.« Jeder sagt, daß Imelda nicht mehr zu bremsen ist, wenn sie in Partystimmung kommt. Daß sie immer als letzte geht, kann ich bestätigen. Sie war gut in Form.
Hinterher fuhr ich mit dem Taxi zu »Mr. Chow's«, wo Jean Michel für ein Mädchen eine Geburtstagsparty gab. Sie hat ihn dazu überredet. Er hatte Diego Cortez, Clemente und noch ein paar Leute eingeladen, und als ich hinkam, war er bereits eingeschlafen und schnarchte. Wir weckten ihn, weil ich nicht schon wieder die Rechnung bezahlen wollte.
Fuhr nach Hause und sah die »Letterman-Show«. Und wer kam auf den Bildschirm? Malcolm Forbes! Er redete über alles mögliche. Und ich dachte, Mensch, was für ein toller Name für ein Magazin, »Forbes«. Er hat einfach seinen Namen genommen. Ich fing an, über ein Magazin namens *Warhol* (lacht) nachzudenken. Aber nein, so gut finde ich meinen Namen nun auch wieder nicht. Ich wollte ihn immer ändern. Als ich noch klein war, wollte ich mich »Morningstar« nennen, Andy Morningstar. Ich fand das sehr schön. Ich war nahe daran, mich als Künstler so zu nennen. Das war noch bevor das Buch »Marjorie Morningstar« erschien. Mir gefiel der Name, es war mein Lieblingsname.

Freitag, den 5. Oktober 1984
Jean Michel kam. Rupert und er benutzen jetzt den hinteren Teil von »860«, um die neuen Siebdrucke zu prüfen, die »Details«. Ich hasse sie, etwa die Details der »Venus« von Botticelli. Doch den Leuten gefallen diese Motive sehr gut. Da kann man sich nur wundern. So wie ihnen der Umschlag mit James Dean gefallen hat, den ich für David Daltons Buch gemacht habe. Sie kaufen ihn als Grafik.

Sonntag, den 7. Oktober 1984
Es war ein schöner Tag. Sprach mit Jean Michel. Er wollte arbeiten, also verabredeten wir uns in Nr. »860«. Ich ging zur Kirche, bekam dann nicht gleich ein Taxi und mußte den halben Weg ins Büro zu Fuß gehen (Taxi $3.75). Ich ließ Michel unten

herein. Er malte ein Bild im Dunkeln; das war toll. Susan Blond heiratete an dem Tag Roger Erickson. Gefeiert wurde im »Café Luxembourg«. Ich wollte Jean Michel nicht mit zu mir nehmen, um dort ein Bild als Hochzeitsgeschenk auszusuchen, und so malten wir ihr zusammen ein Bild im Büro. Jean Michel ist ein schwieriger Mensch. Man weiß nie, in welcher Stimmung er ist und was er vorhat. Manchmal wird er richtig paranoid und sagt: »Du benutzt mich nur. Du benutzt mich nur.« Und hinterher hat er ein schlechtes Gewissen und tut alles Liebe, um es wiedergutzumachen. Und ich weiß nie genau, was ihm Spaß macht. Susans Hochzeit machte ihm keinen Spaß. Ich weiß nicht, ob wegen der Drogen oder wegen der vielen Menschen oder weil er sich schlicht langweilte. Ich sagte, das käme immer öfter vor, je berühmter er wird (Taxi $ 10.00).

Montag, den 8. Oktober 1984

Holte Jean Michel ab. Alle 15 Sekunden läutete es bei ihm an der Tür, und das erinnerte mich an die alte Factory. Er empfing die Leute mit Sprüchen wie: »Mann, warum rufen Sie nicht an, bevor Sie kommen.« Als er mal dringend ein Dach über dem Kopf brauchte, hat er einem Typ ein paar Witzzeichnungen geschenkt, und der hat sie jetzt für ein Vermögen verkauft – für $ 5000.00 oder so. Jean Michel kommt allmählich dahinter, was es heißt, Geschäftsmann zu sein, und daß der Spaß irgendwo aufhört. Dann fragt man sich auch: Was ist Kunst? Kommt sie wirklich aus einem selbst, oder ist sie ein Produkt? Sehr kompliziert.

Ach, ich habe vergessen zu erzählen, daß Dr. Rossis Sohn gerade sein Studium in Yale abgeschlossen hat und Videos machen möchte. Ich habe ihn zu Vincent geschickt. Dr. Rossi ist der Arzt, der mir '68 das Leben gerettet hat, als man auf mich geschossen hat.

Dienstag, den 9. Oktober 1984

Ich hatte mir für Sean Lennons Geburtstag ein paar Sachen einfallen lassen, und das Bild war noch feucht – eine kleine herzförmige Bonbonschachtel, auf der »I love you« stand. Außerdem hatte ich für ihn einen »Malpinsel«, der statt Borsten rote Papierstreifen hatte. Und ein Armband aus Münzen. PH holte mich ab, und wir fuhren zum »Dakota« (Taxi $ 6.50). Draußen standen Fans und hielten »Mahnwache«; der 9. Oktober ist nämlich nicht nur Seans, sondern auch Johns Geburtstag. Und drinnen hatten alle die Schuhe ausgezogen. Sie standen aufgereiht im Flur. Ich hatte keine Lust, meine auszuziehen und wollte auch nicht, daß PH ihre auszog, weil ich sonst der einzige gewesen wäre. PH sagte, sie habe mal den königlichen Palast auf Hawaii besichtigt und die Führer hätten Schuhe verteilt, die man *über* seine eigenen Schuhe ziehen konnte. Ich glaube, das ist die bessere Methode, sein Haus sauberzuhalten. Als wir hörten, wie ein Glas herunterfiel und zerbrach, war das der willkommene Vorwand – wir sagten, wegen der Glasscherben wollten wir nicht auf Socken laufen. Yoko rief Sean. Er kam und sagte: »Hast du meinen Dollar mitgebracht?« Yoko sagte, er habe das nie vergessen und wolle nun die andere Hälfte. Ich hatte ihm ein ganzes Bündel zerrissener Dollarnoten mitgebracht, und er ging und suchte die passende Hälfte. Keith war da. Er hatte Kenny Scharf mitgebracht. Walter Cronkite, John Cage, Louise Nevelson und Lisa Robinson waren auch da.

Aus Spaß hatte ich auf Seans Geschenke »Shawn« geschrieben, und als er für mich Servietten signierte, benutzte er diesen Namen. Er trug Handschuhe wie Michael Jackson, aber an beiden Händen. Sein Freund Max Leroy, Warner Leroys Sohn, hat sie ihm geschenkt. Michael Jackson ist sein Lieblingssänger. Prince mag er auch, und anscheinend hört er auch Boy George ganz gern, denn später malte er auf seinem Computer ein Bild von

Boy George. Sean und Keith verstanden sich blendend. Keith kann sehr gut mit Kindern umgehen – er spielte lieb mit einem kleinen Mädchen und lief mit einem Stofftier hinter ihm her. Sean saß zwischen mir und Roberta Flack.

Der Kuchen hatte die Form eines Konzertflügels. Die Idee mit dem Flügel stammte von Sean, der einen Flügel in seinem Schlafzimmer hat. Er schnitt den Kuchen an. Harry Nilsson stimmte mit allen »For He's a Jolly Good Fellow« an. Später hielt Sean eine hübsche Rede. Wenn sein Vater noch lebte, sagte er, dann hätten alle »For *They're* Jolly Good *Fellows*« gesungen.

Nach dem Dinner gingen Yoko, Sean und etliche Gäste zum Sender WNEW. Ursprünglich sollte die Übertragung vom »Dakota« aus stattfinden, doch in letzter Minute hatte das die Hausverwaltung verboten. Die meisten gingen nicht mit. Wir gingen in Seans Schlafzimmer – dort saß ein junger Typ und installierte den Apple-Computer, den Sean geschenkt bekommen hatte. Ich erzählte ihm, daß mich ein Mann angerufen habe, der mir einen Computer vorbeibringen wollte, doch ich hätte nie zurückgerufen. Der Mann schaute auf und sagte: »Ja, das war ich. Ich bin Steve Jobs.« Er sah so jung aus wie ein College-Student. Er sagte, er würde mir auch jetzt noch einen schicken. Er zeigte mir, wie man mit dem Computer zeichnet. Vorläufig geht es nur in Schwarzweiß, bald soll es aber auch in Farbe gehen. Dann setzten sich Keith und Kenny dran. Keith hatte den Computer schon mal benutzt, um ein T-Shirt zu machen, doch für Kenny war es das erstemal. Der junge Typ war eine Kanone. Er war an der Entwicklung beteiligt. Ich kam mir neben ihm so alt und weit hinter dem Berg vor.

Auf dem Fußboden in Seans Schlafzimmer lagen zwei Matratzen, und an den Wänden hingen Fotos der Beatles und ein großes Bild von Yoko, das Rupert Smith gemacht hatte. Der Boden war übersät mit Geschenken und Geschenkpapier, und die Regale waren voll mit Roboter-Spielzeug.

Nachdem wir gegangen waren, war ich recht niedergeschlagen. Vorher war *ich* unter allen Erwachsenen Seans bester Freund, und nun ist es wahrscheinlich Keith. Sie verstanden sich wirklich prächtig. Er lud Keith zu seinem Kindergeburtstag am nächsten Tag ein. Mich lud er, glaube ich, nicht dazu ein, und ich war gekränkt.

Samstag, den 13. Oktober 1984

Stand früh auf, draußen war's schön. Jay und Kate Harrington sind wieder zusammen. Er ist zu glücklich verheiratet, um schon wieder zu arbeiten. Und auch Benjamin ist zu glücklich verheiratet, um zu arbeiten. Deshalb ging ich allein ins Büro (Taxi $ 6.00). Der einzige, der anrief, war Michael Walsh, ein Junge, den ich in Newport kennengelernt hatte. Er möchte, daß ich mir seine Arbeiten ansehe. Arbeitete ganz allein bis um 8.00. Dann fuhr ich uptown ($ 6.00).

Taxi zu Mick und Jerry. Sie gaben ein Dinner in der West 81st Street (Taxi $ 4.00). Vor der Tür standen drei bullige Leibwächter. Jack Nicholson war da; auch er ist jetzt versessen auf Bouguereaus – er hat schon viele Remingtons, und jetzt kauft er Bouguereau.

Das Kind war nicht da, dafür Jerrys Schwester Rosy. Ihre Titten quollen aus dem Kleid. Komisch, ich weiß nicht, warum sie sich so anzieht. Sie hat doch diesen großartigen, tollen Mann, der so sexy ist. Ich unterhielt mich mit Wendy Stark. Sie hatte drei Fotos von ihrem Kind mit, und es sah so aus, als hätte sie Drillinge. Whoopi Goldberg kam, und Garfunkel und Mike Nichols waren da. Tina Chow war in der Küche mit dem Essen beschäftigt. Ich fragte Jack Nicholson, ob er in der Jackson-Pollock-Story mitspielen würde. PH und ich überlegen nämlich, ob wir Ruth Kligman die Buchrechte abkaufen sollen. Aber dann kam Fred und sagte, das sei eine Schnapsidee. Und Jack sagte: »Na,

macht ihr beiden Filmmagnaten das mal unter euch aus.« Jack trug einen Anzug, den er sich in London hatte schneidern lassen. Er war darin wie eingeschachtelt.
Mick war betrunken und richtig nett. Er kam zu mir und umarmte mich ein paarmal. Irgendwie war ich froh, daß ich Cornelia nicht mitgebracht hatte, weil sie für Jerry eine »Bedrohung« dargestellt hätte. Im anderen Zimmer waren noch mehr Stars.

Montag, den 15. Oktober 1984
Nach der Arbeit fuhr ich mit Jean Michel zum »Ritz Carlton«. Er wollte dort endlich ausziehen. Doch als wir hinkamen, fand er sein Zimmer so schön, daß er sich nicht trennen konnte.

Dienstag, den 16. Oktober 1984
Jackie Curtis rief an und erzählte, Alice Neel sei gestorben. Ich hatte sie schon immer mal anrufen wollen. Sie war eine reizende alte Dame. Vermutlich war sie schon ziemlich alt, über achtzig, nehme ich an. Mir kam es so vor, als hätte ich sie erst kürzlich in der »Johnny Carson Show« gesehen. Jackie möchte in »Interview« eine Anzeige für ein Stück aufgeben, das demnächst Premiere hat. Aber ob wir uns darauf verlassen können, daß er auch bezahlt?
Jean Michel, ich, John Sex und »Fab Five« Freddy fuhren zur Whoopi-Goldberg-Show im »Lyceum« (Taxi $ 8.00). Wir kamen zu spät, und unsere Plätze waren in der zweiten Reihe. Whoopi war wunderbar. Anderthalb Stunden nur eine leere Bühne, doch sie hielt das Publikum bei der Stange. Sie ist wirklich intelligent. Sie bat Leute aus dem Publikum um einen Vierteldollar und gab das Geld später nicht zurück. Nach der Show sagte sie, daß sie das Geld normalerweise zurückgebe – ich hatte sie danach gefragt –, doch ein Typ hätte ihr einen Dollarschein gegeben, und das habe sie aus dem Konzept gebracht. Sie hatte ungefähr $ 4.00 eingesammelt, die sie jetzt vielleicht einer katholischen Einrichtung spendet. Jean Michel gefiel ihr sehr, und ich lud sie zum Dinner ein, doch sie sagte, sie habe Magenkrämpfe.

Mittwoch, den 17. Oktober 1984
Fürstin Gloria von Thurn und Taxis, die Märchenprinzessin, kam mit ihrem Mann, dem 58 Jahre alten Märchenprinzen, zum Lunch ins Büro. Mit 20 oder so hat sie ihn geheiratet.

Gloria von Thurn und Taxis *(Angeli)*

Jede deutsche Illustrierte hatte damals ihr Foto auf der Titelseite, denn er war Milliardär und brauchte dringend Erben. Inzwischen haben sie drei Kinder. Betsy Bloomingdale war auch da.
Und dann fing Fürst Johannes von Thurn und Taxis an, schmutzige Geschichten zu erzählen. Als junger Mann habe er in Hollywood Marilyn Monroe kennengelernt. Er sagte, sie habe sich an ihn herangemacht und ihn zu sich zum Dinner eingeladen, doch er habe sich damals nichts aus Frauen gemacht – er sprach das ganz offen aus. So reden sie nun mal. Und

seine Frau spricht über Jungs, und dann spricht er über Jungs mit großen Schwänzen. Es ist sehr eigenartig. Na, jedenfalls will er Marilyn Monroe dann gefragt haben, wer sonst noch käme, und sie nannte ein paar Namen. Und dann kommt er hin, und Marilyn empfängt ihn in einem dekolletierten

Marilyn Monroe *(Camera Press)*

Negligé. Und er fragte: »Wo sind die anderen Gäste?« Und sie sagte: »Sie haben alle abgesagt.« Sie tranken rosa Champagner und aßen zusammen, und dann zog sie an einem Bändchen und stand splitternackt da, und er konnte nicht... er tätschelte nur ihre Brüste und sagte: »Bis später.« Er sagte, er hätte so tun können als ob, und dann wären sie einander in die Arme gefallen, aber – er wiederholte es – er habe sich damals nichts aus Frauen gemacht. Sie muß gewußt haben, wie reich er war. Aber vielleicht hat er ja damals auch gut ausgesehen, denn wie er außerdem sagte, wollte ihn Pablo Picasso mal porträtieren, als er ihn am Strand sah. Er habe angeboten, zwei Porträts von ihm zu machen und ihm eins zu schenken, doch er dachte, der alte Knabe sei nur scharf auf seinen Körper. Ich weiß ja nicht, ob seine Geschichten wahr sind. Wahrscheinlich sind sie es. Andererseits erzählt er Dinge von mir, an die ich mich überhaupt nicht erinnern kann, von daher... Zum Beispiel will er mich mal eingeladen haben, und da hätte ich gesagt, ich sei krank. Daraufhin habe er mich zu Hause angerufen, und ich sei nicht dagewesen. Dabei weiß ich genau, daß ich ihm nie meine Privatnummer gegeben habe.
Ich begleitete sie zu ihren Wagen. Gloria wollte, daß ich ihr einen Schwanz auf ein »Interview« zeichne.

Johannes von Thurn und Taxis *(DPA)*

Fred sagte, das sei unsere erste Party für die bessere Gesellschaft im neuen Gebäude gewesen. Im Ballsaal wäre es auch toll gewesen, aber dort regnet es rein. Fred hatte Tische auf dem Dach aufgestellt! Keine Ahnung, warum. Sein kleines Eßzimmer ist nämlich sehr hübsch. Doch es ist nun mal nicht dasselbe.

Montag, den 22. Oktober 1984

Fuhr zu den neuen Büros und sprach mit dem Mann von der Baufirma, den Vincent und Fred so mögen. Ich wurde wütend, als ich hörte, daß eine

Dachterrasse $ 100 000.00 kosten sollte. »Wir wollen nur ein schlichtes Dach«, sagte ich. Ich lachte ihm ins Gesicht, als er sagte, Weihnachten sei alles fertig. Natürlich. Ich muß noch mal darüber nachdenken.
Rupert erzählte mir, bei ihm sei eingebrochen worden und ich solle mich nicht aufregen, wenn plötzlich bei Auktionen unsignierte Blätter von mir auftauchten. Aber dann rief die Polizei an und sagte, sie hätte einiges wiederbekommen.
Arbeitete bis 7.30 (Taxi $ 6.00).

Freitag, den 26. Oktober 1984
Viktor kam. Halston arbeitet jetzt zu Hause.
Julian Schnabel gab bei »Mr. Chow's« eine Geburtstagsparty und lud mich dazu ein, jedoch ohne Jean Michel. Ich wollte Julian nicht zurückrufen, weil wir wußten, daß er kommen würde, um sich unsere Arbeit anzusehen. Arbeitete bis 7.50 (Taxi $ 6.00).
John Lurie, der Star von »Stranger than Paradise«, kam zu Besuch. Wir tranken Champagner, und das war ein Fehler. Setzte ihn um 12.30 ab (Taxi $ 7.00).

Samstag, den 27. Oktober 1984
Kates Foto erschien groß im ersten Teil des Artikels über Truman Capote im Magazin »New York«, und ich bin gespannt, ob man im zweiten Teil erfährt, daß sie in Wahrheit die Tochter seines alten Freundes Jack O'Shea ist.

Montag, den 28. Oktober 1984
Heute fand der New Yorker Marathonlauf statt. Es war heiß und schwül und schlecht für die Läufer. Ein Franzose starb – der erste bei diesem Marathon.
Die Siegerin hat in die Hosen gemacht, Durchfall. Sie versuchten, die Sache zu übergehen, doch dann hieß es plötzlich: »Sie zerrt schon wieder an ihren Hosen.«
Kenny Scharf lud mich zur einer Fahrt in seinem Cadillac ein, den er aus L. A. mitgebracht und mit Champagnergläsern und Monstern bemalt hat. Er brachte Keith mit. Das Auto sah wirklich nach was aus, und die Polizei fuhr hinter ihnen her, weil sie neugierig war, wie alle andern auch.
Wir fuhren zur Ecke 90. Straße und East River Drive, um uns das Wandbild von Keith anzusehen. Es ist ungefähr 70 cm hoch und 60 m lang, so lang wie drei Häuserblocks. Auf weißen Untergrund hat er kleine schwarze und rote Figuren gesprüht, doch in Silber hätte es besser ausgesehen. Die Stadt wird dadurch jedenfalls nicht schöner.
Halston rief an und lud mich zum Dinner in sein Haus ein. Jack, Anjelica, Steve Rubell, Alana und Bianca wurden auch erwartet. Ich sagte okay, sah noch ein bißchen fern, und ging dann um 9.00 hin. Ann Turkel war auch da. Sie war mit Richard Harris verheiratet. Bianca küßte ihren Freund vor Alana, die sich über finanzielle Abfindungen ausließ. Diese Frauen. Ich finde es seltsam, über »Abfindungen« zu sprechen. Das klingt, als hätte man die besten Jahre schon hinter sich. Bianca machte Alanas Haus in L. A. mies. Sie behauptete, es sei schäbig und äußerst geschmacklos. Sie und Alana hätten sich beinahe geprügelt. Sie sind Freundinnen.
Peter Wolf war der King der Party. Ich sagte, alle Mädchen seien ganz verrückt nach ihm seit seinem Musik-Video. Das Dinner war gut. Halstons Haar lichtet sich ein wenig, und sein Haus hat nicht mehr das Flair von früher, als Viktor noch dort wohnte.

Dienstag, den 30. Oktober 1984
Jean Michel war mit einer neuen Flamme im Bett und ließ sich nicht blicken. Bruno und seine Frau Yoyo überraschten uns mit ihrem Besuch. Sie schauten sich die großen Bilder an, auf denen Jean Michel Siebdruck verwendet hatte, machten ein mürrisches Gesicht und sagten, das ruiniere seinen »intuitiven Primitivismus«. Doch er hat schon immer gexeroxt, ohne daß es jemand wußte. Die Zeichnungen sahen aus wie neu, waren aber Xeroxe. Arbeitete bis 7.30.

Im »Limelight« war eine Party für Van Johnson. Als wir hinkamen, wollte er gerade gehen. In Wirklichkeit gab er die Party für Janet Leigh. Er war ein arger Snob und sagte: »Eine Ewigkeit habe ich mich danach gesehnt, dich kennenzulernen.« Offenbar ist er ein ziemlicher Säufer. Ich glaube, es waren nicht genug nette Jungs dort. Mitten im Raum war eine Dusche, und darunter stand ein Mädchen. Und alles war blutverschmiert, und dann war da auch ein Typ wie Tony Perkins in Oma-Klamotten. Und inmitten stand die echte Janet Leigh in einem blauen, mit Pailletten besetzten Kleid.

Mittwoch, den 31. Oktober 1984
Bruno hat eben angerufen – bei der »Christie's«-Auktion wurde Jean Michels Bild für $ 20000.00 verkauft. Ich glaube, er wird der Große Schwarze Maler. Es war eins von seinen großen Gemälden. Ich finde Jean Michels frühe Sachen irgendwie besser, denn damals hat er einfach nur gemalt. Aber heute muß er beim Malen daran denken, ob sich das Zeug auch verkaufen läßt. Und wie viele schreiende Neger kann man eigentlich machen? Nun, vermutlich kann man bis in alle Ewigkeit welche machen, aber... gestern hat er sich für $ 700.00 eine Maske für Halloween gekauft. Mexikanisch. Er haut das Geld nur so raus. Das Zimmer im »Ritz Carlton« hat er aufgegeben, und Limousinen mietet er jetzt auch nicht mehr, das ist ein Fortschritt. Doch eins sollte er tun – ich habe ihm dazu geraten: Er sollte seine frühen Bilder behalten und lagern, damit er später was zu verkaufen hat. Denn Bruno kauft alles auf und verkauft es dann nach und nach. Jean Michel sollte seine Bilder wirklich als eine Art Notgroschen behalten. Was sich derzeit zu guten Preisen verkauft, sind frühe Rauschenbergs und alles von Jasper und Cy Twombly. Wesselmann geht auch... Rosenquists Preise liegen in der Mitte, aber für mich ist er wirklich der Beste.
Ich glaube, langsam muß ich mich damit abfinden, daß auch ich aus »860« ausziehen muß. Stephen Sprouse hat nämlich das Haus gemietet.
Leimte mich zusammen und holte Gael ab. Wir gingen zu »Jam's«, um mit Fred zu essen. Und dieses Dinner war wirklich gräßlich. Ich machte nur Vorwürfe. Dabei hätte ich die anderen motivieren und sagen sollen: »Was können wir tun, um unser phantastisches Blatt noch besser zu machen, als es ohnehin schon ist?« Doch ich brachte es nicht. Gael erläuterte die Druckkosten. Und ich hätte positiv reagieren sollen, wirklich. Ich weiß, daß man mehr aus den Leuten herausholt, wenn man sie ermutigt. Obwohl ich schon mal jemanden ermutigt habe – Chris Makos. Und zum Dank dafür wird diese Woche ein Foto von mir in Frauenkleidern versteigert, das er gemacht hat. Gael aß nichts, und ich dachte, es sei meinetwegen, weil sie sich über mich geärgert hat, doch sie hält zur Zeit Diät, weil sie wirklich fett geworden ist. Sie legt sich dauernd mit mir an – und kommt sich dabei auch noch großartig vor. Wir reden einfach nicht die gleiche Sprache. Ich weiß nicht, ob sie wirklich dumm ist oder sich nur dumm stellt, damit sie nicht tun muß, was von ihr verlangt wird (Dinner $ 140.00).
Dann sprachen wir über die Titelgeschichten, wann wir Mick bringen sollten, das Heft über Gesundheit und Mickey Rourke. Das Dinner war ziemlich frustrierend. Außer Streit kam nichts dabei heraus. Und alles war meine Schuld. Wir hätten lieber zu einer Halloween-Party gehen sollen. Fred begleitete uns beide nach Hause.

Donnerstag, den 1. November 1984 Julian Schnabel rief an. Er wollte mit diesem Rocksänger namens Captain Beefheart herkommen. Wir wollten das aber nicht. Ich hatte auch Angst, daß Julian erfahren haben könnte, was ich über ihn gesagt hatte – daß er sich in den Ateliers der anderen Künstler zusammensucht, was er kopieren kann.

Julian Schnabel *(Andy Warhol)*

Ich mußte früh weg, um mir Christophe de Menils erste Modenschau anzusehen. Sie entwirft jetzt Kleider (Taxi $ 8.00). Fuhr zum französischen Konsulat, Ecke 79. Straße und Fifth Avenue. Die Kleider waren alle aus Leinen, und die Ärmel sahen aus wie gefaltete Servietten. Mode im Stil von 1914. Lustige Ärmel. Ich weiß nicht, warum sie ausgerechnet in die Modebranche einsteigen will – man hat nicht den Eindruck, daß sie »etwas zu sagen« hat. Bianca war da. Steve Rubell sagte, sie habe niemanden zu Jades Geburtstag eingeladen, weil Jade so pummelig geworden sei. Ich machte mich davon (Taxi $ 4.00). Anschließend gingen Cornelia und ich ins »Pierre« zur Benefizveranstaltung der »American Society for the Prevention of Cruelty to Animals«. Ich unterhielt mich mit C. Z. Guest. Sie sagte, Truman habe sie aus ihrem Hausfrauendasein befreit und ihr klargemacht, daß sie auch andere Dinge tun konnte. Sie sagt, sie habe Truman nie persönliche Dinge anvertraut, aber in den fünf Minuten, die wir beieinander standen, erzählte sie allein *mir* alle denkbaren persönlichen Dinge aus ihrer Familie… Als wir auf Alkohol zu sprechen kamen, sagte sie etwa: »Ich habe jahrelang mit einem Trinker zusammengelebt, ich weiß Bescheid.«

Freitag, den 2. November 1984

Arbeitete bis 7.00. Schnabel hatte eine Eröffnung. Ich fuhr hin (Taxi $ 6.00). Zum Spaß machte ich seine Malerei mies, und dann merkte ich, daß er neben mir stand, doch ich glaube nicht, daß er gehört hat, was ich sagte. An der Wand waren eine Menge Teller. Schnabel sagte, er sei eine Weile Koch in Mickey Ruskins Schnellimbiß am University Place gewesen. Armer Mickey. Kein Mensch spricht heute mehr von ihm. Er ist völlig vergessen. Die Ausstellung war interessant, doch ich mußte weg.

Sonntag, den 4. November 1984

Traf mich mit Francesco Clementes schöner Frau Alba Clemente in ihrem Loft im Gebäude von Tower Records. Sie war auf der Schauspielschule, kann herzlich lachen und ist reich. Sechs Monate im Jahr verbringen sie in Indien. Vermutlich sehen seine Bilder deshalb so aus. Dann fuhren wir zum »Odeon« (Taxi $ 10.00). Es war schön, wir klatschten über Kunst. Doch zwischendurch gab es auch lange Pausen. Es ist schwierig, sich mit Jean Michel zu unterhalten. Sein Problem ist, daß er sich dauernd in Kellnerinnen verliebt, dabei wird er immer stiller und beobachtet sie. Alba sagte, das Mädchen, das auf ihre Kinder aufpasse, sei auch in ihn verknallt (Lunch $ 90.00). Also fuhren wir zurück, damit Jean Michel das Mädchen kennenlernen konnte. Doch Monica, so heißt sie, war gerade mit den Kindern unterwegs. Jean Michel fühlte sich von Clementes Arbeiten inspiriert, wollte gehen und selber ein Bild malen.

Alba Clemente *(Andy Warhol)*

Richard Weisman mit Catherine Oxenberg und ihrer Mutter, Prinzessin Elisabeth von Jugoslawien *(Andy Warhol)*

Also fuhren wir zum Atelier (Taxi $ 3.50) und arbeiteten zwei Stunden. Jean Michel versuchte, Bilder zu rekonstruieren, die er übermalt hatte, als er auf Heroin war, und er brachte Meisterwerke zustande. Dann rief er Monica an und lud sie zum Dinner ein. Sie wollte ins »Lone Star«, weil ihr halbfester Freund, Schnabels Assistent, auch dorthin wollte, doch Jean Michel wollte da nicht hin, weil er Konkurrenz fürchtete und Angst hatte, um seinen Fick zu kommen.

Dienstag, den 6. November 1984, New York – Washington, D.C. Wahltag. Der Tag ließ sich unvorstellbar miserabel an. Ich war um 7.00 auf, um 8.00 fertig. Ich rief Fred an, und er war völlig weggetreten. Das machte mich wahnsinnig. Er faselte nur unzusammenhängendes Zeug. Vielleicht hatte er mal wieder nur eine Viertelstunde geschlafen.

Jedenfalls waren wir eine Stunde später in Washington. Wir fuhren zum »Madison Hotel«. Prinzessin Elisabeth von Jugoslawien begleitete uns. Ihre Tochter Catherine Oxenberg fängt nächste Woche bei »Dynasty« an und kam später. Einige Leute fuhren zum Weißen Haus, aber wir waren nicht eingeladen und blieben deshalb auf unseren Zimmern.

Wir bestellten Lunch, und das war teuer. Jean Michel ließ sich einen 66er Chateau Latour für $ 200.00 bringen (Lunch $ 500.00). Hinterher fuhren wir mit einer Limousine zur »Sequoia«, der Jacht des Präsidenten. Draußen war es kalt und unfreundlich, und es dämmerte schon.

Wir fuhren zurück zum Hotel, und Jean Michel drehte sich einen Joint. Wir bestellten das Dinner. Es war eine Beleidigung (Trinkgeld $ 5.00). Fred war nicht aufgefallen, daß er nur gelbe Socken und braune Schuhe mit hatte und darum seinen Smoking nicht tragen konnte. »Entertainment Tonight« erwischte mich beim Reinkommen und fragte, für wen ich gestimmt hätte. »Für den Sieger«, sagte ich. »Und wer ist der Sieger?« fragten sie, und ich sagte: »Der Sieger ist der Sieger.« Ich weiß selbst nicht, was ich damit sagen wollte. Sollten sie jemals alle Clips auswerten, die sie von mir haben, werden sie wissen, daß ich ein Idiot bin, und mir keine Fragen mehr stellen.

Ich fotografierte Melvin Laird beim Tanzen. Es war schwer, mit Jean Michel auszukommen. Er wird so leicht paranoid. Die Party der Weismans war »überparteilich«. Bei der letzten Wahl hatten sie eine Party für die Demokraten gegeben, und diesmal waren zwar auch lauter Demokraten da, aber jeder tat so, als sei er Republikaner.

Mittwoch, den 7. November 1984, Washington, D. C. – New York Ich rief Jean Michel in seinem Zimmer an und sagte, in einer Minute müßten wir los. Ich ging in sein Zimmer und fotografierte, wie er mit einem Steifen aus dem Bett stieg. Dann drehte er sich einen Joint. Jean Michel bestellte eine komplette Mahlzeit, doch sie kam nicht. Taxi zum Flughafen (Taxi $ 20.00).
Jean Michel und ich gingen in den hinteren Teil der Maschine, und er rauchte Joints. Ich bemerkte, daß er vor lauter Joints seinen neuen »Commes des Garçon«-Mantel im Hotel gelassen hatte. Zuerst rief er dort an, dann ich, doch sie schicken ihn nie. Er weiß, was ihm steht. Er ist 1,83 m oder 1,85 m groß – die Haare dazugerechnet. Er ist wirklich groß.
Fuhr mit dem Taxi nach Manhattan ($ 22.00). Ging in die 33. Straße, setzte mich in mein Zimmer und telefonierte. Der Heizkessel war kaputt, und es war eiskalt. Ich werde die Schlüssel für die beiden Toiletten vor meinem Büro konfiszieren, weil dort ständig jemand rein- oder rausgeht. Dieses ständige Pinkeln den ganzen Tag kann ich nicht haben. Die Kids von »Interview« sollen eine von den oberen Toiletten benutzen, denn wer will das schon den ganzen Tag hören.
Fuhr zum »Private Eyes« (Taxi $ 7.00). Scott stand am Eingang und ließ uns gleich rein. Madonna war auf der Bühne, und da Jean Michel mal was mit ihr hatte, wollten wir zu ihr gehen. »Macht Platz für Mr. Warhol«, sagte der Rausschmeißer, und dann versuchte er, Jean Michel den Weg zu versperren. Ich sagte, er gehöre zu mir. Madonna küßte Jean Michel auf den Mund, aber Jellybean war bei ihr. Jemand hatte ihm gesagt, er sähe auf den Fotos in »Interview« mindestens wie 1,80 m aus, und war ganz begeistert, weil er in Wirklichkeit nur halb so groß ist. Jean Michel war schlechtgelaunt, weil Madonna so berühmt geworden ist und er sie verloren hat.

Donnerstag, den 8. November 1984 Fuhr zu Diane von Fürstenberg. Bianca und ihr Freund, Mick, Jerry und ihre beiden Schwestern waren alle in demselben kleinen Zimmer, und jeder versuchte, den anderen den Rücken zuzukehren. Um endlich das Eis zu brechen, ging Bianca zu Mick und sagte: »Du hast doch schon mit allen hier geschlafen.« Sie kicherte. »Aber ja doch!« sagte Mick. »Und da ist ja auch Mark Shand! Und Andy Warhol! Ich hatte was mit allen!« Er machte Scherze.
Marina Schiano war da, und Jean Michel fragte mich, ob sie ein Transvestit sei. Annina Nosei war auch da. Sie hat eine Galerie in Soho, und Jean Michel hat früher in ihrem Keller gemalt. Sie brachte ständig Leute an und präsentierte ihn als Attraktion, und er tobte: »Schaff die Ärsche hier raus.« Einmal riß er 20 Bilder von den Wänden und zerstörte sie. Und als sie ihn jetzt so an alte Zeiten erinnerte, kam er sich mit einemmal komisch vor in dieser schicken Umgebung. Er ist heute keineswegs glücklicher, weil er alles noch vor sich hat und nicht weiß, was er machen soll. Ich sagte: »Sieh mal, deine Wutanfälle waren sowieso nicht echt.« Er ist durcheinander. Blieben bis 11.30.

Montag, den 12. November 1984 Ging in »Stranger than Paradise«. Kein guter Film.
Übrigens hatte der Tag mit der Nachricht von Eugenia Shepherds Tod begonnen. Sie ist an Krebs gestorben. Sie brachte Mode und Tratsch zusammen. Ich glaube, sie hat 1955 damit angefangen. War das, als Fürstin Gracia heiratete?

Mittwoch, den 14. November 1984 Fuhr zu Dr. Karen Burkes neuer Praxis Ecke 94. Straße und Park Avenue und ließ mich mit Collagen behandeln. Das war sehr, sehr

schmerzhaft. Das Zeug enthält angeblich Novocain, doch mir kommt es nicht so vor. Es muß doch möglich sein, das schmerzlos zu machen. Vor einem Jahr war ich das letztemal dran. Fred sagte, er habe vor Schmerz geschrien, als er sich sein Gesicht machen ließ. Es ist, als steckten einem tausend Nadeln im Gesicht.
Fuhr ins »Mr. Chow's« zu Jean Michels Party (Taxi $ 7.00). Und die war toll. Ich glaube, ich habe zwei Jahre meines Lebens damit vergeudet, mit Chris und Peter herumzuziehen, mit Kids, die nur über die Bäder und so was redeten. Und jetzt gehe ich mit Jean Michel aus, und wir tun eine Menge für unsere Kunst. Bei der Party waren Schnabel, Wim Wenders, Jim Jarmush, der Regisseur von »Stranger than Paradise«, Clemente, und John Waite, der dieses tolle »Missing You« gesungen hat. Man merkt wirklich den Unterschied, wenn man mit kreativen Leuten zusammen ist. Beides ist faszinierend, und vermutlich ist auch beides in Ordnung, aber...
Chris bedankte sich bei mir, daß er meine Fotos nicht mehr abziehen muß; denn dabei habe er sich mehr abhetzen und schwerer arbeiten müssen. Ich hatte Bianca eingeladen. Sie rief an und wollte nicht kommen, kam dann aber doch und benahm sich großspurig, als sei sie gerade mal nicht auf der Suche nach einer Filmrolle. Als Alba kurz zur Toilette ging, setzte sie sich auf Albas Stuhl. Und als Alba zurückkam, sagte sie so laut, daß Bianca es hören konnte: »Sie hat mir schon wieder den Platz weggenommen.« Anspielung auf Biancas Affäre mit Clemente; aber so, wie sich beide gaben, hatte man den Eindruck, als würden sich Bianca und Francesco nicht kennen.
Für den Gastgeber Jean Michel wurde der Abend teuer. Er sagte, $ 12000.00 – der Champagner floß in Strömen.

Donnerstag, den 15. November 1984 Vincent wollte Videoaufnahmen mit mir machen, doch ich sagte, mein Gesicht sei noch von der Collagen-Behandlung gezeichnet. Er versprach, mein Gesicht nicht zu filmen.
Abends waren eine Menge Parties, doch Dustin Hoffman rief an und sagte, er habe uns Karten für »Tod eines Handlungsreisenden« zurücklegen lassen, und so fuhren Benjamin und ich zum Theater und trafen uns dort um 7.58 mit Jean Michel. In der Pause tippten die Leute hinter uns Jean Michel an und wollten wissen, ob ich tatsächlich der bin, der ich bin. Dustin war wirklich gut, doch das Stück ist furchtbar altmodisch. Ich habe es vor Jahren mit Lee J. Cobb und Mildred Dunnock gesehen, und die wirkten realistischer.
Hinterher gingen wir hinter die Bühne. Es gab Kaffee und Drinks. Dustin war aufgedreht, sprang rum und rief: »Andy Warhol ist da! Andy Warhol ist da!« Er erzählte uns, daß er bei »Sotheby's« ein Mädchen gesehen hat, das genauso aussah wie das Mädchen, mit dem er zum erstenmal gebumst hat. Er hat sie zur Vorstellung eingeladen, und an demselben Abend kam auch das Mädchen, mit dem er zum erstenmal gebumst hat, und dem sie so ähnlich sah. Er lud beide zum Dinner ein, und sie kamen miteinander ins Gespräch, und die eine sagte, sie habe im Moment keine Bleibe, und die andere sagte, sie könne bei ihr wohnen, und so gingen sie gemeinsam weg, dem Sonnenuntergang entgegen. Sie sahen sich immer noch ähnlich, sagt er. Dustin hat einen Kumpel, der schreibt alles auf. Dustin sammelt Kunst und notierte sich Jean Michels Telefonnummer. Als ich ihn mit abrasierten Haaren sah, begriff ich nicht, warum er für das Stück soviel Maske macht; er könnte nämlich auch so spielen. Er erzählte, an dem Tag, als wir uns auf der Straße trafen und miteinander sprachen, habe er sich von seiner ersten Frau getrennt. Das wußte ich damals nicht. Er erinnerte sich noch an jedes Wort unseres Gesprächs, weil dieser Tag so traumatisch für ihn war.

Freitag, den 16. November 1984 Lucio Amelio wollte, daß ich mir einen Opernsänger anhöre, der Falsett singt. Sie kamen ins Büro, und der Typ fing an zu singen. Ich hielt das ganze für Parodie – der Typ sang ja wie ein Kastrat –, doch als ich gerade sagen wollte, wie lustig ich das fände, stieß mich Fred an. Der Junge sieht sehr gut aus. Angeblich ist er hetero. Wir waren alle verblüfft. Es war wie früher in der alten Factory, wenn hin und wieder Leute mit wirklichem Talent ankamen und alle sprachlos machten.

Samstag, den 17. November 1984 Kam um 12.00 ins Büro (Besorgungen $ 3.50, $ 4.20).
Fuhr downtown zu Keith (Taxi $ 5.00). Madonna kam mit schwarzer Perücke. Vor der Tür warteten drei Limousinen. Wir fuhren zur »Brooklyn Academy of Music«, um uns die »Greener Pastures« anzusehen. Keith hatte das Bühnenbild entworfen und Willi Smith die Kostüme. Ich saß neben Stephen Sprouse. Man kommt so schwer mit ihm ins Gespräch, doch ich bin so verrückt nach ihm. Er ist hinreißend. Und wir trugen alle Sachen von ihm. Die Show war wirklich großartig. Besonders gut waren die Frisuren; die Haare waren zum Beispiel unten braun und oben rot, und sie benutzten Zwirn. Ich unterhielt mich mit Stephen über Showbusiness. Dann war es vorbei.
Wir fuhren zu »Mr. Chow's« zum Dinner. Dann gingen wir ins »Area« und sahen zu, wie Keith John Sex Kleider anprobierte. Ich fragte Madonna, ob sie Interesse hätte, einen Film zu machen. Sie war clever und wollte erst Näheres wissen und nicht darüber reden, damit niemand ihre Ideen klaut. Sie ist auf Draht und wirklich heiß. Ich blieb bis 3.00. Es waren einfach zu viele Leute da, die mit mir reden wollten (Taxi $ 8.00).

Dienstag, den 20. November 1984 Wir gingen in die Parfümerieabteilung von »Bloomingdale's«, und eine alte Dame neben mir sagte: »Ich stehe neben ihm. Das hätte ich mir nie träumen lassen. Ich stehe tatsächlich neben ihm.« Ich hatte nicht einmal ein »Interview«, um es ihr zu schenken. Ich hatte alle verteilt. Als wir gingen, sagte ich Benjamin, für heute hätte ich mein Quantum Ruhm weg. Wir gingen zur 47. Straße und landeten in einem Laden mit Silbertrödel. Benjamin kaufte sich tatsächlich was – es war das zweitemal, daß ich das miterlebte. Er sah etwas und wollte es haben. Eigentlich hätte ich es ihm kaufen sollen, aber es war zu peinlich. Ich erinnere mich, daß ich mal mit John Lennon unterwegs war und er Klamotten im Wert von mehreren tausend Dollar kaufte und kein einziges Mal fragte: »Möchtest du auch ein Hemd?« Das war vor Jahren.
Vincent hat angerufen und gesagt, ein Foto von mir – von dem Roboter – sei in »People.« Von der Puppe, die in »Evening With Andy Warhol« die Hauptrolle spielen soll. Sie machen schrecklich viel Wirbel um nichts.

Madonna *(Paige Powell)*

Donnerstag, den 22. November 1984 Thanksgiving. Sah mir mit Jean Michel und Cornelia Boy George im Madison Square Garden an. Ich konnte ihn nicht mögen, weil er mich daran erinnerte, was aus Jackie Curtis hätte werden können. Doch Jean Michel mochte ihn. Boy George ist zu fett.
Und dann fiel Jean Michel Halstons Truthahn vom letzten Thanksgiving ein, und er wollte unbedingt hin. Also fuhren wir hin (Taxi $ 6.00).
Der Truthahn war schon abserviert, und das Dessert war auch alle. Bianca versetzte Jean Michel und mir solche Faustschläge, daß ich davon noch einen blauen Fleck habe. Sie brüllte uns an, wir sollten die »Brooklyn Academy of Music« unterstützen. Dieser Geizkragen – diese Fotze! Warum haut sie Künstler an, wo sie doch selbst herumhuren und reichen Leuten Geld abknöpfen könnte! Wofür hält sie sich eigentlich? Sie denkt wohl, sie weiß alles über Künstler, dabei weiß sie einen Scheißdreck! Sie setzt ein ernstes Gesicht auf, interviewt sie und denkt, daß was passiert, also wirklich... Und bei ihrem Freund Glen Dubin benimmt sie sich wie ein Teenager – streicht ständig um ihn herum und küßt ihn. Ich weiß nicht, wozu sie ihn braucht, vielleicht braucht sie einfach ein Dach über dem Kopf.

Sonntag, den 25. November 1984 Halstons Stockwerk in den »Olympic Towers« wird verkauft. Was hat er nur falsch gemacht? Ich will es unbedingt wissen. Und zwar möchte ich es von ihm selbst hören. Ich will mich hinsetzen und hören, was ich tun muß, falls ich mich mal verkaufen sollte. Ich will wissen, wo und wann er Fehler gemacht hat. Für den Fall, daß ich mich irgendwann von einer großen Firma kaufen lassen und nur noch Aushängeschild sein will.

Montag, den 26. November 1984 Führte ein Gespräch mit Craig Nelson, dem Lektor von Harper & Row. Ich mußte ihm mal sagen, was ich von seinem Beitrag für das »America«-Buch halte: Er kann einfach nicht schreiben.

Donnerstag, den 29. November 1984 Jean Michel kam rein und malte einfach auf das schöne Bild von Clemente. Auf der Leinwand war noch viel Platz für ihn frei, aber er war mit Absicht so gemein. Er bewegte sich wie in Zeitlupe, vermutlich kam das vom Heroin. Er beugte sich vornüber, um seine Schnürsenkel zu binden und verharrte fünf Minuten lang in dieser Stellung.

Freitag, den 30. November 1984 Der Tag des Abschieds war gekommen, ich verließ den Broadway 860 für immer. Stephen Sprouses Freund holte die Schlüssel ab, und ich fragte, ob ich noch bleiben und malen dürfe. Ich blieb bis 8.30. Stephen Sprouse rief an und bedankte sich für die Klimaanlagen, die wir an den Fenstern gelassen hatten. Jay setzte mich zu Hause ab, und dort blieb ich. Ich war erschöpft.

Samstag, den 1. Dezember 1984 Holte Jon ab und fuhr mit ihm in die »Tony Shafrazi Gallery« zu Kenny Scharfs Ausstellung (Taxi $ 8.00). Der blonde Junge, der überall erzählt, er sei mein Geliebter, war auch da. Er erzählte, er habe vor meinem Haus Blumen gepflanzt. Ich tat so, als wüßte ich von nichts, obwohl ich ihn dabei beobachtet hatte. Kennys Bilder gehen jetzt für $ 30 000.00 weg, und Keith kam sich komisch vor, weil sie beide in Tonys Galerie ausstellen und er seine Preise nie zu hoch ansetzen wollte. Seine Bilder kosten $ 8000.00, $ 10 000.00 oder $ 15 000.00.
Hinterher ein Dinner für Kenny im »Area«. Religion ist dort das neue Thema.
Die erste Seite in der Beilage »Kunst und Freizeit« der »New York Times« ist voller Schnabel. Grace Glueck findet ihn besser als Pollock.
Das Dinner war lustig. Kenny verkaufte sämtliche Bilder. Keith und

Kenny wollen weiter an ihrem Artikel für »Interview« arbeiten. Gael sagte, sie habe die Passage rausgenommen, in der Kenny Keith gefragt hat, ob es wahr sei, daß er mit Chris Makos nur ins Bett gegangen sei, um (lacht) mich kennenzulernen.

Sonntag, den 2. Dezember 1984 Übrigens hat mir Sean Lennon am Freitag die Tischdecke von seiner Geburtstagsparty im Oktober als Andenken geschickt. Vielleicht möchte er ein Weihnachtsgeschenk. Was soll ich ihm schenken? Ich war sehr enttäuscht, als sein Song nicht unter die Top 10 kam – ich dachte, er würde es schaffen.

Montag, den 3. Dezember 1984 Mein erster voller Arbeitstag in dem neuen Gebäude. Nichts mehr mit Union Square. Es dürfte schwierig sein mit Taxis in dieser Gegend. Ich nehme das große Stockwerk ganz für mich. Ich genoß Brigids Anblick. Sie war völlig erschöpft, weil sie noch nicht wußte, welche Knöpfe am Telefon sie drücken mußte. Endlich hat sie mal richtig gearbeitet – und nicht gestrickt. Der Karottensaft und die anderen Sachen von »Brownies« werden mir fehlen. Wo sollen wir in dieser Gegend das Essen herkriegen? Bisher habe ich nur schmierige Cafés gesehen.

Jean Michel war gestern abend mit Paige verabredet. Ich glaube, sie haben es wieder miteinander, was ein Fehler wäre.

Julian Schnabel rief an und sagte, Arne Glimpcher hätte in der »Pace Gallery« für Jean Michel und mich »ein freies Plätzchen«. Armer Leo. Alle wollen uns von Leo wegholen.

Mittwoch, den 5. Dezember 1984 Leute vom Bostoner Museum kamen, sahen sich 100 Bilder an und boten dann für ein einziges Bild die Hälfte des geforderten Preises.

Wartete bis um 7.00 auf den bewaffneten Nachtwächter, den wir so lange engagiert haben, wie noch Handwerker im Haus sind. Arbeitete an Ideen und sah die Post durch. Ging und mußte weit laufen, ehe ich ein Taxi bekam. Vielleicht sollte ich in Zukunft den Bus bis zur Madison Avenue nehmen. Wieviel kostet das jetzt? $ 0.90? Ja, das wäre viel einfacher.

Donnerstag, den 6. Dezember 1984 Fred rief an und rügte mich, weil ich eine Menge Leute zum Lunch ins Büro eingeladen hatte. Sehr vornehm, ganz ruhig: »Das solltest du wirklich nicht tun.« Ich lud John Sex ein, herzukommen, um mit mir das Liberace-Interview zu machen. Liberace wollte, daß ich eins mache. Er denkt wohl, wir kennen uns, doch ich kann mich nicht entsinnen, ihm jemals begegnet zu sein. Er kam und war einfach wunderbar. Er sah aus wie ein Fettkloß, weil er so einen dikken Mantel anhatte, aber er benahm sich ganz normal, nicht wie bei seinen Konzerten, und das erklärt auch, weshalb er so toll ist, denn wenn er immer so wäre, könnte er das nie machen, er wäre viel zu verrückt. Er muß eine Menge Geld haben – ihm gehören so was wie 18 Häuser. Er sagte, er habe Elvis beigebracht, wie man sich anzieht. Schlecht.

Dienstag, den 11. Dezember 1984 Stand früh auf und sprach mit PH. Sie war in L. A. Vielleicht sollten wir die Zentralredaktion der Zeitschrift dorthin verlegen. Sie sagte, das Titelinterview mit Harrison Ford sei immer noch in der Schwebe. Wahrscheinlich will er nicht, doch Gael hat noch keine definitive Absage von ihm.

Interviewte gestern zusammen mit Maura Chris Reeves. Er war gut. Er war noch betrunken vom Abend vorher und hat jetzt im Gegensatz zu früher die richtige Einstellung. Er nimmt jetzt jede Rolle an.

Fred ist in letzter Zeit so mürrisch. Wir kommen nicht gut miteinander aus. Ich weiß nicht, ob er sich langweilt und lieber Innenarchitekt sein will oder ob er nur mürrisch ist. Er hat

Kenny Scharf *(Paige Powell)*

solche Anwandlungen, und das beunruhigt mich. Früher hatte er das beste Gedächtnis der Welt, und nun flüstert er mir manchmal zu: »Sag mal, *wem* hast du mich da vorgestellt?«

Mittwoch, den 12. Dezember 1984 Ging zu Dr. Bernsohn, und wer saß im Wartezimmer: der Star meines Films »Blowjob«. Seinen Namen habe ich nie erfahren. Er geht also auch zu Dr. Bernsohn.

Freitag, den 14. Dezember 1984 Fred ist ab nach Europa. Wir kommen immer noch nicht miteinander klar, und ich weiß immer noch nicht, was er eigentlich hat. Ich kann mir nur denken, daß er tatsächlich Architekt werden will.

Samstag, den 15. Dezember 1984 Stand früh auf und ging zur Arbeit. Ließ Jay und Rupert kommen. In der Woche ist es unmöglich, in dem neuen Büro zu arbeiten. Ununterbrochen Leute, die glotzen.
Ich kaufte auf der Straße drei »Cabbage Patch«-Puppen mit Urkunde. Einen Jungen und zwei Mädchen (dreimal $ 80.00 = 240.00). Man wollte sie mir einpacken, damit ich nicht auf der Straße überfallen werde.

Sonntag, den 16. Dezember 1984 Kenny Scharf rief an. Er wollte mich zusammen mit Sean Lennon abholen. Ich sagte, in einer Stunde, doch dann war ich nicht fertig. Ich hörte sie rumoren, wußte auch, daß sie es waren, und hatte doch Angst, hinauszugehen.
Und in dem Moment klingelte das Telefon. Jean Michel rief aus Schweden an. Als er hörte, daß die Kids bei mir waren, drehte er fast durch, weil er noch nie in meinem Haus war.

Schließlich nahm ich meine Kamera und ging mit. Sean nahm sie, um Fotos von mir zu machen. Er sagte, er würde warten, bis ich vom Lächeln genug hätte, und mich erst dann fotografieren. Diese Methode hat er von Yoko. Und dann dozierte er darüber, daß er nie wisse, wie er sich verhalten solle, wenn Fotografen in der Nähe sind: lächeln, Theater spielen oder erstarren. Er ist so schlau.

Wir gingen zur West Side und wollten die Kinder von Mia Farrow abholen, die gegenüber vom »Dakota« wohnen – Sean spielt immer mit ihnen –, doch sie kamen nicht. Und dann kam Yoko. Die Leute hielten Distanz zu dem Wagen, in dem so viele bekannte Leute saßen – großartig. Wir holten Jon ab. Wir überlegten, wo wir essen sollten, und ich schlug das »Odeon« vor. Yoko war einverstanden, und ich hatte den Eindruck, daß sie schon öfter dort war, doch sie sagte, es sei das erstemal. Sie sagte, sie gehe nicht oft aus. Wir holten ihren Freund ab. So richtig dahintergekommen bin ich noch nicht, ob er wirklich ihr Freund ist. Er heißt Sam Havadtoy.

Ich glaube, wenn Sean irgend etwas zustoßen würde, wäre das ihr Ende. Wirklich. Ich sagte, was für ein wunderbarer Gastgeber Sean auf seiner Geburtstagsparty gewesen sei, und sie erzählte, daß er sich bei seiner allerersten Party unter der Couch versteckt habe. Yoko wollte bezahlen, doch dann übernahm ich die Rechnung (Lunch $ 200.00). Ihr Freund war sehr nett. Kennys Bilder verkaufen sich wie verrückt. Seine Frau und sein Sohn waren auch da. Sie haben in der Suffolk Street ein Haus gekauft, dort wo Ray Johnson früher gewohnt hat.

Dienstag, den 18. Dezember 1984 Ich fuhr ins Büro und ging in die »Interview«-Räume. Dort war viel los. Gael war ganz aufgeregt, weil wir an dem Tag durch die Swatch-Aktion 600 Abonnements bekommen hatten. Sie hofft, daß das so weitergeht. Früher hatten wir soviel Zuwachs nicht in einem Jahr.

Paige hat mit ihrem 17 Jahre alten Freund Schluß gemacht. Sie will nach Haiti.

Mittwoch, den 19. Dezember 1984 Fred rief aus Europa an. Bruno will 28 Bilder im Rahmen seines Vierjahresvertrages, doch ich gebe ihm nur 25. Und dann schenke ich ihm noch eins, das macht 26. Das gilt für die Arbeiten von Jean Michel und mir. Doch ich begreife das nicht. Er bekommt diese riesigen Bilder doch für ein Butterbrot.

Ich finde es komisch, daß nur meine »Disaster«-Bilder »in« sind. Sogar die »Campbell's Soup Cans« sind »out«. Und ich habe nur zwei Sammler. Saatchi und Newhouse. Roy Lichtenstein und andere haben 15 bis 20. Vermutlich bin ich einfach… kein guter Maler.

Donnerstag, den 20. Dezember 1984 Jerry Grinberg von der »North American Watch Company« kam zum Lunch. Er sagte, die Wirtschaftslage sei nicht gut. Ich glaube, die Leute kaufen nur keine Uhren. Seiner Meinung nach kaufen die Leute heute teurere Sachen, aber nur für sich selbst. Bob Denison hat mir nur die Hälfte von dem geschickt, was er mir letztes Jahr geschickt hat, doch dafür werden in der Park Avenue fünfmal mehr Bäume gepflanzt als im letzten Jahr.

Eisu, mein Shiatzu-Masseur, bedankte sich schriftlich bei mir, daß ich ihn mit Yoko Ono bekanntgemacht habe. Sie möchte, daß er jeden Tag kommt, aber das kann er unmöglich, und außerdem braucht der Körper eine Woche Ruhe. Morgen nimmt er sich den kleinen Sean vor. Der Lyriklehrer von Eisus Frau schrieb für mich ein Pop-Gedicht, mit dem ich nichts anfangen kann. Es geht etwa so: »Ich berühre dich, und du berührst mich, und wir haben Gefühle.«

Sonntag, den 23. Dezember 1984 Ich ging zur Kirche, kam nach Hause, fing an aufzuräumen und schaffte genau eine Schublade. Machte Karottensaft und hinterließ eine Riesenschweinerei. Sah »The Jewel in the Crown«. Las in einer Zeitung aus Los Angeles über den Mord an Ronnie Levin. Seine Leiche ist noch nicht gefunden, doch man vermutet, daß diese reichen Kids ihn umgebracht haben, ebenso wie den Vater von einem aus ihrer Clique – einen Iraner. Dessen Leiche wurde in der Wüste gefunden, und man hält es für möglich, daß auch Ronnies Leiche dort liegt. Es war faszinierend, las es gleich zweimal.

Montag, den 24. Dezember 1984 Stephen Sprouse kam und brachte mir zwei Perücken. Ich hatte mich auf etwas Wildes und Farbiges eingestellt, und das wäre mir lieber gewesen – ein New Look. Doch leider waren sie grau. Stretch. Wir wissen nie, was wir miteinander reden sollen. Es wird immer peinlich.

Rief ein Taxi. Benjamin setzte mich ab. Ich rief Halston an. Er war sonderbar und wollte nicht, daß ich komme. Er sagte, diese Weihnachten mache er nichts.

Rief Chris Makos an. Er gab eine Party für seine Nachbarn. Das klang eher übel. Weihnachtspartys sind immer schlimm. Außer bei Halston – seine Partys waren stets irgendwie nett.

Benjamin holte mich ab, und wir fuhren zu Steve Rubells neuem Hotel »Morgan«. Er hat das Penthouse. (Taxi $ 4.00). Er läßt Bianca bei sich wohnen. Ihr persönlicher Kram lag in dem Zimmer, in dem die Party stattfand, so daß sich jeder etwas hätte nehmen können. Ich schenkte ihr und Jade Schals. Ihren hatte ich eingerahmt. Später sah ich ihn auf dem Bett liegen. Sie hatte ihn ausgerahmt; ich weiß nicht, wieso. Selbst wenn es ihr nicht gefallen hat, so war es doch Kunst.

Donnerstag, den 27. Dezember 1984, Aspen Sprach mit Dr. Bernsohn. Er vertraute mir ein Geheimnis an. Um gut zu schlafen, sagte er, müsse man am Kristall kratzen, ihn reiben und sich auf die Stirn legen.

Patti D'Arbanville und Don Johnson gaben eine große Party. Und Patti ist jetzt eine Lady. Die Zeiten, als sie noch mit Geraldine Smith und Andreas Whips befreundet war und sich im Hinterzimmer von »Max's Kansas City« herumgetrieben hat, sind vorbei. Sie und Don Johnson hatten die beste Party, die ich je in Aspen erlebt habe. Sie gehört zur Crème de la Crème. Aber sie versteht es immer noch nicht, sich gut anzuziehen. Das hat sie noch nie gekonnt. Nicht einmal, als wir in Paris mit ihr unseren Film »L'Amour« gedreht haben – selbst in Paris hatte sie keinen Schick. Nur durch Jane Forth und Donna Jordan kam Stil in den Film, und das auch nur, weil die Jungs sie zurechtgemacht haben. Auf der Party trug Patti 45 cm lange Ohrringe und ein weißes Kleid, in dem ihre Figur überhaupt nicht zur Geltung kam. Don sieht irgendwie alt aus. Bevor er in »Miami Vice« sein Comeback feierte, bekam er kaum Rollen und trieb sich mit Musikern rum. Er sprach von der Zeit unter Jimmy Carter, als wir beide in Nashville waren und Phil Walden, der Typ, der Carter unterstützte, dort das ganze Hotel für uns gebucht hatte. Damals war ich mit Catherine Guinness dort.

Montag, den 31. Dezember 1984, Aspen Fuhr zum Haus der großen alten Dame von Aspen. Ihr Name ist (lacht) Pussy Paepcke. Sie ist 82 und noch sehr hübsch. Sie sieht aus wie Katharine Hepburn. Ihr Haus war fantastisch. Es liegt neben dem von Jack Nicholson und Lou Adler. Ein tadelloses Haus. Sie ist noch sehr gut auf den Beinen, läuft treppauf und treppab, um Ginseng-Tee zu holen. Sie und ihr Mann, ein Großindustrieller, hatten früher eine Ranch in Denver. Sie gingen weg und gründeten Aspen.

Jack Nicholson ist dieses Jahr nicht hier. Er dreht zur Zeit in Los Angeles den Film »Prizzi's Honor« (»Die Ehre der Prizzis«, Regie John Huston, 1985).

1985

Mittwoch, den 2. Januar 1985, Aspen – Los Angeles Wir wohnen im Hotel »Mondrian«. Und es sieht tatsächlich nach Mondrian aus. Im Foyer hängen kostbare Bilder von Miro; auf Schritt und Tritt Kunst. Es ist auf dem Sunset Boulevard bei La Cienega. Das ist nicht Beverly Hills.
Was mich an Hollywood so fasziniert, sind die vielen feinen Ladies, denen man ansieht, daß sie einmal schön waren. Alle herausgeputzt in ihren Wagen. Ohne Chauffeur; sie fahren selbst. Man fragt sich, was sie früher gemacht haben, ob sie Stars waren und welche Rollen sie gespielt haben. Jede erinnert mich hier an Jane Wyatt. Magere, zierliche Schönheiten mit Turbanen auf Premieren und Parties. Sie sind um die 80. Wovon sie wohl leben? Ich meine, wenn sie damals feste Verträge hatten, dann haben sie nicht viel verdient. Wahrscheinlich war einer ihrer Ehemänner reich. Aber war das nicht vor der neuen Unterhaltsregelung? Ich glaube, man braucht nicht viel zum Leben, wenn man keine Miete zahlen muß und im eigenen Haus wohnt. Und was das Essen betrifft: Da gibt's entweder McDonald's oder es findet sich immer noch ein netter Fan, der einen einlädt.
Wir fuhren raus und machten viele Fotos. Wir fuhren zum »Interview«-Büro, sprachen mit Gael, und ich war erschüttert, als sie sagte, daß Peter Lester in Los Angeles gestorben sei. Jetzt sind schon zwei Redakteure von »Interview« an AIDS gestorben.

Donnerstag, den 3. Januar 1985, Los Angeles Wir gingen zu einem Studio gegenüber dem Restaurant »Formosa«, wo Doug Cramers Fernsehserie »Dynasty« gedreht wird. Die Autoren von »Love Boat« arbeiten an meiner Episode. Sie soll am 30. März gedreht werden. Mit einemmal bekam ich Bammel. Ich weiß nicht, ob ich es schaffe. Der Typ war total schwul. Joan Collins war gerade mit ihrer Aufnahme fertig, und ich sagte hallo, und sie sagte, ich schulde ihr noch immer ein Bild. Sie war großartig. Ali McGraw winkte mir zu. Etwa 500 Leute arbeiten dort. Regie führt Curtis Harrington, der in den sechziger Jahren Underground-Filmer war und Voodoo-Zeug gemacht hat. Und nun macht er so was.
Anschließend fuhren wir in die Redaktion von »Interview«, und ich war begeistert. Ich denke, ich kaufe hier ein Haus, weil man hier Mietverträge nur für ein paar Monate bekommt. Gael sagte, die Third Street sei die nächste Straße, die groß rauskommt. Jon versucht, bei Paramount in die Produktion einzusteigen, damit er öfter herkommen kann. Ich kann einfach nicht glauben, daß es hier um dieselbe Zeit dunkel wird wie in New York. Es ist hier so sonnig, daß man meint, es müßte länger hell bleiben. Ich war geschockt.
Wir gingen zur Premiere des wieder ausgegrabenen Films »Wings«, den Paramount verleiht. Es war absolut herrlich. Wenn man so was sieht, fragt man sich, warum heute nicht mehr solche Filme gemacht werden können.

Samstag, den 5. Januar 1985, Los Angeles Besuchte das neue Museum. Eine Automobil-Schau. Richtige Autos und Bilder von Matisse und Rosenquist. Ein Bild von mir war auch dabei. Auf dem Schildchen stand »Car Crash«, doch ich sah, daß es kein Bild aus der »Car-Crash«-Serie war, sondern ein »Disaster«-Bild. Das mit dem Feuerwehrmann. Hätte ich es ihnen sagen sollen? Zumindest hätte ihnen auffallen müssen, daß gar kein Auto auf dem Bild ist. Die Ausstellung geht auch nach Detroit. Dort merkt man's bestimmt. Aber im Ernst, soll ich es ihnen sagen?

Sonntag, den 6. Januar 1985, Los Angeles – New York Jon lud mich zum Frühstück ins »Beverly Hills Hotel« ein. Es war ein trüber Tag, trotzdem aßen wir draußen. Heizöfen wurden aufgestellt, und so spürte man nichts von der Kälte.

Flog nach New York. Beim Gepäck merkt man, wie penetrant die Leute sind. Ein Typ mit polierten Fingernägeln drückte alle zur Seite, und ein Mädchen sprang aus dem Rollstuhl und lief zu ihrem Gepäck, das von der Rutsche kam. (Lacht) Eine Szene aus dem Leben. War um 1.30 zu Hause (Trinkgeld für den Fahrer $ 20.00).

Dienstag, den 8. Januar 1985
Vincent rief auf der anderen Leitung an und sagte, wir müßten bis März eine halbe Million zusammenkriegen, um unsere Zahlungen für das neue Haus zu leisten.
Ging hinüber zu Jann Wenners und Sabrina Guinness' Geburtstagsparty bei Earl McGrath. Jerry Hall war auch da. Sie sieht großartig aus. Wie ein Mädchen, das sich einen Millionär aus Texas angeln könnte. Wie dumm von ihr, daß sie Mick geheiratet hat. Oder vielmehr nicht einmal *geheiratet* hat.
Fred sieht übrigens gut aus. Vielleicht hat er sich in Europa liften lassen. Groß verändert hat er sich nicht, er sieht nur erholt aus. Wenn ich mir das Gesicht liften ließe, hätte ich es lieber ganz straff. Es würde mich nicht stören, wenn ich die Augen nicht mehr zumachen könnte. Wie Monique Van Vooren.

Donnerstag, den 10. Januar 1985 Erfuhr von Fred, daß Si Newhouse mein Bild nicht mehr kaufen will. Ich vermute, vor Weihnachten war ich noch ein heißer Tip, aber jetzt nicht mehr. Es geht um ein anderes Bild, nicht um die »Natalie«; die hat er bereits.
Fred hat bei Leo angerufen und die Kids dort gefragt, warum Leo gegenüber »USA Today« am Montag so schlimme Dinge über mich gesagt hat, und sie versprachen, der Sache nachzugehen. Außerdem erzählten sie Fred, Rauschenberg sei bei Leo ausgestiegen und zu Blum-Helman gegangen. Ist das was? Nun, Leo wird langsam senil. Deshalb sagt er solche Sachen; er wird senil.
Benjamin setzte mich bei Jean Michel ab. Jean Michel läßt jetzt etwa 20 Leute für sich arbeiten, damit die großen Leinwände fertig werden. Er hat's jetzt richtig ordentlich und sauber, und es sieht toll aus. Er hat sich einen Riesenfernseher für $ 5000.00 gekauft.
Wir fuhren mit dem Taxi zu Julian Schnabel, Ecke Park Avenue South und 18. oder 19. Straße. Bryan Ferry war da. Julian hat in seiner Wohnung nur Bilder von sich hängen, und erklärt einem jedes einzelne. Er stellt sich hin und interpretiert seine eigene Arbeit. Ehrlich, er stellt sich buchstäblich hin und sagt einem, was seine Bilder bedeuten. Zum erstenmal seit langem bereute ich es, daß ich keinen Kassettenrecorder mit hatte.
Schnabel entwirft auch seine Möbel selbst. Er hat sich ein Bett gemacht – Gußeisen, Kanonenstahl, ganz schwer. Wer da drauf fällt, ist tot. Seine kleine Tochter war auch da. Sie hob ihr Nachthemd hoch und zeigte ihre Möse. (Lacht) Es war ulkig. Und seine Bilder sind überall, die ganzen Teller-Bilder – er war Koch in einem Schnellimbiß. Und er besitzt erstklassige Möbel aus den fünfziger Jahren.
Schnabel hat soviel Mut und Energie. Wir tranken Rotwein. Das ist die neueste Mode, die ganze Mahlzeit über Rotwein zu trinken. Man muß zu Fisch und so keinen Weißwein mehr trinken. Es sieht so lächerlich aus, wenn die Leute kosten und schmatzen. Darum fuhren wir danach zu Clemente.
Der Tisch dort stammte ebenfalls von Schnabel und war wirklich großartig. Die Beine sind aus unterschiedlichem Material, die Platte aus handbemaltem Gips. Während des ganzen Dinners liefen Maria-Callas-Platten! Es war unglaublich. Es gibt jetzt eine neue Sammlung von insgesamt 40 Schallplatten, mit allem was sie je gemacht hat, in zwei Kassetten. In Italien werden sie an den Zeitungsständen verkauft. Es war wie in den sechziger Jahren. Im Geist sah ich fast Ondine an mir vorbeihuschen. Auf der Platte hörte man den Beifall und die Buhs.
Das Essen schmeckte gut, aber es roch furchtbar. Alba Clemente hatte es zu-

bereitet. Sie hätte das Zeug zum Filmstar, denn sie hat eine sehr tiefe kräftige Stimme, sehr sexy und aufregend. Und sie ist hübsch. Das Gespräch drehte sich nur um Kunst. Julian machte de Kooning runter, aber ich sagte, das sei falsch, de Kooning sei ein großartiger Maler, und Clemente stimmte mir schließlich zu.
Thomas Ammann rief an und sagte, es sei eiskalt in der Schweiz. Bruno möchte, daß ich zu Jean Michels Eröffnung komme. Wie ich hörte, stürzten sich alle Kunsthändler auf Jean Michels Bilder, als sie erfuhren, dieser wirklich talentierte schwarze Künstler werde wahrscheinlich bald an Drogen sterben. Und jetzt sind sie vermutlich frustriert, weil er immer noch lebt. Ich glaube, wenn erst mal der Artikel in der »New York Times« erscheint, ist Jean Michel der berühmteste schwarze Künstler.

Samstag, den 12. Januar 1985
Jean Michel rief an und sagte, er komme zum Arbeiten her. Er brachte seine Mutter mit. Jean Michels Mutter ist sehr nett. Sie hatte ihm ein Geburtstagsgeschenk mitgebracht, auf dem stand »von Mami« – M-A-M-I. Wir fuhren zur »Shafrazi Gallery«. Ronnie Cutrone war mit seiner Freundin Tama Janowitz da, die angeblich gerade einen Roman geschrieben hat, an dem einige Verleger interessiert sind. Laut Ronnie ist die Geschichte so ähnlich wie »Terms of Endearment« (»Zeit der Zärtlichkeit«), doch andere Leute behaupten, der Roman spiele in New York, was ich interessant fand. Ronnie trug ein knallrotes Day-Glo-Jackett von Stephen Sprouse.

Mittwoch, den 16. Januar 1985
Im Büro war viel los. Ich habe viel Bewegung, weil ich dauernd die Treppen rauf und runter laufe.
Ich sprach mit Jean Michel und lud ihn zu der Party ein, die Fred für Natasha Grenfell im »Le Club« gab. Er fragte, ob er »seine Freundin« mitbringen dürfe, und ich war verblüfft, denn so hatte er noch keine genannt, und ich sagte ihm das. Sie habe einen so geilen Körper, daß er fünfmal die Nacht kommt, sagte er. Sie ist eine Farbige und arbeitet bei »Commes des Garçons«. Arbeitete bis 8.00.

Donnerstag, den 17. Januar 1985 Morgens um 6.00 hörte ich das kratzende Geräusch von Schneeschaufeln auf dem Pflaster. Und von »Carnegie Mellon« sollte ein großer Bus mit Studenten kommen, die sich das Büro ansehen wollten. Wahrscheinlich waren sie um 6.30 aufgestanden und bretterten gerade über den Highway. O Gott, o Gott...
Ich unterhielt mich etwa eine Stunde mit Gael. Sie sagte: »Sag mir doch, wie wundervoll ich bin.« Also sagte ich: »Wie wundervoll du bist.« Sie sagte, sie habe einen tollen Job bei einem Kabelsender abgelehnt. Wenn er tatsächlich so toll war, dann hätte sie ihn ruhig annehmen sollen. Doch wenn ich ihr das gesagt hätte, wäre sie heulend nach Hause gerannt.

Dienstag, den 22. Januar 1985
Sprach mit Jean Michel. Er war in einer seltsamen Verfassung. Er glaubt, daß seine »Freundin« ihn nicht liebt, und nimmt wieder Heroin. Das schwarze Mädchen. Charlotte. Ich sagte, ich käme zu ihm. Holte ihn im Taxi ab ($ 8.00).
Wir fuhren zum »Odeon«. Wir waren zu zwölft und saßen an zwei Tischen. Boy George hatte diesen Jungen namens Marilyn bei sich. Jean Michel nickte ein. Keith Haring hatte ein Kind mit, das nichts sagte. Keith sagte auch nicht viel, und ich sagte gar nichts. So blieb das Reden also Boy George überlassen. Er hat wirklich Grips, ein intelligenter, cleverer Junge, und er redet viel.

Freitag, den 25. Januar 1985
War mit einer Dame verabredet, die ich porträtieren sollte. Sie hatte das Porträt von jemand anderem gesehen. Ich weiß nicht, wie sie heißt. Sie war

hübsch. Jon hat das Titelinterview mit Shirley McLaine für die Gesundheits-Nummer von »Interview« gemacht. Er transkribiert es selbst, damit er es redigieren kann, ehe es zum Druck geht.

Mittwoch, den 30. Januar 1985

Es war Benjamins letzter Tag, ehe er eine Woche nach L. A. fliegt, um seine Mutter zu besuchen.
Ich erfuhr, daß ich den Kansai-Lunch im »Four Seasons« verpaßt hatte. Ich hätte neben Kansai gesessen, aber Brigid hatte vergessen, mich daran zu erinnern, und ich schrie sie an. Deshalb hat sie mich heute Morgen angerufen und geweckt, um mir zu sagen, daß heute nichts anliegt. (Lacht) Sie wollte auf Nummer Sicher gehen.
Jean Michel lud mich zum Dinner mit seinem Vater ins »Odeon« ein (Taxi $ 6.00). Sein Vater ist ein schlanker, unauffällig aussehender Mann im Straßenanzug, intelligent, und jetzt weiß ich, woher Jean Michel seine Intelligenz hat.
Jean Michel mag seine Freundin Charlotte von »Comme des Garçons« nicht mehr, weil sie sich Geld von ihm geliehen hat. Er leiht Leuten gern Geld, doch gleichzeitig nimmt er ihnen übel, daß sie es nehmen. »Sie nutzen mich aus«, sagt er. Seltsamer Standpunkt. In einem leidenschaftlichen Moment hat er ihr gesagt, daß er sie liebe, aber sie sagte, sie sei eine »unabhängige Frau«. Und da fragte er sie, ob sie tatsächlich angenommen habe, er hätte es wirklich ernst gemeint.

Freitag, den 15. Februar 1985

Gael ist durcheinander, weil eine Redakteurin von »Interview« einen besseren Job angenommen hat. Jane Sarkin geht zu »Vanity Fair«. Doch für »Interview« arbeiten jetzt so viele Leute, daß ich nicht einmal weiß, was jeder macht. Für mich sind alle entbehrlich. Außer Paige. Ich mag Paige wirklich. Und Marc Balet. Marc würde mir fehlen – er hat Talent und leistet viel, obwohl er noch mehr machen könnte, wenn ihn das freiberufliche Zeug weniger in Anspruch nehmen würde. Die Armani-Anzeigen und so.

Mittwoch, den 20. Februar 1985

Der Arzt von der Lebensversicherung hat mich untersucht. Noch so ein komischer Doktor, der mich für die Versicherung durchcheckt. Und die alten Fragen nach Vater und Mutter. Ich lüge die ganze Zeit. Ich gebe immer unterschiedliche Antworten. Er fragte mich nach meinem Alter, und ich sagte ihm, daß ich es nicht ertragen könne, mein Alter preiszugeben. Aber ich würde den Raum verlassen, dann könne er Vincent danach fragen. Dann fiel mir auf, daß er ein Armband trug, und ich fragte: »Warum tragen Sie ein Armband?« »Ich kann Ihnen sagen, warum ich ein Armband trage«, antwortete er, und dann erzählte er mir eine lange Geschichte, die mit einem Vorfall im Jahr 1592 begann, der irgendwie mit dem Attentat auf den Papst zusammenhing und mit dem Abschuß der koreanischen Verkehrsmaschine durch die Russen, die das deshalb gemacht haben, weil sie bei einer Explosion in Sibirien 200 Leute verloren hatten. So ging es 20 Minuten lang und dann fragte ich ihn, woher er das Armband habe, und er sagte: »Von Teepee Town.« »Teepee Town hat doch dichtgemacht«, sagte ich. »Nein«, sagte er, »es ist nur nicht mehr in der 42. Straße – es ist jetzt im Port Authority Bus Terminal.« Und dann sollte ich in eine kleine Flasche pinkeln. Ich konnte mir gut vorstellen, wie er zur Hafenbehörde geht und dort Urin in Flaschen sammelt. Er ist ungefähr 1,98 m groß und hat einen unheimlichen Blick. Entweder ist er ängstlich oder hat einen leichten Dachschaden. Er nahm meinen Blutdruck und untersuchte mein Herz. Das war der lustigste Teil des Tages. Arbeitete bis 7.30.

Dienstag, den 26. Februar 1985

Gael hatte Streit mit Glenn O'Brien, weil er dasselbe Interview, das er für »Interview« gemacht hat, an die neue Zeitschrift »Spin« verkauft hat, die Bob Gucciones Sohn herausgibt und

die dem »Rolling Stone« Konkurrenz macht. Glenn sagte, er habe nur weitergegeben, was Gael gestrichen habe, also sei es doch egal.
Ich lud Benjamin zur »Forbes«-Eröffnung ein, Ecke 13. Straße und Fifth Avenue. Sie haben die Eingangshalle in ein Museum verwandelt (Taxi $ 4.00). Malcolm Forbes war da. Ich schenkte ihm ein »Dollar Sign«, und er war begeistert, es gefiel ihm sehr. Ich unterhielt mich mit einem Jungen, der dort arbeitet, und sagte ihm, daß ich mir zu Weihnachten die Postwurfsendungen von Malcolm Forbes wünsche. Er wollte mir welche beschaffen. Schade, daß Truman mir seine Postwurfsendungen nicht aufgehoben hat, wie er es versprochen hatte.

Freitag, den 1. März 1985
Neulich erhielt ich ein R-Gespräch von Ingrid Superstar. Ich nahm es nicht an. Also wenn sie immer noch meint, sie müßte R-Gespräche führen... Ich kann es einfach nicht ertragen, wenn sie von ihrem Leben erzählt – Kinder/keine Kinder, verheiratet/nicht verheiratet. David White rief an und wollte wissen, ob ich etwas dagegen hätte, wenn Rauschenberg den »Popeye«, den ich ihm 1962 geschenkt habe, für eine Million Dollar verkaufen würde. Ich sagte, aber gewiß nicht... Ich weiß nicht, an wen. David will mir Bescheid geben, sobald der Handel perfekt ist. Also können *wir* auch verkaufen, egal an wen.

Mittwoch, den 6. März 1985
Harper & Row riefen mich bei der Arbeit an und teilten mit, daß Jane Fonda es abgelehnt habe, ihr Foto für unser »America«-Buch freizugeben. Ich konnte es nicht fassen! Was für eine Frechheit! Warte nur – wenn sie das nächstemal anruft und wieder was umsonst will, hört sie nur »Nein«.

Samstag, den 9. März 1985
Sprach mit Jean Michel. Er sagte, er sei clean, hörte sich aber an, als habe er was genommen. Jennifer, Eric Goodes Schwester aus dem »Area«, war bei ihm. Sie ist seine neue Freundin. Er hat im Moment drei oder vier Mädchen, doch er ist immer noch in Charlotte von »Comme des Garçons« verliebt.
Jean Michel beschwerte sich über die Ausstellung, die wir bei Bruno machen... Also, ich weiß auch nicht, doch ich glaube, die Zeiten sind vorbei, in denen er zum Malen herkam. Er war noch nicht oft in dem neuen Gebäude, nur ein paarmal, und – ja, jetzt, wo downtown seine Ausstellung läuft, hat er das Gefühl, ganz oben zu sein. Ich weiß nicht, ob er zur Zeit arbeitet.

Dienstag, den 12. März 1985 Sah mir bei »Sotheby's« die Kunst an, und die Dame dort sprach mich an und fragte, ob ich ein paar Minuten Zeit hätte, um ein paar Bilder von mir auf ihre Echtheit zu prüfen. Einer von den gefälschten »Electric Chairs« war darunter, von denen Gerard behauptet, er habe sie nicht gemacht. Ein blauer. Das Bild war nicht richtig gespannt. Die Leute werden habgierig und wollen ein größeres Bild, deshalb hatte es eine Kante. Sie kaufen die Leinwand gerollt und spannen sie dann so auf. Sie hatten auch vier große »Flower«-Bilder da. Ich glaube, alle verkaufen jetzt meine Bilder, um sie loszuwerden (Telefon $ 1.50; Zeitungen $ 4.00).

Montag, den 18. März 1985
Ich werde von Minute zu Minute nervöser, wegen meines Auftritts in »Love Boat«. Wie ich inzwischen erfahren habe, muß ich zehn Tage runter. Jetzt, wo Jon die meiste Zeit in L.A. arbeitet, will er Joan Hacketts ehemaliges Haus kaufen. Für Beverly Hills ist es preiswert, es kostet nur $ 100 000.00. Gleich nebenan stehen wirklich teure Häuser – laut Jon hat der Sohn von Charles Bluhdorn, dem Präsidenten von Gulf & Western, in derselben Straße ein Haus für $ 1,2 Millionen gekauft.
Das Magazin »Time« hat mir das Foto von Iacocca geschickt. Wenn ich es schaffe, aus dem Foto ein tolles Porträt zu machen, könnte ich eine Menge

Firmenbosse kriegen. Wenn sie es drucken, müssen sie eine Menge dafür bezahlen, und wenn nicht, zahlen sie nur ein bißchen.

Dienstag, den 19. März 1985

Paige hatte Karten für eine Vorführung des Films »Desperately Seeking Susan« (»Susan verzweifelt gesucht«, Regie Susan Seidelman, 1985) in der 86. Straße. Sie wartete auf mich, und wir fuhren gemeinsam zum »Nippon« (Taxi $4.00). Madonna hat in dem Film nicht viel zu tun. Im ersten Teil sagt sie kein Wort. Aber später macht sie dann ein paar gute Sachen. Sie schläft in der Badewanne ein, zieht sich schön an und klaut in einem Geschäft. Alles war wie in den Filmen aus den sechziger Jahren, nur umgekehrt – die Filme der sechziger Jahre brachten zuviel über die sechziger und hatten kaum Handlung, und dieser Film hatte zuviel Handlung und zuwenig über die achtziger Jahre. Er war langweilig.

Mittwoch, den 20. März 1985

Amos hat einen gequetschten Rückenwirbel. Zuerst dachte der Tierarzt, er habe ein schlimmes Bein, aber dann sagte er, es sei ein Bandscheibenschaden. Heute nacht habe ich bei ihm auf dem Fußboden geschlafen. Ich liege immer noch auf dem Boden, mit dem Telefon, und spiele den Märtyrer.
Ich arbeitete an dem Porträt von Joan Collins und an anderen Sachen. Dann kam ein vierseitiges Telegramm vom »Love-Boat«-Team, in dem stand, daß sie auch alle meine Kunstwerke in »Love Boat« zeigen wollen. Die Handlung geht so: Ich betrete das Love Boat, und an Bord befinden sich ein Mädchen namens Mary und ihr Mann. Sie war früher ein Superstar bei mir und will nicht, daß ihr Mann erfährt, daß sie sich damals »Marina Del Rey« nannte. Ich habe nur ein paar Sätze zu sagen, wie »Hallo, Mary«.

Joan Collins *(Associated Press)*

Aber ein Satz lautet: »Kunst ist schnöder Kommerz.« Das werde ich nicht sagen.
PH wird auch in L. A. sein. Wir können dann etwas für das »Party«-Buch tun, können bei der Oscar-Verleihung und bei den Dreharbeiten zu »Love-Boat« Fotos machen. Ich wohne im »Bel Air«.
Ich fuhr zum Whitney Museum zur Eröffnung der Biennale und wartete draußen auf Jean Michel. Er lächelt wieder. Ich trug meine neue Brille mit hellrosa Gestell – mein New Look für »The Love Boat«. Wir gingen die Treppen rauf und runter und entdeckten Kenny und seine Frau, und alle vier Stockwerke waren überfüllt. Eine Frau sprach Jean Michel an und schwärmte: »Sie sind mein Lieblingskünstler. Für meinen Mann und mich sind Sie der Größte.« Ich stand daneben und bot ihr ein signiertes Exemplar von »Interview« an, doch sie sagte: »Nein.«
Dann gingen wir in dieses Lokal Ecke 8. Avenue und 14. Straße, wo Jean Michel immer Reis mit Bohnen bestellt, eins von diesen dreckigen Rattenlöchern, wo ich eigentlich nie essen wollte, doch es schmeckte sehr gut.
Danach gingen wir ins »Area«. Jean Michel hat den richtigen Schritt durch die Menge. Er überredete mich zu einem Besuch auf der Herrentoilette, und dort geht es lustig zu. Während Mädchen vor dem Spiegel Make-up auflegen, pinkeln Männer in die Pissoirs. Es wäre toll dort, wenn es nicht so nach Scheiße stinken würde. Das ist genau meine Art Film. Vermutlich ist es auf der Damentoilette genauso, nur ohne Pissoirs. Ich ging hinaus und fuhr nach Hause. Übrigens hat die Lady im Whitney Museum, die von Jean Michel so entzückt war, ihn dazu gebracht, ein Foto von dem Bild zu signieren. Das ist genausogut, als ob man das Bild signiert, und dann klebt man das Foto auf die Rückseite. Deswegen schickt mir Leo manchmal Fotos.

Samstag, den 23. März 1985 Arbeitete und fuhr dann zu Karen Burke in die 86. Straße (Taxi $ 4.00). Ich folgte der Garbo durch die Straßen und machte Fotos von ihr. Ich bin ziemlich sicher, daß sie es war. Sie trug die dunkle Brille, den weiten Mantel und Hosen. Und dann dieser Mund. Sie ging in einen »Trader Horn«-Laden und unterhielt sich mit einer Frau über Fernsehgeräte. Das paßte zu ihr. Ich fotografierte so lange, bis ich dachte, sie könnte böse werden, und ging dann weiter. (Lacht) Ich war auch allein.
Blieb die ganze Nacht auf bis 5.10 und packte, um am nächsten Tag zu den Dreharbeiten von »Love Boat« nach Kalifornien zu fliegen. Vielleicht mache ich auch noch einen Coca-Cola-Werbespot.

Sonntag, den 24. März 1985, New York – Los Angeles (Zeitungen $ 6.00.) Placido Domingo saß in unserer Maschine. Er war sehr nett. Er kam und unterhielt sich mit mir.

Philip Johnson *(Andy Warhol)*

Beverly Sills war auch an Bord. Und laut Fred auch Alan King; ich sah ihn aber nicht. Eine weiße Limousine holte uns ab und bracht uns zum »Bel Air«. Mir gefällt es dort. Gerade, als wir hineingingen, kamen Philip Johnson und David Whitney heraus. Philip hält an einem der Colleges einen Vortrag. Der Pool des »Beverly Hills Hotels« war von lauter Leuten aus New York umlagert – Laura Landro, die Filmkritiken für das »Wall Street Journal« schreibt, Susan Mulcahy, Ahmet Ertegun und Mark Goodson.

Montag, den 25. März 1985, Los Angeles Stand früh auf. Zuerst wollte mir das Team von »Love Boat« keinen Wagen schicken, mit der Begründung, das sei »nicht im Vertrag«. Ich solle ein Taxi nehmen. Doch dann sprach Fred mit ihnen. Als wir ankamen, war für Fred kein Zimmer reserviert, und daher fragte ich mich, ob sie es bezahlen. Wahrscheinlich müssen sie. In der Garderobe verlangte ich ein Paar Reebok-Schuhe, doch ich hätte mehr verlangen sollen. Ich fragte den Jungen, der mich abholte, ob er Schauspieler werden wolle, und er sagte: »O nein, ich bin hier der Chauffeur.« Er war sehr nett. Wir fuhren zu den alten Goldwyn-Studios auf dem Santa Monica Boulevard in der Nähe von La Brea.

Ahmet Ertegun *(Andy Warhol)*

In den Studios ist es immer so kalt. Man sitzt den ganzen Tag herum und friert. Kein Wunder, daß alle Schauspieler werden wollen; der einzige warme Ort ist unter den Scheinwerfern.

Als ich fertig war, brachte man mich zum Hotel zurück. Suzanne Somers hatte Doug Christmas gesagt, sie müsse sich unbedingt mit uns zum Lunch treffen, und hatte sich mit uns im Restaurant »Ma Maison« verabredet, doch dann sagte sie plötzlich ab. Orson Welles saß an einem extra Tisch. Er wollte mich kennenlernen, und ich ging zu ihm. Er war einfach großartig, toll, richtig toll. Er ist jemand, den ich gern mal interviewen würde. Dann fuhren wir zu Dougs Wohnung. Roy Lichtenstein signierte dort einige Arbeiten. Es war aufregend.

Jon lud uns zum Drink ins »Beverly Hills« ein. Das Taxi von dort zum »Bel Air« ist teuer ($ 8.00). Zog mich um und fuhr zum »Spago«, wo Swifty Lazar seine »Oscar«-Party gab. Es herrschte dichter Verkehr, und es dauerte ewig, bis ich dort war. Das Lokal ist auf dem Sunset Boulevard oberhalb von Tower Records. Ich mußte etwa 800 Autogramme geben. Die gesamte Presse war da, Leute wie Susan Mulcahy und Barbara Howar. Cary Grant und Jimmy Stewart kamen auch. Alle kamen wegen der »Oscars«: Faye Dunaway, Raquel Welch, einfach alle.

Dienstag, den 26. März 1985, Los Angeles Stand früh auf. Die Zeitungen schrieben, ich sei der große Star von Swiftys Party gewesen. Wurde zu den Dreharbeiten von »Love Boat« abgeholt. Ich mußte meinen »Hallo Mary«-Satz sagen. Der schwule Regisseur sagte: »Gib dem Ganzen mehr Pep – Hal-*lo*, *Ma*-ry!« Und ich sagte: »Hal-lo, Ma-ry.«

PH kam, und wir setzten uns ein paar Stunden in die Garderobe, während sie die Scheinwerfer neu einstellten oder sonst was. Meine Jacketts von Stephen Sprouse hingen am Garderobenständer. Ich glaube, in diesen Jacketts sehe ich endlich wieder so aus, wie die Leute ihren Andy Warhol haben wollen. Inzwischen denke ich, ich hätte am Abend zuvor im »Spago« das silberne tragen sollen. Wenn ich nicht in New York bin, sollte ich die Smoking-Arie vergessen und mal aufdrehen.

Telefonierte mit Jon. Ich erfuhr von ihm, daß Shirley MacLaine versucht hatte, mich zu erreichen. Sie hatte sich über eine kleine Zeile über ihrem Interview im Gesundheits-Heft aufgeregt. Sie lautete: METAPHYSISCHE MADAM. Jon hätte niemals zu ihr sa-

32 Teilansicht der Ausstellung »Dollar Signs«, Leo Castelli Gallery, 1982

31 One-Dollar Bill, 1962

SILVER CERTIFICATE
IES THAT THERE IS ON DEPOSIT IN THE TREASURY OF
ED STATES OF AMERICA
★82501064 C
ONE DOLLAR
WASHINGTON, D.C.
SERIES 1957
F
E DOLLAR
YABLE TO THE BEARER ON DEMAND
ONE

gen dürfen, »Es ist nicht meine Schuld«, das war vollkommen verkehrt. Sie hätte wahrscheinlich nie darüber nachgedacht, aber jetzt ist sie in Harnisch. Ich habe keine Ahnung, weshalb. Was bedeutet denn »Madam«? Das ist doch ein ganz gebräuchliches Wort. Und Gael hat die Einleitung geschrieben, wenn mich nicht alles täuscht. Jon hatte auch eine geschrieben, doch die hatte ihnen nicht gefallen, zu persönlich. Gael sagte: »Du bist doch nicht Arianna Stassinopoulos.«

Mittwoch, den 27. März 1985, Los Angeles Shirley MacLaine rief mich an, doch ich rief nicht zurück. Deshalb rief sie Gael Love in New York an und sagte zu der Telefonistin: »Ich möchte Gael Hate sprechen.« Und dann verlangte sie, daß sie von allem, was in der Einleitung zu ihrem Interview steht, die Quellen sehen wolle. Fred will Shirley anrufen und die Wogen glätten.
Endlich war ich für diesen Tag mit den Aufnahmen zu »Love Boat« fertig. Ich kam erst spät ins Hotel zurück. Fred und ich gingen noch hinüber zu Doug Cramer, der in dem großen Haus oberhalb des »Bel Air« wohnt, an das angebaut wird, um es noch größer zu machen. Linda Evans, Joan Collins, Morgan Fairchild, James Brolin und der Kapitän aus »Love Boat« – dieser glatzköpfige Typ – waren da.
Calvin kam gerade vom Flugplatz und sagte, er wolle die große Party zu seiner Eröffnung nicht in Steve Rubells neuem Club feiern. Sechs Monate lang habe er an einem neuen Image gearbeitet, und das wolle er sich nicht gleich wieder versauen. Ich erzählte ihm, daß ich mir eine von den ersten Flaschen »Obsession« gekauft habe, und als er sich darüber wunderte, weil er mir eine geschickt hatte, sagte ich, ich hätte sie erst bekommen, als ich die andere schon gekauft hatte.
Das Dinner begann erst um 10.30. Shirlee Fonda ist übrigens immer noch in diesen Bühnenautor Neil Simon verliebt. Doug Cramers Freund ließ mich mit seiner 3-D-Kamera Fotos machen. Marcia Weisman kam mit ihrem neuen Freund. Ein paar schöne Hunde waren da. Und Thomas Ammann, Jody Jacobs von der »L.A. Times« und die Spellings.
Hinterher fuhren wir zu »Mr. Chow's«. Jean Michel hatte beschlossen, dort eine eigene Party zu geben, weil Cramer ihn nicht eingeladen hatte. Viele reizende Jungs und Mädchen waren da.

Donnerstag, den 28. März 1985, Los Angeles Jean Michel war richtig süß und schickte mir eine Zeichnung. Er ist nach Hawaii geflogen.
Hatte einen Tag Drehpause.
Fuhr in einen der Canyons zu Tony und Berry Perkins. Sie haben dort ein großes Haus mit sechs Schlafzimmern. Es ist viel Verkehr dort. In der Straße, wo Jon wohnt, ist überhaupt kein Verkehr. Tony bereitete das Dinner zu, und nun rate mal, was es gab – Hackbraten, Polenta und Brotpudding. Es ist ewig her, daß ich das gegessen habe. Zum letztenmal in den fünfziger Jahren, als die Leute noch arm waren. Er kocht nach diesem neuen Kochbuch, das eine Menge Rezepte aus den vierziger und fünfziger Jahren enthält, wie zum Beispiel Rice-Krispy-Schnitten. Es heißt so ähnlich wie »Schnelle Küche«. Wendy Stark war da, aber diesmal war sie nicht so vergnügt, vielleicht deshalb, weil sie nicht trank. Sue Mengers war amüsant und plauderte die ganze Zeit. Sie hatte ihren Mann mit. Sie haben indische Teppiche. Tony erkundigte sich nach Chris Makos.

Freitag, den 29. März 1985, Los Angeles Um 6.00 wurde ich zu den Dreharbeiten abgeholt. Derselbe nette Fahrer. Wenn er doch schwul wäre, aber er ist es leider nicht. Er ist hinter jedem Mädchen her. Und alle sehen aus wie Barbie-Puppen. Unglaublich. Keine Hüften und große Titten. Er ist frisch geschieden und sagt, er sei ein »Junge vom Land«. Er

wohnt im »Valley« oder so. Sein Name ist Jay. Der Kapitän der Chauffeure. Und wenn er nicht fahren muß, sitzt er den ganzen Tag da und löst Kreuzworträtsel. Ich fragte: »Möchtest du nicht vorwärtskommen? Wenn du Kreuzworträtsel lösen kannst, kannst du auch Regie führen.«
Ich mußte allen Schauspielerinnen und Tänzerinnen Autogramme geben. Um 9.30 war ich fertig. Marion Ross aus »Happy Days« spielt den Ex-Superstar. Sie ist schon ein bißchen zu alt, um einen Ex-Star aus den Sechzigern zu spielen, doch ich mag sie sehr. Sie ist eine wunderbare Frau; sie hilft mir, und sie ist so liebevoll. Wenn wir zusammen eine Szene drehen, unterstützt sie mich mit ihrer Mimik bei meinem Text.
Wir gingen hinüber ins »Dynasty«-Studio, um Catherine Oxenberg zu besuchen, aber sie ließ uns sagen, sie habe einen Unfall gehabt. Sie weinte und wollte uns nicht sehen. Also ich weiß nicht. Ich wette, sie hatte nur Krach mit ihrem Freund.
Dann brachte man mich in die Innenstadt, wo ich den Diät-Cola-Werbespot machen sollte. Als ich hinkam, stand da ein Floß mit acht ehemaligen Miss Amerikas oder Miss Universums in Badeanzügen und mit Polizisten, die nach ihnen lechzten. Ich trug mein Stephen-Sprouse-Jackett. Eines der Mädchen sagte, sie sei in Walter Stedings Gruppe gewesen. Ich ging wieder und wartete in einem Wohnwagen, der extra für mich war. Ich benutzte die Toilette, und das war lustig. Ich glaube, bei diesem Team werden Schauspieler »Talente« genannt, denn als ein Mädchen die Tür des Wohnwagens öffnete, fragte sie: »Wo ist das Talent?« Sie schaute sich um, entdeckte offenbar kein Talent und ging wieder. Ich weiß auch nicht, aber vermutlich hat sie mich nicht erkannt. Und später waren wir auf einem großen Floß mit Stiefmütterchen. Die Mädchen saßen auf den Stiefmütterchen, und ich mußte sagen: »Diät-Cola« und trank sie zum erstenmal.
Später ging ich zu Wendy Starks Dinner für Sharon Hammond. Dennis Hopper war da, ganz normal. Ich bat ihn, alle Fotos, die er in den sechziger Jahren gemacht hatte, noch einmal zu machen und dann in »Interview« zu veröffentlichen. Wäre es nicht gut, noch einmal Peter Fonda und all die anderen zu fotografieren?

Samstag, den 30. März 1985, Los Angeles Ging zum Dinner ins »Spago«. Gene Kelly und sein Sohn waren da. Sein Sohn sagte, man werde sich später bei Brad Bransons Party sehen. (Dinner $ 300.00). Nach dem Dinner fuhren wir zur Cranshaw Avenue im Schwarzenviertel von L. A., wo Brad Branson, der für »Interview« fotografiert, seine zweite Party in dieser Woche gab. Es war wie in einem Club, nur daß die Namen von Freunden auf der Liste standen. Viele entzückende Kids waren da. Das Haus hat zwei Stockwerke und einen Garten. Kurz bevor wir kamen, soll Madonna dagewesen sein. Die Kids scharten sich um mich, das machte Spaß. Ich hielt nach jemandem Ausschau, der die aufs neue vakante Stelle meiner New Yorker Ehefrau ausfüllen konnte. Mary Woronov war da. Ich spreche nicht mit ihr. Ich werde ihr niemals vergessen, daß sie in den sechziger Jahren bei »Chelsea Girls« so niederträchtig war und Geld verlangt hat – sie wollte nicht eher eine Einwilligung unterschreiben, bis sie das Geld bekommen hätte. Sie hat ungefähr $ 1000.00 aus uns herausgequetscht.

Sonntag, den 31. März 1985, Los Angeles Am Morgen sahen wir uns auf dem Sunset Boulevard Häuser an, die als neues Büro für »Interview« in Frage kämen. Ein großes Gebäude kostete $ 800 000.00, ein anderes eine Million und ein drittes $ 400 000.00. Das kostete viel Zeit.
Am Abend fand im »Beverly Hilton« die große »Love Boat«-Party für den tausendsten Stargast statt. Jon holte mich ab, und wir fuhren zusammen hin. Ich ließ mich eine Viertelstunde

lang mit Joan Collins fotografieren. Zu dem anschließenden Dinner kam sie nicht.
Eine von Aaron Spellings Töchtern saß an unserem Tisch. Sie war noch ein Teenager oder höchstens Anfang zwanzig. Troy Donahue saß auch an unserem Tisch. Er hat jetzt kurze, weißblonde Haare. Ich erinnerte ihn an die Zeit Anfang der siebziger Jahre, als er zum Union Square 33 kam. »Was habt ihr damals nur mit mir gemacht«, sagte er. »Euer Fahrstuhl war kaputt, und ich mußte mit dem Lastenaufzug rauffahren und kam in einen stockdunklen Raum. Es wurde gerade ein Film vorgeführt; ich war hinter der Leinwand, und alle saßen davor. Dann stolperte ich im Dunkeln über die Leute, die am Boden saßen. Ich war auf Acid...«
Viele Stars wurden vorgestellt, und endlich kam Lana Turner heraus, der tausendste Gast. Sie hatte die Veranstalter viel Nerven gekostet, weil sie so spät kam. Ihretwegen begann das Dinner mit Verspätung. Später mußte ich mit Carol Channing, Ginger Rogers und Mary Martin auf die Bühne. Aus irgendeinem Grund erwähnten sie mit keinem Wort das Porträt, das ich in ihrem Auftrag von Lana machen soll. Doch wir haben für Donnerstag schon einen Fototermin vereinbart.

Montag, den 1. April 1985, Los Angeles Wurde um 8.15 zu den Dreharbeiten für »Love Boat« abgeholt. Am Morgen verpatzte ich meinen Text und fühlte mich elend. Arbeitete den ganzen Tag. Andy Griffith ist offenbar darüber verbittert, daß er in »Love Boat« mitspielt. PH kam gegen 2.00 vorbei. Wir gingen in die Maske, und sie fragte: »Wer spielt nun deine Tunte?« Raymond St. Jacques fuhr in seinem Stuhl herum, warf ihr einen vernichtenden Blick zu und sagte: »Es gibt keine ›Tunte‹.« Er hatte Lippenstift aufgelegt. Im ursprünglichen Drehbuch war die Rolle als Tunte gedacht.
Wir gingen zurück zum Drehort. Dran war die Szene, in der ich mit Raymond St. Jacques und meinem »Gefolge« zur Rezeption muß und das Mädchen vom »Love Boat« Raymond St. Jacques beim Hinausgehen fragt: »Woher weiß ein Künstler, wann ein Bild wirklich Erfolg hat?« Und er sagt: »Wenn er den Scheck einlöst.« Einmal stimmte der Text nicht, doch ich fand es so besser – sie sagte: »Wann ist ein Bild wirklich *fertig?«* Gegen 6.00 war ich endlich fertig.

Dienstag, den 2. April 1985 Stand um 5.00 auf. Mein Chauffeur Jay holte mich um 6.15 ab. Arbeitete den ganzen Tag. Mußte mit Tom Bosley eine Szene drehen. War ziemlich früh fertig. Hinterher ging ich in eine Bar namens »Nippers« auf der Rodeo Mall, um »Interviews« zu signieren. Es war voll. Ich setzte mich nach oben und schrieb und schrieb. Fred fing unten an zu trinken. Ich weiß nicht, warum. Einige Leute reichten mir alte Ausgaben von »Interview«, die ich signieren sollte – zum Beispiel welche aus dem allerersten Jahr –, die mit Helmut Berger, mit Elvis und Raquel Welch. Vermutlich haben sie die nur aufgehoben, um sie von mir signieren zu lassen.

Mittwoch, den 3. April 1985, Los Angeles Hatte bis 9.30 mit den Dreharbeiten zu tun, dann brachte mich der Fahrer zurück. Diese Typen sind sehr nett. Fred war schon zum Dinner bei Sue Mengers gegangen, und ich folgte ihm. Barbra Streisand war da und ließ Namen fallen wie Archipenko. Sie erkundigte sich, wieviel ein Porträt kostet, und ich sagte, ich könne nicht über Geld reden. Sie fragte Fred, und er sagte: »$ 25 000.00.« Und sie: »Oh, wirklich? So billig?« Sie wandte sich an ihren Baskin-Robbins-Freund und sagte: »Vielleicht sollten wir Steve eins kaufen.«
Barbra war richtig mager, aber sie aß drei Portionen von dem Curry. Sie sieht großartig aus. Sie trägt ihr Haar jetzt glatt, und in dem Kleid, das sie

trug, kam ihre Figur gut zur Geltung. »O Barbra, du trägst so kleinen Schmuck«, sagte ich. »Warum kaufst du dir keine größeren Klunker?« Und sie sagte: »Hör zu! Ich habe mir Diamanten für $ 60000.00 das Karat gekauft, und am nächsten Tag fiel der Preis auf $ 20000.00!« Stimmt, so was ist vor ungefähr drei Jahren tatsächlich passiert. Ich sagte, sie hätte am selben Tag, an dem der Preis auf $ 20000.00 fiel, noch mal drei kaufen und ihren Verlust dadurch mindern sollen. Sean Connery war da, doch ich sprach nicht mit ihm. Und Alan Ladd jr. war auch da. Er sah sensationell aus.
Alle redeten über Juden, die Protestanten werden wollen, und über Woody Allen und Mia Farrow, wobei sie schwer über Mia herzogen.

Donnerstag, den 4. April 1985, Los Angeles Fuhr ins »Love Boat«-Studio, um ein paar Poster – die Indianer-Poster – abzuliefern. Ich hatte zwar schon tags zuvor welche verteilt, aber viele Leute hatten keins bekommen. Wer, das war leicht festzustellen: Die Betreffenden sprachen nämlich nicht mehr mit mir, weil sie das Gefühl hatten, ich hätte sie übergangen.
Danach fuhren wir zurück zum Hotel, um uns mit Lana zu treffen. Sie war sehr nett, hatte einen Schwips und war ein ganz anderer Mensch. Ich schloß die Augen und sah Paulette vor mir; die gleiche Art. Sie sagte: »Gib mir einen Kuß.«

Freitag, den 5. April 1985, Los Angeles – New York Zwölf glückliche Tage im schönsten Hotel der Welt gingen zu Ende, und als wir die Hotelrechnung über $ 9500.00 bekamen, waren sie wirklich zu Ende. Die Hälfte mußten wir selbst bezahlen. Ich glaube, uns wurden der Zimmerservice und Freds Zimmer berechnet. Doch dafür hatten wir auch viele Porträt-Aufträge bekommen. Von Spellings Frau, von Doug Cramer und von Lana.
Der Wagen brachte uns zu »Regent's Air«. Ein Flug mit dieser Gesellschaft kostet $ 800.00, nur $ 100.00 mehr als die Erste Klasse bei den anderen. Es waren nur 15 Leute an Bord. In so einer kleinen Maschine spürt man die Turbulenzen. In einer 747 merkt man dagegen überhaupt nichts. Während des Fluges wurden nacheinander zwei Filme gezeigt – »Protocol« (»Alles tanzt nach meiner Pfeife« Regie Herbert Ross, 1984) und »Cotton Club« –, beides keine Hits, aber beide hatten Qualität, also war's schade. Als wir in New York landeten, warteten schon 20 Limousinen der Fluggesellschaft auf uns. Gab dem Fahrer $ 20.00 Trinkgeld.

Montag, den 8. April 1985 Ging zu Dr. Bernsohn. Ließ 25 »Interviews« dort. Ich hatte ihn in unserer Gesundheits-Nummer nicht erwähnen dürfen, weil die Behandlung mit Kristallen illegal ist.
Ich frage mich, wann Jean Michel aus seinem Urlaub mit Jennifer zurückkommt, der Schwester von Eric aus dem »Area«. Vielleicht sind sie in Hongkong. Wann sie wohl zurückkommen? Wie lange kann man an einem Schwanz lutschen? Ich weiß es nicht. Ich glaube, ich habe vieles im Leben verpaßt – ich habe nie Straßenbekanntschaften gemacht oder so was. Ich habe das Gefühl, das Leben ist an mir vorübergegangen (Telefongespräche $ 2.00). Im Büro war viel los. Iolas kam vorbei.

Donnerstag, den 11. April 1985 Jemand kam ins Büro und erzählte von Dotson Raders Buch über Tennessee Williams. Ich schickte Michael Walsh los, um es zu kaufen ($ 18.75). Es enthält eine Menge erfundenes Zeug. Zum Beispiel, daß Edie jemandem einen geblasen und nebenher einem Mädchen die Möse geleckt hat, was nie und nimmer stimmte. Dotson schreibt, Tennessee habe Joe Dallesandro geliebt und habe eine Ohnmacht gemimt, als Joe ihn besuchte, damit Joe ihn in die Arme nehmen mußte. Mein Gott, ich war schon immer der Meinung, daß Dotson Rader

Gymnastik *(Christopher Makos)*

ein CIA-Agent ist. So ein Widerling. Als wir ihn 1969 kennenlernten, setzte er sich dafür ein, daß an der Columbia-Universität, wo er damals studierte, »Blowjob« gezeigt wurde. Doch schon damals sah er einfach zu alt aus für einen Studenten, deshalb war ich mißtrauisch.

Lidija kam. Ich bin völlig aus der Übung, weil ich in Kalifornien zwei Wochen lang keine Gymnastik gemacht habe.

Nebenan im Haus hat ein Radiologe seine Praxis. Er hat sich gerade für eine Million Dollar einen Apparat gekauft. Sie mußten eine Wand durchbrechen, um ihn hineinzuschaffen, und jetzt frage ich mich ständig, ob das Radium bis zu mir dringen kann, weil wir eine gemeinsame Dampfheizung haben. Alle behaupten, die Apparate seien »todsicher«.

Sonntag, den 14. April 1985 Ging zur Kirche und traf mich anschließend mit Stephen Sprouse im »Mayfair«. Er war nervös, weil er mich etwas fragen wollte, und schließlich rückte er damit heraus. Zuerst dachte ich, er wolle um meine Hand anhalten, doch dann bat er mich (lacht), ihm anderthalb Millionen Dollar zu leihen. Und ich war richtig froh, denn es wäre fantastisch, in die Modebranche einzusteigen. Ich werde ihm die anderthalb Millionen nicht geben, doch ich sagte ihm, ich würde mit Fred über die Möglichkeit reden, Investoren aufzutreiben und uns am Aufbau seines Geschäfts zu beteiligen.

Stephen schenkte mir zwei Perücken (Tee $ 25.00). Ich fuhr nach Hause und sprach mit Fred. Er hielt das Ganze für eine gute Idee.

Rief Jon an. Er ist wieder in der Stadt und wohnt in seiner eigenen Wohnung auf der West Side. Ich ging durch den Park, um mich mit ihm zu treffen. Wir gingen ins »Café Luxembourg« zum Dinner. Wir redeten nicht viel über sein neues Leben ($ 75.00).

Mittwoch, den 17. April 1985 Fred ist mit der Stephen-Sprouse-Sache beschäftigt. Er hat Richard Weisman dafür interessiert.

Freitag, den 19. April 1985 Der ganze Tag drehte sich um Kristalle. Der große Medizinmann, Dr. Reese, war in der Stadt. Um 12.30 war ich mit ihm in Dr. Bernsohns Praxis verabredet. Bernsohn lud mich und Reese zum Lunch ein. Sie wollten meinen Schädel untersuchen. Reese gehört der Episkopalkirche an, darum fühle ich mich bei ihm besser aufgehoben als bei jüdischen Kristall-Leuten. Da ich weiß, daß er an Christus glaubt, brauche ich keine Angst zu haben, daß die Sache mit den Kristallen gegen christliche Gebote verstößt. Seine Assistentin fragte dauernd: »Sollen wir es ihm sagen? Sollen wir ihm sagen, was er tun soll?« Schließlich sagte Reese: »Ja.« – »Deine Kraft ist mit uns«, sagte das Mädchen. »Du mußt mit uns nach Tibet kommen. Du besitzt die Fähigkeit, große Dinge zu tun.« Dann kamen sie darauf zu sprechen, daß sie Leute brauchen, die ihre Studien finanzieren. Meinst du, sie werden mich um Geld bitten? Daß es nur darum geht? Bernsohn ist ziemlich materialistisch – neuer Laserplattenspieler, neue Wohnung und so. Und dann sagten sie, ich sei in meinem früheren Leben Chinese gewesen und müsse deswegen mit ihnen nach Tibet gehen... Hör mal, ich *weiß*, wie lächerlich diese Leute sind, aber

Stephen Sprouse *(Andy Warhol)*

an die Kristalle glaube ich. Sie helfen wirklich. Diese Kristalle kommen aus dem Innern der Erde und stecken voller Energie...

Ich habe einen Brief von meiner Nichte Eva aus Denver bekommen. Sie schreibt: »Gott segne dich. Und übrigens, vor zehn Jahren habe ich dir Zeichnungen gestohlen. Willst du sie wiederhaben?« Das muß 1970 gewesen sein, als sie hier gelebt und meine Mutter versorgt hat. Sie schreibt, daß sie ein paar von meinen »Flower«-Grafiken zusammengerollt, mitgenommen und in ihrem Keller versteckt hat. Sie klingt wie eine Vertreterin der Schweigenden Mehrheit mit ihrem ständigen »Gott segne dich« und »unser gesegnetes Heim«. Mein Neffe Paul ist immer noch in Denver – der ehemalige Priester, der mit einer Ex-Nonne verheiratet ist. Sie haben zwei Kinder.

Samstag, den 20. April 1985
Ich bekam einen Anruf von Keith. Er wollte den ganzen Tag arbeiten und die große Leinwand bemalen. Fred hatte sie weiß grundiert, damit Keith anfangen konnte. Ich hatte sie für Diana Vreelands Kostüm-Show im »Met« kaufen müssen, als Hintergrund für »Marilyn Monroe«. Sie war zuerst pinkfarben, und nach der Show kam sie zu Fred in die Factory, und dann malten Jean Michel und Victor darauf herum, aber nicht viel, und eigentlich hätte ich sie gerne als Bild von Jean Michel behalten, auch wenn nicht viel von ihm war, aber Fred sagte, sie sei besser für ein Bild von Keith Haring geeignet. Darum soll sie Keith bemalen, jetzt, wo sie weiß ist.

Montag, den 22. April 1985 Ich wiege im Augenblick 58 Kilo, möchte aber wieder zurück auf 57 Kilo.

Ging zu »Sotheby's«, wo die ganze Woche über Schmuck versteigert wird. Offenbar kauft heute jeder nur noch bei Auktionen statt in Läden. Vermutlich werden die Läden das bald zu spüren bekommen oder spüren es bereits. Doch ich bin sicher, daß die Läden ihre Leute zur Auktion schicken, um zu kaufen und die Preise hochzutreiben. Im Untergeschoß lief ich Ivana Trump über den Weg, die sich die Billigangebote ansah.

Ach ja! Und wen treffe ich noch bei dieser Schmuckauktion? Meinen Mitarbeiter Rupert Smith, den ich nirgends auftreiben kann! »Hier verbringst du also deine Tage«, sagte ich. Er erschrak, als er mich sah.

Übrigens, ich habe Lee Radziwill auf einem alten »Life«-Cover gesehen. Sie war wirklich hübsch, und ich kann gut verstehen, warum Truman wollte, daß sie Schauspielerin wird.

Mittwoch, den 24. April 1985
Die Meldung des Tages im Fernsehen: Coca-Cola ändert seine Rezeptur. Wozu soll das gut sein? Es ergibt keinen Sinn. Sie hätten doch ein neues Produkt herausbringen und Coke so lassen können, wie es ist. Es scheint verrückt. Doch die Fernsehnachrichten sind ganz wild drauf. Ständig zeigen sie Leute beim Geschmackstest.

Traf David Whitney und lud ihn zum Lunch ein, um etwas über das Kunstgeschäft zu erfahren. Er erzählte, daß Peter Brant $ 40000.00 für eine Grafik von Jasper Johns gezahlt hat. Für eine *Grafik*!

Vincent war wütend, weil er von Polygram erfahren hat, daß Lou Reed

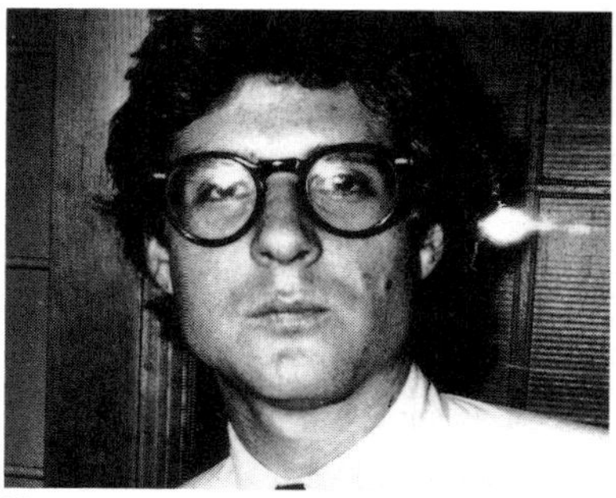

Vincent Fremont *(Andy Warhol)*

nichts mehr mit den »Velvets« zu tun haben will. Polygram bietet $ 15000.00 für unsere Bänder. Das ist nicht genug. Ich begreife nicht, weshalb ich nie einen Penny für die erste Schallplatte von »Velvet Underground« gesehen habe. Diese Platte verkauft sich doch gut, und ich war der Produzent! Steht mir da nicht was zu? Und ich komme nicht dahinter, seit wann mich Lou nicht mehr mag.

Ich arbeitete an dem Porträt von Lana Turner und verwandelte eine Sechzigjährige in ein junges Mädchen von 25 Jahren. Das brauchte seine Zeit. Ich wünschte, ich hätte nach einem alten Foto arbeiten können, dann wäre es ein schönes Bild geworden. So ist es kein wirklich gutes Bild.

Donnerstag, den 25. April 1985
Dr. Bernsohn möchte nicht, daß sein Name mit Kristallen in Verbindung gebracht wird, weil er sonst seine Zulassung los wird – in Massachusetts hätten Ärzte bereits ihre Approbation verloren. Doch wenn jemand an etwas glaubt, sollte er eigentlich bereit sein, auch die Konsequenzen zu tragen.
Ich versuche, einen anderen Laden zu finden, der die große Plastik nach Leonardo da Vincis »Abendmahl« verkauft. Sie ist etwa einen halben Meter hoch und wird in der 5. Straße in der Nähe von Lord & Taylor's angeboten, aber viel zu teuer. Sie kostet rund $ 2500.00. Ich will versuchen, sie am Times Square billiger aufzutreiben. Ich mache das »Abendmahl« für Iolas. Für Lucio Amelio mache ich gerade die »Vulkane«. Ich glaube, ich bin ein Auftragskünstler. So ist wohl der Stand der Dinge.

Freitag, den 26. April 1985 Arbeitete den ganzen Nachmittag. Ich wollte bis um 8.00 weitermachen, doch die Lampe an meinem Projektor brannte durch, und ich mußte aufhören. Ich rief Jean Michel an, um zu hören, ob er auch bei Schnabel eingeladen war. Shenge nahm ab, und ich fragte, ob Jean Michel eingeladen sei, und Shenge sagte: »Oh, er ist eingeladen? Das ist schön. Ich sage es ihm gleich.« Und ich rief: »Nein, nein, nein!« Es war ein Geburtstagsdinner für Schnabels Frau Jacqueline.
Leimte mich zusammen und fuhr in die East 20th Street (Taxi $ 6.00). Es war schön, wieder mal in der alten Gegend am Union Square zu sein. Philip Niarchos war da und erzählte mir von seinem Baby. Ich hatte vergessen, daß er geheiratet hat, und konnte mich nicht mehr erinnern, wen. Doch dann fiel mir ein, daß es Victoria Guinness war.
Die Geburtstagstorte kam aus Italien. Die Zeit verging schnell. Um 12.15 war ich zu Hause, schlief vor dem Fernseher ein.

Samstag, den 27. April 1985
Ich überlege, wo wir Videobänder von »Velvet Underground« haben könnten. Denn jetzt, wo sich Lou nicht mehr mit den anderen zusammentun will, denke ich über eine Möglichkeit nach, mit dem ersten Album doch noch Geld zu verdienen. Schließlich habe ich es produziert! Und Vincent hat jetzt die Mutterbänder gefunden! *Wir* haben die Mutterbänder! Und ich mache mir auch keine Sorgen, ob wir das Recht haben, die Bänder zu verwenden oder ein Video aus unseren alten Filmclips zu machen. Sollen sie doch versuchen, mich zu verklagen.
Keith kam ins Büro, um auf der großen Leinwand zu malen und leistete gute Arbeit. Das Bild ist schwarz und weiß auf rotem Grund. Nur Schwarzweiß hätte mir, glaube ich, noch besser gefallen, aber es ist trotzdem toll. Keith ist großartig. Er ist ein echter Cartoonist. Manche vergleichen ihn mit Peter Max, aber das stimmt absolut nicht. Er ist mehr. Peter Max war ein Geschäftsmann, der versucht hat, Künstler zu sein. Er hat mich oft kopiert. Und nun bekommt er $ 100000.00 für ein Porträt. – Es funktioniert folgendermaßen: Man lernt reiche Leute kennen und hängt bei ihnen rum, und eines Abends, nach ein paar Drinks, sagen sie: »Ich kaufe es!« Und dann erzählen sie ihren Freunden: »Du mußt unbedingt ein Bild von ihm haben, Darling.« Das ist alles. Deshalb sitzt Schnabel mit Philip Niarchos zusammen. So kommt man auf seinen Preis. Klar?

Montag, den 29. April 1985
Fred ist nach Zürich geflogen. Ich weiß nicht, wozu. Es ist ein Geheimnis. Vielleicht läßt er seine Augen richten. Doch ich weiß nicht, wozu er das macht, wenn er nie was an seiner Nase machen läßt.

Cornelia und Jay sagten, sie hätten meinen Werbespot für Diät-Cola im Fernsehen gesehen. Ich käme oft darin vor.

Dienstag, den 30. April 1985
Ging zur Eröffnung von Calvin Klein. Um 11.05 war ich dort. Bob Colacello war wie aus dem Ei gepellt. Seine Kleidung ist stets perfekt und tadellos. Ich weiß nicht, wie er das macht. Calvins Mädchen waren füllig – schmale Taillen und breite Hüften. Das ist der neue Look.
Ging zu »Sotheby's«. Im Fahrstuhl traf ich Patricia Neal und fragte sie, ob sie noch Kontakt zu Barry Landau habe. Sie sagte ja, und deshalb sprach ich nicht schlecht über ihn. Sie will einen Bacon verkaufen und ärgerte sich über den niedrigen Schätzpreis – $ 250000.00. Anscheinend braucht sie das Geld. Sie ging an einem Stock. Sie sieht großartig aus.
Ich holte mir Kataloge. Das Bild, das ich 1964 von Happy Rockefeller gemacht habe, stand zum Verkauf. Es wurde auf $ 40000.00 geschätzt. Wenn Happy es einem Museum gestiftet hätte, hätte sie aufgrund der neuen Preise $ 500000.00 Abschreibung kassieren können. Deshalb verstehe ich nicht, warum sie es verkaufen will.

Mittwoch, den 1. Mai 1985
Ging zu »Vito Giallo's«, um nach antiquarischen Büchern zu suchen. Anschließend ging ich mit David Whitney zum Lunch. Peter Brant befaßt sich wieder mit Kunst. Er hat einen Rosenquist gekauft. Sie gehen immer noch unter Wert weg. Doch allmählich werden die großen Künstler knapp. Daher wird er eine große Ausstellung kriegen, und dann schießen seine Preise hoch. Also wirklich, wenn schon Bilder von David Salle zum selben Preis verkauft werden wie die von Rosenquist!

Donnerstag, den 2. Mai 1985
Fuhr mit dem Taxi zu Biancas Geburtstagsparty an der Ecke 82. Straße und First Avenue ($ 4.00). Ihr Freund Glenn Dubin hatte angerufen. Bianca machte mich wahnsinnig, als sie sagte, sie recherchiere über meine Zeit in Pittsburgh für ihr Buch »Große Männer«. Sie quasselte mir die Ohren voll und wiederholte, ich hätte das System gesprengt. Am liebsten hätte ich gesagt: »Schau, Bianca, ich bin hier als arbeitender Mensch. Wieso sprenge ich das System?« Mein Gott, ist sie dämlich.

Freitag, den 3. Mai 1985 Ich hatte Jean Michel ein Dinner im »Le Cirque« versprochen. Benjamin setzte mich ab. Ich leimte mich zusammen und ging hin. Er hatte Eric Goode und dessen Freundin, Clemente und dessen Frau Alba eingeladen. Als er den teuersten Wein bestellte, hieß es, der sei ausgegangen. Als er den zweitteuersten bestellte, war auch der ausgegangen. Ich glaube, sie wollten ihn nur nicht für uns rausrücken, weil es sich um ein Gratis-Dinner handelte. Sirio will mir seit Jahren ein Dinner spendieren, und das war es nun. Sie entschuldigten sich und waren untröstlich. Und dann bestellte Jean Michel den billigsten Wein, und *den* hatten sie. Und er schmeckte sogar. Als Paige und ich am nächsten Tag mit »Interviews« hingingen, bat mich Sirio noch mal um Entschuldigung. Aber wie auch immer, ich gab jedenfalls Trinkgeld ($ 20.00).

Montag, den 6. Mai 1985 Ronnie sieht derzeit blendend aus, und seine Kunst verkauft sich immer noch gut. Er geht mit Tama Janowitz, der flinken Schriftstellerin, die so viele Geschichten schreibt. Er ist wie Gerard Malanga. Emotional sind beide unreif. Ronnie hat einen großen Schwanz, bedient die Mädchen und bleibt jung dabei, genau wie Gerard. Die werden nie erwachsen.

Donnerstag, den 9. Mai 1985
In einer Show am Broadway gibt es ein Soup-Can-Kostüm, ich habe es in der Fernsehwerbung gesehen. Ich weiß nicht in welcher Show, vielleicht in »Grind«. Fuhr zu Jean Michel und holte ihn ab (Taxi $ 6.00). Er arbeitet wieder, seine Arbeiten sind wunder-

bar, geradezu aufregend. Ich glaube, er behauptet sich.
Wir gingen ins »Odeon« und sprachen beim Dinner mit Steve Rubell und Eric Goode über die Eröffnung des Clubs, und das war lustig. Steve engagiert Künstler, die den neuen Club, das »Palladium«, ausstatten. Keith hat einen Hintergrund für die Tanzfläche gemalt, den man von der Decke herunterlassen kann, und Steve sagte: »Wenn er nicht gut ist, lassen wir ihn eben nicht so oft runter.« Also, ich muß schon sagen... (Dinner $ 240.00).
Und dann brachte uns Steves Fahrer zum »Palladium«. Es erinnert an die Cafés in den Filmen der dreißiger Jahre – außen dreckig und drinnen weiße, feierliche Säulen und alles groß und gelackt. Blaue Pfosten und eine Treppe wie in den »Ziegfeld Follies«, auf der die Mädchen runterkamen. Clemente bemalt die Decke. Steve und Ian sind nur »Manager« des Clubs, weil man als Vorbestrafter keinen Club besitzen darf. Die Polizei hat ja auch uns überprüft und unsere Fingerabdrücke genommen, als wir 1965 unseren Club »The Dom« aufgemacht haben. Nach dem Essen gingen alle ins »Area«, und ich ging nach Hause (Taxi $ 6.00).

Sonntag, den 12. Mai 1985
Jean Michel rief an. Er arbeitet an seinem Bild für das »Palladium«. Es ist zusammenklappbar, und er darf es jederzeit wieder abholen.

Montag, den 13. Mai 1985 Ian Schrager rief an. Ich war endlich mit dem Entwurf für die Getränkebons fertig, und Vincent kopierte sie. Ich ging mit Benjamin zum »Palladium«, zeigte sie Steve Rubell und PH, dann nahm ich Steve eineinhalb Stunden lang für das »Party-Buch« auf. Das Band wurde gut, und ich ging zurück ins Büro.

Dienstag, den 14. Mai 1985
Heute abend wird das »Palladium« eröffnet. Der Tag begann mit einem Problem: Amos war krank. Und der Typ, der das Dach auf der anderen Straßenseite gestrichen hat, kam und sagte, bei meinem sei auch ein neuer Anstrich fällig. Ich glaube, der Hausverwalter von drüben hat ihm meinen Namen gegeben. Ich war einverstanden, und er strich das Dach. Dann präsentierte er mir eine Rechnung über $ 4900.00. Ich hatte mir keinen Kostenvoranschlag machen lassen. Mein Fehler. Dann bekam ich einen Brief von meinem Nachbarn, in dem stand, mein Dach sei jetzt *silbern*, und er könne den Anblick nicht ertragen. Da war er an der richtigen Adresse, was? Kein Silber. Jedenfalls gab ich den Auftrag, das Dach noch mal zu streichen, und diesmal vergaß ich nicht zu fragen, was es kosten würde. Und er sagt, er brauche 115 Liter Farbe, um es zu spritzen; Kosten $ 1200.00. Und dann macht er es in fünf Minuten! *In fünf Minuten!* Und ich dachte, er brauche Stunden dafür. Und später wollte er $ 1500.00, und ich mußte ihn daran erinnern, daß er eben noch $ 1200.00 gesagt hatte.
Wir holten PH ab und gingen mit Keith ins »Palladium«. Wir benutzten die Hintertür in der 13. Straße. Die Elektriker und die Bauarbeiter arbeiteten emsig. Wir gingen in Steve Rubells Büro. Dort liefen die Telefone heiß, und Steve sagte: »Wir haben keine Liste am Eingang; die Einladungen sind gestern verschickt worden, und es gibt keine Liste.« Aber dann brachte jemand doch die Liste.
Holte Cornelia ab. Sie sah toll aus. Sie war auf die Idee gekommen, einen langen Zopf zu tragen, und sie sah damit aus wie Britt Eklund oder so ähnlich (Taxi $ 6.00). Halston kam auch zur Eröffnung, eine unerwartete Ehre. Wir gingen also rein und standen mal hier, mal da. Benjamin kam als Ming Vauze und trug ein traubenblaues trägerloses Top mit Tüllrock. Und auch Beauregard, der für »Details« schreibt, kam als Transvestit. Boy George war mit Marilyn da, die ständig nervt. Diesmal war sie mit Kamera da. Eric und Shawn aus dem »Area« machten bedrückte Gesichter. Chris trug ein gestreiftes Kostüm. Er beschwerte sich, daß die Drinks nicht gratis waren.

Und Jean Michel war düsterer Stimmung. Er hatte Jennifer ein Kleid zur Eröffnung gekauft und sie dann nicht mitgebracht, sondern zu Hause gelassen. Ich hielt ihm keinen Vortrag über das Heroin, das er nimmt, denn ich wollte keinen Streit. Und ich mache mir Sorgen, daß Ming noch zum Alkoholiker wird, weil ich gesehen habe, was Curley passiert ist – anfangs ist alles lustig und macht Spaß, aber enden tut es anders.

Das Komische an Kunstwerken in einer Disco ist, daß sie nie zur Geltung kommen, wenn der Laden voll ist. Es ist egal, ob sie da sind oder nicht. Wirklich. Bei dem »Saturday Night Fever«-Disco-Raum, den es hier gibt, begreift kein Mensch mehr, was er darstellen soll. Man sieht nur tanzende Körper.

Jetzt hat Steve Rubell also eine schöne, runde Story zu erzählen – erst der Knast und dann das große Comeback. »Ich habe nie die Hoffnung verloren«, sagt er. Aber Haare. Ging um 2.30.

Mittwoch, den 15. Mai 1985

Als wir gerade das Büro verlassen wollten, rief jemand an und sagte, Jackie Curtis habe eine Überdosis genommen. Er ist tot. Und das wollte ich nun wirklich nicht hören.

Montag, den 20. Mai 1985

Nach der Arbeit machte ich mich fertig für Claudia Cohens Party im »Palladium«. Ich war spät dran, und Cornelia wartete schon unten, als ich sie abholte. Wir nahmen ein Taxi in die 14. Straße, und dort standen lauter Limousinen.

Saul Steinberg war mit seiner dritten Frau Gayfryd da. Sie ist sehr schön und sieht aus wie das »Draw Me«-Mädchen in alten Zeitschriften. Claudias Mutter war da. Sie ist eine hinreißende Schönheit; gegen sie ist Claudia bloß »süß«. Aber es wird noch eine Weile dauern, bis Ron Perlemann sie gegen eine andere eintauscht, und bis dahin kann sie ihm eine Menge helfen.

Auf der Party tanzten die ganzen alten Männer mit ihren neuen jungen Frauen, die sie für alte eingetauscht hatten. Und gleich, wenn man zur Tür hereinkam, stand da ein Typ mit einer Kerze, und den ganzen Weg nach oben standen in gleichmäßigen Abständen weitere Typen mit Kerzen. Und die Drinks wurden im »Mike Todd Room« serviert, und an der Tanzfläche standen Tische mit Blumen, und jede Blume war von einem Scheinwerfer angestrahlt. Es war schön. Eine blaue Blume wurde mit blauem Licht angestrahlt und wirkte dadurch blauer. Sie leuchtete. Und wenn die Blume rosa war, wurde sie rosa angestrahlt und strahlte noch intensiver. Außerdem gab es silbern gestrichene Stühle. Jeder Gast bekam fünf Gläser. Und der Sound im »Palladium« ist wirklich gut. Eine große Bühne mit einer exzellenten Musikanlage. Und Peter Duchin spielte die ganze Nacht.

Steve Rubell erzählte neulich, Claudia habe den »Pointer Sisters« $ 100 000.00 bezahlt. Sie traten nach dem Dessert auf mit sechs oder acht Songs. Und ich hatte den besten Platz, genau vor ihnen, Tisch 7. Cornelia saß an Tisch 1, mit Roy Cohn und seinem Freund. Und am Schluß kamen auch noch Boy George und Marilyn.

Dienstag, den 21. Mai 1985

Mein Tag begann mit einem Totalschaden. Ich hob einen Teppich vom Boden auf, und die Motten hatten ihn völlig zerfressen. Hinten ist alles voll Motten. Ich muß mehr sprühen. Bis jetzt haben sie erst einen indischen Teppich ruiniert, aber sie könnten sich ja auch über meine Sachen von Stephen Sprouse hermachen.

Benjamin kam, und wir gingen zu Fuß ins Büro. Wir hatten keine »Interviews« zum Verteilen. Um 6.30 kam Rupert und arbeitete ein wenig. Dann kam sein Freund mit Ruperts Rolls-Royce, um ihn abzuholen. Er wartete draußen wie ein eifersüchtiges Eheweib. Doch ich glaube, Rupert

Steve Rubell *(Andy Warhol)*

will das so. Der arme Rupert steht unter dem Pantoffel. Und ich warte bloß auf den Riesenkrach zwischen den beiden.
Habe noch mehr Motten gefunden.
Ging zu Keiths Party im »Palladium«. Er war gerammelt voll, dieser Riesenschuppen, wirklich *gerammelt voll!* Dann ging ich ins »Privat Eyes«, den Videoclub. Sie hatten ihre Schwulennacht, und auch hier war es brechend voll, von Wand zu Wand. Wenn man die Kids hier auf der Straße sähe, würde man sie nie im Leben für schwul halten. Sie sehen aus wie Kids aus L.A. Blieb ein paar Minuten dort. Kam um 2.00 nach Hause (Taxi $ 6.00).

Donnerstag, den 23. Mai 1985 Jemand erzählte mir, daß Jackie Curtis einen langen Nachruf in der »New York Times« bekommen hat. Ich will immer noch glauben, daß er uns bloß an der Nase herumführt, wie mit seinen Hochzeiten. Es heißt, er war 38, demnach war er bei unserer ersten Begegnung, warte mal, 18?
Hete aus Düsseldorf, die Partnerin von Hans Mayer, war zum Lunch im Büro. Und Fred und ich bekamen Streit, weil er sich so elegant und blasiert gab und in Hetes Gegenwart zu mir sagte: »Warum sagst du Hete nicht, was du wirklich davon hältst, daß ihre Galerie nicht zahlt?« Damit war ich festgenagelt. Fred ist es wirklich langweilig. Ich glaube, er will sich verändern. Wie Paul Morrissey.

Samstag, den 25. Mai 1985 Ging zu Fuß zur Arbeit. Kenny Scharf kam. Er weiß nicht, was er machen soll. Einerseits liebt er seine Freiheit und tut gern, was er will, andererseits liebt er auch Teresa und das Baby, aber trotzdem meint er, daß er sein Gefühl von Freiheit braucht. Kenny blieb mehrere Stunden und ging erst um 7.00.

Sonntag, den 26. Mai 1985 Noch so ein heißer Tag. Fuhr mit Chris und Randall um die Stadt herum und dann nach New Jersey. Peter und Chris überlegen noch, ob sie zusammenbleiben oder nicht. Und Randall ist ein Turner. Er kam nach New York, um die Welt kennenzulernen, und der erste Mensch, den er trifft, ist Chris, und damit ist klar, welchen Teil der Welt er jetzt kennenlernt.
Ging heim und sah fern. Ich ging schlafen, mir war sehr klar, daß ich alleine bin.

Montag, den 3. Juni 1985 Beschloß, so lange wie möglich draußen zu bleiben, weil ich tagelang in der Stube gehockt hatte und schönes Wetter war. Ging ins »Bagel Nosh« ($ 10.00) und stellte mich für Rühreier an. Die Kneipe war dreckig, aber trotzdem okay; ich kam zurecht. Spazierte zur 46. Straße. Registrierte die Sehenswürdigkeiten. Machte Fotos von betrunkenen Frauen, die auf Parkbänken schliefen, und das Leben kam mir schrecklich vor. Ich weiß nicht, warum ich versuche, gut auszusehen. Aus nächster Nähe betrachtet, sehen alle Menschen fürchterlich aus. So animalisch.
Und dann war es Zeit, zu der Eröffnung meiner Ausstellung »Reigning Queens« an der Ecke West Broadway und Greene Street zu gehen. Das war die Ausstellung, die George Mulder zusammengestellt hat. Wir parkten neben Victors Wagen. Victor hat gerade eine Art Abfindung mit Halston vereinbart. Ich glaube, er mußte unterschreiben, daß er sich verpflichtet, nie über Halston zu reden. Aber was heißt das? Jetzt ist er glücklich, weil er einen Batzen Geld bekommen hat, aber wenn das Geld alle ist...
Ich bin tief gesunken. Mit dieser Ausstellung bin ich wirklich auf dem Grund der Gosse angelangt. Es war, als hätte ich eine Schau in einer Sozialwohnung. Einen Spiegel hatten sie mit Papier abgedeckt! Und überall liefen holländische Fernsehleute rum. Alles war billig und schäbig. Fred war nicht da. Er war schon gegangen; er wollte mir nicht unter die Augen kommen. Ich glaube, er hat einen Schock bekommen. Wir fanden ihn

später ganz apathisch auf der Christopher Street. Er war auf dem Weg zum »Ballroom«, in dem Scavullos Benefizveranstaltung für die Kirche in Greenwich Village sein sollte. Wir trafen ihn ganz zufällig und nahmen ihn mit.
Wir gingen also zu dieser Scavullo-Sache, und ich hatte mich gerade hingesetzt, als Cornelia losbrüllte, hier sei eine Modenschau und ich müsse mitmachen. Jemand packte mich am Arm und schleppte mich in den Keller. Hier traf ich die schönsten und berühmtesten Models, und die Titten schwirrten nur so durch den Raum. Ich trug Sachen von Stephen Sprouse, und Cornelia und ich holten uns den meisten Applaus. Boy George und Marilyn saßen im Publikum und schlugen vor, essen zu gehen. Sie waren mit dem Wagen da, trotzdem nahm ich ein Taxi zu »Mr. Chow's« ($ 6.00).
Außer mir waren Benjamin, Boy George, Marilyn, Cornelia und Couri Hay dabei, und sie führten sich alle auf wie ungezogene Kinder – Couri sah Diane Brill an einem Tisch sitzen und rief durch das Restaurant: »Beweg deinen Arsch hier rüber!« Und das in einem Lokal mit ganz normalen Gästen. Und als jemand höflich um Ruhe bat, sagte Cornelia: »Sie sehen aus wie eine vertrocknete Ente.« Es war widerlich. Und dann entdeckte Marilyn Mary Wilson an einem Tisch, und Benjamin brach fast zusammen, weil Mary seine Lieblingssängerin ist, und nachher dankte sie mir, weil ich vor ein paar Jahren bei ihrem Comeback-Konzert war (Dinner $ 400.00).

Mittwoch, den 5. Juni 1985
Benjamin holte mich ab. Trug alle Sachen mit Mottenlöchern auf die Straße und war entsetzt, wie viele es waren. Dr. Linda Li und Dr. Bernsohn sagten beide, Mottenkugeln seien das reine Gift. Bernsohn sagte, er würde sich dem Zeug nicht mal auf zehn Meter nähern.
Nahm ein Taxi in die 32. Straße und sah mir mit Jon »Rambo« an. Jon ist wieder mal ein paar Tage in der Stadt. Der Film ist einfach lächerlich. Wie »Friday the 13th«, nur mit Explosionen.

Dienstag, den 6. Juni 1985
Ging zu »Macy's« und spielte Preisrichter beim Wettbewerb »Wer sieht Madonna am ähnlichsten?« Man hatte 200 Mädchen erwartet, aber nur 100 waren gekommen. Die Mädchen hatten für Kleider und Schmuck ein Vermögen ausgegeben. Alles ging ziemlich schnell. Um 5.10 war alles vorbei und es hatte um 4.30 angefangen.
Ging zu Madonnas Konzert in der »Radio City Music Hall«. Das Konzert war schlicht großartig. Einfach und sexy, und Madonna ist ausgesprochen hübsch. Sie ist jetzt dünner und sieht fabelhaft aus. Hinterher gingen wir in das Stockwerk mit den Damentoiletten. Dort war eine Privatparty. Madonna kam mit Jean Michel herunter – er war vermutlich hinter die Bühne gegangen. Und sie war süß. Sie wollte mit ins »Palladium«, aber vielleicht auch zu Keiths Dinner. Also fuhren wir zur Ecke 10. und 2. Straße. Madonna kam nach uns an – in einem Lastwagen. Sie setzten sie neben mich und sie war einfach toll. Sie zogen sie wegen ihrer falschen Wimpern auf und sagten, sie seien länger als die von Louise Nevelson. Alle waren begeistert von ihr, und die Kellner lagen ihr zu Füßen. Sie zeichnete Schwänze auf Futuras Hosen.

Montag, den 10. Juni 1985 Ich weiß einfach nicht, was ich Leo für die Ausstellung schicken soll. Alles, was ich ihm schicken könnte, sieht aus wie das Zeug, das die Kids jetzt machen, nur machen sie es *besser*. Meine Sachen wird nicht mal jemand kopieren wollen. Und Jean Michel sagte, er habe von Gagosian, seinem Händler in L. A., eine Riesenrechnung gekriegt – ich glaube, so um die $ 100000.00. Sie stammt aus der Zeit, als er dort gewohnt und auf großem Fuß gelebt hat.

Freitag, den 14. Juni 1985 An diesem Morgen ging ich zum Seagram Building, wegen der Computer-Malkurse, die ich für »Commodore« propagieren soll. Ich glaube, sie geben mir den Job. Ich hatte Angst, sie würden einen Scheinwerfer auf mich richten und ich müßte vor 700 Zuschauern zeichnen, aber es war okay. Das Ding kostet $3000.00, funktioniert ähnlich wie das von »Apple«, aber es kann hundertmal mehr.

Mittwoch, den 19. Juni 1985

Ging zu Bernsohn. Ich erzählte ihm, daß der Kristall nicht funktioniert, den ich in die Küche gelegt hatte, um die Schaben zu vertreiben, und daß wir mehr Schaben hätten als je zuvor. Und er versprach mir, Dr. Reese anzurufen. Am Nachmittag rief er dann bei mir an und sagte, der Kristall sei jetzt neu programmiert, und wir würden den Beweis bald erleben.
Großer Lunch im Büro. Die Mosses von A & M-Records kamen – von der Frau habe ich ein Porträt gemacht. Ihr Sohn ist in einem Ferienlager zum Theaterspielen.

Donnerstag, den 20. Juni 1985

Amos geht es immer noch nicht gut. Ich ließ ihn rumlaufen, aber ich weiß nicht, ob das richtig war.
Begegnete David Whitney und Michael Heizer. Sie sagten, ich solle ins »Whitney« kommen und mir anschauen, was sie machen. Und ich ging hin und wurde ganz neidisch. Man kann auf den Sachen herumlaufen. Große Pappflächen im Siebdruckverfahren mit Mustern bedruckt. So groß wie Häuser. Und nach Schluß der Schau wird alles weggeschmissen. Es ist eine Hügelformation.
Und jemand hat mir erzählt, daß mein alter Freund Ted Carey, mit dem ich mir damals die Kosten für ein Porträt von Fairfield Porter geteilt habe – er hat uns beide zusammen gemalt –, du-weißt-schon-was hat.
Ging früh (Taxi $6.00), und als ich heimkam, rief Paige an. Sie weinte hysterisch, daß die Ausstellungseröffnung, die sie an diesem Abend für Julio Galan, ihren mexikanischen Künstler, geplant hatte, verboten worden sei. Die Verwaltung des Hauses, in dem die Ausstellung sein sollte, hat schon einmal verrückt gespielt, als sie eine Ausstellung mit schwarzen Graffiti-Malern machen wollte. Ich sagte, sie müsse sich zusammennehmen und die Ausstellung woanders nachholen.
Dann nahm ich ein Taxi zum »Indochina«, wo das Dinner für Elizabeth Saltzman stattfand. Shawn Hausmann hatte ein wunderschönes Auto aus den fünfziger Jahren mit, und nach dem Essen brachte er uns damit zum »Area«, wo Kids auf ihren Skateboards Loopings drehten. Es sieht sehr gefährlich aus. Die Bahn ist etwa 8 bis 10 m lang und 5 m hoch. Eins von den Kids stürzte, als das Licht blendete.
Wilfredo war da. Früher hat er für Armani gearbeitet, jetzt arbeitet er für uns. Sein Bruder holte ihn ab, um ihn nach New Jersey mitzunehmen. Wilfredo ist nämlich aus seiner Wohnung

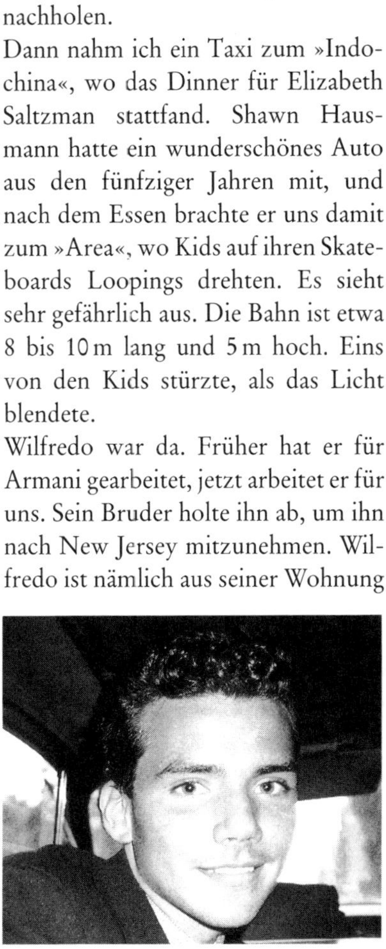

Wilfredo Rosado *(Andy Warhol)*

rausgeflogen und muß jetzt jeden Abend nach New Jersey. Seine Mutter macht sich seinetwegen große Sorgen und läßt ihn immer von seinem Bruder abholen. Und dem Bruder gefällt das, weil er jetzt mit Wilfredo durch die Clubs ziehen kann. Wir fuhren also ins »Palladium«. Cornelia war mit Philippe Junot da. Blieb fünf Minuten und ging nach Hause (Taxi $6.00).

Freitag, den 21. Juni 1985

Lunch für die »Krizia«-Leute. Paige war ein ganz neuer Mensch. Sie hatte sich vom letzten Abend völlig erholt, an dem sie stundenlang vor dem Haus stehen und erklären mußte, warum

die Ausstellung ausfiel. Jemand, der dort war, erzählte, sie sei dabei jedesmal in Tränen ausgebrochen. Ich fragte sie, wie sie sich so schnell erholt habe, und sie sagte, das gehöre zu ihrem Job. Das war gut. Ich riet ihr, von ihrer Anzeigenprovision ein Loft zu mieten und dort vier oder fünf Ausstellungen pro Jahr zu machen.
Versuchte, Jean Michel zu erreichen, aber er rief nicht zurück. Ich glaube, er löst sich allmählich von mir. Früher hat er mich dauernd angerufen, ganz egal, wo er war.

Samstag, den 22. Juni 1985
Zog für Roy Cohns Geburtstagsparty meinen Smoking an. Holte PH ab und fuhr zum »Palladium« (Taxi $ 5.50). An unserem Tisch saßen Vera Swift, Philippe Junot, irgendein Prinz von Österreich, Veras Tochter Kimberley sowie ein Mann und zwei Frauen, die ich nicht kannte. Sagte hallo zu Barbara Walters, die vor ein paar Wochen ihre Verlobung bekanntgegeben hat. Sie sieht wirklich gut aus.
Und alle sagten, Roy sehe sehr krank aus und werde bald sterben. Und letzte Woche erfuhr ich von Steve Rubell, daß Roy Krebs hat, aber sich sein Zustand vorübergehend gebessert hat – offenbar hat er nicht AIDS, sondern gewöhnlichen Krebs. Er sah nicht gut aus.
Und dann, nach dem Dinner, begannen die Politiker mit ihren Reden: Stanley Friedman aus der Bronx ging auf die Geiseln des Flugs 847 im Libanon ein und sagte, wir sollten trotz des schönen Dinners im »Palladium« Krisenherde wie Afghanistan und Nicaragua nicht vergessen.
Und während die Politiker redeten, saß Philippe Junot die ganze Zeit fast eingeschlafen am Tisch. Doch als auf dem Podium jemand über einen »29 Jahre alten Donald Trump« sprach, fuhr er hoch und rief: »Donald ist nicht 29!« Der letzte Redner war Roy selbst, und bevor er zu sprechen begann, wurden zwei große Monitor-Säulen heruntergelassen, und auf jedem Monitor lief altes Filmmaterial von Roy aus den fünfziger Jahren, als er seine antikommunistischen Reden hielt. Das war wirklich aufregend, es war das Beste. Und dann kam eine gewaltige Torte, und aus den Lautsprechern dröhnte Kate Smith mit »God Bless America«, dann wurde »die Fahne dort oben«, auf die sich alle Redner bezogen hatten, heruntergelassen. Sie war aus roten, weißen und blauen Streifen. Plastik.

Mittwoch, den 26. Juni 1985
Ging ins »Whitney« und sah mir Michael Heizers Ausstellung an, weil ich zum Eröffnungsdinner am Abend nicht eingeladen war. Ich fand das schon merkwürdig. Da planen meine guten Freunde David Whitney und Michael Heizer ein Riesendinner mit Einladungsliste, und dann stehe ich nicht mal drauf. Und David war mir gegenüber sehr kühl. Schließlich will er mich doch heiraten, wenn Philip Johnson ins Gras beißt, und dann lädt er mich nicht mal zu dem Dinner ein. Und Tom Armstrong lädt mich jetzt überhaupt nicht mehr ein, weil er sich nicht mehr bei mir einschmeicheln muß, seit das »Whitney« meine ganzen alten Filme hat (Telefon $ 4.00, Taxi $ 5.50).

Donnerstag, den 27. Juni 1985
Stuart Pivar gießt Bronzen für Stallone, und jetzt weiß er nicht, was er tun soll, weil er gesehen hat, daß das *Original* von einer der Bronzen auf einer Auktion zu einem niedrigeren Preis angeboten wurde, als er für die *Kopien* verlangt (lacht). Jetzt hat er Angst, daß Stallone dahinterkommen könnte. Und Stuarts Freundin Barbara Guggenheim war in L. A. und hat Stallone stundenlang Kunst verkauft, während PH ihn beknien mußte, um noch 20 Minuten mehr für das Titel-Interview unserer Film-Nummer herauszuschinden.

Freitag, den 28. Juni 1985
Cornelia rief an und wollte mir ein »Geheimnis« anvertrauen, aber ich sagte: »Brich dir nichts ab, jeder weiß, daß du mit Philippe Junot ausgehst.« Alle diese Frauen wollen wissen, was Caroline aufgegeben hat.

Samstag, den 29. Juni 1985
Bianca wurde in East Hampton von einem Auto angefahren, als sie versuchte, Radfahren zu lernen. In dem Auto saßen Gold und Fisdale. Sie sind früher als Klavierduo aufgetreten und schreiben jetzt zusammen Kochbücher. Steve Rubell sieht schon eine dicke Entschädigung für Bianca.

Sonntag, den 30. Juni 1985
Tag der »Gay Day Parade«. Nahm ein Taxi. Der Fahrer war ein fröhlicher Schwuler, er sagte: »Hallo! Waren Sie bei dem Umzug?« Und ich sagte nur: »Was für ein Umzug?« Er ließ das Thema fallen und redete vom Wetter (Taxi $ 5.00).

Dienstag, den 2. Juli 1985
Emanon, der 14 Jahre alte Rapper, und das kleine LaTosha-Mädchen kamen zum Lunch ins Büro. Und Emanon ist wirklich süß. Ich finde, er sollte nicht bloß rappen, sondern auch singen. Und LaTosha singt wie Ella Fitzgerald. Ich würde gerne kleine schwarze Kinder adoptieren.
Keith rief an und wollte wissen, ob es bei unserer Verabredung zu Jerry Halls Geburtstagsparty geblieben sei. Arbeitete bis 8.00. Keith holte mich um 9.00 ab. Er trug rote Lackschuhe (Taxi $ 9.00). Wir fuhren zum »Mr. Chow's«. Chow kämpft dagegen, daß sich seine Belegschaft gewerkschaftlich organisiert, und zwar mit dem Argument, daß man die jungen, attraktiven Kellner, die er braucht, nur auf der Straße findet. Ich trank ein Glas Champagner. Jed war mit Alan Wanzenberg da. Mir fiel auf, daß Jerry nur noch den harten Kern zu ihren Geburtstagspartys einlädt. Früher kamen auch Models, mit denen Jerry befreundet war, und brachten ihre Freunde mit, aber jetzt kommen nur noch große Tiere und keine Models mehr.

Donnerstag, den 4. Juli 1985
Das Boot von Forbes lag nahe der 30. Straße auf dem East River, und nicht auf dem West River, wie ich gedacht hatte. Und als ich mit Stephen Sprouse und Cornelia dort ankam, war die ganze Straße voll mit Leuten, die meinen Namen riefen, und das lenkte mich so ab, daß ich keine Aufnahmen machte.
Peter Brant war auf dem Boot und erzählte mir, er habe versucht, die »Voice« zu kaufen, und er sei wirklich scharf darauf gewesen, habe aber gegen Leonard Stern den kürzeren gezogen. Stern zahlte 55 Millionen Dollar, und er hatte nur 51 Millionen geboten.
Beim Essen saß ich neben Mick und Jerry. Sah mir das Feuerwerk an. Man hatte den Eindruck, daß es am Boot vorbeitreibt. Dann legte das Boot ab und fuhr um die Spitze von Manhattan herum zu seinem üblichen Anlegeplatz auf dem Hudson an der 23. Straße. Es machte über 20 km pro Stunde.
Cornelia geht immer noch mit Philippe Junot, und Mrs. Vreeland ist sauer auf sie, weil sie meint, daß Cornelia ihr Leben vergeudet, und das tut sie auch, aber sie sagt, sie will nicht heiraten, sie will bloß ihren Spaß.
Als ich wieder zu Hause war, rief Stephen Sprouse an und sagte: »Vielen Dank für den netten Abend.« Und es dauerte ein paar Sekunden (lacht), bis ich draufkam, wer dran war.

Samstag, den 6. Juli 1985 Verabredete mich mit Stephen Punkt 7.30 bei Diana Vreeland zum Dinner. Es gab ein schweres Gewitter, aber um 7.40 hörte es auf, und ich ging zu Fuß zu Diana. Stephen Sprouse war schon da, und er war sehr nett. Er hatte Mrs. Vreeland ein paar Kostüme mitgebracht. Ich schaltete meinen Recorder ein, und als Mrs. Vreeland hereinkam, fragte sie: »Was ist das?« Und ich sagte (lacht): »Eine Kamera.« Ich dachte nämlich, sie sieht nichts. Aber sie sagte: »Nein, das ist nicht wahr.«

Also sagte ich ihr, ich mache wieder Tonbandaufnahmen wie früher, und sie sagte okay. Sie erzählte, daß immer ein Mädchen bei ihr im Zimmer sitzen muß, wenn sie schläft. Ich finde es zwar merkwürdig, daß sie das will. Aber wahrscheinlich ist sie krank und deswegen... Sie trank vier Wodkas und rauchte ungefähr 15 Zigaretten.
Und dann erzählte sie eine wirklich komische Geschichte: Jemand hat ihre Papiere durchgesehen und dabei ihre Geburtsurkunde gefunden, und das darauf eingetragene Geburtsdatum war der 29. August und nicht der 29. September, an dem sie ihr Leben lang Geburtstag gefeiert hatte, weil ihre Eltern gesagt hatten, an dem Tag sei sie geboren. Und so hat sie erfahren, daß sie ein Löwe ist.

Montag, den 8. Juli 1985 Ich vergaß zu erwähnen, daß ich am Wochenende eine alte »Naked-City«-Episode aus den sechziger Jahren im Fernsehen gesehen habe, mit Sylvia Miles und Dennis Hopper. Und bei den Dreharbeiten zu eben dieser Episode hatte ich Dennis Hopper kennengelernt. Henry Geldzahler nahm mich damals mit in die 128. Straße auf der East Side, wo sie drehten. Sylvia muß auch dort gewesen sein, doch zu der Zeit kannte ich sie noch nicht. Sie hat schon damals alte Huren gespielt.
Fred ist gerade aus L. A. zurück. Vielleicht kriegen wir dort das Gebäude Ecke Doheny und Melrose für unser »Interview«-Büro. Es ist ein in Bürozonen unterteiltes Haus; die Zonen kosten zwischen $ 500 000.00 und einer Million. Erst sagte Fred, daß nichts daran gemacht werden muß, aber jetzt sagt er, man muß eine Klimaanlage installieren und die elektrischen Leitungen neu verlegen.
Jon ist endgültig weg aus New York. Er arbeitet jetzt in L. A. Ich schätze, daß ich einen Besseren finde, mit dem ich gemeinsame Filmprojekte entwikkeln kann. Denn das war doch wohl der Hauptgrund, warum ich mich sosehr mit ihm eingelassen habe...
Sah mir die Kino-Nummer von »Interview« an, die in Arbeit ist. Die Überschriften zu den Rubriken sind in einer Art Handschrift geplant, die mir nicht gefällt – ich finde, man hätte eine *moderne* Schrift verwenden sollen und keine so verschnörkelte. Und die Bilder von Stallone, die Herb Ritts gemacht hat, sehen aus wie Standfotos aus einem Film. Sie haben überhaupt nichts Einmaliges, zumal Stallone nur Boxerhosen trägt. Warum hat ihm Ritts nicht wenigstens mal ein *Taschentuch* in die Hand gegeben oder so was, damit man sieht, daß es *unser Bild* ist und nicht irgendein Standfoto aus »Rocky IV«.

Dienstag, den 9. Juli 1985
Schickte Benjamin mit einem simplen Auftrag los, und das kostete mich tausend Dollar! Ich gab ihm $ 2000.00, um die große plastische Version vom »Abendmahl« zu kaufen. Ich hatte im Laden den Besitzer von $ 5000.00 auf $ 2000.00 runtergehandelt. Doch als Benjamin in den Laden kam, war die Skulptur nicht mehr da. Das »Abendmahl« gibt es in einer kleinen, einer mittleren und einer großen Version. Und dann ging er in den anderen Laden, wo ich den Preis für die mittlere Version von $ 2500.00 auf $ 1000.00 heruntergehandelt hatte. Aber Benjamin hatte das vergessen und kaufte die mittlere Version für $ 2000.00! Er hatte es *vergessen*! Ich hatte zwar genau die Größe gewollt, aber Benjamin brachte es fertig und bezahlte im zweiten Geschäft für die mittlere Version so viel, wie er im ersten für die große hätte bezahlen müssen. Ich schließe daraus, daß er keinen Kopf für Zahlen hat – eintausend Dollar einfach zum Fenster rauszuwerfen, das ist eine Menge Geld. Ich konnte es nicht fassen, wo ich doch so hartnäkkig gefeilscht hatte.

Mittwoch, den 10. Juli 1985
Ich hatte das Porträt einer Frau aus Boston noch einmal gemacht und sie zum Lunch eingeladen, um es ihr zu zeigen. Aus den ersten Porträts habe ich eine Lehre gezogen: Zeige einem Kunden nie ein Porträt, von dem du *weißt*, daß es nicht gut ist. Auf dem

ersten Porträt hat sie nämlich ausgesehen wie ein Pferd, und obwohl ich das wußte, habe ich es ihr gezeigt. Aber diesmal gefielen ihr die Bilder; sie kaufte drei Stück.
Jean Michel kam und schuf im oberen Stockwerk ein Meisterwerk. Er will jetzt eine Menge Bilder machen, bevor er wieder verreist. Er ließ Jay seine Bilder ausmalen. In Zukunft soll das Jay auch für mich tun. Jean Michel hat versucht, mir Jay abzuwerben, aber Jay wollte nicht für ihn arbeiten.

Samstag, den 13. Juli 1985
Sah mir das »Live Aid Concert« im Fernsehen an. Bobby Zarems Büro hatte angerufen und wollte, daß ich hinkomme, aber bei so vielen Prominenten kriegt man ohnehin keine Publicity. Jack Nicholson machte die Ansage für Bob Dylan und nannte ihn »transzendental«. Aber was mich angeht, so habe ich Dylan nie als wirklich authentisch empfunden – er hat nur originelle Leute nachgemacht, und durch die Amphetamine kam es magisch rüber. Mit Amphetaminen konnte er gute Texte so gut kopieren, daß es gut klang. Aber selber hat der Junge nie etwas gefühlt – (lacht) ich hab es ihm jedenfalls nie abgekauft.
Jemand gab mir das Sexvideo von Leo Ford. Ich ließ es laufen, als ich zu Bett ging. Er massierte sein schlaffes Würstchen, und das dauerte lange, und da war noch ein anderer Typ, der dasselbe mit *seinem* schlaffen Würstchen machte. Ich schlief ein, und als ich wieder aufwachte, (lacht) waren sie immer noch dabei.

Montag, den 15. Juli 1985 Tina Chow hat heute ihren Kristall gekauft. Der Kristall in unserer Büroküche funktioniert immer noch nicht – Vincent sagt, daß die Schaben sogar auf dem Zifferblatt der Ofenuhr herumkrabbeln, unter dem Glas. Ich bringe den Kristall wieder zu Bernsohn.

Dienstag, den 16. Juli 1985
Nahm ein Taxi und traf mich mit Ric Ocasek von den »Cars«. Er nimmt ein Soloalbum auf. Wir filmten ihn für die MTV-Pilotsendung von »Andy Warhol's Fifteen Minutes« (Taxi $ 6.00). Es gab ein schweres Gewitter mit dikken Hagelkörnern, und das war aufregend. Wir rannten mit Eimern herum und stellten sie unter die Löcher im Dach. Arbeitete bis 8.00 mit Rupert.

Mittwoch, den 17. Juli 1985
Traf Sylvia Miles und sagte, wir müßten unbedingt zusammen zur Eröffnung von Marianne Hintons »Tromp L'Oeil Gallery« am kommenden Dienstag gehen. Sie heißt nämlich »Opening of a Loo«, und wenn Sylvia und ich hingehen, können wir endlich von uns behaupten, daß wir bei der Eröffnung einer Toilette dabei waren.

Montag, den 22. Juli 1985 Sah mir »Kiss of the Spider Woman« (»Kuß der Spinnenfrau«, Regie Hector Babenco, 1985) an (Taxi $ 6.00). Jane Holzer hat den Film mit diesem David Weisman von »Ciao Manhattan« produziert. Ich kann Weisman nicht ausstehen, und deshalb gebe ich ungern zu, daß mir der Film gefallen hat. Ich glaube, die Leute mögen jetzt künstlerisch angehauchte Filme. Es ist die Zeit dafür.
Ich mußte früh heimgehen und meine Haare färben, weil ich am nächsten Tag den Auftritt für »Commodore«-Computer im Lincoln Center hatte. Färbte auch meine Augenbrauen. Schwarz. Ich färbe sie immer zuerst schwarz und lasse dann ein bißchen Weiß stehen. Ich bin nämlich ein Künstler, Süße!

Dienstag, den 23. Juli 1985
Der Tag begann fürchterlich. Ich wachte auf, und sofort dachte ich an meinen Auftritt und daran, daß es sich für nichts lohnt, solche Ängste auszustehen und schon beim Aufwachen in Panik zu geraten. Da ich um 9.00 im Lincoln Center sein mußte, stand ich um 7.30 auf (Taxi $ 4.00). Debbie Harry war schon vor mir da. Sie ist jetzt wieder blond und hat noch mal zehn Pfund abgenommen. Wir zogen

die Sache durch. Der einfachste Teil war der mit der Presse, das war wirklich einfach. Sie sagten, wir sollten um 5.30 zurücksein.

Ich hatte den ganzen Tag Lampenfieber und redete mir ein, wenn ich bei so was wirklich gut wäre, könnte ich so mein Geld verdienen und bräuchte nicht mehr zu malen.

Um 5.30 ging ich wieder hin, und wir machten weiter. Ich dachte schon, ich würde umkippen. Aber ich zwang mich dazu, ans lukrative nächste Mal zu denken und machte weiter. Die Zeichnung wurde grauenhaft, aber ich nannte sie ein »Meisterwerk«. Es war eine echte Katastrophe. Ich sagte, daß ich schon immer wie Walt Disney hätte zeichnen wollen und es mir auch gelungen wäre, wenn es vor zehn Jahren schon diesen Computer gegeben hätte.

Die Nachrichten sind voll davon, daß Rock Hudson in Paris AIDS hat. Jetzt werden die Leute wohl endlich glauben, daß er schwul ist. Früher haben sie es einem nie geglaubt.

Donnerstag, den 25. Juli 1985

Es klingelte an der Tür, und Doc Cox holte mich ab. Im »Il Cantinori« gab es ein Dinner mit Chris und ein paar Gewinnern des »Interview«-Wettbewerbs. Ich erzählte ihm, als ich so lange nicht bei ihm gewesen sei, hätten sich die Ärzte der Versicherung um mich gekümmert, also kein Grund zur Besorgnis. Die Gewinner sahen toll aus, solange kein richtiges Model vorbeikam, aber dann sah man den Unterschied. Ein Model ist eben doch ein Model.

Dann lud ich alle ins »Palladium« zur Sechziger-Jahre-Party ein. Wir hatten keine Probleme hineinzukommen, weil Steve Rubell neben der Tür stand. Wir gingen also rein, und, mein Gott, wie ich diesen Laden hasse, wenn er so heiß und voll ist. Ich schwitze sonst nie. Wirklich. Aber diesmal doch ein bißchen (Drinks $ 20.00).

Martin Burgoyne kam herüber und lud mich ein, ihn im August nach L.A. zu Madonnas Hochzeit zu begleiten.

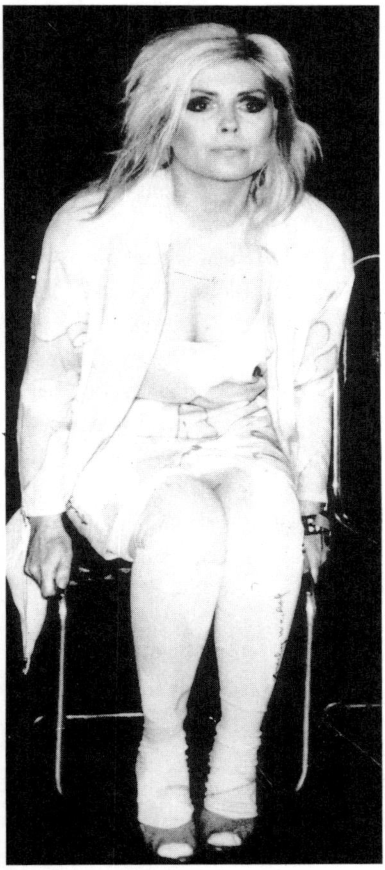

Debbie Harry *(Andy Warhol)*

Samstag, den 27. Juli 1985

Ich rief Keith an, um ihm zu erzählen, daß mich Martin zu Madonnas Hochzeit eingeladen hatte. Keith ist auch eingeladen. Wir nahmen ein Taxi und fuhren mit Paige zur Ecke Wooster und Broadway ($ 5.00). Die Frau vom »Artforum« gab in einem schönen großen Loft eine Party für Clemente. Bianca kam an Krücken, und ich war froh, daß ich ihr Blumen geschickt hatte. Der schwarze Graffiti-Maler Rammellzee war da und schockte mich. Er sagte: »Unterhalten Sie mich und zeigen Sie mir, warum Sie so berühmt sind.« Und ich erstarrte zu Eis. Wir beschlossen, zum Dinner ins »Il Cantinori« zu gehen.

Dort trafen wir uns mit Jade und ihrem Freund. Sie sagte, alle hielten sie für das glücklichste Mädchen der Welt, weil sie so tolle Eltern habe, aber die Leute hätten ja keine Ahnung, wie schwierig das sei. Sie kann

es kaum noch erwarten, zu heiraten und ein Kind zu haben, das zu Bianca und Mick »Oma« und »Opa« sagt. Ich empfahl ihr Steve Rubell als Ehemann, und sie sagte: »Er wäre nicht treu.« Und Steve sagte: »Ja, wärst du *mir* denn treu?« Darauf sie: »Das müßte ich mir überlegen.« Und das war eine gute Antwort.
Keith ging auf eine Acid-Party in der 108. Straße und setzte uns ab.

Montag, den 29. Juli 1985
Keith rief an und sagte, nach Calvins Ansicht sei das »Bel Air« etwas für alte Damen, und Steve Rubell versuche, im »Beverly Hills« etwas zu kriegen. Für Madonnas Hochzeit. Ich glaube, sie wollen Leute mit aufs Zimmer nehmen, und soweit ich weiß, geht das im »Bel Air« nicht.
Ging ins »Café Luxembourg« (Taxi $ 4.00). Carl Bernstein war da und winkte mir zu. Er hatte drei Mädchen bei sich. Und David Byrne von den »Talking Heads« war da, aber ich weiß nie, was ich mit ihm reden soll. Martin Burgoyne war bei uns. Er hatte sich das Haar hochgesteckt und sah aus wie eine Frau. Er ist erst 21, aber er sieht so fertig aus. Und Keith Haring sagte, er könne Geschichten darüber schreiben, mit wem Madonna Sex hatte, als sie bei ihm wohnte und auf seiner Couch schlief...

Dienstag, den 30. Juli 1985
Fred will mit uns zu Madonnas Hochzeit nach L. A.
Am Abend erzählte mir Keith, daß er Yoko Ono um $ 200 000.00 gebeten habe. Ich war schockiert. Er wollte das Geld für seinen Laden. Ich sagte: »Aber Keith, du hast doch genug Geld.« Doch er sagt, er wolle seine Bilder jetzt noch nicht zu Geld machen. Er glaubt nämlich, daß sie im Wert steigen. Laut Keith hat Yoko zwar zugegeben, daß sie viel Geld hat, doch angeblich hat sie nichts flüssig, weil alles fest angelegt ist. Ich war schockiert, daß er sie gefragt hatte, richtig schockiert, aber er schien sich nichts dabei gedacht zu haben.
Traf Yoko und ihren Freund Sam Havadtoy und begleitete sie ins »Dakota«. Er ist Ungar und will in sein Land, um ein großes Haus zu kaufen. Und er läßt sich von Yoko nicht herumkommandieren. Er ißt Zucker, trinkt und nimmt keine Rücksicht auf sie. Vermutlich ist sie jetzt diejenige, die herumkommandiert werden will. Er sagt, er will nicht, daß Sean Schauspieler wird, weil er findet, daß Sean etwas anderes machen sollte. Er redet so, als sei er der Vater.

Freitag, den 2. August 1985
Tina Turners Konzert war großartig. Ich war immer der Meinung, daß sie Mick Jagger kopiert, aber dann erzählte mir jemand, daß *sie ihm* das Tanzen beigebracht hat.

Montag, den 5. August 1985
Gael rief an und sagte, Kim Basinger sei für das November-Cover von »Interview« vorgesehen. Ich sagte: »Waaas?« Ich meine, sie ist schon etwas älter und wird nie groß rauskommen, und selbst wenn – na und? Diese Yuppie-Filmstars finde ich nur langweilig, verstehst du?
Und ich will eine Madonna-Schlagzeile machen – die aus der »Post«: »NACKTFOTOS VON MADONNA – NA UND?« Ich will ein altes Foto von ihr verwenden, das gut dazu paßt. Aber Keith will das Foto nehmen, das *er* von ihr und Sean Penn gemacht hat. Es ist irgendwie grau. Ich will aber beide Versionen ausprobieren. Wir machen nämlich zusammen ein Bild als Hochzeitsgeschenk.
Walter Stait rief an und erzählte, daß Ted Carey in East Hampton gestorben ist.

Dienstag, den 6. August 1985
Benjamin holte mich am Morgen ab; es war ein schöner Tag. Und weil mein Geburtstag war, beschloß ich, mir den Tag zu versüßen und mir alles zu erlauben, worauf ich Lust hatte (Taxi $ 6.00).

Dieser ganze Geburtstagsrummel. Bernhard, der als Transvestit auftritt, ist wirklich clever. Er brachte mir das tollste Geschenk – ein wundervolles Päckchen von »Van Cleef & Arpels« mit einem wundervollen Schmuckkästchen darin. Ich war ganz aufgeregt. Und in dem Schmuckkästchen lag eine Karte, auf der maschinegeschrieben stand: »Andy Warhol will nichts zum Geburtstag.« Ich hatte nämlich einer Zeitschrift gesagt, was in meinen Augen das beste Geburtstagsgeschenk sei: »Nichts.« Und so wurde ich mit meiner eigenen Philosophie konfrontiert, und (lacht) das hat mich schwer frustriert. Es war toll. Es ist schon schlimm, wenn man seine eigenen Worte fressen muß, aber weitaus schlimmer ist es, wenn sie in einem Schmuckkästchen von »Van Cleef & Arpels« zu einem zurückkommen.

Stephen Sprouse brachte mir ein Geschenk, eins seiner alten Bilder. Keith fragte mich, wer beim Dinner dabeisein sollte, und lud mich zum Geburtstag zu einem Softballspiel in der Leroy Street ein. Matt Dillon spielte mit Futuras Graffiti-Team gegen das Team von Glenn O'Brien. Ich hatte also was, worauf ich mich freuen konnte.

Und Ronnie spielte in Glenns Team mit. Und dann kam ein Mädchen mit einem kleinen Hund vorbei, blieb stehen und sagte: »Hallo.« Du errätst nie, wer es war: Gigi! Sie sagte, sie sei seit zwei Wochen wieder mit Ronnie zusammen. Und ich mußte den Hund ansehen und daran denken, wie Ronnie die Katzen ersäuft hat, als er und Gigi sich getrennt haben. Und jetzt hat er mit Tama Janowitz Schluß gemacht, die doch wirklich nett war. Gigi sagte, sie arbeite beim Film.

Donnerstag, den 8. August 1985

Tama Janowitz kam ins Büro, um Paige zu besuchen. Tama ist verletzt, weil Ronnie wieder mit Gigi geht, und ich trat wieder mal ins Fettnäpfchen, weil ich ständig Ronnies Namen erwähnte, ohne es zu wollen. Es schien ihr nichts auszumachen, aber dann brach sie zusammen und sagte, sie sei immer noch so verliebt und wisse nicht mehr aus noch ein. Ich sagte, sie sei begabt und schön und habe alles, was ein Mann sich nur wünschen kann, und ich verstünde nicht, warum Ronnie sie wegen einer so schrecklichen Person wie Gigi verlassen konnte. Sie war ganz glücklich, als sie mich so reden hörte. Und dann sagte ich ihr, daß sie über diese Romanze hinwegkommen und sie als Stoff zum Schreiben ansehen soll.

Montag, den 12. August 1985

Cornelia sah toll aus auf der Party letzte Nacht in Harry Winstons Juwelierladen an der Ecke der 55. und Fifth Avenue. Anlaß für die Party war der Film »Key Exchange«; Winstons Sohn Ronnie ist einer der Produzenten. Cornelia hatte ein goldgelbes Kleid an und trug ihren langen blonden Zopf. Vor ein paar Wochen hatte sie das Kleid an jemandem gesehen und sofort rausgekriegt, wo man es kaufen konnte – so was kann sie gut. Am nächsten Tag ging sie dann hin und kaufte es, bei »Bloomingdale's«. Es kostete nur $ 40.00, aber wenn sie es trägt, glaubt man, es hat Tausende

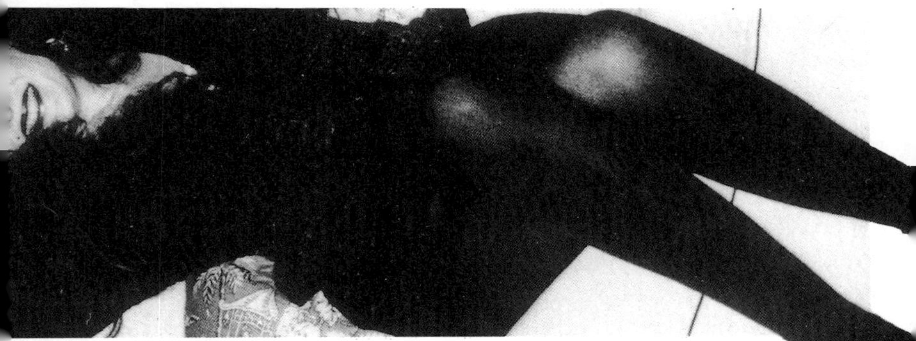

Tama Janowitz *(Andy Warhol)*

gekostet. Es besteht aus einem lockeren Oberteil und einem Minirock. Sie war die bestaussehende Frau auf der Party. Ohne ihr Champagner-Doppelkinn wäre sie perfekt.

Dienstag, den 13. August 1985
Dolly Fox kam ins Büro. Ich machte sie mit Cornelia bekannt. Sie verstanden sich prima. Sie redeten über Leute, die sie mal miteinander bekanntgemacht hatten und die sich daraufhin ineinander verliebt hatten. Sie fragten sich, warum ihnen so was nicht passiert. Dolly sagte, sie seien einfach zu reich. Dolly mußte nämlich Julianne regelrecht dazu überreden, zu Bruce Springsteen hinter die Bühne zu gehen, und als sich Bruces und Juliannes Blicke trafen, war's passiert. Ich fragte Dolly, ob sie mit Bruce gebumst habe, bevor sie ihn mit Julianne bekanntmachte. Nein, sagte sie, aber beinahe. Und dann fragte ich, ob Julianne es gleich in der ersten Nacht mit Bruce getrieben habe. Nein, sagte sie, nicht in der ersten. Dolly hat auch ihre Freundin Dana mit Eric Roberts bekanntgemacht, und er hat daraufhin sofort Sandy Denis verlassen und heiratet jetzt Dana. Dolly sah toll aus – sie hat perfekte Augenbrauen und ein perfektes Augen-Make-up.

Mittwoch, den 14. August 1985
Gestern kam Keith und wollte meinen Projektor benutzen. Er muß gewußt haben, daß ich einen besitze, also (lacht) konnte ich es ihm nicht abschlagen. Er hatte einen Baseballspieler mit. Und Martin Burgoyne, mit dem ich zu Madonnas Hochzeit gehe, wird von »People« großzügig genährt und getränkt, weil sie Details über die Hochzeit von ihm herausbekommen wollen. Bis jetzt weiß niemand, wo sie sein wird. Und Martin wird die ganze Nacht an der Tür stehen müssen, um die richtigen Leute reinzulassen, besonders die wichtigen, die Sean und Madonna jetzt noch irgendwo treffen und in letzter Minute einladen. Als ich gestern den Telefonhörer abnahm, war Dolly Parton am Apparat. Sie war süß und sagte: »Hallo, Andy! Weißt du, wer dran ist?« Und ich sagte: »Mein Gott, bei so einer Stimme…« Sie will ihrem Agenten Sandy Gallin ein Porträt von sich schenken und fragte mich, was es kosten würde.

Dolly Fox *(Pat Hackett)*

Das machte mich verlegen. Ich sagte, da müsse sie Vincent oder Fred fragen. Sie will Freitag nachmittag nach L.A., also vereinbarten wir für Freitagmorgen um 11.00 einen Fototermin. Ich hoffe, es klappt.
Heute sollte eigentlich die Stallone-Ausgabe erscheinen. Alle reden von dem Stallone-Interview – sie sagen, daß er einen intelligenten Eindruck macht. Ist das möglich?

Donnerstag, den 15. August 1985, New York – Los Angeles
Wir mußten zwölf Stunden am Boden warten. Wir bekamen keine Starterlaubnis wegen Sturms in den Gebieten, die wir überfliegen mußten. Und dann bekam Diane Keaton Krach mit der Stewardeß. Sie wollte aussteigen, aber man wollte sie nicht lassen, weil nur noch eine Maschine vor uns war. Am Ende war der Kapitän den Tränen nahe und sagte, so etwas sei ihm noch nicht vorgekommen, und er könne das Flugzeug jetzt nicht mehr wenden, um Diane aussteigen zu lassen. Auch Steve Rubell stritt sich mit der Stewardeß. Er wartete allerdings, bis

wir gestartet waren, weil er nicht rausgeworfen werden wollte. Aber kaum waren wir in der Luft, schrie er sie an: »Sag mir deinen Namen, du Schlampe!« Es war ein Flug der Pan Am.
Gegen 1.30 waren wir schließlich in L.A., und ich fuhr zum »Beverly Hills Hotel«.

Freitag, den 16. August 1985, Los Angeles Dieses Wochenende war wirklich das interessanteste meines Lebens. Martin ging relativ früh am Morgen runter zum Friseur. Wir fuhren mit einer Limousine hinaus nach Malibu, und als wir in der Ferne Hubschrauber sahen, wußten wir, daß dort die Hochzeit war. Die Reporter hatten einen Tip bekommen, und jetzt schwebten etwa zehn Hubschrauber über dem Ort, an dem die Hochzeit stattfand. Es war wie in »Apocalypse Now«. Und an einem der Hubschrauber hing eine Frau mit einer Kamera. Alle versuchten, so nah wie möglich ranzukommen. Und Wachmänner holten getarnte Fotografen aus den Büschen. Ich sah mir Madonna ganz genau an, und sie *ist* schön. Sie und Sean sind sehr ineinander verliebt. Sie trug ein weißes Kleid und dazu eine schwarze Melone. Ich weiß auch nicht, was das bedeuten sollte. Jemand erzählte, Sean habe vergangene Nacht auf die Hubschrauber geschossen. Diane Keaton war wirklich die einzige langweilige Berühmtheit, die da war.
Und es war genau die richtige Mischung von unbekannten und berühmten Leuten. Sean kam und begrüßte uns. Und die gutaussehenden Verwandten von Madonna waren da, ihre sämtlichen Brüder. Madonna und Sean war anzusehen, daß sie einander sehr lieben. Wirklich, es war unglaublich aufregend, man macht sich keine Vorstellung.
Und Steve Rubell war bei der Hochzeit total weg, vermutlich Methaqualon. Und ich glaube, ich habe gesehen, wie ihn Madonna von sich gestoßen hat, und später kotzte er dann im Wagen. Sie tanzte mit dem einzigen kleinen Jungen, der da war. Und man konnte jeden gut sehen, denn das Fest war nämlich in einem Zelt, und es war nicht zu voll. Die jungen Filmschauspieler sahen aus, als hätte man sie in die Anzüge ihrer Väter gesteckt, beispielsweise Emilio Estevez und Tom Cruise. Alle haben muskulöse Beine und sind um die 1,80 m. Ich glaube, so ist der neue Hollywood-Typ. Ach ja, als wir aufbrachen, sprang Tom Cruise in unser Auto, um sich vor den Fotografen zu retten. Ich traute meinen Augen nicht. Sein Wagen stand weiter unten an der Straße.

Samstag, den 17. August 1985, Los Angeles Ich fand das »Beverly Hills Hotel« unmöglich. Ich hatte zwei Fernsehgeräte, aber keine Fernbedienung. Und das Badezimmer war schlimmer als in einem »Holiday Inn« der fünfziger Jahre. Ich frage mich, wie darin eine Frau zurechtkommen soll – ich kam selbst kaum zurecht. Es gab kein Licht. Dafür war ein neues Gerät da, das könnte ein Fön gewesen sein.
Steve Rubell wollte uns nicht zu Dolly Parton begleiten. Er blieb im Bett und telefonierte. Es ist schon komisch, Steve zu beobachten: Er gibt sich alle Mühe, als »Persönlichkeit« aufzutreten. Wenn er zum Beispiel Ketchup ißt und Coca-Cola trinkt, betont er ununterbrochen, wie sehr er das mag und genau auf diese Weise. Und alles nur, damit man ihn als »Persönlichkeit« in Erinnerung behält. Man könnte meinen, er habe ein Buch darüber gelesen, wie man Eindruck macht und sich ins Gedächtnis einprägt. Und setzt jetzt alles um, was drinsteht. Er bestellt sich was zu essen und läßt es dann stehen. Jeder von uns bestellte sich ein Eis, aber er machte eine Show daraus. Er ließ es stehen, wartete, bis es geschmolzen war und schlürfte es aus. Und dann sagte er, er habe das schon als Kind so gemacht, wenn ihm sein Vater ein Eis kaufte.

Nahmen ein Taxi und besuchten Dolly Parton in Sandy Gallins Haus. Dolly will nicht, daß bekannt wird, wo sie wohnt, weil sie Morddrohungen gekriegt hat. Wahrscheinlich war sie deshalb so entsetzt, daß wir so viele Leute mitbrachten, aber Keith und die anderen hatten sich in den Kopf gesetzt, den Tag nur mit Stars zu verbringen. Sandy Gallin hatte schon die Stellen ausgemessen, wo er die Porträts aufhängen wollte. Dann gingen wir zu Fuß ins Hotel.

Rief bei Cher an, und der Anrufbeantworter lud jeden zu einer Grillparty ein, die bei ihr im Gang war.

Wir gingen also zu Chers Haus, und man ließ uns auch rein, aber es entging uns nicht, daß Cher und ihr Freund von unserem plötzlichen Auftauchen ziemlich geschockt waren. Cher servierte Schweinefleisch mit Bohnen, und es schmeckte sehr gut, doch sie wollte uns das Geheimnis des Wohlgeschmacks nicht verraten. Aber dann gab sie doch zu, daß sie eine Dose Campbell's geöffnet und eine Menge scharfe Soße rangeschüttet hatte.

Cher erzählte, Madonna habe sie bei der Hochzeit gefragt, wie sie den Kuchen anschneiden sollte. Und Cher sagte: »Als ob ich das wüßte.« Und dann fragte Madonna die Leute, ob sie den Kuchen auf Tellern haben wollten, und schließlich gab sie jedem ein Stück in die Hand. So was ist »urig«.

David Horii, der neue Illustrator bei »Interview«, kam mit zum Dinner bei »Mr. Chow's«, und ich sagte Fred, David sei sehr gut. Aber Fred hatte einen seiner schlechten Tage und sagte: »Da müßte ich schon Arbeiten von ihm sehen. Ich kenne seine Mappe noch nicht.« Und ich sagte: »Also Fred, wenn ich es dir sage: dieser Mann ist sehr gut.« (Dinner $ 530.00).

Sonntag, den 18. August 1985, Los Angeles – New York Wir kamen zurück nach New York. Ich stieg an meiner Straßenecke aus (mein Anteil an der Limousine $ 50.00) und ging die 66. Straße entlang zu meinem Haus. Plötzlich rief eine Frau: »Andy!« Und als ich mich nicht herumdrehte, schrie sie: »Deine Mutter ist eine Hure.« Es ist eigenartig, wenn eine Frau so was ruft. Es weckte schlechte Erinnerungen an Valerie Solanis und ihre Schüsse.

Donnerstag, den 22. August 1985 Sprach mit Sandy Gallin über den Dolly-Parton-Auftrag. Fred bat ihn um eine Anzahlung, und er versprach, sie zu schicken.

Dienstag, den 27. August 1985 Arbeitete bis 7.15

Susan Blond rief an. Sie hatte Karten für Boy George am Abend im Ashbury Park und sagte, Keith und ich könnten je zwei haben. Es war ein Benefizkonzert für »B'Nai Brith«. Wir gingen also mit Susan hin, kamen aber zu spät und verpaßten die erste Nummer. Wir gingen hinter die Bühne. Und als wir wieder ins Freie kamen, schrien die Kids: »An-dy, Andy!!!« Nur aus Jux. George gab drei Zugaben. Und er gab eine Million Autogramme, jetzt, nachdem er seine beste Zeit hinter sich hat – früher hat er sich immer geweigert. Er freute sich sehr, uns zu sehen.

Mittwoch, den 28. August 1985 Die Leute von »Miami Vice« riefen an und boten mir $ 325.00 für einen Auftritt in einer Folge. Fred lachte und sagte, sie sollten sich wieder melden, wenn sie mehr Geld aufgetrieben hätten. Sie schickten mir das Drehbuch, aber ich kam nicht dahinter, welche Rolle ich spielen sollte. Sie sagten, ich sei ein »puertoricanischer Gauner«, aber in »Miami Vice« kommen doch *nur* puertoricanische Gauner vor.

Gael sieht jetzt wirklich toll aus, schlank. Als sie hereinkam, sagte Chris: »Es geht bestimmt um ein Geburtstagsgeschenk.« Und (lacht) genauso war's.

Nahm Wilfredo mit zu dem Dinner, das Paige im »Texarkana« für Inserenten gibt (Taxi $ 5.00). Das gehört jetzt zu Paiges neuer Strategie, mit Inserenten umzugehen. Sie hat es einfach satt, immer mit niederen Chargen über Anzeigen zu verhandeln und hat deshalb beschlossen, nur die Firmenchefs einzuladen. Und wie sich gezeigt hat, haben die die meiste Zeit ohnehin nichts zu tun, langweilen sich und lechzen förmlich danach, auszugehen.

Sonntag, den 1. September 1985 Wir gingen nach »Meadowlands« zum Konzert von Bruce Springsteen. Es war aufregend, ein Meer von Menschen. Wir hatten Karten für die Pressetribüne, aber wir blieben auf dem Rasen. Dolly Fox und Keith konnten es kaum fassen, wie viele Autogramme ich den Kids aus Jersey geben mußte.
Das Konzert war lang, von 7.00 bis 11.30. Und die Choreographie, na ja, wenn das Choreographie sein soll, dann bin ich auch Choreograph. Übrigens glaube ich, daß ich im »Slam Dancing« ganz gut wäre. Ganz im Ernst. Bruce hat eine nette Lache, er kichert. Und er sieht jetzt gut aus. Als er noch jünger war, hat er überhaupt nicht gut ausgesehen. Hinterher gingen wir ins »P. J. Clarke's« (Dinner $ 110.00). Kam gegen 2.00 nach Hause.

Dienstag, den 3. September 1985 Ach ja, und ich habe gestern mit jemandem gesprochen und erfahren, daß Bruce Springsteen tatsächlich viel Geld spendet, deshalb mag ich ihn jetzt. Vielleicht können wir ein Cover mit ihm machen, wenn er für »Farm Aid« Publicity braucht.
Sah »American Flyer« (»Die Sieger«, Regie John Badham, 1985) an. Und als ich mir die Frau mit der Hakennase in dem Film genauer ansah, merkte ich, daß es Jennifer Gray war. Also ich finde das traurig. Ihr Vater hat sich eine neue Nase machen lassen, aber sie hat er nicht hingeschickt. Ist das nicht gemein? Allein schon wegen der Nase mußt man in den Film gehen – man *muß* das einfach gesehen haben. Und was Kevin Costner betrifft, der wird Karriere machen. Der Film ist wirklich gut.

Mittwoch, den 4. September 1985 Ich weiß nie, wann Fred nachts getrunken hat und wann nicht. Und ich weiß nicht, ob er sich so aufspielt, wenn er trinkt oder wenn er nicht trinkt. Jedenfalls kommt er sich vor wie Condé Nast oder so. Ich sagte, die Stallone-Nummer von »Interview« sei zwar toll, ich hätte aber nicht den Eindruck, daß sie sich finanziell trägt. Und er sagte, ja, ja, er wisse ganz genau, wieviel sie gekostet habe, er wisse al-les. Darauf sagte ich: »Na gut, wenn du alles weißt, dann weißt du eben alles. Aber darf ich dich an die Zeit erinnern, als wir riesige Schulden hatten und niemand etwas davon wußte? Aber wenn du alles weißt, dann ist es ja großartig.«
Ging zu Keiths Party in seinem neuen Loft (Taxi $ 3.00). Keith hatte eine gute Band und viele Mädchen da. Martin war da und sagte, Madonna sei sauer auf uns, weil wir »People« erlaubt hätten, die Bilder zu fotografieren, die Keith und ich ihr zur Hochzeit geschenkt haben. Sie hatten zuerst mich angerufen, und ich hatte abgelehnt, aber dann sagte ich, sie sollten Keith anrufen, vielleicht hätten sie bei ihm mehr Glück. Und deswegen war Madonna also sauer auf uns. Ich sagte Martin, er hätte dafür sorgen sollen, daß sie *nicht* sauer auf uns ist.

Freitag, den 6. September 1985 Jean Michel kam. Unsere gemeinsame Ausstellung ist Samstag. Aber beachtet werden Ausstellungen erst im Oktober und November. Der Termin liegt also zu früh, aber es ist schon in Ordnung so; es ist ohnehin nur eine kleine Sache. Jean Michel hat in seinem Rausch das Dolly-Parton-Porträt mit Farbe zugedeckt und es dadurch ruiniert. Und Sandy Gallin ruft dauernd an und sagt, daß er es sofort haben muß. Es wäre mir sehr recht, wenn sie mich nicht so hetzen würden. Ich will es nämlich wirklich gut machen, und es ist noch nicht fertig.

33 Goethe, 1982 ▸

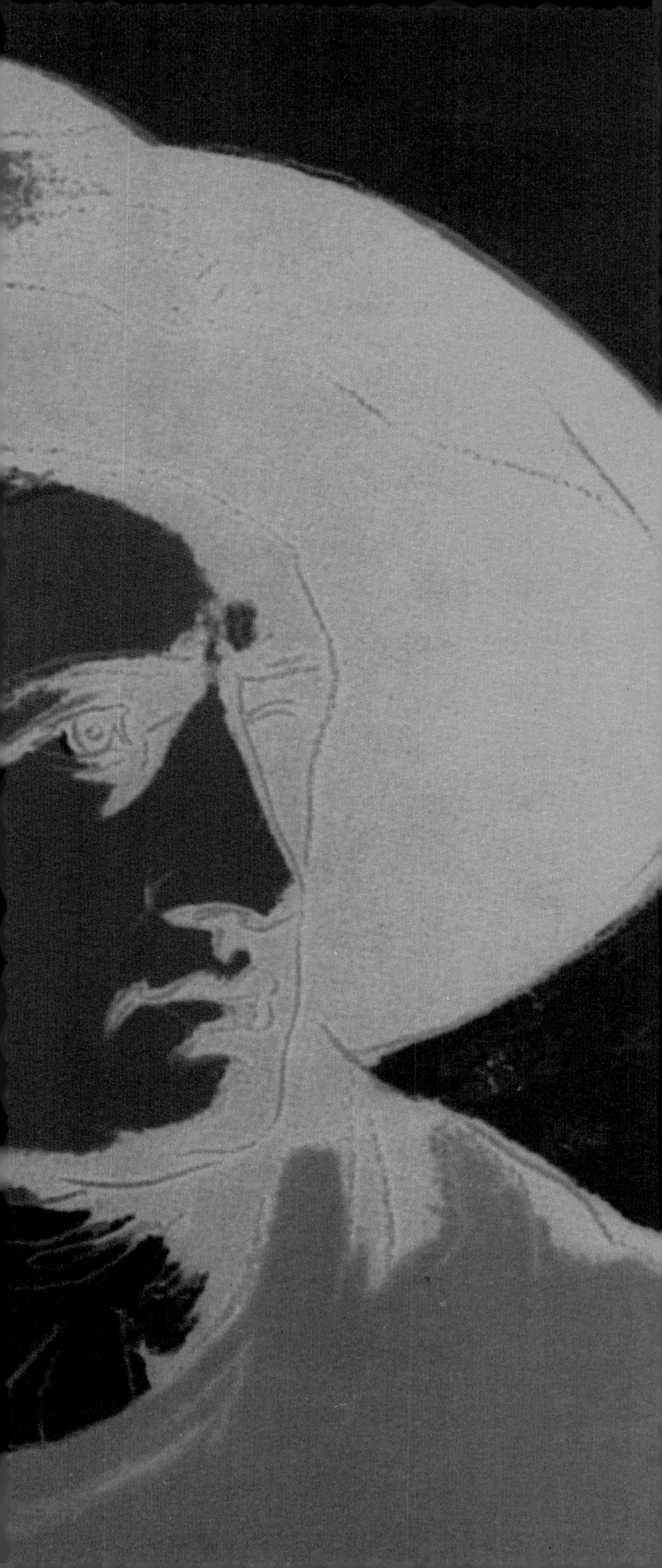

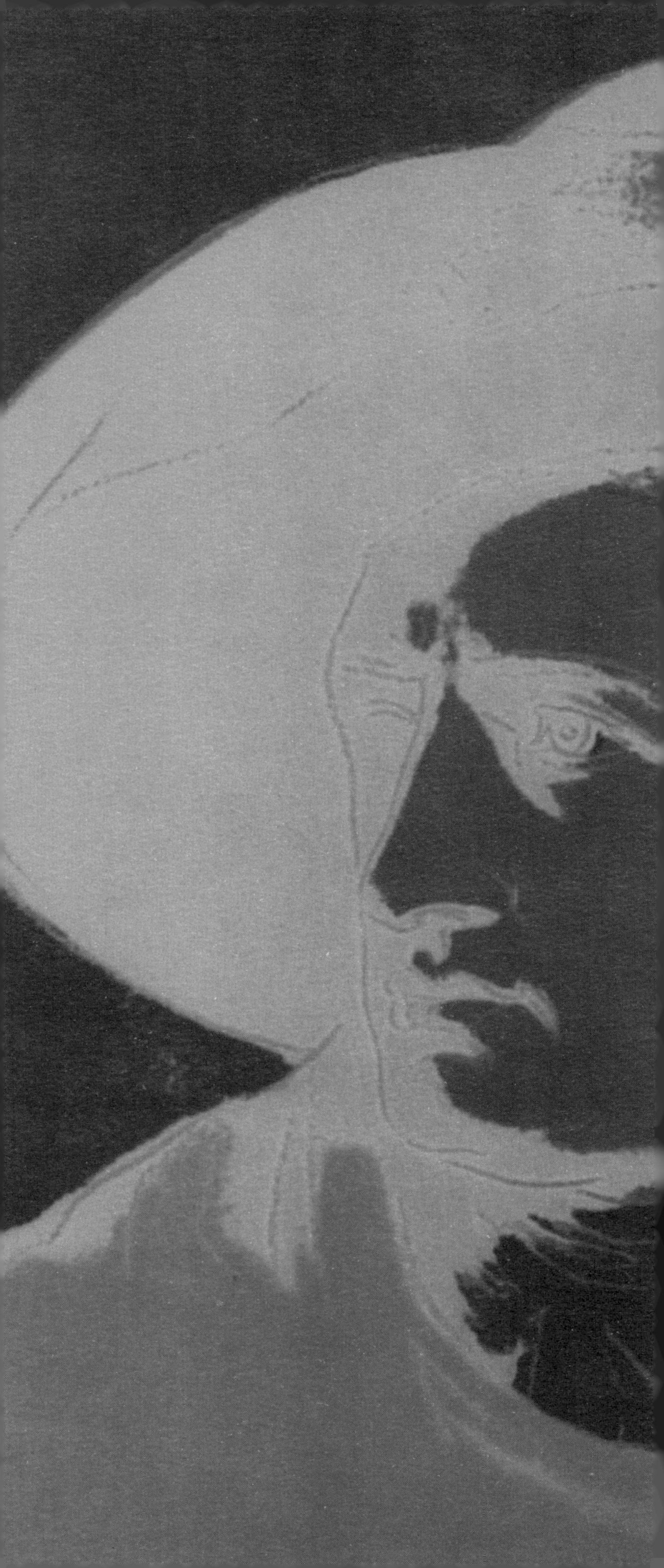

Samstag, den 7. September 1985 Ich hatte eigentlich einen Termin bei Dr. Karen Burke wegen der Collagen-Injektionen, aber es war so heiß draußen, und ich wollte keine Schmerzen.
Wilfredo kam ins Büro und half mir. Es sieht ganz so aus, als bekäme »Interview« Madonna auf den Titel der Weihnachtsnummer. Sean Penn und noch jemand wird sie interviewen. Und Madonna weiß genau, wie man sich in großer Hollywoodtradition schminken muß. Jemand muß es ihr gezeigt haben oder hilft ihr immer – das Make-up ist absolut perfekt. Sean wird der neue Dustin Hoffman. Er wird sich halten.

Montag, den 9. September 1985 Bekam Anrufe wegen des Dolly-Parton-Porträts: »Ist nun der Schönheitsfleck drauf oder nicht?« Ich hatte ihn weggemacht, aber sie wollen ihn draufhaben, also sagte ich Rupert, er solle ihn wieder draufmachen.
Ging dann mit Paige ins »La Colonna«, weil Estee Lauder ein neues Parfum kreiert hat. Es heißt »Beautiful«. Ist das nicht großartig? Jemand hat mir erzählt, daß die Leute heutzutage einen Duft wollen, von dem man sofort weiß, was es ist. Wie etwa »Giorgio«. Es ist eine Statussache. Ist das nicht interessant? Ich saß neben der Chefredakteurin von »Elle«. Ich habe mir neulich ein Heft gekauft. Es ist gut.

Dienstag, den 10. September 1985 Sandro Chia war zu Besuch, er ist wirklich süß. Die Nachricht kam, der Künstler Carl Andre habe womöglich seine Frau aus dem Fenster ihrer Hochhauswohnung in Greenwich Village gestoßen. In der Schlagzeile hieß es, er stehe unter Verdacht, aber der Artikel beschäftigte sich nur damit, wie sie vermutlich gefallen ist. Und Sandro sagte: »Sehr gut, sehr gut, man sollte alle Frauen umbringen.« Er läßt sich gerade scheiden.

Mittwoch, den 11. September 1985 Ein paar von Dolly Partons Porträts kamen zu hell heraus und ein paar zu dunkel. Und ständig riefen sie aus L. A. an und fragten, ob sie endlich fertig seien. Sie setzten mir so zu, daß ich schließlich sagte, ja, sie seien fertig. Aber ich hätte sie besser machen können.

Donnerstag, den 12. September 1985 Jean Michel rief an. Ich wappne mich schon innerlich für den großen Streit, den er unmittelbar vor der Eröffnung der Ausstellung unserer gemeinsamen Bilder in der »Shafrazi Gallery« mit mir anfangen wird. Die Eröffnung ist am Samstag.
Ach ja, und ich hatte der Frau im Auktionshaus ein schriftliches Gebot von $ 1200.00 für einen Armreif gegeben. Und nach der Auktion rief sie an und sagte, der Armreif sei für $ 850.00 weggegangen, weil sie mein Gebot nicht rechtzeitig habe reinreichen können. Ich sagte: »Das ist ja stark.« Na ja, ich kann auch ohne den Armreif leben, weil ich überhaupt ohne alles leben kann, aber es war ein schönes Stück.
Verabredete mich mit Stephen Sprouse zum Dinner im »Il Cantinori« (Taxi $ 6.00). Später kam Paloma mit Fran Lebowitz und ihrem Mann. Ich sagte zu ihnen: »Wollt ihr euch nicht zu uns setzen?« Und Fran sagte schroff: »Nein, wir warten auf jemand.« Und das war gelogen. Es kam niemand. Ich finde Fran schrecklich, denn das Dinner hätte so ein Spaß werden können – ich habe mich nämlich schon lange nicht mehr mit Paloma unterhalten.

Freitag, den 13. September 1985 Jean Michel rief an und sagte, er sei zu der MTV-Preisverleihung eingeladen. Keith rief an und erzählte das gleiche. Ich glaube, MTV sucht Künstler als Aushängeschilder. Keith war sauer, weil er nur Karten fürs Zwischengeschoß bekommen hatte. Jean Michel kam mit einer Limousine und wollte nicht mit Keith fahren, weil der sich seiner Meinung nach immer zu sehr in den Vordergrund drängt. Und es war dann auch ziemlich zum Kotzen, weil Keith unter al-

len Umständen fotografiert werden wollte. Er wollte mit mir gehen, damit er auch ganz bestimmt fotografiert würde.
Als wir zur »Radio City« kamen, war dort eine riesige Menschenmenge, aber die Fernsehkameras waren bereits abgebaut, und Keith war sauer. Dann gingen wir ins »Odeon«, weil wir vor Hunger fast umkamen. Aber Keith wäre am liebsten gleich ins »Palladium« gefahren, weil er die Stars nicht verpassen und Cher wiedersehen wollte. Kaum saßen wir also im »Odeon«, wollte er schon wieder weg. Angeblich hatte er keinen Hunger. Er sagte: »Ich habe schon gegessen.« Dabei wußte jeder, daß er nichts gegessen hatte, denn wir waren schließlich seit Stunden zusammen. Ich mag Keith eigentlich gern, aber das fand ich zum Kotzen. Das Dinner war billig, ich glaube, weil keiner was getrunken hat ($ 135.00).
Dann fuhren wir in der Limousine zum »Palladium« und blieben dort eine oder zwei Stunden.

Samstag, den 14. September 1985 Einer von diesen leeren Tagen, die man am liebsten aus dem Gedächtnis streichen würde. Arbeitete bis 7.00. Rief Jean Michel an und holte ihn ab.
Gingen zur »Tony Shafrazi Gallery«. Voll von Wand zu Wand. Sie hatten einen Türsteher von der »Danceteria«. Man wurde hinein- und wieder hinausgeführt. Gerard Malanga bat mich um ein Autogramm. Taylor Mead war da. Und René Ricard. Die Bilder sahen wirklich großartig aus; sie schienen allen zu gefallen. Tony trank im Parterre mit ein paar Leuten Champagner, aber es waren die immergleichen Leute mit dem immergleichen Geschwätz. Ich trug das Stefano-Jackett mit Jean Michels Bild auf dem Rücken, aber ich habe beschlossen, solche ausgefallenen Sachen nicht mehr zu tragen, weil ich darin wie ein Spinner aussehe. In Zukunft trage ich vorwiegend Schwarz.

Montag, den 16. September 1985 Fred fliegt nach L. A., weil das Haus an der Doheny nicht mehr für uns in Frage kommt – die Raumaufteilung kann nicht geändert werden. Die neue Nummer von »Interview« ist raus. Das Cover mit Schwarzenegger gefällt mir gut, es hat was von einem Comic-Heft. Ich mag das ganze Heft. So sollte »Vanity Fair« aussehen. Genau der richtige Anteil von verrückten Dingen.

Dienstag, den 17. September 1985 Benjamin und ich gingen zu »Sotheby's« und sahen uns die große Indienausstellung an. Millionen Sachen. Ich versäumte den Lunch, den Kenny Lane für Jackie O. gab. Irgendeine Maharani ist in der Stadt, und Jackie hat das Indienbuch gemacht.
Arbeitete bis 7.30, war spät dran.
Fuhr zu einer Party zum Pier 17 (Taxi $ 7.00). Dieses riesige neue Restaurant auf dem Wasser ist so lang wie ein ganzer Block. Irgendwie war die Party schon zu Ende. Jellybean war im Aufbruch; Matt Dillon war betrunken und gab vor seinen Freunden an: »Hallo, Andy!« Er schüttelte mir die Hand, legte mir herzhaft männlich den Arm um die Schulter. Und dann gab er mir eine Art Kuß.

Mittwoch, den 18. September 1985 Die Leute von Campbell's Soup Company mochten das Bild überhaupt nicht, das sie in Auftrag gegeben hatten. Sie wollten genau das, was sie gesagt hatten – ein Bild ihrer neuen Packung. Und ich hatte versucht, etwas Raffiniertes zu machen, es nach mehr aussehen zu lassen, aber das gefiel ihnen nicht, und jetzt muß ich alles noch mal machen.
Und jetzt zur schlimmsten Neuigkeit des Tages: Ich hatte von Sandy Gallin nichts mehr wegen der Dolly-Parton-Porträts gehört und rief deshalb dort an. Die Sekretärin war dran und sagte: »Ohhh, Sandy ist die Sache sooo peinlich!« Und dann sagte sie, daß die Porträts überhaupt nicht meinem Stil entsprächen. Sandy mag die Bilder einfach nicht, sagt sie. Und nach einer Viertelstunde rückte sie endlich mit der Frage raus, ob Sandy seine $ 10 000.00 zurückhaben könne.

Und ich sagte: »Ja, natürlich, aber will er nicht, daß ich die Bilder *noch mal* mache?« Und sie sagte, sie hätten etwas Bunteres, Poppiges erwartet. Na ja, aber ich hätte es eigentlich wissen müssen, weil alles schon so komisch anfing, als Dolly anrief und sagte, daß *sie* die Porträts kaufen wolle – als Geschenk für Sandy. Also, ich glaube, das war nur ein Versuch, einen günstigeren Preis zu kriegen, denn als ich sagte: »Dolly, ich hätte Lust, *dir* ein Bild zu schenken, weil du so nett bist und Sandy die Porträts schenken willst«, riefen sie zurück und sagten: »Also, wenn du schon ein Porträt *umsonst* hergeben willst, warum gehst du dann nicht lieber mit dem Preis für alle herunter?« Kapierst du? Hollywood. Gut, ich habe daraus gelernt. Das nächstemal werde ich sie für die Bilder arbeiten lassen: Dann sollen sie kommen und sagen, ob ihnen die Bilder gefallen, jeden einzelnen Schritt sollen sie begutachten – ich nehme sie hart ran. Ach ja, und dann sagten sie auch noch, ich könnte ja versuchen, die Bilder zu verkaufen, die »Erlaubnis« dazu würden sie erteilen. Also, es war schrecklich.

Donnerstag, den 19. September 1985 Im Büro war viel los. Fred hatte einen Termin mit Bruno. Und Rupert hatte die Idee, für den Campbell-Auftrag eine Leinwand über eine Packung zu spannen. Ging früh weg und war beim Hundedoktor (Taxi $ 6.00).

Und ich versäumte die Ausstellungseröffnung von Paiges mexikanischem Künstler. Es ist der zweite Versuch, und Paige tut mir leid: Genau in die Eröffnung platzte die Nachricht von dem Erdbeben in Mexiko. Es war wirklich schlimm, 7,8 auf der Richter-Skala. Er hat einfach kein Glück, dieser junge Künstler.

Jean Michel holte mich mit einer Limousine ab. Wir fuhren ins Rockefeller Center zu Steven Greenbergs Party in seinem Büro, zwei Stockwerke über dem »Rainbow Room«. Es hat zwei Terrassen, und seine Kunstwerke sind etwa $ 10 Millionen wert. Dieser Greenberg – er hat einen weißen Pagenschnitt – ist der Typ, der mir den »Commodore«-Computer-Job im Lincoln Center verschafft hat. Ich glaube, er lebt vom Investieren. Es waren eine Menge Kids da, großartig. Kids aus der Stadt. Wunderbares Make-up, androgyne Jungs, einfach

Steven Greenberg *(Andy Warhol)*

schön. Ich dachte, es wäre toll, wenn man den »Rainbow Room« wieder zum Leben erwecken könnte.

Auf dem Weg ins »Area« beschlossen wir, ins »Odeon« zu gehen. Im »Odeon« ließ ich mir die Zeitung bringen. In der »Times« vom Freitag entdeckte ich eine dicke Schlagzeile: »BASQUIAT UND WARHOL IM PAS DE DEUX«. Und ich las nur eine Zeile – Jean Michel sei mein »Maskottchen«. O Gott!

Freitag, den 20. September 1985 Ich mußte zu meiner Eröffnung in der »Leo Castelli Gallery«. Ausgestellt wurde das »Reigning Queens«-Portfolio. Und ich hasse George Mulder, weil er es hier in Amerika zeigt. Das Portfolio war ausschließlich für Europa bestimmt – hier schert sich doch niemand um Majestäten, und ich kriege bloß wieder schlechte Kritiken. Jean Michel habe ich gesagt, er soll zu der Ausstellung nicht kommen. Ich habe ihn gefragt, ob er sauer auf mich sei wegen dieses Artikels, in dem er als mein Maskottchen bezeichnet wird. Er sagte nein.

Sonntag, den 22. September 1985 Ging zur Kirche. Ich gehe immer nur fünf Minuten. Fünf oder zehn Minuten. Meist ist es ganz leer, manchmal ist aber auch eine Hochzeit. Dann fuhr ich mit dem Taxi zum Flohmarkt, Ecke Sixth Avenue und 26. Straße ($ 6.00). Es war ein schöner Tag. Man kann Fiestaware immer noch billig bekommen. Wahrscheinlich ist sie nie gut gegangen.

Montag, den 23. September 1985 Bekam einen Brief von Sandy Gallin, in dem stand: »Vielen Dank für Deine Geduld!« Und ich habe keine Ahnung, was das bedeuten soll.
Fred will nicht, daß ich seinen neuen Sekretär, Sam Bolton aus Newport, verwöhne. Ich soll nicht mit ihm ausgehen. Aber er wäre ein guter Begleiter fürs Kino.

Dienstag, den 24. September 1985 Den Campbell-Leuten hat der Entwurf sehr gefallen – der rosafarbene.
Zu Hause lag eine Nachricht, ich solle Sandy Gallins Sekretärin anrufen. Also rief ich an. Sie war ganz überschwenglich und fragte mich, ob ich die Blumen bekommen hätte – es waren die kleinsten Orchideen, die ich je gesehen habe. Sie war aufgedreht, und ich hätte am liebsten gesagt: »Ach, sparen Sie sich das und kommen Sie zur Sache.« Aber ich weiß ja, daß sie bloß ihren Job macht, und wollte es deshalb nicht wirklich sagen. Und sie plapperte und heuchelte mir was vor, und schließlich forderte sie das Geld für Sandy zurück. Ich sagte, ja natürlich, ich schicke es ihm.
Manchmal macht es Fred ja Freude, sich mit Leuten anzulegen, und vielleicht sollte er das in diesem Fall auch tun. Dann kann ich der nette Junge bleiben. Denn was war das denn? Erst jagt man mich husch-husch-husch an die Arbeit und dann das. Also aß ich danach etwas Schokolade, sah fern und schlief ein.

Donnerstag, den 3. Oktober 1985 Oh, warum müssen wir nur alt werden? In dem Artikel vom »Enquirer«, gegen den Frank Sinatra klagt, stand, er habe solche Angst vor dem Altern, daß er seine Frau Barbara schon morgens beim Aufstehen frage: »Wie seh ich *heute* aus?« O Frankie! Mir fällt ein, wie ich zu Fuß nach Pittsburgh ging, um den Mann zu sehen, bei dessen Auftritten alle Mädchen in Ohnmacht fielen, aber dann fiel kein Mädchen in Ohnmacht, nicht eins. Ich ging hinein und lernte noch einen Jungen kennen, der ihn mit Tommy Dorsey singen hören wollte. Es war einer der ersten Schritte, die ich selbständig getan habe: in die Stadt zu gehen, um ihn zu sehen.
Ging ins »Whitney«, um dort mein »Campbell's Soup Box«-Gemälde zu »annoncieren«. Für die ganze Arbeit und die Publicity hätte ich vielleicht $ 250 000.00 von ihnen verlangen sollen – ich meine, das ist doch eine Riesenfirma – und nicht nur den Preis für ein Porträt. Uns scheint ja wirklich das Wasser bis zum Hals zu stehen. Wie ich da nach zwanzig Jahren wieder mit einer Campell's-Suppe dastand, kam ich mir vor wie eine Karikatur aus dem »New Yorker«. Und Rita Moreno war da. Ich glaube, sie ist eine Sprecherin von »Campbell's«. Aber den Fotografen war ich wichtiger als sie. Sie sagten, sie wollten nur *mich* fotografieren, und sie sagte: »Aber er hat mich gebeten, mit ins Bild zu kommen.« Aber sie sagten: »Wir wollen nur *ihn*.« Es geht um verschiedene Ebenen – hätte ich nämlich das Porträt eines berühmten Baseballspielers gemacht, dann wäre *er* fotografiert worden, und *mich* hätte man beiseite geschoben.
Und ich war sehr gekränkt, als ich Dolly Partons Foto in der Zeitung

Andy *(Paige Powell)*

sah. Sie und Sandy Gallin waren zu einer Broadway-Show gegangen und hatten mich nicht mal angerufen. Ich kenne immer noch nicht die wahre Geschichte dieses Porträtauftrags. Aber ich werde sie schon aus Steve Rubell herausholen, wenn er mal wieder betrunken ist.

Alle Schlagzeilen handelten vom Tod Rock Hudsons. Keith rief an und erzählte, Grace Jones trete um vier Uhr morgens in »The Garage« auf. Wie soll ich das machen? Ins Bett gehen und dann früh aufstehen?

Rock Hudson *(Globe)*

Montag, den 7. Oktober 1985 Die Frau in dem Schreibwarenladen sagte: »Dann sind Sie also ein Fernsehstar.« Sie hatte wohl gelesen, daß ich diesen Samstag in »Love Boat« auftrete. Kaufte Zeitungen ($ 2.00). Sie schrieben über Rock Hudson, in seinem Leben habe es zwei Baseballstars gegeben, (lacht) und 40 Lastwagenfahrer.

Dienstag, den 8. Oktober 1985 Steve Rubell rief an wegen der Sache mit Dolly Parton und Sandy Gallin und sagte, in Wirklichkeit sei das Bild für *Geffen* bestimmt gewesen. Er sagte, Dolly habe das Bild nie gesehen und nicht gewußt, daß es über dem Kamin hängen sollte. Aber ich sagte ihm, sie habe genau gewußt, wo es hängen sollte, weil sie neben mir stand, als Sandy es mir zeigte.

Mittwoch, den 9. Oktober 1985 In den Nachrichten war viel von diesem Schiff, das in Ägypten entführt wurde, der »Achille Lauro«. Und deswegen sehen sich diese Woche wahrscheinlich alle Leute »Love Boat« an, die Folge mit mir. Viele haben mir gesagt, daß sie vorhaben, sich das anzuschauen.

Gael kam und seufzte, sie müssen unbedingt jemanden für Tama finden. Warum ist nur jeder so wild darauf, für Tama einen neuen Freund zu finden?

Und ich habe eine Schabe getötet, und das war ein Trauma. Ein sehr großes Trauma. Ich fühlte mich schrecklich danach.

Und Tama ist verzweifelt – sie hatte einen Typ am Telefon, der sich verwählt hatte, und verabredete sich mit ihm. Eigentlich hatte er seine Ex-Freundin anrufen wollen, die einen anderen heiraten wollte. Und nachdem er mit Tama gesprochen hatte, erreichte er seine Ex-Freundin doch noch und erzählte ihr, was passiert war. Jetzt bringt er sie mit zu der Verabredung mit Tama. Soviel über verzweifelte Menschen (Taxi $ 5.00; Dinner $ 350.00).

Und der Typ mit der falschen Nummer, mit dem sich Tama treffen will, gehört zur ägyptischen UNO-Delegation, da kann man sich vorstellen, was wird. Wir trafen Holly Woodlawn, die ihr Lifting feierte – ja, sie hatte eins. Und sie erzählt es jedem. Bei all den Problemen, die sie hat, läßt sie sich das Gesicht liften. Eine Geschlechtsumwandlung hat sie aber, glaube ich, nie machen lassen. Paige setzte mich ab.

Donnerstag, den 10. Oktober 1985 Gestern stand eine Menge über Yul Brynner in der Zeitung; sie ließen ihn so gut aussehen. Und als später die Nachricht kam, daß Orson Welles gestorben ist, taten sie so, als seien beide gleich bedeutend gewesen. Trotzdem war es mir ein großes Vergnügen, daß ich Orson Welles vor seinem Tod noch getroffen habe. Er war wirklich ein großartiger Mann. Ich meine nicht seine Filme. Ich meine *ihn*.

Und alle Regierungen haben gestern in der »Achille Lauro«-Affäre eine Menge Lügen verbreitet. Wenn ich zur Familie Klinghoffers gehörte, ginge ich zu dem Prozeß und würde

sie erschießen, alle vier. Ich würde es natürlich nicht schaffen, in einem Gerichtssaal vier Schüsse abzufeuern, aber einen zumindest würde ich treffen. Es wäre mir egal, welchen. Einer würde genügen. Ich weiß, ich weiß – gestern fand ich es so schlimm, eine Schabe zu töten. Aber das ist etwas anderes – die Schabe hat niemandem etwas getan, und ich habe sie auch nicht gut getötet; sie hat sich gewunden, und sie war so groß; sie hatte dafür gelebt, so *groß* zu werden. Hör zu, es wird ein Krieg ausbrechen. Wir sollten hamstern: Seidenstrümpfe. Schokoriegel. (Taxi $4.30; Telefon $1.50; Zeitungen $2.00.)
Der Typ von »Coleco Cabbage Patch« kam. Die Bilder von den »Cabbage Patch Dolls«, die ich gemacht habe, gefielen ihm nicht, aber er bezahlt sie trotzdem. Ich unterhielt mich mit ihm. Er sagte, Peter Max habe ihn inspiriert. Früher war er Illustrator, jetzt ist er Manager. Er schlug mir vor, gemeinsam eine Kollektion mit Andy-Warhol-Kleidung zu vermarkten. Er glaubt, damit sei für uns beide eine Menge Geld zu machen. Sein Computer hat ihm gesagt, ich sei der berühmteste lebende Künstler. Ich schlug ihm vor, sich wegen der Kollektion an Stephen Sprouse zu wenden. Er hatte nie von ihm gehört. Ich erzählte ihm auch von Keith Haring, von den T-Shirts und von Keiths Laden. Auch von ihm hatte er noch nie gehört.
Ach ja, und alle redeten über »Love Boat«. Im »TV Guide« ist nur ein Bild von den »Meermaid Dancers«, keins von mir. Warum haben sie mich nicht auf die *Titelseite* gebracht?

Sonntag, den 13. Oktober 1985 Ging zu »Sotheby's«. Sie hatten mein Bild »10 Lizzes« in der Vorbesichtigung für die nächste Auktion. Ich glaube, sie haben das Bild um einiges kleiner gemacht und so gespannt, daß es »gut aussieht«. Sie versteigern auch noch andere Bilder von mir – Bilder für zwei- oder dreihunderttausend Dollar. Die Liz liegt bei $400 000.00. Sie stammen alle von Philippa und Heiner Friedrich, aus ihrer »Dia Foundation«. Wurde von vielen älteren Damen angesprochen, die mich in »Love Boat« gesehen hatten.
Und dann ging ich zu Fuß nach Hause und rief diesen Stephen Bluttal vom MOMA an, der mich zur Schlußveranstaltung des »Lincoln Center Filmfestival« eingeladen hatte (Taxi $3.00). Und der Film bei dem Filmfestival bestand aus fünf Geschichten, die durch einen Vogel mit einem Glöckchen miteinander verknüpft waren. Er spielte in Italien – in einer dieser schönen leeren Städte, die sie noch immer für den Film entdecken.

Montag, den 14. Oktober 1985 Ich habe Jean Michel gestern sehr vermißt. Ich rief ihn an, aber irgendwie war er reserviert, vielleicht war er high. Ich sagte ihm, daß ich ihn sehr vermißt hätte. Er ist viel mit Jennifer Goode zusammen. Ich glaube, erst, wenn mit den beiden Schluß ist, habe ich wieder mehr von ihm.
Auf dem Heimweg kam ich an Nixons Haus in der 65. Straße vorbei, das immer noch von vielen Sicherheitsbeamten bewacht wird. Ich dachte, er hätte es verkauft. Es waren auch Polizisten in der Nähe, und da die meisten Polizisten mich kennen, hätte ich sie fragen können, wer jetzt in dem Haus lebt und weshalb es immer noch bewacht wird. Aber sie hätten sich notiert, daß ich gefragt habe, also ließ ich es sein.

Dienstag, den 15. Oktober 1985 Ging zu »Sotheby's«. Es ist furchtbar, wenn man mitansehen muß, wie die Leute die Polsterung aus Stühlen und anderen Möbeln reißen. Sie schlitzen einfach die Bezüge auf, und das ist erlaubt, um sich zu überzeugen, daß die Möbel durch und durch aus echt amerikanischem Holz sind. Es ist bescheuert.
Dann mit dem Taxi ins Büro, um Paige zu treffen ($2.00, Telefon $1.50). Paige und ich hatten eine gro-

ße Szene wegen der Schokolade von dieser Schokoladenfrau aus Neuchatel. Also, ich finde, Paige hat sie nicht mehr alle.

Diese Frau bringt also diese Schokolade, weil Paige ihr erzählt hat, daß im Büro alle ganz wild auf Schokolade sind, und dann probiert Paige *nicht ein einziges Stück*. Ich sage: »Paige, nimm doch wenigstens eins.« Und sie fängt an zu kreischen, lacht hysterisch und weigert sich verbissen, was zu versuchen. Das Ganze endete damit, daß *ich* ein Stück nach dem anderen aß, als einziger. Immerhin *inseriert* diese Frau bei uns. Sonst essen alle heimlich Schokolade, aber jetzt *rührte keiner ein Stück an!* Schließlich nahm ich die Schokolade mit nach oben, und *dann* kam Paige und wollte etwas haben, aber ich gab ihr nichts.

Endlich habe ich eine Fotokopie von Tamas Story im »New Yorker« gelesen, und es machte großen Spaß, alles über ihr Leben mit Ronnie zu lesen. Er heißt »Stash« in der Geschichte, und sie heißt »Eleanor« und ist keine Schriftstellerin, sondern Schmuckdesignerin.

Keiner von den Leuten, mit denen ich jetzt viel zusammen bin, trinkt Alkohol. Wilfredo trinkt nicht und Paige auch nicht. Und vergangene Nacht hat mich PH daran erinnert, wie ich früher immer über Leute her zog, die nichts tranken, und sagte: »Die sind sich wohl zu fein zum Trinken.« Und es ist wahr, so empfand ich das, aber wenn man selber nicht trinkt, sieht man die Dinge natürlich anders.

Donnerstag, den 17. Oktober 1985 Rief am frühen Morgen Rupert an. Seine »Frau« war am Apparat. Ich muß Rupert sagen, daß er ihn unbedingt loswerden soll. Ich kann mir vorstellen, was da los ist – der Typ will ein Haus, einen Hund und ein Auto in einer Vorstadtsiedlung. Der Kerl ist doch eine echte Nervensäge. Aber sag den Leuten mal so was, wenn sie verliebt sind. Sie wollen es nicht hören und erzählen dem Betreffenden, was man über ihn gesagt hat. Das ist die menschliche Natur. Verliebte sind blind und verpetzen einen. Vincent sagt, daß die »Times« etwas über unsere Fernsehserie »Fifteen Minutes« schreiben will. In der »Voice« stand diese Woche eine großartige Kritik darüber.

Ging zur jährlichen Benefizveranstaltung für Jonas Mekas' »Anthology Film Archives«. Sie war auf dem Boot von Forbes. Jonas hat ein neues Gebäude gekauft. Er lachte und sagte, in seinem Horoskop habe gestanden, er solle keinen Grundbesitz kaufen. Er hat das Haus trotzdem gekauft, $ 50000.00 bezahlt, und jetzt ist es eine Million wert. Ich weiß nicht, warum die Hollywood-Leute Jonas nicht von allen Filmen Kopien überlassen. Er ist doch einer der ganz wenigen, denen ihre Sache noch am Herzen liegt. Es ist unglaublich, daß Hollywood kein *einziges* Filmmuseum hat. Das ist zum Kotzen. Warum geben sie ihm die Sachen nicht? Ich finde, wenigstens das könnten sie tun.

Die Zahlen liegen auf dem Tisch. Von allen »Interviews« hat sich die Stallone-Nummer am besten verkauft.

Sonntag, den 19. Oktober 1985 Fuhr mit dem Taxi downtown ($ 5.00) und traf mich mit Vincent und seiner Mutter, die für zwei Wochen aus Kalifornien zu Besuch ist. Wenn sie wieder weg ist, kommt sein Vater. Die Mutter hat unheimlich viel Energie. Sie sagt, sie sei so alt wie ich, aber sie sieht aus, als sei sie Vincents Schwester. Sie malt wunderschöne Bilder, solide, gute Sachen. Sie will die neue Alice Neel werden. Vermutlich hat sie im Fernsehen was von ihr gesehen.

Begegnete dem Künstler Bill Katz. Er schwärmte von unserer Ausstellung bei Tony Shafrazi. Sie ist jetzt zu Ende gegangen. Aber nicht ich, sondern Jean Michel bekam die ganze gute Presse. Und Tony ist nicht sonderlich zufrieden. Ich glaube, er hat nicht viel verkauft. Die Bilder waren teuer – $ 40000.00 oder $ 50000.00. Es war zu früh, glaube ich. Ich bleibe bei meinen Pißbildern.

Sonntag, den 20. Oktober 1985 Heute ist der 40. Jahrestag der UNO-Gründung, und ich glaube, Mrs. Marcos ist in der Stadt. Auf den Philippinen wird die Lage brenzlig. Einige Zeitungen behaupten, daß die Familie Marcos in den USA alles aufkauft, aber das muß nicht stimmen; Zeitungen lügen auch. Unsere Regierung will aber bestimmt ihren Sturz. Genau wie die USA auch den Schah weghaben wollten. Aber überleg mal, wollten wir denn in Vietnam verlieren? Natürlich nicht, aber nach allem, was diese Woche in den Zeitungen stand, glaube ich, daß die Kennedys mehr damit beschäftigt waren, mit Marilyn anzubändeln, als sich um Vietnam zu kümmern.

Montag, den 21. Oktober 1985 Ich rief Keith an. Er konnte nicht kommen, lud uns aber zu sich ein. George Condo, der Künstler, arbeitete bei ihm. Bruno hat ihn unter Vertrag genommen, und wie sich zeigte, hat dieser »arme Künstler« jetzt das Zimmer unter Nick Rhodes im »Ritz Carlton« – Bruno hat alle seine Bilder gekauft! Etwa 300! (Taxi $ 5.00).

Mittwoch, den 23. Oktober 1985 Wir telefonierten mit Europa, um rauszukriegen, wo sich der »Mao« befindet, den Mr. Chow haben will. Wir könnten ein gutes Geschäft machen, wenn wir ihn finden würden. Er gehört zu den Bildern, die Leo verliehen hat und die nie zurückgeschickt worden sind. Ich habe jetzt mit Leo ausgemacht, daß er eine Provision bekommt, wenn er etwas verkauft. Er hat sich nie Mühe gegeben, meine Preise hochzubringen. Er hat »Dollar Bills« und macht sie nicht zu Geld. Ich weiß auch nicht, vermutlich halten Roy und Jasper die Galerie in Gang. Er hätte die Ausstellung von Jean Michel und mir haben können, aber er wollte die Bilder nicht. Tony Shafrazi war derjenige, der sie wirklich wollte.

Donnerstag, den 24. Oktober 1985 Taxi zu Debbie Harrys Party im »Palladium« ($ 6.00). Anlaß war ihr Song »Feel the Spin«, den Jellybean produziert hat. Als Debbie kam, entdeckte sie uns auf der Galerie und kam herauf, weil sie dachte, das sei der richtige Platz (lacht). Und es wurde der richtige Platz, denn alle Fotografen stiegen ihr nach. Sie sieht super aus. Im Grunde war sie die erste Madonna.

Freitag, den 25. Oktober 1985 Die Sekretärin, die Gael gerade eingestellt hat, hat mich schon zum zweitenmal nicht erkannt, als ich anrief. Man sollte sie auf der Stelle feuern (Telefon $ 2.00, Taxis $ 3.00, $ 4.00).

Samstag, den 26. Oktober 1985 Keith Haring hatte eine Ausstellungseröffnung, also fuhren wir im Taxi zu der Galerie (Taxi $ 4.00). Keith sagte, zwei junge Weiße hätten Teer und Federn nach ihnen geworfen, als er mit seiner Mutter und Joey zu Fuß zur Galerie ging. Aber nur Joey wurde getroffen. Wir überlegten, was das wohl bedeuten sollte – Teer und Federn. Wann macht man so was, und wen sucht man sich dafür aus? Was ist der Sinn der Sache?

Montag, den 28. Oktober 1985 Ging ins Büro. Ich mußte bei »B. Dalton's« an der Ecke 8. Straße und Sixth Avenue Bücher signieren, hatte aber Angst davor, nach dem, was Keith am Samstag passiert war.
Und es macht mir große Schwierigkeiten, die $ 10000.00 an Sandy Gallin zurückzuschicken. Ich verliere dauernd die Adresse.
Taxi zu »B. Dalton's« ($ 5.00). Die Leute drängelten nicht, sie standen die ganzen zweieinhalb Stunden in einer langen, ordentlichen Spaghettischlange. Wir verkauften 150 Bücher, und Craig Nelson von Harper & Row führte sich auf wie ein Star. Chris Makos kam und zeigte sich von meiner Popularität beeindruckt. Er sah sich das »America«-Buch an und rief:

»Mein Gott, die Hälfte der Bilder ist ja in *Europa* aufgenommen!« (lacht). Er hatte ja so recht! Und es war herrlich, wie er Craig runterputzte. Das war mir ein Genuß. Das Buch kostet $ 16.95, und es gab zehn Prozent Rabatt. Ein Mädchen kaufte sechs Bücher, und ich mußte lange Widmungen für sie reinschreiben, wie zum Beispiel: »Lieber Harry, ich hoffe, du hast einen schönen Urlaub in den Adirondacks...«

Dienstag, den 29. Oktober 1985 Mir zerbrach etwas, und da wurde mir klar, daß ich jede Woche etwas zerbrechen sollte, um mich daran zu erinnern, wie brüchig das Leben ist. Es war ein schöner Plastikring aus den zwanziger Jahren. Spazierte über die Madison Avenue. Im Schatten war es kalt, in der Sonne warm. Und ich hatte den Kapuzenmantel von Calvin Klein an, den Marina mir geschenkt hat. Ich mag ihn, aber seine Taschen taugen nichts. Sie sind zwar riesig, aber so geschnitten, daß alles rausfällt. Ging den ganzen Weg zum Büro zu Fuß. Die Sonne schien den Leuten so grell ins Gesicht, daß mich nur wenige erkannten. Fred kommt aus L. A. zurück.

Craig Nelson rief ein paarmal an. Er ist mir so zuwider, daß ich schon mit dem Gedanken spiele, Christopher auf unserer Werbetour für das Buch mitzunehmen, wenigstens in ein paar Städte, nur damit er Craig auf den Wecker fällt.

Wir haben von »Cinema 5« die Rechte an »Trash« zurückbekommen.

Mein großer »Mao« steckt immer noch irgendwo in Europa, vermutlich in Nizza. Das geht auf Leos Konto.

Mittwoch, den 30. Oktober 1985 Ich glaube, jetzt kann ich es nicht mehr länger aufschieben, darüber zu sprechen.*

*Andy hatte tagelang gezögert, dem Tagebuch die Ereignisse dieses Tages mitzuteilen. Am 2. November tat er es schließlich.

Okay, bringen wir's hinter uns. Mittwoch, der Tag, an dem mein schlimmster Alptraum Wirklichkeit wurde.

Der Tag begann damit, daß Benjamin mich nicht abholte (Telefon $ 2.00, Zeitschriften $ 2.00). Ich ging nicht zu der »Matsuda«-Modenschau. Ich fasse mich jetzt ganz kurz, sonst schaffe ich es nicht.

Niemand aus dem Büro wollte mich nach Soho in den »Rizzoli Bookstore« begleiten, nur Ruperts früherer Assistent Bernard, der zufällig zu Besuch war, ging mit. Rupert brachte uns hin. Der Laden ist langgestreckt. Ich signierte auf der Galerie im ersten Stock.

Ich hatte ungefähr eine Stunde lang »America«-Bücher signiert, als dieses Mädchen in der Schlange mir ihr Exemplar gab und dann – tat sie, was sie tat. Das Tagebuch soll selbst erzählen.

Sie riß Andy die Perücke vom Kopf und warf sie von der Galerie herunter einem Mann zu, der sie auffing und damit aus dem Laden rannte. Bernard hielt die Frau fest, und die Leute vom Laden verständigten die Polizei. Doch Andy lehnte es ab, Anzeige zu erstatten. Die Angestellten fragten ihn, ob er lieber Schluß machen wolle. Da jedoch noch Leute mit Büchern warteten, sagte er, nein, er wolle fortfahren. Sein Calvin-Klein-Mantel hatte eine Kapuze. Die zog er sich über den Kopf und signierte weiter.

Ich weiß nicht, was mich davon abgehalten hat, sie von der Galerie zu stoßen. Sie war so hübsch und so gut angezogen. Ich glaube, ich schimpfte sie eine Schlampe oder so, und fragte, wie sie so etwas tun konnte. Aber es ist in Ordnung, es macht mir nichts aus – wenn ein Foto davon veröffentlicht wird, auch gut. Es waren viele Leute mit Kameras da. Ich weiß auch nicht. Wenn ich das Mädchen geschlagen hätte oder so, hätte *ich* mich ins Unrecht gesetzt, und es wäre zu einem Prozeß gekommen. Es liegt wieder Gewalt in der Luft, wie in den sechziger Jahren. Normalerweise stehe ich bei solchen Sachen, aber diesmal saß ich, und die Leute waren über mir. Überhaupt war das Ganze falsch arrangiert; ich war erschöpft und hat-

te einen Haß auf Craig Nelson. Ich reagierte auch nicht schnell genug, es ging alles so rasch. Bernard war wirklich nett. Aber stell dir vor, du bist in einem Geschäft, alle sind sehr freundlich, und du denkst an nichts Böses, und dann das. Sie hielten das Mädchen eine Weile in einer Ecke fest und ließen sie dann laufen. Es war so absurd. Ich glaube, diese Leute sind rumgelaufen und haben jedem *erzählt,* was sie vorhatten; denn mir erzählten Leute, sie hätten so was gehört. Es war ein Schock. Es tat weh. Körperlich. Und es tat weh, daß mich niemand gewarnt hatte.
Ich war mit den Nerven total am Ende, es war wie in einem Film. Ich glaube, ich habe noch anderthalb Stunden weitersigniert und so getan, als sei der Vorfall nicht der Rede wert, und eigentlich ist er das auch nicht. Damit muß man leben. Es war, als sei ich ein zweites Mal niedergeschossen worden. Es war so unwirklich. Ich war hier der Komiker, der die Leute unterhielt. Und es war so kurz vor Halloween.
Bernard setzte mich ab. Ich gab ihm $ 10.00.
Zu Hause aß ich zwei englische Teekuchen mit Margarine und Knoblauch, was nicht besonders schmeckt. Ich trank zwei Tassen Tee und Karottensaft und probierte Campbell's Trockensuppe. Sie war gut, auch ohne Einlage.
Und dann rief PH an und wollte wissen, wann ich am nächsten Tag nach Washington fliegen würde. Aber ich legte gleich wieder auf, weil ich es nicht über mich brachte, ihr von dem Vorfall zu erzählen.
Sie erfuhr aber davon, glaube ich. Sie rief nämlich eine Stunde später noch mal an und sagte, sie sei stolz auf mich, ich sei »ein großer Mann«. Und (lacht) *das* war mir nun wirklich noch nie passiert. So, das war's, und jetzt muß ich nie wieder davon sprechen.

Donnerstag, den 31. Oktober 1985, New York – Washington, D.C. Stand um 5.00 morgens auf und hatte immer noch Nervenflattern. Chris holte mich um 7.00 ab. Ich war nicht vor 2.00 eingeschlafen, und dabei mußte ich doch so früh aufstehen. Aber irgendwie kam ich dann doch aus dem Bett. Es ist schrecklich, sofort aufzustehen, ohne vorher eine Stunde mit dem Tagebuch zu reden und dabei langsam zu sich zu kommen. Der Fahrer, den Chris bestellt hatte, war nett (Fahrer $ 40.00).
Wir fuhren zum Flughafen La Guardia. Craig erwartete uns (Zeitschriften $ 8.00). Wir flogen mit dem Shuttle nach Washington. Dort holte uns am Flughafen eine Frau in einem kleinen Auto ab. Sie brachte uns zu einem Radiosender. Und dort machte dieser eine Reporter, dem man nachsagt, er sei der gewiefteste Bursche in der Stadt, ein katastrophales Interview mit mir. Mir steckte der letzte Tag noch in den Knochen, und mir fiel einfach nichts Lustiges ein. Er fragte mich über das Buch aus, und ich war ahnungslos. Daraufhin sagte er: »Ich glaube, Sie haben das Buch gar nicht geschrieben.« Und ich sagte: »Ja, das glaube ich auch.« Es war eines seiner schwierigsten Interviews. Er wird es sich merken.
Und, mein Gott, wie ich Craig auf diesen Reisen hasse. Sagte er doch neulich: »Andy und ich interessieren uns für Sex.« Und ich sagte: »Craig, *ich* interessiere mich nicht für Sex.« Chris ist ein Stück vom Himmel im Vergleich zu Craig. Obwohl (lacht), eigentlich sind sie sich ziemlich ähnlich. Sie denken nur an Essen, Essen und noch mal Essen, und daran, was sie davon mit heimnehmen können. Craig ist allerdings fetter als Chris.
Die Dame mit dem kleinen Auto fuhr uns zum Flughafen. Das Flugzeug hatte Verspätung. Wir starteten um 8.50. Wir trafen Susan Mulcahy. Sie hatte anscheinend noch nicht gehört, was mir bei »Rizzoli« passiert war. Ich glaube, sie war für die »Post« unterwegs. Wenn man mit jemandem befreundet ist, sollte man ihm dann solche Sachen erzählen? Aber dann

dürfte die betreffende Person nicht darüber schreiben, oder? Ich wußte nicht, was ich tun sollte. Also sagte ich gar nichts. Folglich war sie mit sich selbst beschäftigt und zerbrach sich nicht meinetwegen den Kopf.
Chris und Craig brachten mich nach Hause. Obwohl sie sich sonst nicht vertragen, war mir klar, daß sie über mich herziehen würden, sobald sie allein im Taxi waren, Craig hatte allen Leuten erzählt, was am Mittwoch passiert war. Ich war erschöpft, aß Knoblauchbrot und ging um 1.00 zu Bett.

Freitag, den 1. November 1985, New York – Detroit – New York Stand um 5.00 auf, fühlte mich wie gerädert. Es war auch diesmal schrecklich, sofort raus zu müssen. Christopher holte mich wieder mit demselben Mietwagen ab. Craig trafen wir am Flughafen. Kam gegen 7.00 dort an. Freds Ex-Sekretärin Vera – die reichste Frau von Portugal – war dort. Sie wartete mit einer Gruppe reicher Mexikaner auf ihren Flug nach Acapulco.
Holte die Flugtickets und Zeitungen für Chris (7.00). Ich las die »Daily News«. Liz Smith beschrieb in ihrer Kolumne, was mir passiert war. Es war nett, sie schrieb auf eine nette Art darüber. Dann las ich einen Artikel über einen Hot-dog-Verkäufer, der an der Ecke 33. Straße und Park Avenue von einer Bande Jugendlicher überfallen worden war. Sie stahlen ihm das Geld und warfen seinen Wagen um. Und obwohl er Verbrennungen zweiten und dritten Grades davontrug, stand er am nächsten Tag wieder an der Ecke. Er muß sein Brot verdienen.
Bestiegen das Flugzeug und flogen nach Detroit. Dort erwartete uns ein dickes Mädchen. Sie hielt das »America«-Buch hoch, damit wir sie als unsere Fahrerin erkennen konnten (lacht). Etwa 200 Pfund schwer. Süß. Detroit ist eine wuchernde Stadt, erinnert an L.A. Und man sieht nur schwarze Arbeiter. Lunch im Dachgeschoß des Hotels, vom Speisesaal aus konnte man ganz Detroit überblicken.
Ich mußte auf die Toilette, und dort war ein junger Schwarzer so freundlich. Wahrscheinlich hatte er was mit Sex im Sinn, also ich ging schnell wieder. Und dann mußte Craig zur Toilette und kam erst nach 25 Minuten zurück.
Wir gingen ins Museum und signierten dort Bücher.
Dann gingen wir zu »Bloomington«. Wir verkauften 400 Bücher, 190 »Interviews« und waren ausverkauft. Mußten um 7.30 los, um die 8.30-Maschine zu kriegen. Und dann, auf dem Weg zum Flughafen, nachdem ich den ganzen Tag nur signiert hatte, brachte unsere Fahrerin plötzlich einen *Stapel* Bücher zum Vorschein, die *sie* signiert haben wollte! Das war filmreif, wirklich.
Bestiegen das Flugzeug. Als wir in New York ankamen, war die Nacht klar und wunderschön.

Samstag, den 2. November 1985 Alle (lacht) sind *nett* zu mir. Niemand erwähnt, was Mittwoch passiert ist.

Sonntag, den 3. November 1985 Ging nicht ins Büro, sondern blieb zu Hause. Stephen Sprouse rief an. Er sagte, er sei in L.A. gewesen und sei dort auf den Laden »Andy Warhol's Wigs« gestoßen. Er fragte, ob der Laden mir gehört.
Oh, wie kann man bloß den Alterungsprozeß aufhalten? Als meine Mutter nach New York kam, war sie so alt wie ich jetzt. Und damals hielt ich sie für richtig alt. Aber sie starb erst mit 80. Und sie hatte eine Menge Energie.

Montag, den 4. November 1985 Nach der Arbeit zog ich mein silbernes Jackett an, dazu eine dunkle Sonnenbrille und ging auf die Benefizveranstaltung für das Krebsforschungszentrum »Sloane Kettering«. Als ich hinkam, nahm mich der PR-Mann, der angerufen und gefragt hatte, ob ich käme, beiseite und sagte: »Für Sie ist keine Eintrittskarte da,

Andy *(Ralph Lewin)*

Mr. Warhol.« Und Brigid schwört, daß er es war, dem sie die Einladung telefonisch bestätigt hatte.

Das Ganze endete damit, daß ich wieder abzog, und das war eigentlich hervorragend. Aber wenn ich gar nicht erst hingegangen wäre, hätte ich mir einen schönen Abend machen und mit den Kids ins Kino gehen können. Das war also das.

Edmund Gaultney war gestern zum erstenmal wieder bei einem richtigen Arzt, nachdem er lange bei einem Homöopathen war. Er ist krank. Mir macht das Angst. Ich weiß auch nicht. Weißt du, es würde mich nicht wundern, wenn man anfangen würde, Schwule in Konzentrationslager zu stecken. Alle Schwuchteln werden heiraten müssen, damit sie nicht ins Lager kommen. Es wird so wie bei den Green Cards.

Mittwoch, den 6. November 1985 Gestern abend bei der Auktion von Philippa de Menil und Heiner Friedrich wurden schlechte Preise erzielt. Thomas Ammann hatte Dagny Corcoran $ 350000.00 für die blaue »Liz« geboten, aber weil sie dachte, das Bild würde $ 500. 000.00 bringen, gab sie es zur Auktion und wurde es nicht los. Das Höchstgebot war $ 250000.00. Und der Jasper Johns, der eigentlich zwei Millionen Dollar bringen sollte, ging für $ 700000.00 weg.

Und ich weiß nicht, warum die de Menils und Dagny die Bilder nicht privat verkauft haben, sondern versteigern ließen. Oh, und Philip Johnson kaufte die »Stamps« für $ 150000.00. Er hat gegen Thomas Ammann geboten. Aber das Bild hätte eigentlich $ 500000.00 bringen müssen.

Mittwoch, den 13. November 1985 Das Mädchen, das die Sache in dem Buchladen gemacht hat, rief gestern im Büro an. Sie sagt, sie weiß nicht, warum sie es gemacht hat. Vielleicht hat sie jetzt einen Nervenzusammenbruch deswegen.

Und dann gingen wir zur Ecke 15. Straße und Fifth Avenue, um uns mit Paige in der Werbeagentur zu treffen, die Anzeigen für »Rose's Lime Juice« macht. Sie machen ihre Anzeigen mit Leuten, die nicht übermäßig bekannt sind und sagen, daß sie gut damit fahren. Die Anzeige mit John Lurie lief sogar besser als die mit James Mathers, und diesmal wollten sie eine Frau. Die Halb-Prominenten kriegen $ 5000.00, und Paige versuchte, Tama diesen Brocken zuzuschanzen. Wahrscheinlich liegt es an Tama, daß Paige jetzt so verzweifelt nach Männern Ausschau hält. Sie will unbedingt John Lurie kennenlernen – er sei so attraktiv. Ich glaube, sie wird hinter ihm her sein wie hinter einer Anzeige.

Anschließend ging ich zurück ins Büro. Arbeitete bis 7.30. Der »Cabbage Patch Doll«-Typ kam vorbei.

Donnerstag, den 14. November 1985 Sam, Yoko Onos Freund oder Mann, rief an und sagte, Yoko gebe ein improvisiertes Dinner für Bob Dylan. Ich lud Freds Sekretär Sam Bolton ein, mit mir hinzugehen. Ging nach Hause. Während ich mich fertig machte, sah ich »Entertainment Tonight«. Gestern war im »Whitney« ein Abend mit Dylan. Ich war nicht dort, doch nachdem ich die Sendung gesehen hatte, tat mir das leid. Sie fragten alle möglichen Leute, wie Dylan sie beeinflußt hat. Ich wußte nicht, daß er 30 Millionen Platten verkauft hat. Sam holte mich ab, und wir fuhren zu Yoko (Taxi $ 8.00).

Und wir mußten unsere Schuhe ausziehen. Inzwischen tue ich es, aber ich hatte ein Loch in der Socke. Und wir gingen rein; die Crème de la Crème war versammelt. Alle saßen im Kreis. Das Essen war aus dem Laden; Hühnchenragout. David Bowie war da, aber ich war enttäuscht, sein Anzug war zu modern. Alle hatten Champagner vor sich, aber getrunken hat ihn eigentlich keiner. Dann kam Madonna. Sie hatte sich gerade »Mixed Blood« von Paul Morrissey angesehen, weil dieser Bobby in dem Film mitspielt, ein Freund von ihr. Sie sagte, sie sei erleichtert, daß ihr Mann Sean nicht mitgekommen sei, denn

jetzt könne sie sich mal austoben. Sie fühlte sich unwohl ohne Schuhe, weil sie keine Socken anhatte – sie sagte, oben ohne fühle sie sich besser als ohne Schuhe.
Yoko ließ Sean ein Poster holen, und alle schrieben ihr Autogramm darauf. Eine Schenkung, ich weiß nicht wofür. Sean sah sich jede Unterschrift ganz genau an, weil er nicht alle Leute kannte.

Freitag, den 15. November 1985 Um 3.00 ging ich zu »Fiorucci«. Richard Bernstein signierte dort sein Buch »Megastar«. Divine war bei ihm, als Mann gekleidet (Taxi $ 4.00). Ging zurück ins Büro. Arbeitete. Dann mußte ich zu meiner Verabredung mit Keith und Grace Jones im »Nippon«. Nahm Sam mit (Taxi $ 5.00).
Grace wartete auf ihren Freund Dolph – früher hieß er Hans. Er ist in der Stadt, um Werbung für »Rocky IV« zu machen. Dolph hat fast keinen Akzent mehr, und er hat 25 Pfund abgenommen. Grace sagte, wenn er früher auf sie zugekommen sei, hätten seine Schenkel ein Geräusch gemacht, als wate er durch Wasser. Das sei jetzt vorbei. Sie war sehr amüsant. Sie machte das Geräusch seiner Schenkel nach. Grace zog ein dickes Bündel Hunderter raus und wollte bezahlen, aber ich sagte, ich würde bezahlen (Dinner $ 280.00).

Mittwoch, den 20. November 1985, Dallas – New York Stand um 6.00 auf. Am Abend zuvor hatte ich 1000 Bücher signiert. Fuhr zum Flughafen. Ich war enttäuscht, daß in Dallas kein Mensch mehr Cowboyhüte trägt. Der Cowboy-Look ist tot, glaube ich.
Kam zurück nach New York. Und Chris ist so herrisch. Er hatte einen Termin und sagte dem Fahrer der Limousine, daß *ich* ihn dafür bezahle, daß *er* sich so abhetzt. Und zu *mir* sagte er: »Es macht dir doch nichts aus, wenn ich dich ein paar Blocks vor deinem Haus absetze und du den Rest zu Fuß gehst?« Craig warf er raus. Er sagte zu ihm: »Tut mir leid, aber du wirst wohl einen Bus nehmen müssen« (Wagen $ 100.00).
Chris ist übrigens wieder fett geworden. Es hat einen Schwimmgürtel um die Hüfte. Seit er wieder mit Peter zusammen ist, kriegt er eben wieder selbstgemachten Kürbiskuchen und Apfelkuchen.

Donnerstag, den 21. November 1985 Benjamin holte mich ab. Gingen zu Fuß die Madison Avenue hinunter. Gingen in das schöne Schokoladengeschäft hinter dem AT & T Building. Sie gaben uns Süßigkeiten umsonst, deshalb kann ich nur hoffen, daß sich der Laden hält.
Dann war da die Veranstaltung der Sacklers im »Metropolitan Club«. Ich überlegte, wen ich mitnehmen sollte und entschied mich für Paige. Doch ich glaube, ich hätte Dr. Li einladen sollen, weil ich auf dem Platz neben Dr. Linus Pauling landete.
Taxi zum »Metropolitan Club« ($ 5.00). Paige saß unten in der Halle. Diese unmöglichen Türsteher wollten sie nicht reinlassen, weil sie keinen Pelzmantel anhatte! Wir trafen Richard Johnson von der »Post«. Er erzählte, Susan Mulcahy habe gerade gekündigt.
Dr. Pauling nahm meinen Arm. Er sollte einen Preis bekommen. Oben saß ich neben Jill Sackler, gegenüber von Martha Graham. Jill sagte: »Martha will seit Jahren Linus Pauling kennenlernen, und jetzt sitzt sie neben ihm und weiß es nicht.«
Ich lernte einen Mann kennen, der behauptete, er habe das Vitamin B oder C entdeckt.
Und Dr. Pauling erzählte, der einzige wirkliche Killer sei Zucker. Und später verschlug es Paige und mir die Sprache, als er sich zum Nachtisch über die süßen Kekse hermachte. Paige setzte mich ab.

Sonntag, den 24. November 1985 Jean Michel hat seit einem Monat nicht angerufen. Ich glaube, es ist vorbei. Er war auf Hawaii und in

Japan, aber jetzt ist er bloß in L. A., deshalb dachte ich, er würde anrufen. Aber vielleicht ist er auch knickrig geworden und wirft nicht mehr so mit Geld um sich wie früher. Ich habe gehört, daß er seine Schlafzimmertür abgeschlossen hat, als er ging, so daß Shenge nicht hineinkann. Und er hat ihm auch kein Geld dagelassen. Könntest du dir vorstellen, mit Jean Michel verheiratet zu sein? Du säßest dein Leben lang auf glühenden Kohlen.

Philip Johnson war nach Dallas geflogen, und David Whitney gab im »Odeon« ein Dinner für Michael Heizer und mich (Taxi $ 8.00). David trank ungefähr sieben Martinis und ein Bier. Und schon nach dem ersten Drink spulte er seine Platte ab: »Wenn Pops mal nicht mehr ist«. Aber wahrscheinlich kratzt er noch vor Pops ab. Er trägt jetzt die gleiche Brille wie Philip. So wie er jetzt aussieht, hat Philip vor 20 Jahren ausgesehen, als ich ihn zum erstenmal traf. David hat Mike Heizers Ausstellung im »Whitney« organisiert, und er hat auch meine gemacht. Und Eric Fischl wird wohl der nächste sein. Ich glaube, er ist der heiße, neue Top-Künstler.

Donnerstag, den 28. November 1985 Victor rief an und lud mich im Auftrag Halstons zum Thanksgiving-Dinner ein. Außerdem hat er wahrscheinlich einen Porträtauftrag für mich. Ich rief Paige an. Sie holte mich ab, und wir gingen zusammen zu Halston. Jane Holzer war da, und Bianca sah so beseelt aus auf ihren Krücken. Und dann war da noch eine Frau, die behauptete, sie habe in der Handtasche einen Scheck über 999 Millionen Dollar, den sie »Revlon« geben wolle. Sie hatte sich den ganzen Tag mit Rechtsanwälten beraten, und als wir fragten, wie sie an Thanksgiving an die Anwälte rangekommen sei, sagte sie: »Geld öffnet alle Türen.« Halston hat immer ausgezeichnete Fleischpasteten, mit einem Kreis in der Mitte – ich weiß nicht, wo er die herbekommt. Nie ißt jemand davon, er selbst auch nicht, obwohl er sie mag. Paige brachte mich nach Hause. Sah noch etwas fern.

Samstag, den 30. November 1985 Ging nach dem Aufstehen in die Küche und aß den Truthahn, den Nena und Aurora zubereitet hatten. Ich wollte eigentlich Dr. Karen anrufen, hatte aber nicht den Mut, mich mit Collagen-Nadeln piesacken zu lassen. Ich rief nicht mal an, um ihr ein schönes Thanksgiving zu wünschen.

Ich saß gerade im Büro, als das Telefon klingelte. Geri Miller rief aus dem Frauenhaus an. Erst war sie nett, aber schon eine Sekunde später nannte sie mich »Drecksack!«. Und sagte zu einem Polizisten im Hintergrund: »Du Nigger!« Man konnte hören, wie er platzte. Und dann sagte sie zu einer Sozialarbeiterin: »Laß mich in Ruhe, du schwarze Nigger-Lesbe!« Sie sagt, Mario Cuomo sei ihr Vater – neulich war es Muhammad Ali. Also ich habe das komische Gefühl, daß sie gleichzeitig jung und senil ist. Die Ärzte hielten sie für schizophren, sagt sie, aber ich glaube das nicht. Sie ist eine Jüdin aus New Jersey – als wir »Trash« drehten, war sie von unseren Superstars noch die vernünftigste – aber dann, in den siebziger Jahren, wurde sie plötzlich verrückt. Ich erinnere mich an einen Tag, als sie sich ganz nüchtern und realistisch über ihre Zukunft als Oben-ohne-Tänzerin Sorgen machte, aber eine Woche später tauchte sie dann barfuß im »860« auf und behauptete, die Mafia habe ihr LSD gegeben, weil sie zuviel wisse.

Sie ruft immer aus solchen Heimen an, und das Merkwürdige dabei ist, daß sie sich an jede Einzelheit aus ihrer Vergangenheit erinnert. Zum Beispiel erzählte sie mir, daß sie mal mit Eric de Rothschild ins Bett ging, und hinterher rief er Jane Holzer an und lud sie zu einem Spaziergang im Park ein. Sie sagte: »Warum hat er Jane Holzer angerufen – warum ist er nicht mit *mir* spazierengegangen?« Sie erinnert sich wirklich an jede Einzelheit.

34 Details of Renaissance Paintings (Sandro Botticelli, »Birth of Venus«, 1482), 1984

Ob das bedeutet, daß in ihrem Leben seither nichts mehr passiert ist?
Oh, und es haben sich noch mehr Sechziger gemeldet: Meine sechzigjährige Cousine rief an. Sie war mit ihrem Sohn in der Stadt und wollte sich das Büro anschauen. Ich lud sie ein. Ihr Sohn kennt Ondine aus Pittsburgh. Er hat einen Filmkurs besucht, den Ondine (lacht) dort gegeben hat, und er erzählte mir, daß sie jetzt im Madison Square Garden Hot-dogs verkauft. Im Ernst. Weißt du, Ondine hat die ganzen Filme von uns »gemietet« und sie dann nie zurückgebracht. »Loves of Ondine« und »Chelsea Grils«... Und in »New York« stand ein Artikel über Gerard Malanga, in dem es heißt, er sei der neue Archivar des Parks Department, und Vincent regte sich auf, weil Gerard sein Alter mit 38 angegeben hatte. Ich habe aber vor ein paar Wochen ein Foto von Gerard gemacht, und er sieht wirklich gut aus. Aber wie alt ist er wirklich? Etwa 42 oder 43?
So langsam glaube ich, daß die Kristalle nichts bewirken. Mir ist immerhin einiges passiert, wovor sie mich doch *schützen* sollen: Die Motten haben meinen Teppich zerfressen, ich bin auf den schönen alten Plastikring getreten und habe ihn zerbrochen, und ich wurde angegriffen, als ich Bücher signierte. Aber an irgendwas muß ich doch glauben, also glaube ich eben weiter an die Kristalle. Denn es hätte ja noch schlimmer kommen können.

Sonntag, den 1. Dezember 1985 Es war regnerisch draußen, und am liebsten wäre ich im Bett geblieben. Die Hunde hatte Jed. Ich dachte über die Motten in meinem Teppich nach und werkelte herum.
Traf mich mit Wilfredo, Bernard und PH bei Matt Dillons Stück »Boys of Winter« (Taxi $ 4.00). Und das Stück, na ja, was kann man schon Neues machen nach »Apocalypse Now«? Vor acht Jahren wäre es ein Superhit geworden. Alle wurden umgebracht, es war furchtbar traurig, aber der Schluß war einfach zu abgedroschen, weil der Typ seinen Freund nie auf diese Art umgebracht hätte. Es ist das schwulste Stück am Broadway. Das sollte einer von den Kritikern schreiben, dann wird es vielleicht doch ein Hit. Das ganze Stück dreht sich nämlich um Männer, die einander mögen.
Draußen regnete es, und wir gingen zu Fuß Richtung Eighth Avenue. Mieteten eine Limousine, die gerade vorbeikam ($ 20.00). Gingen dann wie verabredet ins »Hard Rock«. Matt Dillon war schon dort. Er machte mich mit seiner Mutter bekannt. Erinnerst du dich daran, daß er mir bei unserer letzten Begegnung auf die

35 Cow Wallpaper, 1971

Schulter geklopft und mir einen Kuß gegeben hat? Nun, gestern abend klopfte er mir nur auf die Schulter. Vielleicht, weil seine Mutter dabei war. Aber vielleicht hat er das letzte Mal auch für sein Stück geprobt und wollte sehen, wie es ist, wenn man in der Öffentlichkeit einen Schwulen küßt.
Bernard ließ uns sitzen und unterhielt sich an der Bar mit Susan Day. Er ist ein Möchtegern-Starficker. Susan Day war von dem Stück betroffen. Sie sagte, sie werde jetzt gegen den Krieg protestieren. Ich weiß bloß nicht gegen *welchen*. Vermutlich Nicaragua. Und mittags schüttete ich bei der Arbeit Tee über einen Stapel Polaroidfotos. Alles war verklebt, ich habe sie nicht mehr auseinandergekriegt. Und dabei habe ich doch überall Schilder aufgehängt: »Kein Wasser in die Druckwerkstatt mitnehmen.«

Dienstag, den 3. Dezember 1985, New York – Richmond, Virginia Wir mußten nach Richmond, weil die Lewis' dem Museum dort einen Anbau gestiftet haben. Fred und ich fuhren zu »Butler Aviation«. Ich rechnete mit ein paar Leuten in einem Privatflugzeug. Aber dann waren rund 100 Leute da. Und lauter Leute aus meiner Vergangenheit, die ich dringend sehen wollte, stimmt's? Es war grausig. Ich sagte zu Fred: »Ich will nach Hause.« Und Corice Arman sagte dasselbe, als sie all die Leute sah. Als ich Mr. und Mrs. Pearlstein sah, fühlte ich mich glatt ins Jahr 1949 zurückversetzt. Als ich damals nach New York kam, saßen die Pearlsteins nämlich im gleichen Bus. Allan D'Arcangelo war da. Er macht diese Highway-Bilder. Und Michael Graves. Und Venturi tauchte in Virginia auf, aber ich weiß nicht, ob er mit dem eigenen Flugzeug gekommen ist. Und Tom Wolfe war mit seiner Frau da.

Lucas Samaras saß mit im Flugzeug, und er war der einzige, mit dem ich mich unterhalten wollte. Ich denke immer, daß die Kids von damals inzwischen reich sind, aber er sagte, er wohne immer noch im selben Haus. Er zog über Schnabel her. Und ich sagte zu ihm, vor 20 Jahren sei *er* der Schnabel gewesen. Weißt du, Schnabel ist so einer, der einem nicht die Hand schüttelt, wenn man sie ihm hinstreckt, aber wenn eine Minute später jemand Besseres auftaucht, dann schüttelt er sie *dem*. Arne Glimcher war da. Er produziert einen Robert-Redford-Film über die Kunstwelt.

Wir gingen zum Haus der Lewis'. Wir plauderten miteinander, dann zogen alle den Smoking an, und wir gingen ins Museum. Ich trug nur einen Rollkragenpullover und meinen Mantel und sah den ganzen Tag so aus, als wolle ich gerade gehen. Es war mein Calvin-Klein-Mantel mit der Kapuze. Aber aus irgendeinem Grund fand das niemand ungewöhnlich. Jemand sagte mir, ich müsse um 6.00 live im Fernsehen erscheinen, und ich wurde ganz nervös, weil es live war. Aber dann machte ich mir nichts mehr draus und brachte es hinter mich.

Dann kamen Julian Schnabel und seine Frau. Sie hatten das Flugzeug verpaßt. Und Alex Katz war das gleiche passiert.

Ich mußte auf die Toilette, weil ich zur Zeit soviel Vitamin C nehme. Und die Toilette war voller Typen, die Zigarre rauchten. Ich muß endlich mal was gegen meine Toilettenphobie tun, weil ich... Es gab zwar eine Kabine, sie war aber besetzt, und ich versuchte zu warten, aber... die Typen sagten: »Oh, Sie sind also Andy Warhol.« Also versuchte ich zu pinkeln, und gleich nach dem Pinkeln wollten sie mir die Hand geben.

Leo Castelli war mit Toiny da. Sie ist eine verlorene Seele, und er ist auch schon weg vom Fenster. Aber am schlimmsten war, daß alle 30 Jahre älter aussahen. Ich bin ziemlich verwöhnt, weil ich soviel mit Neunzehnjährigen rumlaufe. Na, wenigstens Ivan Karp hat noch Energie und ist witzig.

Marisa Berenson und Philippe Junot *(Laszlo Verez)*

Freitag, den 5. Dezember 1985, New York Im Gulf & Western Building war eine Vorführung von »Young Sherlock Holmes« (»Das Geheimnis des verborgenen Tempels«, Regie Barry Levinson, 1985), aber ich möchte diesen Ort lieber meiden – Jon Gould ist in der Stadt und ruft nicht mal an.

Arbeitete bis 8.30. Rupert war so nett, mich zur Ecke Ninth Avenue und 24. Straße zu fahren. Ging zu Schnabel, Ecke 20. Straße und Park. Es war ganz feierlich, der Weihnachtsbaum war schon aufgestellt. Fred war da, in Kunstlaune. Das Dinner kam aus dem »Il Cantinori«. Die Mädchen trugen alle denkbar kurze Röcke, dazu Madonna-Strümpfe. Marisa Berenson trug einen schwarzen Minirock. Sie hat den richtigen Körper dafür. Diesen Knabenarsch. Und Schnabels Frau auch, ihr Rock endete 50 cm über dem Knie.

Sonntag, den 8. Dezember 1985 Ging zur Kirche. Paige rief an. Sie überlegt sich, ob sie sich gegen ihre Schokoladensucht behandeln lassen soll, eine Art Entzug, wie ihn Heroinsüchtige durchmachen. Sie sagt, sie sei jetzt endgültig fertig mit Jean Michel, und zwar seit der »Comme des Garçons«-Modenschau. Sie sagt, Jean Michel habe Kleider vorgeführt und auf dem Laufsteg wie ein Trottel ausgesehen. Seitdem sei sie endgültig fertig mit ihm.
Bob Colacello gab um 9.00 im »Mortimer's« ein Dinner für São Schlumberger. Wir kamen hin, als gerade das Essen begann. Ich saß neben einer Inderin namens Gita Mehta und einer Brasilianerin, die mit einem Iren verheiratet ist.
Und ich unterhielt mich mit Fred. Er hatte sich tags zuvor die Galerien angesehen und riet mir, neue Ideen für meine Malerei zu entwickeln. Er sagte, daß Roy Lichtenstein alle seine Bilder verkauft, lauter rote Punkte und Preise zwischen $ 200 000.00 und $ 300 000.00.

Montag, den 9. Dezember 1985 Am frühen Morgen rief Jean Michel an und erzählte, daß er sich am Freitagabend bei Schnabel mit Philip Niarchos gestritten habe. Ich glaube, er hat Philip immer noch nicht dessen üble Bemerkung über ihn verziehen: »Jetzt lassen sie schon Nigger nach St. Moritz.«

Donnerstag, den 12. Dezember 1985 Das Museum in Boston hat das »Electric Chair«-Bild mit der Begründung zurückgeschickt, der Rotton sei daneben. Er war eine Spur anders, und ich sagte, das Bild werde dadurch doch interessanter. Aber sie wollten es mir trotzdem zuschicken, damit ich mir überlege, was da zu tun ist. Wenn sie es neben dem schwarzen Bild aufhängen würden, wäre es sowieso egal. Ich glaube, sie wollen die Sache nur hinauszögern. Aber inklusive Versicherung kostet es jedesmal rund $ 4 000.00, wenn man das Bild verschickt. Und Fred ist in Atlanta.

Sonntag, den 15. Dezember 1985 Ich hatte mir am Abend zuvor das Stück von Sam Shepard angesehen, und als ich am Morgen aufstand, las ich mir noch einmal die Transkriptionen der Bänder durch, die ich mit Truman aufgenommen habe: Wie er zuerst beim Masseur ist, dann beim Psychiater, und wie er dann etwas trinkt und schließlich zum Dinner geht. Aber ich habe die Bänder ruiniert, weil ich selbst zuviel geredet habe – ich hätte den Mund halten sollen. Ich sage nur: Alles ist wundervoll, jeder ist wundervoll – das Übliche. Und ich hatte gedacht, ich könnte aus diesen Bändern Theaterstücke machen und ein kleines Vermögen damit verdienen, aber daraus wird nichts, sie sind einfach Schrott.

Montag, den 16. Dezember 1985 Brigid ist gerade am anderen Apparat und liest mir einen Artikel aus der »New York Times« vor. Ich glaube, es geht darin um Ruperts Freund. Warte mal... es geht um Patrick McAllister, und ich weiß nicht, ob das der Nachname von Ruperts Freund ist. Jedenfalls hat der Mann AIDS. Ruperts Name wird zwar nicht erwähnt, aber in dem Artikel steht, daß Patrick einen Freund hat, der für einen »berühmten Künstler« arbeitet. Und jetzt habe ich ein schlechtes Gewissen, weil ich immer so gemein zu Patrick war. Er hat im August erfahren, daß er AIDS hat – aber ich kann ihn schon seit Jahren nicht leiden. Trotzdem habe ich jetzt ein schlechtes Gewissen. Und es wäre eine Erklärung für viele Dinge, die Rupert jetzt tut. Er ernährt sich zum Beispiel makrobiotisch und nimmt EST-Kurse.
Chrissy Berlin war im Büro, und ihre Porträts gefielen ihr sehr. Es war recht

viel Betrieb. Fred ist in Europa, um Kunst zu verkaufen.
Arbeitete bis 8.20, dann ging ich zu Fuß ins »Ritz Café«, das neue Restaurant, wo früher »La Coupole« war. Ich traf mich dort mit einem männlichen Model von Ford, das Paige für mich eingeladen hatte. Der Junge war gerade aus Japan zurückgekommen. Er fand es dort furchtbar. Ich hatte das Gefühl, ich höre der exakten Kopie jedes x-beliebigen Models zu. Aus New Jersey. Das Gerede über Motorräder, übers Modellstehen, übers Essen und darüber, wie schrecklich Japan ist. Aber Models sehen gut aus, und das reicht.
Paige hatte Tama einen schwarzen, jüdischen Anwalt mitgebracht. Er heißt Rubin und sieht (lacht) schwarz und jüdisch aus. Und Tama hatte für Paige einen Schriftsteller mitgebracht, der vier Romane geschrieben hat, und er wurde neidisch, weil Tama schon im »New Yorker« veröffentlicht hat, und Tama wurde neidisch, weil er schon vier Romane veröffentlicht hat. Das ganze Gespräch drehte sich darum, wie man neue Gesichter, gute Köpfe und neue Ideen findet. Wir saßen in einer Nische für sechs Personen und hatten viel Spaß.
Ich kam vor 12.00 nach Hause und sah mir »Letterman« nicht an. Ich sah aber in den Nachrichten, daß die Mafia ihre Schießereien jetzt in der Innenstadt austrägt, und das begreife ich nicht. Sie suchen sich jetzt die besseren Straßen aus.

Mittwoch, den 18. Dezember 1985 Angeblich war das der kälteste Tag des Jahres, aber in der Sonne fand ich es gar nicht so kalt. Ging zu Dr. Bernsohn, und er verdarb mir die Laune. Er zeigte mir diesen einen Kristall und sagte: »Ich habe tausend für ihn gezahlt, und normalerweise kostet er $ 5000.00, aber für mich ist er Millionen wert, es gibt auf der ganzen Welt nichts Vergleichbares.« Und ich sagte, okay, ich könnte ihm vielleicht eine Grafik dafür geben, aber er sagte: »Was, eine Grafik, ich dachte eher an zwei Porträts, eins für meine Mutter und eins für mich.« Er will $ 50000.00 in Porträts! Er sagte, ich müsse ihm bis Freitag Bescheid geben, weil Dr. Reese sonst »ausgebucht« sein könnte, wenn ich mir länger Zeit ließe.
Ich glaube, ich rufe ihn einfach nicht an. Irgendwo ist die Grenze.

Donnerstag, den 19. Dezember 1985 Ich las einen langen Artikel über Carl Andre und darüber, ob er seine Frau nun aus dem Fenster gestoßen hat oder nicht, und hinterher konnte ich mir gut vorstellen, daß sie Streit hatten. Mich würde nun interessieren, ob sie tatsächlich Streit hatten und sie aus dem Fenster springen wollte und er versucht hat, sie zurückzuhalten. Er sagte, die Kratzer im Gesicht habe er sich beim »Möbelumstellen« geholt. Und das hätte er nicht sagen sollen. Ich wäre enttäuscht, wenn er schuldig wäre. Ich glaube, wenn er es wirklich getan hätte, würde er es zugeben; ich finde nämlich, er hat etwas Integres.
Tina Chow rief an und sagte, sie gebe um 9.00 ein Dinner für Jean Michel, nur ein ganz kleines. Jean Michel brachte seine Mutter und ihren Freund mit. Ich brachte ihm ein Geschenk: eine Perücke. Er war geschockt. Eine von meinen älteren. Gerahmt. Ich habe sie mit »'83« datiert, aber in Wirklichkeit weiß ich nicht, von wann sie ist. Es ist eine von meinen Paul-Bochiccio-Perücken.
Du weißt, ich habe gehört, wie sich die Kids im Büro über meine Perükken unterhielten, und wenn ich daran denke, wieviel Arbeitszeit sie damit verschwenden, über mich zu klatschen... Und Brigid hat jetzt Haß auf Sam, auf den sie ja auch sauer sein kann, weil ich ihn überallhin mitnehme, aber, na ja, er ist nur ein Babysitter für mich.
Setzte Sam ab. Gab dem Fahrer ein dickes Trinkgeld, weil Weihnachten ist ($ 10.00.)

Sonntag, den 22. Dezember 1985 Ging zur Kirche (Taxi $ 3.00), dann auf den Flohmarkt in der 76. Straße und dann auf den über-

dachten Flohmarkt. Kaufte noch eine Nikolausfigur. Ich weiß einfach nicht, was ich malen soll.
Fred hilft mir die ganze Zeit bei der Suche nach neuen Ideen. Das tut er wirklich. Aber die Idee allein genügt nicht, man muß sie auch ausarbeiten. Man möchte meinen, wenn man erst einmal eine Idee hat, sei alles andere einfach, doch das ist ein Irrtum. Es ist wie beim Schreiben. Wie bei dem Stück, das ich über Truman Capote machen wollte – wenn ich das Ganze durchgesehen hätte, bevor er starb, wäre ich noch mal drei Tage mit ihm losgezogen, hätte dabei den Mund gehalten und wirklich etwas aufs Band gekriegt.
Marsha May aus Texas lud zum Geburtstagslunch für Jean Michel ein. Und endlich hatte ich für Jean Michel mal ein Geschenk, das ihm gefiel – die Rhythm-and-Blues-Kassette mit sechs Platten, die Atlantic gerade herausgebracht hat. Einige der Songs hat Ahmet Ertegun geschrieben – damals war seine große Zeit. Das ganze Essen über las Jean Michel die Texte auf den Plattenhüllen.
Dann wollte Jean Michel zu »Bloomingdale's«, es war 4.30. Wir gingen also hin, und er wollte einen Geschenkgutschein über $ 3000.00 für seine Mutter ausstellen lassen. Als er seine goldene American-Express-Karte hervorzog, wollte der eine Verkäufer seinen Ausweis sehen, aber der andere stieß ihn in die Rippen und sagte: »Schon okay.«

Montag, den 23. Dezember 1985 Ich fragte Jay, was er sich zu Weihnachten wünsche, und er sagte, wenn im Februar in Paris was zu erledigen ist, würde er gern an meiner Stelle hinfliegen. Ich sagte, gut, weil ich dann hierbleiben und arbeiten kann.
Ich habe dieses Jahr eine Nimm-alles-und-gib-nichts-Haltung. Den Kids von »Interview«, die ich kenne, schenke ich Keith-Haring-Uhren und signierte »America«-Bücher.

Gael Love *(Pat Hackett)*

Sah mir »The Color Purple« (»Die Farbe Lila«, Regie Steven Spielberg, 1985) an. Die Männer in dem Film sind so grausam zu den Frauen. Ein echter Tränentreiber. Und Whoopi Goldberg erinnerte mich sehr an Jean Michel. Wie sie die Hände über den Mund legt, wenn sie lacht, überhaupt alles (Karten $ 18.00).

Dienstag, den 24. Dezember 1985 Benjamin holte mich ab. Draußen waren 12 Grad plus, aber mir kam es vor wie 15, richtig angenehm. Wir gingen überallhin und hatten viel Spaß. Als wir ins Büro kamen, hatte die »Interview«-Party schon angefangen. Ich ging nicht hin, aber die Leute kamen in unsere Räume. Ziemlich genau um 4.00 war alles zu Ende. Und ich bat Gael zu mir, weil ich sie fotografieren wollte. Ich mache nämlich ein Zeichnung von ihr, weil Fred gesagt hat, daß ich das machen muß. Sie sieht gut aus, sehr schlank. Ihre Haare sind wundervoll, sie hat eine gute Haut und trägt kein Make-up. Ihr Mann Peter holte sie ab. Sie trug ein blaßrosa Lederkleid, und ich fragte: »Oh, wo hast du das schöne Kleid her?« Und sie beeilte sich zu sagen: »Du weißt ja, daß ich *nie* etwas *umsonst* annehme, aber das haben sie mir für $ 10.00 verkauft, weil niemand es haben wollte!« Das klang wie eine Verteidigung, als hätte sie gewußt, was mir zu Ohren gekommen war. Daß sie nämlich von ihren Geschäftsfreunden in L. A. eine Menge Blumen

und Pralinen bekommt. Ich hatte ganz vergessen, daß die Redakteure von »Interview« tatsächlich *Macht* haben.
Greg Gorman, der Fotograf aus L. A., war auch auf der »Interview«-Party und erzählte, daß Joe Dallesandro eine große Rolle in einer neuen TV-Krimiserie bekommen hat. Sie läuft im Januar an. Gael und Peter brachten mich nach Hause.
Nahm ein paar Leute zu einem Weihnachtsdinner ins »Nippon« mit und verteilte die kleinen »Be Somebody with a Body«-Bilder (Dinner $ 280.00).
Dann gingen wir in Kenny Scharfs Loft an der Great Jones. Im Schlafzimmer hatte Kenny Original-Comiczeichnungen der »Flintstones« und »Jetsons«. Er sagte: »Jon Gould hat sie mir besorgt.« Ausgerechnet

Paige Powell *(Tama Janowitz)*

mir sagt er das. Mir wurde dabei ganz komisch. Er sagte, Jon habe sie auf einer Auktion erstanden. Verstehst du? Da wohnt jemand in deinem Haus, und plötzlich kennt er dich nicht mehr, aber er trifft sich noch mit allen deinen Freunden. Ich kannte die Leute bei Kenny nicht, ein Haufen Spinner.
Setzte PH, Paige und Bernard ab (Taxi $ 20.00).

Mittwoch, den 25. Dezember 1985 Fuhr zur Ecke 90. Straße und Fifth Avenue (Taxi $ 4.00) und traf mich mit Paige in der Suppenküche der »Church of the Heavenly Rest«. Eine episkopalische Kirche. Paige regte sich auf, weil sie das Essen der Leute für schlecht hielt. Aber das liegt nur daran, daß wir an ungewöhnlich gute Sachen gewöhnt sind. Das Essen war nicht schlechter als in einer High-school-Cafeteria. Und man sieht dort auch Leute mit schlechten Zähnen, und wir sind an die perfekten Beautiful People gewöhnt. Es ist eine gänzlich andere Welt.
Der Pfarrer trank einen Bourbon. Er war wirklich reizend. Die Kirche beherbergt ungefähr 20 Leute, ich weiß aber nicht, ob es jeden Tag dieselben sind und wie sie ausgesucht werden. Verteilte »Interviews«.

Freitag, den 27. Dezember 1985 Ich kriege immer noch Sachen von der tschechoslowakischen Kirche, weil sie, glaube ich, nicht wissen, daß meine Mutter im Himmel ist. Zu Weihnachten denke ich immer sehr an meine Mutter und frage mich, ob es richtig von mir war, sie nach Pittsburgh zurückzuschicken. Ich habe immer noch Schuldgefühle.*

*Siehe Einleitung

Samstag, den 28. Dezember 1985 Susan Blond rief an, und wir verabredeten uns zum Dinner, und bis zum Abend hatte ich 10 oder 11 Leute eingeladen und beschloß, mit ihnen ins »Bud's« zu gehen, weil es dort billiger ist als etwa im »Jam's« (Taxi $ 6.00).
George Condo kam. Das ist dieser neue Künstler. Und Kenny Scharf hatte für George die Schauspielerin Carol Davis eingeladen, die das jüdische Mädchen in »Flamingo Kid« (Regie Jerry Marshall, 1984) gespielt hat. Sie kam erst nach dem Dinner. Und dieses Mädchen war der Hit des Essens. Sie war wirklich witzig. Sie hat gerade mit einem armenischen oder indischen Schönheitschirurgen in L. A. Schluß gemacht, der, wie sie sagte, drei Generationen von Nasen begradigt hat. Sie selbst hat sich angeblich nur am Kinn operieren lassen, aber ich glaube, sie hat sich auch die Nase machen lassen. Sie sagte, ihre beste Szene in »Flamingo Kid« sei

rausgeschnitten worden. In der Szene versucht sie, Matt Dillon unter Verwendung von Eiswürfeln einen zu blasen. Sie sagte, Matt habe sich nicht für sie interessiert (Dinner $600.00 inklusive Trinkgeld).

Sonntag, den 29. Dezember 1985 Ging zur Kirche. Dann traf ich mich mit dem Künstler James Brown auf dem Flohmarkt.
Dann gingen wir in sein Atelier in der Nähe von »Katz's Delikatessen«. Er wohnt im dritten Stock. Im Erdgeschoß ist ein Bordell, in dem an diesem Tag schon drei Razzien waren. Die puertoricanischen Mädchen liefen in (lacht) Seidenkorsetts herum, und die Madam sah irgendwie aus wie Regine. Paige war ganz fasziniert und wollte das Bordell filmen.

Dienstag, den 31. Dezember 1985 Ein ziemlich glanzloser Silvesterabend. Ich fühle mich ausgeschlossen. Soviel ich weiß, gibt Calvin eine Party, aber er hat mich nicht dazu eingeladen, und Bianca ist zwar in der Stadt, hat aber nichts von sich hören lassen. Sie hat nicht einmal angerufen, um zu sagen, wann sie sich ihr Weihnachtsgeschenk abholt. Dabei hat sie kaum noch Freunde außer mir. Doch Silvester verlief ruhig und ohne Emotionen. Keiner wurde tiefsinnig.
Kaufte Zeitungen und entdeckte, daß das Brillengeschäft den Zeitungen verraten hat, daß ich meine Brillen dort kaufe, und angeblich sind sie so kugelsicher wie die Brillen des Präsidenten von Nicaragua (Zeitungen $5.00; Taxi $3.00, $2.00). Die sehen mich nicht wieder. Warum müssen sie so was erfinden? Und was sind überhaupt *kugelsichere* Brillen? Wozu sollen die gut sein?
Ich wollte eine Menge Leute anrufen und ihnen ein gutes neues Jahr wünschen, doch dann brachte ich es nicht fertig.
Sam und PH holten mich ab (Taxi $10.00). Wir fuhren zu Jane Holzer. Natürlich war sie noch nicht angezogen, obwohl sie um 9.00 bei Roy Cohns Party sein wollte, um bei den Gästen noch was für ihr Immobiliengeschäft rauszuholen. Sie war noch im Bademantel. Sie schminkte sich und zog Hosen und ein schwarzes Armani-Jackett an. Sie hat etwas zugenommen.
Wir fuhren zu Roy Cohns Stadthaus. Er bot einen traurigen Anblick. Er sah nicht alt aus, aber, mein Gott, so elend. Ich kann es nicht beschreiben. Doris Lily war da. Und Roys Neffe oder so aus Palm Beach. Er schreibt für den »Miami Herald« und will jetzt auch für »Interview« schreiben. Monique Van Vooren war auch da. Sie betrat das Vorderzimmer und hielt sich schützend die Hände vors Gesicht: »Meine Güte, dieselbe wundervolle Beleuchtung wie immer.« Das Licht war furchtbar grell und verwandelte den alten Haufen vollends in eine Horror-Schau.
Regine war auch da. Sie lud uns anschließend zu einem Dinner-Konzert mit Julio Iglesias ins »Essex House« ein. Ein Essen pro Person kostete dort $2000.00. Wir waren sehr gespannt.
Das Beste am »Essex House« waren die Schlüsselanhänger aus Messing, die uns ein Mädchen schenkte. Sie dienten zugleich als Konzertkarten, und darauf war eingraviert: »Julio Iglesias, Essex House, 31. Dezember 1985, $2000.00.« Angie Dickinson war da. Sie ist immer so nett. Sam machte ein Foto von ihr und erzählte ihr, daß er für mich arbeitet. »Oh, ich liebe ihn«, sagte sie. Um Mitternacht gab es Flittersalven aus Kanonen. Überall waren Orchideen. Julio kam mit einem großartigen Spruch auf die Bühne: »Ich erkläre mich für schuldig: Ich liebe euch!« Und er redete immer wieder davon, daß wir alle eine große Familie seien. Jeder, der von den $2000.00 hörte, dachte an eine Benefizveranstaltung. War es aber nicht. Julio steckte alles in die eigene Tasche.
Ich ging ins »Hard Rock Café«. Die Rock-Fans dort waren der sentimentalste Haufen der Welt. Wie immer. Jemand kam und erzählte, Ricky Nelson sei bei einem Flugzeugabsturz in Texas ums Leben gekommen.

1980

Mittwoch, den 1. Januar 1986

Sam hängt sich in letzter Zeit so an mich. Vermutlich habe ich ihn zu sehr verwöhnt. Fred hat mich ja davor gewarnt, Sam nicht den Kopf zu verdrehen, aber bei unserem ersten Ausflug habe ich ihn mit zu Yoko Ono genommen, wo er mit Dylan, David Bowie und Madonna zusammensitzen konnte, und nun ist er ganz versessen auf Stars.

Jedenfalls rief er an und wollte unbedingt arbeiten, doch ich wollte zu Hause bleiben und mich ausruhen. Ich beschloß, fernzusehen und mir den Tag freizunehmen. Tötete ein paar Motten.

Freitag, den 3. Januar 1986

Pauls Film »Mixed Blood« (Regie Paul Morrissey, 1984) lief um Mitternacht im »Waverly«. Sam und ich gingen hin (Karten $10.00; Popcorn $5.00). Mir gefiel der Film. Alles war zwar schon mal da, doch der Film war gut fotografiert, und für einen, der lange nicht in New York war, wußte Paul recht viel über die Lower East Side und Alphabet City – die Avenues A, B, C und D.

Samstag, den 4. Januar 1986

Sonniger Tag. Karen Burke hat endlich ihren Doktor gemacht. Sie hat mir eine Karte geschickt.

Kam um 4.00 zur Arbeit. Ich sah ein paar Ausgaben von »Soldiers of Fortune« durch, weil ich Kriegsbilder machen möchte. Sam sollte welche rauskopieren. Als ich nachsah, entdeckte ich, daß er ungefähr 1000 Blätter in den Papierkorb geworfen hatte! Er hatte am Kopierer das falsche Format eingestellt und nicht das ganze Bild aufs Blatt bekommen. Ich sagte was zu ihm, und weil er keine Kritik vertragen kann, brüllte er: »Mach mich nicht nervös!« Dabei weiß er genau, wie teuer alles ist. Ich weiß nicht, warum er soviel Papier verschwendet.

Mittwoch, den 8. Januar 1986

Meine Schwägerin rief mich am Morgen an. Sie ist in der Stadt. Sie möchte mir für $90.00 einen Vibrator verkaufen, weil sie sich drei gekauft hat und nicht alle braucht. Sie ist Reflexologin. Sie massiert den Leuten fünf Stunden lang die Füße, und dann sind sie ihre Wehwehchen los. Wie bei den Leuten, zu denen ich gehe. Wie wäre es, wenn ich zu ihr ginge? Meinst du, das würde mir die Sache verleiden? Meinem Bruder Paul, dem Trödler, geht es gut. Er hat eine richtige Farm. Sie haben sechs Schweine geschlachtet und Wurst gemacht. Er kauft Immobilien im Schwarzenviertel und wartet, bis die Preise anziehen. Am Fluß, an der Nordseite. Und die Ex-Frau meines Neffen George will ihren Ex-Mann immer noch verklagen. Sie ist wieder verheiratet. Als George einmal die Kinder besuchte – zwei reizende kleine Jungen – kam sie aus dem Haus und fotografierte seinen Cadillac, weil sie mehr Unterhalt aus ihm herausholen wollte. Er hat keine Freundin. Er hadert noch immer wegen seiner gescheiterten Ehe. Er ist ein netter Kerl, und die Frau war vermutlich auch reizend. Irin oder so. Ich glaube, George sieht von allen aus der Familie am besten aus (Taxi uptown $5.00).

Rief Jean Michel in L. A. an. Er sagte, nicht ein Star sei bei seiner Eröffnung gewesen. Nur Jon Gould sei dagewesen, doch aus irgendeinem Grund wollte er mit mir nicht über ihn sprechen.

Donnerstag, den 9. Januar 1986

Arbeitete den ganzen Nachmittag. Um 5.00 ging ich zu Sabrina Guinness' Geburtstagsparty in Anne Ronsons 15-Zimmer-Wohnung im »San Remo« am Central Park West – sie ist mit Mick Jones von »Foreigner« verheiratet.

Jedes Zimmer war in einem anderen Stil eingerichtet. Eines englisch, ein anderes im Art-Deco-Stil, und im nächsten hingen Trompe-l'oeils. Es gab nichts zu essen. Nur drei Portionen Hühnerfleisch-Sushi. In einer Zimmerecke, wo man normalerweise nie nachsehen würde, entdeckte ich ein Tablett mit Kaviar.

Und dann war da ein schwarzes Mädchen, eins von diesen überdrehten Mädchen, die ich nicht ausstehen kann – sie sei aus Afrika, sagte sie, doch sie fügte hinzu, es sei schön, mal wieder unter Leuten zu sein, weil sie mit ihrer Familie ganz abgeschieden in Greenwich lebe. Weißt du, was das soll? Sie sagte, sie habe die besten Schulen von London besucht. Und Michael Douglas mag offenbar schwarze Mädchen, denn er sagte:

Michael Douglas und Yoko Ono *(Sam Bolton)*

»Hör zu, Süße, gib mir deine Telefonnummer, bevor du gehst.« Und als er aufstand, um was zu erledigen, sagte er zu ihr: »Ich bin gleich wieder da.« Earl McGrath war auch da. Er war mürrisch, bis ihm John Taylor von »Duran Duran« endlich einen Joint anbot. Dann stellte er mich Randy Hearst vor, Pattys Vater. Und Patty war plötzlich auch da, zusammen mit ihrem Mann, dem Polizisten. Ich lernte ihn kennen. Patty kam zu mir und war ausgesprochen lieb und freundlich. Sie sieht großartig aus. Der Plattenproduzent Nile Rodgers war da. Er ist ein Modegeck. Er hat denselben eckigen Haarschnitt wie Grace Jones. Er ist wirklich nett.

Freitag, den 10. Januar 1986
Richard Weisman rief an und sagte, daß er am nächsten Samstag heirate.

Donnerstag, den 14. Januar 1986 Erfuhr von Chris, daß Edmund in Wirklichkeit Tuberkulose gehabt hat. Doch nun hat er sie überstanden. Meine Mutter hatte auch Tuberkulose, nachdem sie in New York angekommen war. Man muß eine Menge Antibiotika nehmen. Sie hat nie gehustet oder so, und ich habe keine Ahnung, wie sie das in New York gekriegt hat. Ich glaube, es ist ein Virus. Doc Cox hat es damals festgestellt, und nach einem Monat war alles wieder vorbei. Doch die Leute vom Gesundheitsamt kamen noch fünf Jahre später.
Brigid will zwei Wochen mit Charles Rydell nach Paris fahren. Ihre Mutter hat schon den Sarg für ihren Vater gekauft. Er kann jeden Tag sterben. Er wird über einen Schlauch ernährt, den man ihm in den Hals gesteckt hat. Sah mir »Jewel of the Nile« (»Auf der Jagd nach dem Juwel vom Nil«, Regie Lewis Teague, 1985) an. Es war langweilig (Karten $ 18.00; Popcorn $ 7.00). Michael Douglas hat eine Hakennase. Ich frage mich, ob sein Vater eine Nasenoperation hatte.

Mittwoch, den 15. Januar 1986
Ein Typ aus England will, daß ich neue Selbstporträts mache. Ich arbeite gerade an den Kriegsbildern, und die sind ziemlich schwierig. Ich weiß nicht, wie sie aussehen sollen. Ich male Pistolen, doch ich habe auch früher schon Pistolen gemalt.

Samstag, den 18. Januar 1986
(Taxi $ 4.50). Ich zog den Smoking an und fuhr mit dem Taxi zu Richard Weismans Hochzeit im »UN Plaza«. Seine jüngste Tochter kam mit dem Sohn der Frau, mit der Richard fünf Jahre lang zusammengelebt hat, ohne sie zu heiraten. Und dann lernte er, glaube ich, dieses Mädchen kennen und faßte den Entschluß, auf der Stelle zu heiraten. Und als sie dann kam, war ich richtig geschockt. Er hatte mir nicht gesagt, daß sie Asiatin war. Sein Vater, Fred Weisman, hatte mit einer Asiatin böse Erfahrungen gemacht, und nun wollte Richard eine heiraten. Sie ist Model, halb Koreanerin, halb Amerikanerin.

Die eigentliche Trauung dauerte nur eine Sekunde. Man bekam sie kaum mit. »Willst du diese Frau nehmen?« »Ja.« Das war alles. Und dann aß ich vier Stück Hochzeitstorte.
Keiner hatte so recht gewußt, ob die Hochzeit tatsächlich stattfinden würde. John Martin von ABC sagte, kurz bevor er seinen Smoking anzog, habe er noch mal angerufen, um sich zu vergewissern. Richards Frau hatte sich als Hochzeitsgeschenk einen Besuch beim Superbowl gewünscht. Ja, ganz recht – »Ich möchte zum Superbowl, Darling, das ist alles, war ich mir wünsche.«

Montag, den 20. Januar 1986
Jean Michel weckte mich morgens um 6.00 auf, doch ich schlief gleich wieder ein. Ich kann jetzt noch die Zunge kaum bewegen. Er hat Probleme, weil er Shenge aus dem Haus haben will. Er unterstützt ihn nun schon seit drei Jahren. Doch der Hauptgrund ist, daß Shenge jetzt genauso malt wie er. Er kopiert seine Bilder. Und Jennifer ist fort. Es muß sehr schwierig sein, mit Jean Michel zusammenzuleben.
Fred sagte, daß die Leute vom Bostoner Museum immer noch nicht klar gesagt haben, ob sie den »Big Electric Chair« kaufen wollen oder nicht.

Dienstag, den 21. Januar 1986
Ich glaube, ich habe vergessen, von dem Mädchen zu erzählen, das sich in der 57. Straße Ecke Park Avenue die Kleider auszog, mitten auf die Straße pinkelte, dann weiterging und sich wieder anzog. Direkt vor diesem einen Lederwarengeschäft, in dem ich noch nie jemanden gesehen habe. An der Südwestecke, weißt du? Und jeder tat so, als sei nichts passiert. Sie trug hohe Absätze.
Benjamin holte mich ab, und auf dem Weg trafen wir Jimmy Breslin. Er trug nur einen Pullover. Er sagte, er sei durch den Park gegangen. Er geht jeden Tag zu Fuß von der West Side zur Redaktion der »Daily News«. Er wollte uns begleiten, und wir bekamen einen Schreck, weil wir auf dem Weg zu Bulgari waren. Kannst du dir vorstellen, welche Kolumne er darüber schreiben würde? Also sagten wir, wir müßten Anzeigenkunden bearbeiten. Es war schwer, ihn abzuschütteln. Aber es ist ein langer Fußmarsch, den er da täglich zurücklegt, was?
Grace Jones kam ins Büro, um ihr Porträt abzuholen. Sie trug ein Kleid von Issey Miyake. Ihr Hut erinnerte an Rasta-Locken. Sie gab jedem einen dicken Kuß auf den Mund, sogar Sam. Sie ist so aufgedreht, weil sie in Hollywood einen weiblichen Dracula spielen soll. Wie viele weibliche Draculas wollen sie eigentlich noch bringen? Sie ist so aufgedreht. Sie sagte, man habe ihr das letzte Wort in künstlerischen Dingen garantiert.

Samstag, den 25. Januar 1986
Ging zu Julian Schnabel. Als wir hinkamen, war das Essen schon wieder in der Küche. Ich dachte, daß sie auch 7.30 meinen, wenn sie es sagen. Julian nahm uns mit in die Küche. Wir saßen da und aßen Kuskus. Es schmeckte so gut. Er schenkte mir sein Buch. Ich soll ihm meine Meinung darüber sagen. Ich finde, er hat sich sehr von »POPism« anregen lassen. Es wird sich gut verkaufen.
Dann kam die Geburtstagstorte, und ich fotografierte sie, doch eine Person zog indigniert den Hut ins Gesicht und verschwand. Ich wußte nicht einmal, wer es war. Ich ging in die Küche, und da platzt Diane Keaton herein und ruft: »Hallo, Kinder, wie geht es euch?« Also wirklich, für wen hält sie sich eigentlich? Ich fotografiere den *Kuchen*. Aber sie selbst läuft in der Stadt rum und fotografiert jeden, wie sie will. Woher nimmt sie den Nerv, sich so aufzuführen? Sie ging nach unten, und ich sagte ziemlich laut, daß sie in meinen Augen eine Heuchlerin ist. Möglich, daß sie es gehört hat, das ist mir egal. Julian hatte eine Menge neue Sachen. Er kauft gerade sein Frühwerk zurück. Er hat die Arbeiten für $ 600.00 oder so ver-

kauft, und jetzt bezahlt er $ 40000.00. Ihm ist klar, daß er das tun muß. Er weiß nicht, wie er sich mir und Jean Michel gegenüber verhalten soll. Er schuldet uns noch ein paar Bilder (Besorgungen $ 1.00).
Er hatte eine Menge von Joseph Beuys in der Wohnung. Joseph Beuys ist am Freitag gestorben.
»Interview« bittet mich neuerdings nicht mehr, Interviews zu machen. Früher bat man mich hin und wieder. Waren meine Interviews schlecht, oder...

Sonntag, den 26. Januar 1986
Ging zum Flohmarkt. Es regnete. Anschließend ging ich zur »Armory Show« auf der East Side. Bei »Sotheby's« haben sie einen Tisch für 1,2 Millionen Dollar verkauft. Ein Rekord. Bei der »Armory« waren lauter Leute, denen ich früher immer den Trödel für $ 35.00 abgekauft habe. Wenn ich die Sachen für $ 100.00 pro Stück genommen hätte, wären sie heute eine Menge wert, doch leider habe ich den billigen Kram genommen. Die Leute wollen heute nur noch Unikate. Meine Kunst ist genau das Gegenteil.

Dienstag, den 28. Januar 1986
Brigid sagte, ihr Vater sei gestorben. Sie wollte nach Hause gehen, aber ich riet ihr, weiter zu arbeiten. Paige war sehr mitfühlend, doch ich wollte es Brigid einfach nur leichter machen.

Donnerstag, den 30. Januar 1986 Benjamin Liu kam und überbrachte mir die tragische Nachricht, daß sein Geschäft mit Modeschmuck floriert und daß er sich nun den ganzen Tag darum kümmern muß. Er kommt also morgens nicht mehr zu mir. Damit geht eine Ära zu Ende.
Yoko Onos Sekretär George rief an und bat mich zu einer Dinner-Party mit der Vorführung eines Films, den Yoko und John 1972 gedreht haben. Außerdem sollte im Madison Square Garden ein Benefizkonzert stattfinden – ich glaube, für Bangladesh. Obwohl ich noch eine Menge anderer Dinge zu erledigen hatte, wollte ich hingehen. Ich fragte, ob ich zu Yoko jemanden mitbringen dürfe; sie riefen zurück und sagten okay. Ich bat Sam Bolton mitzukommen. Er hat nur Interesse, wenn Prominente dabei sind. Sam holte mich ab. Wir fuhren zu der Filmvorführung Ecke Amsterdam Avenue und 64. oder 65. Straße. Ich saß neben Jann Wenner (Taxi $ 4.00). John war ein großartiger Komödiant. Er benahm sich ganz natürlich auf der Bühne. Er hatte lustige kleine Bewegungen, und seine Texte waren so gut. Yoko schrie nur; es war einer ihrer ersten Auftritte.
Hinterher zum Dinner bei »Jezebel's«. Jann nahm uns in seiner Limousine mit. Roberta Flack und Earl und Camilla McGrath waren dabei. Wir gingen zusammen hinein. Sie staunten, wie schön das Lokal war. Sie hatten es nicht gekannt. Jezebel hat es renovieren lassen, und alles macht jetzt einen sauberen Eindruck. Ich saß neben Roberta Flack. Michael Douglas kam später.
Hinterher bot mir Jann Wenner an, mich nach Hause zu fahren. Sam und ich stiegen in seinen Wagen. Ich sagte ihm, er brauche Sam nicht downtown zu fahren, er könne mit mir in der 66. Straße aussteigen und dort ein Taxi nach Hause nehmen. Und Jann sagte daraufhin, ihm sei es doch egal, was ich in meinem Privatleben mache. Wir stiegen an der Ecke 66. Straße und Park Avenue aus. Ich gab Sam Geld für ein Taxi und ging nach Hause ($ 5.00).

Samstag, den 1. Februar 1986
Paige und ich gingen zu »Global Furniture« – sie inserieren bei uns. Sie hatten dort einen Schirm, der so groß war wie ein ganzes Zimmer. Ich glaube, wir sollten ihn für mein Büro in der Madison Avenue kaufen, damit die Leute von gegenüber mich nicht mehr beim Malen beobachten können. Der Schirm ist riesig, ungefähr 6 m mal 6 m. Er kostet nur um $ 800.00. Wir waren den ganzen Nachmittag dort.

Sonntag, den 2. Februar 1986
Ich werkelte im Haus und ging dann zur Kirche. Während ich betete, sprach mich ein Typ an und wollte mir für $ 100.00 ein Tombolalos verkaufen. Ist das noch zu fassen? Für die Kirche. Dieser schwule Dekorateur zwang mir dieses Los regelrecht auf. Und dann hörte ich, wie er jemandem erzählte, daß er es mir verkauft hätte. Ich glaube, es war sein Los, und er wollte es loswerden. Insgesamt werden 300 Lose zu je $ 100.00 verkauft. Das macht $ 30000.00. Als Preis sind einmal $ 10000.00 in bar ausgesetzt. Weißt du, was das bedeutet? Wenn du gewinnst, wollen sie es als Spende haben. Er sagte: »Ich will Sie nicht beim Beten stören, aber...«

Mittwoch, den 5. Februar 1986
Paige gab ein Geschäftsessen für Janet Sartin und Steven Greenberg, der Margaux Hemingway mitbrachte. Er holte uns in seiner Limousine ab. Als Paige und ich aus dem Haus traten, ertappten wir ihn und Margaux dabei, wie sie sich im Wagen küßten. Als sie uns sahen, wurden sie verlegen. Wir fuhren zu »Mr. Chow's«.
Burgess Meredith da war, und das fand ich toll. Ich kenne ihn schon seit Jahren. Er ging mal mit einem Mädchen, das bei uns in der großen Wohnung in der 103. Straße wohnte. Als er ging, kam er zu mir und fragte: »Wie geht es deiner Ex-Frau Paulette?« Anscheinend glaubt er tatsächlich, daß auch ich mit ihr verheiratet war. Er hatte ein hübsches Mädchen bei sich. Ich konnte sie nicht richtig sehen. Es könnte seine Tochter oder eine Freundin gewesen sein.

Montag, den 10. Februar 1986
Um 7.30 kam der Wagen von Mattel und brachte mich zum Pier 92 Ecke 55. Straße und Twelfth Avenue. Dort war Billy Boys große Barbie-Puppen-Ausstellung. Zu diesem Anlaß sollte mein Barbie-Porträt enthüllt werden. Das Porträt ist so schlecht; ich mag es nicht. Barbie (lacht) hat Probleme. Die Barbie der fünfziger Jahre hatte einen geschlossenen Mund und schöne, sinnliche Lippen, doch die Barbie der achtziger Jahre lächelt. Ich weiß nicht, warum sie ihr ein Lächeln aufgesetzt haben. Ich hatte nie eine besondere Beziehung zu Barbie, sie war mir zu mager. Jemand hat mir mal erzählt, die Araber hätten eine dickere Barbie bestellt. Fred sagte, ich hätte es

Liberace *(Andy Warhol)*

Billy Boy zu verdanken, daß ich das Porträt machen durfte. Wahrscheinlich hat er Billy Boy gebeten, Mattel das Projekt vorzuschlagen.
Bevor mein Porträt enthüllt wurde, sagte der Direktor von Mattel, er könne kaum erwarten, es zu sehen. Ich zuckte zusammen.
Anschließend ging ich zu Peter Allens Geburtstagsparty bei »Bud's«, Ecke Columbus Avenue und 77. Straße. Liberace kam auch und sah großartig aus. In den Zeitungen steht, er sei krank, aber ich hatte nicht den Eindruck. Er rief mich zu sich, weil er sich mit mir fotografieren lassen wollte. Aber bei so was erweckt man immer den Eindruck, als wolle man sich vordrängen.

Donnerstag, den 13. Februar 1986 Fuhr zu Martin Polls Wohnung in der Park Avenue (Taxi $ 5.00). Er gab dort eine Party für Sylvester Stallone und Brigitte Nielsen. Alle sollten in Rot und Schwarz kommen, und sie trug natürlich Grün. Stallone gebrauchte meine Masche und sagte zu mir: »Ich habe in sämtlichen Zeitungen von Ihnen gelesen.« Und ich sagte ihm dasselbe. Er erzählte, daß der »Star« im Augenblick Interviews mit seiner Mutter mache, und ich sagte, daß ich sie lesen werde. Das war alles, was er von sich

Sylvester Stallone und Brigitte Nielsen *(DMI)*

gab, und das auch erst am Schluß, als alle schon im Aufbruch waren.
Ich schenkte Stallone ein Bild, ein »Be A Somebody with a Body«, und es gefiel ihm sehr.

Freitag, den 14. Februar 1986
Arbeitete ein bißchen. Dann ging ich zu »Fiorucci« und signierte von 4.00 bis 6.00 »America«-Bücher. Ich signierte 185 Stück. Billy Boy schaute rein, und dann kam Paige und lud uns zum Tee ins »Café Condotti« ein. Es war lustig. Wenn ich dort unter meinen »Grape«-Drucken sitze, habe ich irgendwie das Gefühl, ich sei in *unserem* Lokal.
Und Jean Michel ist total unglücklich – Shenge hat jetzt eine Einzelausstellung. Ich glaube, er ist (lacht) genauso gut wie Jean Michel. Jean Michel hatte ihn hinausgeworfen und die Türschlösser ausgewechselt, doch dann mußte er ihn wieder reinlassen, damit er seine Bilder holen konnte.

Montag, den 17. Februar 1986
Ich schrie die Mädchen von »Interview« an, weil eine von ihnen den Alarm ausgelöst hatte. Es kostet jedesmal $ 50.00, wenn die Leute von der Firma kommen. Selbst wenn man sie eine Sekunde nach dem Alarm anruft und sagt, es handele sich um ein Versehen, wollen sie die $ 50.00. Sie sagen: »Unser Mann ist schon unterwegs.« Und er kommt dann auch.

Mittwoch, den 19. Februar 1986 Ich erfuhr, daß Ruperts Freund Patrick morgens um 3.00 gestorben ist, als er unter der Dusche war. Er war im Krankenhaus in Maryland, und an den Wochenenden besuchte er Rupert in New Hope, Pennsylvania. Normalerweise hatte er immer zwei Leute bei sich, aber hatte sich in den Kopf gesetzt, zu duschen und starb. Er war das Versuchskaninchen für eine neue Behandlungsmethode, daher weiß man nicht genau, was mit ihm passiert ist. Das war die schlechte Nachricht, und die gute Nachricht war, daß Edmund aus dem Krankenhaus entlassen wurde.
Kent Kleinman war im Büro. Fred und ich sprachen mit ihm über das Portfolio »Cowboys and Indians«, das er in Auftrag geben will.
Besuchte die Eric-Fischl-Ausstellung im Whitney Museum. Sie war wirklich interessant. Die Bilder sind daneben, die Perspektive stimmt nicht, doch irgendwie sind sie okay. Sie erinnern an Illustrationen im »Playboy«. Sprach mit Eric.

Donnerstag, den 20.Februar 1986 Im Büro fand ein Lunch für drei von Paiges Inserenten statt. Billy Boy war auch da. Er wollte ein »Barbie«-Porträt abholen. Bettina war bei ihm. Rupert brachte mir Arbeit, bevor er zu Patricks Beerdigung ging. Anthony d'Offay war aus London gekommen, um zu hören, was die »Self-Portraits« machen.

Samstag, den 22. Februar 1986
Im Büro versuchte Sam Fotos von mir zu machen. Ich brauchte welche als Vorlage für die Selbstporträts, die zur Ausstellung nach England sollen. Ich hatte mir sogar die Haare eingedreht und alles, doch er bekam es einfach nicht hin. Wenn Sam etwas nicht auf Anhieb gelingt, ist er frustriert und schmeißt alles hin. Er kriegt dann eine Art Koller. Jetzt verstehe ich, warum er die Schule nie zu Ende gemacht hat.

Sonntag, den 23. Februar 1986
Ich ging zur Kirche. Ich habe dem Typ immer noch nicht das Los bezahlt. Ich habe nicht gewonnen. Meinst du, ich sollte ihm die $ 100.00 per Post schicken? Ich weiß nicht recht. Wahrscheinlich werde ich es tun.
Fred rief an und sagte, daß die »Hammer & Sichel«-Bilder zu niedrig weggegangen seien. Bis zu der de-Menil-Auktion stiegen meine Preise, danach fielen sie. Die Ausstellung bei Tony Shafrazi hat allen Beteiligten geschadet. Hätte er doch bis dieses Jahr gewartet. Es bestand überhaupt kein Grund zur Eile, und vielleicht würden wir jetzt immer noch zusammenarbeiten. Doch im Grunde sind alle Ausstellungen so – man macht eine Ausstellung, und wenn sie vorbei ist, hat man sein Ideen-Material verbraucht.

Montag, den 24. Februar 1986
Fuhr zum Büro, um mich mit Rupert zu treffen (Taxi $ 5.00). Er war von der Beerdigung zurück. Wir sprachen erst am Abend darüber; ich wollte dieses Thema nicht anschneiden. Er sagte, es sei seltsam gewesen. Edmund ist nervös und ruft Rupert ständig an. Ich lud Rupert nach der Arbeit ins Kino ein.
Am Nachmittag ging es hoch her, pausenlos kamen Leute. Gael zeigte mir die Fotos von Joe Dallesandro, die Greg Norman für »Interview« gemacht hat. Mein Gott, er sieht immer noch gut aus, richtig gut – ich glaube, er hat eine gute Haut.
Sahen uns den Rollschuh-Film von Rob Lowe an. Hinterher lud ich Rupert zu Kuchen ins »Serendipity« ein. Die Kellner sangen, und er fühlte sich gleich besser ($ 20.00).

Dienstag, den 25. Februar 1986
Jean Michel rief an und sagte, er habe gestern in seinem Garten eine Leiche entdeckt. Er verständigte die Polizei, und die Beamten waren den ganzen Tag im Garten. Um 6.00 hatte man die Leiche noch immer nicht weggebracht. Der Tote war aus der Absteige nebenan.
Versuchte mit Fred und Vincent zu arbeiten, doch mein Zimmer ist so vollgestopft mit Zeug, daß man sich nicht mehr rühren kann. Für die Selbstporträts probierte ich Perücken von Fiorucci auf, doch sie sahen zu sehr nach Perücke aus. Abscheulich.
Paige war auf einer Schlankheitsfarm. Von dort rief sie ein paarmal an, und es machte Spaß, mit ihr zu sprechen.
Das Musik-Heft von »Interview« wird uns eine schöne Stange Geld kosten. Cindy Lauper ist auf dem Cover.

Freitag, den 28. Februar 1986
Sam und ich gingen ins »Eastside Cinema«, um uns »Hollywood Vice« (»Hollywood Cop«, Regie Penelope Spheeris, 1985) anzusehen (Karten $ 12.00; Popcorn $ 5.00). Die Leute hinter uns beschwerten sich, weil meine Haare ihnen die Sicht nahmen. Das machte mich nervös, und wir setzten uns zwei Plätze weiter. Doch meinen Rucksack ließ ich liegen. Während der Vorstellung ging die Tür nach draußen ein paarmal auf. Als wir gingen, merkte ich, daß ich meinen Rucksack vergessen hatte, und Sam ging zurück, um ihn zu holen, doch er war verschwunden. Wir schauten überall nach, sogar in den Toiletten

und in den Abfalleimern. Schließlich meldeten wir es den Leuten vom Kino, doch er war nirgends zu finden, und denen ist das sowieso egal. Im Rucksack waren Kontoauszüge, Schminksachen, ein Aschenbecher aus einem Restaurant und Rezepte. Keine Schlüssel. Außerdem drei Orangen, Telefonrechnungen, meine »Prudential«-Krankenscheine und etwas Geld. Wir liefen um den Block und schauten in jeden Mülleimer. Sam fühlte sich schrecklich. Fast wären wir von einem Lastwagen überfahren worden. Er verfehlte uns nur knapp und landete an einem Laternenpfahl. Ich ging nach Hause und war geknickt. Man hat mir den Affen vom Rücken geklaut. Doch im Grunde ist es eine Erleichterung. Ich habe beschlossen, ihn nicht zu ersetzen.
Mein Bruder erzählte mir, daß Victor Bockris eine Anzeige in die Pittsburgher Zeitung gesetzt habe. Er sucht Leute, die mich kannten, um sie für das Buch zu interviewen, das er über mich schreibt.

Sonntag, den 2. März 1986 Seit man mir den Rucksack gestohlen hat, habe ich Alpträume. Verrückte Träume von Invasionen.
Sam und PH holten mich ab. Wir fuhren zum »Hard Rock Café« zu Paul Schaffers Live-Radio-Show (Taxi $ 7.00). Paul hatte Christopher Reeve zu Gast. Christopher sagte, Greg Gormans Fotos in »Interview« hätten ihm gefallen. Peter Frampton war da, und jeweils zwei Mitglieder von »Grateful Dead« und »Cars«. Wir trafen Steve Jordan, den Drummer von Paul Schaffers Band in »Letterman«. Ich finde ihn hinreißend – intelligent und sexy.
Auf dem Weg nach draußen wurde ich von kleinen Mädchen umringt und gab Autogramme. Dann stiegen wir in ein Taxi. Ich gab Sam Geld, und er setzte PH und mich ab ($ 7.00).

Mittwoch, den 5. März 1986 Jay ist aus Paris zurück, und es hat ihm gefallen. Die ganze Familie de Menil war auch dort, weil Pierre Schlumberger gestorben war (Telefongespräche $ 2.00; Zeitungen $ 2.00).

Als ich ins Büro kam, ging gerade der Lunch für diesen Typ namens Stringfellow zu Ende. Er will in der East 21st Street einen Club eröffnen. Er war komisch und benahm sich beim Gehen ganz sonderbar. Mir kam der Verdacht, daß er sich vielleicht deshalb so benahm, weil ich am Lunch nicht teilgenommen hatte. Fred begriff auch nicht, was los war. Später rief Paige das Mädchen an, das er mitgebracht hatte, und erfuhr von ihr, daß er tatsächlich beleidigt war, weil ich gefehlt hatte. Er ist Engländer. Trotzdem rief er später an, um bei uns zu annoncieren.

Freitag, den 7. März 1986 Sah mir im Greenwich Theater »Out of Africa« (»Jenseits von Afrika«, Regie Sidney Pollack, 1985) an. Der Film dauerte zweieinhalb Stunden. Wieder so ein Film, in dem nichts passiert – sie tun dies, und dann tun sie das, und dann tun sie dies, und dann tun sie das, aber es gibt keine Action.

Samstag, den 8. März 1986, New York – New Hope, Pennsylvania – New York John Reinhold holte mich in seinem japanischen Wagen ab. Wir fuhren nach New Hope, um mit Rupert über Kunstprojekte zu sprechen. Sein Haus gleicht einem Bühnenbild. Rupert ist der große Mann in der Stadt. Er hat zwei Bentleys. Das Haus war eine Mühle; Ruinen erinnerten ans alte Rom. Er hat vier Perserkatzen, und in den Kaminen brennt ständig Feuer. Seine Cousine aus New York war da und buk für uns Kuchen. Sie backt auch das Brot selbst. Das war das Beste.
In New Hope leben zu 90 Prozent Schwule. Wir gingen in ein Lokal namens »Ramona's«. Ein Transvestit bediente uns. Die Leute dort tranken schon mittags um 2.00. Schwule alte Typen. Für meinen Geschmack gab es dort zu viele Schwule. Das machte mich wahnsinnig. Ein Typ kam zu uns und behauptete, Rupert sei ein Fremdling. »Ich bin kein Fremdling«, sagte Rupert. »Ich bin Rupert Smith.«

Triple Elvis, 1962 (Ausschnitt)

(Lunch $60.00). Rupert wollte, daß ich dem Transvestiten ein dickes Trinkgeld gebe, weil er das Lokal für uns aufgelassen hatte. (Trinkgeld $25.00). Ich bekam Gänsehaut.

Sonntag, den 9. März 1986 In der »Times« stand, daß Imelda Marcos auf den Philippinen 3000 Paar Schuhe zurückgelassen hat. Vielleicht hat sie wirklich nichts getaugt. Wenn ich nur daran denke, was für Leute sie immer bewirtet hat. Im Zimmer von Marcos hat man Pornos gefunden. Stell dir vor, es geht jemand durch deine Wohnung und schreibt nachher in der »New York Times« darüber (lacht). »Das ist Ihre Wohnung.« Gäbe eine gute Fernsehshow. »Und hier zwei Tassen, die ganz offensichtlich aus dem Plaza-Hotel stammen. Erzählen Sie uns etwas darüber.« In Rußland könnte man so was machen. In Rußland könnte man das *tatsächlich* machen.

Auf dem Flohmarkt lief ich Billy Boy über den Weg. Er kaufte alte Parfum-Flaschen von Schiapparelli und Chanel. Er trug seinen grünen Mantel. Er holt sein Geld raus und bezahlt jeden Preis. Er gab, glaube ich, $1000.00 aus. Er hat ein gutes Auge und pickt sich die guten Sachen raus.

Donnerstag, den 13. März 1986 Es regnete heftig. Paige und ich gingen ins »Paris Theater« und sahen »Room with a View« (»Zimmer mit Aussicht«, Regie James Ivory, 1985). In dem Film passiert nichts. Wie in »Out of Africa«. Doch er ist schön. Schöne Ansichten von Florenz.

Freitag, den 14. März 1986 Mann, diese Künstler, die so leben wie Gott in Frankreich. Keith ist gerade in Brasilien, und wie ich eben höre, bekommt Fischl jetzt $ 100000.00 für eine Leinwand; mehr als Schnabel.

Steven Greenberg holte mich mit seiner Limousine ab. Wir fuhren zu Stuart Pivar zu einem Anzeigen-Dinner. Paige trug ihr chinesisches Gewand, und Stuart zog seins an. Dennis Smith, der ehemalige Feuerwehrmann, der einen Bestseller geschrieben hat, setzte einen Caballero-Hut auf und steckte sich eine Rose zwischen die Zähne. Er ist Ire. Er sang und stimmte sich auf den St. Patrick's Day ein. Das war lustig. Er sprach davon, daß er fünf Kinder hat, aber was mit der Frau passiert ist, weiß ich nicht. Er ist wirklich toll, und sehr intelligent. Im Augenblick ist er auf der Suche nach einer Frau.

Dienstag, den 18. März 1986

Arnold Schwarzenegger rief an und sagte, die Porträts von Maria seien wieder akut.

Paul Morrissey macht jetzt zusammen mit David Weisman Filme.

Gestern habe ich mir den Kopf gestoßen, und mir wurde schwindlig. Es könnte eine leichte Gehirnerschütterung sein.

Traf mich mit Paige und Henri Bendel in einem chinesischen Restaurant Ecke 44. Straße und »UN Plaza« (Taxi $ 5.00). Mr. Bendel war der Eigentümer von »Bendel's«. Im Jahr 1955 hat er das Geschäft an Jarman verkauft. Jetzt gehört ihm nur noch der Laden mit handgearbeiteten Schuhen, »Belgian Shoes«. Er sagte, er sei einsam, daraufhin schlug ich ihm vor, sich einen Hund anzuschaffen. Er hatte mal einen Beagle. Als er ihn eines Tages spazieren führte, wurde er am Straßenrand von einem Taxi überfahren, an der Leine. Und er mußte nach Hause gehen und seiner Frau, die damals noch lebte, beibringen, daß der Hund überfahren worden war.

Mittwoch, den 19. März 1986

Es war ein schöner Tag. Ich hatte mich mit Martin Poll verabredet und wußte nicht warum. Ich ging zu seinem Büro Ecke 57. Straße und Seventh Avenue. »Wir möchten deine Lebensgeschichte machen«, sagte er. Er erzählte von den sechziger Jahren und verflocht dabei vier Geschichten miteinander. Ich sagte ihm, daß es bereits einen wundervollen Film über die sechziger Jahre gebe und er einfach ein Remake machen solle – »The Magic Garden of Stanley Sweetheart«. Und er sagte: »Den Film habe ich gemacht.« Das hatte ich völlig vergessen. Er hat Don Johnson entdeckt. Zuerst wollte er Richard Thomas nehmen, doch dann entschied er sich für Don Johnson. Ich schnitt das Thema Geld an, und er sagte: »Geld? Wieso Geld? Das bringt dir doch Publicity.« Ich sagte, er solle mit Fred sprechen und die Rechte an »POPism« erwerben; wir würden bei dem Film als Berater mitmachen.

Brigid hat eben angerufen und erzählt, daß alle Leute aus dem Büro bei den Anonymen Alkoholikern sind – Don Munroe, Yoko Onos Hausangestellte, die ich übrigens sehr mag, Kate Harrington und Sue Etkin. Kein Wunder, daß nichts fertig wird, wenn nur Alkoholiker für uns arbeiten.

Als ich gestern im Büro anrief und Michael Walsh bat, mir aus der Kartei eine Telefonnummer herauszusuchen, kam er nach zwei Minuten zurück und gab mir meine eigene Nummer durch! Ich brüllte ihn an, und er sagte: »Oh, Entschuldigung, als ich deinen Namen hörte, suchte ich wohl gleich nach deiner Nummer.«

Donnerstag, den 20. März 1986

Si Newhouse kam ins Büro. Er ist unschlüssig, ob er den »Elvis« und den »Tuna Fish« kaufen soll.

Dienstag, den 25. März 1986

Ging mit Keith zur Emmy-Verleihung ins »Grand Hyatt«. Ich sagte, ich wolle kein Wort sagen, deshalb gaben sie bekannt, ich hätte eine Kehlkopfentzündung und könne nicht sprechen. Ein paar Leute lachten, als sie das hörten – die wußten Bescheid. Und dann kam dieser Typ, der sich als der diensttuende Arzt vorstellte, und wollte mich behandeln. Ich erklärte ihm, daß mir in Wirklichkeit nichts fehle.

38 Siberian Tiger, Endangered Species, 1983

37 Six Self-Portraits, 1986

39 Orangutan, Endangered Species, 1983

Anschließend ging ich ins Büro. Dort war gerade ein Lunch im Gang. Mrs. de Menil war mit Iolas gekommen. Fred führte sie herum und wurde wütend auf mich, weil ich mich nicht genügend um sie kümmerte. Die Koffer von Iolas waren verlorengegangen. Doch er sagte, es mache ihm Spaß, bei »Alexander's« einzukaufen und die Sachen zu ersetzen.

Mittwoch, den 26. März 1986

Ich hatte Sam zur Premiere des Fellini-Films »Ginger and Fred« im MOMA eingeladen. Ich bin ziemlich viel mit Sam zusammen. Man kann einen ganzen Tag mit anderen und ihren dummen, kleinen Problemen vergeuden.

Und Fred sagte: »Wozu arbeite ich eigentlich hier, wenn du kein guter Künstler sein willst?« Ihm gefällt meine Arbeit nicht. Ich sagte: »Wenn ich andere Sachen anfange, können die Jungen sie besser.« Wirklich, was ist schon das Leben? Man wird krank und stirbt. Das ist alles. Also muß man sich eben beschäftigen.

Mit Federico Fellini am 26. März 1986 *(Patrick McMullan)*

Wir gingen sehr früh ins Museum. Hinterher wurde Fellini fotografiert. Er entdeckte mich und machte etwas ganz Tolles. Er rief mich zu sich, küßte mich auf beide Wangen und stellte mich seiner Frau vor, die in Wirklichkeit sehr gut aussieht.

Sonntag, den 30. März 1986

Ostersonntag. Ich wachte auf, und es war wieder ein herrlicher Tag. Paige rief an und sagte, sie sei um 12.30 fertig. Dann rief Wilfredo an – ich bat ihn, ebenfalls zu kommen. Wir wollten beim Ostermahl für die Armen der Church of the Heavenly Rest an der Ecke 90. Straße und Fifth Avenue mithelfen. Ich holte Paige ab, und Stephen Sprouse wollte mit der U-Bahn kommen (Taxi $3.00). Und wie sich zeigte, wurden wir tatsächlich gebraucht, sie hatten zu wenig Helfer. Ich vermied jeden Blickkontakt mit den Leuten. Ich schaute zur Seite, nach oben oder nach unten. Alles ging glatt. Die Leute wurden mit Orangen, Äpfeln, Ostereiern und Einkaufstaschen versorgt. Einige sammelten Tassen und sogar das Plastikbesteck ein.

Die Arbeit war anstrengend. Wilfredo machte sich gut. Er teilte den Schinken aus und arbeitete schwer. Sie hatten sechs große Kaffeemaschinen aus Restaurants in Betrieb. Wir vier beteten. Dann sahen wir, wie eine Frau eine Topfpflanze hereintrug und gegen eine schönere austauschte. Viele von den Frauen sahen aus wie meine Mutter. Ein Mann war ganz verhüllt, wie jemand aus Tausendundeiner Nacht. Es war lustig, ich hatte viel Spaß. Draußen war es hell und sonnig, und wir liefen raus.

James Cagney ist gestorben.

Dienstag, den 1. April 1986

Stuart und ich sahen uns die Rock-Hudson-Ausstellung in der »William Doyle Gallery« an (Taxi $3.00). Lauter Trödel, nicht ein gutes Stück. Man sollte meinen, ein so berühmter Filmstar hätte tolle Sachen aus den fünfziger Jahren, etwa dicke Polstermöbel von Knoll, doch es war nur komfortabler Ramsch aus seiner New Yorker Wohnung. Nur ein erwähnenswertes Stück war darunter, ein häßlicher Holzkasten, auf den jedoch Elizabeth Taylor etwas geschrieben hatte.

Freitag, den 4. April 1986 Rupert hat beim Drucken etliche Fehler gemacht. Er hat einen neuen Freund, der in Princeton studiert und genauso aussieht wie er. Haargenau wie er. Merkwürdig. Elizabeth Saltzman lud uns zu einer Überraschungsparty nach Coney Island ein. Wilfredo hat Geburtstag. Ein »All-City«-Taxi holte uns ab.
Irgendwie war es aufregend da draußen. Das Restaurant, in dem wir waren, hieß »Carolina's« und war so ein Schuppen à la Mafia. Spaghetti. Der Vergnügungspark war geschlossen. Es regnete. Nur Wilfredo, Kate Harrington und Benjamin waren mit, und Benjamin hatte Frauenkleider an. Der italienische Besitzer des Lokals erkannte mich und bekam Autogramme. Dann ging mit einemmal das Licht aus, eine Geburtstagstorte mit brennenden Kerzen wurde reingebracht, und die großen, stämmigen Kellner, alle um die fünfzig, sangen »Happy Birthday«. Wilfredo stöhnte, fügte sich aber in sein Schicksal und machte sich bereit. Wir warteten – und dann gingen sie doch tatsächlich an uns vorbei zu einem anderen Tisch! (Lacht) Wir waren sprachlos. Da rechnest du fest mit dem Oscar, und dann kriegt ihn doch ein anderer, genauso war es. Allein dafür lohnte sich der Abend. Er war einmalig. Nicht zu fassen. Später kamen sie dann doch noch zu Wilfredo.

Donnerstag, den 10. April 1986 Verpaßte den Lunch im Büro. Dafür arbeitete ich ein paar Stunden. Paige schenkte mir ihre Videokamera samt Zubehör. Ich sagte ihr, ich könne mit dieser Stromstärke in Europa nichts anfangen, doch sie sagte: »Mach damit, was du willst. Ich brauche sie nicht mehr.«

Samstag, den 12. April 1986, Paris Die Galerie war sehr schön, aber wahrscheinlich will sich der Typ nur einen Namen machen (Taxi $ 5.00). Lavinges-Bastilles. Der Dollarkurs ist gefallen, deshalb sind die Leute in Paris wieder mehr an Kunst interessiert. Ich hatte 10 »Statue of Liberty«-Sachen gemacht (Taxi $ 6.00). Schlenderte mit Chris Makos und Fred durch Paris. Gingen ins »Café Flore«, trafen jedoch keinen Menschen (Dinner $ 100.00). Blieb im Hotel, sah fern und holte versäumten Schlaf nach.

Dienstag, den 15. April 1986, Paris Ich sollte live in dieser berühmten Fernsehsendung auftreten, so was wie die »Johnny Carson Show«. Als wir kamen, bauten sie gerade auf. Plötzlich kam die Nachricht, daß Libyen bombardiert worden war. Der verantwortliche Typ mußte weg und ließ eine Frau da. Sie hatten kein Interesse mehr an mir, mußten aber so tun, als ob. Ich weiß nicht, ob sie mich wirklich aufgenommen oder ob sie nur geprobt haben. Ich glaube, sie haben nur so getan. Sie haben mich nicht mal was gefragt, und es kam mir vor, als saugten sie sich was aus den Fingern. Angeblich wurde alles aufgezeichnet, doch das glaube ich nicht (Taxi $ 10.00, $ 5.00). Gingen in ein arabisches oder libysches Restaurant – einer von diesen Läden in dem reichen Viertel, nicht weit von YSL. Es war lustig; der Regen wurde stärker. Kuskus (Lunch $ 75.00).
Wir trafen uns mit Billy Boy und den Leuten aus der Galerie zum Dinner. Das Essen bestand aus etwa 20 Gängen. Billy Boy sagte, er sei ein Vollwertkost-Anhänger und trinke nicht. Und während er das erzählte, trank er Alkohol vor meinen Augen. Und er aß Fleisch, während er davon sprach, daß er Vegetarier sei. Er ist ein großer Unterhalter. Man brauchte nur »Barbie« zu sagen, schon redete er wie ein Wasserfall, und niemand mußte sich mehr um Gesprächsstoff sorgen. Wir amüsierten uns. Dann zog Chris mit Billy Boy durch die Nachtclubs.

Montag, den 21. April 1986, New York Sam rief nicht an. Paige rief nicht an.
Fuhr zur Ecke 33. Straße und Fifth Avenue (Taxi $ 6.00), und dann be-

gannen die Partyprobleme. Ich plante für Sams Geburtstag eine Überraschungsparty, aber Paige hatte schon eine organisiert, ohne mir was davon zu sagen. Ich rief sie bei »Interview« an, und sie sagte: »Ich habe zu tun, ich kann jetzt nicht reden.« »Paige, *ich* bin es«, sagte ich. Doch sie sagte: »Ja, okay, ich bin beschäftigt.« Also war sie sauer auf mich. Ich wußte, daß sie schon vor meiner Europareise sauer auf mich war, weil sie mir die Kamera geschenkt hatte. Ohne Kamera ist Paige einfach nicht sie selbst, kein Hasten mehr und kein hysterisches Getue. So ging das den ganzen Nachmittag weiter. Jean Michel rief an und kam vorbei. Paige stieß zu uns, und die Atmosphäre war geladen. Sie sagte, sie organisiere das Dinner für Sams Geburtstag im »Odeon«, käme aber selbst nicht hin. Sie hörte früh auf zu arbeiten. Jemand aus dem Büro sprach mit ihr, erzählte mir dann, was los war, und wir brachten alles wieder in Ordnung – sie war wütend, weil ich sie von Europa aus keinmal angerufen hatte, denn *sie* ruft mich immer an, wenn sie im Urlaub ist. Außerdem warf sie mir vor, ich hätte sie bis zuletzt in dem Glauben gelassen, ich würde mit Fred reden und sie mit nach Paris nehmen, doch statt dessen hätten wir Chris mitgenommen. Fred hat auf der Reise übrigens nur genörgelt, und das habe ich ihm auch gesagt. Und er sagte: »Ich bin alt genug, um mürrisch zu sein, wann es mir paßt.«

Im Büro sprach ich mit dem Mädchen, das die Schwarzenegger-Hochzeit organisiert. Sie wollten nicht, daß ich jemanden mitbringe, und ich sagte, allein könne ich schlecht hingehen. Also zählte sie Leute auf. »Sie könnten mit Grace Jones kommen«, sagte sie, aber ich sagte: »Grace ist nicht zuverlässig. Und wenn sie hingeht, bringt sie sowieso ihre eigenen Leute mit.« Darauf sie: »Abe Schmuck kommt auch. Sie könnten mit ihm kommen.« Ich sagte: »Ich kenne Abe Schmuck nicht.« Darauf sie: »Joanne Schmuck kommt auch.« Und ich sagte: »Ich kenne Joanne Schmuck nicht.« Und dann sagte sie: »Aber Lady Schmuck kommt. Sie könnten mit ihr gehen.« Und ich sagte: »Ich kenne Lady Schmuck nicht.« Also was soll ich überhaupt mit diesen Nobodys? Ich sagte: »Ich glaube, ich kann nicht kommen.« Also gehe ich vermutlich nicht hin. Fred sagt, ich solle mich auch nicht bemühen, eine Einladung für ihn zu bekommen, da man ihn nicht persönlich eingeladen hat.

Und Paige und ich vertrugen uns wieder. Alles ist ausgestanden, aber es ist verrückt, daß Paige meinetwegen so heftig reagiert hat.

Sam holte mich ab (Taxi $ 10.00). Wir fuhren zum »Odeon«. Paige war mit ein paar Inserenten dort, um geschäftliche Dinge zu besprechen. Ich bat sie, Keith und seinen neuen Freund einzuladen. Und Billy Boy, der aus Dallas zurück war. Es wurde richtig lustig, keinerlei Spannungen. Keith schenkte Sam ein Radio aus dem »Pop Shop«, den er gerade eröffnet hat. Von Paige bekam er ein Buch über das Weiße Haus, und Wilfredo schenkte ihm Boxershorts von Armani.

Dienstag, den 22. April 1986

Trödelte rum. Ging ins Büro. Gael kam. Sie betrachtete ihr Porträt und machte »hmmm«. Ich hatte mich entschieden, ein Porträt zu machen, keine Zeichnung, weil das einfacher war. Es war schwer, sie hinzukriegen. Ihre Augen waren okay, doch ihr Kinn war schwierig. Ich glaube sie war begeistert. Grace Jones rief an. Sie hatte Kehlkopfentzündung. Ich sagte, daß ich am Samstag für die Schwarzenegger-Hochzeit eventuell ein Flugzeug chartere und wir vielleicht zusammen hingehen könnten.

Donnerstag, den 24. April 1986

Brigid platzte mitten in das Essen für »Fiorucci«. Ich weiß nicht, was mit ihr los war – sie hatte ein goldenes Armband und sagte: »Ich habe den Typ auf der Straße von $ 60.00 auf $ 40.00 heruntergehandelt.« Ich sah

Mit Grace Jones bei der Shriver-Schwarzenegger-Hochzeit. Im Hintergrund Arnold Schwarzenegger als Skulptur, ein Geschenk von Kurt Waldheim *(Peter Wise)*

sie nur an und sagte: »Ist das dein Ernst?« »Sieh mal, an vier Stellen steht 14 K.« Jay lachte und fragte: »War es ein Schwarzer?« Sie sagte: »Ja.« Und ich sagte: »Weiß du nicht, daß diese Typen mit einer kleinen Stanzmaschine auf der Straße sitzen und überall ihre 14 K draufmachen?« Sie glaubte uns nicht. Ich empfahl ihr, in den Juwelierladen an der Ecke zu gehen und dort zu fragen. Ich wettete mit ihr um $ 5.00. Als sie zurückkam, schickte sie mir $ 5.00 rauf. Der Juwelier hatte nur einen Blick auf das Armband geworfen und gesagt: »Nein.« Ich wollte ihr Geld nicht – ich wollte nur, daß sie sich vergewissert.

Freitag, den 25. April 1986 Ich las in der Zeitung, daß mich Grace Jones in *ihrem* Flugzeug zu der Shriver-Schwarzenegger-Hochzeit mitnehmen will. Vermutlich hat Grace ihren Presseagenten angerufen und so was gesagt. Doch das heißt wohl, wir gehen hin. Ich rief ein paarmal bei ihr an. Sie nahm den Hörer ab, sagte mit leiser, undeutlicher Stimme »hallo« und legte wieder auf. Offenbar war sie die ganze Nacht auf gewesen und sprach jetzt im Schlaf.

Peter Wise war einverstanden, mit uns zu fliegen. Die Hochzeit ist nicht weit von seinem Haus am Cape Cod. Hinterher fährt er uns zum Flugzeug zurück.

Ging zu Bernsohn, und das war komisch. Er umarmte mich stürmisch, und dann fragte er, ob ich schon mal so umarmt worden sei. Nein, sagte ich. Aber ich verschwieg ihm, daß ich auch nicht scharf drauf bin.

Arbeitete an Zeichnungen von Maria Shriver, die ich als Hochzeitsgeschenk mitnehme.

Samstag, den 26. April 1986, New York – Hyannis Port Ich stand um 6.00 auf, und um 7.00 rief ich Peter an. Er kam eine halbe Stunde zu früh, ohne Grace. Er wollte sie abholen, weckte sie auf, und sie sagte, er solle in einer Stunde wiederkommen. Das Wetter war nicht besonders. Leicht bewölkt.

Wir fuhren ins Village zu Grace. Sie kam in schwarzer Wollunterwäsche von Norma Kamali. Dazu trug sie eine Pelzmütze von Kenzo. Sie schminkte sich im Wagen und im Flugzeug. Wir waren eine Stunde zu spät am Flugplatz. Der Flug war angenehm. Obwohl wir die ganze Zeit durch grauen Nebel flogen, passierte nichts. An klaren Tagen gerät man manchmal in ein Luftloch und sackt ab. Auf dem Flugplatz zog sich Grace in der Damentoilette ein grünes Kleid von Azzedine über. Peter mietete einen Wagen, einen gelben Kombi. Er wußte, wo die Kirche war, und fuhr uns hin.

Die Menge vor der Kirche rief »Grace!« und »Andy!« Es war die

größte Menschenansammlung, die ich je vor einer Kirche gesehen habe. Wir gingen hinein und setzten uns neben der Tür auf Klappstühle. Jamie und Phyllis Wyeth saßen vor uns. Sie drehten sich um und sagten, wir hätten draußen für zuviel Wirbel gesorgt. Lustig. Bei der Autovermietung hatten wir glanzvolle Namen gelesen wie »Clint Eastwood«, »Barbara Walters« und den des St.-James-Girls. Doch diese Stars waren nicht da. Wenn man eine solche Bilderbuchhochzeit sieht, fragt man sich, wie dann erst die Scheidung sein muß.

Jackie nahm die Kommunion und drehte mit John-John eine Runde in der Kirche, um sich zu zeigen. Sie sah schön aus. Der Gottesdienst dauerte eine Stunde, die eigentliche Trauung 15 Minuten. Ein Mädchen sang das »Ave Maria«. Peter wartete draußen. Später erzählte er uns, daß Arnold und Maria sehr nett zu den Fotografen waren, als sie aus der Kirche kamen. Sie kurbelten das Fenster des Wagens herunter, lächelten und hielten still. Nur Jackie lächelte niemandem zu. Sie war miesepetrig. Ich glaube, sie feiern schon seit drei Tagen, weil mir jeder erzählte, daß Arnold am Abend zuvor den Shrivers mein Porträt von Maria geschenkt und gesagt hat: »Ich bekomme eine Frau, und ihr bekommt ein Bild.« Alle schwärmten, wie toll das Porträt sei und wie sehr es gefallen habe. Und dann brachte ein Freund von Arnold eine Skulptur herein, die Kurt Waldheim geschickt hatte, und die war wirklich häßlich. Und Arnold mußte wieder eine von seinen Ansprachen halten. Er sagte: »Meine Freunde möchten nicht, daß ich Kurts Namen erwähne, wegen dieser Nazi-Geschichte und der jüngsten UN-Kontroverse. Doch ich mag ihn und Maria auch, und darum danke ich dir, Kurt.«

Vor der Kirche wartete eine Limousine. Ein Typ schubste uns rein; Peter konnten wir nirgends entdecken. Wir fuhren zu dem Anwesen. Kurz nach uns kam auch Peter. Er hatte uns in den Wagen steigen sehen und war uns gefolgt. Er gab mir die Zeichnungen, die ich von Maria gemacht hatte. Ich wußte nicht, wohin damit. Eddie Schlossberg sah das, sagte, er bringe sie ins Haus, und ich bedankte mich bei ihm.

Christopher Kennedy war auch da. Er ist reizend. Jackie saß bei Bettina. Und bei Marc Bohan. Es gab Musik und Tanz. Grace fing an zu tanzen. Es war wie im Kino, alle sahen weg. Sie tanzte mit einem kleinen Jungen. Wir saßen am Tisch von Joe Kennedy und

Arnold Schwarzenegger *(DPA)*

seiner Frau. Unterhielt mich mit Nancy Collins. Ich fragte sie, ob sie darüber schreiben werde, und sie sagte: »O nein, nein. Das ist etwas Persönliches.« Sie war mal sehr eng mit Maria befreundet, ich weiß nur nicht, wann. Wir sprachen über den Stallone-Artikel, den sie für »Rolling Stone« geschrieben hatte. Er war nicht besonders. Sie hatte sich ziemlich über Stallone geärgert. Erst hatte er das Interview sechsmal verschoben und dann hatte er kaum Zeit für sie. PH hatte er nur eine Stunde gewidmet, doch der Artikel in »Interview« war wirklich ungewöhnlich gut.

Das Essen war hervorragend. Vor den Augen der Gäste wurde frisches Gemüse gedünstet. Grace und Ted Kennedy tanzten. Grace wollte von Arnold wissen, was sie mit Dolph machen soll, er bumst nämlich mit all ihren Freundinnen. Ich schlug ihr vor, Dolph zu heiraten, nur für einen Tag oder so, weil die Hochzeit bestimmt toll würde. Aber ich gebe ja

Grace sowieso immer die falschen Ratschläge.
Die Torte war 2 oder 3 m hoch. Alle kamen zu mir und schwärmten von meinem Bild.
Dann wurde es Zeit zu gehen. Zwei Kennedy-Jungs brachten Grace zur Tür, und einer rieb seinen Schwanz an ihr. Wir fuhren zum Flugplatz.

Sonntag, den 27. April 1986, New York Der Tag fing früh an, mit meinem Bruder John und seiner Frau. Es ist seltsam. Da sind zwei Menschen, die man nicht richtig kennt, die so anders sind als man selbst und merkwürdige Ansichten haben: ein Grund mehr, darüber nachzudenken, welchen Sinn dieses Leben hat. Ihr Sohn Donald geht noch aufs College. Im August wird er fertig und ist dann Computer-Fachmann. Vielleicht sollten wir ihn bei

Ted Kennedy *(Pat Hackett)*

»Interview« einstellen, wenn es dann nicht zu spät ist, weil wir schon vorher jemanden brauchen.

Montag, den 28. April 1986 Eine Dame wurde für ein Porträt zurechtgemacht. Sie gehört zu den Leuten, denen auch plastische Chirurgie nicht helfen kann, weil das nicht viel ändern würde. Doch sie hat ein hübsches Lächeln und ein offenes, liebenswertes Wesen. Wir hatten Lunch aus dem »Café Condotti« kommen lassen, und eine Menge blieb übrig. Am nächsten Tag stauchte ich Valerie von »Interview« zusammen, weil sie die schönen frischen Tomaten mit Basilikum weggeworfen hatte. Sie sagte, niemand habe mehr was gegessen. Diese Kids sind zu verwöhnt.

Dann kam ein Fernsehteam von 50 Leuten, um mich eine Sekunde für einen Spot der Chemical Bank zu filmen. Sie bauten endlos lange auf, und dann ging's los.
Suren Ermoyan rief an und bat mich, einen Ted-Turner-Titel für das Magazin »Madison Avenue« zu machen. Ich sagte ja, weil er mir einen meiner ersten Jobs verschafft hatte. Er war in den fünfziger Jahren Art-Director bei Hearst. Aber dann schnauzte Fred mich an. Ich fühlte mich mies, weil ich schon mal abgelehnt hatte, eine amerikanische Flagge für sie zu machen.

Dienstag, den 29. April 1986 Ging ins Büro und sprach mit Fred über seine schlechte Laune am Tag zuvor. Er hat immer noch nicht verwunden, daß ich in Paris zu ihm gesagt habe, er solle sich ein junges Flair geben und aufhören, so griesgrämig zu sein.
Keith rief an. Er wollte mich um 6.00 zum Benefiz für AIDS-Kranke abholen, das Calvin im Javits-Center gab. Man wollte dort – Stück für Stück – ein riesiges Foto von Liz Taylor und vielen anderen Prominenten machen. Liz Taylor kam zu spät, weil sie bei Calvin noch ein Kleid abholen mußte. Der kleine Junge aus Indiana war da, der AIDS haben soll. Man will ihn nicht in die Schule lassen. Er war reizend. Brooke Shields war auch da. Sie sah bezaubernd aus. Sie ist die hübscheste lebende Puppe, die ich je gesehen habe. Ich dachte immer, Cornelia sei schön, doch neben Brooke wirkte sie wie ein häßliches Entlein. Nichts an ihr stimmte.
Endlich kam der Bürgermeister, doch Liz war immer noch nicht aufgetaucht. Man wollte ein Foto von ihr, Calvin und dem Bürgermeister machen. Ich unterhielt mich mit einem Jungen. Plötzlich sagte er, er sei AIDS-Patient. Was hätte ich darauf

sagen sollen – »Mann, was für eine tolle Party«? Bei genauem Hinsehen sah man die Flecken, und das brachte einen in die Wirklichkeit zurück.
Dann erschien Liz. Alle spielten verrückt und drängelten. »Was muß man tun, um so berühmt zu werden«, fragte Keith. Sie wurde durch den Saal gezerrt, und die Fotografen stürzten sich auf sie und erdrückten sie fast. Und als sie genug von ihr hatten, zogen sie ab und ließen sie einfach stehen. Sie hatten bekommen, was sie wollten. Es war seltsam, das mitanzusehen.

Donnerstag, den 1. Mai 1986
Fred war sehr nett zu mir. Schließlich rückte er damit heraus, was er wollte. »Wenn du nach Europa zu der Thurn-und-Taxis-Party gehst, verdirbst du mir die ganze Reise.« Er denkt nämlich, er müßte auf mich aufpassen. Vermutlich will er mal auf die Pauke hauen oder so was. Doch ich kann auch sonstwen mitnehmen. Ich weiß nicht, warum er sich so aufregt. Ich muß nicht unbedingt mit *ihm* fahren. Es geht um die riesige Geburtstagsparty, die Gloria für ihren Mann gibt – ein Ereignis jagt das andere.

Samstag, den 3. Mai 1986
Paige holte mich zu Kennys Eröffnung ab. Doch vorher fuhren wir zum »Pop Shop«. Keith hat seinen Laden vorige Woche eröffnet, und ich habe ihn noch nicht gesehen. Fünf Leute arbeiten dort, zwei Chefs und drei Kids. Sie bekommen $ 8.00 die Stunde. Aber der Laden ist schwer zu finden. Er liegt etwas abseits, und das macht viel aus. Ich weiß nicht, ob die Leute dort hingehen. Immerhin waren Kunden im Laden. Kaufte Uhren. Fuhren zu Kenny. Es war eine gute Party. Drei Köche bereiteten bei passender Beleuchtung Pasta zu. Es sah sehr schick aus. Kenny war ungewöhnlich gut drauf.

Montag, den 5. Mai 1986 Fuhr ins Büro (Taxi $ 6.00). Es war wirklich viel los. Anthony D'Offay war aus London gekommen. Mit einemmal gefallen ihm die »Self-Portraits«. Er war lange so unschlüssig, daß ich schon dachte, er nähme sie nicht. Keith sah sie und wollte T-Shirts für seinen »Pop Shop« damit bedrucken, ich hatte nichts dagegen. Ich glaube, sie haben 200 fertig, die wir jetzt wahrscheinlich alle zurückkaufen müssen.
Sollte Sylvia Miles um 8.00 zur Ehrung von Liz Taylor im Lincoln Center abholen. Fuhr uptown (Taxi $ 5.00). Sylvia war fertig angezogen, und wir gingen zum Lincoln Center. Liz kam eineinhalb Stunden zu spät. Als sie endlich kam, wurden Filmausschnitte gezeigt und Reden gehalten. Ich weiß wirklich nicht, wer ihr noch Arbeit gibt, so unpünktlich, wie sie ist. Ihre Mutter war auch da. Sie sah wunderbar aus. Sie war die einzige, bei der sich Liz bedankte. Liz hat ein Schönheitsproblem: sie hat abgenommen, aber ihre Nase ist dabei nicht kleiner geworden. Da steckt noch der Alkohol drin. Dafür hat sie jetzt eine 50-cm-Taille.

Donnerstag, den 8. Mai 1986
Besuchte im »Palladium« die Modenschau von André Walker. Als ich mich über die Brüstung beugte, fiel mein Kristall auf die Tanzfläche. Ich mußte hinuntergehen und ihn suchen. Wilfredo fand ihn schließlich. Tony Shafrazi stand neben mir, als er runterfiel. Er hätte jemanden erschlagen können. Ich trug ihn unter dem Stützkorsett, und er kullerte raus.

Samstag, den 10. Mai 1986
Alle Leute von der Madison Avenue marschieren in Ralph Laurens neuen Laden in der 72. Straße – es sieht aus wie während der Rush-hour, wenn die Massen zur U-Bahn strömen.
Bei einem Essen im »Odeon« hatte ich ein seltsames Gespräch mit Tama. Sie sagte plötzlich Dinge wie: »Was hältst du von Kindern?«, oder »Du kannst immer noch welche adoptieren« und: »Du solltest heiraten.« Und dann sagte sie: »Vielleicht ist dir das jetzt zu persönlich. Wir können ja auch ein an-

deres Mal darüber reden.« Und nun überlege ich, ob Tama Paige Flausen in den Kopf gesetzt haben könnte, weil es schon merkwürdig war, wie Paige sich aufregte, als ich nicht aus Europa anrief. Doch dann kam mir der Gedanke, Tama könnte für sich gesprochen haben. Ich weiß auch nicht, es ist zu seltsam. Was ist nur los mit ihnen? Merken sie denn nicht, daß sie bei mir an der falschen Adresse sind? Jemand sollte ihnen das mal klarmachen.

Donnerstag, den 15. Mai 1986 Vincent erzählte mir vorhin auf dem anderen Apparat, daß unsere »Fifteen-Minutes«-Show gestern Abend im »Palladium« den Modenschau-Video-Preis gewonnen hat. Ich ging Paige aus dem Weg, weil ich ein komisches Gefühl hatte, und schuld daran war nichts als dieser Unsinn, den Tama neulich von sich gegeben hat.
Übrigens habe ich mit Halston gesprochen. Er sagte, ich solle die »Kunstpresse« über die Benefizveranstaltung für Martha Graham informieren. »O Halston«, sagte ich (lacht), »Kunst hat eigentlich keine ›Presse‹.« Und er sagte: »Keine Kunstpresse? Keine Kunstpresse?« Das war neu für ihn. Er sagte: »Nun, dann müssen wir UPI und AP einschalten.«

Freitag, den 16. Mai 1986 Arbeitete bis 8.00. Um 8.45 holte mich Thomas Ammann zum Dinner im »Aurora« in der East 49th Street ab. Joe Baum von »Four Seasons«, »Windows on the World« und »Brasserie« ist der Besitzer. Traf dort Stuart Pivar und Barbara Guggenheim. In dem Lokal gab es 60 Lampen. Es sah aus wie in einem Lampengeschäft. Stuart gefiel es. Warum sieht sich Stuart eigentlich nach anderen Mädchen um, wo Barbara doch so in ihn verliebt ist? Sie ist hübsch, intelligent und verdient sogar eine Menge Geld. Warum also? Es ist verrückt. Hat er dafür seine Familie verlassen, daß er allein lebt und sich ständig Sorgen macht, ob er auch ein Mädchen fürs Bett findet? Im Grunde, glaube ich, ist er nur an zwölfjährigen Mädchen interessiert. Ich merke, wie er sie ansieht. Das ist krank. Schmuddlig. Ich habe das Gefühl, es macht ihm Spaß, schmutzige Unterwäsche zu riechen. Das ist aber nur so ein Gefühl (lacht). Barbara mag ihn, weil er nicht wie jeder andere ist und er ganz in seinen eigenen Sachen aufgeht. Er ist jedenfalls interessant. Er weiß soviel über Kunst, Musik, Geschichte und alles. Das Essen war kalt. Es kam mit einer von diesen Hauben, die den Anschein erwecken sollen, es sei heiß.

Samstag, den 17. Mai 1986 Fred ärgerte sich, weil ich die »Martha Graham« machen will und damit noch mal 300 Grafiken von mir in Umlauf kommen. Und ich ärgerte mich, weil Kent Kleinman bei den »Cowboys and Indians« laut Vertrag des »letzte Wort« hat. Ich kann nicht glauben, daß Fred ihm das eingeräumt hat.
Und dann ist da noch das Problem mit diesem »John Wayne«-Blatt. Sie bekommen keine Genehmigung dafür, weil niemand da ist, der sie erteilen kann. Es ist ein Standfoto aus einem Film der Warner Brothers, und ich weiß gar nicht, warum John Wayne drunter steht, weil man nämlich nicht erkennen kann, wer drauf ist.
Traf Tama. »Tut mir leid, daß ich dir neulich so viele persönliche Fragen gestellt habe«, sagte sie.

Sonntag, den 18. Mai 1986 Wir fuhren zu der Ausstellung von Accessoires im Javits Center. Ich verteilte 250 »Interviews«. Ich war sehr geschockt auf der Ausstellung, denn ich habe kürzlich auf dem Antiquitäten-Flohmarkt einer Bekannten ein paar Kugeln abgekauft, die sie mir als einmalig geschildert hatte. Sie erzählte sogar die Story, wie sie rangekommen war. Und dann hatten sie bei dieser Accessoires-Ausstellung einen gan-

zen Kasten voll davon! Ich war tief getroffen, denn ich hielt das Mädchen für eine Freundin.
Ich kaufe keine Kunst der Amerikanischen Primitiven mehr, weil man sie leicht fälschen, einen Tag lang vergraben und einem dann verkaufen kann. Ich bin deshalb auf Art Deco gekommen, weil diese Sachen ein Etikett tragen und in Büchern verzeichnet sind. Stuart hat eine Idee, wie man es dem Mädchen mit den Kugeln heimzahlen kann. »Erinnerst du dich an das Pferd, das ich dir für $ 12.00 abgekauft habe«, will er sie fragen, »ich habe es für $ 10 000.00 verkauft. Wie sich herausgestellt hat, war es der *Prototyp* für die ganzen Fälschungen.« Das will er zu ihr sagen. Ist das nicht clever? Ist das nicht toll?

Mittwoch, den 21. Mai 1986 Anthony D'Offay aus London gefielen meine »Self-Portraits« nun doch nicht. Der Galeriebesitzer spielt sich als Art-Director auf. Die anderen hatten ihm gefallen, doch diejenigen, auf denen meine Haare abstehen wie bei Jean Michel, mochte er nicht. Dabei hat sich Rupert soviel Mühe damit gegeben. – Ich habe Angst davor, senil zu werden. Und woran soll ich es merken? Ich sagte PH, dafür sei sie verantwortlich. Sie hat den Auftrag, mir zu sagen, wenn ich senil werde. »Ich verspreche, es dir zu sagen, aber ich versichere dir jetzt schon, daß du mir nicht glauben wirst«, sagte sie.
Stephen Sprouse rief an. Er wollte zu Keiths Geburtstagsparty im »Palladium«. Wir fuhren zum »Chelsea Hotel«, um Debbie Harry abzuholen (Taxi $ 5.00). Die Party war lustig, abgesehen davon, daß ein reizender Schauspieler namens Tim mir meinen Begleiter Sam ausspannte (lacht), denn als Tim sagte, er wolle noch bleiben, sagte Sam: »Dann bleibe ich auch noch.« Ich war deswegen nicht sauer. Ich war sogar ganz froh, denn jetzt brauche ich keine Schuldgefühle mehr zu haben, wenn ich mit Wilfredo ausgehe. Wirklich, ich war erleichtert, weil ich mich nicht auf etwas einlassen will. Es ist so schön, wenn man von niemandem behelligt wird. Jemand fragte mich, ob Sam homosexuell oder nur unreif sei. Ich weiß es nicht. Er mag ältere Frauen, aber vielleicht will er bemuttert werden. Wer weiß das schon? Ich wünschte, ich wäre 20 und könnte diese Zeit noch mals durchmachen, aber ich möchte nichts und niemanden aus meinem ganzen Leben ein zweitesmal ertragen müssen. Sam und ich albern nur rum. Er kann gut saubermachen und lernt schnell. Doch wenn ihn jemand kritisiert, kriegt er manchmal Zustände, und das läßt sich kaum ändern.

Donnerstag, den 22. Mai 1986 Im Büro wartete ein Kamerateam aus England, das D'Offay bestellt hatte. Ich weiß nicht, worum es ging. Ich murmelte vor mich hin.
Ging früh. Sam holte mich um 8.00 ab (Taxi $ 8.00). Fuhren ins »Beacon Theatre« zu Yokos Bühnenshow. Sie war bereits dran. Traf Stephen Sprouse. Sie spielte die glücklichen Jahre von 1980 bis 1981 in Männerkleidung und Reebok-Schuhen nach. Ich weiß nicht, warum sie das tut. Sie sieht zwar toll aus, aber was sie da macht, ist dumm. Eigentlich sollte sie da oben Kleider von Armani und Pelze tragen und wie eine reiche Frau aussehen. Und sie sollte John in Frieden ruhen lassen. Ich muß immer an Sean denken. Bestimmt wünscht er sich, daß seine Mutter damit aufhört. Es muß ihm peinlich sein.

Montag, den 26. Mai 1986 Memorial Day. Ich ging mit Stuart aus. Wir besuchten wieder dieselben Orte, die Auktionshäuser. Es ist toll, wenn man dort öfter hingeht, weil man die Sachen dann auf einmal schlecht findet und sie irgendwann satt hat, auch ohne daß man sie kauft. Lief Tom Armstrong und seiner Frau über den Weg.

Dienstag, den 27. Mai 1986 Fred fliegt am Freitag nach Europa zu der großen Thurn-und-Taxis-Fete. Ich fliege nicht mit – er will sich nicht um mich kümmern.

Arbeitete bis 6.45. Das Mittagsgeschirr stand noch in der Küche, und ich sagte Fred, die Küche sei noch nicht aufgeräumt. Er sah mich an und sagte: »Nun, *ich* wasche nicht ab.« Diana Vreeland hatte wirklich einen schlechten Einfluß auf ihn. Ich hätte das unterbinden sollen. Früher wäre Fred der erste gewesen, der die Ärmel hochgekrempelt und abgewaschen hätte. Ich hatte schon einen Wagen bestellt, hatte daher gerade noch Zeit, die Kaffeekanne zu spülen. Wahrscheinlich kümmerte sich Jay um den Rest. Jay ist neuerdings immer gut gelaunt. Vielleicht hat er eine neue Freundin. Thomas Ammann sah Jays Arbeiten, und sie gefielen ihm, doch das waren Bilder von früher – inzwischen malt er nicht mehr so. Die jungen Künstler malen heute alle abstrakt, weil sie sich damit über die abstrakte Malerei lustig machen wollen. Sie zitieren alles herbei und machen jede Epoche zur Zielscheibe ihres Spotts.

Donnerstag, den 29. Mai 1986, New York – Boston – New York Fred und Kate Harrington holten mich um 2.30 ab, weil wir nach Boston mußten. Taxi zum Flughafen, »New York Air«.
In Boston holte uns Mary Richardson ab und brachte uns zum »Hilton Hotel«. Joe Kennedy hielt eine Rede. Er ist kein guter Redner. »Dieser großartige amerikanische Künstler«, sagte er, »hat die Kunst heruntergebracht« – Fred fiel fast in Ohnmacht –, »herunter zum amerikanischen Volk.« Schön, die Pop Art hat das vielleicht geleistet, aber er ist wirklich ein schlechter Redner. Es klang alles so falsch, nichts kam von Herzen.

Sonntag, den 1. Juni 1986 Edmund Gaultney und Perry Ellis sind letzte Woche gestorben.

Mittwoch, den 4. Juni 1986 Kent Kleinman kam ins Büro. Ihm gefiel das Bild von Annie Oakley nicht. Ich fragte ihn, wie das möglich sei, weil ich es genauso gemacht hatte, wie er es wollte. Und dann fragte ich ihn, ob er das Problem mit dem John-Wayne-Bild gelöst habe. Er sagte: »Ja.« Der Sohn, Patrick Wayne, will die Erlaubnis geben, falls ich ihm ein Bild schenke, das er dann einer wohltätigen Einrichtung stiften will. Für Kent schien damit alles erledigt, doch ich sagte: »Was?« Er sagte, Fred sei einverstanden. Dabei weiß ich genau, daß Fred so was niemals täte. Die Verantwortung liegt bei Kleinman, und ich nehme sie ihm nicht ab. Wenn Patrick ein Bild möchte, soll Kent mir eins abkaufen, und dann kann *er* es stiften. Und dann wurde es Zeit für meine Eröffnung im »Museum of the American Indian«. Obwohl wir gestritten hatten, mußte ich mit ihm zur Ecke 155. Straße und Broadway fahren und alles vergessen – so ist das heute. Erst hat man geschäftlich Zank, und dann muß man weitermachen und freundlich sein.

Mittwoch, den 11. Juni 1986 Rupert und ich hatten im Büro großen Krach wegen Edmunds Trauergottesdienst. Ich wußte nicht, ob ich hingehen sollte. Schließlich ging ich doch.

Fred Hughes in einem Hotel in Europa
(Andy Warhol)

Danach gingen Paige und ich zu der Veranstaltung mit Yoko Ono im »Plaza«. Sie hatte ihre Schuhe ausgezogen, und ich sagte, sie sei verrückt. Ich bat sie, ihr »Interview«-T-Shirt umzudrehen, weil Abendkleidung vorgeschrieben war (Taxi $4.00). Yoko und Sean waren da. Nona Hendryx war auch da. Roberta Flack kam eine Stunde zu spät. Cab Calloway bekam eine Medaille. Das Benefiz war für Kinder aus Harlem, die Adoptiveltern brauchen. Wenn man diese Kinder sieht, möchte man am liebsten selbst eins adoptieren. Sie sind so entzückend. Ich gebe jedem Geld, der eins dieser Kinder großzieht. Sagt das weiter.

Sonntag, den 15. Juni 1986
Fred erzählte, die Geburtstagstorte bei der Thurn-und-Taxis-Party sei eine von diesen altmodischen »Schwanz«-Torten aus den siebziger Jahren gewesen – du weißt, eine Torte mit Hunderten von Schwänzen, und jeder bekam einen Schwanz für sich.

Montag, den 16. Juni 1986 Im Büro war ein Team vom englischen Fernsehen, das mich filmen wollte. Ich sagte, sie sollten mir einfach durch die Stadt folgen und den Ton weglassen. Sie waren einverstanden, ich nahm Brigids Hund Fame mit, und wir gingen um den Block. Fame schiß aufs Pflaster, und ich machte es weg, das war eine gute Szene. Dann gingen wir in die 27. Straße, um uns die Geschäfte anzusehen. Dort standen zwei Typen, und der eine sagte: »Ich habe von dir und Brooke Shields Fotos gemacht.« Und der andere flüsterte (lacht): »Schwanzlutscher.« Das war wirklich gut. Ich weiß nicht, ob er mich wirklich kannte, aber da draußen geht es recht bunt zu.
Keith hatte eine Limousine, und ich fuhr mit ihm zum »Carlyle«, zu der Party für den Autor von »Less Than Zero«. Er hat in Bennington studiert. Als wir kamen, ging vor uns ein kahlköpfiges Mädchen in einem so modischen wie häßlichen Kleid in die Halle. Ich frage mich, ob normale, zeitlose Kleidung für immer out ist und ob sich die Kids jemals wieder normal anziehen werden, so wie einst Phil Donahue. Es war eine reizende Party. Ich habe sein Buch nie gelesen, obwohl es mir jemand geschickt hat. Alle Kids trugen das Haar modisch und die richtigen Sachen dazu. Ich habe immer gedacht, Kids aus Kalifornien seien sehr groß, aber die hier waren alle nur 1,00 m.

Donnerstag, den 19. Juni 1986
Ging ins Büro, und die Dame aus Florida war da. Das Porträt gefiel ihr nicht. Sie möchte, daß ich ihre Haare lockerer mache, doch ich weiß jetzt schon, daß das nichts wird.
Ging nach Hause und erfuhr dort, daß Mark Goodson für den Fernsehproduzenten Norman Lear eine Party gab. Also fuhr ich zum Beekman Place 1 (Taxi $4.00). Bianca war mit Carl Bernstein gekommen. Cindy und Joey Adams waren auch da. Ich kam auf Roy Cohn zu sprechen, und sie sagte, er pfeife aus dem letzten Loch. Sie hatte ihn gesehen, als er zu einer Cocktailparty in die Stadt kam.

Billy Boy *(Andy Warhol)*

Montag, den 23. Juni 1986 Iolas rief vom Flughafen aus an und sagte, er sei in 20 Minuten im Büro, und das war er tatsächlich. Wie hat er das so schnell geschafft? Brooks Jackson war bei ihm. Er sah sehr schlecht aus. Ich wollte ihn nicht nach seiner Frau Adrianna fragen. Ich hatte gehört, daß sie im Sterben liegt. Der Krebs.
Jay gab Len, dem Neuen am Empfang, seine Karte für die Premiere von »American Anthem«. Len ist 17. Sam lud Len ein, mit uns zu kommen, und das überraschte mich, weil er so was normalerweise nicht macht. Sam war geschockt, als er feststellen mußte, daß Len erst 17 ist und er somit nicht mehr der Jüngste im Büro ist. Doch für einen Siebzehnjährigen ist Len wirklich clever.

Mittwoch, den 25. Juni 1986 Waren bei einer Vorführung von »Ruthless People« (»Die unglaubliche Entführung der verrückten Mrs. Stone«, Regie J. Abrahams, D. und J. Zucker, 1986). Dieser Danny DeVito ist süß, wir sollten ihn allesamt heiraten. Er ist hinreißend.

Sonntag, den 29. Juni 1986 Es war Gay Day, und der Umzug war voll im Gang. Ich ging zum Flohmarkt und traf Corky Kessler. Ich habe sie seit 30 oder 40 Jahren nicht mehr gesehen. Sie hat mir mal Unterricht im Ausdruckstanz erteilt. Sie ist jetzt 55 oder sogar 58. Sie hat sich die Nase korrigieren lassen, deshalb sieht sie irgendwie fremd aus, doch sie hat einen tollen, jungen Körper. Ich weiß allerdings nicht, ob er durch ein Korsett zusammengehalten wird. Sie erkundigte sich nach dem Rest der alten Clique.
Im Gay-Day-Umzug liefen Tausende von Mädchen mit.
Stuart rief an und sagte, Mario Amaya sei an AIDS gestorben. Er war deswegen völlig durcheinander, und ich versuchte, die Sache zu verharmlosen. Aber er sagte, Mario sei der wichtigste Mensch in seinem Leben gewesen und habe ihm alles über Kunst beigebracht. »Aber Stuart«, sagte ich »du bist doch nicht schwul. Warum regst du dich so auf?« Aus irgendeinem Grund vergesse ich immer, daß Mario am selben Tag von Valerie Solanis angeschossen wurde wie ich – er war damals zufällig im Büro. Es war aber nur eine Art Streifschuß.

Montag, den 30. Juni 1986 PH ist von ihrem Wochenendtrip nach Miami zurück. Sie hat dort Don Johnson interviewt. Und sie hat etwas höchst Faszinierendes rausgekriegt: Don hat zu der Zeit, als er ziemlich heruntergekommen war, in L. A. mit dem verschwundenen und vermutlich ermordeten Ronnie Levin kleine Gaunereien begangen!

Dienstag, den 1. Juli 1986 Arnold Schwarzenegger gab eine Party für die Freiheitsstatue im Café »Seiyoken«, und ich war nicht mal eingeladen. Ich wurde auch nicht zu Caroline Kennedys Hochzeit eingeladen.

Sonntag, den 6. Juli 1986, New York – London Chris holte mich sehr früh ab (Limousine $ 70.00; Zeitschriften $ 30.00; Gepäckträger $ 10.00). Flog mit der Concorde. Anthony D'Offay holte mich ab. Wir fuhren zum Hotel »Ritz« (Gepäckträger $ 20.00). Ich bekam ein Doppelzimmer, das so groß war wie drei. Das Telefon klingelte. Es war Billy Boy. Dann rief Tina Chow an und sagte, das Dinner sei angerichtet. Ich sagte ihr, sie solle für mich keine Party geben. Sie tat es trotzdem.
Fuhr zu »Mr. Chow's« (Taxi $ 7.50). Es war amüsant. Sie hatte lauter großartige Leute eingeladen. Mick und Jerry Hall, Nick Rhodes, Billy Boy und die ganzen feinen englischen Pinkel. Alle waren sehr nett zu uns.

Montag, den 7. Juli 1986, London Billy Boy war ständig in unserer Nähe. Fuhr zur Galerie, und es war toll. Sah mir die Bilder an; das war schon irgendwie aufregend (Taxi $ 5.00).

Dienstag, den 8. Juli 1986, London Ging zum Lunch in die Galerie, denn am Abend war meine Eröffnung. Danach fuhr ich zum Hotel zurück (Trinkgeld $5.00). Aß noch mehr Tee-Sandwiches. Billy Boy gab mir Schmuck, den ich bei der Eröffnung tragen sollte. Ich fuhr wieder zur Galerie. Es war ziemlich voll. Ich gab zwei Stunden lang Autogramme. Die reizenden Kids waren da, deren Musik-Video wir machen sollen – »Curiosity Killed the Cat«. Viele Fotografen. Hinterher gab es in dem alten Künstlerklub »Café Royal« ein großes Dinner. Künstler wie Allen Jones feiern dort ihre größeren Vernissagen. D'Offay hatte ungefähr 100 Leute eingeladen. Es muß sehr teuer gewesen sein. Dann brachte mich Fred nach Hause. Bestellte Tee-Sandwiches aufs Zimmer.

Mittwoch, den 9. Juli 1986, London Die Woche zwischen Wimbledon und Fergies Hochzeit, eine aufregende Zeit. Die Zeitungen be-

Johannes von Thurn und Taxis in London, Juli 1986

richteten über Boy Georges Heroin-Probleme und versuchten, ihn zu finden. Dicke Schlagzeilen.
Chris und Billy Boy kamen zum Frühstück auf mein Zimmer (Trinkgeld $10.00). Danach tat ich das Übliche – ich schlenderte durch London (Taxi $8.00).

Donnerstag, den 10. Juli 1986, London Machte Fotos vom Big Ben und anderen komischen englischen Sehenswürdigkeiten. Kaufte Zeitschriften ($20.00). Aß zu Abend. Danach war ich mit Gloria von Thurn und Taxis und ihrem Mann Johannes im »Heaven« verabredet. Sie war irgendwie für ihn auf der Pirsch. Billy Boy und Chris waren auch da.
Fred und ich schlichen uns davon. Billy Boy bekam Streit mit dem Paparazzo (lacht), weil der auch mit aufs Bild wollte (Taxi $10.00). Ich bat ihn auf mein Zimmer, um noch ein wenig zu plaudern, doch er wollte »nach Hause und ins Bett«.

Freitag, den 11. Juli 1986, London Wie ich erfuhr, war Billy Boy zurück in die Disco gegangen und hatte sich den ganzen Abend über als gesellschaftlicher Aufsteiger profiliert.
Bei Marguerite Littman am Chester Square gab es Lunch für die bessere Gesellschaft (Kellner $5.00; Taxi $8.00). Das machte wirklich Spaß. Sie hat die Ruhe weg. Ihr Mann ist Anwalt der Königin. Dagny Corcoran war da und noch andere bezaubernde Damen. Anschließend fuhren wir mit Chris zur Kings Road. Billy Boy luden wir nicht ein.

Samstag, den 12. Juli 1986, London Unser Ausflug zu Catherine. Frühstückte, setzte mich in einen Wagen und fuhr in zweieinhalb Stunden nach Gloucestershire. Catherine war amüsant. Sie ist jetzt Lady Neidpath. Sie führte uns rum und zeigte uns alles. Beim Lunch ließ sie eine Schüssel mit Spaghetti fallen, hob sie auf und füllte sie, samt Scherben und allem, in eine andere Schüssel und setzte sie Gästen vor, die später kamen. Fleisch wurde gegrillt, doch dann fing es an zu regnen. Eine Schüssel mit Himbeeren fiel zu Boden,und auch die Himbeeren wurden wieder aufgesammelt. Die Tische waren hübsch gedeckt.

Sonntag, den 13. Juli 1986, London – New York Stand um 7.30 auf. Ich weiß nicht, wie ich das geschafft habe. Ich las die Biographie von Cecil Beaton. Ich komme häufig darin vor, in der Zeit, nachdem wir uns kennengelernt hatten.

Wir bekamen in London viele Aufträge und verkauften eine Menge Bilder – etwa an die »Carnegie-Mellon-Academy«. Anthony D'Offay erklärte sich sogar bereit, die Hotelrechnung von Chris zu übernehmen. Er wird zu Tode erschrecken, wenn er erfährt, daß Chris täglich 18mal mit New York telefoniert hat. Chris hat *fünf Aufträge* bekommen – unter anderem einen von Polaroid – und bedankte sich tatsächlich bei mir für die Reise. Leider kenne ich keinen, der solche Chancen mehr verdiente. Doch auf seine Weise kümmert Chris sich um mich.

Die Ausstellung. Die Ausstellung. Was soll man schon sagen oder tun, wenn man in einen Raum kommt, in dem die schlechtesten Bilder hängen, die man jemals von sich gesehen hat? Denn es waren nicht die, die ich ausgesucht hatte. D'Offay gerierte sich als »Art-Director« der ganzen Ausstellung. Er hatte ein ganz bestimmtes Bild gewollt, doch ich dachte, er würde sich nicht mehr daran erinnern, und machte statt dessen das, was *mir* am besten gefiel. Doch als er wieder nach New York kam, sagte er, das sei nicht das Bild, das *er* ausgesucht habe. Und er wollte nicht die große »Camouflage«, sondern die kleinen. Doch er hat Stil. Morgens um 7.30 kam er mit seiner Frau ins Hotel, um mir auf Wiedersehen zu sagen. Ich dachte, sie führen mit uns zum Flughafen, doch das taten sie nicht, und das fand ich auch gut. Ich nehme an, unsere Hotelrechnung beläuft sich auf ungefähr $ 10000.00. Ja, er war nett.

Übrigens hat sich Billy Boy als wahres Schreckgespenst entpuppt. Am Ende der Reise haßten ihn alle. Seine Streberei und Anbiederei waren schlimmer als alles, was Suzie Frankfurt je geboten hat. Außerdem war Suzie wenigstens, wie Fred es ausdrückte, immer eine gute Freundin. Von jedem, mit dem wir ihn bekanntmachten, wollte er gleich die Telefonnummer. Er lud zum Lunch ein und verschenkte Ohrringe und so! Und er war stundenlang in *meiner* Fernsehsendung! In einer, die für mich bestimmt war. Er wollte mit auf jedes Bild. Ein Fotograf sagte, er solle verschwinden, und Billy schlug ihm (lacht) seine eigene Kamera um die Ohren. Einmal hatte ich nachts lange gelesen, bis 5.00 etwa, und dann klingelte in aller Frühe das Telefon – »Ist Billy Boy da?« Er hatte den Leuten gesagt, sie könnten ihn beim Frühstück in meinem Zimmer erreichen! Eines Morgens brachte er mir sogar Blumen. Chris haßt ihn jetzt auch. Sie hatten großen Streit. Als wir im »Heaven« Gloria von Thurn und Taxis und ihren Mann trafen, war Billy sehr nett zu ihnen. Doch kaum waren sie gegangen, sagte er: »Ich hasse diese Faschisten.« Das brachte Chris in Rage. Vermutlich bildete sich Billy Boy ein, sie hätten ihn zu ihrer Party einladen müssen.

Montag, den 14. Juli 1986 Es war schön, wieder die alten New Yorker Zeitungen zu lesen (Zeitung $ 4.00). In der »Suzy«-Kolumne stand etwas über die Party, die Tina Chow in London für uns gegeben hatte. Es hörte sich fantastisch an.

Paige ist anscheinend immer noch wütend auf mich. Sie lebt jetzt wohl ihr eigenes Leben. Ist auch besser so. Gael erzählte, daß Albert Watson den Job als Fotograf der Königin bekommen hat. Und das ausgerechnet, nachdem ich bei Cecil Beaton gelesen habe, wieviel ihm das bedeutet.

Dienstag, den 15. Juli 1986
Wilfredo machte Milton Berle für »Interview« zurecht und ließ sich für mich das Autogramm geben, das ich bei den Dreharbeiten von »Love Boat« nicht bekommen hatte. Milton war kürzlich in einer Vormittagssendung. Er bewegt sich vor der Kamera, als gehörte sie ihm. Es ist toll, wenn man soviel Selbstvertrauen hat. Er fragte Wilfredo: »Soll ich mit meinem Schwanz schreiben?« Er sieht aus wie ein alter Schneider.

Erfuhr von Victor, daß Halston sich mit mir treffen und über Montauk reden will, aber ohne Paul. Wir verdienen nichts daran, wenn wir an Halston vermieten. Es reicht gerade für die Hypothek.

Mittwoch, den 16. Juli 1986

Fuhr zum »Palladium« (Taxi $6.00). John Sykes stand auf der Bühne. Und sie zeigten die Fernseh-Show, die dieser Junge von MTV in fünf Stunden zusammengestellt hatte. Es war fantastisch.

Steve Rubell war auch da. Er hat den »Diamond Horseshoe« gekauft, der früher Billy Rose gehört hat. Ich glaube, es ist in den West 40s unweit der 8th Avenue. Ich ging mit Dolly Fox hin und hörte von ihr Klatsch. Sie lebt immer noch mit Charlie Sheen zusammen. Er hat ihr sehr schöne Perlen geschenkt – ich glaube, sie sind schwarz gefärbt, doch sie sind schön. Außerdem hat sie einen Diamantring von ihm.

Übrigens hat mich Gael gestern gebeten, rauszukriegen, ob Ron und Doria Reagan sich getrennt haben. Ich sagte ihr: »Wenn du eine Sensation hast, dann ruf bei ›People‹ an und verdien dir $150.« (Lacht).

Brigid hat mich eben auf dem anderen Apparat angerufen. Sie sagte, ihre Mutter habe nicht mehr lange zu leben. Sie scheint überhaupt nicht traurig zu sein. Sie war es auch nicht richtig, als ihr Vater starb. Irgendwie ist sie sogar angeregt. (Lacht) Ich weiß auch nicht, warum ich so was sage, ich tue es eben. Sie wird Millionen erben. Was empfinden Ärzte wirklich für kranke Menschen? Kümmern sie sich um einen und wollen sie wirklich, daß es einem besser geht, oder geht es ihnen nur ums Geschäft? Ich überlege gerade, wie das ist, wenn ich Porträts male. Kümmert es mich wirklich, ob jemand gut aussieht, oder ist das Ganze nur ein Job? Aber Malen ist eine oberflächlichere Sache – es geht nicht um Leben und Tod.

Am Morgen überredete ich Stuart, mich zum Kristall-Doktor zu begleiten. Er fragte mich, was ein angeblich so intelligenter Mensch wie ich bei solchen Leuten verloren habe. Wir

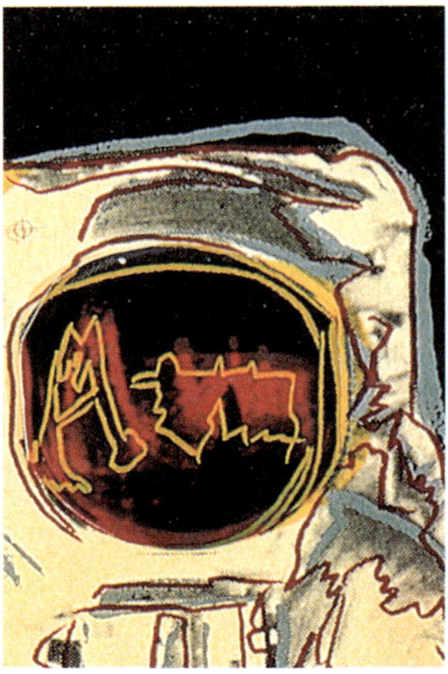

gingen also zu Dr. Bernsohn. Er hatte Besuch von einem Kollegen, einem Amerikaner, der in Japan lebt. Er hat einen neuen Kristall für die Therapie, er ist groß und rund. Er bewirkt das gleiche wie eine Massage, bei der jeder Muskel durchgeknetet wird, nur eben ohne Kneten. Der Arzt probierte ihn an mir aus. Er sagte, ich solle an weißes Licht und weiße Pfeile denken. Bernsohn und der andere Arzt standen da und hielten ihre Arme über mich. Stuart verdrehte die Augen. Er konnte es nicht fassen.

Ich trage immer zwei Kristalle bei mir – einen »Vitalisierer« und noch einen. Sie sehen aus wie Pessare. Der Sohn von Dr. Reese stellt die Kristalle her. Sie heißen Harmonics.

Donnerstag, den 17. Juli 1986

Arbeitete bis 7.00. Dann holte uns Ric Ocasek ab und fuhr mit uns zum Madison Square Garden. Ric hat eine Freundin namens Paulina. Sie ist ein bekanntes Model und stammt aus der Tschechoslowakei. Ihre Mutter war auch dabei. Sie sieht jünger aus als ihre Tochter. Ich glaube fast, ich bin gar kein richtiger Tscheche, denn als sie sich unterhielten, verstand ich kein Wort.

Ich wußte gar nicht, daß man mit dem Wagen direkt in den Madison Square

Garden fahren kann. Man fährt sozusagen direkt auf die Bühne (lacht). Ja, wirklich. Ric und Dylan haben denselben Manager. Er sagte ständig: »Du hast völlig freie Hand. Du kannst

[redacted]

überall hingehen und Fotos machen – auf den Toiletten, auf der Bühne, einfach überall.« Wir wurden in einen Raum geführt. Dort saßen Dylan, Tom Petty und Ron Wood.

Dylan sieht gut aus. Er trug silberbeschlagene Cowboystiefel und trank »Jim Beam«. Obwohl ich »völlig freie Hand« hatte, bin ich froh, daß ich die drei vorher fragte, ob ich sie fotografieren dürfe, denn Dylan sagte nein. Später erfuhr Ric, daß Dylan schlecht gelaunt war, weil er sich gerade mit seiner Freundin gestritten hatte. Sie ist 40 oder 50 und arbeitet meines Wissens für die Plattenfirma. Am Ende des Streits soll sie zu ihm gesagt haben: »Ach, geh doch raus und spiel deinen ›Mr. Tambourine Man‹ oder sonst was.« Das *muß* einem ja die Laune verderben, wenn die Geliebte die ganze Arbeit eines Lebens als (lacht) »sonst was« bezeichnet. Ich glaube, damit war sein Ego auf Null, und in dem Zustand mußte er nun auf die Bühne.

Ich brachte nicht ein gutes Foto zustande, wirklich, ich fing auf vier Filmen nur Atmosphäre ein. Ron Delsner drängte, und gegen Ende schnappte er fast über, weil jede Minute nach 11.00 $ 1000.00 extra kostet.

Anschließend kam Dylan mit seiner ganzen Familie ins »Metropolis«, dieses neue Restaurant Ecke 81. Straße und Columbus Avenue. Seine Mutter sah nett aus mit ihren weißen Haaren. Sie sah gar nicht jüdisch aus, doch alle anderen schon. Ich fragte Dylans Manager, ob Dylan jetzt Christ oder wieder Jude sei, und er sagte, Dylan sei griechisch-orthodox, und aus diesem Grund trete er auch am nächsten Abend nicht auf – freitags arbeite er nie, es sei denn, es werde *sehr* gut dafür bezahlt.

Freitag, den 18. Juli 1986 An dem Tag habe ich irgendwo meine Kamera verloren. Und drin war noch

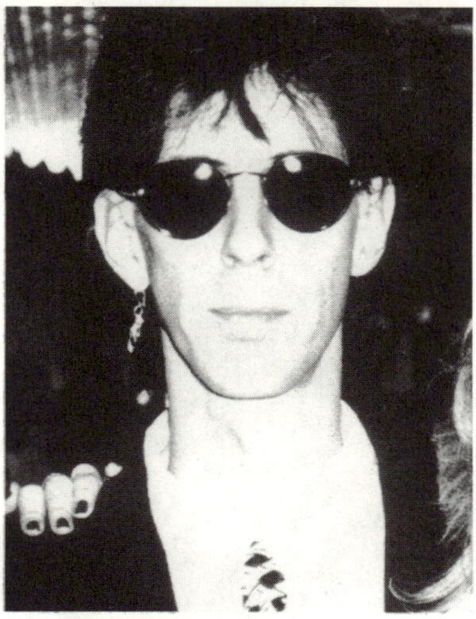

Ric Ocasek *(Pat Hackett)*

dieser magische Film – der von Dylan und seiner Familie, von den Kindern und seiner Mutter. Die anderen Filme waren nur vom Konzert.

Vincent hatte ein Dinner arrangiert. Eingeladen waren Ric Ocasek, seine Freundin Paulina, sein Manager Elliot Roberts, der auch Dylan managt, und dessen blonde Frau oder Freundin Sylvia, die für einen japanischen Designer arbeitet. Nach der Arbeit fuhr mich Rupert nach Hause.

Rief PH an und holte sie um 8.30 ab. Wir gingen ins »Caffe Roma«.

Ric fragte, ob wir mitkämen zu »Electric Lady«, dem Aufnahmestudio in der 8. Straße. Während wir über die Fifth Avenue gingen, fing es plötzlich an zu regnen. Alle erkannten zuerst Ric – er ist 1,93 m – und dann mich.

40 **Moonwalk (History of TV Series), 1987**

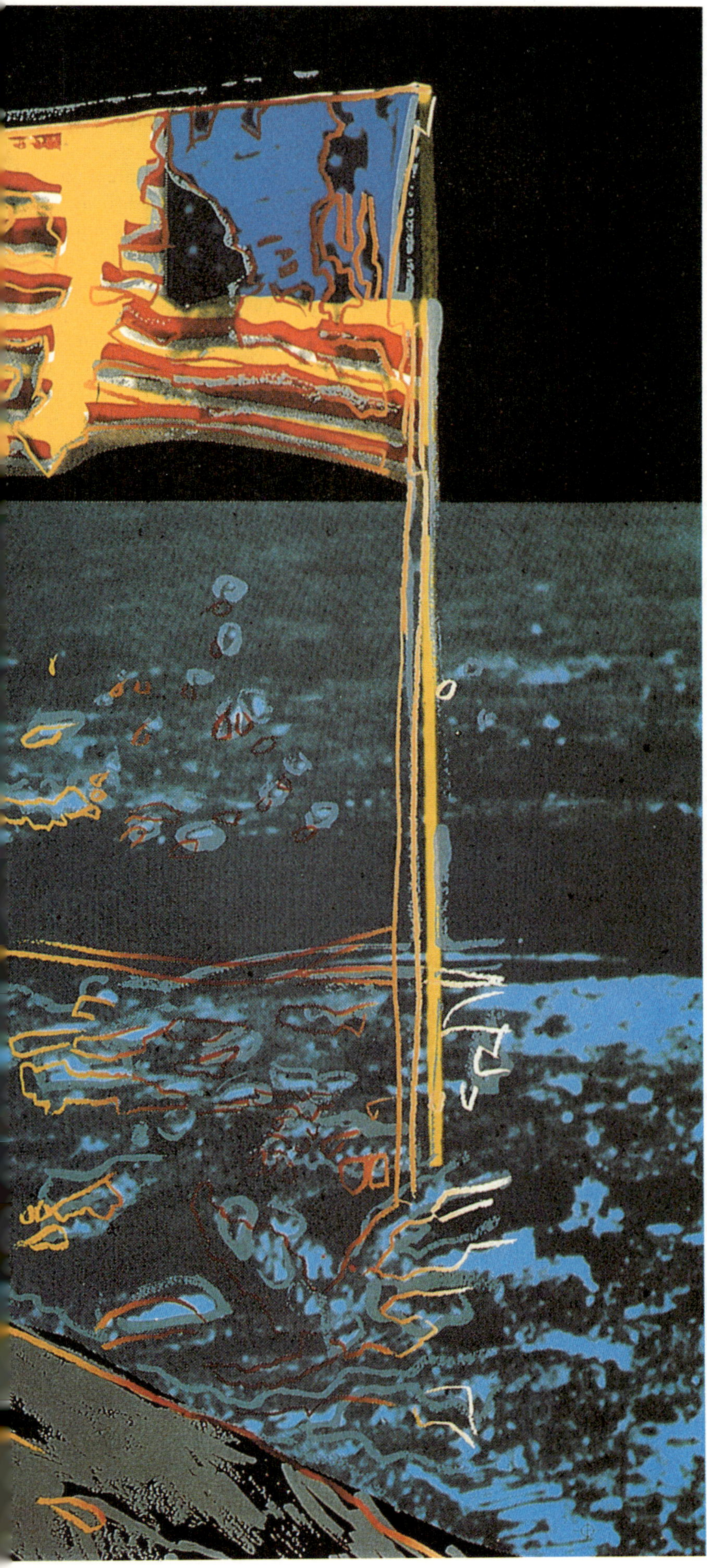

Wir gaben Autogramme. Und dabei merkte ich, daß meine Kamera verschwunden war. Hörte mir Rics Album an. Jetzt verstehe ich endlich, wie man eine Stimme aufpeppt. Sie haben 24 Tonspuren.
Er spielte uns das Album vor, jede Kleinigkeit war zu hören. Man hört buchstäblich die Studio-Zeit, den technischen Aufwand. Obwohl: Ich weiß nicht, was das alles soll – besser wird ein Song dadurch nicht, nur kommerzieller. Aber jedes Detail ist klar und deutlich zu hören. Ric hat das Untergeschoß für zwei Jahre gemietet. Du weißt ja, wieviel es kostet, ein Studio zu mieten! Er sagt, er habe schon Millionen ausgegeben. Rief im »Caffe Roma« an und bat sie nachzusehen, ob meine Kamera dort war. Ich war in der Stimmung, in der man ist, wenn man was verloren hat (Telefon $ 0.50).

Sonntag, den 20. Juli 1986 Ich mußte mit den Hunden raus. Sie kackten auf den Gehweg an der Ecke, und ich sammelte es auf. Doch als ich ein paar Minuten später auf dem Rückweg dort vorbeikam, hatten die Leute aus dem Laden den Gehweg schon sauber gespritzt. Anscheinend hatten sie mich beobachtet. Das war mir peinlich. Ich traf den Doktor von nebenan und seine Familie. Sie transportierten eine Torte im Rollstuhl. Die Tochter sollte um 4.00 getraut werden. Die Torte sah gut aus, ganz aus Marzipan. Sie war seit drei Tagen fertig, deshalb wurde sie schon gelb, doch sie sah trotzdem toll aus. Ich machte ein Foto für das »Party«-Buch.

Dienstag, den 22. Juli 1986 Paige kam vorbei und redete mit mir, also ist sie wohl nicht mehr sauer auf mich. Du weißt ja, diese Geschäftsleute von der Wall Street sind ganz verrückt nach Paige, weil sie glauben, sie könnte ihrem Leben mehr Glanz geben – und das könnte sie. Doch sie hat kein Interesse an den Leuten – sie mag nur junge Künstlertypen. Die Drogenabhängigen.
Ich will (lacht) Ann Lambton für das »Interview«-Cover. Und als ich das den anderen sagte, schrien sie mich an. Ich tu es trotzdem. Ich glaube, sie wird mal ein großer Star, und sie ist wirklich interessant. Deshalb machen wir das erste große Interview mit ihr. Ging zur Premiere von »Heartburn« (»Sodbrennen«, Regie Mike Nichols, 1985). Als wir hinkamen, sagte die Frau dort: »Würden Sie bitte auf die rechte Seite kommen für die Fotografen?« Ich tat es, doch kein Mensch (lacht) machte ein Foto. Außer Ron Galella, weil es sonst peinlich gewesen wäre.
Die beste Szene in dem Film war, als Jack Nicholson »My Boy Bill« sang. Er verzaubert einen, und man möchte sich in ihn verlieben, auch wenn er schon alt ist. Er hat's einfach. Als ich neulich Carl Bernstein nach dem Film fragte, sagte er: »Ich hab sie alles ändern lassen.« Und trotzdem merkt man noch, daß er ein Ekel ist.

Mittwoch, den 23. Juli 1986 Paige ist anscheinend wieder ganz die alte, denn sie hat sich gerade die neue Polaroid-Kamera mit den verschiedenen Objektiven gekauft und ist wieder gut drauf. Ich habe nie richtig kapiert, was eigentlich mit ihr los war.
Die Lämpchen an unserem Telefon waren kaputt, darum nahm ich gerade den Hörer ab, als Brigid mit ihrer Mutter sprach. Es war schlimm. Ich mußte einfach zuhören. Ihre Mutter sprach über ihre Beulen am Kopf und sagte, am liebsten würde sie sich die Perücke herunterreißen. Sie hat sich ihr Leben lang nur um ihren Mann gekümmert, und in dem Moment, wo er stirbt, bekommt sie Krebs. Sie hatte bis dahin nie die Möglichkeit, auszugehen und sich mal zu amüsieren.

Donnerstag, den 24. Juli 1986 Die »Robert Miller Gallery« und die »Pace-MacGill Gallery« wollen beide im Oktober eine Ausstellung mit meinen zusammengestichelten Fotos machen. Ich denke, Fred entscheidet sich für Miller. Doch im Oktober stelle ich meine »Piß«-Bilder in Larry Gagosians toller neuer Gale-

41 Vesuvius, 1985

rie in Sandro Chias Haus in der 23. Straße aus. Außerdem ist im Oktober noch eine Ausstellung bei der »Dia Art Foundation«. Ich glaube, so viel auf einmal ist nicht gut. Vielleicht sollten wir die Fotoausstellung auf später verschieben.

Anthony D'Offay kam mit seiner Frau. Wenn sie wirklich so reich sind, dann verstehe ich nicht, warum ihr ein Zahn fehlt. Ihr 17 Jahre alter Sohn hat mir einen schlichten, aber bezaubernden Brief geschrieben. Das beweist mal wieder, was man mit einem Brief alles ausdrücken kann. Er war sehr beeindruckend.

Ich sollte von einem Wagen abgeholt werden, um Elliott Erwitt für »Travel and Leisure« zu fotografieren. Sie wollten auch noch ein Foto von Grace, und so hieß es »Warten auf Grace«.

Die Kids riefen mir ein Taxi, und wir fuhren zu Erwitts Wohnung am Central Park West. Er hatte angerufen und gesagt, das Licht werde zu schlecht, darum sollten wir nicht auf Grace warten. Grace wohnt in der Nähe vom »Anvil«. Endlich kam sie. Auch wenn sie der unpünktlichste Mensch der Welt ist – sie ist doch sehr nett und witzig.

Montag, den 28. Juli 1986 Ich fuhr zu der Geburtstagsparty, die Peter Marino für seinen Hund gab (Taxi $5.00). Ein Typ von der »Daily News« war da, um darüber zu berichten. Auf zwei Schüsseln stand »Archie« und »Amos«, doch ich hatte sie nicht mitgebracht. Ich wollte nur Fotos für das »Party Book« machen. Peters Frau Jane entwirft die Kostüme für die Fernsehsendung »Kate and Allie«, deshalb hatte Jane Curtin ihren Hund mit. Ich sah mich in Peters Büro um. Es ist sehr geräumig. Überall im Haus stößt man auf Stoffmuster oder Modelle von Häusern. Er muß ungefähr 40 Angestellte haben. Jeds Einrichtungsgeschäft geht auch gut – er verlangt Unsummen.

Dienstag, den 29. Juli 1986 Joan Quinn rief an und fragte: »Wann machst du meine Zeichnung und mein Porträt?« Ich sagte: »Wovon sprichst du?« Sie sagte: »Nun, du hast es mir versprochen, und außerdem bin ich jetzt sieben Jahre lang an der Westküste Korrespondentin von ›Interview‹.« Ich sagte: »Bist du nicht Korrespondentin an der Westküste, weil du Karriere machen willst? Und wirst du nicht dafür bezahlt?« Sie sagte, damals, als sie anfing, hätte ich ihr in der »Polo Lounge« versprochen, sie zu porträtieren. Aber ich habe das nie ernst gemeint. Möglich, daß ich einen Scherz gemacht habe, weil sie schon anderen Künstlern Gratis-Porträts abgeluchst hat, doch ernst war es mir damit nie. Ich sagte ihr frei heraus, daß ich es nicht tun würde. Wenn es um Kunst geht, halte ich eigentlich immer mein Wort, und ich erinnere mich genau, wenn ich was verspreche. Ich rief Gael an. »Hör zu«, sagte sie, »ich möchte da nicht mit hineingezogen werden.« Das brachte mich aus der Fassung. Ich weiß nicht, ob mir schlecht wird, weil ich sauer bin oder ob ich sauer bin, weil mir schlecht wird.

Und dann lieferte dieser Typ 50 Einladungen für diese Seifenopern-Party im »Area« ab, auf denen stand: »Andy Warhol lädt ein...« Ich fing an zu toben. Er hatte nur *einmal* angerufen und gefragt, ob er neben etlichen *anderen* Namen auch meinen nennen dürfe, und ich hatte ja gesagt, um dem »Area« einen Gefallen zu tun. Und jetzt steht mein Name als einziger drauf! Ich tue das für keinen, warum also ausgerechnet für diesen Typ, den ich nicht einmal kenne?

Um 8.30 fuhr ich zu Halston. Bianca lief mit raushängenden Titten rum. Mark Shand hat die Stadt verlassen. Wir fuhren mit dem Taxi zur iranischen Botschaft ($ 2.50). Maximilian Schell war dort. Er hat einen Preis für seine Nebenrolle in »Julia« bekommen. Ich sah ihn zum erstenmal und war enttäuscht, daß er so fett war. Sonst war er überaus nett. Er sagte, ich hätte in Deutschland Großes für ihn getan. Er habe »Flesh« gesehen und den Film gehaßt. Doch dann sei er noch mal und noch mal reingegangen, und schließlich gefiel ihm der Film. Und dann habe er sich gesagt: »Wenn das ein Film ist, dann kann ich auch einen machen.« Ich wußte nicht, was ich darauf sagen sollte, und überließ ihn Bianca. Auf der Stelle waren sie nacheinander verrückt. Ich hatte gehört, er sei schwul, doch wenn man den beiden zusah, verflüchtigte sich dieser Eindruck. Sissy Spacek stellte mich ihrem Mann vor. Er war sehr nett. Und Bella Abzugs Wahlhelferin – wie war doch ihr Name? Shirley MacLaine sagte mir, sie habe mein Bild von Bella in ihrem Büro hängen. John Simon war auch da, fasziniert von Bianca. Sie hatte Löckchen im Haar und behauptete, das sei nicaraguanisch, aber es sah eher puertoricanisch aus.

Bianca kam und sagte, sie sei zum erstenmal in einen älteren Mann verknallt und müsse jetzt nach Hause, um für Halston das Abendessen zu kochen. Ich mußte laut lachen, weil mir einfiel, was mir Amanda Lear erzählt hatte: Mick habe Bianca nur deshalb verlassen, weil sie ihm nie eine Mahlzeit zubereitet habe. Aber wenn sie hinter jemandem her ist, ist sie kokett und will beweisen, daß sie alles kann. Wir fuhren zurück zu Halston. Maximilian ließ seinen Wagen stehen. Ich glaube, er ist geizig.

Stevie rief an und sagte, wir sollten in den Club kommen. Victor und ich machten uns in der Küche ein Fest. Wir machten Popcorn, und dazu trank ich Wodka mit Orangensaft. Maximilian und Bianca herzten und küßten sich derweil im Nebenzimmer. Halston nahm Linda und ging zu Bett. Wir fuhren zum »Studio 54«, und dort ging's rund.

Donnerstag, den 31. Juli 1986

Stuart Pivar holte mich ab. Wir fuhren zur »Robert Miller Gallery«. Sie geben mir einen extra Raum, falls sie meine zusammengenähten Fotos ausstellen dürfen. Steve Aronson war auch da. Er schreibt für »Vanity Fair« einen Artikel über die Galerie. Außerdem hat er gerade für »Architectural Digest« einen Artikel über Stuart geschrieben. Noch vor ein paar Wochen hat Stuart ganz cool getan und gesagt, er sei überhaupt nicht auf Publicity aus, er wolle sich »im Hintergrund halten« und »Privatperson«

bleiben. Doch als er mit Steve sprach, war ihm anzumerken, daß er auf Publicity ganz scharf ist.
Jedenfalls war die Fotoausstellung dort sehr interessant. Ich hatte ganz vergessen (lacht), daß man Ideen auch klauen kann. Mir gefielen die Arbeiten von Bruce Weber mit den matten Farben – Blau, Rosa… Ich glaube, so hat man's früher mit Sepia gemacht. Und die Doppelbelichtungen kommen wieder. Paige benutzt ihre neue Polaroid wie eine Verrückte. Das Blitzlicht schadet allmählich meinen Augen.
Ich habe Liza nicht geschrieben, als ihr Vater am Freitag starb. Ich dachte, das ginge schnell vorbei, und ich könnte sagen, ich hätte nichts davon gewußt, doch jetzt wollen sie eine große Sache daraus machen, deshalb werde ich wohl doch etwas schreiben müssen, aber was? Vielleicht sollte ich noch ein Bild von ihm machen. Aber ich habe schon so viele gemacht.
Der Typ von Pace-MacGill kam vorbei. Es ist unheimlich, wenn sich zwei Galerien gleichzeitig um einen bemühen. Das war noch nie da. Und beide bieten mir dasselbe an. Es ist, als seien zwei Freunde oder Freundinnen gleichzeitig hinter einem her. Was tun?

Samstag, den 2. August 1986
Wilfredo hatte Karten für das Konzert von Prince. Wir fuhren zum Madison Square Garden (Taxi $ 3.00). Debbie Harry und Stephen Sprouse waren auch da. Wir gingen an ihnen vorbei und setzten uns gerade, als Prince nackt, oder fast nackt, auf die Bühne sprang. Es war das tollste Konzert, das ich je erlebt habe, soviel Energie und Besessenheit. Ich traf Ron Delsner. Er lud uns zur Party für Prince ins »Palladium« ein. Gleich nach dem Konzert fuhr Prince in einer Limousine davon.
Wir gingen in den Mike-Todd-Room. Er war fast leer. Die Tische waren gedeckt und die Plätze reserviert. Und da saß Prince, mit weißem Mantel und pinkfarbenen Hosen – wie ein Puertoricaner bei einem College-Ball, mutterseelenallein. Er war fantastisch. Das Image vom Sonderling, der immer von Leibwächtern umringt ist, war vergessen. Er ging auf jeden zu, schüttelte jedem die Hand und sagte jedem, er freue sich sehr, daß er gekommen sei. Und er tanzte mit allen und jedem Mädchen – sonderbare Mädchen in Kleidern aus den sechziger Jahren. Dabei war er nicht mal ein guter Tänzer. Er erinnerte sich auch an Namen. »Ich freue mich, daß du gekommen bist, Wilfredo«, sagte er. Was für Manieren! Wilfredo schwebte im siebenten Himmel. Wir fragten Prince, ob wir ihn im Dezember für unser Cover haben könnten, und er sagte, darüber müßten wir mit seinem Manager reden. Wir sagten, das hätten wir getan, und er habe uns gesagt, wir sollten *ihn* fragen. Sie versprachen uns, die Sache zu regeln. Es war so aufregend, daß uns die Knie zitterten.

Sonntag, den 3. August 1986
Ging zur Kirche. Nichts als Orgelmusik. Dann ging ich auf den Flohmarkt in der 26. Straße. Und dort entlarvte ich eine Fälschung – ich stellte fest, daß eine Fälschung eine Fälschung war. Es handelte sich um ein Porträt von mir, wirklich eine gute Kopie. Die haben sich angestrengt, doch nicht richtig gerahmt; ein Stück von dem Baumwollgrund war zu sehen.

Montag, den 4. August 1986
Ging ins Büro. Der Hare-Krischna-Typ von »Max's« aus den sechziger Jahren schaute kurz rein – er war neulich in »Hannah and Her Sisters« zu sehen. Er kam gerade von »Gimbel's«. Das Kaufhaus macht demnächst dicht. Er sagte, es sei eine Schande, daß ein Geschäft mit dieser Tradition geschlossen werde und dieser große Name unterginge. Aber es ist ja nur ein Name. Was soll's. Es war komisch, daß ausgerechnet der Hare-Krischna-Typ das sagte. Vermutlich ist »Macy's« demnächst der einzige Laden am Herald Square, wo noch was los ist.

Ich las Cindy Adams' Nachruf auf Roy Cohn. Sie schreibt, sie wisse, er sei auf jener Party im »Palladium« gestorben. Man habe ihm auf das Podium helfen müssen, und als sie ihm die Hand geschüttelt habe, habe sein ganzes Gewicht auf ihr gelastet. Fred ist wütend, weil mein Name in sämtlichen Nachrufen mit Roy in Verbindung gebracht wird und ich als ein guter Freund bezeichnet werde. Die Sachen von Roy, die bei der Auktion unter den Hammer kommen, werden wohl genauso wertlos sein wie die von Rock Hudson. Lauter Zeug, bei dem man sich fragt, was es in einem Haus verloren hat.

Mittwoch, den 6. August 1986

Den ganzen Tag flüsterten die Leute »Happy Birthday«, doch keiner wagte es laut zu sagen. Paige bereitete für den Abend ein Werbe-Dinner vor, und da ich befürchtete, daß es sich um ein verschleiertes Geburtstagsdinner handeln könnte, sagte ich, sie solle mindestens vier Inserenten dazu einladen.

Ich bekam ein komisches Gefühl, als Kenny Scharf anrief und mir sagte, daß Martin Burgoyne bei seiner Familie in Florida sei. Er war krank, aber es waren keine Masern, wie man ursprünglich vermutet hatte. Ich sagte, alle unsere Bekannten, die »diese« Krankheit hätten, bekämen die beste Pflege, die man für Geld kriegen könne. Doch sie waren auch die ersten, die starben, und so wußte ich nicht, was ich noch sagen sollte. Florida scheint ein Gesundbrunnen zu sein. Ein Foto von Madonna war in den Zeitungen, wie sie auf der Columbus Avenue Bücher für »einen kranken Freund« besorgt. Ich nehme an, es handelte sich um Martin.

Um 8.00 ging ich ins »Caffe Roma«. Stephen Sprouse, Debbie Harry und Chris Stein waren da. Chris sah gut aus. Debbie mußte früh gehen, weil sie noch eine Probe für ihre neue Platte hatte. Ein Typ von Polaroid war auch da. Ich sagte zu ihm, daß ich ihren Namen nie wieder erwähnen würde, wenn Polaroid nicht endlich bei uns inseriere. »Oh, sagen Sie nicht so was«, antwortete er. »Das soll doch nicht heißen, daß wir nicht Freunde bleiben können.« Er schenkte mir etwas, was ihm sehr viel bedeutete, wie er sagte – (lacht) es war das Polaroidfoto von einem Sonnenuntergang.

Chris Stein und Debbie Harry *(Pat Hackett)*

Tama wird bei Paige wohnen, wenn sie an den Wochenenden von der Princeton-Universität kommt. Sie ist dort Gastdozentin. Wir haben die Rechte an allen Geschichten gekauft, die Tama über ihr Leben mit Ronnie – also mit »Stash« – geschrieben hat. Vincent sucht Geldgeber, weil wir eventuell einen Film daraus machen wollen.

Sonntag, den 10. August 1986

Auf dem Flohmarkt lief ich der Mutter von Dolly Fox über den Weg. In den fünfziger Jahren war sie Miss Amerika. Außerdem traf ich Little Nell, die Sachen für ihren neuen Club kaufte.

Dienstag, den 12. August 1986

Kent Kleinman war da. Er legte mir einen vierzigseitigen Vertrag zur Unterschrift vor. Es ging um das John-Wayne-Porträt. Er sagte: »Mir gefällt die Farbe nicht. Welche Farbe werden die Lippen haben?« Also wirklich, das Gesicht ist *blau*, was spielt es da für eine Rolle, welche Farbe die Lippen kriegen? Er benimmt sich lächerlich.

Mittwoch, den 13. August 1986

Die Bauarbeiter auf der Straße pfiffen mir nach, und ich gab ihnen »Interviews«. Ich sah mich im Schaufenster eines Ladens. Ich glaube, ich falle auf wie ein bunter Hund.

Donnerstag, den 14. August 1986 Ich aß kein Fleisch mehr, um festzustellen, ob ich eine Allergie habe, doch anscheinend habe ich keine. Ich esse jetzt trotzdem weniger Fleisch, weil ich es nicht vermißt habe.

Freitag, den 15. August 1986
In der Wochenendausgabe der »New York Times« standen interessante Dinge über Kunst. Da war von einem Jungen die Rede, der Dollarnoten zeichnet, sein Essen damit bezahlt und noch Wechselgeld rauskriegt.

Samstag, den 16. August 1986
Ging mit Wilfredo, Len und Beauregard zum Dinner ins »Barocco« ($ 165.00). Anschließend gingen wir von der Church Street aus zu einem neuen Lokal namens »Saturday's«. In der Woche heißt der Laden anders. Drinnen waren lauter Models, Heteros, durchgestylt bis in die Haarspitzen, mit Schmuck behängt und mit dekorativen Löchern in den T-Thirts, wie auf Fotos von Weber. Sie sahen so aus, als seien sie aus einem Magazin gefallen. Und sie hatten das richtige Alter, 28 bis 30. Ihre Motorräder standen vor der Tür. Schöne Mädchen waren auch da. Die Leute standen bis auf den Gehsteig. Es war so schick. Ich wäre auch noch länger geblieben, doch wir gingen um 2.30 (Drinks $ 40.00).

Sonntag, den 17. August 1986
Mein Neffe ist in der Stadt. Er hat an der Universität von Pittsburgh sein Examen gemacht und sucht einen Job. Donald möchte unser Büro und das von »Interview« mit Computern ausstatten. Ein Freund von ihm will uns bei der Hardware beraten, er übernimmt die Software. Ich sagte ihm, er sollte Gael auf dem Land anrufen. Er würde sicherlich gute Arbeit leisten. Er ist ein guter Fang – nett und intelligent. Wenn er für uns arbeitet, muß er aber seinen Namen in Warhol ändern – einen »Warhola« im Büro könnte ich nicht ertragen.

Montag, den 18. August 1986
Der Tag begann damit, daß Jean Michel von Josies Wohnung aus anrief. Josie ist das südafrikanische Model, das für Calvin Klein arbeitet. Jean Michel hat im Augenblick keine Galerie. Er hat Mary Boone verlassen, und beide sind froh darüber. Er möchte zu Leo, doch ich glaube nicht, daß Leo noch jemanden nimmt. Jean Michel möchte zu gerne einmal dort ausstellen, obwohl er weiß, daß Leo nichts verkaufen würde.

Dienstag, den 19. August 1986
Ich hatte Wilfredo eine Einladung zu dem Dinner von Tama Janowitz besorgt, auf das alle ganz versessen waren, doch dann sagte er, daß er lieber zu dem Typ wolle, der in der »Radio City Music Hall« Harfe spielt. Ich

Paul Morrissey *(Pat Hackett)*

war sprachlos. Er wollte erst nach dem Dinner kommen.
Sam holte mich ab. Ich arbeitete gerade an meinem »Wig«-Gemälde. Ich schwang mich in ein Taxi und fuhr zur Ecke 73. Straße und First Avenue, wo Alan Rish im »Pentaluma« für Tama ein Dinner gab. Eine Menge Leute waren da, eine richtig nette Party. Paul Morrissey wollte sich einen Spaß machen. Er weiß genau, daß ich David Weisman seit »Ciao Manhattan« hasse. Er brachte ihn zu mir und sagte: »Andy, darf ich dir David Weisman vorstellen.« Und ich … ich

konnte es einfach nicht; ich konnte meinen Groll nicht begraben. Ich schaute weg. Ich wollte das nicht. Weisman produziert jetzt den Film »Ironweed« (»Wolfsmilch«, Regie Hector Babenco, 1987) mit Jack Nicholson in der Hauptrolle. Paul Schaffer kam und schlug vor, gemeinsam ein TV-Special zu machen und es selbst zu produzieren.

Tama und ich blieben am Tisch ihres Verlegers Crown. Ich glaube, er verlegt auch unser »Party«-Buch, doch keiner hat mir ein Wort davon gesagt, obwohl sie es wußten. Es war eine ziemlich mobile Party. An den Tischen ein ständiges Kommen und Gehen. Tama hatte ihren Millionär aus Texas mitgebracht. Billy Norwich von der »Daily News« und Lou Reeds Frau Sylvia waren da. Steve Aronson war mit Kathy Johnson da. Es war lustig. Tama ging. Vermutlich fuhr sie nach Hause, um mit ihrem Freund zu bumsen. Ein paar Leute gingen noch zu einer Party ins »Revolution«. Sam begleitete mich nach Hause. Kaum war ich dort, rief PH an, um sich zu erkundigen, ob ich jemanden mit ihrer goldenen »Fiorucci«-Handtasche gesehen hätte – sie war ihr auf der Party gestohlen worden, mit ihren Schlüsseln und ihrer Kamera.

Montag, den 25. August 1986
Martin Burgoyne rief an und bat mich, für ein Benefiz, das ihm bei der Begleichung seiner Krankenhausrechnungen helfen soll, eine Zeichnung von ihm zu machen.

Gael brachte mir die frisch ausgelieferte »Miami/Las Vegas«-Ausgabe von »Interview« mit Don Johnson. Ich fand sie irgendwie aufregend und sagte ihr das. Und Fred sagte, ich solle das auch allen anderen Kids von »Interview« erzählen, und das tat ich dann auch. Und zu Robert Becker sagte ich sogar, mir habe der Kunstteil gefallen. Eigentlich zum erstenmal – er war ganz auf junge Leute zugeschnitten, Artikel über Clubs und so.

Dienstag, den 26. August 1986
Martin Burgoyne rief an. Er sagte, er habe ein Foto von sich und Madonna, das ich für die Zeichnung verwenden könne. Er wollte es bringen, doch ich sagte, er solle sich ausruhen und seine Kräfte schonen, ich ließe es abholen.

Donnerstag, den 28. August 1986 Fred will Robyn Geddes wieder einstellen! Genausogut könnte er eine zweite Brigid einstellen. Noch so ein Zombie. Wenn er sich tatsächlich von seinen Problemen erholt hat (lacht), will er sowieso nicht mehr für uns arbeiten, stimmt's? Fred sagt, Robyn sei »die beste Kraft«, die er je gehabt habe.

Fred kritisierte Paige, weil sie beim Lunch in der Zeitschrift geblättert hatte, was sie übrigens immer tut, wenn sie nervös wird. Paige regte sich über Freds Nörgelei auf und sagte, das sei ihre Verkaufstaktik, und wenn er sie deshalb kritisieren wolle, werde sie eben kein Lunch mehr organisieren. Sie bat mich aber, Fred nicht zu sagen, daß sie wütend auf ihn sei. Trotzdem rief ich Fred an und erinnerte ihn daran, daß sie mehr Anzeigen verkauft als sonst jemand. Er sagte, er habe das doch nicht böse gemeint.

Nick Rhodes rief neulich aus London an. Sie haben eine Tochter bekommen. Ich glaube, er war enttäuscht. Im September wollen sie herkommen. Fred sprach mit ein paar Dänen. Sie wollen, daß ich ein Portfolio über Hans Christian Andersen mache.

Samstag, den 30. August 1986
Am Morgen rief Martin an und wollte mir seine Karte für Madonnas Stück schenken. Er hatte es schon gesehen und wollte es nicht noch mal absitzen. Er wollte sich hinterher mit mir treffen und mit mir zu der Party bei »Sardi's« gehen. Arbeitete bis um 7.00. Fuhr zum Mitzi Newhouse Theater (Taxi $ 6.00).

Das Beste am ganzen Stück waren die Kostüme von Kevin Dornan. Er war unser erster Moderedakteur bei »Interview«. Madonna zieht sich permanent um. Ein Kostüm ist schöner als das andere. Madonna war gut, wenn sie nicht versuchte, Judy Holliday

oder Marilyn zu kopieren. Volle zwei Stunden kaute sie Kaugummi. Ich übrigens auch. Sie machte Blasen und so. Es gab nur einen Vorhang. Liza war auch da. Ich ging zu ihr und sagte hallo.
Nach der Vorstellung traf ich Martin hinter der Bühne. Alle naschten an einem großen Schokoladenbein von Krön, auch Martin. Es ist so traurig. Sein Gesicht ist ganz entzündet. Doch

Madonna *(Andy Warhol)*

es war toll, daß auch Madonna von dem Bein aß. Sie hatte keine Angst, sie könnte sich was holen. Zuerst biß Martin ab und dann Madonna. Ich mag Martin. Er ist sehr nett.
Wir fuhren mit Madonna und Sean zu »Sardi's«. Ihre Leibwächter sagten zu den Fotografen: »Wenn ihr auch nur ein Foto macht, bringen wir euch um.« Ron Galella war auch da. Ich fühlte mich mies, aber was sollte ich machen?
Warren Beatty kam und sagte: »Hallo, wie geht's?« Er sieht alt und gar nicht gut aus. Doch ich glaube, er will absichtlich unattraktiv wirken, denn er braucht nur ein paar Sachen zu machen, und schon steht er wieder im Mittelpunkt.
Um 2.00 verließ ich die Party und stieg am Broadway in ein Taxi. Kein Fotograf nahm Notiz von mir, weil ich allein war (Taxi $ 6.00).

Mittwoch, den 3. September 1986 Der Morgen begann mit einer schlechten Nachricht. Aus dem Video mit den »Cars« wird nichts. Und dabei hat sich Vincent eine ganze Woche lang nach geeigneten Drehorten umgesehen.
Stephen Sprouse kam und brachte mir das Album von Debbie. Er hat das Cover gemacht, und es sieht wunderbar aus. Er ist wirklich ein ausgezeichneter Art-Director. Er weiß, wie er mit seiner Handschrift umgehen muß. Ric Ocasek kam. Er hatte ein schlechtes Gewissen.
Robyn kam, und Fred war wütend auf mich, weil ich nicht will, daß er wieder für uns arbeitet. Fred sagt, Robyn sei ein anderer Mensch geworden, doch hier in New York ist soviel Action, und ich weiß nicht, ob es klug von ihm ist zurückzukommen. Er weiß jetzt, wie man Siebdrucke macht.
Yoko lud mich zu einer japanischen Aufführung von »Medea« in den Park ein. Ich lud Jay ein und fuhr mit ihm zu Yoko. Es herrschte so dichter Verkehr, daß wir eine Stunde bis in die West 72nd Street brauchten (Taxi $ 7.50). Als wir am »Dakota« ankamen, sahen wir, daß der Wagen noch da stand. Wir gingen nach oben. Alle waren im Aufbruch. Sie hatten angerufen und erfahren, daß die Veranstaltung »bei jedem Wetter« stattfinden werde. Ach ja, ich vergaß zu erwähnen, daß es regnete.
Wir gingen also hin. Es war das erstemal, daß ich meine gefütterte Jacke nicht anhatte, und es goß in Strömen. Wir setzten uns. Sean ging gleich wieder, und ich kaute Kaugummi, um mich warm zu halten. Eine japanische Gruppe spielte eine moderne Version von »Medea«. Es hörte auf zu regnen.

Anschließend mußten wir hinter die Bühne. Japaner haben aus irgendeinem Grund großes Interesse an mir. Sie machten ein Interview mit mir und Yoko. Traf eine Menge Freunde, die ich seit 40 Jahren nicht mehr gesehen hatte.
Anschließend fuhren wir in Yokos Wohnung. Das Essen stammte aus einem Laden. Sean unterhielt sich mit uns. Er wollte freundlich sein, doch er langweilte sich. Jay weihte uns in das Geheimnis ein, wie man ein Telefonbuch in zwei Hälften reißt – man legt es in den Backofen, bis es ganz ausge-

Mit Sean Lennon *(Paige Powell)*

trocknet ist, dann kann man es zerreißen. Ich sagte zu Sean: »Nun, Sean, wenn du dich langweilst, warum lernst du dann nicht, wie man das Telefonbuch liest. Weißt du, wer als *Letzter* im Telefonbuch steht? Und weißt du, wer der *erste* ist?« Wir schauten nach. Er rief die Auskunft an und fragte nach der Nummer der »AAAAAAAA Bar«. »Die AAAAAAAA Bar?« sagte die Stimme am anderen Ende der Leitung, »Moment.« Dann riefen wir an und verlangten die Nummer von Richard M. Nixon. »Moment bitte«, war wieder die Antwort. Man hörte ein Klikken in der Leitung, als ob wir abgehört würden. Sean bekam es mit der Angst zu tun und legte auf. Ich jagte ihm noch mehr Angst ein, als ich ihm sagte, daß der Hörer nicht *wirklich* aufgelegt ist, wenn man auflegt. Später rief Sam – Yokos Sam – im Weißen Haus an. Vom automatischen Telefonbeantworter erfuhren wir, daß man nachmittags zwischen 1.00 und 5.00 anrufen muß, wenn man mit Präsident Reagan sprechen will. Wir wählten »F-U-C-K-Y-O-U« und »L-O-V-E-Y-O-U«, um zu sehen, was passiert. Wir hatten eine Menge Spaß.

Donnerstag, den 4. September 1986 Eine Lady kam, um ihr Porträt abzuholen, und ich bemerkte, daß es einen Kratzer hatte. Ich stellte mich vor den Kratzer, um ihn zu verdecken, da kam Rupert herein und hielt eine große Rede. Über den Kratzer. So ein Tag war das.
Arbeitete bis um 8.00. Nahm Wilfredo und Sam mit zu »Castellano«, wo wir mit Philip Johnson und David Whitney zum Dinner verabredet waren. David trank nichts und war deshalb sehr reserviert. Philip war begeistert von den Kids. Wir begleiteten Philip und David zu ihrer Wohnung, und sie luden uns nach oben ein. Es war das erstemal, daß sie Leute mitnahmen. Als wir hineingingen, kamen ein paar Kids aus dem Haus und riefen Sauereien wie: »Ihr geht wohl nach oben, um zu ficken.«
Die Wohnung war fantastisch. Mein »Cow Wallpaper« schmückte das Badezimmer. Irgendwie führen die beiden ein tolles Leben. Sie essen jeden Abend im selben Restaurant. Wir fuhren in die Avenue A zu der Benefizveranstaltung für Martin Burgoyne (Taxi $ 8.00; Eintritt $ 30.00). Martin gab jedem einen dicken Kuß. Das brachte mich ganz durcheinander. Ich blieb nur fünf Minuten. Madonna war auch dagewesen und gleich wieder gegangen.

Freitag, den 5. September 1986 Arbeitete den ganzen Nachmittag. Steve Rubell rief an. Er wollte vor der MTV-Preisverleihung im Palladium die Leute um 7.45 hinter der Bühne zu einem Imbiß versammeln. Es war kein Taxi zu kriegen. Ich ging zu Fuß, die Arme voller Pakete. Obwohl es in Strömen regnete und ich keine Hand frei hatte, sprachen mich Leute an und wollten Autogramme! Verrückt. Ich verstaute meine Pakete im Taxi und fuhr zum »Palladium«.

Alles war abgesperrt, und man brauchte eine Karte (lacht), damit sie einen auf den Gehsteig ließen (Taxi $ 8.00).
Wir hatten Plätze auf der Galerie. An meinem Tisch war ein Platz für Grace Jones reserviert, doch sie war natürlich noch nicht da. Ihr Manager bat mich, den Preis für sie in Empfang zu nehmen, falls sie nicht rechtzeitig kommen sollte, und ich sagte: »Nein!« Sekunden bevor Grace auf die Bühne mußte, kam sie. Sie trug einen 1,50 m großen Hut, mit dem sie alle Leute im Umkreis von einem halben Meter umstieß.

Montag, den 8. September 1986 Erfuhr von Vincent, daß die »Cars« nun doch das Video mit uns machen wollen, vorausgesetzt, wir schaffen es bis zum 16. September.
Bekam kein Taxi. Plötzlich hielten zwei Frauen neben mir und sagten: »Steigen Sie ein.« Ich stieg ein. Die eine sagte: »Ich fahre Sie überall hin. Ich bin Hausfrau und wohne außerhalb.« Sie war auf der Suche nach einem Job. Ich sagte, sie solle Gael anrufen. Vielleicht kann sie als Fahrerin arbeiten. Sie brachten mich zur West Side. Es war toll. Sie redeten nicht viel (Zeitungen $ 6.00).

Mittwoch, den 10. September 1986 Ich habe endlich einen neuen Leibwächter. Agostos Bruder Tony. Er begleitet mich morgens und hilft mir nachmittags im Büro. Ich glaube, Agosto ist beunruhigt, weil er denkt, er müsse sich nun gut benehmen, doch sie werden einander sowieso nie sehen.
Sam liest gerade »POPism«. Er fragte mich, wer die »Herzogin« sei. Er wußte es nicht. Er arbeitet jeden Tag mit Brigid zusammen und hat keine Ahnung, daß sie das ist.

Freitag, den 12. September 1986 Der Prozeß gegen die Bekleidungsfirma »Gitano« geht weiter. Das ist die Firma, die ohne unsere Erlaubnis »Interview«-Sachen hergestellt hat und dann auch noch mit uns eine gemeinsame Werbekampagne starten wollte – erst dadurch haben wir überhaupt davon erfahren. Allein die Papiere fürs Gericht hätten uns $ 30000.00 gekostet, und wir wollten nur klagen, wenn die Kaution, die wir hinterlegen mußten, nicht zu hoch wäre. Da es dann nur $ 10000.00 waren, machten wir es. Und dann änderte die Firma »Gitano« den Aufdruck in »Innerview« um und gab an, sie werde für das Logo Blockbuchstaben verwenden, doch dann nahmen sie eine Schreibschrift. Und nach Ansicht von Gael sah es nun wirklich wie »Interview« aus, und deshalb führen wir den Prozeß weiter.

Samstag, den 13. September 1986 Ging ein paar Schritte zu Fuß und nahm dann ein Taxi ($ 5.00). Sam war schon im Büro. Er mußte für Fred Papierkram erledigen.
Ging um 8.00, um mir Elton John im Madison Square Garden anzusehen (Karten $ 40.00). Er kam wie ein Engel mit Glorienschein auf die Bühne,

Mit Elton John und Jerry Hall *(Ron Galella)*

mit einer roten Perücke. Mein Gott, ist er fett. Er trug einen engen Kaftan aus Silberlamé – einen hautengen Kaftan –, doch das Publikum war begeistert. Dauernd kamen Leute zu mir und wollten Autogramme.

Montag, den 15. September 1986 Jerry Grinberg von »North American Watches« gefällt meine Design-Idee nicht, mehrere gleiche Zifferblätter an einem Armband aufzureihen. »Multiples«, weißt du, wie

meine Bilder. Er sagt, die Leute kauften so was nicht und wollten nur ein Zifferblatt pro Armband.
Mein Smoking hat jetzt Mottenlöcher. Jetzt sind sie also auch schon in *diesem* Schrank. Aber ich möchte die Kleider nicht rausnehmen und dabei womöglich die Larven in der Wohnung verteilen. Ich werde gründlich saugen müssen.

Dienstag, den 16. September 1986 Ging zu Calvin Kleins Modenschau bei »Bergdorf's«. Der Brunnen auf der Grand Army Plaza war mit einem Zelt überbaut, und daneben stand noch ein Zelt. Calvin präsentierte seine erste Kollektion von Unikaten. Sie war reich und verschwenderisch. Ich kam mir vor wie in einer Modenschau von Halston, und das war wirklich traurig. Calvin ist von Bluejeans zur Haute Couture übergewechselt. Fred und Kate Harrington waren auch da.
Paige begleitete mich nach Hause.

Mittwoch, den 17. September 1986 Letzte Woche kam Charles Rydell ins Büro. Er lebt in Port Jervis, New York. Außerdem war ein Junge da, der ebenfalls in Port Jervis wohnt und mit dem Bus gekommen war. Die beiden unterhielten sich etwa eine halbe Stunde über Bridgehampton. Der Junge sagte: »Ich kenne nur einen einzigen Menschen in Bridgehampton – Charles Rydell.« Und Charles sagte: »*Ich* bin Charles Rydell.« Der Junge schaute genau hin und sagte: »Aber ja, Sie sind das, nicht wahr.« Es war absurd. Charles besucht hier einmal in der Woche einen Französischkurs und hat den Jungen von da mitgebracht.

Freitag, den 19. September 1986 Ich glaube, diese Bluejeans-zur-Smokingjacke-Mode stammt wirklich von mir, weil alle Kids es mir nachgemacht haben, nachdem ich vor Jahren ein paarmal bei wichtigen Ereignissen in diesem Aufzug fotografiert worden war. Und sie tragen das immer noch.
Sam und ich hatten Krach. Er war sauer und redete kein Wort mit mir. Er spielt sich gern auf und gibt jedem, der mir seine Mappe zeigen möchte, einen Termin bei mir. Und ich muß mir dann diese Sachen ansehen und vergeude meine Zeit, und alles nur, damit Sam sich wichtig tun kann.

Samstag, den 20. 3September 1986 Ich wartete auf meinen neuen Leibwächter, aber Tony kam nicht. Vergessen.
Ich ging den ganzen Weg zum Büro zu Fuß. Rief Jean Michel an. Er wollte zu einer Party im Club »Madame Rosa's«. Ich fuhr hin (Taxi $ 6.00). Die Atmosphäre da ist ziemlich unterkühlt – wenn ein Prominenter reinkommt, kümmert das keinen Menschen. Später gingen wir zum Dinner ins »Odeon«. Auf der Straße stand eine »Nutte«, die sich als Jane Holzer herausstellte. Sie war so fett, ich wollte es nicht glauben. Sie sagte: »Wir drehen ein Video mit Lou Reed. Ich spiele mit.« Sie war im Kostüm. Ich kann Lou Reed immer weniger ausstehen, weil er uns keinen Video-Auftrag gibt. Sie bekam $ 100.00 pro Tag und war schon seit 9.00 bei der Arbeit. Er selbst war nicht mal da. Er war erst am nächsten Tag dran.

Sonntag, den 21. September 1986 Kenny Scharf rief an. Er gibt im Park, in der Nähe der Brücke, eine Geburtstagsparty für seine Frau Teresa.
Traf mich mit Stuart und fuhr hin. Es dauerte eine Weile, bis wir die Party fanden. Es waren kaum Leute da, doch innerhalb weniger Minuten kamen alle an. Es gab sieben Geburtstagstorten. Keith ließ sich auch blikken. Alba Clemente kam mit ihrer kleinen Tochter. Marisol war auch da. Sie hat Konkurs gemacht. Am Dienstag werden ihre Sachen versteigert.
Susan Pile rief an. Sie fängt im Oktober bei »Twentieth Century Fox« an, verläßt also »Paramount«. Das Tagebuch soll selbst über die anderen Neu-

igkeiten aus L. A. berichten, denn ich möchte nicht darüber sprechen.* Stephen Sprouse rief an und sagte, er habe bei Andrew Cogan einen Vertrag unterschrieben. Das habe er mir zu verdanken, weil er ihn durch mich kennengelernt habe. Deshalb solle ich es als erster erfahren. Ist das nicht toll? Er bekommt seinen eigenen Laden und eine eigene Kollektion.

*Jon Gould starb am 18. September im Alter von 33 Jahren nach »langer Krankheit«. Selbst seinen engsten Freunden hatte er verheimlichte, daß er AIDS hatte. Er war bis auf 32 Kilo abgemagert und blind.

Montag, den 22. September 1986 Tony holte mich ab. Wir fuhren ins MOMA zu Liza Minnellis Gedenkfeier für ihren Vater (Taxi $ 4.00). Ich stand ganz hinten neben Bobby De Niro, aber ich erkannte ihn nicht, weil er einen Pferdeschwanz trug.

Doug Cramer, der mir die Rolle in »Love Boat« verschafft hatte, war auch da. Er behauptet, daß Shirlee Fonda für mich eine Party geben will, wenn ich am 3. Dezember nach L. A. komme. Ich weiß überhaupt nichts von dieser Reise. Ich habe das Gefühl, da stimmt was nicht. Ich glaube, der Saal war voller Filmstars, doch bei Tageslicht sehen alle ganz anders aus. Martin Scorsese hielt eine Rede, dann wurden Ausschnitte aus »The Pirate« mit Judy Garland und aus »Some Came Running« (»Verdammt sind sie alle«, Regie Vincente Minnelli, 1959) gezeigt, und die waren wunderbar.

Sam ist immer noch sauer auf mich. Um ihm eine Lektion zu erteilen und ihm das Gefühl zu geben, daß er das Beste verpaßt, wenn er so zickig ist, gab ich Wilfredo den Auftrag, für jeden Abend eine andere Verabredung in mein Notizbuch einzutragen, »John Travolta ... Diana Ross ... Warren Beatty.« Doch er schrieb alles in seiner Handschrift und war nicht clever genug, sie zu variieren. Deshalb glaube ich, daß Sam den Schwindel durchschaut. Sam kontrolliert immer mein Notizbuch, und wenn er sieht, daß ich am Abend etwas Besonderes vorhabe, dann spielt er den ganzen Tag den braven Jungen, damit ich ihn mitnehme.

Mein Neffe Donald und sein Freund David kamen und arbeiteten an einem Computer-Konzept für »Interview«. Ich weiß nicht, ob sie wirklich was davon verstehen. Donald ist unschlüssig, ob er mit David zusammenarbeiten soll, weil schwer mit ihm auszukommen ist. Ich lasse sie in dem Apartment am Hanover Square wohnen, das mir Richard Weisman als Kapitalanlage empfohlen hat, als die Apartments in Eigentumswohnungen umgewandelt wurden.

Dienstag, den 23. September 1986 Fuhr downtown (Taxi $ 6.00). Sam hatte auf meinem Terminkalender entdeckt, daß ich mit Cher zum Dinner verabredet war, und schon redete er wieder mit mir. Anscheinend glaubt er tatsächlich, daß ich mich diese Woche auch noch mit John Travolta und Diana Ross treffe.

Mittwoch, den 24. September 1986 Wie ich höre, war Diane Keaton eines Morgens schon um 9.00 oder 9.30 im Büro, um sich das Haus anzusehen. Sie wollte nicht zum Lunch bleiben. Für wen hält sie sich eigentlich?

Arbeitete bis um 8.00. Als Fred in meinem Notizbuch die Namen Diana Ross, Cher und Warren las, sagte er, ich solle mich bei Warren anständig aufführen – auch er war darauf reingefallen. Ich wechselte das Thema. Sam muß ihm von meiner »tollen Woche« erzählt haben – er ist immer noch nicht dahintergekommen, daß alles nur Bluff ist. Jetzt tut es mir fast schon wieder leid, weil es im Grunde genommen grausam ist. Wilfredo lacht hinter vorgehaltener Hand, und alle im Büro sind eingeweiht. Sie beobachten Sam dabei, wie er nett zu mir ist, weil er darauf wartet, daß ich ihn einlade. Ach, ich sage ihm einfach, die Termine seien alle in letzter Minute abgesagt worden oder so.

Donnerstag, den 25. September 1986 Calvin Klein hat in Rom Kelly geheiratet. Ging ins Büro. Sam fragte mich nach dem Dinner mit Warren und Cher, und ich sagte, ich ginge nicht hin. Ich fragte ihn, ob er mit mir zu Abend essen und ins Kino gehen wolle, und er war einverstanden. Es ist besser, wenn ihm keiner was sagt.
Rief Keith an, weil ich Martin Burgoynes Nummer brauchte. Ich sagte, daß wir Sean Penn für unser Cover wollten und Martin uns angeboten habe, mit ihm zu sprechen.
Fuhr zur 52. Straße, um mir mit Sam »Shanghai Surprise« (Regie Jim Goddard, 1986) anzusehen (Taxi $ 5.00). Ich blieb als einziger im ganzen Kino wach; dabei ist der Film nicht einmal schlecht. Madonna war hübsch, die Kleider waren toll. Sam setzte mich ab (Taxi $ 4.00).

Sonntag, den 28. September 1986 Paige wollte sich in Brooklyn mit dem reizenden Pianisten Christopher O'Riley treffen, der mit Stuart Pivar befreundet ist. Sie lud mich nicht ein mitzukommen, also interessiert sie sich wohl für ihn.
Immer wieder taucht Lincoln Kirsteins Name in den Artikeln von Anne Bass auf. Ich würde auch gern einmal ein gutes Interview mit ihm machen. Diese alten Knaben kratzen bald ab und sind doch so interessant. Einmal war ich in seinem Haus in der 19. Straße. Jamie Wyeth nahm mich mit.

Montag, den 29. September 1986 Ich bat Sam, etwas zum Lunch zu besorgen, aber er weigerte sich. Er lernt jetzt Maschineschreiben, was wir ihm bezahlen, und er lernt auch Französisch.
Fuhr mit dem Taxi zum »Nippon« Ecke 59. Straße und Park Avenue ($ 6.00). Sam und ich redeten übers Büro (Dinner $ 77.00). Dann fuhren wir zum »Baronet« (Karten $ 12.00). Es stand keine Schlange davor, deshalb dachten wir, das Kino sei leer, doch als wir reinkamen, war es voll. Und »Blue Velvet« ist wirklich ein guter Film. So seltsam und unheimlich. Viele Paare gingen raus. Dennis Hopper war endlich mal gut. Jetzt sollte er ernste Rollen spielen. Er sieht gut aus. Er könnte in die alten Rollen von Rock Hudson einsteigen. Isabella Rossellini hätte ohne diese scheußliche Perücke so hübsch aussehen können. Ich kann nicht glauben, daß sie

Christopher O'Riley *(Page Powell)*

einen solchen Film machen konnte, ohne ihren Vertrag mit »Lancôme« zu brechen.

Dienstag, den 30. September 1986 Brachte ein paar Kartons ins Büro, Zeit-Kapseln. Sie machen Spaß – man findet immer wieder Dinge darin, von denen man sich nicht trennen möchte. Eines Tages verkaufe ich sie für $ 4000.00 oder $ 5000.00 pro Stück. Früher hatte ich an $ 100.00 gedacht, doch jetzt, glaube ich, ist *das* mein neuer Preis.
In der Zeitung stand, daß (lacht) Isabella Rossellini der Firma »Lancôme« in »Blue Velvet« so sehr gefallen hat, daß ihr Vertrag um weitere fünf Jahre verlängert wird.

Donnerstag, den 2. Oktober 1986 Steve Rubell erzählte mir, daß Barry Diller Calvin Kleins Heirat mit einer großen Party feiern wolle. Er wisse nur noch nicht wo.
Ich nahm Sam mit zu der Party für Keith und Kenny im Whitney Museum, bei der ich Gastgeber war. Michael Roux von »Absolut Vodka« hatte sie organisiert. Keith hatte mich gefragt, mit welchen Filmstars ich kä-

me, und gesagt, Nick Rhodes sei in der Stadt. Ich habe keine Ahnung, warum Nick mich nicht angerufen hat. Ich weiß, daß er schon eine ganze Weile hier ist. Er geht auf Distanz.
War früh im Whitney Museum, mußte mich um die Presse kümmern. Ein paar Leute vom Museum waren da, Tom Armstrong nicht. Später sagte er, er sei nicht gekommen, weil er »oben gerade Sargents aufgehängt« habe. Noch einer auf Distanz. Und auch Cornelia war distanziert. Dann gingen wir nach oben, weil es dort kühler war. Jane Holzer kam gegen 8.30. Wir gingen zu »Mortimer's«. Der ganze Häuserblock war abgesperrt wegen der Party.
Drinnen sang Peter Allen, doch ich verpaßte seinen Auftritt, und als er mich später fragte, ob ich ihn gehört hätte, mußte ich nein sagen, und er ließ mich stehen. Noch einer. Wenn ich jetzt noch Sylvia Miles treffe und sie auch distanziert ist, dann weiß ich, daß ich in Schwierigkeiten bin. Gegen 9.15 gingen wir. Jane und ich fuhren zum »La Reserve« in der 4 West 49th Street zu dem Dinner, das Michel Roux für Keith und Kenny gab. Anschließend begleitete mich Jane nach Hause.
Ich nahm mein Viertel Valium und ging ins Bett. Ich muß wohl dem Tagebuch gestehen, daß ich valiumabhängig bin. Ich bin süchtig. Ich habe genau die Symptome, die in der Zeitung beschrieben wurden. Ab Dezember braucht man noch mehr Unterschriften, um Valium zu kriegen. Ich muß mir einen Vorrat anlegen.

Sonntag, den 5. Oktober 1986

Stuart konnte sich nicht entscheiden, ob er auf den Flohmarkt gehen oder in Bridgeport, Connecticut, einen Vortrag halten und $200.00 verdienen sollte. Doch er entschied sich für Bridgeport, weil er (lacht) das Geld wollte. Also hielt er seinen Vortrag. Ich glaube, das macht er gut. In Bridgeport erstand er für nur $3.00 antiquarisch ein Naturkundelexikon. Ich habe hier dafür schon $75.00 bezahlt, und seins enthält zudem noch Zeichnungen. Das war also sein »Trip aufs Land«. Er verläßt sonst nie die Stadt. Stuart ist ein echter Spinner. Ein Nervenbündel. Später war er ganz aufgeregt, weil er einen »Pfeifenreiniger« erwartete. So nennt er Mädchen, mit denen er schläft.
Bianca und Glenn Dubin haben sich getrennt. Ich habe nie begriffen, warum sie überhaupt zusammen waren und was sie an ihm fand. Sie ist nun mal eine Nutte, und sie war sosehr hinter Calvin her. Doch auch wenn er Bianca geheiratet hätte, hätte das die Gerüchte, er sei schwul, nicht aus der Welt geschafft. Kelly war die Richtige für ihn. Bianca hätte sich an jemanden wie Sid Bass ranmachen sollen. Ich meine, wenn Mercedes Kellogg ihn haben kann – die ist doch zum Kotzen, mit dieser schlimmen Frisur...

Dienstag, den 7. Oktober 1986

Bei »Mr. Chow's« war eine Party für Beverly Johnson. Alle möglichen Leute waren da. Beverly Johnson bat mich an Eddie Murphys Tisch, aber ich konnte mich da nicht hinsetzen. Es war nur noch ein Stuhl frei, und ich hätte nicht gewußt, was ich sagen soll. Es ist komisch, daß man ein Jahr lang nichts von ihm gehört hat, nicht wahr? Ich glaube, die Leute sehen lieber schnell und billig gemachte B-Filme. Die großen Stars machen nur große, teure Filme, und danach verschwinden sie ein ganzes Jahr. Er hat jetzt einen neuen Film herausgebracht, »Golden Child«. Grace Jones kam zu spät und hatte ihren großen Auftritt.
Ich erfuhr, daß Robert Mapplethorpe und Sam Wagstaff beide im Krankenhaus sind. Paige setzte mich ab (Zeitungen $6.00).

Mittwoch, den 8. Oktober 1986

Sam ist im Moment sehr nett zu mir, weil ich ihn seit Tagen nirgends mehr mitgenommen habe. Paige erzählte mir, daß Sam jetzt mit *ihr* kein Wort mehr redet. Ich habe keine Ahnung, weshalb er so ist. Er erzählte, Paige

könne ihn nicht leiden. Er will irgendwie unentbehrlich sein. Anstatt zu arbeiten (lacht), will er unentbehrlich sein. Und wenn er arbeiten würde, *wäre* er unentbehrlich. Fred behandelt Sam ziemlich grob. Überhaupt alle. Fred ist unglaublich. Ich kann kaum fassen, wie sehr er sich verändert hat. Wenn jemand was falsch gemacht hat, brüllt er nur: »Raus!« Genau so. »Raus!« Wie Mrs. Vreeland.
Steven Greenberg nahm etliche von uns mit zu der Benefizveranstaltung des »Actor's Studio«. Gezeigt wurde der Film »Color of Money« (»Die Farbe des Geldes«, Regie Martin Scorsese, 1986). Steven holte mich mit seiner Limousine ab. Wir fuhren zum »Ziegfeld«. Wir gingen direkt hinter Tom Cruise und Paul Newman hinein, aber niemand beachtete uns. Paige kaufte mir Popcorn. Ich saß neben Cornelia. Sie war fast wieder so freundlich wie früher. Dann kamen Jane Holzer und Rusty. Victor Hugo war auch da. Ellen Burstyn und Paul Newman hielten Reden. Während des Films schlief ich die meiste Zeit. Ich interessiere mich nicht für Pool-Billard, und es wurde nichts erklärt. Paul Newman hätte mit dem Mädchen schlafen sollen, das hätte wenigstens Konfliktstoff geliefert.
Anschließend fuhr ich zu der Party mit Halston ins »Palladium«. Die Disco war hergerichtet wie ein großes Spielcasino – an der Decke hingen riesige Billardkugeln in Form von Luftballons und in allen erdenklichen Farben. Wie früher im »Studio 54« hatte der Abend ein Motto. Doch es war so langweilig. Paige bestand darauf, mich nach Hause zu bringen. Ich weiß nicht, was das soll. Ich bin doch kein Baby – solange ich ein Taxi kriege, geht es mir gut.

Montag, den 13. Oktober 1986 Kaufte den »Enquirer« mit Sean und Madonna auf dem Cover, und drin stand ein Artikel über Martin, der früher bei Madonna wohnte und jetzt AIDS hat. Und dann rief Martin bei mir an. Es muß schrecklich sein, einen Artikel zu lesen, in dem steht, daß man stirbt.
Und ich las Steve Aronsons Artikel in »New York« über die Affäre zwischen Sid Bass und Mercedes Kellogg. Er war faszinierend. Aronson ist wirklich gut informiert. Er beschreibt haarklein, wie sich die Romanze entwickelt hat. Ich habe das komische Gefühl, daß Mercedes es nie ganz bis zum Traualtar schaffen wird. Die Scheidung wird sich zwei Jahre hinziehen, und eine so lange Zeit kann man nicht nur im Bett zubringen. Sollen wir wetten?

Dienstag, den 14. Oktober 1986 Hatte Streit mit Fred. Mit jedem Tag wird er Diana Vreeland ähnlicher. Ich erinnere ihn daran, daß »Interview« eine kleine Zeitschrift ist, und er sagt nein, das sei nicht wahr. Ich sagte: »Fred, ›Time‹ ist ein großes Blatt. Sie kriegen $ 75 000.00 pro Seite, wir bekommen $ 3000.00.« Und er sagte: »Nein, wir bekommen $ 3100.00.« Also, wo ist da der Unterschied?
Erfuhr von Paige, daß »Nell's« an dem Tag Eröffnung hatte. Außerdem sagte sie, Steven Greenberg habe uns alle ins »Le Bernardin« eingeladen. Das ist das teure Fischrestaurant im »Equitable« Building. Sehr elegant, sehr gediegen. Das Essen ist eher normal, aber sehr teuer. Mein Fisch war in Sauerkraut gekocht, das war also gut, so gut wie ein Hot dog an der Ecke.
Hinterher holte ich mit Steven Donna McKechnie ab, die wieder der Star von »Chorus Line« ist. Sie gab Frank Rich ein Interview. Sie ist wirklich eine Schönheit, aber sie gehört zu einer Kategorie, mit der sich nicht viel anfangen läßt – sie ist 44 und hat einen wunderbaren Körper, aber sie wird schwer eine neue Show finden, in der sie tanzen kann. Sie hat irgendwie Klasse, auf eine nuttige Art. Sie trug ein Kleid, in dem sie wie nackt wirkte. Sie war mir zu vornehm, trotzdem fand ich sie süß.
Dann gingen wir zur Eröffnung von »Nell's« in der 14. Straße, und dort

war es wirklich aufregend. Rupert Everett kam mit einem seiner Kollegen. Und Nell war süß, sie erlaubte nur mir, Fotos zu machen. Aber eigentlich wollte ich gar nicht herumlaufen. Bianca, Lauren Hutton und Julian Schnabel waren da und alle, die normalerweise im »Odeon« sind. Paige ging mit Benjamin, Schnabel, Alba Clemente und anderen hinunter zum Tanzen. Peter Beard war mit seinem Gefolge da. Sie wollen $ 5.00 Eintritt verlangen. Gut möglich, daß die Downtown-Kids den Laden boykottieren, weil sie freien Eintritt gewöhnt sind. Dann gingen wir. Ich habe immer ein ungutes Gefühl, wenn Steven uns ausführt. Obwohl er viel Geld für uns ausgibt, werde ich den Verdacht nicht los, daß er (lacht) insgeheim ein schäbiger Kerl ist. Verstehst du? Ich bin noch nicht dahintergekommen, was er wirklich denkt. Aber er ist immer sehr großzügig zu uns. Er setzte mich ab.

Mittwoch, den 15. Oktober 1986 Chris Makos rief an. Peter Wise reist mit Hedy Klineman nach Europa, um sie mit Galeristen bekannt zu machen. Sie will unbedingt als Malerin berühmt werden.
Ging zu Fuß zur Arbeit. Stuart rief an und erkundigte sich noch einmal, ob wir zu der Party im »Bucellati's« kommen, bei der für seine Kunstschule gesammelt werden soll. Ich verabredete mich mit Paige und Wilfredo auf 8.00. Sam hatte seinen Kurs im Maschineschreiben.
Um 8.00 rief Paige dann an und fragte, wo ich bleibe. Ich ging zum »Bucellati's«. Draußen sagte ich zu Wilfredo: »Ich habe Angst reinzugehen.« Ein Mann, der in der Nähe stand (lacht), sagte: »Das ist sehr interessant, ich bin Psychiater und wohne im Waldorf, wenn Sie sich in der Sache an mich wenden wollen, ich bin nämlich Spezialist für Phobien.« Es war wie in einem Peter-Sellers-Film.

Donnerstag, den 16. Oktober 1986 Brigid ist ganz durcheinander, weil es ihrer Mutter sehr schlecht geht. Sie macht sich mit dem Gedanken vertraut, daß sie bald Waise ist.
Mußte das Büro schon um 6.30 verlassen, weil am Abend eine japanische Bootsparty war. Smoking war vorgeschrieben, und ich hatte meinen auch mit, aber ich hatte nur meine weißen »Reeboks« da. Doch Fred und ich gingen trotzdem hin.
Rupert kam mit ein paar Bildern. Endlich mal wieder gute Bilder von mir. Ich könnte jetzt tatsächlich eine gute Ausstellung machen – »Camouflages«. Dann kam das Taxi und holte uns ab.
Mr. Kuraoka vom »Nippon« war nett, er spendierte das ganze Essen. Dick Cavett hielt Bianca das Mikrofon hin, und sie sah mich kurz an und sagte: »Wie siehst du denn aus?« Und ich sage dir, ich sah *wirklich* chaotisch aus. Meine Knöpfe waren nicht zu, der Smoking war zerknittert, und der Rollkragenpullover schimmerte durch das weiße Hemd.
Die Party ging bis 9.30, und Fred war ganz der alte: charmant und nett zu jedermann. Aber am Schluß flüsterte er mir zu: »Sehen wir zu, daß wir als erste vom Boot runterkommen.« Und es stand tatsächlich kein Wagen für uns bereit. Sie tun alles, um dich irgendwo hinzubringen, aber wie du nach Hause kommst, ist ihnen egal. Wir mußten also eine Limousine mieten ($ 25.00). Fred setzte mich ab.

Samstag, den 18. Oktober 1986 Stuart rief an. Er war an einer Platinflöte interessiert, die bei »Christie's« versteigert werden sollte, und versuchte, mich für eine Flöte aus Gold zu interessieren. Ich traf mich mit Sam und ihm bei »Christie's« und sah mir die Flöte an. Sie hätte einen guten Halsschmuck abgegeben. Stuart nahm sich vor, für die Platinflöte nicht mehr als $ 120000.00 zu bieten. Die silberne ging für $ 4400.00 weg, und dann begann ich, bei der goldenen mitzubieten. Mein letztes Gebot war $ 22000.00. Für $ 40000.00 wurde sie verkauft. Die Platinflöte war auf $ 40000.00 geschätzt, aber die Ge-

bote gingen höher und höher. Stuart behielt sein Paddel stur oben, und ich konnte spüren, daß sein Körper neben mir zitterte wie bei einem Orgasmus. Er versuchte verzweifelt herauszukriegen, wer gegen ihn bot. Wir sahen uns um, konnten aber nicht ausmachen, woher die anderen Gebote kamen. Am Schluß hatte Stuart jedenfalls die Flöte für $ 170 000.00 ersteigert. Das macht mit Steuer und Provision etwa $ 200 000.00. Stuart bekam einen Schock. Wirklich einen Schock. Alle dachten, nicht Stuart, sondern ich hätte die Flöte gekauft. Leute kamen auf mich zu und drückten mir ihre Karten und die Zeitschrift »Flutist« in die Hand. Es war wirklich lustig. Reporter sprachen mich an und fragten, warum ich so scharf auf die Flöte gewesen sei. Zu den einen sagte ich, weil das Emblem der Weltausstellung drauf sei und sie gut zu meiner Sammlung von Plastikmessern und -gabeln von der Weltausstellung passe. Zu den anderen sagte ich, ich hätte sie gekauft, um sie einschmelzen zu lassen. Stuart brachte den Mund nicht auf, um zu sagen, daß es *seine* Flöte sei. Er zitterte immer noch, und ich schleppte ihn raus. Der Typ, der gegen Stuart geboten hatte, war aus New Hampshire, wie sich nachher herausstellte. Er sah reich aus. Ich riet Stuart, ihn zu einer seiner musikalischen Soiréen einzuladen und ihm etwas zu verkaufen. Die Flöte hat eine Geschichte: Jemand vermachte sie seiner Geliebten, doch als er starb, wollte seine Familie nicht glauben, daß er eine Geliebte gehabt hatte, und rückte sie zehn Jahre lang nicht raus. Es ist eine amerikanische Arbeit. Aus Boston. Kincaid.
Dann wollte Stuart zwei doppelte Martini und vier Tassen heiße Schokolade. Wir holten sie ihm.

Sonntag, den 19. Oktober 1986
Stuart war immer noch benommen wegen der 200 000-Dollar-Flöte.

Montag, den 20. Oktober 1986
Stuarts Flöte war auf der Titelseite von »USA Today«, aber sein Name wurde nicht erwähnt. Es hieß nur (lacht): »Flöte erzielt Rekordpreis.« Er verhält sich komisch. Er tut so, als sei er überhaupt nicht an Publicity interessiert, aber man merkt ihm an, daß er am Boden zerstört ist, wenn er keine kriegt. Zum Beispiel ist er ganz begeistert von Steve Aronsons Artikel, spielt aber den Gleichgültigen.
John Powers rief aus Japan an. Er will einen »Elvis« kaufen. Demnächst wird einer versteigert, und der Schätzpreis ist sehr niedrig. Ausgeschrieben ist er als »Three Elvises«, doch ich weiß nicht, ob es wirklich ein großer ist oder nur einer, bei dem sich die Figuren dreimal überlappen.

Dienstag, den 21. Oktober 1986 Diane von Fürstenberg gab eine Party für ihren Freund Alain Elkann, der früher mit Agnellis Tochter verheiratet war. Er ist Franzose. Er hat vier Bücher geschrieben, und wenn man in Frankreich erst mal als Intellektueller gilt, muß man nicht mehr arbeiten, man ist der große »Intellektuelle« auch so. Diane tritt also in Marilyn Monroes Fußstapfen und heiratet eine Person wegen ihres Namens. Sie geht jetzt mit dem Typ, der Bücher über sie schreiben wird.
Jean Michel rief von der Elfenbeinküste an. Er erzählte, daß sie dort Fleisch mit Millionen Fliegen drauf verkaufen – sie schneiden ein Stück ab und verkaufen es mit Fliegen. Er redete ganz normal, als sei er runter von den Drogen und sehne sich nach den alten Zeiten. Er will Grafiken mit mir machen.

Freitag, den 31. Oktober 1986
An dem Tag gab Steven Greenberg im »Nell's« seine Überraschungsparty für Paige. Ich hatte mich wegen der Party tagelang durch Papier gewühlt und Tama bei der Gästeliste geholfen. Trotzdem brachte ich sie nicht zusammen. Dann nahm Gael die Sache in die Hand und war im Handumdrehen fertig. Arbeitete den ganzen Nachmittag. Ging nach Hause. Paige holte mich ab. Sie dachte, wir gingen zu einem ganz normalen Dinner.

Als wir vor dem »Nell's« ankamen, hatte Paige immer noch nicht den leisesten Verdacht, doch dann, im allerletzten Moment, als wir schon an der Tür waren, stieg Glenn O'Briens Frau Barbara aus einem Taxi und rief: »Hallo, Paige, wir sind zu deiner Überraschungsparty gekommen.« Es war wirklich nicht zu fassen. Doch Paige war so zerstreut, daß sie es nicht mitkriegte, glaube ich. Denn als wir dann reinkamen, erschrak sie ganz fürchterlich, als alle riefen: »Überraschung!«

Gael hatte bei der Zusammenstellung der Gästeliste wirklich gute Arbeit geleistet, und die Party wurde sehr schön. Ich saß am gleichen Platz wie am Abend der Eröffnung – direkt neben dem Eingang –, und ich habe den Platz nicht ein einziges Mal verlassen. Die Party war im ganzen Erdgeschoß. Um 10.00 wurde für das Publikum geöffnet, aber die Leute durften nur ins Untergeschoß. Das Restaurant ist übrigens in dem neuen Stil eingerichtet – pseudoreich. Dunkel, mit Polstermöbeln.

Und laß mich überlegen – Thomas Ammann war da, Tama und Nick Love aus L.A., der bei Fred wohnt. Dann Larissa, Jay, Wilfredo, Gina und Peter Koper. Und Kevin Sessums, der neue Mitarbeiter von »Interview«, der früher bei »Paramount« war.

Halloween ist ein wichtiger Feiertag geworden. Früher war das nur was für die Kinder, jetzt feiert die ganze Stadt. Und dann kamen die ganzen Tunten. Kenny Scharf war dabei, aber ich erkannte ihn nicht, überhaupt nicht. Und am späten Abend kam auch noch Jean Michel. Er hatte sein Gesicht in Alufolie eingewickelt, und niemand erkannte ihn – (lacht) Paige hat sich sogar ausführlich mit ihm unterhalten, weil sie nicht wußte, wer es war.

Mal sehen, wer sonst noch da war. Calvin kam mit Kelly und Bianca, und auch Steve Rubell und Doug Henley waren da. Es waren überhaupt eine Menge toller Leute da. Ich wollte Martin Burgoyne einladen, aber er sagte, er sei am ganzen Körper verkrebst, und das war ... es war traurig.

Montag, den 3. November 1986 In der »Dia Art Foundation« sollte meine Ausstellung eröffnet werden. Und Jane Holzer gab eine Sechziger-Party im »Ritz«. Fred sagte, wir müßten da hingehen. Am Nachmittag rief Doc Cox an und wollte eine Freikarte für die Party im »Ritz«. Ich war überrascht, daß er keine kaufen wollte, weil der Erlös behinderten Kindern zukommt.

Nach der Sache bei der »Dia Art Foundation« gingen wir also zu Janes Party, aber solange wir dort waren, ließ sich Jane nicht blicken. Beim Gehen lief uns Stephen Sprouse in die

Jane Holzer *(Pat Hackett)*

Arme. Er ist total pleite. Möglicherweise schmeißt man ihn sogar aus seiner Wohnung. Bei dem Geschäft, das er abschließen wollte, sind Komplikationen aufgetaucht. Alles klingt immer ganz toll, bis man mit den Anwälten spricht.

Mittwoch, den 5. November 1986 Stuart holte mich ab, und wir fuhren zu »Christie's«. Sie gaben Stuart (lacht) kein »Paddel«, weil er seine Flöte noch nicht bezahlt hat. Ich zahlte ihm einen Imbiß bei »Sotheby's« ($ 3.15). Er aß ein Bologna-Sandwich. Es sah sehr gut aus. Kennst du diese Sandwiches? Mit Senf. Und die Scheiben waren unheimlich dick: Etwa 1 cm. Die Kellnerin hustete in meinen Tee, aber es machte mir nichts

aus, denn ich stellte mir vor, die Bakterien würden bestimmt von der Hitze abgetötet.
Es goß in Strömen. Sam sollte eigentlich mit mir auf die Forbes-Jacht kommen, aber er war nicht in Anzug und Krawatte, obwohl ich es ihm gesagt hatte. Also lud ich ihn wieder aus und nahm Fred mit, der sich sehr darüber freute.
Wir gingen also auf das Boot. Auf der Party sollte eine neue Unterwäsche-Kollektion vorgestellt werden. James Brady war sehr amüsant. Und Susan Mulcahy war da. Fred war in Schürzenjägerlaune.

Donnerstag, den 6. November 1986 Eigentlich wollte Larry Gagosian am Abend vor meiner Eröffnung ein Dinner für mich geben. Doch dann teilte Fred mir mit, es sei abgesagt. Aus irgendeinem Grund wollte er mich nicht dabei haben; ich komme später darauf zurück. Als dann Paige anrief und mir sagte, im »Chantilly's«, einem guten Restaurant Ecke Park und 57. Straße, gebe sie ein Geschäftsessen, sagte ich zu.
Paige holte mich ab, und wir kamen 40 Minuten zu spät in das Restaurant. Steven Greenberg und Margaux Hemingway waren da, Michael Gross von der »Times« und seine frischgebackene Ehefrau Barbara Hoades. Sie hat früher als Designerin für »Paraphernalia« gearbeitet und sieht immer noch genauso aus wie in den sechziger Jahren.
Dann wollte Steven ins »Nell's«. Also fuhren wir hin, und wie wir reinkamen, sah ich zuerst Larry Gagosian und dann Fred mit Faye Dunaway und Jerry Hall an einem Tisch! Kein Witz! Ich weiß nicht, wie es dazu kam. Vielleicht waren sie einfach da und saßen zufällig beisammen, aber mir kam es eher so vor, als sei *dies* das Dinner, das Larry für *mich* hätte geben sollen. Fred murmelte was von allein über Geschäfte reden wollen. So was in der Art.
Und Gagosian sagte zu mir: »Ich habe Ihren ›Rorschach Test‹ für meine Ausstellung in Kalifornien.« Und ich fragte: »Wo haben Sie ihn her?« Er sagte: »Von Leo.« Und ich sagte: »Ach, tatsächlich? Haben Sie ihn *gekauft*?« Und er sagte: »Nein, es ist eine Leihgabe.« Ich sagte: »Sie kriegen ihn nicht!« Ich wurde böse und brutal. Eine Ausstellung weniger, was soll's. Und Larry, also ich weiß nicht, ist wirklich ein Spinner. Er steckt in der Klemme wegen obszöner Anrufe und alles. Er spinnt.

Freitag, den 7. November 1986 Meine Ausstellung bei Gagosian wurde eröffnet. Stuart schickte mir seinen Wagen. Ich schloß ab, wir fuhren hin, und dort traf ich Stellan aus Schweden, dessen Freundin Marianne bei »Interview« in der Moderedaktion arbeitet. Yoko Ono war da. Wir gingen durch die Ausstellung, und Stuart sagte: »Es sind Meisterwerke.« Ich weiß nicht, ob er mir bloß schmeicheln wollte oder was. Es waren die »Piß«-Bilder, die »Oxidations«. Und dann fragten mich zwei nette alte Damen, wie ich die Bilder gemacht hätte, und ich hatte nicht den Mut, es ihnen zu sagen, weil sie genau mit der Nase davor standen. Es war so voll.

Samstag, den 8. November 1986 Elizabeth Saltzman hatte mich zum Dinner ins »Indochine« eingeladen. Sie hatte auch Barry Tubbs eingeladen, und ich war der Köder. Nahm ein Taxi zum »Indochine« ($ 6.00). Barry Tubbs ließ sich nicht blicken. Elizabeth bezahlte nicht, und das war befremdend, denn schließlich hatte sie uns ja eingeladen (Dinner $ 200.00). Jemand kam rein und erzählte uns, was am Abend zuvor im »Nell's« abgelaufen war: Fred hatte auf einem Tisch gestanden und vor allen Leuten die Hosen runtergelassen.
Dann gingen wir ins »Nell's«. Wir waren zu acht (Eintritt $ 40.00) und bekamen einen Tisch ganz hinten. Wir blieben ein paar Stunden, und dann machte ich mich weg, ohne zu bezahlen. Mir war danach (Taxi $ 10.00).

Sonntag, den 9. November 1986 Mein Neffe Donald kam. Er geht zurück nach Pittsburgh und gibt seinen Job im Büro auf. Ich sagte ihm, daß er sich eine große Chance entgehen lasse. Ich glaube, es gefällt ihm nicht in New York. Ich habe ihn nie irgendwohin mitgenommen, aber ich weiß nicht, ob das was geändert hätte. Ich glaube nicht, aber ganz sicher bin ich auch nicht.
Ich rief Fred an, und er setzte sich aufs hohe Roß und versuchte, mich abzukanzeln. Das konnte ich nicht hinnehmen. Ich sagte, er nehme den Mund ganz schön voll für einen, der im »Nell's« seine Hosen herunterläßt, und von da an war er wie umgewandelt – er hatte nicht damit gerechnet, daß ich es wußte, und das hat ihn kalt erwischt.

Montag, den 10. November 1986 Iolas kam. Er wird an der Prostata operiert, und deshalb wird meine »Abendmahl«-Ausstellung auf den 15. Dezember verschoben. Ein noch späterer Termin wäre mir noch lieber gewesen, März zum Beispiel.
Am Abend war im »Women's Shop« die Modenschau zugunsten der AIDS-Hilfe. Wilfredo ging hin. Sam wollte zuerst nicht mit, aber als er hörte, daß Madonna angekündigt war, sagte er, eventuell käme er doch. Wir fuhren mit dem Taxi hin ($ 8.00) und fragten, ob Madonna schon da sei, Antwort: »Nein«. Aber sie war wohl in Verkleidung gekommen. Als nämlich Iman die Treppe herunterkam, stürmte Madonna vor ihr her, und dann bestürmten sie die Fotografen. Die Modenschau war gut, herrliche Jacketts. Gute Ideen. Und dann, als wir aufbrachen, dirigierte Chris Makos ein paar Nonnen neben mich, um ein Foto zu machen. Als auch ein anderer die Szene fotografieren wollte, schrie Chris den Typ an: »Das ist *mein* Bild, *ich* habe es arrangiert!« Die Nonnen waren von St. Vincents; der Erlös der Veranstaltung war für sie bestimmt.
Howard Read von der »Robert Miller Gallery« war da. Er kam gerade von der Auktion, bei der Jasper Johns' Bild »Diver« für $ 3,3 Millionen verkauft worden war! Das macht inklusive Steuern und Provision $ 3,6 Millionen. Es ist der höchste Preis, der je für das Bild eines lebenden Künstlers bezahlt wurde. Und das Bild ist gar nicht mal so großartig, er hat bessere gemacht. Es war keine von den »Zielscheiben« – vielleicht war es ein Zahlen-Bild. Von mir waren »Dollar Bills« bei der Versteigerung, das Bild ging für $ 385 000.00 weg; eine »Mona Lisa« brachte $ 70 000.00.

Mittwoch, den 12. November 1986 Die Auktionen gingen weiter. Ein Rosenquist brachte $ 2 Millionen, eine Zeichnung von Jasper $ 800 000.00. Eine Zeichnung! Aber Rauschenbergs Zeichnung brachte nur $ 90 000.00. David Whitney muß jetzt Multimillionär sein, er hat so viele Bilder von Jasper Johns.

Freitag, den 14. November 1986 Julian Schnabel kam mit seiner kleinen Tochter. Wir überlegten, ob wir was anderes auf die Fälschung malen sollen, die er gekauft hat – eins von den Bildern, die vermutlich Gerard Malanga gemacht hat. Julian wußte beim Kauf nicht, daß es eine Fälschung war.

Samstag, den 15. November 1986 Ging zu »Saks«. Wegen der »Swatch«-Veranstaltung waren eine Menge Leute da. Keith und ich hatten gemeinsam Autogrammstunde.
Stuart holte mich ab. Wir gingen in eine Galerie in der Nähe, um uns Bouguereaus anzuschauen. Michael Jackson wohnte auf der anderen Straßenseite im »Helmsley Palace«, und Stuart wollte ihn diesmal unbedingt sehen. Beim letztenmal hatte es nicht geklappt. Michael Jackson kam um 3.30 in seine Wohnung, aber Stuart kam erst *nach* 3.30 nach Hause und verpaßte ihn. Aber jetzt ist Michael wieder in der Stadt. Er trägt eine braune Perücke, eine dunkle Brille und eine weiße Gasmaske – wenn also so was die Straße runterkommt...

Sonntag, den 16. November 1986 Bruno lud mich zum Lunch ein. Ging zur Kirche, dann im Taxi zu Harry Cipriani ins »Sherry Netherland Hotel« ($ 4.00). Das Essen schmeckte wie aus dem Mikrowellenherd, und ich wette, da kommt es auch her.

Dienstag, den 18. November 1986 Stuart wollte mich zu Hause abholen, und ich wartete drin auf ihn. Wir haben jetzt eine Videokamera, mit der wir nach draußen sehen können, und ich sah einen Mann, der mit einem Schlüssel die Tür aufschließen wollte. Er bewegte sich wie Stuart. Aber es *war nicht* Stuart, und *trotzdem* versuchte er aufzuschließen. Ich öffnete also die Tür, um zu sehen, wer der Typ war. Ich glaube, er war betrunken oder so. Er fragte ein paarmal nach der Dame des Hauses, und ich sagte mehrmals, *ich* sei die Dame des Hauses. Und als ich wieder hineinging, klingelte das Telefon, und Stuart war am Apparat und sagte mir, ein Mann sei an meiner Tür und versuche hineinzukommen. Ich sagte, das wüßte ich schon. Als ich hinausging, war der Mann immer noch da. Ich ging an ihm vorbei zum Wagen, und im Wagen saß Stuart und weinte. Er weinte tatsächlich. Tränen liefen über sein Gesicht. Es war schockierend, absolut schockierend. Ich sagte: »Es war wirklich komisch, zuerst dachte ich, *du* seist es.« Stuart schluchzte und sagte, und wenn er es gewesen wäre, hätte ich *ihn* dann auch so *stehenlassen*? Ich sagte: »Na ja, er ist wohl betrunken, was könnte ich schon für ihn tun?« »Ihn irgendwohin bringen«, sagte Stuart, ihn in ein Taxi setzen und hinfahren lassen, wo er hin wolle. Aber woher hätte ich *wissen* sollen, wo er hin wollte? Also borgte ich mir $ 20.00 von Stuart und gab sie einem Taxifahrer. Er sollte den Mann hinfahren, wo er hin wollte. Aber wahrscheinlich hat er ihn an der nächsten Ecke wieder rausgesetzt. Der Mann war allerdings gut angezogen. Wie ein Spanier mit cremefarbenen spanischen Lederstiefeln, irgendwie schick. Michael Jackson hat sich übrigens nicht blicken lassen.

Donnerstag, den 20. November 1986 Als ich mit der Arbeit fertig war, regnete es kräftig. Paige rief an und sagte, Steven Greenberg werde uns in seinem Wagen zu »Missoni« mitnehmen. Wir kamen zu spät, doch ich glaube, das ist sowieso die beste Zeit. Wenn man zu spät kommt, sind die Leute schon erschöpft und leisten nicht mehr soviel Widerstand, wenn man sie wegen einer Anzeige anhaut. Wie damals in den fünfziger Jahren, als ich rumlaufen und die Art-Directors wegen Jobs löchern mußte. Wenn man am frühen Morgen kommt, erreicht man nie etwas. Ich habe immer bis zur Lunchzeit um 12.00 gewartet, dann kommen keine Anrufe mehr, sie sind müde, und man hat bessere Chancen. Die Leute rufen mittags wirklich nicht in Büros an, weil sie denken, um diese Zeit sei niemand da.
Wir gingen also zu der »Missoni«-Sache und hinterher ins »Le Cirque«.

Freitag, den 21. November 1986 Sam ging einfach um 5.00, ohne dafür zu sorgen, daß jemand Fred vom Krankenhaus abholt. Fred wurde fünf Stunden lang am Knie operiert. Er war morgens um 8.15 hingegangen. Als ich nach Hause kam, rief Fred an und erzählte, er sei allein nach Hause gekommen. Bis 12.00 habe er im Wartezimmer gesessen. Er war irgendwie high. Er sagte, er habe während der Narkose mit dem Arzt »gescherzt«. Mein Gott, ich kann mir schon vorstellen, was er gesagt hat. Fred kann unter solchen Umständen wirklich schlimm sein. Ich beklagte mich bei Fred über mein Privatleben, und das sollte ich eigentlich nicht tun. Ich sollte immer nur cool sagen, alles in Butter. Er meint, ich solle mich nicht in das Privatleben von Leuten wie Sam und Len einmischen, weil mich das nichts angehe.

Und er hat recht. Ich wollte Len anschreien, weil er mir nicht gesagt hatte, daß Sam vor ein paar Wochen die Nacht in der Wohnung von Jills Freund verbracht hat – aber das geht mich ja nun wirklich nichts an. Außerdem glaube ich, daß Sam was mit Victor hat. Neulich abends rief mich nämlich Victor an und sagte: »Ich habe jemanden hier, den du gut kennst…« Ich hatte keine Ahnung, wen er meinte, und er sagte: »Es ist der blonde Junge, der für dich arbeitet… Sam.« Das brachte mich aus der Fassung.

Samstag, den 22. November 1986 Um 7.30 war ein Dinner im »River House«. Paige sagte, sie hole mich ab. Als sie kam, hatte sie einen Blumenkorb auf dem Kopf. Am Nachmittag waren im »Tavern on the Green« Fotos für Tamas Buch »Cannibal in Manhattan« gemacht worden. Da hatte sie ihn her. Stuart hatte mir erzählt, wie wundervoll der »Hut« aussehe, aber er war – lächerlich. Sie war in einem silbernen Kostüm gekommen, doch zum Dinner zog sie ein schwarzes von Gaultier an, aber den Hut behielt sie auf. Das Dinner war für Francesco Clemente, Gastgeberin war Angela Westwater. Ihr gehört die »Sperone Westwater Gallery«. Und der erste Gast, dem ich die Hand schüttelte, war Alan Wanzenberg – ich erkannte ihn nicht gleich. Jed saß mir genau gegenüber. Später kam Edit deAk herüber und sagte zu Paige und mir: »Oh, ihr solltet heiraten, ihr zwei.« Eine Pointe à la Tama. Mir unterlief ein Fauxpas, ich sagte nämlich zu Alba Clemente: »Kommt Bianca?« Ich hatte ganz vergessen, daß zwischen Bianca und Clemente mal was war. Alba sagte: »Nein, sie ist keine Freundin von mir.« Und Thomas Ammann sagte zu mir, daß Mary Boone mich gern vertreten würde. Ich solle es mir durch den Kopf gehen lassen. Keith war mit seinem Freund Juan da. Und dann gingen etwa 35 Leute ins »Nell's«, aber ich wollte nicht mit.

Donnerstag, den 27. November 1986 Thanksgiving. Das Telefon klingelte, und Wilfredo war dran. Er sagte, er könne nicht mit uns zur Armenspeisung, er fahre heim nach New Jersey. Paige rief an und sagte, sie komme in zehn Minuten. Aber es dauerte ein halbe Stunde, bis sie mich mit Tama und Stephen Sprouse abholte.

In der Zwischenzeit hatte Victor angerufen, und ich hatte ihn eingeladen, mit uns die Armen zu speisen. Ich weiß nicht, ob er auf Drogen war oder ob er jetzt immer die Paranoia hat.

Wir gingen also zur »Church of the Heavenly Rest« in der Fifth Avenue. Es waren viel zuviel Helfer da… ein Freiwilliger kam auf einen Esser. Jeder hatte seinen eigenen Kellner. Wir gingen also ins obere Stockwerk, wo diese große lesbische Irin den Helfern ihre Aufgaben zuteilt. Sie fragte: »Sind Sie zum Essen gekommen?« Victor fühlte sich auf den Schlips getreten und begann, Leute in der Schlange zu beleidigen. Er sagte: »Beeilt euch mit dem Essen und zischt ab, damit wir saubermachen können.« Und das in einer *Kirche!* Und schließlich sagte ich zu ihm: »Victor, wir sind *freiwillig* hier.« Außerdem waren eine Menge Fotografen da, ich weiß nicht, ob sie von Zeitungen waren. Und die lesbische Frau sagte zu mir: »Ich teile Sie dem Ordnungsdienst zu.« Und ich sagte: »So etwas kann ich nicht.« Und sie sagte: »Genau das werden Sie aber tun.« Und ich sagte: »Nein, das werde ich nicht.« Ich ließ sie stehen, und wir servierten das Essen. Die Kirche ist wirklich großartig. Die Leute konnten auch Essen mit nach Hause nehmen. Ich gab jedem reichlich.

Aber am Schluß wurde es übel: Die Leute von der Stadtverwaltung kamen und schwenkten die Arme, damit jeder sehen konnte, wie sie sich kümmerten – für den Fall, daß jemand da war, der Fotos machte.

Wir gingen. Victor setzte mich ab und sagte, er hasse Stephen, Paige und Tama, sie seien Heuchler und Verrückte.

Und später rief er mich an und sagte, er *wisse*, daß ich seinen Anruf aufnähme und spreche deshalb »...zu den Leuten am anderen Ende des Kassettenrecorders«. Ich weiß nicht, ob er unter Drogen stand oder ob er von selber halluzinierte. Etwas stimmt nicht mit ihm.

Ich habe in MTV das Video »Hello Again« gesehen, das wir mit den »Cars« aufgenommen haben. Es wurde wiederholt, und ich fand es immer noch sehr gut. Kaum zu glauben, daß wir es gemacht haben. Und ich kann nicht verstehen, daß jetzt nicht jeder sein Video von uns machen läßt.

Freitag, den 28. November 1986 Tony holte mich ab, und wir verteilten »Interviews«. Im Taxi zum Büro. Fred arbeitete und erwartete einen Anruf von Hans Mayer aus Düsseldorf, der am nächsten Tag herkommen wollte. Eine deutsche Frau kam mit ihrem Freund. Wir machten Aufnahmen für ein Porträt. Sie hatten ein Stofftier mit, einen »Gremlin« aus dem Film von Spielberg, den nehmen sie immer mit ins Bett. Er muß unbedingt auf das Porträt. Sie ist etwa 36, er etwa 18. Der Gremlin sieht aus der Nähe betrachtet eigentlich wider Erwarten gut aus, gar nicht so übel wie gedacht.

Fred hat im »Nell's« einen Platz für die beiden Deutschen reserviert. Ich glaube, er ist dort Mitglied geworden. Es kostet $ 200.00 pro Jahr, glaube ich, aber es hat sich noch nicht herumgesprochen. Ich werde nicht Mitglied. Ich finde, so was stinkt. Mitglied.

Samstag, den 29. November 1986 Fred rief an und sagte, wir gingen mit Hans Mayer und dem Typ von Mercedes zum Lunch in Harry Ciprianis Bar. Der Junge sah gut aus, und der Lunch machte Spaß. Ich glaube, ich versuche, einen Wagen mit Chauffeur herauszuschlagen (lacht), damit ich ein »Gefühl« für die Bilder bekomme. Ich male alte Mercedes-Modelle für sie.

Sonntag, den 30. November 1986 Stuart kam mit einem Wagen, und wir fuhren zu »Christie's«. Stuart mußte sich verstecken – er hat die Flöte noch immer nicht bezahlt, und sie rufen ihn jeden Tag an. Stuart bedauert, daß er sie gekauft hat. Aber was würde er schon dafür kriegen, wenn er sie wieder verkauft? Anschließend gingen wir zur »Antiques and Collectibles Exposition« an den Piers (Karten $ 15.00). Überall das gleiche armselige Zeug. Klein und immer dasselbe, ohne Charakter. Nichts Aufregendes. Die »Modernism«-Ausstellung letzte Woche im »Armory« war dagegen großartig. Aber der Typ dort wollte $ 5000.00 für ein Gedeck der Weltausstellung, das damals $ 12.00 oder 18.00 gekostet hat! Unglaublich. Ich fragte ihn nach dem Preis für den großen Löffel, und er nannte ihn mir, daraufhin fragte ich ihn, ob er nicht *mein* Gedeck kaufen wolle.

Dann hörte ich, daß Martin tot ist. Er starb in seiner neuen Wohnung im Village, die er sich von dem Geld gekauft hatte, das bei der Veranstaltung im »Pyramid« zusammengekommen war. Er hat sich immer gekauft, was er wollte. Er war so ein süßer Junge, freundlich und großzügig. Auch mit seiner Zuneigung war er großzügig.

Dienstag, den 2. Dezember 1986 Arbeitete mit Rupert, dann begann es zu regnen und hörte den ganzen Tag nicht auf. Ich lud Wilfredo zu Cornelias Geburtstagsparty ein, also mußte er heimgehen und sich umziehen. Arbeitete bis 8.30. Sprach mit Keith. Es gab eine Trauerfeier für Martin. Ich glaube, Madonna richtete sie aus. Ich hätte das nicht ausgehalten und ging nicht hin. Zog den Smoking an, Wilfredo holte mich ab, und wir fuhren zu Cornelia. Die Party war furchtbar (Taxi $ 8.00). Wilfredo wurde schlecht behandelt. Er mußte nebenan sitzen, und ich saß neben Tony Peck. Er erzählte, er sei mit Diane Brill auf Kreuzfahrt gewesen. Ich fragte ihn, ob er sie gebumst habe, und schon war er beleidigt. Keine Ahnung, warum.

Mittwoch, den 3. Dezember 1986 Stuart holte mich nach der Arbeit ab. Wir gingen zu einem Anatomiekursus in der East 23. Street, in dem Leichen aufgeschnitten wurden. Es roch nach Formaldehyd. Eine der Leichen war am Kopf aufgehängt, eine andere lag auf dem Rücken. Die Haut war halb abgezogen, und Kunststudenten zeichneten die Muskeln. Es war höchst widerlich.

Freitag, den 5. Dezember 1986 Archie und Amos waren krank. Jed holte sie ab und brachte sie zum Tierarzt. Später traf ich ihn mit Katy Jones. Wir sprachen darüber, was mit den Hunden nicht stimmt. Sie werden alt, das ist es. Ich versprach Jed, ihm eines der »Dog«-Bilder zu schenken. Das Leben ist so kurz, und ein Hundeleben ist noch kürzer – sie kommen beide bald in den Himmel.

Sonntag, den 7. Dezember 1986 Stuart will mich zu der Liz-Taylor-Nacht in seiner Kunstschule mitnehmen. Joseph Papp hatte das Gebäude für den Abend gemietet – es war eine Wohltätigkeitsveranstaltung der »Creo Society» für AIDS-Kranke. Stuart dachte, es sei Smoking-Zwang, aber dann war er der einzige, der einen Smoking trug. Er sah aus wie ein Kellner. Zuerst war Cocktailstunde im »Public Theatre«, gleich neben Papps Haus. Dann wurde ein Plastiksteg gebaut, über den die Leute zu Stuarts Schule gingen. Alles war wunderbar hergerichtet, mit Blumen und Speisen. Ich sagte zu Stuart, so toll könnte seine Bude auch aussehen. Die ersten Leute, die ich traf, waren Anne Bass und Peter Martins und Jack Soto. Und ich erstarrte, weil ich soviel Knoblauch gegessen hatte und niemanden anhauchen wollte.
Leonard Bernstein war da, und er weinte. Er weint immer. Er ist wirklich ein Spinner. Der junge Hamlisch spielte, und Eileen Farrell sang. Und Marilyn Horne und Linda Ronstadt und ein Typ sangen »Ave Maria« in Bebop oder Rap oder Rock' n 'Roll. Es war wie eine »Ed Sullivan Show«. Und es gab keine Reden, weil Liz Taylor nicht auftauchte. Ein Reporter von der »New York Times« fragte mich nach meiner Meinung über die Vorstellung, und ich sagte, diese Stars sollten ihre Show lieber am Broadway machen, weil die meisten von ihnen keine Arbeit hätten. Und da kam Papp auf mich zu und sagte, o nein, diese Leute seien viel zu *bedeutend*, um am Broadway zu arbeiten, sie hätten sich nur für diesen besonderen Abend zusammengetan. Ich frage mich nur, wie kann man »bedeutend« sein, wenn man keine Arbeit hat!

Montag, den 8. Dezember 1986 Paige gab einen Ballett-Lunch im Büro (Taxi $5.00; Zeitungen $2.00). Anne Bass kam mit Peter Martins, Heather Watts, Ulrik Trojaborg und Bruce Padgett. Sie wollen, daß ich einen Vorhang und ein Plakat entwerfe. Ich hätte sie an Fred verweisen sollen. Ich kann mit diesem kleinen goldenen Löwenmedaillon von Noguchi, das Peter Martins mir gezeigt hat, überhaupt nichts anfangen – wenn es das ist, was sie wollen, dann sollten sie lieber Noguchi etwas machen lassen.

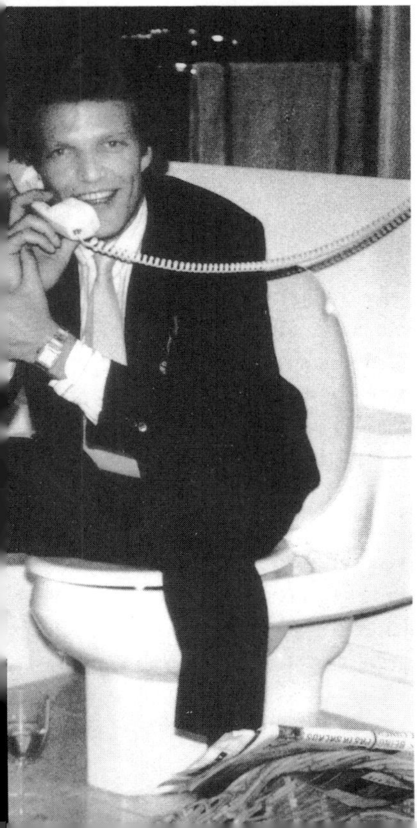

Peter Martins *(Andy Warhol)*

Mit Bianca Jagger *(Action Press)*

Aber wenn ich etwas machen soll, dann muß es amerikanischer sein.
Fred kam mit Mary Boone, die einen Pelzmantel anhatte. Sie will, daß ich mit ihrer Galerie arbeite. Fred hat mir noch nicht erzählt, was er beim Lunch mit ihr besprochen hat. Sie sitzt da und lächelt. Das Ileana-Sonnabend-Lächeln.
Ich glaube, ich habe vergessen zu erzählen, daß Fred mich anrief, nachdem er mal wieder Streit mit Paige hatte. Er hat den Entschluß gefaßt, sich zu ändern. Er hat also eine Wendung um 90 Grad gemacht und versucht jetzt, ein anderer Mensch zu werden.

Dienstag, den 9. Dezember 1986 Tony holte mich ab, und wir fuhren zu dem Chiropraktiker, den ich auf Verlangen von »Prudential«, der Krankenversicherung unseres Büros, besuchen sollte. Seine Praxis ist im ersten Stock eines alten Hotels an der West 72. Street (Taxi $ 4.00). Dieser Mensch glaubt nicht an Vitamine, er glaubt an überhaupt nichts. Er hat 15 gerahmte Sachen an der Wand, aber ich habe keine Ahnung, wofür sie gut sind. Ich hatte die Versicherung belogen, was mein Alter angeht; ich hatte gesagt (lacht), ich sei 1949 geboren. Und Stuart erzählte mir dann, das sei ein Verstoß gegen ein Bundesgesetz.

Mittwoch, den 10. Dezember 1986 Ich dachte, ich müßte morgens die Fotos für die Tatum-Porträts machen, also hatte ich meine ganze Fotoausrüstung nach Hause geschleppt, aber als ich sie dann anrief, paßte es nicht in ihren Terminplan. Die Familie O'Neal ist wahrscheinlich eine ziemlich dumme Familie, nur hat es der Vater geschafft, mit einem einzigen Film groß rauszukommen. Da ist zum Beispiel dieses kleine Mädchen, das hält sich für so clever, das denkt, es sei so intelligent. Als kleines Mädchen war sie den anderen tatsächlich voraus, aber jetzt...
Vor ein paar Tagen hörte sich Victor so krank an, daß ich schon dachte, er hätte die magische Krankheit, aber gestern hörte er sich gut an, vollkom-

men erholt. Ich glaube, er langweilt sich da draußen in East Hampton. Er hat dort ein ganzes Haus für $ 1500.00 im Monat.
Steven Greenberg kam mit einem Wagen. Wir fuhren ins Ballett und sahen uns die »Nußknackersuite« an. Ich schickte Heather, Jock und Ulrich Blumen… Paige hat das für mich erledigt. Die Kinder im Publikum waren alle aus reichem Haus, sie steckten in den richtigen Kleidern, hatten die richtige Frisur und (lacht) aßen die richtige Schokolade. Jock und Heather waren die Solotänzer. Heather sieht allmählich etwas müde aus, aber sie ist eine wirklich gute Tänzerin. Die Vorstellung war wunderbar. Tanzen ist nur dann gut, wenn die Tänzer erst 15 sind und so mager und zerbrechlich wirken.

Donnerstag, den 11. Dezember 1986 Tony holte mich nicht ab. Wenn ich nur wüßte, was in seinem Kopf vorgeht, wenn er den Entschluß faßt, mich abzuholen oder nicht abzuholen.
Corice Arman wollte mir helfen, ein Visum für Frankreich zu bekommen. Ich finde diese Franzosen so schrecklich; sie lassen die ganze Welt in ihr Land, nur Amerikaner brauchen ein Visum. Ich arbeitete im Büro; viel Betrieb. Es begann zu regnen und zu schneien. Furchtbares Wetter.
Ging in die »Weintraub-Gallery« zur Ausstellungseröffnung von Mark Gero, Lizas Mann. Die Galerie ist recht klein. Liza war oben und wurde fotografiert. Dann, um 8.30, holte ich dann Paige ab und fuhr mit ihr zu der Party in Lizas Wohnung in der East 69. Street. Es waren eine Menge Leute da. Halston, Calvin, Kelly und Steve Rubell. Und Bob Colacello war sehr nett, er sagte, er habe bei »Interview« eine Menge gelernt und durch die Arbeit dort seinen Stil verbessert. Er hatte eine Alkoholfahne, also trinkt er wohl wieder.
Und Steve Aronson ließ sich witzig darüber aus, wie er zu Weihnachten 1977 seine Flasche Champagner von »Interview« nicht bekam. Ethel Scull war auch da. Ich sagte, sie solle das Leben genießen, und sie sagte, das werde sie tun – bald. Ethel hat sich entweder zu stark liften lassen, oder sie hat einen Schlaganfall gehabt, eins von beidem. Was, kann ich nicht sagen.
Zu Steve Aronson sagte ich, er solle doch mal die wahre »Revlon«-Story schreiben, die Geschichte der drei Lachman-Frauen – Ruth, Rita und Jaquine. Er sagte, das sei eine gute Idee. Und Calvin und Halston saßen auf demselben Stuhl, traulich vereint. Ein seltsames Bild. Und dann schlug Calvin vor, noch auf einen Sprung zu Halston zu gehen, also stiegen wir in die Autos und fuhren hin. Dick Cavett kam auch mit. Er war mit Bianca zu der Party gekommen. Bianca sah untenrum ein bißchen dick aus, sagte aber, sie sei dünn. Und man sah ihr auch ihr Alter an. Ich weiß nicht, *wie* alt sie ist, aber genauso alt sieht sie aus.

Samstag, den 13. Dezember 1986 Benjamin holte mich ab. Wir fuhren zu Arman in der Washington Street. Die Sache war eigentlich als Lunch geplant, aber weil ich gesagt hatte, daß ich keinen Lunch esse, (lacht) gab es auch keinen. Ich bin fast verhungert. Und ich wurde furchtbar neidisch: Arman zeigte mir den Schmuck, den er macht. Er nimmt kleine Herzen, reproduziert sie in Gold und klebt sie fest. Ich lud ihn ein, in unserer Fernsehsendung aufzutreten. Und als er mir von den Kleidern erzählte, die er macht, wurde ich noch neidischer – ein »Ärmelkleid«, das nur aus Ärmeln gemacht ist, und ein »Taschenkleid«, das nur aus Taschen besteht. Warum ist *mir* das nicht eingefallen?
Seine Zeichnungen sind gegenständlich, aber seine Gemälde nicht. Er macht jetzt Gemälde, die nur aus gekreuzten Pinselstrichen bestehen. Ich wollte schon immer wissen, ob er César kopiert. César war ein wichtiger Künstler der fünfziger und sechziger Jahre, ein kleiner Franzose. Er hat

diese großen Hände gemacht, in denen man sitzen konnte und solche Sachen. Er lebt noch.

Ich führte Benjamin zum Lunch aus. Die Kellnerin schnitt das Sandwich durch, es fiel zu Boden, und sie lachte. Ich weiß nicht, ob sie es mir auf die Rechnung gesetzt hat ($ 19.00). Wir aßen im Wagen auf dem Weg zum Studio. Traf mich dort mit Paige. Dann gingen wir zu Dennis Hoppers Ausstellung in der »Tony Shafrazi Gallery«.

Die Fotografien von Dennis waren nichts Besonderes. Ich glaube, Tony wollte nur Publicity durch einen Filmstar. Traf Keith und Kenny, sie waren amüsant. Matt Dillon war mit einem jungen Mädchen da, das aussah wie eine junge Diane Lane. Diane Lane ist erst zwanzig, aber dieses Mädchen war noch jünger. Alle schwärmten, wie toll Dennis in »Blue Velvet« gewesen sei. Ich versuchte, ihn für unsere Fernsehshow zu kriegen, aber er mußte am nächsten Tag die Stadt verlassen.

Montag, den 15. Dezember 1986 Keith schimpfte über Schnabel. Er sagte, Schnabel habe sich bei Tony Shafrazis Dinner für Dennis Hopper neben Dennis gesetzt und dann die Rede auf Dennis gehalten, obwohl er ihn nicht einmal kannte.

Ach ja, Dennis hat mir neulich erzählt, daß die Szene aus »Blue Velvet« geschnitten wurde, in der er Dean Stockwell vergewaltigt oder Dean Stockwell ihn vergewaltigt und jemand Lippenstift auf dem Arsch hat.

Dann gingen wir zu der »Shiseido«-Party im Metropolitan Museum. Vielleicht haben sie die Vreeland-Kostümschau finanziert, und durften deshalb dort eine Party geben. Sie haben dort zwei große »Flower«-Bilder von mir. Pfirsichfarben, mit schwarzen Konturen. Das eine hat Peter Brant gestiftet, das andere Irving Blum, von dem ich übrigens nicht wußte, daß er eins hatte. Das Museum sollte sie *alle* erwerben – ich meine, sie gehören ja auch alle zusammen.

Dann nahm uns Steven Greenberg zu der ersten Party im »Tunnel« mit. Das ist der Club, der in einen stillgelegten Eisenbahntunnel gebaut wurde, Ecke Twelfth Avenue und 28. Straße. Ich bin derjenige, der dem Typ von »Bonjour Jeans« geraten hat, den Namen »The Tunnel« beizubehalten. Und es war gut dort, gute Musik und Essen von »Glorious Food«.

Unterhielt mich mit Stuart. Er erzählte mir von einem Typ, der umsonst für Stuarts Schule arbeitet und dabei sehr viel Zeit opfert. Und ich sagte zu ihm: »Paß auf, es gibt immer einen Grund, warum jemand soviel Zeit opfert, es ist nie umsonst – entweder will er deine Telefone benutzen oder läuft seiner Frau weg oder benutzt deinen Wagen oder trinkt deinen Schnaps. – Es hat immer alles einen *Grund*, es ist nie umsonst.«

Dienstag, den 16. Dezember 1986 Tony holte mich ab und fuhr mich in die West 11. Street 370 in Schnabels riesiges Atelier. Es ist wirklich riesengroß. Mit Galerie und Flachdach. Die Sekretärinnen, die das Telefon bedienten, waren wunderschön. Ich fragte ihn, ob das Jacqueline nicht eifersüchtig mache, und er sagte: »Man muß einfach schöne Frauen und Männer für sich arbeiten lassen.« Er macht immer noch diese Tellerbilder, deshalb vermute ich, daß sie sich gut verkaufen. Und er geht zum Telefon und sagt: »Darling! Komm doch bitte mal rüber!« Und dann kommt kein Geringerer als Al Pacino, der sich von Diane Keaton losreißt, um *ihn* zu sehen. Oder es kommt Dustin Hoffman.

Seine Sekretärinnen sagen Sachen zu ihm wie: »Sie können entweder um 2.44 ihren Lektor bei ›Random House‹ besuchen und um 3.32 wieder gehen, oder Sie suchen ihn um 3.46 auf und gehen um 4.34 wieder.« Und Julian sagt: »Ich nehme den Termin um 2.44.«

Er übermalt wundervolle japanische Hintergründe und ruiniert sie. Und er hat Persennings, auf die Wörter geklebt sind, und sagt: »Die hier sind von meiner Ausstellung in San Salvador.«

Es war der protzigste Nachmittag, den ich je erlebt habe. Und als ich wegging, war ich vollkommen überzeugt, daß ich mir einen Schnabel kaufen sollte. Fred findet das übrigens auch. Ich bot Julian an, ihn mitzunehmen, und als wir aus der Tür traten, parkte da ein großer Wagen, und er steuerte sofort darauf zu. »Julian, das ist nicht mein Wagen«, sagte ich und deutete auf Tony in dem kleinen japanischen Auto. Ich ließ mich unterwegs absetzen und sagte zu Julian, er könne »den Wagen haben«. Reine Angabe von mir. Tony brachte Julian zu seinem Termin.

Mittwoch, den 17. Dezember 1986 Tony holte mich ab und fuhr mich ins Rockefeller Center. Ich ließ mich für mein Visum fotografieren. Dann gingen wir zu Calvin Klein und lieferten sein Hochzeitsgeschenk ab. Ging ins Büro. Dort herrschte Hochbetrieb. Lisa Robinson interviewte Ric Ocasek. Gael kam rein und sagte, Charlie Sheen sei für die Februar-Titelseite vorgesehen. Greg Gorman hat ihn schon fotografiert, und heute wird der zweite Teil des Interviews gemacht.

Und ich erlaube dem »Caffe Roma«, in meinem Namen zu seiner Silvesterparty einzuladen.

Montag, den 22. Dezember 1986 Las die Zeitungen, verteilte »Interviews« und ging dann ins Büro. Ich wollte mich mehr mit den Titelseiten beschäftigen. Gael kam in mein Zimmer, um mir mitzuteilen, wie großartig sie doch sei. Aber das Cover mit Charlie Sheen ist von Greg Gorman, der auch die Reportage im Heft fotografiert hat. Aber das ist die alte Masche: ein nettes Gesicht und nette Klamotten. Aber Charlie küßt doch so gut, also hätte ich gern etwas anderes, zum Beispiel, daß er auf dem Titelbild ein Mädchen küßt.

Im Büro war Hochbetrieb. Fred steht unter Spannung. Er wollte ein oder zwei Tage früher nach Paris fliegen, weil er Weihnachten haßt und an den Feiertagen weg sein will. Er sah mich eine Liste mit Firmengeschenken schreiben und schrie mich an, wir seien hier nicht in einem normalen Büro, und ich solle mich nicht mit derart langweiligem Kram beschäftigen und augenblicklich damit aufhören. Ich sagte (lacht): »Okay.«

Rupert fuhr mich nach Hause. Dann rief Sam an und wollte mit mir ausgehen. Wir trafen uns im »Nippon« (Taxi $ 5.00; Dinner $ 50.00). Wir redeten über seine Arbeit im Büro. Und es war lustig. Ich fühlte ihm auf den Zahn und warf ihm Sachen vor, die ich aus der Luft griff, zum Beispiel, daß er auf dem Korridor jemanden angemacht hätte. Aber die stellten sich als wahr heraus. Sam gab sie zu und sagte etwa: »Es ging doch um puren Sex.« Aber vielleicht machte er auch nur Spaß. Es war wie in »Dynasty«, wo die Leute sich gegenseitig auf den Gängen belauschen. Ich sagte zu ihm (lacht): »Ich habe dich auf dem Gang gehört.«

Dienstag, den 23. Dezember 1986 Fred sagte seine Europareise ab. Die Weihnachtsstimmung ist doch noch über ihn gekommen. Und die beiden gußeisernen Platten, die ich ihm vom West Side Highway mitgebracht habe, gefallen ihm sehr. Ich habe sie bei »Doyle's« gekauft. Sie haben dort die besten Stoffe, antike Stoffe. Ich hätte Fred auch welche davon kaufen sollen. Fred schenkte mir ein tolles Buch, ein altes Buch über schöne griechische Statuen für meine neuen Bilder. Paige und Fred sind jetzt die besten Freunde. Er hat nachgegeben, und sie hat nachgegeben (Telefon $ 2.00; Zeitungen $ 2.00; Taxi $ 7.00).

Donnerstag, den 25. Dezember 1986 Ich stand früh auf und ging zu Fuß zu Paige. Sie, Stephen Sprouse und ich gingen zur »Church of the Heavenly Rest«, um »Interviews« zu verteilen und die Armen zu speisen. Es war nicht so voll wie an

Thanksgiving. Anschließend ging ich mit Stephen die Straße runter. Ich hatte John Reinhold gesagt, daß wir kämen, und ihm vorgeschlagen, uns zum Tee einzuladen. Er ging mit uns ins »Carlyle«, und das war eigenartig, ich weiß auch nicht: junge Leute, die darauf warteten, daß ihre Großmutter stirbt. Stephen setzte mich ab. Bekam eine Menge Einladungen zu Weihnachtsparties, blieb aber einfach zu Hause, und das gefiel mir.

Sonntag, den 28. Dezember 1986 In einem Wandschrank entdeckte ich die Kleider, die ich 1977 bei der Joan-Crawford-Auktion gekauft hatte, und auf dem Etikett von einem der Kleider stand Nolan Miller! Kannst du dir das vorstellen? Der Designer von »Dynasty«! Ich erinnere mich noch, wie ich damals auf der Auktion sagte: »Wer hat je von diesem Nobody gehört?« Ich würde ihm gern schreiben, daß er das Kleid für, sagen wir, $ 4000.00 zurückkaufen kann. Wir werden hören, was er für ein Joan-Collins-Kleid verlangt und unseres zum selben Preis verkaufen. Die anderen Kleider haben kein Etikett, aber sie sehen alle gleich aus, daher bin ich sicher, daß alle von Nolan sind.

Montag, den 29. Dezember 1986 Ich glaube, die Vitamine, die ich einnehme, sind daran schuld, daß ich so schlecht schlafe. An den Feiertagen konnte ich zwei Tage gut schlafen, und einmal schlief ich sogar bis 10.45. Da fühlte ich mich richtig erholt. Wenn ich sonst morgens aufwache, tut mir alles weh. Und ich bin süchtig nach Valium. Ich nehme abends nur eine Vierteltablette. Doch als ich einen Monat lang versuchte, ohne Valium auszukommen, war ich wie benommen, und das ist eine Entzugserscheinung. Also fing ich wieder damit an.

Mittwoch, den 31. Dezember 1986 Paige war traurig, weil keine gutaussehenden Jungs zu unserer Silvesterparty gekommen sind. Sie rechtfertigt sich immer damit, daß wir jemanden für Tama finden müssen, doch sie selbst möchte auch jemanden kennenlernen.

Arbeitete bis 7.45. Die Kids vom Ballett kamen, und ich machte Fotos von ihnen. Es ist merkwürdig: Wenn man genau hinsieht, merkt man, daß Heather Watts eigentlich einen deformierten Körper hat – und sie ist die Primaballerina von New York. Ihre Nase ist zu groß, aber vielleicht ist sie ohnehin korrigiert und war noch größer. Doch ihre Augen sind wirklich schön. Sie hat wundervolle Filmstar-Augen mit einem dunklen Ring um das Blaue.

Steven Greenberg gab seine Silvesterparty im »River Café« in Brooklyn. Smoking war verlangt, doch ich trug nur meinen lausigen Schal. Wir gingen um 11.55 aus dem Haus und fuhren über die Brooklyn Bridge. Das war der lustigste Teil des Abends. Paige stiftete unseren Fahrer Harold an, noch lauter zu hupen und stieß schrille Pfiffe aus. Wir hatten die Brücke gerade hinter uns, da ging das Feuerwerk los. Und dann kam Tama in dem anderen Wagen an. Sie erzählte uns, Steven und Elizabeth Ray hätten sich gestritten. Also fragte ich Steven: »So, du hast dich also mit Elizabeth gestritten?« Und er sagte (lacht): »Nein, nein, noch nicht, noch nicht.«

Dann fuhren wir zu Scott Asens Haus in Turtle Bay. Dort war nicht viel los. Sirio vom »Le Cirque« war da. Wir nahmen ihn mit zu »Nell's«. Er war witzig. Nell zog quasi ihre Sachen aus und warf sich auf den Tisch; sie wollte fotografiert werden. Ich sagte Sirio, das müsse er auch machen, wenn das »Le Cirque« wirklich »in« sein wolle. Er war Silvester diesmal allein, weil seine Frau und die Kinder verreist waren. Er lud uns für Sonntag zum Dinner ein.

Paige und Tama gingen noch in den »Tunnel«. Wir setzten sie dort ab. Kam gegen 4.00 nach Hause und ging mit den Hunden spazieren. Es war blöd, solange aufzubleiben, nur weil Silvester war.

1987

Donnerstag, den 1. Januar 1987 Das Wetter war regnerisch und schrecklich. Blieb zu Hause und ruhte mich aus.

Sonntag, den 4. Januar 1987
Die Kids vom Ballett wollten mit uns zum Dinner ins »Indochine«. Paige holte mich ab. Stephen Sprouse, Ulrik, Jock, Bruce Padgett, Heather, Scott Asen und Julie Gruen waren da – nur Peter Martins fehlte. Sie sind eine wundervolle Truppe. Bei ihnen läuft alles reibungslos. Heather sagte, sie habe Stephen immer für lasch gehalten, doch seit er Ballettkostüme entwerfe, habe sie ihre Meinung geändert. Alle anderen hätten sich stets nach ihr gerichtet, sagte sie, doch als sie mal eins von Stephens Kostümen ablehnte und zu ihm sagte: »Das will ich nicht«, da habe er gesagt: »Du ziehst an, was ich sage.« Das hat ihr imponiert, und jetzt will sie ihn heiraten. Noch ein Mädchen, das hinter ihm her ist. Heather bezahlte.

Montag, den 5. Januar 1987
Es gibt eine Nachrichtensendung im Kabelfernsehen, die ich mir ansehe, wenn ich um 5.30 aufstehe, um zu pinkeln. Die ist gut. – Ich habe keine Ahnung, wogegen ich allergisch bin. Es muß irgendwas in diesem Haus sein. Oder in den Nachbarhäusern, vielleicht die Strahlen aus der Arztpraxis. Vielleicht ist es auch die Teddyjacke, in der ich schlafe, obwohl sie laut Etikett aus reiner Baumwolle ist. Ich weiß es nicht. Sie ist von Armani. Irgendwie habe ich das Gefühl, daß ein wenig Polyester drin ist, sie fühlt sich so flaumig an. Außerdem schlafe ich unter dem Ledermantel von Larissa, den Jane Holzer mir geschenkt hat. Er ist so toll. Jane behauptet stets, ich würde ihn nie tragen, und ich sage dann immer, ich hätte ihn jede Nacht an.
Weißt du, Heather Watts ist sehr interessant. Sie ist in diesem »Lesekreis«, zu dem auch Anne Bass geht. Jeden Monat lesen alle aus der Gruppe das gleiche Buch, und dann treffen sie sich und diskutieren darüber. Lauter so reiche Frauen wie Brooke Astor, Mrs. Rupert Murdoch und Drue Heinz. Sie treffen sich jede Woche im Haus eines anderen Mitglieds, mit Butlern, Köchen und Hausangestellten, und Heather sagt, sie sei die einzige, die arm ist, und die einzige, die diese Bücher auch wirklich liest. Mit 15 ist sie von der Schule abgegangen. Paige und ich gingen zur »Robert Miller Gallery«. Meine Fotoausstellung sieht absolut toll aus. Hinreißend. Und der Katalog sieht auch gut aus, doch Stephen Koch streut in seinen Aufsatz so alte und übliche Namen wie Duchamp und Brassaï ein. Brassaï!!! Hätten sie das einen Jüngeren machen lassen, dann wären andere Namen gefallen – und frischere.

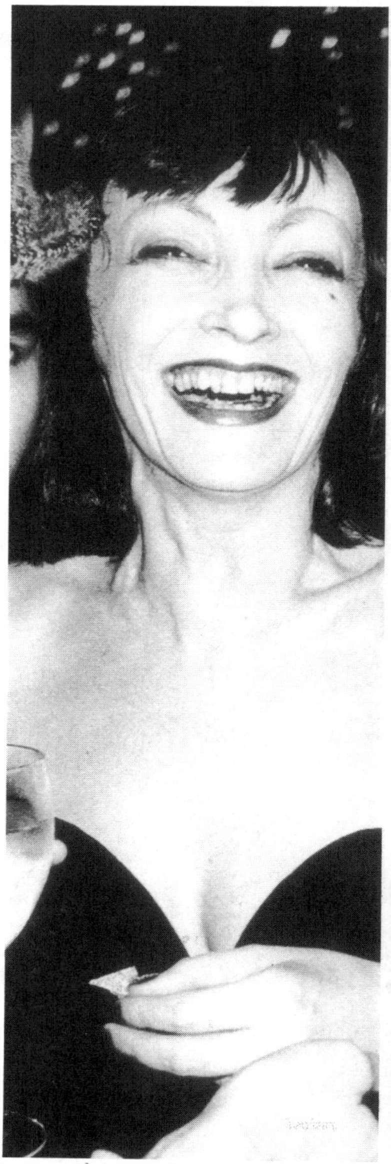

Larissa *(Andy Warhol)*

Ich beschloß, nicht auszugehen, sondern mich auszuruhen, um für die Eröffnung der Ausstellung fit zu sein.

Dienstag, den 6. Januar 1987
Jeder wollte mich in seiner Limousine haben – Steven Greenberg und Stuart Pivar. Paige ließ die Galerie noch 50 Leute anrufen und in letzter Minute zusätzlich einladen. Hatte den ganzen Tag reichlich zu tun. Um 5.00 kam ich zur Galerie. Erst standen nur ein paar Leute herum, doch dann wurden es immer mehr und mehr. Ich schuftete mich zu Tode. Die Ausstellung war großartig. Dann fuhren wir mit Stephen Greenberg zum Dinner; danach ging ich nach Hause und legte mich früh ins Bett. Ich dachte, ich könnte meine Erkältung loswerden, doch dann rief morgens um 3.00 Jean Michel an, und ich redete mit ihm und brachte mich um den Schlaf.

Mittwoch, den 7. Januar 1987
Suchte am Morgen Dr. Bernsohn auf und wurde meine Erkältung los. Ich sagte ihm nichts von meiner Erkältung, doch er sagte, meine Atemwege seien verstopft und behandelte mich. Zum erstenmal benutzte er dabei mehrere verschiedene Kristalle, etwa die langen, dünnen. Und zum erstenmal glaubte ich ganz fest daran, und meine Erkältung war wie weggeblasen, als ich ging. Er fragte mich: »Hätten Sie etwas dagegen, wenn ich meinen Preis um $ 10.00 anhebe?« Und ich sagte: »Ja!« Ich meine, er erzählt mir doch immer von den Kleidern und Schallplatten, die er sich kauft. »Na schön«, sagte er, »wie wäre es dann mit $ 5.00?« Und ich sagte: »Okay, was soll ich da schon sagen?«

Donnerstag, den 8. Januar 1987 Sam erzählte mir Klatsch über Fred, von dem ich eigentlich nichts wissen soll. Er hat Nell einen Brief geschrieben und sich darin entschuldigt, daß er die Hosen heruntergelassen hat. Außerdem erfuhr ich, daß er eines Abends im »Area« seinen Schwanz raushängen ließ und wie eine leblose Dekoration dastand, bis es jemand merkte.
Len Morgan ist übrigens von seinem zehntätigen Trip mit Thurn und Taxis zurück und geht wieder ans Telefon. Der Fürst erfindet immer noch Geschichten über mich. Er erzählte Len, ich hätte einmal zu ihm gesagt: »Wenn Sie wirklich so aufregend sind, dann *tun* Sie doch mal was Aufregendes.« Und dann soll ich ihm auf die Zehen getreten haben. Woran ich mich überhaupt nicht erinnern kann.

Freitag, den 9. Januar 1987
Ich überlege, wann ich nach Mailand fahren soll. Meine Ausstellung ist am übernächsten Donnerstag.
Ich schlief während einer MTV-Sendung ein und hatte Rock-Video-Alpträume.

Sonntag, den 11. Januar 1987
Ging zur Kirche, dann rief Paige an und wollte mich zum Ballett abholen (Taxi $ 5.00). Die Stücke waren großartig. »Symphonie in C.« Das habe ich seit Jahren nicht gesehen. Dann folgten zwei Ballette von Jerôme Robbins. Wir hatten Peter Martins Plätze. Jock und Heather waren auf der Bühne und schwebten rum. Sie sagen, ich kann Fotos von der Truppe machen, solange ich will. Ich fange gleich damit an.
Anne Bass war nicht im Ballett, doch sie kam zu dem Dinner, das Paige im »Baton« arrangiert hatte. Paige und ich gerieten uns in die Haare. Sie stichelte ununterbrochen wegen Jean Michel. Sie fragte: »Nimmst du deine

Stuart Pivar *(Andy Warhol)*

schwule Beziehung zu Jean Michel wieder auf?« Doch ich schlug zurück und sagte: »Hör zu, *ich* würde nicht mit ihm ins Bett gehen, denn er ist so schmutzig, und ich kann mir nicht vorstellen, daß es ein anderer tut. *Du* bist doch diejenige, die eine Affäre mit einer schmutzigen, ungewaschenen Person hatte.«
Als Ulrik mir erzählte, daß er am Abend keine Zeit habe, mit seinem Hund spazierenzugehen, reagierte ich genauso aggressiv wie Heather und sagte: »Warum hast du den Hund dann nicht auf die Bühne geschickt und ihn sein Geschäft dort machen lassen? Keiner hätte was gemerkt.«
Ich erzählte allen von meiner Idee mit dem »Dusch«-Ballett, die mir immer noch im Kopf herumspukt – nackte Tänzer gehen nach einer anstrengenden Tanznummer unter die Dusche und schütteln sich hinterher so, daß das Publikum naß wird.
Zuerst waren die Kids vom Ballett sehr ruhig, doch nach dem zehnten Glas Wein wurden sie richtig lustig. Stephen Sprouse zeigte uns, wie man rückwärts schreibt. Er ist klug und hat eine sehr schöne Handschrift. Und dann geschah etwas ausgesprochen Surreales. Eine Busladung von Achtjährigen kam in das Restaurant – ungefähr 50 – und belagerte die Bar. Wir fragten sie, was sie machten, und sie sagten, sie zögen von Bar zu Bar, um für einen Schulaufsatz zu recherchieren. Es wurde richtig laut und ungemütlich. Dann wollten sie weiter zu »Nell's«.

Montag, den 12. Januar 1987
Sean Lennon kam. Ich mache jedes Jahr ein Porträt von ihm. Er war spaßig. Fuhr ins »Castellano« zum Dinner mit David Whitney (Taxi $6.00). Philip kam nicht, weil er mit ein paar hohen Tieren verabredet war. David fängt immer wieder davon an, daß er mich heiraten möchte. Er wäre eine gute Partie, jetzt, wo ich weiß, wie viele Bilder von Jasper Johns er hat. Er bereitet gerade die Ausstellung von David Salle im Whitney Museum vor. Er erzählte, daß Jasper in La Samanna vom Baum gefallen ist. Er hat sich aber nur ein Handgelenk gebrochen. Er und Rauschenberg haben das Trinken aufgegeben, also werden sie jetzt wohl ewig leben.

Sting, Bob Dylan und Andy Warhol *(Paige Powell)*

Mittwoch, den 14. Januar 1987
Fuhr mit Sam und Len zu Dolly Partons Party im »Gotham« (Taxi $3.50). Dolly kam gleichzeitig mit uns an. Sie hielt eine Rede und sagte, mit der Party feiere sie ihren Vertragsabschluß bei CBS, nachdem sie 20 Jahre lang bei RCA unter Vertrag gewesen sei. Sie ist gerade 40 geworden und sieht absolut wunderschön aus, doch alles an ihr wirkt so gemacht. Sie ist ziemlich mager, nur ihre Titten sind so riesig, daß Implantate drin sein müssen. Man kann einfach nicht so dünn sein und trotzdem so große Titten haben – ich bin sicher, sie wären geschrumpft.
Barry Diller kam in Begleitung von Calvin und Kelly.
Anschließend gingen Paige und ich zu »Nell's«. Das Wetter war herrlich,

zwischen fünf und zehn Grad. Bei »Nell's« war es glorios. Fred war mit Ian McClellan und seinem Freund Sean da. Nell lief rum und machte Fotos. Sie fotografierte Fred, der erschöpft auf dem Diwan lag. Sting war auch da. Er trägt jetzt Sachen von Cerutti. Nell fragte ihn, wie es mit seiner Karriere angefangen habe, und er sagte, dies und das sei passiert, bis »Andy aus mir einen Star gemacht hat«. Vielleicht waren wir die ersten, die ihn allein auf eine Titelseite gebracht haben. Er möchte jetzt Theater spielen. Als Nell ihren Platz verließ, kam Bob Dylan und setzte sich zu uns. Er sagte, er komme direkt von meiner Fotoausstellung in der »Miller Gallery«.

Freitag, den 16. Januar 1987
Ich mag gar nicht an Europa denken. In den Nachrichten hieß es, daß sich die Leute in Rußland diese Woche mit Bärenfett einreiben, weil es dort so kalt ist.
Fuhr zur Vernissage von David Salle. Bruno und Yoyo waren da. Lauter Motive aus den sechziger Jahren von Jim Dine, Rauschenberg, Jasper und mir. Er hat sich alles geschickt und schön zusammengestellt. So was nennt man intellektuell.
Sam Wagstaff ist kürzlich gestorben.
Anschließend fuhr ich ins »Mr. Chow's« zum Salle-Dinner (Taxi $ 5.00). Alle Kunsthändler waren da. Auch Mary Boone, die eine Ausstellung mit meinen »Rorschach«-Sachen machen will. In der »Voice« hatte meine Fotoausstellung eine gute Kritik.
Ich möchte immer noch »The Worst of Warhol« machen mit dem ganzen Zeug, das nichts geworden ist. Aber dafür muß ich (lacht) trotzdem noch einiges tun.
Bruno wollte bei Robert Mapplethorpe sitzen, aber ich nicht. Er ist krank. Ich setzte mich woanders hin.

Samstag, den 17. Januar 1987
Ging ins Büro und arbeitete bis 7.00. Dann holte mich Paige ab. Wir fuhren zu Keith Harings Eröffnung.
Keiths Ausstellung war interessant. Die Arbeiten waren anders als sonst. Anscheinend wollte er viele Sachen ausstellen und hat deshalb schneller gearbeitet. Es wirkt diesmal nicht so kalkuliert. Yoko und ihr Sam waren auch da, aber Sean nicht. Yoko sagte, er sei bei einer Geburtstagsparty und jetzt alt genug, um eigene Pläne zu machen. Später fragte ich Keith: »Sag mal, wo ist denn Sean?« Ich wollte mich vergewissern, ob ihm aufgefallen war, daß Sean nicht da war. Das war wohl gemein von mir, aber (lacht) ich bin immer noch eifersüchtig, weil Sean Keith lieber mag als mich.

Sonntag, den 18. Januar 1987, New York – Paris Das Wetter in New York war toll, und ich fuhr nur ungern weg. Stand um 6.00 auf und packte. Ich versuchte, an nichts zu denken. Die Reisetasche war zu schwer, keine Ahnung, warum. Ich ziehe mich dort ja nie um und dusche auch nie. Und am Ende liege ich jede Nacht immer in meinen Kleidern im Bett. Chris Makos holte mich um 10.00 ab. Dann fuhren wir zu Fred; er war pünktlich. Fuhren zum Flughafen (Fahrer $ 60.00).
Kamen in Paris an. Ein Chauffeur namens Freddy holte uns ab. Wir stiegen im »Hotel Lenox« ab. Chris bekam natürlich wieder das bessere Zimmer, wie könnte es auch anders sein. Mein Zimmer war eiskalt, aber sonst ganz nett. Klein, aber nett. Vor allem die französischen Möbel. Wir gingen auf eisglatter Straße zum »Café Flore«. Aß ein paar Sandwiches, mehr nicht. Wir waren die letzten Gäste ($ 35.00). Als wir wieder im Hotel waren, schlief ich ein und ließ sämtliche Lampen brennen. Chris war clever. Er ließ sich zwei Heizöfen aufs Zimmer bringen.

Montag, den 19. Januar 1987, Paris Wir gingen ins Beaubourg, dank Chris kamen wir umsonst rein. Wir sahen uns Schnabels Ausstellung an. Sie war toll, wie von einem talentierten Künstler. Wir aßen in einem

42 Diamond Dust Shoes, 1980

schicken Café zu Mittag ($ 35.00). Ich ging nach unten, um zu pinkeln. Die Toilette war fantastisch. Sie haben dort eine große Glasplatte, an der Wasser herunterläuft, und man pinkelt gegen das Glas. Absolut modern, und verrückt. Gut, daß Chris mich vorgewarnt hatte, sonst hätte ich nicht gewußt, wo ich hinpinkeln soll. Das Ganze sieht aus wie ein Springbrunnen.

Dienstag, den 20. Januar 1987, Paris Traf den Fotografen Art Kane und verbrachte einige Zeit mit ihm. Er hat wieder geheiratet, eine Französin. Traf Fred und aß etwas im »Café Flore« ($ 15.00). Kaufte Zeitschriften, aber nur die guten ($ 20.00). Wollte ein paar Kids zum Dinner einladen, aber niemand schien ans Telefon zu gehen – James Brown und die anderen. Chris sah sich unsere Flugtickets an und merkte, daß sie für Rom statt für Mailand ausgestellt waren. Ich beschloß, unseren Reisebüromann rauszuschmeißen. Chris bemühte sich telefonisch, die Panne in Ordnung zu bringen. Blieb auf und las Zeitschriften.

Mittwoch, den 21. Januar 1987, Paris – Mailand Wurden von der Polizei erwartet und gleich durch den Zoll geschleust, weil Lisa Soltilis von Iolas die Polizei gebeten hatte, uns zuvorkommend zu behandeln. Es wäre leicht gewesen, Marihuana oder andere Drogen einzuschmuggeln. Sie war sehr freundlich. Iolas saß im »VIP«-Raum. Er war in Decken gehüllt wie eine kleine alte Frau. Später erfuhren wir, daß er das Krankenhaus nur verlassen hatte, um uns abzuholen. Und dann entwirrte sich allmählich die ganze Geschichte. Iolas stellte meine Sachen in der Bank Credito-Valtellinese aus. »Alexander Iolas präsentiert Andy Warhol.« Er muß das ganze Geld bekommen haben, nur um uns zu »präsentieren«.

Meine »Abendmahl«-Ausstellung ging genau an dem Tag zu Ende, an dem meine andere Ausstellung eröffnet wurde. Wir hatten eine Menge Publicity. Iolas war wirklich nett. Er mußte wieder zurück ins Krankenhaus, und Lisa brachte uns zum Hotel »Principe di Savoi«. Wir bekamen sehr schöne Zimmer. Christopher nahm sich das beste Zimmer, das mit dem Fernseher. Fred war unten in der Halle (Gepäckträger $ 10.00; Zeitschriften $ 25.00; Kellner $ 5.00). Daniela Morera rief an und nahm sich unser an. Sie hatte Grippe, und ich wußte, sie würde mich anstecken. Fuhren zur Galerie zum Presse- und Fernsehtermin. Wir hatten ein eigenes Auto, 24-Stunden-Service.

Donnerstag, den 22. Januar 1987, Mailand Fuhr zur Galerie, wo um 11.00 eine Pressekonferenz war. 250 Reporter. Stupid und ätzend. Brachte alles gut hinter mich. Signierte viele Poster. Danach hatten wir Freizeit. Lunch mit Gianni Versace auf seinem Schloß. Rizzolis ehemaliges Schloß. Große römische und griechische Statuen. Suzie Frankfurt hatte Versace überredet, sie zu kaufen. Sie waren eindrucksvoll, so riesig, so imposant. Wir fühlten uns wohl.

Dann mußte ich zurück zur Galerie, um 4.30 war die zweite Pressekonferenz. Blieb bis 8.30. Daniela hustete mir ins Gesicht, und ich gab Autogramme. Gianni schenkte uns Karten für Bob Wilsons »Salome« in der Scala, für die er die Kostüme entworfen hatte. Also konnte ich mich von meiner Ausstellung wegschleichen, wenn's mir zuviel wurde. Schließlich nahm Fred mir den Füllfederhalter aus der Hand und brachte mich raus.

In der Oper hatte ich eine Loge, dann mußte ich zu meinem Dinner. Ich aß ziemlich viel, und Daniela hustete in mein Essen. Zwei Tage lang hatte sie mich beim Sprechen angehustet, und ich hatte der Erkältung widerstanden, doch dann gab ich nach und hatte sie endlich. Fuhr erschöpft nach Hause.

Freitag, den 23. Januar 1987, Mailand Als ich aufwachte, war mir schon unwohl. Las die Zeitungen (Kellner $ 5.00). Daniela wollte uns zum Lunch abholen, doch ich war zu erschöpft und blieb im Hotel, um etwas zu ruhen. Meine Temperatur stieg auf 38, und ich nahm Vitamin C, bis mein Magen übersäuert war. Iolas kündigte sich an, und ich kam nicht zur Ruhe. Daniela ging mit Chris und Fred aus. Sie brachten mir was aus der Apotheke mit, das sich als Antihistaminikum entpuppte und mich wach machte statt müde. Es war ein Horror-Tag, aber er ging schnell vorbei.

Iolas sah wieder ganz okay aus. Fred blieb noch einen Tag länger, um mit ihm über Geschäfte zu reden. Chris kam, bestellte Suppe und maß alle paar Minuten meine Temperatur. Sie ging rauf und runter. Dann ging er aus und vergnügte sich in den Discos. Ich nahm ständig Valium, konnte aber nicht schlafen. Mein Fieber sank. Sah fern und versuchte zu schlafen, damit ich um 6.00 aufstehen konnte.

Samstag, den 24. Januar 1987, Mailand – New York Stand auf in Mailand. Ich hatte die ganze Nacht nicht geschlafen, weil ich Danielas Pillen genommen hatte. Ich bekam nur Durst davon, und das Zäpfchen nützte überhaupt nichts. Doch mein Fieber war gesunken. Wahrscheinlich hatte ich nur die 24-Stunden-Grippe. Ich hatte Vitamin C genommen und sogar Aspirin. Christopher bestellte mir Suppe und Brot. Ich hasse Daniela, weil sie mich angesteckt hat, und ich hasse sie wegen dieser Pillen. Aber ich hatte auch wie ein Verrückter Valium geschluckt ohne die geringste Wirkung. Am Morgen war jedenfalls alles in Ordnung. Verließ das Hotel (Concierge $ 50.00; Türsteher $ 25.00; Gepäckträger $ 10.00; Fahrer $ 100.00; Zeitschriften $ 20.00). Kamen gut zum Flughafen.

Im Flugzeug passierte etwas Weltbewegendes – in der »International He-

rald Tribune« stand ein Artikel über mich, und ich machte mir nicht einmal die Mühe, ihn auszuschneiden. Er interessierte mich einfach nicht. Soweit ist es mit mir also schon. Aber vielleicht kam das auch nur daher, daß ich mich noch so elend fühlte. Doch selbst jetzt interessiert er mich nicht. Chris erzählte, diese Frau in Mailand, die so nett und reizend war, habe hundsgemeine Dinge über mich geschrieben.
Als wir in New York landeten, wartete der Fahrer auf uns (Wagen $ 7.00). Ich bekam keine Quittung. Ich fühlte mich wirklich nicht wohl.

Sonntag, den 25. Januar 1987
Paige war sehr nett. Sie brachte mir Suppe, Brot und einen Nachtisch aus dem »Café Condotti«. Sie macht sich wirklich große Mühe und hat soviel Energie. Sie ist wie Chris, nur daß Chris alles für sich selber tut und Paige für andere. Ich kann verstehen, warum sie sich so aufregt, wenn was passiert. Ihr liegt so viel an anderen.
Im »Joyce Theatre« waren Karten für mich hinterlegt. Robert LaFosse trat dort als Gast in Carol Armitages Ballett auf. Ihr Freund David Salle hat dafür die Kostüme entworfen; er ist der künstlerische Leiter. Für hinterher hatte Paige im »Indochine« ein Dinner mit den Leuten vom »New York City Ballett« arrangiert, bei dem wir über den Vorhang sprechen wollten, den ich entwerfen soll. Um 9.45 oder um 10.00.
Ununterbrochen klingelte das Telefon, und mein Magen war völlig verkorkst. Ich hätte den Nachtisch nicht essen sollen, den Paige mir gebracht hatte. Kenny Scharf rief an und wollte mich wieder dazu überreden, in Brasilien Land zu kaufen, und ich wäre bereit dazu gewesen, ihm einen Scheck zu schicken. Doch Fred hatte mich in Europa deswegen fertiggemacht. Er behauptete, das sei ein illegales Geschäft ohne Vertrag und ohne den wirklichen Nachweis, daß einem das Land auch gehört. Aber, meine Güte, es ist so billig.
Stuart und ich gingen zu »Sotheby's«. Es war gerammelt voll. Es ging um Americana. Jamie Wyeth war da, aber ohne Phyllis. Er sieht älter aus, hat seinen jungenhaften Charme verloren und wirkt jetzt distinguierter. Es ging mir wieder schlechter, deshalb ging ich in den Drugstore und holte mir Maalox für den Magen.
Peter Wise rief an. Ich wußte, daß er anrufen würde, weil ich gehört hatte, daß er einen Job bei Stuart Pivar will. Doch seit er damals nicht mir, sondern Kent Klineman geglaubt hat, finde ich ihn einfach dumm... Habe ich eigentlich dem Tagebuch davon was erzählt? Von dem Streit, den ich damals mit Peter hatte? Ich war sechs Jahre lang gut mit ihm befreundet, und irgendwann, als ich ihm irgend etwas erzählte, sagte er plötzlich: »Nun, *Kent* sagt aber etwas anderes.« und ich sagte: »Gut, wenn ich sage, etwas ist rot, und du siehst, daß es nicht so ist, dann solltest du mir *trotzdem* glauben, weil wir Freunde sind.« Und dann sagte ich, er könne ja Fred fragen, wenn er mir nicht glaube. Das tat er, und es stellte sich heraus, daß ich recht hatte, doch *mir allein* hatte er nicht geglaubt, und das machte mich wütend.
Ich habe jetzt Ken als neuen Leibwächter eingestellt, einen Freund von Chris. Er soll mich morgens abholen. Er sieht gut aus, ist groß und blond und kommt aus Florida.
Ich ging zum »Joyce Theatre«. Wir trafen uns dort mit Tama. Sie war aus Princeton gekommen. (Karten $ 40.00). Die Aufführung war miserabel, aber Robert LaFosse ist wirklich ein Profi.
Nach dem Ballett war das Dinner im »Indochine«. Aber schon der Gedanke daran war mir unerträglich. Ich kaufte an einem Obststand Ananas, Bananen und Äpfel und fuhr nach Hause. Der Fahrer bat mich um ein Autogramm, und ich mußte ihm ein großes Trinkgeld geben (Taxi $ 9.00). Ich machte mir Saft aus dem Zeug. Als ich fertig war, merkte ich, daß ich für das Pressen und das Säubern des Ent-

safters so lange gebraucht hatte, daß ich auch gut zu dem Dinner hätte gehen können. Ich nahm eine Schlaftablette und schlief die ganze Nacht. Wachte um 6.00 auf.

Montag, den 26. Januar 1987
Ken holte mich ab. Es war zu kalte, um »Interviews« zu verteilen, deshalb nahmen wir keine mit (Zeitschriften $ 6.00).
Unsere Titelseite mit Charlie Sheen kommt genau zur richtigen Zeit. »Platoon« ist der große Hit.
Paige sagte, Mittwoch und Donnerstag seien wichtige Anzeigen-Dinners. Ich verstehe das nicht mit diesen Anzeigen-Dinners – man gibt einen Tag seines Lebens her, um dafür ein Inserat zu bekommen. Andererseits lernt man dabei aber auch Leute kennen, und gelegentlich kommt man anderweitig mit ihnen ins Geschäft.
Um 12.00 klingelte zu Hause das Telefon. Es war Billy Name.
Habe ich vergessen zu sagen, daß er angerufen hat? Er wohnt in Poughkeepsie und organisiert gerade ein Sechziger-Treffen. Er hat dort gleich drei Jobs. Er ist Hilfssheriff und noch was. Er plapperte und plapperte. »Du weißt doch, wie sehr ich dich liebe, Honey.« Er sagte, Gerard und Ingrid Superstar kämen und daß sie mich abholen und in Stephen Shores Haus bringen würden – er arbeitet jetzt übrigens am Bard College – und so weiter. Doch ich werde Billy sagen müssen, daß ich die Vergangenheit nicht ertragen kann. Ach ja, und als ich nach Hause kam, hatte ich wohl nicht darauf geachtet, wo ich hintrete, denn während ich mit Billy sprach, entdeckte ich Hundescheiße an meinen Schuhen.

Dienstag, den 27. Januar 1987
Michelle Loud kam wieder zur Arbeit. Sie ist aus dem Urlaub zurück und näht jetzt mit der Nähmaschine die Pornofotos zusammen, die ich gemacht habe. Ich muß im Büro anrufen und sagen, sie sollen sie verstecken, weil die Kids, die wir gerade im Büro haben – die von »Interview«, die ich nicht mal kenne –, mich sonst womöglich bei der Polizei anzeigen. Das wäre wieder wie in den sechziger Jahren. Ich wette, sie könnten einen immer noch wegen Pornoaufnahmen verhaften, wenn sie wollten.

Donnerstag, den 29. Januar 1987 Ich mußte mich beeilen und ging schon um 9.30 aus dem Haus, weil ich Phoebe Cates versprochen hatte, ins »Hard Rock Café« zu kommen. Dort fand ein Benefiz für das »Covenant House« statt, ein Heim für jugendliche Ausreißer. Ken begleitete mich. Er ist nett, nur leider sehr langsam. Aber ein besserer Verteiler als Tony. Er pickt sich gutaussehende Leute heraus, die der Zielgruppe von »Interview« entsprechen, und drückt ihnen das Heft in die Hand. Mathilda Cuomo war da.
Anschließend fuhr ich zu Chris Makos, um noch mehr Nacktfotos zu machen (Taxi $ 300.00). Das dauerte von 1.00 bis 3.00. Während ich dort war, hörte ich, wie Chris mit Paige telefonierte. Ich ließ mir von ihm den Hörer geben und sagte Paige, daß »La Vie en Rose« möglicherweise bei uns inserieren möchte, und sie schrie mich an, ich sei nicht zu dem wichtigen Dinner erschienen. Sie zankte wie eine Ehefrau. Dann warf sie mir vor, ich sei nur bei Chris, um Pornofotos von nackten Männern zu machen. Das stimmte zwar, aber schließlich war es fürs Geschäft! Ich versuche doch nur zu arbeiten und etwas Geld zu verdienen. Die Pornoaufnahmen sind für eine Ausstellung. Es ist *Arbeit.*

Samstag, den 31. Januar 1987
Paige hatte ein Anzeigen-Dinner im »Caffe Roma«. Ich arbeitete bis um 8.00 (Taxi $ 7.00). Heather Watts wollte den ärmsten Jungen von New York kennenlernen, weil sie soviel Zeit mit Anne Bass zugebracht hat. Stephen Sprouse brachte ihr einen reizenden Laufburschen mit einer 30 cm langen Tätowierung mit. Man schob vorne zwei Tische für uns zusammen. An der Bar stand ein Mafia-Typ, der über Stephens Punkfrisur lästerte. Stephen geriet derart in Panik, daß er

ging, und dann stauchte Paige den Kerl zusammen. Der hätte sie fast allegemacht, viel hat nicht gefehlt. Er war ein Fettkloß, ein Stier, etwa 1,95 m. Ein Riese. Peter Martins sah sich gezwungen, hinzugehen und Paige zu helfen. Dann stand auch Jock Scoto auf. Ich stellte mir schon vor, wie die Mafia-Schlägertype an der Bar das »New York City Ballet« auslöschte. Es war unheimlich – Worte wie »Arschloch« und so fielen. Heather fand das wunderbar.

Obwohl Peter sich als Mann gezeigt und Paige verteidigt hatte, sank er erleichtert auf einen Stuhl, nachdem der

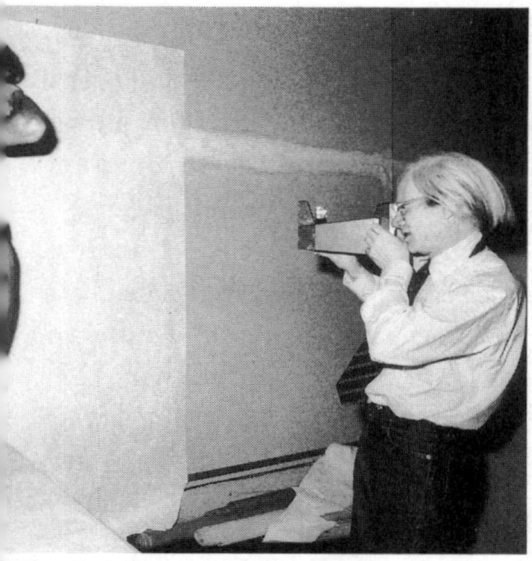

»Landschafts«-Fotografieren *(Christopher Makos)*

Schläger abgehauen war. Er sagte: »Paige, ich gehe nie wieder mit dir aus – du machst zuviel Ärger!«

Setzte Wilfredo ab und fuhr nach Hause, um mich ins Bett zu legen (Taxi $ 6.50).

Montag, den 2. Februar 1987

Ken holte mich ab. Stuarts Freund Christopher O'Riley, der Pianist, hat in einem Artikel über Virtuosen in der »New York Times« eine hervorragende Kritik bekommen.

Liberace stirbt. Er sah so gesund aus, als er letztes Jahr hier im Büro war, oder?

Ich rief Nell an, um sie zu bitten, diese Woche unsere Fernsehshow zu moderieren. Sie sprach gerade auf der anderen Leitung mit Australien, wollte gleich zurückrufen, und tat es dann nicht. Das fand ich seltsam.

Ein paar Leute, die Biographien über mich schreiben wollen, haben angerufen. Fred sagte ihnen, sie sollten das lassen; sie wollen es aber trotzdem tun.

Die Firma »Rado Watches« gab im »Saint« ein Dinner. Smokingzwang. Sie holten mich nach der Arbeit ab. Alles war um das Bild gruppiert, das ich gemalt hatte, und Sarah Vaughan sang. Wir hatten alle Angst, etwas zu essen, weil das »Saint« noch diesen schwulen Touch aus der Zeit hat, als es eine Schwulendisco war. Das Licht war düster, und das Essen wurde auf *schwarzen Tellern* serviert.

Sarah Vaughan war fantastisch – sie war fett und schwitzte, ist aber immer noch gut bei Stimme. Wir wurden in ihre Garderobe eingeladen und an all diesen schlimmen Zimmern vorbeigeführt, wo früher diese Sex-Orgien passierten. Wir hielten den Atem an. Wir sagten Sarah, sie sei großartig gewesen, doch sie interessierte sich nur für ihren Drink. Zu einem von uns sagte sie: »Mach meinen Brandy zu.« So was in der Art. Im April tritt sie im »Blue Note« auf.

Wir hatten Hunger. Paige, Wilfredo und ich gingen in das Lokal um die Ecke an der Second Avenue, es heißt »103«. Und dort sollten wir in Zukunft mit unseren Gästen essen. Wir bezahlten für drei Tassen Tee, eine Cola, eine Schüssel Chili und zwei Sandwiches zusammen $ 11.00. Ob die sich verrechnet haben? Ich gab ein dickes Trinkgeld ($ 20.00).

Dienstag, den 3. Februar 1987

Ken holte mich ab. Er ist groß und stark und kann die »Interviews« alle allein tragen. Ich muß sie nur signieren. Es war ein herrlicher Tag. Es fiel mir schwer, ans Arbeiten zu denken, und wir gingen etwas essen ($ 15.00; Telefon $ 2.00; Zeitungen $ 2.00; Taxi $ 7.50). Traf keinen Menschen.

Mittwoch, den 4. Februar 1987

In der »Post« war ein Foto von Ingrid Superstar mit einem großen Artikel, »Warhol-Star verschwindet«. Ich

dachte, sie wollte zu dem Treffen, das Billy Name vorbereitet. Ich frage mich, ob Gerard das an die Zeitungen weitergegeben hat, nur damit sein Name drinsteht. Brigid hatte mir nicht gesagt, daß man nach ihr gefragt und bei uns angerufen hatte. Ich hätte mir Sorgen um Ingrid gemacht.
Alba Clemente kam vorbei, um sich für ein Porträt fotografieren zu lassen. Sie ist sehr schön. Ich fotografierte sie nackt.

Donnerstag, den 5. Februar 1987 Gingen ins »E. A. T.« Unsere Lieblingskellnerin gab uns beim Essen einen Nachschlag (Trinkgeld $ 15.00). Ich aß alles auf. Das war ein Fehler (Telefon $ 0.50; Zeitungen $ 1.00; Taxi $ 5.00).
Paige lag krank zu Hause, deshalb hatte ich den Abend frei. Kein Anzeigen-Dinner. Sam und ich wollten ins Kino gehen; John Reinhold wollte sich uns anschließen. So konnten wir vorher beim Dinner noch über Schmuck reden. Wir fuhren zum »Nippon« (Taxi $ 6.00) und besprachen alles. Anschließend wollten wir uns »Outrageous Fortune« (»Nichts als Ärger mit dem Typ«, Regie Arthur Heller, 1987) mit Bette Midler ansehen, weil das der Kassenschlager der Woche war. Doch beim Verlassen des Restaurants verspürte ich plötzlich heftigen Schmerz und konnte keinen Schritt mehr tun. Ich bekam Angst und sagte, ich könne nicht mit ins Kino, und sie brachten mich nach Hause. Ich versuchte, positiv zu denken und mit dem Geist die Materie zu besiegen. Und als ich vor meiner Haustür stand, war der Schmerz plötzlich weg, völlig verschwunden. Es war wie ein Wunder. Ich bedaure nur, daß ich nicht ein paar Minuten gewartet habe, denn dann hätte ich keinem zu sagen brauchen, daß etwas nicht stimmte. Ich ging ins Haus und sperrte die Hunde aus, weil sie mich störten. Sie spielten verrückt, weil sie nicht begriffen, daß ich nicht gut drauf war. Ich schlief ein.
Ich schmeiße jetzt diese ganze Junk-Food raus. Vermutlich war es die Gallenblase. Die erste Kolik hatte ich, als ich mit Fred zum »Waldorf« fuhr, um mich mit der alten Mrs. Woodward zu treffen, die damals um die 90 war – das war 1973 oder 1974. Er mußte mich ins Krankenhaus bringen. Und ausgerechnet in dieser Woche lief »The Two Mrs. Grenvilles« im Fernsehen, nach dem Roman von Nick Dunne, der die Geschichte von Elsie Woodward erzählt. Ich habe das Gefühl, daß da ein Zusammenhang besteht.

Freitag, den 6. Februar 1987 Ken holte mich ab. Wir gingen mit »Interviews« über die Madison Avenue. Es war ein schöner Tag. Danach fuhren wir mit Stuart zum Lower Broadway und sahen uns dort um. Dann setzte er uns beim Büro ab.
Arbeitete den ganzen Nachmittag. Ich wollte noch mal versuchen, mir »Outrageous Fortune« anzusehen. Vorher ging ich mit Wilfredo, Len und Sam ins »Nippon« und sprach mit ihnen über die Artikel für »Interview«, an denen sie gerade arbeiteten (Dinner $ 175).
Wir kamen nicht in »Outrageous Fortune«, weil die Schlange vor dem Kino zu lang war. Statt dessen sahen wir uns einen englischen Film über den KGB an. Er war absolut langweilig, und wir schliefen alle ein (Karten $ 24.00; Popcorn $ 5.00).

Sonntag, den 8. Februar 1987 Stuart holte mich vor der Kirche ab. Es war peinlich, von der Kirchentreppe aus in eine schwarze Limousine zu steigen. Wir fuhren in die 76. Straße zum Flohmarkt, um nach Büchern zu schauen. Dieser eine Typ hat jemandem seine Bibliothek abgekauft, und jetzt hat er 40 Kartons mit Büchern, von denen er jede Woche einen Karton mitbringt. Die Leute stehen schon um 9.00 Schlange. Ich kaufte ein paar Bücher, darunter ein Katalog vom »Museum of Modern Art« aus dem Jahre 1952, als die de Menils dort eine Ausstellung hatten. Damals kannte ich sie noch nicht.
Stuart kauft ständig alte Hüte und verliert sie dann wieder. Er liebt alte Kleider. Er mag ihren Geruch.

Wir wollten uns Johnny Mathis ansehen und kauften Karten, auch für Alba Clemente und John Reinhold. Stuart setzte mich ab. Paige läutete. Sie hatte Ananas für mich. Ich mußte sie auf der Diele liegenlassen, weil ich schon abgeschlossen hatte. Sie sprühte vor Energie und rief: »Hi-i-i-i!« Manchmal wird mir das fast zuviel. Wir fuhren zur »Radio City Music Hall« (Taxi $ 5.00). Henry Mancini eröffnete die Show und spielte zwei Stunden lang seine Hits, »Pink Panther« und so weiter. Es war todlangweilig. Paige sagte: »Ist das nicht toll?« Sie muß wirklich noch cooler werden. Am liebsten hätte ich ihr eine geknallt. Ich war mit den Nerven fertig. Johnny Mathis kam auf die Bühne. Er ist immer noch gut bei Stimme. Ich wußte bisher nicht, daß es so entscheidend ist, wie man das Mikrofon hält. Als es endlich vorbei war, kam er noch mal zurück und sang eine Zugabe.

Montag, den 9. Februar 1987

Taxi downtown ($ 6.00). Brigid mußte nach Hause und ihrer Mutter eine Morphiumspritze geben. Es dauerte nicht lange, nach ein paar Stunden war sie zurück – der Gedanke beunruhigt sie, daß ihre Mutter im Winter sterben wird und wieder ein Sarg in die kalte Erde hinabgelassen wird. Ihm Frühling wäre es ihr lieber. Ich weiß übrigens nicht, warum man Liberace gleich eingeäschert und keine Autopsie vorgenommen hat – man hätte ihn untersuchen sollen.
Ich bat Paige, mich zu der Präsentation von Dionne Warwicks Parfum bei »Stringfellow's« zu begleiten. Paige wollte ihr die Ausgabe von »Interview« zeigen, in der wir ihr Parfum vorgestellt haben, als es letztes Jahr neu auf den Markt kam. Doch Jacques Bellini riß Paige die Zeitschrift aus der Hand, bevor sie dazu kam, sie Dionne zu geben. Wie wir erfuhren, vertreibt Dionne ihr Parfum selbst. Es duftet nach Zitronenkuchen. Sehr intensiv. Es war angenehm – ich wurde fotografiert und ging wieder. Ich gab dem Portier ein Trinkgeld ($ 5.00), weil ich ihn mit dem Typ verwechselte, der mir im »Palladium« und im »Studio 54« immer ein Taxi gerufen hat. Fuhr zum »Nippon« (Taxi $ 6.00). Aß zu Abend. Ein Gratis-Dinner – Paige bezahlte. Wir sprachen über die Ausstellungen, die für dieses Jahr geplant sind – noch eine Fotoausstellung bei Robert Miller und ein paar neue Bilder bei Mary Boone... Ich weiß noch nicht, welche.
Endlich schaffte ich es, »Outrageous Fortune« zu sehen. Es ist nichts Besonderes – Bette Midler hat im ganzen Film nicht eine große Szene.

Dienstag, den 10. Februar 1987

Am Morgen kaufte ich eine Menge sperriges Zeug – riesige bemalte Hintergründe, für die ich irgendwo im Büro einen Platz finden muß. Fred wird toben, wenn er sieht, wieviel Platz sie wegnehmen. Sie sind riesig.
Ich ging früh ins Büro. Vincent zeigte mir das Video für die MTV-Show dieser Woche. Es ist interessant, ganz anders, irgendwie seltsam.
Fuhr zu Clemente (Taxi $ 5.00). Ich dachte, sie hätten ständig Gäste, doch sie sagten, seit der Dinnerparty, bei der wir auch waren, hätten sie nichts mehr gemacht. Robert Mapplethorpe war da. Er sah gesünder aus denn je. Sein Gesicht hatte Farbe. Wahrscheinlich probiert man ein neues Medikament an ihm aus. Ich hoffe, er schafft es. Wir sprachen über die Leute aus den siebziger Jahren. Ich fragte ihn nach seiner alten Freundin Patti Smith. Er hatte gerade Fotos von ihr gemacht, und ich fragte ihn, warum er die Fotos nicht »Interview« gebe, und er sagte, »Vogue« habe sie bereits.

Mittwoch, den 11. Februar 1987

Fred rief mich an. Er hat gehört, daß Bob Colacello gerade ein Buch »über die siebziger Jahre« schreibt. Das ist ja, hm, toll.
Nancy Reagan hat übrigens im Fernsehen einen ihrer sechs Milliarden Drogenbriefe verlesen und dabei geweint – dicke Tränen kullerten ihr

Mit Miles Davis am 17. Februar 1987 *(Christopher Makos)*

über die Wangen. So gut hat sie noch nie gespielt. Wegen Ron oder Doria hat sie nie Tränen vergossen. Ron jr. hat es immer noch nicht geschafft, weil er einfach nicht gut aussieht. Sonst hätte er längst Karriere gemacht. Und Prinz Andrew ist so häßlich geworden. Er sieht aus wie seine Mutter. Mal sehen, was noch...

Ach ja, Paige gab einen Lunch für Kondomhersteller, die bei uns inserieren. Sam hatte sie angerufen und ihr erklärt, sie könne ihre (lacht) schmierigen Kondom-Leute nicht mit meinem Schuhfabrikanten aus Italien an einen Tisch setzen. Der Italiener hat ein Porträt bestellt. Als ich ins Büro kam (Taxi $ 6.00), sagte ich zu den Kondom-Leuten, ich hätte gern eine Vorführung (lacht). Darauf zogen alle ihre Gummis aus der Tasche und zeigten mir, wie gut die Ränder haften, daß sie nicht herunterrutschen können. Ich sagte (lacht): »Oh, fantastisch, dann kann man sie ja drei- oder viermal benutzen, ohne sie abzunehmen.«

Donnerstag, den 12. Februar 1987 Paige gab ein »Interview«-Dinner im »Texarkana«, und ich lud Victor Love aus »Native Son« für sie ein. Kenny und Teresa Scharf und Wilfredo wollten auch kommen. Keith verbringt den Winter in Südamerika.

Ulrik kam, um mit mir über den Vorhang zu sprechen, den ich für das »New York City Ballet« machen soll. Ich muß unbedingt daran arbeiten, sie brauchen ihn bald.

Ich fuhr zum »Texarkana« (Taxi $ 5.00). Heather Watts und Stephen Sprouse waren da. Howard Read von der »Miller Gallery« mußte übrigens ins »Gramercy Park Hotel« ziehen, weil seine Wohnung ausgebrannt ist. Seine Katze ist in den Flammen umgekommen.

Wir blieben dort bis 1.00.

Samstag, den 14. Februar 1987

Ein richtig kurzer Tag. Es war nicht viel los. Ich ging einkaufen, machte Besorgungen, kam nach Hause, telefonierte... Ja, das war alles. Wirklich. Es war ein kurzer Tag.

Sonntag, den 15. Februar 1987

Im Haus war es eiskalt. Ich blieb oben im Bett und sah fern. Stuart rief ständig an, ich sprach ungefähr zehnmal mit ihm. Sam und Wilfredo riefen auch an. Und John Reinhold. Ich hing viel am Telefon, aber sonst war nichts los. Ich ging nicht aus, nicht einmal zur Kirche. Es war einfach zu kalt. Ich sah mir dreimal »Agnes of God« an. Es war todlangweilig. Und dann kam »The Story of Will Rogers« mit Will Rogers jr. und Jane Wyman. Der Sohn spielte den Vater. Der Sohn war bei der »Today Show« von CBS, als

ich in den fünfziger Jahren die Wetterkarten zeichnete.
Blieb auf, um mir im MTV »Andy Warhol's 15 Minutes« anzusehen.

Montag, den 16. Februar 1987
Ich lese gerade »Dancing on my Grave« von Gelsey Kirkland und bin enttäuscht. Ich dachte, es wäre mehr eine Schnulze.
Ich sehe mir gerade »Yankee Doodle Dandy« an. Wenn man die Riesenstatuen von Abraham Lincoln sieht, fragt man sich, ob es solche Filmrequisiten sind, die (lacht) in den Antiquitätenläden auftauchen. Keiner weiß, was das ist – bis eines Tages jemand dahinterkommt, daß sie nur 50 Cent wert sind und nicht zwei Millionen. So ist das nun mal mit der Kunst. Wenn ich nur an die vielen französischen »Antiquitäten« denke, die ich mir schon angesehen habe. Wahrscheinlich waren das auch nur Schaufensterrequisiten.
Ken kam. An der Temperatur in meiner Küche kann ich genau ablesen, wieviel Grad es draußen hat – dort ist es immer so kalt wie draußen.
Dann ging ich ins Büro. Julian Schnabel war da. Er war richtig charmant zu Fred. Ich kann mir nicht vorstellen, was er von ihm will. Er war schon einmal so nett zu Fred, aber ich habe vergessen, was er damals wollte. Er war wirklich auffallend charmant. Sein Buch ist erschienen. Für wen hält er sich? Er ist so penetrant und aktiv. Aber so muß man sein im Leben, penetrant und aktiv. Er war in Miami und hat dort Gael getroffen, und er fand sie schrecklich. Er sagte geradeheraus, wir sollten sie rausschmeißen und dafür seine Frau als Redakteurin einstellen. Er sagte, Gael sei dumm, anmaßend und fett.
Er nahm Fred mit in sein Atelier. Ich frage mich ernsthaft, was er von Fred will.
Brigid hat sich für eine Woche abgemeldet. Am Freitag hat sie im Nu einen ganzen Kuchen verdrückt und verkündet, daß sie die nächste Woche nicht kommen würde, weil sie nach London auf eine Schlankheitsfarm gehe. Ob sie deswegen wirklich bis nach London geflogen ist? Na ja, sie kann es sich sicherlich leisten – für jeden Pullover, den sie an der Rezeption strickt, anstatt ans Telefon zu gehen, was eigentlich ihre Aufgabe wäre, verlangt sie $ 2000.00, und sie verkauft eine Menge – sogar Paige hat einen gekauft.

Dienstag, den 17. Februar 1987
Am Morgen bereitete ich mich auf meinen Auftritt bei der Modenschau im »Tunnel« vor, die Benjamin organisiert. Die Garderobe hatte man mir schon geschickt. Ich sah darin aus wie Liberace. Soll ich so rumlaufen und wirklich der neue Liberace sein? Schlangenleder und Kaninchenfell. Julian Schnabel (lacht) wäre von diesen Sachen beeindruckt und würde sie tragen.
Brigid ist tatsächlich auf dieser englischen Schlankheitsfarm. Sie wird gefeuert, wenn sie zurückkommt. Ich schenke ihr eine rosa Leine. Ich schenke (lacht) ihren *Hunden* rosa Leinen – Fame und Fortune werden gefeuert!
Vincent wollte die Modenschau aufzeichnen. Er rief an, um mir zu sagen, daß mich um 2.00 ein Wagen vor dem Büro abholen würde. Dann kam Ken, und wir fuhren downtown (Taxi $ 6.00). Viel Arbeit im Büro.
Dann fuhr ich zum »Tunnel«. Wir bekamen die beste Garderobe, aber auch dort war es sehr kalt. Ich hatte mein ganzes Make-up mit. Miles Davis war da. Er hat ganz zierliche Finger. Sie sind genauso lang wie meine, aber nur halb so dick. Letztes Jahr habe ich mir mit Jean Michel seine Show im »Beacon« angesehen. Ich habe ihn in den sechziger Jahren kennengelernt, bei »Hernandos« in der Christopher Street, wo wir früher unsere Lederhosen kauften. Ich erinnerte ihn daran, daß wir uns dort kennengelernt haben, und er wußte es noch. Miles ist ein Modenarr. Wir trafen eine Vereinbarung: Er macht zehn Minuten für mich Musik, und ich porträtiere ihn dafür. Er gab mir seine Adresse und

eine Zeichnung – er zeichnet immer, während er frisiert wird. Sein Friseur flicht ihm Haare ein, damit sie länger werden.

Für Miles hat man einen $ 5000.00-Maßanzug mit goldenen Noten darauf entworfen und für mich nichts, das war gemein. Sie hätten mir wenigstens eine goldene *Palette* oder so was machen können. So sah ich aus wie das arme Stiefkind, und am Ende hieß es sogar (lacht), ich sei zu langsam gegangen.

Die Kleider bei der Modenschau stanken. Alligator, Pelz und Spitze. Ich hatte mir wirklich den Arsch aufgerissen. Die Japaner interessierten sich mehr für mich als für Miles. Man wollte die Modenschau um 10.00 wiederholen, aber dabei brauchte ich nicht mehr mitzumachen. Ich war nur bei der Vorführung für die Presse dabei. Vincent rief ein Taxi.

Als ich nach Hause kam, rief ich Fred an und sagte ihm, ich sei zu erschöpft für das Dinner von Fendi. Als er dort anrief und ihnen sagte, daß ich nicht kommen könne und er an meiner Stelle ein Mädchen mitbringen wolle, bekam er zu hören, er solle sich keine Umstände machen, ohne mich wollten sie ihn nicht dabeihaben.

Ich legte mich ins Bett. Wilfredo und Sam riefen an, danach schlief ich ein. Um 6.30 wachte ich auf und konnte nicht wieder einschlafen. Ich schluckte ein paar Valium, eine Beruhigungstablette und zwei Aspirin. Danach schlief ich so fest, daß ich nicht aufwachte, als PH um 9.00 anrief. Als ich nicht ans Telefon ging, bekam sie einen Schreck. Das war nämlich noch nie vorgekommen. Sie rief auf der anderen Leitung an, und Aurora nahm in der Küche ab. PH bat sie, in mein Schlafzimmer zu gehen und mich wachzurütteln, doch mir wäre lieber gewesen, sie hätte mich schlafen lassen.

[Andy verschwieg dem Tagebuch, daß er am Samstag, dem 14. Februar, Dr. Karen Burke aufsuchte und sich mit Collagen behandeln ließ. Während er bei ihr war, klagte er über Schmerzen in der Gallenblase. Am Sonntag blieb Andy den ganzen Tag im Bett, und der Schmerz legte sich wieder. Am Montag nahm er seinen Termin bei Dr. Linda M. Li im »Li Chiropractic Healing Arts Center« wahr. Am Abend erkundigte sich Dr. Burke nach seinem Befinden, und als er zugab, daß er wieder starke Schmerzen habe, erklärte sie ihm, er müsse seinen Hausarzt Dr. Denton Cox aufsuchen. Dennoch trat er am Dienstag als »prominenter Gast« in der japanischen Modenschau auf, und in der Nacht hatte er wieder Schmerzen. Morgens um 6.30 nahm er schließlich ein Schmerzmittel und eine Schlaftablette und verschlief deshalb am Mittwoch um 9.00 den täglichen Tagebuch-Anruf. Als er am Donnerstagmorgen um 9.00 ans Telefon ging, atmete er schwer. Er erzählte mir, daß er bei Dr. Cox gewesen sei und »dorthin« gehen werde, um »es« machen zu lassen (Andys Furcht vor Krankenhäusern und Operationen war so groß, daß er es nicht über sich brachte, diese Wörter auszusprechen), weil »man mir gesagt hat, daß ich sterbe, wenn ich es nicht machen lasse«. Er sagte, daß er die Arbeit an seinem Tagebuch fortsetzen werde, sobald »es« vorüber sei, und daß er mich »von dort aus« anrufen werde.

Am Freitag, dem 20. Februar, wurde Andy als »ambulanter Notfall« ins »New York Hospital« eingeliefert. Am Samstag wurde ihm die Gallenblase entfernt. Er schien sich von dem Eingriff gut zu erholen – er sah fern und telefonierte mit Freunden. Doch am frühen Sonntagmorgen starb er aus Gründen, deren gerichtliche Klärung noch aussteht.

Ein paar Wochen später erzählte mir die Frau, die im Krankenhaus seine Personalien aufgenommen hatte, daß Andy während ihrer ganzen beruflichen Praxis der einzige war, der die Nummern seines Blue-Cross-Ausweises und seines Krankenversicherungsausweises auswendig wußte.]

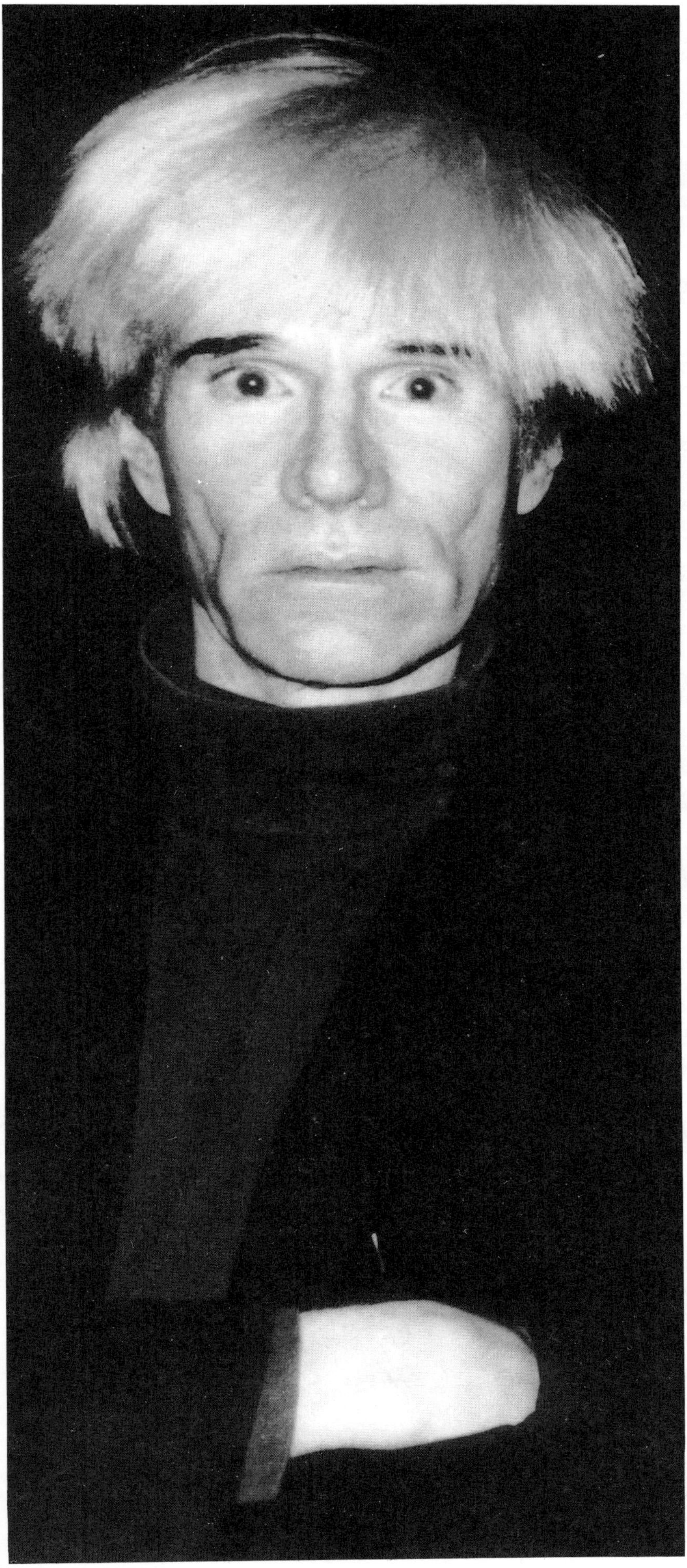

Andy *(Patrick McMullan)*

Biographie

1928 Geboren am 6. August als Andrew Warhola in Pittsburgh

1945 – 1949 Studiert »Pictorial Design« am Carnegie Institute of Technology in Pittsburgh; Abschluß mit dem Grad eines Bachelor of Fine Arts

1949 Geht nach New York, ändert seinen Namen in Andy Warhol, arbeitet freiberuflich als Gebrauchsgraphiker und entwirft Schaufensterdekorationen für exquisite Kaufhäuser

1953 – 1955 Bühnenbilder für ein Zimmertheater, das von Dennis Vaughan geleitet wird.

1956 Weltreise. Erhält den Art Directors Club Award

1957 Erhält die Art Directors Club Medal; Illustrationen für die Illustrierte »Life«

1960 Erste Gemälde mit Pop-Motiven: Coca-Cola-Flaschen, Comic-Strip-Figuren

1962 Erste Bilder von Dollarnoten und Campbell's Suppendosen, von Film- und Kunstberühmtheiten (Marilyn, Mona Lisa); Beginn der Katastrophen-Serie. Erste Verwendung von Stempeln, Schablonen und Siebdrucktechnik

1963 Mietet ein Atelier in einer alten Feuerwache. Kauft eine 16-Millimeter-Filmkamera; auf einer Reise dreht er in Los Angeles seinen ersten Film; auf der Rückfahrt Begegnung mit Marcel Duchamp in Pasadena. Umzug in das Loft in der 47. Straße, das sich zur »Factory« entwickelt

1964 Sog. Steckbriefbilder (»13 Most Wanted Men«), eine Auftragsarbeit für den Pavillon des Staates New York auf der Weltausstellung in Flushing Meadow werden aus politischen Gründen übermalt. Preis der Zeitschrift »Film Culture«. Erste Brillo-Schachteln und Selbstporträts

1965 Verkündet in Paris, er werde das Malen aufgeben und nur noch Filme machen. Kontakt mit der Popmusik-Gruppe »The Velvet Underground«

1966 Produziert die Multimedia-Show »Exploding Plastic Inevitable« in der New Yorker Discothek »Dom«. Reise nach San Francisco. Uraufführung des Films »Chelsea Girls«

1967 Reise nach Cannes; »Chelsea Girls« wird bei den dortigen Filmfestspielen abgewiesen. Schickt den Tänzer Allen Midgette an seiner Stelle auf eine Vortragsreise. Umzug der Factory zum Union Square

1968 Reise zur ersten europäischen Museumsausstellung nach Stockholm. Die Autorin und Männergegnerin Valerie Solanis dringt in die Factory ein und feuert drei Revolverschüsse auf Warhol ab, von denen zwei treffen. Knapp zwei Monate Aufenthalt im Krankenhaus

1969 Erste Ausgabe der von Warhol herausgegebenen Zeitschrift »inter/VIEW«. Kommerzielle Filme aus der Factory (»Lonesome Cowboys«, »Blue Movie«, »Flesh«, »Trash«) machen in Europa Furore

1971 Erste Reise in die Bundesrepublik (zur Premiere von »Trash«) Uraufführung des Warhol-Schauspiels »Pork« im New Yorker »La Mama«-Theater

1972 Wiederaufnahme der Bilderproduktion; zumeist Auftragsproduktion nach eigenen Foto-Vorlagen, umgesetzt in Siebdrucktechnik mit Acrylmalerei

1973 Umzug der Factory an den Broadway; die letzten Warhol-Filme entstehen in Rom (»Frankenstein«, »Dracula«)

1974 – 1984 Auftritte in Werbespots und eigenen Fernsehprogrammen, Porträt von Willy Brandt zugunsten der UNICEF, erste Begegnung mit Joseph Beuys (1979), Publikation von Memoiren und einem Band seiner Fotos. Arbeit an zahlreichen Bildserien auf Papier und Leinwand, darunter »Schädel«, »Hammer und Sichel«, »Juden des 20. Jahrhunderts«, »Joseph Beuys«, »Mythen«, »Dollarzeichen«, »Bedrohte Arten«, »Ingrid Bergman«, »Details von Renaissance-Bildern«, »Regierende Königinnen«. Letzter Umzug der Factory (33. Straße)

1985 Publiziert den Bildband »America«, malt – nun ganz ohne Siebdruck-Unterstützung – die Bildserie »Vesuv«. Serie zum Jubiläum der New Yorker Freiheitsstatue

1986 Letzte Selbstbildnisse

1987 Ausstellung von 60 Fotoarbeiten – Vergrößerungen in Schwarzweiß, durch Nähte zu Serien verbunden. Ausstellung von Variationen auf Leonardos »Abendmahl« in Mailand. Gestorben am 22. Februar nach einer Gallenoperation in New York

Ausstellungen

Einzelausstellungen

1952 Hugo Gallery, New York

1956 Bodley Gallery, New York

1957 Bodley Gallery, New York

1958 Bodley Gallery, New York

1959 Bodley Gallery, New York

1962 Ferus Gallery, Los Angeles
Stable Gallery, New York

1963 Ferus Gallery, Los Angeles

1964 Galerie Ileana Sonnabend, Paris
Stable Gallery, New York
Leo Castelli Gallery, New York

1965 Galerie Ileana Sonnabend, Paris
Galeria Rubbers, Buenos Aires
Galerie Thelen, Essen
Gian Enzo Sperone Arte Moderna, Turin
Galerie Burén, Stockholm
Jerrold Morris International Gallery, Toronto
Institute of Contemporary Art, Philadelphia

1966 Leo Castelli Gallery, New York
Institute of Contemporary Art, Boston
The Contemporary Arts Center, Cincinnati
Galerie Thelen, Essen
Galerie Hans Neuendorf, Hamburg
Ferus Gallery, Los Angeles
Gian Enzo Sperone Arte Moderna, Mailand

1967 Galerie Rudolf Zwirner, Köln
Galerie Ileana Sonnabend, Paris

1968 Moderna Museet, Stockholm, anschließend Stedelijk Museum, Amsterdam
Kunsthalle, Bern
Kunstneres Hus, Oslo
Galerie Der Spiegel, Köln
Galerie Rudolf Zwirner, Köln
Galerie Heinrich Friedrich, München
Rowan Gallery, London

1969 Neue Nationalgalerie, Berlin (West)
Irving Blum Gallery, Los Angeles
Leo Castelli Gallery, New York
Galerie Möllenhoff, Köln

1970 Galerie Folker Skulima, Berlin (West)
Pasadena Art Museum, Pasadena, anschließend Museum of Contemporary Art, Chicago
Stedelijk van Abbe-Museum, Eindhoven
Musée d'Art Moderne de la Ville de Paris

1971 Tate Gallery, London
Whitney Museum, New York
Cenobio Visualità, Mailand
Gotham Book Mart Gallery, New York
Museum Haus Lange, Krefeld

1972 Kunstmuseum Basel
Galerie Gunter Sachs, Hamburg

1973 Galerie Gunter Sachs, Hamburg

1974 Musée Galliera, Paris
Mayor Gallery, South Molton
Milwaukee Art Center, Milwaukee
Max Protech Gallery, Washington

1975 Galerie Mikro, Berlin (West)
Margo Leavin Gallery, Los Angeles
Baltimore Museum of Art, Baltimore
Locksley Shea Gallery, Minneapolis
Galleria Romani Adami, Rom
Max Protech Gallery, Washington

1976 Galerie Bruno Bischofberger, Zürich
Württembergischer Kunstverein, Stuttgart, anschließend Städtische Kunsthalle, Düsseldorf
Kunsthalle Bremen
Städtische Galerie im Lenbachhaus, München
Haus am Waldsee, Berlin (West)
Museum des 20. Jahrhunderts, Wien
Galerie Wünsche, Hamburg
Coe-Kerr Gallery, New York
Arno Schefler Gallery, New York

1977 Pyramid Galleries, Washington
Musée d'Art et d'Histoire, Genf
Coe-Kerr Gallery, New York

1978 Virginia Museum, Richmond
University Gallery, Dallas
Kunsthaus Zürich
Institute of Contemporary Art, London
Louisiana Museum, Humlebaek
Blum-Hellmann Gallery, New York

1979 Heiner Friedrich Gallery, New York
Ace Gallery, Vancouver
Michael Zivian Gallery, New York
Arts Gallery, Baltimore
Whitney Museum, New York

1980 Boehm Gallery, San Marcos (Kalifornien)
Galerie Binhold, Berlin
Galleria Lucio Amelio, Neapel
Bruno Bischofberger, Zürich
Schellmann und Klüser, München
Centre d'Art Contemporain, Genf
Museum Ludwig, Köln
Jewish Museum, New York
Stedelijk Museum, Amsterdam
Lowe Art Museum, Coral Gables (Florida)
Galérie Daniel Templon, Paris
Portland Center for the Visual Arts, Portland
Galerie Binhold, Hamburg

1981 Museum des 20. Jahrhunderts, Wien
Colorado State University, Fort Collins
Kestner-Gesellschaft, Hannover
Castelli Graphics, New York

1982 Leo Castelli Gallery, New York
Galérie Daniel Templon, Paris
Galerie Kammer, Hamburg

Konservatorenpalast, Rom
Städtische Galerie im Lenbachhaus, München
Kunstsammlung der Stadt Thun
Galeria Fernando Vijande, Madrid

1983 Wansbeck Square Gallery, Ashington, anschließend University of York
Usher Gallery, Lincoln
Aberysthwyth Arts Center, Aberysthwyth
Galerie Wünsche, Königswinter
American Museum of Natural History, New York
Cleveland Museum of Natural History, Cleveland
Givinda Gallery, Washington
Galleria Rizzardi, Mailand
Galerie Bischofberger, Zürich

1984 Galerie Börjeson, Malmö
Galerie Dürr, München
Galerie Bischofberger, Zürich
1985 Marisa del Rey Gallery, New York
Museo di Capodimonte, Neapel
Tony Shafrazi Gallery, New York
Leo Castelli Gallery, New York
Galerie Paul Maenz, Köln
Newport Art Museum, Newport
1986 Galerie Daniel Templon, Paris
Dia Art Foundation, New York
Anthony d'Offay Gallery, London
Larry Gagosian Gallery, New York
Museum of the American Indian, New York
1987 Galleria Alexandre Iolas/Credito Valtalinese, Mailand
Robert Miller Gallery, New York
Galerie Bernd Klüser, München
Kunstverein in Hamburg
Ronald Feldman Gallery, New York
Galerie Thaddaeus Ropac, Salzburg
Dia Art Foundation, Bridgehampton
1988 Kunsthalle Tübingen
Solomon R. Guggenheim Museum, New York
1989 Museum of Modern Art, New York
Museum Ludwig, Köln

Gruppenausstellungen *(Auswahl)*

1956 Recent Drawings USA. Museum of Modern Art, New York
1962 New Realists. Sidney Janis Gallery, New York
New Paintings of the Common Object. Pasadena Art Museum
1963 Mixed Media and Pop Art. Albright Knox Art Gallery, Buffalo
The Popular Image. Institute of Contemporary Arts, London
Six Painters and the Object. Solomon R. Guggenheim Museum, New York
1964 American Pop Art. Stedelijk Museum, Amsterdam
Neue Realisten und Pop Art. Akademie der Künste, Berlin
Boxes. Dwan Gallery, Los Angeles
XXe Salon de Mai. Musée National d'Art Moderne, Paris
1965 Warhol, Oldenburg, Lichtenstein. Bianchini Gallery, New York
Pop and Op. Sidney Janis Gallery, New York

1966 11 Pop Artists: The New Image. Galerie Thelen, Essen
The Photographic Image. Solomon R. Guggenheim Museum, New York
Two Decades of American Painting. Museum of Modern Art, New York

1967 Kompaß III, New York. Kunstverein, Frankfurt
American Painting Now. Expo Montreal, US-Pavillon
Homage to Marilyn Monroe. Sidney Janis Gallery, New York
Annual Exhibition of Contemporary American Painting. Whitney Musem, New York
International Exhibition of Contemporary Painting and Sculpture, Pittsburgh Museum of Art
IX Bienal de Sao Paulo. Museu de Arte Moderna, Sao Paulo

1968 Social Comment in American Art. Museum of Modern Art, New York
Art multiplicata – vervielfältigte Kunst seit 1945. Kunsthalle, Köln
4. documenta. Museum Fridericianum, Kassel
The Dominant Woman. Finch College Museum of Art, New York

1969 Neue Figuration USA, Kölnischer Kunstverein, Köln
Amerikaner. Galerie Rikke, Köln
Pop Art Redefined. Hayward Gallery, London
New Media – New Methods. Museum of Modern Art, New York

1970 Das Ding als Objekt. Städtische Kunsthalle, Nürnberg
Lichtenstein, Rauschenberg, Warhol. Kaiser-Wilhelm-Museum, Krefeld

1973 Art in Space: Some Turning Points. Institute of Arts, Detroit

1974 American Pop Art. Whitney Museum, New York

1976 Zweihundert Jahre amerikanische Malerei 1776–1976. Rheinisches Landesmuseum, Bonn
36. Biennale. Venedig

1977 6. documenta. Museum Fridericianum, Kassel

1978 Art about Art. Whitney Museum, New York

1980 Printed Art since 1965. Museum of Modern Art, New York
Pop Art: Evoluzione di una generazione. Palazzo Grassi, Venedig

1981 Westkunst. Museen der Stadt Köln
A New Spirit in Painting. Royal Academy of Arts, London

1982 7. documenta. Museum Fridericianum, Kassel
Joseph Beuys, Robert Rauschenberg, Cy Twombly, Andy Warhol; Sammlung Marx. Nationalgalerie Berlin (West)
'60'80 – Attitudes, Concepts, Images. Stedelijk Museum Amsterdam
Zeitgeist. Martin-Gropius-Bau, Berlin (West)

1985 Vom Zeichnen. Kunstverein, Frankfurt; anschließend Kunstverein Kassel und Museum moderner Kunst, Wien

1986 Das Automobil in der Kunst. Haus der Kunst, München
Europa/Amerika – Die Geschichte einer künstlerischen Faszination seit 1940. Museum Ludwig, Köln

1987 Der unverbrauchte Blick. Martin-Gropius-Bau, Berlin (West)

Literatur

1. Von Andy Warhol

1967 Andy Warhol's Index (New York)
1968 a. A Novel (New York, deutsch Köln 1971)
1970 Blue Movie (New York, deutsch Köln 1971)
1975 From A to B and Back again – The Philosophy of Andy Warhol (New York)
1979 Andy Warhol's Exposures (New York, mit Bob Colacello)
1980 POPism – the Andy Warhol '60s (New York, mit Pat Hackett)
1985 Andy Warhol: America (New York)
1987 Andy Warhol's Party Book (New York, mit Pat Hackett)

2. Über Andy Warhol

Bücher

1965 Mario Amaya: Pop as Art (London)
Pop Art – Images of the American Dream (New York)
Rolf Gunter Dienst: Pop-Art – Eine kritische Information (Wiesbaden)
1966 Lucy R. Lippard: Pop Art (New York, deutsch München 1968)
1969 John Russell, Suzy Gablik: Pop Art Redefined (London)
1970 Rainer Crone: Andy Warhol (Stuttgart; mit ausführlicher Bibliografie und Werkverzeichnis)
John Coplans: Andy Warhol (New York; mit Beiträgen von Calvin Tomkins und Jonas Mekas)
1972 Rainer Crone, Wilfried Wiegand: Die revolutionäre Ästhetik Andy Warhols (Darmstadt)
1973 Stephen Koch: Stargazer – Andy Warhol's World and His Films (New York)
1983 Carter Ratcliff: Andy Warhol (New York, deutsch München/Luzern 1984)
1985 Frayda Feldman, Jörg Schellmann: Andy Warhol Prints – Werkverzeichnis Druckgraphik (München/New York)
1986 Patrick S. Smith: Andy Warhol's Art and Films (Ann Arbor)
1988 Isabelle Dufresne (alias Ultra Violet): Andy Warhol Superstar (Bergisch Gladbach)
1989 Jesse Kornbluth: Pre-Pop Warhol (München)
David Bourdon: Warhol (Köln)
Fred Lawrence Guiles: Andy Warhol (München)
Victor Bockris: Warhol (London)

Ausstellungskataloge *(Auswahl)*

1962 Andy Warhol, Stable Gallery New York (Text Suzy Stanton)
1963 Six Painters and the Object, Guggenheim Museum, New York (Text Lawrence Alloway)
1964 Pop, etc. Museum des 20. Jahrhunderts, Wien (Text Werner Hofmann, Otto A. Graf)
1965 Andy Warhols Blumen. Galerie Thelen, Essen (Text Udo Kultermann)
Andy Warhol. Galerie Ileana Sonnabend, Paris (Text Otto Hahn)
1966 Konstruktivisten und 11 Pop-Artisten. Kunsthalle Bern (Text Jean-Christophe Ammann)
1967 Homage to Marilyn Monroe. Sidney Janis Gallery, New York
1968 Andy Warhol. Moderna Museet, Stockholm (mit Statements von Warhol)
1969 Raid the Icebox I with Andy Warhol. Institute for the Arts, Houston (Text Dominique du Menil, Daniel Robbins, David Bourdon)
1971 Andy Warhol. Musée d'Art Moderne de la Ville de Paris. (Text Alfred Pacquement)
Warhol. Tate Gallery, London (Text Richard Morphet)
Andy Warhol: His Early Works 1947 – 1959. Gotham Book Mart Gallery, New York
1972 Realität/Realismus/Realität. Von-der-Heydt-Museum, Wuppertal (Text Tilman Osterwold, Hans-Georg Gmelin)
1974 American Pop Art. Whitney Museum, New York (Text Lawrence Alloway)

1976 Andy Warhol – Das zeichnerische Werk 1942 bis 1975. Württembergischer Kunstverein, Stuttgart (Text Rainer Crone u. a.)

1978 Andy Warhol. Kunsthaus Zürich (Text Erika Billeter u. a.)

1979 Andy Warhol – Portraits of the 70s. Whitney Museum, New York (Text Robert Rosenblum)

1981 Andy Warhol – Bilder 1961 – 1981. Kestner-Gesellschaft Hannover (Text Andy Warhol, Rainer Crone, Carl Haenlein, Jonas Mekas, Robert Rosenblum)

1985 Vesuvius by Warhol. Museo di Capodimonte, Neapel (Text Giuseppe Galasso, Nicola Spinosa, Angela Tecce u. a.)

1987 Lenin by Warhol. Galerie Bernd Klüser, München (Text Katharina Hegewisch, Achille Bonito Oliva)

Andy Warhol – »Ich erkannte, daß alles, was ich tue, mit dem Tod zusammenhängt«. Kunstverein in Hamburg. (Text Karl-Egon Vester, Janis Hendrickson, Mario Kramer, Eva Windmöller)

1988 Andy Warhol: Cars – Die letzten Bilder. Kunsthalle Tübingen. (Text Edzard Reuter, Götz Adriani, Werner Spies)

1989 Andy Warhol: Retrospektive. Museum Ludwig, Köln (Text Kynaston McShine, Robert Rosenblum, Benjamin H.D. Buchloh, Marco Livingstone)

Zeitschriften *(Auswahl)*

1962 Henry T. Hopkins: Andy Warhol. Artforum, September

1963 Cleve Gray: Remburgers and Hambrandts. Art in America, Dezember

G.R. Swenson: What is Pop Art? Answers from eight Painters Part I. Art News, November

1964 Henry Geldzahler: Andy Warhol – Paintings, Sculpture. Art International, 25. April

Joe Brainard: Andy Warhol's Sleep Movie. Film Culture, Nr. 3

1966 David Ehrenstein: Interview with Andy Warhol. Film Culture Nr. 40

Jack Kroll: The Chelsea Girls. Newsweek, 14. November

1967 Paul Bergin: Andy Warhol – The Artist as Machine. Art Journal Nr. 26

1968 Jürgen Harten: Dreißig sind besser als eines. Die Zeit, 16. Februar

John Leonard: The Return of Andy Warhol. The New York Times Magazine, 10. November

Michel Delahaye: Andy, la mise nue. Cahiers du Cinéma, Oktober

Helmut Heissenbüttel: Warhols »The Chelsea Girls« oder Der neugierige Blick. Film (Velber), Sonderheft

1969 Paul Carroll: What's a Warhol? Playboy, 9. September

Hans Platschek: Pop Art oder Das Genie von der Stange. Frankfurter Hefte, Februar

1970 John Coplans: Early Warhol. Artforum, März

John Perreault: Andy Warhola, This is Your Life. Art News, Mai

Alfred Nemeczek: Engel des Todes. Der Spiegel, Nr. 52

Michael Chanan: Pasolini and Warhol – The Calculating and the Nonchalant. Art International, April

1971 Gregory Battcock: An Art Your Mother Could Understand. Art and Artists, Februar

John Coplans: Andy Warhol and Elvis Presley. Studio International, Nr. 181

Max Kozloff: Andy Warhol and Ad Reinhardt. Studio International, Nr. 181

1972 L. Pavlov: Andy Warhol's Factory of Modernism. Studio International, Nr. 184 (Nachdruck aus Literaturnaja Gazeta, Moskau)

1973 Simon Field: Marilyn, Andy, and Mao. Art and Artists. Februar

1975 David Bourdon: Andy Warhol and the Society Icon. Art in America, Januar

Robert Hughes: King of the Banal. Time, 4. August

1976 Peter Plagens: The Story of A. Artforum, Februar

1978 Jürgen Hohmeyer: Immer lächeln, immer Coca Cola. Der Spiegel. 12. Juni

1980 Jeffrey Deitch: The Warhol Product. Art in America, Mai

Carter Ratcliff: Starlust: Andy's Photos. Art in America, Mai

Peter Brügge: »Rembrandt war auch Fettkünstler«. Der Spiegel, 12. Mai

Paul Gardner: Gee, What's Happened to Andy Warhol? Artnews, November

1982 Robert Hughes: Andy Warhol, der Wiederholungstäter. Transatlantik, August

1986 Polly Devlin: Andy Warhol – Die Selbstporträts. Wolkenkratzer, November/Dezember

1987 Stuart Morgan: Andy & Andy – die Warhol-Zwillinge. Parkett (Zürich), Nr. 12

Jack Kroll: America's Most Famous Artist. Newsweek, 9. März

Jesse Kornbluth: Andy – the World of Warhol. Magazin New York, 9. März

Bazon Brock: Am Ende nichts als ein guter Maler. Art (Hamburg), April

Gerard Malanga: Working With Warhol. Village Voice, 5. Mai

Bob Colacello: Working with Warhol. Vanity Fair, Juli

Alfred Nemeczek: Ach, was ist von Andy Warhols Ruhm geblieben? Art (Hamburg), September

Filme von Warhol *(Auswahl)*

1963 Sleep. 6 Stunden, Schwarzweiß, stumm

1963 Kiss. 50 Minuten, Schwarzweiß, stumm

1964 Tarzan and Jane Regained Sort Of. 120 Minuten, Schwarzweiß und Farbe, Ton

Haircut. 33 Minuten, Schwarzweiß, stumm

Eat. 45 Minuten, Schwarzweiß, stumm

Blow Job. 30 Minuten, Schwarzweiß, stumm

1965 Empire. 8 Stunden, Schwarzweiß, stumm

Harlot. 70 Minuten, Schwarzweiß, Ton

13 Most Beautiful Women. 40 Minuten, Schwarzweiß, stumm

Poor Little Rich Girl. 70 Minuten, Schwarzweiß, Ton

Restaurant. 35 Minuten, Schwarzweiß, Ton

Kitchen. 70 Minuten, Schwarzweiß, Ton

My Hustler. 70 Minuten, Schwarzweiß, Ton

1966 Chelsea Girls. 195 Minuten. Schwarzweiß und Farbe, Ton

1967 **** (auch Four Stars genannt). 25 Stunden, Farbe, Ton

I, a Man. 100 Minuten. Schwarzweiß, Ton

Bike Boy. 96 Minuten, Farbe, Ton

Nude Restaurant. 96 Minuten, Farbe, Ton

1968 Lonesome Cowboys. 110 Minuten, Farbe, Ton

Flesh. Regie Paul Morrissey. 90 Minuten, Farbe, Ton

Blue Movie. 90 Minuten, Farbe, Ton

1970 Trash. Regie Paul Morrissey. 103 Minuten, Farbe, Ton

1972 Women in Revolt. Regie Paul Morrissey. 97 Minuten, Farbe, Ton

1974 Andy Warhol's Frankenstein. Regie Paul Morrissey. 95 Minuten, Farbe, Ton, 3-D

Werkverzeichnis

Bei den Maßen steht Höhe vor Breite in cm

1 **Five Coke Bottles, 1962**
Siebdruck auf Acryl auf Leinwand 40,5 × 51 cm
Privatsammlung

2 **Marilyn 1967**
Neun Serigraphien auf Papier aus einer Mappe mit zehn Arbeiten, jeweils 91,5 × 91,5 cm
Privatsammlung

3 **A la Recherche du Shoe Perdu, 1955**
Offsetlithographie, Aquarell und Tinte auf Papier
jeweils 24,8 × 34,9 cm
Nachlaß Andy Warhol

4 **Ohne Titel, 1957**
Tusche und Blattgold auf Papier
246,5 × 90,5 cm
Sammlung Marx, Berlin

5 **Handle with Care – Glass – Thank You, 1962**
Siebdruck auf Leinwand
208,5 × 168 cm
Sammlung Marx, Berlin, Dauerleihgabe im Städtischen Museum Abteiberg, Mönchengladbach

6 **Flowers, 1970**
Umschlagseiten des Katalogs der Ausstellung im Moderna Museet Stockholm, Februar – März 1968

7 **Maquettes for the Portfolio »Mick Jagger«, 1975**
Siebdruck auf Papier und auf Papier collagierte Acetatfolie zehn Arbeiten,
jeweils 127 × 94 cm
Museum moderner Kunst, Wien
Leihgabe der Stiftung Ludwig, Österreich

8 **Big Electric Chair, 1967**
Siebdruck auf Acryl auf Leinwand 137 × 185,4 cm
Musée National d'Art Moderne, Centre Georges Pompidou, Paris
Geschenk der Menil Foundation

9 **Mona Lisa, 1963**
Siebdruck auf Acryl auf Leinwand 319,4 × 208,6 cm
Vermittelt von der Blum Helman Gallery, New York

10 **Sixteen Jackies, 1964**
Siebdruck auf Acryl auf Leinwand, sechzehn Tafeln,
jeweils 40,8 × 40,6 cm
zusammen 203,2 × 162,6 cm
Walker Art Center, Minneapolis
Art Center Acquisition Fund

11 **Leo Castelli, 1975**
Siebdruck auf Acryl auf Leinwand 101,5 × 101,5 cm
Sammlung Leo Castelli, New York

12 **One Hundred Cans, 1962**
182,9 × 132,1 cm
Albright-Knox Art Gallery, Buffalo
Geschenk von Seymour H. Knox

13 **Campbell's Soup Can, 1965**
Siebdruck auf Acryl auf Leinwand 91,7 × 60,9 cm
The Museum of Modern Art, New York
Philip Johnson Fund

14 **Hedy Lamarr, 1962**
Bleistift auf Papier
61 × 45,7 cm
Dia Art Foundation, New York
Vermittelt von der Menil Collection, Houston

15 **Superman, 1960**
Acryl und Pastell auf Leinwand
170 × 133 cm
Sammlung Gunter Sachs

16 Dick Tracey, 1960
Acryl auf Leinwand
201 × 114 cm
Sammlung Mr. und Mrs. S. I. Newhouse, Jr.

17 Love is a Pink Cake, 1953
von Corkie (Ralph T. Ward) & Andy (Warhol)
Offsetdruck, Titelblatt
27,7 × 21,5 cm

18 Statue of Liberty, 1963
Siebdruck auf Acryl auf Leinwand 198 × 205 cm
Sammlung Marx, Berlin

19 Franz Kafka, 1980
aus: Ten Portraits of Jews of the Twentieth Century
Siebdruck auf Acryl auf Leinwand 101,6 × 101,6 cm
Vermittelt von der Ronald Feldman Fine Arts, Inc., New York

20 Do It Yourself (Landscape), 1962
Acryl und Prestype-Abreibeziffern auf Leinwand
178 × 137 cm
Museum Ludwig, Köln

21 The Star, 1981
aus: Myths
Siebdruck auf Acryl auf Leinwand
152,4 × 152,4 cm
Vermittelt von der Ronald Feldman Fine Arts, Inc., New York

22 In the Bottom of My Garden, 1955
Offsetdruck, 21 bedruckte Blätter
22,2 × 28,2 cm

23 Self-Portrait, 1967
Siebdruck auf Acryl auf Leinwand
182,9 × 182,9 cm
Sammlung Mr. und Mrs. Harry W. Anderson

24 Beuys, 1980
Siebdruck und Diamantenstaub auf Acryl auf Leinwand
215 × 180 cm
Nachlaß Andy Warhol

25 Uncle Sam, 1981
aus: Myths
Siebdruck auf Acryl auf Leinwand 152,4 × 152,4 cm
Vermittelt von der Ronald Feldman Fine Arts, Inc., New York

26 Myths, 1981
Siebdruck auf Acryl auf Leinwand 254 × 254 cm
Sammlung Noreen und Jack A. Rounick

27 David Hockney, 1974
Siebdruck auf Acryl auf Leinwand 101,5 × 101,5 cm
Sammlung Shirley und Miles Fiterman

28 Torso, 1977
Siebdruck auf Acryl auf Leinwand 127 × 96,5 cm
Nachlaß Andy Warhol

29 The American Indian (Russell Means), 1976
Siebdruck auf Acryl auf Leinwand 127 × 106,7 cm
Nachlaß Andy Warhol

30 Mao, 1973
Siebdruck auf Acryl auf Leinwand 444,3 × 346,7 cm
The Art Institute of Chicago
Mr. and Mrs. Frank G. Logan Purchase Prize
und Wilson L. Mead Fund

31 One-Dollar Bill, 1962
Acryl und Bleistift auf Leinwand 132,1 × 182,9 cm
Privatsammlung

32 Dollar Signs, 1982
Teilansicht der Ausstellung:
Andy Warhol »Dollar Signs«
Leo Castelli Gallery,
New York, 1982

33 Goethe, 1982
Serigraphie auf Papier aus einer Mappe mit vier Blättern
96,5 × 96,5 cm
Privatsammlung

34 **Details of Renaissance Paintings**
(Sandro Botticelli,
»Birth of Venus«, 1482), 1984
Serigraphie auf Papier aus einer Mappe mit vier Blättern
81,2 × 111,8 cm
Vermittelt von
Ronald Feldman
Fine Arts, Inc., New York

35 **Cow Wallpaper, 1966**
Serigraphie auf Tapete
115,5 × 75,5 cm
Nachlaß Andy Warhol

36 **Triple Elvis, 1962**
Siebdruck auf Aluminiumfarbe auf Leinwand 208,3 × 152,4 cm
Virginia Museum of Fine Arts, Richmond
Geschenk von Sydney und Frances Lewis

37 **Six Self-Portraits, 1986**
Siebdruck auf Acryl auf Leinwand
sechs Portraits,
jeweils 58 × 56 cm
Sammlung J. W. Froehlich, Stuttgart

38 **Siberian Tiger, 1983**
aus: Endangered Species
Serigraphie aus einer Mappe mit zehn Blättern
World Wildlife Fund

39 **Orangutan, 1983**
aus: Endangered Species
Serigraphie aus einer Mappe mit zehn Blättern
World Wildlife Fund

40 **Moonwalk**
(History of TV Series), 1987
Serigraphie auf Papier
96,5 × 96,5 cm
Vermittelt von der Ronald Feldman Fine Arts, Inc.,
New York

41 **Vesuvius, 1985**
Acryl auf Leinwand
72,4 × 81,3 cm
Nachlaß Andy Warhol

42 **Diamond Dust Shoes, 1980**
Siebdruck und Diamantstaub auf Acryl auf Leinwand
177,8 × 228,6 cm
Nachlaß Andy Warhol